JN441667

HOTEL
HOSPITALITY
MARKETING

호텔·외식·관광 마케팅

저자 소개

정규엽(丁奎燁)

현소속: 세종대학교 관광대학 호텔관광경영학과 교수

학 력: University of Massachusetts / Amherst 호텔경영학 석사
세종대학교 대학원/ 경영학 박사(호텔마케팅 전공)
The George Washington University / 관광·교육학 박사

주요 논문/프로젝트

- Hotel room rate pricing strategy for market share in oligopolistic competition : eight-year longitudinal study of super deluxe hotels in Seoul, Tourism Management
- Hotel management curriculum reform based on required competencies of hotel employees and career success in the hotel industry, Tourism Management
- Three representative market segmentation methodologies for hotel guest room customers, Tourism Management 외 160여 편
- Imperial Palace, Sheraton Walkerhill, 현대호텔, Lotte호텔, 제주교원공제호텔, 문화체육관광부, 재경부(카지노 자금세탁방지법) 등 약 30여 회 프로젝트

주요 경력

- 미국 Hilton International 호텔 Management Trainee
- 한국 Hilton International 호텔 Convention / Banquet Manager
- 세종대학교(1989~현재)
  - 학생처장, 입학홍보처장, 입학처장 역임
  - 호텔관광대 학장, 관광대학원 원장 역임
  - 학과장, 관광산업 연구소장, 호텔스쿨 교장, 관광대학원 교학부장, 신문사 주간교수 역임
  - 세종관광정보 주식회사 대표이사 역임
- 한국관광대학(1988) : 학과장, 학생과장 역임
- 미국 Travel University International 최고 고문 역임
- (사)한국호텔경영학회 : 회장, 편집위원장 역임
- 한국 관광호텔 등급심사 위원
- 총지배인·1급 지배인·2급 지배인 자격 시험 출제위원
- 호텔관리사·호텔판매사 자격 시험 출제위원
- 컨벤션관리사 자격 시험(영어) 출제위원
- 인천 신공항
  - 호텔, 외식업체 평가단장 역임
  - KAL 호텔, FB04, H2, B3, B5 평가위원 역임
- 인천국제공항 2015 F1, F2, F3, F4, F5 식음료업체 평가/선정 심사위원장
- 삼성전자 자문 교수 역임(2015~2016)

HOTEL HOSPITALITY MARKETING

호텔·외식·관광마케팅

개정증보판(9/E) 1쇄 발행 | 2019년 3월 4일

지은이 | 정규엽
발행인 | 송성헌
발행처 | 센게이지러닝코리아㈜
등록번호 | 제313-2007-000074호(2007.3.19.)
주 소 | 서울시 마포구 상암산로 76 YTN 뉴스퀘어 14층
전 화 | 02) 330-7000
이메일 | asia.infokorea@cengage.com
홈페이지 | www.cengage.co.kr

ISBN-13: 978-89-6218-463-1

값 40,000원

9th Edition

HOTEL HOSPITALITY MARKETING

호텔·외식·관광 마케팅

정규엽 지음

CENGAGE

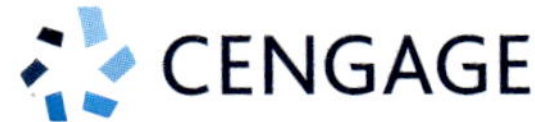

Andover • Melbourne • Mexico City • Stamford, CT • Toronto • Hong Kong • New Delhi • Seoul • Singapore • Tokyo

차례

1 마케팅/환대산업 마케팅

2 거시 환경/기본 전략

3 기능 · 영업적 전략

1

마케팅/환대산업 마케팅

마케팅의 개념 및 의의

제 1 장

본 장에서 가장 중요 학습 목표는 마케팅과 환대산업(hospitality industry) 마케팅에 대한 이해다. 마케팅이란 무엇인가? 문자 그대로 시장을 연구하는 학문이다. 그렇다면 시장은 무엇인가? 그 근본적인 답변은 경제학에서 정의하고 있는 시장의 의미이다.

공급과 경쟁, 수요, 환경, 기타 관련 요소가 모두 모여있고, 서로의 상호 작용이 발생되며, 끊임없이 변화하고 있는 모든 현상이 존재하는 것이 곧 시장이라고 할 수 있다. 즉 시장이라는 것은 도저히 셀 수 없을 만큼 무수한 구성요소들이 끝이 없는 시간을 통해서 전진하고 있는 공간과 시간을 초과한 개체이며, 그것을 연구하는 것이 곧 마케팅이다. 우리가 가장 많이 접하고 있고, 가장 간단한 형태이며, 가장 잘 알고 있는 밥, 쌀을 정의하기가 어렵다면, 아마 마케팅을 정의한다는 것은 불가능할 것이다.

따라서 본 장에서는 마케팅의 의미를 되새겨보고, 그 근본적인 개념이 무엇이며, 학문적 접근을 어떠한 측면에서 해야 하는가에 학습 목표를 두고 그 목표를 달성하고자 한다.

환대산업
여행자에게 숙박 시설, 식음료, 여흥 등 모든 편의 시설을 제공하는 사업체들의 집합을 말함.

제 1 절 마케팅의 탄생

1. 마케팅 탄생의 배경:고대 – 국가 자본주의시대

1-1. 고대/초기 자본주의시대

인류의 삶을 위하여 식량이 존재하듯이 사업과 경영의 성공을 위하여 마케팅이 존재한다. 즉 마케팅이란 처음부터 존재한 것이 아니라 사업과 경영이 성공해야 하기 때문에 그 필요에 의해서 탄생된 것이다. 마케팅의 모체는 경영학이다. 마케팅이 왜 필요하였는가를 이해하기 위해서는 그 근원을 경영학에서부터 찾아야 할 것이다.

상업시대로 대표될 수 있는 고대시대(B.C. 400~A.D. 500)만 해도 상인들의 인구는 많았으나 지위가 낮았고, 철학, 법학과 같은 주요 학문 부문과 비교할 때 상학의 중요성은 매우 뒤떨어졌다. Aristoteles는 그 때부터 교환, 분업, 화폐, 이자, 대금업 등 경제, 경영 문제를 언급하기 시작했으며, 특히 Xenophon은 국가 재정 증대를 위하여 상업을 조장해야 한다고 하며, 수출, 수입, 공공 기금으로부터의 대출 등 보다 현실적 경영학의 필요성을 제기했다.

봉건장원제도(500~1100), 소자본주의(petty capitalism, 1100~1400), 프로테스탄트 · 중상제도(protestant mercantilism, 1400~1776) 등으로 대표되는 초기 자본주의(prebusiness capitalism)시대에는 대표적 사상가인 Saint Thomas Aquinas가 있었다. 그는 공정한 가격과 이익 개념을 언급하였으나, 이러한 초기 자본주의는 시장에 대한 근본적 개념을 이해하지 못한 문제 투성이의 진보시대로 상징되던 시대였다.

1-2. 산업자본주의시대

1776년 미국의 독립 선언으로 인하여 이익 획득의 자유가 발표되며, 전문화, 합리화, 과업 이양을 통한 작업 통제, 생산성, 이익 극대화, 비용 절감 등 근대 경영학의 근간이 생성되기 시작했다. 이 시기는 산업자본주의시대(1776~1890)로서 경제학의 아버지라고 불리는 Adam Smith가 《국부론》을 통하여 이상적 자유 시장과 경제 사회의 모든 활동을 기술했다. 그는 개인적 목표 추구, 경쟁의 자유, 특히 시장의 힘이 모든 경제 문제를 해결한다는 '보이지 않는 손**(invisible hand)**'의 개념을 언급함으로써 마케팅의 필요성을 가장 현시적(現時的)으로 제시했다. 20세기 자유방임 시장(free market) 체계의 신봉자 중 하나였던 Hayek이 인류 역사 최대의 발명품이라고 표현하였을 만큼 '보이지 않는 손'은 모든 시장 원리의 백과사전이 되고 있다.

국부론
국가의 부를 위해서는 인간으로 하여금 자기의 본성을 자유롭고 안전하게 발휘해주는 일밖에는 아무 것도 필요 없다는 것이 국부론의 핵심임.

보이지 않는 손
Adam Smith는 정부 정책에 대해 자유방임을 강조함. 이기심이라는 기름이 경제라는 기어를 거의 기적에 가까울 정도로 잘 돌아가게 할 것이라고 설명하며, 계획, 통치자의 다스림 없이 시장이 모든 것을 해결할 것이라고 주장함. '보이지 않는 손'이란 가격의 자동 조절 기능, 가격의 매개 변수적 기능을 말하며, 이 기능에 의해 경쟁 시장에서는 수요, 공급의 균형이 부지불식 간에 이루어진다는 것임. 즉, 사람들이 자신의 이익을 위하여 열심히 노력하는 가운데 사회와 국가 전체의 이익이 증대된다는 것임.

역사적으로 살펴볼 때 경영학 부문의 최초 관심사는 이 산업자본주의시대에 강조되기 시작한 생산성(productivity)이었다. 공급이 많고 경쟁이 치열한 현재의 시장과 달리 공급이 수요를 초과하지 못하는(shortage), 시장의 필요에 의한 생산(production) 개념의 태동이 그 효시다. "모든 고객은 원하는 모든 색상의 차를 살 수 있다. 그것이 검정색이기만 하다면," 자동차 왕 Henry Ford의 악명 높은 말이 그 시대의 특징을 잘 나타내고 있다. 즉 고객의 욕구와 관계없이 생산만 하면 성공하던 시대였다. 생산성보다 한 단계 발전된 개념은 "좋은 쥐덫을 만들면 쥐는 저절로 잡힌다(build a better mouse trap)"라는 제품의 품질적 측면이었다. 공급이 증대되고 기술이 발달되면서 생산성뿐만 아니라 제품의 품질(product quality)이 사업의 성패를 결정한다는 제품 지향적(product-oriented) 시대가 바로 이 시기라고 할 수 있다.

1-3. 금융자본주의시대/국가자본주의시대

그러나 시장의 흐름은 거기에 멈추지 않았다. 시장의 흐름은 '좋은 제품도 구매되지 않으면 소용이 없다(goods are bought not sold)'는 판매 지향적(sales-oriented) 시대로 발전하고 있었다. 경영학의 역사적 흐름으로 살펴볼 때, 금융자본주의시대(1890~1933)와 과도기 체제였던 국가자본주의시대(1933~1950)를 시기적으로 같은 시대로 간주할 수 있는데, 금융자본주의시대에는 산업자본주의시대의 핵심이었던 생산 분야보다 금융, 재무적 측면이 강조되었으며, 카르텔, 트러스트, 주식회사 등이 탄생되었고, 시장은 정부의 간섭 없는 문어발식 대기업에 의해 지배되었다. 특히, 영국의 철학자 Herbert Spencer는 Charles Darwin의 '적자 생존의 법칙(the survival of the fittest)'을 사회 발전에 적용시키며, 약한 기업은 강한 기업을 위해 희생되어야 한다는 기업 윤리를 주장했다. 이러한 사회적, 기업적 진화론 하에 금융가들은 사업 확장으로 돈을 벌고 시장을 주도했다.

그림 1-1 대공항이 닥쳐 주가가 폭락하자 New York 증권거래소 앞에 모여든 군중(1929년)
출처: Edward Bernays(2013), 《PROPAGANDA》, 114p.

그러나 준엄한 시장은 그러한 횡포를 더 이상 용납하지 않았다. 시장은 그러한 금융자본주의시대에 사형을 선고했는데, 그것이 그 유명한 대공황이며(〈그림 1-1〉 참조), 어쩔 수 없이 시장의 흐름은 자본주의 세계에서 다시 탄생되어서는 안 될 국가자본주의시대로 넘어가게 되었다. "공급이 수요를 창출한다"는 Say의 법칙이 거짓말로 판명된 것이다. 이 시기에 Robert Moor는 대자본가가 아니라 노동자와 소자본가를 위해 국가가 시장을 통제해야 한다는 국가자본주의의 기본적 이념을 주장했다.* 미국 Roosevelt 대통령의 New Deal 정책에 의해 국가적 차원의 경제 복구 운동이 전개되었고 어느 정도의 성공은 거두었으나, 시장은 역시 이러한 흐름을 장기적으로 허용하지 않았다. 국가자본주의는 사회 민주주의의 과도적 시스템으로서, 장기적으로 지속될 경우 개인의 자유가 희생되어야 하는 사회주의, 파시즘으로 진행되기 때문이다.

카르텔
기업 연합 형태로서 시장 통제의 목적으로 동종 또는 유사 업종 간의 신사 협정에 의한 기업 집중 형태. 가격 협정, 공정 거래 질서 등을 해치게 되므로 국내에서는 1976년 법률로 금지됨.

트러스트
기업 상호 간 출자액을 결합, 대자본을 기초로 하는 기업의 복합 형태. 시장 독점 및 경영 합리화의 목적으로 개별 기업은 자본적, 법률적으로 독립성이 상실되며, 따라서 카르텔보다도 더욱 강력한 기업 합동 형태(fusion)라고 할 수 있음.

* 이 당시의 대표적 경제학자는 Keynes임. Keynes주의란 민간경제가 완전 고용에 이르지 못할 수 있다는 전제와 정부 지출은 경제를 활성화시켜 불완전 고용의 틈을 메울 수 있다는 전제임.

2. 마케팅의 탄생

국가자본주의시대가 종결되는 1950년대는 현대 경영학의 모체라고 할 수 있는 관리자본주의시대가 도래한 시기이며, 또한 마케팅의 진정한 개념이 등장한 매우 의미있는 시대였다. 즉 좋은 제품을 생산하여 판매하는 것이 사업의 사명이 아니라, 그 제품은 소비자가 원하는 것이어야 한다는 것이다. 실질적으로 세계적으로 유명하며 또한 우리들이 알고 있는 많은 기업들이 그 사상에 의해서 탄생됐다.

경영학의 거시적 차원에서 고찰해볼 때 마케팅을 대체하는, 혹은 마케팅을 능가할 수 있는 학문 분야가 탄생될 것인가? 필자의 견해로서는 없을 것이라고 확신한다. 사

범세계적 마케팅
David Ricardo와 John Stuart Mill의 공리주의(utilitarianism) 철학, 즉 '최대 다수의 최대 행복' 이념과 일치함. 세계 경제가 점차 북미, EU, 아시아 간의 경제 블록화 등으로 영역 내 무관세 등 비용 및 시간 절감 효과를 보고 있으나, Ricardo의 비교 우위론(기회 비용과 비교 우위에 따른 생산, 소비 조절)에서 파급된 문제점과 같이 궁극적으로는 그 파급 효과는 비교 우위가 아니라는 것임. 예를 들어, 선진국의 보호무역주의는 저개발 국가를 경제 불황에 빠뜨리고, 결국 그 파급 효과는 원조, 차관 등의 형태로 자신들에게도 돌아가게 됨. 즉 범세계적 마케팅은 공리주의의 사상 하에 실천되어야 함.

업과 경영의 성패를 100% 결정하는 것은 시장이고, 그 시장을 연구하는 것이 마케팅이며, 이 원리는 인류가 생존하는 한 변하지 않을 것이 확실하기 때문이다.

단, 마케팅은 사회의 여러 분야로 확대되고 있는데, 범세계적 마케팅(global marketing), 사회 지향적 마케팅(societal marketing, CSR : corporate social responsibility), 기업의 시민 정신(corporate citizenship), 소비자 보호주의(consumerism, 〈그림 1-2〉 참조), 그린 마케팅(green marketing, 〈그림 1-3〉 참조), 마케팅 윤리(marketing ethics) 등이 그것이다.

마케팅은 위와 같이 시장이 필요하고 시대 흐름에 병행해야 하는 분야나, 마케팅 관리론, 소비자 행동론, 전략론, 조사 방법론 등 다양한 연구 분야로 세분되기는 하지만, 마케팅을 대체할 수 있는 학문 분야는 향후 탄생되지 않을 것이다. 자본주의 사회에서 시장보다 더 필요하고 동시에 중요한 것은 분명히 없었고, 또한 없을 것이다.

Kotler는 마케팅 개념의 진화를 〈표 1-1〉에 나타내고 있다.

Dev · Buchman · Bowen은 Cornell HRA Quarterly의 논문을 분석하여, 50년 동안

그림 1-2 소비자 보호주의시대. 카지노 호텔에서는 게임 중 고객들이 담배를 많이 피우게 된다. Progressive Games Inc.에서는 카지노 호텔을 대상으로, 재떨이에 담배를 놓아 두었을 때 연기를 100% 흡수하는 장치를 개발하여, 비흡연 고객들을 보호하는 consumerism을 실천함.

그림 1-3 그린 마케팅시대

의 환대산업 마케팅 초점 분야를 발표한 바 있다. 그들에 의하면, 1960년대는 촉진, 1970년대는 제품 개발 및 시장 조사, 1980년대는 매출 관리 및 브랜드 개발, 1990년대는 고객 만족과 충성도, 2000년대는 인터넷, 웹마케팅, 2010년대에는 모바일 마케팅 기술(RFID, GPS 등)이 초점이라고 발표한 바 있다.

표 1-1 마케팅 개념의 진화

1950s(전후시대)	1960s(급 성장)	1970s(혼란)
• 마케팅 믹스 • 제품수명주기 • 브랜드 이미지 • 시장세분화 • 마케팅 개념 • 마케팅 결산	• 4P • 근시안적 마케팅 • 라이프스타일 마케팅 • 마케팅 개념의 확장	• 표적 설정 • 포지셔닝 • 전략적 마케팅 • 서비스 마케팅 • 사회적 마케팅 • 사회 지향적 마케팅 • 거시 마케팅
1980s(불안정)	**1990s(일 대 일)**	**2000s(재무 주도적)**
• 마케팅 전쟁 • 글로벌 마케팅 • 브랜드 이미지 • 지역 마케팅 • 메가 마케팅 • 직접 마케팅 • 관계 마케팅 • 내부 마케팅	• 감성 마케팅 • 체험 마케팅 • 인터넷/e비즈니스 마케팅 • 스폰서쉽 마케팅 • 마케팅 윤리	• ROI 마케팅 • 브랜드 자산 마케팅 • 고객 자산 마케팅 • 사회적 채임 마케팅 • 소비자 권한 강화 • SNS 마케팅 • 종족주의 • 진정성 마케팅 • 공동 창조 마케팅

출처:Kotler(2010) Market 3.0-From Products to Customer to Human Spirit

 마케팅이란 무엇인가?

앞에서 언급되었듯이 마케팅의 정의를 내린다는 것은 불가능하다. 1948년도에 미국 마케팅협회(AMA:America Marketing Association)는 '생산자로부터 소비자 또는 사용자에게 재화 및 서비스가 유통되도록 하는 기업 활동의 수행'이라는 최초의 정의를 내린 바 있다. AMA는 또한 1985년도에 현재 가장 대표적으로 통용되고 있는 정의를 내렸는데, '개인과 조직의 목표를 만족시키는 교환(exchange)을 창조해내기 위한 아이디어, 제품, 서비스에 대한 개념, 가격, 촉진, 유통을 계획하고 집행하는 과정'이 그것이다. 그러나 위의 정의는 기업의 입장에서만, 그것도 마케팅의 기능적 측면만 묘사한 것에 불과하다.

불가능한 마케팅의 정의를 내리는 데에 시간을 허비할 필요가 없다. 대신에 마케팅의 진정한 의미와 철학을 여러 각도에서 단계적으로 고찰해보고 이해하는 데에 본 절의 학습 목표를 둔다.

재화
경제학에서 일반적으로 통용되고 있는 용어인 재화(goods)와 경영학에서 일반적으로 사용되고 있는 용어인 제품 혹은 상품(product)은 유사한 의미로서 앞으로 제품으로 통일함.

1. 마케팅의 연구 방법

1-1. 마케팅의 학문적 특성

철학

BC 6세기 전반기의 고대 Greece인 Thales가 철학의 선조로 알려지고 있으며, 이후 철학은 사고, 탐구의 이상적 방법을 연구하는 논리학; 이상적 형식, 아름다움에 대한 예술 철학인 미학; 이상적 행위에 관한 윤리학; 이상적 사회 조직에 관한 정치 철학; 모든 사물의 궁극적 실재, 물질과 정신의 상호 관계에 대한 궁극적 본성에 관한 형이상학(metaphysics) 등 여러 부문으로 확산되었음.

지각

지각은 감각(5관의 경험) 등 환경에서 오는 정보를 해석하고, 의미 있는 형태로 수용·처리하는 과정임. 인식(cognition)과 유사한 의미인 용어임.

철학

고대 Greece어의 '무엇에 대한 사랑'이라는 의미의 'philo'와 지혜라는 의미의 'sophia'가 합성된 용어임.

과학이 과정을 관찰하고 수단을 인출해내는 분석적 기술이라면, 철학은 여러 목적을 비판하고 조절하는 종합적 해석이라고 할 수 있다. 모든 과학은 철학으로 시작되어 기술로 끝나고, 철학은 미지의 것에 대한, 또는 부정확하게 알고 있는 것에 대한 가설적 해석이다. Spencer는 《제 1원리(First Principles)》에서 과학은 부분적으로 통일된 인식이며, 철학은 완전히 통일된 인식이라고 표현한 바 있다.

학문은 지식(knowledge)을 제공하지만 그 용도를 가르쳐주지 않는다. 물론, 지식을 습득한다는 것도 쉬운 것이 아니다. 무질서한 자극(stimulus)으로부터 감각(sense)이 생성되고, 질서정연한 감각으로부터 지각(perception)이 형성되며, 질서정연한 지각으로부터 개념(concept)이 완성되지만, 지식은 개념보다 상위 개체다. 지식에 대한 관찰과 경험을 통하여 한 차원 더 진전되고, 그 용도를 알 수 있을 때, 지식이 곧 최종적 학문의 목적인 지혜(wisdom)가 되는 것이다.

지혜를 가르쳐주는 것이 철학이며, Plato가 Immanuel Kant보다 우수하다고 평가받는 이유가 그것이다. 즉 Plato는 철학자들에게 학교 교육만이 아니라 생활을 경험시키며, 사색보다는 행동, 곧 실생활과 밀착된 지혜인 능동적 교양을 중시했다. 19세기 후반 탄생한 미국적 실용주의(pragmatism) 철학의 근원도 바로 지혜다.

《Democracy and Education》의 저자이며 교육학의 아버지인 John Dewey의 도구주의 역시 지혜에 대한 강조에 바탕을 두고 있다. 지성적 지식은 행동의 수단과 도구로서의 의미를 가질 뿐이며, 삶에 있어서의 유용성이 진리의 가치를 갖게 된다는 것이다. 《논어》에서도 학문의 목적은 실행에 있다고 말한다. 교활한 자는 학문을 경멸하며, 단순한 자는 학문을 찬양하고, 현명한 자는 학문을 이용한다. 학문을 이용하여 지식을 지혜로 승화시킬 수 있을 때 학문의 목적이 달성된다는 것이다.

1-2. 마케팅은 귀납적 학문

그러한 이유로 마케팅의 연구 방법은 연역적보다는 귀납적이어야 한다. 과학은 선험적 추론(연역적)과 귀납적 실험의 끊임없는 교류다. 연역법이 합리론이라면, 귀납법은 경험론이다.

그러나 Francis Bacon은 인간 고난의 원인을 독단과 연역법, 즉 명제를 의심의 여지 없이 출발점으로 삼고, 이러한 전제 자체를 관찰과 실험에 의해 검토하려 하지 않기 때문에 새로운 진리를 찾지 못한다고 했다. Francis Bacon은 귀납법이 오류에 의해 만들어진 모든 왜곡을 없앨 것이라고 생각하며, 학문은 모든 경험에 입각하는 것이므로 자연 그 자체를 고찰하는 귀납법적 고찰만이 귀결이라고 했다. 확신을 갖고 시작하는 자는 결국 회의에 빠져들지만, 회의를 갖고 시작하는 자는 결국 확신을 할 수 있다.

이는 귀납법의 필요성을 역설하는 문구다.

물론 연역법에 의해서 많은 학문이 발전되어 왔다. Charles Darwin은 Malthus의 《인구론(Essay on the Principle of Population)》을 통하여 인구 증가가 식량 공급 증가보다 빠르며, 그 결과 생존 경쟁이 이루어진다는 추론 하에 '적자 생존의 법칙(the survival of the fittest)'을 만들어냈고, Albert Einstein은 Isaac Newton의 명제인 빛은 직선이 아니라 곡선으로 움직인다는 가설을 통하여 별의 위치가 약간 기울어진 곳에 있다는 사실을 증명했다.

그러나 마케팅의 이론은 빛의 움직임과 같은 사실이 결코 아니다. 과거 Malthus의 《인구론》 이론조차도 현 시대에서는 적용되지 않는다. Malthus는 인구 증가는 출생률만이 아니라, 이민자의 유입이 있다는 사실과 농업, 공업, 의학 등의 혁명적 발전을 예견하지 못했기 때문이다. 근대 철학의 아버지이며 "나는 생각한다. 고로 존재한다(cogito ergo sum)"의 Rene Descartes는 이성과 사고를 강조하며 회의의 여지를 남기지 않는 명증적 진리로부터 연역법을 탄생시켰다.*

Descartes는 먼저 일반적이며, 보편적인 원리를 설정한 후, 특수한 내용들을 그에 따라 설명하며, 경험을 원리에 추종시키는 방법을 최선의 방법으로 제시함.

연역법은 대수학, 기하학 등 변하지 않는 사실을 다루는 학문에만 적합한 방법이다. 사회과학에 있어서 모든 연역적 방법은 위험할 수밖에 없다. 자연과학에서도 위험성이 없는 것은 아니다. 1758년에 혜성이 나타날 것이라고 예언했던 Hally의 가설이 입증되고, 지금도 지속되지만 Hally 혜성의 미래는 아무도 장담할 수 없다.

마케팅의 연구 방법은 연역적보다는 귀납적이어야 한다. 귀납법이란 모든 사실의 단순 열거를 의미하는 것이 아니다. 마케팅의 연구 방법은 평야에서 짐승을 포획하고자 할 때 범위를 좁히고 포위해야 하는 것과 같이, 사실을 분류하고 가설을 제거하는 기술이 동반되어야 한다. 모든 분석에 있어서 문제의 범위를 좁힐수록 그 처리는 용이해진다. 연역법을 제시했던 Descartes도 자신의 철학 연구를 위하여 모든 사유물을 물에 버렸다고 한다. 우리의 실생활에서도 마찬가지다. 무엇을 찾으려고 할 때 평소 있었던 곳에 없으면(연역법의 실패) 당황하게 되고, 이 곳 저 곳을 찾아 결국 그 물건을 찾게 되는 경우가 많다(귀납법의 성공).*

휴대폰 제품이 몰리는 경향이 있는 장소를 무게 중심(centre of gravity)이라고 함. 무게 중심은 물건을 찾을 때 습관처럼 가장 먼저 확인하는 곳이기도 함.

2. 마케팅은 경험적 지식(experiential knowledge)

《명심보감》에 의하면, 한 가지 일을 경험하지 않으면 한 가지 지혜가 자라지 않는다고 한다. 마케팅의 지혜는 철저히 경험으로부터 탄생된다. 《체험 마케팅(Experiential Marketing)》의 저자 Bernd H. Schmitt은 "이 시대의 제품들은 단순히 기능과 혜택의 집합체가 아니라, 소비자들에게 삶의 체험을 제공하는 도구이며, 긍정적 혹은 부정적 체험을 강화하는 매개체다"라고 주장한다.

그러나 필자가 여기에서 피력하고자 하는 것은 위와 같이 제품 혹은 제품과 관련된 소비자의 체험에 초점을 맞추자는 의미가 아니다. 필자가 피력하고자 하는 것은 원인과 과정과 목적이 되는 광의의 의미인 시장의 경험이다.

필자가 마케팅 교육에 있어서 가장 중요시하는 것은 사례 연구다. 실제로 대다수의 학생들이 그 효과에 찬성하고 있다. Schopenhauer는 《여록과 보유(Parerga und Paralipomena)》라는 저서에서 독서를 많이 하는 자일수록 창의력이 저하된다고 했다. 마케팅 학습은 마케팅 교재를 많이 읽고, 이론을 외우는 것보다는 상황에 따른, 시대에 따른 상황적합(contingency) 이론에 익숙해지도록 유도되어야 한다.

2-1. 마케팅의 공식

법관의 역할을 수행하기 위해서는 모든 법 조항을 알고 외워야 한다. 수학의 인수분해를 하기 위해서는 기본적인 근의 공식을 이해해야 한다. 회계장부를 작성하기 위해서는 손익계산서(profit and loss statement), 대차대조표(balance sheet)의 작성 지침을 알아야 한다. 이와 같이 대다수 학문 분야에 있어서는 필수적으로 외워야 할 것이 매우 많다. 의학, 과학 등 이공계 분야에서는 더욱 그렇다. 그러한 학문에서는 변하지 않는 사실(fact)이 많다. 또한 위의 학문 분야들과 유사하게 철학, 종교학, 윤리학 등의 학문 분야에서는 쉽게 변하지 않는 진리(truth)가 있다.

그렇다면 마케팅은 어떠한가? 아마 소비자의 욕구(needs)와 필요(wants)에 부합되는 제품과 서비스, 같은 의미로 소비자의 문제(problem)를 해결할 수 있는 제품과 서비스를 창조해내야 한다는 것이 유일한, 그리고 변하지 않는 공식인 진리일 것이다.

한 마디로 마케팅은 entropy(무질서의 정도)가 넘쳐흐르는 학문이다. 공식과 진리가 없기 때문에 마케팅은 자유분방한 학문이며, 또한 매력적인 연구 분야다. 어쩌면 의학보다도 우수한 학문이다. 의학은 자칫하면 음이 틀리기 쉬운, 매우 정교하게 세공된 악기다. 의학은 경우에 따라서 생체 해부도 해야 하나, 그것은 불가능한 일이다. 마케팅은 모든 생체(시장, 기업, 환경)를 항상 해부할 수 있기 때문에, 연구하고자 하는 목적을 언제든지 달성할 수 있다. Carlyle이 우울한 과학이라고 표현한, 역사적으로 수많은 천재들을 바보로 만들었던 경제학과 비교할 때 얼마나 매력적인 학문인가?

2-2. 마케팅의 심판

시장의 힘은 정확하고, 전지전능하며, 그 심판은 매우 준엄하다. 스포츠와 비교하여 예를 들어본다. 여러 팀 중 인기있고 실력있는(경쟁) 두 팀(공급)이 경기를 가질 경우, 분명히 많은 관객(수요)이 모일 것이고 흥행에 성공할 수있다. 그러나 그 경기의 승자를 결정하는 것은 심판이지 관객이 아니다. 그 심판은 객관적이기 어려우며, 100% 정확하기는 불가능하다. 이러한 의미에서 스포츠는 비과학적일 수밖에 없다(〈표 1-2〉 참조).

그러나 마케팅에서의 심판은 복합적이며, 철저하게 과학적이다. Adam Smith가 언급했던 '**보이지 않는 손**'이 곧 심판이며, 궁극적으로 그 심판은 소비자인 것이다. 승자와 패자는 전적으로 소비자에 의해서 어떠한 이해 관계도 없이 정확하게 결정된

표 1-2 스포츠, 전쟁, 마케팅의 비교

구분 / 내용	스포츠	전쟁	마케팅
목적	최선을 다함	이기는 것	올바른 마케팅 행위
규칙	엄격함	없음	단 하나인 마케팅 공식
심판	주관적 소수, 100% 존재	없음	보이지 않는 손, 절대 다수 소비자
윤리	중요	없음	매우 중요
부산물	명성, 승리	승리	명성, 시장점유율, 이익

다. 즉 시장은 아무리 강력한 힘을 가진 그 무엇이라고 하여도 도저히 통제되지 않으며(적어도 자본주의, 민주주의 사회에서는), 그 심판은 정확하다는 것이다. 장기적 관점에서 마케팅에서는 Maradona의 '신의 손(la mano de Dios)에 의한 승리'란 없다. Aristoteles가 언급했듯이 다수는 소수보다 부패하지 않는다. 시장의 절대 다수인 소비자가 시장의 법칙을 정하기 때문에 시장의 심판은 균형적이고, 객관적이다. Abraham Lincoln의 말을 상기해보자. "모든 사람은 한 번 속일 수 있고, 한 사람은 영원히 속일 수 있지만, 모든 사람을 영원히 속일 수는 없다."

2-3. 마케팅 이론의 단명성

마케팅에서 소비자와 관련된 것 외에는 변하지 않고, 진리와 동등한 공식이 있을 수 없다. 그렇다면 무수히 많은 마케팅 교재와 논문과 보고서에서 열거되고 있는 이론은 무엇인가? 수학에서의 근의 공식과 같이 분명히 변하지 않는 진리인가? 물론 결코 아니다. 그 모든 이론들은 마케팅이 정착되기 시작한 1950년대보다 훨씬 오래 전인 원시시대로부터 인간과 기업들이 꾸준히 경험하고, 배우고, 시행착오를 거듭하며, 가장 최적이라고 현 시점에서만 인정되고 있는 것들이다. 현재의 마케팅 이론들은 분명히 변한다. 소비자와 환경은 향후 과거 어느 때보다도 보다 빠르게, 보다 다양하게, 상상하기 어려울 정도로 급격히 변할 것이기 때문이다.

2-4. 마케팅에서 실패의 의미

역사에 문제가 있다면 대부분이 승자에 의해 기록되고 보존됐다는 것이다. 역사에는 권력이 개입되어 있는 글(정사)이 있고 입으로만 전달되는 야사가 있다. France 극작가 Jean Cocteau는 "역사는 끝내 거짓으로 판명되고, 신화는 끝내 사실로 판명된다"라는 말을 했다. 그러나 마케팅에 있어서는 성공으로부터 얻은 지식 못지 않게 실패로부터 얻는 지식 또한 매우 중요하다.

'실패는 성공의 어머니'란 유명한 말을 남긴 Thomas Alva Edison은 전구를 발명하는 과정에서 무려 2,000번을 실패했다. 그러나 그는 2,000번의 실패를 성공을 위한 전구보다 더 위대한 발명품이라고 할 수 있는 세계 최초 민간연구소 Menlo Park에서 발명된 전구의 filament 개발에 약 6,000종의 식물이 테스트되었음. 연구원들은 Thomas Edison을 '실수 잘 하는 사람'이라는 의미의 'mucker'라는 별명을 붙임. Menlo Park에서는 전구 이외에도 전화, 축음기, 영사기, 확성기, 복사기, 전기 fuse, 전기 기차 등 천 개 이상의 특허를 획득함.

2,000개의 계단이라고 표현했다.* "시련은 있어도 실패는 없다"는 고 정주영 회장의 철학과 같은 맥락이다. Edison은 1,093가지의 발명품을 만들었으나 그 외 실패는 헤아릴 수 없다. 축전지 발명에는 무려 5만 번을 실패했다. 그가 창시한 General Electric에는 실패 사례에 대한 문서가 대외비로 항상 저장, 이용되고 있다.

세계 최연소 자수성가형 여성 부호로 Time에 세계에서 가장 영향력있는 100인에 뽑힌 SPANX의 경영자 Sara Blakely는 "실패란 성공하지 못한 것이 아니라 아무 것도 시도하지 않은 것"이라는 말을 했다. Edison과는 실패에 대해 전혀 다른 관점이다. 필자는 분명히 Edison의 사상이 옳다고 생각한다. 유명 영화감독 Woody Allen의 말이다. "한 번도 실패하지 않았다는 것은 새로운 일을 전혀 시도하고 있지 않다는 신호다."

전 대통령 이명박은 "실패는 자산……재기 못하면 낭비"라는 말을 남겼다(본인의 미래를 정확히 예언했다). 영국의 Baring Bank가 직원 한 사람 때문에 도산이 된 후, 그 직원이 미국의 은행에 고액으로 스카우트됐던 유명한 일화가 있다. 미국의 은행들은 엄청난 실패의 교훈을 배우고자 했던 것이다. 중국 춘추전국시대에 3,000여 개의 나라가 흥망성쇠를 거듭하며 공자, 맹자, 순자, 노자, 장자 등 수많은 현인이 배출됐다. KFC의 정신적 지주 Colonel Sanders는 65세에 2년 동안 1,009번의 퇴짜 끝에 처음으로 치킨을 한 조각 당 4₵에 판매하기 시작했다. Abraham Lincoln은 40대 후반까지 선거에 8번 낙선했고, 모든 사업에서 실패했다. Michael Jordan은 선수 시절 9,000번의 슛을 실패했고, 300경기에서 졌다.

Tolstoy의 유품을 정리하다 그의 방 안이 실패작 천지였다는 사실이 밝혀졌다. Shakespeare의 평생 154편 시 중 단지 몇 개만, Darwin의 119편 논문 중 진화론 외 몇 개만, Freud의 650편 논문 중 소수만이 알려져 있다. Gogh의 수백 개 작품 중 생전에 팔린 그림은 단 한 개였다. Mozart의 600편 발표 곡들도 대부분이 실패작들이었다. 134회 도루를 시도해서 96회 성공, 즉 70%의 성공률을 기록한 Ty Cobb 선수는 많은 사람들에 의해 기억되고 있으나, 53회 도루 시도에 51회 성공한(96% 성공률) Max Carey 선수나 그 기록은 거의 기억되지 않고 있다.

2018년 8월 초 세계 최초로 시가 총액 1조$를 넘어섰던 세계 최고 기업 중 하나인 Apple*의 고 Steve Jobs도 Apple Ⅲ(1981), Lisa(1983), NEXT Computer(1989), Macintosh Potable(Apple 최초의 laptop 컴퓨터, 1989), Macintosh TV(1993), QuickTake(디지털 카메라, 1994), Puck Mouse(1998), G4 Cube(2000), iPod 케이스(2004), iTunes폰(2005), Apple TV(2007), iPod Hi-Fi(고음질 스피커) 등 무수한 실패를 경험한 바 있다.

2018년 8월 기준, 국내 증시 시가 총액이 약 1,700조(코스닥 제외)임을 감안할 때, Apple의 시가 총액 1,100조 원은 엄청난 액수임.

2-5. 마케팅의 스승: 시장의 경험

과거와 현재의 경험은 분명 마케팅의 근원이다. 우리는 우주의 'big bang'을 알 수 없지만 이후에 일어난 증거로 'big bang'을 증명한다. 마케팅에서의 과거는 그러한 방식으로 이용돼야 한다. 과거는 먼 것처럼 느껴지지만 결코 사라지지 않는다.

국내 호텔·관광 학계의 마케팅 교육은 지나치게 이론 위주로 치우치고 있다. 범세계적인 현 시대에 있어서 성공과 실패의 사례는 무수히 발생되고 있다. 국내외 환대산업의 동향, 정보, 사례를 파악하고 분석하여, 그로부터 지식, 나아가 지혜를 얻을 수 있는 학습 방법으로의 전환이 무엇보다도 필요하다. Scholar 철학파(Scholasticism)가 종말을 고한 이유가 바로 여기에 있다. Scholar 철학은 이용과 관찰로부터의 지식 절연이라는 암 세포를 제거하지 못했으며, 경험주의 대표 학자인 Bacon의 경험적 지식에 대한 논리 뒤로 쇠퇴했던 것이다.

마케팅은 철저한 응용 과학이며, 그 원천은 경험으로부터 얻은 지식과 지혜에 있다. Kant의 《선험적 분석론》에 기술되었듯이, 과학의 일반 원리는 궁극적으로 과거, 현재, 미래의 모든 경험에 포함되고, 전제되는 사고의 법칙이라는 사실을 마케팅을 연구하고, 학습하는 모든 사람들이 수용해야 한다. 시장의 모든 현상은 원인과 결과(cause and effect)가 있다. 국내에서 결혼 플래너라는 직종이 오랜 기간 동안 시장에서 활동을 해왔는데, 2014년에 새롭게 등장한 직종이 있다. 그것은 바로 이혼 플래너다.

결론적으로 마케팅은 철저한 경험적 지식이다. 마케팅의 모든 학문적, 이론적 근원은 시장이 가르쳐주며, 모든 사업과 경영에 대한 심판은 시장이 내린다. 그 시장은 헤아릴 수 없이 복잡하지만 정확하며, 모든 것을 초월한 전지전능한 것이기 때문에 우리는 시장의 경험에 의해서만 배워 왔고, 또한 영원히 시장에서의 경험을 통해서만 배울 수 있다.

3. 소비자의 욕구와 필요 그리고 문제 해결

마케팅에서 가장 중요한 것은 유일한 공식인 소비자의 욕구와 필요를 파악하고, 만족시키며, 문제를 해결해야 한다는 것이다. 그것을 위하여 기업은 그에 맞는 제품을 생산하고, 교환하여 가치(value)를 창출시키고 있다. 이와 관련하여 Kotler는 '마케팅이란 제품과 가치를 창조하고 타인(타 기관)과의 교환을 통하여 개인들과 집단들의 욕구와 필요를 충족시키는 사회적, 관리적 과정'이라고 마케팅의 정의를 내리고 있다.

3-1. 욕구, 필요, 문제, 가치, 교환의 개념

욕구(needs)

욕구(needs)란 부족을 느끼는 상태(state of felt deprivation)를 의미한다. 즉 욕구란 인간이 만족하기 위해 충족시켜야 하는 기본적인 조건들이며, 그것을 위해 대상을 찾거나, 대상이 없거나 부족할 때에는 만족의 정도를 감소시켜야 한다. Maslow는 〈그림 1-4〉와 같이 여러 형태의 욕구를 단계(hierarchy)별로 정리하고 있다.

Baruch de Spinoza의 《Ethica》에 의하면, 모든 욕구는 불충분한 관념으로 생길 때

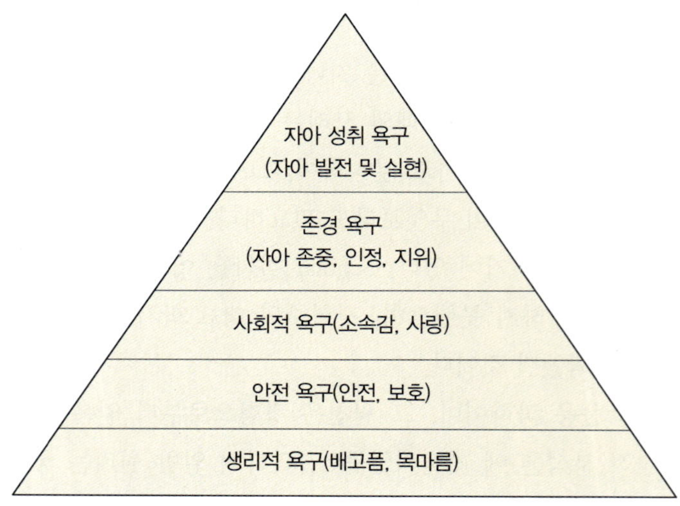

그림 1-4 A. H. Maslow의 욕구 단계

'덕'이라고 한다. Plato는 인간의 욕구와 본능을 적절히 연구하지 못하는 것이 모든 문제의 원인이라고 지적한 바 있다. 미국 Ohio State University의 학자들은 Psychological Assessment라는 학술지에 총 300가지의 인간 욕구 중 인간의 행동을 결정하는 기본적인 욕구 15가지를 발표한 바 있다. 그들의 연구에 의하면, 인간의 모든 욕구는 15가지 유형 내에 모두 포함된다고 한다. 이 욕구들을 필자는 Freud가 분류한 인간의 성격에 맞춰 〈표 1-3〉에 제시하고 있다.

표 1-3 인간의 기본적인 15가지 욕구

성격 형태	욕구 형태
원본능(id): 성적, 공격적 본능으로 고통을 피하고 즐거움을 얻으려는 본능	• 먹으려는 욕구 • 성적인 욕구 • 감정이 상했을 때 복수하려는 욕구 • 고통이나 근심에서 벗어나려는 욕구
자아(ego): 현실을 고려하는 본능	• 배우려는 욕구 • 사회로부터 거부당할지 모른다는 두려움을 회피하려는 욕구 • 육체적인 운동이나 활동을 하려는 욕구 • 하루 하루를 질서정연하게 꾸려나가려는 욕구 • 스스로 결정하려는 독립 욕구 • 다른 사람들과 접촉하려는 욕구 • 가족과 시간을 함께 보내려는 욕구 • 다른 사람들의 이목을 받고 싶어하는, 명성을 위한 욕구 • 공공 서비스를 받고, 사회적 일원이 되려는 시민으로서의 욕구 • 다른 사람에게 영향력을 미치고 싶어하는 권력 욕구
초자아(superego): 도덕적, 윤리적 본능	• 행동 규범에 맞게 행동하려는 도덕적 욕구

필요(wants)

인간은 'Machiavellian dance'(권모술수적인 움직임)의 본능을 갖고 있다. 여성들의 하이

힐, 푸시업 브라, 가슴 패드, 콜셋, 화장, 성형 수술 등이 그 대표적 예다. 물론 남성도 유형은 다르지만 마찬가지다. 인간의 필요는 무한하다.

필요(wants)란 욕구를 충족시키기 위한 여러 형태의 수단에 의하여 나타나는 열망으로서, 욕구가 모든 인간에 있어서 공통적으로(정도의 차이는 있으나) 존재하는 반면에, 필요는 다양한 개인 특성에 따라 다르게 표출되고 있다는 것이 차이점이라고 할 수 있다. 배고픔이라는 동일한 욕구에 대해서 어떠한 사람은 단지 배고픔을 해소하기 위해 분식집에서 라면이나 빵을 먹음으로써 만족할 것이고, 어떠한 사람은 분위기있는 고급 레스토랑에서 좋은 음식을 먹어야 만족할 것이다. 즉 동일한 욕구에 대한 필요는 사람의 특성에 따라 다르게 표출되는 것이다(〈표 1-4〉 참조).

표 1-4 유도된 감정에 따른 갈망 음식(총 200명 대상)

	불안	행복	사랑	자신감	우울함
샐러드	2	5	12	11	6
스프	6	1	0	2	6
달걀	2	1	2	3	1
생선	0	4	4	15	3
육류	11	29	28	26	23
가금류	0	3	1	6	5
찜 냄비요리	2	6	2	8	3
패스트푸드	6	12	6	4	2
채소	3	23	16	11	18
치즈	1	6	4	6	0
과일	6	11	1	7	7
샌드위치	8	4	2	3	3
디저트	3	15	10	1	3
우유	5	2	1	0	2
주스	2	1	0	1	0
건강 간식	20	13	9	7	8
비 알코올 음료	11	6	3	6	8
알코올	0	6	14	3	0
아무것도	19	3	18	7	17
아무거나	4	8	12	14	5
잘 모르겠다	2	3	6	3	9

출처: Doreen Virtue(2012), 《당신이 자꾸 먹는 진짜 속마음》

욕망(desire)

마케팅의 관점이 욕구 중심에서 욕망(desire) 중심으로 이전한다는 주장을 하는 학자들이 늘어나고 있다. 따라서 이성적 합리성에 기반해 의사결정을 내리는 'homo economicus'적 소비자를 전제로 하는 욕망 중심적 연구들이 진행되고 있다. 인간이 합리적 사유와 이성적 논리에 따라 행동한다는 Descartes의 철학 패러다임에 반론을 제기했던 Spinoza, Schopenhauer, Nietzsche, Freud, Hegelian, Lacan, Foucault, Deleuze 등의 철학적 사상에 동조하는 학자들의 주장이다.

욕망이란 특정 대상을 추구하도록 동기화되어 이것을 지속적으로 인식하는 심리 상태로서, 특정적 대상을 열정적으로 갈망하는 상태를 의미한다. 즉 욕구와 유사한 개념이나 행동을 유발하는 강도는 욕망이 욕구보다 훨씬 크다.

욕구, 필요, 욕망의 비교

〈표 1-5〉와 〈표 1-6〉에 주요 욕망 이론 및 욕구, 필요, 욕망의 비교를 제시한다.

표 1-5 주요 욕망 이론

욕망 유형	철학 이론	내용
존재 욕망	Spinoza의 Conatus	인간이 자신의 존재를 유지하고 보존하고자 하는 욕망
성적 욕망	Freud의 Libido	생물학적·생리적 욕망뿐만 아니라 무의식에 잠재된 성적 에너지
권력 욕망	Nictzsche의 권력 의지	타인이나 사물을 힘으로 지배하려는 욕망
승인 욕망	Hegelian의 인정 투쟁	사회 속에서 살아가는 인간이 다른 사람에게 승인받고 인정받기를 바라는 열망

출처:DBR August 2012 Issue 1, No.110

표 1-6 필요, 욕구, 욕망의 비교

발생	욕구(need)	필요(want)	욕망(desire)
대상과의 관계	고정적	개방적	개방적
데카르트적	개방적	개방적	특정적
주체 관계	육체	정신	정신과 육체
표현 방식	필수품	소망	열정
기원	사회적 제도의 자연화	개인적 신호	현대 구조의 전략
정의 및 개념	물리적·육체적 결핍을 채울 수 있는 필수품의 모습으로 고정적으로 발생	육체적 관계를 넘어 심리적 관계에서 발생하는 소망	• 특정 대상을 열정적으로 갈망하는 상태. • 육체적 관계(필요)와 심리적 관계(욕구)를 넘어 사회적 관계까지 포괄하는 차원에서 발생. • 욕구보다 행동을 유발하는 강도가 강력함

출처:Belk(2003), The Fire of Desire:A Multisited into Consumer, Journal of Consumer Research, 30(3),326-351

결론적으로 마케팅의 제 1의 'key word'인 욕구는 언젠가는 욕망으로 바뀌어야 할지 모른다. 깊이 생각해 본다면, 현대 사회에 있어서 욕구보다 욕망이 인간 마케팅 행위의 근본을 보다 현실적으로, 현시적으로 표현하고 있기 때문이다. "문은 두드려야 열린다"라는 말이 있듯이, 욕구, 즉 부족한 것을 느끼는 상태 자체보다는 부족한 것을 채우려고 열망하는 욕망이 마케터의 대상이 될 수 있다는 것이다. 그러나 필자는 욕구를 대표 용어로 사용하고자 한다. 아직 욕망이 더 적합하다는 확신이 서지 않기 때문이다.

문제, 가치, 교환

문제(problem)는 궁극적인 만족감과 욕구 및 필요와의 차이로서, 그 차이가 적을수록 그 제품 및 서비스는 소비자의 문제를 더욱 잘 해결하게 된다. 가치(value)는 소비자가 자신의 욕구를 만족시키는 제품과 서비스의 모든 능력에 대한 최종적 평가를 의미하는데, 이 가치는 교환(exchange)에 의해서 결정된다. 가치의 유형은 ①금전적(financial), ②시간적(temporal), ③기능적(functional), ④경험적(experiential), ⑤감성적(emotional), ⑥사회적(social) 등 크게 6개로 구분된다.

가치를 낮추는 주요 요인 중 대표적인 것은 소비자들의 지각된 위험(perceived risk)이다. 행동과학자들은 소비자들의 위험에 대한 지각의 유형을 ①금전적(monetary), ②기능적(functional), ③물리적(physical), ④사회적(social), ⑤심리적(psychological) 위험으로 나누고 있다.

즉 소비자는 욕구와 필요, 그리고 문제 해결을 위하여 금전적, 시간적, 정신적 희생을 하게 되고, 그에 대한 대가로 기업의 제품 및 서비스를 선택함으로써 교환이 이루어진다. Adam Smith를 중심으로 하는 고전학파의 기초는 인간의 공통적 욕구, 즉 "모든 인간은 보다 잘 살고 싶어한다"라는 명제이며, 이를 위하여 인간의 교역 본능을 잘 이용하는 것이 부의 첩경이라고 그는 주장한 바 있다.

교환은 곧 **가치 창출의 과정(value creating process)**이다. Adam Smith의 '다이아몬드와 물의 역설'에 의하면, 왜 반짝이고 단단한 돌이 생명의 근원인 물보다 비싼지를 알 수 있다. 물은 어디에서나, 누구나, 손쉽게 얻을 수 있지만, 다이아몬드는 그 희소성으로 인하여 그것을 소유할 때 누구에게나 인정을 받을 수 있는 가치가 높기 때문에 물과는 교환되지 않는다.

Guess는 사업 초기에 24인치 이하의 청바지만 판매했다. 허리가 날씬한 여성들은 (과시하기 위해서라도) Guess만을 입었다. 이것 역시 희소성의 가치를 나타내주는 좋은 예다. 희소성을 잘 이용했던 대표적 기업은 Nintendo다. Nintendo는 Wii의 신제품 출시 시 전체 시장의 물량을 모두 유통시키지 않았다. 고객들은 항상 기다려야 하고, 유통업자들은 Nintendo와의 협상 시 자세를 낮출 수밖에 없었다. **Collaboration**에 있어서(제7장 참조) 세계적 대표 기업 중 하나는 H&M(Hennes&Mauritz)이다. H&M은 매년 세계적 디자이너와 제품을 제작해서 한정 판매를 하는데, 그 제품은 몇 일 전부터 줄을 서도 구하지 못할 정도로 희소성을 갖고 있다. 그럼에도 불구하고 H&M은 연 1~2회만 실시하고 있다. H&M 제품의 가치는 계속 오르고 있다.

시간적
UPS Store, FedEx Kinko's, PostNet 등의 기업은 시간적 가치 제고에 공헌을 한 대표적 사례임.

경험적
예를 들어 고객이 서비스 과정에 직접 참여하는 경우.

McDonald's의 대표적 실패 메뉴 McRib도 희소성이라는 신 무기로 다시 부활했다. 갈비 모양이나, 실제로 돼지고기 패티를 재료로 했던 McRib은 인기가 없어 메뉴에서 사라졌으나, 10여년 후 특정 도시, 특정 매장에서만 한정 판매(처음 한 달 간 Kansas City, Atlanta, LA에서만, 두 달 후에는 Chicago, Dallas, Tampa에서만)를 했다. 그러자 소비자들은 McRib에 관심을 보이기 시작했고, Facebook에 "McRib을 부활시켜달라"는 항의의 글들이 쇄도했으며, Twitter에는 McRib 예찬론과 McRib 매장에 대한 이야기가 끊이지 않았다.

필자는 2004년까지 핸드폰이 없었다. 당시 한국호텔경영학회의 부회장 시절, 임원 명단에 모든 임원의 모든 핸드폰 번호가 적혀 있었으나, 필자의 난에만 '없음'으로 적혀있었다(빈 공란이 아니라). 모든 회원들은 오직 필자의 핸드폰 번호만 정확히 알고(?) 있었다. 희소성이란 교환에 있어서 그만큼 중요한 요소다. Hermes는 자신의 브랜드를 지키기 위해 재고는 모두 불태운다고 한다.

"구매자가 돈을 지불하는 이상 모든 것은 가치가 있다." 기원 전 1세기 Publilius Syrus의 이야기이다. 소비자의 욕구와 필요에 대한 복합적, 최종적 평가인 가치는 교환의 유무, 교환의 상대적 가중치에 의해서 결정된다. Stanford대학 Bryan Knustson의 뇌 반응 조사에 의하면, 소비자는 ①제품을 보고 마음에 들면, ②가격을 보고, ③양 측의 합리성을 저울질한 후 구매를 한다고 한다. ③의 과정이 곧 가치를 의미하며, 동시에 교환을 의미한다. 행동경제학에서는 이 과정을 **심리적 회계**(mental accounting)라고 부른다. **심리적 회계**란 제품 구매 시 마음 속에 제품별 회계장부를 만든 후 제품 구매에 따른 비용과 혜택을 비교하는 심리적 과정을 의미한다.

3-2. 욕구, 필요, 문제의 진정한 의미

욕구와 필요의 진정한 의미

욕구와 필요의 진정한 의미는 무엇일까? 소비자는 제품을 구매한다. 구매되지 않는 제품은 제품이 아니다. 박물관의 소장품에 지나지 않는다. 구매되지 않는 이유는 소비자의 근원적 욕구가 없기 때문이다. 이 근원적 욕구가 바로 가치있는 보물인 것이다.

소비자들이 구매하는 제품들은 외형적인 것에 불과하다. 송곳을 구매하는 소비자들에 있어서 진정한 욕구와 필요는 송곳 그 자체가 아니라 구멍이라는 것이다. 마케터들이 이 사실을 잘 이해하지 못한다면, 튼튼한, 스타일이 좋은, 포장이 멋있는 송곳을 만들기에 주력할 것이다. 그러나 보다 더 주력해야 하는 것은 송곳 끝의 규격과 구멍을 잘 뚫는 기능이다.

마케팅에 있어서 제 1의, 동시에 가장 중요한 사안은 소비자의 욕구와 필요를 정확하게 파악해야 한다는 것이다. 세계적으로 1980년 중반부터 크루즈 여행이 성장하기 시작하며, 1990년대 중반 Azure Seas는 단연 업계 1위로 부상한 적이 있다. 이 때 Azure Seas의 모토는 'We sell memories'였다. Charles Revlon에서 광고했던 "우리 기업은 공장에서는 화장품을 제조하지만, 상점에서는 희망을 판매한다"라는 문구가 소비자의 욕구와 필요에 대한 진정한 의미를 부여하고 있다.

휴대폰이 등장하며 대다수 사람들의 필수품이었던 beeper는 흔적도 없이 사라졌고, 재래식 카메라를 비롯해 필름, 스캐너, 의료 영상 장비 등 다양한 신제품을 쏟아냈던 Polaroid는 2001년에 파산했다.* 1970년대 미국 필름 시장의 90%, 카메라 시장의 85% 시장점유율을 차지했던 Kodak은 1957년 세계 최초로 디지털 카메라를 개발했으며, 세계 필름 시장의 2/3를 차지했었으나, 2012년 파산 보호 신청을 했다. 국내에서 단기간 크게 유행했던 포토방 역시 같은 운명이었다. 근본적으로 카메라의 운명은?

* 2005년 Petters Group에 인수되었으나 필자의 견해로는 회생불능임.

3-3. 근원적 욕구에 대한 고찰

위의 모든 사례를 잘 생각해보자. 어떠한 공통점이 있는가? 제품은 소비자의 문제를 해결하는 외형적 도구에 불과하다. 많은 기업들이 현재의(한 시점의) 필요에 집착하고, 근본적 욕구를 망각하여 수없이 실패해왔다.* 소비자의 근본적 욕구를 더욱 잘 만족시킬 수 있는 신제품이 출현하면 기존의 제품은 곧 대체되는 것이다.

* 이 의미는 매우 심오한 뜻을 갖고 있다. 이 의미를 이해하기 위하여 깊은 생각을 한다면, 욕구와 필요에 대한 이해가 분명히 증진될 것이다.

현재 지구상에서 존재하는 모든 제품 중 가장 대중적이고 성공한 제품은 스마트폰이다. 덕분에 삼성과 Apple은 세계 최고 기업의 반열에 우뚝 서있다. Motorola의 휴대폰이 beeper를 사형시키며 완전한 대체재가 된 이후, 고객 필요의 진화를 훨씬 능가하는 스마트폰의 진화는 마치 cheetah의 스피드+tyrannosaurus의 괴력+chameleon의 보호색 변신+개와 돌고래의 청각+뱀과 상어의 후각+독수리의 시력+인간의 미각과 지혜를 모두 합쳐 놓은 'all mighty' 동물과 같이 변신을 거듭하고 있다.*

* Cheetah는 100m를 3초에 주파, 돌고래는 물 속에 있는 임산부 내 아이의 심장 소리까지 들을 수 있으며, 개의 청각도 인간의 50배, 상어는 10Km까지도 냄새를 맡을 수 있다고 함.

삼성과 Apple 스마트폰의 미래?

삼성과 Apple이 현재 최고 기업인 것만은 분명하나, 또 다른 분명한 사실은 커뮤니케이션(특히 통화)이라는 근원적 욕구가 아닌 새로운 필요에 집착하고 있다는 것이다. 최고의 융합 제품으로 변신은 하고 있으나, beeper를 대체한 휴대폰의 핵심은 '직접 통화'였다. 삼성과 Apple의 스마트폰은 직접 통화를 크게 개선시키지는 못하고 있다. 개선된 것이 있다면 '통화가 잘 터지는' 것 정도다. 그것도 삼성과 Apple에 의해서가 아니라, 타 분야의 기술 발전에 의한 것이다. 즉 삼성과 Apple조차도 필요에 집착하고 있다는 사실을 주목해야 한다. 만약 '직접 통화'를 크게 개선시키는, 혹은 '직접 통화'를 다른 방법으로 개선하여 인간의 커뮤니케이션을 보다 원활히 할 수 있게 하는 제품이 출현한다면, 스마트폰은 대체된다. 이 논리는 스마트폰에 내재돼있는 각 기능들에게도 똑같이 적용된다. 그렇게 된다면(언젠가는 그렇게 될 수밖에 없다), '헤쳐 모여'됐던 기능들은 각각의 우수한 제품으로 다시 'dismiss' 될 것이다.

근원적 욕구에 대해 보다 깊게 생각해 보자. 소비자는 송곳을 구매하는 것이 아니라 구멍을 구매하는 것으로 이해했다. 그렇다면 구멍이 근원적 욕구일까? 우리에게 구멍이 필요한 경우는 몇 가지가 있다. 무엇인가 걸기 위하여, 공사 시 선을 통과시키기 위하여, 몇 가지 물체를 부착시키기 위하여 등이다. 여기서 다시 한 번 깊게 생각한다면, 구멍이 근원적 욕구가 되지 않는다는 것을 알 수 있다. 즉 구멍의 목적은 '연결'인 것이다. 레이져가 상업화되어 레이져로 구멍의 크기를 자유자재로 뚫을 수 있다면, 송곳과 드릴은 소멸할 것이 확실하다.

마찬가지로 공간 이동을 할 수 있는 기술이 발명된다면, 자동차, 기차, 배, 비행기 등의 교통 기관은 소멸한다(위치 전환). 공해를 유발하는 흑색 진주인 석유도 태양열 등 대체 에너지가 개발된다면, 태워버려야 하는 쓰레기가 될 수 있으며(물체 가동)*, 피부를 미화시킬 수 있는 약품이 개발된다면, 화장품의 많은 종류가 자취를 감출 것이다(미적, 건강적 희망). 가상 체험이 상업화되고 현실로 이루어진다면 관광산업의 장래는 어떻게 될 것인가?

자동차산업에서는 석유를 대체하는 hybrid car가 개발되고 있다. Toyota, Volvo 등 외국의 사례에 이어 국내에서도 자동차 기업들이 consortium을 구성하여 2013년을 기점으로 hybrid car 개발에 정진하고 있음.

이미 인터넷에 의하여 인쇄 매체는 큰 위기를 맞고 있다(새로운 정보 추구). 라식 수술로 안경과 콘택트 렌즈 시장도 위기에 처해 있고(시력 회복), 컴퓨터의 발달로 필기도구의 소비량은 점차 줄고 있다(기록 보존). 이러한 사례는 현재 우리 사회의 작고, 일상적인 측면에도 무수히 적용시킬 수 있다. 술을 마시는 근원적 욕구가 취하고 싶은 것이라면, 대체재가 분명히 존재할 것이다(최소한 마약은 강력한 대체재다. 단지 상업화가 되지 못하기 때문에 위협이 되지 못할 뿐이다).

3-4. 욕구의 진화와 변화

또 하나의 논점이 있다면 근원적 욕구조차 변한다는 것이다.

과거 인류가 처음으로 신발이 필요했을 때, 그 신발에 대한 근원적 욕구는 무엇이었을까? 발을 보호하고 따뜻하게 하는 것이었을 것이다. 그러나 현대 사회에 있어서 이러한 욕구는 지극히 당연한 것으로 간주되고 있다. 신발을 신는 것은 옷을 입어야 하는 것과 같이 지극히 상식적인 일이기 때문에 현대 사회에서는 스타일과 색상이 멋있고, 유명 스타와 같은 브랜드 혹은 제품을 신고 싶은 욕구가 오히려 근원적 욕구가 되고 있다. 경제적이고 튼튼한 신발을 원하는 사람에게는 근원적 욕구로부터 파생된 필요라고 할 수 있겠으나, 이와 같이 의식주와 관련된 근원적 욕구는 점차 퇴색되고 새로운 차원의 욕구(장치와 치장)가 지속적으로 탄생하고 있는 것이다.

양초의 최초 근원적 욕구는 빛이었다. 전구가 개발되며 양초는 당연히 없어져야 했다. 그러나 양초는 아직도 건재하다. 사람들의 양초에 대한 근원적 욕구는 이제 빛이 아니라 '분위기 생성'이기 때문이다. 1884년에 발명된 만년필도 1939년 글쓰기에 훨씬 편리한 볼펜이 발명되며, 소멸될 운명을 맞았다. 그러나 만년필은 향수와 체면(새로운 욕구)에 호소하며 더욱 고급으로 발전됐고, 특히 유럽과 중국 시장을 중심으로 생명을 건강하게 연장시키고 있다(word processor 때문에 오히려 볼펜이 더 위협을 받고 있다). 시계의 운명도 유사하다. 현대에 이르러 시계는 '시간 보기'의 욕구로부터 점차 패션(Swatch), 과시(Rolex) 등의 욕구로 변하고 있다.

욕구와 필요에 대해 또 하나의 측면을 더 고찰해보자. 욕구는 여러 형태의 필요를 창출하지만, 동시에 다른 욕구를 창출하게 된다.

Levi's Jeans의 시초 : 욕구에 대한 새로운 시각

과거 미국에서는 부에 대한 욕구로 인하여 많은 사람들이 금이 많이 매장되어 있는 서부로 향했다. 현재까지도 California주의 주도인 Sacramento가 대표적 목적지 중 하나였다. 그 곳에 금을 발굴하러 온 사람 중의 하나는 금을 위한 치열한 경쟁 중에 새로운 사실을 발견했다. 금을 캐기 위해서는 옷이 닳게 되고, 자연적으로 튼튼한 옷이 필요하다는 사실을 깨달은 것이다.

그는 금을 캐는 치열한 경쟁을 포기하고, 곧 튼튼한 옷을 만들기 시작했다. 결과적으로 그는 금을 가장 많이 캔 사람보다도 더욱 큰 부를 얻게 되었다. 이 사람이 현재에도 청바지업계에서 세계적 명성을 얻고 있는 Levi's Jeans의 창시자다. 마케팅 용어인 시장의 기회를 발견하고, 사업의 성공으로 이끈 대표적 기업가 중의 하나인 Levi Strauss가 바로 이 사람이다. 튼튼한 옷이 금을 캐는 사람들에게는 부를 위한 필요로 여겨졌지만, Levi Strauss에게는 새로운 차원의 부(욕구)가 된 것이다.

Sacramento
많은 사람들이 Los Angeles를 California의 주도로 알고 있으나 Sacramento가 주도임.

시간이 지남에 따라 필요가 더욱 다양해지고 있다. 필요는 환경 변화, 인구 수, 기술 수준, 여간 시간 등 모든 것의 증가에 비례할 수밖에 없다. 〈표 1-7〉을 참고해 보자.

표 1-7 필요의 증가

우유	오렌지주스
전유, 1%, 1.5%, 2%탈지우유, 고지방우유, 저지방우유, 생크림우유, 하프엔하프우유, 버터우유, 무유당우유(lactate), 상온우유, 유기농우유, 두유(여기에도 여러 형태가 있음)	레귤러주스, 농축주스, 섬유질제거주스, 섬유질첨가주스, 칼슘첨가주스, 비타민C배가주스, 저산주스, 저당주스, 콜레스테롤감소주스(Minutemaid), 비농축주스(Tropicana)
맥주	**whiskey**
레귤러맥주, 라이트맥주, 저탄산맥주, 흑맥주, imperial stout, lager, 생맥주, 아이스맥주, 무알콜맥주, 소량양조맥주(Samuel Adams), 스팀비어, 휘트비어, 무알콜맥주, 25맥주, 100$ 넘는 Samuel Adams Utopias	corn whiskey, malt whiskey, single malt whiskey, rye whiskey, rye malt whiskey, wheat whiskey, barley whiskey, blended whiskey, light whiskey, spirit whiskey

출처 : Wikipedia

imperial stout
흑맥주 중 가장 검은색의 맥주.

새로운 차원의 소비자 욕구는 모든 마케팅 과업의 출발점이다. 그것으로부터 파생되는 필요보다 더 근본적인 것이며, 또한 다른 차원의 욕구까지도 창출시키는 가장 중요한 것이 바로 욕구다. 마케터의 가장 첫 번째 과업이며, 동시에 가장 중요한 과업은 소비자의 욕구를 파악하는 것이다. 기업에 있어서 핸드폰, 노트북 등 필요 충족의 성공이 강에 해당된다면, 근원적 욕구의 발견과 충족의 성공은 바다에 해당된다.

근원적 혹은 새로운 차원의 욕구를 발견하는 유일한 공식이 있다면, 그것은 소비자 문제의 탐색이다. 논리학의 첫 과제도 오류의 원천을 막는 것이며, Socrates가 추앙받는 이유도 인간의 문제 해결에 평생을 보냈기 때문이다. 그러나 근원적 혹은 새로운 차원의 욕구에 대한 대체재를 발명한다고 해도 그것이 상업화되기 위해서는 경비 등 2차적 소비자 문제를 다시 한 번 해결해야 한다. 원래 'light beer'의 원조는 Adolph Coors Company의 Coors다. 그러나 Coors는 Miller Lite이 맥주를 출시할 때까지 상업화를 하지 않아 최초의 낙인과 선점 효과에 실패했다.*

실제 최초의 저칼로리 맥주 브랜드는 1967년의 Gablinger's임.

문제의 진정한 의미

Thomas Edison의 말과 같이 분명 '필요는 발명의 어머니'다. 필요는 항상 소비자의 문제로부터 발생된다. Gillette의 창업자 King C. Gillette은 기차 시간에 늦지 않기 위해 서둘러 면도하다가 얼굴을 베인 후 안전 면도기를 개발하게 됐다.

문제와 종이컵의 유래

종이컵을 발명한 사람은 1907년 미국 Harvard대 1년생이던 Hogh Moore다. 한 살 위인 형 Lawrence Allen은 생수 자동판매기를 발명해 세상을 깜짝 놀라게 했다. 그러나 유리컵을 사용하다 보니 하루에도 수없이 깨져 자판기의 인기는 날이 갈수록 하락했다. Hogh Moore는 "그렇다면 깨지지 않는 종이컵을 만들면 되잖아"라고 생각했지만 생각처럼 쉬운 일이 아니었다. 종이는 물에 젖기 때문이다. 그러나 물에 젖지 않는 기름먹인 종이를 개발하자 모든 일은 일사천리로 해결됐으며, 특허도 받았다. 이것이 종이컵의 유래다.

대학을 그만 두고 사업에 뛰어든 Hogh Moore는 "인간을 바이러스에서 구하는 길은 오직 1회용 컵을 사용하는 것뿐"이라고 강조하며, 당시 1년에 100만$의 매출을 올렸다. 종이컵으로 큰 돈을 모으게 된 Hogh Moore는 다시 1920년 아이스크림을 담을 수 있는 1회용 종이그릇을 발명했다. 그 후 Hogh Moore는 종이 용기 발명에서 독보적인 존재로 인정받게 됐다.

그러나 위생을 보장하던 종이컵은 방부 처리와 기타 화학 물질로 오히려 심각한 공해의 요인이 되었고, 1회용 종이컵을 만들기 위해 막대한 목재가 소모되면서 환경 파괴와 자원 고갈 등의 문제가 야기되고 있다. 이 소비자의 문제 때문에 종이컵을 이용한 아이디어 상품이 속속 등장하고 있다(필요의 진화, 〈그림 1-5〉, 〈그림 1-6〉 참조).

1947년 Edwin Land에 의해 발명된 Polaroid 즉석 카메라도 그의 딸이 사진 찍은 직후에 보기를 원하는 필요에 의해 발명됐고, 가구에 대한 배달 비용과 취급의 어려움

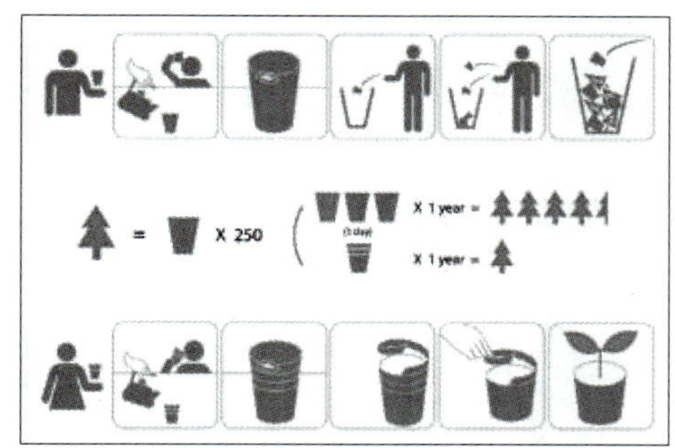

그림 1-5 종이컵으로 인한 2차 문제의 발생. 하루에 3잔, 1년이면 4그루 반의 나무를 절약할 수 있다는 사실에 근거해 만든 국내 디자이너 김유진씨와 이혜선씨의 반짝 아이디어임(필요의 진화).

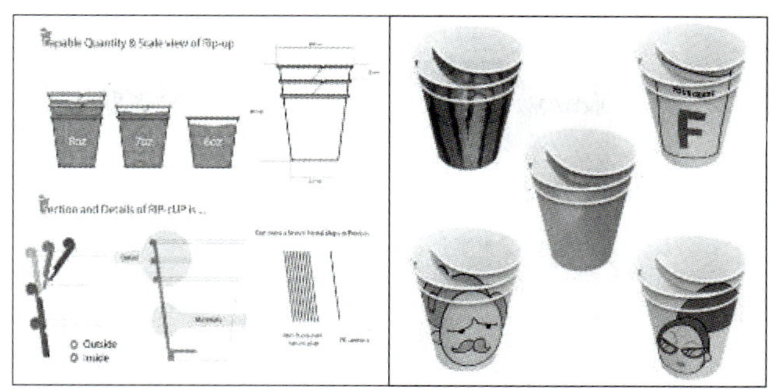

그림 1-6 1회용 컵이지만 1회성이 아닌 3회용 종이컵

이라는 문제 때문에 IKEA가 탄생됐다.

amenity war

과거 미국의 한 호텔이 턴다운 서비스(turn-down service)를 제공하며 베개 밑에 박하사탕 하나씩을 놓아두었다(〈그림 1-7〉 참조). 타 호텔들이 이 사실을 알고 더 좋은 박하사탕을 제공했으며, 이러한 서비스가 점차 확대되어 비누, 샴푸, 초콜릿, 향수 등이 제공되며, 소위 'amenity war'가 시작됐다. 그러나 그 때 재미를 본 업계는 그에 대한 광고로 돈을 번 관련 잡지사들과 amenity 제조업체였다. 이 전쟁에 참여했던 호텔들은 비용이 오르기 시작했고, 어쩔 수 없이 객실 요금(rack rate)을 인상하게 됐다. 결국 고객들은 크게 원하지도 않았던 amenity 때문에 높은 객실 요금을 지불할 수밖에 없게 됐다.

그림 1-7 Thailand Le Royal Meridien Phuket Yacht Club의 턴다운 서비스에 제공되는 비타민

비용이 오르게된 것은 호텔의 문제지 고객들의 문제가 아니다. 즉 'amenity war'에 참여했던 호텔들은 마케팅의 근본적 문제인 소비자의 문제를 해결한 것이 아니라, 오히려 소비자의 문제를 창조해낸 **역마케팅(demarketing)** 전략을 수행했던 것이다. Amenity란 고객의 혜택 제고를 위한 모든 것을 의미한다.

참고로 2014년 Hotels.com의 조사에 의한 호텔과 객실 내 amenity의 인기 순위는 〈표 1-8〉 및 〈표 1-9〉와 같다. 독자들은 amenity의 의미를 잘 파악하기 바란다.

제조업체로서 유명한 Midas Muffler Shop에서는 수백만$의 예산으로 하나의 광고 주제를 다음과 같이 선전했다. "우리 상점이 문을 닫기 5분 전에 오는 모든 고객은 우리의 왕이며 여왕이다. 왜냐하면 고객의 모든 문제가 곧 우리 기업의 문제이기 때문이다." 그렇다. 소비자, 고객의 문제가 곧 기업의 문제라고 인식할 수 있는 기업만이 성공할 수 있는 것이고, 그러한 법칙이 변하지 않고 존재하기 때문에 마케팅이 필

턴다운 서비스
하우스키핑(house keeping) 부서의 룸메이드들이 제공하는 서비스로서, 고객이 방에 없을 때 침대를 정돈해주는 서비스를 말함.

객실 요금
공표 요금은 rack rate이며, 실질적으로 받게 되는 객실 요금은 room rate임.

표 1-8 Top10 hotel amenities

1	complimentary breakfast
2	restaurant
3	internet/free Wi-Fi
4	parking
5	24-hour front desk service
6	smoke free hotel
7	swimming pool
8	bar
9	air conditioning
10	coffee/tea in lobby

표 1-9 Top10 in-room amenities

1	internet/free Wi-Fi
2	bathroom shower
3	room size
4	TV
5	air conditioning
6	coffee/tea
7	non-smoking rooms
8	premium bedding
9	daily housekeeping
10	mattress type

요하며, 또한 고고하게 생존하는 것이다. Francis Bacon은 그의 저서 《저술계획》에서 "자연은 복종함으로써만 지배할 수 있다"라는 명언을 남긴 바 있다. 기업은 소비자, 고객에게 복종함으로써만 성공할 수 있다.

'Amenity war' 시행착오를 겪었던 외국의 많은 호텔들은 〈그림 1-8〉과 같이 마케팅의 근본적인 문제를 훌륭히 해결하고 있다.

전 Marcus Foundation의 부회장이자, Las Vegas Sands Corp.의 사장, U.S. Franchise Systems의 회장, Holiday Inn Worldwide, Days Inn, Americana Hotels 등의 사장이었던 Michael A. Leven에 의하면, 고객의 문제는 경험, 직관, 조사의 순으로 파악할 수 있다고 한다. 경험은 고객 문제 해결에 있어서 분명 제 1의 도구다. 1989년에 설립한 LG전자의 Life Soft Research(LSR) 연구소는 소비자의 미세한 일상생활을 면밀히 연구해, 신제품 개발의 기초 아이디어를 발굴하고 있다. 30분 내에 보드카를 얼리는 급속냉동 공간으로 보드카를 얼려서 마시는 냉장고로 Russia 및 동구 유럽에서 성공한 사례, TV를 보다 잠시 자리를 떠야하는 일상적인 행동으로부터 아이디어를 얻어 개발한 자동녹화 기능 사례 등이 그 성공적 부산물들이다.

Disney Land에서는 건설 후 장내 건물들 사이에 잔디 씨를 뿌리고, 길을 내지 않았다. 그 후 사람들이 많이 지나가 잔디가 움푹 들어간 곳에 길을 냈다고 한다. 관찰을 이용한 훌륭한 지혜이다. Motorola는 중국의 사업가들이 통신 서비스가 없을 때 상호 호출기를 이용하는 독특한 시스템을 보고, 쌍방향 호출기를 개발했으며, P&G는 사람들이 욕실 청소에 어려움을 겪는 것을 보고, 손잡이가 길고 머리 부분이 회전하는 Magic Reach를 개발했다. 고무 범퍼 OXO 해머, 50시간 로드되는 포터블 위성 라디오 플레이어, Intel의 화씨 100°에서 트럭 배터리로 작동되는 저렴한 PC 등도 모두 관찰로부터 얻어진 산물들이다. Starbucks Korea에서는 직원이 고객의 행동을 관찰하여 발견한 아이디어를 본사에 보고하는 'Siren Idea'제도가 있다.

그림 1-8 기업의 문제가 아닌 고객의 문제 해결. 고객에게 필요한 amenity를 무료로 제공하거나(Signature Inn), 불필요한 amenity를 없애고, 저가의 객실을 제공하여(Microtel) 고객의 문제를 해결함.

〈표 1-10〉은 관찰법으로 활용되는 대표적인 방법론을 나타내고 있다.

표 1-10 관찰법으로 활용되는 방법론

관찰법	방법	목적
town watching	거리 관찰 및 행인 인터뷰	특정 집단의 트렌드, 동선, 방문 지점 이해
video ethnography	고정 비디오 카메라 촬영	제품 활용 행태나 구매 행태의 관찰로 욕구 발견
POP	매장 관찰 및 판매원 인터뷰	매장 환경 및 고객 구매 행태 관찰을 통한 욕구 발견
shadow tracking	이동 상황의 소비자 관찰 및 인터뷰	이동 상황과 관련 제품 활용 행태 이해 및 욕구 발견
home visiting	가정 내에서 소비자 관찰 및 인터뷰	가정 내 상황과 관련 제품 활용 행태 이해 및 욕구 발견
photo diary	응답자가 일상의 장면을 직접 촬영 및 기록	사용자의 라이프 스타일 및 심리적 태도 이해
audimeter	텔레비전, 라디오의 시청 행태를 기록	미디어 시청, 청취 프로그램, 시청 시간 파악

출처: NPD Consulting Introduction, Embrain.

Holiday Express에서 고객 조사를 통하여 고객은 찬 조식보다 더운 조식을 더 선호한다는 결과를 얻었으나, 고객의 경비를 고려하여 찬 조식을 제공했고, 큰 성공을 거둔 사례가 있다. McDonald's도 고객 조사에서 압도적으로 높은 호응을 받았던 샐러드와 호박을 웰빙 메뉴로 개발했으나 결과는 대실패였다. 반면 Las Vegas Sands Corp.의 회장이자 CEO인 Sheldon Adelson은 주위의 비판에도 불구하고 주제공원의 성격인 거대한, 그리고 막대한 자본의 신 개념 호화 호텔 The Venetian을 개관하여 항상 96~98%의 객실점유율을 기록하는 등 현재 세계 최고의 호텔을 탄생시켰다.

우연한 관찰이 성공으로 이어지는 경우도 종종 발견된다. Richard James라는 사람은 길을 가다 실수로 용수철을 떨어뜨렸는데, 용수철이 튀어오르며 앞으로 나아가는 것을 보고 Slinky라는 장난감을 만들어 엄청난 부를 창출했다. Warners Brothers Corset Company의 대표 제품인 여성 brassiere도 그렇게 탄생됐다.

관찰 및 직관은 대기업보다 중소기업, 혹은 개인의 장점이나 특기(forte)다. 역사적으로 전화, 컴퓨터, 세탁기, 전자레인지, 드라이어, 다리미, 전구, 냉장고, 라디오, 토스터, 선풍기, 전기면도기, 전기매트, 잔디깎기, 에어컨, 냉각기, 진공청소기, 식기세척기, 그릴 등 혁신적 가전제품들의 대부분은 개인이나 중소기업에서 발명했다.

위의 사례들은 문제 파악 및 발견에 있어서 고객과의 직접적 경험으로부터 파생된 직관이 조사보다도 우선적이라는 사실을 증명하고 있다. Harvard대학의 Gerald Zaltman에 의하면, 말로 표현되는 욕구는 5%에 불과하다고 한다. Mike Leven이 이야기한 직관(소비자의 숨은 심리를 꿰뚫어 보는)을 위해 그는 **ZMET(Zalman Metaphor Elicitation Technique)**이라는 신 조사 방법을 창안했다.

4. 마케팅 지향적 사고와 행위

4-1. 고객의 창조와 유지

Lewis는 '마케팅이란 소비자들이 원하는 것을, 원하는 때에, 원하는 장소에서, 그들이 지불하고자 하는 가격으로 커뮤니케이션하고 제공하는 것이다'라고 정의하고 있다.

의류와 운동 기구를 판매하는 소매 기관인 L. L. Bean은 마케팅 지향적(marketing-oriented) 사고를 다음과 같이 표현하고 있다.

마케팅 지향적 사고

"고객이란 무엇인가? 고객은 바로 우리 기업에 있어서 누구보다도 중요한 사람이다. 고객이 우리에게 의존하는 것이 우리가 고객에게 의존하는 것이며, 바로 우리가 하는 일의 목적이다. 우리는 고객에게 봉사함으로써 호의를 베푸는 것이 아니라, 고객이 우리로 하여금 그렇게 할 수 있도록 우리에게 기회를 줌으로써 우리에게 호의를 베푸는 것이다. 고객은 우리가 논쟁을 하거나, 다툴 대상이 아니다. 누구도 고객과 다투어서 이길 수 없다. 고객과 우리에게 모두 유익하도록 노력하는 것이 바로 우리들이 해야 할 일이다."*

'인간은 소비하므로 존재한다'라는 'homo consumericus'란 용어가 있음.

마케팅은 소비자를 위한 모든 것이다. 환언하면 마케팅의 모든 것은 오직 소비자를 위한 것이다. 소비자는 마케팅 게임의 모든 관객이며, 또한 정확하고 준엄한 심판자다. 따라서 마케팅 지향적 사고와 행위에 있어서 가장 우선적으로 고려되어야 하는 것은 고객의 창조와 유지다. "고객은 왕이다", "고객은 신이다"라는 말은 마케팅에서 진부할 정도로 많이 인용되고 있다. 그러나 그러한 말들은 근거 없는 말장난에 불과하다. 고객은 분명히 왕이 아니다. 물론 신도 아니다. 분명한 사실은 고객은 마케팅 '존재의 이유'다. 고객이 없으면 기업도, 시장도, 마케팅도 없다.

많은 기업들은 소비자로부터 고객을 창조하는 데에 많은 노력을 경주하지만, 창조된 고객을 유지하는 데에는 소홀히 하고 있다. 왜 미국의 모국 영국이 세계 경제를 주도하지 못하는가? Smith와 Keagan에 의하면, 영국 기업의 49%는 그들의 고객이 누구인지 모르며, 43%는 왜 그들이 고객을 잃고 있는지를 모르고 있다고 한다.

목표 관리(MBO:management by objective)의 창시자인 Drucker는 사업 목적의 유일한 것은 고객을 창조하는 것이라고 했다. 여기서 주목해야 하는 것은 소비자(consumer)가 아니라 고객(customer)이라는 것이다. 소비자란 모든 인간을 뜻한다. 어린 아이도 우유, 기저귀 등 많은 물품을 소비하며, 이러한 의미에서 본다면 심지어 가축과 식물들까지도 소비자가 될 수 있다. 소비자는 모두 고객이 될 수 없고, 또한 모든 소비자를 만족시킨다는 것은 불가능하다. 고객을 창조한다는 것은 무수한 소비자 중 특정 기업에서 공헌할 수 있는 소비자를 창조한다는 것이고, 그 소비자가 창조된다는 것은 고객으로 전환된다는 것이며, 그러한 고객이 유지될 때 단골 고객(client)이 된다.

Fortune에 발표되었던 Sellers의 조사에 의하면, 고객을 창조하는 데에 드는 비용과 비교할 때, 고객을 유지하는 비용은 불과 20%밖에 되지 않는다고 한다. Ogilvy Consulting의 Fleishhacker는 고객 유지 비율이 20% 이하라고 제시하고 있다(고객 창조 비용이 5~7배). 또한 Advertising Age에서는 고객 유지 비율을 1/6로, Bill Marriott은 그 비율이 1/10밖에 되지 않는다는 발표를 한 바 있다. Sasser 등은 고객 이탈률을 5% 줄일 때, **고객 평생 가치**가 자동차 서비스 체인은 30%, 보험 기업은 50%, 은행은 85% 제고된다는 연구 결과를 발표했다. Harrah's 카지노에서는 1%의 고객 유지 비율을 제고시킬 때, 약 1억 2천 5백만$의 주주 가치가 증대된다고 한다.

American Airlines에서는 20%의 주요 고객이 전체 매출액의 80%를 창출한다는 2:8의 법칙을 내세운 바 있으며, British Airways에서도 이와 유사하게 35%의 고객이 65%의 이익을 차지하고 있다는 조사 결과를 발표한 바 있다. First Manhattan Consulting Group의 발표에 의하면, 미국 은행에서도 상위 20% 고객이 전체 매출액의 60%, 이익의 100%에 가까운 기여한다고 한다. A&T에서도 상위 10% 고객이 전체 이익의 50% 이상을 점유하고 있다. '20-80' 법칙은 '**Pareto 법칙**'이라도 한다. '**Pareto 법칙**'

은 20%에 해당되는 '**big head**' 고객에 집중하라는 법칙이다. 나머지 80%에 해당하는 '**long tail**' 고객에 집중하게 되면 그것은 '**역Pareto 법칙**'이 된다.

Kumar에 의하면, 많은 기업들이 전체 제품 포트폴리오의 20% 미만 정도에서 전체 수익의 80~90%를 발생시키고 있다고 한다. 그 예는 다음과 같다.

세계 최대 주류 기업인 Diageo에서는 약 40만 개의 브랜드 중 Baileys liqueur, Captain Morgan rum, Cuervo tequila, Smirnoff vodka, Tanquerary gin, Guinness stout, J&B, Johnnie Walker whiskey 등 8개 브랜드가 회사 이익의 70%와 매출의 50% 이상에 기여하고 있다. Nestle 이익의 대부분은 브랜드 포트폴리오의 2.5%인 약 200개의 브랜드에서 발생되고 있다. Procter&Gamble은 10개의 대표 브랜드들(예: Pampers 기저귀류, Tide 세제류, Bounty 종이 제품류 등)이 이익의 50% 이상, 매출의 50%를 점유하고 있다.

고객 유지의 절정 – USAA

세계에서 가장 고객을 잘 유지시키고 있는 기업이 있다면, 1992년 군인에게의 자동차 판매를 목적으로 설립되었던 USAA(United States Automobile Association)다. 2015년 기준, USAA는 500만 명 이상의 고객을 확보하고 있는데, 그 중 20만 명은 40년 이상 USAA를 한 번도 떠난 적이 없다고 한다. USAA의 고객 유지율은 98%이며, 현역 군인의 95%가 USAA의 고객이다. 영업 사원조차 두지 않고 이와 같은 기적적인 성과를 나타내고 있는 USAA의 비결은 고객 data base에 대한 과감한 투자와 텔리마케팅이다.

위의 사실들은 고객을 유지하여 단골 고객으로 만드는 것이 고객을 창조하는 것 못지않게, 아니 오히려 더 중요하다는 증거가 되고 있다. 2000년에 들어서며 이미 Ritz-Carlton에서는 한 명의 단골 고객을 확보할 때, 그 단골 고객으로부터 평생 창출되는 수입을 10만$로 산정한 바 있으며, InterContinental에서는 20만$로 산정한 바 있다.

고객 평생 가치의 계산

고객의 평생 가치(customer lifetime value)란 고객이 평생 동안 창출할 것으로 기대되는 현재 가치에서 창출 및 유지 비용을 뺀 것을 의미한다. 고객의 평생 가치는 다음의 식으로 계산될 수 있다.

$$\textbf{고객 평생 가치}(\$) = \text{마진}(\$) \times \frac{\text{유지율}(\%)}{1+\text{할인률}(\%)-\text{유지율}(\%)}$$

여기서 할인률이란 미래의 현금 흐름에 대한 할인률, 즉 NPV(net present value)를 의미한다. 위의 공식을 반영한 **고객 평생 가치**의 기본 공식은 다음과 같다.

$$CLV = \frac{(M-C)}{1-r+i} - AC$$

- M : 고객 1인 당 평균 매출(보통 1년 단위)
- C : 고객 1인 당 평균 비용(보통 1년 단위)
- r : 고객 유지 비율(retention rate, 다음 해에도 고객으로 남아있을 확률)
- i : 이자율 혹은 할인률
- AC : 고객 획득 비용(aquisition cost; 첫 방문, 첫 구매 유도 비용)

또한 잠재 고객의 평생 가치는 다음의 식으로 계산될 수 있다.

잠재 고객 평생 가치($)=유지율(%)×[초기 마진($)+고객 평생 가치($)]−유지 비용($)

고객의 평생 가치 내에는 중요한 부가 가치(added value)가 있다. 그것은 바로 '**고객 추천 가치(customer referral value)**'다. 여기에 대한 내용은 제5장 관계 마케팅에서 자세히 설명된다.

4-2. 마케팅은 변화하는 학문

서양에 《The Book of Changes》라고 알려진 《주역》에 의하면, 자연이나 인간사는 음양(주역의 기본 구성 요소) 두 힘의 상호 작용에 의해 변화하면서 이루어진다고 한다. 즉 "역이란 궁하면 변하고, 변하면 통하고, 통하면 오래 간다(궁·변·통·구)"는 《주역》에서 말하는 4개의 변화 양상은 끊임없이 이루어진다는 의미다. 마지막 단계는 9인데 9로 끝나면 다시 처음으로 돌아간다는 것이다. 그러나 필자의 논리는 이 《주역》과는 다른 차원이다. 마케팅에서의 변화는 처음으로 돌아가지 않고, 기하급수적 속도를 내며 앞으로만 나아간다.

마케팅의 종단적 특성

마케팅 지향적 사고와 행위에 있어서 결코 간과할 수 없는 사항이 있다면, 마케팅은 항상 종단적(longitudinal)이라는 것이다. Levitt의 유명한 논문 중 하나인 '**마케팅 근시안(marketing myopia)**'에 언급되었듯이 지구상에 최고의 제품이란 존재하지 않는다. Olympic Games의 모토인 '신기록은 깨어지기 위해서 세워진다'와 같은 의미로서, 영원한 신제품, 영원히 최고의 제품이란 존재하기 불가능하다. 과거에 성공했던 것은 계속 성공하고, 과거에 실패했던 것은 계속 실패한다는 소위 '**winner-loser effect**'는 마케팅에서는 통하지 않는다. 불변, 불멸, 영원, 완전무결, 완벽 등의 단어들은 마케팅 사전에는 존재하지 않는다. 무소불위의 '보이지 않는 손'이 있기 때문이다. 소비자와 환경은 끊임없이 매우 빠르게 변한다.

종단적
한 시점(cross-sectional)에서의 관점과 반대로, 종단적이라는 개념은 시간의 흐름에 따른 관점을 의미함.

그림 1-9 일본의 고상케 호텔들(오쿠라호텔, 뉴오타니호텔, 제국호텔)

영원히 장수할 줄 알았던 Hollywood의 영화산업이 TV라는 신생아에게 너무도 짧은 기간 동안 침식되어 고전할 것이라고는 그 당시 아무도 예측하지 못했다. 제품뿐 아니라 하나의 산업도 마찬가지다. 1996년 Dolly 양이 복제되어 이제는 모든 짐승들을, 나아가 인간까지 유전자(DNA : deoxyribonucleic acid)로 복제할 수 있는 시대가 됐다. 그렇다면 인류가 생존하는 한 영원히 존재할 줄 알았던 축산업의 운명은 어떻게 될 것인가? 인쇄물도 세계 최대 서점 Amazon을 필두로 e-book이 등장하며 큰 위협을 받고 있다. 1990년대의 신문, 2000년대 초반의 음악물이 위협을 받던 현상이 그대로 재현되고 있다. 독자들이 책을 직접 다운로드를 받을 수 있게 됐으며 또한 Amazon이 Kindle e-readers의 가격을 최대한 낮추며 그 현상이 가속화되고 있다.

브랜드 고수의 애국적 전통을 자랑하고 있는 일본에는 '고상케(禦三家)'라는 단어가 있다. 호텔 중에는 오쿠라, 제국, 뉴오타니 호텔이 여기에 해당된다(〈그림 1-9〉 참조). 그러나 일본의 호텔 시장에는 '신 고상케'라는 단어가 다시 나타났다. Park Hyatt, Four Seasons*, Westin이 그것인데, 그 중 두 호텔이 객실 부문 평가에 있어서 일본의 기존 고상케 호텔들을 추월한 것이다.

Four Seasons

Four Seasons의 전설은 1960년 Isadore Sharp가 Canada Toronto의 Jarvis Street에 Four Seasons를 최초로 개관하며 시작됨. 아래 그림은 최초의 Four Seasons임.

McDonald's의 시행착오

세계 최고의 식음료 기업인 McDonald's도 1965년 상장(going public)한 이래 2003년 6월 개관 후 처음으로 분기 손실을 경험했으며, 719개가 폐업을 하는 등 큰 고전을 한 바 있다. 2002년 ACSI(미국 소비자 조사)의 품질 평점이 61점(fast food 부문 평균 71점)을 기록하였는데, 이는 Jack M. Greenberg라는 CEO를 영입 후, 메뉴 종류를 40개로 확대, 비햄버거 체인인 Boston Market 구입 등 고객보다 제품 지향적 영업에 치중한 결과였다. Greenberg는 2003년 해고됐으며, 그 후 James Cantalupo 라는 새 CEO가 영입되어 초심(going back to basics) 경영을 선언하며 다시 영업이 개선됐다.

《In Search of Excellence》에서 소개됐던 46개의 초우량 기업 중 현재 생존하고 있는 기업은 불과 6개이며, 1957년 Fortune의 500대 기업 중 불과 1/3만이 2019년 현재 생존하고 있다. 2001년 Fortune의 100대 기업 중 불과 59개만이 2012년 100대 기업에 이름을 올린 바 있다. Fortune이 선정하는 500대 기업의 평균 수명은 40년에 불과하며, 시간이 지날수록 '상전벽해'의 현상은 가속화되고 있다. 1989년 세계 10대 IT 기업 중 일본 기업이 8개였으나, 1999년에는 Sony만이 남아있었고, 2009년에는 일본 기업이 완전히 사라졌다.

일본 IT 기업들 퇴조의 이면에는 소위 **'Galapagos 현상'**(자신들만의 표준만 고집함으로써 세계 시장에서 고립되는 현상)이 있다. 일본 IT 기업들의 환경 변화에 대한 대처보다 기술력에 중점을 둔 경영 방식이 그러한 결과를 초래한 것이다. Sony, Nintendo, Kodak 등 한 시대 세계 1위였던 기업들의 퇴조도 같은 맥락이다. 세계 휴대폰 시장의 17년 간 1위였던 Nokia는 2010년을 전후로 불과 5년 동안 시가 총액이 1/10로 줄었다. GE의 전 회장 Jack Welch의 말을 상기할 필요가 있다. "한 기업의 내부 변화율이 외부 변화율을 따라가지 못한다면, 그 기업은 끝을 보이고 있는 것이다." 변화에 적응하지 못하는 기업은 마치 장기 여행자가 장기적 시차증(permalag, permaphuck)에 걸린 것과 같다.

마케팅은 경험적 학문이기 때문에 변화될 수밖에 없다. 변증법의 아버지 Herakleitos의 "어느 누구도 같은 강물에서 두 번 목욕하지 못한다(마찬가지로 우리는 두 번 같은 흐름에 들어설 수 없다)," "변화 이외에 영원한 것은 아무 것도 없다"라는 말과 같이 마케팅의 이론은 변할 수밖에 없다. 세상에 있는 모든 것이 변하지만, 변하지 않는 사실은 모든 것이 변한다는 것이다. 시장, 소비자, 환경은 시간이 지날수록 보다 빠르고 다양하게 변하고 있다.

기하급수적 변화

변화의 속도는 'exponential'(기하급수적) 곡선과 같다. 미래학자 Alvin Toffler는 '너무 짧은 기간 동안 너무 많은 변화'를 경험할 때 오는 심리적 영향을 **'future shock'**이라고 명명했다. 이 **'future shock'**은 시간이 갈수록 심해질 것이다.

그 증거는 다음과 같다.

- 최근 30년 동안 생산된 정보량이 과거 5천 년 동안의 정보량보다 많다.
- 인쇄된 지식의 총량이 매 4~5년마다 두 배로 증가하고 있다.
- 1주일 분량의 New York Times의 정보량이 17세기 영국의 일반 사람이 평생 접했던 정보량보다 많다.
- Scientific American의 발표에 의하면, World Wide Web(w.w.w)은 이미 수 억 전자 페이지에 달해있으며, 매일 백만 페이지 이상이 추가되고 있다.

과거 미국에서 제품이 최초 발명되어 전체 가구 보급률이 50%를 넘어선 기간을 보면, 세탁기(1926년 발명)는 39년, 에어컨(1945년 발명)은 29년, 컬러TV(1959년 발명)는 14년 등 계속 짧아져 왔다. 물론 현대 사회에서 그러한 기간의 개념은 비교도 되지 않을 만큼 짧아지고 있다. TV의 경우만 해도 흑백 → 칼라(브라운관), 20년 → 평면, 10여 년 → PDP, 5년 → LCD, 2.5년 → LED, 1년 → 스마트, 6개월과 같이 기술의 진보는 가속되면서 또한 그 기간은 계속 짧아지고 있다.

현재의 이론은 현 시점에서만 최적이라고 인정되는 것이며, 미래의 확고한 이론이 될 수 없다. Sony의 창립자 모리토 아키오의 말이다. "내 일은 나의 제품들을 시대에 뒤떨어진 것으로 만드는 것이다."

예를 들어 모든 마케팅 교재에 기술되고 있는 제품수명주기는 어떻게 변화되고 있는가? 인터넷 기술의 진보 등 여러 이유로 도입기와 성장기는 그래프의 기울기가 점차 상향되고 있으며, 그 기간도 짧아지고 있다. 도입기에 성장기의 현상이 나타나고 있으며, 성숙기 없이 쇠퇴기로 직행하는 제품도 종종 출현하고 있다(제12장 참조). 광고, PR, 인적 판매, 판매촉진 등으로 대분되던 촉진 전략도 직접 마케팅(direct marketing)에 왕도를 내어주고 있으며(제16장 참조), 재래의 유통 전략은 그 경로가 축소, 소멸되고, 새로운 유통 형태가 탄생되고 있다(제17장 참조). 모든 마케팅 믹스는 다시 대분돼야 하며, 관련 이론은 모두 지속적으로 재정비돼야 한다.

과거와 미래의 의미

Bergson이 《창조적 진화(Creative Evolution)》에서 언급하였듯이, 미래는 결코 과거와 같을 수 없으며, 변화는 일반 사람들이 생각하는 것보다 훨씬 근본적이다. 특히 마케팅에서는 더욱 그렇다. 모든 기업들은 현재보다 미래의 환경, 소비자, 시장, 기회, 위협, 경쟁, 전략을 항상 조사, 분석, 대비해야 한다. 생물이 진화하듯이 기업도 진화해왔고, 또한 계속 진화될 것이다. 이러한 Spencer의 사회적, 기업적 진화론에 대해 강성으로 유명한 Friedrich Wilhelm Nietzsche로부터 온화한 Spinoza에 이르기까지 실제로 많은 철학자들이 동조해왔다. Tom Peters는 "이제 벤치마킹의 시대는 끝났다. '**future marking**'의 시대가 왔다"는 표현으로 미래의 중요성을 강조한 바 있다.

기업은 과거의 경험과 교훈을 수용하고 지혜를 얻어야 하나, 그것에 집착하는 것은 옳지 않다. 과거의 경험과 교훈은 미래를 위한 기반이 될 뿐, 지침서가 되지 못한다. 많은 기업들이 과거의 성공 공식과 경험에 집착하다 무수한 실패의 경험을 해왔다. 기업은 항상 잘못된 것을 과감히 버리고, 위기에서 벗어날 수 있는 '탄력적 기업(**resilient enterprise**)'이 돼야 한다.

탄력적 기업
미국 MIT Yoshi Chef의 저서 《The Resilient Enterprise》에서 나온 용어임.

성공의 덫과 실패의 덫

인도 Sumantra Ghoshal의 이야기다. "태양이 지구 주위를 돈다는 이론을 많은 사람들이 믿고 있다고 해서 실제로 태양이 지구를 돌지는 않는다. 따라서 언젠가는 잘못된 이론이 수정될 것이다. 하지만 경영 이론은 다르다. 나쁜 경영 이론이 확산되면, 경영자는 이론을 토대로 실천을 한다." Peter Drucker의 이야기다. "과거를 방어하는 것은 미래를 창조하는 것보다 훨씬 더 위험하다."

Von Krogh 등은 학습을 통한 지식 창출에 있어서 가장 큰 걸림돌은 기업 내에 체화된 패러다임과 기존의 운영 원칙 또는 성공 법칙이라고 한다. 즉 학습의 가장 큰 장벽은 기존에 배운 것을 버리지 못하는(**unlearning : 폐기 학습**) 조직 문화라는 것이다. Peter Drucker는 기업은 시기를 정해 **폐기 학습**을 정기적으로 실행해야 혁신할 수 있다며 계획된 폐기(planned abandonment)를 강조한 바 있다.

조직 이론의 대가인 March는 이와 같이 위험 때문에 혁신적 변화를 회피하고, 기존 성공 공식의 개선과 활용에만 치중하는 위험의 상황을 **성공의 덫(success trap)**이라는 용어로 표현했다. 이와 반대로 혁신에 치중하며, 불확실성에 의해 실패를 하게 되고, 그 손실을 만회하기 위해 과감하고 위험한 혁신을 시도하다가 실패의 확률을 점점 높여 결국 사멸하는 상황을 **실패의 덫(failure trap)**이라고 한다.

McDonald's와 Burger King의 변신

세계 최대 레스토랑 기업인 McDonald's 또한 환경 변화 때문에 위기를 맞고 있다. McDonald's는 2012년부터 고급화를 위한 새로운 경쟁 체제를 준비하고 있다. 수조$를 투자하여 fast food에서 casual dining으로 변화를 모색하고 있다. 디지털 메뉴판과 함께 과거의 fiber glass table, 산업용 강철 의자, 노랑·빨강의 인테리어로부터 탈피한 나무 의자, 안락한 인조(faux) 가죽 의자, 엷은(muted) 오렌지, 노랑, 은은한 초록색의 인테리어로 바꿔나가고 있다(〈그림 1-10〉 참조). 레스토랑 개발 담당 수석 부회장인 Jim Carras는 "McDonald's는 시대에 부응하여 변화해야 한다"라며 Burger King과 Wendy's를 진압하기 시작했다.

McDonald's는 또한 Panera Bread, Chipotle 등의 Mexican casual dining 레스토랑 체인을 흡수했고, 평평하고 전통적인 지붕, 현대식 램프, 평면 스크린 TV 설치, drive-through 시설의 두 배 증대, 넓은 홀과 'eat-and-run' 지역의 분리 등 대대적 환경 적응 전략을 수행하고 있다. 2017년 McDonald's는 세계 최초로 홍콩에 McDonald's Next를 개관했다(〈그림 1-11〉 참조). 흑백 로고, 아늑한 조명, 인

그림 1-10 McDonald's의 재탄생

그림 1-11 McDonald's Next
출처: www.toodaylab.com

테리어 등의 변화와 더불어 샐러드바까지 등장시켰다. 오후 6시 이후에는 고급 커피까지 나온다. 휴대폰 충전 **platform**, 무료 Wi-Fi, kiosk 등도 구비되어 있다. 기존의 메뉴도 있지만, 이미 미국, 중국, Australia, UAE 등에 선보였던 CYT(Create Your Taste) kiosk를 통한, 고객 취향에 따라 햄버거를 만들 수 있는 메뉴도 있다. McDonald's Next는 McDonald's의 변화를 보여주는 시작에 불과하다.

Burger King도 2012년부터 창업 이후 처음으로 대대적인 신 메뉴 도입을 시도하고 있다. 샐러드, 과일 스무디, 얼음을 갈아 만든 음료수 frappe, 크리스피 치킨 스트립 등이 그것이며, 직원 유니폼을 교체했고, 디지털 메뉴판도 도입했다. 위 메뉴들의 광고를 위해 코미디언 Jay Leno, 축구선수 David Beckham, 가수 Mary J. Blige, Spain어 광고에 유명 배우 Salma Hayek 등을 출연시켰다.

위와 같이 McDonald's는 지속적으로 변하는 환경에 끊임없이 대응하며 발전하고 있다. 사회학자 George Ritzer에 의해 McDonald's의 경영 방식이 사회 전반에 걸쳐 수용되고 있다는 의미인 'McDonalization'이라는 용어까지 탄생된 바 있다.

적응과 도태의 역설을 상기하자. 생물학자들은 미래 멸종 후보로 북극곰과 호랑이를 대표적 동물로 꼽고 있다. 이 두 종은 환경에 최적으로 적응했기 때문에, 생태계가 급변하면 가장 도태되기가 쉽다는 것이다.

과거 유명 컴퓨터 기업이었던 Wang의 경우 PC software 시장에서 호환성이라는 중요 사실에 대비하지 않고, 그 당시의 성공 공식(word processor)에만 집착하다 시장에서 도태됐다. 1973년 Martin Cooper에 의해 개발된 1kg의 손전화로 시작되어 핸드폰의 역사를 창조했던 Motorola는 1990년대 초부터 이동 전화 기술이 아날로그에서 디지털 기술로 변환될 것이라는 환경 변화 예측을 무시하고, 자신들의 성공 공식이었던 아날로그 방식의 전화기인 Startac 기술에만 집착했다. 1994년 세계 이동 전화 시장점유율의 2/3를 차지했던 Motorola, 지금의 상황은 어떠한가? 전 세계 휴대폰 판매 수는 1994년 2,600만 대에서 1999년 3억 대까지 증가했다. 1997년까지 이 부문 선두 기업이었던 Motorola가 1, 2년 방심하는 사이(아날로그에서 디지털 기술로 바뀌는 사이) Nokia*가 1위로 급부상했던 것이다. Nobel 문학상까지 받았던 Bernard Shaw의 묘비명이다. '우물쭈물하다가 이렇게 끝날 줄 알았지.' 그만큼 변화는 쉬운 것이 아니다.

* 한 때 Nokia는 Finland GDP의 1/4을 차지할 정도로 위력을 떨쳤으나, 현재는 MS에 인수됨.

현대는 스피드의 시대

과거에는 큰 기업이 작은 기업을 지배했으나, 현재는 빠른 기업이 느린 기업을 지배하고 있다. 규모는 오히려 변화의(스피드의) 적이다. AIG, GM, AT&T, Merrill Lynch, Citicorp 등 대규모 기업들의 쇠락을 보라. 한 예로 복사기 시장의 공룡 Xerox가 레이저 프린팅 기술을 개발했을 때, 자기업이 지배하고 있는 기존 복사 시장에 영향을 주지 않도록 큰 기계에서만 사용될 수 있게 사업 방향을 정했다. 그 결과 Hewlett-Packard가 레이저 프린팅 시장을 지배하는 결과를 초래했다.

이와 관련하여 미국 Dartmouth대학 Richard D'Aveni는 **전략적 민첩성(strategic agility)**을 기반으로 하는 **무한 경쟁(hypercompetition)** 개념을 제시한 바 있다.

Microsoft와 삼성은 과거 기민한 2위 기업(fast follower)으로 선정된 후 곧 1위 기업으로 부상했다. 1993년 삼성의 이건희 회장이 신 경영을 선언하며 "마누라와 자식만 빼고 다 바꿔라"라는 연설은 삼성의 미래 위상을 보여주는 명언이었다. 한국 기업의 '민첩+벤치마킹+융합+전념=K-Strategy'가 발전의 비결이라는 동아 비즈니스 리뷰의 기사가 있었다.

Nokia는 삼성과 Apple의 스피드를 속수무책으로 바라보다 주요 자산을 모두 폐기하고, 20년 넘게 사용해온 자체 Symbian **platform**인 운영 체제를 버렸다. 뒤늦게 Microsoft와 손을 잡아 2012년 무선 충전 스마트폰을 발명하는 등 새로운 활로를 모색하고 있으나, Nokia가 필히 알아야 할 사실이 있다. 모든 스피드에는 가속이 붙는다는 것이다. 달리기 경기에서 넘어진 선수가 입상하는 경우는 극히 드물다.

도롱뇽은 신체 부위 중 손상된 것을 ERK(extracellular signal regulated kinase)라는 유전자를 통해 계속 재생시킨다. 인간도 ERK를 갖고 있지만, 단 몇 시간만 작동되기 때문에 신체 복원이 불가능하다. 지구상에 있는 수많은 동물 중 도롱뇽 등 지극히 소수만이 신체 복원을 할 수 있듯이, 지구상의 수많은 기업 중 이것이 가능한 기업은 극소수에 불과하다.

2012년 8월 영국의 The Guardian에 'Samsung : Olympic smarthphone firm aims for big global win'이라는 기사가 실렸다. 삼성전자가 Apple을 제치고 세계 최대 스마트폰 기업이 된 가장 큰 요인은 스피드였다는 것이 주요 기사 내용이다. Amazon 조직의 철학은 '초스피다'다. Amazon은 물류센터의 처리 속도를 높이기 위해 8억$를 투자해 로봇 기업을 인수할 정도로 스피드를 경쟁력의 핵심으로 간주하고 있다.

동대문 의류 시장이 성공하고 있는 이유도 명품이나 인기 브랜드의 디자인을 최대한 빨리 모방해 제품화하고, 빠른 시일 내에 유통시키는 데에 있다. 2012년 London Olympic Games에서 한국 펜싱이 놀라운 비약을 하게된 비결도 불리한 신체 조건을 빠른 발 움직임으로 상쇄시킨 데에 있다고 한다. Aesop 우화 '토끼와 거북이 경주'의 교훈이 바뀌어가고 있다.

결어

남미 인디언 속담 중에 "과거는 당신 앞에 있고 미래는 당신 뒤에 있다"는 말이 있다. 과거는 눈 앞에 있기 때문에 잊으려 해도 잊을 수 없고, 쉽게 '과거 지향적'이 되나, 미래는 등 뒤에 있으므로 의도적으로 자꾸 뒤돌아보지 않으면 잊게 된다는 것이다. '미래 지향적'이 된다는 것은 그래서 쉽지 않은 것이다. 모든 기업들은 현재의 환경, 소비자, 시장보다는 미래의 환경, 소비자, 시장, 기회, 위협, 경쟁에 대해 항상 조사하고, 분석하며, 대비해야 한다. 변화를 읽으려면 신문의 1면을 보지 말고, 뒤의 작은 기사들을 읽는 것이 더 도움이 될 것이다.

1987년 10월 19일, 미국 Dow Jones의 산업 평균 지수가 22.6%(508포인트) 폭락했던 'Black Monday'는 충격적인 사건이었다. 그 1주일 전 Fortune에 미국 최고의 경제학자이자, FRB(Federal Reserve Board : 연방준비제도이사회) 의장이었던 Alan Greenspan이 '왜 Greenspan은 주식 시장이 활황이라고 하는가'라는 제목으로 표지 모델에 등장했었다. 1917년 미국 내무부는 미국에는 27년 간 사용할 원유만이 매장돼있다고, 그러나 58년 후인 1975년 미국 정부에서는 12년 간 사용할 원유만이 남아있다고 또 다시 발표했다. 다시 40여 년이 지난 2019년 현재 미국은 원유를 수출까지 하고 있다. '**Peter's Law**'라는 것이 있다. "예상치 못한 일은 언제나 일어난다."

미래를 정확하게 예측하는 것은 불가능하지만, 그 예측은 급성장하고 있는 모든 산업과 기업에 있어서 필수불가결한 과제다. 일반적으로 기업이 곤경에 처하면 그 시점의 경영자들이 문책을 받지만, 실제로는 오래 전에 환경 변화를 예측 못하고, 기업을 준비시키지 못한 경영자들의 책임이 더욱 크다.

어쨌든 중요한 것은 과거의 경험과 원칙이 아니다. 그것들을 과감히 포기하고 옳은 일(소비자의 문제 해결)을 할 때, 기업의 삶이 연장되고 건강한 사업체로서 존재할 수 있다.

4-3. 제품, 판매 지향적 사고와의 단절

마케팅 지향적 사고와 행위에 있어서의 다음 주제는 제품 지향적(product-oriented), 판매 지향적(sales-oriented) 관념과의 단절이다. '우리 호텔은 훌륭한 시설, 자원, 위치를 갖고 있기 때문에 성공할 것이다'라는 제품 지향적 관념, '많이 팔면 많은 매출과 이익이 창출되므로 우리는 성공할 것이다'라는 판매 지향적 관념은 필요하기는 하나, 사업의 한 부분에 지나지 않는다.

그러나 마케팅은 비즈니스 과정에 있어서 매우 특별한, 고고(孤高)한 존재다. 마케팅은 고객을 창출하고, 유지하여, 기업을 생존시키기 위한 모든 것이다. 먼저 제품 지향적 관념과 마케팅 지향적 관념의 차이를 〈표 1-11〉을 통해 살펴보기로 한다.

〈표 1-11〉과 같이 제품 지향적 관념은 제품과 서비스의 우수성을 강조하지만, 마케팅 지향적 관념은 근본적인 혜택(benefit)을 강조하는 것이다. 혜택이란 고객의 욕구

표 1-11 제품 지향적 관념과 마케팅 지향적 관념의 차이

제품 지향적 관념	마케팅 지향적 관념
독특한 향이 나는 향수	개성과 품위를 지킴
성능이 좋은 컴퓨터	사무실과 개인의 효율성 증대
유명인이 집필한 책	교양과 전문 지식의 고취
프랑스 정통 요리사가 조리한 음식	미각과 건강을 향상
시내 중심지에 위치한 호텔	비즈니스와 관광의 편의성 증대
정시에 도착하는 룸서비스	고객의 시간 계획과 약속을 지켜줌

그림 1-12 혜택의 의미(마케팅 지향적 관념). 요구르트 제품은 칼륨(potassium)을 통한 건강의 혜택을, 향수는 '날 것 같은 상쾌함'의 혜택을 부각시키고 있음.

및 필요와 직결되는 개념으로서, 제품과 서비스라는 수단이 아닌 고객의 궁극적인 목적에 그 초점을 두고 있다(〈그림 1-12〉 참조).

1998년 MS의 Internet Explore가 Netscape Navigator를 넘어서며 웹브라우저 시장의 1위에 올라선 이래, 2012년 Google의 Chrome이 MS를 제치고 세계 웹브라우저 시장 점유율 1위를 차지했다(32.43% 대 32.12%). MS가 기술만을 믿고 폐쇄적으로 소프트웨어를 개발한 반면, Google은 검색 서비스와 이메일 서비스 Gmail, 공개 소스 프로그램 렌더링 엔진(웹문서를 해석해 화면에 보여주는 프로그램) 등 고객 지향적 혜택을 계속 개발해낸 결과다. 제품 지향적 기업과 마케팅 지향적 기업의 차이를 드러내는 사례다.

Starbucks는 커피가 아닌 '미팅의 최적 장소'(노천 카페+비트세대 풍 커피 하우스) 및

그림 1-13 Anti-café "MELLOW-YELLOW"

그림 1-14 위로부터 Michellin, Brasserie, French Laundry

'누릴 수 있는 사치(affordable luxury)'라는 마케팅 지향적 관념으로 성공했다. 이와 유사한 사례로 Anti-café(〈그림 1-13〉 참조)를 들 수 있다. Anti-café에서는 커피 값으로 돈을 지불하는 것이 아니라, 시간에 따라 돈을 지불한다. 대신 커피, 차 등의 음료는 물론, 스낵과 디저트, 보드게임, 무선 인터넷 접속 등은 무료로 제공된다. 2011년 Russia의 Moskva에 있는 Ziferblat 커피숍으로 시작해 Paris, Montreal, New York 등 세계적으로 확대되고 있는 Anti-café 역시 고객의 핵심 혜택을 잘 이용한 마케팅 지향적 관념의 성공 사례다. 세계 최고의 레스토랑 Michellin, New York시 Seagram Building에 있는 Brasserie 레스토랑, San Francisco Napa Valley에 있는 French Laundry 등 최고급 레스토랑들도 음식 그 자체보다는 '3시간 동안의 만족'을 판매하고 있다(〈그림 1-14〉 참조).

Barnes&Noble의 마케팅 지향적 관념

Barnes&Noble 서점도 편안한 소파와 공간을 서점 안에 배치하여 단지 책을 판매하는 것이 아니라 '기쁨과 휴식'을 판매하는 마케팅 지향적 관념의 대표적 사례다(〈그림 1-15〉 참조). Barnes&Noble은 1999년 '고객이 편안하게 독서의 기쁨을 누리고 지식 탐구를 할 수 있는 곳'이라는 마케팅 지향적 관념을 도입하며, 서점 당 약 15~20만 권 도서, 5만여 종의 음악 CD 및 비디오 진열, 약 3,000여 종의 잡지, 소파, 안락의자, 어린이 공간, Starbucks 커피, 라이브 공연, 저자사인회 등의 이벤트 등으로 고객의 사랑을 받고 있다.*

이와 같이 고객에게 제공되는 휴식 공간이나 정보 교류 프로그램 등을 'recreation branch'라고 함.

그림 1-15 Barnes&Noble의 내부 공간　　그림 1-16 Moleskine

1997년에 등록된 Moleskine이라는 수첩 브랜드가 있다(〈그림 1-16〉 참조). Moleskine은 단순한 수첩이 아니라 'unwritten book'이다. 창의적, 창조적 업종에 근무하는 사람들, 메모가 꼭 필요한 전문가들을 대상으로 그들의 창의성, 전문성으로 책을 완성하라는 의미다. 그 책의 저자는 곧 그 책의 구매자다. 카지노의 개념을 도박이 아니라 엔터테인먼트의 개념으로 승화시킨 Steve Wynn의 업적과 함께, 시계를 '시간 알기' 개념이 아닌 패션의 개념으로 승화시킨 Switzerland의 Swatch도 마케팅 지향적 관념의 또 다른 성공 사례들이다.

많은 기업들의 목표는 항상 제품의 품질 제고, 판매수익의 극대화, 이익의 극대화에 초점을 두고 있다. 판매는 주로 고객이 취하기를 원하는 제품을 가질 수 있도록 하기 위한 노력이다. 환언하면 판매는 주로 고객이 원하는 제품을 기업 외부로 내보내는 일방적 과정(one-way process)이다. 반면에 마케팅은 고객이 원하는 것이 무엇인가에 대한 사실을 기업이 파악함으로써, 제품과 서비스를 개발하고, 다시 반송하는 상호과정(two-way process)이다. 판매 지향적 기업은 공장으로부터 사업을 시작하지만, 마케팅 지향적 기업은 시장으로부터 사업을 시작한다.

미국의 전자제품기업 Best Buy의 CEO Brad Anderson의 말은 판매 지향적 사고와 마케팅 지향적 사고의 명확한 차이를 보여준다. "우리는 우리가 판매하길 원하는 것보다 사람들이 우리가 판매하길 원하는 것을 판매했죠." 이 말은 Best Buy의 가장 큰 성공 비결이기도 하다.

Peter Drucker는 "마케팅의 목적은 판매를 불필요하게 만드는 것(고객이 스스로 사니까)"이라고 표현한 바 있다.

4-4. 신뢰와 약속 이행, 그리고 정직 마케팅

신뢰의 의미

우리가 신뢰 혹은 불신의 결정을 내리는 맥락을 '**신뢰 생태계(trust ecosystem)**'라고 한다. Jan Chipchase와 Simon Steinhardt에 의하면, 신뢰의 정도를 가늠하는 6가지 차원은 진품성(authenticity), 약속 이행성(fulfillment), 가치(value), 확신성(reliability), 안정성(satety), 의존 가능성(recourse)으로 구성돼있다고 한다. 예를 들어 Starbucks에서 무카페인 커피를 샀다고 가정하자. '정말 모든 재료가 진짜일까?(진품성)' '진짜 카페인이 없을까?(약속 이행성)' '이것이 4$의 가치가 있을까?(가치)' '전에 마셨던 커피와 맛이 같을까?(확실성)' '주차장까지 걸어갈 때 뚜껑이 제대로 닫혀있을까?(안정성)' '만약 커피가 상하면 환불이나 다시 한 잔을 줄까?(의존 가능성)' 등의 6가지 요인이 '**신뢰 생태계**'(신뢰 혹은 불신)를 결정한다는 것이다.

"옛날부터 사람은 한 번 다 죽지만, 백성이 신뢰하지 못하면 나라가 존립하지 못한다."《논어》의 이야기다. Steven Covey는 "신뢰는 경영에서 가장 중요한 요소이며, 신뢰는 성실성과 같은 성품 요소와 성과를 내는 역량 요소를 포함해야 한다"라고 했다. 신뢰는 **기업의 5가지 무형 자산** 중 첫 번째 요소다(나머지는 인화, 신용, 고객 평판, 지식 자산).

약속 이행

2017년 '음료 한 잔을 마실 수 있는 1년 간 쿠폰을 매일 주는' 국내 Starbucks의 이벤트에 당첨된 고객에게 Starbucks는 실수였다며 1장의 쿠폰만을 주었다. 고객이 항의하자 Starbucks는 20장의 쿠폰 지급 등으로 합의를 제안했다. 고객은 소송을 했고, 법원은 한 잔 가격 6,300원×365일에 해당하는 229만 원을 지급해야 한다고 판결했다. Starbucks의 실질 손실은 단지 229만 원일까?

역사적으로 기업들의 마케팅 개념에 대한 오해와 남발이 만연되고 있다. 무수한 기

표 1-12 과도한 약속을 하는 광고 캠페인이 고객의 인식에 미치는 영향

기간/영향력		기존 고객	잠재 고객	내부 고객(직원)
단기	영향력	+ 또는 0	+	0
	인식	"아마 진짜일꺼야"	"그럴싸한데"	"과연 우리가 약속을 지킬 수 있을까"
중기	영향력	−	0 또는 −	−
	인식	"더 알아봤어야 하는건데", "또 속았군"	"내가 생각했던게 아니군"	"역시 내가 생각했던 대로군", "애초부터 불가능한 약속이었어"
장기	영향력	−−	−−	−−
	인식	"이 기업은 약속을 절대 지키지 않아"	"그냥 얘기해본거 였구나"	"다른 직장을 찾아봐야 겠군"

+:긍정적인 효과, 0:효과 없음, −:부정적인 효과

출처:Grönroos(2007), Service Management and Marketing–Customer Management in Service Competition, 3rd edition, 인용 및 보완, 이유재(2010), 《서비스 마케팅》, p312.

업들이 소비자를 위하여 지나친 아이디어를 남발했으며, 지나치게 열정적이고 낙관적이었다. 즉 마케팅 개념은 기업들이 전달 가능한 이상의 것이 되어 왔다. 이와 관련된 마케팅에서의 또 하나 주요 요소는 약속 이행이다. 〈표 1-12〉는 과도한 약속을 하는 광고의 영향을 나타내고 있다.

영화에서 "1편보다 더 나은 후속 편이 없다", "형만한 아우 없다"라는 말이 있으나, 기업의 약속 이행은 **진실의 순간(the moment of truth)** 못지 않게 중요하다(아마 더욱 중요할 것이다). Procter&Gamble에서는 이것을 **두 번째 진실의 순간(the second moment of truth)**이라고 명명했다.

Arizona State대학의 Bitner에 의하면, 기업과 고객 관계의 지속성은 고객과의 교환 활동에 있어서 얼마나 약속이 충실히 지켜졌는가에 달려있다고 한다. 즉 기업은 고객에게 약속을 하고(make promise), 내부 마케팅을 통하여 직원, 판매원, 중개 기관에게 약속을 지킬 수 있는 능력을 부여하며(enable promise), 관계 마케팅을 통하여 그 약속을 지켜야하는 것이다(keep promise).

그릇된 기업 윤리 AIG

2008년 9월, 1930년 대공황을 버텨내고 158년 동안 생존했던 Lehman Brothers가 무너졌다. 당시의 금융 위기를 극복하지 못한 것이다. Lehman Brothers는 사상 최대 규모의 파산 신청을 함으로써, 대공항 이후 최악의 금융 위기를 더욱 악화시켰다. 당시 Fannie Mae와 Freddie Mac은 정부가 인수했고, Washington Mutual은 FDIC의 손에 넘어갔고, Wachovia는 매각됐으며, AIG만 긴급 구제됐다.

이에 따라 2009년 사상 최대의 손실을 기록한 세계 최대 보험 기업 AIG가 미국 정부로부터 1700억$가 넘는 천문학적 구제 금융을 받았다. 그럼에도 불구하고 그 돈으로 임직원들에게 수백만$의 보너스를 지급해 큰 지탄을 받았다. Barack Obama 미국 대통령은 AIG의 이런 결정에 격분했다. 그는 미 재무부에 AIG가 임직원에게 지급한 보너스를 돌려받을 수 있도록 모든 법적인 조치를 강구하라고 지시한 바 있다.

2012년 7월 Google은 Apple의 iPad, iPhone 등에 'cookie'를 설치해 개인 정보를 빼내었음을 시인했다. Google은 사용자 동의가 이루어지기 이전이었던 2009년에 행해진 것이라고 변명했으나, 결과는 미국 연방거래위원회로부터 개인·정보 침해라는 명목 하에 사상 최고인 2,250만$의 벌금을 내게 되었다.

1980년대 초 Holiday Inn의 슬로건은 'The best surprise is no surprise'였다. 그러나 이 슬로건은 Holiday Inn의 명성을 크게 훼손시켰다. 위의 슬로건은 다소 무리한 것이었으며, Holiday Inn에서 지키지 못했기 때문이다. 고객의 신뢰를 무엇보다 중시여기는 Southwest Airlines조차 약속한 항공료를 이행하지 못해(Atlanta 구간 59$) 2013년에 2십만$의 벌금을 낸 적이 있다. 가장 효과적인 기업의 약속은 고객이 믿을만한 것이어야 한다. 정기적으로 NFL을 후원하고, 빠짐 없이 Super Bowl에 광고를 했던 GM은 파산 신청을 했던 2009년에 Super Bowl 광고를 중지했다. 국민 세금으로 조성된 수백억 $의 구제 금융이 여론의 압력을 형성했기 때문이다.

FedEx의 약속 이행

과거 미국에서 항공 화물 서비스 부문의 강자였던 Emery Air Freight는 소화물, 대화물, 밤새 배송, 지연 배송 등 모든 영역을 소화하고 있었다. 반면에 FedEx는 UPS 등 속달 배달을 전문으로 하던 상위 기업들의 약점인 '며칠까지 정확한 배달'에 대한 약속이 잘 이루어지고 있지 않은 점을 이용, '24시간 서비스'에만 전력을 기울였다. 그 결과는? FedEx는 그것을 가능하게 함으로써 현재 하루 약 300만 개의 고속 화물을 전송하는 세계 제 1의 기업으로 우뚝서게 되었다.

그 이후에도 UPS는 모든 노력을 정시 도착에 경주했으나, 약속 이행이 지켜지지 않았을 때에 대한 대응 방법이 미흡했다. 반면 FedEx는 정시 도착의 약속 이행을 강화하고자 화물 추적 시스템을 만들어(30분마다 점검) 철저히 약속 이행에 전력을 기울였고, 약속 이행을 못할 때 고객 불평에 효과적으로 대처할 수 있었다(〈표 1-13〉 참조).

표 1-13 FedEx의 서비스품질지수(SQI) 구성

실패 유형	가중 요인X발생 수=일 수(daily points)
늦은 배송-옳은 날	1
늦은 배송-틀린 날	5
응답하지 못한 요구 추적	1
반복 불평	5
배송 증서 분실	1
송장 수정	1
픽업 실패	10
소포 분실	10
소포 훼손	10
비행 연착(분)	5
라벨 분실 소포	5
포기 연락	1
총 실패 점수	XXX,XXX

출처: Jochen Wirtz(2014), 《서비스 마케팅》, p438.

이것이 곧 **서비스 회복(service recovery)**의 개념이다. 약속은 언제든지, 어쩔 수 없이 지키지 못할 수 있지만, 그것을 회복한다면(다시 이행으로 돌린다면) 그것이 곧 약속 이행이 된다는 것이다. 약속 이행은 곧 기업의 신뢰와 직결된다. 이후 UPS는 화물 추적

시스템인 컴퓨터 데스크탑 Widget을 출시하며 FedEx에 대응했다(경쟁은 이래서 좋은 것이다. 경쟁은 소비자의 필요를 계속 충족시키며 시장을 정화·발전시킨다).

FedEx를 신뢰성있는 기업으로 만들어준 또 하나의 유명한 일화가 있다. FedEx는 눈이 엄청나게 내린 한 산골에서 배송을 요청한 집에 5만$의 헬리콥터를 대여해서 우편물을 수거했던 사실이 있다. FedEx의 모토 'We live to deliver'를 그대로 실천한 것이다.

렌터카 Avis는 스스로 2위임을 인정하며 'So we try harder'라는 슬로건으로 Hertz에 이어 오랜 동안 2위의 위치를 굳건히 지켜왔었다.* Belgium Godiva 초콜릿의 모토는 '고객의 행복한 순간을 함께 하고 싶다'다. Godiva가 유명해진 것은 맛보다 생일, 기념일 등의 특정 일에 고객에게 100% 전해지는 카드 배송이다. '세계 어디서나 24시간 부품 서비스'란 유명 기업이 된 Caterpillar의 성공 비결도 철저한 약속 이행에 있다.

* 2015년 기준, Enterprise가 1위, Hertz가 2위임.

기업의 이러한 신뢰적 행위는 마케팅에 있어서 중요한 요소다. 국내에는 매일경제신문에서 최초로 2012년에 도입한 '한국소비자신뢰지수'(KTMI : Korea Trust Management Index)가 있다(〈표 1-14〉 참조).

표 1-14 2017년도 '한국소비자신뢰지수' 1위 브랜드

카테고리	상품 군/서비스 군	종합 부문 1위(기업명)	종합 부문 1위(상품/서비스명)
여행/숙박/외식 (12)	베이커리전문점	파리크라상	파리바게뜨
	여행사	하나투어	하나투어
	치킨전문점	교촌에프앤비	교촌치킨
	커피전문점	스타벅스커피코리아	스타벅스
	콘도미니엄	한화호텔앤드리조트	한화리조트
	테마파크	삼성물산	에버랜드
	패스트푸드점	비케이알코리아	버거킹
	프리미엄레스토랑	아웃백스테이크하우스	아웃백스테이크하우스
	피자전문점	한국도미노피자	도미노피자
	한식뷔페	CJ푸드빌	계절밥상
	호텔업	호텔신라	호텔신라
	호텔예약서비스	호텔스컴바인	호텔스컴바인

출처 : 한국경영인증원

정직 마케팅(flawsome marketing)과 선행

2011년 YouTube에 동영상 하나가 올라왔다. FedEx 직원이 PC 모니터가 포장된 상자를 고객의 집 담장 너머로 집어던지는 장면이 담겨있는 동영상이었다. 이 동영상은 이틀 동안 300만 명이 넘게 봤다. 네티즌 사이에서 비난 여론이 퍼져나갔다. FedEx는 '절대 있을 수 없는 일'이란 제목의 사과 동영상을 YouTube에 올렸고, 즉시 동일 제품

을 고객에게 다시 배송했다.

영국 컨설팅업체 Trend Watching은 "FedEx처럼 자신의 잘못을 솔직하게 인정하거나 약점을 공개하는 것을 마케팅 전략으로 삼는 기업들이 늘어나고 있다"고 분석했고, **flawsome marketing**이라는 새로운 개념의 용어를 만들어 냈다. **Flawsome marketing**이란 기업들이 결점을 스스로 인정하고 드러냄으로써 '인간적 브랜드'라는 이미지를 만들어가는 전략으로서, 필자는 **정직 마케팅**이라는 용어로 해석한다.

Napoleon은 도덕성과 물리적 상황의 비중을 3:1로 두었다고 한다. 기업의 도덕성은 신뢰에 있어서 가장 핵심적인 요소다. 도덕에는 두 가지 계기가 있다. 악행(maleficence)의 금지와 선행(beneficence)의 촉진이다. 시간이 지날수록 기업들에게는 그린 마케팅, CRS 등 전자를 초월하여 후자의 의무가 점차 가중적으로 부과되고 있다.

유명 기업들의 악행

역사적으로 기업의 악행은 무수히 이어져왔다. 국내의 경우 대기업의 동네 상권으로의 진출로, 대기업들의 전문 제품 부문으로의 진출로, 많은 중소, 영세 기업들을 사멸시키고 있는 것이 좋은 예다. Apple은 애플리케이션 **platform**에 선정적인 내용을 올리지 못하도록 세계적으로 규제하면서 자신들의 가치관을 강요하고 있으며, 자연 보존이 돼야하는 산맥에 Coca-Cola와 Pepsi의 로고가 당당히 붙어있다. Nestle's는 공격적 분유 판매로 모유 수유를 억제시키고, Facebook과 Google은 끊임없이 개인 정보 취급 방침을 수정하여 새로운 서비스로 돈을 벌고 있다. Monsanto는 불임 씨앗을 개발해서 농부들이 매년 씨앗을 재구입하게 하고 있고, Foxconn의 중국 공장에서는 많은 노동자들이 자살을 했다. Ericsson은 Iran 등의 나라에 CCTV를 팔아 돈을 벌고 있고, Unilever의 미백크림 광고는 인종 차별의 비난을 받고 있다.

반면 국내 신라호텔(사장, 이부진)은 택시가 호텔 현관을 받아 사고를 냈음에도 5억 원과 치료비까지 보상하며 '**noblesse oblige**'를 실천한 바 있다. Russia에서는 환대산업의 우수 기업을 찾아보기 힘들다. 그러나 브랜드 가치 평가 기관 Brand Finance로부터 2017, 2018년 연속 Singapore Airlines, American Airlines, Emirates Airline 등 세계적으로 인정받는 항공사들을 제치고 가장 강력한 항공사 브랜드로 선정된 항공사가 있다. 바로 Aeroflot(〈그림 1-17〉 참조)이다. 2018년 기준, 브랜드 가치는 14.29억$까지 올랐다. 미국항공협회인 APEX로부터 항공사 최고 평점인 5성의 등급을 받기도 했다. 수상의 가장 큰 이유는 '고객과의 친밀한 관계에 의한 진정성'이다.

그림 1-17 Aeroflot Airbus A320

선행은 '사단칠정론' 중 '사단'으로부터 파생된다. '사단'이란 맹자의 《공손추상구》에 나오는 용어로 측은지심, 수오지심, 사양지심, 사비지심 등 인간 본성에서 우러나오는 마음씨인 도덕심을 말한다.

결어

마케팅의 필요 충분 조건은 기업이 무엇을 할 수 있는지, 혹은 없는지, 그것을 수행하기 위해서 무엇이 합리적이고, 무엇이 비합리적인지에 대해서 깊이 있게 인식하는 데에 있다. 과대 광고, 비현실적인 약속 등은 고객을 창출시킬 수는 있으나, 유지하기는 불가능하다(〈그림 1-18〉 참조). 많은 기업들은 마케팅 개념을 지나치게 남발했고, 약속된 만병통치약으로 무분별하게 받아들임으로써 수많은 시행착오를 겪어왔다. 고객과의 약속 이행과 신뢰는 마케팅 지향적 사고와 행위에 있어서 필수 조건이며 정직 마케팅과 선행은 충분 조건에 해당된다.

그림 1-18 Las Vegas Circus Circus에서는 slot 게임 시 97.4%의 투자 회수율을 약속하고 있으나, 실제로 그 돈의 대부분은 '운이 불가능할 정도로' 좋은 몇 사람에게만 돌아가게 되어 있다(왼쪽). 반면 Harrah's에서는 30분 이상 슬롯 게임을 하면 잃은 돈의 100$까지를 환불하여 준다는 약속을 하고 있다. 어느 것이 '진정한' 약속일까?

Wall Street Journal에서 세계에서 가장 영향력 있는 비즈니스 사상가로 선정되었던 London School of Business의 Gary Hamel은 "비즈니스 언어는 영감을 불어넣는 언어 능력을 되찾아야 한다"고 주장했다. 그에 의하면, Michelangelo, Galileo, Jefferson, Gandhi, William Wilberforce, Martin Luther King Jr., Mother Teresa, Edmund Hillary와 같이 인류 역사에 길이 남는 위인들은 전문 용어보다 시공을 초월한 인간의 가치와 숭고한 목적으로 영감을 받았기 때문이라고 한다. 따라서 Gary Hamel은 경험과 비즈니스의 언어와 관행은 아름다움, 진실, 지혜, 정의, 자비, 충성, 기쁨, 용기, 명예와 같은 지칠줄 모르는 인간적 가치에 더욱 철저하게 집중해야 한다고 주장한다.

4-5. 전사적, 통합적 마케팅 행위

마케팅 지향적 사고와 행위에 있어서 마지막 주제는 전사적, 통합적 마케팅이다. 기업의 모든 부서, 모든 직책과 직위, 모든 시간과 공간에 의해서 타협되지 않은 마케팅 지향은 기업에 심각한 손상을 입힐 수 있다. 그러나 자명한 사실은 아무리 우수한 기업이라도 그것을 완벽하게 타협하기가 어렵다는 것이다.

GM에서는 전체 조직에 있어서 다음과 같은 4대 마케팅 전문가의 DNA가 필요하다고 한다.

GM의 4대 마케팅 전문가 DNA

선동자(instigator)
마케팅 전문가는 전략적 사고를 통해 당연하게 여겨지는 현상에 의문을 제기해야 하며, 이를 위해서는 경영 환경에서 가능한 모든 시나리오를 제시해야 한다. 이는 마케팅 부서의 가장 중요한 역할이라 할 수 있으며, 동시에 변화를 추진하려는 의지이기도 하다.
혁신가(innovator)
혁신적 마케터는 자신만의 시장 통찰력을 바탕으로 시험되지 않은 새로운 아이디어를 찾고, 이를 바탕으로 제품과 서비스, 솔루션을 제공한다. 새로운 아이디어가 통상적 개념에 벗어날수록 그로 인해 창출되는 시장 기회는 크다. 하지만 이에 따라 책임자가 부담해야 할 위험도 커질 수밖에 없다. 마케팅 책임자들은 과감한 구상을 추진할 용기뿐 아니라 의심스러운 눈길을 보내는 반대자를 설득할 정치적 기술과 끈기를 갖고 있어야 한다.
통합자(integrator)
통합자는 개별 조직 부서와 팀 사이에 다리를 놓아 이들이 같은 목표를 향해 달리도록 만들어야 하며, 외부 고객에 대한 통찰력의 의미를 해석하고, 이를 조직 내부에 전달하는 '통역사'의 역할도 겸해야 한다. 통합은 이질적인 부서를 한 데 규합해 시장의 역학 구조를 함께 평가하는 작업을 의미하기도 한다.
실행자(implementer)
지도자라면 이행 능력이 있어야 한다. 마케팅 지도자들은 권위에 의존하기보다 마케팅 부서만의 전문성과 통찰력, 팀워크를 활용해 다른 부서와 연합하고 이들을 설득해야 한다. 사람을 움직여야 하는 것이며 실질적인 결과를 내야 한다는 뜻이다.

전 세계적으로 **CCO(chief customer officer)**를 둔 기업이 늘어나고 있다. 2003년 30명에 불과했던 **CCO** 수는 2019년 현재 수백 배로 증가했다. Chrysler, Hershey's, Oracle, Sears, UA, Ritz-Carlton, Sun Microsystems, Wachovia와 같은 다양한 기업이 현재 **CCO**를 두고 있다. 제 4차 산업 혁명시대를 맞이하며, 디지털 기기 및 IT 관련 제품과 서비스가 증대되고 있다. 이에 부응하여 2017년 Marriott에서는 업계 최초로 **CXO(chief customer experience officer)**라는 직책을 도입했다. Marriott에서는 **CXO**를 미식 축구에서 가장 중요한 역할인 'quarterback position'에 비유하고 있다.

《손자병법》에 "이익을 중시하면 싸움이 위험하다"라는 말이 있다. 일반적으로 통용되고 있는 이익은 기업의 최종 목표가 될 수 없다. 이익은 사업 활동의 결과지 목표가 아니다. 먹어야 생존하는 것이 인간 생명에 필수 조건이듯이, 이익은 기업 활동 연장의 필수 조건이다. 이익을 창출하지 못하는 기업은 굶어 죽는 사람과 같이 부도가 발생되어 시장으로부터 퇴출될 것이다. 이익은 회장, 사장 혹은 이사진(board of directors)의 책임이며, 기업의 필수 조건에 불과하다.

모든 기업의 최종 목표는 마케팅의 올바른 실천이다. 환언하면 소비자, 혹은 시장에 대한 올바른 사고를 갖고 행등에 옮기는 것이다. Best Buy의 연간 매출이 2억 5천만$에서 230억$로 급비약했던 가장 큰 이유는 수수료(단기적 이익)를 없앤 것이다. 이익은 최고 경영층의 책임이지만, 마케팅의 올바른 실천은 회장에서부터 가장 낮은 직급 직원까지의 책임이다. 전사적, 통합적 마케팅의 수행에 있어서 가장 큰 책임은 마케팅부의 노력이지만, 타 부서의 협조 및 타협 없이는 기업의 최종 목표가 달성될 수 없다.

Hewlett-Packard의 창시자 David Packard는 "마케팅은 너무 중요해서 마케팅 부서에만 맡길 수 없다"고 했다. 마케팅부의 직원들이 정(full-time) 마케팅 직원이라면 모든 타 부서 직원들은 부(part-time) 마케팅 직원이다. 관리 부서(back of the house)의 모든 직원들도 고객의 문제를 해결한다는 점에서 볼 때에는 마케팅에 귀속되어있는 것이다.

반어법(oxymoron, paradox)일 수도 있지만, 마케팅의 궁극적 실패는 마케팅부보다는 타 부서의 책임이다. 고객을 창조해내는 것이 마케팅부의 책임이라면, 창조된 고객을 유지하는 데에는 마케팅부보다 영업부 등 타 부서의 역할이 더욱 중요하기 때문이다. 전사적, 통합적 마케팅의 수행 없이 기업의 최종 목표인 올바른 마케팅의 수행은 불가능하다.

반어법
"사자처럼 용감하게"의 직유법(simile), "나의 마음은 고요한 물결"의 은유법(metaphor)과 달리, 반대의 뜻으로 어떠한 사실을 강조하고자 할 때 사용되는 표현임.

Paradox 경영

대한민국 제 1의 기업인 동시에 세계적 글로벌 기업 삼성 이건희 회장의 양면성이 조화를 이루는 'paradox 경영' 철학은 다음과 같다. "획일적인 이분법 논리와 흑백 논리가 판을 치는 우리 현실에서, 양면적인 paradox 경영을 잘 해나가기는 쉽지 않다. 내가 1993년 신 경영을 주장하며 질 경영을 수차례 강조하니까 앞으로 양 경영은 포기하는 것으로 오해하는 경향이 있다. 질과 양, 매출과 이익, 어느 한 쪽도 포기할 수는 없다. 기업을 잘 경영하려면 자본이나 기술도 필요하지만, 외견상 상충되는 경영 요소를 슬기롭게 관리해나가는 능력도 필요하다."

Glocalization(globalization+localization), **masstige(mass+prestige)**, **coopetition(cooperation+competition)**, **flexicurity(flexibility+security)** 등이 'paradox 경영'과 관련된 용어들이다.

마지막으로 동양 사상에서의 paradox와 관련된 용어들은 〈표 1-15〉와 같다.

표 1-15 동양 사상의 paradox

《논어》	이와 의, 예절과 화목, 덕과 예, 옛 것과 새 것, 배움과 생각, 소박함과 세련됨, 진취와 보수, 지나침과 모자람, 화목과 다름, 벼슬과 학문 등
《도덕경》	유무, 어려움과 쉬움, 미와 추, 손해와 이익, 굳셈과 부드러움, 강함과 약함, 화와 복, 지혜와 어리석음, 움직임과 정지, 영예와 치욕, 나아감과 물러섬, 채움과 비움, 정교함과 소박함, 곧은 것과 굽은 것 등
《손자병법》	고정과 변화, 명분과 실리, 힘과 모략, 객관과 주관, 이익과 손해, 돌아 가기와 바로 가기, 힘과 순발력, 전체와 치우침, 변칙과 정공, 비움과 채움, 편안함과 힘듦 등

출처: 김근배(2012), 《마케팅을 공자에게 배우다》, p139.

제3절 Retrospective Marketing

Retrospective Marketing

정규엽(Chung, Kyoo-Yup)

Abstract

Market of modern times is characterized as hyper-segmentation, hyper-augmentation, hyper-competition, and hyper-maturity. Focus of each and every company and product/service is, in parallel, farfetched and one-sided progress. Under this circumstance, it shall be in need of reverse or counter measures. Par excellence product/service does not always mean high-tech and ample variety. The advent of new era of new and rational thinking for all marketers is come.

Historically(in the field of marketing) many huge, tip top, and master(victor) corporations have been continuously suffering from faster-than-ever changes and eventually collapsing or dying. This phenomenon is accelerated, and the slope of downfall is dreadfully fiecer as the time progresses. This author, therefore, tried to find out both intrinsic and/or extrinsic cause and effect of related cases and to suggest directions for today's corporations to stand an edge of competition.

The concept of retrospective marketing is different from that of demarketing, anti-marketing, counter marketing, etc. Retrospective means looking back on or dealing with past events or situation. Retrospective marketing can be defined as all efforts for regressing to the virtue of simplicity against the vice of complexity and variety, regressing to the good nature and traditional product/service against the bad byproducts of overwhelming and redundant technology and development; and regressing to the root of needs from a variety of wants in the light of Zeitgeist.

Key words 'retrospective marketing', 수평적 다양함(horizontal variety), 수직적 다양함(vertical variety), 차별화(differentiation), 단순함(simplicity)

1. 서론

현대는 대다수 산업에 있어서 초성숙기(hyper-maturity)시대이다. 이러한 초성숙기 시장에서는 초세분화(hyper-segmentation), 초확장(hyper-augmentation), 초경쟁(hyper-competition) 등의 현상이 발생된다. 고객의 욕구와 필요는 초세분화되어 있는데 반해 기업은 대량 맞춤(mass-customization)화 되어있는 정반대의 입장을 취하고 있기 때문에 고객과 기업 간의 거래는 상반되고, 점차 다양해지고, 복잡해지는 양상을 띠고 있다.

현대에 이르러 이러한 초성숙기 시장에서 기업의 판매 증대를 위해 촉매 제품(catalytic product)이 등장하고 있다(예 : Apple의 Appstore). 이러한 촉매 제품들은 초성숙기 시장의 특징을 단적으로 나타내는 초다양화(hyper-variety)의 대표적 예이다. 초성숙기의 대표적 예를 들자면 다음과 같다. 미국의 경우 SKU(stock keeping unit : 상품 취급 단위)가 약 100만 개 정도로 추정되고 있는데 슈퍼마켓은 약 4만 SKU를 갖추고 있다. 그중 고객 수요의 80~85%가 150 SKU로 충족된다고 한다. 최소 3만 9천여 SKU는, 즉 99%가 넘는 SKU는 거의 사장되어 있다는 의미이다.

시장에서 발생하는 모든 현상은 시간이 지날수록 기하급수적(exponential)으로 변하고 있으며 모든 기업들은 그러한 변화의 의미를 다시 한 번 되새겨보아야 하는 시점에 이른 것이다. 실제로 최근 30년 동안의 정보량은 과거 5천 년 동안의 정보량보다 많으며 인쇄된 지식의 총량도 매 4~5년마다 두 배로 증가하고 있다. Scientific American(2012)에 의하면 World Wide Web(w.w.w)은 이미 수 억 전자 페이지에 달해 있으며 매일 약 100만 페이지가 추가되고 있다고 한다. 변증법의 아버지 Herakleitos의 "변화 이외에 영원한 것은 아무 것도 없다"라는 말과 같이 한 순간도 쉬지 않는 변화는 계속 가속 페달을 밟고 있다. 세상의 모든 것이 변하지만 변하지 않는 사실은 모든 것이 변한다는 것이다.

1950년대부터 시작된 마케팅이라는 학문도 변하고 있다. 아니 변한다는 말보다는 진화한다는 말이 더 적합한 것 같다. 소비자의 필요 그리고 시장이 진화하기 때문에 마케팅도 진화하지 않을 수 없다. 그렇다면 역시 진화라는 의미도 깊이 생각해 볼 시점에 이르른 것이다. Chales Darwin의 적자생존의 법칙(the survival of the fittest)이 모든 기업에게 마치 사람의 생존에 필요한 공기와 물과 같은 개념으로 이해되고 있으며 변화하는 환경에 적응하고 생존하여야 하는 기업의 생활 지침서가 되고 있다. 기업은 동물이나 인간과 같이 환경 적응에 필요한 유전인자를 스스로 갖추고 있지 못한다(정규엽, 2003).

생물학자들은 호랑이와 북극곰을 환경에 최적으로 적응한 대표적 동물이라고 한다. 그러나 '적응과 도태의 역설'에 의하면 미래 멸종 후보로 호랑이와 북극곰을 대표적 동물로 꼽고 있다. 이 두 종은 환경에 최적으로 적응하였기 때문에 생태계가 급변하면 가장 도태되기 쉽다는 것이다. 과거에는 대기업이 소기업을 지배하였지만 현대에는 빠른 기업이 느린 기업을 지배하고 있다. 오히려 규모는 변화(스피드)의 적이다. AIG, GM, AT&T, Merrill Lynch, Citicorp, Sony 등 대 기업들의 쇠락을 보라. 향후 이 현상은 기하급수적으로 시장의 현실에 가까이 다가서게 될 것이다.

이러한 환경 하에서 필자는 마케팅의 새로운 용어 'retrospective marketing'을 소개하고자 한다. 필자는 마케팅의 모든 이론은 그 시점에서만 유용한 것이라고 언급한 바 있다(정규엽, 2011). 변화 때문이다. 이 시점도 늦었다고 생각되지만 지금이 아니면 더욱 늦을 것이기 때문에 현 시점에서 'retrospective marketing'의 의미를 고찰해 보기로 한다. 본 연구의 이론 제시에 있어서 가장 중요한 토대는 시장의 경험이다. 우리는 모든 마케팅 이론을 시장의 경험에 의해서만 배웠고, 시장의 경험에 의해서만 배우고 있으며 앞으로도 시장의 경험에 의해서만 배우게 될 것이다(정규엽, 2011).

2. Retrospective marketing의 용어 정립

'Retrospective marketing'의 용어를 정립하기 이전에 전 세계 마케팅 학계는 유사 개념으로 역마케팅이라는 용어를 사용하고 있다. 먼저 현재까지 통용되고 있는 역마케팅 관련 용어를 검토해 보자.

Oxford English Dictionary(2012)는 그 관련 용어들을 다음과 같이 정의하고 있다(Merriam-Webster Online Dictionary, 2012도 같이 참조함).

① opposite
- (attributive) situated on the other as further side when seem from a specified as implicit viewpoint
- completely different; of a contrary kind

② de
- down; away; descard; deduct
- denoting removal or reversal
- denoting formation from(본 주제와 관련 없음)
  De는 하향의, 떨어진, 밑으로 내려가는, 차감의, …로부터 분리, 역행의 의미이다. 즉 de의 우선적 의미는 하락과 분리라고 해석된다.

③ counter
- (verb) : speak or act in opposition to
- (adverb) : in the opposite direction or in opposition to
- (adjective) : responding to something of the same kind, especially in opposition
  Counter는 반대(견해, 방향, 반응)의 의미이다. 즉 opposite과 유사한 의미라고 할 수 있다.

④ anti
- opposed to; against
- opposed
- (noun) : a person opposed to a particular policy, activity, or idea Anti는 반대의, 특히 특정 정책, 행위, 아이디어에 대한 반대의 의미이다.

⑤ reverse
- move backwards
- make(something) the opposite of what it was
- turn(something) the other way round or up or inside out Reverse는 뒤로 움직이는, 상태를 반대로 돌리는, 뒤집는다는 의미이다.

위 용어들을 종합해 보면 opposite, de, counter, anti는 반대의 의미에 가까우며 reverse도 반대의 의미는 있으나 행위의 역행을 의미한다는 측면에서 차이가 난다. 그렇다면 다시 이와 관련된 Oxford(2012)의 정의를 살펴보자.

⑥ retro

- imitative of a style or fashion from the recent past
  과거의 스타일이나 패션에 대한 모방적 의미이다.

⑦ retrospective

- looking back on or dealing with past events or situation
  과거의 사건이나 상황에 대한 회고 혹은 취급의 의미이다.

결론이 났다. 필자가 처음 생각했던 용어는 'retro-marketing'이었다. 단지 과거로 돌아간다는 의미의 'reverse'나 'regress'보다 구체적인 용어라고 생각했기 때문이다. 그러나 'retro'라는 용어의 정의는 ⑥번과 같이 스타일이나 패션에 대한 모방적 의미이기 때문에 적합하지 않다. 본 연구의 용어는 'retrospective marketing'이다. 마케팅의 모든 현상은 사건, 상황이며 필자가 역설하려는 의도와 목적이 그러한 사건, 상황을 회고하고 취급하여 향후 기업들의 마케팅 전략과 전술 방향을 제시하고자 하는 것이기에 이보다 더 적합한 용어는 없다고 생각된다. 한국어 사전에서는 'retrospective'에 대해서 회고, 회상, 회구 등의 용어를 사용하고 있으나 어느 하나도 'retrospective'의 의미를 정확하게 전달하지 못하고 있다. 우리가 이미지, 라디오, 브랜드, TV 등을 외래어 그 자체 그대로 사용하고 있듯이 'retrospective marketing'을 본 연구의 용어로 정립한다.

3. 역마케팅의 유형과 의의

3-1. 역마케팅의 유형

'Retrospective marketing'의 의미를 설명하기에 앞서 세계 마케팅 학계에서 주로 통용되고 있는 역마케팅의 유형과 의의를 살펴보기로 한다.

역마케팅의 첫 번째 유형은 'demarketing'이다. 'Demarketing'이란 기업이 원하지 않는 초과 수요나 과도 수요에 대해 고객의 수요를 억제하는 경우이다. America Marketing Association(2012)에서는 'demarketing'을 ①경제적:"제품에 대한 소비를 줄이는 목적…", ②사회적:"사회에 해를 끼친다고 믿어지는 제품에 대한 수요를 줄이는 과정"으로 정의를 내리고 있다. Kotler · Levy (1971)는 'demarketing'을 "전반적인 수요를 줄이는 것을 추구하며 가격 인상이나 판매촉진 행위나 서비스를 줄이는 것…수요를 없애는 것이 아니라 일시, 영구적으로 수요를 낮추는 것"으로 정의하고 있다. Kotler · Levy(1971)는 〈표 1-16〉과 같이 'demarketing'을 분류하고 있다.

표 1-16 demarketing의 형태와 분류

형태 \ 시한	영구적	일시적
일반적	공익 소구형(외부, 사회 여론이 기업에 비우호적인 경우에 자발적으로 수요 조절)	수급 조절형 (수요와 공급의 불균형 해소)
선택적	이미지 제고형 (희소성 유지를 위한 폐쇄적 조치)	규제 회피형(공정거래 등의 규제를 피하기 위한 방어적 전략)
외견상의		외견형(식당 앞에 고객 줄을 길게 유도하는 등 실질적으로는 적극적 마케팅에 해당)

〈표 1-16〉의 5가지 'demarketing' 형태 중 가장 대표적인 것은 일반적, 일시적인 수급 조절형이다. 국내 통신 시장에서 2001년 SK텔레콤은 신세계통신을 통합하여 시장점유율이 50%가 넘게 되었는데 정통부는 시장점유율 50% 이하일 경우에 한하여 인수를 승인한다고 했다. 그 때 나온 광고가 "꼭 011이 아니어도 좋습니다"이다.

역마케팅의 두 번째 형태는 적대 마케팅이라고 하는 'anti-marketing'이다. 〈표 1-8〉에서 제시되었던 'demarketing' 중 선택적, 일시적 형태인 규제 회피적 마케팅이기도 하고 또한 다른 형태의 전략에 의한 마케팅이기도 하다.

전자의 가장 대표적 사례가 담배 판매 기업들의 '어쩔 수 없는' 단점 부각(예 : 경고; 흡연은 폐암 등 …… 담배 연기에는 발암성 물질인 ……이 들어있습니다)이다. 주류, 영화에서의 연령 제한, 인터넷 게임의 시간 제한, 강원랜드의 출입 규제, 카지노, 경마에서의 배팅 제한선 설정 등도 여기에 해당된다.

그러나 일부 기업이나 브랜드는 '자발적으로' 'anti-marketing'을 주 전략으로 사용한다. 가장 대표적 사례가 Red Bull이다. Red Bull은 시험 마케팅(test marketing) 시 탁한 색, 텁텁하고 고약한 맛 등에 대한 고객들의 부정적 반응, 'drinking cocaine', 'liquid viagra' 등의 부정적 별명을 오히려 구전으로 이용하였고 이것이 확고한 포지셔닝으로 이어지며 최고의 에너지 드링크 제품이 되었다. Netherlands Amsterdam의 Hans Brinker Budget Hotel은 조식 서비스도 객실 내 거울, 화장대도 없다. 광고도 객실 내에 침대 매트리스 하나만 놓여져 있는 것을 보여주며 "이건 당신의 집입니다. 대단한 걸 기대하지 마세요…… 더 이상 나빠질 것이 없습니다"라는 카피를 사용한다. 즉 Hans Brinker Budget Hotel은 단점을 부각하며 동시에 저렴한 요금을 부각하는 효과를 보았고 배낭 여행지의 명소로 떠오르고 있다. 이것 역시 'anti-marketing'의 대표적 사례이다.

이러한 'anti-marketing'의 본질은 소위 '청개구리 효과'이다. '청개구리 효과'란 어떤 대상에 대해서 선택의 자유가 제한되거나 위협을 당하게 되면 그 자유를 유지하기 위한 동기가 유발되어 더욱 그 자유를 원하게 되는 심리적 저항을 의미한다(Laran, Dalton, and Andrade, 2011).

다른 유형으로 'counter marketing', 'reverse marketing' 등의 용어가 사용되고 있는데 위의 두 범주나 개념을 크게 벗어나지 못하고 있거나, 단어에서 파생되는 포괄적

인 의미가 혼용되고 있어 명확한 개념을 찾기가 어렵다. 즉 현재까지의 역마케팅은 'demarketing'과 'anti-marketing'에 의해 대부분 인식되고 이해되고 있는 실정이다.

3-2. 역마케팅의 의의

기업에 있어서 역마케팅의 근본적 취지는 이미지 제고보다(물론 이미지 제고도 목적 중 하나이다) 궁극적 판매의 증대이다. 2002년 France McDonald's에서의 "건강에 좋지 않으니 어린이들은 1주일에 한 번 이상 오지 말 것"이라는 광고(이미지 제고, 궁극적으로는 판매 증대), 명품 의류의 로고가 작아지거나 감춰지는 추세(대중화 방지를 위한 이미지 제고, 궁극적으로는 고 충성도 고객의 확보), 과거 Mont Blanc Special Edition의 생산 개수 제한, Guess의 허리 사이즈 24인치 이하 청바지 판매, 홍대 거리 카페들의 남녀 동반자들만의 출입, 나이 제한 출입 등이 여기에 해당된다.

위의 모든 사례는 수요를 억제하는 것처럼 보이지만 그 궁극적 목적은 '중간 과정'인 이미지 제고, 충성 고객의 확보, 입소문 등을 이용한 '최종 목적'인 판매 증대에 있는 것이다.

4. Retrospective marketing의 등장 배경

필자가 'retrospective marketing'을 생각하게 된 가장 큰 동기는 현대 시장의 초성숙기 현상 때문이다. 제품수명주기상 성숙기의 제품 전략은 제품 다양화(product variety)이다. Harvard 대학의 Clayton M. Christensen은 기술 수준이 고객의 욕구를 넘어서는 순간을 'overshooting'이라고 표현하였다(이동우, 2009). 이는 많은 기업들이 최고를 유지하려고 고객의 욕구와 필요의 진화보다 월등한 기술력 진화를 거듭하며 생긴 현상이다.

이와 같은 'overshooting'의 주범은 경쟁이다. 물론 마케팅에 있어서 경쟁은 필수불가결하고 시장을 정화시켜주며 균형(equilibrium)있게 성장시키는 원동력인 동시에 소비자들의 다양한 필요 충족의 집합체이다(정규엽, 2011). 그러나 현대 시장의 특징인 초경쟁이 'overshooting'이라는 부산물을 탄생시킨 것이다.

다양함, 다각화는 '절대 선'이 결코 아니다. 1985년 Coca-Cola의 대표적 실패 사례로 기록되고 있는 New Coke, 기존의 스타일리시한 공식 서체 Futura 대신 기능성 높은 Verdona체로 바꾸어 Twitter를 필두로 고객의 엄청난 원성을 들었던 IKEA 등의 사례를 보라. 모두 '문제없는' 제품에 대한 '쓸데없는' 리포지셔닝의 실패 사례이다.

이것이 필자가 'retrospective marketing'의 등장 배경으로 소개하고자 하는 첫 번째 주제이다. 기술의 진보는 물론 바람직하다. 아니 필수불가결하다. 고객의 필요가 진화하기 때문이다. 그러나 그러한 필요의 진화를 고 기술(high-tech)로만 대처하는 것은 바람직하지 않다. Adam Smith는 《국부론》에서 신 기계(신 기술)의 도입으로 노동력의 질적 향상이 이루어질 때 경제 성장이 이루어진다는, 적어도 현 시대에서는, '지극히 당연한' 가정을 하였고 Paul A. Samuelson은 《Mathematical Economic》이라는 저서를 통해 "Adam Smith는 오늘날 시행된 사후 검사를 멋지게 통과했다"라고 결론을 내렸다(Buchholz, 1989). 기술 혁신이 경제 성장의 원동력이라는 논리는 가설과 검증의 차원이 아니라 현대인에게는 하나의 상식이다. 경제학에서는 논란의 여지가 없을 수 있는 진리일 수 있으나 마케팅에서는 관점이 다르다. 경제 성장과 인류행복의 증대는 전혀 다른 개념이다. 마케팅에서는 후자가 훨씬 중요하다.

Campbell's에서 개발하였던 'pulltop' 마개, Courtyard by Marriott의 3대 서비스인 in-room coffee service, 긴 전화줄, nonservice(객실 내에 음식을 놓을 수 있는 큰 트레이 배치), British Airways의 'cost-based pricing', 지금은 일반화되었지만 과거 Mr. Steak의 접객원 직접 계산 제도(고객은 앉아서 커피를 마시고) 등의 성공 사례가 고 기술이 필요한 것이었을까? 고객의 필요에 부응하는 방법은 무궁무진하다. 고 기술만이 최상책이 아니다. 고 기술은 막대한 경비를 소요하며 결국 제품의 가격에 반영된다.

cost-based pricing
고객이 필요하지 않는 사항(예를 들어 기내식 등)을 모두 제거하고 항공료에 반영하는 정책.

두 번째의 주제는, 그러나 가장 중요한 논점은, 다양함의 폐해이다. 필자의 견해로는 다양함(variety)이란 다음과 같은 네 가지 유형으로 나뉘어진다. 이해를 돕기 위하여 제품을 인간에 비유하기로 한다.

4-1. 수평적, 비차별적 다양함(horizontal, undifferentiated variety)

수평적이라는 의미는 횡단적(cross-sectional)이라는 의미이다. 횡단적이라는 의미는 세 번째 유형에서 비교하기로 하그 차별화의 주제를 먼저 설명하기로 한다.

먼저 수평적, 비차별적 다양함은 인간으로 비유하면 중국인, Taiwan인, 홍콩인, 조금 더 나아간다면 한국인, 일본인 등의 분류에 의한 다양함이다. 서양 사람들이 보기에 큰 차이가 없을 것이다. 일반적으로 대다수의 기업들은 최초, 유일, 최고라는 세 영역을 차별화 방법으로 사용하고 있다. 그 중 유일과 최고는 언제든지 바뀔 수 있지만 최초라는 영역은 결코 바뀌지 않는다. 그러나 반대로 환경, 시장, 소비자가 지속적으로 바뀌는 마케팅 환경에 있어서 언젠가는 전혀 의미없는 도구로 될 수도 있다. 최초는 'brand new'이지만 동시에 시간이 지날수록 'the oldest'라는 의미가 되기 때문이다. 이만큼 기업들은 바람직한 차별화 전략을 수행하기가 점차 어려워지고 있다. 차별화의 반대 용어는 경제학에서 이야기하는 완전 대체재(perfect substitute)이다. 완전 대체재란 속성과 기능이 똑같은 형태의 제품들을 의미한다.

유전자 염색체 genome의 구조를 분석한 결과 인간과 원숭이는 불과 4%도 차이가 나지 않으며 침팬지와는 1.5%, 남자와 여자의 차이는 0.1%의 차이도 나지 않는다고 한다. 그러나 누구나 알 수 있듯이 남자와 여자의 차이는 분명하다. 이것이 차별화의 진정한 의미이다. 즉 제품차별화는 '더 나은', '더 아름다운', '더 편리한', '더 디자인이 좋은', '더 품질이 좋은'과 같은 것이 아니라 명백히 의미있는 차이를 말하는 것이다. 마찬가지로 진정한 혁신이란 기존 기술을 지속적으로 개선하는 유지적 혁신(sustaining innovation)이 아니라 기존의 것과 전혀 다른, 경제학자 Shumpeter가 언급하였던, 파괴적 혁신(disruptive innovation)을 의미한다.

Choice Hotels International은 유사 가격대에 10개가 넘는 브랜드의 호텔을 소유하며 그 차이를 강조하고 있다. GM이 2009년 파산 직전까지 갔었던 가장 큰 이유는 모든 가격대의 자동차를 판매하여왔던 이유이다(대표적 예로 Chevrolet, Pontiac, Oldsmobile, Buick, Cadillac). 필자의 견해로 GM은 차별화의 의미, 차별화의 혜택을 제대로 이해하지 못했던 기업이다. 2012년 GM은 친환경 전기차 Chevrolet Volt의 판매부진으로 공장 폐쇄 직전까지 몰려있다. GM은 10여년 전 전기 차를 최초로 상용화시킬 수 있었던 '엄청난' 시장 기회가 있었으나 그것을 포기하고 'GM 판단의' 차별화 제품인 Hummer의 개발에 주력하였다. Hummer는 분명 '더 튼튼한', '더 특별한' 제품이었다. 이것이 진정한 차별화였을까? 필자는 그렇게 생각하지 않는다. 그러나 전기 차는 최소한 필자의 견해로는 차별적 제품이었다. GM은 전기 차의 시장 선도자가 될 수 있는 기회를 스스로 포기한 기업이다. 다시 이야기하지만 GM은 광범위한 부문에서 훌륭한 기업이었으나 최소한 차별화의 의미는 모르는 기업이다.

Coca-Cola, Pepsi 모두, 보통 콜라 칼로리의 50%인 C2, Pepsi Edge라는 제품을 출시한 적 있으며 미국 제 1의 커피 판매 브랜드 Folgers도 1/2카페인 커피를 출시한 적 있다. 필자는 왜 그랬는지 이유를 모르겠다. 결과는 '죽도 밥도 아닌 제품'에 불과했다. 필자의 견해로는 이러한 차별화는 전혀 의미가 없다. Miller Lite Ice, Miller High Life Lite, Miller Genuine Draft, Miller Genuine Draft Lite, Miller Reserve, Miller Reserve Lite, Miller Reserve Amber Light, Miller Clear 등의 브랜드들이 모두 실패하였던 사례도 마찬가지이다. 이러한 차별화를 이종적 동종(heterogeneous homogeneity)이라고 한다.

4-2. 수평적, 차별적 다양함(horizontal, differentiated variety)

수평적, 차별적 다양함을 인간으로 비유한다면 백인, 흑인, 아시아인, 아랍인, 히스파닉인 등이다. 즉 명백한 차이가 있는 다양함이다. 이 수평적, 차별적 다양함에는 두 형태가 있다.

첫 번째는 제품(브랜드) 포트폴리오에 의한 확장(증식적 확장 : augmentation by multiplication)이며 두 번째는 제품에 기능 혹은 혜택 추가에 의한 추가적 확장(augmentation by addition)이다. 전자의 대표적 예는 Marriott Corp.의 Marriott Marquis, Marriott Suites, Marriott Hotels&Resorts, Courtyard by Marriott, Fairfield Inn by Marriott, Residence Inn by Marriott 등의 다양함이며 후자의 대표적 예는 중장기 체류 고객을 대상으로 하는 Residence Inn by Marriott의 50% 넓은 객실, 객실 내 통나무 벽난로, 식료품 서비스 등이다. Residence Inn by Marriott은 Choice Hotels International

식료품 서비스
아침에 주문만 하면 주문된 품목을 냉장고에 적재해 주는 서비스.

과 달리 고객의 서로 다른 필요에 부응한 차별적인 다양함에 해당된다. 그러나 동일한 근원적 욕구 및 진화가 아닌 다양함이라는 측면에서는 수평적, 비차별적 다양함과 같은 맥락이다.

4-3. 수직적 다양함(vertical variety)

수직적이란 의미는 수평적과 비교하여 종단적 진화(longitudinal evolution)라는 측면에서 차이가 난다. 그러나 동일한 근원적 욕구라는 측면에서는 아직도 ①, ②번과 같은 맥락이다.

수직적 다양함을 인간으로 비유한다면 직립원인, Neanderthal man, Cro-Magnon man, 현대의 인간이다. 수직적 다양함에 있어서는 Apple, 삼성전자, Gillette 등의 기업들이 대표적 예가 된다. 환대산업에서는 기술적 혁명을 주도하며 계속 진화를 거듭하고 있는 Quantas Airways와 Wyndham 호텔을 들 수 있다. 그 중 면도날 시장 부동의 1위 Gillette의 사례를 살펴보자.

억제 방어
위협을 하지 않아도 무엇인가의 존재로 인한 상대의 공격 포기 유도를 의미함. 즉 경쟁 기업들이 도저히 모방하거나 따라올 수 없는 핵심적 역량을 의미함.

Gillette은 선도 기업 최선의 전략인 억제 방어(deterrent defence)의 진수를 보여주고 있다. Gillette은 최초의 면도날 Blue blade로부터 시작하여 2중 면도날 TracⅡ, 면도기 헤드가 얼굴 윤곽에 따라 움직이는 Atra, 그 이후 Sensor, Sensor Excel, 3중 면도날 Mach3, 소형 모터에 의한 미세 진동 기능의 Mach3 Power, 5중 밀착 면도날 Fusion(이후 Fusion Power, Fusion Phenom, Fusion Power Phenom 등)에 이르기까지 진화를 거듭하고 있다. Gillette의 진화가 보여주듯 수직적 다양함은 모든 기업에 있어서 필수 조건이다. 아무리 우수하고 차별적인 제품도 진화 없이는 그 위치를 고수할 수 없다. 대표적으로 Kodak은 필름으로 사진을 찍어 인화지에 현상하던 시절에는 세계 제1 브랜드였으나 현상과 관련된 신기술이 발달하며 위상이 형편없이 하락하고 있다*.

Interbrand의 1999년 세계 브랜드 순위 16위(시가 총액 148억$)였던 Kodak은 2007년 82위(시가 총액 39억$), 2008년 이후부터는 순위에서 빠짐.

여기서 마케팅의 기본 원리를 한 번 생각해보자. 막강한 Gillette의 대체재가 나올 수 있을까? 만약 경쟁 기업들의 '면도'라는 필요에만 집착한다면 오랜 기간 동안 힘들 것이다. 그러나 근원적 욕구를 생각한다면 당연히(어쩌면 빠른 시간에) 나온다. 예를 들어 사람의 피부 밖에 있는 수염을 제거하는 약품을 지닌 테이프가 있다면(수많은 대안 중 하나의 예) Gillette의 면도기는 무형적 존재로서(모두 사라져) 마케팅 서적의 대표적 실패 사례로만 존재할 것이다.

4-4. 제품 범주의 다양화(product category variety)

마지막 다양화의 유형은 제품 범주의 다양화이다. 수평적이건 수직적이건 관련없이 앞의 세 유형과 다른 점은 서로 다른 욕구에 대한 다양화라는 점이다. 대표적 사례는 Sony와 Procter&Gamble(이하 P&G)이다. 인간으로 비유한다면 Sony는 인간의 5감에 의한 감각을 대상으로 하고 있고 P&G는 인간의 5체에 의한 신체 기능을 대상으로 하고 있다는 차이가 있다.

Sony는 과거 거의 모든 가전제품 시장의 선두 기업이었으나 지금은 휴대용 오디오는 iPhone에, TV는 삼성, LG에 뒤지고 있는 등 모든 제품 범주에서 밀려나고 있다*. 그러나 P&G는 생활용품 부문의 가장 많은 영역에서 1위를 차지하고 있다. 왜 그럴까?

* Sony의 주 비즈니스였던 TV 부문의 경우 2011년까지 8년 연속 적자임.

지금은 고인이 된 Sony의 전 회장 모리타 아키오는 "소비자들은 자신들이 필요로 하는 것이 무엇인지 모른다. 따라서 나는 시장의 요구에 부응하지 않는다. 그것을 창조한다"라고 하였다. 그 당시에는 카리스마가 있는 '폼나는' 이야기였을 수 있다. 반면 MIT Hippel(2005)의 "혁신이 민주화되고 있다"라는 말을 기억하자. 현대는 혁신의 주도권이 고객에게 넘어가고 있다는 것을 암시하는 말이다. Priceline.com을 보라. 경매를 소비자가 주도하고 있다(역 경매). 기업의 리포지셔닝 전략에 있어서도 고객의 요구에 부응하는 'counter-positioning'의 빈도가 점차 늘어나고 있다. 소비자들은 Toffler(1989)가 언급했던 prosumer를 넘어 twinsumer, twitsumer, cresumer(소비자가 직접 창조한다는 의미) 등으로 진화하고 있다. **DIY**(do it yourself)의 개념을 창조한 Home Depot와 IKEA 역시 이와 관련된 사례이다. 모리타 아키오(Sony)의 철학은 오만하고 어리석은 것이었다.

Sony가 인간의 5감(측정하기 어려운)을 대상으로 하는 비즈니스라면 P&G는 인간의 5체(측정하기가 상대적으로 용이한)를 대상으로 하는 비즈니스이다. P&G는 폐쇄형 혁신이 아닌 개방형 혁신의 선두 주자이다. P&G에서는 더 이상 R&D라는 용어를 쓰지 않고 대신 C&D(connect and development), 즉 제품의 50%를 외부 아이디어로 만들겠다는 취지의 혁신 전략을 추구하고 있다. P&G는 또한 InnoCentive를 비롯한 개방형 혁신 네트워크를 활용하여 사람들이 실제로 출입할 수 있는 3D 가상 매장을 활용하여 test marketing을 하고 있으며, Vocalpoint를 포함한 온라인 사용자 커뮤니티를 통해 제품을 소개하고 소비자로부터 평가받는다(Reeves and Deimler, 2011).

개방형 혁신의 대표적 산물은 Wikipedia이다. Wikipedia는 2009년 기준, 235개의 언어, 1,300만 항목에 걸쳐 무수히 많은 사람들이 무수히 많은 주제의 등재 항목으로 컨텐츠를 창출해 낸 백과사전이다. P&G의 회장 Lafley는 고객에 중심을 둔 혁신을 강조한다. P&G는 고객이 원하는 것을 이해하기 위해 현재 한 해 2억$ 이상을 투자하고 있다.

얼마나 대조가 되는 이야기인가? 인간의 5체를 대상으로 하는 P&G와 비교하여 측정하기가 훨씬 어려운 5감을 대상으로 하는 Sony의 경영 철학은 너무나 대조적이며 그것이 두 기업의 운명을 현재로 이끈 것이다. 수평적이건 수직적이건 차별화가 존재하건 안하건 제품의 범주가 다르건 관련없이 마케팅에는 절대로 바뀌지 않는 진리가 있다. 마케팅의 모든 것은 고객 욕구의, 고객 욕구에 의한, 고객 욕구를 위한 것이라는 것이다.

5. Retrospective marketing의 의의

5-1. 다양함? 아니 단순함

필자가 'retrospective marketing'을 생각한 데에 가장 큰 동기를 제공한 다양함을 조금 더 깊이 생각해 보자. 2012년 4월 29일 조선일보 A2면에 충격적인 기사가 발표되었다. "123년 닌텐도, 상장(1962) 이후 첫 적자"가 그것이다(조선일보, 2012).

> "…… '스마트폰이 아무리 많이 보급되어도 게임기가 필요하다는 것을 증명하겠다. 닌텐도는 다르다', 2011년 이와타 사토루 사장의 말이었다. …… 닌텐도의 실적은 정점이었던 2009년 1조 8,386억￥의 매출액과 비교, 2011년 회계년도에 6,476억￥의 매출액과 최초의 423억￥ 순 손실을 기록한 것이다. ……"

위의 사실은 Nintendo가 게임기 판매에 열중한 동안 스마트폰, tablet PC, Facebook 등의 SNS(social network service)들까지도 게임을 확산시킨 결과이다. Nintendo는 타 제품 군에게 K.O. 펀치를 맞은 셈이다. Nintendo는 이에 대응하여 Wii U(인터넷을 이용한 음악 감상, 노래방 기능, 소프트웨어 다운로드 등 다양한 기능의 기기)를 2012년 말에 출시할 계획이다(조선일보, 2012). 이와타 사장은 "세상이 닌텐도가 다시 한 번 혁신했다는 평가를 받는 1년이 되도록 하겠다"라고 발표했다(조선일보, 2012).

삼성전자는 GallaxyS2에 Angrybirds Space를(출시 3일만에 1,000만 다운로드), 2012년 GallaxyS3에도 Quadcore Processor를 탑재하였고, LG전자도 Quadcore 스마트폰 Optimus 4X HD에 최적화된 모바일 게임 수급에 돌입했다. 스마트폰 AP(application process)를 판매하는 NVIDIA도 2012년 Quadcore AP를 세계 최초로 선보이며 고 사양 게임을 적극 활용하기 시작했다. 삼성전자, LG전자가 게임 유통 **platform**을 만드는 목적은 스마트폰 판매의 활성화에 있다. Nintendo는 타 기업들의 비주력 제품에게도 자신의 고유 영역을 제대로 지키지 못하고 있는데 제품 다각화를 추구하려는 것이다. 대한민국이 쇼트 트랙 스케이팅에서 위치가 흔들린다고 스키를 육성하는 것이 과연 올바른 대응일까?

Quadcore
컴퓨터 중앙 처리 장치인 CPU의 연산 처리를 하는 핵심 부분으로서 과거 듀얼 코어보다 훨씬 빠른 기능임.

필자는 여기에 대해 이렇게 생각한다. "게임업체에서 음악 기능? 소프트웨어 다운로드?" Nintendo는 다양함이 아닌 게임에 대한 전문적 집중에 전력을 다하는 것이 보다 바람직하지 않을까? Wii U와 같은 제품을 융합(convergence) 제품이라고 한다. 실제로 많은 선도 기업들은 융합 제품을 통한 다양화를 추구하고 있다. 대표적으로 Apple은 2010년 9월 Facebook+Twitter+iTunes의 통합형 SNS Ping을 출시하였고, Google도 소셜(검색, 게임, 앱, 결제, 뉴스) 등을 SNS **platform**으로 제공하기 위해 대대적 M&A 및 제휴를 진행하고 있다. 이와 같은 융합 제품에는 절대적인 전제 조건이 있다. 타 기능이 핵심 기능을 방해해서는 안된다는 것이다.

Nintendo는 Sony의 사례를 교훈으로 삼아야 한다. Nintendo와 Sony는 공통점이 있다. Sony의 경영 철학과 유사하게 Nintendo는 시장 조사를 잘 하지 않는 기업으로 유명하다. 그래도 Nintendo는 다양함을 추구하지는 않았다. 왜 Sony를 따라가려고 할까? 심히 우려되는 대목이 아닐 수 없다. 손자병법의 "모든 것을 지키면 모든 것이 약해진다", Jack Welch의 "세계 시장에서 현재 1위를 하고 있거나, 곧 1위를 할 수 있는 사업을 제외하고는 모두 철수해라"라는 말을 명심해야 한다. 뭉치면 살고 흩어지면 죽는다.

필자가 주장하는 첫 번째 'retrospective marketing'의 초점은 다양함과 대조되는 단순함(simplicity)이다.

인간 행복감의 모태가 죄악인 것을 알고 있는가? 4세기 카톨릭 수사 Evagrius Von Pontus는 인간이 버려야 할 7가지 마음가짐(그는 중죄로 표현함)을 정의한 바 있다(Sinkewicz, 2006). 오만, 탐식, 분노, 시기심, 탐욕, 음욕, 나태가 그것인데 인간은 이 7가지 저열한 마음에 대해 그에 상응하는 고상한 마음가짐으로 대체하며 행복을 찾아간다는 것이 그의 주장이다(Sinkewicz, 2006). 즉 영예로움의 근원은 오만, 환희의 근원은 탐식, 파워의 근원은 분노, 탁월함의 근원은 시기심, 열망의 근원은 탐욕, 황홀함의 근원은 음욕, 여유의 근원은 나태라는 것이다(Sinkewicz, 2006). 마찬가지로 단순함의 근원은 다양함이다.

Stanials Deheane(1997)에 의하면 인간 기억의 최소 단위 2초간 서구권 사람들은 4개 미만, 아시아권 사람들은 7개의 숫자를 기억한다고 한다. 그 이유는 숫자 발음이 아시아권에서는 한 음절인데 반해 서구권에서는 2개 이상인 경우가 많기 때문이다. 이는 단순함의 혜택을 충분히 보여줄 수 있는 사례이다.

단순함의 장점을 보여줄 수 있는 또 하나의 예는 브랜드이다. 현재와 같은 초성숙기에 있어서 사람들은 중요한 속성들을 모두 비교, 선택할 시간이 많지 않다. 'Generatien X'의 저자 Coupland(1991)는 'technical option paralize'라는 용어를 통해 인간은 너무 많은 대안이 있으면 선택을 하지 못한다고 한다. 이 때 가장 결정적인 역할을 하는 것이 브랜드이다. 이러한 경향을 'heuristics'라고 한다. 'Heuristics'란 문제 해결 시 불확실한 상황에 대해 판단을 내려야 할 때 편의적으로 비본질적인 단서를 바탕으로 단순, 직관적으로 구매 여부를 결정하는 경향을 말한다. 예를 들어 마요네즈 Hellmann's, 페퍼소스 Tabasco, 땅콩 Planter's, 1회용 반창고 Band-Aid, 면봉 Q-tips, 표백제 Clorox, 두유 Silk, 테이프 Scotch, 물비누 Soft Soap, 인라인스케이트 Rollerblade 등이 그것이다. 사람들은 아무 생각 없이 단순하게 그 브랜드들을 선택한다.

5-2. 마이너스마케팅

필자는 단순함이라는 주제와 관련하여 '마이너스 마케팅'이라는 개념을 소개하고자 한다.

제품

세계에서 브랜드 가치 1위 기업이자 음료 부문 부동의 1위인 Coca-Cola도 계속 제품의 다각화를 추구해 왔으나 성공한 예는 많지 않다. Gatorade에 대한 Powerade의 도전, Dr. Pepper에 대한 Mr. Pibb의 도전, Snapple에 대한 Frutopia의 도전, Mountain Dew에 대한 Mello Yello의 도전, Red Bull에 대한 KMX의 도전 등의 결과는 모두 실패이다. IBM의 Xerox에 대한 복사기 도전, 거꾸로 Xerox의 IBM에 대한 컴퓨터 도전, 삼성의 자동차 사업, 미국 TI(Texas Instrument)의 전자시계, Ivory의 샴푸, Heinz의 이유식, Adidas의 향수, Pierre Cardin의 와인, Levi's의 구두, Sony의 Columbia Pictures 영화제작사 인수 등도 역시 대 실패로 끝났다. "무조건 저렴하게 판매한다"의 대명사 Wal-Mart도 Target 임원진 스카웃, New York시 Manhattan에 상점 개장, New York Fashion Show 개최, Vogue 잡지에 80페이지 광고 등을 통한 고가 의류 및 9,988$의 다이아몬드 반지 판매에 나선 적이 있다. 결과를 구체적으로 말할 필요가 없을 것이다. 관련된 최고 경영자는 곧 물러났다.

특히 IBM, Xerox, 삼성, TI, Adidas, Pierre Cardin, Levi's, Sony, Wal-Mart의 실패는 너무 당연한 것으로 보인다. Domino's의 냉동 피자, Harley-Davidson의 경량급 오토바이, Pierre Cardin의 남성용 향수, gin으로 유명한 Tanqueray의 보드카, Renaissance 그룹의 Ramada Renaissance, Holiday Inn의 Crowne Plaza, McDonald's의 피자, Wendy's의 조찬 메뉴, Pepsi A.M., Guinness의 위스키, 세계 제1위의 쇠고기 스테이크 소스 A1의 닭고기 소스(1천 8백만$의 광고 예산)조차도 실패로 끝났으니 말이다.

반면 일본 휴대폰 시장이 하락하고 있는 가운데 성장하고 있는 Soft Bank사의 'Simple 휴대폰', 이메일을 대체하기 시작하는 Twitter, 세계에서 가장 빠른 속도로 성장하고 있어서 The Guinness Book of Records에도 올라와 있는 여성 전용 스포츠 클럽 Curves, 경쟁업체들의 복잡한 첫 페이지와 대조, 너무나도 간단한 Google의 첫 페이지, 햄버거와 감자튀김이라는 가장 간단한 메뉴 형태로도 단일 매장 매출액 측면에서 McDonald's를 능가하며 성공을 거듭하고 있는 In&Out과 White Castle 햄버거 전문점, 통합 마일리지의 창시 기업 Air Miles(그것을 복제한 국내의 OK Cashbag) 등이 그것이다.

The Guinness Book of Records
1759년에 창시된 영국 맥주 기업 Guinness에서 매년 발행하는 세계 기록집.

Curves
단 10여 종류의 운동기구를 30초마다 바꿔가는 프로그램으로 개발하여 현재 세계 70여 국에 진출 중임. 수영장, 거울, 샤워 시설 등도 없으며 기존의 90분 걸리던 운동을 단 30분에 저렴한 요금으로 이용할 수 있는 프로그램을 갖추고 있음.

사업 영역

여러 형태의 화물 운송 서비스 중 단 한 가지 '24시간 서비스'에만 집중하여 ONDS(overnight delivery service) 시장의 세계 1위 기업이 된 FedEx, 모든 세계 시장에서 부동의 1위 Coca-Cola를 제치고 오직 갈증 해소 혜택만을 부각시켜 Norway 음료 시장의 1위를 지키고 있는 브랜드 Solo, 과거 제지, 펄프, PC 등의 기존 제품을 모두 매각하고 영국의 Techno Phone을 인수, 8년만에 세계 휴대폰 부문 1위를 차지했었던 Nokia, Las Vegas 거리에 위치하고 있음에도 카지노를 하지 않는 등 최고의 품질과 이미지만을 추구하고 있는 Four Seasons 등은 사업 영역에 있어서 단순함을 추구하며 성공한 대표적 사례이다.

표적시장

Ian Schrager는 New York Paramount, Royalton 등의 혁신적 호텔을 매우 성공적으로 운영하고 있다. 이 호텔들의 표적시장은 오직 25세 여행객이다. Ian Shrager는 "우리의 제품과 디자인이 24세 여행객에게 혹평을 받더라도 개의치 않는다. 25세 여행객만 선호할 수 있으면 된다"라고 말한다. Hyatt Scottsdale Arizona는 모터사이클 애호가만을 Four Seasons Chicago의 Cigar Smoking Salon and Bar는 애연가만을, New York시 Manhattan에 있는 Library Hotel과 The Algonquin Hotel은 서적 애호가만을 표적시장으로 정하여 Ian Shrager의 호텔들과 함께 확고한 포지셔닝과 사업 성공이라는 두 목적을 성공적으로 달성하고 있다.

이와 같이 단순함은 제품적 측면, 사업 영역, 표적시장 등 모든 측면에 적용될 수 있다.

하위 기업에게 있어서 시장의 위치를 바꿀 수 있는 좋은 기회 중의 하나는 상위 기업이 다양함을 추구할 때이다. 그것이 제품적 측면이건, 사업 영역이건, 표적시장이건 마찬가지이다.

1980년대 전자오락 게임 시장 부동의 1위였던 Atari가 컴퓨터 시장까지 사업 확장을 한지 얼마 안되어 Nintendo에게 전자오락 게임 시장의 선두 자리를 내어주었고 Eveready가 기존의 시장 외에 알칼리계 시장까지 진출하면서 Duracell에게 알칼리계 건전지 시장 선두 자리를 내어주며 1,2위의 위치가 바뀌었다. 앞서 언급했듯이 Coca-Cola의 다각화 전략은 대부분 실패했지만(심지어 New Coke까지도) Sprite만은 성공했다. 선두 주자인 7Up이 'Uncola'를 외치며 콜라 시장에 도전하였고, 7Up Gold, Cherry 7Up 등으로 라인 확장을 하였기 때문이다. Miller의 브랜드가 늘어날수록 그 매출액은 오히려 하락하였다. 1973년 세계 최초로 휴대폰 개발에 성공했으며 1998년 Nokia에게 1위 자리를 넘기기까지 세계 최대의 휴대폰 기업이었던 Motorola의 몰락 원인도 지속적 M&A 추진에 의한 규모와 사업 영역의 확장에 있다.

마케팅에 있어서의 시간은 날씨에 있어서의 기상 이변과 같다. 예기치 못한 쓰나미가 언제 어느 기업에게 몰려올지는 예측하기가 어렵다. 물론 환경정사(environmental scanning)를 충실히 수행한 기업에게는 예외일 수도 있다. 지금까지 다양한 부문에서 선두를 지키고 있는 기업들도 그 선두 자리를 계속 유지하기는 매우 어려울 것이다(Apple과 삼성전자도 예외일 수 없다). Ries · Trout(2001)은 제품 포지셔닝에 있어서 "많을수록 적어진다"라는 표현을 한 바 있다.

국제 디자인 어워드에서 50회 이상 수상한 일본의 나오토 후쿠사와는 현대에 이르러 평범한 제품이 사라지고 있는 것에 유감을 표한 바 있다. 그에 의하면 진정으로 비범한(super normal) 제품은 지극히 평범한 제품이라고 한다(Business, 2008).

1999년 Westin은 3천만$을 투자하여 'Heavenly Bed'이라는 신 개념 객실 서비스를 도입하여 큰 호평을 받았다. 그것은 최고급 매트리스, 베개, 이불 등 최고의 취침 환경을 제공하는 서비스였다. 호텔에서 가장 기본적인 이 '너무나도 기본적인' 핵심 서비스는 Westin을 경쟁 호텔들과 차별화시키는 가장 큰 무기가 되었다. 물론 이후에 경쟁 호텔들은 이것을 철저히 복사했다. 1억 9천만$을 투자하여 Marriott이 도입한 'Revive Collection', Hilton의 'Security Bed', Hyatt의 'Grand Bed', Radisson의 'Sleep Number Bed' 등이 그것이다.

단순함의 개념에는 평범함, 간결함의 개념이 모두 포함된다. 의류산업에서도 Giorgio Armani, Prada 등 유명 디자이너를 중심으로 호화보다는 단순하고 은은한 품격을 주는 'minimalism'풍의 의상들이 점차 인기를 모아가고 있다.

미국 Barack Obama 대통령의 승리 구호 "Yes, We can", Bill Clinton의 승리 구호 "the economy, stupid" 등 간결, 간명한 문장의 파급 효과는 매우 크다. 성공적 포지셔닝 성명서 중에는 간결한 문장들이 많다. Coca-Cola의 'The real thing', 'Coke is it', Nokia의 'Connecting people', YAHOO!의 'Do you YAHOO?', Apple의 'Think different', Citybank의 'Where money lives', Adidas의 'Impossible is nothing', Nike의 'Just do it', Hewlett-Packard의 'Invent', Xerox의 'The document company', AT&T의 'The right choice', Avis의 'We try harder', Cambell's의 'Mmm Mmm Good', Microsoft의 'Makes it easier', Embassy Suite의 'Twice the hotel', Marriott의 'The ultimate luxury', 7up의 'Uncola', Amazon의 'Selection' 등은 모두 세 단어 이하의 성공적인 포지셔닝 성명서들이다. 공자도 《논어》에서 "언사는 정확하게 뜻을 전할 수 있으면 그만이다"라고 하며 간략한 문장을 권유하고 있다(서진영, 2012).

결론적으로 초성숙기 시장에서 만연되고 있는 다양함, 다각화가 시장의 대세인 현대에 있어서 단순함을 추구하는 '마이너스 마케팅'이 절대적으로 필요하다는 것이 필자의 견해이다. 인류가 발전하고 기술이 발달하기 시작하며 시장이 진화되어 온 (지나치게) 오랜 시간 동안 '다다익선'이 시장의 대세였으나 이제는 '과유불급'을 생각할 때이다. 과거 금융자본주의시대(1890~1933)의 횡포에 공황이라는 사형 선고를 내렸던 시장의 '보이지 않는 손'이 그것을 통제할 것이다(이미 통제하고 있다). 'retrospective marketing'!, 단순함으로 돌아가자.

6. 결론 : Retrospective marketing에 대한 마지막 고찰

필자는 현대 인간의 행태에 대해 '마케팅 철학'이라는 논문을 통해 비판을 한 적이 있다(정규엽, 2003).

> "인간이 에덴동산 …… 선악과를 무료로 구매했을 때 상상하지도 못할 비싼 대가를 치루었다. 그 제품은 무료였으나 인간의 욕구라는 선과 악을 과세로 부과하였

다. …… 시장과 환경이 변하며 점차 진전되고 있는 모든 새로운 욕구와 필요는 하느님이 원하지 않는 악에 접근하고 있다. 모든 동물의 가장 기본적이며, 종족의 번식 및 발전이 목적인 성은 매춘으로, 술과 담배는 마약으로, 컴퓨터 기술은 해킹으로, 주식 거래는 작전으로, 게임은 도박으로, 결과적으로 지식과 지혜의 진보는 오만함과 독선, 탐닉을 거쳐 지옥의 문으로 접근하고 있다. Alfred Bernhard Nobel의 다이너마이트에 만족하지 못하고 핵을 발명하여 우리는 무엇을 얻었는가?

하느님은 항상 인간의 엄청난 잠재적 능력에 제동을 걸고 있다. Noah's Ark, Sodom과 Gomorrah의 몰락, Ten Commendments, 1970년대 …… 암, 1980년대 …… 공해, 1990년대 …… AIDS …… 향후 어떠한 저승사자가 출몰할지는 아무도 알 수 없다……"

현대는 디지털시대다. 디지털시대가 계속 진화한다면 궁극적으로 인간이 무엇을 원하게 될까?

예를 들어 컴퓨터 게임이 진화한다고 하자. 게임을 즐기는 모든 사람들은 그 게임이 점차 현실화되기를 원할 것이다. 영화도 TV도 마찬가지이다. 인간의 5감이 내장될 것이고 점차 '진짜'같은 세상으로 다가가게 될 것이다. 사람들은 3D, 4D, 가상 현실 등 디지털시대 최대 발명품들의 진화가 절정에 이르렀을 때 비로소 그 궁극적 끝이 결국에는 현실(mother-reality)이라는 것을 깨닫게 될 것이다(back to the present).

그 때의 현실은 지금과 같은 답답한 현실이 아니라 우리가 현재 상상하는 것들이 이루어지고 있는(예 : 우주여행, 어쩌면 공간 이동) 현실일 것이다. 로봇 진화의 끝도 인간과 똑같은 기능의 로봇일 것이다. 마찬가지로 그 때의 인간도 지금보다 훨씬 진화된 인간일 것이다.

SNS, 스마트폰을 생각해보자. 대화만이 아니라 이제는 위치 추적, 화상 통화까지 가능하다. 더 기술이 발달되면 여기에 대해 냄새 등 직접 만나는 상황으로 향해 나아갈 것이다. 질문은 간단하다. "직접 만나면 되지?" 물론 기술의 발달은 만나기까지의 시간과 경비를 절약할 수 있다. 그러나 '인간미'는 없다. 우리가 왜 악수를 하고 포옹을 하는가? 과거에 우리가 시간이 없어서 자기 개발을 못하였는가? 인류가 시간이 없어서 여기까지밖에 발전을 못하였는가? 천재 메신저인 SNS, 스마트폰도 사람들이 만나지 못해 어쩔 수 없이 대체재로 등장한(만남이라는 근원적 욕구보다 훨씬 열등한) 편지, 그리고 그 이후의 전화에 대한 필요의 진화에 불과한 대체재들이다.

주위에 어떠한 상황이 벌어지건 스마트폰에만 집중하고 있는 인간의 행태는 무엇인가. 위험 신호의 징조다. 이러한 기술의 진보는 인간에게 편의성이라는 혜택을 극대화시키고 있지만 '만남'이라는 인간에 있어서 가장 중요한 혜택(근원적 욕구)을 점차 감소시키고 있다. 교통 등 타 기술의 발달로 '만남'의 시간과 경비가 최소화되는 시대가 온다면(분명히 온다) 위의 매체들은 도태될 것이다.

필자와 유사한 견해를 내세우는 학자가 있다. Jay Sinha이다. Sinha(2007)는 신 마케팅시대 정신(Zeitgeist)이라는 용어를 통해 자연 제품에 대해 확대되고 있는 갈구, 보다 단순한 품목에 대한 욕망, 전통적 물건에 대한 향수 등이 향후의 마케팅 사조로 대두될 것이라는 예견을 하고 있다. Rust, Viana, and Hamilton(2006) 등도 'defeating feature fatigue'라는 제목의 논문을 발표하며 복잡한 현대 제품들의 폐해를 지적한 바 있다.

즉 'retrospective marketing'에는 단순함만이 아니라 자연 제품, 전통적 제품에 대한 회귀의 개념도 포함된다.

여기에 대한 가장 대표적 사례는 콜라 시장이다. 세계 브랜드 1위 Coca-Cola의 1999년 브랜드 가치는 838억$이었으나 2000년부터 그 가치가 서서히 줄어(가끔 상승도 하였지만) 2011년 Coca-Cola의 브랜드 가치는 718.6억$(Interbrand, 2011)이다. 2000년대 들어 미국 음료 시장의 소비량이 1~2%씩 줄어들고 있기 때문이다. 이러한 추세에 병행하여 자연 제품, 전통적 제품에 대한 수요가 늘고 있다. 유기농으로 재배한 식품으로 세계적 대표 브랜드가 된 Whole Foods, 웰빙 식품, 국내 조미료 시장에서 막강 미원과 경쟁할 수 있었던 '천연의 맛 다시다', 영국에서 출시된 건강 콜라 Pepsi Raw가 전자의 사례이며(자연 제품), 최근 미국 Ivy 리그 대학들, 조선일보, 많은 학원들이 추구하고 있는 '고전 읽기', '70/80'시대의 음악에 대한 동경, 1998년 Volkswagen의 복고풍 디자인 New Beetle, 국내 이동 인구가 많은 지역에 등장하기 시작한 새마을 식당 등이 후자의 사례이다(전통적 제품). 세계적으로 혁명적 커피 문화를 창조하며 1만 6,000개가 넘는 매장을 운영하고 있는 Starbucks는 2011년 미국 Seattle에 15th Ave E Coffee&Tea라는 브랜드의 카페를 개장했다. 고객들이 옛날 풍의 소규모 카페를 선호하기 시작하는 풍조에 병행한 전략이었다(중앙일보, 2011). 교육도 마찬가지이다. 점점 난해, 복잡해지는 수학을 대다수의 사람들은 실생활에 전혀 이용하지 못하고 있다. 분명 언젠가는 수학을 위한 수학이 아닌 실 생활에 이용할 수 있는 수학교육으로 바뀌어갈 것이다(지식보다 지혜가 학문의 최종 목적이 아닌가?).

필자의 'retrospective marketing'에 대한 마지막으로 논점은 현재의 다양한 필요로부터 마케팅 개념에 있어 가장 기본적이고, 동시에 중요한 근원적 욕구로 돌아가라는 것이다. Levitt(1960)이 "사람들은 송곳이 아니라 구멍을 구매한다"라고 언급하였지만 구멍의 근원적 욕구는 연결이다. 사람들이 구매하는 것은 석유가 아니고 물체 가동이며 스마트폰이 아니라 편의성과 사회성이다. 현재의 필요에 집착하는 기업의 성공은 강에 해당되지만 근원적 욕구에 초점을 맞추는 기업의 성공은 바다에 해당된다(정규엽, 2011).

초성숙기 시장에서 만연되고 있는 기술적 진화의 종착역은 Aristotle이 언급한 세 지식 중 episteme(과학적, 이론적, 일반적 지식)도 아닌 techne(기술적 지식)도 아닌 phronesis(실용적 이성)(홍석영, 2005)에 가까울 것이다.

삼성경제연구소(2009)가 발표한 향후 예견되는 10가지 소비 경향 중의 하나는 'digital humanism'이다. 따뜻하고 감성적인 기술이 중시될 것이라는 예측이다. '진화의 역설'이라는 용어가 있다. "더 많은 것들이 변할지라도 보다 더 많은 것은 그대로이다(plus ca change, plus c'est la meme chose)"는 뜻이다(Moon, 2010). 이 논문의 많은 부분은 필자의 가설이지만 'retrospective marketing'이라는 명제에 심오한 의미를 줄 수 있을 것이다. 마지막으로 'retrospective marketing'에 대한 필자의 정의를 내리고 싶다.

"Retrospective Marketing is all efforts for regressing to the virtue of simplicity against the vice of complexity and variety; regressing to the good nature and traditional product/service against the bad byproducts of overwhelming and redundant technology and development; and regressing to the root of needs from a variety of wants in the light of Zeitgeist."

"'Retrospective marketing'은 시대 정신에 입각하여 복잡함과 다양함의 폐해로부터 단순함으로; 과도한 기술과 개발로부터 자연적, 전통적 제품/서비스로; 다양한 필요로부터 근원적 욕구로 돌아가는 모든 노력이다."

Retrospective marketing에 대한 후고

의류산업의 경우 Gucci, Chanel, Etro, Hermes, Louis Vuitton, Versace, Aigner 등 유명 명품의 로고는 점차 작아지고 있으며, 어떠한 경우에는 아예 숨기기도 한다. 이는 명품이라는 이미지 제고를 위해 일반인들에게 의해 지나치게 대중화되는 것을 방지하기 위함이다. 실제로 브랜드 충성도가 어느 정도 있는 고객에게는 그러한 전술이 구매 행위에 지장을 주지 않기 때문이다. 비근한 예로 세계 3대 PGA 메이저 대회(US Open, British Open, Masters) 중 Masters는 1934년 시작부터 대단히 폐쇄적인 대회로 유명하다(〈그림 1-19〉 참조). 1990년에 처음으로 흑인이 참가 가능했으며, 여성에게는 현재까지도 참가의 기회를 주지 않고 있다. 성차별이라는 비판을 듣기도 하지만, 이는 미국 대통령도 마음대로 참석할 수 없는 매우 권위적이고, 독보적인 대회라는 이미지를 구축하고 있는 등 고도의 **역마케팅** 전략이라고 할 수 있다.

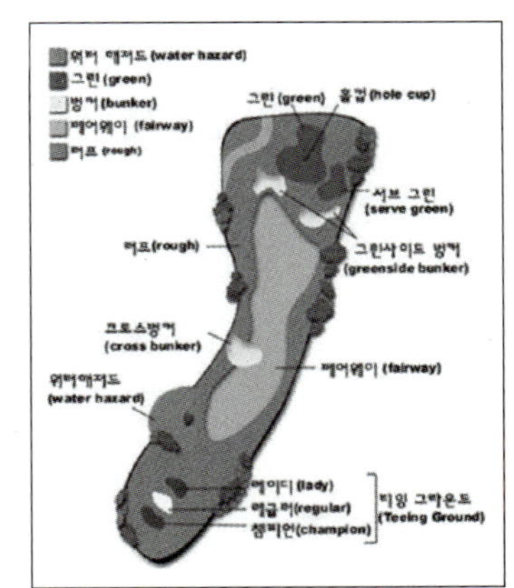

일본에서는 노트북의 불필요한 요소를 모두 제거한 문자 데이터 입력 전

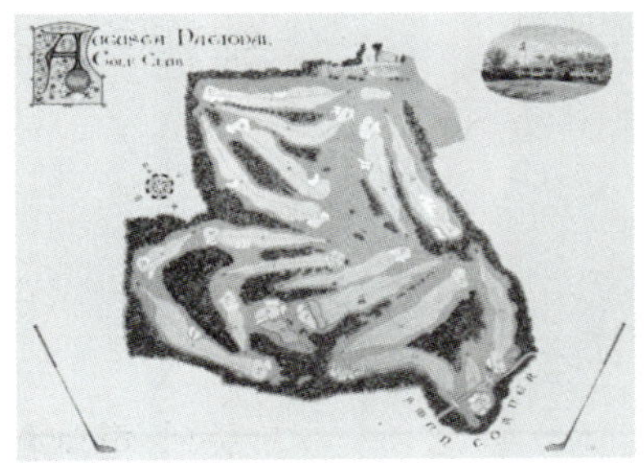

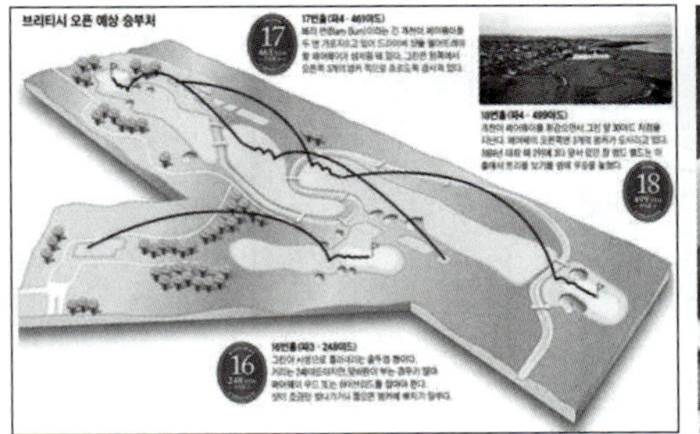

그림 1-19 세계 3대 PGA 메이저 대회 골프 코스/Masters 대회에 참가 중인 Tiger Woods와 최경주

토리키조크
일반 꼬치구이 전문점의 경우 80~90종의 메뉴가 있으나, 토리키조크에는 55개 품목만 취급함. 10분이 소요되는 직화 구이 대신 5분에 조리가 되는 전기그릴 방식으로 좌석 회전률을 높이고 있음.

용기 Pomera, 메뉴를 줄여 타 꼬치구이업체 좌석 회전률의 두 배를 기록하며 일본 제1의 꼬치구이 체인으로 성장하고 있는 토리키조크* 외식업체, USB 메모리 안에 소프트웨어가 있어 컴퓨터에 꼽는 동시에 인스톨이 되는 Sourcenext사의 U Memories, 렌즈와 안경테 세트를 균일 가격에 판매하여 인기를 급증시킨 Jin사의 Global Standard 안경, 대중 온천 여행지 벳부와 비교하여 호젓한 '절제의 미학'으로 차별화를 하고 있는 유후인 온천 휴양지 등 **마이너스 마케팅**의 성공 사례가 계속 증가하고 있다.

2008년 4월부터 2009년 4월까지 Twitter 이용자 수는 무려 1,300% 증가했다. Blackberry, iPhone과 같은 컴퓨터 및 휴대용 기기를 이용해 손쉽게 메시지를 전달할 수 있기 때문이다. 한 유명한 개인이 거대한 기업이나 기관보다도 많은 follower를 거느리는 것이 가능해지고 있는 것이다.

Steve Jobs, Bill Gates 등 세계적 CEO들이 공통으로 말하는 것은 이 시대가 정보화에서 '**high concept**'으로 진화하고 있다는 것이다. '**High concept**'이란 Daniel Pink의 2006년 《새로운 미래가 온다》에서 제시된 개념으로서, 트랜드와 기회를 감지하는 능력, 무관해보이는 아이디어의 결합의 통해 새로운 아이디어를 창조하는 역량 등 인간의 창의성과 독창성에 기반한 새로운 아이디어의 창출과 실현 능력을 말한다. Scott McKain은 '**high concept**'의 요소로서 강력함, 매력적임, 흥미진진함, 특성을 가짐, 기억에 남을 만함을 제시했지만, 무엇보다도 간략함을 우선적으로 제시했다.

Harvard대학의 Clayton Christensen 연구팀은 '신 시장형 와해적 혁신(new market disruptive innovations)' 이론을 발표했다. 많은 시장에서 제품이나 서비스가 너무 비싸거나 복잡해서, 혹은 구매 과정이나 사용법이 불편해서 구매하지 않는 비고객이 다수 존재한다. 이 시장을 잡는 방법은 간단하다. 제품, 서비스, 구매, 사용법을 복잡하지 않고 편리하게 하는 것이다. Apple의 첫 번째 경영 철학도 '단순함'이다.

France의 유명 작가 Saint-Exupéry의 말이다. "완벽함이란 더 이상 보탤 것이 남아 있지 않을 때가 아니라 더 이상 뺄 것이 없을 때 완성된다."

마지막으로 〈그림 1-20〉을 살펴보자. 무엇을 느끼는가?

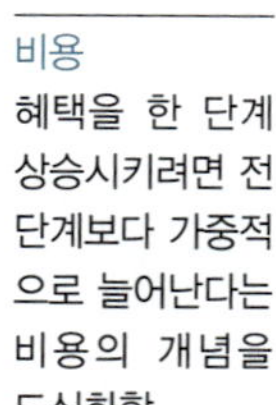
비용
혜택을 한 단계 상승시키려면 전 단계보다 가중적으로 늘어난다는 비용의 개념을 도식화함.

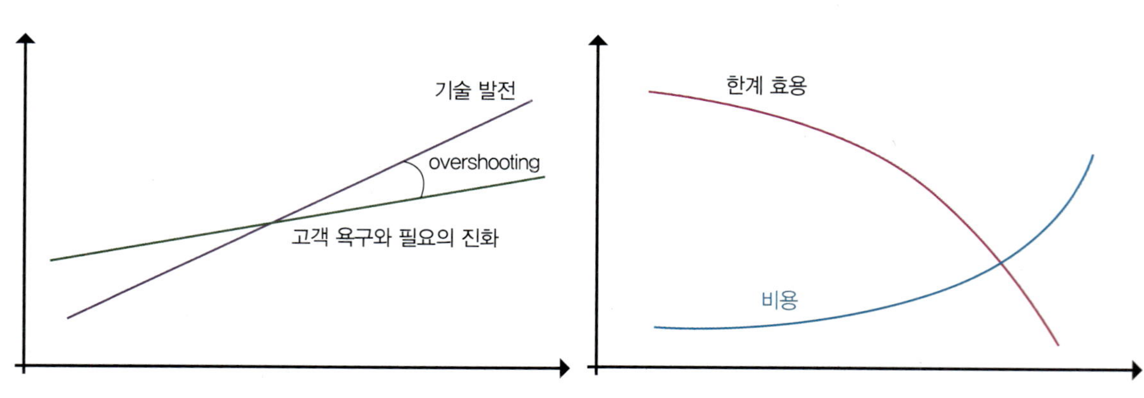

그림 1-20 overshooting과 한계 효용 체감의 법칙

환대산업 마케팅의 발전 과정과 의의

제 2 장

환대산업(hospitality industry)은 호텔산업, 외식산업 등의 접객 산업들을 포함하고 있으며, 관광산업(tourism industry)과 더불어 빠르게 성장하고 있는 산업이다. 또한 사람과 서비스가 중심이 되는 'people business'이며, 동시에 'service business'에서 핵심적 산업이기도 하다.

본 장의 학습 목표는 제1장에서 학습되었던 마케팅의 개념, 의의, 철학이 환대산업과 관광산업에 어떻게 적용되어야 하며, 어떠한 차이가 있고, 그 시사점이 무엇인가를 이해하는 데에 있다.

 제1절 환대산업의 발전 과정과 범위

1. 환대산업의 발전 과정

Persia 상인들이 여행을 할 때 숙박하였던 caravan은 지금의 텐트와 같은 형태로서 khan이라 불려졌으며, 이것이 최초의 집을 떠난 숙박 기능(home away from home)으로 기록되고 있다.

기원전 500년에는 현재의 레스토랑과 같은 기능인 공공 외식 시설이 처음 도입됐다. 여기에서는 이와 같이 환대산업 역사상 무엇이 최초였으며, 산업의 발전에 기여했는가에 대한 역사적 이벤트를 추적해보기로 한다. 마케팅적 표현으로 말한다면, 역사적으로 환대산업 시장의 욕구와 필요가 무엇이었으며, 산업은 그 욕구와 필요에 부응하여 어떠한 제품과 서비스를 개발했고, 제공했는가를 시간적 흐름에 따라 정리해 보자는 것이다.

BC 4000년

Mesopotamia의 Sumer인이 최초로 맥주 제조

BC 3000년

고대 Egypt에서 맥주를 제조하여 Greece와 Rome으로 전파됐고, 북유럽에서 맥주 제조법이 정착함(중세에는 수도원이 맥주 양조 독점).

BC 1480년

Egypt의 Luxor에 위치한 Deir el-Bahri 성당 벽에는 Hatshepsut 여왕이 East Africa Punt로 여행을 한 것이 인류 최초의 여행이었다고 기록되어 있음.

BC 776

기록에 의한 인류 최초의 Olympic Games가 열림. 이후로 스포츠가 관광의 주요 동기 중 하나가 됨.

B.C. 500년

- Greece에서 미네랄과 온천이 있는 곳에 리조트가 최초로 등장함.
- Rome인이 온천 리조트(spa resorts)를 영국, Switzerland, 중동 지역까지 보급함.
- 작은 inn인 khan이 중동 지역 도시에 건립됨.

B.C. 50~60년

사람들은 여행하면서 여자로부터 독립하여 외식할 장소가 필요함을 인식함(eat away from home).

중세

여행자들을 위한 숙박업소(hospice)가 등장함.

0년

외국의 한 숙박 시설에서 예약이 초과되어(overbooking) Mary와 Joseph이 숙박을 하지 못하게 되었는데, 이것이 현재까지 숙박산업에서 공식적으로 알려진 최초의 예약 초과 사례임.

70년~80년

여행자에게 필요했던 외식산업이 Italy Rome에 최초로 등장함(아직 eat away from home의 개념임).

1100년대

유럽식 inn이 점차적으로 발전하기 시작함.

1200년대

- 여행자뿐만 아니라 일반인도 집이 아닌 장소에서 외식하기를 원했고, 따라서 외식 산업이 발전하기 시작함(meal away from home)*.
- Czechoslovakia 국왕 Wenceslas의 맥주 제조 금지령 해제를 계기로 Czechoslovakia가 맥주 생산 중심 국가로 성장

앞의 'eat away from home'에서의 'eat'은 굶지 않기 위해 할 수 없이 먹어야 하는 경우를 의미하지만, 'meal'의 개념은 즐기기 위해서 식사를 하는 경우를 의미함.

1200년대~1300년대

- 1282년 Italy Florence 지역에 있던 inn에서 최초로 허가받은(licensed) 와인을 수입하고, 판매했으며, 이러한 inn들은 길드(guild)의 member로 가입되기 시작함.
- 일부 London Inn을 주축으로 English country inn이 발전함.

inn
motel과 함께 호텔의 등급상 형태이며, 우리말로 여관, 여인숙 등은 적합하지 않은 표현이므로 향후 영어로 기술함.

1400년대

- France에서는 법적으로 호텔 등록을 요구했고, 영국에서는 inn을 위한 규정이 만들어짐.
- 영국에서 최초로 inn 내에 개인이 홀로 투숙할 수 있는 'individual room'의 개념이 도입됨.
- 커피 하우스(coffee house)의 개념이 도입되었는데, 이것이 현재의 카페테리아(cafeteria), 카페(cafe), 커피숍(coffee shop) 등의 형태로 나뉘어짐.

1500년대

- France에 inn을 평가한 최초의 여행객 가이드가 만들어짐.
- 1516년 Germany Bayern 공화국 Wilhelm Ⅳ의 '맥주 순수령'으로 Germany가 맥주의 중심 국가가 됨(영국은 세계 2위 생산량과 소비량 맥주 대국으로서 일상 생활의 한 부분인 'pub' 문화를 탄생시킴)*

동양의 주류를 대표하는 중국 술은 백주와 황주로 나뉘어지며, 명주로는 모태주, 오량액주, 분주, 고정공주, 성봉주, 쌍구대곡, 양하대곡, 두강주, 낭주, 노주특곡주, 죽엽청주, 공부가주 등이 있음.

1600년대~1700년대

- Philadelphia의 the Blue Anchor와 같은 미국 도시들에 seaport inn이 발전함.
- Inn 내에 개인 객실, 식당 시설, 회의 시설, 약간의 서비스 등이 복합적으로 제공되며, 지금의 호텔 개념이 유럽에서 도입됨.
- 역 등의 교통 중심지에 입지한 유럽의 inn들과는 달리, 미국에서는 1630년대 중반부터 tavern, 혹은 lodging tarven 개념의 투숙 시설이 발전했는데, 이 시설들은 시가지 내에 입지하여 사람들이 만나는 장소의 역할을 함.

- Austria에서는 크라상(croissant)이 최초로 제조됐는데, 당시 Turkey와의 전쟁에서 승리 후 Turkey 깃발에 있는 초생달 모양으로 빵을 만들어 빵을 '씹으며' 승리를 자축하기 위한 목적이었음.
- 카지노 형태의 게임 클럽이 영국 및 중앙 유럽에 등장.
- Italy Venice에 최초의 법적으로 허가된 공공 게임 클럽 개장.

1700년대

- 1724년 최초의 cognac Remy Martin 등장
- 1743년 최초의 champagne Moët&Chandon 등장
- France Paris의 Place Vendome이 최초의 혼합적 이용 시설(mixed-use complex)로 탄생됨.
- 유럽에서 탄산 소다(carbonated soda)가 최초로 발명됨. 현재 Dr. Pepper, Coca-Cola, Root Beer 등 유명 탄산 소다들은 100년 후인 1886년에 개발됐고, 또 거의 100년이 지난 1962년에야 무설탕(sugar free), 저칼로리(low fat), 무카페인(decaffeinated) 음료 등 시장의 필요에 의한 건강식 탄산 소다가 개발됨.
- 1790년 France에서 미터(metric) 시스템을 개발했고, 미국에서도 Thomas Jefferson 대통령이 이 척도 사용을 채택함.
- 1794년에 최초의 City Hotel이 미국 New York시 Broadway에 70개의 객실로 시장에 진출함.
- 산업 혁명이 영국, 유럽, 그리고 미국에 있는 호텔들을 촉진시켜서 리조트들이 발전됨.
- New York시의 Saratoga Springs가 미국 최초 온천 리조트로 개발됨.

1800년대~1820년대

- 미국의 모든 tavern들이 호텔로 대체되기 시작함.
- 1810년 현재까지 사용되고 있는 주석 캔(tin can)이 식음료 저장 및 보존의 수단으로 개발됨.
- 1817년에는 최초의 동호인 단체인 클럽(private club)이 탄생됨.
- 일본에서 ryokan(여관)이 발전하기 시작함.
- 1822년 최초의 컴퓨터가 영국에서 고안됨.
- 1827년 역사상 가장 유명한 French 레스토랑인 Delmonicos가 탄생됨(〈그림 2-1〉 참조).
- 세계 최초의 현대 호텔로 기록되고 있는 Tremont House가 1829년 미국 Boston에서 탄생됐는데, Tremont House는 170개의 객실을 보유한 당시 최고 호텔로서, 개인 객실, 완전한 서비스, 객실 내 화장실, 비누, 주전자, a la carte 메뉴, 객실 키, 객실

그림 2-1 France의 Delmonicos
출처: www.google.co.kr

문잠금 장치(door locks on rooms), front desk, bell man 등의 다양한 신 개념 서비스를 제공함.

1830년대~1850년대

- 1830년 영국 Liverpool과 Manchester 사이를 잇는 철도가 개설되며 철도시대가 도래됨. 그러나 일반 대중이 기차를 최초로 이용할 수 있었던 것은 1년 후인 1831년 미국의 South Carolina Railroad임.
- New York시에 있는 Holt's Hotel에 최초로 수하물 엘리베이터가 설치됨.
- New York Hotel이 1840년대에 최초로 객실 내 욕조(private baths)를 제공함.
- 1850년 France에 세계 최초의 호화 호텔인 Grand Hotel이 탄생하며 호화 호텔시대가 개막됨.
- 외식산업이 유람선, 기차, 학교(school-lunch program) 등에 진출하며 단체급식(catering)산업이 도래되는 등 환대산업이 양적, 질적으로 발전함.
- 1850년대 Niagara Fall, New York, 그리고 New Jersey 해안을 중심으로 동부 리조트들이 발전함.
- 1859년에 숙박 기능이 기차에 도입되며 침대차(pullman railway car)가 탄생됐고, 또

한 엘리베이터가 발명된 지 7년 후인 같은 시기에 미국 New York시에 있는 Fifth Avenue Hotel에 최초로 승객용 엘리베이터가 도입됨.

1860년대~1870년대

1gallon
용량의 단위로서 4guarts, 혹은 약 3.785ℓ에 해당됨.

칵테일
두 가지 이상의 주류(alcoholic beverage)가 혼합된 것을 뜻하며, 주류와 청량 음료가 혼합된 것은 high ball이라고 함.

- 1865년 1gallon에 23¢였던 오일 가격이 하루 아침에 1$ 45¢까지 급등하여 세계 최초의 오일 파동(oil crisis)이 있었음. 그로 인해 소비자들은 등유 등 다른 대체재를 탐색하게 됨.
- 1874년 세계 최초의 칵테일(cocktail)인 Manhattan이 New York의 Manhattan Club에 의해 만들어짐.
- 1876년 Graham Bell이 전화를 발명했으며, 직접 다이얼을 돌릴 수 있는 공중 전화(public phone)는 1889년에 보급됨.
- 1876년 Fred Harvey에 의해서 호텔 체인 개념이 처음 도입됨.
- 1870년대 미국 Chicago에 오픈한 Palmer House는 그 시대에 가장 큰 호텔이었으며, 최초로 방화 구조물로 건설됨(1925년에 재건축됨).
- 1870년대 미국 San Francisco에 오픈한 Palace Hotel에 최초로 atrium 형태의 로비가 등장함.

1880년대

- 1880년대의 하일라이트는 지금도 세계 최고 호텔 중의 하나인 Ritz-Carlton이 Cesar Ritz에 의해 탄생된 사실임. Ritz-Carlton은 1850년에 시작된 호화 호텔시대를 완성하며, 동시에 체인 호텔의 개념을 확산시킨 공로를 갖고 있음.
- 1881년 New York의 Prospect House가 호텔 최초로 전기를 이용한 조명 시설을 도입함.
- 1884년 접시 세척기(dishwashing machine)가 처음 발명되었고, 곧 호텔에 도입됨.
- 1885년 Germany의 Karl Benz가 최초로 가솔린을 이용한 3기통(three-wheel) Benz 자동차를 발명함.
- 미국 New York주 Lake George의 Sagamore Hotel이 최초로 모든 객실에 전기 시설을 갖춤.
- 미국 New York시의 Chelsea Hotel이 최초의 대형 장기 체재 호텔(residential hotel)로 기록됨.
- 미국 Missouri주 Kansas City의 Victoria Hotel이 최초로 모든 객실에 욕조를 갖춘 호텔로 기록됨.
- 미국 San Diego에 오픈한 Hotel Del Coronado가 당시 가장 큰 리조트 호텔로 기록됨.
- 영국 London Savoy가 극장, 예배당, 복사실, 세탁실을 갖춘 최초의 호텔로 기록됨.

1890년대

- 미국의 호텔 웨이터, 바텐더들에 의해 호텔 노조(Waiters and Bartender National Union)가 결성됨. 곧 이 노조는 호텔과 레스토랑의 전 직원에 확산됨. 국내에서는 1987년도에 필자가 근무하고 있었던 Seoul Hilton International의 경우 노조의 결성으로 인해 최저 기본급이 5만원에서 13만원으로 급등했던 사실이 있음.
- 1894년 Netherlands인이 운영하던 New York의 한 호텔에서 최초로 객실 내에 전화가 도입됨.
- 1890년대 최대의 이벤트는 1896년 건축된 The Waldorf Astoria임. 이 호텔은 호화 호텔시대를 연장시켜 주었으나, 지진에 의해 붕괴됐고, 현재 New York시 Manhattan에 있는 The Waldorf Astoria는 1931년도에 재건축된 것임.
- Switzerland Lausanne에 있는 Ecole Hoteliere가 최초의 호텔 학교로 기록됨.
- 미국 New York시 The Waldorf Astoria(Empire State Building 부지에 있었음)가 17층으로 그 당시 가장 높은 호텔로 기록됨.

1900년대

- 미국 Philadelphia의 Horn&Hardart's Automat 레스토랑에서 처음으로 자동 판매기(automated vending machine)가 도입됨. 그러나 최초의 자동 판매기는 바다에 묻혀 있는데, 1901년 Germany에서 수입되던 중 사고로 인한 선박 침몰로 바다 밑에 가라앉은 것이 그것임.
- 1903년 Wright 형제가 인간도 날 수 있다는 희망을 주었으나, 신은 그 때까지만 해도 Wright 형제에게 날개까지는 달아주지 않았음.
- 1907~1908년 사이에 세계 최초로 일반 대중에게 널리 보급된 Statler Hotel이 탄생됨. Statler는 300개의 객실로서 호텔의 모든 시설을 도입하며, 일반 대중들도 부담없이 이용할 수 있다는 시장의 필요로 호화 호텔들에게 강력한 도전을 한 최초의 호텔로 기록됨.
- 1909년에는 영국에서 최저 임금제(minimum wage)가 세계 최초로 제정됨.
- 인도 Mumbai에 Taj Mahal이 오픈됨(1972년 InterContinental에 의해 복구됨).
- 미국 New York주 Buffalo에 있는 Statler는 현대 호텔 유통의 흐름(modern hotel circulation flow)에 대한 주요 원칙들을 만듦.

1910년대

- 세계 최초의 호텔 협회인 American Hotel Association이 결성됐는데, 이것이 그로부터 50여 년이 지나 결성된 AH&MA(American Hotel&Motel Association)의 모체가 됨. AH&MA는 2001년 4월 AH&LA(American Hotel&Lodging Association)로 개명되어 현재에 이르고 있음.

- 1910년부터 약 20여 년 동안 시장의 지속적인 필요에 부응하기 위해 장기 체재 호텔(residential hotel) 및 컨벤션 호텔(convention hotel)이 발전하기 시작함.
- 1913년 상업용 냉장고가 발명됨.
- 1919년 외식산업 최초, 최고의 협회인 NRA(National Restaurant Association)가 결성됨.
- 1919년 미국 California에 최초의 fast food 레스토랑인 A&W가 탄생됨.
- 미국 New York시의 Grand Central Terminal이 최초의 교통기관 혼합 이용 시설로 기록됨.
- 미국 Minnesota주의 Rochester에 있는 Kahler Hotel이 최초의 병원 호텔(medical hotel)로 기록됨.
- 최초의 대서양을 가로지르는 비행과 최초의 정기 항공로(scheduled airline)가 개설됨.

1920년대

- 1920년 자동차의 발달로 A&W 레스토랑이 차를 타고 가며 주문하고, 곧 음식을 제공받을 수 있는 drive-in(drive-through) 시설을 최초로 개발함.
- 1920년 상업용 라디오가 보급됐으며, 1926년에는 TV가 발명됨.
- 1926년 공인 호텔 회계 제도(The Uniform System of Accounts for Hotels)가 제정됨.
- 1927년 공인 레스토랑 회계 제도(The Uniform System of Accounts for Restaurants)가 제정됨.
- 1929년 미국 California에 Oakland Airport Inn이 개관되며 최초의 공항 호텔로 기록됨.
- 미국 New York주 Cornell대학에 School of Hotel Administration이 설립됨.
- 미국 Boston의 Statler가 최초의 호텔/사무실 건물(hotel/office building)로 기록됨.

1930년대

- 1930년대는 호텔산업에 가장 큰 변화가 있었던 시기로 기록되고 있음. 공황의 여파로 1930~1935년 기간 동안 미국에서 85%의 호텔들이 도산하며 무수한 시장의 기회를 제공했고, 특히 체인 호텔이 급증하기 시작함.
- 1930년 Howard D. Johnson은 처음으로 환대산업에 franchise 개념을 도입함. 최초의 franchise는 1860년 제조업체인 Singer Sewing Machine Company에서 도입됐으므로, 무려 70년 후에 그 개념이 환대산업에 도입된 것임.
- 1939년 Germany에서 제트 엔진을 발명하였는데, 1975년에 이르러서야 모든 비행기의 반 이상이 제트 엔진을 사용하게 됨.
- 미국 New York시의 새로운 The Waldorf Astoria가 당시 가장 대규모 호텔로 재건설됨.

1940년대

- 1940년 페니실린(penicillin)이 발명됨.
- 1945년 미국 해군에 의해서 음식을 냉동시키고, 다시 정상적인 상태로 복원시키는 기계가 발명됨.
- 1945년 미국 Las Vegas의 Flamingo(현재의 Flamingo Hilton)가 최초의 카지노 호텔로 기록됨.
- 1946년 호텔의 위탁 경영(management contract) 개념이 InterContinental 호텔에 의해서 최초로 도입됨.

1950년대

- 1950~1960년 사이에 호텔산업과 더불어 외식산업에도 기업 간 경영 계약이 활발히 이루어짐.
- 1951년 미국 의회에서는 각 주를 잇는 고속도로 시스템(interstate highway system)의 개발을 승인함. 국내에서는 1971년 개통된 경부고속도로가 그 최초임.
- 1952년 환대산업 최대 기업이었던 Holiday Inn이 Kemmons Wilson에 의해 시장에 등장함(〈그림 2-2〉 참조).
- 1954년 Hilton Hotel의 창시자인 Conrad Hilton이 모든 Statler Hotel까지 합병하며 Hilton Hotel 시대를 탄생시킴.
- 1955년 현재까지도 외식산업의 최대 기업인 McDonald's가 Ray Kroc에 의해 탄생됨(〈그림 2-2〉 참조).
- Caribbean에 리조트들이 발전하기 시작함.
- Club Med에 의해 vacation village 개념이 발전함.
- 미국 Las Vegas에 카지노 호텔들이 발전하기 시작함.

그림 2-2 최초의 McDonald's와 최초의 Holiday Inn

- 상업적으로 제트 엔진을 이용하여 대서양을 횡단하는 서비스가 제공됨.
- 항공사들이 호텔을 개발하기 시작함.

1960년대

- 미국에서 23,000개의 호텔, 40,000개의 모텔, 그리고 170개의 체인이 운영됨.
- Spanish Mediterranean(Spain쪽 지중해), Portugal, Baleares Island, Scandinavia, Greece, Yugoslavia에 리조트들이 발전함
- 미국 New York주의 Arden House of Columbia University, Tarrytown에 있는 Tarrytown House, General Electric Co.가 최초의 conference center로 기록됨.

1970년대

- 미국 Florida주의 Orlando에 있는 Walt Disney World가 최초의 종합 주제공원으로 기록됨.
- 중동 지역에 풍부한 석유로 대규모 호텔이 발전함.
- 호텔 서비스를 제공하는 고급 콘도미니엄이 발전함.
- 처음으로 콘도미니엄이 suite hotel로 개조됨.
- Timesharing 리조트와 콘도미니엄 리조트가 발전함.
- Hawaii의 Maui와 Mexico의 Cancun에 다양한 리조트 혼합 시설(multiresort complexes)이 발전함.
- 중국이 외국 관광객들에게 개방됨.

1980년대

- Airport hotel, conference center, suite hotel, vacation village, health spa, marina hotel, ski lodge, timesharing and condo 리조트들이 급격히 증가함.
- 카지노 호텔들이 미국 New Jersey주의 Atlantic City에서 발전함.
- 제한된 서비스를 제공하는 염가(budget) 호텔들이 급격히 증가함.
- 미국 Atlanta에 Marriott Marquis가 가장 큰 convention hotel로 탄생됨.
- 미국 New York시의 Times Square에 있는 Marriott Marquis가 가장 요금이 높은 호텔로 기록됨.
- 중국에 호텔 붐이 일어남 : Beijing에 2,000개의 객실을 갖춘 Lidu가 당시의 대표 호텔임.
- 호텔 계획(hotel planning)에 관련된 최초의 종합 책자가 Whitney Library of Design에 의해 출판됨.

2. 환대산업의 범위

환대산업의 역사적 주요 이벤트에 관한 고찰은 1980년대까지만 살펴보기로 한다. 1980년대부터는 마케팅의 모든 것이 만개된 시기로서 앞으로 많은 사례를 통하여 설명될 것이다. 1980년대부터 현 시점까지 호텔산업과 외식산업이 중추가 되고 있는 환대산업은 다음과 같이 팽창되었으며, 그 현황은 다음과 같다.

표 2-1 세계 10대 호텔, 카지노, 리조트

순위	기업	매출액(Billion$)
1	Marriott International	22.3
2	Las Vegas Sands	13.4
3	MGM Resorts	10.9
4	Hilton Worldwide Holdings	9.1
5	Galaxy Entertainment	8
6	Wynn Resorts	6.5
7	Caesars Entertainment	5.9
8	Wyndham Worldwide	5.5
9	Genting	4.7
10	Hyatt Hotels	4.4

출처 : Forbes2000.(2018)

표 2-2 세계 10대 레스토랑 체인

순위	기업	매출액(Billion$)
1	McDonald's	–
2	Starbucks	–
3	Yum! Brands	–
4	Chipotle Mexican Grill	–
5	Restaurants Brands International(Burger King)	–
6	Darden Restaurants	–
7	Domino's Pizza	–
8	Panera	–
9	Dunkin' Brands Group	–
10	Brinkor International	–

출처 : nvestopedia(2019.3)

표 2-3 세계 10대 항공사

순위	기업	매출액(Billion$)
1	American Airlines Group	43
2	Delta Air Lines	42.1
3	Deutsche Lufthansa	41.5
4	United Continental Holdings	38.3
5	Air France–KLM	29.1
6	International Airlines	26
7	Southwest Airlines	21.2
8	China Southern Airlines	19.7
9	All Nippon Airways	17.8
10	China Eastern Airlines	15.7

출처: Forbes2000.(2018)

2015년 중국에 Shanghai Disney Resort가 개장됨.

표 2-4 세계 10대 주제공원*

순위	기업	위치	입장객(천 명)
1	Magic Kingdom at Walt Disney World	Lake Buena Vista, FL, U.S.	20,450
2	Disneyland	Anaheim, CA, U.S.	18,300
3	Tokyo Disneyland	Tokyo, Japan	16,600
4	Universal Studios Japan	Osaka, Japan	14,935
5	Tokyo Disneysea	Tokyo, Japan	13,500
6	Disney's Animal Kingdom At Walt Disney World	Lake Buena Vista, FL, U.S.	12,500
7	Epcot At Walt Disney World	Lake Buena Vista, FL, U.S.	12,200
8	Shanghai Disneyland	Shanghai, China	11,000
9	Disney's Hollywood Studios At Walt Disney World	Lake Buena Vista, FL, U.S.	10,722
10	Universal Studios At Universal Orlando	FL, U.S.	10,198

출처: TEA/AECOM 2017 Theme Index and Museum Index: the Global Attractions Attendance Report

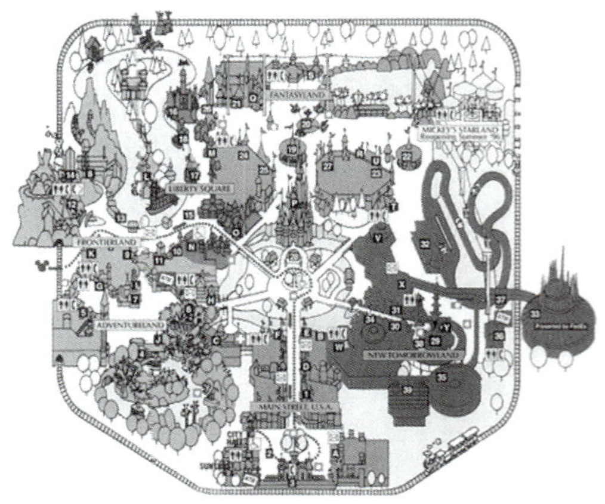

그림 2-3 Magic Kingdom at Walt Disney World

표 2-5 세계 10대 크루즈선

순위	명칭	중량(톤)	최대승객수(명)
1	Symphony of the Seas	228,081	6,680
2	Harmony of the Seas	226,963	6,687
3	Oasis of the Seas	225,282	6,780
4	Allure of the Seas	225,282	6,780
5	MSC Meraviglia	171,598	5,714
6	Quantum of the Seas	168,666	4,905
7	Anthem of the Seas	168,666	4,905
8	Ovation of the Seas	168,666	4,905
9	Norwegian Bliss	168,028	4,200
10	Norwegian Joy	167,725	4,200

출처:크루즈 기자 Henry의 크루즈 News

그림 2-4 Royal Caribbean과 Oasis of the Seas

표 2-6 세계 10대 공항

(국제선 이용 승객 수 기준)

순위	공항
1	Singapore Changi Airport
2	Incheon International Airport
3	Tokyo Haneda
4	Hong Kong Airport
5	Doha Hamad Airport
6	Munich Airport
7	Centrair Nagoya
8	London Heathrow Airport
9	Zurich Airport
10	Frankfurt Airport

출처:Skytrax(The World's Top 100 Airports-2018)

환대산업의 영역에 포함되진 않지만 세계적으로 엔터테인먼트산업의 한 부문인 게임산업의 성장세가 두드러지고 있다. 엔터테인먼트산업은 엄밀한 의미에서 엔터테인먼트 컨텐츠산업을 의미하는데 음악, 방송, 영화가 여기에 속한다. 국내의 양대 기업인 SM, YG가 선두 주자다. 특히 YG엔터테인먼트는 2014년 KT, District와 합동으로 세계 최초 홀로그램 전용관을 만들어 '한류 폭풍'을 주도하고 있다.

2015년에 이미 국내 게임산업은 연간 25조 원 이상의 외화를 획득하며 수출 효자 산업이 되었고, 국내 게임 시장의 규모도 10조 원을 돌파했다(〈표 2-7〉참조). 세계적으로는 미국과 일본이 선두이며, 대한민국은 중국, 영국, France 등과 함께 다음 그룹을 형성하고 있다. 국내 게임 시장은 크게 온라인, 비디오, 모바일, PC, 아케이드, 텍스트 머드 게임으로 대분된다(〈표 2-8〉참조).

아케이드
오락실에서 즐기는 전자오락 게임의 총칭.

텍스트 머드
온라인상에서 다수의 이용자가 글로 대화하며 즐기는 게임.

표 2-7 2017년도 국내 게임사 매출 순위

순위	공항	매출액(억 원)
1	넷마블게임즈	2조 4,248
2	넥슨	2조 2,987
3	엔씨소프트	1조 7,587
4	컴투스	5,117
5	NHN엔터테인먼트(게임)	4,759
6	카카오(게임)	3,421
7	네오위즈	1,740
8	웹젠	1,663
9	펄어비스	1,172
10	위메이드엔터테인먼트	1,096

출처: 게임조선

표 2-8 국내 게임 시장 성장률

구분	2013년	2014년	2015년	2016년	2017년
시장 규모(억 원)	9조 7,197	9조 9,706	10조 7,223	10조 8,945	11조 5,703
성장률(%)	-0.3	2.6	7.5	1.6	6.2

출처: 게임백서

필자가 게임산업을 본 교재에 소개하는 이유는 향후 환대산업의 마케팅 부문과 융합될 잠재성이 높기 때문이다. 마케팅에 게임산업을 도입하면 재미라는 보상으로 인해 그 효과가 증대될 것이라는 견해가 늘고 있기 때문이다.

가장 대표적 예로 Disney의 캐릭터들이 대한민국 게임에 등장하기 시작했다. 넷마블의 '다함께 붕붕붕' 게임에 Disney의 Mickey Mouse, Monster University, Toy Story의 캐릭터들이 등장하며 매출이 급상승했다. 이러한 개념을 **gamification(game+**

communication)이라고 하며, 이 개념을 Facebook, Twitter, Social Network Game 등을 통해 확산하고 있는 가장 대표적인 app은 Foursquare다.

대한민국의 건국 이래 2010년이 지나며 최대의 호텔 건설 붐이 일고 있다. 가장 큰 이유는 요우커(중국인 관광객)의 급증이다. 요우커는 2012~2013 기간에 항상 1위를 지켰던 일본 관광객을 최초로 넘어서며 국내 호텔산업의 발전을 촉진시키고 있다. "아시아 중심지의 백화점을 가면 요우커가 점령한 것 같다." 2014년 Bloomberg 세미나에서 유명 외국인 펀드 매니저가 한 말이다.

롯데호텔, Accor Ambassador 호텔 그룹 등이 호텔을 확대하고 있으며, 호텔신라도 신라스테이 브랜드를 필두로 비즈니스 호텔의 건설이 대폭 증가되고 있어, 공급 과잉을 걱정해야 하는 시점에 이르렀다(〈표 2-9〉참조). 특히 AccorHotels Group은 대한민국에 2021년까지 32개의 체인을 확대할 계획이며, 최고급 브랜드 Fairmont Hotel도 개관할 예정이다. 그 외 Marriott International의 프리미엄 브랜드 Le Meridien Seoul의 개관 등 대한민국의 향후 호텔 시장은 초경쟁시대를 맞이할 것으로 예상된다.

이러한 현상은 세계적으로도 확산되고 있다. 2014년 봄, 세계적인 호텔 컨설팅 그룹인 PKF Consulting USA, LLC는 향후 호텔산업의 호텔 투자에 대한 ROI는 매우 긍정적 평가를 받게 될 것이라고 발표한 바 있다.

표 2-9 국내 호텔 공급 현황

구분		업체 수	객실 수
관광호텔	특1급/5성급	83	27,026
	특2급/4성급	123	23,659
	1등급/3성급	191	19,278
	2등급/2성급	170	10,751
	3등급/1성급	184	10,714
	등급 미정	220	16,357
	계	971	107,749

출처: 문화체육관광부 전국 호텔업 등록 현황(2017.12.31)

1,000만 관광객시대가 열리며, 국내 환대·관광산업에서 무시하지 못할 부문은 면세점(duty free shop)이다. 2019년 현재 국내 면세점 사업은 롯데호텔(롯데면세점)와 호텔신라(신라면세점)에 의해 양분되고 있다. 2011년 이후 대한민국이 전 세계 면세점 시장점유율 1위를 기록하고 있다(〈표 2-10〉 참조).

표 2-10 세계 면세점 순위

순위	면세점	매출액(백만 €)
1	Dufry(Switzerland)	7,166
2	Lotte(한국)	4,842
3	Laçardére(France)	3,917
4	DFS(미국)	3,670
5	Shilla(한국)	3,412
6	Heinemann(Germany)	3,200
7	King Power(Thailand)	2,141
8	CDFG(UAE)	1,994
9	Ever Rich(Taiwan)	1,660
10	Dubai(UAE)	1,608

출처: Moodie Davitt Report 2017

국내 1위 롯데면세점은 2012년 Indonesia Soekarno-Hatta 공항점에 국내 최초로 세계 시장에 진출하며 Bali, Guam 공항 등 그 영역을 넓혀가고 있으며, 이후 신라면세점은 Singapore Changi 공항점, Malaysia Kuala Lumpur 공항점, Macau The Venetian 매장, 홍콩 등에 진출하며 그 뒤를 따르고 있다. 주류, 담배, 향수, 화장품 등이 면세점 매출 규모가 가장 큰 부문이다.

향후 대내외적으로 국내 면세점산업의 규모는 크게 성장할 것으로 예측된다. 단 2017년 THAAD(Terminal High Altitade Area Defence) 배치 논란으로 인한 요우커의 급감에 크게 고전했던 사례와 같이, 국내 면세점에서는 요우커의 비중이 지나치게 높다는 사실이 문제점으로 지적된다.

환대산업의 제품적 특성과 마케팅 시사점

제1장에서 설명되었던 마케팅의 개념, 의의, 철학은 환대산업에 있어서 근본적으로 같은 의미를 갖고 있다. 단 환대산업의 산업적, 제품적 특성이 제조업을 포함한 타 산업과 차이가 있기 때문에 그 적용 및 실천에 있어서는 다음과 같은 시사점을 내포하고 있다.

1. 무형성(intangibility)

환대산업의 제품은 보고, 듣고, 맛을 보고, 냄새 맡고, 느끼는 인간의 5관(five senses)

으로 쉽게 감지하기 어려운 무형성을 갖고 있다. Shostack이 분류한 제품의 유무형성 도표를 먼저 살펴본다(〈그림 2-5〉 참조).

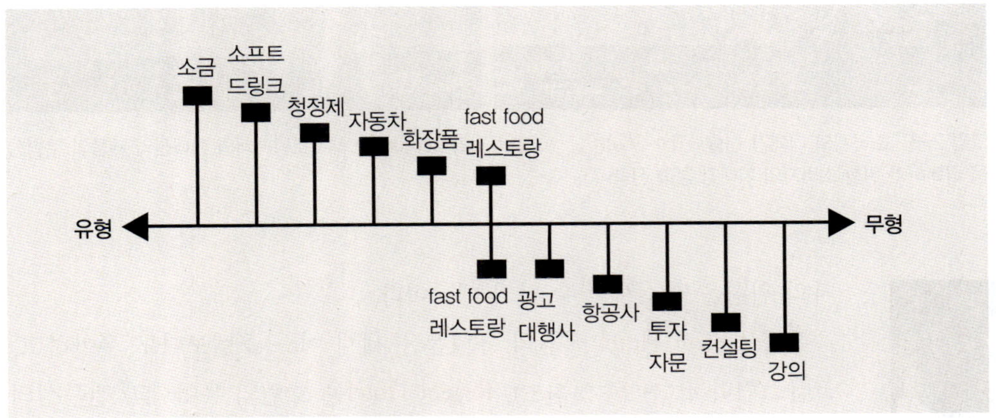

그림 2-5 제품의 유무형성
출처:Shostack, G. Lynn(1977). "Breaking Free from Product Marketing", The Journal of Marketing, April:73-80.

환대산업의 제품은 〈그림 2-5〉의 투자 자문, 컨설팅, 강의 등 완전히 무형적인 서비스를 제외한 유형적 제품 중 가장 무형적 제품이라고 할 수 있다. 그 이유는 환대산업의 제품에는 서비스가 항상 부수적으로 동반되기 때문이다. 소비자는 환대산업의 제품 및 서비스를 소유하지 못하고 단지 경험할 수밖에 없기 때문에 무형성은 더욱 가중될 수밖에 없다. 제조업의 제품과는 달리 호텔의 객실, 직원의 태도, 모든 인적 서비스 등을 고객은 소유할 수가 없다. 단지 경험만을 할 뿐이다. 환대산업에서 구전(word-of-mouth)이 중요한 이유가 여기에 있다.* 자신의 기억 속에서 특정 브랜드들이 떠오를 때 그 브랜드들의 집합을 '**evoked set**'이라고 하며, 구전 등 추가적으로 얻은 정보로부터 구매 시 고려하는 브랜드들의 집합을 '**consideration set**'이라고 한다.

구전(word-of-mouth)이란 용어는 1954년 Fortune에 소개된 William H. Whyte, Jr.의 연구에서 처음 소개됨.

무형성 극복 방안

무형성을 결정하는 요인은 추상성(abstractness), 비탐색성(non-searchability: 구매나 이용 전에 탐색이나 검증하기 어려운 특성), 심리적 무형성(mentalim palpability: 대부분의 서비스가 근본적으로 안고 있는 복잡, 다차원성으로 인한 이해의 어려움) 등이다. 이러한 무형성으로 인하여 고객뿐만 아니라 마케터조차도 제품과 서비스에 대한 확신을 할 수 없다. 구매 혹은 이용 전에 평가해볼 수 있는 유형적인 정보인 **탐색 품질(search qualities)**은 없고, 단지 **신용 품질(credence qualities)**만이 있을 뿐이다. 따라서 마케터는 아지랑이처럼 몽롱한 제품과 서비스에 대해서 소비자의 기대감을 유발시킬 수 있는 약속을 해야 한다(〈그림 2-6〉 참조). 또한 이 약속 내에는 유형적 단서가 있어야 한다. 유형적 단서가 있어야만 무형성을 감소시킬 수 있으며, 동시에 무형성 때문에 가중되는 소비

그림 2-6 소비자의 기대감 창출. The British Virgin Islands와 Burgerville 레스토랑에서의 환대산업 제품의 무형성을 극복하기 위한 소비자의 기대감 창출 전략.

그림 2-7 Regent International의 직원과 유니폼

자의 위험을 감소시킬 수 있기 때문이다.

홍콩 Regent Hotel 직원의 유니폼은 세계 어느 호텔보다도 우아하고, 고급스럽다(〈그림 2-7〉 참조). Regent Hotel은 호텔의 우아함과 전문성의 상징적 이미지에 대해 직원의 유니폼을 통해서 유형적 단서를 제공하고 있는 것이다. Sotheby's나 Soho 미술관에는 아름다운 직원들이 근무하고 있다. 의심스럽다면 한 번 방문해 보아라. 우리가 숙박업체에 투숙할 때, 컵이 하얀 종이로 싸여있는 것을 종종 경험한다. 그 숙박업체에서는 컵의 청결함이라는 무형성에 대해 유형적 단서를 제공하고 있는 것이다.

미국에서 급성장하고 있는 Hampton Inn에는 모든 호텔에 있는 도어맨, 벨맨, 컨시어지(concierge) 데스크가 없다. 대신 호출기(beeper)를 갖고 있는 직원이 대기하고 있다가 고객이 필요할 때에만 호출을 받고 고객에게 봉사한다. 작은 로비, 호화스럽지 않은 가구, amenity 등과 함께 고객이 현관에 들어서는 순간부터 부담을 갖지 않는, 편안하고 경제적인 호텔의 이미지에 대한 유형적 단서를 제공하고 있다(〈그림 2-8〉 참조). 더욱 훌륭한 사례는 〈그림 2-9〉와 같다. Marriott에서는 제 시간을 지키지 못해 고객의 불평이 빈번히 야기되는 룸서비스의 시간적 무형성을 속도감있게 처리하여 유형적 단서를 제공하고 있다.

그림 2-8 고객에게 부담을 주지 않는 Hampton Inn.

그림 2-9 무형적 서비스에 대한 유형적 단서의 제공. Marriott에서는 호텔에서 많은 불평이 야기되고 있는 적시(on-time) 룸서비스에 대해 속도감이 있는 사진 처리로 유형적 단서를 제공하고 있으며, 시간을 지키지 못하였을 경우에 돈을 받지 않는다는 약속을 통하여 고객의 위험을 최소화시키고 있음.

trade dress

미국에서는 **trade dress**란 용어가 환대산업의 많은 기업들에게 적용되고 있다. 제조업에서는 특허(trade mark)에 의해 제품의 스타일, 기능 등에 대한 복제를, 출판 및 비디오업계에서는 판권 및 저작권(copy right)에 의해 그 복제를 방지시킬 수 있다. 그러나 환대산업에서는 제품과 서비스의 무형성 때문에 독창적인 서비스가 개발되어도 아무런 법적 하자 없이 무수히 복제되어 왔다. 미국의 법정에서는 시각적 이미지, 외관, 장식, 메뉴, 심지어 완전히 무형적인 서비스 스타일 등에 대한 복제를 법적으로 보호할 수 있다는 판결을 내린 바 있다. 이것이 **trade dress**인데 향후 환대산업의 많은 기업들은 이 **trade dress**를 잘 이용해야 할 것이며, 이러한 사실은 환대산업 제품과 서비스의 무형적 특성과 관련된 또 하나의 주요 마케팅 시사점이라고 할 수 있다.

2. 소멸성 · 비저장성(perishability/nonstorability)

환대산업 제품과 서비스의 두 번째 특성은 소멸성 혹은 비저장성이다.

이해를 돕기 위해 가장 대표적인 제품인 객실의 예를 들면 다음과 같다. 객실 100

개 규모의 호텔이 시장에 진출해 50년을 영업한다고 가정해보자. 객실을 하루에 한 번만 판매한다고 가정할 때*, 그 호텔은 50년 동안 최대 100×50×365개의 객실을 판매할 수 있다. 그런데 영업 첫 날 객실점유율(occupancy rate)이 70%가 되며 30개의 객실을 판매하지 못했다고 가정하자. 첫 날 판매하지 못한 30개의 객실은 향후 50년 동안 영원히 판매되지 않는다는 것이다. 제조업자로부터 100개의 통조림을 구매하여 첫 날 10개만 판매해도 나머지 90개는 유통 기간 내에 몇 달, 몇 년에 걸쳐 판매할 수 있는 것과는 분명히 차이가 난다. 즉 호텔 객실의 유통 기간(판매 주기)은 24시간으로서, 그 시간 내에 판매되지 않으면 저장할 수가 없기 때문에 영원히 판매되지 않는 것이다. 유사한 예가 항공선의 좌석이라고 할 수 있다.

* 낮에 몇 시간 동안만 객실을 판매할 경우에는 하루에도 두 번, 세 번 객실을 판매할 수 있는데, 이러한 경우를 'day use'라고 하며 'double occupancy'가 적용됨. 따라서 국내 온천, 휴양지 등의 1, 2급 호텔들은 성수기에 평균 100%의 객실점유율을 상회하는 경우도 종종 있음.

비저장성 극복 방안

이러한 비저장적 특성 때문에 환대산업에서는 상용(常用) 고객(repeat guest, client)이 더욱 중요한 것이다. 즉 환대산업에서는 소멸성과 대조되는 지속성(perpetuality)이 강조돼야 한다. 객실을 저장할 수 없기 때문에 호텔은 특히 비수기에 50%, 그 이상의 할인율을 적용해서 판매하려고 한다. 물론 그 결정은 판매 당일보다도 몇 주 전, 몇 달 전에 이루어져야 한다. 따라서 단골 고객이 많은 호텔일수록 수요 예측이 보다 용이하고, 많은 할인율이 적용돼야 하는 객실의 수를 줄일 수 있다. 결론적으로 환대산업에서는 제품과 서비스의 소멸성, 비저장성으로 인해 단골 고객의 확보, 수요 예측이 타 산업보다 중요하다(〈그림 2-10〉 참조).

마케터는 재고 관리 혹은 통제(inventory management or control)라는 숙제를 항상 안고 있다. 현대는 인터넷의 발달로 Booking.com, Priceline.com, Hotels.com 등 재고를 줄여주는 많은 인터넷 사이트나 유통 채널이 증가하고 있어 그 숙제를 부분적으로 해결해주고는 있으나, 판매 주기가 짧은 환대산업의 제품은 마케터에게 고정된 공간에 대한 수요 관리, 혹은 통제라는 숙제를 항상 안고 있는 것이다.

"SOME BUSINESS TRAVELERS TAKE THE TROUBLE TO CALL US IN ADVANCE. THAT'S WORTH SOMETHING IN MY BOOK."

Save up to 30% off our regular corporate rate by purchasing your room 7, 14 or 21 days in advance. Call your travel agent or 1-800-228-9290.

Marriott
HOTELS · RESORTS · SUITES
WE MAKE IT HAPPEN FOR YOU

그림 2-10 비저장성에 대한 판매 전략. Marriott Hotels · Resorts · Suites에서는 1~3주 전에 예약을 할 경우 30%의 할인을 약속하며, 비저장성의 특성을 갖고 있는 객실 제품에 대한 판매 전략을 수행함.

3. 이질성(heterogeneity, variability)

환대산업에서도 제조업 못지 않게 많은 차별적 제품이 시장에 진출한다. 그러나 이질성이라는 특성은 그 사실보다 다른 측면에서 이해돼야 한다. 환대산업에서는 제품을 무수한 이질적 서비스를 통하여 판매하고 있다. 100% 동일한 쌍둥이가 없듯이 어떠한 인간도 동일할 수 없다. 즉 무수한 이질적 서비스라는 것은 이질적 인간들이 서비스를 제공하며, 또한 이질적 인간들이 서비스를 제공받는다는 것이다.

여기에는 많은 시사점을 내포하고 있다. 인적 판매로 인해 서비스의 표준화 설정이 어려우며, 또한 동일한 서비스도 고객의 특성에 의해 차별화된다는 의미다. 극단적인 예로 같은 나이, 유사한 체격, 같은 전공으로 같은 학교를 졸업한 두 사원이 같은 호텔에 입사해 동일한 교육을 받고, 근무한다고 해도, 그 두 사람으로부터 제공되는 서비스는 결코 동일할 수 없다. 아니 그 중 한 사람에 의해 제공되는 서비스도 매일 동일하기는 어렵다. 서비스의 질은 특정 일의 컨디션, 기분 등에 따라 좌우될 것이기 때문이다.

만약 완전히 동일한 서비스가 제공된다고 해도, 고객의 특성에 따라 그 서비스의 질은 천차만별이 될 수 있다. 필자가 미국 Washington D.C.의 Days Inn에서 경험했던 사례를 들어보기로 한다.

Days Inn에서의 check-out 서비스

최성수기였던 어느 날, 대한민국으로 돌아갈 비행기 시간이 불과 두 시간도 남지 않았을 때, 필자는 급히 짐을 챙기고 퇴숙을 위해 front desk로 내려갔다. 그 날 따라 고객들이 갑자기 몰려와 check-in과 check-out 라인에 서있는데, 직원은 두 명뿐이었고 각 라인에 10명이 넘는 고객들이 몰려있었다. 필자는 그 중 한 라인을 택했는데, 웬일인지 다른 라인 고객 세 명이 입 · 퇴숙 절차를 끝내도 나의 라인은 줄지를 않았다. 그렇다고 다른 라인으로 다시 갈 수도 없는 것이 그 뒤에 또 두 명의 고객이 줄을 선 것이다.

짐을 제자리에 놓고 앞을 가보았더니, 중남미 발음을 하는 할아버지가 익숙하지 못한 영어로 직원과 대화를 하고 있었으며, 그 직원은 너무 친절하게도 아주 천천히, 그리고 자세히, 그 질문에 모두 답변해주고 있었다. 그 직원의 서비스가 그 할아버지에게는 최상이었을지 모르지만, 그 뒤에 있는 고객들, 특히 필자에 있어서는 최악의 서비스였다. 할 수 없이 front desk 뒤의 사무실로 들어가 평소 안면이 있던 front desk 주임(supervisor급)에게 상황 설명을 하고, 그의 도움을 받아 먼저 퇴숙 절차를 받을 수 있었다. 물론 다른 라인의 고객들은 필자 때문에 약 2분 여를 더 기다려야 했다. 필자에게 이 최고의 서비스가 아마도 다른 라인의 고객들에게는 그렇지 않았을 것이다.

이질성 극복 방안

환대산업의 제품과 서비스는 매우 이질적이다. 이질적 사람들이 제공하고, 이질적 사람들이 제공받는 'people business'이기 때문이다. 따라서 환대산업의 기업을 포함한 모든 기업에 있어서 시장세분화 전략(market segmentation strategy)이 필요한 것이다. 모든 소비자를 만족시킬 수 없기 때문에 각 기업들은 그들의 제품과 서비스에 부합되는 고객을 찾아야 하고, 그것을 위하여 소비자들을 그 특성에 따라 분류하고, 세분화하여 선택함으로써 이질성을 최소화시키는 것이다. 인적 판매와 구매가 주를 이루는 환

그림 2-11 Preferred Hotels의 광고

대산업에서는 그 중요성은 가중될 수밖에 없다.

제조업에서 시장에 보내는 제품은 그 제품 계열(product line)별로 동일한 것이며, 하자가 있는 제품 외에는 이질성이 크게 존재하지 않는다. 최소 95%의 동일한 제품으로 제공되며, 또한 그것을 원하고 필요로 하는 고객만이 그 제품을 선택한다. 뒤에 설명되겠지만 환대산업에서는 생산과 소비가 동시에 이루어지기 때문에, 마케터와 고객 모두 그러한 좋은 환경을 공유할 수 없다.

이질성과 관련된 또 하나의 마케팅 시사점은 **서비스 표준화(service standardization)**다. 많은 체인 호텔들의 업무지침서(manual)를 보면 예약과 및 front desk에서는 전화 벨이 네 번 이상 울리지 못하게 되어 있다. 레스토랑에서는 고객을 1분 이상 기다리지 않게 해야 한다. 이러한 것이 곧 **서비스 표준화**의 개념이다. 아무리 표준화시켜도 서비스가 완전히 표준화되지는 못하겠지만, 최소 이러한 노력을 경주해야 하는 것이 모든 서비스 및 환대산업 마케터들의 책임이다. Four Seasons&Regent Hotels에서는 지역 부사장들이 각 호텔의 서비스 품질을 정기적으로 점검하고, 외부 전문 기관을 통해 모든 호텔을 1년에 두 번 조사하며, 분기별로 이사진 미팅을 갖는다. Consortium 유명 호텔 그룹인 Preferred Hotels & Resorts Worldwide에는 1,500가지 서비스 표준 지침이 있다(〈그림 2-11〉 참조).

McDonald's의 표준화

McDonald's의 빵 두께는 17mm×2=34mm다. 고기 다짐 패치는 10mm로서 보통 사람이 입을 벌렸을 때 50mm임을 감안할 때, 가장 행복감을 느끼는 44mm에 맞춘 것이다. 카운터의 높이도 사람들이 가장 편안하게 지갑을 꺼낼 수 있는 72cm이며, 15°의 밀크 쉐이크를 4mm 빨대로 빨면 어머니의 젖을 빨던 잠재 의식으로 되돌아간다고 한다. McDonald's에서는 또한 햄버거나 french fry를 주문하면 "감사합니다"라고 말하고, 3초 이내에 "콜라도 드시겠습니까?"라고 말하게 되어 있다. "감사합니다"는 3초의 최면 효과가 있기 때문이다.

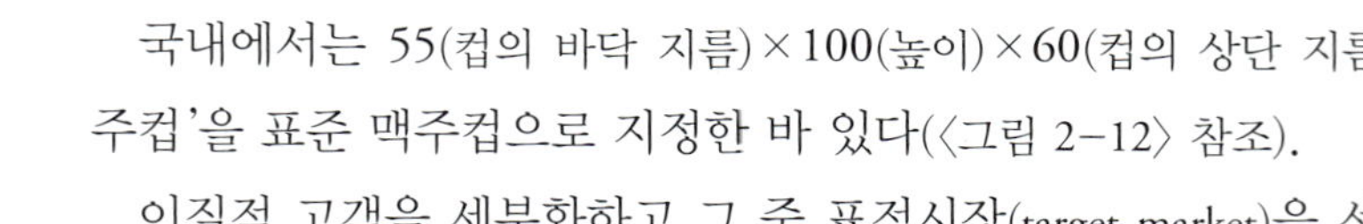

그림 2-12 KS 맥주컵

국내에서는 55(컵의 바닥 지름)×100(높이)×60(컵의 상단 지름)mm=200cc의 'KS 맥주컵'을 표준 맥주컵으로 지정한 바 있다(〈그림 2-12〉 참조).

이질적 고객을 세분화하고 그 중 표적시장(target market)을 선택하는 것이 고객측의 이질성을 최소화하기 위한 노력이라면, 서비스 표준화는 서비스를 제공하는 기업측(직원)의 이질성을 최소화하기 위한 필연적 노력이다. Levitt은 **서비스 공업화(service** industrialization)라는 표현을 했다. **서비스 공업화**란 서비스 활동의 노동 집약적 부분을 기계로 대체해서 인간 대신 시스템을 매체로 서비스를 수행하는 것을 의미한다. 17장에서 언급될 체인, franchise 시스템, 자동판매기 등이 **서비스 공업화**의 대표적 예다. 단 **서비스 공업화**를 수행할 때 **service paradox** 현상을 조심해야 한다. **Service paradox**란 여가 시간이 증대되고 기술도 발달되는데, 사람들이 체감하는 서비스 질이 거꾸로 떨어지는 현상을 말한다. **Service paradox**가 발생하는 가장 근본적인 이유는 기계나 기술의 발달이 침범할 수 없는 서비스의 영역이 매우 많기 때문이다.

4. 생산과 소비의 동시성(simultaneous production and consumption)

서비스가 제공된다는 것은 곧 서비스가 생산된다는 것이며, 동시에 제공된다는 것이다. 즉 판매자와 구매자가 공존해야 하며, 그들이 만나야만 생산과 소비가 이루어질 수 있다. 앞에서 예시된 제조업의 사업 환경은 환대산업에 있어서는 유토피아와 같은 이야기다. 서비스를 미리 제조하고, 점검하여, 결점을 없애서 여유를 갖고 고객에게 제공한다는 것은 환상적인 꿈에 지나지 않는다.

생산과 소비의 동시성 극복 방안

앞에서 설명했던 이질성의 많은 부분은 곧 생산과 소비의 동시성이라는 특성 때문에 야기되는 것이다. 환대산업에서 매뉴얼 및 서비스 표준화에 의해 이질성을 희석시켜야 하는 것이 필수 조건이라면, 예견될 수 있는 상황(고객과 직원이 만나서 발생되는 상황)을 파악하고, 대비하여 직원의 순발력을 제고시킬 수 있는 교육의 수행은 충분 조건이라고 할 수 있다. 서비스는 크게 두 형태로 나뉘어 진다. 하나는 **저접촉 활동**(호텔 standard의 접시 세척)이고, 다른 하나는 **고접촉 활동**(레스토랑의 음식 서비스)이다. Peter Doyle은 전자는 효율성(efficiency)을, 후자는 효과(effectiveness)를 극대화해야 한다고 주장한다.

또 하나의 마케팅 시사점은 고객의 통제가 중요하며 따라서 직원뿐만 아니라 고객에게도 서비스 제공 체계(service delivery system)를 이해시켜야 한다는 것이다. 한 번 엎지른 물은 다시 담을 수 없고, 한 번 실수한 말은 다시 취소할 수 없다. 제품은 얼마든지 개선시킬 수 있지만, 한 번 잘못된, 결함이 있는 서비스를 개선시키기는 어렵다. 잘못된 서비스의 개선은 불가능하지는 않겠지만, 그것을 위하여 어떠한 희생이 요구될지 모르며 또한 그 결과를 예측하기도 어렵다.

더욱 심각한 사실은 그 서비스가 잘못되었는지를 모르는 경우가 대다수라는 데에 있다. 마케터가 영원히 모르고 지나가기 쉬운, 알았다고 해도 제조업과는 완전히 다른 차원으로 큰 희생을 통하여 개선되어야 하는, 고객의 오해와 불만족은 모두 생산과 소비가 동시에 발생되는 특성에 기인한 것이다. 미국 The White House 소비자 조사국의 조사에 의하면, 서비스에 크게 불만족한 고객의 무려 96%가 그 기업에 직접적으로 불평하지 않고, 다시는 방문하지 않는다고 한다. 대신 그 중 대다수는 친구, 동료, 친지, 언론, 경쟁 기업에 그 사실을 말한다는 것이다. 얼마나 무서운 조사 결과인가? 과장된 표현이긴 하지만 Neilson Online Digital Strategic Service의 상임부사장 Pete Blackshaw의 《만족한 고객은 세 명의 친구에게 말하고, 화난 고객은 3,000명에게 말한다》라는 저서는 많은 지지를 받았다.

고객에 대한 서비스 제공 체계의 공지와 그에 따른 고객 통제, 이것은 고객의 오해와 불만족을 최소화시킬 수 있는 작은 부분이기는 하지만, 환대산업 마케터에 있어서 또 하나의 필수 조건이다. 기술이 발달하며 생산과 소비의 동시성에 서비스의 유통이라는 새로운 논제가 추가되고 있다. 즉 **SST(self-service technologies)**가 점차 다양하게 확대되고 있다. 인터넷뱅킹, 폰뱅킹, 셀프 주유소, 자동 호텔 check-in · check-out 등이 그것이다. 인간의 상호 작용 없이 자동 현금지급기, PC, 인터넷 등을 통하여 서비스가 유통된다는 의미다. 향후 이러한 현상은 점차 확대될 것이나, 생산과 소비의 동시성이라는 주제는 변하지 않을 것이다. 기계가 도저히 침범할 수 없는 서비스의 영역이 영원히 존재할 것이기 때문이다.

5. 고정된 수용 규모(fixed capacity)

환대산업의 제품적 특성 중 제조업과 근본적으로 차이가 나는 것은 공급의 규모(수용 규모)가 고정돼있다는 점이다. 호텔 객실, 레스토랑, 연회 · 회의실, 항공선의 좌석, 주제공원 등 대부분의 제품은 수용 규모가 제한돼있다. 수요의 변동이 심한 환대산업에 있어서 이 사실은 매우 중요한 의미를 갖고 있다. 즉 수요 주기에 따라 수요를 융통적으로 통제해야 한다는 것이다. 이와 관련된 주제가 가격 전략에서 언급된 일드(yield) 관리인데, 가격적 측면뿐 아니라 다음과 같은 여러 방법의 수용 규모 관리 전술이 있다.

5-1. 예약 관리

수용 규모가 고정되어 있기 때문에 성수기의 예약 관리는 가장 중요한 전술적 과제다.

호텔 연회 부문의 성수기 예약 관리

필자가 1987년 H호텔에서 근무할 때, 국내에서는 L호텔과 S호텔이 연회 부문의 매출액에 있어서 선두를 달리고 있었다. H호텔은 컨벤션센터를 보유하고 있었기 때문에 규모가 거의 두 배임에도 불구하고 매출액은 두 호텔의 50~70%에 불과했다. 특히 연회 부문의 최성수기인 12월조차 1983년 개관 이후 두 호텔의 연회 매출액보다 계속 뒤져왔다는 것은 무엇인가 잘못되어 왔다는 사실의 반증이었다.

그림 2-13 라운드 테이블에서의 set menu 세팅

개관 이후의 행사 일지를 살펴본 결과 그 이유를 알 수 있었다. 컨벤션센터, 그랜드볼룸 등 대형 행사장에 수용했던 고객 인원은 예상 외로 적었으며, 특히 그 예약은 수 개월 전에 확정(confirm)돼있었던 것이었다. 1987년 12월을 대비하여 무엇인가 대책이 필요했으며, 따라서 대형 행사장에 대한 12월의 예약을 9월부터 통제하기 시작했다. 즉 컨벤션센터를 두 개 혹은 세 개의 행사장으로 나누고, 하나의 행사장에 일정 인원 이하의 예약은 타 행사장으로 돌리거나 그것이 불가능할 때에는 아예 예약을 취소시켰다.

11월 초가 되면 거의 예약이 완료되는 예년과 달리 11월 중순이 되어도 대형 행사장은 예약을 받지 못한 채 대기 상태에 있었다. 그러나 걱정할 문제는 아니었다. 성수기란 수요가 충분한 상황을 의미하지 않는가. 11월 중순부터 말까지 200명, 300명의 예약이 아닌 1,000~2,000명의 예약이 폭주했고, 전년 대비 2~3배의 인원을 수용함으로써 개관 이후 최초로 L호텔과 S호텔의 매출액을 초과하는 성공적 결과를 얻을 수 있었다(〈그림 2-13〉 참조).

고정된 수용 규모를 갖고 있는 환대산업에 있어서 가장 중요한 것은 수요의 통제다. 수요가 많으면 그에 맞추어 제품을 생산할 수 있는 제조업과는 근본적인 차이가 있다. 비수기에는 수용 인원을 증대시키는 것이 전략의 초점이지만, 성수기에는 인원이 많거나, 객단가가 높거나, 파생 비즈니스의 잠재성이 높은 수요를 선택하여 효율성을 높이는 것이 고정된 수용 규모 관리 전략의 초점이 된다.

수용 규모와 관련된 예약 관리에 있어서 다른 측면이 있다면, 예약을 받지 않거나 초과 예약(overbooking)을 받는 경우다. 수요가 많은 중저가, fast food 레스토랑에서는 거의 예약을 받지 않는다. 예약이 오히려 좌석 회전율을 감소시키기 때문이다. 이와 반대의 경우는 초과 예약이다. 예약에는 항상 '**no show**'가 있기 때문에 초과 예약 정책을 수행하고 있는 기업이 많은데, 이 경우 그룹별, 고객 형태별로 과거의 '**no show**' 비율에 대한 조사가 필요하다. 조사에 의하면, 예약의 'lead time'이 짧을수록 '**no show**'의 비율이 높다고 한다. 초과 예약에 있어서 약속 이행을 하지 못하는 '**regret business**'의 상황은 최악이다. 인근 지역 타 호텔에의 무료 투숙과 무료 전화비, 다음 날 무료 투숙, 레스토랑 이용권 등 모든 방법을 동원하여 고객의 항의를 최소화시켜야 한다.

lead time
예약 시점과 이용일 간의 시간을 의미함.

미국 열차의 대명사인 Amtrak의 경우 5~10%의 초과 예약을 받고 있으며, 항공사에서는 20%까지의 초과 예약을 받고 있는 사례가 많다. 이는 수요의 분산과 확대를 동시에 유도할 수 있는 장점이 있다. 이와 반대로 행사 주최 측의 운영 부진으로 인해 예약(block)된 객실이 점유되지 않거나, 인원 감소가 발생될 수 있다. 전자의 경우는 호텔 측이 재판매할 수 있도록 계약을 해서 해결할 수 있으며(이것을 전문 용어로 '**double dipping**'이라고 함), 후자의 경우는 최소 지불 인원(guaranteed number of people)을 계약해서 어느 정도 해결할 수 있다. 2017년 United Airlines에서 초과 예약을 이유로 승객을 강제로 끌고 나가 세계의 주목을 받았다. 그 사건 직후 Southwest Airlines는 세계 항공산업 최초로 초과 예약을 받지 않겠다고 선언했다. 극명하게 대조되는 사례다.

고객이 수수료를 내고 원하는 좌석을 예약할 수도 있다. Northwest Air Canada는 15＄, 12＄ 등의 수수료로 그것을 가능하게 하고 있다. 또한 이것을 전문으로 대행하는 Prime Time Table이라는 기업도 있다. 이 아이디어의 주역은 미국 Personal Concierge International의 회장 Pascal Riffaud다.

5-2. 시간 관리

고정된 공급 규모 관리에 있어서 시간 관리 역시 중요한 전술 중 하나다. 가장 간단한 형태는 서비스 제공 시간(영업 시간)을 연장하는 것이다. 그러나 단지 시간을 연장한다는 차원보다는 수요의 동향을 잘 파악하여 효율적 영업 시간을 배정하는 것이 중요하다. 호텔 식음료 부문에서 실시하고 있는 점심과 저녁 시간 사이의 'break time'이 대표적 예다. 즉 수요가 거의 없는 3~5시에는 식음료 업장의 문을 닫아 사원에게 휴식 시간을 제공하는 것이 그것이다.

효율적 영업 시간 배정에 있어서 다른 하나의 예는 영업 시간의 이원화다. 국내 레스토랑에서 수요가 많을 경우 점심과 저녁 시간을 이원화(예: 11:30~1:00, 1:00~2:30)하고 있는 것이 대표적 예다. 호텔의 입·퇴숙 시간도 시간 관리의 영역에 포함된다. 12시를 기준으로 객실 이용 시간을 정했던 과거의 시간 개념이 최근 많은 호텔들에 의해 바뀌고 있다. 효시라고 할 수 있는 ITT Sheraton North America의 '9 to 5' 입·퇴숙 프로그램으로부터 Peninsula Beverly Hills의 24시간 입·퇴숙 프로그램에 이르기까지 많은 유명 호텔들은 고객의 혜택 충족을 위한 범주에 시간 관리를 포함시키고 있다(제5장의 사례 참조).

타임 마케팅이라는 개념이 있다. 국내 CJ VIPs가 실시했던 오후 4시까지 1만원에 이용했던 샐러드바, Bennigan's의 짧은 점심 Time Crunch Lunch, Sheraton Grande Walkerhill의 유럽식 레스토랑 Clock 16에서 실시했던 매달 16일 오후 12시부터 밤 10시까지의 16% 할인 행사, 저녁 11시부터 시작되는 Outback Steak의 '굿나잇 이벤트' 등이 그것이다.

5-3. 인력 및 공간 관리

한정된 수용 규모와 변동이 심한 수요에 직면하고 있는 환대산업에서 인력 및 공간 관리는 고질적 문제점 중 하나다. 내부 마케팅에서 언급될 교차 훈련(cross-training)과 직무 순환(job rotation)이 근본적 해결책이나, 특히 수요의 변동이 심한 리조트에서는 성수기 시 임시직의 활용, 비수기 시 인력의 대안적 활용이 불가피하다. 사원의 휴가 기간을 비수기에 배정하는 경우가 많으며, 또한 비수기를 교육·훈련 기간으로 활용하고 있다. 미국 Las Vegas에 있는 한 리조트에서는 비수기에 직원들을 마케팅 자료 수집에 참여시키고 있다.

공간 관리 역시 환대산업에 있어서 또 하나의 숙제다. 연회에서의 출장 연회(outside catering)는 고정된 수용 규모를 확대시킬 수 있는 좋은 예다. France Paris에서는 Seine 강에 있는 크루즈에서, 홍콩에서는 선상 레스토랑인 Jumbo에서 저녁식사를 대신할 수 있도록 호텔들과 계약하고 있다. EIE가 동시에 소유하고 있는 Fiji의 Regent, Sheraton, 홍콩의 세 Omni 호텔 등은 인근 지역에 위치하여 기물, 직원, 고객 그룹을 서로 공유하며, 공간 관리에 있어서 여러 대안을 제시하고 있다.

AccorHotels Group에는 'AccorLocal'이라는 프로그램이 있다. AccorHotels Group은 인근 지역의 대다수 주민들이 고객의 반열에 오르지 못한다는 사실을 감안, 'augmented hospitality'라는 명명하에 이것을 실천하고 있다. 'AccorLocal'이란 호텔과 인근 커뮤니티를 통합한다는 의미로, AccorHotels Group 외에도 인근 Airbnb에 대행 서비스를 제공해주는 Bermondsey Square Hotel이 있다. 컨시어지, 하우스키핑, 수하물 처리, 보수 등이 대행 서비스의 내용이다.

이와 같이 '**hotel-as-community-hub**'의 개념은 타 호텔들에게도 전파되고 있다. Ian Shrager의 **boutique** 호텔 Ace Hotels에서는 바를 인근 주민들의 회동 장소로 제공하고 있다. 2018년 Marriott의 신 호텔 Marriott Moments도 여행객을 위한 호텔인 동시에 지역 주민 역시 표적시장 범주에 포함시켰다. 2016년 Marriott에 인수 · 합병된 Sheraton(Marriott 계열에서 세 번째 규모의 브랜드가 됨)도 'public space'를 지역의 화합 장소로 활용될 수 있는 'socialization zone'으로 디자인하여 '**hoel-as-community-hub**'의 호텔로 리포지션되고 있다.

public space
호텔 로비를 중심으로 레스토랑, 바, 연회 시설 근처의 foyer 지역, 엘리베이터, 계단 등 고객이 객실 외에 이용하는 모든 공간을 의미함.

5-4. 고객 관리

환대산업의 고정된 공급 규모는 고객 관리에 있어서 불리함을 제공하고 있다. 서비스 절차에 있어서 고객의 참여는 한정된 규모를 개념적으로 확장시킬 수 있는 가장 바람직한 전술이라고 할 수 있다. 대형 행사가 많은 컨벤션 호텔에서는 셀프 서비스 레스토랑(**kiosk**)을 운영하는 경우가 많은데, 미국 Dallas의 Wyndhan Greenspoint Hotel, Orlando의 Stouffer's Hotel 등이 대표적 예다.

McDonald's의 CEO Steve Easterbrook에 의하면, 터치 스크린 주문 kiosk를 2020년까지 미국 전 매장에 설치한다고 한다. France가 터치 스크린 주문 kiosk의 최초 국가였으며, 이미 영국, Canada 등에는 100% 설치돼있다. 단 한 가지 문제점은 MSN

의 여론 조사 결과, 78%의 고객들이 kiosk 이용을 직접 주문보다 더 싫어한다는 점이다.

Hardee's, Burger King, Subway, Taco Bell 등 fast food 레스토랑들은 고객이 음료 혹은 음식의 재료를 직접 선택하도록 유도함으로써, 직원 서비스 부담을 줄이고(인원을 줄이고), 고객의 기다림에 대한 지각을 낮춤으로써, 효율적 영업과 고객의 만족을 동시에 제고시키고 있다.

고질적 고객 관리의 대상 : 고객의 기다림

기다림의 미학을 주장하는 성균관대 구민정에 의하면, 고객의 기다림은 제품의 가치를 키운다고 함. 즉 기다림이 길어질수록 더 많은 제품을 구매하거나, 더 업그레이드된 제품을 구매할 확률이 높아진다고 함.

한정된 수용 규모는 '고객의 기다림'이라는 고질적 문제점을 내포하고 있다.* 호텔의 입·퇴숙, 항공선의 check-in 수속과 기내 이용 대기, 레스토랑과 주제공원에서의 대기 등이 그것인데, 고객은 예상 혹은 예정 시간보다 빨리 시설을 이용할 수 있을 때 좋은 기분을 갖게 된다. David Maister는 다음과 같이 심리적 대기 시간이 길게 느껴지는 8가지 원칙을 제시한 바 있다.

① 대기 중에 아무 일도 하지 않을 때,
② 주문하지 않고 대기할 때,
③ 근심에 휩싸여 있을 때,
④ 언제 서비스를 받을지 도를 때,
⑤ 서비스가 지체되는 원인을 모를 때,
⑥ 불공정한 일이 발생될 때,
⑦ 자신이 받을 서비스의 가치가 적을 때,
⑧ 혼자 기다릴 때

Disney와 롯데월드의 대기 줄 관리

Disney Land와 Disney World의 경영진은 주말 등 특정 시간에 집중적으로 몰리는 이용객들에 대한 대책을 마련, 대기 시간에도 즐거움을 줄 수 있는 방법을 모색했다. 우선 대기 줄의 동선을 일렬이 아닌 곡선으로 유도, 줄이 계속 움직일 수 있도록 하여 지루함을 줄였다. 또한 앞으로 기다려야 할 시간을 과장해서 안내판에 적어, 고객이 예상보다 빨리 입장함으로써 오히려 서비스를 받았다는 느낌이 들도록 했다. 줄을 서서 기다리는 동안에는 주변에서 Mickey Mouse가 말을 걸거나, 고적대 공연을 하는 등 계속 볼거리를 제공했다. 결과적으로 Disney에서는 대기 줄이 매년 길어지고 고객 만족도 동시에 높아지는 기이한 현상이 발생되고 있다. 2006년 롯데월드는 국내 최초로 고객들의 대기 시간을 획기적으로 줄일 수 있는 '매직패스' 시스템을 도입했다. '매직패스'란 놀이시설 앞에 설치된 탑승예약기에 자유이용권을 넣으면 탑승 가능 시간을 알려주는 시스템이다.

The Showboat Hotel은 front desk에서 입숙 수속을 기다리는 고객의 지루함을 덜기 위해 마술사를 고용하고 있으며, Las Vegas의 The Rio Hotel은 buffet 레스토랑의 대기 지역에 TV를 설치하여 타 시설들을 PR하고 있다. Marriott은 고객의 입숙 수속 대기 지연을 방지하기 위하여 front desk에 전화를 비치하지 않는 정책을 실시하고 있다. 많은 레스토랑들은 대기 지역에 바 및 칵테일 라운지를 설치하고 있다.

중국식 샤브샤브 희궈로 유명한 레스토랑 하이 디라오에서는 1~2시간을 기다려야 하는 고객들에게 네일 케어와 구두 닦기 서비스까지 제공하며 대기 시간을 줄여 주고 있다. 고객이 테이블에 앉으면 음식은 바로 제공된다.

Todai Shalee Shack Inc. 등 많은 레스토랑들이 대기 시 호출기(beeper)를 사용하고 있고, 국내 Sheraton Grande Walkerhill에서는 예약 후 바로 핸드폰 번호로 예약 날짜와 예약 번호 등의 confirm을 문자 메시지로 전송하며, Outback에서는 15분 이내 음식 제공 보장을 위해 주문 시 테이블에 15분에 맞춘 자명종을 놓아 둔다. 많은 레스토랑들은 전자 pad로 주문을 받으면 즉시 주방으로 전송되는 'electronic order service' 시스템을 사용하고 있다. Shake Shake, Inc.,에서는 kiosk를 활용하여 혼잡을 처리하고 있다.

일부 기업에서는 줄을 서지 않는 'fast track' 우선권제도를 실시한다. United Airways는 추가로 돈을 지불하면 보안검색대 통과와 탑승에 우선권을 부여한다. Universal Studio Hollywood 등의 주제공원, Empire State Building 등에서도 약 두 배의 입장권을 내면 '새치기'가 가능하다. 그러나 흥미롭게도 주제공원들은 이 특별한 권리를 숨기려고 할 때가 많다.* 그 이유는 미국인들의 대표적 '**culture code**'인 기다림(당연한 것)의 민주화를 저해하기 때문이다. 1980년대 도입된 미국 고속도로에서의 'car pool' 제도도 유사한 맥락의 'fast track' 제도다.

미국에서는 대리 줄서기 사업도 있다. Craigslist, Line Standing.com 등의 기업들은 'line standers'들을 고용해서 시간 당 몇 $ 같은 식으로 사업을 하고 있다. 'Fast track' 제도나 대리 줄서기 사업에 대해 찬반 양론이 있을 수 있겠지만, 경제학의 공리주의(utilitarism)의 원칙으로 해석한다면, 양측(fast track은 고객과 주제공원, 대리 줄서기 사업은 고객과 'line standers') 모두에게 행복을 주기 때문에 바람직한 것으로 해석될 수 있다. 단 부정적 측면은 이와 같이 돈으로 많은 것을 살 수 있을수록 사회는 '**skyboxification**'(**스카이 박스화**)이 된다는 것이다. '**Skyboxification**'이란 불평등이 점차 심화되면서 부유한 사람과 그렇지 않은 사람들의 삶이 분리된다는 의미다.

결론적으로 'fast track' 제도나 대리 줄서기 사업은 경제적으로는 바람직하나, 민주주의적으로는 바람직하지 않다.

환대산업에서 고정된 수용 규모에 대한 적절한 대응은 위와 같은 여러 방법으로 수행돼야 한다. 수요에 맞추어 생산만 하면 되는 제조업과 달리 환대산업에서의 이 문제는 타 제품적 특성에 대한 고려 못지 않게 중요한 현안이다.

에스코트 서비스 등으로 일반 고객의 불편을 줄이려고 노력함.

car pool 제도
2명 이상이면 'car pool' 차로를 이용할 수 있는 제도.

6. 기타 특성

환대산업 제품과 서비스는 타 산업과 다른 여러 특성을 부가적으로 갖고 있다.

6-1. 숨겨진 고객 욕구

지금은 고인이 된 Sony의 Morita Akio 전 회장이 "소비자들은 자신들이 필요로 하는 것이 무엇인지 잘 모른다. 따라서 나는 시장의 요구에 부응하지 않는다. 그것을 창조한다"라고 말했던 것과 같이* 마케터뿐 아니라 소비자조차도 자신의 욕구와 필요를 인지하지 못할 경우가 많다.

고객의 미실현 잠재 욕구(un-realized potential needs)를 찾아 이를 구현해 내는 마케팅을 **역발상 마케팅(contrarian marketing)**이라고 함.

Harvard대학 Gerald Zeltman의 소비자 대상 조사에 의하면, 소비자들의 언어로 표현하는 영역은 5%에 지나지 않으며, 숨기고 있거나 표현하지 못하는 영역이 15%, 자신도 모르는 숨겨진 무의식 영역이 80%를 차지한다고 한다. 이는 인간의 인식 활동 중 무의식이 차지하는 비중이 95%라는 Timothy D. Willson의 연구와 유사한 결과다.

실제로 인간의 감각은 매초 1,100만 비트의 정보를 받아들이지만(대부분 시각), 대뇌는 그 중 많아야 초 당 40비트 정도의 정보만 처리하고, 나머지는 모두 잠재 의식, 곧 번연계(limbic system : 뇌의 기능 중 감정을 담당하는 부위)에서 처리된다고 한다. 대뇌의 처리율은 0.004%에 불과하다. 인간 잠재 의식의 역할은 그만큼 크다.

이것은 마케팅 조사의 한계점을 드러내는 조사 결과로서 그러한 이유로 '거짓말을 하지 못하는' 뇌* 연구에 전 세계가 전력을 기울이고 있다. 이와 같이 뇌 반응을 통해 고객의 숨겨진 욕구와 필요를 알아내는 기법이 'neuro marketing'이다(〈표 2-11〉 참조). **Neuro marketing**은 향후 **스토리 마케팅, 체험 마케팅, 향기 마케팅, 색깔 마케팅** 등의 **감성 마케팅**에도 크게 활용될 것으로 예견되고 있다. 특히 Coca-Cola, P&G, Unilever, Kellogg's, Nike, Honda, Dime Chrysler, LVMH 등의 유명 기업들은 **neuro marketing**에 대한 투자를 계속 확대하고 있다.

인간의 뇌는 크게 구뇌(limbic system:생존, 감정, 본능, 순간적 판단)와 신뇌(neo cortex:계산, 추리, 언어, 합리화, 이성적 설명)로 구분됨.

neuro marketing
FMRI, CT, EEG, Eye-Tracker 등 많은 신경 과학 기술 도구들이 고객의 반응 측정에 이용되고 있음.

표 2-11 뇌파의 종류

명칭	파장(Hz)	뇌의 상태
δ파	0.5~3.5	수면 중(거의 의식이 없는 상태)
θ파	4~7	졸고 있는 상태
α파	7~12	편안한 상태
β파	12~30	긴장하고 집중하고 있는 상태
γ파	30~100+	다중 감각 정보 처리, 단기 기억

출처:DBR January 2012 Issue 2, No.97

다음의 사례를 살펴보자.

Jamaica 호텔에서의 역지사지

아침 6시 Jamaica의 한 호텔에 모 기업 호텔의 간부들이 공항으로 갈 리무진을 기다리고 있었다. 옆에는 역시 같은 공항으로 갈 고객들이 대기하고 있었다. 그 호텔의 식음료 매니저와 웨이터는 간부들이 기다리는 동안 즐길 수 있도록 신선한 오렌지 주스, 커피, 빵을 카트(cart)에 실어 간부들 앞으로 가져갔다. 그 때 간부들 중 하나가 불현듯 옆에 있는 고객들을 보고 생각난 것이 있어 카트를 끌고 고객들에게 갖다 주었다. 그는 다음과 같이 생각했다. "우리가 우리에게 하는 것 만큼만 고객들을 생각해준다면…."

모 기업
체인 호텔의 경우 모 기업을 parent company, 혹은 mother company라고 함.

직원이 고객에게 서비스할 때 필히 기억하고 실천해야 하는 지침이 있다. 그것은 바로 '역지사지'다. 위의 서비스는 향후 그 호텔의 관례가 됐다. 제품이 무형적이고, 숨어있는 고객의 욕구와 필요가 많다면, 가장 쉬운 일부터 시작해야 한다. 환대산업의 마케터와 모든 직원들은 그 자신의 입장에서 판단해보고, 그것을 고객에게 똑같이 실천하면 된다. 이것을 "남에게 대접받고자 하는 대로 남을 접대하라"는 '**황금률 사고 방식(golden rule mentality)**'이라고 한다.

6-2. peripheral service

환대산업의 제품의 또 하나의 특성은 개별적으로 판매되지 않는다는 것이다. 컴퓨터를 사용할 때, 하드웨어, 소프트웨어, 모니터, 키보드, 프린터, 스캐너 등 여러 주변기기(peripheral device)가 필요하듯이, 환대산업의 모든 제품은 그와 관련된 부수 서비스가 많다(peripheral service).

따라서 제품의 무형적 특성과 더불어, 위의 특성 때문에 환대산업에서는 적정한 가격을 책정한다는 것이 쉽지 않다. 제조업에서 가격의 근간이 되는 원가보다는 고객에게 궁극적으로 제공되는 가치에 근거하여 가격이 책정되어야 하며, 따라서 제품이 동일하다고 하여도 고객이 갖게 되는 궁극적 제품은 매우 다양할 수밖에 없고, 또한 그 가격은 여러 수준으로 제공될 수 있다. 가격 책정이 어려운 만큼 또한 반대 급부도 있다. 제품과 함께 제공되어지는 부수적 서비스가 가치가 있을 때, 원가를 초월한 고가격의 잠재성도 존재한다는 것이다.

6-3. 호텔산업의 기타 특성

위의 제품적 특성 외에 영업적, 관리적 측면의 대표적 특성은 다음과 같다. 환대산업에서 가장 중심이 되는 호텔산업의 경우 높은 고정비(high fixed cost), 변동이 심한 수요(fluctuating demand), 연중 무휴의 영업이라는 특성이 있으며, 또한 노동 집약적(labor-intensive) 특성을 갖고 있다. 수요의 변동이 심한 상황에서 바람직한 수요의 균형화를 위한 노력을 **동시화 마케팅**(synchromarketing)이라고 하며, 초과 수요의 상태에서 수요를 적정 수준으로 감축하고자 하는 노력은 **역마케팅**(demarketing)이라고 한다.

제3절 환대산업 마케팅의 절차 및 과정

환대산업의 마케팅은 위와 같은 특성으로 인하여 타 산업과 비교할 때 무엇인가 다른 의의를 갖고 있다. 환대산업 마케터가 근본적으로 이해하고 수행해야 하는 마케팅의 기본적 절차는 다음과 같다(〈그림 2-14〉 참조).

① 타 산업과 마찬가지로 환대산업 마케터의 제 1과정은 소비자의 욕구를 파악하고, 동시에 그로부터 발생되는 문제와 여러 형태의 필요를 파악, 이해하는 데에 있다.

② 두 번째의 과정으로서 제품의 무형성을 극복하기 위해 소비자들의 기대를 창출시켜야 한다. 이 기대 창출의 과정은 모델에서 기업으로부터 필요로 이어지는 실선으로 묘사되고 있다. 기업 A의 경우 자신들의 약속을 지킬 수 있는 것을 그

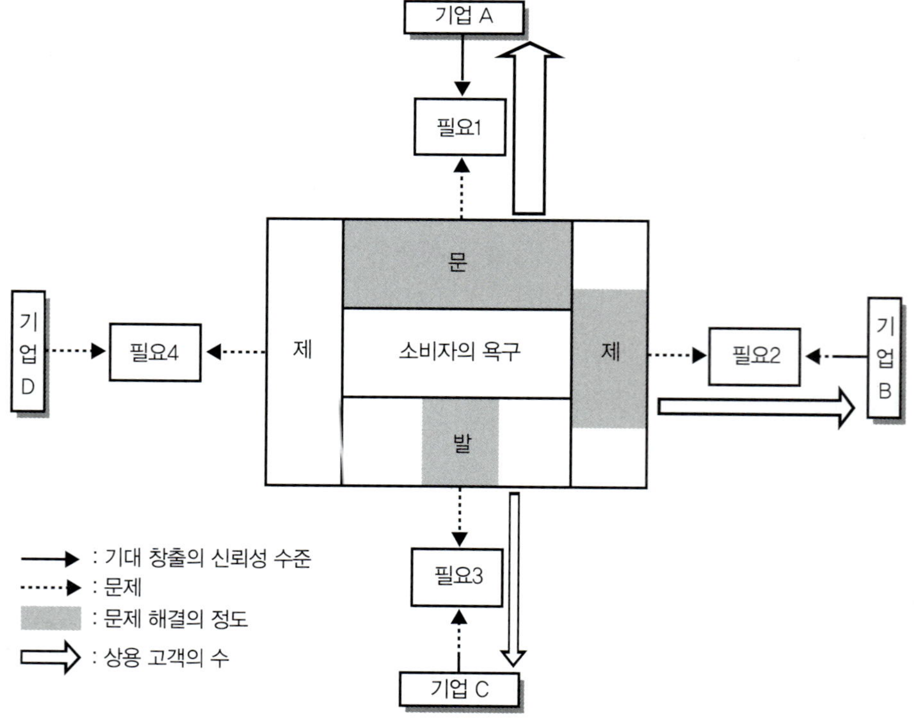

그림 2-14 환대산업 마케팅의 절차와 과정

대로 커뮤니케이션하고 있으며, 기업 D의 경우는 정반대의 경우에 해당된다. 즉 여기서 점선이 많을수록 소비자들의 기대를 창출시키는 과정에 있어서 제품과 서비스에 대한 과대 포장, 과대 약속을 한다는 의미다.

③ 세 번째 과정은 소비자로부터 시작된다. 기업 A와 같이 고객이 기대하고 약속받은 제품과 서비스를 제공받는다면, 만족의 정도가 높아질 것이고, 동시에 문제해결의 정도가 커질 것이다. 그 정도는 모델에서 빗금친 부분의 넓이로 묘사되고 있다.

④ 다음 과정은 소비자의 구매 후 행동(post-purchase behavior)이다. 약속을 많이 이행한 기업일수록 고객이 증가되고 유지될 것이고, 자연적으로 단골 고객의 수가 증대될 것이다. 모델에서 소비자로부터 기업으로 이어지는 화살표의 두께가 상용 고객의 수를 묘사하고 있다. 상용 고객의 수는 곧 기업의 장기적 수익과 이익을 의미하고 있다.

〈그림 2-14〉는 환대산업 마케팅의 특성을 설명하고 있다. 소비자의 욕구에 의해 문제가 발생되며, 그로 인한 여러 형태의 필요가 창출되고, 각 기업들이 제품을 통하여 서로 다른 방법으로 각 형태의 필요를 만족시켜 문제를 해결하는 과정을 묘사하고 있다.

물론 마케팅 절차와 과정은 앞의 모델과 같은 한 시점에서 끝나지 않는다. 끊임없이 변화하는 환경 및 소비자의 욕구와 필요에 의해 위의 과정은 끊임없이 되풀이되는 것이다. 타 산업보다도 서비스가 항상 동반되어야 하는 환대산업 고객들의 욕구와 필요는 빠르게 변화하며, 더욱 다양하고 까다롭다. 100% 만족시키기 불가능한 고객의 변덕스러운 모든 욕구와 필요를 조금이라도 더 만족시킬 수 있는 기업만이 그만큼 더 성공할 수 있으며, 환대산업에서는 더욱 그렇다. 그러한 마케팅의 철학을 실천하는 것이 바로 환대산업 마케팅의 진정한 의의다.

환대산업 마케팅의 전략 계획

제 3 장

본 장의 학습 목표는 환대산업 마케팅의 전반적 시스템 및 그 전략 계획의 흐름에 대한 거시적 시야를 확보하는 데에 있다. 학자에 따라 견해가 모두 다를 것이나 필자가 개발한 모델은 〈그림 3-1〉과 같다.

전략 계획은 모든 기업의 생존에 있어서 필수적인 과업이다. Harverd대학의 한 교수가 50년 동안 연구한 결과, 미국에서 경제적, 사회적 성공을 한 사람들의 가장 중요한 공통점은 장기 계획이 있었다는 사실을 밝혀냈다. "적절한 사전 계획은 일을 망칠 가능성을 막아준다"는 '6P의 원칙'(proper prior planning prevents poor performance)을 의미하는 것이다. 2005년 11월 11일 95세로 작고한 '현대 경영학의 아버지' Peter Drucker는 40세 이전에 인생 후반부의 목표와 계획을 세우라고 조언한 바 있다. 일반적으로 사람들은 계획을 세울 때는 최선을 추구하지만, 실행하는 과정에서는 그 때, 그 때의 현실적 유혹에 지고 만다. 이것을 '**present bias**'**(현재 편향)**라고 한다. 기업이 계획을 실행할 때 절대적으로 지양해야 할 편향이다.

기업의 사명(mission)

먼저, 기업의 사명(mission)은 곧 목적(purpose) 혹은 사업의 정의(definition of business)와 같은 의미로 해석될 수 있다. 여기에는 사업의 정의와 방향, 소비자와 가치, 경쟁, 시장, 직원, 지역 공동체, 포지셔닝, 재무적 목표, 전반적 영업에 대한 가정, 위의 사항에 대한 사명 달성을 위한 수단 등의 내용이 정의되어야 한다. 결론적으로 "우리 기업은 어떠한 고객을 위하여 어떠한 목표와 장점을 갖고, 향후 어떠한 방향으로 나아갈 것이다"라는 정의가 필요하다. 이와 더불어 관련 구성 요소들에 대한 영향과 봉사가 그 핵심적 내용이라고 할 수 있다. 이해를 돕기 위해 Starbucks의 사명을 살펴본다. "인간의 정신에 영감을 불어넣고 더욱 풍요롭게 한다. 이를 위해 우리는 고객 한 분, 음료 한 잔, 이웃 한 사람에게 온 정성을 다한다."

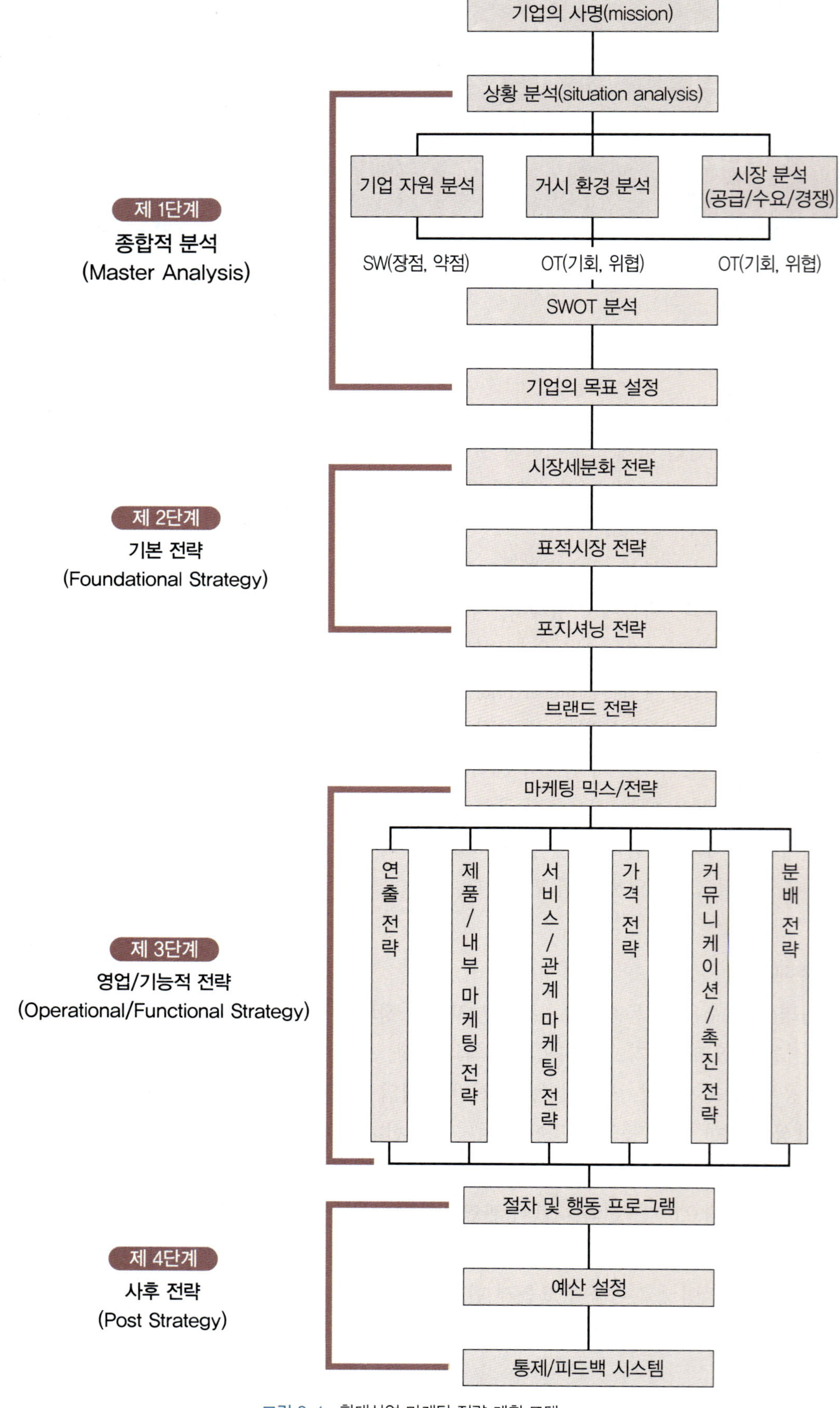

그림 3-1 환대산업 마케팅 전략 계획 모델

사명과 비전의 차이

이와 같이 사명은 기업이 행사하고 싶어하는 광의의 영향력이다. 반면에 비전은 미래의 이미지(future image)다. 즉 고객에게 무엇을 제공한다는 사명과 달리 기업의 장기적인 포부를 밝히는 것이 비전이다. 비전은 기업의 가장 이상적인 미래에 대한 상상의 산물을 말한다.

예를 들어 John F. Kennedy의 사명은 세계 평화였고, 비전은 인간을 달에 보내는 것이었다. 위대한 기업의 비전은 모든 직원에게도 비전을 갖게 한다. 미국의 Johnson 대통령이 NASA(National Aeronautics and Space Administration, 미국항공우주국)를 방문했을 때, 우연히 연신 콧노래를 흥얼거리며 바닥을 청소하는 청소부를 보고 무엇이 그리 흥이 나는지를 묻자, 청소부는 "각하, 저는 일개 청소부가 아닙니다. 저는 인간을 달에 보내는 일을 돕고 있습니다"라고 대답했다고 한다.

Stanford대학의 Jein Collins는 업종 내에서 동종 업종의 타 기업들에게 널리 인정받고, 주위에 영향을 끼치며, 오랜 전통을 가진 기업을 **비전 기업(visionary company)**이라고 명명했다. 이러한 **비전 기업**을 만드는 것은 조직의 필수적이고, 영속적인 신념을 가진 핵심 가치와 이윤 추구를 떠나 기업이 나아갈 길을 제시하는 근본적 존재 이유인 목적이라고 한다. Antoine de Saint Exupéry의 말이다. "배를 만들려거든 사람들에게 나무를 베거나, 이것 저것 시키지 말고 끝없이 망망한 바다에 대한 동경을 심어줘라." Helen Keller의 말이다. "사람들이 나에게 맹인으로 태어난 것보다 더 불행한 것이 뭐냐고 물을 때, 나는 시력은 있지만 비전은 없는 것이라고 답한다."

기업의 사명에 대한 예는 〈표 3-1〉과 같다.

표 3-1 세계 우수 기업의 미션

리더	브랜드	사명
Ingvar Kamprad	IKEA	적정 가격으로 스타일리시한 가구를 만든다
Richard Branson	Virgin	지루한 업계에 활기를 불어넣는다
Walt Disney	Walt Disney	가족들에게 매혹적인 세계를 창조한다
Herb Kellerher	Southwest	더 많은 사람들이 비행기를 탈 수 있게 한다
Anita Roddick	The Body Shop	사회 활동을 비즈니스의 일부로 삼는다
Bill Gates	Microsoft	언제 어디서나 쉽게 컴퓨터를 사용할 수 있게 한다
Steve Jobs	Apple	사람들이 기술을 즐기는 방식을 혁신한다
Jeff Bezos	Amazon	지식의 선택 범위를 광범위하게 늘리고, 편리하게 배송한다
Pierre Omidyar	eBay	사용자 스스로 만들고, 관리하는 시장을 창조한다
Larry Page, Sergey Brin	Google	전 세계의 정보를 조직해 쉽게 접근하게 해준다
Jimmy Wales, Larry Sanger	Wikipedia	대중들이 함께 편집할 수 있는 백과사전을 창조한다
Mark Zuckerberg	Facebook	비즈니스 플랫폼으로 활용할 수 있는 소셜 네트워크를 제공한다
Reid Hoffman	LinkedIn	전 세계의 전문가들을 연결시킨다
Jack Dosey	Twitter	인맥과 관심사를 공유하는 도구를 제공한다

출처: Philip Kotler(2010), 《Market 3.0》, p98–100.

1. 제 1단계 : 종합적 분석(master analysis)

종합적 분석은 "To where are we going from here?"에 있다. 즉 현재의 위치(here)를 파악하고(상황 분석), 기업이 가야 할 최종 목적지(to where)를 정하는(목표 설정) 단계라고 할 수 있다.

1-1. 상황 분석(situation analysis)

기업 자원 분석

기업의 자원에 대한 분석의 목적은 기업의 장·단점(strength and weakness) 파악에 있다. 여기서는 조직적 가치, 인적·물적·재무적 자원, 정책, 조직, 경영의 융통성과 기업가적 정신, 규모 및 확장 계획, 전반적 가격 정책의 방향, 서비스의 전반적 평가, 판매 믹스, 고객 믹스, 정책의 융통성, 신제품 계획 등 마케팅 주요 구성 요소, 성장률, 전반적 경영 능력, 전략 계획 시스템, 각 부문별 리엔지니어링 등이 핵심적 분석 대상이다.

예를 들어 국내 환대산업의 호텔에 있어서는 ①객실, 식음료, 연회, 휘트니스 등의 영업 부문, ②경영 스타일 및 형태, ③조직의 특성 및 조직 문화, ④관리 부문과 영업 부문의 업무 협조 정도 및 연계성, ⑤주요 마케팅 전략의 근본적 방향, ⑥미래 지향적 전략의 변경 여부 및 리엔지니어링 등이 경쟁과 비교하여 어떠한 장 · 단점이 있는가를 파악하는 것이 주요 분석 대상이 된다.

거시 환경 분석

거시 환경 분석의 주요 내용은 기술적, 경제적, 정치·법적, 사회·문화적, 인구 통계적, 생태적, 글로벌 환경이 되며, 그 목적은 시장의 기회와 위협을 파악하는 데에 있다. 거시 환경 분석의 가장 주요 관점은 무수한 환경 변화 중 환대산업 및 특정 기업과 직접적으로 관련이 되거나 영향을 미치는 환경 변화가 무엇이며(**environmental scanning**), 그러한 환경 변화를 미리 예측하고 앞서 나아가는(proact not react) 전략의 초석을 마련해야 한다는 것이다.

시장 분석

시장 분석은 상황 분석 중에서 가장 중요한 부분으로서 크게 공급, 수요, 경쟁 분석으로 대분된다.

공급 분석에서는 기존 시장의 산업, 등급, 제품 형태별 공급 상황에 관한 파악을 함으로써, 1차적으로 시장에 대한 전체적 시야를 확보하는 것이 가장 주요 목적이라고 할 수 있다. 여기서 반드시 조사되어야 하는 것은 향후 시장 규모에 관한 예측이다. 호텔의 경우 객실 수를 중심으로 ①협의 중에 있는 호텔, ②건설이 공표된 호텔, ③이미 건설이 시작된 호텔에 관한 자료를 수집하여 실제로 시장에 진입할 가능성을 타진함으로써, 향후 5년 내지 10년 간의 공급 규모를 파악해야 한다. 가능성 타진과 관련된 주요 정보 요인으로는 자본 규모, 경영 형태 및 전반적 경제 환경 등이다.

공급 분석에서 조사되어야 하는 또 하나의 영역은 **집중도(concentration ratio)**다. Bain에 의해 개발된 **집중도** 분석은 경쟁 대상으로 예측되고 있는 기업 중 최근 수 년 간 선두 4개 기업의 연별 총 판매수익이 전체 경쟁 대상 호텔 총 판매수익의 몇 %가 되는가를 파악하는 것인데, 그 목적은 경쟁의 심화 추세를 파악하는 것이다.*

물론 집중도 비율이 낮을수록 경쟁이 심해지는 것을 의미함.

수요 분석은 수요의 동향(trend), 수요 예측(forecasting), 수요 주기(cycle), 수요의 형태 및 특성으로 대분된다. 수요 동향을 파악하기 위해서는 과거 5~10년 정도의 자료가 필요하다. 국내 호텔의 경우 호텔 객실 및 부대시설 이용객 수, 연도별·지역별 내·외국인 객실 및 부대시설 이용 현황, 국적별·목적별 외래객 입국 현황 등이 가장 기초적 자료가 된다. 수요 동향에 근거한 수요 예측을 위해서는 여러 가지 기법이 필요하다. 그러나 본 교재의 영역에서 벗어나므로 생략한다.

수요 주기는 성·비수기*를 파악하기 위한 것으로, 호텔의 경우 판매 객실 수와 이용객 수 중 하나를 선택하여 수요의 변동을 분석하는 것이다. 환대산업 특성 중의 하나가 수요의 변동이 크다는 데에 있기 때문에 수요 주기의 분석은 매우 중요하다. 수요의 형태와 특성은 다음 단계인 시장세분화 및 표적시장 전략과 같은 개념으로서, 소비자를 특성별로 세분화하여 각 세분시장별 특성을 파악하는 것이다.

성수기는 peak period, 비수기는 off peak 혹은 slack period, 보통기는 shoulder period라고 함.

시장 분석의 다음 단계는 경쟁 분석인데, 경쟁 분석이 효과적으로 수행되기 위해서는 미시적 경쟁 개념에 의거한 분석이 뒤따라야 한다. 세부적 내용은 제7장에서 설명하기로 한다.

1-2. SWOT(strength, weakness, opportunity, threat) 분석

SWOT 분석은 호텔 자원 분석에서 도출된 호텔의 장·단점과 거시 환경 및 시장 분석에서 도출된 시장의 기회(opportunity)와 위협(threat)을 연결시키는 단계다. 여기서 가장 중요한 논점은 호텔의 장점과 시장의 기회를 어떻게 조화시키는가에 있다. SWOT 분석의 가장 중요한 목적은 거시 환경 분석 및 시장 분석 결과에서 도출된 시장의 기회와 위협을 호텔 자원 분석의 결과에서 도출된 호텔의 장·단점과 비교·조화시켜 다음 단계인 호텔의 목표 설정 및 전략 수행과의 연결 고리 역할을 하는 데에 있다.

1-3. 기업의 목표 설정

상황 분석의 결과로 SWOT 분석이 완료되고, 전략 수행의 초석이 마련되면, 다음 단계로 호텔의 목표를 설정해야 한다. "우리 계획의 대다수는 지향점이 없기 때문에 실패한다. 어느 방향으로 향하는지를 모르면 어떤 바람도 순풍도 역풍도 아니다." Rome 철학자 Seneca의 말이다. Christopher Columbus는 인도를 갈 때 남들이 모두 가는 동향 대신 서향으로 간 덕분에(차별화, 기회) 상상도 못했던 미주 대륙을 발견할 수 있었다. 목표 없는 계획은 무용지물이다.

목표는 향후 5년 이상의 장기, 3~5년 정도의 중기, 1~2년 내의 단기 등으로 대분된다. 마케팅 전략 계획에 있어서 전략 마케팅은 장기적인 의미를, 마케팅 계획은 1년 간의 단기적인 의미를 갖고 있다. 따라서 중 · 장기 목표는 개념적으로 '전략 마케팅' 차원에서의 의미이며, 단기 목표는 '마케팅 계획' 차원에서의 의미를 갖고 있다.

특히 1~2년 내의 단기적 목표에서는 입증할 수 있는(verifiable) 목표가 설정되어야 한다. 그 의미는 판매수익, 시장점유율, 객실점유율, 비용 등 주요 변수에 대한 구체적 수치 및 성장 · 절감률에 대한 %, 달성 소요 시간 및 시작 · 완료의 시점 등 그 결과를 측정할 수 있는 것이라야 한다는 것이다. 예를 들어 세계 약 180개 국, 약 2억 명의 사람들이 그 제품들을 매일 사용하고 있는 Unilever의 3대 목표는, ①10억 명 이상의 건강과 행복, ②Unilever 제품 'environmental footprint'(환경 · 탄소 · 물의 관리 지표)의 50%를 줄일 것, ③지속가능한 방식으로 생산된 농산물을 100% 구입할 것이다. 김성완 통코칭 대표는 효과적 목표 설정을 위해서 ①방향성, ②필요 자원, ③실행력 등의 3가지 지침을 제시하고 있다.

2. 제 2단계 : 기본 전략(foundational strategy)

Thompson과 Strickland는 전략을 '기업의 내부 자원, 기술, 그리고 외부 환경의 기회 및 위협 요인과의 적합성'이라고 정의했다. 부분적으로는 동의하나 그들의 정의는 SWOT 분석에 대한 정의인 것 같다. 필자는 전략을 '기업의 목적과 목표를 달성하기 위한 효과적 자원 배분, 방향, 방법의 설정'이라고 정의하고 싶다. 전술(tactic)은 '전략의 목표를 달성하기 위한 세부적 소전략'을 의미한다.

제 1단계인 종합적 분석 단계는 전략의 초석을 마련하는 단계며, 제 2단계인 기본 전략 단계는 마케팅 전략이 시작되는 단계다. 전략이란 상황 분석으로 파악한 현재의 위치에서 목표까지 "how to go?"를 의미한다. Harvard대학의 Porter는 "전략의 핵심은 무엇을 할까를 결정하는 것이 아니라 무엇을 하지 않을까를 결정하는 것이다"라는 역설(paradox)을 사용한 적이 있다. Columbia대학의 Schmitt는 전략 수행 시 대담한 아이디어를 실현하고, 작은 아이디어를 떨쳐버려야 한다며, 'big think strategy'라는 용어를 사용했다. 그는 대표적 예로 Troy 목마를 들었다. 장난감으로만 여겼던 목마가 10년 간 이어졌던 Troy 전쟁을 하루만에 끝내 세계사를 바꾼 것이다. Trout은 "전략이란 자신이 1등을 할 수 있는 경주를 찾아내는 것이다"라고 언급한 바 있다.

기본 전략이란 가격 전략이건 촉진 전략이건 제품 전략이건, 환대산업에서 어떠한 전략을 수행하더라도 필히 선행되어야 하는 필수 전략을 말한다. 대학을 졸업하기 위해서 필수 과목을 반드시 이수해야 하듯이, 마케팅 전략을 수행하기 위해서 반드시 선행되어야 하는 것이 기본 전략이다. 기본 전략은 **STP(segmentation, target marketing, positioning)**로 불린다.

2-1. 시장세분화 전략(market segmentation strategy)

마케팅의 모든 시작이 시장이듯이 환대산업 마케팅 전략의 시발점은 시장이다. 기본 전략의 첫 과정인 시장세분화 전략은 기존의 시장 및 향후의 잠재(potential, prospective) 시장을 세분하는 전략을 의미한다. 시장은 개인(가계 포함)이 중심이 되는 소비자 시장(consumer market)과 타 제품을 생산하거나 다시 구매하기 위하여 조직된 산업 시장(industrial market)으로 대분된다. 본 교재에서는 그 중 소비자 시장에만 초점을 두기로 한다.

즉 시장세분화 전략은 기존 및 잠재 소비자를 외부적(한 집단과 타 집단 간)으로 상이하고, 내부적(한 집단 내)으로 유사한 소비자들의 하위 집단(subgroup)으로 나누는 전략을 의미하며, 이러한 소비자들의 하위 집단을 마케팅 용어로 세분시장(market segment) 또는 **하위 시장(submarket)**이라고 한다. 시장세분화 전략에서 핵심 내용 중의 하나는 시장세분화의 변수다. 즉 어떠한 변수로 소비자 집단을 분류하는 것이 의미가 있으며, 계속 진행될 마케팅 전략에 유용한 근거가 되는가가 그것이다. 결과적으로 시장세분화 전략의 초점은 의미있는 세분화 변수의 선정과 세분화 기법에 있다.

2-2. 표적시장 전략(target marketing/market targeting strategy)

환대산업뿐 아니라 어떠한 산업에도 변수에 따라 무수한 세분시장이 존재하게 된다. 분류된 세분시장 중 기업은 자사의 제품 및 서비스와 가장 잘 조화되고 동시에 가장 잘 봉사할 수 있는 하나 이상의 소비자 집단을 선별해야 한다. 그렇게 선별된 소비자 집단을 표적시장이라고 한다. 표적시장 전략의 핵심은 두 가지로 대분될 수 있는데, 하나는 어떠한 기준과 근거에 의해서 표적시장을 선별하느냐이고, 또 하나는(가장 중요함) 선택된 표적시장의 욕구와 필요를 정확히 파악하여 그 표적시장의 문제를 해결할 수 있는 제품과 서비스를 제공하느냐이다.

2-3. 포지셔닝 전략(positioning strategy)

포지셔닝이란 용어는 문자 그대로 '위치시키는 것', '자리잡는 것'이다. 바로 그러한 의미가 포지셔닝의 개념이다. 그러나 마케팅에서의 포지셔닝은 이와 같은 유형적 의미가 아니다. 마케팅에서의 포지셔닝은 항상 본질적으로 마케터들이 파악하기 어려운 소비자의 마음(consumer's **black box**) 속에서만 존재하는 무형적 의미를 갖고 있다. 제품이 일단 소비자들에게 알려지게 되면, 어느 곳인지는 모르나 소비자 마음 속 한 구석에 자리잡게 된다. 즉 저절로 포지셔닝이 되는 것이다. 포지셔닝 전략은 기업의 제품과 서비스에 대한 이미지가 아무렇게나 자리잡게 방치하지 않고, 기업이 원하는 곳에 위치시키기 위해서 필요하다.

소비자들의 마음은 알 수 없고 제품은 무형적이라서 마케터조차도 제품에 대한 개념적 파악이 어려우며, 소비자가 느끼는 위험이 가중될 수밖에 없는 환대산업에 있어서, 이 포지셔닝 전략의 비중은 타 산업과 비교되지 않을 정도로 막중하다. 이후에 언급될 마케팅 믹스에 포함되는 모든 전략의 근간은 바로 포지셔닝 전략에 있다.

브랜드 전략은 포지셔닝 전략과 제품 전략의 중간에 위치하는 전략이다. 본 교재에서도 기본 전략과 영업적, 기능적 전략의 사이에 위치시킨다.

3. 제 3단계: 영업/기능적 전략(operational/functional strategy)

마케팅에서 영업적, 기능적 전략이란 마케팅 믹스(marketing mix)를 의미한다. 마케팅 믹스란 용어는 여러 마케팅 전략이 상호 작용을 해야만 큰 효과를 기대할 수 있다는 함축적 의미를 갖고 있다. 일반적으로 마케팅 믹스는 4P로 통용되고 있다. 제품 및 서비스(product and service), 가격(pricing), 촉진(promotion), 분배(physical distribution, place) 전략이 그것이다.

분배
'유통' 혹은 '분배'에 가장 근접한 표현은 'distribution'임. 그러나 4P를 맞추기 위해서 위와 같은 표현이 사용되고 있는 것으로 사료됨.

마케팅 믹스의 개념이 처음 등장한 것은 1964년 Borden의 논문 'The concept of the marketing mix'다. 그는 product planning, pricing, distribution, promotion, servicing, marketing research를 마케팅 믹스로 제시했다. 그 후 1975년 McCarthy에 의해서 4P(product, price, place, promotion)가 제시됐다(《Basic Marketing》). 또한 Booms와 Bitner는 서비스의 특성을 고려하여 과정(process), 물질적 속성 혹은 증거(physical attributes, physical evidence), 인적 요소(people)가 포함된 7P를 제시한 바 있다.

그러나 독특한 특성이 있는 환대산업에 그러한 전략을 그대로 적용한다는 것은 현실적으로 맞지 않는다. 따라서 필자는 환대산업의 특성과 부합될 수 있는 새로운 전략을 추가하여 복합적으로 제시했으며, 결과적으로 연출(presentation), 제품/내부 마케팅(product/internal marketing), 서비스/관계 마케팅(service/relationship marketing), 가격(pricing), 커뮤니케이션/촉진(communication or promotion), 분배(distribution) 전략으로 영업적, 기능적 전략을 대분했다.

3-1. 연출 전략(presentation strategy)

타 산업과 달리 제품의 무형적 특성을 갖고 있는 환대산업에서 제품 및 서비스의 가시화 전략이 필요하다. 물질적 설비(physical plant), 위치(location), 환경적 공간, 혹은 분위기(atmospherics), 고객(customer), 직원(employee), 가격(price) 등이 이 범주에 해당된다. 즉 연출 전략이란 환대산업에 있어서 위와 같은 주요 구성 요인들을 어떻게 계획하고, 디자인하고, 통제하며, 궁극적으로 고객에게 어떠한 방법으로 효과있게 연출하느냐에 대한 전략이라고 할 수 있다.

3-2. 제품/내부 마케팅 전략(product/internal marketing strategy)

마케팅 믹스에서 제품 전략은 필수불가결한 것이다. 그러나 환대산업에서 가장 중요한 제품은 제품 그 자체가 아니라 제품을 제공하기 위하여 꼭 존재해야 하고, 나아가 그 제품의 종합적, 최종적 품질을 결정하는 직원인 것이다. 즉 제품의 일부로서(가장 중요한 부분으로서) 모든 마케팅의 개념, 철학, 실천이 직원에 적용되어야 하며, 직원을 제품인 동시에 1차 고객, 혹은 내부 고객으로 간주하여 그에 대한 마케팅 전략을 수행하는 것이 곧 내부 마케팅이다. 따라서 본 모델에서는 제품, 패키지, 제품수명주기(product life cycle), 신제품 전략 등 주요 제품 전략과 같은 범주 내에(하나의 마케팅 전략 범주에) 내부 마케팅 전략을 포함시킨다.

3-3. 서비스/관계 마케팅 전략(service/relationship marketing strategy)

일반적으로 제품과 서비스 전략은 하나의 범주 내에 포함된다. 그러나 앞에서 전제되었듯이 환대산업에서 서비스의 의미는 매우 중요하다. 본 모델에서는 제품과 분리시켜* 다른 범주에서 서비스 전략을 고찰할 것이며, 특히 환대산업에서 중시되고 있는 관계 마케팅과 같은 차원에서 그 전략을 논할 것이다. 관계 마케팅이란 '대 고객관계' 마케팅으로서 고객을 창조하는 마케팅이라기보다는 제1장에서 강조됐던 고객을 유지하는 마케팅이다. 그 핵심은 기업, 제품, 브랜드에 대한 고객의 충성도(loyalty) 제고에 있다. 결론적으로 서비스/관계 마케팅 전략은 제품 전략에서 한 단계 승화된, 환대산업 제품의 특성상 가장 미화되고 강조되어야 하는 전략이며, 동시에 고객과 가장 직접적으로 커뮤니케이션되어야 하는 전략이다.

* 그 중요성 때문에 분리되는 것이지 제품과 별개로 취급된다는 의미가 아님.

3-4. 가격 전략(pricing strategy)

가격 전략이란 모든 마케팅 전략 중 비용이 들지 않는 유일한 전략이며, 기업과 소비자 간의 최종적 커뮤니케이션 도구이자 대상이다. 환언하면 모든 마케팅 전략에 대한 기업의 노력과 제품, 서비스에 대한 품질과 가치를 소비자에게 최종적으로 대변해주는 것이 곧 가격이라는 것이다. 전술되었듯이, 환대산업에서의 가격 결정은 근본적으로 어려우며, 반면에 많은 혜택을 얻을 수 있는 부분이기도 하다. 본 교재에서는 환대산업에서 적용되어 왔고, 적용될 수 있는 가격 정책 및 전략의 형태, 그 의미, 사례의 제시 및 일드 관리에 초점을 두고 있다.

3-5. 커뮤니케이션/촉진 전략(communication/promotion strategy)

일반적으로 마케팅에서는 촉진 전략으로 통용되고 있으나, 본 모델에서는 커뮤니케이션 전략으로 그 용어를 바꾼다. 환대산업에서는 일반적 촉진 전략의 4대 형태인 광고(advertising), PR(public relation, publicity), 인적 판매(personal selling), 판매촉진(sales promotion) 등의 전략보다 더욱 중요한 것이 있다. 그것이 바로 구전(word of mouth) 커뮤니케이션이다. 앞의 4대 촉진 전략들은 기업과 소비자 간의 의사 소통인 반면에, 구전 커뮤니케이션은 고객과 고객 간의 의사 소통이다. 최소한 환대산업에서는 후자가 더욱 기업의 사업 성패에 영향을 미치며, 따라서 그 중요성이 가중될 수밖에 없다.

촉진 전략에 있어서 또 하나의 강조 사항은 직접 마케팅(direct marketing)이다. 현대사회에 있어서 DB(data base) 마케팅, 인터넷 마케팅, SNS(social network service) 등과 관련된 사항이 여기에 포함된다.

3-6. 분배 전략(distribution strategy)

일반 제조업과 달리 환대산업에서 분배 전략은 상대적으로 타 마케팅 전략과 비교할 때 중요하지 않다. 가장 근본적인 이유가 생산과 소비의 동시성이라는 환대산업 제품과 서비스의 특성에 있다. 즉 일반적 유통 체계인 도매상(wholesaler), 소매상(retailer), 그 사이에 있는 브로커(broker) 등이 환대산업의 대다수 부문에 있어서 존재하지 않기 때문이다.

따라서 본 교재에서는 그러한 유통 체계가 아니라 호텔산업 및 외식산업에서 급증하고 있으며, 동시에 세계적으로 널리 분포되어있는 제품 분배의 형태, 즉 체인, franchise, 위탁 경영(management contract), consortium, 혹은 referral association, 제휴/동맹(affiliation/alliance), 대행(reservation, sales, representation) 등에 대한 분배 전략을 설명하고자 한다.

4. 제 4단계 : 사후 전략(post strategy)

사후 전략은 마케팅 전략 계획 모델의 마지막 단계로서, 앞에 설명되었던 모든 단계의 분석과 전략에 대한 절차(procedure) 및 행동 프로그램(action program, implementation), 예산 설정(budgeting), 통제/피드백 시스템(monitor/control/feedback system)이 포함된다. 행동 시스템은 ①'contents of an activity system'(수행할 활동의 선택), ②'structure of an activity system'(여러 활동이 어떤 식으로 어떤 순서로 연결), ③'governance of activity system'(활동을 수행하는 주체) 등의 세 영역으로 구성된다.

그러나 사후 전략은 실행적 차원에서 수행되는 기술적 측면으로서, 본 교재에서는 다루지 않는다.

본 장에서 언급되었던 모든 마케팅 전략 계획 모델은 순차적으로 본 교재에서 설명될 것이다. 그러나 내부 마케팅 전략과 서비스/관계 마케팅 전략을 우선적으로 설명하기로 한다. 그 이유는 위의 두 전략이 곧 ①타 산업의 마케팅 전략과 가장 확연한 차이가 있는 전략이며, ②제2장에서 언급되었던 환대산업 마케팅의 의의에 대한 이해를 보다 제고시킬 수 있고, ③두 전략에 대한 우선적 이해가 환대산업 마케팅의 전략 계획 모델의 흐름에 대한 전반적 이해에 도움이 될 것이기 때문이다.

환대산업 마케팅 전략 계획 모델(내부 마케팅)

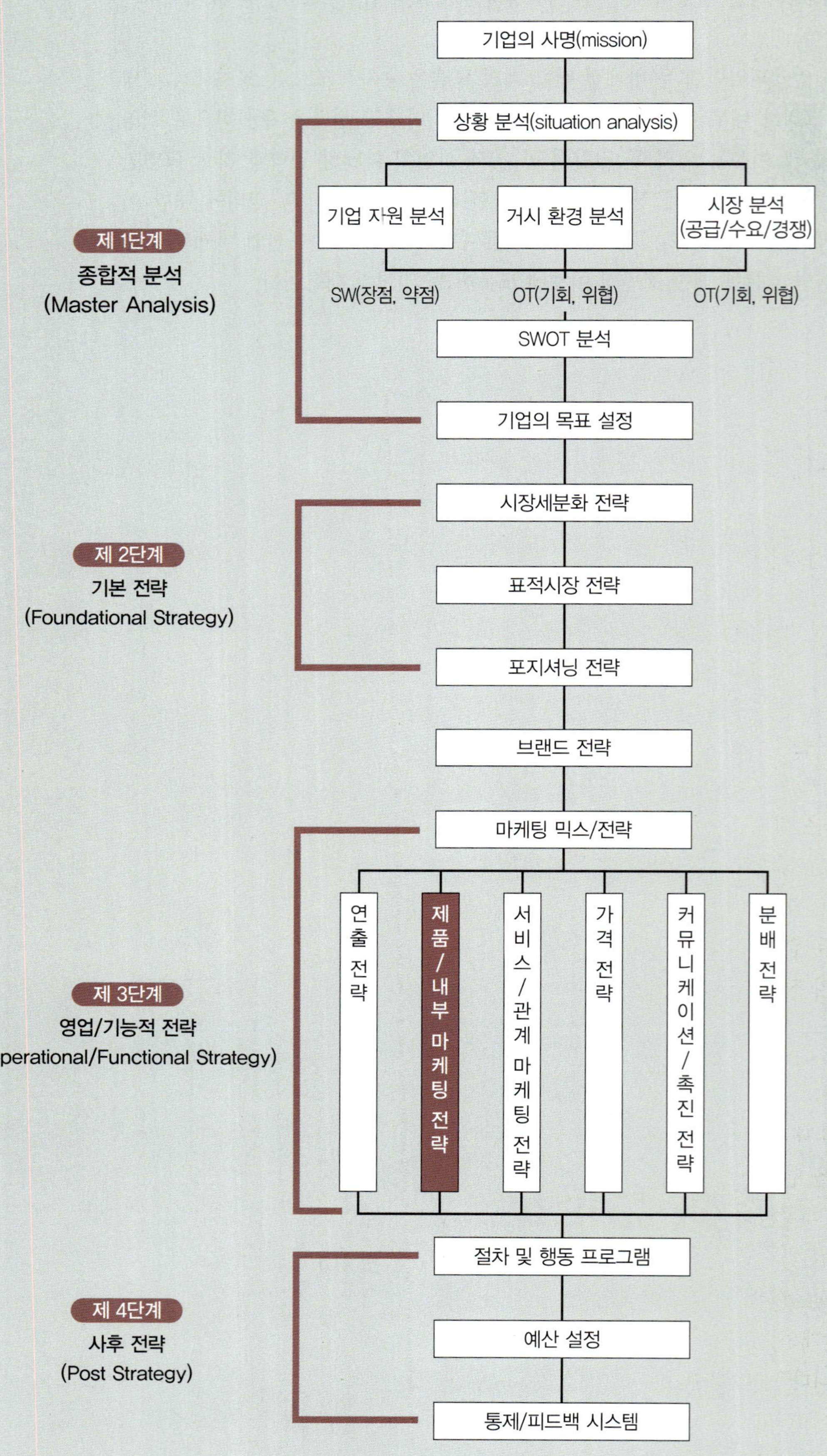

내부 마케팅

제 4 장

내부 마케팅의 개념 및 의의

1. 내부 마케팅의 개념

바둑 격언에 '아생연후 살타'라는 것이 있다. 타 기업과 경쟁하기 이전에 우리 기업이 먼저 살아야 한다. 기업에 있어서 '아생'의 출발점이 곧 내부 마케팅이다. 공자는 "가까운 사람을 기쁘게 하여 멀리 있는 사람을 오게 하라"고 했다. 직원을 기쁘게 하면 고객이 온다는 의미다.

Readers Digest 1995년 7월호에 실린 글에 Southwest의 CEO Herb Kelleher는 "고객이 항상 옳은 것 아닙니까?"라는 경영 컨설턴트 Tom Peters의 질문에 "아니요. 고객이 늘 옳지는 않습니다. 만약 그렇게 생각한다면, 그것은 사장이 직원을 크게 배신하는 것이 되지요. 고객은 때때로 잘못된 행동을 합니다. 우리는 그런 고객까지 태우고 싶은 생각은 없습니다. 그런 사람들에게는 이런 편지를 보내죠. 다른 항공사를 이용하시고 우리 직원들을 괴롭히지 마세요"라고 대답했다.

1-1. 내부 마케팅의 최우수 기업 Southwest와 FedEx의 철학

포지셔닝의 대가 Jack Trout이 Southwest의 CEO Kelleher를 만나 East Coast Airlines를 인수할 것을 권유한 적이 있었다. 그 때 Kelleher는 "동부 시장을 통하는 관문을 획득하고 싶은 마음은 크지만, East Coast의 항공기를 원하지 않을 뿐더러 동부 특유의 딱딱한 성향을 가진 직원들은 더더욱 원치 않습니다"라고 대답했다. 또한 Southwest는 **fun marketing**의 대표적 기업이다. Southwest에서는 "담배를 피우고 싶은 고객은 비행기 밖 날개의 테라스를 이용하십시오. 테라스에서는 '바람과 함께 사라지다' 영화가 상영됩니다"라는 유형의 유머가 종종 방송된다.

Southwest Airlines의 슬로건 중 하나는 "Time flies while you are having fun!"이다.

그림 4-1 내부 마케팅의 상징적 의미. Malaysia Kuala Lumpur의 The Pan Pacific Hotel에서의 광고에서는 고객에게 테이블 세팅이 준비되어 있으나, 제품의 일부인 동시에 더욱 중요한 제품인 직원의 중요성을 상징적으로 강조하고 있음.

fun marketing의 다른 사례로 일본의 쿠라스시 스시 전문점이 있다. 쿠라스시에서는 밥만 기계가 쥐고, 회는 사람이 올린다. 오래된 초밥은 적색 램프가 들어오며 즉시 폐기된다. 5개째를 먹게 되면, 주문용 터치패널 화면에 사람들이 '비트 창고 퐁'이라고 부르는 룰렛이나 게임이 시작되고, 당첨되면 경품이 나온다.

이와 같은 **fun marketing**이 확산되기 시작하며 스포츠산업에서도 '**sportainment**'라는 용어가 탄생됐다. 국내 SK와이번스 구단의 경기를 인천에 가서 본다면 그 의미를 알게 될 것이다. Kelleher는 유머가 조직 화합을 위한 촉매제임을 강조한다.

이러한 철학을 바탕으로 Southwest에서는 '인적 자원 부서(Human Resource Department)'라는 용어 대신 '사람 부서(People Department)'라는 용어를 사용한다. 사람을 인적 자원이라고 부르는 것은 마치 인간을 재무적 자본(financial capital)이나 물리적 자본(physical capital) 등과 같이 취급하는 것이라고 생각하기 때문이다. 직원을 최우선 순위에 놓고, 고객이 그 다음, 세 번째가 주주라는 Herb Kelleher의 경영 철학은 과거 수십 년 동안 미국에서 주가 상승률 1위라는 실적으로 그 탁월한 효험을 입증한 바 있다.

Southwest Airlines는 2017년 Amadeus IT Group과 기술 협업으로 OneRes라는 새로운 예약 시스템을 개발했다. 5억$ 이상이 투자된 OneRes 시스템의 교육에 직원들을 무려 2만 명 이상 대대적으로 참여시켰다.

1-2. 내부 마케팅의 정의

Kotler와 Hasket에 의하면, 직원을 고객이나 주주들 만큼 가치있게 여기는 기업들은 그렇지 않은 기업들보다 매출에서 6배, 주가에서 9배 이상의 월등한 성과를 보여주고 있다고 한다.

Berry에 의하면, "마케팅의 철학과 실천을 외부 고객에게 봉사하는 사람들에게 적용하는 마케팅으로서, 그것을 위하여 최고의 사람들이 고용되고, 유지될 수 있어야 하며, 그들이 최고의 과업을 할 수 있도록 해야 한다"라고 내부 마케팅을 정의하고 있다. 내부 마케팅이란 직원의, 직원을 위한, 직원에 의한(of the employee, for the employee, by the employee) 마케팅이다. 즉 직원을 1차 고객으로 간주하여 마케팅의 모든 것을 적용하는 것이 내부 마케팅이다.

1-3. 내부 마케팅에 대한 이해

먼저 〈그림 4-2〉를 살펴보자.

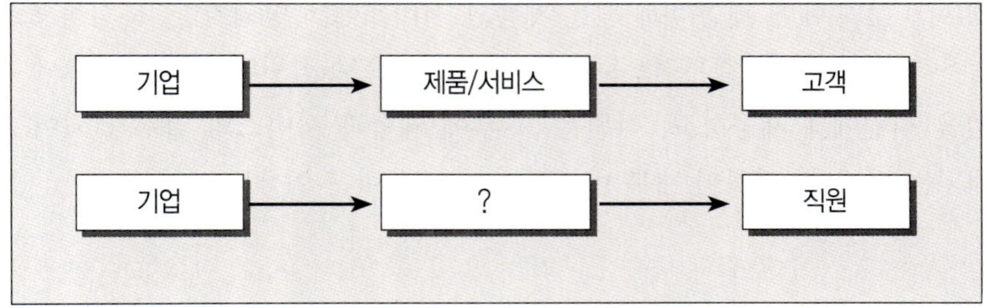

그림 4-2 내부 마케팅의 적용(1)

일반적으로 기업은 제품과 서비스를 고객에게 제공함으로써 사업을 영위하며 생존한다. 기업과 고객이 서로의 목표를 달성하기 위해서 매개체는 곧 기업의 제품과 서비스, 그리고 금전적, 시간적 고객의 희생이다. 내부 마케팅의 정의대로 직원이 1차 고객이며, 마케팅의 모든 것이 적용되어야 한다면(그림을 완성하여야 한다면), 〈그림 4-2〉의 제품과 서비스에 해당되는 것은 무엇일까? 직원에게 제품과 서비스를 판매한다는 것은 경우에 닿지 않는다. 대신 기업이 직원에게 제공해야 하는 것은 제품과 서비스가 아니라 과업 혹은 직업(work, job)이다. 즉 고객에게 제품과 서비스를 판매하듯이 직원에게 과업을 판매해야 위의 그림이 완성될 것이다.

지금까지 우리는 기업이 판매해야 하는 제품과 서비스가 어떠한 것이라야 하는가에 대해서 많은 학습을 했다. 그 제품과 서비스는 마케팅의 유일한 공식인 고객의 욕구와 필요에 부합되고, 동시에 고객의 문제를 해결할 수 있는 것이라야 한다. 이러한 의의가 내부 마케팅에도 그대로 적용되어야 한다. 즉 직원에게 판매되는 과업은 직원의 욕구와 필요에 부합해야 하는 것이며, 직원의 문제를 해결할 수 있는 것이라야 한다는 것이다.

이 논리를 계속 진행하기에 앞서서 한 가지 문제가 생겼다. 마케팅의 근본적 개념은 적용이 되었으나, 실천적 과정상의 그림 내 위치가 현실적으로 맞지 않는다는 것이다. 다시 〈그림 4-3〉을 살펴보자.

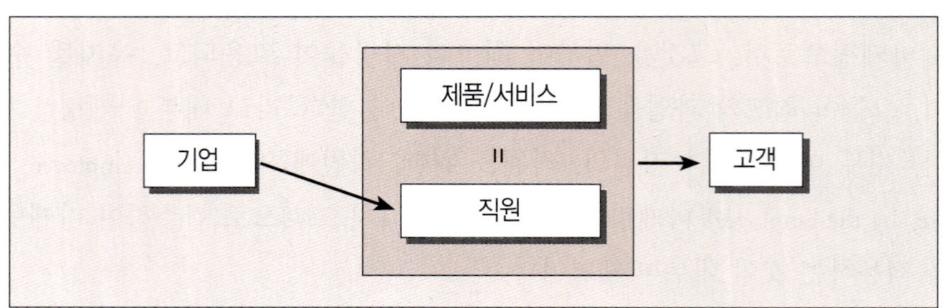

그림 4-3 내부 마케팅의 적용(2)

〈그림 4-3〉과 같이 직원은 환대산업 기업의 제품과 서비스에 포함된다. 아니 제품과 서비스의 가장 중요한 부분을 차지한다. 직원(내부 고객)에게 제공(판매)되는 과업이 고객(외부 고객)에게 제공(판매)되는 제품과 서비스에 해당되지만, 순서적으로는 위의 과정을 거쳐야 한다. 결론적으로 기업은 우선적으로 직원의 욕구와 필요에 부합되는 과업을 직원에게 제공하고, 직원은 그 후에 제품과 서비스의 일부가 되어 고객에게 판매되는 것이다. 이것이 내부 마케팅에 대한 올바른 이해다.

2. 내부 마케팅의 의의

2-1. 내부 마케팅의 의의

《명심보감》에 다음과 같은 글이 있다. "임금을 알려면 그 신하를, 사람을 알려면 그 벗을, 아버지를 알려면 그 아들을 보아라." 마찬가지로 기업을 알려면 그 직원을 보아야 한다.

환대산업 마케팅 중 일반 마케팅과 가장 큰 차이가 있다면 직원의 중요성을 강조하고 있는 내부 마케팅 영역이 될 것이다. Francis Bacon은 직장 생활을 영위하는 직원의 고충을 잘 표현하고 있다. 즉 승진은 애를 써서 큰 고통을 짊어지는 것이고, 머물러 있으면 미끄러지기 쉬우며, 좌천은 전락, 최소한 명성의 손실이라는 것이다. 노동 집약적 특성을 갖고 있는 환대산업에 있어서 직원의 고충은 매우 크다. 특히 대한민국은 OECD 국가 중 최대의 근로 시간과 최소의 여가 시간이 3위를 기록하고 있다(〈그림 4-4〉 참조).

은행 등 일반 서비스산업에서도 제조업과 비교하여 직원의 중요성을 특히 강조하고 있다. 미국 볼티모어에 있는 Maryland Bank에서는 일선 직원을 모두 지역 주민으로 고용하여 서비스산업에서 가장 큰 문제인 불평 처리에 큰 효과를 거두었다. 우리

은행
대한민국의 3대 은행은 우리금융그룹, KB금융지주, 신한금융그룹, 일본은 미쓰비시 UFJ, 미즈호, 스미토모 미쓰이, 중국은 공상은행, 건설은행, 농업은행, Bank of China의 순으로 나타나고 있음.

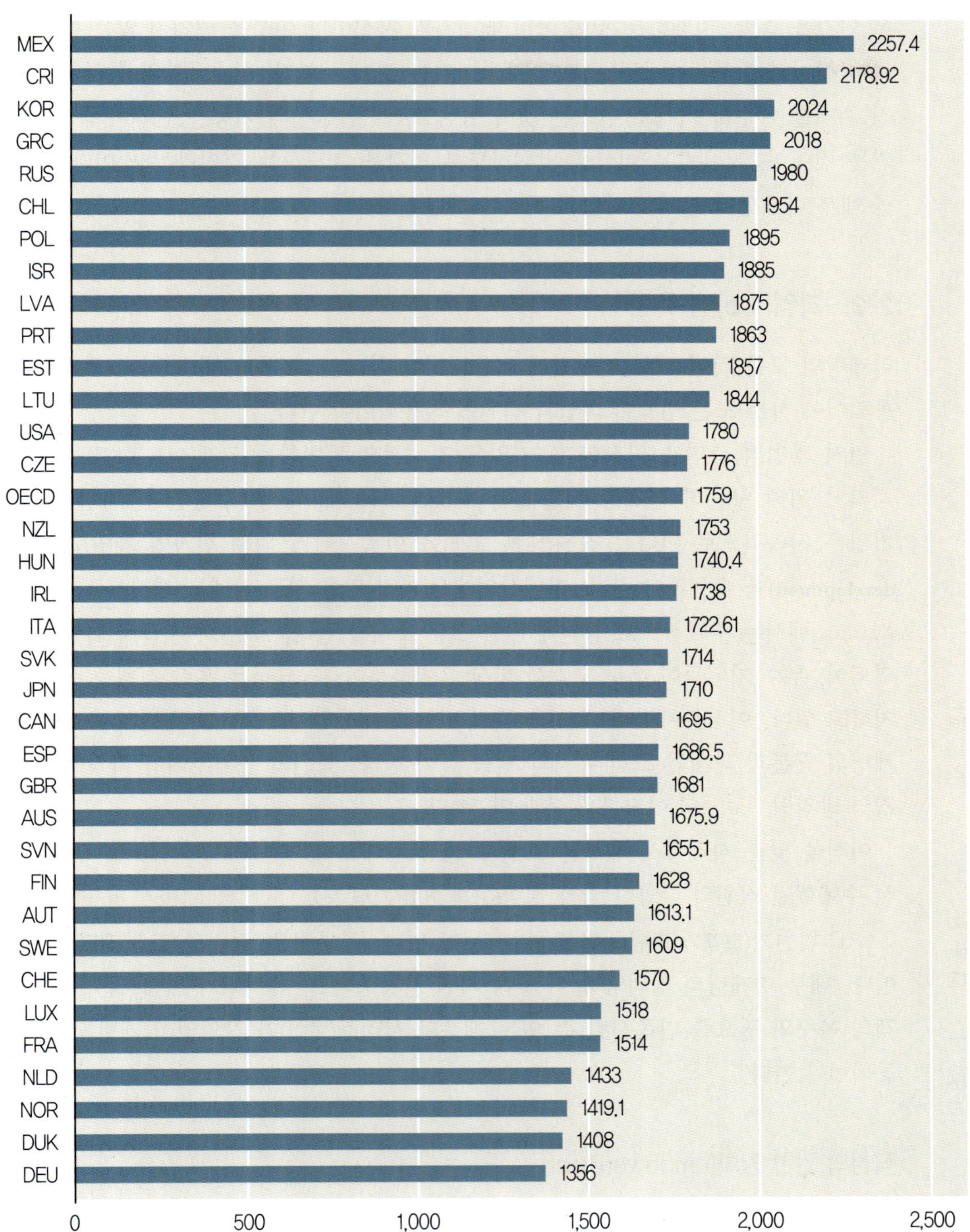

그림 4-4 OECD 회원국 연 평균 근로 시간

출처:OECD Data, 2017년

가 어두운 곳에서 물건을 찾을 때 먼저 불을 켜야 하듯이, 환대산업의 기업은 가장 중요한 제품인 직원, 특히 일선 직원에 대한 정비를 철저히 해야 한다. Disney World에서 결코 직원을 고객 앞에서 연습시키지 않듯이, 불을 켜지 않거나, 촛불을 들고 물건을 찾는 우를 범하지 않아야 한다.

Spinoza의 《신학 정치론(Tractatus Theologico-Politicus)》에 의하면, 국가의 궁극적 목적

은 인간을 속박, 지배하는 것이 아니라 각자가 자신이나 이웃을 해치지 않는 한 안전하게 살며 활동하도록 공포로부터 해방시키는 것이라 한다. 즉, 국가의 목적은 이성적 존재를 야수나 기계로 만드는 것이 아니고, 그들 심신의 기능을 안전하게 발휘시키는 것이며, 자유로운 이상을 발휘하도록 인간을 지도하는 것이라는 의미다. 이는 곧 내부 마케팅에 있어서 기업의 목적에 해당된다.

2-2. 과업(job)적 측면

마케팅의 모든 것이 내부 마케팅에 적용되어야 한다면, 제품/서비스 및 고객에게 적용되어야 하는 모든 법칙이 과업과 직원에 적용되어야 한다.

먼저 과업적 측면을 고찰한다. 기업은 지속적으로 변하는 고객(외부 고객)을 만족시키기 위해 꾸준히 신제품 개발(new product development)을 수행한다. 마찬가지로 기업은 지속적으로 변하는 직원(내부 고객)을 만족시키기 위해 **신과업 개발(new job development)**을 수행해야 한다. 환대산업에서 가장 많은 성공 사례를 제시해주고 있는 Marriott에서는 주기적으로 직원에 대한 설문 조사를 한다. 그 결과는 곧 신과업에 반영되어, 우수 기업들이 우량 고객을 항상 유지하듯이 Marriott은 우량 직원을 항상 유지하고 있다. 이직율이 높은 특성을 갖고 있는 환대산업에서* 우량 직원의 유지는 마케팅의 근본적 과제인 고객 유지와 맥을 같이 한다. 직원의 동기부여가 가장 중요한 경영 방침인 FedEx의 이직률은 불과 약 5%다.

환대산업의 최선진국인 미국에서도 호텔산업의 연 평균 이직률은 약 100%임. 반면, Marriott은 40% 이하로 집계되고 있음.

이직을 낮춘 사례로서 챔피온 호텔로 선정된 대표적 예는 Ashley House Hotels에서 수행했던 직원의 다양한 역할 경험(고객 역할 경험 등), Club Hotel by Doubletree의 CARE 위원회(고객과 직원의 관계 담당) 등이 있다. 공통점은 '직원의 고객 역할 경험'이다. 내부 마케팅의 정의와 같이 좋은 직원이 창조되고, 유지되기 위해서는 내부 고객의 욕구와 필요를 만족시킬 수 있는 제품과 서비스(과업)가 끊임없이 개발되고, 제공되어야 한다.

다양한 역할 경험
Ashley House Hotels에서는 각 직원이 1주일에 한 번 'captain quality'에 지정되어 고객의 역할로서 각 부서를 방문함.

CARE 위원회
CARE Hotline을 통해 담당 사원에게 100% 권한 위임을 하고, 고객의 불평을 처리함.

직원의 권한 강화(empowerment)

일선 직원의 무기력

New York의 한 모텔에서 겪었던 일이다. 필자는 check-out을 위해 front desk에서 종합 계산서(room guest master folio)를 받게 되었다. 예상보다 20$가 더 계산되었고, 계산서의 내용을 보니 주문도 하지 않았던 룸서비스의 계산 항목이 있었다. 잘못 포스팅(posting)되었던 것이다. Front desk의 직원은 곧 룸서비스와 룸서비스를 제공받은 고객에게 확인하고 잘못을 시인했다. 그러나 상관의 서명이 있어야 한다며 기다리라고 요청했고, 필자는 슈퍼바이저가 올 때까지 10분 이상을 기다려야 했다. 다행히 그 직원은 매우 친절하여 계속 미안하다는 말을 했고, 그녀의 태도가 맘에 들어 큰 불평 없이 그 모텔을 나왔다.

종합 계산서
Room guest master folio란 객실 요금 외에 호텔에서 지출된 모든 경비에 대한 계산서를 의미함.

그림 4-5 Whole Foods

앞의 사례는 내부 마케팅과 관련된 큰 교훈을 주고 있다. 위와 같은 내부 마케팅의 실패 사례는 빙산의 일각에 불과하다. 필자는 10여 분밖에 기다리지 않았지만, 크게 중요하지도 않은 일로 상관에게 보고해야 하고, 승인을 받는데 지체되는 시간은 몇 시간, 며칠, 몇 주, 몇 개월이 걸릴 수 있고, 심지어 잊음으로써 최악의 결과를 낳게 되는 일이 우리 주변에서 종종 발생되고 있다. 일선 직원의 권한이 바로 그것이다. 고객은 호텔의 규율, 정책을 알 필요도, 이해할 필요도 없다. 사례의 front desk 직원(receptionist)과 같이, 크게 중요하지도 않은 수많은 잔 업무를 처리할 권한이 없다는 것이 환대산업에 종사하는 일선 직원들의 사기를 저하시키고 있다.

내부 마케팅 용어로 표현한다면, 그 과업은 직원의 문제를 해결해주는 것이 아니라 오히려 직원의 문제를 발생시키는 과업이 된 것이다. 그 결과는 어떠한가? 다행히 그 직원의 친절한 태도로 인해 필자가 크게 불평은 하지 않았지만, 고객의 문제를 발생시킨 결과가 된 것이다. 고객과 가장 빈번히 접촉해야 하는 일선 직원에게 고객의 문제를 해결할 수 있는 책임이 있으나 그에 해당되는 권한이 없다면, 기업은 고객의 문제를 해결해주지 못하는 제품을 판매하는 것과 같다. 세계 제 1의 건강식품 기업 Whole Foods(〈그림 4-5〉 참조)는 일선 직원에게 의사결정 권한을 부여하는 대표적 기업으로 알려져 있다.

직원의 권한 강화 사례

직원의 권한과 관련된 모범적 사례는 Ritz-Carlton에서 찾아볼 수 있다. Ritz-Carlton의 직원에게 적용되는 신조는 '신사, 숙녀'다. Ritz-Carlton 품질 개선 매니저를 역임했던 한 간부의 말을 참고한다.

"서비스산업에서 고객은 종종 직원을 하인처럼 대한다. 그것을 감수하다보면 비굴해진다. 그래서 우리는 모든 직원들이 '신사, 숙녀'의 긍지를 가질 수 있는 직장 환경을 만들었다. 고객의 모든 클레임이나 때로는 명백한 억지에도 대응하지 않으면 안되는 호텔 직원의 과업은 스트레스와의 싸움이다(〈표 4-1〉 참조). '신사, 숙녀'를 표방하려면 그에 상응하는 자질과 행동이 요구된다. '신사, 숙녀'에게는 자존심이나 자립심, 책임감이 필수 불가결하다."

Ritz-Carlton에서는 그것을 권한 위임, 나아가 권한 강화로 실천하고 있다. Ritz-Carlton의 직원은 고객의 불평 해결을 위해 1건 당 수 천$까지 경비를 사용할 수 있다.* 예를 들어 직원이 고객의 옷에 커피를 쏟았다면 옷을 사줄 수도 있다. 또한 고객의 불평을 빨리 해결하기 위해 SD(self-directed) 팀제의 도입으로 권한 강화를 최대로 확대시키고 있다. Ritz-Carlton의 전 직원은 'Gold Standard'라는 접객 3대 원칙과 더불어 '신조(The Credo)'라는 기업 방침 및 20개 항목에 달하는 '사원 신조'를 확실하게 숙지하고 있다. 또한 매일 고객 서비스 담당 이사로부터 'mantra'(주문)라는 메모를 받는다. 그 주문은 매일 혹은 주마다 바뀌지만, 직원들의 행동으로 이어지고, 이것이 곧 습관과 업무 방식이 되고 있다.

Ritz-Carlton에서는 경비뿐 아니라 시간도 같은 차원에서 투자하고 있음. 즉 고객을 만족시키는 데 드는 시간만큼 자기 일과에서 벗어날 권리를 부여하고 있음.

표 4-1 스트레스

스트레스란 생활이 변화가 많거나 어떤 상황에 의해 해를 받을 것으로 생각될 때, 긴장하거나 불편함을 느끼는 상태를 의미함. Holmes와 Rahe는 인간 생활상의 변화로 인한 스트레스 수치를 발표한 바 있는데, 배우자의 죽음(100), 이혼(73)이 1,2위로 나타났으며 직장인이 흔히 겪는 직업 변경(36), 직책 변화(29), 상사와의 불화(23) 등은 물론, 휴가(13), 크리스마스(12) 등도 스트레스를 유발한다는 조사 결과가 그 내용임.

전문가들이 제시한 10가지 스트레스 해소법

① 가족이나 친구의 도움을 받는다.	⑥ 식사를 제대로 한다.
② 매일 하던 일을 계속한다.	⑦ 사교 활동을 한다.
③ 운동을 충분히 한다.	⑧ 자원 봉사를 한다.
④ 카페인이나 알코올의 과도 섭취를 피한다.	⑨ TV 앞에 붙어있지 않는다.
⑤ 충분한 휴식을 취한다.	⑩ 자신의 증상을 인정한다.

출처:NBC 방송

매년 수행하는 매니저 연수에서 Schultz 회장은 다음과 같은 강의를 한다. "내가 회장인 Schultz입니다. 이 호텔의 중요 인물입니다. 하지만 이 점은 여러분도 마찬가지입니다. 실제로 고객 입장에서 보면 여러분이야말로 중요합니다. 내가 없더라도 아무도 개의치 않을 것입니다." Schultz 회장은 신규 고용자의 연수에서도 기꺼이 이와 같이 연설을 한다. 업무 내용의 세부 강의보다 오만하지 않고 당당한 '신사, 숙녀' 정신을 반복 강조하여 직원에게 침투시키는 것이 이 연수의 주 목적이다. Ritz-Carlton의 고객 지향적 황금 표준(gold standard)은 〈표 4-2〉와 같다. 참고로 Marriott의 신조는 'the spirit to service'다.

표 4-2 Ritz-Carlton의 신조와 사훈

신조 (The Credo)	• 우리의 가장 중요한 임무는 고객에게 진정으로 편하고 안락한 공간을 제공하는 것이다. • 우리는 고객이 언제나 따뜻하고, 편안한 고품격의 분위기를 즐길 수 있도록 고객 한 분 한 분에게 최고의 서비스와 시설을 제공할 것을 다짐한다.
사훈(The Motto)	• 우리는 신사, 숙녀를 모시는 '신사, 숙녀'다.
세 단계 서비스	• 따뜻하고 진실되게 맞이하고, 가능한 한 고객의 이름을 부른다. • 고객이 원하는 바를 미리 예측하고 이에 부응한다. • 따뜻한 작별 인사로 감사드리고, 되도록 고객의 이름을 부르며 따뜻하게 배웅한다.
직원에 대한 약속	• 우리의 '신사, 숙녀'들이 고객 서비스에서 가장 중요한 자원이다. • 신뢰와 정직, 존중, 성실과 약속을 바탕으로 우리는 개인과 회사의 이익을 위해 그들의 기능을 발전시키고 최대화시킬 것이다. • Ritz-Carlton은 다양성이 존중되고, 삶의 질이 향상되며, 개인의 포부를 만족시키고, 신비함을 강화시키는 업무 환경을 조성할 것이다.

Ritz-Carlton Tysons Corner의 권한 강화 정책

Ritz-Carlton Tysons Corner는 Ritz-Carlton 체인 중에서도 특히 모범적인 직원의 권한 강화 정책으로 유명한 호텔이다. 이 호텔에서는 경영 책임의 많은 부분을 맡고 있는 시간제 근무 직원들의 권한 강화를 위해 혁신적 정책을 도입하고 있다. 우선 그들에게 틀을 벗어난 사고 방식(think out of the box)의 사항을 발표하고, 'The Tysons Corner Project'라는 사업 성명서를 만들어 모든 직원의 서명을 받았다. 시간제 근무 직원들은 가장 중요한 고객의 문제 해결에 대한 권한 이외에도 근무 일정, 급료 지불 정보, 팀 구성원 인터뷰와 선택, 예산 예측 등에 대한 권한까지도 위임받게 되었다. 직명도 바뀌었는데, 예를 들어 'front office manager'는 'front office team leader'로, 'sales and marketing manager'는 'pre-arrival team leader'로 바뀌었다.

2-3. 직원의 태도

직원의 동기부여

Spinoza의 《신학 정치론(Tractatus Theologico-Politicus)》에 의하면, 개인은 행동과 태도에 있어서 권위의 통제에 따르지만, 판단과 이성은 따르지 않는다고 한다. 이와 관련하여 Francis Bacon은 그의 가장 걸작이라고 인정받는 《에세이집(Essays)》에서 다음과 같이 인간의 본성을 표현하고 있다. "인간의 본성은 때로는 감추어지고, 때로는 압도당하지만, 근절되지는 않는다. 강압은 본성을 난폭하게 만들고, 이론과 설교는 본성을 완화시키지만, 본성을 바꾸거나 정복할 수 있는 것은 오직 습관뿐이다. 본성에 대한 승리를 과신하지 말라. 오랫 동안 묻혀 있다가도 어떤 계기나 유혹이 있으면 되살아나는 것이 본성이다." Bacon이 이야기하고 있는 습관이란 곧 기업의 근무 환경과 일맥상통한다.

Google의 근무 환경

Fortune에서 선정한 가장 일하기 좋은 100대 기업 중 하나인 Google의 직원들은 Googler라고 불린다. Google의 사내 환경은 전통을 탈피, 남들과 다른 것 지향, 즐거움, 개별적 자유 등으로 대표된다. 사내에서 맛있는 음식도 마음대로 먹을 수 있다. California에 있는 Google의 본사에서는 Wi-Fi 이용이 가능한 셔틀버스, 세차, 주유 시설, 전동스쿠터, 세탁시설, 운동시설, 수영장, 아동보호시설 등 모든 것이 갖춰져 있다. 5명의 의사가 상주하고, 병가도 무제한으로 낼 수 있다. Switzerland Zürich에 있는 Google 지점에서도 Switzerland풍 오두막집(chalets), 에스키모의 집(igloo) 형태의 회의실, 위층에서 아래층으로 이동할 수 있는 봉, 사내 카페로 이동하는 미끄럼틀, 오락실, 영국풍 도서실, 수족관 휴게실 등이 있다. Googler들의 동기부여는 어떠할까? 설명할 필요가 없을 것 같다.

동기부여
동기부여의 원동력인 동기는 행동을 지속시키거나 일으키는 원인이 되는 행동자의 상태로서, 갈증, 성취 등과 같은 구체적인 욕구, 욕망, 소망을 말함. 이 동기의 작용과 메커니즘을 연구하여 인간 행동의 원인적 측면을 분석하는 것을 동기심리학이라고 함.

round table 회의
상하 계급이 없는 회의의 의미임.

Four Seasons의 핵심 간부 중 하나인 John Sharp에 의하면, 품질 높은 서비스는 오직 동기부여(motivation)를 크게 받는 직원으로부터만 가능하다고 한다. 그에 의하면, 사람이 사람을 동기부여시키는 것은 거의 불가능한 일이며, 오직 좋은 근무 환경만이 직원을 동기부여시킬 수 있다는 것이다. 앞에서 설명하였던 일선 직원의 권한, 호텔의 규율과 정책이 바로 여기에 해당된다. 직원이 고객을 만족시켜야 한다는 책임이 있다면, 직원에게 고객을 만족시킬 수 있는 권한도 동시에 주어져야 한다.

직원의 동기부여, 근무 환경은 곧 기업 문화와 깊게 관련된다.

Accor North America는 과거 모범적 직원 동기부여 프로그램으로 유명한 호텔이었다. 이 호텔에서는 매니저가 원하지 않는 과업을 직원에게 요청하지 못하는 전통과 함께, 직무 평가를 상급자만이 아니라 동료 및 하급자에 의해서도 받게 된다. 직원들은 간부들과의 주기적 'round table' 회의를 통하여 직접 의사 소통을 할 수 있는 기회를 갖고 있다. 총지배인 보너스의 30%는 직원 만족도, 30%는 고객 만족도, 40%는 이익률에 의해서 결정되고 있다. 1948년부터 1975년까지 미국 UCLA 농구팀 감독으로 전미 대학농구선수권대회(NCAA)에서 10차례나 우승을 차지했고, 12년 동안 88연승을 기록했던(통산 664승 162패) John Wooden 감독도 자신이 하지 않는 일을 절대로 선수들에게 요구하지 않았던 솔선수범의 리더로 잘 알려져있다.

Four Seasons에서도 매니저 보너스의 1/3이 그가 지휘하고 있는 직원의 태도 점수에 의해서(고객이 평가) 결정되고 있으며, Days Inn, Ritz-Carlton 등 우수 기업들은 직원이 고객을 돕는 일에는 어떠한 경우라도 징계하지 않으며, 철저히 보상하고 있다. 이러한 근무 환경, 나아가 기업 문화가 직원 동기부여 제고에 결정적 역할을 하고 있는 것이다. 서비스 질이 낙후되는 것은 직원들이 자기의 직속 상관에게만 잘 보이려고 하는 태도에 기인된다. 직속 상관이 아니라 고객에게 잘 보이려고 할 때에만 서비스 질이 향상될 수 있다.

직원의 서비스 태도

TARP(Technical Assistance Research Program)에 의하면, 좋은 서비스를 기억하는 고객보다 질이 낮은 서비스를 기억하는 고객의 비율이 두 배 높다고 한다. 미국 The White House의 소비자 조사국 통계인, 기업에서 형편없는 서비스를 제공받은 고객의 96%가 그 기업에 직접적으로 불평하지 않고, 대신에 그들 중 80% 이상이 구전으로 주위에 말하고 다닌다는 사실을 다시 한 번 상기할 필요가 있다.

그렇다면 일선 직원의 질 낮은 서비스는 왜 창출되는가? McDonald's의 조사에 의하면, 급여 수준의 고저조차도 서비스의 질과 크게 비례하지 않는다고 한다. 가장 근본적 이유 중의 하나는 직속 상관인 슈퍼바이저나 매니저의 태도다. 직속 상관이 제품에 대한 지식이 없으면, 일선 직원도 제품에 대해 자세히 알려고 하지 않으며, 직속 상관이 일선 직원에게 무엇인가 요구하면, 일선 직원은 고객에게 팁을 요구하고, 직속 상관의 품행 및 언동이 좋지 않으면, 그것이 일선 직원을 통해서 그대로 고객에게 전달된다는 것이다. 만약 매니저가 고객에게 좋은 서비스가 제공되기를 원한다면, 같은 방법으로 직원에게 처세를 해야 한다.

직원의 태도 사례

실패 사례

Sheraton Perth 직원의 역기능 태도

《Serves you right》이라는 책의 저자이며, 서비스 부문의 컨설턴트인 Berry의 경험담이다. 그는 Australia의 최고급 호텔 중 하나인 Sheraton Perth의 조카 결혼식 연회에 참석했다. 그는 다이어트 중이었기 때문에 셋 메뉴(set menu) 중 마지막 코스인 일반 커피 대신 저칼로리인 카푸치노(cappuccino) 커피를 별도로 돈을 지불할 것이라며 주문했다. 주문을 받은 웨이터는 연회 서비스 특성상 모든 다른 고객들에게 먼저 서비스한 후, 마지막에 카푸치노를 갖다 주겠다고 했다. 그러나 다른 고객들이 모두 커피를 마신 후에도 카푸치노는 제공되지 않았다. Berry는 다시 그 웨이터를 불러 이유를 물었다. 웨이터는 슈퍼바이저가 허락을 하지 않았기 때문에 카푸치노를 제공하지 않았다며 다시 자기 일을 했다.

셋 메뉴
전채(appetizer)로부터 후식까지 한 가지의 메뉴로 식사할 때, 일일이 주문하는 a la carte와 달리 set menu로 불리움. table d'hote 이라고도 함.

연회 서비스
연회 서비스는 식사 인원이 많으므로 동시에 시작해서 동시에 끝나는 것을 원칙으로 함.

Sheraton은 특히 아시아 태평양 지역에서 훌륭한 호텔로 명성이 자자한 호텔이다. Sheraton의 단골 고객이며, 과거 타 Sheraton 체인 호텔에서 만족스러운 서비스를 계속 제공받았었던 Berry는 자신의 저서를 통해 그 경험을 발표했다. 그 당시 Sheraton 체인 호텔의 모토는 'At the Sheraton, little things mean a lot'이었다. 전 세계적으로 분포되어 있는 Sheraton의 한 슈퍼바이저와 웨이터는 위의 모토를 무색하게 만들었으며, Sheraton의 모든 체인 호텔들에게 어떠한 영향을 주었겠는가?

성공 사례

Ramada Inn 직원의 순기능 태도

과거 미국의 많은 모텔들이 어머니 날의 특별 판매촉진 전략의 일환으로 '딸이 어머니와 함께 투숙할 경우 그 딸은 무료'라는 광고를 통하여 경쟁을 했다. 대다수의 호텔들은 딸의 나이를 16~18세로 한정했다. 그러던 중 Ramada Inn에 79세의 어머니와 57세의 딸이 한 직원의 재량에 의해 그 프로그램에 참여할 수 있었고, 이 이야기는 전국으로 퍼져 대대적인 구전 커뮤니케이션이 되었다.

환대산업에서는 기업에서 수백만$를 지출하여 수행하는 광고보다 구전 커뮤니케이션이 더욱 높은 신뢰성과 영향을 주게 된다.

Four Seasons의 Roy Dyment

Canada Toronto의 Four Seasons에 근무했던 Roy Dyment라는 도어맨은 호텔 현관에서 가방을 발견했다. 그 가방은 호텔에 투숙했던 고객의 것이었으며, 그 고객은 미국 수도인 Washington D.C.의 Four Seasons로 이미 이동을 한 후였다. Dyment는 고객에게 전화를 걸어 가방을 찾았다고 알렸으며, 다음 날 아침 회의에서 사용할 중요한 문서가 가방 안에 있다는 사실을 알게 되었다. 고객에게 가방을 전달할 수 있는 방법은 오직 한 가지, 직접 전해주는 것이었다. 그는 즉시 비행기를 타고 Washington에 가서 가방을 전달해주었다. Dyment가 돌아왔을 때, 그는 문책을 받거나, 징계를 받지 않은 것은 물론, 그 일로 인해서 결국 '올해의 최우수 직원'에 선정됐다.

Four Seasons에서는 고객을 돕는(고객의 문제를 해결해주는) 직원에 대해서는 어떠한 경우라도 문책을 하지 않는다. 위의 사실은 고객들의 구전 커뮤니케이션을 통해 이미 정상에 와있던 Four Seasons의 명성과 이미지를 더욱 더 굳혀주는 내부 마케팅의 성공 사례가 되었다.

필자의 여행 경험 중 가장 감격적인 두 사건은 Grand Canyon과 Las Vegas The Strip의 최고 호텔들에 대한 첫 경험이다. 그 때의 감정은 감격을 훨씬 초월한 초자연, 초인공적 대상에 대한 '경외심'이었다. 우리는 일생을 통해 가장 신세를 졌던 사람, 생명의 은인에 대해서는 조건 없는 충성을 한다. 고객의 문제가 심각할수록 그것이 해결된다면, 고객의 감정은 기업에 대해 '경외심'에 가까워진다. 역으로 말하면, 고객의 심각한 문제는 기업에게 엄청난 기회가 될 수 있다는 것이다.

환대산업에서 내부 마케팅의 올바른 실천은 제조업에서 우수 제품을 생산하는 것과 동일한 맥락이다. McDonald's는 Hamburger University를 설립하여 가맹자(franchisee), 직원 등에게 제품, 서비스, 영업, 관리 등 모든 측면에 있어서의 기초적 지식과 더불어 마케팅의 올바른 실천을 교육시키며, 'Hamburgerology'라는 학위를 수여하고 있다. 이와 같은 내부 마케팅의 노력이 현재의 McDonald's를 만든 것이다.

참고로 McDonald's의 Hamburger University 및 국내 대표 특급 호텔의 사훈은 〈표 4-3〉, 〈표 4-4〉와 같다.

표 4-3 Hamburger University(〈그림 4-6〉 참조)

설립목적	McDonald's와 franchisee 직원들을 대상으로 종합적 훈련을 제공
설립연도	1961년
규모	130,000feet^2
시설	강의실, 다수의 강당, 특별 team room, 장비 lab, 실물 크기의 McDonald's 레스토랑, 30여 명의 전임 교수진
분포	미국, Australia, Germany, 영국, 일본, 홍콩, Brazil(7개 국)
특징	통역자와 전자 장비의 도움을 받아 28개 언어로 동시 강의 및 의사 소통

그림 4-6 Hamburger University

Illinois주 Oak Brook에 있는 Hamburger University는 McDonald's의 세계적 일급 관리 훈련 센터다. 이 대학은 오로지 McDonald's와 franchisee 직원들을 대상으로 해당 사업의 다양한 측면들에 대한 종합적 훈련을 제공하기 위해 설립됐다. 모든 훈련 프로그램은 하나의 본질적 구성 요소로 시작된다. 레스토랑 운영의 기본 원칙들이 그것이다.

1961년에 설립된 Hamburger University는 Illinois주 Elk Grove Village에 있는 레스토랑 지하실에서 훈련 시설로 출발하여 McDonald's 본사의 80에이커 캠퍼스에 위치한 130,000feet^{2}의 시설로 성장했다. 이 최첨단 시설에는 강의실, 다수의 강당, 특별 team room, 장비 lab, 실물 크기의 McDonald's 레스토랑, 30여 명의 전임 교수진을 갖추고 있다. 국내외 다양한 분야의 전임 교수들이 120개 국 이상의 나라에서 유학 온 학생들을 가르친다. Australia, Germany, 영국, 일본, 홍콩, Brazil을 포함하여 전 세계에 7개의 Hamburger University가 있다. 이 대학 모두가 통역자와 전자 장비의 도움을 받아 28개 언어로 동시에 강의하고, 의사소통을 할 수 있다.

Hamburger University는 자사와 franchisee 직원들의 자기 능력 개발과 평생 교육을 책임지고 있으며, 후원하고 있다. 1961년에 설립된 이래 2019년까지 약 10만 명 이상의 졸업생을 배출했다.

출처: www.mcdonalds.com/corp/career/hamburger_university.html

표 4-4 국내 특급 호텔의 사훈

호텔명	사훈
Hyatt	활기찬 우리, 즐거운 손님, 보람찬 일터
Shilla	고객을 위한 최고의 서비스 창조
InterContinental	고객, 직원, 주주 삼 자를 만족시키는 최고의 호텔이 되자
Plaza	최고의 서비스, 최고의 음식, 최고의 위생, 충실한 경영
Renaissance	직원을 보살펴라. 그러면 그들이 고객에게 최고의 서비스를 베풀 것이다
Ritz-Carlton	우리는 신사, 숙녀를 모시는 '신사, 숙녀'다
Amiga	최고의 서비스인이 되자
Hilton	We make it happen
Chosun	최상의 서비스, 최고의 인재, 최선의 경영
Lotte	사랑, 자유, 풍요를 지향하는 롯데
Sofitel-Ambassador	빠르고, 깨끗하게, 맛있게, 친절하게
Novotel-Ambassador	기쁨으로 봉사하자

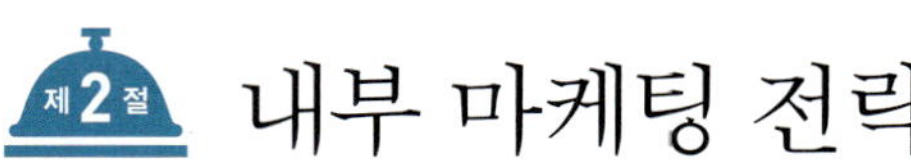

내부 마케팅 전략

1. 서비스 문화의 확립

1-1. 기업·조직 문화에 대한 이해

앞서 예를 들었던 환대산업 기업들의 내부 마케팅 성공 사례는 올바른 기업 문화, 즉 서비스 문화를 갖고 있기 때문에 가능하다. 기업 문화를 이해하기에 앞서 기업 문화를 형성하는 요인을 알아야 한다. 기업 문화의 형성 요인 중 가장 중요한 것은 기업의 가치다. Patrick M. Lencioni에 의하면, 기업의 가치는 〈표 4-5〉와 같이 정리될 수 있다.

표 4-5 기업의 가치

핵심 가치의 유형	내용
실행 허용 가치(permission-to-play values)	직원들이 입사 당시 갖춰야 할 기본적 행동 규범
이상적 가치(aspirational values)	현재 기업에는 부재하지만 경영진이 성취하기를 열망하는 가치
우연적 가치(accidental values)	현재의 직원들이 공통적으로 지닌 개성적 특성의 결과
핵심 가치(core values)	직원들의 행동을 이끌어내는 진정한 기업 문화

즉 기업의 가치란 직원들이 자사의 사명에 따라 행동하도록 가이드라인을 제시하는 핵심 가치를 말한다. 환원하면 이것은 **공유 가치(shared values)**라고 할 수 있다. 이 **공유 가치**가 기업 문화의 절반을 차지하며, 나머지 절반은 직원들의 공동 행동(common behavior)을 통해 만들어진다. 결론적으로 '기업 문화를 형성한다'는 것은 **공유 가치**와 공동 행동을 일치시키는 것을 의미한다(〈표 4-6〉 참조).

표 4-6 기업의 공유 가치와 공동 행위의 예

기업	공유 가치	공동 행위
3M	집단적 호기심	• 직원들은 근무 시간을 활용해 자신만의 프로젝트를 도모하고, 자금을 확보할 수 있다. • 실패는 혁신의 한 과정으로 포용된다.
Cisco	인적 네트워크 협력	• 사무실은 제품연구실이다. • 직원들은 자택근무가 허용된다. • 의사결정은 수백 명의 임원들에게 배분된다.
Enterprise Rent-A-Car	기업가 정신	• 회장과 CEO를 포함한 모든 임원들이 경영 훈련생으로 시작한다. • 훌륭한 성과를 낸 직원들은 지점을 운영할 기회를 제공받는다.
Whole Foods	민주주의	• 직원 투표에 근거해 의사결정을 내린다. • 매장은 자율적인 수익 창출의 공간이다.

출처: Philip Kotler(2010), 《Market 3.0》, p123.

국내 주요 기업의 기업 문화는 〈표 4-7〉과 같다.

표 4-7 국내 주요 기업의 기업 문화

기업명	기업 문화
삼성	• 개방·유연·혁신
현대·기아	• 전 세계 생산 공장과 판매법인 간 원활한 의사 소통과 유기적인 협조 체계 강화
LG	• 철저한 고객 중심 조직으로 전환 • 결연한 각오로 업무 집중
롯데	• 국내 핵심 인재 육성 및 적극적 해외 현지 인재 확보 • 학습 장려 및 제도적 지원 강화
포스코	• 2014년까지 신사업 추진 핵심 인재 2000명 이상 확보 • 포스코형 스마트 피플 체계적 양성
한화	• 창조적인 '변화의 리더' 추구 • 새 시대에 어울리는 젊은 한화로 거듭나야 함 • 글로벌 경쟁력 쇄신
GS	• 조급함 버리고 자신감과 용기 견지
신세계	• 호기심, 변화, 도전 정신 필요
CJ	• 위기를 새로운 도약의 기회로 활용

출처:DBR January 2012 Issue 2, No.97

여기서 설명될 서비스 문화란 환대산업의 기업 문화(corporate culture), 혹은 조직 문화(organization culture)를 의미한다. Peters와 Waterman의 유명 저서인 《In Search of Excellence》 및 Peters와 Austin의 《A Passion for Excellence》에 의하면, 우수 기업들은 기동성있는 신속한 적응 행동과 고객에 대한 최우대 서비스, 자율적 경영과 창의적 사업 개발, 그리고 인간 위주의 경영 관리를 강조하고 있는 것을 장점으로 갖고 있다.

그 중 대표적인 것을 필자가 각색하여(90% 이상) 주제별로 살펴보면 다음과 같다.

행동 지향성(bias for action)

행동만이 개인이나 기업의 진정성을 증명해줄 수 있다. 고 정주영 회장은 새로운 사업 추진을 앞두고 실패를 두려워하는 임직원들에게 "해보기는 했어?"라고 질타했다고 한다. 계문자는 세 번 생각한 뒤에야 행동으로 옮겼는데, 공자가 이 말을 듣고 "생각은 두 번이면 족하다"라고 말했다고 한다. 말이 행동으로 옮겨지려면 공개적으로 많은 사람에게 공언을 해야 한다. 그래야 책임감, 자존심 등이 높아져 행동의 가능성이 높아진다. 이것을 '**profess effect**'(**공언 효과**)라고 한다.

미국의 대규모 은행 Wells Fargo의 CEO가 기밀 문서를 비행기에 놓고 내린 적이 있다. 직원들은 매우 불안해했으나, CEO는 다음과 같이 말했다. "아무 문제 없습니다. 어차피 우리의 성공은 계획이 아니라 실행력에 있으니까요."

잘 정돈된 사고보다 혼란스러운 행동이 오히려 바람직하며(chaotic action is better

뇌의 윗 부분인 신뇌(대뇌피질)는 이성, 중뇌(변연계)는 감성, 아래 부분인 구뇌(뇌간)는 본능의 기능을 갖고 있음.

EQ
IQ는 intelligence quotient를 의미하며, EQ는 education quotient를 의미하나, 현대에서는 EQ를 emotion quotient로 해석하는 경우가 많음. Descartes는 《정념론(Passions de l'ame)》에서 욕망, 감정을 의미하는 열정을 감탄, 사랑, 증오, 욕구, 기쁨, 슬픔으로 대분하고 있음.

than well-ordered inaction), 따라서 감성이 이성 못지않게 중요하다(right brain is as important as left brain)*. Donald Calne은 다음과 같이 말한 바 있다. "감성과 이성은 본질적으로 다르다. 이성은 결론을 낳지만 감성은 행동을 낳기 때문이다" 환대산업에서는 많은 경우에 있어서 머리가 아주 좋은, 논리적인, 이성적인 사람보다는 감성이 풍부한 인적 자원이 더욱 필요하다. 환대산업에서는 지식을 의미하는 IQ보다는 감성, 즉 욕망과 감정을 의미하는 EQ가 인적 자원 평가 시 더욱 중요한 척도가 된다.

만약 100개의 공 중에 검은 공이 1개 있고, 1,000개의 공 중 검은 공이 9개 있는데, 검은 공을 뽑아야 한다면 어떤 선택을 하게 될까? IQ는 전자를, EQ는 후자를 선택할 것이다. 이러한 성향을 '**affective heuristic**'이라고 한다. '**Affec ive heuristic**'이란 확률 판단을 포함한 여러 형태의 의사결정 시 이성이 아닌 감성이 선택에 영향을 미치는 것을 의미한다.

인류 지능의 하락

2014년 8월 26일 조선일보에 '인류의 지능, 16년째 떨어지고 있다'는 충격적 기사가 났다. New Zealand Otago대학 Jamcs Flynn은 경제 성장으로 영양 상태, 교육 여건 등이 개선돼 IQ가 높아진다는 'Flynn effect'를 주장한 바 있다. 하지만 전문가들은 그러한 여건이 더 이상 나아질게 없는 선진국에서는 그 효과가 멈췄다는 것을 첫 번째 이유로 들고 있다. 전문가들은 또 하나의 원인을 비디오게임, 스마트폰, 컴퓨터 등 디지털 기기로 인한 집중력 저하로 들고 있다. 이에 대한 실험 결과는 가히 충격적이다. 대마초를 피운 후 다시 IQ 검사를 했을 때 IQ가 4만큼 떨어졌으나, 2시간 게임 후 다시 IQ 검사를 했을 때에는 IQ가 무려 10이 떨어졌다고 한다.

EQ 찬양론자들

Alighieri Dante는 생각하는 것만은 불충분하며, 그 생각을 펜, 붓, 끌 등으로 표현해야 한다고 했으며, Jean-Jacques Rouseau는 머리의 논리보다 가슴의 감성이 우선이라고 했다. Blaise Pascal도 가슴은 머리가 결코 이해할 수 없는 그 나름대로의 이성을 갖고 있다고 하며 EQ의 중요성을 역설한 바 있다. Daniel Galman은 감정이 인간을 지배할 때에는 이성은 손발을 쓸 수 없다고 했다. J. Haidt는 "감정은 머리이고, 합리성은 꼬리에 불과하다." 즉 감정이 모든 것을 주도하고 합리성은 뒤에 따라온다고 하며 역시 EQ의 중요성을 강조했다.

Hey Group의 ESCI(emotional social competency intelligence)는 글로벌 기업들을 대상으로 감성 지능(EQ)을 진단하는 도구로 널리 알려져 있다.

Guinness Book of Records에 기록된 세계에서 가장 머리 좋은(10세에 IQ 228) Marilyn Vos Sanvant란 사람이 있다. 환대산업에서는 그러한 인적 자원이 꼭 필요하지는 않다. 과거 Ritz-Carlton에서 이직률을 낮추기 위해 나무를 타는 직업에 개가 아닌 다람쥐를 선발해야 한다는 철학으로 큰 성공을 거둔 바 있다(이직률 80%에서 30% 이하로 낮춤).

Techart는 행동에 앞서 의사결정을 할 때 이성을 극복할 수 있는 다음과 같은 세 가지 방법을 제시했다.

첫째, 나라의 법률과 관습, 어렸을 때 지닌 종교를 견지하고, 가장 사려 깊은 사람들이 실생활에서 취하고 있는 가장 온건하며 극단에서 먼 의견에 따른다.

둘째, 행동에 있어서 가능한 확고한 태도를 취하고, 아무리 의심스러운 의견이라도 일단 결정을 하면 아주 확실한 것인 양 행동한다.

셋째, 언제나 운명보다는 나 자신을 이기려고 노력하고, 세계의 질서보다는 자신의 욕망을 바꿔라.

인간 지능의 유형에는 그 외에도 SQ(social quotient), MQ(moral quotient), PQ(prediction quotient), CQ(curiosity quotient) 등이 있다. 그 중 MQ는 모든 영역에 있어서, SQ는 특히 환대산업에 있어서 중요한 척도가 된다. 시인 Baudelaire의 말을 빌면 아이들은 모두 천재다. 아이들은 누구나 주체할 수 없는 호기심을 갖고 있어서 그것이 천재성을 발휘한다는 것이다. Einstein은 "나에게는 특별한 능력이 아니라 넘쳐 나는 호기심이 있을 뿐이다"라는 말을 하며 CQ의 중요성을 강조했다.

메타 인지

'**메타 인지**'라는 용어가 있다 Prabell의 의해 알려진 '**메타 인지**'란 학습을 할 때 함정에 빠지지 않고 올바르게 판단해서 자신이 어떤 부분을 알고 모르는지에 대해 스스로 문제를 해결해나가는 능력을 말한다. 인지보다 상위 개념인 '**메타 인지**'는 장기 기억에도 도움이 되며, 'monitor'와 'control'의 두 부분으로 나뉘어진다. 전자는 어떠한 문제를 아는지, 모르는지를 아는 것이고, 후자는 자기 조절 능력을 의미한다. Netherlands Leiden대학 Marcel Veenman에 의하면, IQ가 성적을 25% 정도 결정하는 반면, '**메타 인지**'는 40% 정도를 결정한다고 한다. 자기 주도형 훈련의 중요성을 증명하는 연구 결과다(이후에 언급될 autonomy의 중요성).

방임과 통제의 혼합 경영(loose-tight control)

공자는 중용(golden mean)을 인간 생활의 가장 바람직한 척도로 간주하고 있다. 극단과 악덕 사이에는 덕, 혹은 탁월성, 비겁과 만용 사이에는 용기, 인색과 낭비 사이에는 관후, 나태와 탐욕 사이에는 포부, 비열과 자만 사이에는 겸손, 비밀과 다변 사이에는 정직, 침울과 익살 사이에는 쾌활, 호전성과 아첨 사이에는 우정이 있다.

기술도 마찬가지다. 필자가 '**Retrospective Marketing**'에서 언급했듯이, Sony, Nintendo와 같이 시장의 흐름에 병행하지 않고, 기술적 진화에만 집중했던 기업들은 쇠락하고 있다. 기술은 성능 자체의 탁월성과 소비자 시각에서의 유용성(usability) 사이에서 적절히 전개돼야 한다. Apple은 기술적으로 뛰어난 기업이지만, 절대 기술적 우월함을 전면에 내세우지 않는다. 대신 사용자의 환경과 사용 맥락을 고려하여 우수한 기술을 적절히 배합시켜나가고 있다.

이러한 것들이 통계학에서 사용하고 있는 최빈값(mode), 중앙값(median)보다 명백한 평균인 'mean', 그 중에서도 절대적으로 가운데 위치한 'golden mean'을 의미하는 중용이다. 여기서 중용에 대한 올바른 이해가 필요하다. 공자의 중용을 이도 저도 아닌 어중간한 것으로 이해하는 사람이 많은데, 중용은 그러한 것이 아니다. 맹자가 "가운데를 붙잡으면서 저울질하지 않는 것(융통성을 발휘하지 않는 것)은 오히려 일단에 집착하는 것이다"라고 말했듯이, 중용의 중간은 고정돼있는 것이 아니라 상황에 따라 좌 또는 우로 이동할 수 있는 것이다. 즉 중용은 유연한 사고를 함축하고 있다. 중용은 Clotaire Rapaille의 저서 《Culture Code》에서 말하는 긴장의 스펙트럼, 예를 들어 매력과 도발 사이, 불안과 희망 사이의 중간에 있는 '관용 지대(tolerance zone)'의 개념과 같다.

"To be or not to be that is the question"이 의미하는 Hamlet의 우유부단과 Don Quixote의 저돌성 사이에는 극기가 있듯이, 기업에서는 방임과 통제 사이에 자율성(autonomy)이 있다. 지도자(leader)는 올바른 일을 하는 사람이며, 관리자(manager)는 일이 올바르게 되도록 하는 사람이다. 관리자에 있어서 일이 올바르게 되도록 하기 위해서는 통제가 불가피하다. 그러나 환대산업에서 가장 중요한 제품인 일선 직원들을 통제라는 덫으로만 다스린다면, 그들의 가장 중요한 사명인 고객의 욕구 충족이라는 목적을 달성하기가 어렵다. 방임과 통제의 중용이 필요한 것이다.

자율성과 기업가 정신(autonomy and entrepreneurship)

여기에 필요한 것이 곧 자율성이다. 과거 Sofitel, Novotel, Ibis, Formule1, Hotelia, Atria, Coralia, Red Roof Inns, Thalassa International, Etap, Mercure, Motel6 등 많은 브랜드를 소유하여 규모로 세계 상위를 기록하고 있던 AccorHotels Group이 북미 지역에 진출했을 때, 직원을 Harvard대학의 AMP(advanced management program) 과정에 보내 자율성을 교육시켰던 사실이 그 중요성을 입증하고 있다.

자율성의 근원은 자유다. 직원의 자율성을 강조하는 Peter Drucker는 근로자의 손만 빌리지 말고, 머리와 가슴까지를 모두 빌리라고 하며, 3h(hand, head, heart)를 제시한 바 있다. 글로벌 헤드헌팅업체 Egon Zehnder의 상임 고문 Claudio Fernandez-Araoz는 인재들에게 특히 4T(task, time, team, technique)에 있어서의 자율성을 최대한 부여하라는 조언을 했다.

Russell은 자유를 최고의 선으로 간주하고 있다. 자유 없는 인격은 불가능하며, 복잡한 생활과 지식에 있어서 오직 자유로운 토론만이 오류와 편견을 헤치고, 진리인 포괄적 전망을 찾아낼 수 있다고 그는 말한 바 있다. 환대산업 내부 마케팅의 중요 영역인 교육과 트레이닝에 있어서도 이 정신이 바탕이 돼야 한다. Russell에 의하면, 교육의 궁극적 목적은 확정된 지식을 가르치기보다는 정신의 과학적 습성을 가르치는 것이라고 한다. 또한 강제 교육은 기억되지 않는다고 한다.*

기억의 종류에는 청각 기억(auditory memory), 영상 기억(iconic memory), 어의적 기억(semantic memory), 운동 기억(motor memory), 시각 기억(visual memory) 등이 있음.

Niels Pflaeging은 Douglas McGregor가 Theory X–Y에서 언급했던, 남에게 지시받기 좋아하는 X형 인간은 원래 존재하지 않으며, 자율성과 창의성을 가진 Y형 인간만이 존재한다고 주장한다. 국내 호텔들의 직원의 의사와 관계없는 천편일률적인 교육 스케줄에 의한 의무 교육은 개선돼야 한다.

Einstein에게 상대성 이론을 발전시키는 데 가장 중요한 것이 무엇이냐고 질문했을 때 그는 "그 문제에 대해 생각하는 방법을 찾아낸 것이다"라고 답변했다. Google의 설립자 Page와 Brin은 대학교수 아버지를 둔 Stanford 대학원 학생들이었다. 그들은 항상 자율성과 창의성의 환경 내에서 자라고, 교육받았고, 결국에는 Google과 같은 창의적인 기업을 설립할 수 있었다.

고객 최우대 서비스(close to customers)/인간을 통한 생산성(productivity through people)

Mirage Resorts의 가장 중요한 성공 요인은 인적 자원이다. Mirage Resorts에서는 기업 구조와 관료주의를 제거하여 직무 기술서(job description)가 없으며, 모든 직원들은 특정 과업을 수행하는 것이 아니라 고객을 위한 최종 목표를 위해 일한다. Fairfield Inns에서는 호텔 경영 경력이 없는 총지배인을 고용하여 매너리즘과 고정 관념에서 벗어나 직원 및 고객과 가장 가깝고 효과적으로 일할 수 있는 환경을 조성해주고 있다. Walt Disney의 'spirit'과 'imageineering'도 같은 맥락의 철학이다.

잘 알고 있는 부문에 대한 가치 관리와 경영(hands-on, value-driven management)/이점 경영(stick to the knitting)

'무조건 싸게 판다'의 Wal-Mart는 경쟁 기업 Target 임원진 스카웃, New York Manhattan에 상점 개장, New York Fashion Show 개최, Vogue에 80페이지 광고 등을 통한 고가 의류 및 9,988$의 다이아몬드 반지 판매에 나선 적이 있다. 결과는 대실패였고 관련 최고 경영자는 사퇴했다. Coca-Cola와 Pepsi는 일반 콜라와 다이어트 콜라 사이의 50% 칼로리 콜라인 C2, Pepsi Edge를, 미국 제 1의 보통 커피 브랜드인 Folgers도 1/2 카페인 커피를 출시한 바 있다. 결과는 죽도 밥도 아닌 제품에 불과했다.

행동과학적 조직 이론의 대가인 Herbert A. Simon 박사의 이야기다. "전문성이란 경이로울 만큼 폭이 좁다." 전자산업에서 세계적으로 유명한 기업인 TI(Texas Instrument)는 전자 시계 분야에 진출했다가 일본의 Casio에 의해 실패했다. Ivory의 샴푸, Chanel의 남성용 향수, gin으로 유명한 Tanqueray의 보드카, Coors의 생수, Heinz의 이유식, Adidas의 향수, Pierre Cardin의 와인, Levi's의 구두 등 유명 기업들의 시도들은 모두 실패했다.

위의 사례는 너무나도 당연하게 여겨진다. 세계 제 1의 쇠고기 스테이크 소스 A1의 닭고기 소스도 1천 8백만$의 광고 예산에도 불구하고 대실패로 끝났으며, Domino's의 냉동 피자 시장 진출도 대실패로 끝났으니 말이다.

Harley-Davidson의 침몰과 부활

1903년 설립된 Harley-Davidson은 원래 엔진 부착형 자전거를 판매하던 기업이었다. 그러다 1909년 오토바이 사업에 뛰어들어 1950년대까지 탄탄대로의 사업을 영위했다. 하지만 Honda를 비롯한 일본 기업들이 등장한 1960년대부터 Harley-Davidson은 큰 어려움에 처했다. 일본 기업은 Harley-Davidson과 달리 날렵하고 가벼운 경량급 오토바이를 중점 생산하면서 신규 고객들을 끌어들였다.

결국 Harley-Davidson은 1969년 미국 레저업체인 AMF로 넘어갔다. 문제는 AMF가 일본 업체들과 경쟁하기 위해 Harley-Davidson의 주력 상품을 외면하고 경량급 오토바이 개발에만 주력했다는 점이다. 산토끼를 잡자고 집토끼를 놓쳐버린 셈이다. 중량급 오토바이를 선호하던 Harley-Davidson의 핵심 고객들마저 Harley를 외면하기 시작했고, 결국 Harley-Davidson은 미국 중량급 오토바이 시장에서도 한때 90%에 달했던 시장점유율이 1970년대 25%까지 폭락하는 큰 위기를 맞았다.

1981년 Harley-Davidson의 13명 임원들은 자금을 마련해 회사를 다시 사들인 후, Harley-Davidson의 '진짜 가치'와 '정체성'을 되찾으려고 노력했다. Harley-Davidson의 심장이나 다름없는 둔탁한 엔진 소리와 중량감있는 외양을 찾기 위해서였다. 1983년 임원진은 자신들이 직접 Harley의 고객 커뮤니티인 Hog를 결성했다. Hog 회원들은 몸에 직접 문신을 새기고 가죽 점퍼를 걸친 후, 살아있는 Harley-Davidson을 보여주기 위해 랠리에 나섰다('독수리는 홀로 비상한다'). 이 남성성과 저항 정신이 바로 Harley의 '영혼'이었던 셈이다. 첫해 3,000명에 불과했던 Hog 회원은 2003년 Harley-Davidson 설립 100주년 행사 때 25만 명으로 늘어났다. 결국 Harley-Davidson은 미국 중량급 오토바이 시장점유율의 절반 이상을 다시 차지할 수 있었다.

간결한 조직 구조(simple form, lean staff)

세계에서 가장 거대한 조직 중의 하나인 Roman Catholic도 단 세 개의 계층 구조를 갖고 있으며, 서구의 기업들도 사장, 매니저, 사원이라는 단 세 개의 직급을 갖고 있는 경우가 많다. 국내 많은 기업들의 20개가 넘는 직급의 조직 구조는 분명히 개선돼야 한다.

1-2. 서비스 문화의 조성

환대산업의 서비스 문화

호텔 마케팅 성공 사례에 끊임없이 등장하고 있는 Marriott은 전기나 개인용 컴퓨터의 발명처럼 거창하게 이루어진 것이 아니라, 한 톨의 도토리처럼 아주 조그만 단 한 개의 A&W Root Beer 간이 식당으로부터 오늘날의 거대한 기업으로 성장한 것이다. 이렇게 큰 기업으로 성장하기까지 많은 독특한 경영 방침이 있었겠지만, 그 근간은

Marriott의 기업 문화에 있다.

미국 Cincinnati에 있는 Marriott Northeast에서는 '고객을 항상 가족의 일원으로 대한다'라는 기업 문화를 창조하기 위해 12포인트 고객 서비스 프로그램을 개발했다 (〈표 4-8〉 참조).

표 4-8 Marriott Northeast의 고객 서비스 프로그램

① 가능한 한 고객 이름을 호칭
② 20feet 거리에서 고객과 눈맞춤
③ 10feet 거리에서 미소
④ "You are welcome" 대신 "It is my pleasure"
⑤ 고객이 위치를 물을 때 설명하는 대신 직접 동행
⑥ 고객의 요청 시 자신의 업무 영역이 아니더라도 최선을 다함(own the request)
⑦ 항상 "I am happy to do"
⑧ 전화 벨은 네 번 이상 울리지 못함
⑨ 고객의 모든 문제는 부서장에게 통지
⑩ 12포인트 고객 서비스 카드 지참
⑪ 적시 서비스
⑫ 타 부서 직원에 대한 존중과 협조

미국 Carlson Hospitality Group의 한 호텔에서는 Ritz-Carlton을 벤치마킹하여 과업-연구(work-study) 및 친절한 근무 환경 조성을 위해 노력하고 있다. 입사 인터뷰 시 미소를 띠지 않으면 선발되지 않으며, 지원자에 희망 부서 공개, 고용 직후 1주일 간 각 부서 순환, 필수적 퇴사 인터뷰 등 인사관리 전 과정에 걸쳐서 직원 프로그램을 강화하고 있다. 타 부서를 돕는 직원에게 감사 편지, 호텔 내 공지, 'flash fund'를 통한 인센티브 제공, 고객 서비스, 직원 사기, 비용 절감, 안전 등에 기여한 아이디어에 대해서는 25$ 제공 등 직원을 위한 조직 문화 개선에 노력하고 있으며, '직원은 고용되는 것이 아니라 선발되는 것이다'라는 이념을 강조하고 있다.

환대산업에서 최적의 생산성 개념은 인간을 통한 생산성(productivity through people)이며, 그 핵심 부분이 곧 고객과 접촉하는 직원이다. 그들에게 무엇보다도 자율성(autonomy)이 크게 부여되어야지만 권한과 동기부여를 동시에 제고시킬 수 있다. 고객과 접촉하는 직원들은 그들이 어떻게 행동하여야 하는가와 무엇이 기대되는가를 숙지하고 있어야 하며, 그러한 문화를 창조하기 위해서는 직원들이 목적 의식을 갖고 기업에 좋은 감정을 가질 수 있도록 하기 위한 정책이 필요하다.

특히 환대산업 기업의 간부들에 있어서 하루에 일정 시간을 고객 및 부하 직원과 함께 보내는 관리(**MBWA: management by walking around**)가 필요하다. 〈그림 4-7〉은 Southwest Airlines의 CEO(chief executive officer)인 Kelleher가 비행기 내에서 고객 및 직원들과 접촉하고 있는 것을 보여주고 있다.* 그는 이러한 행동을 일상화시킴으로써 서비스 문화와 관련된 내부 마케팅 전략을 훌륭히 수행하고 있다. 투자의 귀재라고 불리는 Warren Buffett은 투자 전 투자 대상 기업의 분위기를 파악하기 위해 필히

CEO
기업에서 간부들의 장을 말함.

직장 분위기를 밝게 만들고, 업무 능력도 향상시키기 위한 MBF(management by fun)라는 용어가 있음. 실제로 Southwest Airlines, AT&T 등이 이 프로그램으로 효과를 거두었으며, Bank of America에서는 면접 시 웃기는 직원에 가산점을 줌. Cathay Pacific 항공에서는 비행 거부가 아닌 no smile 스트라이크를 행한 적이 있음.

그림 4-7 MBWA(management by walking around). Southwest Airlines의 CEO인 Herb Kelleher는 고객과 직원을 직접 만나기 위해 항공선 내에서 시간을 보내고 있음.

CEO와 면담을 했다고 한다.

Kotler는 환대산업에서는 〈그림 4-8〉과 같이 조직 구조를 바꿔야 한다는 견해를 제시한 바 있다. 마케팅에 있어서, 특히 환대산업 마케팅에 있어서 고객이 가장 중요하다면, 그들과 접촉하는 직원들이 그 다음으로 중요하다는 것은 얼마든지 납득

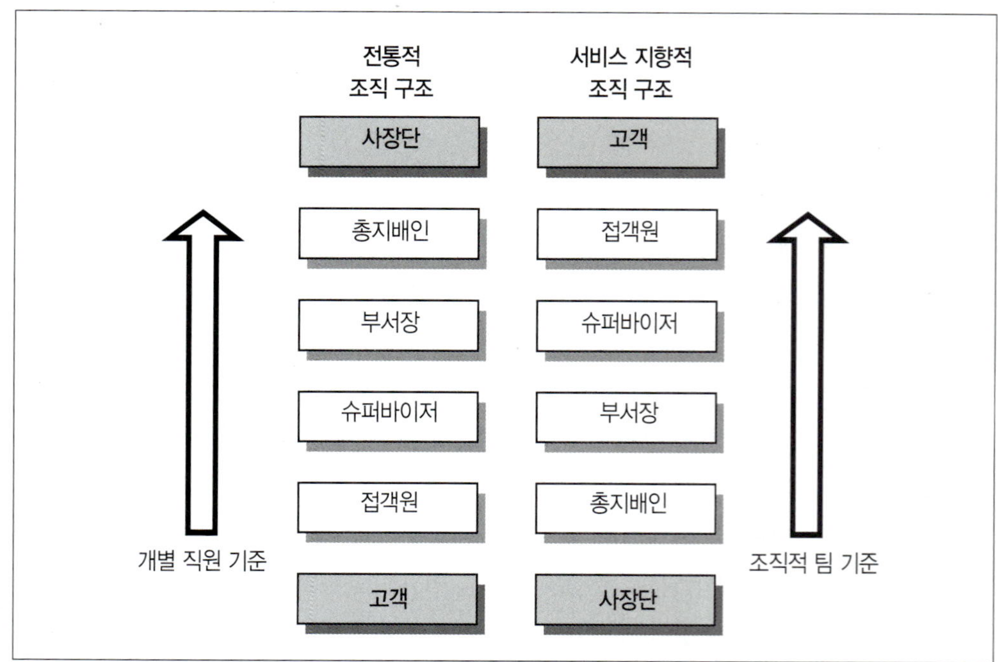

그림 4-8 전통적 조직 구조와 서비스 지향적 조직 구조

출처: Kotler, Philip(1996). 《Marketing for Hospitality&Tourism》.

될 수 있는 견해다. 1970년 AT&T의 중간 관리자였던 Robert Greenleaf의 《Servant as leader》 에세이는 후에 'servant leadership'(섬기는 리더십)의 표본이 됐다. Starbucks, Southwest Airlines, TD Industries, Brooks Brothels 등 많은 기업들이 그 철학을 경영에 이용하고 있다.

1990년대 중반 필자가 국내의 유명 특1급 호텔 마케팅 프로젝트를 진행하며, 직원들의 설문 조사를 수행한 적이 있다. 약 30개의 설문 항목 중 '아이디어 및 의견의 반영 정도'가 놀랍게도 가장 낮은 점수를 기록했으며, 그들과의 회의 결과, 자신들은 고객의 문제는 알고 있으나, 호텔의 정책이 뒷받침되지 않아 문제 해결 능력이 없다는 사실을 알려주었다. 물론 그들의 아이디어와 제안을 호텔에서 무시해버린 결과였다.

국내 환대산업의 기업들은 일본 우수 기업의 '**Z-theory**'를 배울 필요가 있다. La Quinta Motor Inns에서는 일선 직원들의 회의를 주관하고 아이디어를 구하는 브레인 스토밍(brain storming)을 주기적으로 수행하고 있다. 이 회의에서는 일선 직원들의 좋은 측면만 평가하며, 특히 그 초점은 고객을 만족시키기 위해 어떻게 권한을 위양해야 하는가에 있다.

위의 예는 3M 기업 모토 중의 하나인 '어떠한 아이디어도 죽이지 말 것(Don't kill any idea)'과 같은 맥락으로서, 고객의 문제를 가장 많이 경험하며, 이해하고 있는 일선 직원들의 아이디어와 의견을 존중하는 환대산업 내부 마케팅의 모범 사례라고 할 수 있다. Wal-Mart의 레전드 Sam Walton의 얘기다. "Our best ideas come from delivery and stock boys."

이와 같은 외국 우수 기업 및 호텔의 조직 문화는 1980년대 Time에서 소개되었던 국내 현대 그룹에 대한 '군대 조직(military organization)' 문화와 크게 대조가 되고 있다. 이러한 기업 혹은 조직 문화는 기업의 분위기, 환경 등과는 다른 것으로서, 오랜 시간에 걸쳐 형성되는 것이며, 장기적 사업 성패의 중요 요인이 된다.

Z-theory
미국형 분권적(decentralized) 조직, 유럽형 집권적(centralized) 조직과 비교되는, 인간을 존중하고 인간 중심의 조직(personalized organization)을 강조하는 이론.

브레인 스토밍
1950년대 초 미국 BBDO사의 Alex Osborn에 의해 개발된 기법으로, 6~10명 정도의 집단을 구성하여 참가자들이 제약없이 자유롭게 의견을 개진할 수 있도록 회의를 진행하여, 아이디어 개진의 극대화를 유도하는 회의를 말함. 이 기법을 'snow bowling' 효과라고도 함.

정보의 개방화

서비스 문화에 있어서 또 하나의 논점은 일선 사원에 대한 정보의 개방이다. Spinoza의 《국가론(Tractatus Politicus)》에 의하면, 국사를 비밀에 붙여지도록 요구하는 것이 국가의 이익이라고 주장하는 것은 절대 권력을 갈망하는 자의 위선이라고 한다. 국사를 은밀히 다루는 통치자는 그 권위로 국민을 압도하며, 그러한 자들은 전시에 적에 대해 계략을 쓰듯이 평화 시에 국민에 대해 음모를 꾸민다고 한다.

대다수의 기업에서는 마케팅 정보를 상위 직급에서만 공유하는 것을 관례화하고 있으며, 환대산업에서도 예외 없이 이러한 경향이 일반화되어 있다. 그러나 환대산업에서는 고객과 직원이 만나는 **진실의 순간(moment of truth)**에 대한 모든 준비가 되어 있어야 한다. 중요한 마케팅 정보야말로 직급과 관계없이 모든 일선 직원에게 필히 공지돼야 한다. 고객이 가장 문의를 많이 하며, 편안하게 문의할 수 있는 대상이 곧 일선 직원들이기 때문이다.

The Prime Rib 레스토랑의 직원 참여

미국 Chicago에 있는 The Prime Rib 레스토랑에서는 추수감사절(Thanks Giving Day) 1주일 전에 서비스 요원들을 대상으로 고객에게 제공될 행사와 동일한 행사를 열어주었다. 그것을 경험한 서비스 직원들은 실제 행사 전에 발생될 가능성이 있는 문제점을 미리 파악하고 대비했으며, 행사 중에는 음식의 맛, 와인과 음식의 조화 등을 자신있게 고객에게 알려줄 수 있었다. 서비스 요원들에게 주최했던 행사의 비용은 불과 1~2%에 불과했지만, 전년 대비 48%의 매출액이 제고됐고, 무엇보다도 행사 후 고객의 평가는 최고였다.

국내 호텔들도 이 사례로부터 배워야 할 교훈이 있다. 롯데호텔 등 몇몇 호텔들이 부분적으로 실시한 바 있지만, 비수기 기간에 직원을 대상으로 객실 및 식음료 제품을 대폭 할인하거나, 원가로 제공하여, 제품에 대한 지식과 자신감을 고취시켜 주어야 한다는 것이다. 제품에 대한 지식이야 말로 마케팅 정보 중 가장 중요한 측면이다.

Seoul Hilton International에서의 비효과적 정보

필자가 겪었던 경험이다. Seoul Hilton International의 컨벤션/연회 매니저로 근무하던 중 겪었던 이야기인데, 당시 Seoul Hilton International에서는 '술 취한 새우' 판매촉진(sales promotion)을 하고 있었다. 살아있는 새우를 술에 넣어 술에 취한 새우 요리를 조리하여 판매하는 행사였다. 연회의 성수기 기간이라 사무실에는 필자와 예약 담당 직원 두 명밖에 없었다. 한 직원이 전화를 받더니, 이야기 도중 화를 내며 전화를 끊었다. 필자는 의아해서 전화 내용을 물어보았다. 그 직원은 필자에게 "지금 Seoul Hilton International에서 '술 취한 새우' 축제를 하느냐"고 물었다. "그렇다"고 말했더니, 그 직원은 고객이 그 사실과 세부적 사항을 물어봐서 "모른다"고 하며, 고객에게 "그 사실을 어떻게 알았냐"고 되물어 보았다는 것이다. 고객은 "오늘 아침 신문에서 보았다"고 했고, "그러니까 저도 당연히 모르죠"라고 대답했다는 것이다. 이 일은 필자에게 큰 교훈을 주었다. "고객과 가장 많이 접촉해야 하는 예약 직원에게 그 행사가 공지되지 않았다니…"

제품에 대한 사항 외에도 크고, 작은, 중요하고, 중요하지 않은, 모든 마케팅 정보는 우선적으로 일선 직원들에게 공지돼야 한다. 우리가 슈퍼마켓에서 제품을 구매할 때 표찰(label)이 없는 제품을 안심하고 선택할 수 있을까?

표찰
제품에 대한 전반적 사항을 공지하는 역학을 함. 제품 전략에서 자세히 설명될 것임.

회의 문화

기업 문화의 마지막, 그러나 매우 중요한 논점은 '회의 문화'다. 회의는 매우 중요한 경영의 한 부문이며 실제로 실제로 많은 기업들의 CEO는 하루 일과 시간의 반 이상을 회의에 투자하고 있다.

우수 기업들의 회의 문화

GE의 회의 방식은 'work-out', 즉 일을 몰아낸다는 의미로 빠른 속도와 단순화, 조직원의 동기부여에 초점을 맞추고 있다. GE의 회의에는 전문 faciliator가 참여하며, 리더는 임무만 부과하고 자리를 떠, 솔직하고 실질적인 논의를 이끌어낸다. 회의에 제시되는 제안 75%의 가부가 그 자리에서 결정되는 효율적, 효과적 회의가 수행된다.

Google은 회의 전 모든 구성원이 명확한 agenda를 공유하며, 회의실 벽 곳곳에 발표 자료, 작성 중인 회의록 화면이 실시간으로 뜬다. 또한 'micro-meeting'이란 작은 주제는 소규모 미팅으로 대체한다. 정치적, 계급적, 개인적 견해보다는 자료에 의존하며, 벽에는 4feet 높이의 타이머가 비치되고, 대형 화면에 남은 시간을 분 단위로 보여주며, 회의를 정시에 끝내라는 미묘한 압박을 준다.

삼성의 회의 문화는 '337 원칙(3 way of thinking, 3 principles, 7 rules)'으로 알려져있다. 세 가지 사고는 "꼭 필요한 회의인가?", "가장 간략한 회의의 구성은?", "타 회의와 통합 또는 위임할 수 있는 방법이 있는가?"다. 세 가지 원칙은 '회의 없는 날 운영', '회의 시간은 1시간 원칙, 1시간 30분 최대', '회의 기록은 한 장'이다. 7가지 지침은 '시간 엄수', '기회 비용 인지', '적임자만 참석', '철저한 사전 준비', '회의 전 agenda 검토', '참석자 전원 발언 및 존중', '결정 사항은 최대한 요약하여 기록'이다.

Canon은 회의 참여의 명확한 기준을 설정한다. 책임감을 갖고 활발히 의견을 말하는, 남의 의견을 결정하는, 논리적으로 의견을 집약하는 사람이 그것이다. 또한 회의실 테이블 다리를 30cm 높이고, 종이 자료 반입을 금지시켜 졸거나, 자료에만 의존하거나, 회의를 질질 끄는 관행을 없앴다. Canon의 이러한 회의 방식은 Avis를 성공시킨 Robert Townsend의 "모든 회의는 서서 해야 한다"라는 주장과 같은 맥락이다. Intel은 'construct confrotation'이라는 토론 문화를 통해 모두 계급장을 뗀 상황에서 참석자 전원이 자신의 의견을 피력하도록 하며, 활발한 회의 진행이 되지 않을 것 같으면 '싸움 닭' 기질이 있는 사람을 의도적으로 투입한다.

Hewlett-Packard는 매일 오전 10시에 임직원들이 커피를 들고, 도넛과 함께 형식을 파괴한 자연스러운 회의를 유도한다. Hewlett-Packard의 성공 제품 Ink-jet 프린터는 이 회의를 통해 구체화됐다. Nokia는 현장을 연상시키는 회의실을 만들어 'conneting people'이라는 catch phrase를 걸고, 본사 회의실에 New York, London, Frankfurt, Tokyo 등의 명칭을 붙여 글로벌 시장 공략의 철학을 강조하고 있다.

회의는 마라톤 경주처럼 하는 것이 아니라 단거리 경주처럼 해야 한다. Peter Drucker는 끊임없이 회의를 하고 있다면, 그것은 제대로 책임질 사람이 없다는 사실의 반증이라고 주장한 바 있다. Toyota는 사무실 벽에 '정시 개최, 한 시간 이내 완료', '회의 비용은 얼마일까요?' 등의 문구를 붙여 회의가 주는 폐해를 극소화시키고 있다.

Google에는 20% 원칙이 있다. 근무 시간의 20%를 업무와 관련 없는 활동을 장려하는 원칙이다. 회의 시간에는 창의적인 사고를 할 시간도 여유도 없다. 그러나 Google의 직원들은 그 20%의 시간에 무한한 상상력과 창의력을 동원하여 Google의 'Idea Market'에 올려 놓고, 좋은 평가를 받게 되면 20%의 프로젝트가 되며, 그 중 임원에 의해 80%의 프로젝트로 승격되어 상품화가 된다. 이러한 제도 덕에 Google은 3, 4명 단위의 20% 프로젝트가 항상 천 개 이상 진행되며, 창의성과 상상력으로부터 시작된 '자발적' 소회의가 자생되고 있다.

이러한 회의가 진정으로 의미있는 것이 아닐까? 모든 것이 다 그렇듯이, 강제적, 강압적, 형식적인 것으로부터는 바람직한 부산물을 기대하기 힘들다. 자유롭고, 자발적인 것이 적극적 사고와 행동을 유도하고, 그것은 보다 바람직한 부산물을 생성해낸다는 것이 필자의 굳은 믿음이다. 기업의 회의 문화는 이렇게 변화돼야 한다.

필자는 올바른 '회의 문화'의 정착이 올바른 기업 문화의 정착에 매우(어쩌면 가장 중요한) 역할을 하고 있다고 확신한다. 가장 큰 이유는 필자가 대학과 기업에서 겪었던 지겹고, 비생산적이고, 비효율, 비효과적인, 결론적으로 '회의를 위한 회의'의 경험이 너무도 많았기 때문이다.

2. 인사관리 마케팅

여기서 인사관리 마케팅의 의미는 인사관리에 있어서 마케팅 개념의 도입 및 마케팅 행위의 실천을 의미한다. 환대산업에 있어서는 직원의 선발, 고용, 배치, 승진, 교육, 지휘 등 모든 인사관리에 내부 마케팅의 올바른 실천이 주입돼야 한다.

2-1. 채용(hiring)/선발(selection)

기업이 광고를 하는 것은 그들의 제품을 알리고, 그 장점을 선전하기 위함이다. 마찬가지로 사원 모집 광고 시 기업은 직원들의 과업(제품)을 알리고, 그 장점을 선전해야 하며,* 좋은 직원을 선발하기 위해서는 그 전에 그러한 직업(job)을 창출해내야 한다.

* 국내의 대경대는 'mentoring'제를 도입하여 학생들의 취업에 많은 도움을 주고 있는데, 호텔조리학과 등 많은 학과의 학생들과 산업체 인사들 간의 mentoring 시스템을 통하여 대학과 산업체 간의 win-win 전술을 수행하고 있음.

채용 기준은 기업마다 천차만별이다. Amazon의 CEO Jeff Bezos의 채용 철학은 '높은 기준의 설정'이다. Jeff Bezos는 그것을 성공을 위한 가장 중요한 요소로 꼽는다. 글로벌 헤드헌팅업체 Egon Zehnder의 상임 고문 Claudio Fernandez-Araoz는 동기부여(motivation), 통찰력(insight), 관계 맺음(engagement), 결단력(determination)을 핵심 채용 기준으로 제시했다.

Google의 채용 정책

1998년에 창립되어 2019년 기준 세계적으로 3만 명이 넘는 직원을 보유하고 있는 Google의 채용 철학은 'hire differently'다. 모든 채용 과정에 최고 경영진이 직접 참여하고, 모든 지원자의 이력서를 자세히 읽는다. 오타가 하나라도 발견되면 바로 탈락이다. 신입 사원은 5~6번, 임원은 최소 10번 이상에 걸쳐 면접이 실시된다. 가장 지원자들을 긴장시키는 것은 GCA(general cognitive abilities) 테스트다. 이 테스트는 정답은 없지만, 어떤 논리를 갖고 합리적으로 설명할 수 있는지를 평가한다.

Sweden에 본사를 두고 있는 IKEA의 직원 채용 표준 질문서는 기술, 경험, 학위보다 가치관과 신념이 중점적으로 구성돼있다. IBM의 가장 중요한 채용 기준도 가치관이며, 이 가치관은 채용 후에도 지속적으로 강조되고 있다. Microsoft의 Bill Gates는 직원 선발 시, 학력보다는 창의력을 우선으로 한다. 과거 최고의 근무 환경과 함께 전 직원을 대상으로 하는 스톡옵션으로 입사한 MS 직원의 2천 명 이상이 2년만에 백만장자가 된 적이 있다.

국내 Sheraton Grande Walkerhill은 적성검사(어휘력, 수리력, 판단력, 추리력, 창의력, 분석력 등 8개 영역 150문항), 인성검사(사교성, 대인 관계, 사회성 등 345문항), 영어 G-TELP(grammar, reading, listening 등 80문항) 시험을 거쳐 합격자를 대상으로 3차에 걸친 면접(집단, 개별 면접)을 실시하고, 석·박사 학위 소지자들에게는 전공 분야에 대한 프레젠테이션까지 실시한다.

Swissair에서는 직원 채용 시 면접 후에도 5~6시간 동안 채용 과정을 거치고 있다. 국내의 JW Marriott에서는 직원 채용 시 비경력 신입 사원에게 초점을 맞추어 직원을 선발했다. 그들의 채용 철학은 경력자들보다는 비경력 신입 사원들에게 Marriott 정신(spirit)을 보다 깊이 심을 수 있다는 것이다. 세계 최고의 주제공원인 Disney World에서는 사원들에게 'cast member'라는 호칭을 부여하고 직원들에게 신입 직원을 선발할 수 있는 권한까지 부여하고 있다. 최고 경영자들보다도 제대로 된 사원들이 '자신을 닮은' 제대로 된 신입 사원을 잘 알아볼 수 있을 것이라는 이유에서다.

Ritz-Carlton의 채용 제도

Ritz-Carlton은 과거 호텔업계에서는 매우 낮은 연 80%의 이직률을 기록했으나, 그로 인한 연간 손실이 무려 4백만$나 되는 것을 발견하고, 이직율을 낮출 수 있는 최선의 방법이 최초에 올바른 사람을 선발하는 것이라는 결론을 내렸다. 그것이 '개인별 특성을 고려한 선발(character trait recruiting)' 방법이다.

따라서 Ritz-Carlton은 입사 후보자를 대상으로 고객과 직원이 만나는 가상적 상황에 대한 시연 시뮬레이션을 통해 접객 능력을 평가한다. 평가 항목은 눈 맞추기, 미소, 인사, 어조, 어휘 구사력, 마음 속에서 우러나는 관심 등 6개다. 또한 미국 Minesota대학에서 개발한 서비스 적성 테스트를 하고 있다. 그 영역은 직업 윤리, 협동 정신, 정확성, 적극적 태도, 학습 의욕, 감정 이입, 배려심, 서비스, 자존심, 설득력, 관계 확대 능력의 11개로 나뉘어져있다. 새로운 직원 선발 방법 수행 후, 연간 이직률은 3년만에 45%로 하락했다.

이후 Nebraska대학과의 공동 설문서를 통해 그 목표를 3년 후 20~25%로 재조정했으며, 그 결과 미국의 경우 호텔업계 평균 연 이직률이 100%인데 반하여, Ritz-Carlton의 경우는 30% 이하다. 지금까지도 Ritz-Carlton은 이 방법을 적용하고 있다. 그러나 아무리 좋은 방법도 완전할 수 없기 때문에, 이직자에 대한 집중적 퇴사 인터뷰(exit interview)를 통해 그 결과와 재직 시의 자료를 참고로 신 채용 제도의 개선을 분기별로 검토하고 있다.

국내 에버랜드에서도 서류상의 이력보다 서비스산업에 적합한 선천적 끼와 밝은 표정, 체격, 체형, 외모, 말씨, 항상 웃을 수 있는 자세, 인내 등을 가장 중요한 채용 기준으로 채택하고 있다.

국내 채용제도의 문제점과 개선 방향

국내 채용의 예를 보면, 삼성에 선발된 사람은 현대, LG, SK에도 선발될 확률이 높다. 최고의 사람을 원하기 때문이다. 직원의 채용에 있어서 최고(best)의 인재보다는 최적(right)의 인재를 선발해야 한다. 국내 최대 헤드헌팅 기업 커리어 케어에 의하면, 면접의 핵심은 직무 능력보다 성실성과 자세라고 한다. Southwest의 CEO Herb Kelleher도 "Hiring starts off looking for people with a good attitude"라고 하며 선발 시, 태도의 중요성을 강조한다.

또한 Aesop 우화에서와 같이 나그네의 외투를 벗길 때, 바람보다는 햇빛의 풍토로 편안한 분위기에서 피면접원의 진심을 파악해야 한다. 음악 장르 중 하나인 힙합에서 노래로 상대방을 비방하는 행위를 diss(disrespect의 준말)라고 한다. 이것은 직설 화법을 지칭하는 것으로, 유명인이나 윗사람을 대상으로 속마음을 숨기지 않고, 적나라한 표현을 쏟아내는 행위를 말한다. 채용 시, 면접자들을 이 상태까지 이끌 수 있다면 그것은 최고의 인터뷰가 될 것이다.

사람들이 어떤 사안에 대해 대답할 때 크게 두 가지로 나뉜다. 하나는 '그럴듯한' 대답이고, 하나는 '진심 어린' 대답이다. 심리학에 'Freudianship'이라는 용어가 있다. 'Freudianship'이란 사람들이 말을 하다가 자신도 모르게 진정한 생각을 언급해버리는 경향을 말한다. 어쨌든 면접자의 '진심 어린' 대답을 들어야 하는 것이 면접의 핵심이다.

신입사원뿐 아니라 CEO 등 간부를 선발 할 때에도 확고한 철학과 기준이 있어야 한다. 1970년대 Wal-Mart의 창업자 Sam Walton은 후계자를 결정할 때, 천재라고 평가받던 Ron 대신 Myer David Glass라는 지극히 평범한 사람을 지명해 주위를 놀라게 했다. 그 이유는 Glass가 Wal-Mart의 기업 문화에 가장 잘 스며들 수 있는 사람이었다는 것이다. Glass는 이후 '유통의 신'이라는 평가를 받으며 Wal-Mart의 규모를 Walton 때보다 10배 이상 증가시켰다.

2-2. 배치(placement)

직원을 채용하면, 알맞은 부서에 잘 배치시켜야 한다. 유명 심리학자 Howard Gardner에 의하면, 인간은 나름대로 한·두 분야에 상대적으로 뛰어난 소질, 또는 재능을 갖고 있다고 한다. 여기서 재능이란 원하는 일을 하고, 대중에 귀를 기울여 그들의 요구에 따라 행동하는 사람들의 능력으로서, 창조적 능력이 상대적으로 결여된 능력을 의미한다. 반면 소질은 남이 원하는 일이 아니라 자신이 할 수 있는 일을 하며, 그 대부분이 창조적인 성격을 띠게 된다.

재능
재능을 의미하는 'talent'는 원래 상당한 가치의 Greece의 화폐 단위로 부자를 'talent'로 호칭했음.

Howard Gardner에 의하면, 인간의 재능은 언어적(linguistical), 논리·수학적(logical-mathematical), 공간적(spatial), 육체적(bodily-kinesthetical), 대인관계적(interpersonal), 자기 관리적(intrapersonal), 음악적(musical) 능력으로 대분될 수 있다고 한다. 언어적 능력을 가진 직원은 판매부, 당직, GRO 등의 부서에, 논리·수학적 능력을 가진 직원은 기획, 회계 부서에, 공간적 능력을 가진 직원은 주방, 시설 부서에, 육체적 능력을 가진 직원은 경비, 시설 부서에, 대인관계적 능력을 가진 직원은 판매부 및 객실, 식음료 등 영업 부서에 배치돼야 할 것이다.

공간적
공간을 잘 이용하는, 소위 손재주가 좋은 능력을 의미함. 엔지니어, 화가, 조각가 등이 여기에 속함.

그러나 기업은 처음의 배치 그 자체보다는 직원의 팀웍 및 경력 관리의 중요성을 인식해야 한다. 일본 기업들은 특히 팀 정신(team spirit)을 중요하게 생각하고 있으며, 개인보다는 팀별로 평가하고, 팀 내에서도 구성원들끼리 평가하게 하는 제도를 많이 도입하고 있다.

국내의 많은 환대산업 기업들도 팀제를 도입하고 있다. 팀제란 구성원이 동일의 목표를 수행하기 위해 형태는 다르지만 거시적으로 같은 업무를 추진하는 제도를 말한다. 객실부의 front office, 객실 관리(house keeping)는 같은 팀이 되며, 주방, 식음료 업장(outlet), 연회(banquet), 기물관리(steward)는 별개의 팀이 된다는 것이 우리가 이해하고 있는 팀제의 범위이며, 상식적 분류가 된다. 그러나 모든 제품과 서비스가 밀접하게 관련돼있는(peripheral product and service) 환대산업에서는 궁극적으로 모든 부서가 한 팀이 돼야 한다.

service breakdown

객실부에 갑자기 check-out 고객들이 몰려서 로비가 혼잡할 정도로 고객들이 줄을 서야 할 때, 커피숍에서 로비에 커피 및 음료를 준비하여 낮은 가격으로 제공해준다면, 고객의 불평을 줄일 수 있다. 이것이 진정한 팀제의 의미이며 범위다. 즉 환대산업에 있어서 기업의 모든 부서는 하나의 팀이다. 고객의 욕구와 필요를 만족시키고, 고객의 문제를 해결한다는 하나의 목표 달성을 위해 모든 조직은 하나의 팀이 되는 것이다. Southwest에서는 팀웍을 잘 수행할 수 있는 사람을 채용한다. Southwest의 직원들은 직종 간 벽이 없고, 조직이 수평적으로 움직인다. 파일럿이 check-in을 도와주고, 승무원이 수화물 처리를 한다. 이러한 것을 '**service breakdown**'이라고 한다.

과업 확대
업무량 및 근무 시간을 늘리지 않고 다양한 과업을 수행할 수 있도록 한다는 의미임.

job enlargement

팀웍과도 관련되며 또한 직원들의 경력 개발을 위하여 필수적으로 숙지해야 하는 개념이 있다. '**job enlargement**'(과업 확대)가 그것인데 직원들에게 직무 순환제(job rotation)를 통하여 가능한 한 다양한 과업을 수행할 수 있는 기회를 제공하는 것이다. 그 부수 효과는 엄청나다. 직원들은 훌륭한 경력 개발의 기회를 갖게 되고, 동기부여를 높게 받게 되며, 팀제를 효율적으로 수행할 수 있다는 것이 우선적으로 나타나는 효과다. 현대카드에는 'home and away'라는 제도가 있다. 모든 부서의 직원들이 한 달에 한 번 타 부서의 업무를 하는 제도다.

1988년 Seoul Olympic Games 시 호텔들 간의 인사 대란

1987년도, 1988년 Seoul Olympic Games 때문에 국내에 Swiss Grand, Inter Continental, Ramada Renaissance 등 외국 특1급 호텔 세 개가 한 해에 서울 호텔 시장에 진출했을 때의 일이다. 이 세 호텔들은 우수 인력이 필요했기 때문에 서울 지역에 있었던 기존의 8개 특1급 호텔 직원들에게 최선의 조건을 제시하며 스카웃을 했다. 자연적으로 호텔 간 대대적 인사 이동이 있었고, 기존의 호텔들은 큰 문제에 봉착하게 되었다.

필자도 미국의 Hillton International의 1년 간 호텔 간부 교육(hotel management training) 수료 후, Seoul Hilton International의 컨벤션·연회 매니저로 근무하고 있었다. 간부 교육 수료 후, 불과 3개월 남짓한 기간이었는데, 호텔에서는 객실부의 front office 매니저로 부서 이동을 권했다. 그 자리에 있던 I 과장이 Swiss Grand의 이사로 스카웃되었기 때문이었다. 컨벤션·연회의 경력이 필요했던 필자로서는 그 제의를 거절할 수밖에 없었고, 결국 당직 지배인(duty manager)을 하던 P 대리가 그 자리를 승계했다. 그러나 그도 곧 InterContinental의 부장으로 스카웃되었고, 다시 H 대리가 그 자리를 승계하는 결과를 낳게 되었다. 사원이 과장, 차장으로, 과장이 임원으로 스카웃되던 그 당시는 한 마디로 서울 지역 특1급 호텔 간의 인사 대란이었다.

위의 사례는 매우 의미있는 교훈을 주고 있다. 기업의 핵심 요원(**key person**)(〈표 4-9〉 참조)이 타 부서 및 타 기업으로 자리를 옮길 경우 기업의 피해는 막대하다. 그러한 이유로 기업은 직무 순환제를 제도화해야 하며, 이러한 과업 확대의 중요성을 전 조직 내에 심어야 한다는 것이다. 외국 우수 기업들 중 많은 곳에서의 승진 조건 중 하나는 자신의 업무를 대체할 수 있는 부하 직원을 양성하지 못하면 승진을 시키지 않는 제도다. 앞서 설명했던 권한 위임의 필요성과도 관련되며, 팀웍, 경력 개발, 나아가 내부 마케팅 전략에 있어서 필히 각인되어야 하는 교훈이다.

표 4-9 핵심 요원(key person)

핵심 요원(key person)의 기준에 대해 많은 기업에서 각각 다르게 표명하고 있음. Merril Lynch는 지적 능력, 열정, 인간적 매력, Sony는 'Digital Dream Kid'라는 모토 하에 호기심, 유연성, 낙관론, 위험 감수를, GE는 전문/기술적 능력보다 직원 관리, 동기부여 능력, 적합한 인원 선발 등의 리더십 능력을 4E(energy, energize, edge, execution)에 얼마나 잘 조화시키는가를 도덕성과 더불어 우선적 평가 지표로 삼고 있음. 특히 GE의 전 회장 Jack Welch는 핵심 인재 관리에 업무 시간의 70%를 투입했다고 함.

Harvard Business Review에서 Groysberg와 Nohria는 인재에게 필요한 3개의 사회적 동기(성취감, 소속감, 영향력)를 제시한 바 있다. 그 중 사회적 영향력(socialized influence)은 '규모가 큰 조직의 이익을 위해 타인에게 긍정적인 영향을 미치는 것'을 의미하는데, 이 욕망이 고위급 경영진이 될 수 있는 잠재력을 보여주는 예측 변수라고 했다.

Four Seasons 체인 중 많은 곳에서는 식음료 서비스 직원들이 매일 같은 사무실로 출근한다. 그들은 매일, 매일의 각 업장 수요에 따라 해당 레스토랑의 유니폼을 착용하고 일을 한다. 오전에는 French 레스토랑, 오후에는 커피숍과 같이 직무 순환을 하며 유쾌하게 근무하고 있다. 물론 그러한 직무 순환은 적정한 능력과 기술을 갖추고 있는 직원만이 가능하겠지만, Four Seasons에서는 장기간의 과업 확대 제도를 실천함으로써 그것을 가능하게 만든 것이다. 그 혜택은 무수하다. 수요에 철저히 근거한 인력의 투입으로 인한 인건비 절감, 효율적 배치, 직원들의 동기부여 제고, 훌륭한 경력개발, 인사 이동 폐해의 극소화 등이 그것이다.

2-3. 평가(evaluation)

직원의 평가 시스템 또한 인사관리 마케팅에 있어서 중요한 영역이다. 〈표 4-10〉과 〈표 4-11〉은 역량의 측정 도구 및 평가자가 주의해야 할 오류의 전형적 예다.

기업에서 상사들은 부하 직원을 'in-group'(나와 공통의 사고를 가진 집단)과 'out-group'(나와 다른 성향을 가진 집단)으로 구분하여 다른 관리 방법을 채택한다. 전자는 최대한 많은 권한과 신뢰를 주지만(in-group bias), 반대로 후자에게는 미세한 부분까지 '간섭(micro-managing)'하며 관리한다. 그 결과로 생성된 용어가 **필패 신드롬(set-up-to-fail syndrom)**이다. Switzerland IMD의 Jean-Francois Manzoni와 Jean-Louis Barsoux에 의하면, 'micro-managing'은 'out-group'의 성과를 지속적으로 악화시킨다고 한다. 평가 전, 직원 관리에 있어서 상사들이 유의할 사항이다.

2-4. 교육과 트레이닝

《논어》의 1장 학문의 목적에 다음과 같은 글이 있다.

> 인을 좋아하되 배움을 좋아하지 않으면, 그 폐단은 어리석음이요,
> 지혜를 좋아하되 배움을 좋아하지 않으면, 그 폐단은 방탕함이요,

표 4-10 역량의 측정 도구

구분	대표 질문	상	중	하
리더십	맡은 업무에 대해 항상 상급자의 관점에서 바라보고 수행한다.			
	후배(부하 직원)에게 감정에 치우치지 않고, 긍정적이면서도 발전적인 피드백을 해줬다.			
인적 네트워크	공적인 관계를 사적인 관계(친분)로 발전시켜 나가는 나만의 노하우가 있다.			
	사내 여러 구성원들과의 관계를 확대하기 위해 정해진 업무 외에 별도의 활동을 펼친다.			
기획력	어떤 업무를 착수하기 전에 체계적인 진행을 위한 전체 크레임워크를 구축한다.			
	업무의 중요성이나 긴급성에 따라 우선 순위를 설정해 단계적으로 처리한다.			
추진력	어떠한 여건 속에서도 목표를 달성하기 위해 적극적인 자세로 업무를 수행한다.			
	실패에 대한 두려움과 책망하는 분위기를 지양하고, 시행착오를 통해 얻은 노하우를 갖고 문제점을 개선한다.			
팀워크	팀이나 조직 전체의 목표 달성을 위해서 자신의 개인적인 부분에 관련된 희생을 감수한 경우가 종종 있다.			
	의사 결정 시 동료들의 아이디어와 의견을 구하고 적극적으로 반영한다.			
협상력	협상 대상에 대한 구체적인 정보를 확보하고, 적절히 가공해 활용한다.			
	나만의 협상 기술을 사용해 의견차를 조율하고, 생산적으로 문제를 해결한다.			
스트레스 관리	나의 업무량과 작업 스케줄을 적절히 조절하고, 틈틈이 휴식을 취한다.			
	업무량이 많아도 미래에 발전한 나의 모습을 생각하면 힘든 줄 모르고 일하게 된다.			
문제해결 능력	위기 상황이 발생했을 때에도 당황하지 않고, 문제를 체계적으로 분석하여, 필요한 요소를 찾아내고, 활용한다.			
	실수를 철저히 분석하고, 정확한 피드백을 통해 동일한 군제가 재발생되지 않도록 한다.			
분석력	자신에게 제공된 자료나 정보를 가장 효율적으로 이용할 수 있도록 재편성해 업무에 활용하곤 한다.			
	추진하는 업무의 성공 요소와 제약 요인을 먼저 분석한 후 진행한다.			
창의력	내가 제안한 아이디어가 실제 업무, 프로젝트에 채택되어 활용된 경험이 있다.			
	업무, 경험 등을 통해 얻어진 정보를 바탕으로 새로운 지식을 도출하는 노력을 기울여왔다.			
의사소통	상대방의 이야기를 들을 때는 내 의견을 지나치게 말하지 않는다			
	팀 내 의견이 다를 경우 감정적 대응보다는 이성적 접근을 통해 대화를 조율한다.			
신뢰구축 능력	본인의 업무 처리 경과 및 결과를 숨기지 않고 정확하게 보고한다.			
	무슨 일이 있어도 업무 마감 기한은 반드시 지키려 노력한다.			

출처: DBR May 2012 Issue 1, No.104

표 4-11 평가자의 주요 평가 오류

평가 오류	내용
halo effect	'한 번 해병은 영원한 해병', 과거 고성과자로 인식한 사람을 계속 고성과자로 인식함.
horn effect	'영원한 열등생', 과거 저성과자로 인식한 사람을 계속 저성과자로 인식함.
rule of light	최근의 행동이나 성취로 1년 전체를 평가함.
counter-balance	평가 등급이나 종합 점수와 같은 최종 평가 결과를 미리 의도적으로 정한 상태에서 세부 평가 사항을 여기에 맞추려 함.
self-reference	'내가 너희들 땐 10배 많이 일했다', 피평가자를 평가자 본인과 비교함.
first-impression	'첫 인상' 초반 인상이 사람에 대한 평가에 지대한 영향을 줌.
tolerance	'좋은 게 좋은 거지', 어려운 결정을 회피하고, 모든 사람에게 관대한 점수를 부여함.
central tendency	'중심화', 차등이나 차별화를 피하려고, 모두를 유사하게 평가함. 피평가자에 대해서 잘 모를 때는 부정도 긍정도 아닌 평가를 내림.

출처: 머서코리아(2009), Dong-A Business Review

신의를 좋아하되 배움을 좋아하지 않으면, 그 폐단은 남을 해치는 것이요,
정직함을 좋아하되 배움을 좋아하지 않으면, 그 폐단은 박절함이요,
용맹함을 좋아하되 배움을 좋아하지 않으면, 그 폐단은 난폭함이요,
강직함을 좋아하되 배움을 좋아하지 않으면, 그 폐단은 과격함이다.

배움은 늙어서까지 하는 것이 아니라 죽을 때까지 하는 것이다. Michelangelo의 모래시계에는 "나는 아직도 배우는 중이다"라고 적혀있다. 이 세상의 모든 부분에 있어서 교육은 가장 중요한 가치다.

인사관리 마케팅에서 또 하나의 핵심 부분은 직원의 교육 및 트레이닝이다. 미국 MBA 졸업생들이 가장 입사하기를 원하는 기업 중 하나는 세계 최고 컨설팅 기업인 McKinsey&Company다. 입사 후 7~8년에 85%의 직원이 퇴직하는 고경쟁의 기업인데도 지원자들이 선호하는 가장 큰 이유는 McKinsey&Company가 제공하는 최고의 교육 과정에 있다.

환대산업에서는 McDonald's의 Hamburger University가 그 모범적 사례라고 할 수 있는데, 국내에서도 1998년부터 Sheraton Grande Walkerhill은 매년 우수 직원을 선발하여 MBA 과정을 교육시킴으로써 국내 호텔 기업들의 모범이 된 적이 있다. 1916년에 설립된 미국 PGA(Professional Golfers Association)는 다양한 관람 행사와 교육, 트레이닝 프로그램을 통해 골프 게임을 진흥하고, 가르치고, 관리하는 전문가를 2019년 기준, 3만 명 이상 육성하고 있는 세계 최대의 스포츠 조직이다.

환대산업 우수 기업들의 교육

Disney World에서는 'Tradition'이라는 사내지를 통하여 기업과 관련된 기본적 지식을 모든 직원에게 공지하여 교육을 시키고 있다. 또한 가치 지향적 교육을 중시하여 가족 의식, 고객에게 조건 없는 환대와 관대, 타인 배려, 상호 작용, 균형, 용기, 정직, 성실, 존중, 개방성, 다양성 등 여러 주제의 가치에 근거한 교육을 실천하고 있다.

미국 Arizona주의 Hyatt Regency는 2+2+2(고등학교 3, 4학년–전문대–4년제 편입) 프로그램을 통해 인근 지역 우수 자원을 양성하고 있다.

Starbucks의 회장 Howard Schultz는 직원들의 서비스 수준이 계속 하락한다고 느꼈을 때, 미국 전역의 7,100개 Starbucks 모든 매장의 문을 3시간 동안 닫고, 600만 $를 투자해 직원 재교육을 실시한 바 있다(2008년 2월 26일). 2018년 5월, 미국에서 두 명의 흑인 남성이 매장에서 체포됐다. 이를 계기로 Starbucks는 2018년 5월 29일, 미국 전역의 8,000여 개 매장의 문을 닫고 17만 5천 여 명의 직원을 대상으로 인종차별 교육을 실시했다.

2019년 기준, 세계 3위 레스토랑 체인인 Yum! Brands(〈그림 4-9〉 참조)은 CHAMPS(cleanliness, hospitality, accuracy, maintenance, product quality, speed)라 불

그림 4-9 Yum의 브랜드들

리우는 우수한 'Customer Mania' 프로그램을 통하여 직원들에게 고객의 소리를 듣는 방법, 고객 욕구에 열정적으로 대하는 방법, 이유를 알고 고객의 기대를 뛰어넘는 방법, 실수를 만회하는 방법 등을 교육시키고 있다.

DIY(do it yourself)로 유명한 Home Depot는 세계 최고의 고객 교육으로 유명하다. Home Depot는 여성을 위한 DIH(do it herself), 5~12세 어린이를 위한 교육 프로그램 외에도 마케팅, 시간 관리 등 여러 부문에 걸쳐 고객 교육을 수행하고 있다. Sony의 온라인 교육 센터 Sony 101, Land Rover와 BMW의 운전 교실, HP의 Linux 201, Viking의 지역별 요리 교실, Nikon의 사진 학교 등도 고객 교육의 대표 사례들이다.

렌터카산업 세계 제 1위 Enterprise Rent-A-Car는 이제 막 사회에 뛰어들은 대졸자를 채용한 후, 먹물이 마르기 전에 즉시 세차나 운전 같은 단순하고, 고된 업무를 시킨다. 이것이 숙련됐을 때, 고객들과 친밀하고, 장기적인 관계를 구축하는 방법을 교육시킨다. 이 직원들은 승진을 거듭하며, 직접 지점을 운영하는 능력을 갖게 된다.

외국 환대산업의 우수 기업들이 수행하고 있는 트레이닝 프로그램의 공통점이 있다면, 다양한 과업을 습득할 수 있는 교차 트레이닝(cross-training) 기회의 제공이다. Embassy Suites에서는 직원이 습득한 역할 수에 비례하여 급여를 인상시키고 있고, Australia의 Hyatt Sanctuary Cove에서는 인사부에서 각 부서의 트레이닝 프로그램을 게시판을 통하여 호텔 전체에 공지하고, 모든 직원이 자신의 결정에 따라 어떠한 트레이닝 프로그램에도 참여할 수 있는 제도를 정착시키고 있다(〈그림 4-10〉 참조). 이러한 cross-training은 앞서 설명되었던 과업 확대 및 직무 순환제의 한 일환으로, 인사관리 마케팅의 강력한 도구가 된다.

그림 4-10 Australia의 Hyatt Sanctuary Cove

Motel6의 cross-training

Motel6는 cross-training을 통해 모든 직원에게 총지배인이 될 수 있는 기회를 제공하고 있다. 1단계로서 부서별 중요성을 그래프를 통해서 공지하여 희망 부서에의 cross training에 참여시키며, 수료 시 MOD(manager on duty) 자격을 부여하고, 2단계로서 여러 부서의 트레이닝을 거친 직원은 총지배인 진급을 신청할 수 있다. 신청 후에는 총지배인 트레이닝 매뉴얼을 독학하여 타 호텔의 총지배인으로부터 평가를 받는다. 평가를 통과하게 되면, 3단계로서 5주 간의 총지배인 트레이닝을 거쳐 체인 호텔의 총지배인으로 근무할 수 있다.

Fairfield Inns by Marriott에서는 이러한 cross-training을 더 확장하여 5년 이상 근무한 총지배인에게 의무적으로 안식년제(sabbatical leave)를 90일 간 도입하고 있다. 즉 대상자들은 그 기간 동안 직장 생활로 소홀했던 가족 및 정신적, 육체적, 재정적, 사회적 보충을 통해 활기있고 새로운 아이디어로 충전된 인간으로 복귀할 수 있게 되며, 동시에 타 매니저들에게는 총지배인 부재 시 권한 위임의 확대와 더불어 승진의 기회를 부여받을 수 있는 혜택이 주어지게 된다.

Towneplace Suites by Marriott의 cross-training

Marriott에서 인수한 중가 중장기 체류 호텔인 Towneplace Suites by Marriott 또한 cross-training 정책으로 유명하다(〈그림 4-11〉 참조). Towneplace Suites는 본사에 12명으로 구성된 cross-training 전담 팀이 있다. 본사의 기획팀과 cross-training 전담 팀은 Marriott의 계열 호텔인 Residence Inns와 Courtyard를 기준으로 20개의 서로 다른 서비스 요소가 만나는 접점을 만들었다.

다음 순서로, Gallup SRI 평가(기업가 정신, 기법, 복합 업무 처리 능력, 서비스 측정 기술 등)에 의해 새로운 지점을 위한 총지배인을 선발한다. 선발된 총지배인은 cross-training 기준을 포함한 서비스 전달에 중점을 둔 3주 간의 교육과, 영업에 중점을 둔 1주 간의 교육 등 총 4주 간의 교육 과정에 참여한다.

교육 기간 동안 팀의 직원들은 평가 기준 내의 각기 다른 역할로 배치된다. 팀의 전반적 기술과 cross-training의 기술적 측면에서 높은 평가를 받은 직원들은 그들 팀의 다른 직원의 교육을 위해 권한이 강화된다. 이 cross-training은 또한 적극적인 고객의 문제 해결 장려와 그와 관련된 서비스 전달 팀의 업무 수행에 중점을 둔다. 그 목표는 완벽한 서비스 문화의 확립과 자주적인 문제 해결 기술을 갖춘 매우 동기부여된 팀을 만드는 것이다.

이러한 목표 달성을 위해 사용된 방법 중 하나는 역할 수행(role play)이다. 브랜드팀의 모든 직원들은 빨간 뱃지를 지니고 다닌다. 브랜드팀의 직원이 어느 때라도 명찰 위에 이 빨간 뱃지를 달고 있으면, 근무 중인 직원은 즉시 브랜드팀 직원을 고객으로 간주하여 역할 수행을 해야 한다. 또 다른 효과적인 방법은 자체 조직 내에서 서비스 경험을 나누는 것이다. 서비스팀 직원들이 어떻게 다양한 상황들과 고객의 요구를 조정했는지의 예를 회사의 intranet과 각 체인에서 매일 열리는 회의를 통해 공유한다.

그림 4-11 Townplace Suites by Marriott

출처: www.google.co.kr

Singapore Airlines의 최고 교육 시스템

Singapore Airlines는 세계의 모든 항공사 중 최고의 교육을 수행하는 기업이다. Singapore Airlines는 신입 사원에게 세계 항공사 평균 2달의 두 배인 4달의 교육을 시키며, 2019년 기준, 연간 7천만$ 이상을 투자하여 경력 직원들에게 연간 110시간의 재교육을 시킨다. 비용의 배분 4·3·3법칙 중 40%가 교육일 정도로 교육에 최우선적 비중을 둔다(30%는 과정과 절차 개선, 30%는 신제품과 신 서비스 창조에 투자). 교육 내용은 기본적 내용 외에 행동, 에티켓, 와인 시음, 문화에 대한 감각 등도 포함된다. 결과적으로 Singapore Airlines의 승무원들은 한국인, 일본인, 중국인, 미국인들을 상대할 때 각각 다른 태도를 취한다.

2-5. 지휘(leading)

리더십(leadership)이라는 한 단어는 인사관리뿐 아니라 인간 행위와 관련된 모든 영역에 있어서 매우 중요한 위치를 차지하고 있다.

리더십을 설명하기 전에 우선 권위(authority)라는 단어를 이해할 필요가 있다. 권위란 'ahthor', 즉 창조자라는 단어에서 파생된 것으로서 생산적, 긍정적 의미를 내포하고 있다. 원래 권위의 근거는 위신, 거리로서 전 France 대통령 De Gaulle에 의하면, 위신이란 신비로움에 바탕을 둔 것으로 어느 정도의 거리가 있어야 한다고 한다. 권위의 기반은 정통성으로, 권력이 아닌 자발적 복종에 의한 것이라야 한다. 노자는 "가장 훌륭한 지도자는 그가 있는 것조차 사람들이 모르게 한다"라고 말한 바 있다.

필자는 지도자의 핵심 자질을 다음과 같이 정리하고자 한다.

지도자의 가장 필수불가결한, 핵심적인 조건은 유능함이다

Oprah Winfrey의 말이다. "Excellence excels all discriminations." 수학의 필수 조건과 충분 조건 중 지도자 필수 조건의 제 1요소가 바로 유능함이다. 능력이 없다면 타 요소를 모두 갖추고 있어도 진정한 지도자는 될 수 없다. 아니 지도자 자체가 될 수 없을 것이다.

물론 유능함이란 매우 광의적 의미를 지니고 있다. 필자는 능력(competency)에 대하여 management analysis techniques, adaptation of environment changes and procurement of knowledge, management of employee and job, problem identification and communication, operation techniques and knowledge, Innovation 등으로 분류하여 Tourism Management에 논문 발표를 한 바 있다. 지도자라면 그 중에서도 특히 'adaptation of environment changes and procurement of knowledge', 'management of employee and job', 'problem identification and communication', 'innovation' 분야에서 뛰어난 능력을 갖추고 있어야 한다.

지도자의 필요 조건 중 또 하나의 필수 조건은 사람을 움직이는 힘이다

물론 이것 또한 첫 번째 조건인 유능함의 일부 능력이 될 수도 있고, 아닐 수도 있다. 제갈공명은 "먼저 가까운 자를 다스리고 나중에 먼 자를 다스려라"라는 말을 했다.

지금은 고인이 된 Apple의 창업자 Steve Jobs는 초창기 시절 직원의 식사, 과자 심부름뿐만 아니라 청소도 직접 했다고 한다. Chrysler의 전 회장 Lee Iacocca는 광고에 출연하여 황량한 벌판에서 소비자들에게 읍소를 하며, 또한 연봉 1$를 받으며, 소비자들을 감동시켰다. John F. Kennedy 전 미국 대통령은 미국 선박을 납치한 Cuba에 전쟁을 선포하며, 강력한 지도자상으로 미국 국민들의 전폭적인 지지를 얻어낸 바 있다. 이러한 것들이 사람을 움직일 수 있는 인간적인 매력인 것이다.

'만년 2인자'의 꼬리표를 달고 있던 Apple CEO Tim Cook이 변신하고 있다. 과거 MS Window8, 삼성의 7인치 테블릿 PC 등에 대해 혹평을 하며 'Southern gentleman'의 조용하고, 공손한 이미지를 벗어난 바 있다. 그의 새로운(위장적인?) 카리스마가 Apple의 리더십에 어떠한 영향을 미칠까? 실제로 Steve Jobs 작고 이후 시간이 지날수록 Apple은 시장점유율, 주식 시장에서의 인기도 등 모든 측면에서 하락하고 있다. Steve Jobs가 생전 인터뷰에서 말했던 "좋은 예술가는 모방하고, 위대한 예술가는 훔친다"(마치 Thomas Edison이 말했던 "천재는 자기 아이디어의 원천을 숨기는 방법을 아는 사람"이라는 말과 같은 의미로 들린다)에서의 좋은 예술가(Tim Cook)와 위대한 예술가(Steve Jobs)의 차이가 아닐까?

진정한 리더십은 두뇌(headship)뿐 아니라 두뇌+심장을 겸비한 유형을 말하며 부하들이 자발적으로 일할 마음이 들도록 만들 수 있는 능력을 의미한다. Harvard대학의 Ronald A. Heifetz에 의하면, 지도자는 무엇을 하라고 이르지 않고, 스스로 자신의 길을 찾도록 도움을 주는 자라고 한다. 보통 리더십이 있는 사람들에게 카리스마가 있다고 한다. 카리스마(charisma)란 '아름다운 선물'이라는 의미의 Greece어로 인간적 매력을 의미한다. 즉 진정한 의미의 지도자란 능력뿐 아니라 인간적인 매력으로 사람을 움직일 수 있는 자여야 한다는 것이다.

Bill Marriott, Jr.의 지도력

J.W. Bill Marriott, Jr.는 Marriott International의 역대급 CEO였다. 그는 직원 우선주의자로서 따뜻하고 친절하며, 서비스 정신을 갖고 있는 올바른 태도를 항상 강조한다. 체인 호텔 방문 시 항상 총지배인과 호텔 전체를 둘러보며, 총지배인이 직원의 이름을 알고 있는지 확인한다. 그것이 긍정적이라야 고객을 잘 배려하고 있다고 평가한다. Bill Marriott, Jr.는 만나기 쉽고, 접근하기 쉬우며, 카리스마가 넘치는 지도자로 유명하다. Marriott International의 COO였던 Bill Shaw는 "그는 모든 사람들에게 흥미를 유발시키는 특이한 능력이 있다. 그는 다른 사람이 하는 모든 것을 감사하게 생각하며, 감사를 표현한다"라고 말한다.

Southwest Airlines를 이용하는 고객들은 "가축 운반선을 타는 것 같은 비행을 승무원들이 즐겁게 만든다"라고 할 정도로 승무원들은 **MBF(management by fun)**을 실천하고 있다. 이는 CEO인 Herb Kelleher의 철학이며, 항공 정신이다. 그의 지도력은 모든 직원들을 **MBF**에 참여시켰고, 또 자발적으로 실천할 수 있게 만들었다.

지도자의 마지막 필수 조건은 도덕성, 나아가 인습, 관례, 전통에 묶여있지 않고 공과 사를 분명히 가를 수 있는 소양이다

2010년을 넘어서며 '윤리적 리더십'이란 용어가 인사관리 학문 부문에 등장했다.

《명심보감》에 의하면(충자), "관직을 수행함에는 공평이 제일이고, 재물 앞에서는 청렴함이 제일"이라고 한다. 미국의 전 대통령 Abraham Lincoln이 어느 날 자기 구두를 손수 닦고 있었는데, 그의 참모가 "왜 대통령께서 직접 구두를 닦고 계십니까?"라고 묻자, Lincoln은 "아니 그러면 내가 남의 구두도 닦아줘야 합니까?"라고 반문했다고 한다. 유명 저서 《History of Warfare》에서 영국의 Montgomery 장군도 지도자에 있어서 도덕적 측면의 용기를 중요 요소로 내세웠다.

청렴이야 말로 모든 조직에서 있어서 가장 강력한 항암제인 것이다.

또한 본 주제와 관련된 것은 '엄격함'이다. 엄격함은 명령이 잘 지켜지고, 공정함이 철저히 유지되는 것을 의미한다. 손자는 "장수는 신중하게 명령(지켜질 수 있는 명령)을 내리고, 일단 내린 명령은 취소하는 일이 없어야 한다"라고 말했다.

필수 조건은 아니지만 지도자에 있어서의 핵심적 충분 조건은 예지력과 결단력이다

지도자와 관리자(managership)는 명백한 차이가 있다. 관리자는 현실을 수용하고, 관리하지만, 지도자는 현실에 대해 도전하고 타파한다. 관리자는 언제, 어떻게에 신경을 쓰며 단기적 사안에 대해 관리하지만, 지도자는 무엇을, 왜에 관심을 두고, 장기적 시야로서 개혁을 해나간다. 즉 관리자는 일이 올바르게 되도록 해야 하나, 지도자는 기업가 정신을 갖고 올바른 일을 해야 하는 것이다.

예지력 없이는 옳은 결단력을 내릴 수 없다. J.W. Bill marriott, Jr.는 기업의 많은 일에 스스로 동참하는 것으로 유명하다. 오랜 호텔 사업을 바탕으로 한 경험으로 항상 기업에 비전을 제공하며, 사업 구상에도 세세하게 참여한다. 그는 보는 것과 보여지는 것을 믿는다(창의성이 아닌 개혁). 대신 그는 관리자에게는 적극성, 결단성 이외에도 고객 및 직원의 만족과 이직률에 대해 책임을 요구함으로써 일이 올바로 되도록 유도하고 있다.

Chrysler의 전 회장 Lee Iacocca는 "만일 나에게 유능한 경영자를 결정짓는 자질을 한 마디로 요약하라고 한다면, 서슴없이 결단력이라고 말할 것이다. 누구나 세계에서 가장 기상천외한 컴퓨터를 사용할 수 있고, 모든 자료와 숫자들을 모을 수 있지만, 결국에는 모든 정보를 종합해서 계획표를 만들고, 행동해야 하기 때문이다"라고 말했다. Montgomery 장군도 지도자의 자질 중 올바른 결정을 내릴 수 있는 능력과 어려운 상황에서의 결단력을 매우 중요한 요소로 내세운 바 있다. Scandinavian Airlines를 소생시킨 Carlzon 사장은 1억 2천만$에 구입한 Airbus 운항을 예비기로 돌리며 철저한 고객 우선주의 경영을 실천한 바 있다(제5장 진실의 순간 사례 참조).

《삼국지》 적벽대전에서 조조의 연환계가 그의 병사들에게 얼마나 큰 참변을 주었던가? 과거 Graham Bell이 전화 사업을 10만$에 인수하라고 했을 때, Western Union 회장은 "우리 회사가 그깟 전기 장난감 갖고 뭘 하지?"라며 거절했고(〈그림 4-12〉 참조), 1977년 Digital Equipment 회장은 "가정에 개인용 컴퓨터를 들여놓을 사람은 아무도 없을 것이다"라고 예측했다. Sam Walton이 1962년 Ben Franklin이란 기업에게 소도시에 할인점을 같이 개설하자는 제안을 했을 때 Ben Franklin의 경영진이 거절했다. 자본이 없었던 San Walton은 Arkansas 주 Rogers에만 최초의 Wal-Mart Discount City를 개점했다(그 후 Ben Franklin 기업은 기회 비용을 계산해 보았을까?).

그림 4-12 1892년 Alexander Graham Bell의 New York에서 Chicago로 연결되는 장거리 전화 회선 개통식
출처:Edward Bernays(2013), 《PROPAGANDA》, p.64

반면 주위의 모든 비판에도 불구하고 신 개념 호화 호텔 The Venetian을 개관하여 세계 최고 호텔로 성장시킨 Sheldon Adelson의 결단력은 위의 예들과 큰 대조가 된다. 세계적으로 유명한 산악 등반가 Jon Krakauer의 말이다. "충분한 결단력만 갖고 있다면, 어떤 바보라도 정상에 오를 수 있다. 하지만 그보다 더 중요한 것은 살아서 돌아오는 것이다."

예지력과 결단력이 지도자의 필수 조건은 아닐지 몰라도 지도자의 자질을 평가함에 있어서 핵심적인 요소인 것만은 분명하다.

지도자는 당근과 채찍을 균형있게 통제할 수 있어야 한다

보상과 처벌이 없이는 조직을 바람직하게 이끌어 나갈 수 없다. 조직에 있어서 순기능(eufunction)은 당연히 보상이 있어야 더 나은 순기능이 될 것이고, 역기능(dysfunction)은 처벌을 통해서 재연되지 않도록 해야 하기 때문이다.* 그 보상과 처벌을 어떻게 수행하느냐는 지도자의 자질을 평가함에 있어서 매우 중요한 척도가 된다. 강태공은 《육도》에서 "형벌은 높은 사람에게, 상은 낮은 사람에게 내려라"라는 말을 했다.

* 악기능은 malfunction이라고 함.

그 유형, 정도, 기준 등 정답이 있을 수 없지만, 무엇보다도 중요한 것은 공정성이라고 생각된다. 법이 만인 앞에서 평등해야 하듯이, 그 공정성은 반드시 유지되어야 한다. 공정성의 근원은 객관적 기준이다. 물론 일벌백계와 같이 예외적인 특수 상황이 있겠지만, 모든 보상과 처벌은 인위적인 아닌 철저한 시스템에 의해 이루어져야 한다. 특히 잘못된 상황에서는 '누가 잘못했는가'가 아닌, '무엇이 잘못되었는가'에 초점이 맞춰져야 한다. 인간인 이상 인위적인 것은 완벽할 수 없다. 지도자는 공과 사를 가려야 함은 물론, 당근과 채찍 사용에 있어서도 철저히 시스템에 의존해야 한다.

필자는 2006~2007년 기간 동안 한국호텔외식경영학회의 회장을 역임한 바 있다. 그 당시 학회를 이끌어가던 기준은 단 한 가지였다. '민주적으로 합의된 회칙과 규정이라는 시스템을 철저히 지키는 것'이었다.

표 4-12 지도자와 보스의 차이

지도자(leader)	보스(boss)
사람을 이끎	사람을 몰고감
선의에 의존	권위에 의존
당근	채찍
우리	나
가자	가라
일을 공개적으로 함	일을 뒤에서 도모
남을 믿음	남을 잊지 않음
희망을 줌	겁을 줌
존경을 모음	복종을 요구
약점을 숨기지 않음	약점을 숨김
반대 의견 존중	반대 의견 무시
권위	권력
타협과 대화	독선
귀가 여러 개 있음	귀가 없음
무엇이 잘못되었는가	누가 잘못했는가
본인의 말 책임	본인의 말도 무시
지지자를 만듦	부하를 만듦
후계자의 짐을 덜어줌	후계자에게 무거운 짐 부과
앞에서 이끎	뒤에서 호령

출처:《리더와 보스》(1997). 홍사중, 사계절 출판사

지도자는 보스와 큰 차이가 있다. 〈표 4-12〉에서 그 차이를 살펴보기로 한다. George Orwell의 소설 《1984》에 등장하는 독재가 '**Big Brother**'가 있다. 리더는 '**Big Brother**'가 돼서는 안 된다. 리더는 사회적으로 연결된 '**Little Sister**'를 잊지 말아야 한다.

동양 철학에 의한 리더의 덕목

《논어》에 의한 '군자오미', 즉 리더의 5가지 미덕은 다음과 같다.

《논어》의 군자오미

① 배려하되 지나치면 안 된다.
② 일을 시킬 때 원망을 갖게 해서는 안 된다.
③ 욕망을 갖되 탐욕을 부려서는 안 된다.
④ 자유롭되 교만하지 보여서는 안 된다.
⑤ 위엄을 갖추되 사나워 보여서는 안 된다.

중국 순과 우의 시대에 법을 관장하는 재상이었던 고요가 제시한 리더의 덕목은 다음과 같다.

고요가 제시한 리더의 덕목

① 관이율 : 너그러우면서도 엄격해야 한다.
② 유이립 : 부드러우면서도 자신의 뜻과 생각이 확립돼있어야 한다.
③ 원이공 : 고집스러우면서도 공손해야 한다.
④ 난이경 : 어지러움을 다스리면서도 자신을 통제하는 자세를 유지해야 한다.
⑤ 요이의 : 익숙하면서도 굳세어야 한다.
⑥ 간이렴 : 간략하면서도 자세해야 한다.
⑦ 직이온 : 곧으면서도 온화해야 한다.
⑧ 강이색 : 굳세면서도 치밀해야 한다.
⑨ 강이의 : 강건하면서도 옳고 바름에 합당해야 한다.

Peter Drucker가 제시한 리더의 자격

Peter Drucker는 Forbes와의 생애 마지막 인터뷰에서 리더의 자격에 대해 아래와 같이 제시한 바 있다.

Peter Drucker가 제시한 리더의 자격

① What needs to be done : 리더는 자신이 원하는 것이 아니라 남들이 원하는 것을 할 수 있을 만큼 수행해야 한다. 이는 Carnegie 비문에 새겨진 말처럼 자신보다 더 유능한 인재를 활용할 줄 알아야 한다는 의미이다.

② Check your performance : 효과적인 리더가 되기 위해서는 일 년에 두 번 정도 목표 대비 자신의 성과를 점검해야 한다. 여기에는 과연 리더가 하는 일이 정말 중요한 일인가를 다시 새겨보아야 한다는 의미도 포함된다.

③ Mission-driven : 리더는 중요한 사명이 아니라면 'no'라는 답을 할 수 있어야 한다. 'Fun' 경영의 효시인 Southwest의 경우 '고객에게 즐거움을 선사하자'는 미션에 부합하지 않는 과업은 예외 없이 'no'의 대상이 된다.

④ Creative abandonment : 리더는 무엇을 새롭게 도모하기 이전에 현재 하고 있는 일 중에서 무엇부터 버려야 할 것인지를 살펴보는 '창조적 포기'에 능해야 한다. "강을 건넜으면 뗏목은 미련없이 버려야 한다."

⑤ 21st-century organization : 한 때 대영제국이 그랬듯이 글로벌 기업의 리더는 24시간 해가 지지 않는 운영 체제와 다양한 커뮤니케이션 통로를 구축해야 한다. 또 현지국 관리는 특정 사항을 보고하도록 지시하는 방식보다 그들이 무엇을 보고할 것인지를 반기별로 제시하도록 해야 한다.

⑥ Prisoner of your organization : 리더는 자신의 사무실 감방을 박차고 나가 현장

관리를 해야 한다. 마쓰시타 고노스케 회장은 한 번도 출근길에 자가용을 이용해본 적이 없다. 지하철을 이용하며 사회 경제 현장을 매일 체감했다.

⑦ How organizations fall down : 주요 과제의 우선 순위에 대해 구성원들의 공감이 없으면, 리더는 조직의 디딤돌이 아니라 걸림돌이 될 뿐이다. 조직원들이 왜 과업의 우선 순위를 그렇게 정했는지를 충분히 논의하고, 합의한 후에 리더는 지원자의 역할까지 해야 한다. '공항답지 않은 공항'을 내세운 Netherlands의 Schiphol공항, '아시아의 허브'를 내세운 인천국제공항 등이 이러한 과정을 거쳐 탄생됐다.

⑧ What not to do : 리더는 특히 확신이 서지 않는 일이나 잘 모르는 일은 하지 말아야 한다. 고 조중훈 한진 회장은 항상 "모르는 사업에는 손대지 말라"고 강조했다.

⑨ Never try to be an expert if you are not : 리더는 자신의 강점을 키워가되, 필요한 과업에는 강점을 가진 인재를 발탁해서 활용해야 한다. 아직도 우리 조직 문화는 지위로부터 나오는 권력(공식적 권한)이 전문성으로부터 나오는 권력보다 훨씬 강하다.

⑩ The dangers of charisma : 효과적인 리더는 '신의 은총'을 받은 카리스마적 기질을 가진 자가 아니라 '할 일과 하지 말아야 할 일'을 명확하게 구분하는 사람이다.

Drucker는 스스로 1950년대에 이미 리더십의 중요성을 강조한 최초의 인물이라고 자평하면서, 21세기에 와서는 카리스마적 리더에 대한 과대 포장이 만연되어 있다는 비판을 했다.

리더가 선택할 수 있는 5가지 권력의 근원 및 장단점

〈표 4-13〉에 제시된 권력 형태 중 가장 바람직한 것은 준거적 권력이다. 준거적 권력을 유지하기 위한 최선의 리더 처세는 진정성있는 행동을 일관되고, 지속적으로 보여주는 것이다. 이것이 부하 직원들에게 리더의 가치를 내재화시킬 수 있는 가장 좋은 방법이다.

리더십과 지도자에 대한 최종 견해

위와 같이 진정한 의미의 지도자란 headship, managership, boss와는 다른 사람이다. 지도력의 기본은 사람을 볼 줄 알고(채용)*, 사람을 다루고 쓸 줄 알고(배치, 교육), 말을 들을 줄 알고, 사람을 움직일 줄 알고, 또한 실천하는 데에 있다(지휘). 이와 같이 지도력의 기본은 사람을 볼 줄 아는 것부터 시작된다.

인사관리의 모든 과정에 있어서 그 책임은 지도자에 있고, 그 운영의 성공은 지휘 여부에 있는 것이다. Germany의 Hans Guido Freiherr von Bulow는 "나쁜 오케스트라는 없다. 단 나쁜 지휘자가 있을 뿐이다"라고 말한 것을 되새겨볼 필요가 있다.

춘추전국시대의 《십팔사략》에 인간을 알아보는 다음과 같은 오시 법이 있음. ①평소에 누구와 친하게 지내는지(거시기소친), ②만약 부자라면, 누구에게 부를 베푸는지(부시기소여), ③높은 위치라면, 어떤 사람을 채용하여 쓰는지(원시기소거), ④어려운 처지라면, 어떤 일을 하지 않는지(중시기소불위), ⑤가난하다면, 취하지 않는 것이 무엇인지(빈시기소불취) 등이 그것임.

표 4-13 리더 권력의 근원 및 장단점

권력 형태	영향력의 근원	장단점
강압적 권력 (coercive power)	처벌이나 위협	• 위기 시나 악습 타파 등의 상황에 효과적임. • 부하 직원들의 저항을 야기할 수 있음.
합법적 권력 (legitimate power)	조직 내 지위	• 강압적 권력보다 바람직함. • 부하 직원들에게 기대할 수 있는 수준은 순응에 불과함.
보상적 권력 (reward power)	금전, 승진 등의 보상	• 단기적 동기부여 및 성과임. • 장기적으로 상대적 박탈감 및 불만족을 유발함.
전문적 권력 (expert power)	전문적 기술, 지식 정보 등	• 부하 직원의 자발적 추종을 야기함. • 리더의 지식 등의 수준이 타인보다 뛰어나야 효과적임.
준거적 권력 (reference power)	카리스마, 인간미, 존경심 등의 인간적 특성	• 장기적, 지속적 영향력 행사 가능함. • 부하 직원들에게 리더의 가치를 내재화시킬 수 있음.

훌륭한 지도자는 현장, 직원, 고객과 밀접한 관계를 유지한다. 위대한 군사 전략가들은 말단에서 시작한 사람이 많다. Sam Walton은 일생 동안 모든 Wal-Mart 매장을 방문했고, 한 밤에 화물적재소에서 직원과 대화를 나누는 등 **MBWA**를 실천했던 전형적인 지도자였다. Staples의 설립자 Thomas Stemberg도 항상 일반 소비자와 똑같이 자사 매장에서 쇼핑을 했다고 한다.

솔선수범으로 직원을 이끄는(lead by example) 것은 리더의 중요한 덕목이다. 이것이 1977년 Robert Greenleaf의 《Servant leadership》이 당시 베스트셀러가 된 이유다. 리더는 또한 전체와 소수를 동시에 잘 다스려야 한다. 기업 전체의 인화도 필요하지만, 소수의 창조자(creative minority)도 잘 육성해야 한다는 의미다. 《논어》에 다음과 같은 구절이 있다. "현명한 사람을 존중하고, 평범한 사람을 포용한다. 잘 한 사람에게 상을 내리고, 능력이 없는 사람에게도 긍지를 준다."

2008년 미국 금융 위기로 GM이 파산 위기를 맞았을 때, New York Times에 "Steve Jobs를 GM의 CEO로 영입하면 iCar를 만들어 GM을 살릴 것이다"라는 기사가 난 적 있다. 지도자의 역할과 위상은 그만큼 중요한 것이다.

Jack Welch는 지도자의 자질을 정직, 솔선수범, 인재 활용, 전략보다 사람이 먼저라는 사고 방식, 형식 파괴, 자신감, 열정, 원대한 비전, 격려, 인정, 공정 평가 등을 제시하고 있다. Harvard Leadership Note에 의하면, 훌륭한 지도자란 인격(리더에 대한 개개인의 신뢰), 판단력, 직관력을 동시에 갖춘 사람이라고 한다. 또한 변화 수용, 효과적 비전, 포용성, 끼, 꾀, 용모와 더불어 분명한 끝맺음을 필요 자질로서 제시하고 있다.

Peter Drucker는 리더십에 대해 "효과적 리더십의 토대는 조직의 미션을 확고하게 정의하고 수립하는 것이다. 리더는 목표와 일의 우선 순위를 설정할 수 있어야 하고, 많은 기준을 세우고 지킬 수 있어야 한다"라고 언급했다. Jack Welch는 "당신이 지도자가 되기 전에는 성공이란 오로지 자신의 성장을 의미하지만, 지도자가 되면 당신의 성공은 다른 사람을 성장시키는 것을 의미한다"라고 했다. 마지막으로 Peter Drucker

도 "만약 어떤 사람이 리더가 되었다면, 그는 더 이상 사람이 아니라 조직 그 자체다."라고 유사한 견해를 내세웠다.

마케팅 사관학교 Procter&Gamble의 CEO 선정 기준

① 성격, 가치관, 진실성
② 검증된 실적 : 비즈니스 성과, 재무 성과, 조직 성과
③ 역량 및 능력 육성
④ 넘치는 에너지와 뛰어난 인내심
⑤ 비전있고 전략적인 리더
⑥ 고무적이고 용감하며 인정 많은 리더
⑦ 동료, 파트너, 그 외 외부 이해 관계자와의 생간적인 인간 관계
⑧ 변화를 수용하며 변화 선도
⑨ 충돌 및 비난과 마주한 상황에서 침착하고 냉정하며 탄력적인 태도
⑩ 조직을 키워나가는 능력 : 다수의 이익과 회사의 장기적인 건전성을 우선시하는 마음가짐.

이와 같이 인사관리 마케팅은 환대산업에 있어서 매우 중요하다. 제조업에서 제품 디자인, 생산, 유통, 판매, after-service 등 모든 과정에 있어서 마케팅 전략이 필요하듯이, 환대산업에서 가장 중요한 제품인 일선 직원에 대한 인사관리의 모든 과정에 있어서 내부 마케팅 전략이 수행돼야 한다.

내부 마케팅의 모범 사례

1. Walt Disney

Walt Disney는 엔터테인먼트산업이라는 업종에 걸맞게 인사관리라는 말 대신에 'casting'이라는 말을 사용하고, 직원이라는 표현 대신에 'cast member'라는 표현을 사용하고 있다. Walt Disney의 라인 조직은 고객과 직접 대면하여 각종 서비스를 제공하는 사람들인데, 이들을 'on stage member'라고 부르며, 스탭 조직인 'back stage member'와 구분하고 있다. 고객은 모두 초대된 손님이며, 직원은 주인된 입장에서 이들을 대접해야 한다는 의미에서, 남자 직원을 'host', 여자 직원을 'hostess'라고 부르고 있다. 그들은 또 채용됐다는 말 대신에 '쇼의 배역을 맡았다'는 표현을 사용한다(〈그림 4-13〉 참조).

이와 같이 일상 업무에 쇼 비즈니스업계에서 널리 쓰이는 용어들을 사용하는 이유

는, 직원들로 하여금 단순한 서비스 직원이라는 직업 의식에서 벗어나 진정한 주인 의식과 프로 의식을 갖고 고객 서비스에 임할 수 있도록 동기부여를 하기 위한 것이다. 이렇게 함으로써 직원들은 고객에게 제공해야 하는 서비스를 명확히 인식하고, 보다 능동적인 자세로 임할 수 있다. 이것은 독특하고 일관성있는 Walt Disney의 기업 이미지를 창출해내는 수단이 된다.

그림 4-13 Walt Disney의 cast members
출처: www.google.co.kr

Walt Disney는 채용에서 재교육까지 체계적이고, 일관성있는 프로그램을 통해 특유의 서비스 문화를 개발, 유지하고 있다. Walt Disney의 기업 문화는 채용, 교육, 의사소통, 복리 후생이라는 네 가지 요소로 이루어져 있다.

채용은 casting 센터에서 전담하고 있는데, 각종 Disney의 캐릭터가 장식된 건물 안에서 입사 희망자는 면접에 앞서 보수, 필요한 자질 등의 내용이 담긴 비디오를 시청하게 된다. 이 모든 과정에 일관되게 흐르는 것은 최종 고객에게 제공하고자 하는 서비스를 채용 전부터 명확히 함으로써 회사의 목적에 맞는 우수한 인재를 선발한다는 사고다. 그 후 인터뷰를 거치는데, 인터뷰 담당자는 현재 직접 서비스를 담당하는 직원 중에서 선발된다. 이는 현장에서 일하며 업무를 정확하게 파악하고 있는 직원이 최선의 채용을 할 수 있다는 확신 때문이다.

일단 '쇼의 배역'을 맡게 되면, 'tradition'이라고 불리는 교육을 받게 된다. 이는 자체 교육 기관인 Walt Disney대학에서 이루어지는데, 여기서는 Walt Disney의 역사, 비전과 더불어 서비스의 유형과 각자의 배역에 맞는 업무를 배우게 된다. Walt Disney의 무형 상품인 '행복'을 어떻게 고객에게 잘 전달할 수 있는가에 대해 각자의 배역에 맞게 세부적인 토의가 이루어진다. 여기에 대하여 현재 직접 이 일에 종사하고 있는 'cast member'가 주도가 되어 교육을 하게 된다.

이 방법의 장점은 두 가지를 들 수 있다. 첫째, 우수한 'cast member'가 될 수 있도록 자극을 준다는 점이고, 둘째, 신입 사원에게 최선의 사례를 제시함으로써 본격적인 배역을 맡기 전에 좋은 참고가 되도록 한다는 점이다. 신입 사원은 기존의 'cast member'와 함께 폐장 후에 Disney Land에서 직접 업무 경험을 하게 되며, 실제 업무를 수행할 때까지 반복적으로 훈련하게 된다. 이러한 tradition 과정의 목적은 내부 고객인 직원들이 조직의 문화를 마음에서 우러나와 구매하도록 하는 데 있을 뿐만 아니라, 각자의 업무가 조직의 성패에 매우 중요한 요소라는 자부심을 갖게 하기 위해서다.

교육 과정은 실제 업무를 맡은 뒤에도 계속되는데, 간부들의 경우 1년에 1주일 정도 직접 팝콘을 파는 것과 같은 대고객 업무를 함으로써 직원들과 고객들에 대한 통찰력을 배양시킨다. 또한 용모를 규정하는 'The Disney Look' 실현을 위해서 복장, 헤어스타일, 턱수염, 손톱, 보석, 명찰, 에프터 쉐이브, 체취용 화장품 등 세부 사항을 기록한 책자를 통해 교육시키고 있다.

Walt Disney는 관리직의 85% 정도가 자체 승진으로 충원이 되는데, 'Disney Land 인턴 프로그램'이라는 제도를 통해 이루어진다. 이는 승진을 시키고 난 뒤 교육이 이루어지는 것이 아니라, 그 업무를 맡기 전에 미리 교육을 시킨다는 개념으로, Walt Disney의 철학인 '채용 전부터 최고 경영자 과정까지의 끊임없는 교육'을 실현시키는 효과적인 수단이 된다.

효과적인 의사소통을 하기 위해 Walt Disney의 직원들은 성(last name)은 표시하지 않고, 이름(first name)만 표시된 명찰을 모두 착용하고 있다. 이렇게 하여 상하 간에 격의없는 대화가 이루어지도록 유도하며, 매주 'Eyes&Ears'라는 소식지를 발간하여 3만여 명의 전 직원이 최신 회사 정보를 항상 습득하게 하고 있다. 그 외에도 각자의 업무 분야별로 다른 소식지가 발간되는데, 이를 통해 전 회사 차원과 부서 차원에서의 의사소통이 원활히 이루어지도록 하고 있다. 또 현장의 관리자는 하루 업무 시간의 75%를 직접 관리 지역을 돌아다니며 스케줄 및 문제점을 체크하여, 서비스가 잘 이루어지도록 하고 있다.

Walt Disney의 복리 후생 제도도 매우 다양하다. 크게 각종 지원 제도와 표창 제도가 있는데, 그 중 표창 제도는 고객의 소리를 통해 우수하다고 평가된 직원을 포상하는 제도로, 다양한 방법이 동원된다. 상사와의 점심식사, 근무 장소에서 가까운 곳으로의 주차권 우선 배정, Walt Disney 호텔에서의 무료 숙박권 지급 등 다양한 포상을 제공하는 이 제도의 특징은 직원들이 서비스 업무 수행을 지원하거나, 몸소 체험하게 유도함으로써 지속적으로 대 고객 서비스를 향상시켜 나갈 수 있도록 하는 것이다. 복리 후생 제도 중 가장 특징적인 것은 크리스마스 휴가 기간 중 직원을 위한 Disney Land 개장을 들 수 있다. 이 날은 오직 자체 'cast member'와 그 가족을 위해 Disney Land가 개장되며, 경영진이 제복을 입고 직접 놀이 시설을 운영하는데, 회장이 햄버거와 핫도그를 팔기도 한다.

이와 같이 Walt Disney의 내부 마케팅은 적절한 인재를 채용하기 위한 노력에서부터 시작하여 지속적인 교육과 효율적인 의사소통, 각종 복리 후생 제도를 통해 구체화된다. 이러한 제도들은 구성원들이 조직 문화에 대해 자부심을 갖도록 도와주며, 궁극적으로 모든 Walt Disney의 'cast member'들이 "나는 Disney에서 일하는 것이 자랑스럽다"라고 느끼도록 해준다.

Albrecht는 《Service America》라는 저서에서 "만약 당신이 고객에게 서비스를 제공하지 않는다면 고객에게 서비스를 하고 있는 사람에게 서비스해야 한다"라고 언급한 바 있다. 이 간결한 문장에는 서비스 기업의 1차 고객은 바로 직원이라는 중요한 진리가 담겨있다. 훌륭한 서비스 기업이 되기 위해서는 고객에 대한 외부 마케팅에 앞서, 내부 고객인 직원에 대한 내부 마케팅에 역점을 두어야 한다.

2. 사서오경

필자가 내부 마케팅의 모범 사례로 《사서오경》을 제시하는 이유는 내부 마케팅의 교육과 관련, 세계적 대표 저서이기 때문이다(〈표 4-14〉 참조). 《사서오경》은 필자부터 읽어봐야 하는 저서로서, 올바른 사람이 되고, 올바른 행동과 언사로 올바른 삶을 영위할 수 있게 하는 지침서다. 유학의 대표 저서 《사서오경》 중 기본적으로 《대학》만이라도 읽자(필자도 아직 못 읽어봤다).

그러나 《사서오경》을 필히 읽어야 할 기업과 대상이 있다. 2014년 12월 소위 '땅콩회항'이라는, 세계 항공 역사상 영원히 '수치스러운' story telling으로 남게 될 역사를 창조해낸 KAL의 임원들과 조현아다. 직원을 마치 하인이나 노예로 생각하는 KAL의 최악의 기업 문화, 필자가 본 장에서 강조한 직원의 중요성을 완전히 망각하고 있는 그들이야말로 《사서오경》을 필히 읽어야 할 것 같다. 조현아의 행위는 지도자는 차치하더라도 인간으로서의 도리를 완전히 포기한 것이었으며, 그 잘못된 행위를 은폐하고, 부화내동하는 '노예 근성'의 부패한 일부 임원들의 행위는 한 마디로 가관이었다. 그들의 행위는 2018년 조씨 일가의 갖가지 추행으로 이어졌다. 《사서오경》은 바로 그러한 인간들의 필수 도서다.

표 4-14 사서오경

사서	
대학(大學)	대인이 읽어야 할 책이란 뜻에서 붙여진 이름. 유학의 내용과 체계를 소개하는 안내서이므로 처음 유학을 배우는 사람은 《대학》부터 읽어야 함.
논어(論語)	공자가 제자들에게 당부한 말이나 제자들의 질문에 답한 말 등을 공자 사후에 제자들이 편집한 책이다. 《논어》에 나오는 공자의 말은 지나치거나 모자라는 것도 없고, 치우치거나 편벽된 것도 없는, 가장 정상적이고 보편적인 말. 따라서 《논어》에 있는 공자의 말을 삶의 기준으로 삼으면 잘못될 일이 없음.
맹자(孟子)	맹자가 제자들에게 당부한 말이나 제후들과 문답한 말 등을 정리한 책이다. 맹자 사상의 특징은 마음을 강조하고, 하늘의 뜻을 중시하며, 문제의 해결책을 강구함.
중용(中庸)	유학의 내용 중에서 형이상학적 이론들을 집중적으로 설명하고 있는 책이다. 율곡 선생은 사서를 읽는 순서를 《대학》, 《논어》, 《맹자》, 《중용》의 순으로 정함.
오경	
시경(詩經)	공자가 춘추시대에 불리던 3,000여 편의 노래가사를 근거로 새로 편찬한 305편의 노래가사의 묶음이다. 시는 마음의 표현으로 시를 읽으면 정이 순화되고, 느낌이 순수해진다. 정이 순화되지 않으면 모든 일이 제대로 되지 않으므로 시를 읽는 것이 사람이 가장 먼저 해야 할 일임을 알 수 있음.
예기(禮記)	예의 내용을 주로 엮어놓은 것으로, 예란 성인(聖人)의 삶의 방식에서 유래됨.
서경(書經)	요 임금이 다스렸던 당을 비롯해 우나라, 하나라, 은나라, 주나라에 이르기까지의 역대 성왕들과 현상(賢相)들의 정치상의 발언과 행위를 기록한 책이다. 정치의 큰 틀을 이해하기 위한 지름길은 《서경》을 읽는 것.
춘추(春秋)	공자가 《춘추》에 있는 기록 중 은공(隱公)부터 애공(哀公)까지 12공 242년 간의 내용을 독자적인 역사 의식과 가치관을 가지고 필삭한 것이다. 《춘추》를 통해서 시비 판단을 제대로 할 수 있는 기준을 정할 수 있음.
주역(周易)	하늘의 뜻을 들을 수 있는 방법을 제시하고 있음.

출처: DBR July 2012 Issue 2, No.109

환대산업 마케팅 전략 계획 모델(관계 마케팅)

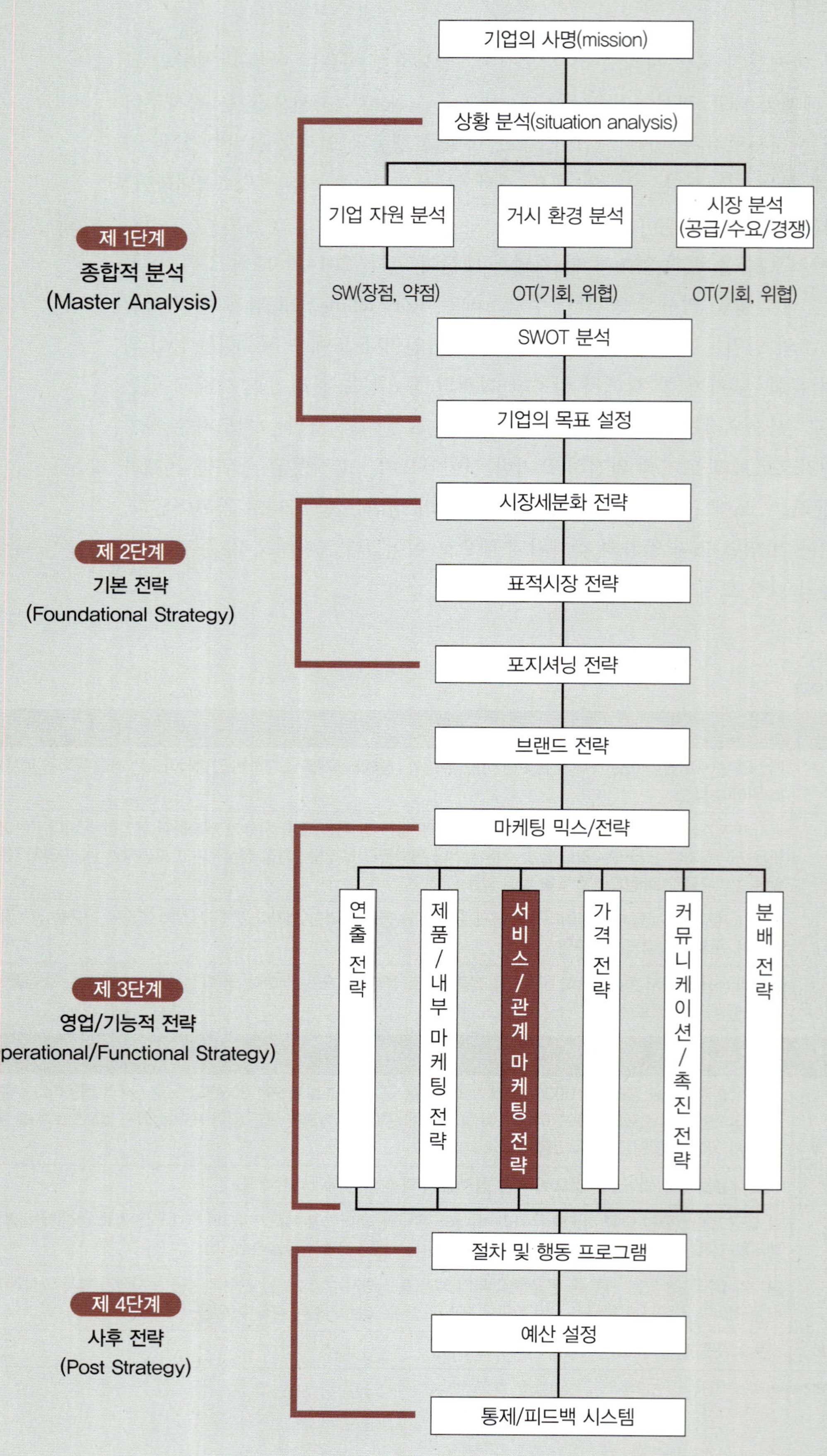

관계 마케팅

제 5 장

제 1 절 서비스 전략

관계 마케팅을 설명하기 전에 관계 마케팅의 근원인 서비스 측면을 먼저 고찰해보기로 한다. 관계 마케팅을 설명하기 전에 관계 마케팅의 근원인 서비스 측면을 고찰해보기로 한다.

2017년 The World Factbook의 통계에 의하면, 세계적으로 서비스산업은 GDP에 대한 기여도가 약 63%로 제조업 기여도의 두 배 이상이다. GDP에서 서비스 부문이 차지하는 비율이 높은, 환언하면 서비스산업에 국가 경제의 존망이 달린 나라가 많다.

그림 5-1 관계 마케팅의 상징적 의미. 내부 마케팅에서의 직원이 아무리 중요해도 그 중요성은 고객과 비교가 되지 않음. 고객이 휴식을 취하고 있을 때, 직원은 바다를 건너 서비스를 제공함으로써 그 차이를 나타내고 있음.

예를 들어 Jersey Island(96%), Cayman Island(91.3%), Hong Kong(92.7%), Bahama(90%) 등이 대표적이며, 선진국 중 Luxembourg(87.9%), France(77.9%), 미국(80.2%), 영국(80.4%), 일본(69.3%) 등도 그 비중이 매우 높다. 대한민국은 58.3%, 중국은 52.2%로 세계 평균에 못 미친다.

1. SERVQUAL(service quality) 모델

5가지 서비스 품질을 RATER 시스템이라고 함(앞의 첫 글자 순).

Parasuraman · Zeithaml · Berry는 서비스 품질을 다음과 같은 5가지 요소로 대분하고 있다.*

① 신뢰(reliability) : 서비스 수행 및 그에 대한 믿음의 확일성, 약속이행(예 : FedEx의 'Absolutely, Positively, Overnight').

② 보증(assurance) : 고객의 만족 제고에 필요한 서비스와 관련된 직원의 적합한 기술, 지식, 예의에 대한 고객의 확신, 고객의 위험 제거(예 : 최저 요금 보증 **BAR** : 제14장 가격 전략 참조).

③ 유형물(tangibles) : 서비스, 서비스 접점, 만족도에 대한 약속 등 서비스와 관련된 물질적 요소(예 : Aric Air, Alaska Airlines의 넓고 여유있는 좌석 공간).

④ 감정 이입(empathy) : 고객의 감정적, 지식적 관점에서의 개인적 서비스에 대한

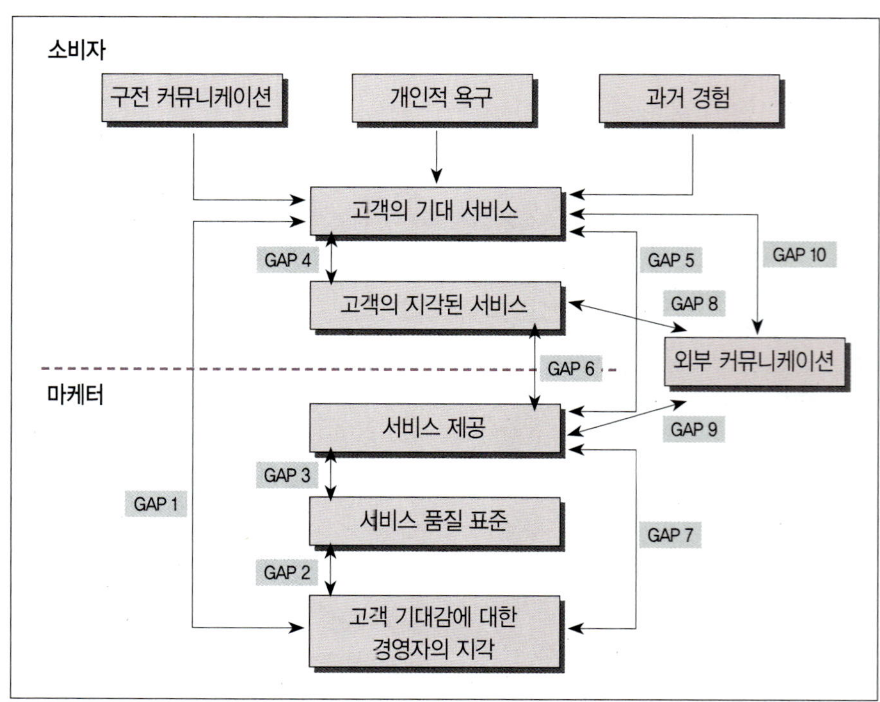

그림 5-2 서비스 품질의 Gap

출처 : Parasuraman, A., V. A. Zeithaml,&L. L. Berry(1985). "A Conceptual Model of Service Quality and Its Implications for Future Research," Journal of Marketing, Fall : 41–50.

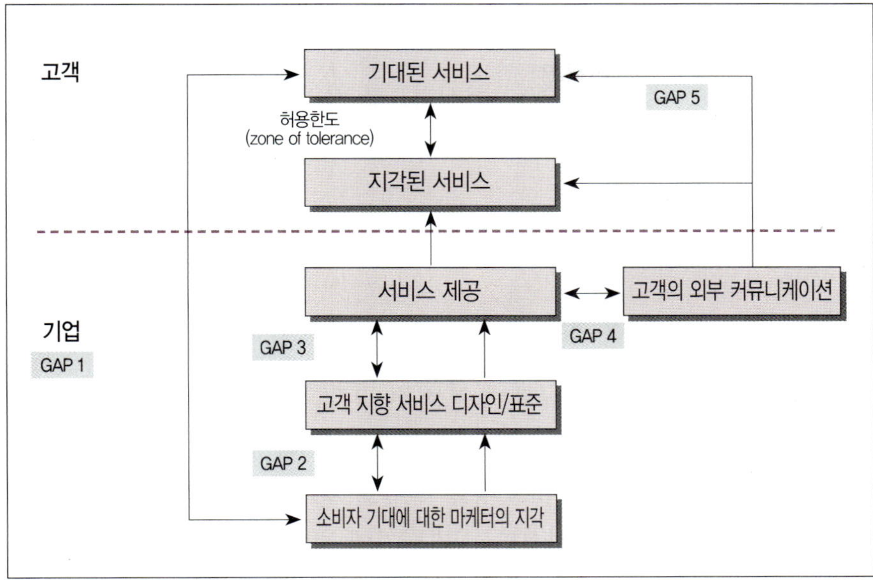

그림 5-3 서비스 품질의 Gap(요약)

출처:Zeithaml, V.A.&Bitner, M.J.(2003) Services Marketing(3rd ed., international), Boston:Mc Graw Hill/Irwin, 31

기대가 충족되는가에 대한 확신(예:Singapore Airlines 직원들의 다문화 교육을 통한 국적마다 다른 서비스).

⑤ 반응(responsiveness):고객의 욕구를 충족하기 위한 모든 직원의 가시적 의도, 혹은 준비된 반응(예:Four Seasons의 밤 11시까지 모든 서비스 제공, Ritz-Carlton의 선행형 서비스).

위의 서비스 품질은 〈그림 5-2〉의 Gap이 어느 정도 채워지는가에 의해서 결정된다. 〈그림 5-3〉에 대한 설명은 〈표 5-1〉과 같다.

표 5-1 서비스 품질 Gap의 발생 이유와 전술

Gap	Gap의 발생 이유	Gap에 대한 전술
Gap 1	• 부적절한 마케팅 조사 • 커뮤니케이션의 불일치(마케터와 고객, 마케터와 직원) • 부적절한 서비스 회복(recovery) 과정	• 공식적 마케팅 조사 수행 • 비공식적 마케팅 조사 수행(MBWA에 의한 관리) • 고객의 불평에 대한 의미 교육 및 고객의 불평을 환영하는 문화 조성
Gap 2	• 열악한 서비스 디자인 • 고객에 대한 표준화의 결여	• 고객 만족에 대한 직원에의 보상 • 서비스 청사진(blueprint) 개발
Gap 3	• 인사관리 정책의 부재 • 공급과 수요의 조화 실패 • 서비스 중계물의 문제	• 고용에 대한 전략적 전술 개발 • 직원의 직무 수행을 도울 수 있는 기물 및 집기 제공으로 인한 직원 개발 • 서비스 중계물 관리
Gap 4	• 통합적 마케팅 커뮤니케이션의 부재 • 과도 약속 • 부적절한 수평적 커뮤니케이션	• 통합적 마케팅 커뮤니케이션 시스템 구축 • 기업의 '할 수 있는' 것과 '할 수 없는' 것에 대한 이해 • 각 부서 간의 미팅
Gap 5	• Gap 1~Gap 4의 문제 • 고객과 접촉 시 RATER 시스템의 문제	• RATER(reliability, assurance, tangibles, empathy, responsiveness) 시스템 구축

출처:Zeithaml, V.A.&Bit (2003) Services Marketing(3rd ed., international), Boston:McGraw Hill/Irwin, 31

2. 서비스 품질의 유형

앞의 **RATER** 시스템과 달리, 필자는 보다 현실적으로 서비스 품질의 유형을 다음과 같은 7가지 유형으로 나누어 설명하고자 한다.

2-1. 제품의 특성(product features)

서비스의 속성은 크게 다음과 같은 4형태로 대분될 수 있다.

① 탐색 속성(search attributes) : 제품 구매나 이용 전 평가할 수 있는 유형적 특성임.
② 경험 속성(experience attributes) : 제품 구매 후 혹은 이용 시 평가되는 속성임.
③ 신뢰 속성(credence attributes) : 서비스 경험 후에도 평가되기 어려운 속성으로서 레스토랑의 위생 상태, 재료의 신선도 등이 여기에 해당됨.
④ 지각된 위험(perceived risk) : 서비스의 불확실성에 대한 고객의 지각으로서 경험 속성과 신뢰 속성이 높은 서비스일수록, 그리고 최초 사용자일수록, 그 위험이 커짐.

'Product features'는 경쟁사와 비교되는 제품의 독특한 특성을 의미하는데, 품질 제고를 위해서는 비용이 수반된다. McDonald's에서 고급 햄버거 판매 시 토마토와 기타 야채들을 부가시키며, McDonald's의 Texas Burger는 양이 많다.

미국의 Impossible Burger(〈그림 5-4〉 참조)는 햄버거 시장에서 가장 독특한 feature를 갖고 있다. Impossible Burger의 기본 전제는 기존의 햄버거와 똑같다. 맛, 외견, 냄새, 느낌, 손과 입으로 느끼는 감각(texture), 심지어 씹을 때 나는 소리까지. Impossible Burger의 독특한 feature를 결정짓는 단 하나는 햄버거가 고기가 아니라 'heme(haem)'이라 불리는 단백질(protein)이 주성분이라는 것이다. 콩 종류, 'soy leghemoglobin'에서 추출된 'heme'은 맛과 손, 입으로 느끼는 감각(texture)이 고기와 매우 흡사하다. 따라서 Impossible Burger의 천연, 채식 햄버거는 건강식이며 유통 기간도 길다.

다만 미국 FDA(Food and Drug Administration)에서는 'soy leghemoglobin'을 'allergen'(알레르기를 일으키는 물질)일 가능성이 있다고 판단하여 사용을 금지한 것이 하나의 문제점이다. 그러나 FDA는 미국에서 '사용되는 음식의 약 10,000가지 성분 중 정

그림 5-4 Impossible burger menu
출처 : www.impossiblefoods.com

확히 파악하지 못한 것은 1,000가지 정도이고, 음식 제조업체들은 GRAS(Generally Recognized as Safe) 프로그램의 허가만 얻으면 음식을 판매할 수 있기 때문에 Impossible Burger의 판매에는 큰 문제가 없다.

5일 동안 만든 제품을 판매하는 시간은 5년 걸리지만, 5년 동안 만든 제품을 판매하는 시간은 5일 걸린다. 품질과 판매 기간은 정확히 반비례한다.

2-2. 불평 표현의 자유

고객이 불만이 있을 때, 그것을 표출하는 자유의 정도다. 물론 그 정도가 클수록 품질은 제고된다. 필자가 판단할 때 불평 표현의 자유는 서비스 품질을 좌우하는 매우 중요한 요인이다.

표 5-2 Sky Scanner가 조사한 무리한 고객 불평 및 요구 사례

- 웨이터가 너무 잘 생겼다.
- 여자 친구가 코를 심하게 곤다.
- 애완견이 호텔을 마음에 들어하지 않는다.
- 침대 시트가 너무 하얗다.
- 욕조가 너무 크다.
- 채식주의자 메뉴에 스테이크가 없다.
- 시어머니가 신혼부부용 허니문 스위트룸을 받지 못했다.
- 하루에 오이 15개를 먹고 싶다.
- 오른쪽 닭다리만 먹겠다.
- 악어 수프 한 그릇을 해 달라.
- 밤새 매시간마다 물 한 잔을 가져다 달라.
- 변기물은 미네랄워터(광천수)로 채워 달라.
- 꿀로 목욕을 하고 싶다.
- 초콜릿 맛 우유로 목욕을 하고 싶다.
- 죽은 쥐 한 마리를 가져다 달라.
- 싱글룸에 베개 16개를 넣어 달라.
- 잠들 때까지 염소 소리를 들려 달라.

출처: 헤럴드 경제, 2014. 5. 3.

2-3. 기술적 품질

시설, 메뉴, 단체 급식의 대량 판매 시스템 등 유형적 제품으로부터 파생되는 품질을 의미한다. 기술적 품질은 hardware 측면과 software 측면이 있다. Hardware 측면은 FF&E(furniture, fixture, equipment)와 관련된 것이며, software 측면은 기술적 시스템을 의미한다.

이해를 돕기 위하여 McDonald's의 사례를 참고한다. McDonald's의 변하지 않는 공식 QSC(quality, service, cleanliness)는 철저한 기술적 품질에 의해 유지되고 있다.

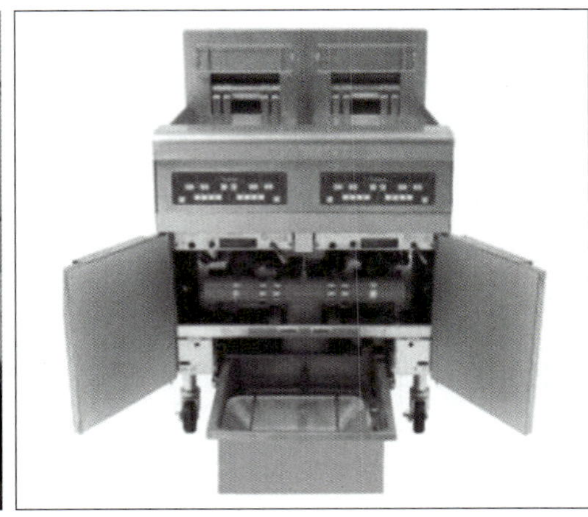

그림 5-5 McDonald's의 fryer

McDonald's의 기술적 품질

- 품질(Q) : 10년의 제품 개발 과정을 거쳐 지역별로 설치된 Quality Assurance Center(hardware)에서 제품의 맛, 크기, 색깔, 모양, 함유량 등을 수치로 규정하고, 제품 생산 시마다 점검을 한다(software). 고기는 매장에 배달되기 전, 최소 40가지 이상의 품질 검사를 마치며, 매장에서도 항상 영하 18° 이하에서 냉동 저장되는가를 시간별로 체크한다(software). McDonald's는 품질 관리를 위해 분자분석기(hardware)를 사용한다. 예를 들어 고형물 함량이 최소한 21% 이상인 감자로만 바삭바삭한 french fry를 만들 수 있다(software)는 연구 결과도 분자분석기를 통해 밝혀졌다. 분자분석기는 성분 분석을 통해 최적의 맛을 내는 조합을 찾아낸다(software). 또한 튀김기(hardware)의 기름 온도가 특정 수준에 이르면, 이를 감지한 감지기의 센서가 울린다(hardware). McDonald's는 이 감지기를 모든 튀김 메뉴에 적용한다(software).
- 서비스(S) : 햄버거를 만든지 10분, french fry는 튀긴 후 7분이 지나면 모두 폐기하며, 주문 후 30초 이내에 모든 서비스를 마친다(software). French fry는 길이별 비율까지 체크하며, 미리 규격에 맞게 자른 상태에서 적절한 크기의 fryer(hardware)를 통해서 조리된다(software).
- 청결(C):음식의 보관 장소, 식기, 집기, 음식 준비 장소는 표준화되어 있으며, 쓰레기통은 쉽게 접근할 수 있는 여러 곳에 배치하고(hardware), 직원은 AMH(anti-microbial handwash)라는 소독용 전용 비누(hardware)를 사용하게 되어 있다(software).

fryer
fry를 하는 조리 기구를 의미함. 너무 크면, 조리된 french fry 중 폐기 대상이 많아지고, 너무 작으면, 신속한 서비스에 장애가 되기 때문임(〈그림 5-5〉 참조).

기술적 통찰력(technology epiphanies)이라는 용어가 있다. 신체의 능동적 움직임을 통한 오락으로 전자 게임의 개념을 바꾸었던 Nintendo의 MEMS(micro-electro-mechanical system; 미세 전자 기계 시스템) 기술을 응용한 가속 센서(accelerometer), Apple의 새로운 음악을 발견하고, 구매해, 자신의 재생 목록을 만들고, 저작권 침해 문제에 해결책을 제시했던 iPad와 iTunes, 시계를 저렴한 패션 악세서리로 승화시켰던 Swatch의 quartz 기술 등이 그것이다. 이와 같은 타 산업의 기술적 진화가 환대산업의 여러 부문에 전파되며, 환대산업의 기술적 품질도 점차 제고되고 있다.

2-4. 기능적 품질

직원의 태도 등 서비스가 제공되는 과정과 관련된 품질로서, 환대산업에서 특히 중요한 역할을 한다. 즉 기능적 품질은 기술적 품질의 software와 유사한 개념의 품질이다.

한 컨설턴트가 호텔의 F/O 매니저들에게 경쟁 호텔 객실들의 사진을 보여주며, 어느 호텔의 객실인가를 질문한 결과, 대다수가 구별을 하지 못했다고 한다. 환대산업에서 기술적 품질보다 기능적 품질을 더 중요시되고 있다는 반증이 되는 사례다. McDonald's의 french fry를 종이백에 담을 때, 충분한 양을 담기 때문에 몇 개를 흘리게 된다. 이 때 고객은 McDonald's의 풍부한 인심을 느끼게 된다. McDonald's에서 항상 강조하고 있는 스마일과 함께 이것이 기능적 품질의 대표적인 예다.

2-5. 사회적 품질

고객들이 잘 깨닫지 못하는 품질로서, 안전, 화재, 건전 제품, 건강 제품 등 기업의 사회적 윤리와 관련된 품질이다. 과거 McDonald's의 french fry는 맛이 좋아 고객들로부터 큰 호응을 얻었다. 그러나 조리의 원천인 쇠고기의 비계(beef fat)가 건강에 해롭다는 사실이 밝혀지자, 1990년 맛을 손해보며 식물성 기름을 조리의 원료로 사용했다. McDonald's는 또한 미국의 광우병으로 인해 외식업계에 큰 영향을 미치자, 흰 살 생선을 튀겨 소스와 곁들여 먹는 신 메뉴를 개발하여 사회 조류에 부응했다.

1989년 당시 국내 라면 시장점유율 60% 이상을 차지했던 삼양라면은 우지 파동으로 엄청난 타격을 입고, 8년 간 법정 투쟁 끝에 무죄 판결을 받았으나, 라면 판매가 중단된 상태로 2005년 인수합병 매물로까지 나온 적이 있다. 현재는 '원조'라는 강력한 무기(포지셔닝)로 다시 어느 정도의 위치를 차지하고 있으나, 우지 파동은 사회적 품질이 얼마나 중요하고 동시에 무서운 것인가를 일깨워준 큰 사건이었다.

> **우지 파동**
> 검찰이 공업용 쇠고기 기름을 라면 기름으로 사용했다고 밝힌 사건.

1970년대에 유행되었던, 샐러드를 신선하게 하고 감자를 하얀 빛으로 오래 유지하게 만드는 화학적 anti-oxidant도 건강에 좋지 않다는 검사 결과가 밝혀지자, 더 이상 사용되지 않고 있다. McDonald's는 Ronald McDonald's House Charity 재단을 통해 오랫 동안 지역 사회와 우호적 관계를 구축하고, 취업 창출에 기여함으로써 1992년 LA 중남부 폭동 시에도 60여 개의 매장 모두 안전했다.

사회적 품질의 양극: KAL, Asiana Airlines vs 세월호, Malaysia Airlines

2014년 3월과 7월 Malaysia 국적 항공기 두 대가 실종 및 폭파로 각각 239명, 298명의 탑승자 전원이 사망하는 사고를 냈다.* 특히 두 번째 사고는 Russia측의 반군

> 한국교통안전진흥공단의 자료에 의하면, 대한민국의 경우 1억 마일 주행 당 사망자 수는 승용차 16.16명, 비행기 0.08명으로 비교가 되지 않음. 미국의 경우는 승용차 0.97명, 기차 0.07명, 비행기 0.05명이다. 비행기의 사망 확률은 4세 아기가 환갑까지 계속 비행기를 탈 때, 한 번 사고 당할 확률임.

그림 5-6 침몰된 세월호
출처: www.naver.com

과 Ukraine 정부군 간의 교전이 벌어지고 있던 Donetsk 지역을 지나다가 발생됐는데, KAL과 Asiana Airlines는 2014년 3월부터 그 노선을 위험 지역으로 판단해, 1회 운행 당 200만 원을 손해보며 11km 우회 비행을 했다. KAL은 나아가 안전보안실을 구심점으로 하는 FOQA(flight operations quality assurance)를 운영, 3차원 비행 영상을 통해 표준 절차에 의거한 안전 운행 모니터 시스템까지 구축했다.

국내에서 2014년 300명이 넘는 사망자를 내며 부정적 사회적 품질의 극치를 보여준 세월호(〈그림 5-6〉 참조) 사건으로 안전 불감증이 사회 전반에 고조되던 시기에, KAL과 Asiana Airlines의 비용을 희생하고, 사회적 품질을 제고시킨 이 올바른 결정은 사회적 품질이 무엇인가를 재차 일깨워준 모범적인 사례가 되었다. 눈 앞의 이익만을 추구하다 모든 관련 사업에 사형 선고를 받은 세월호와 6개월만에 주가가 반 토막이 나며 도산 위기에 처했던 Malaysia Airlines와는 큰 대조가 되고 있다(그러나 조현아가 KAL의 이 모든 것을 무용지물로 만들었다).

이와 같이 사회적 품질에는 제품 그 자체뿐 아니라 항공 노선, 주변 환경 등 증대 제품 범주까지 모두 포함된다.

1982년 Tylenol에 독극물이 주입되어 7명의 사람들이 죽은 사건이 발생한 적이 있다. 그 후 Tylenol은 안전성에 문제가 없는 제품 약 3천만 개(총 1억$)까지 모두 회수했고, 어떠한 이물질도 투입될 수 없는 안전한 캡슐을 제작하여 그 위기를 극복했다. 2001년에는 세계적 에너지 재벌 Enron사가 분식 회계 비리로 수백억$의 빚을 지고 파산했다. 1981년 Singapore Airlines는 기내 2층에 슬롯머신을 설치했으나, 줄이 길어지고, 안전에 문제가 생기자 곧 철거시켰다.

신 형태의 사회적 품질: recall

최근 사회적 품질에는 다른 차원의 개념이 포함되고 있다. 소위 'recall'의 개념이다. 즉 사회적으로 큰 파장이 된 사건들이다. 2009년 8월 미국 California에서 Lexus ES 350의 가속 페달 고장으로 일가족 4명이 사망하며, 2009년 11월 북미 시장에서 426만 대, 2010년 1월 230만 대 추가 'recall'에 이어 북미 시장 5개 공장 생산 중단과 8개 차종*의 판매 중단이라는 재앙을 불러일으킨 'Toyota recall' 사건이 그것이다. 수 십년 동안 세계 시장에서 쌓아온 '품질의 Toyota'의 신뢰가 무너진 이 사건은 사회적 품질의 대표 사례다.

* Rav4, Corolla, Matrix, Tundra, Avalon, Camry, Highlander, Sequoia 등이 그것임.

2018년 8월 15일 BBC 뉴스에 대한민국의 BMW 화재 사건이 대대적으로 보도됐다. 독자들이 잘 알고 있는 내용을 재차 설명할 필요는 없지만, BMW는 2013년에 미국, Australia, Canada, South Africa 공화국에서 50만 대를 'recall'한 선례가 있으며, 2017년에 36,000대, 2018년 8월까지 30만 대 이상을 'recall'했다. 향후 BMW의 별명은 'king of recall car'가 돼야 할 것 같다.

2016년 Apple의 iPhone을 압도할 수 있었던 삼성전자의 Galaxy Note7의 폭발 사고는 대한민국에게 엄청난 충격을 주었다. 삼성전자는 2016년 9월 2일, 전량 신제품 교환 발표 이후, 미국 FAA(연방 항공청), Transpant Canada, 미국 CPSC(소비자 안전 위원회), EASA(유럽 항공 안전청), 일본 국토교통성, DGCA(인도 민간 항공국) 등 세계의 많은 기관들이 사용 제한 및 금지를 선포하는 위기에 몰렸다. 그 후 삼성전자는 2016년 10월에 판매 중단 및 생산 중단이라는 공시로, 출시 54일만에 Galaxy Note7의 단종을 공식적으로 알렸다.

M. Chapoutier 와인은 세계 최초로 1990년대 후반 France 맹인협회와의 협력에 의해 맹인들도 와인의 원산지, 상호, 색상, 생산자, vintage 등을 식별할 수 있게 표찰을 만들었으며, 그 후 Spain의 Lazarus 와인은 아예 전면에 점자로만 표기된 표찰을 만들어 화제가 되고 있다. South Africa 공화국의 Wimpy라는 햄버거 체인점에서는 시각

표 5-3 세계 항공사의 안전 순위

순위	항공사	국가
1	Emirates	UAE
2	Norwegian AS	Norway
3	Virgin Atlantic AW	영국
4	KLM	Netherlands
5	EasyJet	영국
6	Finnair	Finland
7	Etihad Airways	UAE
8	Spirit Airlines	미국
9	Jetstar Airways	Australia
10	Air Arabia	UAE

출처: Jacdec Airline Safety Ranking 2018

장애인을 위해 '당신을 위해 만든 100% 순 쇠고기 버거'라는 참깨를 이용한 점자를 넣어 시각 장애인들을 감동시키고 있다.

앞의 사례들과 더불어 Towering, Titanic 등의 영화에서 상영되었던 화재, 전복 등의 사고는 고객들이 모르고 있는 사회적 품질이다. 사회적 마케팅의 중요성이 강조되고 있는 현 시점에서 이러한 사회적 품질은 장기적 관점에서 역시 서비스 품질에 영향을 미치고 있다(〈표 5-3〉 참조).

2-6. 정서적 품질

인간은 제품의 기술적, 기능적 품질 외에도 정서적인 품질을 중요시 여긴다. 아마 정서적 품질이라는 용어를 필자가 최초로 도입하는 것이 아닌가 생각한다. 정서적 품질은 특히 오감과 관련되어 여러 유형에서 파생된다.

과거 미국의 세제 시장에서 기업들의 소구 및 광고의 초점은 깨끗함이었다. Tide는 '하얗다', Cheer는 '흰 것을 더 희게', Bold는 '눈이 부시다' 등을 강조했으나, Unilever의 Surf는 세제에 향수만 두 배 첨가하며 그 초점을 바꾸어 성공했다. Tide, Cheer, Bold는 세제의 기술적, 기능적 품질과 부분적으로 관련된 것이나, 다른 관점에서는 색을 봄으로써(see) 세제의 품질을 느끼는 것이기도 하다. 반면 Surf는 사람들이 세탁이 잘 됐는지를 냄새를 맡으며(smell) 판단하는 정서적 품질에 해당된다.

들으면서(hear) 느끼는 정서적 품질도 많다. 감자칩을 먹을 때 바삭바삭한 소리가 그것이며, 껌을 씹으며 나는 '딱딱' 소리도 그렇다. 청소할 때 진공청소기가 소리가 나지 않는다면, 청소가 되고 있는지 아닌지 의심이 갈 것이며, 화장실 변기에 물 내려가는 소리를 들으면서 무언가 청소되고 있다고 느끼며, 속 시원한 느낌을 받는 것도 같은 맥락이다. 축제와 나이트 클럽의 소음은 품질을 높여주고, Harley-Davidson의 우렁찬 기계 소리는 Harley-Davidson의 중요 품질 요소 중 하나다.

맛(taste)도 정서적 품질 범주에 해당된다. 맛이 있고 없고는 제품의 우수성에 해당되지만(제품의 기술적 혹은 기능적 품질에 해당되나), 고향의 맛, 어릴 때 느끼던 그 맛, 원조의 맛, …와 유사한 맛, 내 취향에 맞는 맛 등은 객관적으로 좋고 나쁨을 측정할 수 없는 절대적인 정서적 품질에 해당된다.

마지막으로 느낌(feel)은 가장 많은 부분에서 정서적 품질을 파생시킨다. 우리가 아끼는 물건, 집안 전통과 관련된 물건, 개인적으로 의미있는 물건 등은 객관적으로 더 좋은 물건과 교환되지 않는다. 그 이유는 정서적 가치(emotional value), 혹은 정서적 연결고리(emotional attachment)가 있기 때문이다.

그림 5-7 Chateau de Mirambeau(위)와 Tulloch Castle Hotel(아래)

세계 최고의 성(castle) 호텔들은 유럽에서 찾을 수 있다(〈표

표 5-4 유럽의 대표 성(castle) 호텔(〈그림 5-7〉 참조)

국가	호텔
Spain	Parador de Oropesa
Belgium	Château d'Hasonville
Portugal	Odos Pousada
Germany	Dornröschenchloss Sababurg
Scotland	Tulloch Castle Hotel
Switzerland	Wartegg Castle
영국	Leeds Castle
Sweden	Häckeberga Castle
France	Château de Mirambeau

5-4〉 참조). 성 호텔들은 현대화(**state-of-the-art**)보다는 고전적 느낌으로 인기가 높다. 환언하면, 기술적, 기능적 품질은 크게 떨어지나, 정서적 품질은 월등히 높다는 것이다. 그 외에도 제12장 연출(presentation) 믹스의 구성 요인 중 환경적 요소(atmospherics)에 해당되는 많은 속성들이 느낌에 의한 정서적 품질에 해당되는 요인들이다.

2-7. Servicescape(서비스 환경)

Servicescape은 자연적, 사회적 환경과 대비적 개념으로서, 서비스가 제공되는 장소에서 인간이 인위적으로 만든 물리적 환경이라고 정의될 수 있다. **Servicescape**은 ①주변 환경(ambient conditions), ②공간 배치와 기능성(spatial layout and functionality), ③신호·상징물·인공물(sign, symbol and artifacts)의 3가지 차원으로 분류된다.

첫째, 주변 환경은 공기의 쾌적성, 날씨, 온도, 공기, 소음, 향기, 음악 등과 같은 환경의 배경적 특성으로, 미각을 제외한 인간의 오감에 영향을 미칠 수 있는 요소다. 둘째, 공간 배치와 기능성은 좌석 배치, 계단 위치, 출입구, 화장실 등의 설계에 관한 것이다. 마지막으로 신호·상징물·인공물은 표지판, 인조물, 장식의 유형 등 고객에게 서비스 제공 장소에 대한 정보 제공, 커뮤니케이션 등을 의미한다.

Servicescape의 창시자인 Bitner에 의하면, 개발되어진 **servicescape**을 통한 물리적 환경의 중요성은 호텔·외식산업을 포함한 서비스산업에서 널리 인식되어지게 됐다고 한다. 이후 많은 학자들에 의해 스키장, 미식 축구장, 야구장, 병원, 카지노, 호텔, 레스토랑 등 다양한 부문에 적용됐다. 세종대학 유기상은 고급 레스토랑에서의 물리적 환경을 측정하기 위하여 dinescape을 개발했는데, 그는 심미성(aesthetics), 주변 환경(ambience), 조명(lightning), 테이블 세팅(table setting), 배치(layout), 사회적 요소(social factors) 등 6가지 구성 요소를 제시했다. 사회적 요소는 고객의 특성, 직원의 외모, 직원의 숫자 등을 의미한다.

고객이 기업을 찾는 최종 목적인 제품과 서비스는 아니나, 위와 같은 환경적 요소는 고객이 제품과 서비스의 품질을 추론할 수 있는 단서를 제공하기 때문에 역시 중요한 요소다. 이러한 것을 '**quality cue**'(**품질 단서**)라고 한다.

대한민국은 서비스 품질을 다양한 기관 및 방법에 의해 평가하고 있다. 1992년부터 시작된 한국능률협회의 KCSI(Korean Customer Satisfaction Index), 한국표준협회의 KS-SQI(Korean Standard Service Quality Index), 서울특별시의 SSI(Seoul Service Index) 등이 대표적 예들이다.

제2절 관계 마케팅의 개념 및 의의

1. 관계 마케팅의 개념

Wal-Mart의 회장 Sam Walton의 이야기이다. "보스는 단 한 사람, 고객뿐이다. 고객은 회장부터 하부 구성원들까지 모두 해고할 수 있는 능력이 있다. 고객이 다른 곳에 돈을 쓰면, 우리는 모두 일자리를 잃을 수밖에 없다." Disney에서 고객의 철자는 'Guest'다. 어떠한 경우에 있어서도 고객의 첫 문자는 대문자 G다.

Francis Bacon은 사회심리학이라는 새로운 학문을 연구하며 《신기관(Novum Organum)》이라는 저서를 통해 인간 상호 간의 거래와 교제로부터 발생하는 시장의 우상이 모든 문제의 주요 원천이라고 언급했다. 이 시장의 우상에는 관습, 의식, 습관, 교육, 선례, 모방, 경쟁, 협동, 투정, 찬양, 비난, 훈계, 평판 등이 있으며, 이러한 요소들이 인간의 도덕을 지배하고, 인간의 정신과 행동을 억제한다고 한다. 이 우상을 타파하고 개선시키는 것이 곧 관계 마케팅의 궁극적 목표라고 할 수 있다. 강한 상호성 동기를 갖고 행동하는 사람의 의미인 'homo reciprocans'라는 용어가 있다. Aristotle이 말했듯이 인간은 사회적 동물(animale sociale)이다.

우상
Bacon에 의하면, 우상에는
① 종족의 우상(idola tribus): 자기 자신을 모든 사물에 투영시켜 시인하는 잘못
② 동굴의 우상(idola specus): 자기 자신의 특수한 특성이나, 경우에 얽매어 진실을 밝히지 못하는 편견
③ 시장의 우상(idola fori): 인간 상호 간의 사귐, 관습적 언어에 사로잡혀 오류가 생기는 편견
④ 극장의 우상(idola theatri): 역사, 전통, 교권 등을 자기의 판단에 의하여 고찰하지 않는 데서 오는 편견
등이 있음.

환대산업의 중심은 인간이며, 인간의 상호 작용에 의해서 제품이 판매되고, 소비된다. 그 제품에는 어떠한 형태든 서비스가 포함되어 있으며, 서비스 품질을 결정하는 가장 핵심적 요소는 인간의 상호 작용, 즉 관계다. 관계란 보이지 않는 것이다. 기원전 Heracleitos의 "보이지 않는 연관성은 보이는 연관성보다 강력하다"라는 말을 상기하자. 관계 마케팅이란 인간의 상호 작용으로 발생되는 관계로부터 시작하여, 장기적 관점의 관계를 포함하는 포괄적 개념인데, '고객을 자산(asset)으로 생각하고, 고객을 보호하는 마케팅으로서, 고객을 창출하고 장기적 가치를 제공해 가며, 그 관계를 지속적으로 유지 · 제고시켜나가는 것'으로 정의를 내릴 수 있다.

관계 마케팅은 점차 고조되고 있는 소비자(보호)주의(consumerism)의 개념을 포함하며, 나아가 고객 제일주의에 입각한 마케팅이다. Berry에 의하면, 관계 마케팅의 중요성은 다음과 같은 시장 환경 하에서 더욱 중요하다고 한다.

- 서비스 공급체에 지속적이고, 주기적인 바람이 있을 때
- 서비스 공급체에 대한 대안이 많이 존재할 때
- 산업 내 고객의 충성도가 약하고, 브랜드 변경이 빈번하며 용이할 때
- 구전 커뮤니케이션이 제품에 대한 촉진에 있어서 특히 강력한 형태일 때

그림 5-8 고객은 항상 옳다

위의 이론은 환대산업에 있어서 관계 마케팅의 중요성을 잘 대변해주고 있다.

미국의 Stew Leonard 슈퍼마켓 내규의 제 1조는 '고객은 항상 옳다'다. 제 2조는 '그렇지 않다고 생각되면 다시 제 1조를 읽어라'다(〈그림 5-8〉 참조). 관계 마케팅의 핵심 용어는 고객이다. 고객에 대한 가치 창조, 고객 중심, 고객 만족, 고객의 충성도 제고가 그것이다. 그 정의와 같이 고객과의 기본적 관계로부터 출발하여 고객에게 신뢰를 갖게 하고(accountable), 능동적인 태도(proactive)로 진전시키며, 궁극적으로는 동체적 관계(partnership)를 형성해나가는 모든 과정이 관계 마케팅의 범주에 포함되는 것이다.

Levitt은 관계 마케팅을 결혼에 비유했다. 남성과 여성이 결혼할 때 가장 중요한 목표가 이혼하지 않고 평생 같이 사는 것이라면, 마찬가지로 기업과 고객이 처음 만났다면(기업이 고객을 처음 창출했다면), 기업의 입장에서는 그 고객을 평생 고객으로 남게 만드는 것이 가장 중요한 목표일 것이다. 그 관계가 깨진다면 말할 것도 없이 고객의 손해가 아닌 기업의 손해며, 경쟁 기업만 유리하게 만드는 결과가 될 것이다.

Francis Bacon은 결혼의 목적은 종속의 영속이며 이에 대해서 많은 철학자들이 또한 동의하고 있다. Plato는 《정치학(Politics)》에서, Nietzsche는 《짜라투스트라는 이렇게 말했다(Also Sprach Zarathustra)》에서 결혼 시 최우수자끼리의 결합을 주장하고 있다. 특히 Nietzsche는 결혼의 목적은 종족 번식뿐만 아니라 발전을 이룩하는 것이라고 역설했다.

관계 마케팅의 목적은 결혼의 목적과 부합된다. 관계 마케팅은 고객을 유지하는 마케팅이다. 기업은 종족의 번식에 해당되는 고객의 창조보다는 종적의 발전에 해당되는 창조된 고객의 유지에 더욱 노력을 해야 한다. 고객은 경작하는(cultivate) 것이지 사냥하는(hunt) 것이 아니다.

2. 관계 마케팅의 의의

2-1. 관계 마케팅의 의의

시장은 항상 새로운 제품을 원한다. 그러나 오래된 것일수록 좋은 것이 있다. 전통, 술, 친구, 골동품, 예술품, 그리고 고객이 그것이다. 우리가 친구 관계에서도 경험할

수 있듯이, 인간 관계는 지나면 지날수록 친밀함과 우정이 두터워진다. 다다익선이라는 말이 있다. 돈(?), 시간, 친구, 경험, 투표 수, 시장점유율, 열쇠, 제자, 논문 그리고 고객이 그것이다. 이 두 가지가 관계 마케팅을 가장 잘 이해할 수 있는 첩경이다.

관계 마케팅은 사랑? 우정?

미국 Tutts대학의 Robert Sternberg에 의하면, 사람은 'triangle theory', 즉 친밀감(intimacy), 열정(passion), 헌신(commitment)의 세 가지 요소로 구성돼있다고 함.

사랑
신의 무조건적인 사랑은 'agape', 가족의 사랑은 'stolge', 친구와 형제애는 'philia', 연인간의 사랑은 'eros'라고 함.

관계 마케팅의 핵심 용어는 그객의 충성도(loyalty)다. 우리가 흔히 이야기하는 사랑과 우정 중 충성도는 어느 편에 가까운 용어일까? 즉 기업은 고객을 사랑*으로 대하여야 하는가, 아니면 우정으로 대하여야 하는가? 모두 옳겠지만 여기에는 명백한 차이가 있다.

사도 Paul이 Korinthos 사람들에게 보낸 편지에 표현된 사랑의 의미를 먼저 살펴보자. "Love suffers long and is kind; love does not envy; love does not parade itself, is not puffed up, does not behave rudely, does noy seek its own, is not provoked, thinks no evil; does not rejoice in the truth; …… And now abide faith, hope, love, these three; but the greatest of these is love"("…… 믿음과 희망과 사랑 중에 가장 위대한 것은 사랑이다").

사랑은 바람직한 모든 사상을 포함하고 있지만 한 가지 갖지 못하는 것이 있다. 그러나 그 하나가 관계 마케팅에 있어서는 가장 중요한 하나다. 그것은 바로 상호성이다.

상호성이 없기 때문에 사랑이 특정 대상에 고착되면 숭고하기보다는 죄악을 낳을 수 있고, 반대의 상태인 증오, 적대로 발전할 수도 있다. 사랑이라는 단어는 상호성이 없는 데에 대한 불행을 마음에 품을 때가 많지만(한 편이 원하건 원하지 않건 일방적인 사랑이 있을 수 있지만), 우정은 상호 간의 존경심을 바탕으로 하는 상호성을 그 근간으로 하고 있다. 짝사랑이라는 말은 있지만 짝우정이라는 말은 없지 않은가. La Bruyere에 의하면, 세월은 우정을 돈독하게 만들지만 사랑은 약화시킨다고 한다. Michel Eyquem de Montaigne 역시 행복한 결혼은 함께 있음과 사랑의 조건을 거부하고, 우정의 조건들을 반영하고 애쓰는 것이라고 한다.

기업과 고객의 관계는 사랑보다는 우정적인 차원에서 형성되어야 한다. 상호 성공(win-win) 공식이 바로 이것이며, Aristoteles의 《윤리학(Ethics)》에서 언급되었듯이, '진정한 벗은 두 육체에 깃든 하나의 영혼'이라는 사상적 교류가 기업과 고객 간의 관계에 형성돼야 한다. 행복은 나누어 가질 때 증대되는 것이 아닌가. Friedrich Wilhelm Nietzsche는 사랑은 소유욕에 지나지 않고, 구애는 전쟁이며, 결혼은 정복이라고 했다. 또한 사랑은 모든 감정 중 가장 이기적이며, 배반당할 때 가장 관대하지 못하다고 한다.

관계 마케팅이 그런 차원에서 이루어지는 것은 결코 바람직하지 못할 것이다. 관계 마케팅의 핵심은 기업과 고객과의 우정이다. 이 우정을 보다 과장하여 해석한다면 소위 마피아와 같은 조직을 형성하는 요인인 강력한 유대 관계(bond) 혹은 의리다. Harley-Davidson 웹사이트에서 다음과 같은 문구를 볼 수 있다. 'At Harley-Davidson, the purchase of motorcycle is the beginning of the relationship, not the end.'

기업과 고객의 유대 관계

Berry는 유대 관계에 대해 다음과 같은 세 단계를 제시했다.

① 금전적 관계(financial bonding) : American Airlines가 효시로 현재 보편화돼있는 mileage 프로그램과 같은 단골 고객에 대한 가격 할인.

② 사회적 관계(social bonding) : 모터 사이클로 유명한 Harley-Davidson의 HOG와 같은 회원 단체의 이벤트, 경주대회 등으로 고객 간의 유대 관계를 회원제 등을 통해 강화.

③ 구조적 관계(structural bonding) : Federal Express의 Powership 프로그램에 가입하면, 고객은 전자저울, 모뎀/컴퓨터 터미널, 바코드 스캐너, 레이져 프린터, 기타 각종 용구를 무상으로 제공받음. 이와 같이 고객을 서비스 창출이나 제공 과정에 참여시키는 방법. 일본 Seven&I의 CEO 스즈키 도미후시에 의해 세계적 체인이 된 7Eleven 계열의 PB Seven Premium에서 운영하는, 고객의 의견을 수렴해서 제품 개발을 하는 사이트가 대표적 예임.

필자는 여기에 진전된 한 단계를 추가하고자 한다. 그것은 Susan Fournier와 Lara Lee가 제시했던 다음의 사항이다.

④ 고객 커뮤니티 : 고객 커뮤니티는 브랜드에 대한 믿음과 강력한 기호에 의한 'pool'(반드시 직접적 상호 작용은 하지 않음), 활발한 상호 작용을 유지하는 'web', 그리고 강력한 한 인물을 중심으로 충성스러운 집단을 형성하는 'hub' 등의 세 형태로 나눔. 이와 같이 브랜드에 대한 공통의 열정을 통해 서로 연결되고자 하는 사람들의 브랜드 커뮤니티 활동을 '**tribal marketing**'(**종족 마케팅**)이라고 함.

비록 기업과의 직접적 유대 관계는 아니나, 고객의 권한이 계속 증대되는 현 시대에 있어서 고객 간의 유대가 곧 관련 기업과의 유대 관계에 필히 포함되어야 한다는 것이 필자의 생각이다.

충성도 형태와 고객 형태

일반적으로 소비자는 제품 혹은 브랜드 충성도에 따라 ①고충성도 고객(hard-core loyal), ②저충성도 고객(soft-core loyal), ③다변 충성도 고객(shifting loyal), ④무충성도 고객(switchers)으로 분류된다.

저충성도 고객은 보통 습관적 구매(**inertia**)의 경향이 있으며, 다변 충성도 고객이란 여러 브랜드에 대해 저충성도를 갖고 여러 브랜드를 이 것, 저 것 사용하는 형태의 고객을 의미하고, 무충성도 고객은 어떠한 브랜드에도 충성도가 없는 고객을 의미한다. 따라서 고충성도는 **premium loyalty**, 저충성도는 **inertia**로 표현되기도 한다.

inertia
사전적 의미는 무기력증이나, 마케팅에서는 습관적 구매나 방문이라는 의미임.

충성도 사다리(loyalty ladder)

Considine과 Raphel은 **충성도 사다리(loyalty ladder)**라는 용어를 통해 고객의 단계를 suspect(구매에 대한 확신이 부족한 사람) → prospect(제품을 알고 있으나 구매하지 않는 사람) → trial buyers(first time buyers, 시험 구매자) → repeat buyers(반복 구매자) → client(단골 고객 : 타 제품을 구매하지 않는 사람) → advocate(주변 사람에게 자사의 제품을 권유하는 고객)으로 구분했다.

그러나 고충성도 고객의 차원을 넘어 advocate의 차원으로 승화시키는 것이 관계 마케팅의 최종 목표다. 이 advocate은 사도 고객(apostle)이라고도 불리운다. 사도 고객은 보수 없이 특정 제품을 알리고 다니는 전도사 역할을 한다는 뜻이다. 사도 고객과 정반대 형태의 고객은 테러리스트(terrorist), 다변 충성도 고객과 같이 조그만 이해와 실리에 제품을 변경하는 경우는 용병 고객(mercenary), 내부 고객 등과 같이 자사 제품을 사지 않을 수 없는 고객을 인질 고객(hostage), 충성도는 낮으면서 혜택만 잘 누리는 고객은 얌체 고객(cherry picker)이라고 한다.

테러리스트
자사의 제품을 비방하고 다니는 고객 형태를 의미함.

Jones와 Sasser는 Harvard Business Review에서 **충성도 사다리** 단계별 고객의 행태를 〈표 5-5〉와 같이 제시했다.

표 5-5 충성도 사다리별 고객의 만족, 충성도, 행동

구분 / 충성도 사다리	만족	충성도	행동
loyalist/apostle	높음	높음	유지/지지
defector/terrorist	낮음-보통	낮음-보통	이탈
mercenary	높음	낮음-보통	유지 · 이탈/낮은 몰입
hostage	낮음-보통	높음	이탈 못함/덫에 걸림

출처 : Jones, T.O. and Sasser, W.E. Jr.(1995). Why satisfied customers defect. Harvard Business Review, 73(6).

마지막으로 Raphel과 Griffin은 《Building Loyalty in Business Mix》 저서에서 고객개발 단계(customer development stage)라는 용어를 통해 advocate보다 더 상위 단계 형태를 소개한 바 있는데, 고객이 관계 증진을 원하는 단계 → 제품에 대한 보증 선전(endorsement) → 경쟁사 유혹에 저항 → 프리미엄 지불 용의 → 신제품 개발에 협력적 관계 희망(partner) → 투자 가능성(part-owner)이 그것이다.

충성도 측정

충성도의 측정은 어떻게 해야 할까? 궁극적 충성도의 측정은 구매 점유율에 의해 이루어진다. Taco Bell의 CEO John Martin이 말했듯이, 식음료 기업의 충성도 측정은 '위(stomach)의 점유율'에 의해 이루어진다.

일반적으로 충성도의 측정은 ①재구매 의도(intent to repurchase), ②RFM(recency, frequency, monetary value)의 1차 구매 행동(primary purchase behavior), ③구전 의사인 2차 행동(secondary behavior)과 같은 세 변수에 의해 이루어진다.

구전 의사와 관련해서 **순고객추천지수(NPS : net promoter score)**란 개념이 있다. **NPS**란 고객들의 입소문을 통해 자사나 자사의 제품, 브랜드를 추천하는 비율을 계량화한 것을 말한다. **NPS**는 Fred Reichheld가 개발했는데, 10점 만점에 0~6점은 비추천 고객(detractors), 7~8점은 중립 고객(passives), 9~10점은 추천 고객(promoters) 등 세 그룹으로 나누어, 추천 고객 수에서 비추천고객 수를 뺀 값으로 최종 지수가 정해진다. 두 자리 수가 나오면 매우 훌륭한 점수(거의 불가능한 점수)고, 0 아래로 내려가면 심각한 상태다. Google의 **NPS**는 5를 넘는다(어마어마한 점수다).

2-2. 고객 충성도 프로그램

고객 충성도 프로그램과 충성도의 관계

마일리지 프로그램에 있어서 최고의 권위를 자랑하는 Flyer Talk Awards에서 수행하는 2018년 수상 결과는 〈표 5-6〉과 같다. 2016년 9월, Marriott International이 1,300개가 넘는 Starwood 계열 호텔들을 133억$에 인수 · 합병한 이후, 2019년 1월부터 양측의 고객 충성도 프로그램도 하나로 통합됐다. 호텔산업 양 거목의 통합 프로그램은 모든 호텔들의 벤치마킹 대상이 될 것으로 판단된다.

고객의 충성도는 관계 마케팅의 진정한 의미를 이해하는 데에 가장 적합한 용어다. 항공사에서 필수 불가결한 전략이며, 동시에 대표적 성공 전략 중의 하나인 마일리지

표 5-6 2018 ANNUAL FLYERTALK AWARDS

	Best Rewards Program	Outstanding Benefit
America		
Fly	Alaska Airlines Mileage Plan	American Airlines Advantage–Oneworld Lounge Access on International Flights
Stay	Starwood Preferred Guest	Marriott Rewards–Concierge Lounge access and breakfast for 2
Drive	Hertz Gold Plus Rewards	Hertz Gold Plus Rewards–Ultimate Choice
Europe/Africa		
Fly	British Airways Executive Club	British Airways Executive Club–Reward Flight Saver
Stay	Hilton Honors	Hilton Honors–Free breakfast
Drive	Hertz Gold Plus Rewards	Hertz Gold Plus Rewards–Free upgrades
Middle East/Asia/Oceania		
Fly	Qatar Airways Privilege Club	Cathay Pacific Marco Polo Club–Lounge Access
Stay	Starwood Preferred Guest	Marriott Rewards–Concierge Lounge access and breakfast for 2
Drive	Hertz Gold Plus Rewards	Hertz Gold Plus Rewards – Gold Service

출처 : 2018 ANNUAL FLYERTALK AWARDS

프로그램(FTP : frequent traveler program)이 충성도를 이해하는 데에 있어서 가장 좋은 예가 될 수 있다. 왜 같은 프로그램이 대다수의 호텔 기업에 있어서는 실패 사례가 되었을까?

이 프로그램을 최초로 실시한 호텔 중 하나인 Holiday Inn(Priority Club)에서 수 백만$의 손해를 보자 프로그램을 중지하고자 했지만, 그것으로 창출된 고객의 반대에 의해 지속할 수밖에 없었다(〈그림 5-9〉 참조).* 1984년 Marriott*(Honored Guest)은 1,600만$, 1987년 Hilton(HHonors)도 수백만$를 투자하여 FTP를 시작했으나, 그 결과는 역시 실패작이었다. 그 이외에 Ramada Inn(Business Card), Sheraton(Club International), Westin(Westin Premier) 등 유명 호텔들도 같은 경험을 했다.

그림 5-9 호텔 FTP의 예. Holiday Inn의 Priority Club

최초의 호텔 frequent-flier 프로그램은 1983년 InterContinental임.

Marriott의 경우 Residence Inn, Fairfield Inns, Wynd ham World wide 등 전체 family 호텔들에 있어서 동일한 FTP를 수행하고 있음.

렌터카에서는 Hertz, 신용카드 시장에서는 American Express, 통신 시장에서는 AT&T, 소매점(retail shop)에서는 Neiman Marcus 등이 마일리지 프로그램을 최초로 도입했다. 즉 대다수 산업에서 선도 기업들이 마일리지 프로그램의 효시가 되고 있다.

2017년 중국의 대표적 환대 기업들인 Deer Jet와 HNA Hospitality Group은 공동 보상 프로그램을 계약했다. 2016년 세계 최초로 787 Dream Jet을 구매한 Deer Jet과 이 프로그램을 체결한 HNA Hospitality는 중국 Hainan Airlines와도 공동 보상 프로그램을 계약한 바 있다.

Marriott International, Inc.이 2016년에 Starwood를 인수하며 호텔 충성도 프로그램의 진화가 일어나고 있다. Marriott International은 2017년부터 Marriott Rewards, Starwood Preferred Guest, Ritz-Carlton Rewards의 세 충성도 프로그램에 가입한 1억 명의 회원들에게 'tours-and-activities' **platform**인 Placepass를 통해 세계 800여 곳의 여행지에 십만 건이 넘는 경험을 선사하고 있다. 회원은 Marriott의 자사 .com 사이트들 및 'loyalty app'을 통해서 예약할 수 있다.

호텔산업에서 FTP가 실패한 이유

항공사 마일리지 프로그램의 가장 중요한 혜택은 마일리지 누적에 따른 좌석 승격과 무료 항공 여행이다. 그 외에 고객이 원하는 것은 지극히 제한되어 있다. 위의 혜택 외에는 크게 매력적인 것이 없으며, 동시에 크게 원하는 혜택도 없다. 대다수 고객들도 좌석 승격, 빠른 check-in 정도 외에는 크게 필요한 것은 없을 것이다. 아무리 길어도 하루 일정, 완전히 제한된 공간 내에서 원하는 혜택이 많을 수가 없다.

그러나 호텔은 경우가 다르다. 고객의 욕구와 필요는 많은 부문에서 매우 다양하게 존재하고 있고, 그에 대한 무수한 혜택을 제공하며 경쟁을 해야 하는 호텔들은 전술되었던 amenity war와 같이 경쟁적 우위를 위한 부가 혜택 제공에 출혈을 할 수밖에 없는 것이다. 미국 Travel Data Center의 조사에 의하면, 대다수 호텔에서 가장 중요한 표적 시장인 비즈니스 고객의 단 2%만이 FTP를 중요 선택 속성으로 간주했으며, 6%만이 실제로 FTP에 속해있다고 응답했다. 즉 나머지 94%의 고객은 FTP에 관심이 없다는 것이다.

백화점에서 바겐세일을 할 때 평소에는 눈길조차 주지 않던 품목을 대폭 할인하고 있다면, 우리는 호기심 때문이라도 구입하는 경우가 종종 있다. 호텔의 FTP는 고객의 진정한 문제를 해결해주지 못하면서 이와 같이 고객을 '구매'(buy)하고 있는 프로그램이다. FTP를 시작한 호텔이 그 프로그램을 지속할 때에는, 지속적으로 부가되어야 하는 무수한 혜택 때문에 비용이 오르게 되고, 결국 손해를 보게 되며, 만약 중단한다면, FTP로 창출된 고객은 불평과 함께 대다수가 재방문을 하지 않게 될 것이다.

관계 마케팅은 고객을 창출하기보다는 유지하는 마케팅이다. FTP가 호텔의 관계 마케팅에 있어서 실패 사례가 된 이유는 바로 여기에 있다. 즉 고객에게 진정한 충성도를 심어주지 못했다는 것이다.

고객 충성도 프로그램에 대한 전술

Loyalty Works의 Richard Dunn는 FTP의 운영에 대해 다음의 사항을 성공 비결로 제시한 바 있다.

- 최신의 database : 관계 형성의 기초
- 표적화된 communication : 관계 대화
- 의미있는 보상 : 관계 인식
- 단순성 : 관계에 대한 용이한 참여와 이해
- 획득 가능성 : 'upgrade'와 같은 동기부여적 획득으로 관계 확인
- 지속성 : 항상 적극적 운영으로 관계 유지
- 수익성 : 장기적 이익에 대한 관계 성공

Dekay 등은 호텔 FTP의 성공 요인을 다음과 같이 제시했다.

① 항공사가 할 수 없는 보다 개별적(personalized) 서비스에 집중한다. 예를 들어 고유의 고객 서비스 전화, 선호 신문, 무료 아침식사, 늦은 check-out 등이 있다.

② 전체 비즈니스 여행객의 43%가 여성인 점을 이용, 여성을 위한 개별적 서비스를 개발한다. 예를 들어 Crowne Plaza는 여성 전용층과 함께 고품질의 침대와 리넌(linen), 밖을 볼 수 있는 peephole 등을 객실에 도입했다.

③ 호텔의 FTP 점수를 항공사의 마일리지와 교환할 수 있도록 한다.

④ 항공사와는 달리 호텔의 FTP 포인트는 유효 기간을 두지 말아야 한다.

타 학자들의 의견을 종합하여 필자는 성공적 충성도 프로그램을 위한 전술을 다음과 같이 제시하고자 한다.

1) 고객의 이탈을 차단할 수 있는 혜택을 제공하라

통신 기업 Sprinter's는 장거리 전화 1건 당 5개 항공사 중 하나의 마일리지 포인트 1점을 주었다. 그 혜택이 매력적이기도 했지만, 무엇보다도 5개 항공사를 이용하는 고객들은 그러한 프로그램을 운영하지 않는 AT&T 대신 Sprinter's를 이용했다. 한 번 이탈했다 다시 가입하면 처음부터 다시 마일리지를 적립해야 하기 때문에 고객의 이탈률이 거의 없었다.

2) 재구매, 재방문을 촉진시켜라

FTP를 수행하는 기업들은 일반적으로 고객의 구매, 이용 성과에 따라 Silver, Gold, Platinum 등으로 분류하여 그 혜택을 차등화시키고 있다. 이것 자체도 재구매, 재방문을 촉진시키는 전술이 될 수 있지만(지위 상승을 위해), 이 전술을 잘 이용하면 그 효과를 극대화시킬 수 있다.

필자의 견해는 그 등급을 더욱 세분화시키고, 동일한 예산 내에서 혜택을 가중적으로 높여가라는 것이다. 예를 들어 4개의 등급이 있고, 혜택 배분이 10, 20, 30, 40이라면(10씩 증가), 그 등급을 6개로 늘리고, 혜택 배분을 2, 5, 9, 15, 25, 44(2, 3, 4, 6, 10, 19씩 증가)와 같은 '복리 이자' 전술을 사용하라는 것이다. 처음에 가입하는 고객의 비율이 적을 수 있지만, 한 번 가입만 되면, 그 효과는 분명 배가 될 것이다.

Neiman Marcus의 성공적 FTP

필자가 제시한 전술을 가장 잘 활용하고 있는 기업은 유통산업에서 최초로 FTP를 실시한 미국의 고급 백화점 Neiman Marcus다. 1984년 Neiman Marcus에서 시작한 In Circle 프로그램에서는 5천$ 이상이 돼야만 가입이 된다(1$에 1점 적립). 1만$가 되면 Platinum Circle 고객이 되며, 그 순간부터는 1$에 2점을 받는다. 150만 포인트를 얻은 모든 고객은 Chairman's Circle이 되어 무료 크루즈 여행과 매월 새로운 난초를 받고, 모피 의상 보관서비스도 무료로 제공받는다.

누적 포인트와 관련해서 또 한 가지의 전술은 포인트가 늘어나고 있는 것을 계속 알리고 보여줘야 한다는 것이다. 광고의 법칙 'repeat, repeat, repeat'과 같이 사람들은 자주 접하는 것에 대해 점차적으로 호감이 간다. 누적 포인트를 알려야 하는 또 하나의 이유가 있다. 아마 게임을 좋아하는 독자들은 이해가 빠를 것이다. 게임을 아무리 잘해도 등급이 부여되지 않으면 흥미를 잃는다. 그러나 우리가 게임을 계속 하다가 어느 정도의 수준에 올라 등급을 부여받게 되면, 그 때부터는 등급을 올리기 위해 더욱 열심히 게임을 하게 된다. 여기에는 사회와 직장에서 미처 달성하지 못한 신분 상승에 대한 '대리 만족'이 강력한 동기로 작용한다. FTP는 이러한 사람들의 본능을 잘 이용하여 재구매, 재방문을 촉진시켜야 한다.

여기서 관계 마케팅의 근본적 의미를 다시 한 번 생각해보자. 관계 마케팅의 진정한 의미는 고객의 창조보다는 유지에 있다.

3) 이익이 될 수 있는 전술을 개발하라

마일리지 프로그램의 효시인 American Airlines의 AAdvantage 프로그램은 그 자체의 마일리지 누적 이상으로 타 사업체로부터 포인트를 구축하고 있다. American Airlines는 Citibank, Kellogg's, US Today 등의 유명 기업뿐만 아니라, LA에 있는 Ariake 일식 레스토랑과 같은 소규모 업체까지도 FTP에 포함시키고 있다. 실제로 미국의 항공 기업들은 22,000개가 넘는 사업체로부터 약 2조$에 해당되는 마일리지를 구축하고 있다. Marriott Reward Program은 Target, Gap, Macy's, Best Buy 등을 FTP에 동참시키고 있으며, Singapore Airlines는 Ritz-Carlton, Banyan Tree Private Collection 등의 최고 호텔들, 레스토랑, 소매점 등의 할인 제도를 FTP에 포함시키고 있다.

중요한 것은 어떠한 사업체와 어떠한 계약을 하건 이익이 돼야 한다는 것이다. 항공사와 호텔은 좌석, 객실 등 비저장적 제품을 판매하는 대표적 기업들이다. 실제로 항공사는 25,000마일에 평균 15$의 비용이 들며(1마일 당 2¢), 500$의 추가 매출액이 생성된다(1마일 당 15$). 그만큼 성공적인 FTP를 운영하고 있다. 그러나 항공사들도 2014년을 정점으로 마일리지 정책을 비용 절감, 이익 증대 추세로 바꿔나가고 있다. KAL, Star Alliance의 항공사들, UA 등이 그 대표적 예다.

문제는 호텔이다. 전술되었던 바와 같이 호텔이 FTP에 계속 실패해왔던 가장 근본적인 이유는 경쟁으로 인한 지속적, 부가적 혜택 제공, 그리고 항공사와 비교하여 무수한 혜택이 있는 제품적 특성으로 인한 비용 상승이다. 항공사와 같이 비저장적 제품의 특성에 초점을 맞춘 FTP를 수행한다면 그 덫에서 벗어날 수 있다. 불행하게도(운이 좋게도?) 이러한 FTP를 운영하는 호텔을 찾아볼 수 없다. 분명한 사실은 호텔 고객에게 가장 중요한 혜택은 숙박이라는 것이다. 호텔의 FTP도 '이익이 될 수 있는' 것이라야 하며, 또한 오직 숙박에만 촛점을 맞춘다면 그것이 얼마든지 가능하다.

4) 특정 제품에 대해 돈을 지불할 때, 포인트를 이용할 수 있도록 하라

American Airlines에서 189$의 항공료에 대해 39$+16,000마일로 지불할 수 있게 함으로써 좋은 호응을 얻은 적이 있다. Delta Airlines는 Southwest와 JetBlue가 이미 실행하고 있는 비행거리 대신 현금 지출액을 마일리지의 근거로 하는 프로그램 운영을 하고 있다. 고객의 입장에서 포인트를 현금처럼 사용할 수 있다면 최선이다. 모든 제품에 대해 적용하는 것에 제약은 있지만 비수기 제품, 신제품, 특별 프로모션 등에 대하여 이 방법을 사용한다면, 고객 유지 효과가 배가 될 것이며, 동시에 포인트의 가치를 높일 수 있다. 단 이 전술은 비충성적 고객이 가진 포인트를 소진해버리고, 이탈해버리는 결과를 초래할 수 있다. 그것을 두려워할 필요가 없다. 오히려 이 방법은 충성도가 높은 고객과 비충성적 고객을 분리시키는 좋은 전술이 될 수 있다.

5) 충성도 프로그램에 사회적 요소를 적극 활용하라

기존 충성도 프로그램은 이용 횟수에 따라 등급이 오르지만, 친구·동료 등과의 교류나 경쟁 환경을 조성하지는 않는다. 전자팔찌를 판매하는 Nike Fuel은 고객의 육체적 활동성 수준을 추적하여 친구·동료들과 benchmarking시킨다. 관광산업에 있어서 Tripit이나 Kayak 같은 웹사이트 등은 고객의 관광 활동과 관련된 세부 사항들을 친구·동료·가족 등과 공유시킨다. Expedia는 Expedia Rewards 프로그램을 통해 15주간의 경연(contest)으로 고객을 경쟁시키며, 백만$에 이르는 상금을 준다.

위와 같은 정보의 공유와 경쟁 환경은 충성도 프로그램 활성화를 분명히 촉진시킨다. 이와 동시에 PMS 데이터를 활용하여 고객과 관련된 풍부한 정보를 준다면, 충성도 프로그램을 보다 활성화시킬 수 있을 것이다. "고객 자신의 마일리지 외에 친구·동료·가족의 마일리지를 알 수 있게, 그리고 공유하여 활용할 수 있게 하는 것이 중요하다." 호텔 충성도 프로그램 관련 Global Hotel Alliance의 CEO Christopher Harley의 말이다. 이러한 사회적 요소의 활용은 일종의 **Zeitgeist(시대 정신)**다.

6) 충성도 프로그램의 근본 목적을 정확히 이해하라

충성도 프로그램의 실패에는 여러 이유가 있다. 그것을 철저히 피해야 한다. 가장 대표적 몇 가지 이유는 충성도 프로그램 전략을 판매촉진과 같은 단기적 효과를 얻기 위해 수행하거나, 할인의 수단으로 수행하거나, 비차별적 혜택 부가로 경쟁을 초래하고, 비용만 상승시키는 방향으로 수행하는 경우다. 충성도 프로그램은 ①매우 장기적인 것이며, ②할인이 아니라 지속적 구매, 혹은 이용을 유도하는 것이며, ③이익이 돼야 한다는 것이며, 결론적으로는 ④고객을 유지하는 것이다.

이 네 가지 목적을 정확히 이해한다면, 오류를 최소화시키고, 충성도 프로그램을 성공적으로 이끌 수 있다.

관계 마케팅 전략

1. 제품/서비스 측면

1-1. 핵심(core) 서비스의 제공

마술사 David Copperfield는 수백만$를 투자하여 The Magic Cafe 체인을 계획한 바 있으며, Steven Spielberg 감독도 음식을 먹는 동안 커다란 영화 스크린을 통해 바다 속을 탐험할 수 있는 잠수함 모양의 Dive 레스토랑에 투자한 바 있다(〈그림 5-10〉 참조). 위의 레스토랑들은 지구 어느 곳에서도 찾아볼 수 없다. 고객이 레스토랑을 이용하는 핵심 혜택이 무엇인가를 생각해보면, 그 이유를 알 수 있을 것이다.

그림 5-10 Dive 레스토랑

Hampton Inn의 혁신적 'Service Guarantee' 시스템, 그리고 확산

Hampton Inn에서는 고객이 불만족했을 때 숙박료를 환불해주는 'Service Guarantee' 시스템을 도입했다. 이 프로그램의 도입으로 1990년 전체의 2%에 해당되는 157,000개의 객실이 무료로 제공되어 백만$의 추가 비용이 들었다. 그 해의 매출액은 700만$였다. 1년 후, 역시 백만$의 추가 비용이 들었으나, 매출액은 무려 1,700만$로 늘어나며 대성공을 거두었다. 부가 혜택은 그것만이 아니었다. 직원의 과반수 이상이 매니저의 허락 없이 적극적으로 고객의 문제 해결에 임하여 매우 능동적인 태도로 전환됐으며, 자연적으로 고객의 재방문율이 크게 제고됐다.

Hampton Inn에서 시작된 이 'Service Guarantee' 시스템은 과거 Holiday Corporation 산하의 Promus Hotel Corporation 체인 호텔인 Hampton Inns and Suites, Embassy Suites, Homewood Suites, Doubletree Hotels, Resorts and Guest Suites에도 도입됐다. 또한 광고, check-in 시점, 객실 내 공지, 로비의 게시판, 4대 매체, 여행사 등 모든 수단을 동원하여 이 시스템을 공지하고 있다.

유사한 예로 Radisson 등을 소유하고 있는 Carlson Hospitality Worldwide에서도 온라인 데이터를 이용한 '100% Customer Satisfaction' 프로그램을 도입했다. 즉 고객이 심각한 문제를 제기하고, 그것이 명확한 호텔의 책임이며, 호텔이 문제를 해결하지 못할 때에는 숙박료를 환불해주는 시스템이다. 1998년 9월부터 'Yes I can. making it right'이라는 모토 하에 이 프로그램을 수행했고, 그 결과 역시 대성공이었다. 대다수의 고객들이 재방문을 하게 된 결과였다.

Netherlands에 있는 Ibis*로부터 시작되어 유럽의 모든 Ibis 체인 호텔로 확산된 15분 보증 프로그램도 유사 사례에 해당된다. Ibis에서는 고객의 문제를 15분 이내에 해결하지 못하면, 객실 요금을 무료로 하는 이 프로그램을 시행하고 있으며, 또한 고객으로부터 매우 호의적 반응을 얻고 있다. 미국에서는 이 성공 사례가 거의 모든 지역, 호텔로 확산되고 있으며, 마치 항공사의 마일리지 프로그램과 같이 보편화되어가는 추세다.

Ibis
Ibis는 France AccorHotels Group의 2-star 등급 호텔로서 Sofitel(4-star), Novotel(3-star), Formule I(1-star), 중장기 투숙객을 위한 Hotelia 등과 더불어 AccorHotels Group의 대표 브랜드 중 하나임.

Aric Air는 항공은 "언제나 고객을 큼직한 분으로 모십니다"라는 포지셔닝 성명서로 유명하다. United의 '친절한 하늘로 비행', American의 '하늘에 있는 특별한 것', Delta의 '세계의 정상에서', Southwest의 '자유로운 비행' 등 타 항공사의 포지셔닝 성명서와는 무엇인가 차별화된 포지셔닝이다. 고객이 항공선으로 여행할 때 공통적으로 가장 큰 불편 속성으로 지적되는 좌석의 문제를 충분한 공간으로 해결하며, 핵심 서비스 제공을 포지셔닝 성명서에 과감히 반영한 것이다. Hawaiian Airlines도 고객에게 확실한 핵심 서비스를 제공한다. Aric Air와 같이 길이 193cm, 너비 52.07cm의 넉넉한 좌석과 미국 교통부로부터 2004년부터 10년 이상 연속해 수상한 '정시 운항률' 최우수 항공사 상이 그것이다. 이것보다 더 확실한 핵심 서비스가 있을까?

Westin Hotels의 선도적 객실 환경 제고, Heavenly Bed

1999년 Westin Hotels는 1년 이상의 기간에 3천만$의 예산을 투입, Heavenly Bed이라는 신 개념 객실 서비스를 도입하여 큰 호평을 받은 바 있다. Heavenly Bed이란 최고급 매트리스, 베개, 이불 등 최고의 취침 환경을 제공하는 서비스였다. Simmons가 맞춤 설계한 900개 코일로 된 메트리스, 기후에 맞게 수정한 아늑한 털 담요, 갓 지은 것 같은 오리털 이불, 고품질 담요, 거위털로 만든 5개의 베개 등이 그 내용물이다. Westin Hotels는 침대뿐 아니라 2개의 샤워기와 비누, 타월을 패키지로 한 Heavenly Bath도 상품화시켰다. 고객이 호텔에서 원하는 최우선의 핵심 서비스는 숙면 환경이다(〈그림 5-11〉 참조).

Westin Hotels는 이 '너무나도 당연한' 핵심 서비스 제공에 모든 노력을 경주했고, 이 '지나치게 당연한' 서비스 제공으로 경쟁 호텔들과 '매우 큰' 차별화를 이루었다.

관계 마케팅 전략에 있어서 가장 중요한 것은 위와 같은 핵심 서비스의 제공이다. 고객들은 특별한 식사를 할 때는 Michellin, Brasserie, French Laundry를 찾고, 시간이 없을

그림 5-11 Heavenly Bed & Heavenly Bath
출처: www.westinstore.cn

때에는 McDonald's, Subway, Taco Bell을 찾는다. 이러한 레스토랑들은 한 가지의 핵심 서비스를 정확히 제공하고 있다.

여러 속성을 전달하는 융합 제품(convergence product)이 성공하기 위해서는 반드시 전제 조건이 있다. 타 기능이 핵심 기능을 방해하는 일이 없어야 한다는 것이다. 가장 대표적이고 대중적인 융합 제품은 스마트폰이다. 스마트폰이 성공한 이유 중 하나는 아무리 많은 타 기능이 추가되어도 핵심 기능인 통화에 전혀 지장이 없기 때문이다. 반면 Nokia의 N-Gage는 게임 기능에 집중한 나머지, 휴대폰 핵심 기능인 통화를 불편하게 함으로써 큰 실패를 했다.

1937년 비행기와 헬기를 통합했던 전환식 비행기, 1945년 Flying Car, 1947년 Taylor Aero Car, 1961년 Amphicar(보트+자동차), 2000년대 들어 AT&T의 EO(휴대폰+fax+전자메일+전자수첩+펜 컴퓨터), Okinator의 Talk It(데스크탑 프린터+Fax+스캐너+복사기), Apple의 Newton Message Pad(fax+무선 호출기+달력+펜 컴퓨터) 모두 지구상에 존재하지 않는다.

고객 측면에서도 언급되겠지만, 첫 고객을 재방문 고객으로, 재방문 고객을 단골 고객으로, 단골 고객을 사도 고객으로 승화시키는 가장 강력한 도구는 고객의 중요 혜택, 즉 핵심 서비스의 '틀림없는' 제공이다. 핵심 서비스는 제품 품질을 나타내는 가장 결정적인 단서(smoking gun)며, 동시에 'sweet spot'이다.

sweet spot
야구 방망이, 골프채, 라켓 등에서 공이 맞았을 때, 가장 잘 날아가는 부분.

1-2. 서비스 증대화(service augmentation)

환대산업의 기업들은 서비스의 증대화를 통해서 고객과의 관계를 더욱 고객화시켜야 한다. 환대산업이 타 산업보다 유리한 점이 있다면, 항상 고객과 접촉할 수 있어서 고객의 호불호를 직접적으로 청취할 수 있으며, 또한 그것을 보완할 수 있는 무수한 서비스가 존재한다는 것이다.

The Peninsula Beverly Hills의 24시간 입·퇴숙 서비스

ITT Sheraton North America의 체인 호텔들이 '9 to 5'* 입·퇴숙 프로그램을 도입하여 큰 호응을 얻은 이래(〈그림 5-12〉 참조), 미국의 The Peninsula Beverly Hills*는 24시간 입·퇴숙 프로그램을 도입했다(〈그림 5-13, 그림 5-14〉 참조). 이 프로그램은 비행기 일정 관계로 이른 아침에 도착하고 저녁 늦게 출발해야 하는 외국 관광객들의 문제 해결을 위한 것이었다.

Peninsula는 프로그램 도입을 위해 두 달간 조사한 결과, 아침 8시까지 평균 7~10개의 객실이 청소된 채로 비어있다는 사실을 발견하고, 추가적으로 하우스키핑에 새벽 5시조를 신설했다. 경쟁사들은 비웃었고, 룸메이드들은 불평을 표시했다. 그러나 룸메이드들에게 시간 당 1$의 추가 수당을 지불하며 이 프로그램을 지속한 결과, 고객들에게 크게 호응을 얻어 재투숙율이 무려 68%가 증가됐고, 고객

일반적으로 호텔의 check-out 시간은 12시로 규정하고 있으나, 일반 기업의 근무 시간인 오전 9시에서 오후 5시에 맞추어 입·퇴숙 시간을 연장시킨 프로그램임. 즉 고객은 check-in 후 익일 5시까지 객실을 사용할 수 있다는 의미임.

Peninsula는 Shangri-La, Mandarin, Regent 등과 더불어 홍콩의 대표적 호텔 브랜드 중 하나였음.

그림 5-12 ITT Sheraton의 '9 to 5' 입 · 퇴숙 프로그램. ITT Sheraton은 오피스 시간인 아침 9시~오후 5시에 걸친 입·퇴숙 프로그램으로 고객의 편의를 확대시키고 있음.

그림 5-13 미국 Peninsula Beverly Hills

그림 5-14 과거 Hong Kong의 4대 브랜드 호텔(Shangri-La, Regent, Mandarin, Peninsula)

만족도는 62%에서 90%로 제고되는 등 결과적으로 지역 내 최고의 시장점유율을 기록하게 되었다.

이후 일본의 시니가와 프린스, 젠니쿠 호텔 등도 24시간 check-in 서비스를 시행하고 있다.

Four Seasons의 서비스 증대화 전략

Four Seasons는 비즈니스 고객을 대상으로 호텔 차량(리무진 서비스 포함)에 Wi-Fi를 연결시켜, 고객은 비행기에서 내려 호텔로 오는 중에 Skype를 통한 check-in, 레스토랑, 룸 서비스 예약 등을 할 수 있으며, 미팅도 가능하고, Skype를 통해 연락받은 직원의 마중을 받는다. '15분 룸서비스' 프로그램, 각 지역의 특산 식음료를 제공하는 'farm-to-table,' 'farm-to bar' 프로그램, 스파와 풀에서 할 수 있는 회의('green meeting') 등 Four Seasons 특유의 서비스에 객실 내 무료 인터넷 서비스, 차량과 객실 내에 iPad를 통한 호텔 서비스 접근 등의 IT 서비스가 병행되어 세계 최고의 호텔임을 고객에게 입증시키고 있다.

Four Seasons는 또한 2015년 2월부터 호텔 고객들을 위해 자체 비행기 757 Private Jet을 운영하고 있다. 24일 동안의 'Around the World Journey'($119,000/person), Backstage with the Arts($69,000/person) 등의 프로그램을 통해 고객들에게 최상의 경험을 제공해주고 있다.

2013년 최우수 저비용 항공사로 선정됐던 Flyscoot는 샌드위치, hot meal, premium meal 등 총 25가지의 새로운 기내식을 고객이 선택(각 메뉴에 대한 돈 지불)할 수 있다(〈그림 5-15〉 참조). 온라인 사전 구매도 가능하다. 이 외에 Flyscoot에서는 더 넓은 좌석 선택권, 수하물, 라운지 입장권, 성인 전용 Scoot-in-silence 좌석 등도 선택할 수 있다.

이와 같이 전통적 서비스 시스템을 탈피하여 고객의 문제를 해결하고, 고객을 유지할 수 있는 부가적 서비스(peripheral service)는 환대산업 내에 무수히 존재하고 있다.

그림 5-15 Flyscoot의 메뉴

출처: www.flyscoot.com

1-3. 관계 가격과 내부 마케팅

궁극적인 사업의 성공과 고객과의 관계 증진을 위해서 위와 같은 서비스 증대화 전략은 여러 각도에서 개발되고 수행돼야 한다. 고객과의 관계 증진을 위한 가격 전략(relationship pricing) 또한 이 범주에 포함된다. 2014년부터 Las Vegas의 Golden Gate Inn을 필두로 Las Vegas 카지노 호텔들은 고객들의 요구에 따라 카지노업계 최초로 Bitcoin(〈그림 5-16〉 참조)을 받기 시작했다.

그림 5-16 Bitcoin의 가상 형태

출처: www.naver.com

객실 부문의 경우 같은 객실 제품에 대해 고객의 형태에 따라 여러 형태의 요금이 제시되고 있으나, 식음료 부문에서는 그러한 제도가 거의 적용되고 있지 않다. 변동비의 차이가 큰 이유가 있겠지만*, 국내와 같이 식음료 부문의 비중이 큰 경우에는* 단골 고객에 대한 가격 전략이 재검토되어야 한다.

객실의 경우 변동비는 평균 15~20%이나, 식료 변동비는 평균 30~35%임.

호텔의 평균 식음료 수입 비율은 미국(약 25%), France(약 30%), Germany(약 40%), 영국(약 45%), Mexico(약 35%), Australia(약 35%), 홍콩(35~40%) 등 대다수 국가가 국내보다 낮음.

미니바에 대한 관계 가격 제시

대표적 예로서 미니바의 경우를 살펴보자. 대다수의 고객은 '비싼 미니바'* 대신 호텔 외부의 상점에서 주류를 사서 마신다. 만약 호텔에서 단골 고객에게 20~30%, 혹은 그 이상의 할인을 해준다면, 가격도 가격이지만 대우를 받고 있다는 고마움, 혹

호텔에서 음료의 변동비는 평균 20~25% 정도임.

그림 5-17 환대산업에서의 아무리 좋은 제품과 서비스도 사원의 집행이 그 품질의 가장 중요 부분을 차지함.

은 자부심 때문에 미니바를 보다 빈번하게 이용할 것이다.

KF Hospitality Research의 조사에 의하면, 2007년부터 2012년 기간 동안 미국 호텔들의 미니바 매출이 무려 28% 감소했다고 한다. 이에 따라 Grand Hyatt, Hilton, Marriott 등 유명 체인 호텔들은 미니바를 축소시키거나, 고객이 스스로 구입한 식품을 냉장 시설에 넣도록 미니바를 비우기 시작했다.

미니바에 대한 이러한 전술이 호텔의 매출 증대 방안과 함께 고객의 충성도를 향상시킬 수 있는 확고한 도구 중 하나이며, 자연적으로 고객과의 관계 증진을 통한 관계 마케팅의 성공적 수행 방안이 된다.

마지막으로 고려해야 하는 것은 내부 마케팅 전략의 중요성이다. 관계 마케팅의 모든 과정을 집행하는 것은 직원이다. 아무리 잘 계획된 관계 마케팅 전략도 직원의 적극적 사고와 참여 없이는 성공적으로 수행될 수 없다(〈그림 5-17〉 참조). 즉 내부 마케팅 전략은 관계 마케팅 전략의 필요, 충분 조건인 동시에 가장 중요한 전략이다.

세계 최대 여행 운영업체인 Club Med의 핵심 성공 비결은 GO(gentle organizer)에 있다. 그들은 Club Med의 '무엇이든지 할 수 있는 자유, 아무 것도 하지 않을 수 있는 자유'라는 모토 실천에 모든 역할을 담당한다. 그들은 단순한 사원이 아니라 기획, 운전, 예약, 서빙, 강사, 쇼 프로 진행자 등 모든 역할을 수행한다. 고객과 수직적 관계가 아닌 수평적(같이 즐기는) 관계로서 Club Med의 이념을 성공적으로 수행하고 있다.

2. 고객 측면

2-1. 첫 고객을 재방문 고객으로(from trial customer to repeat customer)

Bruce Willis, Arnold Schwarzenegger, Sylvester Stallone 등 유명 배우들이 투자했고, 1991년 개장 이후 세계 80개의 체인점까지 보유했던 Planet Hollywood는 1999년 도산했다. 레스토랑은 음식의 맛이 중요하다는 기초적 공식을 무시했던 Planet Hollywood는 단 한 번도 음식 광고를 하지 않았다. Planet Hollywood는 관광객들이나 일반 사람들이 '딱 한 번' 가보면 되는 곳으로 인식되었던 곳으로, 첫 고객을 재방문 고객으로 만들 수 있는 이유가 없었던 것이다. 1995년 Naomi Campbell, Christy Turlington, Claudia Schiffer 등이 동참하여 창업했던 Fashion Café도 같은 이유로 1998년에 자취를 감췄다(〈그림 5-18〉 참조).

그림 5-18 Fashion Café

첫 고객이 재방문하지 않는 데에는 여러 이유가 있다. 일반적으로 시험 삼아 한 번 방문한 경우가 많기 때문에 다시 찾지 않을 확률이 높다. 첫 고객일 경우 기업이 인지하지 못할 확률이 높으며, 따라서 소홀히 대할 확률 또한 높다. 필자가 미국의 New York, Washington D.C., Las Vegas의 여러 호텔에서 겪은 경험에 의하면, 첫 방문과 재방문의 차이를 확연히 느낄 수 있다. 호텔에서 두 경우에 대해 모두 잘 처리하거나, 모두 잘못 처리한 경우는 있었으나, 재방문 시 첫 방문 때보다 잘못 처리한 경우는 한 번도 없었던 것으로 기억된다.

Rockefeller Foundation*의 조사에 의하면, 고객이 재방문하지 않는 이유는 불평 처리(14%), 경쟁(9%), 근무지 이동(9%) 등도 문제가 되지만, 특별한 이유 없음이 68%로 월등히 높은 것으로 나타나고 있다. 앞에 설명된 것이 68% 중 많은 부분을 차지할 것이라고 판단된다.

1913년 Rockefeller가 창설함.

첫 고객에게 무엇보다도 중요한 것은 고객 인지(소홀히 대하지 말 것)와 더불어 기대감 충족이다. 전술되었던 기업의 약속 이행과 신뢰가 중요하며, 서비스 품질 요소 중 신뢰성(reliability)과 반응성(responsiveness)이 결정적 역할을 하게 된다.* 만약 첫 고객의 만족도, 혹은 불만족도를 측정할 수 있다면 더욱 바람직할 것이다.

Texas A&M University에서도 호텔의 첫 고객에 대해 이 두 요소가 가장 중요한 것으로 조사됨.

첫 고객에게는 다음의 관계 마케팅 전략이 필요하다.

첫 고객에 대한 관계 마케팅 전략

① 방문해준 데에 대한 감사 전화/편지
② 고객의 정보와 반응을 조사하고 대응(지속적 사후 서비스)
③ 기업의 가치, 제품, 서비스 내용에 대해 지속적으로 알림
④ 첫 고객 환영 프로그램 개발
⑤ 가능한 한 FTP 등 지속적 관계 유지 도구 사용

2-2. 재방문 고객을 단골 고객으로(from repeat customer to client)

환대산업에서 단골 고객(client)이란 타 시설을 이용하지 않고, 오직 특정 호텔, 레스토랑, 항공사 등을 이용하는 고객을 의미한다. 첫 방문 고객에서 재방문 고객으로 전환된 고객은 그것이 제품이건, 서비스건, 특정 혜택이건, 단지 브랜드이건 무엇인가 충성도가 어느 정도 형성된 단계에 들어있다. 따라서 이 단계에서 가장 중요한 것은 재방문 고객이 왜 다시 찾았는가를 명확히 파악해야 한다는 것이다. '알아주니까', '직원이 친절해서', '경쟁사보다 요금/가격이 저렴해서', '부가 혜택이 있어서' 등 그것이 무엇이든지 이유를 알아야 한다. 물론 그 이유는 복합적일 경우가 많다.

black box
고객의 마음을 헤아리기가 어렵다는 표현.

충성도가 형성되는 요인은 무수하다. 고객마다 개성이 다르기 때문에 '**black box**'의 비밀을 푸는 것이 이 단계의 핵심 전술이다. 이 비밀만 푼다면 첫 단계(첫 고객에서 재방문 고객으로)보다 수월하게 단골 고객으로 전환시킬 수 있다. 이 단계에서는 다음과 같은 관계 마케팅 전략이 효과적이다.

재방문 고객에 대한 관계 마케팅 전략

① 자유 경쟁이라는 기업들의 공격에서 고객을 고립시킴(단기적 이익, 기업의 매출/이익 목표 등 허울적인 목적을 잊고 장기적 목적을 위해 고객을 보호)
② 고객의 충성도 요인과 관련된 혜택을 집중적으로 제공 및 개선
③ 타 고객과 분명히 다르다는 인식을 심어줌(특히 내부 마케팅 측면에서 직원에게 주지시키고, 관계 가격 전략에 충실)
④ 불만 사항이 있을 때 전화위복의 기회로 승화시킴(고객에게 무엇인가 잘못 되었을 때, 그것을 더 큰 이익으로 생각하게 함)
⑤ 동체적 관계(partnership) 형성(고객이 기업의 경영자 및 컨설턴트의 입장과 역할을 할 수 있는 분위기 조성)

기업은 재방문 고객이 단골 고객이 되었더라도, 지속적 거래를 당연하게 여기지 말아야 한다. 환대산업에 있어서 단골 고객은 무엇보다도 소중한 자산이다. 단골 고객의 반응을 지속적으로 검토하고, 재평가해야 할 것이며, 동체적 관계라는 인식을 확고히 심어주는 것이 이 단계에 있어서 가장 중요한 사항이다.

2-3. 단골 고객을 사도 고객으로(from client to advocate, apostle)

재방문 고객을 단골 고객으로 전환시키는 것이 관계 마케팅의 최종 목적은 아니다. 단골 고객에 대한 유지가 효과적으로 이루어진다면, 무형적 제품의 특성을 갖고 있는 환대산업에 있어서 그들의 구전 활동은 기업의 우수한 제품 역할을 하며, 나아가 판매원의 역할도 시킬 수 있다. 기업의 광고보다 그들의 구전은 비교되지 않을 정도의 신뢰성을 지니기 때문에, 단골 고객을 사도 고객으로 승화시키는 것은 관계 마케팅

전략의 최종 목적이 된다. 즉 관계 마케팅 전략이 고객을 유지하는 데에만 그치지 않고, 새로운 고객을 다시 창조할 수 있는 한 차원 진전된 전략으로 승화된다는 것이다.

1966년부터 1977년까지 하루 평균 5대에 이르는 자동차를 판매한 Joe Girard는 'Joe Girard 250 laws'를 내세운 바 있다. 만약 한 사람의 고객이 만족하면, 주변의 250명에게 긍정적인 영향을 미칠 수 있다는 법칙이다. Joe Girard는 자신의 저서 《How to sell anything to anybody》에서 "내가 판매한 자동차는 단순한 차가 아니다. 나의 고객, 그리고 고객의 가족, 친구들, 직장 동료들 간의 모든 관계다"라고 말했다. Joe Girard는 고객이 누군가를 소개하고 그에 인해 판매가 이루어질 때마다 50$씩 보내줬다고 한다. Joe Girard는 고객을 '사냥개'로 변모시키라고 조언한다.

이 단계에서는 다음과 같은 관계 마케팅 전략이 필요하다.

단골 고객에 대한 관계 마케팅 전략

① 구전이 될만한 가치있는 것을 제공함
② 고객의 기업에 대한 건의, 자문, 평가 등에 대하여 그것이 합당하다면, 현시적으로 조치, 개선되었음을 보여주고 휘드백을 얻음(대응형)
③ 기업의 문제나 새로운 현안이 생겼을 때, 고객에게 알리고 자문, 평가를 받음(선행형)
④ 고객이 추천한 새로운 고객에게 첫 고객을 재방문 고객으로 전환시킬 수 있는 전략을 충실히 수행함(이 경우의 첫 고객은 2-1의 첫 고객과는 성격이 다름. 이들을 유지하는 것이 상대적으로 용이함)
⑤ 사도 고객으로 인하여 새로운 고객 혹은 비즈니스가 창출되었을 때, 그에 대한 새로운 혜택 혹은 인센티브를 부여함*

* 영어의 상투적 표현인 'give and take'을 의미함. 비즈니스뿐만 아니라 모든 인간사에 있어서 균형적인 관계 유지는 반드시 필요함.

Fortune이 선정한 '성공한 치과'에 이름을 올린 Paddy 치과는 고객이 추천한 고객만을 치료한다. 이 치과의 고객은 모두 Paddy 치과의 판매원이다.

마지막으로 다시 강조하지만, 단골 고객을 사도 고객으로 전환시키는 것이 관계 마케팅의 최종 목적이다. 여기에 가장 효과적인 방법이 있다면, 고객의 소리를 경청하는 것이다. 고객은 자신의 말을 잘 들어줄수록 기업을 신뢰하며, 또한 그것이 현시적으로 이루어질 때, 그 신뢰가 더욱 깊어지는 것이다. 《명심보감》에 의하면, 남의 좋은 말 한 마디 듣는 것이 천금보다 낫다고 한다.

미국 철학자 Mortimer Adler의 말이다. "어느 누구라도 어디선가 듣는 법을 배운 사람이 있을까? 잘 듣는 능력은 타고난 재능이라서 훈련이 필요 없다는 일반적인 추측은 정말 놀랍다. 사람들이 잘 들을 수 있게 도와주는 교육 과정이 어디에도 없다는 사실은 얼마나 이상한 일일까?" Greece의 Stoa 철학자 Epictetus의 말이다. "자연이 인간에게 하나의 혀와 두 귀를 준 것은 말하는 것보다 두 배 더 들으라는 뜻이다"

 고객의 불평과 만족

인간은 상대방의 호의에 대응하지 못하면 불편한 마음을 갖게 되고, 어떤 식이든 보답하려는 경향이 있다. 반대의 경우도 마찬가지다. 이것을 '응보 사상(tit for tat)'이라고 한다. 기업과 고객 간의 가장 기본적인 법칙이다.

1. 고객의 불평에 대한 이해와 대응

1-1. 불평의 본질과 해석

불평의 본질

2008년 Accenture의 5개 대륙, 8개 국가, 4천 명 이상의 사람들에 대한 조사에 의하면, 브랜드를 바꾼 이유의 67%가 형편없는 서비스였다고 한다. Zenker와 Bell의 환대산업 대상 700건의 서비스 조사 결과에 의하면, 긍정적 사례의 25%는 오히려 서비스가 좋지 않았던 곳에서 평가됐다고 한다. 2018년 대한민국의 호텔 예약 기관 HotelJoin은 온라인 블로그와 웹사이트를 폐쇄해 30~50만 원의 선불 예약을 했던 고객들에게 엄청난 비난을 받았다. 총 6천~1억 원의 손해를 본 고객들의 비난이 KATA(Korea Association of Travel Agents)로 쇄도했다.

Harvard Business Review에서 Dixon · Freeman · Toman은 고객의 불평과 관련하여 다음과 같은 조사 결과를 발표한 바 있다.

고객 불평의 이면

- 만족한 고객의 20%는 기업을 떠날 것으로 응답했으며, 불만족한 고객의 28%는 기업에 남을 것으로 응답함.
- 충성 고객을 창조하는 첩경은 고객의 문제를 빠르고 쉽게 해결할 수 있도록 도우는 것임.
- 고객에게 현재의 사안만을 해결하지 말고, 관련된 다음 단계의 사안까지 해결해 줌.
- 만족한 고객의 25%가 구전 의향이 있는 반면, 불만족한 고객은 65%가 구전 의향이 있음.
- 고객 전화 문의의 57%는 웹사이트 방문 후에 걸려옴. 따라서 보이스메일, 웹사이트, on-line 지원 기능, SNS 등 모든 채널에 충실한 정보를 내재시킴(Cisco Consumer Products의 경우, 이 전술로 30%의 셀프 서비스 고객 비율을 84%로 높임).

왜 고객은 기업에 불평을 하지 않고 타 기업을 찾게 될까? 많은 고객들은 기업에 불평하는 것을 시간과 비용의 낭비(장거리 전화 등)라고 생각하는 경우가 많다. 또한 어떻게 하는가를 모르는 경우도 많고, 일이 커지면 반박해야 하며, 다시 가지 않으면 마음이 편하다고 여기기 때문에 그러한 현상이 빈번히 발생하는 것이다.

불평에 대한 해석

그렇다면 기업은 고객의 불평을 어떻게 해석해야 할까?

첫째, 근본적으로 피할 수 없는 것이다. 아무리 완벽한 서비스도 고객을 100% 만족시킬 수 있다고 장담할 수 없으며, 전혀 고려하지 못한 측면에서 빈번히 발생되고 있는 것이 고객의 불평이다. TARP(Technical Assistant Research Program)의 조사에 의하면, 고객 불평의 약 1/3은 고객 자신 때문이라고 한다. Scotch, Post it, Reflection Sheet 등의 소비재와 의료기, 정보기기 등 6만 종이 넘는 제품을 보유한 세계적 혁신 기업 3M(제조업)도 GE로부터 확산된 6시그마*를 도입한 후 제품 혁신의 위기를 맞은 적이 있다.

세상에 인간이건, 제품이건, 시스템이건 완벽한 것은 없다. 완벽한 것은 오히려 부정적 감정을 이끌어낸다. 사람과 대화할 때, 자기의 장점만 말하는 사람보다는 자신의 약점을 동시에 말하는 사람에게 더욱 호감이 간다. 이것을 **'pratfall effect'(실수 효과)** 혹은 **'blemishing effect'(흠집 효과)**라고 한다.

둘째, 매우 건강한 것이며, 기업에게 기회를 주는 것이다. 불평 없이 경쟁 기업을 찾으며 부정적 구전 커뮤니케이션을 하는 고객과 비교했을 때 얼마나 고마운 고객인가? 마케팅의 유일한 공식인 고객의 문제 해결을 위한 단서를 제공해주는 것이 곧 고객의 불평이다. 3M 제품의 2/3 이상이 고객의 불평에 대한 개선점이 반영된 결과라고 한다. Technical Assistant Research Program의 조사에 의하면, 항의하는 고객에 대한 대응을 하지 않더라도, 항의하지 않는 고객보다 오히려 항의하는 고객의 재방문율이 높다고 한다. 무관심보다 무서운 것은 없다. 항의하는 고객은 그래도 기업에 대한 애정과 기대가 있는 것이다.

셋째, 마케팅 도구며, 나아가 환대산업에서 가장 영향력있는 촉진 도구인 구전 커뮤니케이션의 기회를 제공하는 것이다. 심각한 불평일수록 잘 해결되었을 때 그만큼 더 긍정적 구전 커뮤니케이션 효과를 얻을 수 있다. **Service recovery paradox**(서비스 회복 Paradox)라는 용어가 있다. **Service recovery paradox**란 서비스 실패를 경험한 고객이 만족할 정도로 문제가 해결된 뒤에는 문제 없던 고객보다 재방문률이 더 높아진다는 것이다.

20세기 최후의 경영 기법이라고도 불리우는 '6σ'(식스 시그마)도 무결함의 달성보다는 결함의 억제, 즉 에러 발생률을 1백만 분의 3.4 이하로 한다는 목표를 갖고 있음. '6σ'는 1980년대 초 Motorola로부터 시작되어 Texas Instrument(TI), GE, Sony 등 많은 기업들이 도입하고 있음. 제조업에서는 100만 분의 5시그마(308,637의 결함률)를 사업 불가, 100만 분의 4시그마(66,807의 결함률)를 경쟁력 상실, 100만 분의 3시그마(6,210의 결함률)를 업계 평균, 100만 분의 2시그마(233의 결함률)를 품질 경쟁 등 0–6시그마의 7단계로 나누고 있음.

Nordstrom의 고객 철학

미국 사람들은 Nordstrom 백화점*을 Nordies라는 애칭을 쓰며 높게 평가하고 있다. 여기에는 재미있는 일화가 있다. 한 할아버지가 불량 자동차 타이어 체인을 갖고 교환을 요구했다. Nordstrom의 직원은 자신의 권한으로 고객이 요구한 68$를 건네주었다. 당시 Nordstrom에서는 모든 직원이 한 달에 200$까지 고객 만족을

2009년 3월 부산 해운대에 개관한 신세계 백화점 센텀시티 지점은 지하 4층, 지상 14층 규모의 세계 최대 백화점으로 Guinness Book of Records에 기록되어 있음. 매출액 기준 국내 백화점은 롯데, 현대, 신세계 등 삼두 체제로 경쟁이 형성되어 있음.

위해 사용할 수 있었다. Nordstrom에서는 자동차 바퀴를 판매하지 않는다. 그러나 Nordstrom은 "우리는 질문 한 마디 없이 제품을 변상해 준다"라는 약속을 판매하지도 않는 제품인데도 지킨 것이다. 이 사실이 Wall Street Journal, USA Today, New York Times의 1면에 보도되어 많은 미국인들에게 신선한 감동을 주었다. Nordstrom과 관련된 일화는 많다. '중요한 회의가 있는 고객을 위해 새로 산 셔츠를 다림질해준 Nordie', 'Macy's 백화점에서 산 선물을 포장해준 Nordie', '한 겨울에 고객이 쇼핑하는 동안 자동차 히터를 틀어놓고 기다린 Nordie' 등이 그것이다.

Nordstrom의 첫 번째 규칙은 '모든 상황에서 훌륭한 판단력을 발휘하라. 그 외의 규정은 없다. 편하게 부서장, 점포장, 담당 임원에게 어떠한 질문이든지 언제나 하라'다. Nordstrom 직원은 고객을 돕는 일이라면 어떠한 일이라도 자유로이 할 수 있다.

1-2. 불평 처리

불평 고객의 유형

먼저 불평을 하는 고객의 유형을 살펴보기로 한다.

Case Western대학의 조사에 의하면, 불평 고객은 'voicers', 'passives', 'irates', 'activists' 등 네 유형으로 나뉘어진다고 한다. 그 중 'voicers'와 'irates'는 불평을 적극적, 혹은 과도하게 표출하는 고객 유형이지만, 'passives'는 불평을 거의 하지 않는 고객 유형이다. 일본에서는 gamen, 즉 운명에 따르고 불평을 하지 않는 미덕이 있다고 한다. 물론 'passives'가 절대적으로 많은 비율을 차지한다. 기업에 대한 고객의 침묵은 금이 아니라 독이다.

그 중 가장 위험한 고객 유형은 'activists'다. 불평에 대한 표출을 행동으로 직접 연결시키는 'activists'에 대한 유명한 일화가 있다.

Starbucks의 곤혹

미국의 Jeremy Dorosin은 Starbucks에서 두 대의 불량 espresso 커피 머신을 구입했다. 당연히 교체해줄 것을 수 차례 요청했지만 Starbucks는 이를 무시했다. 그 후 어느 날 New York Times의 1면에 그에 대한 기사와 CBS TV 저녁 뉴스에 이 사실이 5분 동안 방영됐다. 당황한 Starbucks는 회유하려고 했으나, 그의 요구는 사회의 우호적 반응을 야기시키기에 충분한 것이었다. San Francisco에 가출 청소년의 시설을 지어달라는 것이었다. Starbucks의 대응 조치가 없자, 다시 그 사실이 대중 매체를 타기 시작했다. 그 때 유명 조사 기관인 Performance Research Associates의 Ron Zenke 회장은 "나라면 Jeremy Dorosin의 요구를 들어주겠다"라며 그의 손을 들어주었다. 국내 속담에도 있듯이 '호미로 막을 것을 가래로 막아야 하는' 일을 세계적으로 유명한 Starbucks가 겪은 것이다.

고객 불평에 대한 대처

1) 불평을 쉽게 할 수 있도록 해야 한다

현대의 숙박산업에서 최대의 성장과 성공을 이룬 Airbnb의 가장 치명적 약점 중 하나는 숙박 이용에 대한 항의를 거의 할 수 없다는 데 있다. 이에 대한 반발로 'airbnbHELL'이라는 사이트까지 등장했다(〈그림 5-19〉 참조).

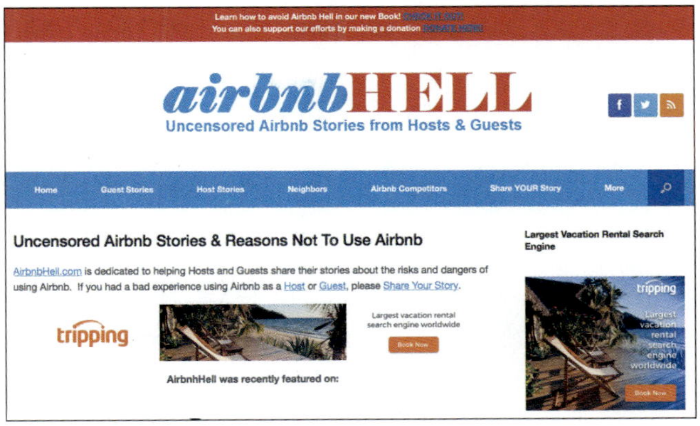

그림 5-19 'airbnbHELL' 사이트
출처: www.airbnbhell.com

어떻게, 어느 장소에서, 누구에게 하여야 하는가를 충분히 공지하여 고객의 불평 표출 자유를 극대화시켜야 한다. Chris Lee의 조사에 의하면, 불평을 가진 고객 중 항의하는 고객은 불과 1/27 밖에 되지 않는다고 한다. 즉 10건의 불평이 접수됐다면, 270건의 불평 사항이 있다는 것이다. 이는 미국 The White House 조사국의 통계보다도 오히려 더 높은 비율이다.* Liu와 McClure의 대한민국 소비자를 대상으로 한 조사에 의하면, 불만을 가진 소비자의 31%가 기업에 알리며, 전환 의사는 74%, 제품 및 서비스 거부 의사는 80%에 이른다. 특히 그들 중 86%는 주변 사람에게 나쁜 경험을 이야기하겠다는 의사를 보였다고 한다.

* 이것을 빙산 현상(iceberg phenome-non)이라고 부름.

미국에서 1967년에 개설된 수신자 부담(toll free) 800번은 고객의 불평 접수에 큰 기여를 하고 있다. AT&T의 조사에 의하면, 고객의 86%가 서신보다 선호하고 있다고 한다. 단 voice mail은 만족도를 저하시킨다고 한다. 미국에서는 레스토랑에 대한 불평을 대대적으로 접수시키고 있는 Information Highway American Online의 'wine&dine forum' 등 고객의 불평에 대한 중요성을 크게 인식하고 있다.

미국 수도 Washington D.C에 있는 Italy 식당 Il Canale의 주인은 Giuseppe Farruggio다. 메뉴는 피자와 antipasti(Italy식 전채 요리), linguine alle vongole(조개를 넣은 파스타), calzone(Italy식 만두 피자), Napoly 피자 등이다. 그의 레스토랑에는 〈그림 5-20〉과 같은 표지판이 걸려있다. Il Canale는 고객의 불평을 완벽히 이해하고 있는 사람인 것이 분명하다.

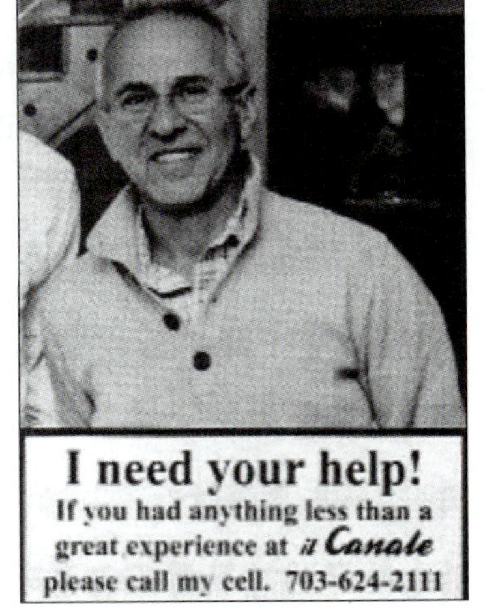

그림 5-20 Il Canale 레스토랑의 불평 철학
출처: 다니엘 핑크(2013), 《파는 것이 인간이다》, p.278

2) 불평이 제기되었을 때에는 신속히 해결해야 한다

Business Horizon의 한 기사에 의하면, 서비스업체에 제기된 300건의 불평에 대한 평균 응답 시간은 20일이며, 응답율은 평균 41%인데, 그나마 호텔과 레스토랑은 은행, 부동산 등 타 서비스업체보다 뒤지는 것으로 나타났다. 고객의 시간은 환대산업에 있어서 특히 중요한 서비스의 부분이며, 그 시간이 지체되면 해결의 효과는 감소될 수밖에 없다. 고객 불평 처리의 신속성은 고객 만족과 관련된 매우 중요한 속성이다. 불만족한 고객이라도 신속하게 해결될수록 충성도는 비례하여 상승된다. British Airways에서는 불평의 80% 이상을 단 3일 이내에 해결한다.

JAL의 Service Irregularity Message

필자는 여름, 겨울방학을 이용하여 국내 호텔·관광 관련 교수, 학생을 대상으로 Las Vegas의 세계 유명 호텔 견학, University of Nevada/Las Vegas와 University System Community College of Southern Nevada의 견학·참관 수업을 중심으로 하는 Study Tour를 11년 동안 수행한 바 있다. 부산의 Y 대학에 있는 L 교수와 Study Tour를 마치고 JAL로 귀국 중 L 교수의 바지에 좌석에 붙어있던 껌이 묻었다. 스튜어드에게 이야기하자 즉시 작은 문서를 건네주었고, 영종도 공항에 도착 후 L 교수는 JAL 카운터와 사무실을 통하여 세탁비 조로 10$의 청구 요구서를 받았다. JAL의 'Service Irregularity Message' 시스템은 탑승지, 라운지, 기내, 도착지, 어디든 이와 같이 문제를 신속히 해결해주고 있다.

Northwest, American, Delta를 포함한 미국 5대 항공사 중 US Airways가 불평 제기 수에서 1위, United Airlines가 2위인 반면, Southwest는 5대 항공사 중 불평 제기 수가 가장 적은 Northwest의 1/5~1/6 밖에 되지 않는다.

우리는 나쁜 일을 당했을 때, 모든 것을 잊고 잠을 자거나, 게임을 하거나, 한적한 곳으로 가서 바람을 쐬거나 해서 감정을 누그러뜨린다. 그러면 얼마 되지 않아서 그 일에 대해 잊어버린다. 이것을 '**sleeper effect**'(**수면자 효과**)라고 한다. 기업에서는 고객의 '**sleeper effect**'를 어떻게 이용해야 할까? 필자는 정확한 답을 알고 있다. "No way". 마케팅에서 '**sleeper effect**'는 존재조차 하지 않는다.

3) 합리적 불평이 제기되었을 때에는 무조건 해결해야 한다

근거없는, 무리한 불평이 아닐 경우에 그것을 해결하지 못하거나, 해결하지 않는 경우에의 폐해를 더 이상 언급할 필요가 없다. United Airlines는 Wall Street Journal에 고객 문제 해결 관련 광고를 지속적으로 내고 있다('For gate agents, read problem solvers'). 그럼에도 다음과 같은 사건이 발생했다.

UA의 반칙

2009년 한 고객이 YouTube에 'UA가 부숴버린 내 기타'라는 제목으로 동영상을 올렸다. United Airlines가 몇 달 동안 그 고객의 보상 요구를 무시한 결과였다. 이 내용 때문에 많은 인터넷 이용자들이 Facebook, Twitter 등 SNS를 통해 동영상을 알렸고, 그 결과 2009년 항공사 중 정시 도착 비율 1위(92.6%)를 차지하였음에도 불구하고, 불과 45,000여 명의 follower만이 남았다. SNS 활동에 있어서 모범으로 알려져 있는 Southwest Airlines의 100만 명이 넘은 follower와 비교할 때, 그 여파가 어느 정도였는지 짐작이 갈만 하다. Southwest Airlines는 92.0%의 정시 도착 비율(2위)임에도 불구하고, 긍정적 메시지에 있어 85%에 육박한 반면, United Airlines는 60%에 불과했다.

follower
SNS에서 이야기를 지지하고, 들어주는 사람.

Domino's의 fair play

2009년 4월, 미국의 Domino's 한 매장에서 2명 직원의 비위생적인 음식 제조 과정이 담긴 동영상이 YouTube에 올려지자 SNS를 통해 빠르게 확산됐고, 47%의 소비자들이 구매하지 않겠다는 조사 결과까지 나왔다. Domino's는 사건 발생 48시간 후, CEO인 Patric Doyle이 직접 사과하고, 사건 재발 방지를 약속하는 동영상을 제작하여 YouTube에 공개했다. 이후에도 Domino's는 Twitter 등의 SNS를 통해 소비자의 반응을 지속적으로 살피며, 모든 관련 조치 내용을 실시간으로 공유하면서 위기 상황을 극복하고 있다.

American Airlines에서는 불평에 대응하기 위한 700가지의 법규가 규정되어 있다.

미국의 여론 조사 전문기관 Harris Interactive의 조사에 의하면, 부정적인 평가의 글을 올린 후 회신을 받은 소비자의 약 18%가 충성 고객으로 전환됐으며, 약 70%는 자신이 올린 글을 스스로 삭제하거나, 긍정적 평가의 글로 대체시켰다고 한다.

4) 오히려 고객의 불평을 찾아내야 한다

이는 고객의 문제 해결이라는 마케팅의 유일한 공식을 푸는 시발점이다. 전통적 comment 카드 외에도 고개 전용 hot line, GRO(guest relations officer)의 배치, 전술됐던 Service Guarantee 시스템 등 모든 방법이 동원돼야 한다. 영업 일선 직원들의 feedback 역시 중요한 역할을 할 수 있으며, 국내 현대백화점과 같은 암행 고객(mystery shopper) 방법도 좋은 방법이다. Motorola에서는 한 달에 하루, 전 업무 시간을 고객의 불평에 대한 회의에 투자하고 있다.

그러나 이러한 도구는 '고객이 먼저 불평을 제기하면, 필요한 사후 조처를 해주겠다'는 '대응형 시스템'에 불과하다. 한 발 나아가 그들의 불평을 미리 방지하거나, 파악할 수 있는 '선행형 시스템'이 필요하다.

고객이 불편하게 느끼는 고충이나 불만을 찾아내고, 바로잡기 위해 시각적으로 표현해내는 '**hassle map**'이란 개념이 있다. '**Hassle map**'이란 시간, 에너지, 돈을 낭비하게 만드는 제품, 서비스, 시스템의 특징을 그려낸 지도다(〈그림 5-21〉 참조). Everland는 '고객 불만 예보제'라는 프로그램을 운영하고 있다. 예를 들어, 비가 온다는 일기 예보가 있으면, 지난 해 비 온 날의 불만 사항 자료를 모아 현장에 전달하여 미리 불만을 차단하고 있다.

마케팅에서 "왜 고객이 우리 기업을 방문하는가?" 못지 않게 "왜 방문하지 않는가?"가 중요하듯이, 고객이 선호하는 서비스 제공 못지 않게 중요한 것은 고객이 싫어하는 서비스를 제거하는 것이다. 이것이 '선행형 시스템'이다. 제5장에 소개됐던 Ritz-Carlton이 '선행형 시스템'에 있어서 환대산업 최고의 기업이다.

hot line
총지배인, 부서장 등 호텔의 핵심 간부들에게 직접 연결되는 전화를 말함.

GRO
호텔에서 당직 지배인(duty manager)이 고객의 불평을 처리하는 경우도 많으나, GRO는 당직 지배인 직책보다 더욱 고객 관계 업무에 치중하는 직책임.

암행 고객
신분을 감추고 고객으로 가장, 자사의 매장을 방문해서 까다로운 질문을 던지고, 직원들의 응대 태도 및 서비스 마인드를 평가하는 제도임. 현대백화점은 KS-SQR, KCSI 등 외부 기관의 고객 만족도 평가에서 1위를 차지하고 있음.

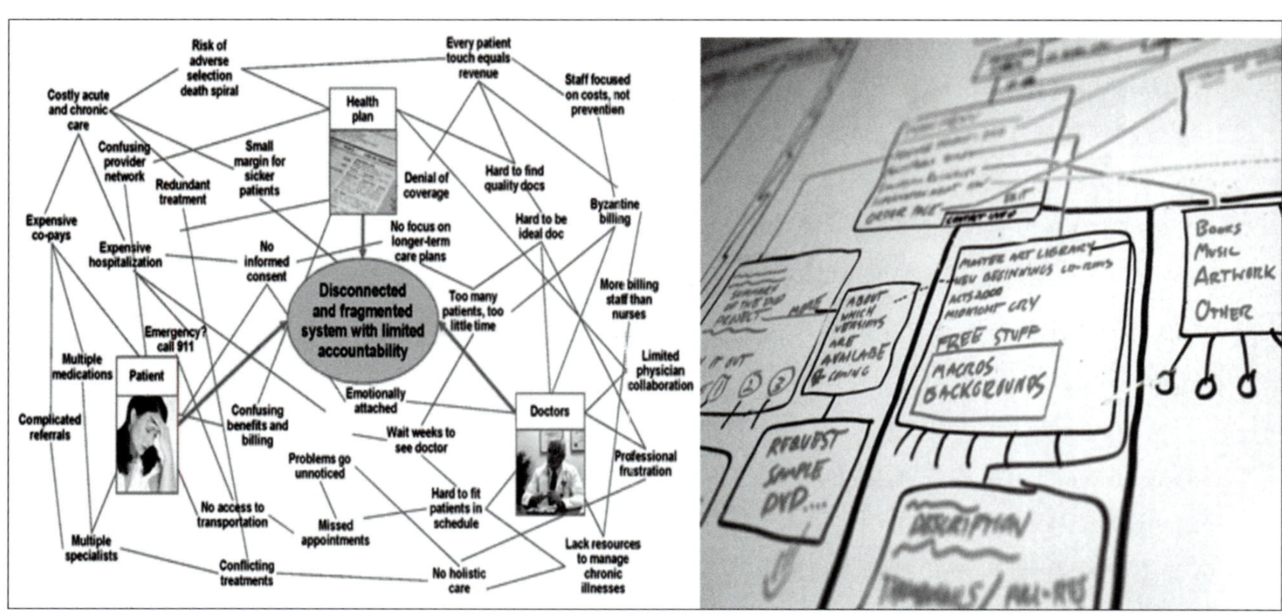

그림 5-21 hassle map
출처: www.google.co.kr

5) 고객의 불평에 진심으로 감사해야 하며 편지, 전화 등 직접 고객과 대화를 하여 고마운 마음을 전달해야 한다

이와 관련하여 불평 처리를 단계별로 정리하여 보자.

① 불평이 야기되었을 때 '감사합니다'의 자세와 표현을 하고, 항의에 감사한 이유를 설명한다.
② 잘못된 부분에 대해 사과하고, 문제의 빠른 해결을 약속한다.
③ 문제 해결에 필요한 필요 정보를 얻는다.
④ 잘못된 부분을 신속히 시정하고, 고객의 만족을 동시에 확인한다.
⑤ 향후 다시 문제가 야기되지 않을 것임을 약속한다.

Marriott에서는 불평을 원만히 해결하기 위한 'LEARN' 원칙이 있다. Listen(경청), Emphasize(감정 이입 및 동조), Apologize(사과), React(반응 및 조치), Notify(직원들의 숙지, 인지, 향후 대처)가 그것이다.

6) 불량 고객을 퇴출시킨다

법정 스님의 저서 《함부로 인연을 맺지 마라》에 언급된 말을 되새겨보자. "진실은 진실된 사람에게만 투자해야 한다. 아무에게나 진실을 투자하는 건 위험한 일이다. 그것은 상대방에게 내가 쥔 화투 패를 보여주는 것과 다름 없는 어리석음이다. 우리는 인연을 맺음으로써 도움을 받기도 하지만, 그에 못지 않게 피해도 당하는데, 대부분의 피해는 진실 없는 사람에게 진실을 쏟아 부은 대가로 받는 벌이다."

기업이 찾아야 하는 것이 불평이라면, 피해야 하는 것은 불량 고객이다. 무단 횡단자를 의미하는 'jaywalker'라는 용어가 있다. 따라서 불량 고객을 '**jaycustomer**'

라고 부른다. 불량 고객은 도둑형(thief, shoplifter), 규칙 위반형(rule breaker), 호전형(belligerent), 내분형(family feuders), 파괴형(vandal), 신용 불량형(deadbeat) 등 여러 형태로 나뉘는데, 어떠한 형태건 기업과 기타 고객들에게 부정적인 영향을 미친다. 고객 최우선주의의 기업 문화를 갖고 있는 Nordstrom, Southwest Airlines, FedEx조차도 정기적으로 불량 고객을 퇴출시키고 있다. Wing Zone 레스토랑에서는 불량 고객 출현 시 바로 매니저가 응대할 수 있도록 제도화하고 있다.

고객의 불평과 관련, 마지막으로 Patterson 교수 연구팀의 연구 결과를 살펴보자.

내분형
타 고객 혹은 동반자와 싸우는 형.

소비자 분노 막을 수 있다

Australia New South Wales대학 Paul Patterson 교수 연구팀은 소비자가 분노하는 과정에 대한 체계적인 분석과 대응 전략을 담은 논문을 California Management Review에 실었다.

미국, 중국, Australia, Thailand 등 4개 국에서 서비스 불만 등으로 분노를 경험했던 소비자 50명에 대한 인터뷰를 실시한 결과, 모든 소비자 분노는 일순간의 강렬한 경험 때문이 아니라, 지속적이고 반복적인 사건 때문에 발생한다는 사실을 발견했다. 예를 들어, 처음에는 불만으로 전화를 했는데, 기업 직원들이 책임 떠넘기기를 해서 화가 치밀었고, 결국 매장을 방문했는데, 여기서 감정이 격화돼 극단적 분노가 형성된 사례처럼, 분노의 수준은 반드시 여러 개의 사건을 거치면서 상승하는 패턴을 보인다는 것이다.

특히 물질적 피해보다는 감정 훼손이 훨씬 심각한 소비자 분노의 동인이었다. 소비자 대부분은 금전적 손실에 따른 경제적 고통 때문이 아니라, 자부심이나 무력감, 불공정성 등으로 인한 감정적 상처 때문에 분노하기 때문에, 기업이 분노한 소비자에게 물질적 보상을 해줬다고 모든 문제가 해결되진 않는다. 감정적 상처를 보듬어줘야 한다.

또한 연구 결과, 소비자들은 화가 분노로 바뀌는 한 차례 **티핑 포인트(tipping point)**를 경험한 뒤, 다시 적의를 갖고 복수를 하는 두 번째 **티핑 포인트**를 겪는 것으로 나타났다. 연구 팀은 각 **티핑 포인트**별로 기업의 대책을 제시했다.

티핑 포인트
물이 99.99℃까지 끓지 않다가 100℃에서 끓듯이, 호조로 전환되는 급격한 변화의 시점이라는 의미임.

첫 번째 **티핑 포인트** 전 단계, 즉 화가 났지만 아직 분노하지 않은 상태에서 잘 대처하면 피해를 최소화할 수 있다. 연구 팀은 콜센터에서 고객들의 목소리를 분석해 흥분 정도를 알려주는 소프트웨어를 설치하면, 전담 상담사들이 더 체계적으로 대응할 수 있다고 조언했다. 또 소비자들이 잘못된 기대를 갖지 않도록 유도하는 것이 중요하다. 객실 전화 사용료로 자주 분쟁이 발생했던 호텔에서 전화 요금이 유료라는 안내판을 전화기 바로 옆에 부착했더니 민원이 크게 줄었다고 한다. 이처럼 소비자가 오판하지 않도록 정보를 알기 쉽게 전달해야 한다.

서비스 마인드를 가진 직원을 채용하고 훈련시키는 것도 중요하다. 특히 화가 났을 때 목소리를 높이는 고객도 있지만, 더 차분하고 낮은 톤으로 말하는 사람도 있다. 이런 고객들의 미묘한 반응을 간파하는 베테랑 서비스 요원의 노하우를 체계적으로 전수해야 초기 단계에서 불만을 막을 수 있다.

첫 번째 **티핑 포인트**를 넘어서 이미 분노한 소비자에게는 감정적 치료가 매우 중요하다. 자존심 손상, 무력감, 불공정성 등으로 상처를 입은 고객에게는 진심으로 사죄하고, 문제점을 바로잡아주면서, 적절한 보상을 제공해야 한다. 또 고객과 직접 접촉하는 직원이 현장에서 문제를 곧바로 시정할 수 있도록 적절한 권한을 부여해야 한다.

마지막으로, 소비자의 분노가 폭발해버린 다음에는 정말한 원인 분석을 해야 한다고 연구팀은 강조했다. 분노가 폭발하게 된 가장 큰 원인은 초기 불만 사항이 아니라, 중간에 화를 돋운 직원들의 대응 태도나 프로세스 등에 있다. 따라서 소비자의 불만을 처리하는 과정 전체를 세밀하게 점검해야 한다. 이 과정에서 직원들이 상처받지 않도록 배려해야 하며, 사안에 따라 고위 간부가 나서서 문제를 해결할 필요도 있다.

Harvard대학의 Jill Taylor에 의하면, 부정적 감정 및 생각의 자연 수명은 90초라고 한다. 이 위기의 순간을 현명하게 대처해야 한다.

2. 고객 만족을 위한 전술

2-1. 만족의 본질

"부자들은 열대의 한 아름다운 섬에서 낙원을 찾으려 할 것이다. 종교인들은 땅 위에서의 삶을 끝내는 날 낙원을 맞이한다. 낙관론자들은 내일이 낙원이고, 비관론자들은 어제가 낙원이었다"라는 말이 있다. 행복, 만족, 이상향은 어떻게 해석하느냐에 따라 다르다.

Dr. Jekyll, Mr.Hyde와 같이 고객의 불평과 반대가 되는 용어는 고객의 만족이다.* 2012년 세계 최상위 호텔들의 고객 comments에 게재된 백만 건 고객의 소리 중 불평 1위는 비전문적/불완전한 서비스(11,785건)인 반면, 만족 1위도 친절, 전문적, 효율적 서비스(103,440건)로 나타나 대조를 보이고 있다. 고객들은 가격, 시설 등 타 요인보다 서비스에 가장 큰 비중을 두고 있다는 증거다.

〈표 5-6〉은 2014년 American Customer Satisfaction Index에서 실시한 미국 29개 대표 브랜드 호텔에 대한 고객 만족도 평가를 나타내고 있다. 이 평가의 항목에는 기대, 품질 지각, 가치 지각, 불평률, 고객 충성도 등의 고객 만족 지표들과, check-in, 객실 품질, 편의시설 등의 고객 경험 지표들이 포함돼있다.

세계 최고의 'flight compensation' 기업 AirHelp는 2018년 정시 운행(on-time performance), 고객 만족, 클레임 처리, 온라인 고객 평가 등 네 부문에서 1위 항공사로 Qatar Airways를 선정했다. 오랜 기간 동안 이 부문 1위를 사수했던 Singapore Airlines는 4위로 밀렸으며, Lufthansa, Etihad Airways, South African Airways가 각각 2, 3, 5위를 차지했다. AirHelp의 평가는 항공사와 공항 평가에서 세계 최고의 권위를 갖고 있는데, 승객에 대한 사항이 평가의 가장 큰 비중을 차지한다.

표 5-6 미국 대표 브랜드 호텔에 대한 ACSI의 고객 만족도 평가

Hotel brand	Chain scale brand categorization	ACSI 2014
Ritz-Carlton	luxury	86
JW Marriott	luxury	83
Hyatt	upper upscale	82
Westin	upper upscale	82
Hyatt Place(〈그림 5-22〉 참조)	upscale	82
Fairfield Inn&Suites by Marriott	upper midscale	82
Hampton Inn&Suites	upper midscale	82
Marriott Hotels&Resorts	upper upscale	81
Embassy Suites Hotels	upper upscale	81
Hilton Garden Inn	upscale	81
Wyndham Hotels&Resorts	upper upscale	79
Courtyard by Marriott	upscale	79
Residence Inn by Marriott	upscale	79
Grand Hyatt	luxury	78
Hyatt Regency	upper upscale	78
Holiday Inn	upper midscale	78
Brand Average		77
Hilton Hotels&Resorts	upper upscale	77
Doubletree by Hilton	upscale	77
Spring Hill Suites by Marriott	upscale	77
Comfort Inn/Suites	upper midscale	77
Best Western Plus	upscale	76
Crowne Plaza	upscale	74
Days Inn/Suites	economy	73
Sheraton	upper upscale	72
Best Western	midscale	72
Quality Inn	midscale	70
Ramada Inn	midscale	70
Super 8	economy	68
Econo Lodge	economy	67

그림 5-22 Hyatt Place

출처: www.never.com

과연 모든 기업이 가장 흔히 말하고 있는 고객 만족의 진정한 의미는 무엇일까? Rome의 유명한 Stoa 학파인 Lucius Annaeus Seneca에 의하면, 지금 갖고 있는 것에 만족하지 못하는 자는 세계를 다 가져도 만족하지 못한다고 한다. Arthur Schopenhauer는 《의지와 표상으로서의 세계(Die Welt als Wille und Vorstellung)》에서 "의지 자체는 욕망(욕구와 필요에 해당됨)이고, 의지의 탐욕은 언제나 의지의 성취보다 크다. 욕망은 무

한하며 충족은 한정되어 있기 때문에, 성취란 동냥과 같이 비참한 삶을 내일까지 연장시키기 위해 오늘의 목숨을 연명하는 것과 같다. 우리의 의식이 의지에 의해 실현되는 한(욕망의 충동에 쫓기는 한), 결코 지속적 행복과 평화는 기대하기 어렵다"라는 말로 만족의 의미를 표현한 바 있다.

Irvine에 의하면, 욕망은 기본적으로 인간에게 쾌락을 추구시키기 때문에 무엇인가를 강렬하게 추구하게 되는데, 철학자들은 이것을 **생물학적 보상 시스템(biological incentive system)**이라고 부른다. 인간에게는 고통을 회피하고, 쾌락을 추구하는 고차원적인 생물학적 보상 시스템이 내장돼있어서, 다른 개체보다 더 높은 생존과 번식이 가능했다는 것이다.

Aristoteles에 의하면, 만족은 쾌락 추구보다는 근심과 걱정으로부터 해방되는 것을 의미한다고 한다. 즉 불편함이 없는 부가 최선이며, 그것을 잃을 때 그 가치를 알게 된다는 것이다. 인간에게 있어서 무엇이든 지나치면, 근심과 걱정이 다시 시작되며, 곤궁,고뇌가 인간을 쉬게 하면(해결되면), 권태가 다가와서 다시 오락을 추구하게 되고, 이것이 다시 문제를 발생시키는 인생은 그 자체가 악이다.

《구약 전도서》 1장 18절에드 "지식을 더하는 자는 근심을 더하며, 무지한 자가 행복하다"고 한다. 법정스님은 "아무 것도 갖지 않을 때 비로소 온 세상을 갖게 된다"고 했다. 인간은 불행의 씨앗을 끊임없이 소유하려는 욕망 때문에 불행해진다. Diogenes는 모든 재산과 지위를 포기하고 남루한 단벌 옷과 집조차 없는 생활에 만족했다. 후에 Zenon 등의 Stoa 철학자들이 이를 계승했다.

관계 마케팅에서 의미하는 진정한 만족은 문제 해결에 가깝지, 과도한 욕구와 필요의 충족에 있지 않다. 진정한 행복은 소유나 포만보다는 성취에 있으며, 마케팅의 변하지 않는 유일한 진리이자 공식인 고객의 문제 해결에 있는 것이다. Epicurus 학파에서 말하는 '**ataraxia**'(이성이 본성을 지배하는 정신적 안정 부동)도 이것을 의미한다. 우리가 극시, 서사시, 소설, 영화 등을 읽고 볼 때, 공통적인 사실이 있다. 클라이맥스를 지나 천신만고 끝에 목표에 이르나(행복 혹은 만족 달성), 곧 모든 것이 끝나버린다. 목표 달성 후 전과 달라진 것이 없다는 것 외에는 더 이상 보여줄 것이 없기 때문이다.

California대학의 Sonja Lyubomirsky는 행복은 환경, 운, 머리가 아니라 상황을 바라보는 시각이 결정한다고 한다. 미국 Illinois대학의 Ed Diener는 행복을 '주관적 안녕감(subjective well-being)'으로 정의하겨, '행복=우리가 가진 것(달성한 것)÷우리가 원하는 것(열망하는 것)'이라는 공식을 제시했다. Ed Diener에 의하면, 행복에 필요한 긍정적 태도로서 A.I.M(attention, interpretation, memory)이 필요하다고 한다. 즉 성공과 축복에 주의를 기울이고, 사전에 대한 긍정적 해석에 마음을 열고, 좋았던 것을 기억하는 것이 행복의 열쇠라는 것이다. Ed Diener는 또한 '83% 행복의 법칙'을 제시했는데, 그 근거가 'Mona Lisa의 미소'를 컴퓨터로 분석한 결과, 행복한 감정 83%, 혐오감 9%, 두려움 6%, 분노심이 2%였다는 것이다. 즉 100%가 아니라 83%만 돼도 인간은 행복하다는 의미다.

불교에 '일체 유심조'*라는 말이 있다. 《명심보감》에 의하면, 만족할 줄 아는 자는 가난하고, 천하다고 해도 즐겁게 살지만, 만족할 줄 모르는 자는 부귀를 누리더라도 근심스럽게 산다고 한다. 우리 모두 최대 만족을 추구하는, 항상 불행한 'maximizer'가 되지 말고, 주어진 현실에 만족하고 사는 'satisficer'가 되자.

* '모든 것은 마음 먹기에 달렸다'라는 의미임.

2-2. 고객 만족에 대한 전술

고객 만족 제고에 대한 소고

Knutson은 고객의 만족 제고를 위한 10개의 법칙을 제시한 바 있는데, 이를 중심으로 필자가 그 전술을 보완, 각색하여 설명하고자 한다(실제로 제목을 제외한 대부분 내용은 필자의 견해다).

1) 고객을 인식해야 한다

고객이 방문할 때 이름을 기억하고 있다면 최선일 것이다. 그러나 모든 고객의 이름을 다 외울 수가 없기 때문에 미소, 인사, 친밀한 태도 등으로 '알고 있다'는 의식 전달에 접근할 수는 있다. 친절함이란 인간의 본성에 있어서 가장 효과있는 무기다. 《Babylonian Talmud》에 의하면, 배우자 선택 시 제 1의 기준은 친절함이라고 한다.

Marriott Corp. Roger Dow의 말이다. "우리는 사람들을 어떤 직무라도 수행할 수 있도록 훈련시킬 수 있다. 그러나 친절한 태도를 갖게 하기 위해서는 이 노력을 채용 및 선발부터 시작해야 한다." New York시의 SoHo Grand Hotel에 있는 Grand Bar의 고객들은 항상 Tracy라는 이름의 친절하고 멋진 여성으로부터 따뜻한 환영을 받는다. Tracy로 인해 Grand Bar와 SoHo Grand Hotel은 New York시의 명물이 되었다.

2) 긍정적 첫 인상을 주어야 한다

2012년 취업포털 잡코리아가 남녀 직장인 822명을 대상으로 한 조사 결과, 인상을 결정짓는 1위 요소는 표정(74.5%)이었다. Benfield 등의 수천 명 고객 대상 연구에 의하면, 환영 인사와 리셉셔니스트의 응대가 이루어지는 처음 5초의 순간이 고객 만족도에 가장 큰 영향을 미친다고 한다.

첫 인상이 중요하다는 것은 **'priming effect'(점화 효과)**로부터 기인된다. **'Priming effect'**란 처음에 노출된 약한 자극이 노출이 많이 된 자극보다 더 강한 동인(driving force)이 된다는 것을 의미한다. 예를 들어, 크루즈 여행을 경험하지 못한 사람이 매체에서 처음 Diamond Princess 크루즈를 보게 되면, 바다 여행의 환상에 젖을 것이고, 처음에 세월호 보도를 들은 사람은 바다 여행은 가급적 지양하겠다는 마음이 들 것이다.

행동경제학의 실험 중 A 그룹에게는 1×2×3× ... ×8의 답을, B 그룹에게는 8×7×6× ... ×1의 답을 유추하라고 했더니, A 그룹은 평균 512, B 그룹은 평균 2,250의 답을 내었다고 한다(실제로는 얼마일까?)*. 첫 인상이 얼마나 중요한가를 증명하는

* 실제는 40,320임.

결과다. 광고가 중요한 이유 중 하나는 제품의 첫 인상을 주는 것이다. 늑대 인간의 예와 같이 동물은 본능적으로 탄생 시 처음 보는 동물을 부모로 생각한다고 한다.

환대산업의 기업 중 Disney Land와 McDonald's는 청결이라는 첫 인상으로 고객에게 큰 호응을 얻은 바 있다. Marriott은 1991년에 'first ten'이라는 프로그램을 도입했다. 호텔까지 온 피곤한 고객들에게 처음 10분 동안 모든 일을 처리해주고, 쉬게 해주는 프로그램으로서, 첫 10분 동안 고객은 매우 우호적인 인상을 갖게 된다. 유사한 맥락으로 2012년 4월 13일자 Wall Street Journal의 기사에 의하면, 미국 호텔업계에서는 고객이 호텔 입구에 들어선 첫 15분 내에 고객을 감동시키는 것을 목표로 하고 있다고 한다. Trout와 Ries는 단 한 번뿐인 첫 인상의 기회에 최대한의 매체를 동원해 강한 영향을 줄 수 있는 '**big bang approach**'를 사용하라고 조언한 바 있다.

3) 고객의 기대를 충족시켜야 한다

S(만족) = Q(품질) − E(기대). 만족을 의미하는 불변의 공식이다. 환대산업의 제품은 무형적 특성으로 인해 고객의 기대를 창조해내는 과업이 우선적 과제가 된다. 그러나 약속된 기대가 충족이 되어야 고객이 유지될 수 있다. 과대로 포장된 광고는 고객을 창조할 수는 있으나, 창조된 고객을 유지하는 데에는 역효과를 낸다.*

'Trial-and-error'가 아닌 'trial and-true'가 되어야 함.

과거 Xerox는 미국 복사 시장점유율의 80% 이상까지 차지했었으나, 그 후 20% 미만까지 폭락했던 위기가 있었다. 그 때 Xerox는 고객이 만족할 때까지 몇 번이라도 복사기를 교체해줬다. 공장에서 계속 결함을 없애는 제품을 만드는 어려움이 있었으나, 이 전략으로 Xerox는 다시 복사기 시장 부동의 1위를 고수할 수 있었다.

4) 고객의 노력을 줄여 주어야 한다

고객은 귀찮은 것을 싫어한다. 고객은 호텔의 매뉴얼, 정책, 규칙 등을 알 필요도 없고, 그것으로 구속받기는 더욱 싫어한다. 고객은 백화점의 사인보드 등 아주 작은 편의에 대해 크게 감사한다. Mr. Steak에서는 직원이 고객이 좌석에 앉아있는 동안 모든 계산을 해주는 서비스를 최초로 도입했다. 이렇게 아주 작은 편의에 대한 고객의 반응은 매우 호의적이었다.

Kohl's 백화점이 인기있는 이유는 바로 여기에 있다. Kohl's 백화점은 저렴한 가격도 인기 비결 중 하나지만, 무엇보다도 타 백화점 절반 규모와 독특한 매장의 디자인으로 고객의 걸음을 크게 줄여주고 있다. 각 매장은 넓은 타원형으로(각각 다섯 개 이하의 진열장) 되어 있으며, 계산 시 어느 매장에서건 중앙 통로로 이어지게 하여, 타 백화점과 비교 시 절반 정도만 걸으면 되도록 설계되어 있다(〈그림 5-23〉 참조).

반대의 경우이기는 하나, IKEA의 매장 동선은 매우 복잡해서 출구를 찾기가 힘들다. 자연히 고객은 매장 안을 오래 돌아다니게 되고, 재미있는 테마 등을 보며 구매를 더 하게 된다. 창문과 시계가 없는 Las Vegas의 모든 카지노 호텔도 같은 이치다(조금이라도 게임을 더 하게 한다).

그림 5-23 Kohl's 백화점 내부

5) 고객의 의사결정을 용이하게 해주어야 한다

고객은 본질적으로 의사결정하는 것에 주저한다. 광고의 원리 중 하나는 'repeat, repeat, repeat'이다. 광고 효과는 점차 줄어들겠지만, 고객에게 최소 세 번의 의사결정 기회를 주어야 한다는 의미가 함축되어 있다.

New York 호텔에서의 의사결정 기회

New York의 한 호텔에서 과일, 아이스크림, 펀치를 섞은 음료를 팔기 위한 La Bamba 판매촉진을 수행했다. 고객이 현관에 들어가자, Caribbean풍 의상을 입은 실물 크기의 여인 모형이 그 음료를 들고 있었다. check-in을 하러 front desk에 가자, 직원의 유니폼에 La Bamba 판매촉진의 뱃지가 부착되어 있었고, 엘리베이터에는 관련 포스터가, 객실에는 관련 tent card가 있었다. 이 고객이 check-out을 할 때, 위의 모든 것을 다시 한 번 보게 되었다. 이 호텔에서는 고객에게 최소 7번의 의사결정 기회를 준 것이다.

tent card
피라미드 모형의 형태로 된 종이 판촉물.

물이 가득 찬 컵에서 다른 컵에 물의 반을 따르면, 가득찬 컵을 보았던 사람은 물이 반으로 줄었다고 생각하지만, 비워진 컵을 보았던 사람은 물이 반이나 찼다고 생각한다. 이와 같이 질문이나 문제의 제시 방법에 따라 의사결정이 달라진다. 이것을 '**framing effect**'(**구조 효과**)라고 한다. 상황에 따라 고객의 의사결정은 달라진다.

6) 경영진의 관점이 아닌 고객의 관점에 초점을 두어야 한다

Red Lobster 레스토랑은 중저가 레스토랑인데도 불구하고, 초기에 많은 고객들이 이용을 주저했다. 브랜드 자체에서 파생된 '비싼' 이미지 때문이었다. P&G에서 출시했던 최초의 Pringles 감자칩은 오랜 연구 끝에 ①기름기가 없고, ②잘 부서지지 않으며, ③일정한 모양과 질감을 가진, ④늘 바삭바삭한 맛을 유지할 수 있는 뚜껑이 있는 제품이었다. 그러나 판매가 부진하자 P&G는 고객의 관점을 조사했다. 고객들은 ①, ②, ③, ④번 모두에 대해 인공적(artificial)이라는 거부감이 있었던 것이다. 따라서 P&G는 감자칩이 균일하게 나오지 않도록 주름진 모양으로 바꾸고, 뚜껑보다는 바삭한 질감과 기름이 손에 잘 묻지 않는다는 점을 강조해서 Pringles를 명품으로 만들 수 있었다.

7) 고객이 말하지 않는 시간 제한을 지켜야 한다

한 조사에 의하면, 레스토랑에서 평균 음식 제공 시간을 초과할 때, 고객에게는 실제 시간보다 3~4배의 시간이 지난다고 한다. Priceline.com은 손쉽게 접속하여 호텔, 여행, 타 서비스 제공 기업에게 자신이 지불하고자 하는 가격만 제시하면 되는 획기적인 사이트이다. 그러나 그 이용 절차가 너무 복잡하고, 실행이 느려 고객의 큰 불만을 샀다.

시간의 2면성 : 'chronos', 'kairos'

Hellas어로 시간을 뜻하는 말에는 두 가지가 있다. 자연스럽게 흘러가는 물리적 시간인 '**chronos**'(나이는 숫자에 불과하다)와 특별한 의미가 부여된 '**kairos**'(순간의 선택이 10년을 좌우한다)가 그것이다. Albert Einstein은 "뜨거운 난로에 손을 넣으면, 1분이 1시간, 아름다운 여자와 함께 있으면, 1시간이 1분으로 느껴질 것"이라고 상대성 이론을 비유적으로 설명했다. 뜨거운 난로에 손을 넣으며 지나가는 시간, 아름다운 여자와 함께 있는 시간이 곧 '**kairos**'다.

사람들은 기다리는 시간이 10분이라는 것을 알고 기다리는 것보다 실제로는 7분을 기다리나 모르고 기다리는 것이 훨씬 지루하고, 짜증이 난다. 10분은 '**chronos**'고, 7분은 '**kairos**'다. 기업은 고객의 지루한 '**chronos**'는 즐거운 '**kairos**'로, 막막한 '**kairos**'는 명확한 '**chronos**'로 만들어야 한다.

8) 고객은 좋은 기억보다 나쁜 기억을 더 잊지 못한다는 사실을 상기해야 한다

조사에 의하면, 고객이 좋은 기억보다 나쁜 기억을 잊지 못하는 비율이 두 배 이상이라고 한다.* 2002년 Nobel상을 수상한 심리학자 Daniel Kahneman의 《Gains and Losses》에 의하면, 사람은 자신이 얻은 이익보다 손실을 두 배 정도 크게 인지한다고 한다. 이것이 사람들이 도박에 중독되는 중요한 이유라는 것이다*.

행동경제학의 이론에 의하면, 사람은 일반적으로 기대 수익이 더 큰 불확실한 이익보다 기대 수익이 적은 확실한 이익을 선호하며, 반대로 기대 손실이 적은 확실한 손실보다 기대 손실이 큰 불확실한 손실을 선호한다. 이것이 주식에서 개인이 성공을 하지 못하는 가장 근본적인 이유다. 즉 이익이 발생한 주식은 너무 빨리 팔고, 손실이 발생한 주식은 너무 늦게 판다. 이러한 현상을 '**disposition effect**'(**처분 효과**)라고 한다.

Toyota의 조사에 의하면, 자동차 구입 후 만족한 고객은 평균 7.7명, 불만족한 고객은 평균 15.9명에게 그 사실을 알린다고 함. 또한 Ford에 의하면, 불만족한 고객은 평균 20명에게 그 사실을 알린다고 함.

도박 중독은 여성보다는 남성에게 있어서 심각한 문제임. ESPN, Bluff Magazine에서 세계 포커 플레이어 랭킹을 보면, 98% 이상이 남성임('랭커'들이 '도박 중독자'라는 이야기는 아님).

고객 만족에 대한 진정한 이해

그러나 위의 예는 고객 만족을 제고시킬 수 있는 무수한 방법 중 단편적 부분에 지나지 않는다. 50년 전 Howard Johnson's 등 환대산업의 유명 기업가들이 호텔 경영의 첫 번째 성공 요소로 주장했던 입지(location)는 그 중요성이 1970년대부터 서서히 서비스로 변하기 시작했다.

그러나 우리는 서비스라는 의미를 마케팅의 관점에서 잘 고찰해봐야 한다. 우리가 미국 등 해외 여행을 할 때, 비행기로 최소 수천 마일을 가야 한다. 그것을 감안한다면, 호텔에 들어서서 불과 몇 십 미터 때문에 벨보이에게 몇 $의 팁을 주는 것은 경우에 따라서 내키지 않을 때가 많다. 현대의 호텔 고객들은 점차적으로 변하고 있으며, 자신이 꼭 필요한 경우에만 서비스받기를 원하고 있다.

일본인의 서비스 자세는 세계적으로 유명하다. 그러나 물잔을 비울 때마다 즉시 물을 따라주는, 어떻게 생각하면 지나치게 정성스런 서비스가 최상의 서비스일까? 지나치게 친절하고, 빠르고, 숙련된 서비스는 고객을 불편하게 만들 수 있다. 옷을 고를 때 직원이 계속 따라 다니며 설명을 하면, 부담스럽고 짜증이 날 때가 많다. SPA의류 브랜드 소매장에는 직원들이 고객에 대해 무관심하다. 고객들은 완전히 자유스럽게 옷을 고를 수 있고, 이것이 SPA 매출 신장의 가장 큰 요인이다. 즉 모든 고객은 자신에게 필요한 서비스만을 원한다.

Ritz-Carlton은 모든 고객에게 규격화된 획일적 서비스를 제공하는 한편, 동시에 고도로 차별화된 개별적(personalized) 서비스를 제공하는 것으로 유명하다. 한 전문 기관의 조사 결과에 따르면, Ritz-Carlton을 찾은 고객의 95%가 '추억에 남을만한 방문'이라고 응답했다고 한다.

Ritz-Carlton의 고객 인지 프로그램

Ritz-Carlton은 개별적 서비스를 위해 고객 인지 프로그램(customer recognition program)이라고 불리우는 고객 정보 관리 시스템을 활용하고 있다. 정보 기술을 이용한 이 서비스 혁신 시스템은 Harvard대학 경영대학원의 교육 과정에도 포함되어 있다. Ritz-Carlton의 모든 체인에는 이를 위한 직원(GRC : guest recognition coordinator)이 배치되어 있으며, 1992년부터 시작된 이 시스템 내에는 수백 만 명의 고객 정보가 구축되어 있다.

담당 직원의 주 업무는 고객의 개인적 취향에 대해 조사하고 고객별로 차별화된 서비스를 제공하는 것이다. 그들은 매일 아침 간부 회의에 동석하여 총지배인 및 영업 부서장들에게 당일 투숙할 고객의 정보를 제공하고, 협조를 받는다. 그 정보 내에는 고객의 특성에 대한 보충 정보도 포함되어 있다.

Ritz-Carlton의 모든 직원은 고객 취향 수첩(guest preference pad)을 지니고 있다. 예를 들어, 룸메이드가 객실 정리를 하다 테니스 라켓과 테니스 전문지를 보게 되면, '301호실에 투숙한 Butler씨가 테니스에 취미가 있는 것 같다'라고 담당 GRC

에게 전달하는 식이다.

이러한 정보는 'Hot Line'이라는 모든 체인 호텔의 정보 시스템에 공지된다. 예를 들어 New York에 있는 Ritz-Carlton의 한 고객이 베개를 딱딱한 것으로 바꾸어달라고 했을 경우, 이 고객이 몇 년 후 Paris의 Ritz-Carlton에 투숙하게 되면, 객실에 예외없이 딱딱한 베개가 비치된다. 이와 같이 Ritz-Carlton은 고객 인지 프로그램을 통해서 고객이 말하지 않는 욕구와 필요까지도 미리 찾아서 충족시키고 있다.

Micro value marketing

고객의 아주 세밀한 불편까지도 해결해 준다는 **micro value marketing**이라는 용어가 있다. 미국 NBA Washington Wizards의 소유주 Ted Leonsis가 New York Manhattan의 Four Seasons에 머무는 가장 큰 이유는 그가 아이스 티를 마실 때 길고 얇은 잔에 얼음을 넣고, 아주 단 설탕물이 든 작은 유리병을 옆에 따로 놓아주는 방법을 커피숍의 전 직원이 다 알고 있기 때문이다. Ted는 단 한 마디만 하면 된다. "Ice tea".

일본의 Dars 초콜릿은 먹기에 가장 적합한 온도 22℃를 알려주기 위해 패키지에 온도 센서칩을 부착했다. 국내 Hite 맥주도 표찰에 맥주 마시기에 가장 좋은 온도를 알려주는 온도 감시 스티커를 부착, 고객이 색깔의 변화로 그것을 알 수 있게 하고 있다. 칼러 샤워기도 같은 원리다. 물의 온도에 따라 색상이 변하게 한다. 2006년 Time이 선정한 최고의 발명품 Oliso 다리미는 손을 떼면, 다리미가 옷과 떨어져 옷을 타지 않게 한다.

Micro-value marketing은 디자인을 통해서도 가능하다. 세계적 산업 디자이너 Karim Rashid가 디자인한 Garbino 휴지통이 그 대표적 예인데, 바닥을 둥그렇게 만들어 세척 시 구석구석 깨끗하게 청소할 수 있게 만든다(〈그림 5-24〉 참조). 이와 같이 작은 돈을 들여 사람들의 삶을 편리하게 해주는 디자인을 '**universal design**' 혹은 '착한 디자인'이라고 한다.

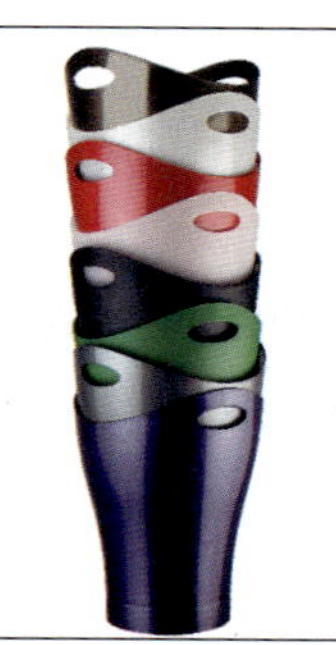
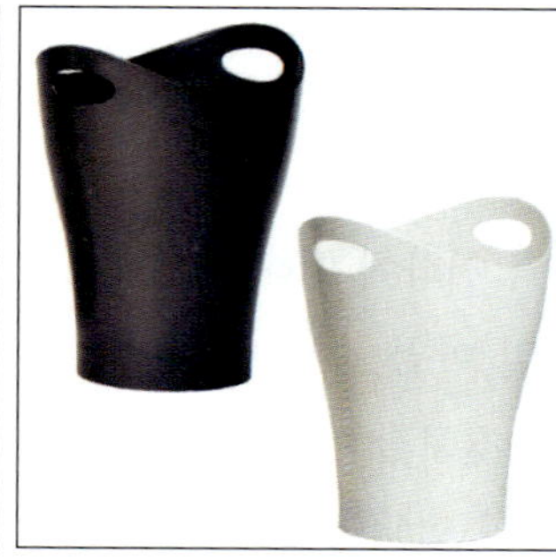
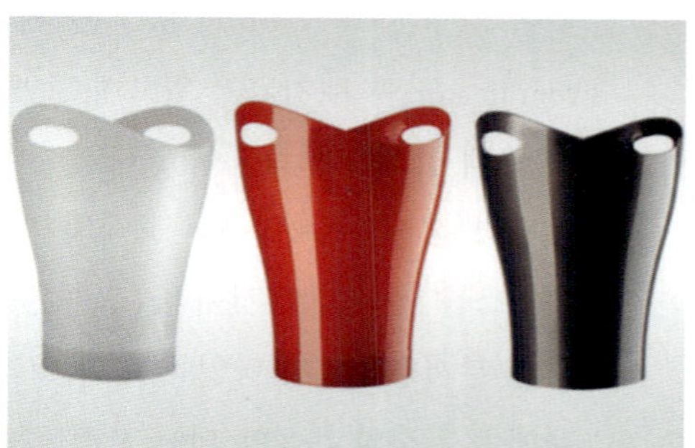

그림 5-24 Universal design Garbino 휴지통(바닥 둥글게)

출처: www.reviews.democlient.bazaarvoice.com, www.movingonorganizing, www.lintongoods.com, www.global.rakuten.com(왼쪽부터)

> **Micro-value marketing**은 물론 서비스에도 적용된다. 재일교포 유봉식 회장의 MK택시는 일본에서도 최고의 서비스를 제공하는 택시다. 일화로서 한 대한민국 여인이 택시에서 내릴 때 비가 오자, 우산을 빌려주며, 다음에 아무 MK택시를 타면 그 기사를 통해 반납하라고 했다. 또한 그 여인이 인근 지역을 잘 모르는 것을 알고, 가는 길에 헤드라이트를 비춰주었다고 한다. VIPS의 '사연 있는 메뉴판' 등 **micro-value marketing**은 우리 생활 도처에서 발견할 수 있다.
>
> Jesse Gregory James 기업은 수작업 맞춤형 오토바이 제조업체다. NBA 스타 Shaquille O'Neal 등이 타고 다니는 10만$가 넘는 이 기업의 오토바이들은 하나, 하나가 모두 다르다. 하나를 완성하는데 몇 달씩 걸리지만, 이윤이 매우 좋고, 대기자 명단에는 몇 년을 기다리는 사람들이 있다.

위의 모든 것을 두 단어로 압축한다면 '선행형 시스템'과 개별적 서비스(personalized service)다.

3. 고객의 권한 강화

고객 만족과 관련된 마지막 주제는 '고객의 권한 강화'다. "이제 고급 권력이 지식을 독점하던 '비밀의 시대'를 지나 대중이 주인인 '**공개의 시대**'가 왔다." 2008 Nobel 문학상을 수상한 France Le Clezio의 말이다. Seth Godin이 만든 **permission marketing**이란 용어가 있다. 이 용어는 기업이 마케팅을 시도하기 전, 잠재 고객에게 이메일이나 전화로 동의를 구하는 '예의'를 갖추는 마케팅을 의미한다.

고객 권한 강화의 가장 훌륭한 실례는 Google의 'project 10 100'다. 2008년 Google 창립 10주년 기념식에서 Google은 고객들에게 공동체, 기회, 에너지, 환경, 건강, 교육, 주거 환경, 기타 등 8개 범주에서 다른 사람을 도울 수 있는 아이디어를 요청한 바 있다. 소비재 부문에서도 '고객의 권한 강화' 사례가 늘어나고 있다. Colgate의 'Smile', Tide의 'Loads of Hope' 등도 유사한 맥락의 사례이며, eBay에서는 고객에게 판매자와 구매자를 평가하고, 글을 남겨, 신뢰도와 평판을 결정하도록 하며 리뷰와 추천을 전문으로 하는 Yelp라는 웹사이트도 운영하고 있다.

YouTube의 가치가 계속 상승하는 가장 근본적 이유도 고객을 이용해 새로운 동영상 컨텐츠를 끊임없이 업데이트하는 '마르지 않는 샘물' 때문이다. YouTube와 같이, 기업이 고객으로부터 새로운 제품이나 서비스의 아이디어를 얻고, 함께 가치를 창조해나가는 것을 '공동 창조'라고 한다. 사람들은 '공동 창조' 과정을 통해 만들어진 제품에 더 긍정적 태도를 보이며, 프리미엄 비용을 지불할 의향을 갖게 된다. 이러한 것을 '**IKEA effect**'라고 한다.

고객의 권한 강화를 대표하는 각종 사례들

NikeiD는 다양한 색상과 스타일 중 고객이 원하는 완벽한 신발을 선택할 수 있도록 하고 있다. 2007년 Haagen-Dazs는 전국의 아이스크림 애호가들에게 새로운 아이스크림을 창조할 수 있는 'Haagen-Dazs Flavor Search' 이벤트를 개최해 총 5천명을 참가시킨 적이 있다. 2008년부터 Starbucks는 MyStarbucksidea.com을 통해 고객 서비스를 향상시킬 수 있는 웹사이트를 운영하고 있다.* Carnival Cruise는 Cruise Connections라는 웹사이트를 통해 친구나 가족끼리 온라인에서 여행 계획을 짤 수 있는 기회를 제공하고 있다.

이 행사의 대표적 산물 중 하나가 '튐 방지 막대(splash stick)'임.

Mercedes Benz는 2008년부터 Genezation Benz라는 설문, 투표, 라이브 채팅을 통해 고객들로부터 제품 아이디어, 디자인, 광고 컨셉, 환경 친화성 등에 대한 피드백을 얻고 있다. 2012년 Domino's Australia에서 진행되었던 Social Pizza 프로모션도 고객에 의해 피자의 재료, 이름 등이 결정되어 제품이 창조되는 행사다. Lego의 성공적 제품인 Lego Factory Set, Lego Modular Building, Lego Jewelry, Lego Architecture 등도 사용자가 직접 프로그램을 짤 수 있도록 고안된 획기적 프로그램인 Lego Mind Storm을 통해 개발된 제품들이다.

일반인들의 아이디어를 근간으로 제품을 제작, 광고, 판매하며, 수익도 그들과 공유하는 아이디어 공유 **platform** 기업인 Quirky 또한 이 주제에 있어서 대표적인 기업이다.

광고 부문도 마찬가지다. Doritos, Pringles, 운동화업체 Converse, Pretzel Dog 등의 브랜드들은 소비자 광고 콘테스트로 소비자의 광고 **DIY**를 유도시키고 있다. 이런 식으로 소비자 권한이 강화된다면, 향후 상호, 로고, 심지어 가격까지도 소비자들이 결정하는 시대가 오지 않을까? 필자의 답변은 "absolutely, affirmatively, positively, yes"다. 개별화를 추구하는 M&M은 이미 2005년부터 작은 초콜릿 낟알 위에 소비자들이 원하는 얼굴, 스포츠 로고, 메시지, 결혼 날짜 등을 새길 수 있도록 하고 있다.

많은 기업들이 신제품 설계를 위한 공개 경쟁에 고객을 참여시키고 있다. Henkel Innovation Trophy, Nokia Concept Lounge, Electrolux Design Lab 등이 대표적 사례들이다. 2016년 Starbucks는 고객에게 자신이 직접 장식한 컵 사진을 Instagram에 게시하도록 부탁하고, 그 중 최종 13개의 디자인을 선택한 바 있다. 국내에서는 2014년부터 일반 개인 등의 아이디어를 접수, 신제품 제작 및 판매까지 이어지면 로열티를 지불하는 '**cloud sourcing**' 방식이 활성화되기 시작했다.

Wikipedia를 보라. 이미 29권의 Britannica Visual Dictionary를 넘어섰다.

미국 Virginia주 Herndon에 있는 중장기 체류 호텔 Hyatt House*에는 유명한 일화가 있다. 고객의 일상과 같은 분위기 제공을 위해, 고객이 데려온 개가 신문 배달을 할 수 있도록 허용해준 것이 그것이다. 고객 권한 강화를 상징하는 의미있는 사례다.

Hyatt House
Hyatt House는 경제적 요금의 중장기 체류 호텔로서, Ameri Suites로부터 재단장된 호텔임.

이와 관련하여 기업들이 관심이나 행위에 유사성을 갖고 있는 개인들에게 공동 참여를 유도하는 마케팅 프로그램을 제공하는 일이 점차 늘어나고 있다. 이것을 '**affinity marketing**'이라고 한다. 고객의 권한 강화는 현대 사회에 있어서 절대적인 **Zeitgeist**(시대 정신)다.

4. 고객의 불평과 만족에 대한 결어

4-1. 개별적 서비스(personalized service)

2007년 Accenture가 전 세계 3,500여 명 소비자를 대상으로 한 조사에서 52%가 서비스에 대한 자신의 기대치가 지난 5년 사이에 상승했다는 연구 결과가 있었다. '**고객 만족=기대−품질**'이라는 부동의 공식에서 고객 만족을 유지, 혹은 제고하기 위해서는 품질을 높이는 것이 유일한 방법이다. 그 품질이 무엇인가는 이제 독자들도 충분히 이해했으리라 생각한다.

과거 호텔산업의 선두 주자였던 full-service 호텔들도 점차 그 자리를 보다 경제적인 limited-service 호텔들에게 내어주고 있다. 그 이유는 고객이 지나친 서비스(overkilled service)보다 편안하고, 자신에게 필요한 서비스만을 원하기 때문이다. Ernst&Young의 조사에 의하면, 개인 서비스에 있어서 가장 중요한 요소는 개별적 접촉(personal touch)이라고 한다.* Amazon의 Jeffry Bezos 회장은 "만약 당신에게 450만 명의 고객이 있다면, 상점도 450만 개를 갖고 있어야 한다. 방문하는 한 사람, 한 사람을 위해 잘 꾸며진 상점말이다." 이상적이고 'personalized service', 'personal touch'를 잘 표현하고 있는 이야기이다(그런데 Amazon이 오프라인 기업이었어도 이 이야기를 했을까?).

* 개별적 접촉의 한 예로 호텔의 입숙부터 퇴숙에 이르기까지 고객별 담당 서비스맨이 지정되어 고객이 원하는 모든 서비스를 처리하는 것을 butler 서비스라고 함.

Germany Prizeotel Hotel의 개별적 서비스

2009년 개관한 Germany의 Prizeotel Hotel은 2성급 호텔인데도, 각종 호텔 리뷰 사이트에서 1위를 기록하고 있다(〈그림 5-25〉 참조). 세계적 디자이너 Karim Rashid

그림 5-25 Germany의 Prizeotel Hotel

2010년 건축과 실내 디자인 부문에서 세계적 권위의 'Red Dot' 디자인 어워드를 수상함.

가 호텔 전반의 디자인*을 담당하고 있어 최고 수준의 디자인을 갖추고 있는 Prizeotel Hotel의 가장 큰 특징은 간결한 시설과 서비스다. Prizeotel Hotel은 '호텔이라면 당연히 갖춰야 할 것들'에 의문을 품고 불필요한 서비스를 도두 제거했다. 유선 전화(현대는 휴대폰의 시대임), 미니바, 유료 TV 채널, 옷장 등이 그 대싱이다. 대신 무료 Wi-Fi 서비스를 제공하는 등 철저한 'personalized service'를 제공하며, 저렴한 객실 요금(가장 대표적 'personalized service'임)을 유지하고 있다.

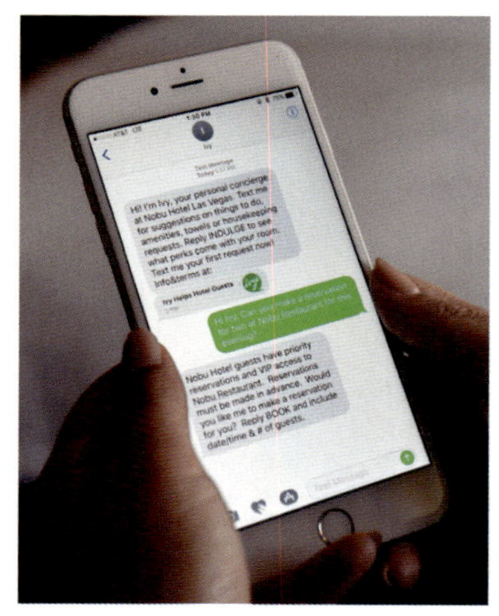

그림 5-26 Ivy™의 가상 컨시어지 서비스

출처: www.hotelmanagement.net

그림 5-27 airBaltic의 메뉴

출처: www.airbaltic.com

2014년부터 Four Seasons는 완벽한 고객의 취침 환경 제공을 하고 있다. 고객은 침대 메트리스(단단함의 정도에 따라 3개 종류로 나뉜), 베개를 선택할 수 있으며, 침대 주변 편의 시설도 취향에 따라 선택할 수 있다. 그 외에도 Four Seasons는 고객 조사를 통해 발견된 소음 수준, 온도, 신선한 공기의 주입, 언제든 'black-out' 가능, 시차 조정 등의 'personalized service'를 도입할 계획이다.

AI를 이용한 personalized service의 대표적 예는 Caesars Palace and The LINQ Hotel&Casino에서 2018년에 도입한 Ivy™다. Ivy™는 24시간 운영되는 가상(virtual) 컨시어지 서비스로 IBM Watson에 의해 개발됐다(〈그림 5-26〉 참조). Ivy™가 최초로 선보인 곳은 **boutique** 호텔인 Nobu Hotel at Caesars Palace로 예약 번호를 휴대폰에 받은 고객은 check-in 후, Ivy™로부터 환영 인사를 받고 모든 서비스의 정보에 대해 문의하며 일심동체가 된다. 고객은 식사, 유흥, 스파 예약, 하우스키핑 서비스는 물론, 숙박 기간 동안 더 나은 서비스에 대한 정보를 빠르고 효율적인 방법으로 제공받는다.

항공산업의 소비자 동향 조사 기관 airlinetrends.com은 2013년 airBaltic의 선주문 기내식을 항공 서비스 혁신 부분 1위로 선정했다. Delta, British Airways, Qantas, Air Canada, Norwegian 등에 도입되고 있는 airBaltic은 고객이 좌석을 예약한 후, 자신만의 식사를 선택하는 프로그램이다. 고객은 자신의 의학적, 다이어트적, 종교적 취향에 따라 70종류의 'virtual tray' 메뉴(예를 들어 3종류의 메인, 9종류의 샐러드, 9종류의 디저트, 음료 등) 중 선택할 수 있다(〈그림 5-27〉 참조). 이것 역시 'personalized service'의 대표적 사례다.

Personalized service의 가장 큰 가치는 고객의 '편리함(convenience)'에 있다. Accenture에서 세계 유명 체인 호텔들의 임직원을 대상으로 한 "자사 호텔 고객이 가장 원하는 것은 무엇입니까?"라는 조사 결과, app 등을 통한 사전 예약, front desk를 거치지 않는 check-in이 각각 1, 2위로 나타났다. 이 두 속성의 공통점은 'self service'다.

세계 최초로 미국 Seattle에 있는 한 상점(retail store)을 자동화한 Amazon Go에서 고객은 다른 사람이나 현금 · 카드 · 교환 등의 접촉 없이 자신의 휴대폰에만 스캔하면, 상점에 설치된 자동화 시스템과 100대의 카메라로 상점 내의 모든 활동이 추적되어 정확한 계산까지 마무리할 수 있다(〈그림 5-28〉 참조). 편리하고, 간섭받지 않고, 시간

그림 5-28 Washington주의 Seattle에 있는 Amazon Go

효율적인 'self-service'다. 이와 유사한 사례는 Uber Eats에서도 찾을 수 있다.

Accenture의 조사 결과와 같이, 호텔에서 고객은 휴대폰이나 **kiosk** 예약, check-in, check-out을 원하며, 'virtual key(keyless)'를 통해 객실에 들어가고, 'text messaging'을 통해 호텔 직원들과 대화하기를 원한다.

이와 관련하여 StayNTouch의 CEO Jos Schaap는 전자 잠금 장치(electronic door lock), POS, call accounting 시스템, EMS(energy management system) 등으로 구성돼있는 기존의 호텔 PMS(property management system)를 재개발하고 있다. 그 초점은 더욱 간편하고, 유동적이며, 소프트웨어를 클라우드로 전환시키는 데 있다. 물론 PMS의 재개발은 서비스 수준 향상, 수익성 제고 등의 효과가 있지만, 핵심 목적은 personalized service의 극대화에 있다. 2019년 기준, 이미 Yotel, Zoku Amsterdam, Valencia Hotels, The Freehand Hotel, First Hotels, Modus Hotels, Fontainebleau Miami Beach 등 혁신 지향적 호텔들이 Stay-N-Touch와 계약돼있다.

본 주제 및 Stay-N-Touch의 호텔 PMS 개혁과 관련해, 4차 산업 혁명시대를 맞은 호텔산업에서의 고객 만족 제고와 운영 효율화를 위한 호텔 PMS 개선 사항을 다음과 같이 제시하고자 한다.

첫째, 호텔 PMS와 연동돼있는 기존의 POS, call accounting, 전자 잠금 장치, EMS 외에도 CRM 시스템, CRS, 매출 관리 시스템, 판매 · 연회 시스템, Wi-Fi, 모바일

check-in, check-out 등의 시스템을 모두 호텔 PMS와 연동시킨다.

둘째, 4차 산업 혁명의 핵심인 AI 시스템을 연동시킨다. 가장 대표적 예가 2019년 기준, 호텔산업에서 가장 많이 활용되고 있는 Chatbot이다.

셋째, 직원들의 모바일 기기를 연동시킨다. 직원들의 모바일 기기가 호텔 PMS와 연결되면, 고객의 경험을 수집하고, 분석하는 데 큰 도움이 된다. 또한 고객의 각종 주문 사항, 객실 내 서비스에 대한 정산, 하우스키핑 관리, 레스토랑 관리 등 많은 이점이 있다.

넷째, 투숙 기간 중 고객들의 모바일 기기를 연동시킨다. 가장 대표적 예가 Android app인 WhatsApp이다. Hilton Hotels and Resorts에서는 고객들의 모바일 기기를 PMS에 연동시켜 숙박 예약, 객실 출입, check-in, check-out, 기타 요구 사항을 그들의 모바일 기기로 모두 처리할 수 있게 하고 있다.

4-2. 기타 고려 사항

고객 불평의 근원은 단순하게 말하자면, 신경을 쓰지 않기 때문이다. 고객은 지나친 서비스에 대해서 불평을 하지는 않는다. 그러나 만약 지나친(원하지 않는) 서비스 때문에 돈을 더 지불하여야 한다면, 그것은 최악의 상황이 된다.

Karl Albrecht는 서비스산업에서 빈번히 발생되는 직원의 응대 태도와 관련, 〈표 5-7〉과 같은 '**서비스 7거지악**'을 제시했다.

표 5-7 '서비스 7거지악'

1. 무관심(apathy)	나와는 관계없다는 식의 태도(고객이 창구에 다가와도 쳐다보지도 않는 행위)
2. 무시(brush-off)	마치 먼지를 털어내듯 고객의 요구나 문제를 못 본 척하고 고객을 피하는 일
3. 냉담(coldness)	고객에게 '귀찮으니 저리 좀 가주세요'라는 식으로 적대감, 퉁명스러움, 친근하지 못함, 고객 사정을 고려하지 않음, 조급함을 표시하는 것
4. 건방짐, 생색(condescension)	의사가 환자 다루듯 생색을 내거나, 어딘지 모르게 건방진 태도
5. 로봇화(robotism)	완전히 기계적으로 응대함으로써 고객 개인 사정에 맞는 따뜻함이나, 인간미를 전혀 느낄 수 없는 태도
6. 규정 핑계(rule book)	고객 만족보다는 조직의 내부 규정을 앞세우기 때문에, 직원의 재량권을 행사하거나, 예외를 인정할 수 없어 상식이 통하지 않는 경우
7. '뺑뺑이' 돌리기(runaround)	'죄송합니다만 ○○로 가 주십시오. 여기는 담당이 아닙니다' 식으로 고객을 뺑뺑이 돌리는 행동

출처: 이유재(2012), 《서비스 마케팅》, p151

Wall Street Journal의 조사에 의하면, 고객은 호화스러운 휘트니스센터, 미니바보다 무료 신문 배달(25¢)을 훨씬 더 선호했다고 한다. 현재 미국에서 가장 성공적 브랜드라고 할 수 있는 Courtyard by Marriott의 3대 키 포인트는 객실 내 커피 서비스, 긴 전화선, 'nonservice'*다. 이와 같이 서비스에 투자하는 데에는 큰 비용이 수반되

Courtyard에서는 객실 내에 큰 쟁반를 준비하여 외부로부터 가지고 온 음식, 혹은 주문한 음식을 편히 먹을 수 있도록 함.

그림 5-29 대표적인 저렴한 호텔 Motel6

지 않는다. 그러나 고객을 유지하는 데에는 큰 역할을 하게 된다.

국내 롯데백화점은 명품점의 'Personal Shopper'라는 서비스를 확대하여 고객의 쇼핑 예약 시 고객의 취향에 맞는 제품을 미리 준비하여, 고객의 편의를 돕고 있다. 이러한 고객의 개별적 취향 파악을 위해 **neuro marketing(신경 마케팅)** 기법, 즉 뇌신경과학을 활용하여 고객의 마음을 과학적으로 추론하고, 해석하는 **독심술 마케팅**의 활용이 점차 늘어나고 있다.

1980년대에 이르러 큰 위기를 겪었던 Motel6(〈그림 5-29〉 참조)와 같이 저렴한 가격을 유지하기 위한 지나친 경비 절감은 고객을 격리시키게 되며, 반대로 서비스에 대한 지나친 투자는 비용 상승과 함께 고객의 저항을 야기시키게 된다. 세계적으로 만연되어 있는 지나친 서비스가 실제 상황이며, 지속적으로 고객의 기대만 높인 채 궁극적으로는 고객을 격리시킨 결과를 낳았다.

이와 관련하여 Mike Leven은 "현대 호텔 경영의 성공 비결은 비용 통제와 서비스 제공 사이의 외줄타기다"라고 언급한 바 있다. 즉 호텔 경영의 성공 비결은 적정(optimal)의 서비스 제공*에 있으며, 그 초점은 서비스가 아니라 고객에게 있다는 것이다. 결론적으로 환대산업 기업 경영 성공의 열쇠는 입지도 서비스도 아닌 고객 그 자체다. 그렇다. 중요한 것은 서비스, 만족이 아니라 고객이다.

* 적정 서비스란 고객이 불만 없이 받아들일 수 있는 서비스 수준, 즉 최소한의 허용 가능한 기대 수준 또는 수용할 수 있는 최하 수준을 의미함. 고객은 희망 서비스 수준을 갖고는 있지만, 그것이 언제나 충족되지는 않는다는 사실을 잘 알고 있는 것으로 알려져 있음.

고객의 습관화에 대한 고찰

현대에 이르러 기업의 관심은 CS(customer satisfaction)에서 **CH(customer habitation)**, 즉 **고객 습관화**로 옮겨가고 있다. 습관적 구매, 혹은 방문이 고충성도를 의미하는 것은 아니나, 실질적 구매, 혹은 방문에 있어서는 매우 큰 의미를 부여하고 있다. Susan Fiske에 의하면, 사람들은 인지적 구두쇠(cognitive miser), 즉 인간의 두뇌는 정보 처리 시 가능한 한 에너지를 절약하려고 하며, 그 결과의 대표적인 형태가 습관적 구매라는 것이다.

> 고객 만족이라는 본 주제에는 역설이 될 수도 있지만, 필자가 여기에서 강조하고자 하는 것은 기업이 고객 만족이라는 개념에 지나치게 집착해서는 안된다는 것이다. 고객 만족이라는 용어의 궁극적 목적이 재구매, 재방문이라면, 보완적, 어쩌면 대체적 개념이 될 수도 있는 **고객 습관화**가 만족이라는 개념과 최소한 동등하게 존중되어야 한다는 것이다.

마지막으로 매우 중요한 조사 결과를 소개하고자 한다. Neale Martin에 의하면 '만족한다'라고 응답한 고객 중 약 8%만이 충성도를 갖고 실질 구매를 한다고 한다. 과거 Xerox에서 Likert 5점 척도로 고객의 만족도를 측정한 적이 있다. 5점(매우 만족)에 응답한 고객의 재구매 의사는 4점(만족)에 응답한 고객보다 무려 6배나 높았다. 또한 Opinion Research의 조사 결과, 5점에 응답한 고객의 충성도가 4점에 응답한 고객의 충성도보다 42%나 높았다.

위의 결과는 등간 척도(interval scale)를 비율 척도(ratio scale)*로 분석하며, 편법 적용을 하고 있는 학계의 논문 결과 해석에(finding, implication 모두) 깊이가 없음을, 나아가 결과에 대한 오류적 해석의 가능성이 매우 높다는 사실의 반증이다.

* 그 외에 하위 척도로서 명목 척도(nominal scale), 서열 척도(ordinal scale)가 있음.

부록 1 관계 마케팅의 모범 사례

진실의 순간(MOT : the moment of truth)*: Scandinavian Airlines의 사례

MOT
Columbia대학의 Bernd Schmitt는 "고객은 제품을 구매하는 것이 아니라 경험을 구매하는 것"이라고 하며, '제품 탐색 과정(제품 경험)', '구매 과정(판매 경험)', '사용 과정(사용 경험)' 등 세 번의 경험 과정을 모두 관리해야 한다고 주장함. 이 세 과정이 MOT에 있어서 가장 중요한 접점이라고 할 수 있음.

1970년대 말 석유 파동으로 인해 세계 항공업계는 큰 시련을 맞이했다. 17년 간 연속해서 흑자를 기록했던 Scandinavian Airlines(이후 SAS)에서도 1979년과 1980년 사이의 2년 동안에 3,000만$의 적자가 누적됐다. 이러한 위기 가운데 39세의 Jan Carlzon이 이 항공사의 사장으로 취임했다. 고객이 직원들과 접하는 처음 15초 동안의 짧은 순간이 회사의 이미지, 나아가 사업의 성공을 좌우한다고 강조한 Carlzon 사장은 1년만에 적자를 흑자로 바꾸었다. 뿐만 아니라 SAS는 1983년도 '올해의 최우수 항공사'로, 1986년에는 '고객 서비스 최우수 항공사'로 선정됐다. SAS가 단숨에 위기를 극복하고 최우수 항공사로 도약한 비결은 무엇이었을까?

마주치는 5,000만 번의 결정적 순간과 MOT

SAS는 Sweden, Denmark, Norway 3개 국의 민간과 정부가 공동으로 소유하고 있는 항공사다. Carlzon은 **MOT**라는 새로운 개념을 도입하여 위기에 빠진 회사를 구하고, 서비스 품질 경영의 전설적 신화를 창조했다(〈그림 1〉 참조). **MOT**란 Spain의 투우 용어인 'momento de la verdad'을 영어로 옮긴 것인데, Spain의 마케팅 학자인 Norman이 서비스 품질 관리에 처음 사용했다. 원래 이 말은 투우사가 소의 급소를 찌르는 순간을 말하는데, '피하려 해도 피할 수 없는 순간,' 또는 '실패가 허용되지 않는 매우 중요한 순간'을 의미한다. 따라서 **MOT**란 '진실의 순간'이라는 통상적 번역보다 '**결정적 순간**'이라는 말이 더 적합하다.

그림 1 진실의 순간(The Moments of Truth). Conrad International Hong Kong에서의 진실의 순간(결정적 순간).

1986년 SAS에서는 대략 1,000만 명의 고객이 각각 5명의 직원들과 접촉했으며, 1회 응대 시간은 평균 15초였다. 따라서 1년에 고객의 마음 속에 회사의 인상을 새겨 넣는 순간들이 5,000만 번 있었다. Carlzon은 이 15초 동안의 짧은 순간, 순간이 결국 SAS의 전체 이미지, 나아가 사업의 성공을 좌우한다고 이야기하면서, 이 순간들이야말로 SAS가 최선의 선택이었다는 것을 고객들에게 입증해야만 하는 때라고 강조했다. 진정한 자산은 만족한 고객들이라는 신념 아래 Carlzon은 SAS를 고객 중심적 기업으로 변화시키는 일에 착수했다. 가장 대표적 과업은 전통적인 피라미드 조직을 바꾸어, 일선 직원들에게 고객의 문제를 해결할 수 있는 권한을 준 것이었다.

비즈니스 출장객을 표적시장으로 하다

Carlzon은 SAS의 회생 전략을 수립하면서 한 가지 분명한 원칙을 정했다. 불경기를 이겨내기 위해 많은 항공사들이 하고 있는 것처럼 비행기를 처분하여 단기적 수익의 개선을 꾀하지 않고, 최고의 서비스를 제공함으로써 성장이 멈춘 시장에서 자사의 시장점유율을 높이고, 이익을 창출한다는 것이었다. 비용을 최대한으로 줄이고 있는 SAS에서 더 이상의 비용 절감을 추진하는 것은 이미 정지한 자동차의 브레이크를 세게 밟는 것과 같았다. 이렇게 무모한 시도를 계속한다면, 결국은 브레이크가 자동차의 밑바닥을 뚫고 나가 자동차는 운행이 불가능한 상태가 될 수도 있다.

무엇보다 먼저 바깥 세상에 대한 선명한 그림을 그리고, 그 위에 SAS가 설 자리를 정해야 했다. 다시 말해서 새로운 사업 전략의 개발이 필요했다. 성장이 멈춘 시장에서 수익을 내기 위한 전략으로서 SAS는 '출장이 많은 비즈니스 여행객들에게 세계 최고의 항공사가 된다'는 전략적 목표를 수립했다. 비즈니스 여행객들은 시장에서 가장 안정된 고객층이다. 일반 관광 여행객들과는 달리, 그들은 자신의 마음대로 여행 시간을 선택할 수 있는 폭이 넓지 않다. 좋든, 나쁘든 사업상 필요가 발생하면 이동해야 하는 사람들이다. 그러나 이들에게는 특별한 욕구가 있다. 이러한 욕구를 잘 충족시킬 수 있는 서비스를 개발한다면, 할인되지 않은 정상 요금으로 그들을 유치할 수 있다.

치즈 썰기 방식의 기업 회생 전략은 안된다

당시 대다수의 경영자들은 시장의 요구를 불문하고 모든 부문의 업무 비용을 일률적으로 삭감하는 '치즈 썰기 방식(cheese-slicer approach)'을 사용했으나, SAS는 반대의 접근 방식을 택했다. 치즈 썰기 방식은 불요 불급한 비용을 잘라내는 데에는 확실한 효과가 있지만, 고객이 원하는 서비스까지도 제거하는 경우가 적지 않아, 결국은 경쟁력의 저하로 연결되는 경우가 많았다. SAS는 모든 자원, 모든 경비, 모든 절차에 대해 면밀히 검토하고 스스로 자신들에게 물어보았다. "출장이 잦은 비즈니스 여행객들을 모시는 데 실질적으로 필요한 것인가?"

이러한 노력의 덕분으로 기업을 회생시키기 위한 독특한 전략 계획이 수립됐다. 비용을 삭감하기는 커녕, 이사회에 4,500만$의 추가적 투자와, 147개의 다른 프로젝트를 추진하기 위해 필요한 1,200만$의 운영비가 증액됐다. 이 새로운 제안에는 광범위한 정시 출발 캠페인, Copenhagen 시내의 교통 거점 개선, 12,000명이 넘는 직원들에 대한 서비스 교육에 소요되는 비용이 포함되어 있었다.

EuroClass의 대성공

SAS의 문제점 중 하나는 first class뿐 아니라, economy class까지도 할인 요금으로 탑승하는 고객들이 너무 많다는 것이었다. 유럽의 다른 항공사들은 economy class의 정상 요금에 얼마간 요금을 추가하여, business class의 정상 요금만 지불하더라도 재무적 상황이 상당히 호전된다는 것을 알게 되었다. 그래서 SAS는 유럽 노선에서 first class를 없애버리고, economy class인 EuroClass를 신설했다. 할인 제도를 유지하기는 했으나 비즈니스 여행객들에게 초점을 맞추었으므로, 초기에는 적극적으로 판매촉진을 하지 않았다.

우선 EuroClass와 다른 class의 차이가 눈에 보일 수 있도록 이동식 칸막이를 이용했다. 공항 터미널에서는 전화와 텔렉스 서비스 시설을 갖춘 쾌적한 전용 대합실을 마련했다. 또한 별도의 탑승 수속 창구, 보다 안락한 의자, 보다 나은 식사를 제공했다. 서비스 수준에서도 EuroClass를 차별화시켰다. 일반 관광 여행객들의 탑승 수속에는 10분이 소요됐지만, EuroClass 승객의 경우는 6분으로 단축됐다. 비즈니스 여행객들이 비행기에 가장 늦게 타고, 가장 빨리 내릴 수 있도록 배려했다. 또한 일반 승객들보다 기내식을 먼저 들 수 있도록 하고, 술과 신문 및 잡지를 무료로 제공했다.

성과가 나타나기까지는 그리 오랜 시간이 걸리지 않았다. EuroClass 도입 첫 해에 2,500만$, 이듬 해에 4,000만$의 수익 증가를 목표로 했지만, 세계 항공 시장의 극심한 불황 속에서도 첫 해에 8,000만$의 수익이 증가됐다. 수익 외의 다른 측면에서도 뜻깊은 성과가 있었다. 1983년 8월 Fortune이 실시한 조사에서 SAS는 비즈니스 여행객들을 위한 최고의 항공사로 선정됐으며, 같은 해에 Air Transport World에 의해 올해의 최우수 항공사로 선정되는 영예를 안았다.

여기서 한 가지 짚고 넘어갈 사항은 비즈니스 여행객들에 초점을 맞춘다는 전략이 일반 관광객 시장을 외면하거나 무시한다는 것을 의미하지 않는다는 사실이다. 현실은 그 반대다. 여기에는 한 가지 중요한 역설(paradox)이 존재한다. 비즈니스 여행객들에게 집중하면 할수록 일반 관광 여행객들은 보다 더 저렴한 요금으로 확보할 수 있다는 것이 그것이다. SAS에서는 비즈니스 여행객들이 선호하지 않는 출장 날짜나 출발 시간이 있기 때문에 좌석이 빌 때가 자주 있었다. 그러나 비즈니스 여행객들이 지불하는 정상 요금만으로도 비행기 운항에는 아무런 지장이 없었으므로, 일반 관광객들에게는 덤핑 가격으로 빈 좌석을 제공할 수 있었다. 이러한 이유로 인해 SAS는 정상 요금 지불 승객의 비율이 유럽에서 제일 높으면서도, 일반 관광 여행객들에게 가장 저렴한 항공권을 판매할 수 있었다.

제품 중심 기업과 고객 중심 기업의 차이

1981년 Carlzon이 사장으로 부임하면서 내세운 목표는 '비즈니스 여행객들에게 세계 최고의 항공사가 된다'는 것이었다. 당시 SAS는 대형 단거리 비행용으로 최첨단 기술을 수용한 4대의 Airbus를 인수한 직후였는데, Airbus 구입에 소요된 비용이 1억

2,000만$임에도 불구하고, 추가적으로 8대를 더 주문해놓은 상태였다. 승객 수가 매년 7~9% 성장하고, 또한 화물 운송량도 같은 속도로 늘어날 것이라는 예측을 전제로 Airbus에 대한 구매 결정이 내려졌지만, 예상치 못한 석유 파동으로 인해 세계 경제가 불황의 늪에 빠져들고 시장은 얼어붙었다. 따라서 고객들이 바라고 있는 것처럼 Scandinavia와 유럽 대륙에 있는 여러 도시들을 직항으로 연결하기에는 적당하지 않았다.

고객인 비즈니스 여행객들의 입장에서 이 문제를 바라보아야 했다. Stockholm이나 Scandinavia 도시에 근무하고 있는 비즈니스 여행객들은 어떠한 생각을 갖고 있을까? 운항 중인 비행기 수가 적어서 Copenhagen을 경유하더라도 최신의 대형 기종인 Airbus를 이용하고 싶을까? 아니면 그들이 근무하고 있는 Scandinavia에서 유럽 대륙의 목적지까지 중간 경유지 없이 논스톱으로 연결하는 직항편을 선택할 것인가? 대답은 의외였다. "Airbus를 예비기로 돌리고, DC-9을 사용하라"고 Carlzon이 지시했다. Carlzon의 지시를 받은 직원들은 깜짝 놀랐다. 그것은 마치 새로운 공장을 건설해놓고 준공식장에서 폐쇄하라고 명령하는 것과 다를 바가 없었다.

그러나 이러한 결정은 현명한 것이었다. Carlzon은 Airbus가 좋지 않다고 말한 것이 아니다. Airbus 자체는 분명히 우수한 기종이다. 제한된 시장에서 비즈니스 여행객들을 유치하여 경쟁력을 확보하기 위해서는, 논스톱으로 목적지에 도착할 수 있는 직행편을 빈번하게 운항시켜야 하지만, 그것을 실행하기에는 Airbus가 너무 대형이었다. 비록 Airbus가 SAS의 정규 노선에 투입되지는 않았지만 임대용 전세기로 사용됐다.

Airbus의 구입에 관한 이 사례는 제품 중심의 철학과 고객 중심의 철학이 어떻게 다른지를 잘 보여주고 있다. 전통적인 제품 중심의 기업은 생산이나 투자를 먼저한 후에 그것의 운용을 설비에 맞추려 한다. 이러한 사고 방식은 항공산업의 성장 초기에는 별 문제 없이 통용됐다. 그 시절에는 승객들이 어느 정도의 불편을 감수하더라도 진기한 경험을 갖고자 했으며, 신형 비행기의 성능 향상도 매우 빠르게 진행됐다. 또한 한 나라를 대표하는 국적기라는 생각이 있었기 때문에, 시간이 더 걸리고 다소 불편함이 있더라도 자기 나라 비행기를 이용하는 것이 애국심을 표현하는 수단이 되기도 했다.

그러나 이제는 사정이 달라졌다. 비즈니스 여행객들은 먼저 자신의 일정 계획을 세우고, 그 일정에 가장 편리한 항공편을 예약한다. 이러한 시장 환경 하에서는 여러 직항 노선을 빈번하게 움직일 필요가 있다. '비즈니스 여행객들에게 세계 최고의 항공사가 된다'는 목표를 정한 SAS로서는 이것이 무엇보다 중요한 경쟁 변수였던 것이다.

2

거시 환경/기본 전략

환대산업 마케팅 전략 계획 모델(거시 환경)

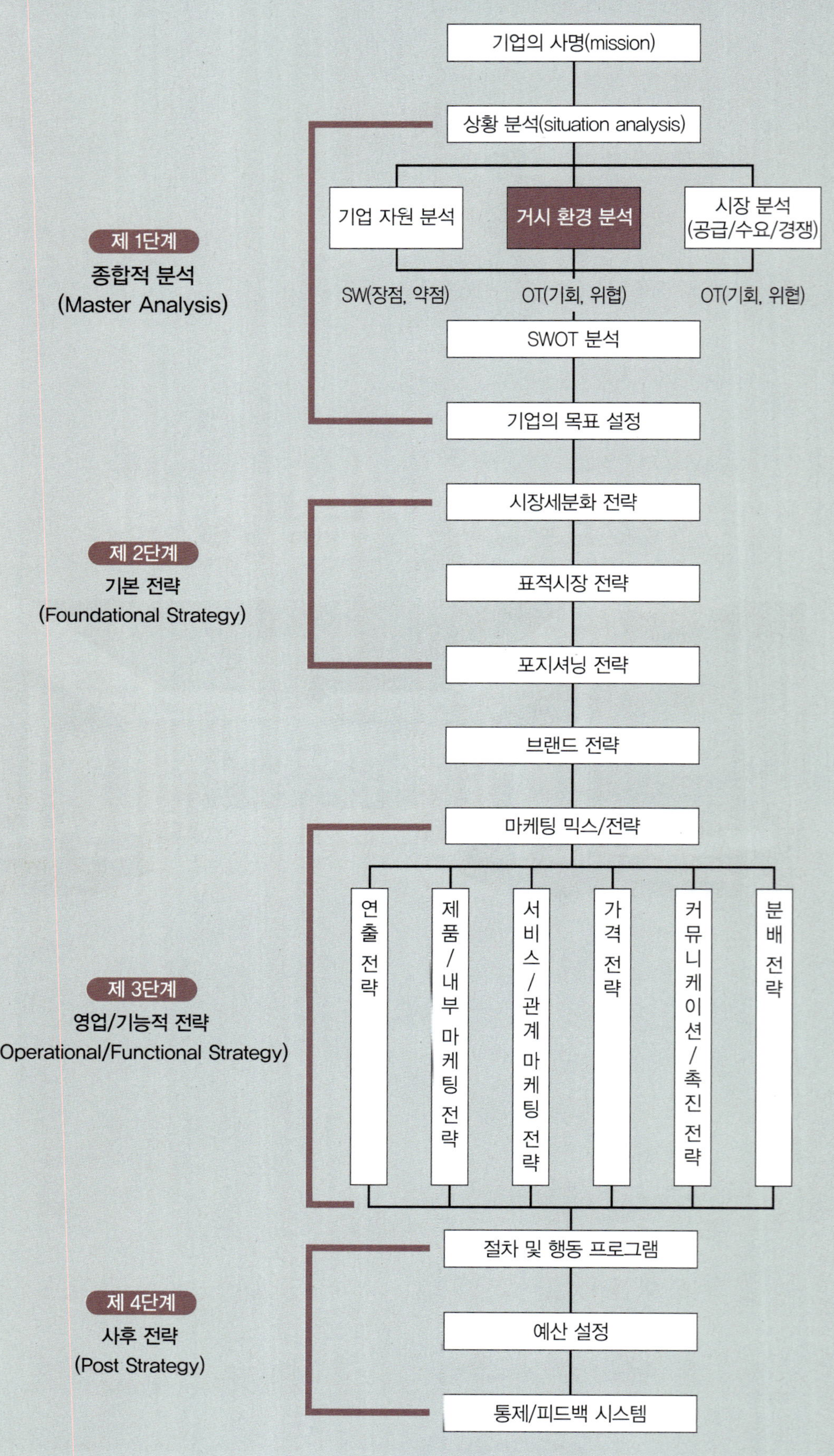

거시 환경

제 6 장

제 1 절 거시 환경의 개념과 의의

1. 거시 환경의 개념

마케팅은 동적인 학문이다. 환경은 항상 변하며, 그에 따라 소비자가 변하고, 시장이 변하기 때문이다. 1950년대까지 환대산업의 주요 변천사는 이미 설명된 바 있다. 본 장의 학습 목표는 그 이후 범세계적으로 변화하고 있는 환대산업 및 관광산업의 환경적 흐름을 검토하고, 이러한 환경 변화가 수많은 환대산업, 관광산업의 기업들에게 어떠한 마케팅의 교훈을 주었는가를 이해하는 데에 있다. 투자자들이 주식을 매매할 때* 국가 경제의 거시적 구조(fundamental structure)를 우선적으로 분석해야 하듯이, 시장을 연구하는 학문인 마케팅에 있어서 거시 환경은 필수 불가결한 제 1의 분석 대상이다.

마케팅의 환경은 거시적, 미시적 환경, 외부·내부 환경 등 크게 네 분야로 대분된다. 기업의 내부적 환경은 기업의 마케팅 도구, 자원 등을 의미한다. 외부의 미시적 환경이란 마케팅 활동에 영향을 미치는 것(actor)들로 구성되는데, ①소비자 시장, ②산업 시장, ③공급자(도매상, 소매상, 브로커 등), ④중개 기관(투자자, 금융 기관, 언론기관, 정부, 사회 및 공공 단체 등), ⑤공중(public)이 여기에 속한다.

그러나 본 장에서는 위와 같은 환경적 요소들에 대한 설명은 생략한다. 여기에는 두 가지 이유가 있는데 첫째는 시장 분석, 마케팅 믹스 등 향후 언급될 타 주제와 밀접히 관련되어 설명될 것이며, 보다 중요한 두 번째 이유는 시장 변화에 원천적 영향을 주는 것은 거의 통제 불가능한, 그리고 보이지 않는 외부의 거시 환경(forces)이기 때문이다.

거시 환경과 가장 밀접한 용어는 '**보이지 않는 손**'이다. '**보이지 않는 손**'의 가장 핵심적인 두 주체는 거시 환경과 마케팅 전쟁터인 소비자의 뇌와 마음이다(제7장 참조).

* 세계적 투자의 귀재 Warren Buffett의 투자 6원칙은 다음과 같음.
① 소비자의 마음 속에 깊숙이 자리잡고 있는가?
② 저렴한 일반적 제품으로 교체가 가능한가?
③ 기업의 경영인에게 백만$를 주어도 그가 초심을 잃지 않을까?
④ 기술 발전이 그 제품의 가치를 무용지물로 만들 것인가?
⑤ 지속가능한 경쟁 우위를 갖고 있는가?
⑥ 부정적 시장 환경에서도 생존할 수 있을까?

2. 거시 환경의 의의

2-1. 거시 환경에 대한 올바른 이해

VUCA
원래 군대에서 쓰던 용어이나 기업의 유행어로 변함.

거시 환경은 시간이 지날수록 'VUCA'(급변하고 : volatile, 불확실하며 : uncertain, 복잡하고 : complex, 모호한 : ambiguous)의 특성을 띠고 있다.

거시 환경 분석이 '**보이지 않는 손**'이기는 하나, 통제 불가능한 요인은 결코 아니다. 《명심보감》에 의하면, '지나간 일은 현재를 알 수 있는 바탕이다. 과거의 일은 밝은 거울과 같고, 미래의 일은 칠흙처럼 어두워서 알 수 없다. 따라서 미래를 알려거든 지나간 일들을 살펴보라'고 한다. 문제는 과거와 현재의 동향을 잘 파악하고, 분석하여, 그러한 흐름을 어느 정도로 이용할 수 있느냐에 따라 통제의 정도가 달라진다는 데에 있다. 시장과 환경은 끊임없이 변하기 때문에, 거시 환경 분석을 통하여 현재와 미래의 시장과 환경을 예측, 대처해야 하며, 그것이 가능한 기업만이 성공을 이룰 수 있는 것이다. 현대는 불확실성의 시대다. 시장점유율 1위 기업이 이익률에서도 1위할 확률이 1950년에는 34%였으나, 2007년에는 7%로 급락했다.

현대는 정보의 시대다. 하루에 발간되는 신문과 잡지만 해도 전부 소화할 수 없듯이 엄청난 자료와 뉴스가 범람하고 있으며, 그러한 자료와 뉴스는 시간이 갈수록 더욱 많고, 빠르게 쏟아지고 있다. 거시 환경 분석에 있어서 필히 고려해야 하는 사실은 무수한 정보와 뉴스 중에서 기업과 관련된 산업, 더욱 범위를 좁혀서 기업과 직접적으로 관련된 정보를 찾아내야 한다는 것이다. 이 과정을 **환경 정사**(精查, **environment scanning**)라고 한다.

정보 또한 저절로 얻어지는 것이 아니다. 우리가 대중 매체 등을 통해서 쉽게 접하는 것은 자료(data)에 불과하다. 자료와 정보는 별개의 것이고 자료 자체가 정보가 되지 않으며(data are not information), 정보 그 자체는 또한 의미를 부여하지 않는다(information is not meaning). 그래서 분석이 필요한 것이며, 자료를 분석해서 정보를 얻어내고, 그로부터 의미있는 결과를 얻을 수 있어야 한다.

정보는 사실보다 해석이 차지하는 비중이 크다. 그래서 검증이 필요하다. 한비자는 "정보를 받아들이는 데 많은 단서를 모아 반드시 지리를 갖고 헤아리고, 천시를 갖고 꾀하며, 사물을 갖고 증험하며, 인정에 맞춰야 한다"라고 말했다. 지식에는 두 가지 유형이 있다. 하나는 자신이 이미 알고 있는 지식이고, 다른 하나는 정보를 어떻게 얻을 수 있는지를 아는 지식이다. 인터넷 등 무한 정보시대인 현대에는 후자가 더 유용한 지식이 될 수 있다.

이와 같이 환경 정사와 분석을 통하여 미래 환경을 예측하고, 그에 맞게 기업의 방향과 전략을 수정해 나간다면 기업은 경쟁적 우위를 갖게 된다. 즉 환경 정사와 분석을 통하여 환경 변화에 대처한(proact) 기업과 환경이 변하는 것을 뒤늦게 감지하고 대응한(react) 기업의 괴리는 엄청나게 클 것이며, 그 차이는 궁극적으로 기업의 운명을 결정하는 가장 근원적인 원인 제공이 된다. 후자는 **시장 반응형(market-driven)**이며,

전자는 **시장 주도형(market-driving)**이다. Harvard대학 Rosabeth Moss Kanter는 "내게 오는 변화는 위협이고, 내가 만드는 변화는 기회다"라고 말했다. 큰 병을 잘 치유하는 것보다 더욱 바람직한 것은 병을 미리 예방하는 것이다.

따라서 기업들은 항상 지속적 환경 정사를 통해 청사진(blueprint)을 제시하고, 그에 대한 **전략적 설계(strategic architecture)**를 해야 한다. 환경은 약자들의 통치자이며, 지혜로운 자들의 도구다.

MIT Sloan Management Review에서는 다음과 같이 변화의 전통을 발전시키는 방법을 제시하고 있다.

① 역사를 바탕으로 발전시켜라.
② 새로운 세대의 리더를 선택하고 육성하라.
③ 건설적 유동성(constructive mobility)을 수용하고 장려하라.
④ 의사 결정 과정 시 반대 의견을 표현할 수 있는 환경을 조성하라.
⑤ 긴장감을 조성하는 구조를 만들어라.
⑥ 일단 결정이 내려지면 모든 사람이 그 결정을 지지할 것이라고 생각하라.
⑦ 가장 중요한 논리적 근거(overarching rationale)를 발전시켜라.
⑧ 시장의 규모와 시장 점유에 주의하라.

System Inter-national에서 만듦.

2-2. Big Data

2017년을 기준으로 세계 데이터 총량은 2조 7천억 giga 바이트에 이르며, 2025년에는 약 163조 giga 바이트(163zetta 바이트)가 될 것으로 예상된다. 〈그림 6-1〉에 나타난 바와 같이 System International에서 만든 수의 단위 중 가장 큰 것은 요타(10^{24})다. 1메가가 1스푼의 양이라고 할 때, 1기가는 생수통의 절반, 1요타는 미국 전체를 90m 높이로 덮을 만한 크기다. 상상을 초월하는 크기라고 할 수 있다.

기하급수적 데이터 양의 급증에 따라(〈그림 6-1〉 참조) 탄생된 신조어가 바로 Big Data다. 2012년을 Big Data의 원 년으로 보고 있는데, 여기서 Big은 단순한 크기만이 아니라 '데이터의 효과적 처리에 따르는 갖가지 어려움'이라는 의미도 포함된다. 즉 '**volume+variety+velocity**'(**크기+다양성+속도**)가 Big을 의미한다고 할 수 있다.

Google의 Chief Economist Hal R. Varian은 Big Data의 성공적 관리를 위해서는 데이터에 대한 ①수집 능력, ②이해 능력, ③처리 능력, ④가치를 뽑아내는 능력, ⑤시각화 능력, ⑥전달 능력 등을 핵심 요소로 제시하고 있다.

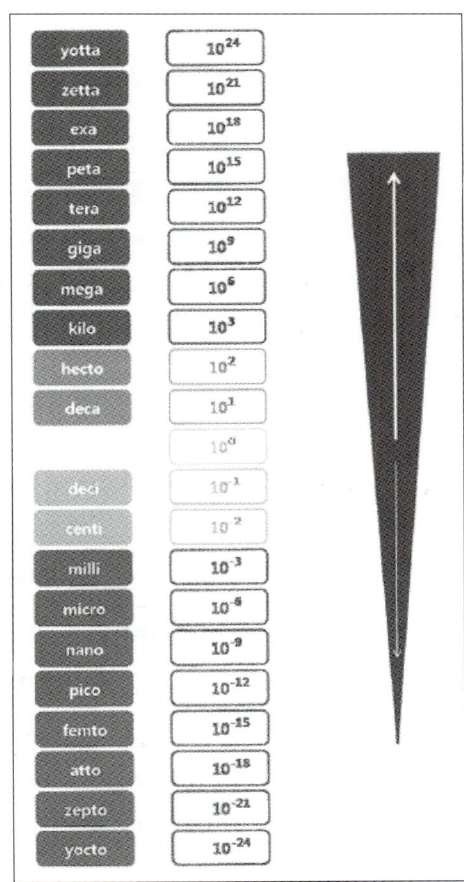

그림 6-1 수의 단위*
출처: DBR June 2012 Issue 2, No.107

환대산업에서 Big Data를 가장 잘 활용하고 있는 기업은 Disney다.

예를 들어 Disney의 CRM 전략 중 하나로 10인치 봉제 인형 Pal Mickey는 몸 안에 GPS, 스마트센서, 무선 기술이 통합돼있어 고객에게 어떤 놀이기구의 줄이 짧은지를 알려주고, 이벤트 정보를 제공하는 등 가상 관광 가이드 역할을 한다. Microsoft는 Big Data를 이용, 2014 Brazil World Cup의 16강 이후 결승전까지 게임 예측을 100% 성공시켰으며, Google도 역시 Big Data를 이용, 16강 이후 모든 경기 중 한 경기만 제외하고 모든 예측을 성공시켰다.

Big Data 분석에는 수학이 절대적으로 필요하다. 2014년에 이미 미국에서 발표한 최고의 직업 1위에 수학자가 뽑혔으며(응용통계학 3위), 국내에서도 2010년 이후 대학 입시에서 수학과가 의예과와 1위를 다투고 있다. 수학과 Big Data, 이 두 분야는 이미 2010년대 세계 모든 산업, 사회, 문화에 있어서 핵심적 역할을 하고 있다.

Big Data가 화두가 되며 '**Big Data curation**'이라는 신조어도 탄생됐다. 즉 기업들은 더 정확한 미래 예측을 할 수 있는 환경이 조성됐다는 말이다. 기업의 미래 예측 분야는 ①성과 예측, ②위험 관리, ③고객 욕구 예측, ④실시간 대응 등 4가지로 대분된다. **CDM(Central Data Management)**, **CDP(Customer Data Platform)**라는 신조어 역시 Big Data를 상징하는 용어들이다.

Big Data에 대한 보다 자세한 설명과 분석의 예는 부록 I를 참조바란다.

2-3. 거시 환경 분석의 원천:trend watching

성공적 거시 환경 분석의 비결은 '**trend watching**'에 있다. 즉 무심코 흘러가는 동향과 추세를 어떠한 시각으로 보느냐에 따라 그 결과가 달라진다는 의미다. '**Trend watching**'에 있어서 우선적으로 고려해야 하는 것은 **임계 질량(critical mass)**이다. **임계 질량**이란 사회학에서 나온 용어로 어떤 한 시스템이 자립·자족하는데 필요한 최소한의 확산량을 말한다. 즉 시장에서 특정 동향을 파악하고 그에 맞추어 제품을 만들었을 때, 그 제품이 충분한 시장의 실체성에 의해 수용되는 시기를 예측할 수 있어야 한다는 것이다.

'**Trend watching**'의 선행 요인은 기본적으로 앞으로 설명될 기술적, 경제적, 정치적, 사회문화적, 인구통계적, 생태적, 글로벌적 요인들이다. 그 내에는 소비자의 사고, 습관, 가치관 등에 영향을 주는 영화, 드라마, 의견 선도자, 여론, 서적, SNS, 인터넷 등의 여러 매체가 존재한다. 그러한 매체를 분석하여 ①누가, 왜, 무엇을 어떠한 형태로 소비를 하는지, ②동향의 주기성과 반복성은 어떻게 형성되는지를 파악하고, 그것을 토대로 ③향후 임계 질량에 도달할 시점을 예측하여, 너무 늦지 않게(GM의 전기차 Chevrolet Volt), 그리고 너무 빠르지 않게(Domino, Eclipse, Sizzlebord, Whatta burger) 제품이나 서비스를 시장에 출시하는 것이 '**trend watching**'의 최종 목적이다.

Italy의 FCL(Future Concept Lab)은 세계의 주요 트랜드를 연구하는 전문 기업이다. FCL은 세계 25개 국의 주요 도시에 'cool hunter' 혹은 'cult searcher'라고 불리는 현지 특파원 연구원들의 유행 현상(street signal)에 관한 보고서를 매달 수집하여 공통적 트랜드를 찾아내고 있다.

《트랜드 시드》의 저자 황성욱은 ①거리의 사람들, ②특정한 문화적 현상, ③상점의 디스플레이와 제품·서비스에서 발견되는 트랜드를 '**trend watching**'에 있어서의 주요 대상으로 제시했다. 그 중 사람들의 행동과 모습을 보고 트랜드를 예측하는 것을 '**human index**'라고 한다. 황성욱은 발견된 트랜드를 제품이나 서비스 아이디어로 발전시키는 방법론을 'trend SEED(sensing, extracting, expanding, discovering)'라고 명명했다. 즉 위에서 언급한 주요 대상으로부터 트랜드를 감지하고(sensing), 작은 신호(상징)로부터 트랜드를 추출하고(extracting), 트랜드를 다양한 생각으로 확장하고(expanding), 최선의 아이디어를 찾아야(discovering) 한다는 것이다.

거리의 사람들
길에서 발견되는 지표라는 의미로 'street business indicators'라는 용어가 있음.

중요한 것은 '**trend watching**'에 있어서 현상의 변화를 쫓기보다는 장기적 관점에서 변화의 근본 원인을 찾아야 한다는 사실이다. 눈 앞에 보이는 패턴에만 집중하는 사람들을 '**trend spotter**'라고 하며, 트랜드의 변화를 가져오는 근본 원인은 '**trend code**'라고 한다. 대표적 '**trend code**'에 의한 성공 사례는 일본 30대 전후 독신들의 라이프 스타일을 연구해서 밤에도 소음 없이 집안 일을 할 수 있는 Panasonic의 Night Color 전자 제품 시리즈다. '**Trend watching**'과 관련된 대표적 온라인 정보는 trendwatching.com, trendhunter.com, trendy.mikkeibp.co.jp, ifp.co.kr 등의 사이트에서 얻을 수 있다.

제2절 세계의 거시 환경 동향

1. 기술적(technological) 환경

모든 거시 환경 변화 중 가장 빠르고 큰 영향력을 행사하는 것은 기술적 환경이다(〈그림 6-2〉 참조). 환대산업이 기술적 환경 변화로부터 얻었던 최고의 혜택은 아마 페니실린의 발명일 것이다. 심장 이식 수술, 불임 완치 등 모든 의학 기술의 발전은 시장을 확대시켜줌으로써 'people business'로 상징되는 환대산업과 관련이 있으며, 컴퓨터, 전화, TV, 엘리베이터 등 전자, 전기, 통신 기술의 발전 및 현대의 스마트카, AI(artificial intelligence), IoT(internet of things), 로봇 기술 모두 환대산업과 관련된다(제2장 환대산업의 발전 과정 참조).

그림 6-2 기술적 환경의 시대

2014년 미국 시장조사기관인 Gartner에서 발표한 10대 IT 기술 동향(〈표 6-1〉 참조)과 2018년 세계적 데이터 분석 기관인 Global Data의 미래 관광산업 6대 기술을 먼저 참고하기로 한다(〈표 6-2〉 참조).

표 6-1 Gartner 선정 10대 IT 기술 동향

- 다양한 mobile 기기 관리
- mobile app과 application
- 만물 인터넷
- hybrid cloud와 서비스 브로커로서의 IT
- cloud/client architecture
- personal cloud의 시대
- 소프트웨어의 정의
- web scale IT
- 스마트 기계
- 3D 프린팅

표 6-2 Global Data의 미래 관광산업 6대 기술

기술 부문	내용
AR/VR	• 컨텐츠 마케팅과 고객 경험의 질적 제고
AI	• Machine Learning, ChaBots(TravleBots), 로봇의 세 범주로 나누어짐 • 인간의 개입 및 시간을 줄이는 동시에 자동화로 서비스의 질적 수준 제고 및 비용 절감
IoT	• 활용 잠재성이 가장 높은 기술 부문 • 예를 들어 Lufthansa에서 수하물을 못 찾을 경우 개인 기기의 boarding pass Lufthansa app을 통해 문제를 해결
voice technology	• W Austin of Marriott International, Kimpton Alexis Hotel, Westin Buffalo 등 점차 빠른 속도로 호텔산업에서 활용되고 있음
Wi-Fi connectivity	• 현대 사회에서 필수 불가결한 동시에 매우 중요한 부문
wearable device	• 환대산업에 도입은 늦었으나, 점차 확대되고 있음 • 예를 들어 Walt Disney Company에서 활용하고 있는 MagicBand(RFID 기술 응용)는 고객이 주제공원에서 기다리는 시간을 줄여주며, 위치 찾기, 기타 각종 활동에 필요 정보를 제공함

현대의 기술 환경에서는 Marriott이 창안한 용어인 '**design thinking**'이 필요하다. Marriott은 호텔 도착 후 고객들의 디지털 기기 화면을 예약 관련 정보로부터 근처 지도 찾기, 길 찾기, check-in 등의 서비스 신청 등으로 바꾸어 상황에 따라 융통적으로 변화시킨다. 이것을 '**digital thinking**'이라고 한다.

1-1. 스마트카 부문

스마트카 부문은 향후 기술 환경에서 주도적 역할을 할 것이 확실하다. 필자가 2013~2016년 동안 세계의 스마트카 관련 전문 저널을 통해 다차원 척도법으로 분석한 결과는 〈그림 6-3〉과 같다.

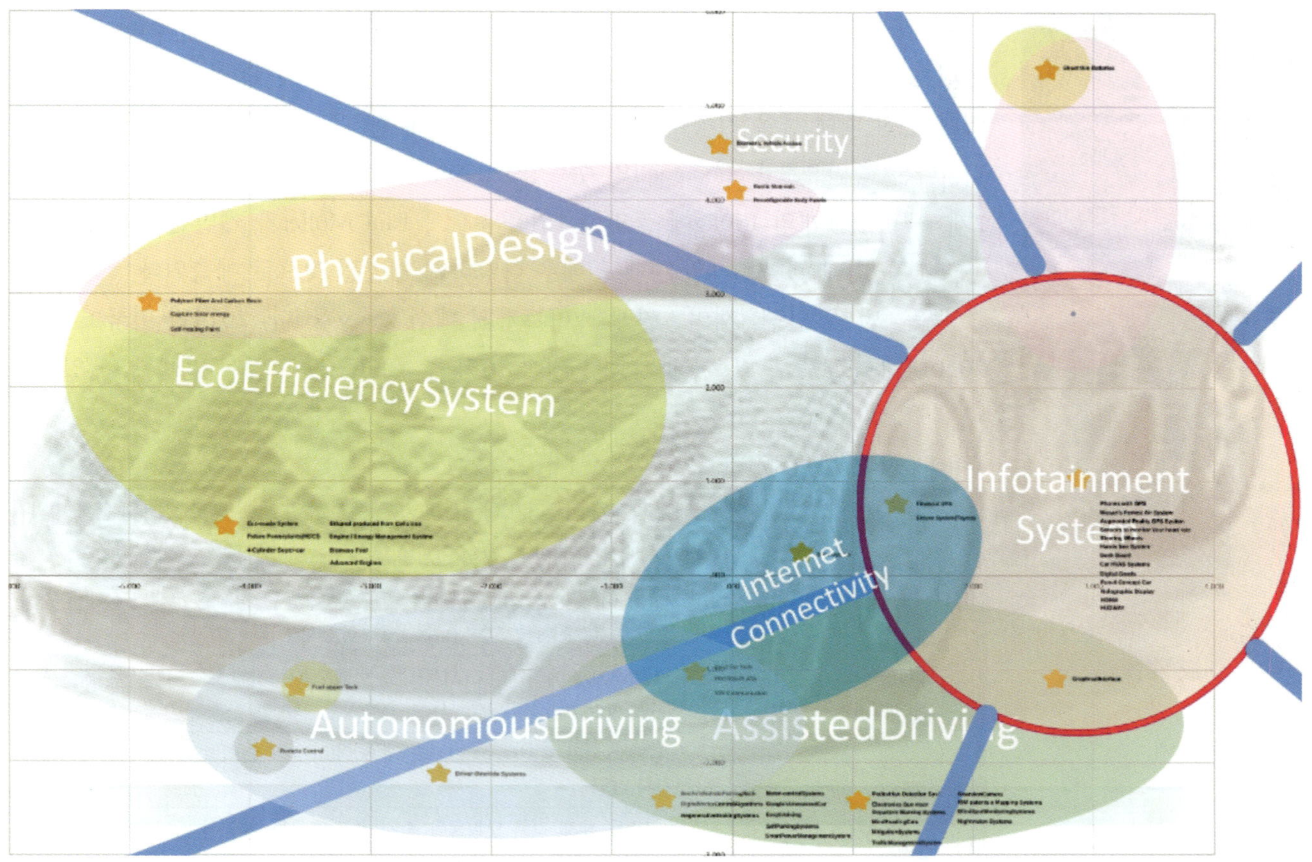

그림 6-3 스마트카 기술

〈그림 6-3〉에서와 같이 미래 스마트카 핵심 기술 분야는 autonomous driving, assisted driving, internet connectivity, enfortainment system, security, safety, physical design, ecoefficient system 등 8개 부문으로 대분된다.

미래 스마트카는 'better car'의 개념이라기보다는 자동차산업 전반을 파괴적으로 뒤바꿀 가능성을 보여준다. 20세기 초반 Ford가 조립 시간을 750분에서 93분으로 단축, 대량 생산이 되며 모델 T의 가격이 1908년 950$에서 1914년 490$로 낮아져 자동차 보유가 보편화되고, 1985년 4대였던 자동차가 1920년 2,000만 대로 증가한 혁명 정도가 아니라 소위 **'나비 효과'(butterfly ettect)** 혁명이 일어나고 있는 것이다.

미래에는 AI, IoT, Big Data를 적용할 무인 자동차를 언제, 어디서나 우리가 원하는 대로 이용할 수 있게 되며, 주차장, 정비소, 보험, 운전면허증 등도 필요 없게 된다. 결론적으로, 스마트카는 필자가 본 교재에서 주장하고 있는 사용 가치(소유 가치가 아닌)의 대표적 주역이 될 것이다.

그림 6-4 BMW Vision Vehicle Next 100
출처: www.businessinsider.com

한 예로 2016년 Germany BMW가 창립 100주년을 기념해 공개한 'BMW Vision Vehicle Next 100'은(〈그림 6-4〉 참조) 미래형 신소재만이 아니라 운전자, 차, 주변 환경 간의 상호 작용이 원활히 이루어질 수 있도록 직관적 기술이 적용되며, 주행 모드도 운전자가 직접 제어하는 'boost

그림 6-5 Lamborghini의 수륙양용 슈퍼카
출처: www.esquire.com

mode'와 자율 주행 'ease mode'로 구성돼있다. 특히 어떤 모드이건 'companion'이라고 불리는 다양한 감각 인지 센서와 디지털 인텔리전스 기능을 통해 운전자의 주행 습관이나 운전 패턴 등을 지속적으로 학습, 운전자에게 최적화된 상황을 자동으로 맞춰준다. 다른 측면으로 Lamborghini의 수륙양용 슈퍼카(〈그림 6-5〉 참조), Honda의 앞바퀴 2개, 뒷바퀴 1개의 150kg에 불과한 1인용 3R-C, Paul Moller가 개발한 Moller M400 Skycar 등 미래 스마트카의 형태도 매우 다양하게 개발될 것으로 예측된다.

'똑똑, 민첩, 안전, 재미', 미래 스마트카의 핵심 key word다. 2014년 미국 CNN은 2020년대 도로를 누릴 '미래 자동차 기술 10선'을 〈표 6-3〉과 같이 발표한 바 있다.

표 6-3 2020년대 미래 자동차 기술 10선 - CNN

Big data 자동차	차 내에 탑재된 컴퓨터가 탑승자의 기분, 운전 습관, 선호 경로, 스케줄 등을 파악
차세대(V2V) 커뮤니케이션	IoT 기술을 이용, 차량 간 상호 인지를 통한 접촉 사고 방지
운전자 감시	IoT 기술을 이용, 지문 정보, 심박 수, 안구 운동 등을 감지해 운전자 상태를 감시. 차량 주인 여부, 주행 중 졸음, 음주 운전 등을 파악
외부 airbag	사고 시 외부에서 에어백이 터져 차체와 보행자를 동시에 보호. 교통안전기술 전문 기업 TRW Automotive가 개발 중
수소 연료 전기차(FCEV)	Toyota, Honda가 효시로 한 번 충전에 600km 넘게 달리며, 수 분 동안의 충전으로 전기차 압도
Infortainment 시스템	터치스크린을 통해 각종 오락물을 즐김. 속도계, 내비게이션 등의 정보는 앞 유리창 등으로 위치 이동
레이저 레드라이트	LED 레이저 헤드라이트로 진화되어 가시 거리가 평균 약 400m로 확대되며, 소모 에너지도 크게 낮춤
무인 주행	Google이 선도 기업
셀프 주차	카메라와 센싱 기술, Wi-Fi 기술을 이용
태양광	하루 동안 모은 태양광으로 1,000km 이상 주행

2017년 Domino's는 무인 자동차 배달 서비스 테스트를 했으며, 2021년 완성을 목표로 하고 있다. Toyota는 Fujitsu의 지원하에 SD-I라는 하늘을 나는 자동차를 개발하고 있다. Lithium-ion 배터리를 사용하는 이 자동차는 10m의 높이로 시속 100km(육상은 150km)를 날 수 있는데, 무게는 250kg에 불과하다. 2025년 시판, 2030년 양산을 목표로 하는 Toyota의 하늘을 나는 자동차는 2020년 Tokyo Olympic Games에서 성화 봉송 주자를 태워 세계를 놀라게 할 계획이다. 또한 일본의 아이즈 전력 NTT 도코모 기업은 최적 시간 경로를 계산하여 달리는 AI 무인 버스와 택시를 개발하고 있다. 2020년 Tokyo Olympic Games까지 상용화하는 것을 목표로 하고 있다.

1-2. AI 부문

AI는 4차 산업 혁명(the Fourth Industrial Revolution)의 대표 주자다. 다음에 설명될 로봇

부문의 근간이 되는 것도 AI다. 먼저 AI에 대한 핵심 사항에 대해 고찰해본다.

- 〈그림 6-6〉은 AI의 알고리즘을 보여주고 있다. 인간 뇌의 신경 체계를 연결하는 synapse가 AI의 근간이다.
- 〈그림 6-7〉은 AI의 주요 기능을 나타내고 있다. 'convolutional neutral networks'란 '선별적 인지'를 의미하며, 'recurrent neutral network'은 AI의 feedback 기능을 의미한다.
- 〈그림 6-8〉은 AI의 주요 분석 기능을 나타내고 있다.

환대산업에서 AI가 가장 널리 유용하게 사용되고 있는 분야는 음성 시스템이다. 대표적 음성 시스템은 Amazon의 Alexa, Apple의 Siri, Microsoft의 Cortana 등이다. 2018년 Ecommerce Megazine에 다음과 같은 기사가 실렸다. "Facebook Messenger,

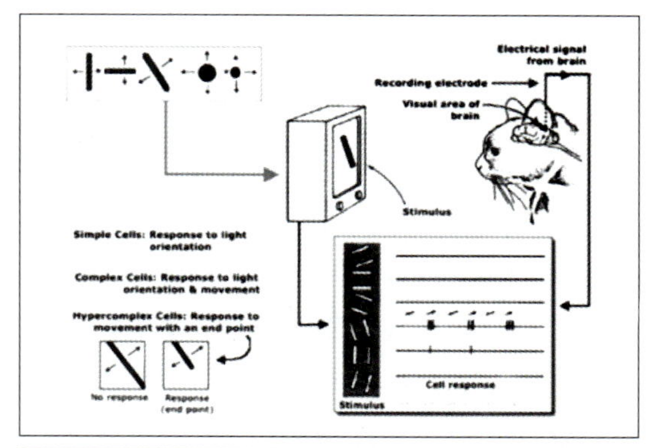

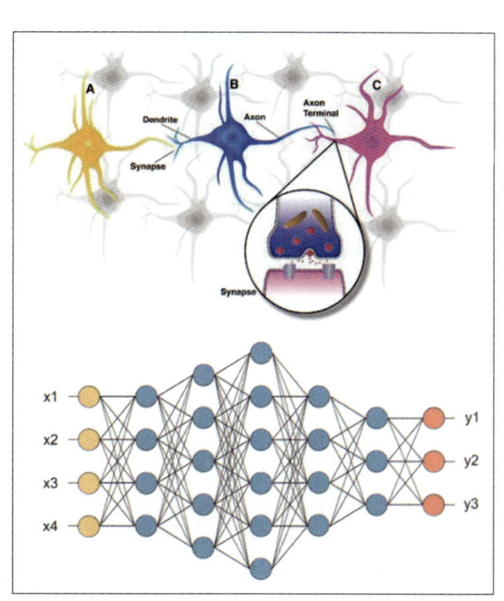

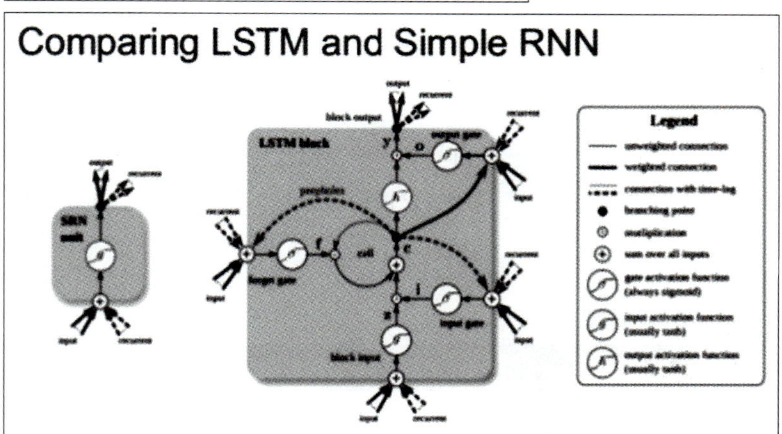

그림 6-6 neural network

그림 6-7 Convolutional Neural Networks(위), Recurrent Neural Network(아래)

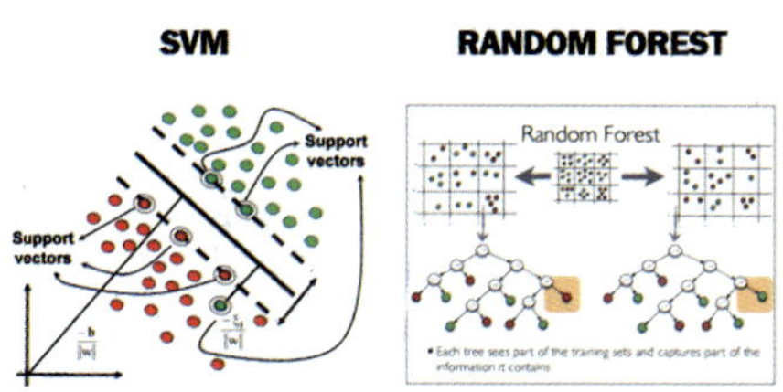

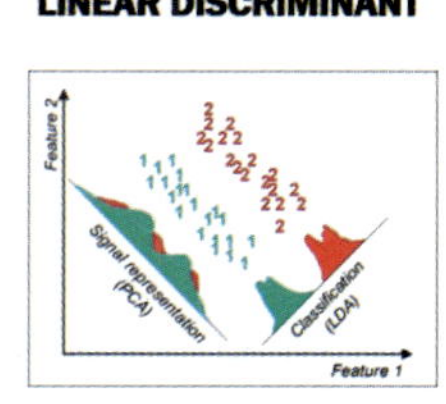

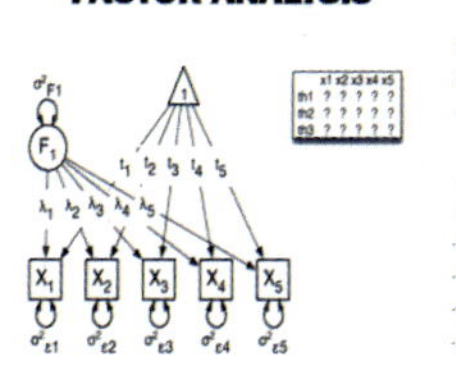

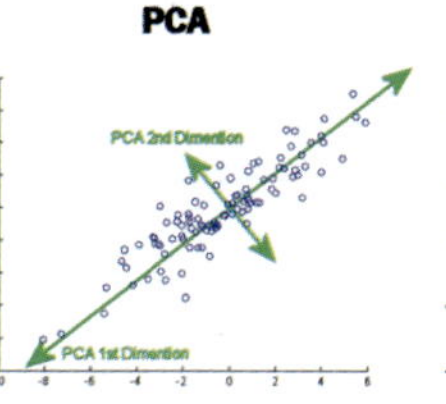

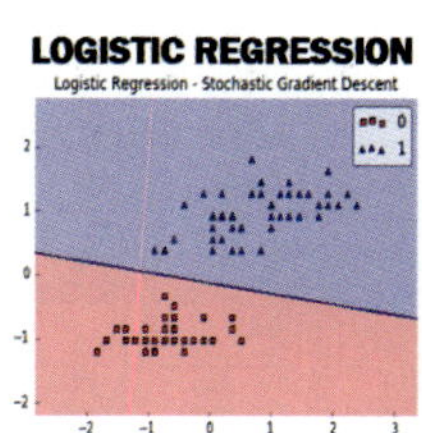

그림 6-8 AI의 주요 분석 기능

그림 6-9 왼쪽부터 Amazon의 Alexa와 Echo, Apple의 Siri, IBM의 Watson
출처:www.clinicalleader.com

Google Home Video, Voice Agents on Alexa 등에 의한 Chabot의 등장으로 Chabot과의 대화를 통한 상업의 시대가 대두됐다."

호텔산업은 Apple의 Siri를 효시로 Amazon의 Alexa와 Echo 등의 음성 시스템, IBM Watson의 컴퓨터 정보, WayBlazer의 여행 데이터 서비스 등의 AI를 통해 고객의 여행 선택, 여행 일정, 선호 장소 선택, 호텔 수준 문의, 결제 방법 등 모든 고객의 의문 사항을 해결하고 있다(〈그림 6-9〉 참조). 고객과 직접 대화하는 Chabot과 'smart speaker'가 호텔의 당직, GRO, concierge 업무를 대체하고 있다. 이 기능을 PMS(property management system)에 연동해 직원의 시간 투자 없이 고객의 요구, 불평, 질문을 실시간으로 처리함으로써 인간은 질 높은 서비스에만 집중할 수 있도록 하고 있다.

실제로 Hospitality Systems, Red Lion Hotels Corporation의 부사장 Jeffrey Parker에 의하면, 2018년 기준, 약 50~75%의 고객 질문을 Chabot이 처리하고 있다고 한다. 이미 Marriott과 InterContinental Hotels Group 등은 Amazon과 협력, 이 기능을 활용해 고객의 사생활을 보장하며 고객의 투숙 경험을 발전시킬 수 있는 solution을 계속

표 6-4 대표적 AI 호텔

호텔	내용
Wynn Las Vegas	4,748개의 객실에 Amazon Echo를 도입, 고걱의 음성만으로 조명, 온도, TV, 커튼, 기타 고객의 개별적 서비스 제공
Clarion Hotel Stockholm	Chatbot Butler를 도입, Amazon Echo의 도움을 받아 온라인 정보, 룸서비스 주문, 택시 호출 등 각종 고객의 요구 처리
Cosmopolitan Las Vegas	Rose라고 불리는 음성 컨시어지를 통해 Check-in 시 'calling card'(visiting card) 수령, 전화번호 공지, 시설에 대한 설명, 엔터테인먼트, 지역 정보 등을 알려줌
Edwardian Hotels	Edward라는 Chatbot이 인근 레스토랑, 바, 기타 유명 장소 등으로 고객에게 escort 서비스를 제공. 기타 고객의 문의 사항 및 불평 사항 처리
Vdara Hotel and Spa Las Vegas	약 90cm의 개 모양 배달 담당 룸서비스 로봇 Jett와 Fetch가 로비를 지나(사람을 피해) 엘리베이터를 타고 객실에 물품 배달. 고객이 객실에 도착했을 때 전화 메시지로 고객에게 인사

개발 중이다. AI 호텔의 일부 사례는 〈표 6-4〉와 같다.

〈표 6-4〉외에 Marriott International에서도 Amazon Alexa와 Apple Siri를 도입해 Mario라는 AI가 안내를 하고 있으며, 미국 Las Vegas의 Plaza Hotel&Casino에는 ALICE라는 '소프트웨어 직원'이 GoConcierge라는 하나의 **platform**으로 모든 부서 직원의 커뮤니케이션 및 고객의 문의를 관장하고 있다. Hilton에는 Connie라는 AI 두 발 로봇이 안내를 하고 있고, Alexis Rooms라는 AI가 매출까지 관리하고 있다. The Ivy Hotel에서는 Direct Messenger라는 AI가 고객의 요구를 실시간으로 90% 처리하고 있으며, 인도의 Park Inn by Radisson에 있는 Amazon Echo Dot은 객실의 조명, TV 조종은 물론, 청소, wake-up call, 세탁, 룸서비스, check-out까지 음성으로 처리할 수 있다.

ObEN도 호텔 AI의 선도 기업이다. ObEN의 PAI(personal AI) concierge는 고객의 투숙 전부터 투숙 중 NLP(natural language processing : 자연 언어 처리) 기술을 통한 음성 서비스, 부대시설 이용, AR, VR 등 각종 부문에 걸쳐 서비스를 제공하고 있다.

식음료 부문의 AI 음성 시스템 사례

2020년을 맞이하며 식음료 부문에서의 AI 음성 시스템 활용도 무궁무진하다. Taco Bell의 Taco Bot은 '베타 서비스'(메시지 서비스)를 도입, 고객이 Bot과 대화하며 주문할 수 있다. 메뉴 안내, 주문, 결제는 물론 유머까지 구사한다. Apple Siri를 탑재한 이 Bot은 예를 들어 타코 하나를 주문하면 알아서 토핑을 권하고, 음료까지 처리한다. Starbucks의 My Starbucks Barista는 고객의 "나는 …을(를) 원해" 한 마디에 음료와 잘 어울리는 디저트를 추천하고, 결제까지 모두 처리한다. Subway에서는 Order Bot을 통해 Facebook 채팅으로 음식을 주문할 수 있다. 2018년 Waldorf Astoria로 변경된 Renaissance Las Vegas의 바에서도 Tipsy Robot이 술을 주조한다.

고객이 휴대 기기 혹은 스마트 홈 기기를 통해 Google Assistant에 접속하면, 로봇의 레스토랑 예약 서비스를 받을 수 있다. Google Duplex는 2018년부터 고객 대신 직접 전화를 걸어 예약 일정을 잡아준다. Google Duplex는 인간과 똑같은 음성과 어조를 사용하기 때문에 고객의 avatar가 되는 것이다.

식음료 부문에서 AI는 음성 시스템 외에도 각종 부문에 활용되고 있다. MTT CSAIL 인공지능 연구소에서는 음식 사진을 보고 음식 재료와 요리법을 제안하는 Pic2Recipe라는 AI를 개발했다. Coca-Cola는 AI를 탑재한 자판기를 통해 고객이 스마트폰으로 사전 주문하면, 원하는 장소의 자판기를 사용할 수 있도록 하며, 판매 제품별, 시간대 등의 데이터를 수집하고 분석하여 재고 관리까지 한다. Dunkin' Brands Group과 Starbucks는 GM에서 개발한 차 내 app인 Marketplace와 계약, 고객이 차 내에서 제품 주문과 결제 등을 할 수 있도록 편의를 극대화시키고 있다.

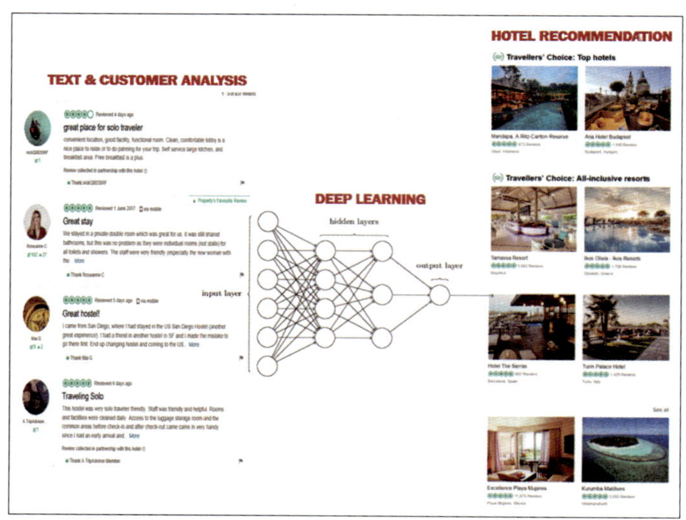

그림 6-10 AI의 'deep learning' 기술에 의한 고객의 평가와 추천 flow

여행 기업의 AI 활용 사례

AI의 활용은 여행 기업에서도 점차 활성화되고 있다. 인도의 OTA인 MakeMyTrip은 AI 예약 엔진 Allora를 개발하여 커미션을 낮췄다. SerKo의 Zeno는 모바일 기기로 예약을 신속히 처리해주고 있다. 여행자들은 Zeno를 Amazon Alexa, Google Home, Chatbot-based Skype, Slack 등의 음성 인식 인터넷 도구와 연결해 예약을 처리할 수 있다.

세계적 대형 여행 관리 기업인 BCD Travel, American Express Global Business Travel, Carlson Wagonlit Travel, Hogg Robinson Group 등은 특히 환태평양 지역의 고객에게 SerKo를 재판매하고 있다. 〈그림 6-10〉은 AI의 'deep lea-ning' 기능에 의한 고객의 호텔 평가 및 요구를 분석한 결과가 호텔 추천으로 이어지는 상황을 보여주고 있다.

AI의 궁극적 목적은 인간과 똑같은 기능(혹은 더 나은 기능)을 하게 하는 것이다. Diloitte는 Big Data와 컴퓨터 인식 기술(cognitive computing capabilities)을 결합해 로봇의 '인식 자동화'(cognitive automation)에 모든 노력을 경주하고 있다. 호텔 고객들의 무수한 욕구와 필요에 개별적 서비스(personalized service)로 대응하는 것이 Diloitte의 목적이다.

Russia의 Stafory 기업은 Robot Vera라는 AI를 이용해 인력을 채용하고 있다. Robot Vera는 지원자에게 전화를 걸어 일자리 개요 설명, 비디오 인터뷰 설정, 음성 인식을 통한 질의, 응답으로 우수 지원자를 선별한다. 몰론 최종 채용 결정은 사람이 한다. Robot Vera로 인해 2주가 소요되던 작업을 하루만에 끝낼 수 있다. Coca-Cola 등 많은 기업들이 Robot Vera를 인력 채용에 이용하고 있다.

결론적으로 AI는 환대산업에 획기적 혁명을 일으킬 것이 확실하다. 그렇다면 인간의 직업은? ISEA에 의하면, Las Vegas의 인간 직업 2/3가 2035년까지 자동화될 것이라고 한다.

그러나 Vdara Hotel Las Vegas 경영을 맡고 있는 MGM Resorts International의 상임부사장 Cliff Akinson은 이 예측에 대해 다소 희망적 메시지를 전한다. 예를 들어, AI 등으로 인해 front desk는 사라지겠지만, 직원들은 없어지지 않는다는 것이다. 자동화가 check-in은 해주지만, 기타 고객 환대, 객실 안내, 고객의 요구 충족 확인 등 필자가 제5장에서 강조했던 'personalized service'는 인간만이 할 수 있다는 것이다. 그는 이것을 'customized experience'라고 표현한다. "Goodbye front desk agent, hello lobby ambassador."

1-3. 로봇 부문

향후 로봇은 분명 많은 부문에서 인간을 대체할 것이다. 한 예로 2018년 6월 Las Vegas의 인력 부문 최대 기업인 MGM Resorts International이 무려 38,000명의 칵테일 서버, 바텐더, 메이드, 조리사 등과 계약을 해제했다. 이와 병행하여 Caesars Entertainment, Bellagio, Mandalay Bay, Circus Circus, The Mirage 등 25개 Las Vegas 카지노 호텔들의 The Culinary and Bartender Unions 노조원들과 많은 직원들이 파업에 99% 찬성하고 나섰다. 그 주 원인 중 하나가 바로 로봇이다. Tipsy Robot이라는 기계손으로 칵테일을 주조하는 로봇이 인간을 완전히 대체하고 있다. 2018년 6월 Grand InterContinental Seoul에서는 국내 최초 AI sommelier가 등장했다.

로봇 부문에서 세계의 가장 큰 주목을 받고 있는 호텔은 일본 Tokyo의 Ginza에 위치한 Henn na Hotel이다. 2015년에 개관한 72개 객실의 Henn na Hotel에는 인간 직원이 7명뿐이며 단순 노무는 모두 로봇이 수행한다. Front desk는 인간 형체의 여성 로봇이, 수하물 처리는 공룡 로봇이, 객실 내 조명 조절 및 기후 상태 정보 제공은 Churi-Chan이라고 불리는 로봇이 담당한다. 수족관에는 로봇 물고기가 있으며, 청소, 스튜어드(기물 세척), 수하물 처리 등 각종 업무를 담당하는 200개가 넘는 로봇이 호텔 내에서 '판치고' 있다. 고객과 접촉하는 로봇은 일어, 중국어, 한국어, 영어를 모두 구사한다(〈그림 6-11〉 참조). 객실 출입은 '얼굴 인식'으로 한다.

환대산업 최초의 로봇 기술 성공 기업인 Taco Bell에서는 1980년대에 K-minus(minus the kitchen) 프로젝트를 시작했다. 외식산업에서 필히 있어야 하는, 그러나 큰 짐이 되는 주방을 줄이는 프로젝트였다. 1980년대 중반에 이르러 Taco Bell은 주방을 아예 없앴으며, 로봇을 이용하여 한 시간에 900개의 타코를 만들 수 있게 되었다. 그 결과 Taco Bell은 백화점, 슈퍼마켓 등 아무리 좁은 장소에도 최소의 공간, 최소의 임대료로 진출할 수 있었다.

그림 6-11 Henn na Hotel의 여성 로봇과 공룡 로봇
출처: www.booking.com, www.japantimes.co.jp

그림 6-12 Starship Technology의 Riley
출처: www.google.com

Drone
조종사 없이 지상에서 전파로 조종하는 무인 항공기(UAV: unmanned aerial vehicle)로, 사전적 의미는 '웅웅거리는 소리'임. 25g의 초소형으로부터 무게 1만 2천Kg에 40시간 이상의 체공 능력 Drone에 이르기까지 다양한 모델이 있음. 원래 무인 정찰, 폭격 등 군사용으로 개발됐으나, 최근에는 위성항법장치와 센서 · 카메라 등을 장착한 상업용으로도 사용되고 있음. 향후 물자 수송, 교통, 관제 등 다양한 분야에 활용이 예상됨.

식음료 부문 배송 분야의 로봇 기술 대표 활용 사례

식음료 부문에서 로봇 기술이 가장 많이 이용되는 분야는 배송이다. 미국 Casa Madrona&Spa에서는 Drone이 샴페인을 배달한다. 2018년 app을 이용한 음식 배달 전문 기업 Woowa Brothers는 Dilly(delicious와 delivery의 합성 의미)라 불리는 로봇(키는 70~80cm)이 시간 당 4km라는 인간의 보행 속도와 거의 같은 속도로 음식을 스스로 배달한다. 중국의 음식 배송 기업 ELEME Inc.(Ele.me)에서도 음식 배달에 Drone을 이용하고 있으며, Amazon도 2014년부터 Amazon Prime Fresh라는 Dron을 이용한 1일 배송 사업을 시작했다. 이 배송 서비스는 Amazon Fresh 웹사이트를 통해 주로 채소와 과일을 판매하고 있다.

가장 대표적 사례는 Estonia의 Starship Technology에서 개발한 자율 주행 로봇 Riley다(〈그림 6-12〉 참조). Riley는 호텔에 투입되기 전, 내부를 3D 지도로 익힌다. 호텔 엘리베이터, 각 객실 전화기와도 연동돼있다. 이를 바탕으로 로봇이 배달을 시작하거나 마치면, 엘리베이터가 해당 층으로 이동하고, 객실 앞에 도착했을 땐 투숙객에게 자동으로 알림 전화가 가게 된다. 다만 2019년 현 시점까지 주문 시스템은 자동화되지 않아 투숙객이 주문한 물건과 방 번호는 사람의 힘을 빌려 인식한다. 2019년 기준, Riley는 미국, Singapore, Dubai 등의 Marriott, Hilton 등 주요 호텔 및 일본을 비롯한 아시아, 유럽 지역에 추가 배치되고 있다.

로봇은 식음료 부문의 타 분야에서도 활발하게 적용되고 있다. Zume Pizza의 피자 생산 로봇, Chowbotics가 개발한 샐러드 제작 로봇, Moley Robotics의 조리사 로봇, Miso Robotics의 햄버거 생산 로봇(1시간에 400개) 등이 대표적 사례다. 일본에는 1시간에 초밥 4,800개를 만들어내는 로봇이 있으며, 미국의 Cafe X에서는 Barista 로봇이 커피를 만들고 있다(〈그림 6-13〉 참조). Zume Pizza는 2014년부터 모든 작업의 90% 이상을 로봇이 하고 있다. 게임 기업 Zynga의 Collins and Garden, 즉 산업 로봇 공급 업체인 ABBRobotics와 파트너십을 체결한 Zume Pizza는 한 시간에 370개의 피자를 만들 수 있는 로봇 기술을 활용, 기존의 종이 박스가 아닌 친환경 100% 사탕수수 섬유로 제작된 포장 박스로 주문 후 15~20분만에 배달을 완료한다. 배달 트럭에서는 목적지와의 거리를 계산해, 도착 전 3분 30초 전에 오븐에서 2차 조리를 하기 때문에 고객은 '갓 구운' 피자를 먹을 수 있다.

호텔의 룸서비스 부문에 진출한 로봇 역시 주목해야 하는 추세다. 2014년 서비스 기업 Savioke가 개발한 Riley는 식음료와 기타 물품을 객실로 배달한다. Aloft, Crowne Plaza, Embassy Suites, Hampton Inn, Holiday Inn Express, Hyatt Place, Residence Inn, Sheraton, Westin 등의 호텔이 Riley를 고용하고 있다.

2018년 10월부터 Alibaba 역시 식음료와 세탁물을 객실로 배달하는 룸서비스 로봇을 선보였다. 1m 키의 이 로봇은 1초에 1m(1시간에 약 2.3마일)의 속도로 걸으며, 자

Cafe X의 Barista 로봇
출처 : www.verticalplatform.kr

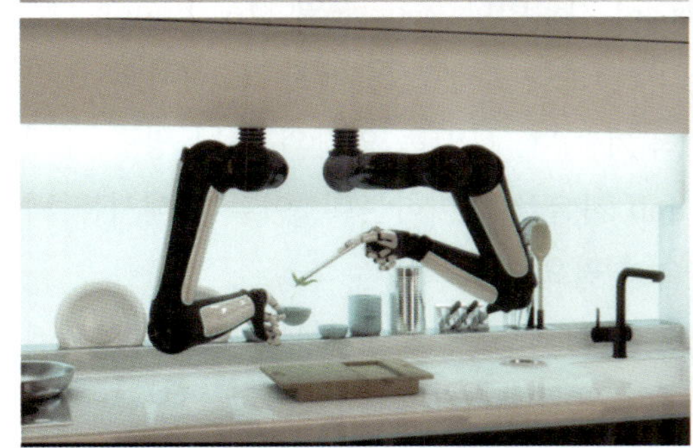

Moley Robotics의 조리사 로봇
출처 : www.smithsonianmag.com

Zume Pizza의 피자 생산 로봇
출처 : www.theverge.com

Miso Robotics의 햄버거 생산 로봇
출처 : www.pymnts.com

Chowbotics가 개발한 샐러드 제작 로봇
출처 : www.chowbotics.com

그림 6-13 로봇의 다양한 식음료 생산 활동

동 내비게이션 시스템을 통해 장애물을 피하고, 엘리베이터를 조종하는 등 배달에 최적화돼있다. 또한 Riley는 얼굴 인식 시스템까지 갖추고 있으며, 음성, 접촉, 손짓에 의해 고객과 커뮤니케이션 및 상호 작용도 가능하다. 모든 반응은 Alibaba의 개인 비서용 로봇 AliGenie에 의해 이루어진다.

Thailand Bangkok의 일식 레스토랑 Hajime에 있는 사무라이 복장의 웨이터는 서비스는 물론 음악 소리에 맞춰 춤까지 춘다(〈그림 6-14〉 참조).

이러한 로봇의 발명은 환대산업의 여러 부문에서 이용되고 있다. Hewlett-Packard 사에서는 회의 참석용 로봇 BiReality를 발명하여 CEO가 회의에 참석하지 않아도 모든 회의 상황을 좌조, 청취하며, 스틱을 이용하여 움직일 수 있도록 했다. 일본의 Honda에서 발명한 로봇 Asimo는 음성으로 미리 프로그램된 내용을 고객에게 들려주며, 얼굴을 10명까지 기억할 수 있는 기능을 갖추고 호텔에 장기 임대되고 있다.

그림 6-14 Thailand Bangkok의 일식 레스토랑 Hajime의 사무라이 웨이터
출처 : www.m.blog.daum

로봇 기술은 의료 부문에 있어서 라식, 인공 관절, 전립선 암, 복강경 수술 등에까지 적용되고 있다. MIT의 Erik Brynjolsson과 Andrew McAfee는 기계가 단순 육체노동을 하던 '1차 기계시대'를 지나 로봇+인공 지능이 노동을 하는 '**2차 기계시대**'를 선언했다. 이제 로봇은 방대한 지식 처리, 빠른 수치 계산, 오류 없는 판단 등의 분야에 있어서 이미 인공 지능을 넘어섰으며, 지식노동 분야까지도 진출하고 있다.

로봇 부문에서의 핵심 기술은 사람의 시범을 배우는 로봇의 묘사 학습(imitation learning)과 데모 학습(learning from demonstration) 기술이다. Google의 경우 Boston Dynamics를 인수해 이 기술을 심층 연구 중이다. 로봇 부문 기술에서 또 하나의 초점은 HRI(human-robot interaction : 물리적+인지적 기술)다. HRI는 인간의 두뇌 명령 체계(neuro science) 및 근육 운동 작용(motor control) 기술을 의미하는데, 이를 위해서는 뇌공학, 심리학, 생물학, 로봇공학의 융합 기술이 필요하다.

로봇산업의 비영리 단체 IFR(the International Federation of Robotics)은 서비스 로봇에 의한 판매량(판매수익)이 평균 2018년 20%에서 2020년 25%까지 증가할 것으로 예상한다. AI와 밀접히 관련되어 있는 로봇 부문은 인간을 돕는 순기능(eufunction)임은 분명하나, 동시에 인간을 대체하는 위협적 측면도 무시할 수 없는 양면성을 갖고 있다.

1-4. IoT(internet of things) 부문

IoT는 IP 주소를 탑재한 사물 간의 인터넷 연결(**connectivity**)을 통해 커뮤니케이션을 가능하게 하는 기술이다. 전 세계 IoT 건수는 2009년도에 9억 건에서, 2014년 38억 건, 2015년 49억 건, 2016년 64억 건, 2017년 84억 건, 2018년 110억 건 이상 등 큰 폭으로 증가하고 있으며, 2020년에는 200억 건에 이를 것으로 예상된다.

호텔산업에서 IoT의 활용이 가장 두드러지는 부문은 예약에서 check-in, 객실 출입까지 이어지는 'pre-stay' 영역이며, 그 기능이 'in-room' 영역으로 급속히 확대되고 있다. 이와 관련된 세부 사항은 부록Ⅱ를 참조하기로 한다.

IoT의 등장으로 호텔산업에서 일어나고 있는 가장 큰 변화는 front desk의 소멸이다. Hyatt 계열 **boutique** 호텔인 Andaz Hotels by Hyatt에는 front desk 없이 직원이 컴퓨터를 들고 다니며 고객의 check-in을 돕는다. Marriott의 Aloft와 Courtyard by Marriott에도 무선 인터넷 기능을 갖춘 터치스크린 LCD TV가 로비에 설치돼있으며(〈그림 6-15〉 참조), 이러한 추세가 타 호텔들에게도 급속히 확산되고 있다.

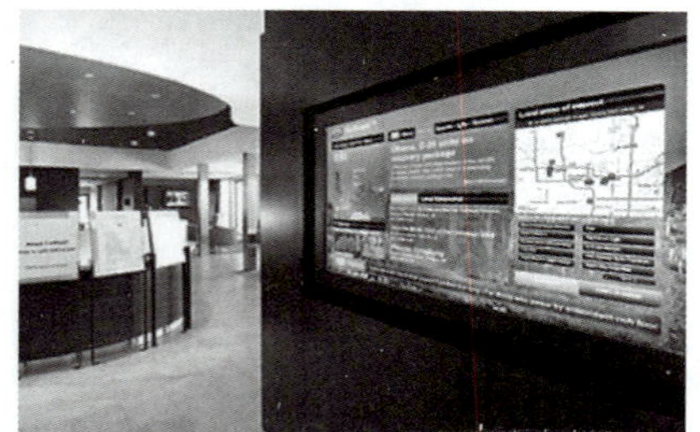

그림 6-15 Courtyard by Marriott by Microsoft and Four Winds Interactive, GoBoard57 interactive LCD touch screen GoBoard™ Cover 130 hotel in the US and Canada.

IoT와 관련해 컴퓨터 기능이 탑재된 사물을 '**smart thing**'이라고 한다. Intel은 2020년까지 약 2,00억 개의 '**smart thing**'이 존재할 것으로 예측한 바 있으며, 특히 비즈니스와 헬스기기 부문에서 가장 두드러질 것으로 예상하고 있다. 미국 Silicon Vally에 있는 FitBit이 이 부문의 대표 기업이다.

중소형 호텔을 운영하는 With Innovation은 2018년 음향 기술 기업 JD Solution과 **SoT(sound of things)** 서비스 기술 협약을 맺었다. **SoT**는 건물

내외관에 설치된 스피커에서 송출되는 소리로 이용자 간 소통을 통해 고객 만족을 제고하는 기술이다. 예를 들어, 객실에 설치된 초지향 스피커로 수면 유도 음원을 제공, VR의 공간 입체 음향을 객실 내 TV, 오디오에 입체적으로 재생, 층간 수면 방해 소음을 차단하는 식이다. 또한 **SoT**는 음성 결제, 명료한 재난 방송 등 그 기능이 여러 부문으로 확산될 수 있다. 국내 '여기어때' 호텔에서 **SoT**를 경험할 수 있다.

2018년 일본의 자동차 기업 Nissan은 Tokyo의 Hakone 온천 지역에 있는 ProPILOT Park RyoKan을 **pop-up** 호텔로 공개해 주목을 끌었다. 이 호텔에서는 AI 기술을 이용해, 고객의 슬리퍼를 버튼으로 움직이며, 객실 내 가구, 바닥의 쿠션, 액세서리 등을 박수 등으로 움직이고 조종할 수 있다. 향후 스마트카, AI, IoT 등의 기술이 호텔산업으로 밀물처럼 밀려들 것이라는 신호탄이다.

식음료 부문의 IoT 대표 주자는 단연 KFC다. 2017년 KFC는 Alibaba의 Alipay와 기술 계약을 체결해 'Smile to Pay' 시스템을 도입했다. KFC의 자 회사 KPRO는 개미금융과 합작, 식음료 부문에서 세계 최초의 안면 인식으로 고객이 스마트폰을 이용해 테이블상에 있는 QR Code 스캔에 의한 모바일 주문 및 계산까지 처리한다. 물론 계산하는 카운터는 없다.

필자는 삼성전자 자문 교수 시절, IoT 분과에 속해있었다. 우리 분과에서는 IoT 대신 IoE(international of everything)라는 용어를 종종 썼다. 그만큼 IoT 기술의 성공 여부는 '필요하다면 모든 세세한 부문까지 연결'시키는 데 있다. 이와 관련하여 필자는 〈표 6-5〉와 같이 호텔에서 IoT 도입을 위한 리서치 영역을 제시하고자 한다.

표 6-5 호텔의 IoT 대상 리서치 영역

단계	부문	자료 수집 분야
pre-stay	고객 예약, 정보 탐색 - 예약	투숙 O일 전 예약, room rate, 예약 경로(CRS, travel agency, expedia/priceline 등의 online agency), 음성 예약 여부, 선호 객실 형태, 투숙 기간(주중/주말, 체류 기간), 기타 예약 관련 관심 사항
	check-in and virtual key (keyless)	충성도 프로그램 가입 여부(충성도 프로그램 내에서의 status), check-in lead time, virtual key의 사용 여부, Galaxy 사용 여부(아닐 경우, iPhone 등 타 스마트폰 사용 여부)
	guest welcome	nick name(변경 시 누적 정보), 체인 호텔 정보/호텔 시설 정보/인근(도시) 지역 정보 중 관심 분야 탐색(계약 호텔에서 탐색), 고객의 호텔 도착 후 행동 패턴(도착 시간, front desk, concierge, information board 등 경유 여부)
stay (in-room)	guest sensor	객실 in, out 패턴(시간), 선호 온도 및 습도, 시간대 선호 조명(gathering place, studying place, relaxing place, retiring place)
	취침 환경	선호 매트리스, 베개 강도 및 온도, 취침 환경 관련 선호 amenity(눈가리개 여부, 전화 보이스 메일 전환, 스마트 슬리퍼, wake-up call 시간, mobile 충전기, 의료기기 등)
	bathroom	선호 목욕 온도 및 샤워기의 온도, 양, 수압, 1일 소모 수건 개수, 스마트 칫솔 사용 여부, 샴푸/로션/비누 등의 소모량
	room service & mini bar	룸서비스 선호 메뉴, 룸서비스 주문 시간대, 1회 룸서비스 메뉴 칼로리 소모량, IoT fork 및 IoT 접시 사용 여부, IoT coffee maker 사용 여부, mini bar 선호 메뉴
	Wi-Fi/ bandwidth capabilities	객실 내 설치된 'bandwidth capabilities' 외에 추가 요구 사항, 충전기 형태
	거울	IoT 거울의 요구 여부
	창문	창문 개폐(환기) 시간대, 선호 채광 및 색상

연결성(connectivity)

IoT 부문에서 필자가 가장 강조하고자 하는 것은 '**connectivity**'(연결성)이다. 미래의 세계에서는 거의 모든 것이 연결될 것이다. "모든 사물을 어떻게 연결시킬 것인가?" 이것이 IoT의 핵심 사항이 될 것이다. 핵심 키워드는 '단순 · 용이성'이다. 사물들이 연결되어 편리성(convenience)을 제공하겠지만, 연결이 복잡하다면 그 연결은 무용지물이 된다. 또한 필자가 융합 제품에 대해 다시 부문별로 'dismiss'될 것이라고 예언하는 것도 이 '**connectivity**'와 관련돼있다. 현재 '해쳐 모여'된 각 기능을 Darwin의 분기(divergence) 진화와 같이 다시 흩어져서 그것들이 융합 제품이 아닌 '**connectivity**'에 의해 융합될 것이라는 것이 필자의 견해다.

마지막으로 필자는 AI, 로봇, IoT 기술의 발전으로 미래 호텔 기업의 조직에 큰 변화가 일어날 것이라고 예상한다. 〈그림 6-16〉이 이것을 나타내고 있는데, 호텔에서는 IT 매니저, 로봇 매니저의 도입으로 기존의 기능적 조직(functional organization)에서 〈그림 6-16〉과 같은 matrix organization으로 변화할 것이다. 〈그림 6-16〉에서 보라색 기능은 100% 자동화/대체의 상황을, 붉은색 기능은 50% 이상 자동화/대체의 상황을 묘사하고 있다. 물론 파란색 기능도 어느 정도 자동화/대체될 것이다. 따라서 위탁 경영도 기존의 호텔 간 계약 외에 IT 기업과 호텔 간 계약으로 확대될 것이다.

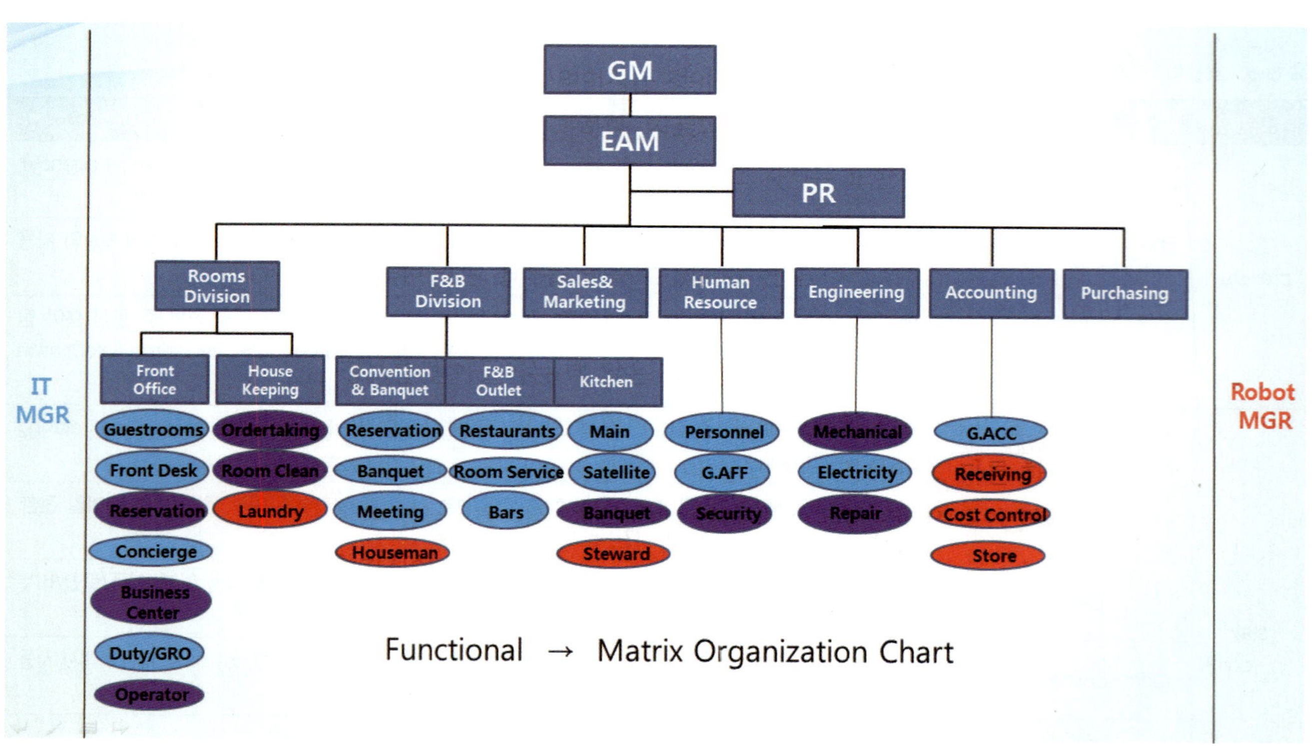

그림 6-16 미래 호텔의 조직도

1-5. 통신 부문

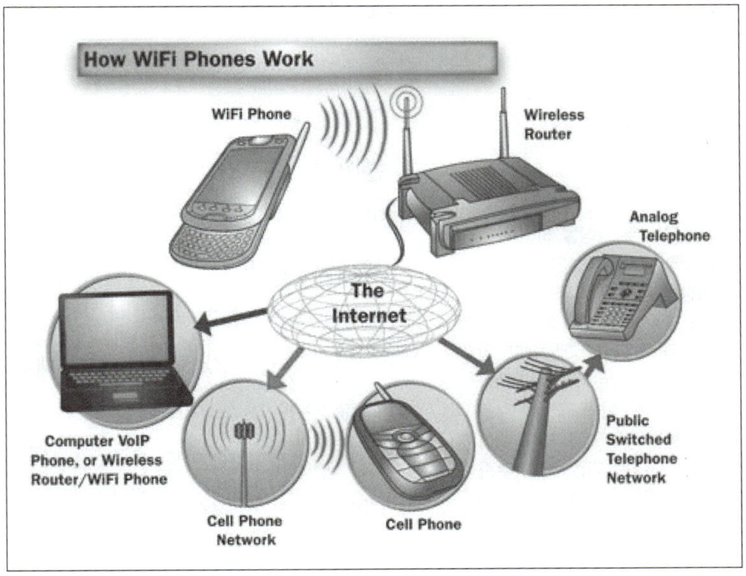

2020년을 바라보며 국내 통신 시장은 4G를 지나 5G시대로 바뀌었다. 2013년 말 EU는 4G보다 50배 빠른 5G-PPP(5th Generation-Public Private Partnership)라는 프로젝트를 출범시켰다. 실질적인 5G 상용화 기술은 대한민국이 가장 앞서 있다. 5G 이동통신이 완성되면, 꿈의 TV라고 할 수 있는 울트라 고화질(UHD) TV를 이동 단말기에서도 정상적인 속도로 시청할 수 있게 된다. 좀 더 현실적으로 말한다면, 1시간짜리 고화질 영화를 단 6초만에 다운로드 받을 수 있는 속도다.

통신 부문 기술의 핵심은 Wi-Fi(wireless fidelity)*다. Airgo Networks에서는 기존 Wi-Fi보다 두 배 빠른 MIMO라는 신 기술을 선보였으며, Intel은 WiMax라는 신제품을 시장에 출시한 바 있다(〈그림 6-17〉 참조).

그림 6-17 Wi-Fi의 기능

통신 기술이 환대산업에서 가장 큰 영향을 미치고 있는 부문은 예약이다. 앞서 제시한(AI 부문) 사례 외에 대표적 예로 AT&T의 Dragon Dictate를 들 수 있다. Dragon Dictate는 개인 컴퓨터 software와 연결되어 5만 단어 이상을 인식하며, 스스로 문장을 만들어내는(전자 음성 인식 기능과 음성 합성 시스템을 융합한) 가장 뛰어난 기능을 발휘하고 있다.

'**Clouding computing**'은 음성 인식 향상에 필요한 대용량 데이터 저장과 실시간 처리 기술의 획기적 발전을 가능하게 하고 있다. 음성 인식률 95%를 표방하고 있는 Google은 2010년부터 클라우드 서버에 성별, 연령별, 사투리별로 구분한 영어 단어를 음성 데이터로 저장, 음성 인식을 실시간으로 처리하고 있다. 이러한 방식의 기술은 스마트폰에 입력된 음성 데이터를 클라우드 서버로 전송하고, 서버에 음성 인식을 수행한 후, 그 결과를 스마트폰으로 재전송하는 방식을 사용하는 것으로, 이용자의 사용량이 늘어날수록 음성 데이터가 더욱 축척돼 인식 결과의 정확도가 지속적으로 제고되게 된다. 그 기능도 단어 인식 → 연속 음성 인식 → 대화체 인식으로 진화하고 있다.

음성 인식 기술의 대표적 사례는 Dragon Dictate 외에도 Phonetic Arts(2010)와 SayNow(2011)를 인수한 Google, Siri(2010) 인수 및 Nuance(2011)와 기술 제휴를 한 Apple, Tellme Networks(2011)를 인수한 Microsoft 등이 있다.

그 외에도 향후 **3W(WCDMA, Wi-Fi, WiBro)**의 활용은 환대산업 전반에 걸쳐 무궁무진하게 활용될 것이다.

Wi-Fi는 1991년 NCR Corporation / AT&T에서 개발되었고, Netherlands Nieuwegein에서 Wi-Fi로 개명했다. 홈네트워킹, 휴대폰, 비디오게임 등에 쓰이는 무선 기술 기능을 갖고 있으며, Wireless(무선랜)이라고도 함. 무선접속장치 AP(access point)가 설치된 곳을 중심으로 일정 거리 이내에서 PDA(personal digital assitants)나 노트북 컴퓨터를 통해 초고속 인터넷을 이용할 수 있음. 무선 주파수를 이용한 방식이므로 전화선이나 전용선은 필요 없지만, PDA나 노트북 컴퓨터에는 무선랜 카드가 장착되어 있어야만 Wi-Fi를 이용할 수 있음. 현대의 개인용 컴퓨터 운영 체제, 고급형 게임기, 프린터, 다른 주변 기기에서 지원됨.

MIMO
MIMO는 근접 안테나에서 시그널을 전송하는 컴퓨터 기술을 말함.

3W
WCDMA(wideband code division multiple access)는 휴대폰 · 포켓벨 등을 포함한 이동통신 무선 접속 규격을 의미하며, WiBro(Wireless Broadband Internet)는 이동하면서도 초고속 인터넷을 이용할 수 있는 무선 휴대 인터넷을 의미함.

1-6. 시각적 부문

3D 프린팅

시각적인 요소 또한 기술적 진보의 핵심이 될 것이다. James Cameron 감독이 16년을 준비한 'Avatar'라는 영화가 개봉되며 3D(3차원) 입체 영화시대가 도래했다. 향후 3D는 콘서트, 스포츠 부문 등 하나의 3D산업으로 부상될 것이며, 환대산업의 각 분야에서 이 기술이 적용될 것이다.

Avatar
신의 분신, 화신이라는 의미임.

3D
인간의 뇌는 두 영상을 하나로 인식하도록 만드는데, 3D 영화는 이 영상을 분리해서 입체감을 만든다고 함. Sony는 두 개의 렌즈가 내장된 카메라를 개발했고, 입체 영상을 위해 두 개의 카메라를 잇는 'league' 기술 개발에 많은 기업이 동참하고 있음. 이미 삼성전자, LG전자는 기존 가격 수준의 3D TV를 양산하고 있음. 3D 기술은 웹과 모바일 기술과도 접목되고 있으며, 휴대폰 단말기에도 시각 효과를 강화한 검색엔진 'search cube'가 등장하고 있음.

3D 프린팅 또한 향후 기술적 환경의 핵심 부문이다. 물건을 깎거나 잘라서 만들면, 절삭 혹은 단조, 녹여서 만들면, 주조라고 하는데, 3D 프린터는 재료를 레이저로 연속적으로 쏴서 쌓고(연속적인 계층의 물질을 뿌리면서) 녹여서 정밀하게 만들기 때문에 적층 가공 방식이라고 한다.

3차원 설계도만 있으면 제품이 생산되는 3D 프린팅의 비밀은 적분, 즉 엄청난 수의 레이어(층)를 쌓아서 제품을 완성시키는 것이다(〈그림 6-18〉 참조). 레이어의 두께는 약 0.01~0.08mm로 종이보다도 얇은데, 레이어의 두께가 얇을수록 물건이 더 정교해진다. 3차원 3D 프린터에 들어가는 재료는 주로 가루(파우더), 액체, 실 등이다. 3D 프린팅이 급성장하고 있는 이유는 CAD의 발달, 3D 프린터의 가격 하락, 손으로 만들기 불가능한 복잡한 구도를 쉽게 제작할 수 있는 융통적 제작성 등이다. 향후 3D 프린터 가격의 하락, 출력 가능한 데이터의 증대, 금속 등 재료의 다양화가 3D 프린터의 대량 보급 상용화의 열쇠가 될 것이라고 3D 프린터 세계 1위 기업 Stratasys의 Jonathan Jaglom 아태 지역 총괄사장이 예측했다.

액체 재료를 분사하는 잉크젯 방식

프린터 헤드

서포트 재료

모델링 재료

UV 빛을 쬐는 즉시 재료가 굳어짐

그림 6-18 3D 프린터의 원리 – 액체 재료를 분사하는 잉크젯 방식
출처: 한경 Business 2013. 3. 13, p23.

1984년에 최초 개발된 3D 프린팅의 기술은 2019년 기준, 이미 인체 장기, 혈관, 귀, 연골, 인공관절 등까지 만들 수 있는 수준에까지 도달했다. 미국 Obama 대통령은 3D는 모든 제품에 적용될 수 있다고 말했다.

환대산업의 식음료 부문에서도 3D 프린팅을 이용한

그림 6-19 세계 최초 3D 프린팅 레스토랑 Food Ink
출처: www.foodink.io

음식 생성이 이루어지고 있다. 12가지 맛의 Oreo 쿠키, 'bio-ink'를 이용한 과일 음료, Lego 조각품과 유사 원리의 Pancake Bot, 얼굴 모양의 초콜릿, 미국 FDA에서 최초로 승인한 3D 음식 프린터 ChefJet에 의해 생성되는 사탕, 'bio-ink' 버거 등이 대표적 사례들이다.

영국 London의 Food Ink는 세계 최초의 3D 프린팅 레스토랑이다. 가구, 주방 도구, 음식 등 모든 것이 3D 프린터로 만들어진 후 조리사를 거쳐 고객에게 제공된다. 낮에는 3D 프린팅 기술을 전시하고, 밤에는 고급 레스토랑으로 변신한다(〈그림 6-19〉 참조). 9개 코스의 요리의 가격은 2018년 기준, 1인 당 250£(약 37만 원)다. Food Ink는 France, Netherlands, Italy, Spain, Germany, 미국 등에 체인화되고 있다.

AR(augmented reality : 증강 현실)

시각적 진보와 관련, 스마트폰의 확산으로 이루어지고 있는 또 하나의 기술적 진보는 AR(augmented reality : 증강 현실)이다. 가상의 정보와 현실 정보를 실시간으로 결합하는 기술과 환경을 의미하는 AR은 VR(virtual reality : 가상 현실)처럼 100% 가상 공간을 만드는 것이 아니라, 실제 이미지를 기반으로 3차원의 가상 정보를 결합하여 실시간으로 보여주는 기술을 의미한다. 3D와 같이 안경을 쓴 사람만이 볼 수 있는 제품 정보, 자동차 앞 유리창에 속도, 방향 등 주행 정보를 투사해주는 HUD(head up display) 네비게이션(〈그림 6-20〉 참조) 등 스마트폰의 발전과 함께 향후 가상 현실 세계를 점차적으로 가능하게 해줄 것이다.

그림 6-20 증강 현실 : HUD를 이용한 네비게이션

Marriott에는 'Teleporter' 서비스라는 것이 있다. 투숙 고객은 'Oculus Rift' 기술로 전 세계 유명 여행지를 가상 4D로 체험할 수 있다. 고객은 선택한 관광지의 공기, 햇살, 바닷가 습도까지 생생하게 체험할 수 있다. Haagen-Dazs에서는 AR을 이용, 고객이 아이스크림이 어느 정도 녹을 때까지 기다리는 동안 'Concerto Timer'라는 iPhone app을 실행해 아이스크림 통 뚜껑의 코드에 비추면 음악을 눈과 귀로 감상할 수 있다.

AR을 이용한 응용 프로그램들

미국의 MIT Lab은 '6th sense'라는 강연을 통해 센서를 부착한 손가락으로 사람을 가리키면, 신상 정보가, 사물을 가리키면, 관련 정보가 나타나는 기술을 개발했다.

Lego 매장에 가서 제품 박스를 디지털 박스에 비추면 자신의 얼굴과 함께 Lego 완성품을 3D로 볼 수 있다. 일본의 유명 화장품 기업 시세이도 도쿄 매장에서는 여성이 화장품을 자신의 얼굴과 함께 메이크업 미러에 비추면 화장 후의 모습이 나타나도록 하고 있다(〈그림 6-21〉, 〈그림 6-22〉 참조).

그림 6-21 Lego digital mirror
출처:www.parentmap.comarticle

그림 6-22 시세이도 메이크업 mirror
출처: www.technabob.com

The Fat Duck 레스토랑에서는 고객이 해산물 요리를 먹을 때, 그릇에 iPod을 설치해서 바다 소리를 들을 수 있다. 또한 El Celler de Can Roca 레스토랑은 AR을 이용, 고객이 앉은 자리 주변을 오페라장으로 만들어 준다. 2017년에는 세계 최초의 AR 칵테일 메뉴가 Michelin 스타 등급의 London Eatery City Social 레스토랑에 도입됐다. 또한 2018년 중국 Starbucks는 AR을 이용한 커피 제조, Alipay에 탑재된 'AR 스캔' 기능으로 컵 표면 로고에 스캔하면, 다양한 캐릭터가 나타나는 특별 행사를 수행한 바 있다.

3D와 더불어 AR은 환대산업 엔터테인먼트 부문의 핵심으로 부상될 것으로 예상된다.* 이미 2005년 영화 흥행에 있어서 세계 1위에서 5위까지의 영화가 Goblet of Fire(해리포터와 불의 잔), Star Wars EpisodeⅢ, The Chronicles of Narnia, War of the Worlds, King Kong이라는 사실이 그것을 증명하고 있다.

AR이란 카메라 등을 통하여 비춰지는 현실 공간의 대상물에 관련 사진과 문자 등 전자 정보를 겹쳐 표시하는 기술로서, 1968년에 3차원 디스플레이로 처음 개발되었고, 1990년부터 연구가 본격화되기 시작함. 미국의 ABI Research는 AR의 시장 규모를 2014년 3억 5천만$ 이상이라고 발표 했음.

clouding computing/platform

소프트웨어, 게임, 동영상, 문서 등 온갖 컨텐츠를 PC 등 특정 기기에 저장하는 대신 서버 등 가상 저장 공간에 올려놓는 '**clouding computing**' 기술은 플러그에 전원을 꽂아 전기 기기를 쓰듯이 인터넷에 올리기만 하면, 언제, 어디서나 구름 속처럼 보이지 않는 곳에 있는 메모리 칩과 응용 소프트웨어, 데이터를 불러내는 시대를 열었다(〈그림 6-23〉 참조). Thompson Chicago Hotels&Resorts는 StayNTouch Rover Housekeeping™ 등의 cloud 솔루션을 통해 고객 서비스를 mobile/table, touch/graphic 기능으로 점차 발전시키며 고객 경험과 만족을 제고시키고 있다.

이로써 인터넷 데이터 센터 시대는 가고, 지구촌의 온갖 가상 공간에서 비어있는 창고들을 모아 쓰는 버추얼 데이터 센터 세상이 왔다. 데이터 센터의 효율성을 더욱 높이면 '**clouding computing**'을 통해 사업자는 원가를, 고객은 이용료를 줄일 수 있는 환경이 조성됐다.

현대는 **플랫폼시대(Age of Platforms)***라고 해도 과언이 아니다. 컴퓨터의 하드웨어, 소프트웨어, 클라우드용 소프트웨어 등 모든 영역에 적용되고 있으며, 인터넷, 신용카드, 전화와 같은 거의 전 세계적인 **platform**으로부터 Facebook, Skype, GoogleMaps, PayPal 등 새로운 인터넷 기반 **platform**에 이르기까지 그 영역이 계속 확대되고 있다.

Platform이란 기차역처럼 사람들이 쉽게 이용하거나 다목적으로 사용하는 것을 말함. Wikipedia에는 'platform technology'가 '제품 개발을 가능하게 하는 기술이나, 현대 또는 미래의 개발을 지원하는 프로세스'로 정의돼있음.

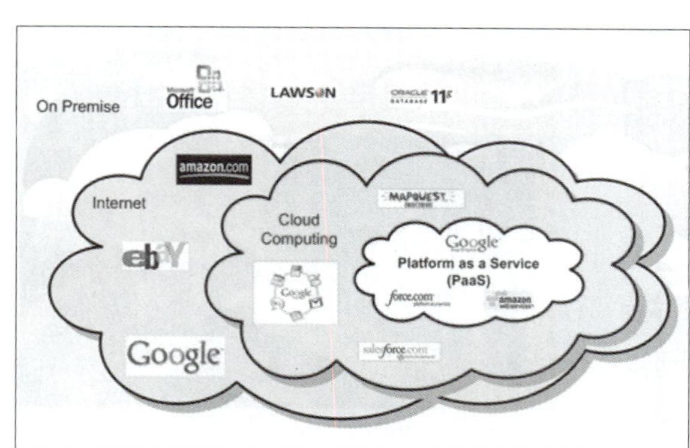

그림 6-23 버츄얼 데이터 센터 세상(clouding computing)

LED

위의 시각적 환경 진보를 지원하는 기술 중의 하나는 전기를 연결하면 빛을 내는 반도체인 발광 다이오드(LED : light emitting diode)다(〈그림 6-24〉 참조). 전구의 10분의 1에 불과할 정도로 빛 효율이 높으며, 전기 신호를 빛으로 변환하

그림 6-24 발광 다이오드(LED: light emitting diode)

여 여러 이미지를 만드는 기술이다. LED 영상 시스템이라고 하는 이 기술은 초록, 파랑, 빨강 등 빛의 3원색을 발광하는 개별 LED와 이를 제어하는 컨트롤 패널로 구성된 LED 모듈을 이용해 동영상 구현도 가능하게 하고 있다.

e-paper

시각적 기술 관련, 우리에게 잊혀져가고 있는 부문이 있다. 인쇄산업이 그것이다. 수백 년 간 인류에게 가장 중요한 물품 중 하나였던 종이가 1455년 Johannes Gutenberg의 인쇄술과 함께 그 역할을 잃어가고 있는 것이다. 필기, 인쇄 후 업데이트가 불가한 문제를 해결하며 새롭게 등장하고 있는 기술적 진보는 전자 종이(e-paper)다. LG 디스플레이가 19인치 flexible 디스플레이를 2010년에 개발함으로써 전자 신문 및 광고용 디스플레이로 확대될 것으로 보인다(〈그림 6-25〉 참조). 예를 들어 2014년부터 Shangri-La Hotels and Resorts는 '매일 신문 배달'이 환경 친화적 digital newspaper로 바뀌어 고객의 편의를 제고시키고 있다. Germany와 Austria의 InterCityHotel 체인들

전자 종이
전자 종이는 반사형 디스플레이로 기존 종이와 잉크처럼 높은 해상도, 넓은 시야각, 밝은 흰색 배경으로 표시 매체 중 가장 우수한 시각 특성을 갖고 있음. 또한, 플라스틱, 금속, 종이 등 다양한 기판상에서 구현이 가능함. LG디스플레이가 개발한 flexible 전자 종이는 현재 상용화된 '킨들', '누크' 등 6인치 e-Book 화면과 비교시 약 8배 정도로 실제 신문 같은 느낌을 제공하고 있음. LG디스플레이는 11.5인치 flexible 디스플레이를 2010년 상반기부터 양산, 미국 Skiff에 탑재시켜 출시했으며, 시장 조사 기관인 Display Serach에 의하면, 전자 책 시장은 2015년에 약 17억 3,000만$ 시장이 될 것으로 전망하고 있음.

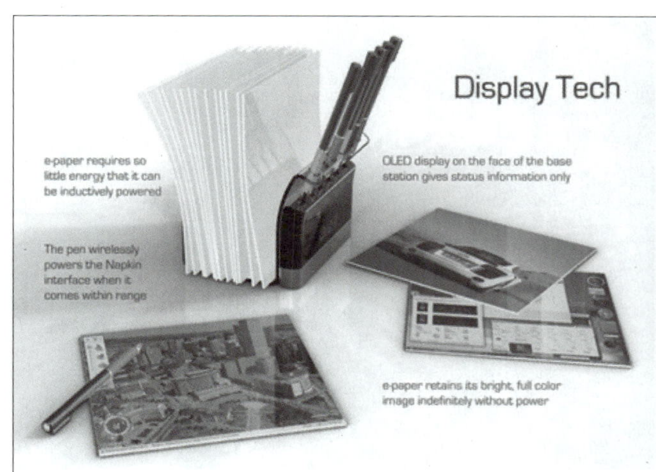

그림 6-25 전자 종이(e-paper)

그림 6-26 Radisson Blue Hotels의 Virtual Press Corner, PressPad Lounge
출처: blog.presspadapp.com, www.slideshare.net

도 신문과 잡지를 e-paper 형식으로 고객에게 제공하고 있다.

2020년을 바라보며, 많은 호텔들이 호텔 내 공용 장소(public space)에 'virtual press' 공간을 마련하고 있다. 대표적 예는 미국의 Raddison Blue Hotel에서 찾아볼 수 있다. 이곳에서는 Bluetooth LE(low energy) emitter를 사용해 일정 범위의 공간에서(Wi-Fi가 적용되는) 고객이 mobile 기기를 이용, 전자책, 전자 잡지, 전자 신문 등을 무료로 열람할 수 있다. 또한 고객은 PressPad Lounge에서 mobile 기기로 QR Code를 활용하여 레스토랑 메뉴 등 다양한 호텔 시설 정보를 볼 수 있다(〈그림 6-26〉 참조).

1-7. Blockchain

Houston Hospitality Technology, HITEC 2018 컨퍼런스의 표어다. '**Blockchain**, Today's Fad or Tomorrow's Future?'. 2018년 Nasdaq 웹사이트에도 다음과 같은 기사의 제목이 있었다. "How **Blockchain**s are Changing the Hotel Industry?"

Blockchain이란 무엇인가?

Blockchain은 분산 컴퓨팅 기술 기반의 데이터 위변조 방지 기술이다. 'Block'에는 해당 'block'이 발견되기 이전에 사용자들에게 전파되었던 모든 거래 내역이 기록돼있고, P2P(peer to peer) 방식으로 모든 사용자에게 똑같이 전송되기 때문에 거래 내역을 임의로 수정하거나, 누락할 수 없다. 'Block'은 발견된 날짜와 이전 'block'에 대한 연결고리를 갖고 있다. 이러한 'block'의 집합을 '**blockchain**'이라고 한다. 쉽게 말하면 수많은 기록을 한 묶음으로 만드는 기술이자, 이것을 분산 처리하는 기술이다(〈그림 6-27〉 참조).

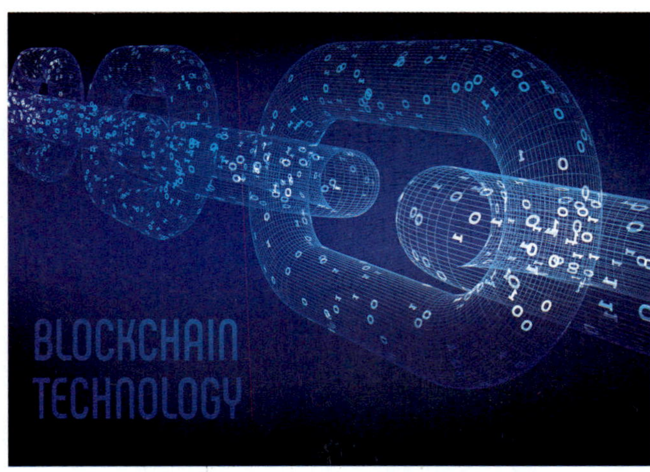

그림 6-27 Blockchain의 개념적 이미지

Wikipedia에 의한 사전적 의미는 '암호(cryptography)와 연결된 고리사슬(계속 쌓여가는) 기록'인데, 계속 쌓여가는 자료들('block')은 'distributed ledger'(분산 계정), 즉 각 장소, 국가, 기관 등 각 범주(항목)별로 블록화돼있는 곳에 연결, 저장된다. **Blockchain**을 운용 · 통제하는 것은 'miners' 혹은 'ledger keeper'라 불리는 'P2P' 네트워크로 양측 간의 거래를 입증해주는 전용 소프트웨어를 사용한다.

Bitcoin이 **blockchain**을 응용한 최초의 산물인데, **blockchain**의 통화는 미국 정부 발행 약 296.6조$(2018년 기준), 은행, Bitcoin과 같은 통화를 발행하는 기관에 속하지 않은 암호 화폐(crypto currency)다.

Blockchain의 가장 중요한 장점은 'smart contract'이다. 예를 들어, 호텔의 충성도 프로그램의 경우, 호텔의 충성도 프로그램, 충성도 포인트를 획득한 고객, 충성도 포인트를 사용하는 고객 간에 마찰 없이 낮은 비용으로 거래가 이루어진다. 구체적 예로 호텔이 **Blockchain**에 현재 판매 가능한 객실 수, 요금 등의 정보를 공시하면, 여행사, 고객은 그것을 보고 **blockchain**을 통해 가장 낮은 요금으로 예약을 한다. 예를 들어, Wholesaler A가 Hotel B에 n개의 객실을 판매하고자 하면, 'smart contract'는 자동으로 **BAR** rate(제14장 가격 전략 참조)를 Wholesaler A에게 제시하는 식이다.

Blockchain은 또한 Travelocity, Priceline 등 거래 당 15~20%의 커미션을 받는 OTA의 문제를 해결할 수 있다. 우선적으로 호텔과 고객을 직접 연결시키는 **platform**으로 커미션을 크게 줄일 수 있다. 실제로 start-up 기업인 Concierge.io는 NEO **blockchain**을 이용, 호텔 예약 시 커미션이 없는 **platform**을 만들었다. 2018년 Concierge.io는 고객의 예약 수수료 부담을 45%까지 줄일 것이라고 발표했다. LockTrip도 유사 시스템을 개발했다.

예약 시스템과 관련해, **blockchain**의 두 번째 장점은 암호 화폐(crypto currencies)를 사용해 고객의 수수료 경감을 유도할 수 있다는 데 있다. 그 외에도 2019년 기준, 이미 Revain and Lina에서 수행하고 있는 바와 같이, 온라인 호텔 리뷰를 투명하게 할 수 있다는 장점이 있다. **Blockchain**을 이용하면 거짓 온라인 리뷰를 차단할 수 있다.

Taiwan계 OwlTing 기업은 **blockchain** 기반 호텔 관리 서비스 OwlNest를 개발했다. OwlNest는 Ethereum 기술 기반으로 예약 솔루션 Booking Engine, PMS를 포함하고 있으며, 'smart contract'을 통해 융통성있는 재고 관리, 효율적 예약 거래, 강력한 보안성, 호텔의 공식 포털이나 OTA, 기타 유통 채널로 접수되는 예약의 통합 등 주요 기능을 갖고 있다. OwlNest는 그 외에 신용카드는 물론 PayPal, WeChat, Alipay, Apple Pay, Bitcoin, 미래에 등장할 **blockchain** 기반 등 다양한 결제 시스템도 지원한다. OwlTing과 같은 Taiwan계 기업이 환대산업에서 한 부문 선두 주자로 부상한 것은 역사상 초유의 일이다.

Ethereum
blockchain 기술 기반의 'smart contract' 구현 **platform**을 의미함.

Blockchain의 가시적 영향

Blockchain은 향후 환대산업 및 관광산업에 지대한 영향을 미치게 될 것이다. 가장 현시적으로 다가오고 있는 다음 사례들을 살펴보기로 한다.

데이터 관리

세계 최대 관광 통합 기업 TUI(제17장 참고)는 2018년 모든 데이터를 **blockchain**으로 이전하겠다고 발표했다. **Blockchain** 기술을 활용해 내부 계약을 추적하고, 호텔 예약 현황을 실시간으로 살펴볼 수 있는 app인 BedSwap을 출시한다는 것이다.

목적지 관리

Aruba 정부는 Winding Tree 기업과 협력해, Ethereum 기반 **platform**을 통해 여행기업과 관광객을 직접 연결할 계획이다. 즉 중개업체를 없앰으로써 여행 목적지의 수익성을 제고한다는 계획이다.

Dubai의 경우도 이미 정부가 지원하는 Smart Dubai를 출시하며 UAE를 **blockchain**의 hub으로 만들었다. 방문자들은 도시 여행을 게임처럼 만든 이 app을 통해 새로운 목적지 방문 시 도움을 받는 것은 물론, 적립금 혜택도 받을 수 있다. 여기에는 AI 기술이 접목돼있다.

신원 확인

Blockchain의 잠재성 중 대표적인 것이 바로 개인에게 '디지털 ID'를 제공해주는 것이다. **Blockchain**을 통해 신원 확인이 가능하다는 것이다. 단 한 번의 과정으로 항공권 예약, 세관 통관, 적립금 혜택 등이 가능해진다. 더 이상 수하물 분실, 수령 지연 등의 문제가 발생하지 않을 것이며, 이는 여행자와 항공사 모두에게 실질적인 혜택이 된다.

지불 결제

Blockchain은 하나의 안전하고 투명한 '글로벌 원장'으로, 지불과 결제를 간소화함으로써 항공사, 호텔, 여행사 등의 비용을 획기적으로 절감해줄 수 있다. 돈이 관련되기 때문에 이 부문이 가장 큰 관심을 받는 'killer contents'가 될 가능성이 높다.

민박 임대

2018년 기준, 세계 민박/단기 임대 시장의 규모는 약 5,000억$로 추정되는데, 이 시장은 매년 10% 이상 성장하고 있다. Airbnb가 약 7%의 시장점유율을 확보하고 있는데, Airbnb는 중개업체에 불과하기 때문에 만약 새로운 **blockchain** startup이 등장한다면, Airbnb에게 가장 큰 위협이자, 혁신적 혁명의 주체가 될 수 있다.

이미 Beenest라는 'home sharing' 기업은 이용자들에게 수수료도 받지 않으며, 토큰으로 보상을 제공한다. 또한 '**cloud sourcing**'을 통한 인증 및 등급 시스템을 통해 이용자들의 평가를 feedback해준다.

종합적 견해

환대산업과 관광산업은 정부, 관광 기업, 신용카드 기업 등이 각각 다른 시스템을 운영되고 있기 때문에 일관성이 없다. 이러한 시스템을 획일적으로 연결해줄 수 있는 것이 바로 **blockchain**이다. 단지 연결성만이 아니라 보안 및 개인 정보 보호도 크게 개선해줄 수 있다. 그러나 2019년 현 시점까지는 대형 기업의 일부만이 **blockchain**을 채택하고 있다. 2018년부터 그 첫 사례들이 발표되고 있다. 예를 들면, Air France와 KLM의 **blockchain** 여행 **platform** 기업 Winding Tree와 파트너십 체결, 중국 이타이 호텔이 세계 호텔산업 최초로 Ethereum 암호 화폐 결제 허용, Australia Brisbane Airport에서 세계 국제 공항 최초로 암호 화폐 지불 결제 허용 등이 대표적 사례들이다.

따라서 많은 전문가들과 기관들이 미래 호텔의 충성도 프로그램 및 거래에 있어서 **blockchain** 도입을 권장하고 있으나, 그 실용성에는 많은 의문이 생긴다. **Blockchain**이 커미션 없이 효율적으로 거래를 진행하기에는 호텔산업의 특성상 많은 난관이 있기 때문이다.

가장 큰 문제의 가능성은 기존 호텔의 전통적 유산(legacy)이라고 할 수 있는 PMS, CRS, Hotel Switchers, GDS, OTA CRS, 최근 도입되고 있는 app 등과의 연동에 있어서의 복잡성이다. 각 호텔의 등급, 수준, 복잡한 가격 구조 등도 복잡성 문제를 가중시킨다.

두 번째 장벽은 비용과 시간이다. **Blockchain**을 구축하는 데 필요한 막대한 비용과 시간은 기존 호텔들의 위와 같은 전통적 유산을 대체하여 효율성을 제고시켜야 한다는 논리를 퇴색시킬 수밖에 없다.

세 번째 문제는 즉시성이다. **Blockchain**은 입증(verification)이라는 특성을 갖고 있다. 현대의 호텔 예약은 웹사이트, 모바일 app, 음성 채널, OTA, GDS, CRS 등 모든 경로에서 즉시 confirm을 하고 있다. **Blockchain**에서는 'miners'의 검증을 받아야만 하는 기능 때문에 이것이 불가능하다. 그 외에도 '거래 위주'의 **blockchain**은 실시간(real time)의 다양한 대처를 필요로 하는 호텔의 특성에 잘 맞지 않는다.

결론적으로 필자는 호텔산업에의 **blockchain** 도입에 기대 반, 회의 반이다.

1-8. LBS(위치 기반 서비스) 및 기타 부문

위치 기반 서비스(LBS : location-based service)란 스마트폰에 탑재된 GPS나 이동통신 기지국을 통해 얻는 위치 정보를 활용하여 고객에게 다양한 서비스를 제공하는 방법이다. GPS란 원래 군사용으로 만들어졌는데, 인공위성으로 지구상의 모든 위치를 경도 · 위도 5m 단위까지 파악하는 위치 시스템이다. 이것이 PDA 및 PC와 결합되고 있다. 예를 들어 미국의 Wherify Wireless가 출시한 LoJack이라는 시계는 어린이용 GPS

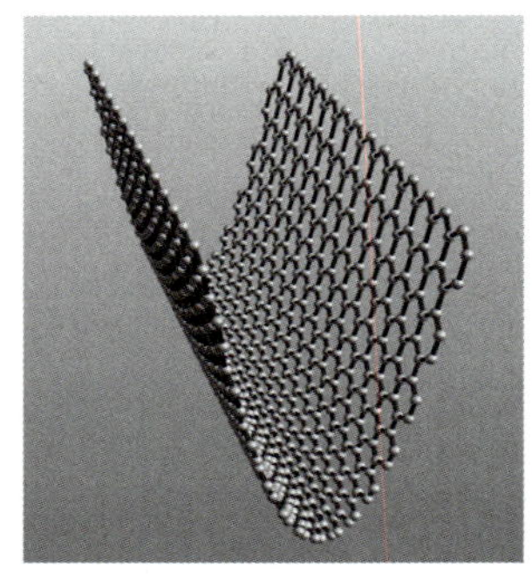

그림 6-28 Graphene
출처: 한경 Business 2014. 5. 28. p63.

로서 부모에게 자녀의 위치를 알려주고, 긴급 버튼을 누르면 부모 및 911에 경보가 울린다.

LBS는 휴대폰이 널리 보급되던 초기부터 많은 관심을 받았으며, 강력한 하드웨어와 소프트웨어를 갖춘 스마트폰의 등장으로 인해 비로소 꽃을 피우고 있다. 대부분의 사람들은 휴대폰을 24시간 소지한다. Morgan Stanley의 조사에 따르면, 휴대폰을 보유한 사람 중 91%는 언제나 휴대폰을 1m 이내에 둔다고 한다.

2010년을 넘어서며, 위치 기반 서비스 SNS적인 요소를 결합한 app들이 출시되고 있다. 대표적 글로벌 LBS 기업은 Foursquare, SCVNGR, Loopt, Yelp 등이다. 특히 LBS와 SNS가 결합되며 환대산업의 Starbucks, Domino's, Pizza Hut 등 식음료 부문 기업들의 franchise 확대와 효율성에 크게 기여하고 있다. 가장 큰 주목을 받고 있는 app으로 Foursquare를 꼽을 수 있다. 목적지에 도착한 이용자는 Foursquare app을 실행시켜 check-in하고 포인트를 획득한다. 또한 자신의 check-in 현황을 Twitter나 Facebook 등의 SNS와 연계하여 친구들과 공유할 수도 있다.

graphene
탄소가 주성분이며, 아주 얇은 한 겹으로만 이루어져 있음. 구리보다 전기가 잘 통하고, 강철보다 강하며, 대부분의 빛을 통과시켜 투명성과 신축성이 매우 뛰어남. 탄소는 우주에서도 4번째로 많은 원소이며, 인간의 몸에서도 산소 다음으로 많아 전체의 20%를 차지함.

'꿈의 신소재'라 불리는 graphene(〈그림 6-28〉 참조)으로 항공기의 연비가 대폭 축소되고 있다. 세계 항공기 시장을 장악하고 있는 Boeing과 Airbus는 가장 최신 기종인 B787과 A350에 graphene을 이용한 탄소 섬유를 활용해서 항공기 무게를 줄이고(동체와 날개의 대부분을 탄소 섬유로 제작) 연비를 대폭 개선했다. 2014년 대한민국에 소개됐던 BMW i3의 차체도 탄소 섬유로 제작된 것이다.

Graphene은 굽어지는 디스플레이, e-paper, 고효율 태양 전기, 차세대 반도체 등 다양한 부문에 적용돼 기술적 환경의 핵심 부문으로 대두될 것으로 보인다. Graphene은 스마트폰에도 적용될 것으로 기대되고 있다. Apple은 이미 iPhone, iPad, MacBook Pro 등의 디자인 및 graphene 관련 기술 특허를 취득했다. 탄소 섬유의 선두 주자는 도레이(東レ), 도호(東邦)Tenax, 미츠비시(三菱)Rayon 등 소수의 일본 기업들이다.

1988 Seoul Olympic Games 이후, 대한민국은 2012 London Olympic Games에서 금메달 13개, 세계 5위라는 역사상 최대의 성과를 거두었다. 〈표 6-6〉은 주요 Olympic Games와 관련된 IT의 발전 과정을 보여주고 있다.

표 6-6 주요 올림픽의 IT 관련 특징

올림픽	IT 관련 특징
Berlin(1936년)	최초의 TV 중계 올림픽
Rome(1948년)	인공위성 중계
Tokyo(1964년)	컬러 방송, Sony 등 많은 일본 기업이 글로벌 기업으로 성장
LA(1984년)	스폰서 도입, 흑자 올림픽, 스틸비디오 카메라로 사진 전송
Sydney(2000년)	모든 경기 기록을 디지털로 처리
Athens(2004년)	15억$의 보안 예산으로 보안 기술 발전
Beijing(2008년)	온라인 이용자 수가 TV 시청자를 추월한 최초 올림픽, 디지털 방송
London(2012년)	3D TV, 스마트폰, SNS, 실시간 번역 기술 적용

출처: DBR August 2012 Issue, No.110

2017년 GE Appliances' First Build와 21c Museum Hotels는 파트너십을 체결해 혁신적 호텔 객실 창조에 나섰다('Hotel Room of the Future'). 같은 해에 Carnival Cruise는 'machine-learning wearable' Ocean Medallion호를, Royal Caribbean Cruise는 고객이 ID 검사를 받기 위해 줄서지 않아도 되는 Celebrity Edge호를 출시했다. 미국 Wynn Las Vegas Hotel은 모든 객실에 Amazon Echo를 탑재해, 고객이 조명, 온도, 창문 커튼 개폐, TV 조정 등을 음성 인식 Alexa를 통해 음성만으로 조종할 수 있도록 하고 있다. 환대산업 전반에 걸쳐 제 4차 산업 혁명의 바람이 거세게 불고 있다.

2. 정치적 · 법적(political · legal) 환경

2-1. 대한민국의 정치적 환경

정치적, 법적 환경은 무엇보다도 국가와 정부의 정책 및 안정성, 그리고 지원 및 통제의 정도에 따라 크게 변화된다(〈표 6-7〉, 〈그림 6-29〉 참조).

표 6-7 세계 국가 예산 및 지출 순위

순위	국가명	Revenues(억$)	Expenditures(억$)	Deficit/Surplus(억$)
1	미국	38,930	33,630	−5,300
2	중국	28,970	24,650	−4,320
3	일본	19,310	16,960	−2,350
4	Germany	14,840	15,700	860
5	France	13,690	12,880	−810
6	영국	10,970	9,963	−1,007
7	Italy	8,898	8,420	−473
8	Brazil	6,772	6,320	−452
9	Canada	6,324	5,947	−377
10	Spain	5,129	4,613	−516
13	대한민국	2,863	2,973	110

출처 : Wikipedia(2017)

대한민국은 세계 유일의 분단 국가다. 북한은 정치적 환경에 있어서 매우 부정적인 영향을 미치고 있으며, 그로 인해 국내의 환대·관광산업도 불안정한 상황이 지속적으로 이어지고 있다.

2017년 기준, 북한은 대한민국 인구의 약 1/2(2,550만)인 국가로 모든 경제 지표에서 비교되지 않는 양상을 보이고 있다. 2016년 대한민국과 북한의 주요 통계 지표를 살펴보면, 자동차 생산량은 422만 8천5백 대 3천8백(1,113배), 무역 총액은 9,016억$ 대 65억$(138배), 1인 당 GNI는 3,198만 원 대 146만 원(22배), 원유 수입량은 10억

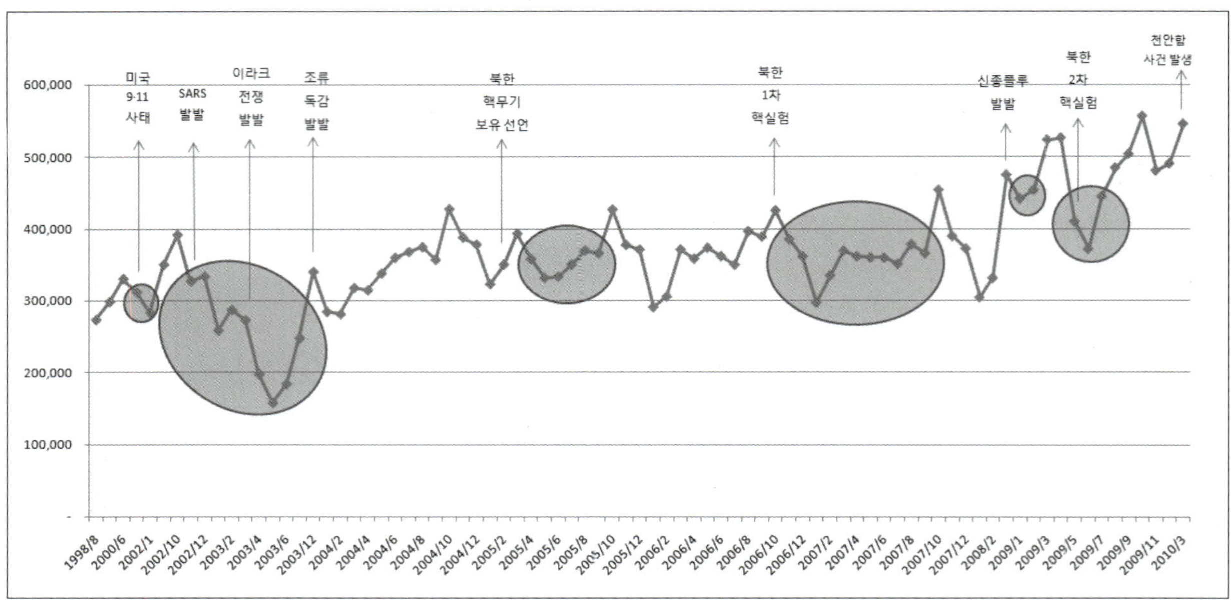

그림 6-29 정치적 환경:국내의 외래 관광객 입국 수와 정치적 상황과의 관계

7,812만 배럴 대 389만 배럴(278배), 발전 전력량은 5,404억kWh 대 239억kWh(23배), 선박 보유 톤 수는 1,304만G/T 대 93만G/T(14배) 등으로 비교가 되지 않는다.

미국의 경우 2008년 미국 정부의 비자 면제 프로그램 VWP(visa waiver program 지정 국가의 국민에게 최대 90일 간 무비자 체류)로 인해 관광객이 크게 증가했다. 대한민국도 이와 같은 관광진흥 정책이 필요하다.

2-2. 아시아 국가들의 정치적 환경

Thailand, Macao, 일본, Singapore의 정치적 환경

아시아의 주요 관광지로 급부상한 Thailand는 1987년을 관광의 해(Year of Tourism)로 지정한 것이 그 계기가 되었다. Macao의 카지노산업이 세계 최고의 카지노 메카 Las Vegas와 경쟁할 수 있게 된 것도 홍콩의 Stanly Ho에 의한 40년 동안의 카지노 독점 구조를 포기하고, 외국 투자를 받아들인 2002년 Macao 특별 행정구 정부의 결단에 기인된 것이다.

2007년 9월 미국 Sands 그룹의 3,000개 객실, 1만 2천 명 직원, 미식 축구장 56배의 The Venetian Macao가 개장되어 Macao의 카지노산업은 일취월장 성장했으며, 미국 Las Vegas의 매출을 넘어서고 있다). MGM COTAI 역시 Macao 카지노산업의 대표 주자다. 2017년 Asia Property Awards에서 무려 6개의 상을 수상하며 The Venetian Macao와 함께 양대 산맥을 구축 중이다(〈그림 6-30〉 참조.

2020년 Tokyo Olympic Games를 계기로 일본에서도 카지노산업을 부흥시키려는 시도가 이루어지고 있다. 일본에서 2016년 12월 카지노 허용 법안이 통과됨에 따라

그림 6-30 The Venetian Macao(좌)와 Macao MGM COTAI(우)
출처: www.photopin.com

3개의 카지노가 2020년 Tokyo Olympic Games전에 개관된다. 특히 나가사키 현에는 세계 최초 해저 카지노가 개관될 예정이다.

중국도 하이난다오의 카지노 허용을 검토 중이라고 Bloomberg 통신이 2018년 발표했다.

Singapore의 정치적 환경

필자는 2010년 12월 한국카지노협회의 초청을 받아 Singapore를 방문한 적이 있다. 청렴하고 깨끗하기로 유명한 Singapore에서 많은 것을 배울 수 있다는 기대와 미국 Sands 그룹에서 투자한 Marina Bay(〈그림 6-31〉 참조)에 대한 호기심으로 좋은 여행이 될 줄 알았다. 공항에서 담배 10보루(규정은 알고 있음)를 사서 도착했는데, 가이드가 만약 걸렸으면 벌금이 3,600만 원이었다고 하는 이야기를 듣고 뭔가 심상치 않은 마음이 들었다.

투숙하고 있었던 Marina Bay의 카지노에서 black jack 게임을 하는데, 딜러들이 카드를 전혀 섞지(shuffle) 않고 기계에서만 카드가 나와 강력 항의를 했다. Black jack은 딜러 버스트(bust) 게임인데, 10, J, Q, K, A 등 소위 '그림'들이 확률대로 나오지 않았기 때문이다. Pit boss가 왔다. 필자는 "Las Vegas에서 딜러들이 왜 고객들 앞에서 카드를 보여주고, 섞는지 그 이유를 아느냐?"고 질문했다. Pit boss의 답변은 너무 간단했다. "우리의 정책입니다." 고객에게 카드 섞는 것을 보여주지 않는 것은 명백한 '사기 행위'다.

그림 6-31 Marina Bay Sands Hotel

게임을 마치고 환전을 하러 갔다. 필자의 US$를 Singapore$로 환전해주었던 환전소의 행태는 하나의 가관이었다. US$로 다시 환전할 수 없다는 것이다. 필자는 정말 화가 나서 Singapore를 최대한으로 모욕하는 언사와 필자가 아는 모든 영어 욕을 동원하여 필자가 낼 수 있는 가장 큰 목소리로 항의했다. 환전소 직원들은 "우리의 정책입니다" 외에는 고개를 숙이고 아무 말도 못했다. 주위에 있었던 외국인들이 필자를 격려했다. 카지노를 나오면 이렇게 생각했다. "외화 획득의 방법에는 여러 가지 유형이 있구나."

Singapore는 국가의 토지, 주택을 대부분 국가에서 소유·통제한다. 크리스마스 장식의 조명도 거리마다 천편일률적으로 똑같았다. 그야말로 반사회주의 국가였다. Singapore에게 고마운 것은 필자의 저서에 이렇게 추가할 사례를 제공해주었다는 것 외에는 아무 것도 없다. 지나치게 엄격한 규율 및 사형 제도, 완전히 강압, 강제적인 청렴과 청결, 고객을 우롱, 무시하는 기업의 행태… 이러한 나라에서 태어나지 않고, 자유롭고 인간적인 대한민국에서 태어난 것을 신에게 감사한다.

중국의 정치적, 경제적 환경

아시아 국가 중 세계적으로 가장 주목을 받고 있는 국가는 단연 중국이다. 중국은 1949년 중앙집권적인 통제 아래 모든 권한이 당과 정책 담당자에게 있었으나, 1978년 이후 "검은 고양이건 흰 고양이건 쥐만 잘 잡으면 된다"라며 가난 해결을 제1의 과제로 내세웠던 Deng Xiaopping에 의해 시장 지향적 개정안이 발표됐고, 후임 Jiang Ze Min에 의해 외국인과 외국 자본을 개방했다.

이미 세계 1위의 경제 대국으로 성장한 중국은 경제적으로 세계에서 가장 빨리 성장하는 국가로 중국판 Forbes라 불리는 우룬리포트지에 실린 '2009년 중국 신 귀족 소비 현황'이라는 기사에는 베이징, 상하이, 선전, 항저우, 청두, 선양 등 6대 도시의 신흥 억만장자 2만 1,940명의 소비 행위가 잘 묘사되어 있다. 중국의 컬러 TV 보급률은 이미 2010년에 100%를 넘어섰고, 인구의 거의 절반에 이르는 도심 지역에도 세탁기와 냉장고 보급률이 100%에 이르고 있다. 참고로 2020년대 초반에 중국의 인구를 돌파할 것으로 예상되는 인도의 TV 보급률은 2010년 기준, 약 50%, 세탁기와 냉장고 보급률은 20% 미만, GDP는 중국의 약 1/4 수준이다.

중국을 제대로 알기 위해 중국의 경제적 환경에 대한 주요 내용을 여기서 소개한다.

과거 '대량 생산 체제의 마지막 오아시스'였던 중국이 완전히 변해가고 있다. 중국의 경제 규모는 2012년에 사상 최초로 미국을 넘어섰다. 중국의 2012년 무역 총액은 약 3조 8,668억$(약 4,228조 원)로서 미국의 3조 8,628억$를 초과했다. 중국의 경제 규모는 2030년에 세계 경제 규모의 약 28%를 차지할 것으로 예측된다. 1978년부터 시작된 덩샤오핑의 개방·개혁 정책 이후, 30여년 간 중국 경제는 연 평균 9.9%의 성장을 해왔으나, 2014년에는 약 7.5% 성장에 그쳐 초고속 성장이 종식됐다. 중국의 경제 성장 저하는 곧 글로벌 경제 성장의 둔화를 의미한다. 이러한 'China risk'에는 다음과 같은 크게 세 가지 정도의 원인이 있다. 부동산 거품 붕괴*로 대표되는 ①자산 가치의 붕괴; 그림자 금융 등의 ②금융 부실; 수출 부진 등의 ③생산 저하가 그것이다.

* 부동산산업은 중국 GDP의 약 16%를 차지할 정도로 기형적 구조를 갖고 있음.

특히 중국의 부동산 거품 붕괴는 최악의 사태다. 중국사회과학원에 따르면, 그림자 금융의 비중이 2013년에 이미 GDP의 50%를 넘어섰다. 중국 그림자 금융*의 핵심인 은행의 부외 거래와 신탁 투자는 급증하고 있으며, 정부의 그림자 금융 규제 의지가 강한 가운데, 민간 부실기업의 디폴트가 더욱 확대될 것으로 예상된다. 중국 경제를 이끌어온 수출도 부진하다. 투자·소비·수출 등 모든 거시 경제 지표도 둔화되고 있다. 버블 붕괴 → 부실 채권 증가 → 금융기업 부실 → 대출 억제 → 실물 경제의 축소라는 악순환은 중국으로서 최악의 시나리오다. 중국은 고도 성장 과정에서 발생한 리스크들을 제거하기 위해 투자와 수출 위주의 경제 체질을 소비와 내수 위주의 성장으로 바꾸는 패러다임 변화를 이미 진행하고 있다.

그림자 금융는 미국의 170%, 세계 평균 117% 등에 비해서는 훨씬 적은 규모임.

어쨌든 '세계의 공장', '세계의 경제 엔진'이 된 중국은 세계 최대의 외환 보유고* 국으로서 '자본주의에 꼭 민주주의가 필요한 것은 아니다'라는 사실을 보여주고 있다. 대표적 사회주의 국가인 중국의 경제 정책은 민주주의 국가들이 주도해왔던 경제적 세계화 환경에 큰 파장을 일으키고 있고, 향후에도 큰 변혁을 주도할 것이다.

2018년 말 기준, 중국의 외환 보유액은 3조 727억$임. 참고로 대한민국의 2019년 1월 말 기준, 외환 보유액은 사상 최대인 4,055억$임.

2-3. 기타 세계의 정치적 환경 및 세계 기구

British Hospitality Association(BHA)에 의하면, 영국이 Brexit(British exit)를 결정함에 따라 2011년부터 2015년까지 꾸준히 상승해서 22%까지 올랐던 영국 환대산업에서 근무하는 EU 국가 직원 비율이 2019년 기준, 15% 수준까지 하락했다고 한다.

McDonald's는 1990년대에 이르러서야 인도에 진출할 수 있었는데, 외국 기업이 49% 이상을 차지할 수 없었던 인도 정부의 법적 환경 때문이었다. 1993년에 미국의 대표 항공사인 American Airlines에서 승무원 스트라이크가 있었는데, Clinton 대통령의 전화에 의해서 타결됐다. 미국에서는 음주 운전을 반대하는 어머니들의 모임 MADD(mothers against drunken driver)를 결성하여 환대산업에 큰 영향을 주고 있다.

이와 같이 환대산업 및 관광산업의 법적, 정치적 환경은 국가와 정부의 관심도에 큰 영향을 받게 된다. 환대산업에서 세계 최고의 호텔 협회인 AH&LA(American Hotel&Lodging Association)*와 세계 최고의 레스토랑 협회 NRA(National Restaurant Association)가 미국의 수도인 Washington D.C.에 위치하고 있는 것이 그러한 이유다.

AH&LA
2001년 4월 1일부터 AH&LA(American Hotel&Lodging Association)로 개명됨.

정치적, 법적 환경에서 간과할 수 없는 사항은 국제 기구들의 역할이다. 세계의 국가 간 교역 규정을 다루는 유일한 세계적 기관인 WTO(World Trade Organization), WTO(World Tourism Organization), 각국의 대표기관인 NTO(National Tourism Organization), OECD(Organization for Economic Cooperation and Development), APEC(Asia Pacific Economic Cooperation) 등이 그것이다.

이 기구들은 2001년 9·11테러, 2003년 Iraq 전쟁 및 SARS 발병, 2004년 조류 독감 발병 등을 계기로 국제적 보안 관련 법규, 시설 등에 대한 공동 지표 및 기준을 마련하고 있으며, 국제적 여행자 보호 위원회 규정 등을 통하여 관광객의 안전과 보호

체제 구축에 심혈을 기울이고 있다. 그 결과, 2009년 신종 인플루엔자 A(H1N1 : novel swine-origin influenza A) 발병, 2010년 Thailand의 반정부 시위 및 Haiti 지진 등에 보다 효과적으로 대응할 수 있었다. 향후 국제기구들은 2014년 세계적으로 공포의 질병으로 등장했던 Ebola virus, 테러 등 지구의 건강, 안전, 평화에 저해되는 적들과의 전쟁에도 주도적 역할을 하고 있다.

2014년 12월 Sony Pictures Entertainment는 북한 김정은 암살을 주제로 하는 'The Interview' 영화 상영을 북한의 테러 위협에 굴복, 중단했다(Sony는 너무 많은 것을 하고, 또한 실패하고 있다). 세계의 대표 테러 단체들은 〈표 6-8〉과 같다.

표 6-8 세계의 대표 테러 단체

테러 단체	내용
ANO (Abu Nidal)	1974년 조직, 가장 대표적인 Palestine 테러리스트 단체
PFLP	1967년 조직, 아랍 및 Palestine이 결합한 단체
Al-Qaida	Osama bin Laden이 결성한 Sunni Islam 테러리스트 단체
HAMAS	1987년 조직, Muslim Brothers에서 분리된 Palestine 테러리스트 단체
DFLP	1969년 조직, Marx-Lenin 주의의 Palestine 테러리스트 단체
Hezballah	Iran의 Ayato Khomeini의 Muslim 군국주의의 영향을 받고 있는 중동 지역 최대 테러리스트 조직
ETA	1959년 조직, 서유럽에서 가장 오래된 Marx주의 Basque 국가 건설 목표인 테러리스트 조직
IRA	1921년 조직, Ireland의 민족주의자, 공화주의자들의 테러리스트
RAF (Red Army Faction)	1968년 조직, 가장 악명 높은 Germany의 테러리스트 단체
RB (Red Brigade)	유럽에서 가장 유명한 Italy의 테러리스트 단체
기타	US 민병대(미국), M-19(Colombia), JRA(일본), LTTE(인도), NPA, ASG(Philippines), GIA(Islam), SNLA(Scotland)

3. 경제적 환경

Pine과 Gilmore는 1999년 '**경험 경제**'라는 새로운 패러다임을 제시했다. 1단계 '농업 경제'(생필품), 2단계 '공업 경제'(공산품), 3단계 '서비스 경제'에 이어 4단계인 '**경험 경제**'*, 즉 고객의 경험을 잘 설계하는 기업이 성공할 수 있는 시대가 도래했다는 것이다. 마케팅에도 **CEM(customer experience management)**이라는 용어가 있다.

Pine과 Gilmore는 또한 '**transformation**' **경제시대**를 예견했다. '**Transformation**' **경제시대**란 단순히 체험 자체에 의미를 부여하고 만족도를 가늠하지 않는 대신, 체험으로부터 본인을 성장시키고 발전시킬 수 있는 배움의 정도에 기초해 체험 만족을 평

* Bernd H. Schmitt는 경험을 감각(sense) 경험, 감정(feel) 경험, 인지(think) 경험, 행동(act) 경험, 관계(relate) 경험 등 5가지로 분류함.

가하는 시대를 말한다.

Boston Consulting Group은 선진국의 전반적 부진과 개도국의 호조라는 상반된 경제 상황이 공존하는(**two-speed world**) 가운데, 서구 경제의 회복 속도는 느리고, 장기간 저성장에 시달릴 것이라고 예측했다. 2011년 8월에는 세계 경제의 20~25%를 차지했던 미국의 신용 등급이 S&P에 의해 AAA에서 AA+로 하락한 바 있다. 과거에는 상상도 못했던 경제적 환경 변화의 대표적 예다. 이것은 미국의 지배에 의해 세계의 평화와 균형이 유지된다는, 소위 '**Pax America**' 현상이 서서히 무너지고 있다는 반증이다.

제 4차 산업 혁명이 일어나며 경제 · 사회 전반에 큰 변화가 일고 있다. 그 중 대표적 변화가 '**reshoring**'이다. 제조업의 본 국 회귀를 뜻하는 '**reshoring**'은 인건비를 포함한 각종 비용 절감을 위해 해외로 진출했던 기업이 본 국으로 돌아가는 현상을 의미한다. 대표적 사례로 Adidas를 들 수 있는데, 1993년 중국과 동남아시아 공장을 갖고 있었던 Adidas가 2016년 Germany에 Speed Factory 공장을 설립한 것이 그것이다. AI, 3D 프린팅, 로봇 등의 기술은 많은 아시아 국가들의 대표적 성장 모델의 근간을 서서히 붕괴하고 있다.

3-1. 대한민국의 경제적 환경

2012년 대한민국의 신용 등급은 최초로 S&P, Fitch, Moody's 등 3개 신용평가사로부터 A에서 A+, A+에서 AA−, A1에서 Aa3 등 모두 상향 조정된 바 있다. 이 당시의 Moody's의 기준은 일본, 중국과 같은 등급이며, Fitch의 기준은 일본, 중국보다도 높다. 이러한 신용 등급의 격상은 외국인 자금의 유입을 촉진시키고, 그 결과 환율 하락 및 수출 경쟁력 약화 등의 경제 현상이 초래된다.

대한민국은 2011년 무역 규모 1조$를 초과하는 세계 8대 무역 대국이 되었으며,* 또한 1인 당 국민 소득 2만$, 인구 5,000만 명을 동시에 충족하는 세계 7대 20/50 클럽이 됐다. 외국인 투자 비중도 35~40%에 이르고, IT, 조선, 해운, 자동차, 철강, 건설 등 다양한 산업 부문에서 세계 1위를 차지하는 등 대한민국의 경제적 환경은 지속적으로 개선되고 있다.

2000년 세계 순위 13위, 2003년 12위, 2007년 11위, 2009년 10위, 2010년 9위였음. 세계 순위는 미국, 중국, Germany, 일본, France, Netherlands, 영국, 대한민국, Italy, 홍콩, Canada의 순임.

그러나 외부적 경제 상황과 달리 국내의 경제 상황은 다소 심각하다. 먼저 저성장, 저물가, 과도한 경상수지 등 소위 일본의 지난 '잃어버린 20년'에 나타났던 '**perfect storm**' 현상을 극복해야 하는 숙제가 계속 남아있다. 주식의 배당 폭을 늘리는 정책도 내수 경제를 활성화시킬 수는 있으나, 기관이나 법인보다도 많은 주식(시가 총액 기준)을 갖고 있는 외국인에게 매우 유리한 결과를 낳기 때문에 바람직한 정책인지는 의문시된다(<표 6-9> 참조).

perfect storm
두 개 이상의 태풍이 충돌하면서 그 영향력이 폭발적으로 커지는 현상을 말함. 2000년 글로벌 금융 위기 이후 두 가지 이상의 악재가 동시에 발생하는 금융 · 경제 위기 현상을 지칭하는 용어.

대한민국의 주식 시장은 외국인의 비중이 높아 변동성이 매우 크다. 예를 들어 2018년 10월 한 달 간 미국의 금리 인상 여파로(대한민국과의 금리 차 0.75% 포인트) 주

표 6-9 세계 주요 주식 시장 배당률 현황(2017년 1월 기준)

순위	국가명	배당 수익률(%)
1	Italy	4.35
2	Australia	4.19
3	영국	4.01
4	Russia	3.95
5	European Union	3.53
6	Saudi Arabia	3.42
7	France	3.38
8	South Africa	3.01
9	Brazil	2.71
10	Canada	2.68
11	Germany	2.62
12	중국	2.21
13	미국	2.02
14	대한민국	0.71

출처: Bloomberg

가지수가 2,000 이하로 하락하는 등 큰 침체기를 겪은 바 있다. 대한민국의 주식 시장은 일본, 중국 등 기타 아시아 국가와 비교할 때, 개방도가 높아서 외국인들의 투자금 회수가 용이하다. 시가 총액 전체의 20% 이상을 차지하고 있는 삼성전자로 대표되는 대한민국의 주식 시장에 대한 정부의 보완책이 절대적으로 필요하다.

대한민국은 특히 2010년대에 부동산 · 증시 · 경기 측면에서 다른 국가들과 달리 움직이는 **'triple decoupling'** 현상까지 나타났다. 2013년부터 극우적 엔저 정책의 일본 아베노믹스(자금 회전 → 내수 회복 → 엔저 유도 → 물가 상승 → 수출 증대 → 투자, 소비 증대 → 경기 회복의 시나리오), 미국 Obama 정부의 3단계 경기 부양책(경제 주체들의 심리 향상, 수출 진흥책, 일자리 창출), 대한민국 박근혜 정부의 추가경정예산 편성, 금리 인하, 부동산 경기 활성화 등 2010년을 넘어서며 경기 부양을 위한 세계 경제 정책의 공통점은 '풀어야 산다'였다. 중국의 리커노믹스(Likonomics)만 예외다.

리커노믹스
중국의 리커창 국무원 총리의 이름을 딴 명칭으로, 중국 경제가 지속 가능한 성장으로 전환하기 위해 단기적 성장 둔화를 용인한다는 정책.

대한민국에는 풀어야 할 또 하나의 숙제는 액면 가치의 축소(redenomination)다. 대한민국의 금융 자산은 이미 2010년부터 1경(10,000,000,000,000,000)을 넘어 섰고, 선진국 중 상호 비교 시 3자리 수 환율도 대한민국이 거의 유일하다. 1953년 100 : 1(환에서 원), 1962년 10 : 1에 이어 3차 'redenomination'이 필요하다(이미 매우 늦었다). 'Redenomination'은 주식, 부동산 거래 활성화, 세수 증대, 경상수지 흑자 폭 감소, 원화 가치 상승 압력 감소, 디플레이션 가능성 감소 등 정부가 추구하는 경제 정책의 모든 측면에 도움이 된다.

〈표 6-10〉은 세계 경제의 핵심 근간인 $와 금에 대한 세계 동향 및 대한민국 경제

에의 영향을 설명하고 있다.

표 6-10 '금 본위제'의 부활?, 대한민국 경제에의 영향은?

역사적으로 세계 경제의 흐름을 좌지우지했던 두 핵심 요인은 $의 절상과 절하, 그리고 금 값의 고저였다. 2020년을 바라보며, 수십 년 간의 인기 용어였던 'globalization'이 세계 경제의 전반적 침체에 따라 'slowbalization'이라는 용어로 대체되기 시작했다. 역사적으로 $의 가치와 금 값은 거의 정확히 반비례하며 움직여왔다.

2010년대에 세계 경제가 침체되며, 그 원인과 결과의 주역인 $가 불안정하게 움직임에 따라, 세계 각 나라들은 2010년대 후반부터 $ 중심의 경제 시스템 및 정책의 일부를 금으로 전환시키려는 움직임을 보이고 있다. 즉 '**금 본위제(gold standard)**'의 부활이 예견되고 있는 것이다. '**금 본위제**'란 금에 연동해 통화 가치를 정하고 고정환율제로서, $화에 '**금 본위제**'를 적용했던 것은 1971년에 막을 내렸던 Bretton Woods 체제가 마지막이었다.

Donald Trump의 정강 · 정책에도 포함됐던 '**금 본위제** 회귀'는 물론 그 가능성은 낮지만, 실행 시에는 세계 경제의 격변이 불가피하다. 실제로 2010년대 금융 위기 후, 세계 각 국의 중앙은행들은 금 매수에 나서고 있으며, 특히 중국의 경우, 2018년 12월, 무려 9ton의 금을 매수해서 그 대표 주자가 되고 있다. 'Pax Americana'에서 'Pax Sinica'(중국이 세상의 중심)로 이동될 것이라는 예측이 난무한 가운데 중국의 대대적 금 매수는 세계를 긴장시키고 있다.

미국의 $ 가치를 금 값과 연동시키려는 의도는 $의 약세를 저지하려는 것이나, 그렇게 되면 중앙은행의 개입여지도 동시에 줄어들어 유동성 위기 시에는 대처가 곤란하다. 또한 엄청난 $의 물량을 제한된 금과 연계시키는 것도 비현실적이다. 예상은 예상에 그칠 경우가 많다. 결론적으로, '**금 본위제**'로의 회귀는 그 가능성이 매우 낮다고 사료되지만, '**금 본위제**'가 2020년대에 하나의 화두로 등장할 가능성은 높다.

만약 '**금 본위제**'가 정착된다면, 물가는 안정될 수 있지만, 교역과 성장이 위축될 것이고, 통상 압력이 더해지며, 원화 절상 압력까지 높아져서 결과적으로 대한민국에게는 부정적 영향이 상대적으로 더 크게 될 것이다.

3-2. 경제적 환경의 구성 요인들

경제적 환경은 모든 산업에 있어서 가장 넓고 밀접하게 관련되어 있으며, 환대산업도 예외는 아니다. 경제 호황기(prosperity), 침체기(recession), 회복기(recovery) 등의 경제 주기(economy cycle); 인플레이션, 디스인플레이션(disinflation), 스태그플레이션(stagflation), 디플레이션(deflation) 등의 경제 현상; GDP(〈표 6-11〉, 〈표 6-12〉 참조)*, 소비자 물가 지수, 환율, 'bull and bear' 주식 시세(〈표 6-13〉 참조), 유가 등 기타 경제 지표의 변화에 따라 환대산업은 밀접한 영향을 받게 된다. 예를 들어 환율의 10% 절상은 객실점유율 1.1%의 하락을 초래한다는 미국의 조사 결과가 있었다*(〈그림 6-32〉, 〈그림 6-33〉 참조).

언급한 바와 같이 국내 증시의 가장 강력한 축은 외국인이다(나머지는 기관과 개인). 원화 강세는 외국의 순매수, 원화 약세는 외국인의 순매도, 이것은 국내 주식 시장에 있어서 불변의 법칙이다(〈그림 6-34〉 참조).

1991년 미국 상무부로부터 20세기 최고의 발명품이라는 평가를 받고 있던 GDP가 퇴장할 위기에 있다. 거시 경제 지표들인 GNP(국민총생산), GDP(국내총생산), NNI(국민순소득), NDI(국민가처분소득), NI(국민소득), PDI(개인가처분소득) 중 1990년대 들어 GNP를 대체하며 가장 보편적 지표로 사용되던 GDP는 2008년 글로벌 금융 위기 이후부터 새로운 지표에게 도전을 받고 있다. 그것은 **GO(gross output)**로서 미국 상무부

디스인플레이션
경기 회복에도 물가가 오르지 않거나, 오히려 떨어지는 현상. 미국은 성장률이 꾸준히 증가하고 있지만, 소비자 물가 상승률은 1%대에서 좀처럼 벗어나지 못하고 있는 것이 그 예임. 따라서 디스인플레이션을 'D 공포'라고 부름.

스태그플레이션
기업 외부적으로는 인플레이션 현상이 만연되며, 기업 내부적으로는 재고가 쌓이고, 판매가 저조한, 2중고 현상을 의미함. 즉 고물가, 저성장으로 상징되는 등 경제 위축 현상을 의미하며, 역사적으로 세 차례에 걸쳐 세계의 경제를 크게 위축시킨 바 있음.

대한민국의 역대 최대 경제성장률은 1973년 14.8%, 최저 경제성장률은 1998년 –5.7%로 나타남.

bull and bear
Bull은 주식 시세의 장기적인 강세를, bear는 하락하는 장을 의미하는 Wall Street의 용어임.

환율 10% 절하는 대략 GDP 0.4% 하락을 초래함. 또한 소비 여력이 떨어져 내수 경기의 침체도 초래함.

표 6-11 GDP 성장률 분해식

$$Y = \frac{Y}{H} \times \frac{H}{E} \times \frac{E}{L} \times L \rightarrow gY = g_y + g_h + g_e + g_l$$

(Y:GDP, H:총근로시간, E:취업자수, L:생산가능인구)

GDP 성장률 = 노동생산성 증가율 + 근로시간 증가율 + 고용률 증가율 + 생산가능인구(15~64세) 증가율

표 6-12 세계 GDP 순위

순위	국가명	GDP($)
1	미국	20조 4,128억
2	중국	14조 925억
3	일본	5조 1,670억
4	Germany	4조 2,116억
5	영국	2조 9,362억
6	France	2조 9,259억
7	인도	2조 8,482억
8	Italy	2조 1,819억
9	Brazil	2조 1,389억
10	Canada	1조 7,985억
11	Russia	1조 7,199억
12	대한민국	1조 6,932억

출처:IMF World Economic Outlook(2018)

표 6-13 세계 주식 시장 규모 순위

순위	국가명	시가총액($)
1	미국	28조 4,772억
2	중국	7조 7,440억
3	일본	5조 9,850억
4	홍콩	5조 1,970억
5	영국	3조 6,380억
6	France	2조 5,560억
7	Germany	2조 3,750억
8	Canada	2조 2,950억
9	인도	2조 1,530억
10	Swiss	1조 7,410억
11	대한민국	1조 5,700억

출처:Bloomberg(2017)

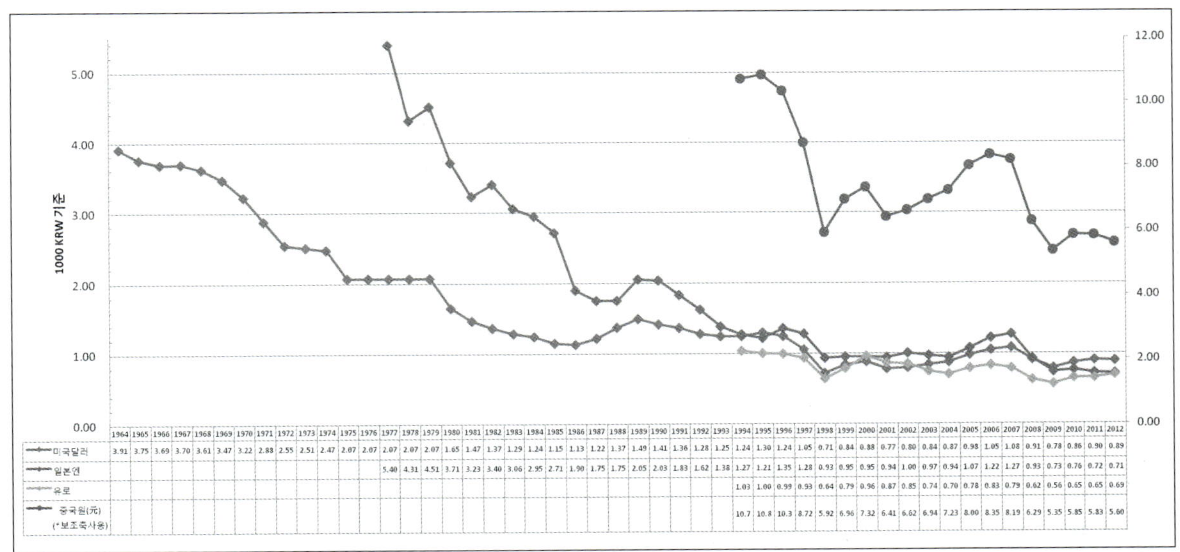

	1964	1965	1966	1967	1968	1969	1970	1971	1972	1973	1974	1975	1976	1977	1978	1979	1980
미국달러	3.91	3.75	3.69	3.70	3.61	3.47	3.22	2.88	2.55	2.51	2.47	2.07	2.07	2.07	2.07	2.07	1.65
일본엔														5.40	4.31	4.51	3.71
유로																	
중국원(元) (*보조축사용)																	

	1981	1982	1983	1984	1985	1986	1987	1988	1989	1990	1991	1992	1993	1994	1995	1996
미국달러	1.47	1.37	1.29	1.24	1.15	1.13	1.22	1.37	1.49	1.41	1.36	1.28	1.25	1.24	1.30	1.24
일본엔	3.23	3.40	3.06	2.95	2.71	1.90	1.75	1.75	2.05	2.03	1.83	1.62	1.38	1.27	1.21	1.35
유로														1.03	1.00	0.99
중국원(元) (*보조축사용)														10.7	10.8	10.3

	1997	1998	1999	2000	2001	2002	2003	2004	2005	2006	2007	2008	2009	2010	2011	2012
미국달러	1.05	0.71	0.84	0.88	0.77	0.80	0.84	0.87	0.98	1.05	1.08	0.91	0.78	0.86	0.90	0.89
일본엔	1.28	0.93	0.95	0.95	0.94	1.00	0.97	0.94	1.07	1.22	1.27	0.93	0.73	0.76	0.72	0.71
유로	0.93	0.64	0.79	0.96	0.87	0.85	0.74	0.70	0.78	0.83	0.79	0.62	0.56	0.65	0.65	0.69
중국원(元) (*보조축사용)	8.72	5.92	6.96	7.32	6.41	6.62	6.94	7.23	8.00	8.35	8.19	6.29	5.35	5.85	5.83	5.60

그림 6-32 세계 주요 환율 변화 추이

출처: 한국은행경제통계시스템, 2013

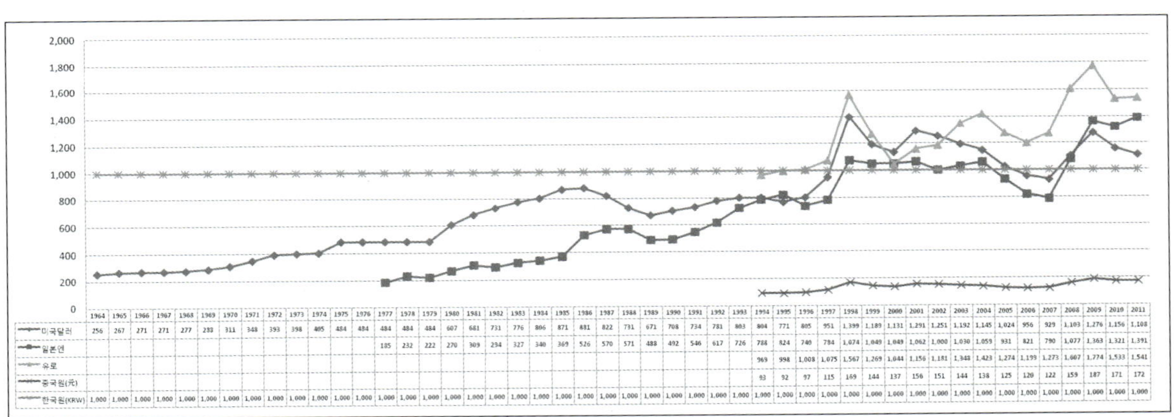

	1964	1965	1966	1967	1968	1969	1970	1971	1972	1973	1974	1975	1976	1977	1978	1979
미국달러	256	267	271	271	277	288	311	348	393	398	405	484	484	484	484	484
일본엔														185	232	222
유로																
중국원(元)																
한국원(KRW)	1,000	1,000	1,000	1,000	1,000	1,000	1,000	1,000	1,000	1,000	1,000	1,000	1,000	1,000	1,000	1,000

	1980	1981	1982	1983	1984	1985	1986	1987	1988	1989	1990	1991	1992	1993	1994	1995
미국달러	607	681	731	776	806	871	881	822	731	671	708	734	781	803	804	771
일본엔	270	309	294	327	340	369	526	570	571	488	492	546	617	726	788	824
유로															969	998
중국원(元)															93	92
한국원(KRW)	1,000	1,000	1,000	1,000	1,000	1,000	1,000	1,000	1,000	1,000	1,000	1,000	1,000	1,000	1,000	1,000

	1996	1997	1998	1999	2000	2001	2002	2003	2004	2005	2006	2007	2008	2009	2010	2011
미국달러	805	951	1,399	1,189	1,131	1,291	1,251	1,192	1,145	1,024	956	929	1,103	1,276	1,156	1,108
일본엔	740	784	1,074	1,049	1,049	1,062	1,000	1,030	1,059	931	821	790	1,077	1,363	1,321	1,391
유로	1,008	1,075	1,567	1,269	1,044	1,156	1,181	1,348	1,423	1,274	1,199	1,273	1,607	1,774	1,533	1,541
중국원(元)	97	115	169	144	137	156	151	144	138	125	120	122	159	187	171	172
한국원(KRW)	1,000	1,000	1,000	1,000	1,000	1,000	1,000	1,000	1,000	1,000	1,000	1,000	1,000	1,000	1,000	1,000

그림 6-33 세계 주요 환율 변화 추이(대 원화 환율 변동)

출처: 한국은행경제통계시스템, 2013

그림 6-34 환율과 외국인 주식 순매수의 상관관계

출처: 한경 Business 2014. 4. 23. p78.

는 2014년 2분기부터 **GO**를 발표하기 시작했다. GDP는 최종 생산재만 계산하다 보니, 중간재가 오가는 기업 간 거래를 제대로 파악하지 못하고, 결과적으로 소비 비중이 높아져 경제 정책에 혼선을 준다는 것이 그 이유다.

재정 절벽
정부가 재정 지출을 갑자기 축소해 유동성이 떨어지며, 경제 전반에 충격을 주는 현상.

2012년~2013년 초 기간에 미국은 간신히 재정 절벽(fiscal cliff)을 벗어났다. 경제적 환경과 관련되어 2010년을 지나며 유럽이 글로벌 경제 위기의 근원이 되고 있다는 Eurogeddon(Euro+armageddon), 사회 전반에 인플레이션이 확산되고 있다는 '**panflation**'과 같은 신조어가 탄생됐다.

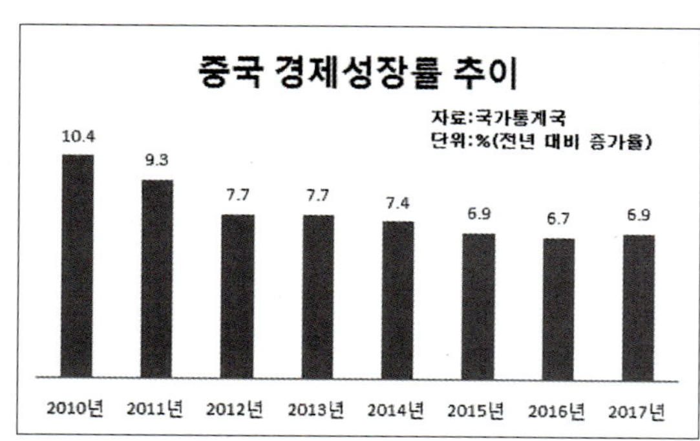

그림 6-35 중국 GDP 성장률
출처: 중국 국가통계국(2018)

세계의 경제 환경에서 가장 큰 관심은 단연 중국이다. 2003년 Global Fortune500에 등재된 중국 기업의 수는 8개에 불과했으나, 2018년에는 120개로 늘었다. 중국의 외환 보유액은 2018년 기준, 3조 727억$다. 2019년 기준, 중국 경기는 성장 일변도 현상이 지체되며(〈그림 6-35〉 참조), 부동산 거품 등 심각한 후유증에 시달리고 있다. 중국 경기가 경착륙에 빠지면 위안화 가치는 더욱 떨어지게 된다.

마지막으로 삼성경제연구소에서는 세계 경제 위기 이후 예견되는 소비 경향을 다음과 같이 발표했다.

① new focal point : 차별화된 새로운 매력 포인트
② neo-luxury : 럭셔리 소비의 진화
③ funvergence : 소비 생활의 기본은 재미
④ experience leisure : 체험형 레저 확산
⑤ health holism : 육체와 정신 건강의 조화
⑥ green benefit : 친환경, 고효율 소비의 부상
⑦ digital humanism : 따뜻하고 감성적인 기술 중시
⑧ traceability : 안전 소비 확대
⑨ well-looking spec : 외모가 성공의 필수조건화
⑩ financial prosumer : '아는' 자산 관리

3-3. 세계 호텔산업의 경제적 환경

과거 세계 제 1의 자동차 기업인 GM(General Motors)은 자기업 제품의 우수성만 믿은 채, 소비자의 가격 저항을 무시하고, 지속적으로 가격을 인상했다. 소비자들은 비싼 자동차 가격 때문에 자동차를 교환하지 않고, 오래 사용했으며, 구매를 주저하는 등 자연적으로 판매량이 줄어들게 되었다. 결국 GM은 재고량을 줄이고, 판매량을 높이기 위해 높은 할인율을 제시할 수밖에 없었다. 이와 동일한 현상이 호텔산업에서도 재현됐다. 세계적으로 호텔들은 객실 rack rate을 5~10%씩 상승시켜 나갔으며, 엄청나게 높은 공표 요금으로 인하여 고객들은 서서히 하위 등급의 호텔로 발길을 돌리기

시작했다.

이에 따라 1970년대 말부터 호텔산업에는 커다란 시장의 변화가 일어나기 시작했다. 이와 같은 거시적 경제 환경의 변화를 빨리 감지하고, 미리 대응해 나간 대표적인 호텔 그룹은 현재 Choice Hotels International로 알려진 Quality Inns다. Quality Inns의 회장이었던 Robert Hazard는 저가 브랜드인 McSleep Inns*(이후 Sleep Inns로 상호가 바뀜)를 25$의 요금으로 시장에 등장시켰으며, 40~55$ rack rate을 갖고 있는 all-suite 개념의 호텔과 함께 Quality Inns, Comfort Inns 등 중저가 호텔 브랜드를 시장에 진입시킴으로써, 호텔 시장의 선두 주자 대열에 서게 되었다.

McSleep Inns
McDonald's의 소송에서 패소한 결과.

유사한 시기에 Marriott 그룹은 55$의 요금으로 Courtyard by Marriott 브랜드를 시장에 진입시켰으며, 이후에 더욱 저가인 Fairfield Inns 및 1990년대 중장기 체류 호텔 Residence Inns 브랜드를 개발하여, 특급 호텔 시장뿐 아니라 중저가 시장에서도 시장 선도자의 역할을 하게 되었다.

유럽에서는 France의 AccorHotels Group이 이러한 세계 경제의 환경 변화에 가장 잘 대응한 호텔 기업으로 유명하다(〈그림 6-36〉 참조). 1974년에 'Economy with style' 개념의 Ibis를 개발함으로써, 4-star Sofitel, 3-star Novotel을 이용하는 기존의 고객층보다 낮은 계층의 시장에 침투했으며(1987년 32$), 한 단계 더 내려가 1985년에는 15$의 Formule1 브랜드를 개발했다. Formule1은 front desk 없이 신용카드로 check-in · out을 할 수 있게 하였고(신용카드로 kiosk를 통해서 수령), 300f²의 Holiday Inn 객실과 비교할 때, 85f²의 소규모 객실을 보유함으로써(객실 당 공사비 1만 5천$로서 두 달에 공사가 가능), 학생 및 저예산 여행객들에게 큰 호응을 얻었다. Formule1은 평균 체제일 수 3일에 94%의 평균 객실 점유율을 기록하는 등 완전한 신 시장을 개척했다.

1980년대에 이르러 앞서 나간 위와 같은 호텔 기업의 뒤를 이어 수많은 중저가 호텔들이 시장에 진입했다. 그 결과, 1990년대를 넘어 중저가 호텔은 시장 포화 상태에 이르렀다.

Skift Forum Europe 2018에서 중저가 중장기 체류(extended-stay) 호텔 My Place Hotels의 CEO Ryan Rivett은 중저가(economy segment) 호텔들은 (제품 형태에 있어서) 제품 수명주기상 완전한 쇠퇴기를 지나고 있다고 언급했다. 1970년대 말부터 1990년대 중반까지 호황을 누리던 중저가 호텔들은 낡았고, 관리도 부실한 상태라고 한다.

이 현상은 중국에서도 마찬가지다. 중국에서 저가(budget) 호텔

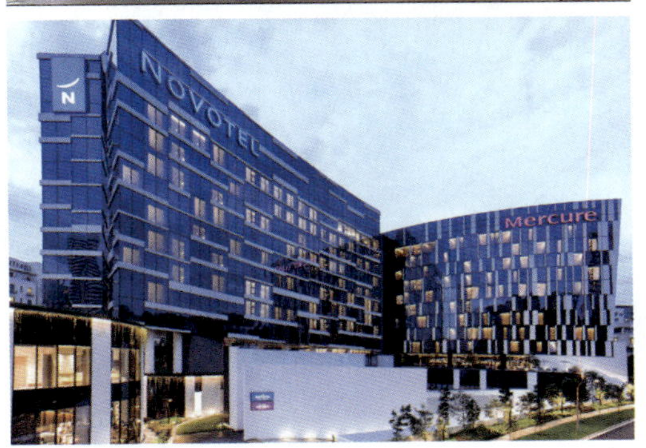

그림 6-36 AccorHotels Group의 대표 호텔들. (위부터) Sofitel, Novotel, Ibis, Formule1

들의 전성기는 2005년부터 2010년까지였다. 그후 중국 중산층이 보다 질 좋은 경험을 추구하면서 중국의 저가 호텔들은 사양길에 접어들었다. 예를 들어, 중국의 대표적 저가 호텔 그룹인 China Lodging Group은 2017년부터 저가 호텔들을 폐쇄하고 중가 호텔들을 개관하기 시작했다.

필자도 중저가 호텔들이 쇠퇴기라는 사실에는 동의한다. 그러나 필자는 그 근본이 유가 경쟁과 환경 변화에 있다고 생각한다. 가장 대표적인 예는 Airbnb다. '공유 경제'의 대표 브랜드 Airbnb가 전통적 중저가 호텔의 무기를 무력화시킨 것이다.

단 · 중장기 체류 호텔 시장은 2019년을 기준으로 볼 때 아직도 성장하고 있다. The Highland Group에 의하면, 2017년에 26,500개의 중장기 체류 호텔 객실이 증설됨에도 불구하고, 2018년 1분기에 최고의 객실점유율을 기록했다고 한다. 실제로 미국 시장에서 중장기 체류 호텔의 1998~2013년 평균 객실점유율은 74%, 2014~2017년은 76.2%다. 연평균 ADR의 상승률도 전체 호텔 시장의 상승률보다 항상 더 높아왔다.

HVS(Hotel Valuations&Appraisals)에서는 중저가 호텔을 객실 규모, 객실 내 시설, 디자인, 서비스의 범위에 따라 〈표 6-14〉와 같이 분류하고 있다.

표 6-14 중저가 호텔의 분류

ultra-budget	core-budget	upper-budget	design-budget
EasyHotel	Travelodge	Holiday Inn Express	Yotel
Etap	Premier Inn	Hampton by Hilton	Qbic
Hotel F1	Ibis	All Seasons	Nite-nite
Premiere Classe	Super 8	InterCity Hotels	Sleeperz
Balladins	Motel One	Comfort Inn	The Big Sleep
Tune Hotels	B&B	Days Inn	Citizen M
	Sidorme	Campanile	Dakota
		Kyriad	

출처:HVS Research

세계의 모든 호텔 기업들은 또 다른 틈새 시장(niche)과 기회를 찾고 있다. 신 개념 '**luxury budget**' 호텔의 등장이 대표적 예다. '**Luxury budget**' 호텔을 다른 용어로 표현한다면 **boutique** 호텔이다.

2017년 미국의 Planet Ocean Underwater Hotel은 세계 최초의 수중 **boutique** 호텔 건설을 발표한 바 있다. 모든 객실의 디자인이 서로 다른 미국 New York시의 The Library Hotel, 영화 배우와 유명 디자이너 Anouska Hempel이 디자인한 영국 London의 Blakes Hotel은 비수기에도 ADR이 400$가 넘는 등 **boutique** 호텔의 유형 및 수준은 천차만별이다.

어쨌든 **boutique** 호텔의 대명사는 단연 Ian Shrager다.

Boutique 호텔과 Ian Schrager

Boutique 호텔은 현대 호텔 경영의 아버지로 알려져 있는 Ian Schrager에 의해 개발됐다. 1984년 최초 Morgans가 그것인데, 객실마다 디자인이 차별화돼있고 바와 레스토랑이 없는 대신, 24시간 룸서비스와 모든 객실에 스테레오 사운드 시스템이 갖춰져있다. 객실에서 비디오를 빌려볼 수 있도록 비디오 목록을 제공하고 있는 것이 또 하나의 특징이다.

Ian Schrager에 의해 2000년에 개관된 다른 형태의 **boutique** 호텔인 Hudson은 로비가 3층에 있고, 나이트클럽 개념을 호텔에 접목시켜 Harrison Ford, Jack Nicholson 등의 유명 인사들이 Hudson의 바를 자주 이용한다. Hudson은 대리석과 플라스틱을 덧대는 등 사치스러운 재료와 거칠고, 저렴한 소재를 조화시켜 독특한 인테리어를 갖고 있다. 즉 Ian Schrager의 **boutique** 호텔은 독특한 개성과 특성을 지닌 경제적 요금의 'good value' 호텔로 포지셔닝되어 있다.

Ian Schrager는 그 외에도 Paramount, Royalton(이상 New York), Delano(Miami), Mondrian(Hollywood), Clift(San Francisco), St.Martin's Lane, Sanderson(이상 London) 등 많은 브랜드 호텔들을 성공시켰고, Ian Schrager Company를 설립하여 Public과 Edition(Marriott과의 합작 브랜드)이라는 두 개의 브랜드 호텔을 운영하고 있다.

2014~2015년 기간 동안 Marriott International, Hilton Worldwide, Choice Hotels International 등의 호텔 그룹들은 Autograph(Marriott), Curio(Hilton), Ascend(Choice) 등의 브랜드로 **boutique** 호텔들을 개관했다. 이러한 대표 호텔 그룹들은 특정 지역의 '**landmark**' 호텔들을 개보수하는 식으로 Ian Schrager로부터 파생된 **boutique** 호텔 부문을 확대시키기 시작했다.

2013~2017년 세계 호텔산업의 주요 동향

- 미국 호텔산업 규모의 6.8% 성장에 비해 유럽 호텔산업는 1.1% 성장에 그침.
- 저성장 유럽 호텔산업의 주요 동향은 체인 호텔의 성장이 독립 호텔보다 더 높다는 것임. 2013년 58%를 차지했던 독립 호텔의 구성비가 2017년 56%로 낮아짐.
- 온라인 호텔 예약의 급증이 두드러짐. 2013년 유럽 시장의 8% 온라인 호텔 예약 비율이 2017년 39%로 나타남. 미국 시장의 온라인 호텔 예약 비율은 2017년 44%임. 모바일 기기에 의한 호텔 예약 비율은 2018년 35%까지 상승함. 미국의 경우 OTA에 의한 호텔 예약 비율은 2017년 52%에 이름.
- 지속적으로 성장만 하던 OTA에 의한 호텔 예약 비율이 유럽 시장에서 2017년부터 하락세를 보임. 대표적으로 Germany, France 등 유럽 시장의 OTA에 의한 호텔 예약 비율은 2017년 2% 하락한 반면, 호텔 자체 사이트 예약 비율은 3% 상승함. 이 추세는 Marriott, Hilton Worldwide 등 대표 호텔 그룹들의 자체 사이트 예약 확대 전략에 기인함.

국내 호텔 시장도 2013년 천만 명 이상의 외국 관광객을 맞이하며 1급 호텔들이 활성화되고 있다. Ibis Ambassador 명동을 필두로 롯데호텔 그룹의 롯데시티 호텔이 서울, 제주, 대전 등으로 확장되고 있으며, 호텔신라의 신라 Stay, Accor Ambassador 그룹의 Mercure, Marriott의 Courtyard by Marriott Times Square, SK 그룹의 1급 호텔 등 1급 호텔의 시대가 열리고 있다.

이러한 도전과 응전은 향후 끊임없이 진행될 것이며, 그 승자는 역시 환경 변화를 옳게 정사하여 미리 앞서 나가는 기업이 될 것이다.

4. 인구통계적(demographical) 환경

4-1. 세계의 인구통계적 환경

2001년 일본 Kayoko Ikeda의 저서 《If the World were a Village of 100 People》에 의하면, 세계는 100명 중 동성애 10명, 유색 인종 70명, 아시아인 61명, 중국어 사용 17명(영어 9명, 인도어 8명, Spain어 6명)이며, 6명이 모든 부의 59%를 갖고 있다고 한다. 또한 자동차 보유 7명, 대학 교육 1명, 문맹 14명이며, 매년 1명이 죽고 2명이 탄생하여 매년 1명의 인구가 증가된다고 한다.

World Bank에 따르면, 2030년까지 세계 인구는 90억 명까지 증가될 것이며, 이들의 90%가 개발도상국에 살게 될 것이라고 한다. "신은 시골을 만들었고 인간은 도시를 만들었다." William Cooper의 말이다. 2014년 9월 세계 인구 중 도시의 인구 수가 처음으로 시골의 인구 수를 앞질렀다. 이러한 것이 인구통계적 환경이다.

국가별 세계 인구 순위는 〈표 6-15〉와 같다.

표 6-15 세계 인구 순위

순위	국가명	인구 수 (백만 명)	순위	국가명	인구 수 (백만 명)
1	중국	1,393	11	Mexico	124
2	인도	1,336	12	Ethiopia	107
3	미국	327	13	Philippine	106
4	Indonesia	265	14	Egypt	97
5	Brazil	209	15	Vietnam	94
6	Pakistan	201	16	PR of the Congo	84
7	Nigeria	193	17	Germany	82
8	Bangladesh	165	18	Iran	81
9	Russia	146	19	Turkey	80
10	일본	126	26	대한민국	51

출처: CIA The World Factbook(Sep, 2018)

UN 추계에 의하면, 세계 인구는 1650년 5.5억, 1750년 7.3억, 1950년 24.9억 명이었으며, 2018년 8월 기준 약 76.44억 명으로 나타났다. 대륙별 인구 분포는 아시아, Africa, 유럽, 남미, 북미, 오세아니아 순이며, 세계 주요 도시의 인구 순위는 〈표 6-16〉과 같다.

표 6-16 세계 도시별 인구 순위

순위	국가(도시)	인구(천 명)
1	일본(도쿄)	38,050
2	Indonesia(Jakarta)	32,275
3	인도(Delhi)	27,280
4	Philippine(Manila)	24,650
5	대한민국(서울, 인천)	24,210
6	중국(상하이)	24,115
7	인도(Mumbai)	23,265
8	미국(New York)	21,575
9	중국(베이징)	21,250
10	Brazil(Sao Paulo)	21,100
11	Mexico(Mexico City)	20,565
15	Russia(Moscow)	16,855
18	미국(LA)	15,620
32	France(Paris)	10,980
35	영국(London)	10,585

출처: Demographia World Urban Areas.(April, 2018)

세계 인구통계적 환경 측면에서 눈에 띄는 현상 중 하나는 1인 가구의 증가다. 대한민국의 경우 1980년 4.8%였던 1인 가구의 비율이 2017년에는 28.6%로 크게 높아졌다.

선진국들의 비율은 더욱 높다. Sweden, Norway, Finland, Denmark 등은 1인 가구 비중이 약 40%다. 일본도 30%를 넘어섰고, **BRICs**, 즉 중국, 인도, Brazil 등 거대 국가의 1인 가구 증가율은 가장 빠르다. 《Going Solo》의 저자 Eric Klinenberg는 1인 가구 증가의 원인을 여성의 지위 상승, 통신 혁명, 대도시의 형성, 혁명적 수명 연장 등 4대 요인으로 내세웠다. 제품 소비도 역사적으로 산업용에서 가정용으로, 가정용에서 개인용으로 움직이고 있다. 세계적으로 '개인의 전성시대'가 도래하고 있는 것이다.

최근 인간의 수명이 연장되고, 여성들의 사회 참여가 점차 확대되며, 인구와 관련된 여러 각도에서의 변화가 이루어지고 있다. 과거에는 50대 이상을 장노년 시장(senior citizen)으로 분류하였으나, 최근에는 그 연령의 개념이 무색하게 되었고,

장노년 시장
미국 등 많은 국가에서 55세 이상을 장노년 시장으로 분류하였으나 현대에 이르러 상향화되고 있음.

은색 시장
UN은 65세 이상 인구가 총 인구의 7% 이상이면 고령화 사회로 분류하고 있음. 우리나라는 이미 2000년대에 7.3%를 기록하여 고령화 사회에 진입함.

이미 오래 전부터 은색 시장(silver market)이라는 대체 용어가 탄생됐다. UN의 '세계 인구 전망'을 참고해 보면, 선진국(유럽, 북미, 오세아니아, 일본)의 인구 증가율을 2005~2010년 기간 동안 0.4%인 반면, 60세 이상 인구 비율이 2010년에 24.9%라고 한다. 2030년에는 선진국 인구의 1/3이 60세 이상이 될 것으로 추정된다. 특히 일본은 60세 이상 인구 비율이 2010년 기준, 34.6% 수준이나, 2030년에는 44%에 이를 것으로 예상된다. 거대 시장 중국은 2010년에 60세 이상 인구 비율이 13.5%에 불과하지만, 2030년 26.5%, 2055년 40%로 예측되고 있다.

4-2. 인구통계적 환경의 구성 요인들

일반적으로 거시 환경에서 하나의 분야로 대분되고 있는 인구통계적 환경은 사회문화적 환경의 일부분에 속한다. 인종(race), 직업, 연령 구조, 성별 분포, 인구의 분포 및 이동 등 인구와 관련된 모든 사항이 여기에 속하며, 나아가 가족 생활 주기 **(family life cycle)**까지도 이 범주 내에 포함될 수 있다. 가족 생활 주기란 childhood, adolescence(청춘기), independence, single/coupling/marriage, 이혼/재혼, DINK(dual income no kids), DEWK(dual employed with kid), parenting, retirement/senior stage, 부모를(한 혹은 두 명) 모시는 경우/부모가 없는 경우 등의 형태를 말한다.

childhood
Sigmund Freud에 의하면, 원시적 감정이 개념적으로 기억력이 바뀌는 나이가 5세라고 함. 이 나이를 'memory transition age', 혹은 'childhood amnesia'라고 함.

여피족
세계 2차 대전 후 탄생된 베이비붐과 함께 탄생된 세대로서, 도시 근교에 거주하며 전문직을 갖고 있는 세대를 말함. 이 세대가 성인이 되며 투표권을 갖기 시작한 후, 세계 대다수 산업의 표적시장으로 등장했음.

과거 일반적으로 통용되던 여피족(YUPPies : young, urban, professional)은 최근에 이르러 점차 그 영향이 없어지며, 이후 1971~1984년 사이에 태어난 X세대가 그 뒤를 이었다. 이 X세대는 특히 청바지, 자동차, 세탁제 등의 산업에서 중요한 표적시장이었다.

2019년 기준, 가장 주목을 받고 있는 세대는 **millennium**, 혹은 Y세대다. 1977~1998년에 태어난 이 세대는 자신들이 기업들로부터 큰 주목을 받고 있다는 것을 잘 알고 있으며, 연합과 제휴를 통해 스스로를 정의하고, 그룹을 중심으로 활동하는 세대다. 물론 개인적 개성도 동시에 강한 세대이기도 하다. **Millennium**세대는 어느 세대보다도 자신에 대해 많은 것을 노출시키고 있으며, 점점 더 투명한 삶을 살고 싶어 한다. **Millennium**세대는 문화적 도약의 경향이 강하다. 즉 기존의 전통적 직업이나 물질적 부를 뛰어넘어 개인적으로 삶에서 가치를 찾으려는 경향이 강하다. 대표적 예는 가깝게 국내 대학생들에게서도 찾을 수 있다. 현대의 국내 대학생들은 '졸업은 제대로 4년만에'라는 과거 대학생들의 목표를 '5~6년만에 졸업을 하더라도 졸업할 때까지 나의 가치를 더 높인다'라는 목표로 바꿔놓고 있다.

Bloomberg의 'An army of Chinese **millennials**' 보고서에 따르면, 18~34세 중국인의 해외 여행이 전체 중국인 여행의 60%를 차지한다고 한다. 중국인의 해외 여행 예상 증가율은 2021년까지 8.5%로 세계 평균의 두 배 이상이며, Airbnb는 2017년 APEX 정상 회의에서 중국인이 숙박 공유업에서도 가장 빠른 성장을 하고 있고, 미국인보다 훨씬 더 많은 경비를 지불하고 있다고 밝혔다.

A~Z세대

- Y세대 : 베이비 붐의 2세로서 컴퓨터를 자유자재로 사용하는 10세 전후의 연령층
- 386세대 : 1960~1969년에 태어난 세대
- C세대 : conservative, concern, chorus(가족, 이웃과 함께)를 상징하는 50~59세 연령층(cyber, computer, chip, card, cable, change를 상징함)
- G세대 : green, global을 상징하며, 환경과 평화를 중요시함
- M세대 : main, moving, multi-interest(하고 싶은 것도, 좋아하는 것도 많음)를 상징하는 13~18세 연령층
- O세대 : overboard, outstanding, opportunity(인생의 기회를 잡아라)를 상징하는 19~24세 연령층
- S세대 : sensible, salient, switch(새로운 시작)를 상징하는 25~29세 연령층
- A세대 : advantage, anxious, Amazon(적자생존의 경쟁 사회)을 상징하는(언제 어디서나 적응할 수 있는 카멜레온 같은 인간형을 꿈꾸는) 30~39세 연령층
- I세대 : inclusive, incomplex, Igloo(우리 가족은 내가 책임진다)를 상장하는 40~49세 연령층

또한 현대에 이르러 성인은 술, 도박, 커피, 담배, 일에, 젊은층은 인터넷, 휴대폰, 게임, 채팅에, 어린이들은 게임, 만화, TV,콜라, fast food에 중독되는 현상이 두드러지고 있다. 이에 따라 중독 인플루엔자(affluenza)라는 용어가 부각되고 있다. Chicago 대학의 Hopman에 의하면, 현대의 젊은이들은 술, 담배보다 스마트폰에 더욱 중독돼 있다고 한다. 미국의 호텔과 리조트에는 디지털 중독 치료를 하는 'digital detox' 여행상품이 개발되고 있는데, 예를 들어 check-in 시 디지털 기기를 반납하면 할인을 해주는 식이다. 치열한 경쟁에서 벗어나 느긋하고 여유있는 삶을 추구하는 'downshift'족, 인터넷과 최첨단 정보통신기기를 갖고 한 곳에서 정착하지 않은 채 자유롭게 창조적으로 떠돌아다니는 'digital nomad'족 이라는 용어도 있다.

중독
중독의 원인은 강렬한 쾌락과 흥분을 전달하는 도파민(dopamine)이라는 호르몬임.

물론 위의 용어들은 시간이 지남에 따라 소멸되고, 타 용어와 대체될 것이다. **Millennium**세대를 맞이하여 특히 환대산업과 관련된 세대 및 인구통계적 변화에 따른 용어의 탄생과 그와 관련된 표적시장의 개발이 활발히 이루어지고 있다.

5. 사회문화적(socio-cultural) 환경

5-1. 사회문화적 환경의 구성 요인들

사회문화적 환경이란 전술되었던 인구통계적 환경을 포함하여 사회의 가치, 지각, 선호, 행위와 관련된 환경을 말한다. 그 외에도 **AIO(activity, interest, opinion)**, life style, 사회경제적(DINK, DEWK), 문화적 가치, consumerism 등과 관련된 환경이 사회문화

적 환경에 포함된다.

원래 문화란 매우 오랜 시간을 거쳐 생성되는 것이나, 현대 사회에서 **'B급 문화'**라는 용어가 탄생됐다. **'B급 문화'**란 저급 문화, 혹은 소비, 생산이 쉽고 빠른 특징을 갖는 대중 문화를 의미한다. 이러한 대중 문화를 이끄는 것은 금연 운동, 웰빙 열풍, 안전화 운동, 복고 추구, 소비자 권한 확대, SNS 확대, 그린 마케팅 등의 사회적 환경 변화다. 이러한 것들을 **'social epidemic'(사회적 유행)**이라고 한다. **'social epidemic'**이 발생되는 가장 큰 이유는 사람들은 불확실성에 직면할 때, 본능적으로 타인의 선택을 참고로 결정을 내리는 모방 심리가 있기 때문이다. 심리학자들은 이것을 **'social proof'(사회적 증거)**라고 부른다.

향후 수십 년 동안은 디지털시대가 될 것이다. 18~20세기의 공업화시대 및 자본주의시대에서 21세기 이후는 정보화시대로 변천되며, 아날로그(analog, analogue) 사회에서 디지털(digital) 사회로 변천됐다.

Rifkin의 저서 《Time War》에 의하면, 시간은 분에서 초로, 나아가 나노 초로 세분되고 있다고 한다. 미래 유망 산업 분야는 6T로 정의된다. 6T란 [I(information), B(bio-), N(nano), E(environment), S(space), C(culture), T(technology)]로서, 그 중 나노 기술이란, 나노 단위에서 관찰, 분석, 반응, 조립, 제조하는 초정밀 기술을 말한다. 컴퓨터가 의사 결정을 하는 10억 분의 1초에 해당되는 나노는 Greece의 수량 접두사다.

Toffler의 저서 《Power Shift》의 예상과 같이, 근육이 아닌 머리에 의해 부의 획득이 이루어지는 정보화가 보편화되면서, 폭넓은 권력 이동이 산업 혁명 중심의 굴뚝 문명(제 2물결)과 컴퓨터 및 전자공학 중심의 정보 혁명(제 3물결)이 미래를 놓고 치열한 권력 투쟁을 벌이는 과정에서, 선진 경제의 사활을 건 경쟁 및 사회주의 경제 체제의 붕괴 등의 현상이 야기됐다.

이러한 디지털 혁명과 관련된 사회문화적 환경의 변화는 무수하다. ①평생 직장의 시대에서 평생 직업의 시대로, ②축업의 시대에서 창업의 시대로, ③3과(고용 과다, 설비 과다, 부채 과다)의 시대에서 3소(최소 인력, 최소 설비, 최소 부채)의 시대르, ④가정·직장 분리시대에서 가정·직장 복합시대로 변천됐으며, ⑤SOHO(small office, home office)의 시대가 도래하고 있다. 과거의 블루 컬러, 화이트 컬러 대신 골드 컬러라는 신조어도 탄생됐다. 또한 **퍼플 컬러**라는 신조어도 있다. **퍼플 컬러**란 블루, 화이트에 속하지 않고 자신만의 생각으로 무에서 유를 창조하고, 도전하고, 새로움을 생산해내는 창의적인 사람들을 의미한다. Apple의 고 Steve Jobs, Facebook의 Mark Zuckerberg 등이 대표적 예다.

골드 컬러
N세대, 즉 디지털 기술을 활용할 줄 아는 층을 말함.

강제력보다는 매력을 통해 상대방을 설득하는 힘을 의미하는 **Soft Power** 국가별 순위에서 2017년 Canada가 1위, 한국이 17위에 올랐다. 한국의 순위는 싸이의 '강남스타일'과 'K-Pop' 돌풍 등에 힘입어 2012년에는 11위까지 올랐으나, 그 후 하락세에 있다. **Soft Power**는 군사력으로 행사하는 hard power와 달리, 외교·문화·교육·스포츠 등을 통해 자발적 공감을 이끌어내는 능력을 말한다. **Soft Power**는 1990년

Harvard대학이 처음 사용한 용어로 한 국가의 매력을 상징하는 지표로 흔히 활용된다(〈표 6-17〉 참고).

Soft Power 부문에서 항상 상위권인 영국은 OECD 국가 중 문화 소비지수도 1위다. 영국 GDP의 약 7~8%는 문화 소비가 차지한다. 현대 사회에서 **문화 마케팅**은 시간이 지날수록 중요해지고 있다. 삼성 가전제품의 시장점유율이 유럽 1위가 된 배경에는 British Museum, Louvre Museum, Vatican Museum, The State Hermitage Museum 등의 세계적 박물관, 역사적 위인들의 생가, 유서 깊은 궁과 명소에 문화 마케팅을 활발히 전개한 전략이 있다.

표 6-17 세계 Soft Power 순위

순위	국가명
1	Canada
2	Germany
3	France
4	일본
5	영국
6	Swiss
7	미국
8	Sweden
9	Australia
10	Italy
17	대한민국

출처:Portland Communications Ltd.(The Soft Power 30, 2017)

5-2. 환대산업 기업들의 디지털 혁명에 대한 전략

모든 환대산업의 기업들도 디지털 혁명에 대처하여야 한다. 그 유형은 다음과 같이 나뉘어질 수 있다.

공유 경제와 경험 경제

'잘 하는 일은 우리가 하고 나머지는 남에게 맡기자' 이것이 outsourcing의 근본 원리다. 그러나 현대 사회에서는 제품의 제작과 같은 제조업에 있어서 가장 중요한 일조차 outsourcing을 하고 있다(예:Nike 신발, Apple iPhone 등). Louis Vuitton은 France와 Maldives해에 Cheval Blanc라는 호화 호텔을 소유하고 있는데, 2012년 개관한 Oman과 Egypt의 Cheval Blanc 호텔에는 호텔 부지 매입이나 건축에 자금 지원을 하지 않고 호텔 경영만 하고 있다. 즉 이러한 위탁 경영도 out soucing의 대표적 예다.

현대는 소유 가치보다 사용 가치를 중시 여기는 시대다. 또한 현대의 사회는 소유

보다는 경험, 향유의 시대로 변하고 있다. 1999년에 시장에 진출했던 Netflix는 월간 회원 제도를 이용해서 고객의 집까지 직접 DVD를 배달해주는 세계 제 1의 DVD 영화 대여 서비스 기업이다. Netflix는 연체료, 늦은 밤에 반납, blockbuster 같은 오프라인으로 원하는 영화를 보지 못하는 고객의 문제를 해결한, 즉 사용 가치를 극대화시킨 기업이다.

한국렌탈협회에 의하면, 렌터카 시장을 제외하고도 국내 임대 시장은 2012년에 이미 10조 원을 돌파했다고 한다. 원룸, 렌터카 등이 사용 가치를 대표하고 있는 예이며, 인텔리전트 빌딩 또한 점차 상업화되고 있다. 현대에 이르러 사용 가치의 개념은 **공유 경제(sharing economy)**의 개념으로 이동하고 있다. 유사한 개념으로 협력적 소비(collaborative consumption), 자산경감 라이프 스타일(asset-light lifestyle), 협력적 경제(collaborative economy), 동료 경제(peer economy), **접속 경제(access economy)** 등이 있다. **공유 경제**란 소유를 공동으로 한다는 개념이 아니라 소유 없이 타인의 자산을 필요로 할 때만 사용한다는 개념으로 이해해야 한다.

인텔리전트 빌딩
컴퓨터와 통신 설비를 갖추고 냉난방, 공기 정화, 조명 조절, 출입자/주차 관리 등 종합적 서비스가 가능한 빌딩으로서 각종 통신, 컴퓨터 장비까지 임대 가능한 빌딩.

공유 경제의 대표적 산물 : Airbnb

공유 경제 관련 대표적 숙박 기업은 2008년 미국 San Francisco에서 처음 시작한 Airbnb인데, 사용하지 않는 시기에 자신의 집 전체, 혹은 일부를 등록하면, 필요로 하는 수요자와 연결시켜주는 역할을 한다.

Airbnb의 성장 가능성은 아직도 무궁무진하다. Uber와 함께 start-up 기업으로 시작한 Airbnb는 현재는 **공유 경제**를 지나 서비스 기업으로 평가받고 있으며, 미래에는 **경험 경제**의 기업으로 성장할 계획이다. Airbnb는 2018년 미국 San Francisco에서 열린 'The Future of the Airbnb' 발표회에서 10년 후(2028년)에는 10억 명이 넘는 고객이 Airbnb를 통해 숙박을 이용하게 될 것이라고 예측했다.

Airbnb의 비전에 의하면, 미래의 Airbnb는 단순한 '숙박 중개'가 아닌 최고급 서비스를 제공하며 **경험 경제**를 실현한다는 것이다. 다음의 프로그램들이 대표적 예다.

- Airbnb Plus : 셀프 check-in, 예술품, 가구, 편의용품 등을 갖춘 호스트를 선정, 이들의 숙박시설을 집중 PR
- Airbnb Luxury(Beyond) : 유명 건축가가 디자인한 건축물이나, 유명인들의 고급 주택 등에 투숙할 수 있는 맞춤형 최상급 서비스
- Airbnb Trip 서비스의 확대 : 여행자들에게 낯선 장소에서 개최되는 'Airbnb 콘서트', 전 세계 친구들을 사귈 수 있도록 기획된 특별 식사 체험인 'Social Dining', 낯선 장소, Sahara 사막에서의 캠핑, 북극 여행 등의 'Adventure' 제공

위와 같이 미래의 Airbnb는 기존의 '숙박 **platform**'에서 **경험 경제** 기반의 서비스 기업으로 진화된다는 것이다.

그림 6-37 WhyHotel
출처: www.whyhotel.com

Airbnb의 진화 외에 Uber도 그 진화를 예고하고 있다. Uber의 CPO(chief product officer) Jeff Holden은 기존의 에어택시 서비스인 Uber Elevate를 발전시켜 2023년까지 승객을 태우고 비행하는 것을 목표로 한다고 발표했다. 헬기처럼 복잡한 구조의 엔진이 아니라, 100% 배터리로 작동하는 전기 유인 Dron의 자동차가 간단한 조작으로 수직 이착륙(eVTOL : electric vertical-take off and landing)하며 각 지점을 빠르게 이동한다는 것이 그 내용이다. Uber는 2020년부터 시범 운행을 거쳐, 2023년에는 상용화, 2028년 LA Olympic Games까지 대중화를 목표로 하고 있다.

Airbnb와 유사한 전략을 계획하는 호텔이 있다. 바로 WhyHotel(〈그림 6-37〉 참조)이다. WhyHotel은 'hosted hotel'이라는 개념으로 소위 'pop-up 호텔'을 계획하고 있다. 고객은 check-in 후 이메일이나 app 등을 통해 'code'를 받는다. 그 code를 통해 고객은 WhyHotel에서 계약한 고층 빌딩의 아파트에 들어선다. 부여받은 아파트로 들어간 고객은 빌딩에 부착되어 있는 24/7 서비스 호스트 AI Alexa를 통해 음성 서비스 등을 제공받는다.

Airbnb의 성공 비결은 '숙박 공유'라는 아이디어에도 있지만, '여행객과 현지인의 연결'이라는 '인간 교류'에도 있다.

이미 2001년에 세계적 철학자 Jeremy Rifkin은 소유의 종말을 선언하며 '소유의 시대에서 접속의 시대'를 예고한 바 있다. 즉 **공유 경제**를 예고한 것이다. 내 집의 빈 공간을 공유하는 Airbnb, 내 시간과 재능을 공유하는 단기 아르바이트 중개 서비스 TaskRabbit, 주차장에서 놀고 있는 차량을 공유하는 Uber 등의 대표적 사례 외에도 우리의 일상 생활에 공유의 대상은 매우 많다. 예를 들어, Rent The Runway(의류), Spotify(음원), Appelle(명품백, 보석) 등이 그것이다.

사용 가치의 개념은 명품에도 적용된다. Unity Marketing의 2012년 조사에 따르면, 소비자의 명품 구매에 대한 만족도는 2010~2012년 기간 동안 5~16% 감소했으나,

명품 체험(luxury experience)에 대한 만족도는 3% 증가했다고 한다. Boston Consulting Group의 조사에 의하면, 2020년 기준, 명품 체험이 전 세계 명품 소비에서 차지하는 비중이 50%를 훨씬 초과할 것이라고 한다.

패러다임, 경영 마인드의 변화

고객 위주의 새로운 팀 조직 및 정보 관리, 벤치마킹에 의한 서비스 혁신, 일선 직원 위주의 청년중역회의(junior board of director) 운영, 고객과 일선 직원에게 대한 최대의 공개 경영(transparent management) 등이 필요한 시대가 왔다.

대표적 디지털 마인드는 e-mail로서 하향식(top-down), 상향식(bottoms-up) 커뮤니케이션의 장벽을 없애고, 나아가 고객의 소리를 최대한 청취하고 처리할 수 있는, 즉 컴퓨팅과 커뮤니케이팅의 혼합 병행(fusion) 마인드를 가져야 한다. 즉 b to c(business to customer) 전략의 강화를 의미한다.

세계화와 지역화의 병행화

Coca-Cola의 최고 경영자였던 Douglas Daft는 세계 무대에서 "지역적으로 생각하고, 지역적으로 행동하라(think local, act local)"는 새로운 마케팅 전략을 발표했다. 국내 선두 호텔들이 세계의 유명 체인 호텔임을 감안하여 국내의 시장 환경을 최대한 반영할 수 있는 **glocalization(globalization+localization)**이 필요하다. 한국맥도널드는 세계 최대 광고제인 2012 Cannes 국제 광고제에서 'best localized campaign'(해당 지역과 소비자에게 가장 부합하는 캠페인을 운영한 브랜드에 주어지는 상) 부문 동상을 받았다.

세계에서 급성장하고 있는 명품 체험 시장을 공략하고 있는 Dubai의 Jumeriah Hospitality Group과 홍콩의 Shangri-La는 선진국의 프리미엄 호텔 반열에 현지화로 다가서고 있으며, spa 부분에서는 중국의 Herborist와 Dragonfly 등의 프리미엄 체인이 각국의 현지화를 병행하며 진출하고 있다. 실제로 많은 다국적 환대산업의 기업들은 최고 경영자를 비롯한 핵심 간부직에 현지인을 고용하며, 모든 측면에서 그 지역의 문화를 배려하고 있다. 2013~2014년 기간 동안 FedEx Korea의 마케팅 캠페인 중 하나는 'FedEx. Solution Powered by People'이다. 이 캠페인은 대한민국뿐 아니라 중국, 홍콩, 일본, Taiwan, Singapore 등 아시아·태평양 지역에 순차적으로 진행될 계획인데, 그 내용은 '지역 전문성', '가까운 곳, 먼 곳'(전 세계 어느 곳이든지 신속·정확 배달), '배송 조회 및 가시성'이다.

McDonald's의 경우 Saudi Arabia에서는 독신 남성들은 반드시 여자 및 아이들과 떨어진 장소에서 음식을 먹어야 하고(〈그림 6-38〉 참조), 인도에서는 Big Mac 대신 양고기 Maharaja Mac을 판매하고 있다. McDonald's의 지역화 전략은 무궁무진하다. 일본 Tokyo의 한 매장에서는 검은색과 붉은색 선만으로 minimalism한 디자인의 입구를 만들었는데, 이 매장에서 판매하는 메뉴도 'quarter-pound cheeseburger' 단 하나다. 미국 LA에는 UFO 형태로 만들어진 매장이 있으며, Ireland에는 수백 년 된 시청에 매장이

그림 6-38 Saudi Arabia의 McDonald's 매장(남성끼리, 여성끼리)

들어서있고, 중국에서는 중국 건물 양식의 fusion 매장이 있다. France의 Burger King에서는 와인을 판매하여 좌석 회전율이 낮으며, Euro Disney에서는 주류의 판매가 금지되어 있었으나, France인들의 요구로 그 정책이 바뀌었다.

미국 호텔산업의 중국 여행객에 대한 현지화 전략

중국이 세계 여행의 제 1송출국이 된 후, 미국의 호텔산업은 중국 여행객을 위한 현지화 전략에 노력을 경주하고 있다.

미국 호텔들의 룸서비스 메뉴에는 묽은 죽(congee)과 중국 음식이 등장하고, 카지노 직원들은 중국의 예법을 교육받는다. 각 호텔의 책자, 메뉴, 사인보드 등에는 중국어가 들어가 있으며, Washington D.C.의 Four Seasons에는 중국어 TV와 신문이 등장할 정도다. Las Vegas의 Caesars Entertainment에서는 2016년부터 중국 제 1의 소셜 미디어 app인 WeChat으로 호텔 예약 및 계산이 가능하다. Hilton Worldwide의 체인 호텔들에는 'Hilton Huanying' 프로그램, 즉 중국인을 'welcome'하는 프로그램이 있다.

이와 같이 미국의 호텔들이 중국 여행객에게 최적의 서비스를 제공하는 이유는 중국 여행객이 미국에서 기존 1, 2위를 차지했던 영국과 일본 여행객을 추월하고 있기 때문이다. U.S Travel Association에 의하면, 2017년 기준, 중국 여행객이 미국에서 지출하는 1인 당 경비는 해외 여행객 중 1위인 약 7,200$이며, 2021년에는 약 600만 명의 중국 여행객이 방문할 것으로 예측하고 있다. 중국인들의 체류 기간도 점차 늘고 있다. 여행뿐 아니라 자녀교육, 부동산 등 현물 투자 또한 점차 늘고 있기 때문이다.

2018년부터 심화되고 있는 Donald Trump 정부와 중국 정부의 통상 · 무역 마찰도 이 현상을 막지 못한다. "Security and travel don't have to be mutually exclusive." (안보와 여행은 상호 배타적일 필요가 없다). 미국 Visit Seattle의 CEO Tom Norwalk의 말이다.

중국에서 중국인이 싫어하는 **DIY**를 그대로 반영했다 실패한 Home Depot와 대조적으로, 영국 Whitbread의 Costa 커피, 대한민국 SPC 그룹의 파리바게트, Starbucks 등은 중국 문화를 잘 반영한 현지화 전략으로 성공하고 있다. 예를 들어 Starbucks의 오후 시간에 휴식을 취하기 위해 가치있는 공간과 의자가 있는 넓은 매장, 팥이 들어간 Frappuccino 등이 그 사례다. 세계 유통업체 1,2위인 Wal-Mart와 Carrefour 모두 한국 시장에서는 10년을 채 못버티고 철수했다. Wal-Mart는 한국인의 매장 환경에 대한 이해 부족, Carrefour는 제품 구성, 계절성, 높은 매대 등을 한국인 소비자와 조화시키지 못한 것이 그 이유다.

협력과 경쟁의 병행화

불과 경쟁할 때 물을 사용하면 불을 끌 수 있다. 그러나 더 좋은 방법은 솥을 가져와 불을 이용하는 것이다. TRIZ(Teoriya Resheniya Izobretatelskikh Zadatch) 원리라는 것이 있다. Russia의 과학자 Genrich S. Altshuller가 1946년부터 전 세계 40여만 개의 혁신적 특허를 연구, 분석해 새로운 발명이나 아이디어를 생각해내는 공통된 유형의 창의적 방법론을 집대성한 이론이다. 즉 TRIZ 원리는 시스템 내에서 발생하는 모순을 발견해서 해결하면, 그것이 새로운 발명이 된다는 것이다.

Jack Welch는 "현대와 같은 글로벌시대에서는 결코 홀로 나가 경쟁할 수 없다"고 했다. 국내 선두 호텔들이 최근 식음료 부문에 도입하고 있는 브랜드 제휴(co-branding)가 대표적 예로서, 제휴(affiliation, alliance) 및 joint marketing을 통한 **coopetition(cooperation+competition)**이 필요하다. 2012년 12월 서로 전혀 조화되지 않을 것 같았던 미국의 대표적 고급 백화점 Neiman Marcus와 미국의 대표적 대형 마트 소매점 Target의 Target+Neiman Marcus Holiday Collection이 출시된 적이 있다.

coopetition
성경에 의하면 존재하는 모든 것에는 짝이 있다고 함.

광고에서도 **coopetition**이 이루어지고 있다. 조식의 매출 증진을 위한 Kellogg's Corn Flakes와 Tropicana 오렌지 주스의 광고 동맹(advertising alliance)이 대표적 사례다. 또 하나의 대표적 **coopetition** 사례는 2012년 말 삼성, LG, Google이 제휴하여 탄생시킨 Google의 Android 4.2, 젤리빈을 탑재한 10.1인치 레퍼런스 tablet PC 넥서스 10(삼성전자)과 4.7인치 레퍼런스 스마트폰 넥서스4(LG전자)다.

5-3. 사회문화적 환경의 현재와 미래

위와 같은 디지털시대에서의 변화 외에도 Futurist Faith Popcorn 마케팅 컨설팅 기업은 다음과 같이 사회문화적 환경의 범세계적 변화를 예견한 바 있다.

FFP의 사회문화적 환경에 대한 예견

① cashing out : 스트레스 받고 일하느니 봉급을 적게 받더라도 편안한 생활 추구

② cocooning : 집 밖보다 집 안을 선호

③ down-aging : 과거의 잣대와 비교할 때 활동 영역 및 생각이 자기 나이보다 젊음

④ egonomics : 타인과 다르게 보이고 취급받기를 원함

⑤ fantasy adventure : 신 세계 및 경험을 탐구

⑥ 99 lives : 여성들의 많은 역할과 책임(super mom)

⑦ sos(save our society) : 교육, 윤리, 환경에 대한 사회적 책임 중시

⑧ small indulgences : 경제적 여행, 건강식, 작은 행복 추구

⑨ stay alive : 오래 살고 더 나은 생활 영위 선호

⑩ vigilante consumer : 소비자들은 더 이상 질 나쁜 제품과 서비스를 용납 못함

위의 용어들 이외에도 womanomics(woman+economics), self-holic(개인화 경향), LOHAS Society(내가 구매하는 제품과 서비스가 차세대의 행복에 기여해야 한다는 웰빙의 4단계), small luxury(예 : masstige) 등의 용어들이 또한 대표적 사회문화적 환경 변화의 부산물들이다.

LOHAS
천연과 유기농의 합성어인 로가닉스(raw+organic)라는 용어가 있음. 또한 'macrobiotic'이라는 용어는 동양의 자연 사상과 음양 원리에 뿌리를 두고 있는 식생활법으로, 신토불이, 일물 전체 등의 원칙을 지키며, 유기농 곡류와 채식을 중심으로 식사하는 것을 의미함.

최근 가장 두드러진 사회문화적 환경의 변화는 '대화의 부족'이다. 2005년 Australia에서의 조사에 의하면, 성인들은 하루 평균 3시간 동안 TV를 시청하는 반면, 배우자와 대화하는 시간은 하루 평균 12분에 그쳤다고 한다. 미국에서도 2~17세까지의 아이들이 한 주에 20시간 TV를 시청하는데 반해, 부모와의 대화는 한 주 38분에 그쳤다고 한다. 이러한 대화와 교류는 SNS의 발달로 점차 줄어드는 추세다. 또한 2025년이 되면 AI 기술이 현실화되어 컴퓨터와의 전화 통화가 대폭 증가될 것으로 예상된다.

《Future Files》의 저자 Richard Watson에 의하면, 2050년이 되면 인간 유형도 둘로 나눠질 것이라는 예측이다. 한 유형은 지금과 같은 순수한 인간이나, 다른 유형은 유전자 조작을 통해 형질이 개선된 하이브리드 인간이다. 하이브리드 인간은 질병에 강하고 특정 성향을 지니게 되며, 근력, 시력, 지능 등에서도 더 우수한 능력을 갖춘 인간을 말한다. 지금 당장 미국 Los Angeles의 Reproductive Technology 같은 의료 기관에 가면, 원하는 용모와 능력에 가까운 정자와 난자를 살 수 있으며, 인터넷 주문으로도 가능하다.

지구상의 최대 축제인 Olympic Games, World Cup 등의 이벤트도 둘로 갈라져야 할 상황이다. Usain Bolt, Isinbayeva, 이상화, 김연아의 기록은 의미없는 것이 될 것이다. 더욱이 발달된 기계들이 스스로 생각을 하게 되고, 스스로 발명을 하기 시작한다면, 지구의 미래는 어떻게 될 것인가? 향후 100년 후면 지금은 도저히 상상하지 못할 일들이 발생될 것이다.

사회문화적 환경의 모든 것은 인간의 마음에 달려있다. 불교에 '일체유심조'(모든 것은 생각하기에 달려있다)라는 말이 있다. 기술이 발달하고 모든 것이 진화하면서 인

간의 여가 시간이 증가될 것이라고 예견되었지만, Richard Watson에 의하면, 1900년대의 사람들은 하루 평균 9시간 잠을 잔 반면, 현재의 사람들은 평균 6.9시간을 잔다고 한다. 인간은 스스로를 더욱 바쁘게 만드는 새로운 방법을 계속해서 찾아내고 있는 것이다. 왜 인간은 과유불급의 폐해에서 벗어나지 못하고 있을까?

《Future Files》의 저자 Richard Watson은 미래 사회를 변화시킬 5가지 주요 동향을 다음과 같이 제시했다.

Richand Watson의 미래 사회 예측

① 세계화 : RFID(Radio Frequency Identification; IC 칩과 무선을 통해 식품, 동물, 사물 등 다양한 개체의 정보를 관리할 수 있는 차세대 인식 기술), GPS Sensor Mote(센서를 통해 상대의 위치와 행동을 단말기로 실시간 확인할 수 있는 소형 무선기기), Smart Duct(무선 송수신 및 데이터 통신이 가능한 작은 장치들의 총칭) 등의 다양한 기술과 기기들이 세계화를 가속화시킬 것이다.

② 지역화 : 세계화에 대한 강력한 반작용으로 많은 사람들이 지역화를 추구하면서, 예를 들어, EU도 결국 두, 세 나라의 연합체로 분화되거나, 아예 산산이 갈라질 것이다. 지역화의 영향으로 도시 국가 개념이 생길 것이고, 특정 지역의 특화 제품 및 경제보호주의가 발호될 것이다.

③ 양극화 : 의료, 교육, 자동차, 보안 등의 분야에서 중간 가격의 제품은 거의 사라질 것이다. 또한 선진국에서도 중간 계층은 사라질 것이다.

④ 불안감 : 세계화가 진행되면서 점차 이질적 사람들과 접하게 되며, 대부분의 기관이나 단체를 신뢰하지 못하여 엄청난 변화 속에서 과거를 그리워하게 될 것이다.

⑤ 의미의 추구 : 과학적 지식과 정보가 계속 확산되면서 종교에 대한 믿음이 점차 사라질 것이다.

사회문화적 환경의 변화는 대우 다양하고 복잡하게 이루어진다. 1970년대 인류 최대의 적은 암(cancer), 1980년대에는 공해(pollution), 1990년대에는 후천성 면역 결핍증(AIDS : acquired immune deficiency sysnrome), 2000년대와 2010년대에는 테러와 자연재해였다. 환대산업은 'people business'다. 실제로 사회문화적 환경의 모든 변화는 환대산업과 매우 밀접하게 관련되어 있다.

5-4. CSR, CSV 'cause 마케팅'

현대에 이르러 '착한'이라는 용어가 바람직한 모든 기업 및 기업 활동에 적용되고 있다. Fortune에 선정된 대표적인 착한 기업은 〈표 6-18〉, 착한 기업의 사회 참여 유형은 〈표 6-19〉와 같다.

표 6-18 Fortune에서 선정한 세계적인 착한 기업(2018)

순위	기업	국적
1	Apple	미국
2	Amazon	미국
3	Alphabet	미국
4	Berkshire Hathaway	미국
5	Starbucks	미국
6	Walt Disney	미국
7	Microsoft	미국
8	Southwest Airlines	미국
9	FedEx	미국
10	JPMorgan Chase	미국

출처 : Fortune world's most admired companies 2018

표 6-19 착한 기업의 사회 참여 유형

마케팅 기반 사회 참여	기업 중심적 사회 참여
• 공익 캠페인(cause promotion): 특정 공익을 위한 기금 모금, 참여 독려, 자원봉사자 모집을 지원하는 캠페인을 위한 기업의 현금, 현물, 자원 제공 • 공익 연계 마케팅(cause-related marketing): 특정 기간 동안 특정 제품을 판매해 특정 자선단체를 지원 • 기업의 사회 마케팅(corporate social marketing): 공중보건, 안전, 환경, 지역 사회 복지 등을 향상하기 위한 행동 변화 캠페인을 개발 혹은 실행 지원	• 기업의 사회 공헌 활동(corporate philanthropy): 자선 단체나 공익에 현금 보조, 기부, 현물 서비스 등을 통한 직접 기부 • 지역 사회 자원 봉사(community volunteering): 직원, 소매 파트너, 가맹점 등이 지역 사회의 조직과 공익에 자원봉사하도록 독려, 지원 • 사회 책임 경영 실천(socialty responsible business practices): 지역 사회 복지, 환경 보호에 초점을 맞춘 사회 공익을 지원하는 경영 실천과 투자

출처 : Philip Kotler(2013), 《필립코틀러의 굿워크전략》, pp38-40.

Harvard대학의 Michael Porter는 2011년 CSR에 대한 진화적 대안으로 사회적 문제 해결과 기업의 이익 창출을 동시에 추구함으로써 새로운 부가 가치를 창출해야 한다는 **CSV(creating shared value** : 공유 가치 창출)를 제시하고 있다. 이것을 **cause 마케팅**이라고 한다. **Cause 마케팅**은 영업 등 기업의 경영 활동과 사회적 이슈를 연계시키는 마케팅을 말하는데, 대의명분(cause)과 마케팅을 전략적으로 결합한다는 의미로 **cause-related 마케팅**으로도 불린다. 기업의 윤리를 강조하는 자본주의 4.0시대에 있어서 자사의 브랜드에 대한 호의적 이미지를 위해 이면에 숨겨진 악행(노동력 착취 등)을 폭로하는 문화 비틀기(**culture jamming**) 운동도 확산되고 있다.

cause 마케팅의 대표 사례들

세계에서 **cause 마케팅**의 가장 대표적 사례는 General Mills의 Yoplait다. Edelman의 Goodpurpose Study에서 미국, 영국, France, Germany, Italy, Canada, Brazil, 일

본, 중국, 인도의 소비자 6천 명에게 '공익'하면 떠오르는 기업이 무엇인지를 물었다. 대답은 단연코 Yoplait였다. Wikipedia에서 **cause marketing**을 찾아보면, 역시 Yoplait의 사례가 가장 먼저 나온다. 1998년 이래 Yoplait는 소비자가 특별히 표시된 Yoplait 용기 뚜껑을 보내올 때마다 10₵씩 유방암 연구를 하는 Susan G. Komen Foundation에 보낸다. 2019년 기준, 총 기부금은 2천만$를 훨씬 초과한다.

Coca-Cola는 Africa, 인도 등에 정수기를 공급하고 있다. 해수, 폐수 등 어떠한 물도 깨끗하게 정화시킬 수 있는 이 정수기의 비용은 1갤런 당 약 1₵에 불과하다. 신흥국 농촌 여성들은 이 정수기를 저렴한 가격에 구입하고, 여기서 산출되는 전기를 판매하여 수익도 낼 수 있다. Muhtar Kent Coca-Cola CEO는 2020년까지 신흥 시장에 여성 창업을 500만 건까지 증가시킬 계획이다. 물론 이것은 사회 공헌 사업이긴 하지만, Coca-Cola의 또 다른 주요 목적은 '미래 시장 창출하기'다.

이러한 **cause 마케팅**은 1983년 AMEX가 '자유의 여신상 복원 프로젝트'를 수행하며, 신규 카드 발급에 1$, 거래될 때마다 1₵의 기부를 했던 것이 최초로 기록되고 있다. 국내의 CJ 제일제당과 보광훼밀리마트는 Africa 아이들에게 깨끗한 물을 전달한다는 취지의 '미네워터 바코드롭 캠페인'을 전개했다. 계산 후 물방울로 표시된 바코드에 한 번 더 찍으면 각 기업 100원, 소비자 100원 등 300원이 기부금으로 책정되는 캠페인이다. 이와 같이 이윤을 창출하는 동시에 사회에 긍정적인 영향을 미치는 기업을 **SBE(social business enterprise)**라고 한다.

6. 생태적(ecological) 환경

6-1. 세계의 생태적 환경 현황

2007년 Nobel 평화상 수상자이자 지구 온난화에 관한 영화 'An inconvenient truth(불편한 진실)'로 Oscar상 두 개 부문을 차지했던 Al Gore는 지구 수용 능력의 한계와 그것이 비즈니스에 가져올 제약에 대해 주장해왔다. Al Gore는 환경의 지속 가능성이 2030년 이후까지도 비즈니스 미래의 모양을 결정할 것임을 강조했다.

UN Environment Planning에 의하면, 세계 식량 생산의 1/3이 동물이나 곤충이 매개가 된 꽃가루 수분에 의존하고 있으며, 이로 인한 가치가 연 2천억$에 이른다고 한다. World Bank의 2011년 조사에 의하면, 삼림, 강, 습지, 야생 지대, 농경지, 목초지, 광물, 석유 및 석탄, 대양, 생물종의 다양성 등을 포함한 지구의 모든 자연 자원 가치가 44조$에 달하며, 이 중 29조$는 개도국에 속해있다고 한다.

거시 환경의 여러 부문 중 생태적 환경은 점차적으로 관심이 고조되고 있는 마케팅 환경이다. 특히 환경 친화적(eco-friendly)* 자연 보호 및 절약과 관련된 그린(green) 마케팅은 생태적 환경의 핵심 부문이 되고 있다. 자연 보호에는 인위적 관리가 필요한 **보전(conservation)**과, 자연 원 상태의 생태계 유지를 위한(인위적 관리를 하지 않는) **보**

'Eco'의 어원은 'Greece Oikos'로서, 가정과 가족 그리고 집이라는 뜻임. 또한 'Oikos'는 신과 인간이 지구 안에서 공동체 생활을 한다는 의미의 신화적 용어임. 그러한 맥락에서 'economy'도 단순한 경제를 연구하는 학문이라기보다는 인간 공동체와 자연 생명체가 함께 살아가는 지구 공동체에 관한 학문이라고 규정할 수 있음.

존(preservation)이라는 두 개념이 모두 포함된다. 천연 기념물, 동물, 지역 등 세계적으로 그린 마케팅의 적용 범위는 모든 환경 부문으로 확대되고 있다. 또한 이미 1938년에 환경에 대한 기업의 책임을 밝힌 바 있는 Dupont으로부터 3M의 3p(pollution, prevention, pays) 프로그램, ISO의 국제환경인증 제도 등 범세계적으로 그린 마케팅은 점차 주요 현안이 되고 있다.

6-2. 호텔산업의 그린 마케팅 현황

호텔산업에서 그린 마케팅을 선도했던 기업은 미국 LA에 있는 Green Suites International이다. 'Environmentally friendly' 호텔임을 주지시키며, 고객과 환경에 공히 옳은 일을 하는 호텔로 유명한데, 호텔 객실의 amenity, 공기 청정기 등 모든 부문에 대하여 쾌적한 환경과 재활용 프로그램을 도입했다(〈그림 6-39〉 참조).

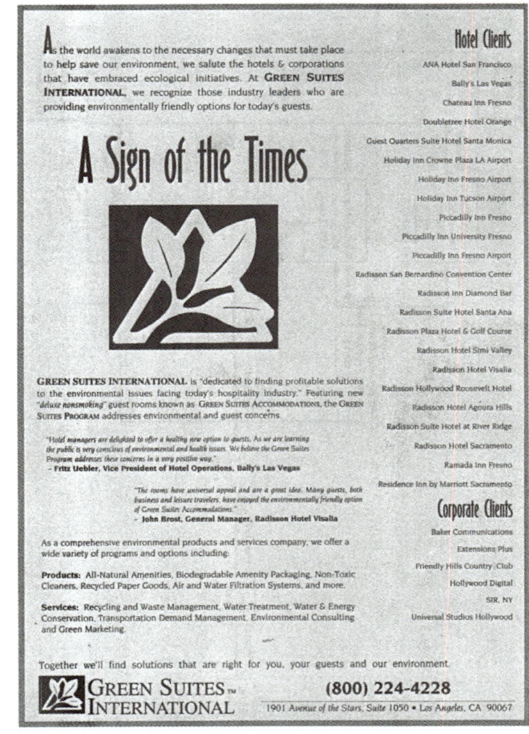

그림 6-39 그린 마케팅의 주도 호텔. 호텔산업에서 그린 마케팅을 주도하고 있는 미국 LA의 Green Suites International.

2017년 Marriott International은 90주년 기념 행사의 일환으로 'Sustainability and Social Impact Platform'을 구축했다. 전 세계 125개 국에서 사업을 하고 있는 Marriott International은 그 동안 봉사했던 사람들과 행성 지구를 위한 지속적 공헌 의사를 전 세계에 선포한 것이다.

그 주요 내용은 다음과 같다.

우선, Marriott이 명명한 'Serve 360'의 네 가지 영역은;

- Nurture Our World(우리 세계를 풍요롭게) : 활력 증진과 사회 발전
- Sustain Responsible Operations(책임있는 영업의 유지) : 기업의 환경 영향을 최소화하고, 책임있는 자원 조달을 통한 지속가능한 호텔의 건설과 영업
- Empower Through Opportunity(기회 증진) : 사람들에게 최적의 환대산업 근무 환경 조성
- Welcome All & Advance Human Rights(모든 사람의 환영과 인권 향상) : 직원과 여행객에게 안전과 환대 창조

또한 Marriott은 2025년까지 다음과 같은 네 가지 목표를 설정했다.

- 물 15%, 탄산 30%, 쓰레기 45%, 음식 쓰레기 50% 감소
- 직원들의 개인적 재능과 핵심 비즈니스 기술에 중점을 둔 25%의 시간 배분을 포함해 직원들의 재량적 시간 활용을 1,500만 시간으로 늘림
- 인간 관계 및 교류(trafficking) 능력 제고를 위해 모든 직원에게 교육
- 선발과 정책 기준에 인권 조항 삽입

그린 마케팅의 우수 사례 호텔들

영국에 TV를 보려면 자전거를 타야만 하는 호텔이 생겼다. New Forest 인근의 Cottage Lodge의 친환경 객실에 묵을 경우, 자전거 페달을 돌려야만 방 안의 전자 제품들을 작동시킬 수 있다. 일본의 New Otani Hotel은 Hybrid Hotel 프로젝트(지구 환경과 최적의 조화)를 완수했다. New Otani Hotel Tokyo는 공조시스템 'AEMA', 전 주방의 전기화 시스템, 열·자외선을 50% 차단하는 'full height' 창문, 1일 5톤의 생활 쓰레기를 100% 활용하는 'compost plant', 1일 약 1,000ton의 주방 배수를 재이용하는 '중수화 plant' 등이 그것이다.

2017년 Travel Today의 기사에서 호텔산업의 그린 마케팅에 대한 새로운 동향을 엿볼 수 있다. 미국 Chicago의 The Hilton Chicago는 F&B에서 사용하는 모든 허브와 채소를 자사 농장에서 재배되는 유기농으로 대체하고 있으며, Sheraton Puerto Rico Hotel and Casino에서는 'cool roof'라는 효율적 음식 폐기 및 'water-filter' 시스템을 도입하여 건물의 온도를 낮추고, 침전물과 퇴적물을 걸러 정화된 물을 방출하고 있다. 또한 미국 Kitano Hotel New York은 NIPPON PMAC라는 냉난방 시스템을 사용해 고객이 객실 온도를 완벽히 조절할 수 있도록 하고 있다.

2018년 Edition Hotels는 2020년 이전에 'Stay Plastic Free' 캠페인을 전개해 호텔 내 모든 플라스틱 제품을 없애겠다고 발표했다.

Marriott International은 2009년 World Travel and Tourism Council에서 실시하는 Global Travel and Tourism 부문의 'Tourism for Tomorrow Award for Sustainability'를 수상한 바 있다.

6-3. 기타 산업의 그린 마케팅 현황

세계 최대 건강 식품업체인 Whole Foods는 2008년부터 플라스틱 비닐을 없애고 시장 바구니를 이용하는 고객에게 5~10￠를 지급하고 있다. Whole Foods를 대표로 하는 미국의 green market은 이미 2015년에 8,500억$를 상회했다. Food Marketing Institute에 의하면, 미국의 식품 유통업체 중 89%가 유기농 식품을 강조했다고 한다. Tway Air는 승객 좌석 시트를 천연 가죽과 인조 가죽의 장점을 결합해 새롭게 개발한 친환경 소재로 만들어 미국 Delta Airlines와 Southwest Airlines를 비롯한 여러 항공사에 보급·운용하고 있다.

Wal-Mart의 eco label

Wal-Mart는 2010년 7월, 판매 제품에 탄소 배출량, 물 소비량, 대기 오염 영향 등을 표시하는 'eco label'을 부착하겠다고 발표했다. 이 구상이 현실화되면 그 파급 효과는 EU 등 정부 차원의 규제를 능가하는 사실상의 기준(**de facto standard**)으로 작용될 것으로 예측되고 있다. 즉 가격만이 제품 선정의 기준이 아니라, 환경적인 순기능에 의한 생산 방법 또한 그 기준으로 적용될 것이다. 이 발표로 인해 'Wal-Mart paradox'라는 용어가 탄생됐다.

미국의 마케팅 컨설팅 기업 BBMG의 사회적, 환경적 책임을 다하는 조사 결과, Wal-Mart가 최악과 최고의 기업으로 각각 선정되었기 때문이다. Wal-Mart는 또한 Las Vegas에 Pilot HE.5 매장을 개관했는데, Pilot HE.5는 세계 모든 유통업체 중 가장 효율적인 쿨링 시스템을 보유하고 있으며, 히팅, 냉장, 전기 시설 등 모든 측면에서 높은 에너지 효율을 가진 매장으로 유명하다. 라이팅 시설도 스카이 라잇, LED 등으로 고효율을 추구하고 있다.

NMI(Natural Marketing Institute)에 의하면, 2015년에 이미 LOHAS(America Lifestyles of Health and Sustainability)산업의 규모는 8천억$를 넘어섰다고 한다. ①개인 건강, ②자연 라이프 스타일, ③eco-tourism이 LOHAS 시장의 세 핵심 영역이다.* 이와 함께 성장하고 있는 영역은 유통업체들이 자체 개발하고 있는 적합한 가격의 **PB(private brand)**다. 미국, 유럽 등 선진국에서 **PB**는 지속적으로 성장하고 있으며, 이러한 추세는 세계적으로도 확산될 것으로 전망되고 있다.

개인 건강은 자연유기농 식품, 다이어트 식품, 건강 제품, 개인 건강 케어 시스템, 요가, 휘트니스 등을 자연 라이프 스타일은 집안 가구, 자연 애완 동물, 의류 등을 eco-tourism은 ecotravel, 모험, 탐험, new age travel, spiritual travel 등을 포함함.

6-4. 그린 마케팅의 확산

'Earth Hour'는 2007년 Australia Sydney에서 시작돼, 2018년 3월 24일 저녁 8시 30분에는 WWF에 의해 전 세계 187개 국들이 함께 1시간 동안 소등하는 행사를 했다. Coca-Cola, McDonald's, Starbucks, 대한항공, Naver, 삼성화재, Canon, HSBC 등 세계 유명 기업들과 국내에서는 Westin Chosun, Conrad, Marriott 등이 참가했다.

2004년 1월 NASA의 바퀴 6개가 달린 무인 탐사 로봇 Spirit Rover가 화성을 탐사했다. 그 때 펼쳐진 로봇의 날개는 바로 미국의 최대 태양광 발전 기업 Solar City의 작품이다. 석유 대체 에너지의 대안 중의 하나는 태양광이다. 실제로 태양광산업은 2009년 이후의 하락세를 멈추고, 2013~2014년 기간부터 상승세를 타고 있다. 태양광 기업은 크게 두 형태로 나뉜다. 하나는 polysilicon이고, 또 하나는 module이다. 전자의 대표 기업은 중국의 GCL, 미국의 Hemlock, 대한민국의 OCI, Germany의 Wacker 등 4강 체제며, 후자의 대표 기업은 중국의 Yingli Solar, Trina Solar, Canadian Solar, 일본의 Sharp 등의 4강 체제다. 분명한 것은 최소 22세기 전에 석유의 대체 에너지가 개발돼야 한다는 사실이다.

항공산업에서도 대체 에너지인 바이오 연료(biofuel)가 개발됐다. 탄소 배출을 80%까지 줄일 수 있고 기존 비행기 엔진을 바꾸지 않아도 사용할 수 있으나, 항공유의 3배가 되는 가격 때문에 상용화를 시키지 못하고 있을 뿐이다. 2012년 6월 19일 KLM은 세계 최초 바이오 연료로 9,500km에 이르는 11시간 장거리 비행(Netherlands Amsterdam-Brazil Rio de Janeiro)에 성공했다.

바이오 연료
사탕수수, 옥수수와 같은 곡물이나 식물, 나무, 해조류, 축산 폐기물 등에서 추출, 발효시키는 방식으로 만든 연료로서, 화석 연료보다 이산화탄소를 적게 배출해 신재생 에너지로 부상하고 있음.

Coca-Cola는 2006년 저칼로리 Coca-Cola Zero를 영국에 도입했고, 2013년에는 설탕과 칼로리가 1/3 적은 초록색 캔 Coca-Cola Life를 Argentina와 Chile에 도입했다(그러나 판매에는 실패했음). 국내 음료업계도 친환경 제품의 양산에 박차를 가하고 있다. Coca-Cola의 초경량 페트병 생수 휘오 순수*, 플랜트 보틀 콜라*, OB 맥주의 국내 주류업계 최초 재생 용지 활용 Cass Fresh 패키지(100% 재활용 가능) 등이 대표적 사례다. Starbucks Korea도 국내 커피 전문점 최초 LEED(leadership in energy and environment design) 인증을 받았다. 국내 호텔 중에서는 Sheraton인천이 최초로 LEED 인증을 획득했다.

기존 제품보다 플라스틱 사용량이 22% 감소해 국내 생수 제품 최초로 환경부의 '저탄소 제품 인증' 취득.

100% 화석 연료를 사용하는 기존 페트 수지의 약 30%를 식물성 소재로 대체함.

LEED
미국 녹색건축위원회(USGBC)가 2000년에 개발한 제도로 에너지, 물 사용 절약, 이산화탄소 배출 감소, 친환경 인테리어, 자연과 환경 보호 등의 기준으로 심사함.

생태계와 관련된 최근의 추세는 **SRI(socially responsible investing)**의 확대다. 그 중 대표적인 사례가 'niche fund'다. 이 'niche fund'는 담배, 주류, 도박, 음란 영상물을 생산하는 '**sin stocks**'들을 걸러낸 fund를 의미한다. 세계 최대 채권 fund 운영 기업인 PIMCO는 기관 투자가를 대상으로 한 Total Return Fund Ⅲ에서 도박, 카지노, 의료보험 서비스, 주류, 담배, 제약, 음란 영상물, 군수 장비 제조 관련 기업에는 결코 투자하지 않겠다는 원칙을 세웠다.

인류 질병을 위한 기업들의 **coopetition**도 매우 바람직한 선행이다. 대표적 예는 Boehringer Ingelheim, Bristol-Myers Squibb, GlaxoSmithKline, Merck, Roche, Abbott, Gilead 등 7개 제약 기업이 협력해서 개발도상국의 HIV/AIDs 치료제 가격을 낮춘 일이다. 또 다른 사례로 Motorola, O2 등 영국의 이동통신 기업들이 Bono, Bobby Shriver 등과 협력해서 Africa의 AIDs 퇴치를 돕기 위해 RED 휴대폰을 출시한 것을 들 수 있다.

본 교재의 제1장에서 강조하였듯이 소비자를 위하여 '옳은 일'을 하는 기업만이 생존할 수 있고, 성공할 수 있다. 이것이 마케팅의 유일한 공식이며, '수입이 창출되지 않는' 그린 마케팅의 실천이야 말로 계속 변화되고 있는 환경 하에서 장기적 성공을 위한 한 부분인, 그러나 필수적인 과제라고 할 수 있다.

제3절 글로벌 환경

1. 글로벌 환경의 동향 및 구성 요소

향후 세계 경제 질서는 ①미국과 중국이 상호 공존하는 'G2', ②미국과 중국이 대립하는 '냉전 2.0', ③지역별로 분화하는 '분열', ④강자들이 공존하는 'G7' 혹은 'G10', ⑤모두 조화하는 'G20', ⑥무정부 상태인 'G0(sub0)' 등 여섯 가지의 시나리오로 예측할 수 있다. 'G7', 'G10' 등 한 동안 세계 경제를 주도해 왔던 'G' 체제가 시간이 갈수록 급격히 약화되고 있다. 따라서 ⑥번, 즉 'G0'의 시나리오가 ①'G2' 시나리오와 함께 가장 가능성이 높은 시나리오로 예측되고 있다. 지배국 혹은 중심국이 없는 'G0' 시대에 가장 경계해야 할 것은 **BRICs**, **MINT**(Mexico, Indonesia, Nigeria, Turkey), **Next Eleven** 등 공통적 성장을 매개로 특정 나라들을 묶는 **일반화 함정(generalization trap)**이다.

1-1. 글로벌 환경의 핵심 요소 : culture code와 문화적 환경

점차 그 중요성이 부각되고 있는 현대 마케팅의 환경 중의 하나는 글로벌 환경이다. Time은 국가별로 버전이 다르다. 글로벌 환경을 이해하려면 우선 '**culture code**'를 이해해야 한다. '**Culture code**'란 특정 문화를 통해 일정한 대상에 부여하는 무의식성이라는 의미다.

Lee와 Green의 연구에 의하면, 미국인의 구매 의도가 브랜드 그 자체에 대한 제품 신념과 태도에 의해 영향을 많이 받는 반면, 한국인은 사회규범적 신념과 타인의 그 구매에 대한 생각에 의해 강력하게 영향을 받는다고 한다. Arthur Smith의 《중국인의 특성》이라는 저서에 의하면, 동양인은 서양인과 비교, 자신보다 타인이나 사회적 평판과 같은 남의 관점에서 판단하려는 경향이 심하다고 한다. 이러한 문화의 차이는 광고 전략에서도 나타난다. 이명천에 의하면, 미국에서는 광고에 나타나는 유명인은 25%인데 반해, 대한민국 광고에 나타나는 유명인은 60%라고 한다.

세계 기업 문화 연구의 대가 Hofstede에 의하면, 서양인은 불확실한 것을 피하려는 경향(uncertainty avoidance)이 동양인보다 강하다고 한다. 따라서 서양인은 이성적으로 사물을 나누어 분석하는 반면, 동양인은 외부의 사물을 분석하기보다는 인간의 마음을 헤아리는 경향이 강하다고 한다.

저맥락 문화와 고맥락 문화

Edward Hall의 《Language of Silence》에 의하면, 미국, Germany 등 언어를 중심으로 의사소통하는 문화를 **저맥락 문화(low-context culture)**, 한국, 일본 등 손짓, 표정, 몸짓, 뉘앙스 등을 중심으로 의사소통하는 문화를 **고맥락 문화(high-context culture)**라고 한다. 따라서 이 상이한 두 문화가 만날 때 본의 아닌 오해가 많이 생긴다고 한다. **고맥락 문화**는 우회적이며, 문맥에 의존하는 반면, **저맥락 문화**는 상대방과 직설적이고, 명료한 방법으로 의사소통을 한다. 아시아와 남미는 **고맥락 문화**를, 미국과 북유럽은 **저맥락 문화**를 갖고 있다.

이와 같이 서로 다른 문화를 갖고 있는 국가에 대한 고려가 글로벌 마케팅에 있어서 주요 사안이 된다. 지금은 인기있는 관광 명소가 됐으나, 1992년 France Paris에 Disney Land를 개장했을 때 France인들의 미국 요리에 대한 거부감, 비싼 입장료 등 Disney는 '문화적 Chernobyl'이라고 불릴 만큼 미국 문화 비난의 대상이 됐었다. 반면 홍콩에 Disney Land가 개장됐을 때에는, 너무 많은 사람이 몰려 대기줄이 지나치게 길어져 큰 불평을 야기시켰다.

국가별로 소비자 욕구와 제품 사용의 유형에는 큰 차이가 있다. 백인들은 동양인이나 흑인보다 선글라스를 많이 착용한다. 선천적으로 빛에 약한 눈을 갖고 태어나기 때문이다. 인도인은 쇠고기를, Islam교를 믿는 muslim은 돼지고기를 먹지 않는다. 따라서 Canada에서는 muslim 여성들을 위해 세계 최초이자 유일한 haram(돼지고기) free 화장품 OnePure를 출시한 바 있다. 미국에서 많은 기업들은 가장 성장률이 높은 hispanic marketing에 새로운 시도를 하고 있다. 미국, 영국, France 등 선진국들의 신 마케팅 분야는 LGBT(lesbian, gay, bi-sexual, transgender) 시장이다.

P&G는 인도의 수천 명 소비자 조사 결과, 두 날 면도기보다 한 날 면도기가 인도 소비자들의 경제력과 효과 측면에서 유리하다는 것을 발견하고, 한 날 면도기 Gillette Guard를 판매했다. France인은 영국인보다 요구르트 소비가 4배 많으며, 영국인은 Italy인보다 초콜릿을 8배 많이 소비한다. 미국인은 타 국가 사람들보다 11배의 청량음료를 마신다. 흑인이 백인보다 비만과 고혈압에 취약한 이유는 바로 식생활 때문이다.

P&G가 260ml의 세제를 일본에서 판매하여 큰 성공을 거두었으나, 국내에서는 완전히 실패했다. 일본은 축소지향적 문화와 대한민국의 외형주의, 큰 것을 선호하는 문화의 차이를 이해하지 못했던 결과다. Wal-Mart가 유일하게 실패한 국가 역시 대한민국인데 진열대의 높이가 높았고, 신선 식품이 아닌 냉동 식품 위주의 제품 라인이 실패의 가장 큰 이유였다.

국가별로 대형 매장에서의 이동 패턴도 다르다. 미국에서의 이동 패턴은 주로 시계 반대 방향이지만, 영국, Australia, 일본에서는 주로 시계 방향으로 이동한다. 차량 통행이 시계 방향인, 운전석이 우측에 있는 나라에서는 이동 패턴이 시계 방향인 경우가 많다. 물리학에 'the Coriolis effect'라는 것이 있다. 북반구에서는 바람과 해류의 흐름이 우측인데 반해, 남반구에서는 바람과 해류의 흐름이 좌측인 현상을 말하는 용어다. 'The Coriolis effect'와 같이 고객의 매장 이동 방향도 국가별로 차이가 난다.

France계 Canada인들은 고유한 유산을 지키는 일에 매우 열정적이다. 그들은 언제나 언어적, 문화적 유산을 보호하는 극단적 조치를 취하지 않으면 Canada와 영어 tsunami에 휩쓸려 버릴 것이라고 항상 걱정한다. Pepsi는 Quebec 출신 France계 코미디언 Claude Meunier를 광고 모델로 채용하는 등 위의 사실을 활용한 광고 전략으로 Quebec에서 Coca-Cola보다 높은 시장점유율을 기록하고 있다. 그 이유로 타 Canada 인들은 France계 Canada인들을 비하하는 의미로 'Pepsi'라고 부른다.

세계 최대 온라인 여행사인 Expedia의 조사에 의하면, 미주 지역 여행자들은 호텔 투숙에 있어서 선불(pre-pay)을, 유럽 여행자들은 호텔에서 직접 계산하는 경향이 있다고 한다.

음료 부문의 글로벌 문화적 환경

Heineken이 Netherlands에서는 일상적인 브랜드로 간주되지만, 세계의 거의 다른 나라에 있어서는 최고급 브랜드로 간주된다. Mexico에서는 Corona가 서민 맥주이나, 미국에서는 부유층들이 라임과 함께 마시는 특별한 맥주다. 예를 들어 Corona는 미국에서는 가장 인기있는 Budweiser보다도 두 배 정도 가격이 높다. 영국 및 다른 나라에서 Heineken의 슬로건은 오랜 기간 동안 'Heineken은 다른 맥주들이 결코 도달할 수 없는 부분까지 상쾌하게 해줍니다'로서, 미국에서의 포지셔닝과 많은 차이가 있었다. Red Bull은 카페인 함유량이 너무 높아 대한민국에 공식적으로 판매되지 않았으나, 2011년 8월 대한민국 기준에 맞게 카페인 함유량을 낮춰 공식 판매가 시작됐다.

세계 제 1의 커피 브랜드인 Nescafe의 광고는 보통의 맛, 향기, 공유되는 순간의 따뜻함을 강조하는 반면, Thailand에서는 일상 생활의 압력으로부터 긴장을 푸는 방식으로서 포지셔닝되고 있다. 음료는 아니지만, Campbell's는 유럽의 다양한 지역에, 예를 들어 Ireland와 영국에 다양한 풍미(flavour)의 soup을 출시한다.

지역 관리자들은 국가별 소비자 행동에 나타난 차이점들을 반영하기 위해 Coke 제품에 대한 판매 및 유통 프로그램 책임이 분배된다. 예를 들어 Spain에서 Coke은 혼합재로서 와인에까지 쓰여진다. Italy에서는 와인이나 카푸치노 대신 식사와 함께 사용되며, 중국에서는 특별한 정부 행사에 쓰인다.

McDonald's의 글로벌 전략

세계에 3만 개 이상의 매장을 갖고 있는 McDonald's도 해외 진출 시 그들의 성공 요소인 'food, fun, families'를 수정하고 조정했다. Big Mac과 Ronald McDonald가 전 세계적으로 등장하기는 하지만, McDonald's는 마케팅 프로그램의 다른 측면들을 고객화했다. Germany에서는 맥주, oriental burger, vegetable McNugget을, France에서는 와인을, Italy에서는 espresso를, 그리고 홍콩에서는 코코넛, 망고, 열대 박하 쉐이크 등을 제공한다. 일본에서는 다른 고기와 양념으로 햄버거가 만들어지며, Philippine에서는 McSpaghetti가 제공된다. New Delhi의 첫 번째 인도 체인점은 양고기 버거 Maharaja Mac과 닭가슴살의 big Maharaja Mac을 선보였으며, 메뉴에는 어떤 쇠고기 제품도 판매하지 않는다.

Mumbai McDonald's에서는 메뉴의 절반이 채식이다. 소를 신성하게 여기는 힌두교도들과 돼지고기를 먹지 않는 Islam교도들의 비율이 높은 국가에서는 햄버거 포장지를 채식은 녹색, 육식은 갈색으로 구분하고 있으며, 주방도 채식, 육식으로 완전히 분리돼있다. 일본 McDonald's에서는 노숙자들이 커피 한 잔 값으로 McDonald's의 테이블에 머리를 뉘이고 하루 밤을 보낼 수 있다.

직장인들에게 매우 중요한 생활의 일부인 아침 출근 시간에 대한 글로벌 환경도 매우 다양하다. 대한민국의 출근 시간은 하루에서 가장 바쁜 시간이다. 이것은 세계적으로 거의 같은 현상이나, 질서 유지, 교통 상태, 도로 상태에 따라 국가적으로 차이를 보인다. 여러 연구 결과, 예상 출근 시간을 미리 계획할 수 있는 능력이 삶의 질을 크게 향상시키는 것으로 나타났다.

영국의 London은 비싸면서도, 느리고, 정시 출근이 보장되지 않는 통근 길이 많다. Egypt의 Cairo는 사람들 속에 빽빽하게 끼어서 덥고, 소란스러운 여행을 즐기는 기분으로 출근한다. 일본의 도쿄는 서울보다도 더 혼잡하지만, 열차(지하철)의 스케줄이 매우 정확한 것이 다행이다. Thailand의 Bangkok은 매우 효율적이고, 체계적인 MRT 지하철이 있지만, 여전히 교통 체증이 심하다. 미국 LA에서는 자가 운전자들이 navigation에 나오는 선명한 빨간 선을 피하기 위해 운전 시간을 넉넉히 잡는다. 중국 베이징에서는 운전자들이 시내 전체가 일정 시간 동안 빨간 선으로 뒤덮일 것을 알기 때문에 아예 도로 공사 상태를 기본 값으로 잡고 운전 시간을 잡는다. 세계에서 가장 교통 체증이 심한 New York Manhattan에서는 무질서 속에서 신기할 정도로 질서가 유지된다.

1-2. 법적, 경제적 환경

Philippine의 Megaworld Corporation과 Malaysia의 Genting Casino(〈그림 6-40〉 참조)가 합작해 세운 복합 카지노 Genting Grand Wing에 세계 최초로 Bitcoin을 비롯한 주요 가상화폐 환전소가 들어섰다. 세계의 가상화폐 보유자들이 이 'niche casino'에 대거 몰릴 것이 자명하다. Philippine 정부의 과감한 결정이 향후 자국의 카지노산업을 어떻게 부흥시킬지 자못 궁금하다.

그림 6-40 Malaysia의 Genting Casino

국가별로 법적 환경의 차이도 크다. 법인세율이 높은 미국의(〈표 6-20〉 참조) Apple, Google, Starbucks 등의 다국적 기업들은 미국 정부로부터 계속 탈세 의혹을 받고 있다. 따라서 M&A 및 유럽 등으로의 본사 이전을 모색하는 기업들이 늘어나고 있다.

표 6-20 세계 주요 국가의 법인세율

미국	France	일본	중국	영국	한국	Germany	Brazil	Russia
35	33.3	23.4	25	19	22	15	34	20

출처: TRADINGECONOMICS.COM
OECD 회원국의 조세 통계로 본 국제 동향(한국조세재정연구원, 2017)

LG전자는 중동 지역에 진출 시 Qiblah Phone이라고 불리는 Mecca Indicator Phone을 개발했다. 중동 문화 중 코란이 제시하는 Islam 교리에 따라 Muslim들이 모두 지켜야 하는 예배 의무에 맞추어 Mecca폰에 나침반을 설치한 것이다. 아랍 지역에서의 대표적 환대는 넉넉한 음식을 차리고, 자꾸 권해서, 손님에게 가능한 한 많은 음식을 먹게 하는 것이다. 경우에 따라 손님에게는 큰 고역이 될 것이다.

법적인 이유들 때문에 Diet Coke은 유럽에서 Coca-Cola Light으로 불린다. 또한 Diet Coke의 패키지는 세계 각 지역마다 달라진다. 수 년 동안 Coke의 광고는 각 국가별로 조정되거나 특별하게 개발되어 왔다. 예를 들어, 다양한 지역의 유명 운동선수들을 이용하여 정확히 같은 형식으로 여러 나라들에서 촬영됐다(예: South America의 광고는 Argentina의 축구 스타 Maradona를 이용한 반면, 아시아에서는 Thailand의 축구 스타 Niat을 이용함). 1992년 Winter Olympic Games의 합창곡처럼, Coke의 국제 광고 캠페인 또한 131개 국 38억 시청자들에게 전송되기 전에 12개 국어로 다듬어졌다.

표 6-21 2001~2010년 기간 중 가장 많이 성장한 국가

순위	지역	연평균 성장률(%)
1	Angola	11.1
2	중국	10.5
3	Myanmar	10.3
4	Nigeria	8.9
5	Ethiopia	8.4
6	Kazakhstan	8.2
7	Chad	7.9
8	Mozambique	7.9
9	Colombia	7.7
10	Rwanda	7.6

출처: IMF(2001~2010년 기준)

FTA를 기수로 내세운 세계화는 경제적 통합을 요구하지만, 동등한 경제를 창출하지는 않는다. Joseph Stiglitz가 《Globalization and Its Discontents》에서 언급했듯이, 민영화, 개방화, 안정화의 과정이 잘못 관리되어, 제 3세계 국가들과 구 공산주의 국가들은 경제적 여건이 더욱 나빠지고 있다. 세계 인구 중 10억 명은 하루 1$ 미만으로 생계를 유지하는 극빈층이다. 반면 2001~2010년 기간 중 가장 많이 성장한 국가들도 제 3세계 국가들이다. 특히, Africa의 Angola, Nigeria, Ethiopia, Chad, Mozambique, Rwanda 등의 국가들은 그 성장률이 세계 10위 내에 들며, **post BRICs**라는 말을 듣고 있다(〈표 6-21〉 참조).

글로벌 환경 하에서 주요 마케팅 과제는 표준화와 고객화다. 서로 다른 법, 문화, 사회적 환경에의 고객화를 위해서 표준화를 포기해야 하는 경우가 많다. Coca-Cola, Tsingtao*, Red Bull, HSBC, Youtube, The Body Shop, BP, BBC World, 삼성, Pantene, Danong, Accenture 등의 기업들은 세계 시장에서 제품, 브랜드, 포지셔닝, 광고, 개성, 포장, 경험 등 대다수 부문에 있어서 높은 유사성을 갖는 표준화를 추구하고 있다. 반면 McDonald's, Hyatt International(특히 식음료 부문), Pringles, Heineken, Visa 등은 메뉴, 광고, 소매 구조 등을 각 지역 문화에 적응시킨다.

* 중국 1위 맥주 브랜드

1-3. 광고 부문

현대에 이르러 국제 광고(international advertising)가 계속 증가하고 있다. 국제 광고는 개념상 광고 캠페인을 여러 나라에 진행하면서도 본부에서 통제하는 형태인 '**global advertising**'과, 여러 나라에서 지역 캠페인을 현지에 맞게 제작 관리하는 '**multinational advertising**'(**다국적 광고**)으로 나뉜다. '**Global advertising**'은 다시 국내 제품의 해외 판매를 위한 'outbound advertising'과 해외 제품의 국내 판매를 위한 'inbound advertising'으로 나뉜다.

글로벌 광고 시장에 있어서의 선도 기업들은 Omnicom Group, WPP Group, Inter-public Group of Cos, Publicis Group, Dentsu, BBDO Worldwide, McCann Ericckson Worldwide, JWT, Leo Burnett Worldwide, TBWA Worldwide, Euro RSCG Worldwide, Ogilvy&Mather Worldwide 등이다. 〈표 6-22〉는 세계 주요 국가 광고의 특성을 나타내고 있다.

중국의 McDonald's 광고는 아이들이 어른에게 McDonald's를 설명하는 내용으로 구성되며, Australia에서는 Marilyn Monroe, James Dean과 같은 과거의 유명 배우들을 광고에 이용하며 미국인들이 가장 좋아하는 햄버거라는 사실을 광고한다.

Venezuela, Canada, Australia에서는 광고가 물리적으로 자국에서 만들어져야 하며, Poland에서는 광고 내용이 Poland어로 적용되어야 한다. Australia는 광고에 어린이를 이용할 수 없으며, 영국은 담배 광고 시 영웅적 묘사를 할 수 없게 하고 있다. 2007년 영국의 미디어 규제 기관 Ofcom(Office Communication)은 아동 대상 식음료 제품 TV

표 6-22 세계 주요 국가 광고의 특성

국가	광고의 특성
미국	• 개인주의 문화의 전형 • 자료, 논쟁 등 강의 또는 학습 기법이 자주 이용됨과 동시에 허풍과 과장된 표현도 자주 이용됨 • 제품의 장점을 소구하며 경성 판매(hard selling)* 기법을 통한 비교 광고 • 유명 인사, 일반 소비자 등을 통한 증언자 광고 • 명확한 언어 사용
영국	• 극도의 개인주의 문화(소수의 사람만 출연) • 남성주의, 젊은층에 주안점을 둠 • 계층의 차별이 많이 나타남 • 설득성과 유행 선도 이미지를 이용하는 직접적 커뮤니케이션 • 명확한 언어 사용은 미국과 유사하나, 미국보다 오락성, 비판적 광고가 많음 • 긴 광고 카피, 유머, 간결성, 대담성
Germany	• 가장 명백한 언어 사용(모호성이 용납되지 않는 강한 불확실 회피 성향) • 유머성이 적고, 진지하며, 강한 정보지향성, 직접적, 사실적, 조리있고, 논리적인 제시
France	• 큰 권력 거리와 개인주의의 결합 구조 • 연극적이고 색다른 성향(미국 광고와 달리 강의적이 아닌 드라마적 광고) • Symbolism, 유머, 드라마를 통한 오락 형식이 France 광고의 주요 요소임
일본	• 유교적, 집단 가치 반영 • 일본인이 중시하는 체면과 화합형 광고로서 간접적 커뮤니케이션 스타일 • 광고의 목적은 소비자를 친구로 만들고, 서로 신뢰하며, 판매인은 신용하고, 존경심을 갖도록 하는 데 있음 • 연성 판매(soft selling)*의 광고로서 평온함, 좋은 기분을 유발시키는 자연 심볼 사용 • 아름다운 풍경, 이야기, 시 등이 광고의 주요 요소임 • 비교 광고 지양
중국	• 권위주의가 강하고, 극단적으로 남성적(Taiwan, 홍콩, Singapore도 유사) • 집단주의 문화로 인한 직접적 커뮤니케이션 • 장기적 성향, 현대성, 품질, 기술, 존경심, 신비함, 부유함, 사회적 지위, 관습과 관례 중시 등이 중국 광고의 주요 요소임 • 길조로 여기는 하늘, 구름 등의 자연 심볼 많이 사용 • TV 광고에는 특수 효과, 그래픽, 컴퓨터 애니매이션을 많이 사용

제16장 참조

제16장 참조

광고에 새로운 규제를 동원했다. 16세 미만 대상 프로그램에 지방, 소금, 설탕의 함유량이 높은 식음료품(HFSS : high in fat, salt, and sugar) 광고를 전면 금지하는 광고가 그것이다. Singapore는 비교 광고에, Germany는 총이나 탱크와 함께 있는 병정 관련 광고에 규제가 내려져있다. Nestle's는 중국에 진입하기 위해 광고에 대해 10년 이상을 협상했다.

1-4. 문화 브랜드에 대한 이해

세계화는 다양한 문화를 창출하는 데 있어서는 큰 공헌을 하고 있다. 세계화의 영향은 기업들에게 있어서 연결과 방향성을 제시하고 있으며, 이러한 문화 브랜드(**cultural brand**)를 가진 기업들은 서로의 융합을 통하여 사회적, 문화적으로 많은 혜택을 얻을

문화 브랜드
문화적 메시지를 전달하는 기업을 일컫는 말로 포괄적인 기업의 캐릭터 전반을 일컬음.

수 있다. P&G의 성공한 브랜드 Pantene의 포지셔닝인 'For hair that shines'는 P&G Taiwan에서 만든 것이고, 허브인 캐모마일(chamomile)을 원료로 하여 만든 Naturella는 P&G Mexico에서 아이디어를 얻은 것이다. 자동차 브랜드 Peugeot는 Africa Zimbabwe에 이르기까지 26개 국에, Caterpillar는 무역 장벽을 피하기 위해 유럽, 일본, Brazil, Australia 등에 각각 공장을 설립, 운영하고 있다.

2. 기회의 국가 인도

2-1. 인도 시장에서의 기업 사례

Kellogg's

Kellogg's는 강력한 브랜드다. 세계적으로 수백만 명이 가장 좋아하는 아침식사로 Corn Flakes, Frosties, Rice Krispies 등의 Kellogg's 제품을 꼽는다. 1980년대 말, Kellogg's는 씨리얼 제품 군으로 미국 인스턴트 식품 시장의 40%를 점유하는 놀라운 기록을 세웠는데, 당시 매년 60억$의 매출을 올리며, 전 세계 18개 국가에 20개 이상의 생산 공장을 갖고 있었다. 그러나 1990년대에 이르러 이 아성이 흔들리기 시작했다. Kellogg's를 바짝 추격해오던 General Mills의 Cheerios가 시장을 잠식하기 시작했다. 1997년 Fortune은 Kellogg's 경영진에 대해 '세계 최고 브랜드인 Kellogg's를 망치고 있다'고 비난했다.

미국이나 영국 같은 핵심 시장에서 씨리얼 제품 수요는 포화 상태에 이르러 더 이상 성장할 가능성이 없어 보였다. 실제로 10년 간 씨리얼 제품 시장 규모는 정체되어 있었고, 1990년대 초에 Kellogg's는 유럽과 미국이 아닌 다른 시장을 찾아야 했다. Kellogg's는 인도가 씨리얼을 판매할 수 있는 적당한 목표 시장이라고 결론을 내렸다. 인도에는 당시 약 9억 5천만 명이 살고 있었고, 2억 5천만 명이 중산층이며, 씨리얼 시장이 전무했기 때문에 잠재성이 무궁무진해보였다.

1991년 인도가 국제 무역 장벽을 허물자, 1994년 Kellogg's는 인도에 자사 최고 브랜드인 Corn Flakes를 시판하는 데 6천 5백만$를 투자하기로 결정했다. 당시 Mumbai 주식 시장 책임자였던 Bahgirat B. Merchant 등 인도 경제 전문가들은 이 소식에 기뻐하며, "만일 Kellogg's가 인도 인구 2%에 해당하는 시장점유율만 차지한다고 해도 그 숫자는 1천 8백만 명으로 미국 시장보다도 더 큰 시장을 차지하게 된다"고 말했다.

그러나 인도인들에게는 아침에 씨리얼을 먹는다는 생각 자체가 전혀 생소한 것이었다. 실제로 일반적인 인도인은 뜨거운 야채 한 접시로 하루를 시작한다. 이는 Kellogg's에게 직접적인 경쟁자가 없다는 뜻이기도 했지만, 제품을 대대적으로 PR해야 할 뿐만 아니라, 아침에 씨리얼을 먹을 수 있다는 사실부터 교육해야 함을 의미했다.

처음 판매량은 고무적이었다. 그러나 이는 희귀한 제품을 호기심에 구매해본 것일 따름이고, 설령 인도인들이 Corn Flakes의 맛을 좋아했다 하더라도, 500g 짜리 Corn

Flakes 한 박스는 뜨거운 야채 한 접시보다 세 배나 더 비쌌다. 하지만 Kellogg's는 가격을 고수했고, 인도 시장에 대한 추가 시장 조사도 없이 판매 제품 종류를 늘리기로 결정했다. 그 후 몇 년 간 Kellogg's는 인도의 씨리얼 구매자들에게 Wheat Flakes, Frosties, Rice Flakes, Honey Crunch, All Bran, Special K, Chocos Chocolate Puffs를 소개했으나 성공을 거두지 못했다. 급기야 Kellogg's는 자사 제품을 인도화하려고 시도했지만, 결과는 거의 재앙 수준이었다. 인도인들을 위해 개발한 'Fusion Mazza 시리즈'는 철저하게 외면당했다.

Kellogg's는 인도에서의 실패를 받아들이고, 인도 시장에서 브랜드를 확고히 하기 위한 새로운 전략을 세우기로 했다. "씨리얼을 팔 수 없다면, 비스킷을 팔아보겠다"라는 것이었다. 2000년 Indian Express 신문은 Kellogg's의 이러한 브랜드 확장 소식을 심도있게 다루었다. "Kellogg's는 인도 시장에서 출발이 순조롭지 않은 아침식사용 씨리얼을 대체할 제품을 찾고 있다. 한편으로 Kellogg's는 브랜드를 확고히 자리매김하기 위해 엄청난 마케팅 활동을 펼쳤다." "Kellogg's는 저조한 출발과 관계없이 시장에서 상호를 확실하게 알리는 데 집중하고 있다. 다양한 Kellogg's 제품을 소매상 진열대의 잘 보이는 곳에 진열하는 것에 전적으로 초점을 맞추고 있다" 등의 기사들이 그것이다.

Kellogg's India는 소매상들에게 앞으로 6개월 동안 매달 하나 이상의 새로운 제품을 출시할 것이라고 발표했다. 급기야 Kellogg's는 씨리얼을 정상가의 절반 가격으로 판매하는 등 출혈적인 전략도 단행했지만, 비스킷 제품이 아이들 대상 시장에서 성공을 거두는 동안, 너무 낮은 가격으로 인한 손익 불균형은 씨리얼 분야의 고전을 부추기는 데에 이르렀다. Kellogg's는 시장의 요구에 더욱 섬세하게 대처하려 했지만, 제품 개발을 위해서는 비용이 들었고, 이미 씨리얼 가격에 대한 저항이 깊어진 이상 투자 확대는 무리였다.

시장 조사 기관인 Promar International이 내놓은 '변화하고 있는 인도 : 2010년 인도의 식품, 음료, 농업 분야 사업 기회의 전략적인 평가'라는 연구 보고서에는 다음과 같이 서술되어 있었다. "가격 요인 때문에 Kellogg's는 인도 시장에서 더 이상 성장하기 어려울 것이다. Kellogg's가 인도인의 입맛에 맞는 씨리얼을 개발하더라도, 비싼 가격 때문에 여전히 도심 중앙과 부유한 가정에서만 판매할 수 있을 뿐, 시장 확대를 기대할 수는 없을 것이다."

어느 전문가의 이야기다.

"Kellogg's는 곤경에 처했다. Kellogg's는 Corn Flakes에서 수익을 남기려면 시간이 많이 필요하다는 것을 알게 되었다. 때문에 인도에서 성장을 가속시킬 제품이 필요했고, 그 제품이 무엇인지 간절히 찾고 있다. 하지만, Kellogg's의 강점은 아침식사용 씨리얼이지, 간식용 과자가 아니라는 것이 문제다."

반면 몇몇 인도 평론가들은 Kellogg's의 미래를 밝게 전망하고 있었다. Kellogg's가 언젠가 성공할 것이라고 믿었던 사람들 중 하나인 Samiska Marketing Consultants의

CEO, Jagdeep Kapoor는 다음과 같이 말했다. "Kellogg's는 새로운 제품을 인도에 소개할 때마다 인도 시장에 대해 학습하기 때문에 앞으로 더 좋은 시장 기회를 갖게 될 것이다."

인도 시장에서의 기타 사례

Kellogg's가 인도에서 겪은 힘겨운 일들은 Kellogg's의 경험만은 아니었다. 인도 시장을 잘못 판단하여 고전했던 브랜드들은 무수히 많았다. 대표적인 예는 다음과 같다.

1) Coca-Cola

인도에서 강력한 브랜드를 간들려면 유통이 중요하다는 것을 알게 된 Coca-Cola는 인도에서 가장 유명한 탄산 음료 브랜드인 Thums Up 제조사를 사들여 빠른 시간 내에 유통망을 확보했지만, Thums Up에 비해 판매가 부진했다. 결국 Coca-Cola는 판매하지 못하고, 인도 음료인 Thums Up을 인수하여 사업을 한 셈이 되었다. 대부분의 인도인들은 Coca-Cola에 톡쏘는 맛이 부족하다고 생각한다.

2) Domino's Pizza

Domino's는 서구식 조리법 그대로를 인도 시장에 소개했지만, Domino's Pizza India의 CEO인 Arvind Nair가 실토했듯이, 결국에는 인도인의 입맛에 따라야 한다는 것을 깨달았다. "처음에 우리는 대도심지역에만 집중했는데, 지난 2년 동안 소규모 도심지역과 차하위 도시로 매장을 넓혀야 한다는 것을 알게 되었다. 특히 우리는 작은 도시에 매장을 개설할 때마다 다양한 종류의 피자 맛을 실험했다. 우리는 이제 지역의 독특한 맛에 더욱 초점을 맞추고 있다."

이렇게 전략을 변화시킨 결과, Domino's는 'peppy paneer'와 'chicken chettinad'와 같은 현지화한 토핑법을 개발했다. Domino's의 경쟁자이자, 최초로 현지화된 토핑법을 개발한 US Pizza는 이러한 행동을 다음과 같이 비판했다. "1995년에 우리가 탄두리 치킨과 paneer 토핑법을 이용했을 때, 몇몇 사람들은 왜 스파게티나 파스타 토핑은 제공하지 않느냐면서 우리를 놀려댔었다. 우리를 놀리던 그 기업도 이제 chole와 매운 masala 피자를 만들고 있다. Domino's 같은 미국 브랜드들은 미국의 입맛이 세계적인 것이라고 착각하고 있다."

인도 Business Line지는 다음과 같이 Domino's를 공격했다.

"우리들이 천 년 전에 개발한 입맛을 당신들이 바꿀 수는 없다."

McDonald's는 인도에서 기업 최초로 채식과 육식 조리 구역을 분리하고, 닭고기, 양고기, 생선, 채식으로 메뉴를 제한했다. Nokia도 인도의 엄청난 먼지 환경에 대비해 먼지 방지 자판 제품을 개발했고, 많은 기업들은 인도에서 빈부의 차가 큰 점을 감안해 저가 소형 포장 제품을 개발했다.

2-2. 사례로부터의 교훈 및 인도 시장의 특성

Kellogg's와 앞에서 언급한 브랜드들이 인도에서 정착하기 쉽지 않았던 이유 중 하나는 수치에 눈이 멀었기 때문이었다. 인도의 인구는 10억을 넘었지만, 중산층은 총 인구의 1/4에 지나지 않았다. New Delhi에 있는 인도 응용경제학 연구 위원회(Indian National Council on Applied Economic Research)가 1996년에 실시한 조사에 의하면, 인도의 소비자 계층은 최대 1억 명이고, 인도 사람들의 구매 습관과 취향은 지역에 따라 매우 다른 것으로 나타났다.

인도에는 주된 공식어인 힌두어와 부수 공식어인 영어 외에도 Assamese language, Bengali language, Kannada language, Kashmir language, Malayalam language, Oriya language, Punjabi language, Sanskrit language, Tamil language, Telugu language, Urdu language, 지구리티어, 마리티어, 신디어 등 17개의 공식 사용 언어가 있고, 6개의 주요 지역이 25개 주로 나뉘어 있다(〈그림 6-41〉, 〈그림 6-42〉 참조). 종교도 힌두교, 이슬람교, 불교, 자이나교, 조로아스터교 등 매우 다양하다. 때문에 인도 시장은 다양하고도 복잡한 인도 문화에 적응할 수 있는 기업에게만 기회의 땅이 될 수 있다.

12억 인구 중 중산층 소비자 규모가 3억 명을 넘어서고 있는 인도는 세계에서 젊은 층의 인구가 가장 많은 국가다. 2020년 평균 연령은 미국 37세, 유럽 45세, 일본 48세, 중국 37세 등으로 예상되는데, 인도는 29세다. 인도의 시골 시장은 잠재성이 매우 높은 시장이다.

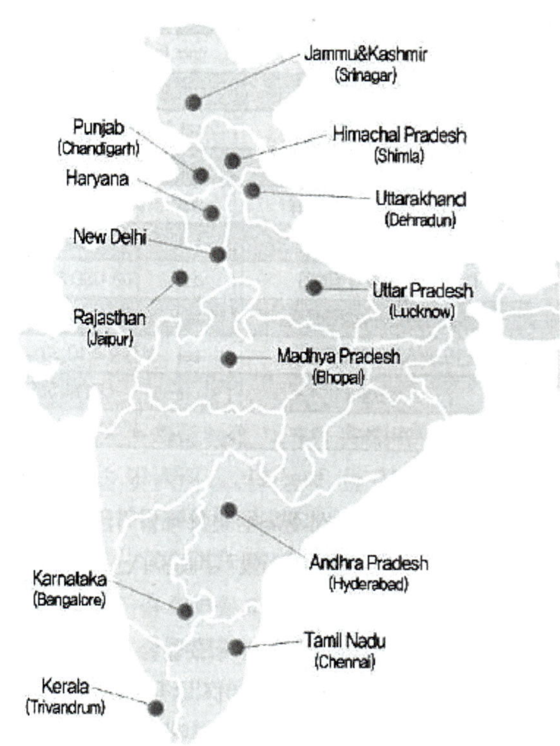

그림 6-41 인도의 주요 거점 도시

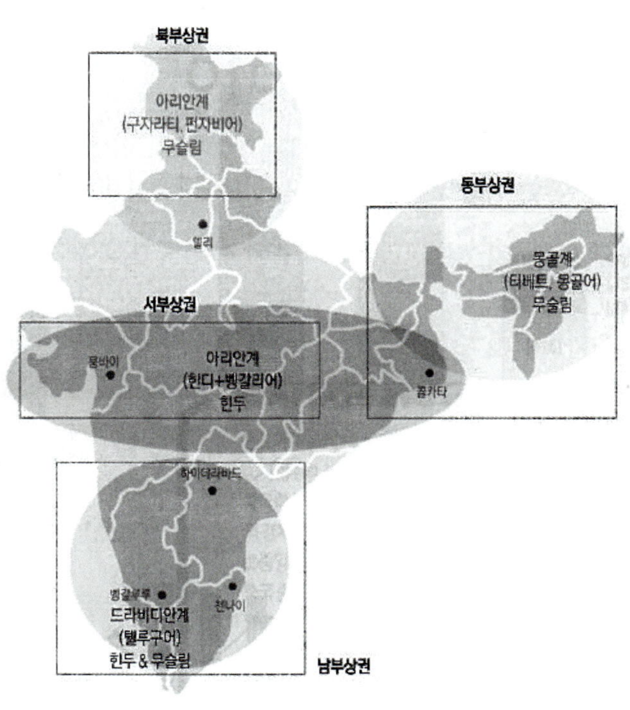

*힌두 80.5%, 무슬림 13.4%, 기독교 2.3%, 시크교 1.9%, 불교 0.8%, 자이나교 0.4%순이며, 힌두와 무슬림은 전국적 분포를 이루고 있음.

그림 6-42 인도의 다양한 지역성

2014년 미국의 시장조사기관 Nielsen에 따르면, 인도 시골의 소비 증가율이 도시보다 1.5배 높다. 인도의 시골 소비재 규모는 2025년 1,000억$를 돌파할 것으로 예상된다. 인도 제 1의 자동차 생산업체 TATA Motors를 비롯해서 일본의 자동차 기업 Maruti Suzuki, 세계 제 1의 천연 헬스케어업체 Dabur, Coca-Cola 등은 이 대규모 잠재 시장 개발에 최대의 노력을 경주하고 있다.

인도의 정부는 일 처리가 늦는 등 관료주의가 팽배하다. 1947년 영국으로부터 해방되기까지 200년 이상을 영국의 통치 하에 있었기 때문이다. 2008년 정부가 통과시킨 '정보공개법'이 그 정부 문화를 바꾸어줄 것으로 기대되고 있다. 인도의 비즈니스 문화도 전통적으로 느린 문화이며, 서열 중심 문화(high power distance)이기도 하다. 그러나 최근 인도의 대기업들은 외국 국적을 갖고 있는 사람이나 재외 동포를 CEO와 임원으로 고용하며, 그 문화를 서서히 바꿔나가고 있다.

이와 같은 환경 하에 주한인도 상공회의소 사무총장 장국현과 Imagindia 대표 로빈더 사크데브는 인도에서 성공적인 비즈니스를 위한 노하우를 다음과 같이 제시하고 있다.

① 협상에서 마지막 카드는 섣불리 내놓지 마라.
② 실제적인 비즈니스는 사석에서 이루어진다.
③ 화를 내지 마라.
④ 인도 파트너의 가족들과 신분을 쌓아라.
⑤ 파트너의 말을 경청해라.
⑥ 무엇이든 문서로 남겨라.

1985~2005년 기간 중 인도 농촌 지역 극빈층은 94%에서 61%로 감소했으며, 2025년 경에는 26%까지 감소할 것으로 예상된다. Mckinsey Global Institute의 보고에 의하면, 인도의 부의 구조는 〈표 6-23〉과 같이 기존의 피라미드형에서 2025년에는 다이아몬드형으로 바뀌게 될 것으로 전망된다.

표 6-23 인도 국민 소득에 따른 5개 계층별 전망도

계층		연 소득(단위 루피)	총 가처분소득(단위:1조 루피)		
			2005	2015	2025
1	Global(상위 계층)	〉1,000,000	2	6.3	21.7
2	Striver(분투 계층)	500,000~1,000,000	1.6	3.8	20.9
3	Seeker(탐색 계층)	200,000~499,999	3.1	15.2	30.6
4	Aspirer(열망 계층)	90,000~199,999	11.4	14.5	13.7
5	Deprived(박탈 계층)	〈 90,000	5.4	3.8	2.6

출처: 안진환(2010), 《Market 3.0 모든 것을 바꾸어놓을 새로운 시장의 도래》, p.218

수단에 표시된 점선은 2011년 중반에 독립한 남수단과 북수단을 분리하는 선이다. 모가디슈에서 남쪽으로 약 1,530km 지점에 있는 코모로도 아랍 연맹에 소속된 나라이지만, 이 지도에는 나와 있지 않다. 텍사스 대학, 페리-카스타네다 도서관 지도 소장품

그림 6-43 아랍 연맹 지도

출처: Vijay Mahajan(2013), 《아랍파워》

3. 기회의 지역 아랍 세계

3-1. 아랍 세계의 구성과 경제적 환경

지구상에서 가장 독특한 문화를 갖고 있는 지역은 22개 국으로 구성돼있는 아랍 연맹이다(〈그림 6-43〉 참조).

2015년 기준, 아랍 세계에는 약 3억 5천여만 명의 소비자가 있다. GDP 기준 아랍 세계는 Italy에 이어 인도보다 앞선 세계 9위의 경제국이며, Saudi Arabia, UAE, Egypt, Algeria, Kuwait, Qatar, Morocco, Iraq, Libya, Sudan의 순으로 GDP가 높다.

표 6-24 2017년 원유 매장량 세계 순위

(단위: 배럴)

순위	국가	매장량
1	Venezuela	2,984억
2	Saudi Arabia	2,683억
3	Canada	1,710억
4	Iran	1,578억
5	Iraq	1,442억
6	Kuwait	1,409억
7	Russia	1,032억
8	U.A.E	978억
9	Libya	483.6억
10	Nigeria	370.7억

출처: http://geology.tistory.com/740

표 6-25 2016년 원유 수출량 세계 순위

(단위: 배럴)

순위	국가	매장량
1	Saudi Arabia	7,416
2	Russia	4,888
3	Iraq	3,301
4	Canada	3,210
5	U.A.E	2,637
6	Nigeria	2,231
7	Angola	1,745
8	Kuwait	1,711
9	Venezuela	1,548
10	Kazakhstan	1,466

출처: blog.naver.com/goodchoy/221173534525

1인 당 GDP는 Qatar가 가장 높으며, 그 다음이 Kuwait로서 이 두 국가의 수치는 미국보다도 높다. '사막의 유전 밭'으로 알려져 있는 Gulf 유전국, 즉 Saudi Arabia, UAE, Kuwait, Qatar, Oman, Bahrain 6개 국은 GCC라고 부른다. 아랍 세계의 가계 지출은 GDP의 49%로서 미국의 71%보다는 낮으나, 중국의 37%보다는 높다. 아랍 세계의 소위 '돈줄'인 원유 매장량과 수출량의 세계 순위는 〈표 6-24〉 및 〈표 6-25〉와 같다.

3-2. 아랍 세계의 국제 기업 사례

아랍 국가들은 Israel에 제품을 판매하는 대부분의 기업을 거부한다(Israel도 마찬가지다). 따라서 McDonald's, Toyota, Pepsi는 아랍 세계에서는 흔히 볼 수 있으나, Israel은 반대다(제한받고 있다). Coca-Cola가 어렵게 아랍 세계에 진출했으나, '빨간 Pepsi'로 불릴 정도로 아랍 세계에서는 Pepsi에 완전히 뒤져있다. 아랍 세계에서 KFC를 비롯한 국제 브랜드들은 뿌리 깊은 현지 브랜드들과 치열한(상대적으로 불리한) 경쟁을 해야 한다.

아랍 세계 최고의 브랜드는 Emirate Airlines다. Emirate Airlines는 수많은 세계 최초의 기록을 갖고 있다. 1992년 모든 좌석에 전용 비디오, 1993년 Airbus 비행단 전체에 기내 전화기 및 1994년 기내 fax, 1999년 좌석에 전자식 작동 사생활 보호용 후드, 2000년 Airbus의 A380기, 2003년 시차증을 줄일 수 있게 항공기 천장 패널에 비춘 밤하늘 이미지, 탑승 중 안전하게 사용할 수 있는 휴대폰, 2010년 World Cup 경기 기내 생중계 등이 그것이다.

국제 브랜드 중 아랍 세계에서 가장 성공한 브랜드는 미국의 Aramex 배송 기업이다. Airborne Express와 합작, FedEx와 서비스 배달 협정을 맺은 이 거대 배송업체는 아랍 세계에 소비자 가정으로 직접 제품을 배달하는 택배 시스템 구축 및 도로 주소가 없는 지역에서 고객 위치를 파악하는 방법을 찾아내는 등 아랍 세계에서 가장 존경받는 기업이 됐다.

아랍 세계에서 성공한 기타 브랜드로는 Unilever와 P&G가 있다. Unilever와 P&G는 다국적 기업이지만, 아랍 세계에서는 'multi-local' 전략으로 접근했다. 특히 P&G는 '현지 존재감'을 핵심적 전술로 삼아 시장을 장악했다. 예를 들어, Egypt P&G 직원의 99%는 Egypt인이다. 그 외에 아랍인들이 선호하는 국제 브랜드들은 Toyota, Sony, Armani, Pepsi, Rolex, HP, Nike, 삼성, Louis Vuitton 등이다.

3-3. 관광 측면에서의 아랍 세계

아랍 세계가 폐쇄적인 이미지를 갖고 있지만, 위치는 국제적으로 hub(중심지)에 해당된다. Dubai 국제공항은 세계에서 가장 붐비는 항공 hub이다. 2017년에 건설된 Al

Maktoum 국제공항은 최대 1억 6천만 명의 승객을 처리할 수 있는 규모다. UNWTO의 자료에 의하면, 관광객 수에 있어서 아랍 세계는 세계 1위의 France보다 많은 관광객을 유치하고 있다. 아랍 세계의 최대 여행사 Kanoo Travel과 Altair Group이 여행사의 역할을 주도하고 있으며, Emirate Airlines 외에 Bahrain의 Gulf Air, Abu Dhabi의 Etihad Airways, Qatar Airways, Saudi Arabia Airlines, Morocco의 Royal Air Maroc, Egypt Air, Libya의 Afriqiyah Airways 등이 교통의 역할을 주도하고 있다.

Petra에서 pyramid까지에 이르는 문화 관광, 세계 3대 종교 발상지 Syria의 Damascus를 중심으로 하는 종교 관광, 사막에서 펼쳐지는 사냥, 캠핑, 자동차 레이스, 낙타 레이스, 경마 등의 모험과 스포츠 관광 등이 대표적 관광 유형들이다.

Dubai의 관광산업 정책은 '비전 2010'을 통해 석유가 고갈된 뒤에도 Dubai가 살아남기 위한 생존 전략으로 추진됐다. 세계 최고, 최대, 최초 전략을 추진했는데, 평범한 것으로는 승산이 없다고 판단하여 이슈가 될만한 관광 상품을 개발했다. 대표적인 예로서 세계 최고의 7성급 호텔(Burj Al Arab), Burj Dubai 건설 추진, 대규모 인공섬(Palm Island, The World) 등이 건설됐다.

또한 세계 최대의 주제 공원, Sports City, Universal Studio, Tiger Woods Dubai, Motor City 등 23개의 주제 공원, 30여 개의 호텔이 건설됐다. 전체 조성 면적은 미국 Disney Land의 8배 규모다. 관광산업의 활성화를 위하여 Dubai World Cup(경마), Dubai Desert Classic(골프), A1 Grand Prix Dubai(자동차 경주) 등의 스포츠 이벤트와 DSF(Dubai Shopping Festival) 등 쇼핑 이벤트를 정기적으로 개최하고 있다. Dubai는 또한 Dubai Expo 2020에 7.1조$를 투자, 45,000개의 객실을 추가로 건설했다. 비즈니스 hub 정책으로는 먼저 DWTC(Dubai World Trade Center)를 통해 Dubai를 세계적인 종합 전시장으로 발전시키는 것을 목표로 하고 있다. 또한 보다 편리한 비즈니스 및 관광 hub 정책을 위해 Emirate Airlines를 설립했다.

3-4. 아랍 세계의 사회문화적 환경

아랍 세계는 매우 다양한 문화를 갖고 있다. 85%가 Muslim이며, 다른 다양한 종교도 존재한다. 따라서 Unilever와 P&G의 성공 비결이었던 'multi-local'이 기업들에게 있어서 아랍 세계 성공의 열쇠다. 인종도 마찬가지다. 아랍 세계의 소비자는 아랍인들만이 아니라 남아시아인 등 많은 인종이 섞여있다. 예를 들어 Dubai에 거주하는 Arab Emirates인은 불과 20%밖에 되지 않는다.

언어도 표준 아랍어가 있긴 하지만, 방언이 많고 영어, 불어 등 다양하다. 또한 Islam과 아랍 문화가 너무 섞여있어 외부인들은 그 차이를 모르고 지나간다. 굳이 통일된 것이 있다면, Islam이 아랍 문화의 토대가 된다는 것이다. 그것은 Shahada(Islam의 신앙 고백), Salah(예배), Saum(라마단 중의 단식), Zakat(자선 기부/구휼세), Hajj(메카 순례) 등 5개로 나뉘어져있는 Islam 문화의 5대 기둥이다.

부록 2 Big Data

인터넷의 발달로 온라인상에서 수많은 정보가 공유되고 저장되고 있다. 이렇게 저장된 정보를 활용하여 또 다른 유의미한 정보를 얻어낼 수 있다. 하지만 이 정보는 적게는 만 건에서 많게는 수십억 건에 이르기까지 그 양이 굉장히 큰데 이러한 큰 사이즈의 데이터를 Big Data라고 한다. Big Data는 가시화시키기 힘들기 때문에 최적화된 분석 툴을 통해 자료 형태를 가공하여 분석을 하게 된다.

일반적으로 인터넷에 존재하는 데이터는 Data Base라는 저장소에 저장된다. 이 Data Base에 있는 정보를 활용하여 다양한 분야에서 유의미한 정보를 찾아내고 있다. 하지만 Data Base에 있는 정보에 접속하는 권한은 관리자 권한이 부여된, 일반적으로 Data Base를 사용하고 있는 기업, 또는 개인만이 갖고 있기 때문에, 실제 Big Data 분석은 개인보다 기업측에서 실시한다.

하지만 인터넷상에 보이는 수많은 정보를 Data Base에 접근하지 않고, 그대로 긁어서 모으는 방법이 만들어졌는데, 이것을 'Crawling'(긁기)이라고 한다. Crawling은 방대한 양의 정보를 일종의 복사와 붙여넣기를 하는 반복 작업을 사람의 손 대신 컴퓨터가 빠른 속도로 처리해주는 것인데, 이를 통해 개인이나 작은 단체에서도 Big Data를 다룰 수 있는 방안이 생겨났다. 이는 해당 웹페이지의 서버에 과부하를 일으키고 페이지에 보이는 내용이더라도, 기업 내의 정보를 거의 그대로 가져오는 것이기 때문에 최근 Crawling을 하지 못하게 막고 있는 추세이다.

Big Data의 또 다른 특징은 통계 분석에서 자주 활용되는 숫자와 같은 비율 척도보다 잘 사용되지 않는, 글자와 같은 명목 척도가 많다는 것이다. 사람들이 인터넷상에 올린 의견, 뉴스 내용 등은 모두 숫자가 아닌 문자로 되어있는데, 이를 분석하기 위해 Text Mining이라는 분석 기법이 개발되었다. Text Mining은 비정량 데이터를 정량화시키기 위하여 문장을 '형태소' 단위로 나누고 분석에 필요한 명사, 형용사, 부사만을 추출하여 각각 빈도 수를 추출하여 활용하는 분석이다. 최근 다양한 방법의 Text Mining이 개발되었다(Trip Advisor case 참조).

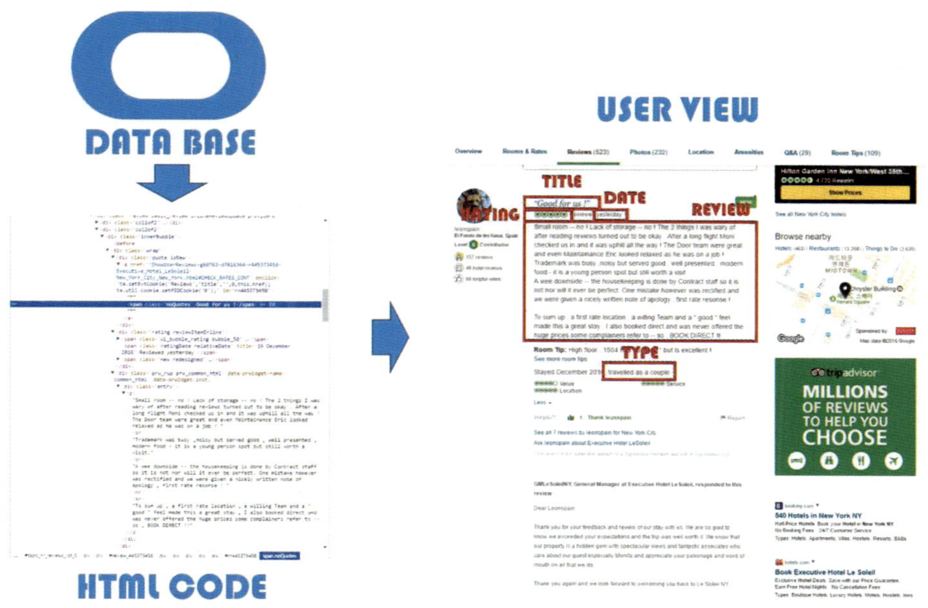

Trip Advisor Case

www.tripadvisor.ca는 전 세계의 호텔, B&B, 민박, 식당의 평점과 이용 리뷰, 가격 등의 정보 검색 사이트다. 호텔 외식업 분야에서 활용할 수 있는 방대한 자료가 존재하며, 이를 활용한 분석이 최근 점점 많아지고 있는 추세이다.

위의 그림과 같이 tripadvisor의 Data Base에 저장되어 있는 정보는 실제 웹페이지에 나타나는데 이를 Crawling을 통해 아래와 같이 자료를 가져올 수 있다.

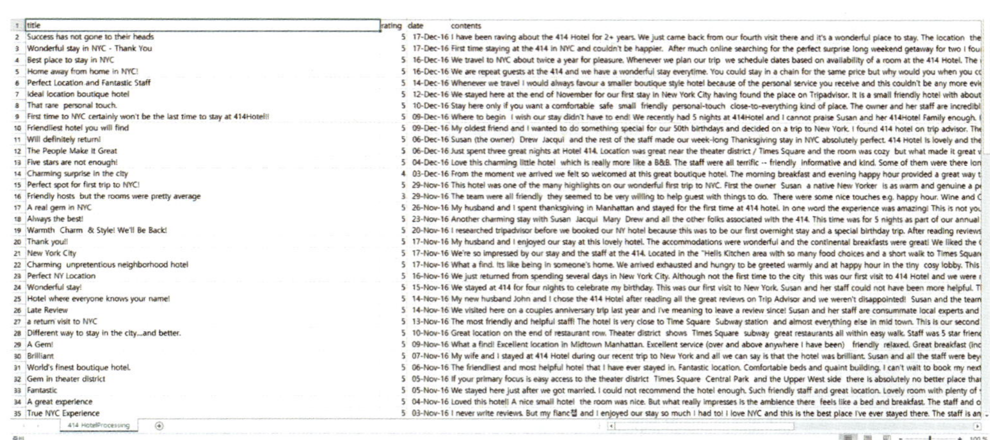

1	title	rating	date	contents
2	Success has not gone to their heads	5	17-Dec-16	I have been raving about the 414 Hotel for 2+ years. We just came back from our fourth visit there and it's a wonderful place to stay. The location the
3	Wonderful stay in NYC - Thank You	5	17-Dec-16	First time staying at the 414 in NYC and couldn't be happier. After much online searching for the perfect surprise long weekend getaway for two I fou
4	Best place to stay in NYC	5	16-Dec-16	We travel to NYC about twice a year for pleasure. Whenever we plan our trip we schedule dates based on availability of a room at the 414 Hotel. The
5	Home away from home in NYC!	5	16-Dec-16	We are repeat guests at the 414 and we have a wonderful stay everytime. You could stay in a chain for the same price but why would you when you cc
6	Perfect Location and Fantastic Staff	5	14-Dec-16	Whenever we travel I would always favour a smaller boutique style hotel because of the personal service you receive and this couldn't be any more evi
7	Ideal location boutique hotel	5	12-Dec-16	We stayed here at the end of November for our first stay in New York City having found the place on Tripadvisor. It is a small friendly hotel with about
8	That rare personal touch.	5	10-Dec-16	Stay here only if you want a comfortable safe small friendly personal-touch close-to-everything kind of place. The owner and her staff are incredibl
9	First time to NYC certainly won't be the last time to stay at 414Hotel!!	5	09-Dec-16	Where to begin I wish our stay didn't have to end! We recently had 5 nights at 414Hotel and I cannot praise Susan and her 414Hotel Family enough.
10	Friendliest hotel you will find	5	09-Dec-16	My oldest friend and I wanted to do something special for our 50th birthdays and decided on a trip to New York. I found 414 hotel on trip advisor. The
11	Will definitely return!	5	06-Dec-16	Susan (the owner) Drew Jacqui and the rest of the staff made our week-long Thanksgiving stay in NYC absolutely perfect. 414 Hotel is lovely and the
12	The People Make It Great	5	06-Dec-16	Just spent three great nights at Hotel 414. Location was great near the theater district / Times Square and the room was cozy but what made it great v
13	Five stars are not enough!	5	04-Dec-16	Love this charming little hotel which is really more like a B&B. The staff were all terrific -- friendly informative and kind. Some of them were there lon
14	Charming surprise in the city	4	03-Dec-16	From the moment we arrived we felt so welcomed at this great boutique hotel. The morning breakfast and evening happy hour provided a great way t
15	Perfect spot for first trip to NYC!	5	29-Nov-16	This hotel was one of the many highlights on our wonderful first trip to NYC. First the owner Susan a native New Yorker is as warm and genuine a pe
16	Friendly hosts but the rooms were pretty average	3	29-Nov-16	The team were all friendly they seemed to be very willing to help guest with things to do. There were some nice touches e.g. happy hour. Wine and C
17	A real gem in NYC	5	26-Nov-16	My husband and I spent thanksgiving in Manhattan and stayed for the first time at 414 hotel. In one word the experience was amazing! This is not you
18	Always the best!	5	23-Nov-16	Another charming stay with Susan Jacqui Mary Drew and all the other folks associated with the 414. This time was for 5 nights as part of our annual
19	Warmth Charm & Style! We'll Be Back!	5	20-Nov-16	I researched tripadvisor before we booked our NY hotel because this was to be our first overnight stay and a special birthday trip. After reading reviews
20	Thank you!!	5	17-Nov-16	My husband and I enjoyed our stay at this lovely hotel. The accommodations were wonderful and the continental breakfasts were great! We liked the (
21	New York City	5	17-Nov-16	We're so impressed by our stay and the staff at the 414. Located in the "Hells Kitchen area with so many food choices and a short walk to Times Squar
22	Charming unpretentious neighborhood hotel	5	17-Nov-16	What a find. Its like being in someone's home. We arrived exhausted and hungry to be greeted warmly and at happy hour in the tiny cosy lobby. This
23	Perfect NY Location	5	16-Nov-16	We just returned from spending several days in New York City. Although not the first time to the city this was our first visit to 414 Hotel and we were
24	Wonderful stay!	5	15-Nov-16	We stayed at 414 for four nights to celebrate my birthday. This was our first visit to New York. Susan and her staff could not have been more helpful. T
25	Hotel where everyone knows your name!	5	14-Nov-16	My new husband John and I chose the 414 Hotel after reading all the great reviews on Trip Advisor and we weren't disappointed! Susan and the team
26	Late Review	5	14-Nov-16	We visited here on a couples anniversary trip last year and I've meaning to leave a review since! Susan and her staff are consummate local experts and
27	a return visit to NYC	5	13-Nov-16	The most friendly and helpful staff! The hotel is very close to Time Square Subway station and almost everything else in mid town. This is our second
28	Different way to stay in the city...and better.	5	10-Nov-16	Great location on the end of restaurant row. Theater district shows Times Square subway great restaurants all within easy walk. Staff was 5 star frienc
29	A Gem!	5	09-Nov-16	What a find! Excellent location in Midtown Manhattan. Excellent service (over and above anywhere I have been) friendly relaxed. Great breakfast (inc
30	Brilliant	5	07-Nov-16	My wife and I stayed at 414 Hotel during our recent trip to New York and all we can say is that the hotel was brilliant. Susan and all the staff were bey
31	World's finest boutique hotel.	5	06-Nov-16	The friendliest and most helpful hotel that I have ever stayed in. Fantastic location. Comfortable beds and quaint building. I can't wait to book my next
32	Gem in theater district	5	05-Nov-16	If your primary focus is easy access to the theater district Times Square Central Park and the Upper West side there is absolutely no better place thai
33	Fantastic	5	05-Nov-16	We stayed here just after we got married. I could not recommend the hotel enough. Such friendly staff and great location. Lovely room with plenty of
34	A great experience	5	04-Nov-16	Loved this hotel! A nice small hotel the room was nice. But what really impresses is the ambience there feels like a bed and breakfast. The staff and o
35	True NYC Experience	5	03-Nov-16	I never write reviews. But my fianc招 and I enjoyed our stay so much I had to! I love NYC and this is the best place I've ever stayed there. The staff is an

414 HotelProcessing

준비 100%

실례로 미국 New York시에 있는 400여 개 호텔의 리뷰, 평점, 날짜, 이용객 형태 등의 방대한 자료에 대해 필자가 Big Data 분석을 실시한 결과는 다음과 같다.

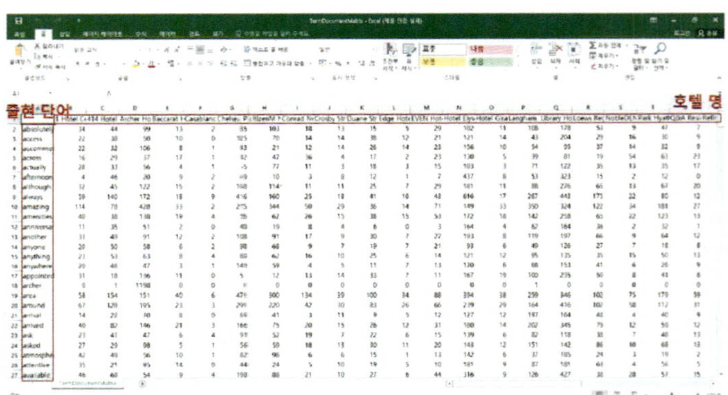

Text Mining 결과

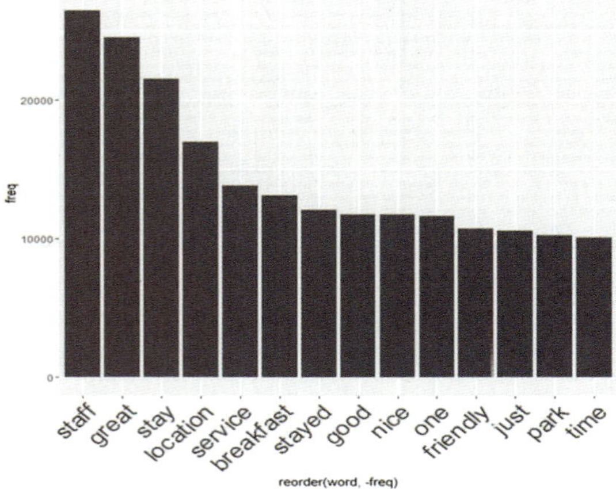

10000번 이상 출현 단어

Word Cloud

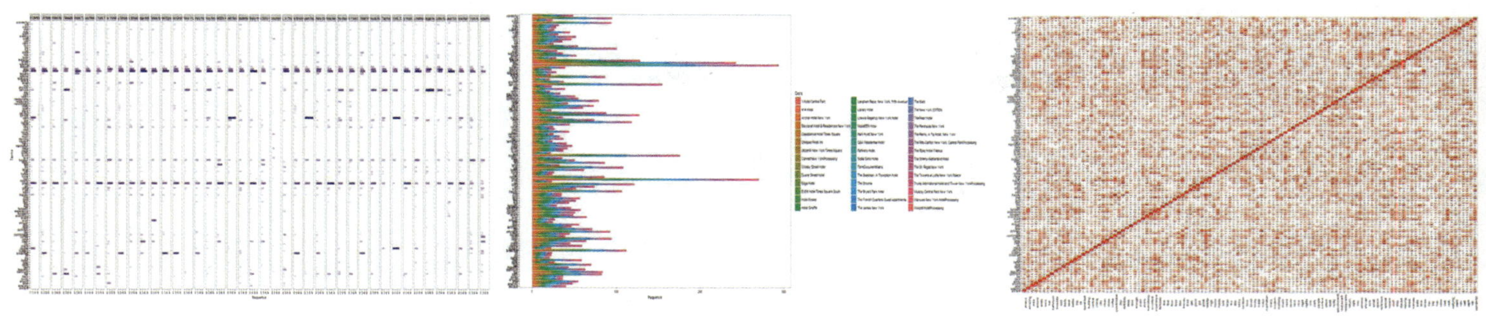

Word Frequency Graph 1　　Word Frequency Graph 2　　Word Correlation Graph

위의 분석 방법들은 단어들의 case마다 빈도 수를 파악하여 여러 가지 형태로 자료를 변환한 결과다. 반면 최근 동시에 출현되는 단어를 분석하는 Text Network 분석도 개발됐다. Text Network란 하나의 리뷰, 또는 하나의 호텔을 기준으로 그 안에서 단어들이 동시에 몇 번을 출현했는지에 대해 행렬(Verbal Network Matrix)을 만들고, 특정 단어와의 관계 정도와 중심적으로 얼마나 많이 다른 단어들과 연관을 갖고 있는지를 다양한 형태의 그래프로 나타내는 것이다.

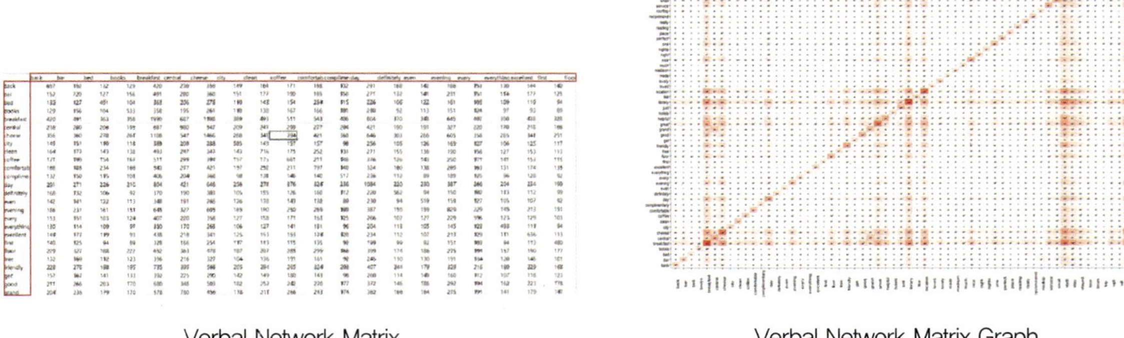

Verbal Network Matrix　　Verbal Network Matrix Graph

동시에 출현한 단어의 종류가 많을수록 중심성이 높고, 특정 단어와 출현한 횟수가 많을수록 그 단어와의 연결성이 높은 것인데, 중심성이 큰 단어가 안쪽에 놓이느냐(왼쪽 그림), 바깥쪽에 놓이느냐(오른쪽 그림)에 따라 그래프 형태가 달라진다.

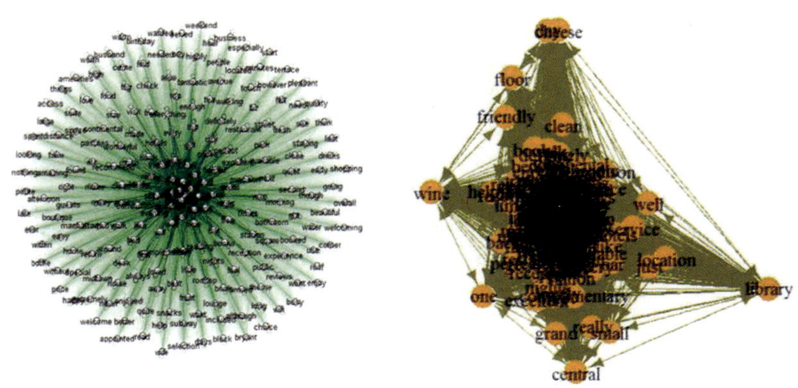

Text Network Graph

부록 3 IoT(사물인터넷)

부록Ⅱ는 필자가 삼성전자 자문 교수 시절에 발표한 내용에서 일부 발췌한 자료다.

1. 환대산업의 가치 사슬

환대산업 제품들과 산업 간의 가치 사슬(value chain)의 관계는 〈그림 1〉과 같다. 아래 그림과 같이 F&B 제품은 모든 산업과 관련되며, 그 다음 객실 제품은 대다수의 산업과 관련된다.

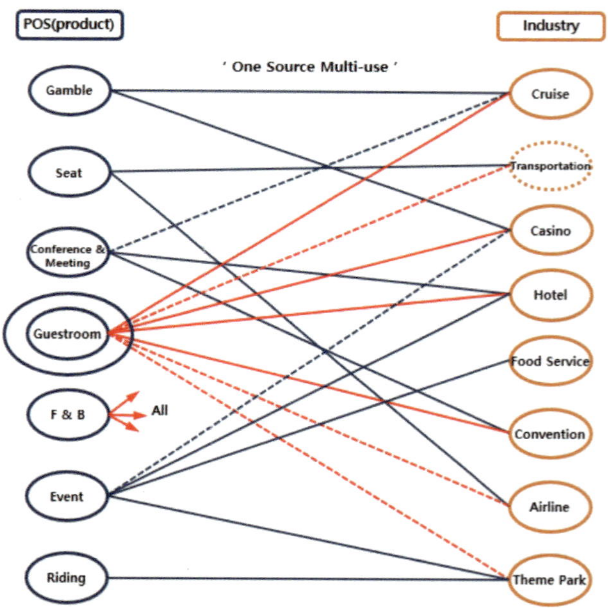

그림 1 Value chain in the hospitality industry

2. 호텔 제품의 IoT 적용 부문

〈그림 2〉는 전체 호텔 제품의 IoT 적용 부문을 나타내고 있다.

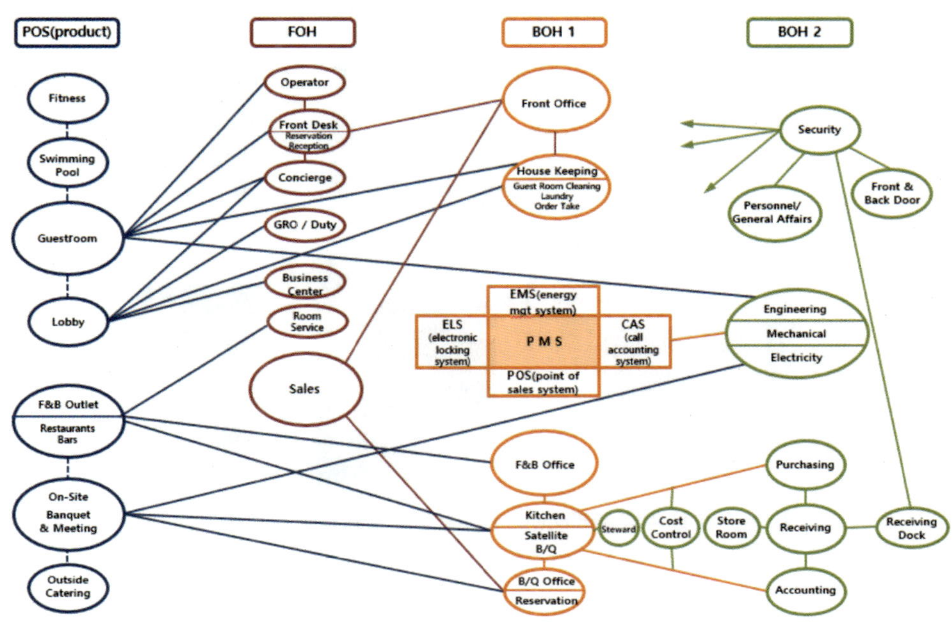

그림 2 IoT-Hotel Fit Diagram(©Wholistic point of view)

2-1. Zone of POS Core

〈그림 3〉은 호텔의 전체 부문 중 IoT 적용 시 가장 중요한 'Zone of Pos Core'인 객실 부문을 나타내고 있다.

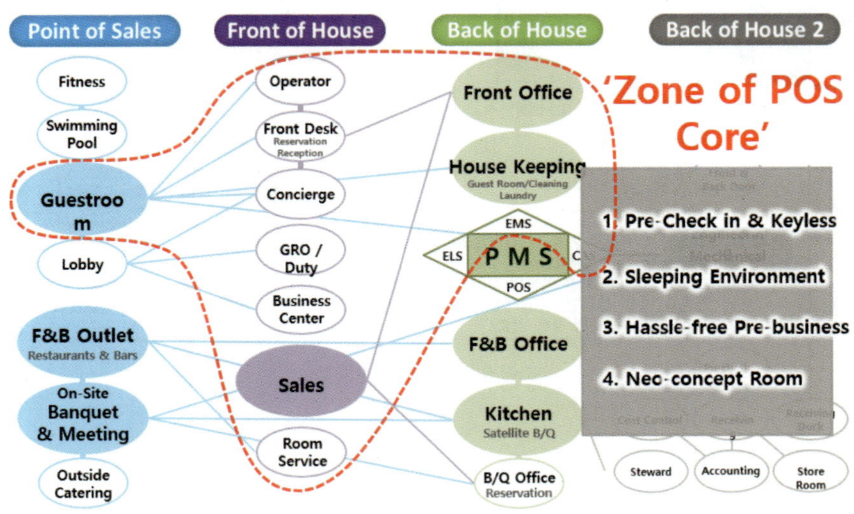

그림 3 Zone of POS Core

미래에 기대되는 IoT 도입과 그 내용은 〈그림 4〉, 〈그림 5〉, 〈그림 6〉, 〈그림 7〉과 같다.

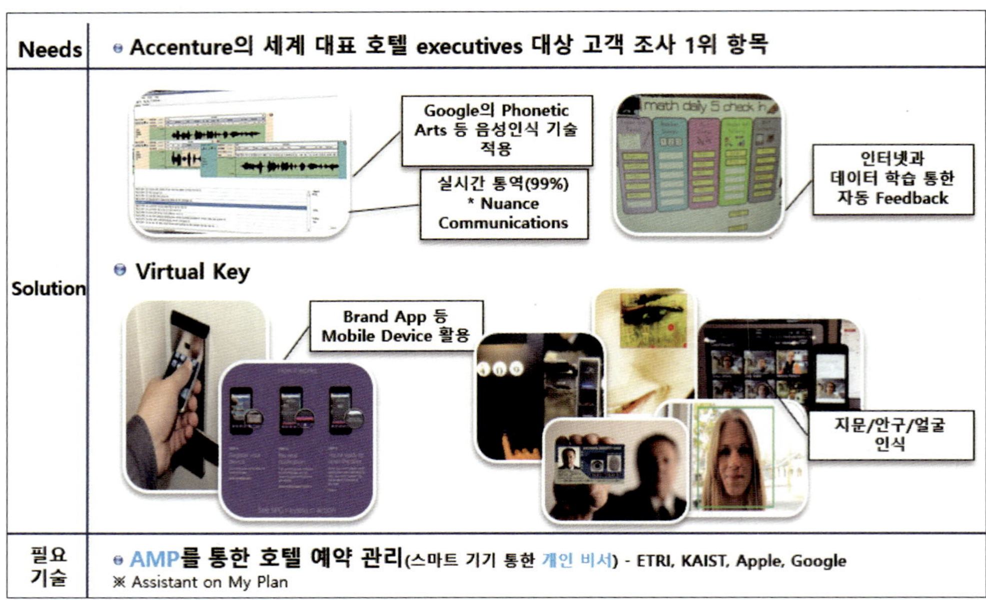

그림 4 음성 인식, virtual key, 지문/안구/얼굴 인식

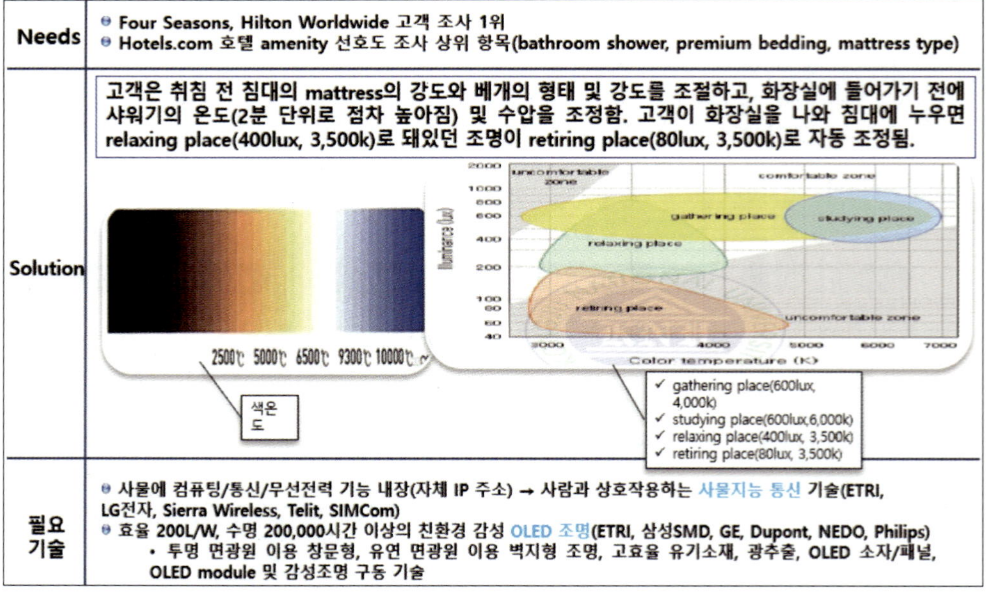

그림 5 객실의 취침 환경

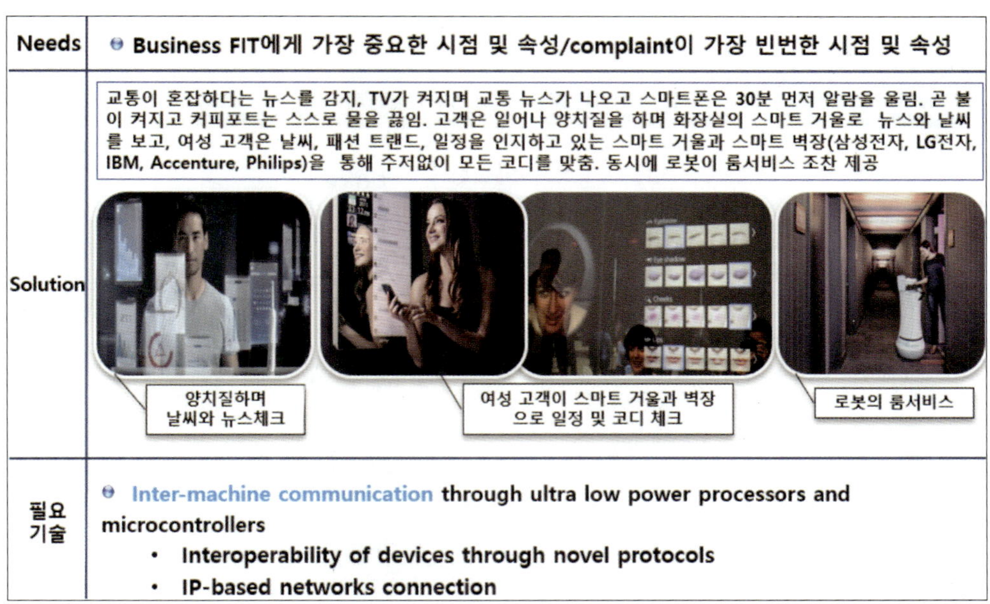

그림 6 Inter-machine communication

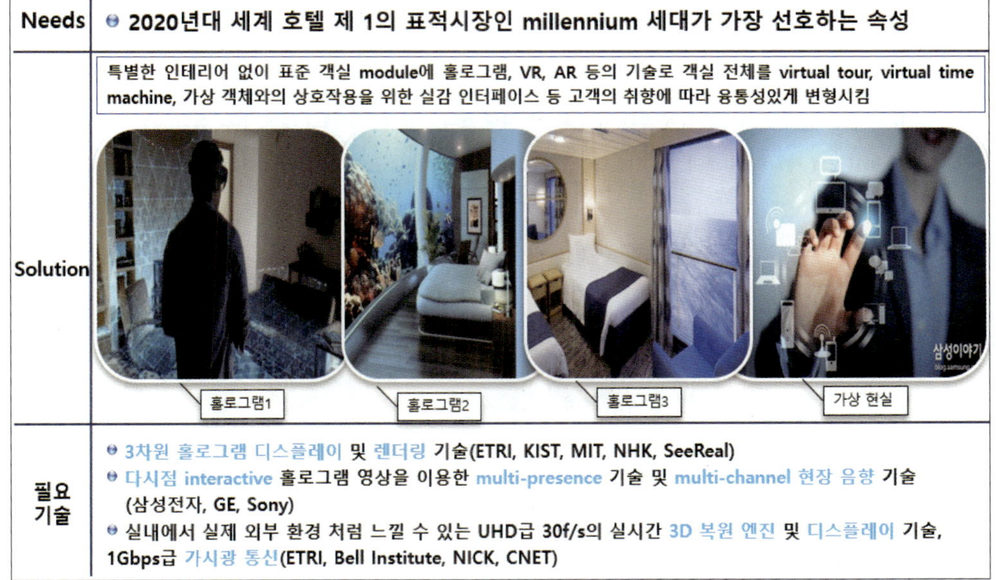

그림 7 미래의 객실

2-2. Zone of POS Blue Ocean

〈그림 8〉은 F&B 부문을 중심으로 하는 'Zone of POS Blue Ocean'을 나타내고 있다. 그 내용은 〈그림 9〉와 같다.

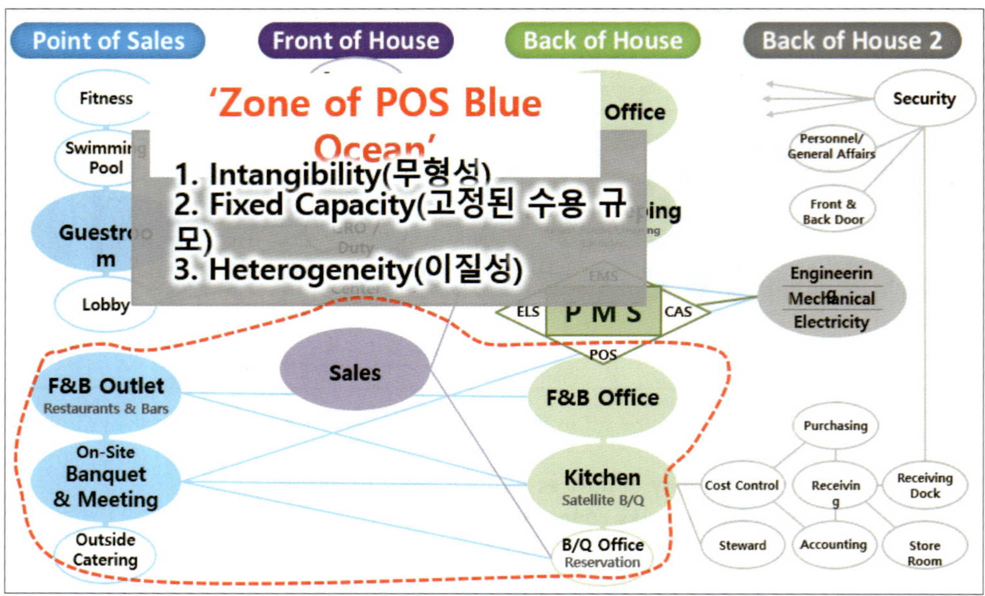

그림 8 Zone of POS Blue Ocean

그림 9 미래의 레스토랑

2-3. Zone of Eufunction, Zone of Indifference

〈그림 10〉은 주방, 창고, 'F&B cost analysis', 검수, 구매, 'receiving dock'(물품 입고 지역) 등을 중심으로 하는 'Zone of Eufunction'을 나타내고 있다. 본 교재에서는 소개하지는 않으나, 필자는 호텔의 CCTV, security, 시설부 등의 기타 지역을 'Zone of Indifference'로 분류했다. 'Zone of Eufunction' 및 'Zone of Indifference' 부문에 대한 예시는 본 교재의 특성상 생략한다.

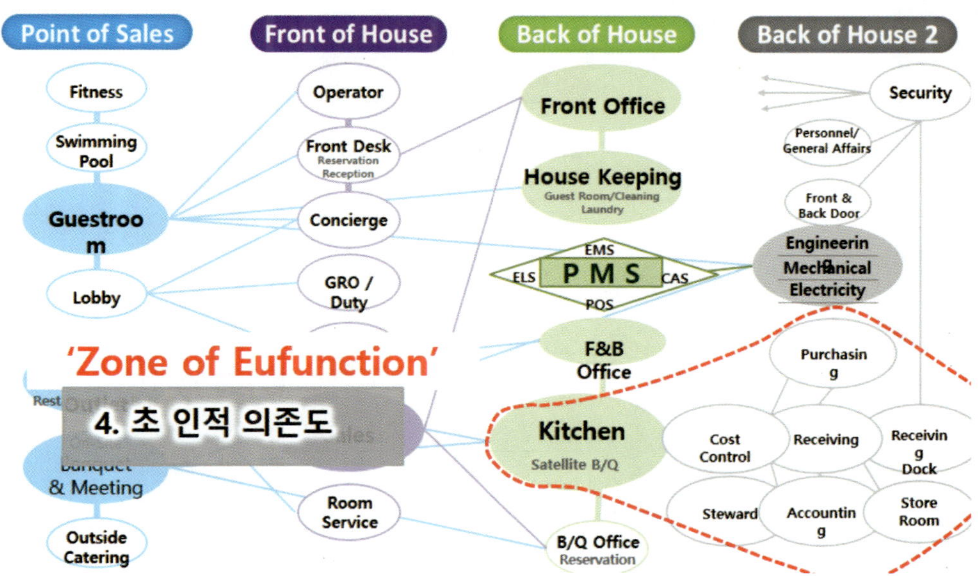

그림 10 Zone of Eufunction

환대산업 마케팅 전략 계획 모델(시장의 기회 위협, 경쟁)

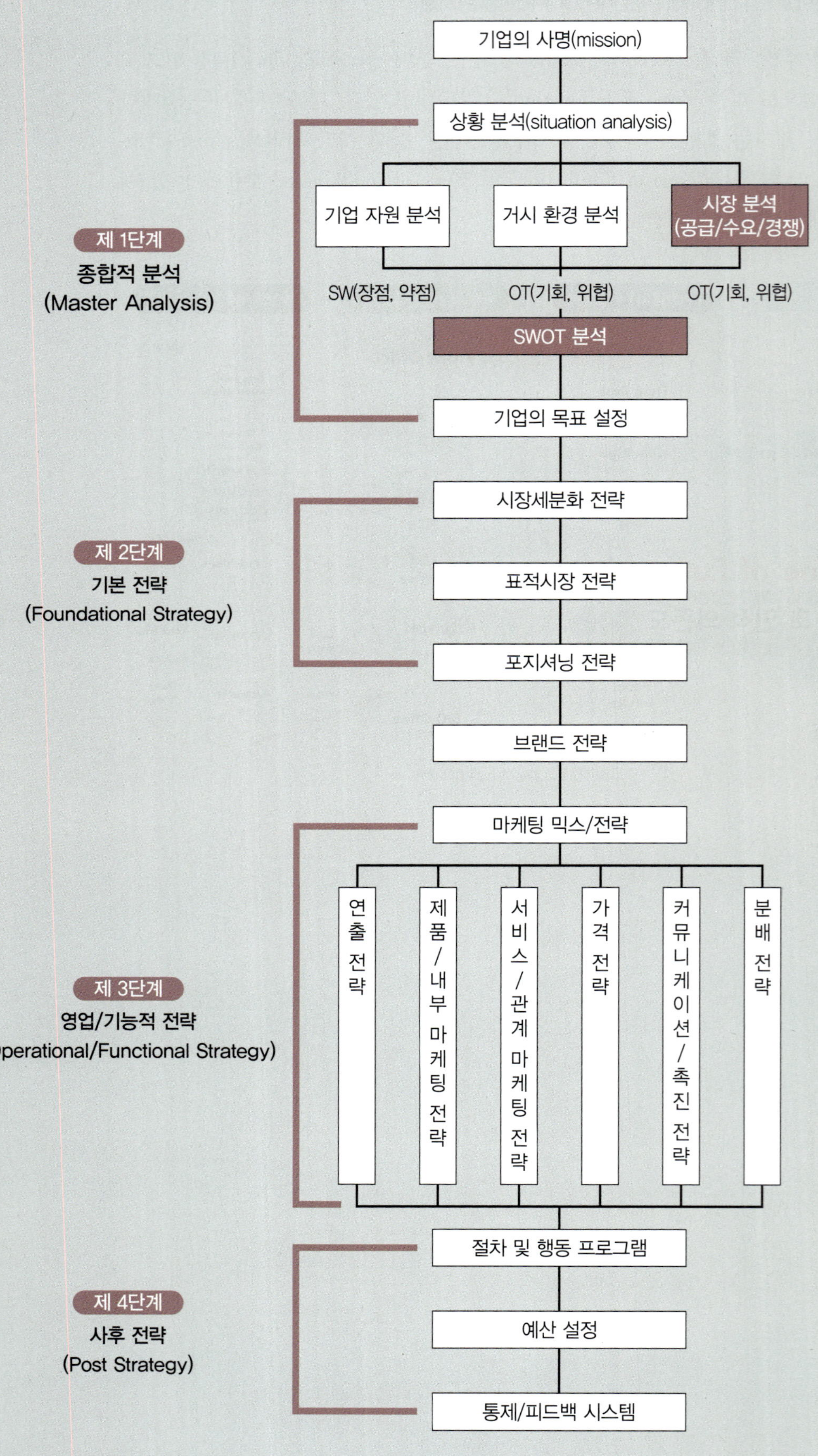

시장의 기회 위협, 경쟁

제 7 장

 시장의 기회와 위협

1. 시장 기회와 위협의 본질

1-1. 시장 기회 조성 환경의 증대

Sumer 국가 이후 지구에는 많은 문명이 일어섰다. BC 3200년 Nile에서, BC 2200년 Indus와 황하 강에서, BC 300년 Mexico와 Peru에서 일어선 문명들이 그것이다. 인류는 1만 2천 년이 지나서야 원시적 우주선(배)에 의해 다른 지구를 발견했다. 그러나 놀라운 사실은 서로 다른 지구의 문명과 문화의 조직과 구조가 매우 흡사했다는 것이다. 1492년 Christopher Columbus의 미주 발견, 1522년 Ferdinand Magellan의 세계 일주, 1455년 Johannes Gutenberg의 인쇄술 발명으로 인한 지식과 정보의 저장과 전파 등 서로 다른 세계에 대한 탐구와 문명의 교류를 통하여 현대의 범세계적 시대가 도래했다.

역사 이야기를 하고자 하는 것이 아니다. 현대는 정보화시대, 나아가 디지털시대다. 지구 전체가 하나의 시장이라는(시장의 실체성이 최대라는), 환언하면 시장의 기회가 널려있다는 호 조건을 기업이 유리하게 이용할 수 있는 힘과 능력을 갖추어야 할 시기에 이른 것이다. 현대 사회에서 주류가 되고 있는 융합은 마케터들에게 또한 새로운 시장의 기회를 제공하고 있다. 기업들이 '순수한' 진화보다 '시너지' 진화에 더 많은 노력을 기울이고 있는 가운데, 'divergence'(분기)에 대한 경쟁이 'convergence'(융합)에 대한 경쟁보다 상대적으로 쉬워지고 있는 시장 환경이 조성되고 있다는 의미다. 여기에 대한 설명은 경쟁, 제품차별화 등의 주제에서 자세히 다루기로 한다.

1-2. 기업 생존의 열쇠: 시장 기회의 발견

Darwin이 Malthus의 《인구론》을 연역적으로 추론하여 환경에 가장 잘 적응한 자가 살아남아 그 종이 존속된다는 생존 경쟁의 자연도태설을 《종의 기원(On the origin of species by means of natural selection)》에서 주장했듯이, 기업 생존에 있어서 주요 요건 중의 하나는 환경에의 적응이다.

표 7-1 대표적 시장 기회 사례

연도	제품명/회사명	발견된 세분시장
1995	Amazon	온라인 미디어 쇼핑 소비자
	eBay	비공식적인 제품 판매자, 구매자
1997	Prius	친환경적이고 부유한 자동차 구매자
	Blackberry	출장을 다니는 비즈니즈 여행객
1999	Netflix	배달 서비스 영화 시청자
	salesforce.com	비정보기술(IT) 고객 관리 추적
	Zipcar	도심 지역에서 시간 당 렌터카 이용자
2001	iPod, iTunes	불법 다운로드를 하지 않는 디지털 음악 팬
2006	Wii	하드코어를 즐기지 않는 게임 소비자
2007	iPhone	개인용 스마트폰 구매자
2008	Amazon Kindle	모바일 독서 소비자

출처: Dong-A Business Review(2009)

생물체와 비교하여 기업이 불리한 점이 있다면, 탄생 시에 환경 적응 능력을 선천적으로 갖추지 못한다는 것이다. 동물과 식물은 보호색, 빨리 달리는 능력, 적을 빨리 알아내는 능력, 후각, 청각 등 환경 적응에 필요한 능력과 본능을 선천적으로 갖추게 된다. 적도에서 태어나는 사람들은 햇빛으로부터 보호받을 수 있는 검은 피부를, 남북극에서 태어나는 사람들은 태양 비타민을 흡수할 수 있는 흰 피부를 부모로부터 부여받는다. 이러한 유전자를 선천적으로 갖추지 못하는 기업은 환경 적응에 있어서 그만큼 불리함을 안고 있다.

기업의 환경 적응 능력의 핵심은 시장의 기회를 발견하는 것이다. 시간이 지날수록 급박하게 더욱 빨리 진전되고 있는 변화는 그 기회를 잘 숨기거나, 발견되더라도 창을 빨리 닫아버리는 속성을 갖고 있다. 사마천의 《사기》에 "기회는 잡기는 어려우나, 놓치기는 쉽다"라는 말이 있다. 그러나 역설적으로 표현하자면 시장의 기회는 무수하다. 국경은 거미줄과 같으며, 세계 지도는 찢어졌다고 표현한 McKinsey&Co.의 오마에 켄이치 표현과 같이, 전 세계가 하나인 현시대에 기회는 무수히 존재하고 있다. 단지 기회의 정체를 잘 모르기 때문에 코앞에 있는 보물섬을 무심코 지나치고 있을 뿐이다.

1-3. 시장 기회와 위협의 함수 관계

시장의 기회와 위협 그리고 경쟁은 투자의 선물, 지수, 주가와 같이 결코 떨어질 수 없는 함수 관계를 형성하고 있다. 시장의 기회란 ①**소비자의 욕구와 필요가 만족되지 않고 있는**, ②**소비자의 문제가 존재하는**, ③**경쟁이 없거나 약한 곳**(상황)을 의미한다. 즉 시장의 기회는 반드시 발견되어야 하고 채워져야 하는 틈새(niche) 시장이라고 할 수 있다.

위협은 기회와 반대가 되는 개념이다. 일반적으로 부정적인 환경의 변화를 위협으로 간주하고 있는 경향이 많으나, 실제로는 대부분의 부정적 환경 변화 그 자체가 처음부터 위협을 제공하지 않는다는 사실을 주지해야 한다. 삼성 이건희 회장은 그의 저서 《이건희 에세이 : 생각 좀 하며 세상을 보자》에서 "변화의 흐름을 먼저 읽고 한 발 앞서 준비하자. 변화 속에는 항상 기회와 위기가 같은 크기로 존재한다"라고 했다. 고 정주영 회장도 "위기라는 말에는 위험과 기회의 의미가 담겨있다. 위험이라 생각할지, 기회라 생각할지는 각자의 몫이다"라는 말로 기회와 위협의 함수 관계를 설명한 적이 있다.

경제 위기는 신제품, 신 기술로 시장 판도를 바꿀 수 있는 절호의 기회로서 마쓰시타 고노스케 Panasonic 창립자는 항상 호황보다 불황을 선호했다고 한다. 역사적으로 수 많은 유명 기업들은 경제 위기 후에 탄생됐다(〈그림 7-1〉 참조).

현대의 숙박산업에서 최고의 성공을 일군 Airbnb도 사업 초기에는 7번의 투자 유치를 연이어 실패하면서 도산 위기에 몰렸다. 그러나 2009년 Wall Street발 금융 위기가 닥치며, 여행객들이 저렴한 숙소를 찾기 시작한 것이 판세를 뒤엎는 첫 계기가 됐다. 2011년부터는 급성장해 미국 Silicon Valley에서도 손꼽히는 유망 'startup unicorn'으로 선정됐다.

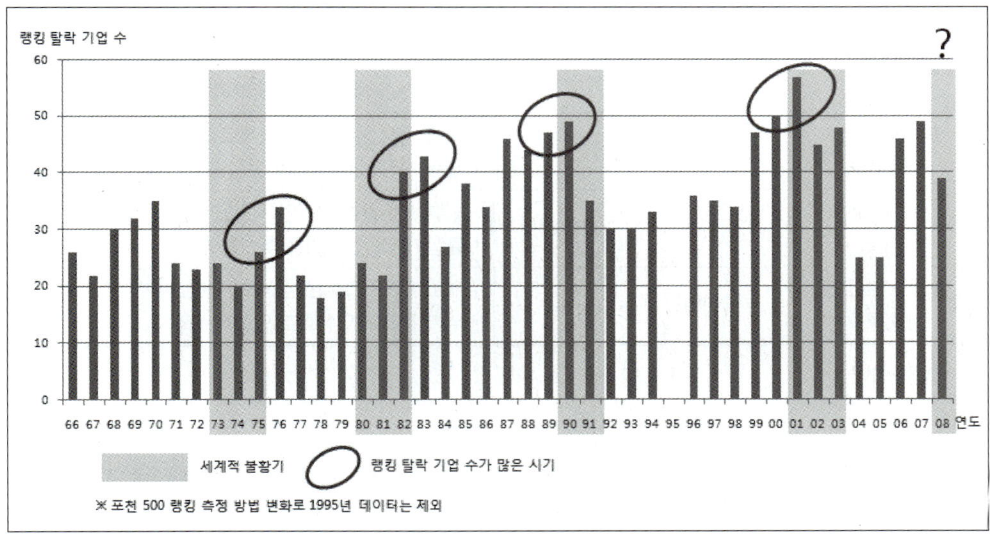

그림 7-1 경제 현상과 Fortune의 랭킹 탈락 기업의 수(1966~2008년)

경제 위기를 기회로 만든 유명 기업들

1878년 미국 경제 공황으로 많은 은행이 무너진 후, General Electric이 탄생됐고, 1907년 미국발 주가 대폭락, 즉 금융 공황 직후에 대량 생산의 상징인 'Ford 생산 방식'이 소개됐다. 컴퓨터의 원로격인 Eniac도 1945년 2차 세계대전 직후에 창립된 기업이다. 2차 오일 쇼크가 있었던 1970년대에 Microsoft(1975), Apple(1976)이 창립됐으며, 1977년에는 화투 게임 기업이었던 Nintendo가 세계 최대 게임 기업으로 재탄생했다.

아시아 외환 위기 직후, 세계 최대 인터넷 검색업체인 Google(1998)에 이어 국내의 NCsoft(1998)와 Naver(1999)가 창립되는 등의 사례가 위의 사실을 증명하고 있다. IT 거품 직후인 2001년에 Apple의 유명한 MP3 플레이어 iPod이 개발됐다. 일본의 Kirin 맥주, 미국의 Kellogg's 등의 기업도 경제 침체를 이용하여 각각 Asahi와 Post를 제치고 1위로 부상했던 기업들이다.

2009년까지의 글로벌 경제 위기가 기업 경영에 가져왔던 충격은 IT 버블 붕괴보다 무려 8배 이상(기간 2배, 강도 4배)으로 분석됐다. 삼성경제연구소에서는 매출 증가율, 영업 이익률, 업종 내 상대 비교, 추세 분석 등 다각도의 검토를 통해 경제 위기를 성공적으로 극복한 7개의 기업을 선정한 바 있다(〈표 7-2〉 참조).

표 7-2 글로벌 경제 위기 승자 7선

기업	업종	매출 성장률(%)	성공 요인
Anheuser-Busch InBev(Belgium)	식음료	100.5	• 다각화된 브랜드 관리로 시장 지배력 강화 • 비핵심 사업 매각을 통해 유동성 확보
Volkswagen (Germany)	자동차	33.3	• 브랜드 포트폴리오로 불황 충격 완화 • 신흥 시장에 강한 지역 포트폴리오로 성장세 지속
Novartis (Swiss)	헬스케어	42.3	• 블록버스터급 전문 의약품으로 안정 성장 • 선제적·지속적 신약 기술 확보
Apple (미국)	전자	110.0	• 혁신적인 제품 군을 활용하여 불황을 정면 돌파 • 제품 관련 생태계를 구축하여 가치를 제고
Bridgestone (일본)	화학	35.1	• 미국 시장 : 수직 통합 체제로 원가 경쟁력 제고 • 일본 시장 : 선제적으로 불황형 신사업을 전개
Google (미국)	IT 서비스	38.3	• 불황에 둔감한 온라인 시장을 장악 • 불황기에도 끊임없는 혁신을 추구
Noble Group (홍콩)	트레이딩	56.4	• '파이프라인'전략으로 수익 안정화 • 위기 관리의 일상화로 안정적 성장

출처 : 삼성경제연구소

본질적으로 동일한 환경 변화가 그에 대해 감지하지 못하고 영업에 부정적 영향을 받는 기업에게는 위협으로, 그러한 환경 변화를 미리 정사하고 앞서 대비한 기업에게는 기회로 작용하는 것이다. 즉 시장의 기회와 위협은 매우 상대적인 개념으로서, 아무리 부정적인 환경의 변화도 특정 기업에게는 매우 큰 기회가 될 수 있다는 것이다.

과거 미국의 고속도로에 Germany의 Volkswagen 자동차가 등장했다. 미국 사람들은 풍뎅이(beetle)라고 손가락질하며 대국, 대로에 등장한 소형차를 비웃었다. 그러나 그 웃음은 점차 사라졌으며, 대신 Germany 사람들이 크게 웃게 되었다. 즉 Germany 사람들은 미국 자동차 시장에서 소비자의 욕구와 필요가 만족되지 않고 있는 문제를 발견하여, 경쟁이 거의 없었던 소형차를 진입시킴으로써 대성공을 거둔 것이다. 물론 미국의 자동차 기업에게는 Volkswagen의 이러한 기회가 위협으로 작용됐다.

1-4. 시장 기회의 발견과 그 진정한 의미

시장의 기회란 보물섬과 같은 것이다. 보물을 소유하기 위해서는 우선 보물이 있는 위치를 알아야 한다. 그 위치(기회)는 범인들이 쉽게 찾을 수 있는, 우연히 발견되는, 행운적인 것이 아니다. 전술되었던 지속적인 환경 정사를 통하여 초인적인 통찰력과 예지력이 수반되어야만 그 가능성이 매우 희미하게 보일까, 말까 하는 보물섬인 것이다.

시장 기회를 제대로 이용하지 못한 제품들

1960년대 세계적인 franchise 붐이 있었다. 이 때 시장에 등장한 대표적인 신제품으로 Sizzlebord라는, 내용물이 보이는(open) 고급 샌드위치가 있었다. 또한 Whatta burger, Fuddrucker라는 고급(gourmet) 햄버거도(〈그림 7-2〉 참조) 대규모로 시장에 진입한 바 있다. 그러나 Sizzlebord는 3년만에, 고급 햄버거들은 10년만에 시장에서 퇴각하고 말았다. 미국 시장의 최초 다이어트 콜라도 같은 운명이었다.

그림 7-2 Fudddrucker

미국의 The Museum of Failure(〈그림 7-3 참조)에 전시되어 있는 무연 담배 Premier, 무색 콜라 Crystal Pepsi, 성인용 간편식 Singles, 스프레이식 치약 Doctor Care, 진공 캔 포장 땅콩 스넥 Fresh Roasted Penuts, 요리용 포도주 '포도주와 저녁을' 등의 제품들도 모두 같은 운명이었다.*

2017년 The Museum of Failure는 Sweden에도 개관했다. Colgate's의 Beef Lasagne, Harley-Davidson의 '오토바이 연상 향수', 2014년에 출시된 최초의 자연산 당분 음료 Coca-Cola Life, Coca-Cola의 커피향 음료 Black 등 실패한 제품들이 진열됐다.

위의 예에서 무연 담배 Premier의 사례를 살펴본다.

RJ Raynolds 기업은 3억 2,500만$의 비용을 투자하여 몇 차례의 시행착오(맛의 문제 등)를 극복하며 Premier 판매를 지속했으나 실패만 거듭했다. 이후 추가로 1억 2,500만$의 비용을 재투자하여 Eclipse라는 개선된 신제품*을 시장에 출시했으나 결과는 같았다. Premier는 불을 붙이기도 힘들었고, 재도 생성되지 않았으며, 고약한 냄새가 났다.

Premier는 흡연자들의 연기에 대한 욕구, Crystal Pepsi는 100년에 걸친 갈색 음료의 고정 관념, Singles는 유아용 이유식 병에 대한 성인들의 거부감, Doctor Care는 부모들의 걱정, 나머지 두 제품은 소비자들의 제품에 대한 오해 등으로 실패함.

Eclipse는 숯을 사용한 담배로 타지 않았기 때문에 기존 담배에 비해 연기가 거의 나지 않았고, 타 담배보다 타르와 니코틴의 함유량도 낮았음. '건강을 염려하는 자의 가장 좋은 선택은 담배를 끊는 것임. 그러나 계속 피우기를 원하는 자의 다음 선택은 Eclipse다'라는 광고도 전혀 효과를 보지 못함.

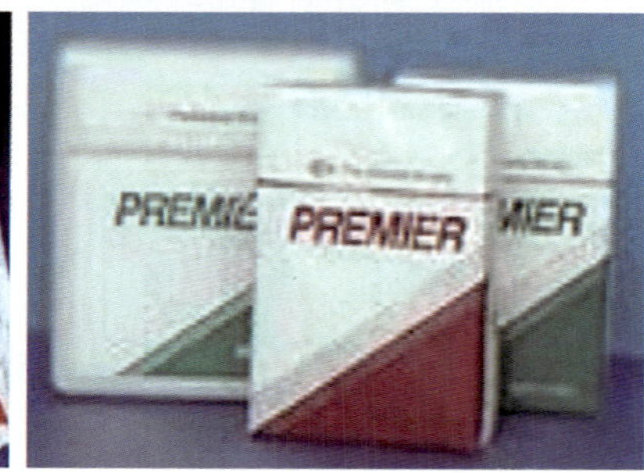

그림 7-3 The Museum of Failure, Crystal Pepsi, Premier
출처: http://www.google.co.kr

필자가 이 The Museum of Failure에 대해 자신 있게 말할 수 있는 것이 하나 있다. The Museum of Failure은 분명히 미래 신제품 개발에 있어서 '아이디어 산실' 박물관이 될 것이다. 그 이유는 과거와 미래는 매우 다른 세계가 될 것이기 때문이다.

위의 제품들은 그 당시 분명히 좋은 아이디어에 의해 탄생된 신제품이었으나, 사업에는 실패한 것이다. 이유는 한 가지, 시장이 아직 그러한 제품을 받아들일 자세가 되어있지 않았던 것이다. 즉 분명히 경쟁은 없었으나, 소비자의 욕구가 크지 않았으며, 환언하면 소비자의 문제가 없었던 것이다.

위의 사례들은 시장의 기회를 찾기가 얼마나 어려운가를 알려주는 지극히 단편적인 예다. 시장의 기회를 발견한다는 것은 보물섬을 찾는 것처럼 지극히 어려운 일이다. 만약 시장의 기회를 찾았다고 하자. 즉 보물섬을 찾았다고 하자. 그러면 사업의 성공은 보장될 것일까? 결코 아니다. 보물섬에서 보물을 발견하여 소유하기 위해서는 더욱 어려운 난제가 대기하고 있다.

창의성
창의적 사고는 ①하나의 초점(focus)을 선택, ②자극을 불러일으키기 위한 수평 이동 발상 전환(lateral displacement), ③새로운 연결(connection) 고리를 만듦과 같은 세 단계를 거침. 고 Steve Jobs는 "창의력이란 여러 가지를 연결하는 능력이다"라고 함.
서울대학교 박남규의 실험에 의하면, 신입사원의 창의적 사고 능력을 100점으로 설정할 때, 대리급의 창의적 사고는 8% 낮고, 과장급은 15% 낮으며, 차장·부장은 19%, 임원들은 25%가 낮은 등 직급이 오를수록 창의적 사고가 줄어든다고 함.

1-5. 창의성(creativity)과 혁신(innovation)의 차이

우리가 잘 알고 있는 Aesop 우화를 상기해보자. 쥐들이 모여 회의를 하고, 고양이 목에 방울을 다는 것이 잡혀 먹히지 않는 최적의 결정이라고 합의되었다. 그러나 그것을 실행할 방법이 없어 그 방안은 쓸모 없게 되었다. 창의성(creativity)과 혁신(innovation)의 차이가 바로 그것이다. 창의성은 아이디어를 창출(idea generation)하는

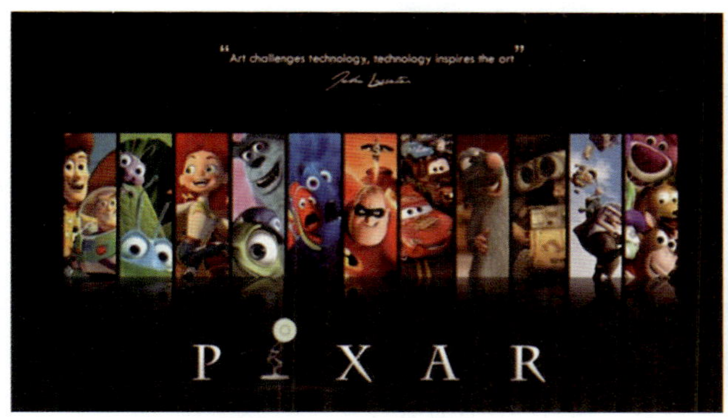

그림 7-4 Pixar Animation Studio
출처: www.pixar.com

것이며, 혁신은 그것을 실행(implementation)하는 것이다. 즉 아무리 좋은 시장의 기회를 포착했다고 해도 그것을 사업과 연결시키지 못한다면 '꿈에서나 할 수 있는 고양이 목에 방울 달기'가 되는 것이다.

실행
중국의 이태백은 "신기한 말을 하는 것이 귀함이 아니라 실행함이 귀하다"라고 하였음. 참 용기(true bravery)란 시도하는 행위 자체를 일컫는다는 의미임.

창의성과 혁신의 산실: Pixar

컴퓨터 애니메이션 기업 Pixar는 1995년 미국 San Francisco에 있는 Lucasfilm의 컴퓨터 그래픽 Fixar Animation Studios의 Toy Story를 시작으로 Finding Nemo, The Incredibles, Ratatouille, Wall-E, Up, Toy Story 3 등에서 아카데미 최우수 장편 애니메이션 영화상을 받았다(〈그림 7-4〉 참조). Pixar의 CEO Ed Catmull은 "한 명 천재의 번뜩이는 아이디어보다 작은 아이디어라도 계속 자라게 하는 창조적 조직(creative organization)이 Pixar 창조력의 원동력"이라고 했다.

Pixar에서는 모든 직원이 아이디어를 내고, 가장 앞선 아이디어를 낸 직원은 '애니메이션 개발팀'의 전권을 갖고 작품을 만든다. 또한 Pixar University를 기업 내에 두어 110개가 넘는 과정을 직원들이 스스로 선택하여 배울 수 있고, 그 안에서 다양한 직급, 전공을 가진 직원들이 'free talking'을 통하여 의사소통을 한다. Pixar의 한 애니메이션 작품 평균 제작 기간은 4~5년인데, 그 기간 동안 아이디어는 피와 살이 붙어가며, 하나의 작품으로 완성되는 것이다.

2. 시장 기회의 완성자: 기업가(〈표 7-5〉 참조)

모든 산업에 있어서 사업, 나아가 산업을 좌지우지한 전설적인 혁신가들의 이름이 현재까지 남아있다. 환대산업에서도 Holiday Inn의 창시자 Kemmons Wilson, McDonald's의 창시자 Ray Kroc, Hilton 호텔의 창시자 Conrad Hilton, Kentucky Fried Chicken의 정신적 지주 Harold Sanders, Sheldon Adelson(〈부록 IV〉 참조) 등 전설적인 사업가들이 있다. 이러한 사람들은 소위 기업가(entrepreneur)라고 불리우며 현재까지,

Kemmons Wilson
2003년 2월 12일 타계, Memphis 대학에 Kemmons Wilson School of Hotel and Resort Management 학과를 세웠으며, '미국의 기업가 정신을 세운 사람' 중 하나로 인정받고 있음.

나아가 향후 오랜 시간 동안 역사에 기록될 것이다.

Marriott의 창시자 Bill Marriott은 건물과 차량이 뜸했던 1920년대에 많은 레스토랑의 입지를 다리 옆에 정했다. 그는 수십 년 후의 도시 계획, 도로 계획을 예견했던 것이다. 즉 아무리 도시와 도로 계획이 바뀌어도, 강물이 흐르는 다리를 부수지는 않을 것이라는 확신 때문이었다. 건축업을 하던 Kemmons Wilson은 여섯 아이들과 여행 중 호텔들이 아이들 모두에게 요금을 부과하는 문제를 발견하고, 일반 대중을 위한 Holiday Inn을 창시하여 현재 환대산업 최고의 기업으로 발전시켰다. 그가 고객이었기 때문에 고객의 문제가(시장의 기회가) 직시되었던 것이다.

2-1. 천재, 기업가들의 성향 및 특징

Schopenhauer의 《의지와 표상으로서의 세계(Die Welt als Wille und Vorstellung)》에 의하면, 천재의 근본 조건은 생식력에 비해 감수성이 이상하리 만큼 우월한 것이라고 한다. 천재는 완전한 객관성, 즉 정신의 객관적 성향을 추구하기 때문에, 자신의 관심, 의욕, 목적은 안중에 두지 않고, 순수한 인식 주관으로서 세계를 밝은 눈으로 보기 위해 자신을 포기하는 능력을 갖추고 있다고 한다. 또한 Schopenhauer의 《여록과 보유(Parerga und Paralipomena)》에 의하면, 천재는 의지로 가득 차고, 실제적이며, 먼 곳을 보기 위하여 가까운 곳은 보지 않는다고 한다(필요보다는 근원적 욕구). 일반 사람들에게 사과가 떨어지는 것은 상식이었다. 그러나 Isaac Newton에게 이 현상은 법칙이었다. 천재는 상식 속에 숨어있는 놀라운 법칙을 인지하고, 찾아내는 능력을 가진 사람이다.

기업가들은 이러한 천재성을 갖고 있다. 또한 그들의 공통점은 어떻게 보면 무모한, 불확실성에의 도전을 두려워하지 않는, 확고한 신념과 열정을 갖고 있으며, 그것을 실행에 옮겨 성공을 한 사람들이다. 여기에 부합되는 대표적 기업가는 '하면 된다' 식으로 밀어붙였던 미국 철강산업의 Carnegie, 정주영, 박태준이다. 이와 달리 Steve Jobs와 Mark Zuckerberg 등은 '창조와 혁신'을 강조한 기업가들이다. 그들이 위대한 기업가라고 불리울 수 있는 가장 근본적 이유는 감지(sensing)력, 분석(analysing)력, 창조 · 상상(creating and imagining)력 등의 뛰어난 예지력과 더불어 혁신적인 솔루션을 제공했기 때문이다. 창의성 또한 기업가의 기본 소양이다(물론 이것이 혁신으로 이어져야 한다).

Harvard와 Yale 출신 대통령들

기업가의 이야기는 아니나 미국 대통령의 출신 대학을 살펴보면, 진귀한 기록이 있다. 역대 대통령의 출신 대학은 John Ottis Adams, John Quincy Adams, Rutherford B Hayes, Theodore Roosevelt, Franklin Roosevelt, John F. Kennedy, George Bush(경영대학원), Barack Obama 등 8명을 배출한 Harvard가 William Howard Taft, Gerald

Ford 등을 포함해 5명을 배출한 Yale보다 많지만, Yale에서는 George Bush, George W. Bush, Bill Clinton(법학 대학원) 등 미국 대통령을 과거 20년 동안 연속적으로 배출한 적이 있다. Yale의 교육 철학은 '창의적 방식으로 생각하는 지성인 양성'이다.

상업적 과대 망상가(commercial megalomania)라고도 표현되는 이 기업가 중 다수는 산업 외(outside industry)에서 존재했던 자들이다. 그렇기 때문에 전통적인 사고 방식(conventional wisdom)에서 벗어나 창의적인 사고를 할 수 있으며(**think out of the box**), 매너리즘에 빠져있는 산업 내의 경영자와는 달리 시장의 기회를 보다 쉽게 볼 수 있었던 것이다.*

Albert Einstein은 "The secret of creativity is knowing how to hide you sources(창의성의 비밀은 아이디어의 원천을 숨기는 방법을 아는 것이다)"라고 창의적 사고에 대한 견해를 밝힌 바 있다. 즉 천재 Einstein의 창의적 아이디어는 대부분 무엇인가로부터 얻은 것이라는 이야기다. 그가 말한 "천재는 99%의 노력과 1%의 영감으로부터 이루어진다"는 이야기가 왜 나왔는지 이해가 가는 부분이다.

전통적인 사고 방식
Albert Einstein은 상식을 "18세기부터 이어져 내려온 우리들의 편견"이라고 표현했음.

상식, 습관, 고정 관념(stereotyping), 편견의 피해는 의외로 큼. 《Contrarian Management》의 저자 Smith 등은 "상식은 독이나 바이러스와 같은 존재이며, 이러한 상식에 대해서는 해독제나 바이러스 예방 백신이 필요하다"라는 말을 남김. 고대 Rome 시인 Juvenalis는 "재산가들 중에 상식을 가진 자가 드물다"라고 함. 이와 같은 고정 관념, 혹은 기존 상식이나 경험에 의존한 판단을 'huristic proceeding'이라고 함.

2-2. 혁신의 원천

혁신을 못 이루는 주요 이유 중의 하나는 과거를 유지하는 개선에 집중하다 혁신을 놓치기 때문이다. 가장 대표적 예가 Nokia다. Nokia는 과도한 관료화 조직으로 Apple보다 4배나 많은 R&D 비용을 들였음에도 '스마트폰 개발을 통한 스마트 혁명(**think out of the box**)'을 포기하고 기존의 '저가폰 개발을 통한 저변 확대'를 고집하다(conventional wisdom) 삼성과 Apple과의 경쟁에서 도태됐다.

고정(stereotyping) 관념, 선입관, 기계적 반응(미리 정해진 대로 움직임), 타부(taboo: 일반적으로 많은 사람들에게 알려진 금기 사항. 옳고 그름이 배제된 생각), 자기 규제(over-thinking 등 지레 짐작으로 포기), 전례, 관행, 습관 등은 창의적 사고, 혁신적 행위의 대표적 방해 요인들이다.

타부
타부의 어원은 통가어 'tapu'로서, '금지된다'는 의미와 '신성하다'는 의미를 동시에 갖고 있음.

삼성의 이건희 회장은 자유롭고 창의적인 리더 유형이다. 이건희는 임원들과 Switzerland Zurich를 방문했을 때, 공식적인 모든 행사 3일을 자유롭게 여행하도록 지시하며, "'독종', '생존', '일류 문화'의 키워드를 통해 느껴라"는 과제를 주었다고 한다. 이건희 회장의 제도에서 벗어난 자율적이고, 창의적인 사고는 현재의 삼성이 있게 한 시금석이 되고 있다.

기업가들은 또한 'think big'의 특징을 갖고 있다. Intel의 회장 Andrew Grove는 '10×효과', '10×변화'의 개념을 전파한 사람이다. 환경 정사를 통한 새로운 변화는 산업 내에 엄청난 파장을 일으키기 때문에 10%, 20%의 비용 감축보다는 10배, 100배의 수익을 목표로 새로운 사업을 전개하라는 것이다(〈표 7-3〉 참조).

혁신적 기업가들은 보이는 제품에 대한 집착보다는 보이지 않는 가치를 볼 줄 아는 사람들이다. 이 보이지 않는 가치가 시장 기회의 진정한 의미라고 할 수 있다.

시장의 기회를 발견한다는 것은 극도로 어려운 과업이지만, 또한 불과 시초에 불과하다. 이것을 사업의 성공으로 연결시킨다는 것은 더욱 어려운 과업이다. 그러나 이 모두 마케팅의 과업이며, 마케팅의 과업인 이상 그 시발점은 분명히 유일한 공식을 실행에 옮기는 데에 있을 것이다. 어떻게 소비자 문제를 해결하고, 욕구와 필요를 만족시킬 것인가? 여기에 집착하고 도전한다면, 어렵게 발견된 시장의 기회가 충분히 보상을 해줄 것이다.

표 7-3 10X 기업들

기업	기간	1972년 12월 31일 1만 달러를 투자해 2002년 12월 31일 배당금을 재투자한 가치($)	상대적 시장 평가	상대적 업계 평가
Amgen	1980~2002	4.5million	24.0X	77.2X
Biomet	1977~2022	3.4million	18.1X	11.2X
Intel	1968~2002	3.9million	20.7X	46.3X
Microsoft	1975~2002	10.6million	56.0X	118.8X
Progressive Insurance	1965~2002	2.7million	14.6X	11.3X
Southwest Airlines	1967~2002	12.0million	63.4X	550.4X
Stryker	1977~2002	5.3million	28.0X	10.9X

출처: DBR January 2012 Issue 2, No.97

표 7-4 세계 10대 부호

순위	인물	기업	자산 규모($)
1	Jeff Bezos	Amazon.com	1,120억
2	Bill Gates	Microsoft	900억
3	Warren Buffett	Berkshire Hathaway	840억
4	Bernard Arnault	LVMH	720억
5	Mark Zuckerberg	Facebook	710억
6	Amancio Ortega	Zara	700억
7	Carlos Slim Helu	Telecom	671억
8	Charles Koch	diversified	600억
9	David Koch	diversified	600억
10	Larry Ellison	Oracle	585억
61	이건희	삼성	186억
126	서정진	셀트리온	119억
207	이재용	삼성	74억
222	서경배	아모레퍼시픽	71억

출처: Forbes 2018(www.forbes.com/billionaires/list)

표 7-5 세계적 기업가들

기업가	기업
Fred Smith	FedEx
Steve Jobs	Apple
Bill Gates	Microsoft
Michael Dell	Dell Computer
Ray Kroc	McDonald's
Walt Disney	Disney World
Sam Walton	Wal-Mart
Tom Monaghan	Domino's Pizza
Akio Morita	Sony
John W. Nordstrom	Nordstrom
Ted Turner	CNN
Soichiro Honda	Honda
Luciano Benetton	Benetton
Les Wexner	The Limited
Colonel Sanders	Kentucky Fried Chicken
Ingvar Kamprad	IKEA
Bernie Marcus	Home Depot
Herb Kelleher	Southwest Airlines
Paul Orfalea	Kinko's
Jeff Bezos	Amazon
Phil Knight	Nike
Bill Marriott	Marriott
Caesar Roth	Ritz-Carlton
이건희	삼성
Mayun	AliBaba

3. SWOT 분석

기업의 내부 자원에 대한 분석과 시장의 기회/위협 분석의 결과에 의해 SWOT 분석을 수행하게 된다. 필자가 개발한 SWOT 분석의 모델은 〈표 7-6〉과 같다.

즉 SWOT 분석은 크게 SO(장점과 기회), ST(장점과 위협), WO(단점과 기회), WT(단점과 위협) 등 네 부문으로 대분되는데, 그 중 가장 중요한 것은 시장의 기회와 기업의 장점을 어떻게 조화시키느냐에 있다(SO). 각 부문에 있어서 기업은 어떠한 것이 통제가능하고, 어떠한 것이 통제불가능한가를 파악하여, 전략 수행의 초석을 마련하고, 그 잠재성을 타진하는 것이 SWOT 분석의 최종 목적이다.

표 7-6 SWOT 분석 모델

내부 분석 / 외부 분석		기업의 자원			전략	
		장점	단점		기회/장점	기회/단점
기회	통제 가능 요소			전략 수행의 초석		
	통제 불가능 요소			전략 수행의 잠재성		
내부 분석 / 외부 분석		기업의 자원			전략	
		장점	단점		위협/장점	위협/단점
위협	통제 가능 요소			전략 수행의 초석		
	통제 불가능 요소			전략 수행의 잠재성		

SWOT 분석이 수행되면, 다음 단계는 기업의 목표 설정이다. "To where are we going from here?"에 있어서 목표는 'to where'에 해당되며, 'here'가 SWOT 분석에 해당되는 것이다. 'How to go from here to where?'에서의 'how to go'는 전략에 해당된다.

필자의 경험에 의하면, 기업 보고서 및 경영학 교재 등에서 SWOT 분석을 다룰 때 가장 많은 오류는 OT에서 발생한다. OT 분석은 매우 상대적인 개념이나, 많은 보고서들과 교재들이 주관적 환경으로 해석하고 있다. OT는 경쟁과 매우 밀접한 개념으로, 경쟁 기업등과 비교한 환경 변화나 예측이 자사에 어떻게 유불리한 상황이 되는지를 고려해야 한다.

제2절 경쟁에 대한 이해

1. 신 시장의 창조

왜 신 시장을 창조해야 할까? 이유는 간단하다. 지구상의 모든 기업, 모든 제품에게 신 시장은 '수명의 연장'이기 때문이다. 시장의 기회, 위협과 경쟁과의 함수 관계는 이미 언급됐다. 시장의 기회에 의한 사업의 출발은 최적의 조건이나, 그것은 실로 어려운 과업이 아닐 수 없다. 그렇다면 일반적으로 신 시장은 어떻게 개척되는가?

Aristotle은 "예술가란 여러 재료를 사용해서 자연과 인생의 모방을 추구하는 자"라고 말했던 것처럼, 가장 창의적인 예술 자체가 모방임. Platon과 Aristotle은 재현 혹은 모방을 'mimesis'라고 표현했음.

역공학
경쟁 제품을 연구하여 제품을 개발하는 방법.

1-1. 복제, 모방, 벤치마킹

가장 흔한 방법은 복제, 모방*, 벤치마킹, 역공학(**reverse engineering**), 따라하기

(leapfrogging) 등의 방법을 동원하여 경쟁사의 고객을 빼앗아오는 것이다. 즉 'ditto', 혹은 'stalking'의 방법이다. 그러나 이 방법의 성공 조건은 매우 까다롭다. 경쟁사의 제품과 서비스보다 우수해야 하며, 동시에 그 비교 우위적 강점이 지속적으로 유지되어야만 성공으로 이어지는 것이다. 핵심 성공 요인(**key success factor**)이 경쟁하는데 필요한 자산과 역량이라면, **지속적 경쟁 우위(sustainable competitiveness advantage)**는 핵심 성공 요인 중 지속적으로 지켜나갈 수 있는 경쟁 우위의 기반이 되는 자산이나 역량을 의미한다. 지속적 경쟁 우위를 지키기 위해서는 **가치 제안(value proposition)**이 분명해야 하며, 또한 이것이 포지셔닝 전략과 조화롭게 연결돼야 한다. 모든 기업들은 복제, 모방, 재모방, 재재모방 등 끝없는 도전과 응전을 하며 전투를 하기 때문에, 이 방법의 성공은 많은 경우에 있어서 단기적으로 끝날 경우가 많다(〈그림 7-5〉 참조).

그림 7-5 경쟁 호텔의 고객 유인 전략. Radisson Hotels International은 Hilton, Hyatt, Holiday Inn, Marriott, Sheraton의 FTP 고객들을 금요일에 무료 숙박을 제공하여 유인하고 있음.

Burger King이 McDonald's의 가족 지향적 메뉴인 'next generation Big Mac Arch Deluxe'를 그대로 모방한 적이 있으나 실패로 끝난 적이 있다. 가족과의 연대가 강력한 McDonald's의 강점을 모방한 그 자체가 잘못된 전략이다. 반면 카카오톡은 미국 모바일 메신저 Whats app을 모방했으나, 유료가 아닌 무료 서비스라는 가치를 부여함으로써 성공할 수 있었다.

1970년대 국내 조미료 시장은 현 대상(주)인 미원(주)이 거의 독점했었다. 제일제당은 미원을 모방한 미풍으로 대항했으나, 미원의 선점 효과 때문에 고전했고, 'me too'(모방) 방식을 수정하여 '아이미'라는 브랜드를 내세웠으나, 결과는 역시 실패였다. 그 후 제일제당은 'go **blue ocean**'을 지향, 미원이 갖고 있는 화학 조미료 범주에서 탈피하여 천연 원료, 천연 조미료인 느끼하지 않은 조미료 다시다(고향의 맛 다시다)를 개발, 비로소 성공할 수 있었다.

경쟁 기업의 공격 유형은 무수하다. 그 중 세계 제 1의 에너지 음료인 Red Bull에 대한 경쟁 브랜드들의 유형들을 살펴본다.

Red Bull에 대한 경쟁(모방) 브랜드들

1987년 Austria의 Dietrich Mateschtz에 의해 Thai Red Bull을 모방하며 시작된 Red Bull의 슬로건은 'Bring the people to the product'이다. Red Bull에 대한 많은 브랜드들의 공격은 Red Bull의 신화를 이끈 왕성한 섹스(sexual varility), 반체제(anti-establishment), 혈기있는 문화(youth culture) 등의 일부분에 대한 모방을 기초로 하고 있다. Finland의 Battery, Denmark와 Sweden의 Carlsberg's Shark, 미국 Coca-Cola의 Burn, KMX, Pepsi의 Amp, Anheuser-Busch의 180 등이 대표적 사례에 해당된다. 또한 Red Rhino(붉은 코뿔소의 뜻)와 같은 노골적 모방으로부터, Bomba

의 수류탄 형태의 패키지 차별화(Bomba Energy), Coca-Cola의 Powerade, Pepsi의 Gatorade와 같은 범주적 차별화 포지셔닝에 이르기까지 다양한 공격 유형이 있다.

그 외에도 Adrenaline Rush, Arizona Extreme Energy, Blue OX, Dark Dog, Deezel, Energade, Energy Fuel, Go fast, Go-Go Energy, Hansen's Energy, Hemp Soda, Hype, Jones Energy, Magic, NRG Plus, Power Horse, USA, Red Alert, RX Extreme, XTO 등 무수한 시장 추종자들이 Red Bull을 쫓고 있지만, 그럴수록 Red Bull의 선두 위치는 더욱 더 확고해지고 있다.

위의 모든 것은 엄밀히 말한다면, 다양한 모방에 불과하다. 위의 여러 전술 중 진정한 '**blue ocean**'은 찾아보기 힘들다. 범주적 차별화를 수행한 Gatorade, Powerade 정도가 '**purple ocean**'(어느 정도의 모방을 전제로 한 약간의 혁신)에 해당되고, 나머지는 모두 피 튀는 전쟁터를 의미하는 '**red ocean**'에 불과하다.

모방에 의한 경쟁은 바람직하지 않다. Gausse의 '경쟁적 배제의 원칙(the principle of competitive exclusion)'에 따르면, 유사한 방식으로 삶을 모색하는 두 개의 종은 제한된 환경 내에서 공존할 수 없다고 한다. 경쟁 방식이 유사한 기업들의 경쟁은 한정된 자원을 서로 차지하려는 치열함으로 증대될 뿐, 이들이 속한 산업은 매력적인 산업으로 발전하지 못한다는 것이다.

물론 모방으로 성공한 사례도 있다. Red Bull이 Domino's를 모방한 Tele Pizza가 그렇다. 미국에서 자란 Fernarndez Pujals는 Domino의 배달 아이디어를 그대로 모방해 모국 Spain의 Madrid에서 8만$를 투자, Tele Pizza라는 Spain 최초 피자 배달 전문점을 시작했고, 10년 후 5개 국 600개 이상의 매장으로 성장했다. Thomas Edison조차도 "다른 사람이 성공시킨 색다르고, 흥미로운 아이디어가 무엇인지 곧 살펴라"라고 말한 바 있다. 그러나 모방에는 한계가 있다. 장기적 성공 사례는 지극히 일부분이며, 결코 정답이 될 수 없다.

모든 기업들은 'Go to the **blue ocean**'을 외쳐야 한다. 이 '**blue ocean**' 전략은 《손자병법》의 '부전이승', 즉 "싸우지 않고 이긴다"라는 가장 바람직한 결과를 가져올 수 있다. France INSEAD(유럽경영대학원)의 김위찬과 Renee Mauborgne는 경쟁이 치열한 'bloody market'의 혈투장('**red ocean**')에서 벗어나 '**blue ocean**'으로 나아가라고 조언한다. 그들의 10년에 걸친 108개 기업에 대한 연구에 의하면, 신제품 중 14%만이 '**blue ocean**' 제품이었는데, 이 제품이 전체 매출액의 38%, 전체 이익의 61%를 차지했다고 한다.

1-2. Cannibalization*

* 사전적 의미는 '떼어내서 조립한다'임.

두 번째 방법은 기업 자신의 이탈 고객을 되찾는 것이다. 과거 상류층 고객만을 지향했던 Marriott이 중간 계층 고객을 겨냥한 Courtyard, 저가 호텔인 Fairfield Inns를 개

그림 7-6 Uptown Suites
출처: www.uptownsuites.com

발한 것이 대표적인 예다. 1970년대 말부터 경쟁적 변화에 따라 특급 호텔들이 고전하고, 중저가 호텔들이 성장하는 추세에 훌륭히 편승한 Marriott은 지금도 세계 최고의 호텔 기업으로 인정받고 있다.

또 하나의 예는 1988년 개관해 성공한 Uptown Suites(〈그림 7-6〉 참조)다. 중장기 체류 호텔 Intown Suites는 2013년 Starwood Capital Group에 인수된 후, 2017년 개관한 Uptown Suites의 경영을 맡았다. 가족, 비즈니스 여행객, 장기 체류자를 위한 경제적 호텔 Uptown Suites는 24/7 front 대기 직원, 객실 내 Keurig* 커피 서비스, 넓은 주방과 창고, 대형 스마트 TV, 1초 당 300메가바이트 Wi-Fi 등의 새로운 feature를 내세우며 Intown Suites의 1주 객실 요금 250$보다 높은 400$를 받고 있다(2018년 기준). 환경과 소비자가 변화함에 따라, Intown Suites를 떠나는 고객을 Uptown Suites가 흡수하겠다는 것이다. 이러한 사례들이 **cannibalization**이다.

* 미국의 가정용 및 상업용 커피 제조 시스템 중 하나의 유형임. Keurig Dr. Pepper에서 제조함.

자동차 타이어 시장에서 1위 기업 Goodyear는 저가의 대량 생산, Michelin은 신 기술 R&D를 통한 고급 타이어, Armstrong Rubber는 농업, 항공, 토목 공학 등의 특정 분야에 대한 전문품으로 서로 철저히 경쟁을 피하고 있다. 미국의 보드카 시장은 Smirnoff가 대중 시장을, Absolut이 프리미엄 시장을, Grey Goose, Belvedere, Ketel One 등이 슈퍼 프리미엄 시장을 지배하고 있다.

Gillette은 1970년대 볼펜을 생산하던 France 기업 BIC의 저가 면도기 공략으로 고전을 하다, 저가의 일회용 면도기를 과감히 포기하고, 인체 공학에 기반을 둔 안전 면도기로 방향을 바꾸었다.

Embassy Suites와 Residence Inns by Marriott이 장악하고 있는 중장기 체류 시장에서 Marriott이 Towne Place Suites로 중저가 중장기 체류 시장을 개척하자, Best Western International은 저가 중장기 체류 시장에 도전하고 있다. 2018년에는 미국 Miami 최초의 럭셔리 호텔 브랜드로 Hilton Worldwide의 Waldorf Astoria가 Waldorf Astoria Hotel&Residences라는 호화 중장기 체류 호텔 시장을 개척하기 시작했다. Waldorf Astoria Hotel&Residences의 경영은 Hilton Management Services에서 맡는다. Wal-Mart의 catch phrase다. "You cannot out-Amazon Amazon(Amazon처럼 해서는 Amazon을 몰아낼 수 없다)."

1-3. 신 시장 창조

세 번째는 신 시장을 창조하는 방법이다. 여기에 해당되는 수요 형태는, 소비자의 욕구와 필요는 존재하나, 그것을 만족시켜 주는 제품이 존재하지 않는 경우의 **초기 발생적 수요(incipient demand)**와, 소비자조차 자신들의 욕구와 필요를 모르고 있는 상태의 **숨어있는 수요(latent demand)**가 있다. 두 번째 경우는 위험이 매우 크나, 기대 효과 또한 엄청난, 신 시장 창조의 조건에 해당된다.

1960년대까지 포테이토칩은 갈증을 유발하며 맥주를 더 마시게 만드는 술안주용이었다. 그러나 Gold Winder는 여성과 어린이들을 위한 영양 스낵으로 포테이토칩의 시장을 확대시키며, 가격까지 낮추어 1970년대에는 포테이토칩의 시장 규모가 6배가 커졌다. Starbucks도 유사 사례에 해당된다. Starbucks의 회장 Howard Schultz가 Italy 여행 중 거리의 커피숍에서 espresso 커피의 기가 막힌 맛을 체험한 후, 그 맛을 대량으로 표준화시켜 espresso 커피의 대중화를 이룩한 것이다.

위와는 다른 개념이지만, 수요 형태에는 **파생 수요(derived demand**: 예를 들어, 포장물로서의 병이나 캔에 대한 수요는 맥주나 기타 음료수로부터 파생됨) 및 **복합 수요(joint demand**: 연필과 같이 두 가지 이상의 산업 제품들이 함께 사용되는 경우)라는 개념이 있다.

Hamel과 Prahalad는 《Competing for the Future》라는 저서에서 신 시장 창조와 관련하여 다음과 같은 사고와 행위를 제시했다.

① 어린 아이들처럼 질문한다.
② 호기심은 영역에 관계 없이 무한하고 깊게 갖는다.
③ 여러 변화를 통합·절충한다.
④ 타 산업의 변화 및 기회를 우리 산업에 적용한다.
⑤ 완전히 다른 차원에서 역행적 사고를 한다.
⑥ 고객에 이끌리기만 하는 차원을 넘는다.
⑦ 인간의 아픔과 필요에 깊은 공감을 갖는다.

2. 기회, 위협, 경쟁의 함수 관계

다음의 두 사례를 살펴보자.

Domino's의 부활, 그리고 재부활

현재 세계 1위 피자 배달 기업이며, 세계 2위 판매 기업인 Domino's는 1960년대 Tom Monaghan에 의해 창시됐다. '30분 이내 배달 보증'이라는 새로운 아이디어를 토대로 영업을 시작한 Domino's는 영업 첫 주 동안 하루 15$ 미만의 매출액을 기록하는 등 경영 침체로 인해 8개월만에 채권업자들에게 매도됐다. Monaghan은 채권업자들의 요청으로 다시 경영에 참여하게 되었으나, 영업은 계속 부진했다. 그러나 1980년대에 이르러 맞벌이 부부 증가 등 사회적 환경 변화가 일어나며 사업이 크게 번창됐다.

Monaghan의 경영 철학은 뚜렷했다. 30분 보증 배달을 지키기 위해 배달원들이 속도 위반 등을 할 경우를 대비하여 무료(toll-free) 신고 전화를 두며 사회 지향적 마케팅을 실천했다. 또한 그의 저서인 《Pizza Tiger》에서 밝혔듯이, 기업을 항상 긴장하고, 끊임없는 노력과 도전을 하게 만드는 경쟁은 언제나 환영한다며 경쟁을 미화시켰다. 그러나 과거 피자 배달에 있어서 미국 시장점유율의 90%를 기록했던 Domino's는 1990년대 초 시장점유율 50% 미만을 기록함으로써(Pizza Hut 24%) 경쟁의 무서움을 경험하기 시작했다.

2010년대에 상황은 또 반전됐다. 2018년 말 기준, Domino's는 다양한 메뉴 선택과 경쟁사보다 저렴한 메뉴 가격으로 피자 시장의 시장점유율 17%를 기록하며, Pizza Hut(14%)을 누르고 1위를 함으로써 'new pizza king'이라는 nickname까지 얻었다(마케팅 전쟁은 끝이 없다).

맥콜의 쇠락

80년대 후반 보리 음료시대를 열었던 '일화'는 1984년 남아돌던 보리를 이용하여 맥콜이라는 신 개념의 음료를 탄생시켰다. 초기 유통망이 없던 관계로 목욕탕을 중심으로 판매에 들어갔다. 그 결과는 예상 밖의 성공이었는데, 1988년에는 칠성사이다를 추월했고, 부동의 1위처럼 여겨졌던 Coca-Cola를 위협할 수준까지 도달했다. 타 경쟁사들도 비비콜, 보리텐, 보리보리 등 유사 제품으로 맥콜에 길들여지는 소비자들의 입맛을 나눠 먹기에 전력을 다했다. 그러나 1988년 맥콜을 이기기 위해 막대한 광고비를 퍼부었던 경쟁사들은 1989년 여름이 다가오자 보리 음료 광고를 약속이나 한 듯 중단하고, 일제히 밀키스, 크리미, 암바사 등 우유를 재료로 하는 신제품을 시장에 출시했다. 주윤발과 왕조현이 광고에 등장했으며, 소비자들은 맥콜을 외면했고, 맥콜의 판매량은 급감했다.

우리는 위의 사례에서 두 가지 교훈을 얻을 수 있다. 새로운 아이디어에 의한 신 시장 개척은 시장 및 환경의 변화에 병행되어야만(시장이 받아들일 자세가 있어야만) 성공 가능하다는 것(Domino's)과, 마케팅의 유명한 격언인 **"시장 기회의 창문은 매우 빨리 닫힌다"**(맥콜)는 것이다. 1960년대 Vietnam에서 오토바이 판매의 성공으로 자동차 산업에 진출한 Honda는 1970년대 초소형차 Civic을 미국 시장에 출시해 고전하다가, 1973년 오일 쇼크가 터지며 위기를 극복했다.

Domino's의 사례에서 교훈을 얻었듯이, 시장과 환경의 변화는 새로운 시장의 창출 기회를 제공한다. 세계적으로 포화 상태에 있는 외식산업에서 새로운 형태의 서비스가 산업으로 발전하고 있다. 바로 음식 배달 서비스산업이다.

Global Data에 의하면, 2015년 이전, 세계 식품 시장 규모는 6조 3,000억$로 세계

그림 7-7 Grubhub App

자동차 시장(1조 3,000억$)의 4.7배, IT 시장(9,000억$)의 6.9배에 이르는 세계 최대였다. 미국의 음식 배달 서비스산업은 2019년 기준, 약 800억$에 이를 것이다. Uber EATS, SeamLess, Grubhub(〈그림 7-7〉 참조) 및 인도 시장에 진출한 Google의 Areo 등의 기업들은 이러한 시장의 기회에 편승한 신 음식 배달 서비스산업의 선두 주자다.

수만 개의 제휴 레스토랑을 지닌 Grubhub을 필두로 Uber EATS, DoorDash 등은 호텔들과 제휴, 호텔 F&B 부문의 조력 역할을 수행하고 있다. 대표적으로 Grubhub은 2016년부터 미국의 Long Beach, Park City, Miami 등의 도시에 있는 Hyatt Centric Hotels에 '24/7 Express' 메뉴 서비스를 통한 음식 배달 서비스를 제공하고 있다. Grubhub은 또한 2018년부터 유사 서비스를 InterContinental Hotels Group에도 제공하는 등 이러한 서비스는 많은 호텔들에 확산되고 있다.

Domino's의 사례를 살펴볼 때, 환경 정사를 통한 기회의 발견은 속도보다 인내심이 필요하다는 교훈을 주고 있다. 1970년대에 도입되어 15년 간 도입기에 정체되어 있던 all-suite 호텔의 1980년대 중반부터의 성장이 그러하며, VCR의 새로운 표준을 개발한 후 20년을 기다린 JVC의 VHS 형식 또한 그러하다. 과거 IBM 하청업체로 있을 때에 Microsoft*의 Bill Gates는 대형 컴퓨터보다 개인 PC 중심의 시대가 도래할 것이라는 예측을 했으나(시장의 기회를 발견했으나), 환경이 병행되고, 고객의 욕구와 필요가 현시적으로 나타날 때까지 6년을 기다렸다.

> Microsoft는 1975년에 창설되어 전 세계 PC의 약 90%를 공급하고 있음. 또한 MS의 역사를 보면 실로 대단함. 첫 해 16,000$, 5년째 1,000배인 16,000,000$, 10년째에는 5년째의 10배인 150,000,000$ 등 엄청난 성장을 했음.

Apple의 i 시리즈 제품도 Microsoft와 유사한 사례에 해당된다. 'Think different'와 'user friendly' 정신의 Apple iPad은 MP3를, iPhone은 스마트폰을, iPod은 tablet PC를 이끄는 선도 브랜드가 됐다. Apple은 **'time pacing strategy'**를 통해 시장 변화를 주도한다. **'time pacing strategy'**란 기업이 시장에서의 새로운 변화를 예측하고 기다리며, 적절한 변화 시기에 변화를 주도해나가는 전략을 의미한다. Apple은 iMac을 시작으로 iBook, iPod, iTunes, iPod mini, iPhone, iPad으로 이어지는 시리즈를 '빠르지 않고', '느리지 않게' 시차를 두고, 지속적으로, 시장 변화를 주도해왔다.

Four Seasons도 영국에서 사업을 성공시킨 후 유럽 시장 진출을 20년이나 기다렸다.

위치(입지)가 사업 성공의 핵심 비결이라고 믿는 Isadore Sharp 회장은 성공을 위한 최적의 장소가 아니라고 판단되면 시장 진출을 하지 않는다고 한다. Isadore Sharp 회장은 서울을 2000년 이전에 방문했지만, 대한민국의 광화문이라는 좋은 입지를 기다렸다가 개관한 것이다. "사업은 기다림이다." Insadore Sharp의 철학이다.

왜 어렵게 발견된 시장의 기회가 빨리 희석되는가? 그 이유는 시장 내에서의 유일한, 근원적인 위협인 경쟁 때문이다. 일반적으로 시장에는 'market leader'(시장 선도자), 'market challenger'(도전자), 'market follower'(추종자) 등 세 형태의 기업 집단들이 존재하며, 그 외에도 'nicher'(틈새 시장 추구자)에 해당되는 소규모 기업들이 존재한다 반드시 소규모는 아니다). 이러한 네 형태의 기업 집단들은 수직, 수평적으로 경쟁을 하며, 시장을 균형 상태로 이끌어가고 있다.

"틈새 속에는 큰 부가 있다(There are riches in niches)"는 말이 있듯이 실제로 틈새 시장에서 큰 부를 올리는 기업들이 있다. 예를 들어 Terra(세계 열대어 시장점유율의 80%), Hohner(세계 하모티카 시장점유율의 85%), Becher(세계 대형 우산 시장점유율의 50%), Steiner Optical(세계 군사용 야전 망원경 시장점유율의 80%) 등이 그것이다. 특화 백화점 Victoria Secret을 비롯해서 Linkedin은 SNS를 비즈니스 전문가들에게만, Alltech는 세계 동물 보건 기업들 중 자연 처방만, Pandora는 온라인 뮤직 시장에서 이용자들을 초대, 선호 음악을 iTunes나 Amazon에 연결시켜주는 일만으로 성공하고 있다.

여성들은 큰 가슴을 원한다. Wonder Bra라는 세계 최초 'Push-up bra' 브랜드는 Wonderbra, the Company라는 유명 기업을 탄생시켰다. 그러나 이와 정반대 아이디어의 France 기업이 있다. La Redoute가 그것인데, 'Minimiser-bra', 'Sports bra' 등 C컵 이상의 여성 중 가슴이 작게 보이는 것을 원하는 사람들을 대상으로 역발상 영업을 하고 있다. '1회용과 같은 저렴한 시계' 시장을 창조한 미국 Timex, 약국에서 '치료용 화장품'을 판매하는 France 화장품 Vichy 등도 위의 사례들과 더불어 **틈새 마케팅**의 대표적 성공 사례들이다.

3. 경쟁의 개념과 유형

3-1. 경쟁의 개념과 의의

아무리 부정적인 환경 변화도 근본적으로 시장의 위협을 동반하지 않는다는 사실은 주지된 바 있다. 환경 정사(**environmental scanning**)를 통하여 미리 준비하고 있는 기업에게는 부정적 환경 변화일수록 커다란 기회가 될 수 있다. 그 이유는 단 한 가지, 경쟁 기업보다 상대적으로 경쟁적 우위를 더욱 확고하게 점할 수 있기 때문이다. 환경 정사를 통한 위험의 감지는 불확실성(uncertainty)의 의식보다 분명히 유리한 고지에 위치한다. 위험은 계산하여 대처할 수 있으나, 불확실성은 대처할 수가 없기 때문이다.

시장의 위협을 근본적으로 형성하는 것은 경쟁뿐이다. 저항이 있기 때문에 비행기와 새가 날 수 있듯이, 경쟁이 있기 때문에 시장이 발전하는 것이다. Benjamin Franklin에 의하면, 자연계의 번식을 제한하는 요인이 없다면, 지구는 한 가지 식물과 동물의 종으로 뒤덮힌다고 한다. Kant는 《세계 시민적 목표에 있어서의 보편사의 이념(Ideen Zu Einer Allgemeinen Geschichte in Weltbürgerlicher Absicht)》이라는 저서를 통해, 투쟁은 진보의 불가결한 수반 현상이며, 인류 생존의 성장을 위해서는 개인주의와 경쟁의 혼합이 필요하다고 했다. Kant는 경쟁이 없다면, 인간의 모든 재능은 싹으로 숨겨질 것이며, 따라서 비사교성, 지지 않으려는 질투, 허영, 소유, 권력에 만족할 줄 모르는 욕망에 감사하라고 했다.

경쟁은 시장의 위협이기는 하나, 자극제의 역할을 하는, 자본주의 시장에서 자연발생적으로 생성되는 필수불가결한 존재다. 'Winner takes all' 법칙은 경제, 정치, 사회의 많은 부문에 있어서 통용되고 있다. 그러나 장기적 관점에서 볼 때 마케팅에서 그러한 법칙은 통하지 않는다. 그 이유는 변화와 경쟁 때문이다.

Coca-Cola와 Pepsi의 선의의 경쟁

1933년 Coca-Cola는 경영란으로 고전했던 Pepsi를 매우 낮은 가격에 인수할 기회가 있었으나, '제 살 깎아 먹기'를 할 수 있는 제품 인수를 바람직하지 않다고 보고 이를 포기했다. 만약 Coca-Cola가 Pepsi를 인수했더라면, 사업이 훨씬 수월했을 수도 있었겠지만, 역으로 Pepsi와 같이 강력한 경쟁자가 있었기 때문에 현재의 Coca-Cola가 있을 수도 있다.

70여 년 후 Pepsi는 보답을 했다. 2006년 6월 Coca-Cola의 신제품 제조법을 Pepsi에 팔아넘기려던 세 명이 FBI에 체포된 사실이 있는데, 이것은 Pepsi가 신고했기 때문이었다. Pepsi는 "경쟁이 아무리 치열해도 합법적이고, 공정하게 겨뤄야 한다"는 말을 남겼다. 콜라 시장의 두 공룡 기업들은 선의의 경쟁을 통해 기업 윤리의 절정을 보여준 것이다.

행동경제학에 '**ultimatum bargaining**'**(최후 통첩)** 게임 이론이 있다. 두 사람 중 한 사람은 1$짜리 10장을 갖고, 동시에 돈을 배분할 권리를 가지며, 다른 사람에게 10$ 중 일부를 주는 게임이다. 상대방이 거절하면, 두 명 모두 돈을 받지 못한다. 가장 큰 수익은 상대방에게 1$를 주는 것이고, 가장 안전한 방법은 상대방에게 5$를 주는 것이다. Guth 등의 학자들이 실험한 결과는 돈을 받는 사람이 공정하지 못했다고 생각했을 때, 자신의 이득이 있더라도 거절하는 경우가 많았다. 아마 필자 같으면 4$를 주었을 것이다. 5$를 주는 것은 너무 싱겁기 때문이다. 그러나 Coca-Cola나 Pepsi는 모두 5$를 주었을 것이라고 생각된다.

현 시대의 시장에 있어서 특수 경우를 제외하고는(국가 사업) 독점은 불가능하다. Spencer의 《제 1원리(First Principles)》에 의하면, 운동에는 저항이 있어서 진동은 진동수와 진폭이 점차 줄어들며, 결국 정지하게 된다고 한다. 유성은 점차 작은 궤도를 형성하게 되고, 태양의 열과 빛도 점차 줄어들며, 간조와 만조의 마찰로 지구의 자전도 점차 완만하게 된다. 그 궁극적 끝은 정지다. Hamlet이 "나머지는 침묵뿐이다"라고 말하였던 것과 같이 모든 운동은 정지하게 된다.

고전학파 경제학자들은 공급을 지나치게 강조했으나, Marshall은 공급과 수요의 비중을 같이 두었다. 그는 수요와 공급의 법칙을 "Nicolaus Copernicus의 우주가 태양을 중심으로 상호 대립과 작용에 의해 유지된다"라는 말로 비유했다. 경쟁이라는 저항이 있기 때문에 시장은 궁극적으로 균형 상태에 이르게 된다. 시장 균형 상태(**market eguilibrium**)란 소비자에게 안정을 가져다준다는 의미다. 경쟁은 시장의 발전과 안정을 위해 필수적인 존재이다.

3-2. 경쟁의 유형

시장 구조에 의한 분류

경쟁 유형에서 우선적으로 고려되어야 하는 것은 시장 구조(market structure)에 의한 경쟁의 분류다(〈표 7-7〉 참조).

표 7-7 시장 구조에 의한 경쟁의 분류

시장 구조	독점 (monopoly)	과점 (oligopoly)	독점적 경쟁 (monopolistic competition)	완전 경쟁 (perfect competition)
공급자 수	1	소수	다수	최대
공급자의 시장 지배력	최대	높음	낮음	없음

독점이란 국내의 전기 시장을 한전에서 통합, 운영하듯이 국가에서 통제하는 매우 특수한 상황이며, 완전 경쟁이란 지구상의 어떠한 산업도 해당되지 않는, 이론상으로만 존재하는 상황이다. 즉 모든 산업은 과점, 독점적 경쟁, 두 시장 구조 중 하나, 혹은 그 사이의 시장 구조 하에서 경쟁 구조를 갖게 된다.

과점은 공급자가 2개(duopoly) 이상, 소수에 이르는 시장 구조로서, 공급자 간 상호 영향력을 많이 받게 되며, 이 상황 하에서 과점의 경쟁 체제(oligopolistic competition)를 형성한다. 독점적 경쟁은 주유소, 편의점, 문방구 등 무수히 많은 공급자를 갖고 있는 체제로서, 과점의 경쟁 체제와는 달리 공급자들의 시장 지배력이 매우 낮다.

일반적으로 소수(일반적으로 셋 이하)의 기업이 시장점유율의 75% 이상을 차지하는 경우를 독과점이라고 한다. 그러나 한 기업이 시장점유율의 50% 이상을 차지하는 경우가 있다. 과거 Motorola, Kodak 등이 그러했고, 현재는 Amazon, Google이 그렇다. 그 시장 지배력은 독점에 가까운 형태로 시장에서 전횡을 할 가능성이 높다.

Amazon의 독과점 횡포

2014년 8월 Amazon은 Walt Disney가 단가를 낮추지 않자, 컨텐츠 공급 협상에서 신작 영화 DVD 예약 판매를 중단했다. Amazon은 미국 DVD 음반 시장의 약 30%, 전자책 시장의 약 65%를 점유한 대표적 독과점 기업이다. Amazon은 소위 'Amazon 전술'을 수행한 것이다. 즉 ①낮은 단가로 컨텐츠 구입 → ②소비자에게 낮은 가격으로 판매 → ③경쟁업체 도태 → ④시장 지배력 강화 → ⑤컨텐츠 공급업자 압박으로 이어지는 전술이다. Amazon의 미국 전자상거래 시장점유율은 2015년 이후, 20%를 상회한다.

시장은 항상 균형적으로 발전해나가야 한다. 하루 빨리 Amazon과 Google을 견제할 수 있는 강력한 'market challenger'가 탄생되기를 바란다.

중국에 강사부홀딩스라는 식품 기업이 있다. AC Neilson의 발표에 의하면, 강사부홀딩스의 라면과 음료의 2013년 시장점유율은 각각 44.1%와 51.8%다(라면은 금액 기준으로 시장점유율의 56.1%다). 이 정도면 하나의 기업이 독과점 체제를 구축했다고 할 수 있다.

호텔산업의 경우 모든 호텔을 하나의 시장으로 간주할 경우에는 독점적 경쟁으로, 실질적으로 경쟁이 되고 있는 호텔들을 기준으로 할 경우에는 여러 과점적 경쟁으로 분류할 수 있다. 즉 경쟁 개념을 보다 더 구체적으로 이해하기 위해서는 서로 다른 각도에서 이해해야 한다.

개념적 분류

경쟁의 개념은 크게 거시적(macro) 경쟁과 미시적(micro) 경쟁으로 대분될 수 있다. 거시적 경쟁이란 동일한 소비자의 욕구를 추구하는 경쟁을 의미한다. 예를 들어, 배가 고픈 소비자의 욕구에 대해 슈퍼마켓의 야채 코너, 편의점에 있는 간이 음식 코너로부터 호텔의 고급 레스토랑에 이르기까지 모든 업체가 거시적 경쟁이 될 수 있다. 즉 소비자의 동일한 욕구 충족을 위하여 상이한 필요를 근간으로 경쟁하는 모든 업체가 포함된다. 반면에 미시적 경쟁은 유사한 소비자, 유사한 제품 형태 및 계층을 갖고 있으며, 경쟁할 수 있고, 경쟁하기를 원하는 대상일 경우에 해당되는, 진정한 의미의 경쟁 개념이다.

거시적 경쟁과 미시적 경쟁을 보다 세부적으로 분류하면 다음과 같다(McDonald's를 기준으로 예시한 〈그림 7-8〉과는 차이가 있음).

① 거시적 경쟁(산업 내의 경쟁) : 동일한 소비자들의 욕구에 대한 경쟁(슈퍼마켓 간이 음식 코너, 냉동 식품, 호텔 및 고급 레스토랑 포함)

② 제품 계층(product class) 간의 경쟁 : 유사한 고객, 유사한 제품 및 서비스를 제공하는 기업 간의 경쟁(KFC, Subway, Taco Bell 등 모든 fast food 레스토랑 포함)

그림 7-8 경쟁 계층의 예. 햄버거 레스토랑을 기준으로 하였을 때의 경쟁, 유사 산업까지 포함한(budget) 경쟁, 포괄적(general) 경쟁, 제품 계층(product category) 경쟁, 제품 형태(product form) 경쟁 등 4단계 경쟁 계층

③ 제품 형태(product form) 간의 경쟁 : 위의 모든 조건을 충족하는 동시에, 제품 형태가 같은 기업 간의 경쟁(Burger King, Wendy's, Hardee's, IN-N-OUT Burger 등 모든 햄버거 레스토랑 포함)

④ 미시적 경쟁 : 위의 모든 조건을 충족하는 동시에, 경쟁할 수 있고, 경쟁하기를 원하는 기업과의 경쟁(시장 상황, 환경, 경영 철학 등에 근거하여 선별된 최종 경쟁 대상과의 경쟁)

2019년 기준, McDonald's의 현재 미시적 경쟁(특히 경쟁하기를 원하는) 대상은 무엇일까? McDonald's는 2018년 미국 전 지역에 있는 자사의 14,000여 레스토랑에 1/4 pound beef를 기존의 냉동 제품에서 신선한(fresh) 제품으로 바꾸겠다고 발표했다. McDonald's의 미시적 경쟁 대상은 기존의 Burger King과 Wendy's가 아니라 Chick-fil-A(치킨 샌드위치 레스토랑), In-N-Out, Shake Shack Inc.인 것이다.

미시적 경쟁 개념에서는 경쟁의 범위가 크게 확대된다. 예를 들어, 사람들에게는 커피에 대해서 여러 형태의 필요가 있는데, 그 중 '졸음을 쫓는' 필요에 대한 커피의 경쟁은 껌이나 에너지 드링크까지 확대될 수 있다는 것이다.

2010년대 후반, fast food 업계에 새로운 바람이 불고 있다. 신규 fast food 브랜드들이 건강 등 여러 문제점이 제기되고 있는 fast food라는 제품 범주에서 벗어나고자 하는 것이다. 그들이 주장하는 새로운 범주는 **'fast casual'**이다. 'QRS plus', 'fine casual', 'polished casual' 같은 많은 용어들이 범람하고 있으나, **'fast casual'**이 가장 적절한 표현이다. 필자가 미시적 경쟁 개념에서 정의했듯이(경쟁하기를 원하는), 신규 브랜드들은 fast food의 범주에 포함되는 것을 원하지 않는다는 의미다.

4. 경쟁의 파악, 행태, 선정, 그리고 목적

4-1. 경쟁의 파악

경쟁은 유일하게 근본적으로 시장의 위협을 제공하는, 기업에 있어서 가장 무서운 적이다. 산업(industry), 제품 계층(product class), 제품 형태(product form), 브랜드(brand)라는 네 가지 분류에 있어서, 어떠한 경우에는 산업끼리, 어떠한 경우에는 특정 브랜드끼리 경쟁이 되고 있다. 물론 제품 계층 및 제품 형태의 사이에서 가장 많은 경쟁이 형성되고 있다. 따라서 모든 기업의 마케팅 과업 중 가장 어려운 것 중의 하나가 경쟁 대상의 정확한 파악이라고 할 수 있다.

경쟁 파악의 시발점은 미시적 경쟁 개념으로부터 시작되나, 근본적으로 치밀한 시장의 공급과 수요에 대한 분석 없이는 정확한 경쟁 대상을 파악하는 것은 쉽지 않다. 같은 맥락으로 경쟁의 파악에 있어서 기존의 고객들의 **브랜드 전환(brand switching)** 대상을 찾아내는 것이 매우 효과적인 방법이다. 그 전환 대상은 대체재의 가능성이 높기 때문이다.

필자는 몇 년에 걸쳐 국내 Sheraton Grande Walkerhill의 MBA 과정에서 호텔마케팅 강의를 한 바 있다. 경쟁 개념에 대한 강의 시 수강자들에게 경쟁 호텔이 어디인가를 질문하면, 롯데월드, 서울신라, Inter-Continental, Millennium Seoul Hilton, Grand Hilton 등 여러 호텔들이 다양하게 거론된다. 그만큼 경쟁 대상은 그 기준에 따라, 인식에 따라, 또는 환경 및 시장의 변화에 따라 얼마든지 달라질 수 있다.

그림 7-9 경쟁 대상의 선택. Renaissance Hotels&Resorts는 Hilton을 제 1의 경쟁 대상 호텔로 지목하여, Hilton의 고객들이 Renaissance를 찾는 이유를 설명하고 있음.

많은 기업들은 고객 수준, 가격대, 시장점유율, 위치, 제품 및 서비스 품질 등을 기준으로 임의로 경쟁 대상을 분류한다. 그것도 옳은 방법 중 하나인 것만은 분명하나, 기초적 분석에 지나지 않는다. 아마 보다 현실적이고,정확한 방법 중의 하나는 자신들의 고객들에게 "만약 우리 호텔이 없다면, 당신들은 어느 호텔을 방문하시겠습니까?"라는 질문일 것이다(〈그림 7-9〉 참조).

정확한 경쟁 대상의 파악은 매우 어려운 과업이나, 공급자 자신들의 분석 못지 않게, 아니 오히려 더욱 정확한 방법은 시장의 보이지 않는 손에 대한 접근일 것이다.

한 French 레스토랑이 사업의 번창에 부응하여 'We do as

the Romans do'라는 슬로건으로 각종 메뉴를 도입한 후, 1년만에 문을 닫게 되었다. 경쟁이 없었던 이 레스토랑은 무수한 경쟁을 '초빙'함으로써 기존의 고객까지 잃은 것이다. 1930년대부터 60년대까지 환대산업 최대의 기업이었던 Howard Johnson's는 Howard Johnson 2세에 의해 사업이 크게 확장됐는데, 그 결과 불과 몇 년 후에 Marriott의 작은 한 지부에 매도됐다. 중·고급 호텔, family, casual dining 레스토랑 등 경쟁이 치열한 시장에 뛰어들어 경쟁을 스스로 자초함으로써 막대한 투자를 감당하지 못한 결과였다.

물론 여기에는 반대 급부도 존재한다. McDonald's는 대중 마케팅(critical mass marketing)을 추구하는 대표적인 기업으로서, 과거에 'You deserve a break today'라는 광고로 큰 성공을 거둔 적이 있다. 가정 주부들을 대상으로 집에서 요리하는 대신, 하루 정도는 외식을 할 충분한 자격이 있음을 알리는 캠페인이었다. 즉 McDonald's 광고의 경쟁 대상은 거시적 경쟁 대상인 슈퍼마켓 등의 음식 판매점이었다.

4-2. 경쟁의 행태

필자는 2000년 Tourism Management에서 호텔 시장을 **과점의 연속체(continuum of oligopoly)**(〈그림 7-10〉 참조)라고 정의한 바 있다. 즉 전 세계적으로 호텔 시장에서의 경쟁은 과점적 경쟁(oligopolistic competition)이 〈그림 7-10〉과 같이 연속적으로 이루어지고 있다는 것이다. 이와 같은 과점 상황에서 경쟁의 형태를 가장 잘 표현하고 있는 것은 죄수의 딜레마 게임(**prisoner's dilemma game**) 이론이다.

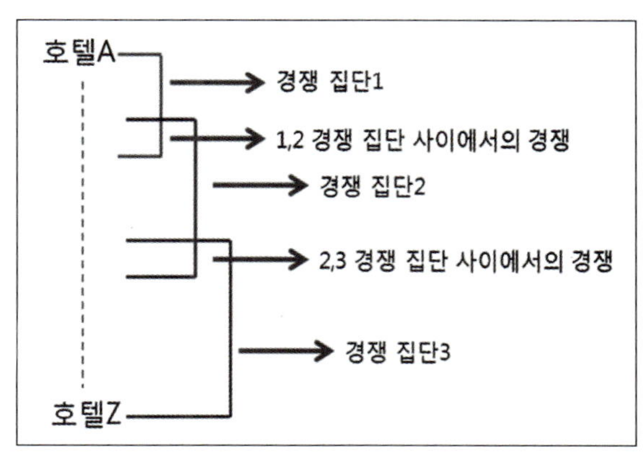

그림 7-10 개념적 호텔 시장: **과점의 연속체** 경쟁

'**Prisoner's dilemma game**'이란 다음과 같다.

검사가 용의자 A, B를 각각 심문한다. 증거는 오직 서로 진술하지 않기로 약속한 용의자들의 진술밖에 없다. 검사는 A와 B 두 용의자에게 각각 다음과 같은 제안을 한다. "만약 네가 다른 용의자를 범인이라고 진술을 하고, 다른 용의자가 진술을 거부한다면, 너는 석방이고, 다른 용의자는 20년 형을 받는다. 물론 반대의 경우도 똑같이 적용된다. 그런데 네가 진술을 하고 다른 용의자도 진술을 한다면(상대가 범인이라고), 너희들은 똑같이 10년 형을 받는다. 그러나 너희 둘이 모두 진술을 거부한다면, 너희들은 똑같이 5년 형을 받게 된다." 이 상황에서 죄수들은 어떻게 행동할까? Nash라는 학자가 여기에 대해 죄수들은 똑같이 진술하고, 결국 10년 형을 받게 된다고 주장했다.

위의 이론은 상호 영향력이 매우 높은 과점 하에서의 기업 행태를 잘 묘사하고 있다. 즉 기업들이 묵시적으로 가격 담합 등을 통해 가격 전쟁을 하지 않는다면, 바람직한 결과를 얻을 수 있으나(5년 형), 결과는 항상 부정적 결과(10년 형)라는 것이다. 실제로 과점 하에서 특정 기업이 가격을 인상하면, 나머지 기업들은 동조하지 않지만,

가격을 인하하면, 어쩔 수 없이 가격을 인하할 수밖에 없다. 이해를 돕기 위해 〈표 7-8〉을 제시한다.

표 7-8 prisoner's dilemma game에 의한 기업의 행태

	A호텔의 객실 요금($300)	A호텔의 객실 요금($200)
B호텔의 객실 요금($300)	(100K, 100K)	(130K,40K)
B호텔의 객실 요금($200)	(40K, 130K)	(70K, 70K)

*( )내 앞의 수치는 A호텔의 매출액, 뒤의 수치는 B호텔의 매출액

〈표 7-8〉은 두 호텔이 어떻게 행동하느냐에 따라 각각의 영업 성과와 전체 시장의 매출 규모를 동시에 나타내고 있다. 서로 협조할 경우에는 각각 최대의 매출액을 기록하며, 전체 시장의 매출 규모도 200K가 되나, 한 호텔이 배신을 하면(요금을 낮추면), 그 호텔의 매출액은 늘어나나, 다른 호텔은 큰 손실을 입게 된다. 대다수 경우에 있어서 결국 각 호텔은 200$의 객실 요금으로 경쟁하게 되고, 전체 시장의 매출 규모도 최소인 140K가 된다는 것이 Nash의 견해다. 이것을 Nash's **market equilibrium**(Nash의 시장 균형)이라고 한다.

물론 이것이 부동의 진리는 아니다. 2000년 Tourism Management에 발표했던 'Hotel room rate pricing strategies for market share under the oligopolistic competition -8-year longitudinal study-' 논문에서 필자는 최소 서울 지역 특1급 호텔 시장에서는 위와 같은 행태를 취하는 호텔은 절대적으로 불리하다는 것을 밝혀낸 바 있다. 그러나 많은 시장, 많은 상황에 있어서 기업의 행태에 관한 필자의 견해는 Nash와 같다.

경쟁은 위협의 근원이나, 경우에 따라 기회를 제공하기도 한다.

Starbucks에게는 경쟁도 기회

1980년대 미국에서는 Folgers, Maxwell House, Hills Brothers라는 세 커피 브랜드가 시장점유율을 유사하게 유지하고 있었다. 세 업체들의 치열한 판매촉진 전략으로 고객은 가격에 민감하게 되었으며, 커피를 필수품으로 간주하게 되어, 1990년대 초에 이르러 세 업체의 브랜드 충성도는 크게 침식됐다. 그 때 잘 알려지지 않았던 새로운 브랜드 Starbucks는 Howard Schultz의 지휘 하에 커피 스틱을 통한 컵, 고급 취향의 커피 향기, browser friendly 제품 디스플레이 등 차별화된 제품과 증대 제품 전략을 프리미엄 가격으로 승화시키며 시장을 뒤흔들어 놓았다.

browser
제품을 사지 않고, 만지작 거리거나, 구경만 하는 고객층.

드문 경우이지만 Starbucks의 사례와 같이 경쟁은 시장의 위협이 아닌 기회도 될 수 있다는 교훈을 주고 있다. Australia의 Gloria Jean's, 인도의 Barista Coffee, 그 이후 Nespresso(가정용 gourmet 커피 메이커) 등도 Starbucks와 유사한 전략으로 성공한 커피 기업들이다.

그림 7–11 경쟁이 없다고 천명하는 Ritz–Carlton. 치열한 경쟁시대 후, Ritz–Carlton은 최고의(경쟁 대상이 없는) 호텔로 부상했음을 공언하고 있음.

Stolichnaya vodka는 경쟁 기업에게 기회를 선사함

Stolichnaya vodka는 '미국산 vodka 대부분은 마치 Russia에서 제조한 것처럼 보입니다'라는 광고 문구 밑에 'Smirnoff; Connecticut주 Hartford에서 제조, Wolfschmidt; Indiana주 Laurensburg에서 제조' 등의 문구와 함께, 자사의 제품만이 'Russia Leningrad에서 제조'라고 주장하며 판매를 급증시켰다. 그러나 Afghanistan 사태의 발발로 판매가 급감하자, 그들의 광고에서 'made in Russia'라는 문구를 삭제했다. 이 사건은 'made in Sweden' Absolut이 외국 수입 vodka 및 premium vodka 시장의 선두 주자가 되는 결정적 계기가 됐다.

경쟁은 또한 매우 상대적인 개념이다. 전 세계의 호텔 중 유명한 Malcolm Baldrige Award를 유일하게 1992년과 1999년에 두 번씩이나 수상했던 Ritz-Carlton은 경쟁 대상이 없다고 공언하고 있다(〈그림 7–11〉 참조). 그러나 수많은 호텔들은 Ritz-Carlton을 벤치마킹하고, 또한 경쟁 대상 내에 포함시키고 있다. 원하건, 원하지 않건, Ritz-Carlton은 호텔들의 경쟁 대상이 되며, 불가피하게 경쟁이 되고 있는 것이다. 사람이 출세하면 시기를 많이 받듯이, 성공한 기업일수록 자의와 관계 없이 더욱 많은 경쟁 기업으로부터 고난을 겪게 되는 것이 경쟁의, 나아가 마케팅의 법칙이다.

음료수 시장에서 세계적으로 레몬라임 음료 부문을 완전히 석권하고 있던 7Up의 포지셔닝 성명서는 'Uncola'다. 즉 7Up은 사이다 시장 외에도 콜라 시장을 경쟁 대상

그림 7-12 7Up의 Uncola 캠페인
출처: 엘리스 · 잭트라우트(2006). 《마케팅전쟁》, p.193.

으로 간주하고 있다는 것이다.

7Up의 브랜드 확장 실패 사례

1968년 최초로 등장되어 연간 판매 순이익이 8,770$에서 1억 9천만$로 수직 상승됐던 7Up의 'Uncola' 캠페인은 탁월했지만, 그 후 Sprite과의 레몬 라임(lemon-lime: 무색 투명한 탄산 음료) 시장에서의 경쟁에서는 패배했다. 그 스토리는 다음과 같다(〈그림 7-12〉 참조).

7Up은 1978년 5억$에 Philip Morris에 인수됐다. Marlboro와 Miller Lite으로 성공했던 Philip Morris는 7Up 예산을 두 배인 4천만$로 늘리며 공격적 마케팅을 했으나, 콜라 시장과 비교, 7Up의 최대 강점인 'no caffeine'에 대한 일관성있는 광고를 하지 않았다. 또한 7Up은 Like라는 카페인 없는 콜라 출시, 카페인이 든 7Up Plus, 무카페인 과실즙 음료 Mixed Berry 7Up Plus, Cherry 7Up, 7Up Gold 등 일관성 없는 무리한 브랜드 확장 등으로 그러한 결과를 초래한 것이다.

위의 사례는 경쟁 개념과 관련되어 우리에게 한 가지 분명한 교훈을 주고 있다. 커다란 범주의 산업 내에는 무수한 제품 계층과 형태가 존재하고 있다. 하나의 제품 형태를 석권했다고 해도(경쟁을 소멸시켰다고 해도) 경쟁이 끝난 것이 아니다. 성공한 기업이라도 뒤로는 신제품으로부터 언제든지 도전받을 수 있으며, 앞으로는 타 제품 형태 혹은 계층에 도전해야 하는 숙제를 항상 갖고 있다.

Coca-Cola는 음료수 시장에서 부동의 1위를 기록하고 있다. 이 공룡 기업도 계속 변하는 환경과 소비자에 의해 언제, 어떻게 그 자리를 내어주게 될지 모른다. 이것이 Levitt의 **마케팅 근시안(marketing myopia)** 철학이며, 부동의 마케팅 법칙이다.

4-3. 경쟁 대상의 선정

Skift Forum Europe 2018에서 AccorHotels Group의 CEO Sebastien Bazin은 "우리의 포부는 Facebook, Tencent, Baidu, Apple과 같은 글로벌 거인들과 경쟁하는 것이다"라고 밝혔다. 또한 Bazin은 기존의 환대산업 기업에서 진화하여 서비스와 경험 **platform** 기업으로 도약하기를 희망하고 있다. AccorHotels Group은 고객이 여행을 하지 않는 기간에도 접촉할 수 있는 그 무엇을(그는 net이라고 표현함) 확대하고 있다. AccorHotels Group은 미국이나 중국에서 시장을 선점하고 있는 강력한 경쟁 기업들과 경쟁하기를 원하지 않는다. 대신 유럽, Africa, Latin America 등의 시장에서 디지털 유통과 'e-commerce'를 통한 경쟁 강화에 노력을 경주할 계획이다.

AccorHotels Group의 이러한 배경에는 **공유 경제**가 레저 여행객에게 큰 영향을 미치며 크게 성장한 Airbnb가 있다. AccorHotels Group에서는 투숙객의 90%가 2박 이하인 반면, Airbnb에서는 90% 이상이 3박 이상인 현상이 그것을 말해주고 있다. 따라서 AccorHotels Group은 Onefinestay를 비롯한 **공유 경제** 관련 기업들을 인수하며 **공유 경제**의 세계로 진출하기 시작한 것이다. Bazin에 의하면, AccorHotels Group에서는 70%의 사업이 'business-to-business'인데 반해, Airbnb에서는 90%의 사업이 'business-to-consumer' 레저라고 한다. 즉 Airbnb의 사업이 훨씬 유리하다는 것이다. 단 Airbnb가 서비스 지향적 기업이 아니기 때문에, AccorHotels Group은 **공유 경제** 세계의 고급 서비스 기업으로서의 경쟁이 가능하다고 판단한 것이다.

상식적으로 생각할 때, AccorHotels Group은 Marriott, Hilton Worldwide, IHG 등과 경쟁하는 것이 타당하다. 그러나 AccorHotels Group은 전혀 다른 길을 택한 것이다. 이것이 미시적 경쟁 개념이며, 경쟁 대상을 어떻게 선정하느냐는 마케팅의 모든 전략 계획에 영향을 미친다.

기타 제품 범주(product category)와의 경쟁

타 제품 군이 경쟁 대상으로 고려되는 경우도 있다. McDonald's는 410칼로리 스파이시 Chiken McBites 메뉴를 도입하며 Yum!의 KFC에 정면 도전을 하고 있다.

1) 커피 부문

USA Today에 의하면, Starbucks가 주도하고 있는 미국의 커피 시장에 큰 변화가 일어나고 있다고 한다. 그 주역은 저렴한 커피를 도입하고 있는 McDonald's의 McCafe* 와 Dunkin' Brands Group의 커피다(〈그림 7-13, 그림 7-14〉 참조).

McCafe
Italy 커피 전문 브랜드인 Lavazza의 커피임. 유사한 예로 Google Phone도 실제는 Taiwan HTC의 제품임.

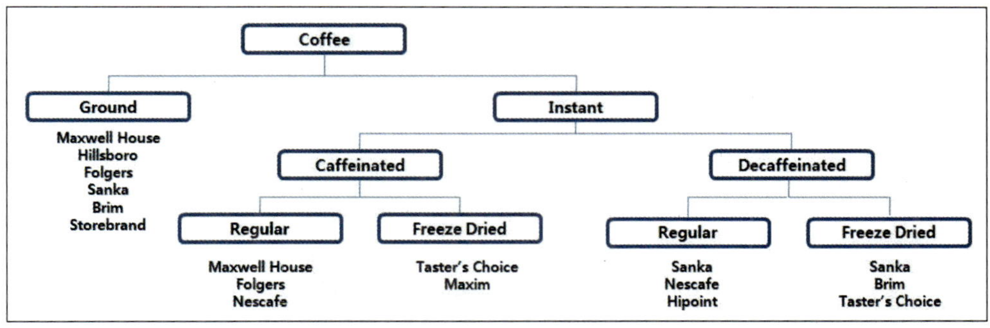

그림 7-13 커피의 분류(제품별, 브랜드별)
출처: Dong-A Business Review No.45 p.91

그림 7-14 McDonald's의 McCafe

McCafe와 Starbucks의 커피 경쟁

특히 McDonald's는 2010년 이후, cappuccino, lattes, mocha, 아이스 커피, 핫초콜릿 등의 고급 커피 라인인 McCafe를 Starbucks보다 저렴한 가격으로 판매하여, Starbucks 매출의 15~20%를 차지하는 Frappuccino(espresso와 우유, 바닐라, 아이스크림, 얼음을 혼합한 커피) 및 기타 커피 라인 매출에 큰 타격을 주고 있다. Dunkin' Brands Group도 2010년대 중반부터 'Reinforce that Dunkin' Brands Group is a beverage-led brand and coffee leader'(음료 주도 브랜드 및 커피 리더)라는 슬로건을 통해 메뉴를 재정비하고 영업 방식을 바꾸기 시작했다.

Starbucks는 '개인별 맞춤형 고급 커피'라는 리포지셔닝을 통해 기존 7개 제품 라인에 여러 가지 토핑, espresso, 두유, 탈지유, 무설탕 토핑 등을 첨가한 'However-You-Want-it-Frappuchino' 서비스를 2010년 하반기부터 시행하며 이에 대응했다. 그 외에도 Breyers 아이스크림 제조사와의 제휴, Frappuccino cereal과 디저트 등의 제품 다양화, Pepsi와의 joint venture 등으로 대응하고 있다.

2017년 Nestle가 인수한 미국의 Blue Bottle Coffee가 한국에 진출했다. Blue Bottle Café의 무기는 독특한 맛과 파란색 병의 로고다(〈그림 7-15〉 참조). 핸드 드립으로 천천히 내려주는 고품질 커피 맛의 비결은 'roasting'한 지 48시간 이내의 원두를 사용하는 데 있다.

2010년대부터 커피 시장에서 새로이 성장하고 있는 두 부문은 직접 커피를 볶아 판매하는 '**roastery coffee**'와 Specialty Coffee Association of America에서 규정한 '**specialty coffee**'다. '**Specialty coffee**'란 생산지의 고품질 생두를 고유의 향과 개성을 살려 roasting한 후 여러 가지 추출 도구들을 이용, 올바른 추출법을 사용하여 추출한 커피를 말한다.

2018년 Nestle가 무려 71.5억$(약 8조 원)를 투자해 Starbucks의 커피 판매권을 매

그림 7-15 Blue Bottle Coffee

입했다. Nestle 커피의 글로벌 시장점유율은 2013년 23%에서 2017년 20% 미만으로 하락했다. 가장 큰 이유는 소비자들의 선호가 Nestle의 주 제품인 인스턴트 커피에서 '**specialty coffee**' 등 프리미엄 커피로 이동하고 있기 때문이다. 게다가 Nestle의 강력한 경쟁자 JabHoldings가 2014년 Mondelez's 및 2015년 캡슐 커피 메이커 Keurig Green Mountain을 인수한 사실이 또 하나의 이유다.

Bloomberg에 의하면, 2017년 미국 시장 커피의 시장점유율은 Starbucks(약 12%), Folgers(약 11%), Maxwell House(약 7%), Green Mountain(약 3.5%), Nespresso(3% 미만), Dunkin' Brands Group, Nescafe 순이다.

참고로 〈표 7-9〉는 2007년 3월 실시되었던 미국 소비재 전문지 Consumer Report의 전문가 커피 시음 결과다.

McCafe는 분명 Starbucks에게 강력한 경쟁자다. 대표적 예는 Australia에서 찾을 수 있다. Starbucks는 비싼 가격과 PR 전략의 실패로, 또한 McDonald's의 McCafe에 밀리며, 2014년 총 84개의 매장 중 61곳의 문을 닫고 Australia 시장에서 철수했다.

표 7-9 전문가의 커피 시음 결과

브랜드	가격($)	시음 결과
McDonald's	1.35	맛이 깔끔하고 적당히 강함.
Burger King	1.40	미묘한 첫 향이 조금 약하기는 하지만 결점은 없음. 무늬만 커피지 맛은 뜨거운 물과 다르지 않음.
Dunkin' Brands Group	1.65	약간의 신 맛이 나며, 어색한 초콜릿 맛도 약간 남. 맛도 약하고, 묽고, 가격도 비쌈.
Starbucks	1.55	눈이 휘둥그레지게 맛있다기보다는, 눈에서 눈물이 날 정도로 강하고, 쓰고, 탄 맛이 남.

2) 점심식사 부문

점심식사가 F&B산업의 새로운 전쟁터가 되고 있다. McDonald's의 McCafe가 커피 시장을 공격하자, Dunkin' Brands Group과 Starbucks는 점심 시장을 공격하기 시작했다. 65%의 고객이 아침에 커피와 도넛을 먹던 과거 시장 행태가 완전히 바뀌기 시작했다.

Dunkin' Brands Group과 Starbucks의 점심식사 시장 공략

Dunkin' Brands Group은 2013년부터 매장 인테리어를 바꿔나가고 있다. 흙을 연상시키는 벽, 재즈 음악, 아늑한 부스를 설치하며, cheddar cheese와 ancho chipotle 소스를 바른 'bacon-ranch breaded' 치킨 샌드위치를 판매하고, 전국적 충성도 프로그램도 도입했다. 오전 11시 이후에 40%의 매출이 발생하고 있다.

과거와 달리 Starbucks도 정통 레스토랑을 도입하기 시작했으며, 2014년부터 베이컨이 든 직화 닭 샌드위치, 직화 치즈, 쇠고기, cheddar baguette 등 7종류의 샌드위치를 시험 판매 했고, 2015년부터는 새로운 점심 샌드위치까지 판매했다. 점심식사 판매를 위해 안락의자, 무료 Wi-Fi, 더운 음식을 준비했고, 2003년에 시작했던 샌드위치 판매를 확대시키고자 2012년에 La Boulange 베이커리를 인수해, 샌드위치와 함께 기존 메뉴인 핫케익(scones), 머핀, 과자 등의 품질을 개선시키고 있다. 그 외에 햄이 들어간 Swiss croissant, 칠면조-베이컨 샌드위치 등도 판매하여 오전 11시 이후의 매출이 전체 매출의 60%를 차지할 만큼 본격적으로 점심식사 시장을 공략하고 있다.

또한 2014년에는 미국 Los Angeles에 레스토랑을 개관해서 햄버거와 칵테일 등 저녁식사 판매도 시작했다. 또한 Starbucks는 2019년까지 2,000개의 매장에 저녁식사 때 맥주와 와인을 제공하고 있으며, 주 메뉴 커피의 경우엔 기존 커피 가격의 2~3배인 'Reserve'와 'Double Shot' 제품 군을 출시하고 커피 배달 서비스까지 하고 있다.

경쟁이 확대되며, 위와 같이 McDonald's, Dunkin' Brands Group, Starbucks 등은 물론 Burger King 등 세계의 대표 식음료 레스토랑들도 계속 메뉴를 확장하고 있다. 여기서 필자가 '감히' 위의 기업들에게 하고 싶은 말이 있다. "Please do not forget the reason why you have flourished."

3) Boutique 호텔 부문

또 하나의 추세는 2010년을 넘어서며 세계의 대표적인 명품업체들이 디자인, 브랜드를 차별화시키고 **boutique** 호텔 개발에 참여하고 있다는 사실이다. 세계 최대 명품업체 LVMH(Louis Vuitton Moet Hennessy)그룹은 Cheval Blanc이라는 브랜드로 호텔과 리조트 사업을 진행 중이다. 또한 France Paris 중심에 위치한 19세기 건축물 La Samaritaine 백화점 자리에 유럽 최대 명품 면세점을 접목시켜 5성급 호텔을 건축했다.

그 외에도 Australia Gold Coast에 위치한 Palazzo Versace 호텔,* Milano, Bali,

* Sands 그룹 The Venetian의 형제 호텔임.

그림 7-16 Australia Gold Coast의 Palazzo Versace
출처: www.google.co.kr

그림 7-17 Bali의 Bvlgari
출처: www.google.co.kr

그림 7-18 Dubai의 Armani
출처: www.google.co.kr

London 등에 위치한 Bvlgari 호텔, Dubai Buri Khalifa와 Milano 등에 위치한 Armani 호텔이 대표적 사례들이다(〈그림 7-16, 7-17, 7-18〉 참조). 2014년 Universal Studio는 4번 째 호텔을 개관했으며, Legoland도 호텔을 건설했다. 같은 2014년에 Four Seasons는 Florida Disney World에 호텔을 개관했다. 또한 2019년 영화 Star Wars 주제의 호텔이 미국의 Walt Disney World에 개관했다.

호텔 사업에 진출하고 있는 기업은 명성 높은 기업들만이 아니다. 미국 최대 온라인 쇼핑몰 Amazon.com은 Amazon Travel이라는 웹사이트를 만들어 호텔 예약 및 여행 관련 제품 판매를 결합한 서비스를 2019년부터 실시하고 있다. 수수료는 객실 예약 요금의 약 15%다.

환대산업 경쟁의 범위가 어느 정도까지 확대될지를 예측하기 어렵다는 사실을 확연히 보여주고 있는 사례들이다.

4) Home rental 부문

'Home rental'의 단연 대표 선두 주자는 Airbnb다. Airbnb가 2018년부터 고급 지향적 객실 대여, 충성도 프로그램 등 새로운 계획을 발표하자, 호텔산업의 거물들도 'home rental' 부문으로의 사업 진출을 선언했다. 2018년 Marriott International이 영국

London에서 'home rental' 시범(pilot) 사업을 시작한 것이 그 시초다. Marriott은 이미 수년 전부터 이 시장 진출을 준비해왔는데 기존 Airbnb와의 차이점은 '고급' 시장이라는 것이다.

또한 AHLA(American Hotels&Lodging Association) member의 선두 주자들인 Choice Hotels International, Wyndham Worldwide는 'vacation rentals' 사업을 시작하고 있으며, Hyatt Hotels Corp.과 AccorHotels Group은 기존 'home rental' 공급업체들의 매수에 나서고 있다. 단 이러한 호텔기업들은 사업 범주가 다르기 때문에 위법적 사항이라는 큰 장애물을 제거해야 한다.

더 큰 문제는 Airbnb라는 'home rental' 부문의 초강력 기업과의 경쟁에서 살아남아야 한다는 것이다. Hyatt은 2017년에 호화 'home sharing' 기업 Daiso와의 **collaboration**에 투자한 2,200만$를 장부에 '손실(loss)'로 기록했으며(사업을 중단했으며), AccorHotels Group도 2016년에 시작한 Onefinestay 브랜드의 호화 'home rental' 사업의 적자로 2018년 2분기에 2억 8,500$의 거금을 또 다시 투자해야 했다(100m 달리기와 110m 달리기는 전혀 다른 종목이다).

이에 반해, Choice Hotels International은 Hyatt 및 AccorHotels Group과는 차별화된 전략을 추구하고 있다. Choice Hotels International의 자사 Comfort Inn 'home rental' 부문의 사업은 2만 개 이상의 임대 숙박소를 보유한 RedAwning과 파트너십을 체결하여 새 고객이 아닌 기존 고객의 욕구와 필요를 충족하는 데 주력하고 있다.

한편 Marriott International의 'home sharing' 사업은 계속 진행 중이다. Marriott International은 영국에서 수행했던 'home sharing pilot' 사업을 2018년에 London의 'home rental sharing' 기업인 Homemaker와의 **collaboration**으로 Paris, Rome, Lisbon에까지 확대하고 있다. 즉 Marriott International이 Tribute Portfolio Homes를 Homemaker와 함께 공동 사업으로 추진하고 있는 것이다.

Tribute Portfolio Homes의 '회원 집'은 품격 높으며, 일정 수준의 안정성, 보안성(security)의 기준을 갖춰야 하고, 그 외 디자인, 기능, 입지 등이 고려되어 선택된다. '회원 집'은 완전한 주방과 세탁실을 갖춰야 하고, 고객은 24/7 지원과 Homemaker 직원에 의한 환영 및 check-in 서비스를 제공받는다. '회원 집'의 유형은 매우 다양하지만, 그 지역의 특색을 잘 반영해야 한다. 예를 들어, France에서는 Eiffel Tower가 잘 보이는 곳이라든가, 중세 Italy의 거리에 위치한다든가, Portugal의 수도 Lisbon 중심가에 위치하는 식이다.

호텔의 대다수 부문에서 제 1의 위치를 유지하고 있는 Mariott International이 과연 'home rental sharing' 부문에서도 성공할 것인지는 아직 미지수다.

Airbnb에 대한 필자의 충고

이와 같이 Airbnb의 신화적 성공은 호텔산업에 'home rental sharing'이라는 새로운 산업을 창출하고 있으며, 그 전쟁터에 호텔산업의 최강자들을 끌어들이고 있다.

2019년 현 시점까지는 Airbnb가 절대적 우위를 점하고 있으나, 그 결과는 장담할 수 없다. 가장 큰 이유는 Airbnb가 수성만 하는 것이 아니라 그 강자들이 버티고 있는 호텔산업의 전쟁터로 진입하고 있기 때문이다.

2018년 Panama의 호텔 협회장은 Airbnb의 호텔들과의 불공정 경쟁(세금 10% 면제)을 비난하며, 전쟁을 선포했다. 전쟁 전략으로 내세운 것은 ByHour라는 신 개념 숙박 **platform**이다. ByHour는 Spain에서 개발한 **platform**인데, 호텔의 전통적 '1박' 개념에서 벗어나 고객이 원하는 시간대에 맞춰 숙박 요금을 결정하는 방식이다. ByHour 시스템은 2019년 기준, 세계 3,000여 개의 호텔이 이용하고 있으며, 20만 명 이상의 고객을 보유 중이다. Airbnb가 가정집에서의 '편안한 경험'을 판매한다면, ByHour는 '효율성과 비용 절약'을 판매하는 것이다.

Airbnb는 명백한 'home rental sharing' 산업의 market leader다. 필자는 분명히 market leader의 기본 전략을 수비라고 했다. Airbnb는 공격보다는 위와 같은 도전에 대한 수성에 집중해야 할 때다. 또한 본 장에서 필자가 언급한 말을 상기해야 할 것이다. "도전하는 기업이 가장 성공하기 쉬운 상황은 선두 기업이 다양함을 추구할 때다."

5) 기타 부문

FedEx와 온라인

24시간 배송 서비스로 세계 1위를 기록하고 있는 FedEx는 '반드시 안전하게, 그 곳에 하루만에 배달되어야 할 때'라는 포지셔닝 성명서와 함께 **ONDS(the overnight delivery service)** 기업 중 가장 빠르고 가장 믿을만한 배송 서비스 기업이라는 포지셔닝을 확고히 갖고 있다.

이 포지셔닝은 타 **ONDS** 기업뿐 아니라 the US Postal Service에 의한 전통적인 우편 배달(보통 2~3일 걸림)에 대해서도 핵심적인 차별화를 제공했다. 만약 FedEx가 **ONDS**의 타 기업들을 경쟁 대상으로 선정한다면, 신속성에 대한 포지셔닝 전략이 지속적으로 필요하게 될 것이다.

그러나 여기에는 타 제품 군의 기업이 경쟁이 될 수 있다. 대표적 예가 fax 혹은 e-mail이다. 신속성에 있어서 fax나 e-mail보다 빠른 것은 없다. 정확성과 낮은 위험도도 차이가 거의 없다. 그러나 FedEx는 fax나 e-mail에 비해 전달하고자 하는 사람에게 '제대로 전달될' 가능성이 훨씬 높다. 따라서 이 경우에는 안전성과 신뢰성이 FedEx의 경쟁사와의 차별화 도구가 되는 것이다(〈그림 7–19〉 참조).

그림 7–19 FedEx의 광고

FedEx의 사례에서 알 수 있듯이, 온라인의 등장은 많은 사업에 있어서 새로운 경쟁 구도를 형성시키고 있다.

미국 상무부에 따르면 2014년 기준, 미국 내 소매업 매출에서 인터넷이 차지하는 비중은 약 6%라고 한다. 미국의 인터넷 판매 비율 중에서는 가전제품 약 25%, 서적, 음악은 약 19%인데 반해, 식품은 약 1%밖에 되지 않는다. Wal-Mart는 Amazon을 겨냥, 2014년부터 약 5억$를 투자해(Silicon Valley, 인도, Brazil 등, 약 4,000명의 IT 기술자 등) 특히 식품 부문의 인터넷 판매 전략에 집중하고 있다.

쇼핑 부문도 온라인에 의해 쇼핑몰이 급증하고 있다. 대표적인 예로 2018년 창업자 Mayun이 경영에서 물러나며, 지분까지 포기해서 세계적 의혹을 사고 있는 중국 최대 전자상거래업체 AliBaba의 온라인 쇼핑몰 Taobao.com은 2003년 창립 이래 2013년에 이미 이용 고객이 5억 명을 넘어서며 아시아, 나아가 세계 최대 온라인 쇼핑몰로 부상하고있다.

미국 도서 시장의 오프라인 최대 서점인 Barnes&Noble과 온라인 최대 서점 Amazon.com 간의 경쟁, 국내의 오프라인 최대 서점 교보문고와 온라인 서점 YES24*.com 및 인터파크 간의 경쟁도 마찬가지다. 교보문고도 인터넷 서점에 후발 주자로 뛰어들며, 새로운 경쟁 체제를 형성하고 있다. 타 제품 군과의 경쟁에 대한 사례는 Nike에서도 찾을 수 있다. Nike는 Adidas나 Reebok이 아닌 Nintendo를 경쟁자로 선포한 적이 있는데, 신체 운동을 즐겼던 10대 남학생들이 Nintendo 게임에 빠지며 이러한 현상이 초래됐던 것이다.

YES24는 총알 배송(당일 배송)을 내세우며 배송 속도의 차별화를 선점하여, 국내 최대 인터넷 서점으로 인정받고 있음.

2017~2018년 기간 동안 Disney는 21st Century Fox를 524억$에 인수했다. 과거 'big deal'이었던 Avatar, The Simpsons에 이어 Pixar Animation Studios, Marvel Entertainment, Lucasfilm까지 인수한 Disney는 이를 계기로 Netflix, Amazon 등 '최강'의 타 부문 기업들과 경쟁을 선포한 것이다.

경쟁 대상의 회피, 틈새 시장 공략

경쟁 대상을 선정한다는 의미는 경쟁 대상을 필히 선별하여야 한다는 의미만이 아니다. 틈새 시장자(nicher)의 경우와 같이 오히려 경쟁 대상을 피하는 것도 이 주제에 포함될 수 있다.

Enterprise 렌터카가 대표적 사례에 해당될 수 있다(〈그림 7-20〉 참조). 부동의 시장 선도자였던 Hertz와 2위 Avis(〈그림 7-21〉 참조), Alamo 등 시장 도전자들이 사업가와 여행객을 위한 렌터카를 전문적으로 취급하는 반면, Enterprise는 도난이 된 차, 고장 난 차의 고객에게 우선적으로 차를 대여했다. Enterprise는 가격이 높은 공항이나 시내에 위치할 필요가 없었고, 낮 시간에만 영업을 하며, 보유 차량들을 보다 오래 유지시킬 수 있었다. 따라서 Enterprise는 저렴한 대여 비용 유지와 픽업 서비스로 렌터카 시장에서 저가와 편리성으로 경쟁을 희석시켰다.

그 결과, 2010년 전에 Enterprise의 매출액은 Hertz를 넘어섰다. 세계 150여 개 국에 진출하고 있는 Hertz와 달리, 90%의 매출액이 미국 시장에서만 파생되고 있는 Enterprise는 이제 렌터카의 선두 주자로 부상했다. 세계 렌터카 시장에서 가장 크게

그림 7-20 렌터카의 시장의 새로운 선도자 Enterprise

그림 7-21 Hertz(좌), Avis(우)

주목할 만한 기업은 중국의 China Auto Rental Inc.(선저우)이다. 2017년 매출이 약 1조 7000억 원이며, 전 년 대비 연간 매출 성장률이 약 70%다. 이 기업의 성장을 지켜보자(Enterprise에 이어 필자의 예상이 다신 한 번 적중되기를 바란다).

국내에는 거의 알려지지 않은 Pabst Blue Ribbon(이하 PBR)이라는 맥주 브랜드가 있

그림 7-22 Pabst Blue Ribbon

다(〈그림 7-22〉 참조). 1844년 출범한 이 브랜드는 판매량이 1970년대 1년에 2,000만 배럴 이상 지속되다가 1978년 이후 23년 연속 하락, 2001년에 100만 배럴 이하로까지 급감했다. 그러나 PBR은 5개의 도시에서만은 매출이 어느 정도 유지되고 있음을 발견했다(Portland, Pittsburgh 등). 이 도시들의 젊은 층은 주로 1970년대 후반에 태어났고, 초기의 hippy족이라는 공통점이 있으며, 특정 브랜드에 애착이 강하고, 허세를 싫어한다는 특징이 있었다. PBR이 광고를 거의 하지 않는다는(허세를 부리지 않는다는) 사실이 오히려 판매 포인트가 됐다. PBR은 거리로 나가 이 젊은이들이 하는 저글링 등의 행사를 지원했고, 집시들과 대화를 하며, 그들에게 다가갔다. 이러한 자유로운 전략은 hipster(일반적 문화와 동떨어진 집단)와 친해지며, 2002년 이후 10년 이상 매년 10~20%의 판매 급증을 가져다주었다.

항공 app 전문 기업 Hopper

틈새 시장을 이용한 경쟁 부문에서 돋보이는 기업이 있다. 항공 app 전문 기업인 Hopper다. 2015년 시장에 등장한 Hopper는 2019년 기준, 항공 app 부문에서 가장 빨리 성장하고 있는 기업이다. 그 성장 기법은 기존의 관광 관련 app과 달리 Big Data를 이용, AI를 응용해 추천한다는 데 있다.

2019년 관광 관련 app 다운로드 기준으로 Uber, Lyft*, Airbnb에 이어 4위를 차지한 Hopper는 타 e-commerce app처럼 '신속한' 예약을 수행하는 app을 제공하지 않는다. 대신 AI를 통해 여행객들에게 여행하는 데 최적의 날짜와 요금을 예측해준다. Hopper의 항공료 정보 제공 시스템인 'Secret Fares'는 2018년에 시작해, 항공사에서 가장 중요한 매출 창출 영역인 비즈니스 클래스와 'last-minute' 항공권 판매에 지대한 공헌을 하고 있다. Hopper의 할인율은 약 10~20%다. Hopper는 호텔 예약 사업도 시작해 2019년에 이미 300개에 이르는 호텔에 app을 제공하고 있다.

* Uber와 같은 유형의 자동차 공유 기업임.

틈새 시장을 활용한 경쟁

1) 음료 부문

미국 bourbon 위스키 시장의 선두 주자는 Jim Beam과 Jack Daniel's다. Maker's Mark는 "부드러운 맛을 위해 수공 과정을 거쳐 소량 판매합니다"라는 문구로 판매량이 적은 속성을 장점으로 부각시키며 경쟁을 희석시키고 있다.

음료 시장의 '**red ocean**'을 피해 Sobe는 1996년에 이미 건강회복 음료(healthy refreshment beverages) 시장('**purple ocean**')을 개척했다. Sobe는 1996년 인삼, 은행, guarana를 넣은 3G(SoBe Black Tea 3G)로 시작해서 현재 차, 주스, 에너지 음료 등의 건강 회복 음료 시장의 선두 주자다.

영국의 Innocent Drinks는 유럽에서 가장 유명한 과일 스무디(무설탕, 무수분, 무첨가) 음료다. '단순한', '정직한', '신선한'이라는 세 단어를 모토로 하는 Innocent Drinks는 스무디, 코코아, 아이들용 스무디, 오렌지 주스, 슈퍼과일 스무디, 야채 음료, 순수 과일 스퀴즈 등 7개의 제품 계열만 집중한다. Innocent Drinks는 'Fruit Tower'라고 불리는 사무실, 바나나 전화, 매년 Fruitstock 음악 축제 개최 등 일관성있는 브랜드 연상 전술과 함께 '유럽에서 사랑받는 작은 주스 기업'으로 성장하고 있다.

2) 항공 부문

틈새 시장을 가장 잘 이용한 기업은 Southwest Airlines다. 1971년 텍사스에서 비행기 3대로 시작한 이 기업은(CEO : Herb Kelleher) 타 항공사의 **'hub and spokes'** 방식이 아닌 **'point-to-point'** 방식으로(〈그림 7-23〉 참조) ①대도시보다는 중소 도시, ②시간 엄수 및 출발 시간 간격 최소화, ③적은 활주로, ④티켓팅 비용 최소화(무인 발매기 이용), ⑤버스처럼 쉽게 타고 내리기, ⑥기내 서비스 제한을 통하여 국내선만 전문으로 하는 가장 저렴한 요금의 독보적 항공사가 되었다.

Southwest Airlines는 2014년부터 국제 항공 서비스를 Belize, Jamaica, Cayman Islands, Mexico의 Cancun 등 인접 국가에 제공해왔으며, 2017년부터는 Costa Rica, Dominican Republic, Turks and Caicos 등 항로를 확대하고 있다. 그 국가들에는 공통점이 하나 있는데, '멀지 않다'는 것이다.

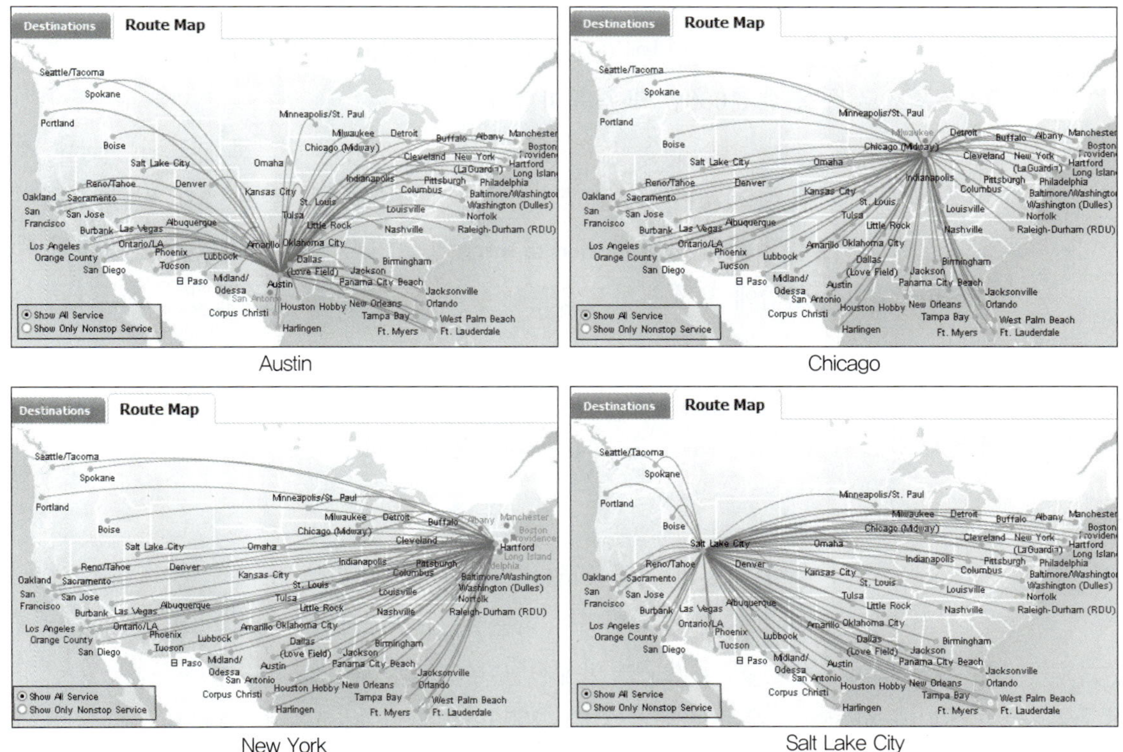

그림 7-23 'point-to-point' 방식. 그림에서 볼 수 있듯이, 어떠한 도시를 클릭해도 모든 타 도시와 직접 연결됨.

United Suttle, Continental Light, US Airways 등 경쟁사들이 모방을 했으나, Southwest Airlines는 아성을 굳건히 지키는 '영원한 챔피언'으로 계속 군림하고 있다. 그 후 Southwest는 2010년을 전후하여 Chicago, Baltimore, New York, Boston, Atlanta, Milwaukee, Denver 등 대도시로 비행 영역을 넓혀가며 중소 도시의 운항을 줄이고 있기는 하나, 2019년 기준, 약 70%의 고객이 직항 노선을 이용하고 있다. 이 수치는 경쟁되고 있는 대규모 항공사의 직항 노선율을 크게 상회한다. 2019년 기준, Southwest의 좌석 수는 Delta, United에 이어 3위에 해당된다.

그 이후 각 나라별로 이와 같은 저비용 항공사(**LCC : low-cost carrier**)들이 탄생되고 있다. Singapore의 Tiger, 홍콩의 Oasis, Malaysia의 Air Asia, Australia의 Virgin Blue, 일본의 Skynet Asia, Ireland의 Ryanair*, Canada의 West Jet, Belgium의 Devon Air, 미국의 Morris Air, JetBlue Airways, BudgetAir, Delta의 Song, Chile의 Lan 등이 그것이다. 특히 영국의 Easy Net은 인터넷, 전화로만 예약, 예약 번호와 신분증으로만 탑승, 주차 할인, 셔틀버스 제공, 공항 이용료가 적은 소규모 공항 이용 등으로 최소의 요금을 가능하게 하고 있다.

항공선 무게, 청소비를 줄이기 위해 좌석 등받이의 주머니를 없애고 물, 음료 서비스에 요금을 별도로 부과, 공항 check-in 카운터 없앰, 날씨 정보에 의한 비행 계획 수립 등으로 운영함.

전 세계의 저가, 저비용 항공사가 전체 항공산업에서 차지하는 비중은 2001년 약 8%였으나 2016년 말 기준 30%를 넘어섰다. Boeing이 발표한 'CURRENT MARKET OUTLOOK 2016 · 2035'에 따르면, **LCC**들의 수송 능력은 2005년부터 2016년까지 매년 평균 11%씩 상승했으며, 전체 항공 좌석수의 30%를 차지할 만큼 성장했다.

국내 저비용 항공의 경우, 시작 년도인 2005년(한성항공이 최초, 지금의 티웨이항공) 0.3%에 불과했던 **LCC**의 국내선 수송 분담률은 2018년 6월 기준, 58.6%에 이르렀다. 국제선 수송 분담률도 2008년에 0.05%로 시작하여 2016년에 30%를 넘어섰다. 2018년에 최초로 승객 수 1,000만 명을 돌파했다.

제주항공, 진에어, 에어부산, 티웨이항공, 이스타항공의 순으로 대표되는 국내 저비용 항공사 시장은 2018년 10월, 국토교통부의 '신규 면허 심사 재개 발급' 기준이 완화됨에 따라, **시장 진입 장벽(barriers to entry)**이 낮아져 공급이 더욱 확대될 것이 확실하다. 국내선 영업에 고전을 하고 있는 KAL과 아시아나에게는 설상가상이 아닐 수 없다.

이 현상은 일본도 마찬가지다. 2010년 New York Times에 보도된 아시아 최대 항공사였던 JAL 파산 기사의 주 원인도 일본 **LCC**들에 있다.

3) 기타 부문

Southwest와 유사 개념의 성공 기업은 Sweden의 디자인 가구 브랜드인 IKEA다. IKEA는 셀프 서비스로 직접 조립해야 하는 문제는 있으나, '적정(최소) 가격의 탁월한 디자인'이라는 신 개념 가구를 탄생시켰다(<그림7-24> 참조).

렌터카 시장에도 유사 사례가 있다. 2000년 미국 Boston에서 시작된 Zipcar*는 미국, 영국, Canada를 주 시장으로 다수의 회원이 차량을 나누어 이용하는 '시간 단위

Zipcar의 연간 매출 성장률은 2006년부터 2011년까지 124%, 89%, 83%, 24%, 42%, 30% 등 초고속 성장을 하고 있음.

자동차 공유 서비스'라는 신 개념 렌터카 시장을 개척했다. Zipcar는 시간 단위 요금, 가입비 및 연회비에 포함된 보험료와 연료비, 도심 곳곳에 설치된 POD 지정 주차 구역에서 언제라도 차량을 사용, 반납할 수 있는 융통성, 무선 통신 RFID 카드를 이용한 간편한 차량 인도 시스템 등으로 신 개념 렌터카 시장을 창조했다.

Zipcar의 사례를 보면 미래의 유통 구조가 보인다. 즉 우리가 길을 가다가 필요한 것이 있으면, 어떤 것이건 근처에서 바로 빌려서 사용할 수 있는 **초유통(superdistribution) 구조**가 그것이다.

Zipcar와 유사한 기업으로 미국의 RelayRides, France의 Autolib, 대한민국의 Greencar 등이 있다. 이와 같이 사람과 사람, 정보와 네트워크를 엮어주는 공유 비즈니스를 '**mesh business**'*라고 한다.

그림 7-24 IKEA

"2022년이 되면 자동차는 더 이상 팔리지 않는다"라고 미래 학자 Thomas Frey Davinci 연구소 소장이 장담했다. Car2Go라는 서비스가 Germany, 미국으로 급속히 번지고 있기 때문이다. 자동차 기업들은 차를 판매하는 것에서 '운송 수단'을 판매하는 것으로 개념을 전환하고 있다. 카드로 긁고, 차를 핸드폰에서 위치 추적하여 차를 타고, 내리는 곳에 가까운 주차장에 두면, 또 다른 사람이 카드로 그 자동차를 타게 되면서, 차를 사지 않고 빌리게 된다. 이 때 자동차 기업이 차를 소유, 관리하기 때문에 기업은 튼튼한 차를 유지시키고, 고객은 차를 사지 않게 된다는 것이다.

* 대표적 'mesh business' 기업으로 Airbnb, Taskrabbit, Etsy, Skillshane, Vayable 등을 들 수 있음.

일반인들이 자신의 차를 대여해주는 방식도 있다. 이 형식은 '**peer to peer**' 방식으로 부르는데, RelayRides가 선두 주자다. '**Peer to peer**' 방식은 차만 대여해주는 경우와 택시처럼 한 장소에서 다른 장소로 이동시켜주는 방식 모두 가능하다. RelayRides 외에 Getaround Buzzca, Tamyca, Wheelz, Whipcar 등은 단순 대여 방식으로, Lift, Side Car, Uber, Weeels 등은 택시 서비스 전문 방식으로 경쟁에 참여하고 있다.

George Washington대학의 연구에서는 미국 시장에서 연료 전지 자동차는 2023년에 650조 원의 시장이 될 것이라고 예측하고 있다. 또한 Paul Muller가 개발한 sky car 등 나는 자동차, jet pack 등 나는 기계 등이 개발되어, 2030년에는 자동차 시장이 소멸하거나, 혁신적으로 진화한다는 것이 미래 학자들의 공통된 예측이다. 가로등을 활용해 전기자동차 충전 시스템을 개발한 Germany의 Ubitricity라는 기업도 있다.

시장은 경쟁 때문에 발전하는 것 같다. 역시 경쟁은 필자가 언급한 **필요 충족의 집합체**임이 분명하다.

4-4. 경쟁의 목적

경쟁의 목적은 무엇인가? 1차적으로 시장점유율(market share)의 제고다. 시장점유율은 '경쟁을 모두 고려한 매출액, 즉 경쟁을 모두 고려한 경영 성과의 종합적 결과'이기 때문이다. 기업의 MS(market share)를 궁극적으로 결정하는 것은 외형적으로는 매출액이지만, 실제로는 고객의 MS(mind share)다. 영토 확장이 전쟁의 목적이라면, 경쟁의 목적은 고객 마음을 확장시키는 것이다. **마케팅의 전쟁터는 고객의 마음**이기 때문이다.

경제학에서 이야기하는 '빈익빈, 부익부'가 시장의 전쟁에서도 그대로 적용되고 있다. 이 현상을 가장 잘 묘사하고 있는 것이 **'Lanchester의 법칙'**이다. **'Lanchester의 법칙'**은 수적 우위의 중요성을 설명하는 법칙으로서, 시장의 전쟁에 비유한다면, 시장점유율이 높은 기업이 단순 비례적이 아닌 초비례적인 우위에 있다는 것을 강조하는 법칙이다.

Lanchester의 법칙
예를 들어, 아군 전투기가 10대고, 적군 전투기가 5대라면, 10−5=5의 우세가 아니라, $10^2-5^2=75(8.66^2)$의 우세가 된다는 것임. 즉 약 1.3~1.4대의 손실로 적을 제압할 수 있다는 의미로 해석됨.

시장에서의 시장점유율 변화를 이해하기 위해서 필히 알아야 할 개념이 있다. 행동경제학에서 말하는 **'attraction effect'(유인 효과)**가 그것이다. **'Attraction effect'**란 기존 제품에 비해 비대칭적으로 열등한 대안 제품이 등장하여, 새로 진입한 대안 제품과 유사한 기존 제품의 시장점유율이 상대적으로 크게 제고되는 효과를 의미한다.

다음의 예를 참조해보자. 한 지역에 객실 요금 300$인 Embassy Suites와 200$인 Residence Inns가 경쟁하고 있다. 그 때, 객실 요금 200$인 Townplace Suites(Residence Inns와 같은 Marriott 계열이 아니라고 가정하자)가 시장에 진입했다. 호텔의 수준은 분명 Embassy Suites > Residence Inns > Townplace Suites의 순이다. 가치는 Residence Inns가 Townplace Suites보다 명백히 높지만, Embassy Suites의 가치는 Townplace Suites보다 확실히 높다고 단정하기 어렵다(요금이 높기 때문에). 이 경우에 Residence Inns의 시장점유율의 제고 비율이 Embassy Suites보다 높아진다는 것이다.

'Lanchester의 법칙'을 이용하여 일본 후나이 컨설팅 명예 회장인 후나이 유키오는 다음과 같은 시장점유율 8단계 상황을 발표한 바 있다(독자들이 큰 비중을 둘 필요는 없다).

시장점유율의 8단계 상황

① 독점 점유율 : 74%를 차지하면 안전하다.
② 상대 점유율 : 42%를 먼저 확보하면 향후 압도적으로 유리한 입장이 된다.
③ 과점화 점유율 : 31%면 과점의 단계로 넘어간다.
④ 선두 기업 점유율 : 26%가 되어야 선두 기업이라도 이익을 낼 수 있으며, 2~3위 기업의 입장에서 26%가 되어야 겨우 상위 기업과 싸울 힘을 갖게 된다.
⑤ 선두 그룹 점유율 : 19%면 1위 기업이라도 인정되지 않는다.
⑥ 우위 점유율 : 15%가 되어야 번성할 기반을 갖출 수 있다.
⑦ 영향 점유율 : 11%가 되어야 시장에 영향을 줄 수 있다.
⑧ 존재 점유율 : 7% 이하면 경쟁에서 존재 가치가 없다.

제3절 경쟁 전략

1. 경쟁 전략의 전제 조건

경쟁 전략에 앞서 경쟁 전략의 두 대상 중 하나인 소비자 측면을 먼저 살펴보자(나머지 하나는 경쟁 기업).

"예외 없는 규칙은 없다(there is no rule but exception)"는 말이 있듯이, 만약 소비자들이 완전히 합리적이라면, 각 산업, 각 제품 범주별로 가장 우수한 기업들만이 시장에서 생존할 것이다. 그러나 다행히 인간은 그렇지가 않다. Homo sapiens라는 말은 '현명한 사람'을 의미한다. 그 현명함이 지나쳐 극히 합리적으로만 행동하며, 타인을 배려하지 않고, 오로지 자신의 이익만을 추구하는(영리적 계산에만 의지하여 살아가는) 사람을 일컬어 'homo economicus'라고 한다.*

'Homo economicus'에 대해 Thorstein Veblen은 '쾌락과 고통의 번개 계산기', Herbert A. Simon은 '전지전능한 신과도 같은 존재' 등으로 표현하며, 인간이 결코 가질 수 없는 산물로 간주함.

물론 인간 중에 이러한 부류도 존재하지만, 보다 일반적인 소비자들은 Socrates가 인간을 인간답게 만드는 것은 언어라며 명명한 homo loguens(언어적 존재), Netherlands의 인류학자 John Huzinga가 언급했던 homo ludense(놀이하는 인간), Aristotle이 언급했던 homo faber(만드는 인간), homo erectus(직립 보행하는 인간), homo negans(예와 아니오를 할 수 있는 인간), homo historicus(역사적 인간), homo kungfus(공부하는 인간), homo zappens(리모콘 채널을 바꾸듯 여기저기로 관심을 옮기는 인간형) 등 여러 형태가 있다. 최근에 탄생된 용어는 homo searchian으로서 인터넷을 사용하는 것에 그치지 않고, 인생 전반을 web search 엔진에 의존하는 인간형을 의미한다. '비합리성의 합리성' Nobel상 수상자인 미국 경제학자 Thomas Schelling의 말이다.

Prospect Theory(전망 이론)

위를 대표하는 이론 중의 하나로 Princeton대학 Daniel Kahneman과 Amos Tversky는 Prospect Theory(전망 이론)(〈그림 7-25〉 참조)를 발표했다. 〈그림 7-25〉는 사람들이 어떻게 위험을 수반하는 확률적 대안(probabilistic alternatives)과 잠재적 손실 및 이익의 평가 사이에서 선택을 하고 있는가를 묘사하고 있다. 전망 이론의 가장 기본적인 가정은 사람들은 이득보다 손실에 더 민감하고, 기준점을 중심으로 이득과 손실을 평가하며, 이득과 손실 모두 효용이 체감한다는 것이다. 그 기본 공식은 다음과 같다.

$$U = W(P)v(X) + W(P)v(X) + \cdots\cdots$$

X(잠재적 결과), P(확률), U(각기 전망된 가치)

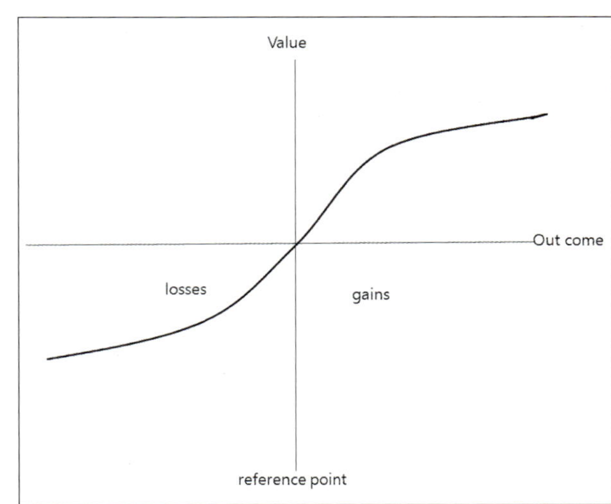

그림 7-25 Prospect Theory

"사람은 변화에 반응한다"라는 명제로 시작된 Prospect Theory의 공식이 의미하는 바와 같이, 시장의 무수한 대안에 대해 소비자들은 무수한 선택을 하다. 권위 있는 경제학회지 Econometrica에 1979년 발표됐던 Prospect Theory는 행동경제학(bahavioral economics)의 효시가 됐다(〈표 7-10〉 참조).

Prospect Theory는 1905년 Einstein의 Nobel 수상 논문의 토대가 되었던 '**heuristics**(Einstein은 불완전하지만 도움이 되는 방법이라고 표현함)'에 기반을 둔 이론이다. **Heuristics**는 알고리즘과 완전히 상치되는 개념으로, '문제를 해결하거나, 불확실한 사항에 대해 판단을 내릴 필요가 있지만, 실마리가 없을 경우에 사용하는 편의적, 발견적인 방법, 쉬운 방법, 간편법, 어림셈, 지름길 등 다양한 형태의 불완전한 방법에 의해 선택을 하는 방법'이다.

표 7-10 인간에 대한 '경제학'과 '행동경제학'의 차이

경제학	행동경제학
합리적	제한적으로 합리적
이성적	감성적
일관적 선호	상황적 선호
효용 극대화 추구	효용 만족화 추구
예측 가능	예측 어려움
축구공	럭비공

출처: 곽준식(2012), 《브랜드 행동경제학을 만나다-소비자의 지갑을 여는 브랜드의 비밀》, p.13

이와 같이 합리적, 비합리적인 소비자가 매우 다양한 형태로 시장에 존재하기 때문에 헤아릴 수 없는 합리적, 비합리적 필요(wants)가 시장에 만연되어 있고, 이를 위해 합리적·비합리적인, 우수한·열등한, 다양한·단순한, 대규모적인·소규모적인, 빠른·느린, 윤리적인·비윤리적인, 기발한·평범한, 미래지향적인·현실에 집착하는 다양한 형태의 경쟁이 동시에 존재하는 것이다. 비상식적인 기업이 생존하는 이유는 비상식적인 소비자층이 존재하기 때문이다. 그렇다고 시장은 무질서적인 전쟁터가 아니다. 마케팅에서 신적인 존재인 '**보이지 않는 손**'이 모든 경쟁의 게임에 심판을 내리고 있으며, 합리적인, 옳은 방향에 천국의 문을 열어놓고 있다.

먼저 〈표 7-11〉을 참고해보자.

표 7-11 《손자병법》의 전쟁의 조건(도, 천, 지, 장, 법) VS 마케팅

	손자병법	마케팅
도의	명령에 위아래가 한 뜻이 되어 같이 죽고 같이 살기를 두려워하지 않음	전사적 마케팅 기업 문화
기상	날씨, 기후, 천문	거시 환경 분석
지리	땅의 근접성, 규모, 지세	
장수	지략, 신의, 사랑, 용기, 엄격함	리더의 조건
법제	군사 제도, 정부 조직, 보급 체계	조직, 전략

그림 7-26 Moebius 띠
출처: www.google.co.kr

맹자 왈 "천시는 지리만 못하고 지리는 인화만 못하다." 이는 도의의 중요성을 강조하는 말이다.

기업의 경쟁 전략은 스포츠가 아니라 전투의 전략이다. 스포츠 정신은 '최선을 다하는 것'이지만, 전투의 유일한 목적은 '이기는 것'이다. 그러나 마케팅 전쟁은 전투보다 훨씬 어렵고 지루하다. 《손자병법》과 쌍벽을 이루는 《오자병법》에 다음과 같은 말이 있다. "전쟁에서 5번에 이긴 자는 화를 면치 못하고, 4번에 이긴 자는 그 폐단으로 약해지고, 3번에 이긴 자는 패권을 잡고, 2번에 이긴 자는 왕이 되며, 단 한 번에 이긴 자는 황제가 된다." 미국은 1964년부터 10년 간 Vietnam 전쟁에 4,943억$를 소모하며 $ 가치를 하락시켰고, 결국 종전을 못한 채 철수했다. 수나라는 8차례 고구려를 침공했으나 반란으로 멸망했다.

즉 전투에서는 한 번의 결전으로 승리하는 것이 최선이라는 것이다. 모두 알다시피, 마케팅에서는 유토피아와 같은 이야기다. 마케팅의 전쟁은 끝이 없다. 한 마디로 **Moebius 띠**다(〈그림 7-26〉 참조). 그렇다면 마케팅의 전쟁터는 어디일까? 바로 5~7인치의 작은 공간이지만, 전 세계에 흩어져있는 소비자들의 뇌와 마음(**black box**)이다.

2. 경쟁 전략의 유형

경쟁을 극복하기 위하여 기업들은 어떠한 전략을 수립해야 하는가? 여기에 대한 대안은 무수히 많아서 하나의 정답을 찾는다는 것은 불가능하다. 기업 경쟁 전략의 기본 공식은 다음과 같다. **'market leader'는 방어적 마케팅을, 'market challenger'들은 공격적 마케팅을, 'market follower'들은 국지전, 혹은 게릴라 마케팅을, 'nicher'들은 철저한 'blue ocean' 마케팅을, 승산이 없는 'loser'들은 'new positioning' 마케팅, 혹은 백기(철수)**를 경쟁 전략의 근간으로 삼아야 한다.

경쟁 전략에 앞서 모택동의 '16자 전법'을 참조하면 다음과 같다. 적이 진격하면 물러난다(적진아퇴), 적이 주둔하면 교란한다(적주아교), 적이 피곤하면 쳐들어간다(적피아타), 적이 물러가면 추격한다(적퇴아추). "남을 아는 것을 '지'라고 하고, 자신을 아는 것을 '명'이라 하며, 남을 이기는 것을 '유력'이라 하고, 자신을 이기는 것은 '강'이라 한다." 노자의 이야기이다. '남을 아는 것, 그리고 자신을 이기는 것,' 이것이 경쟁 전략의 기본 자세다.

중국의 마오쩌둥은 고졸 학력에도 일본 육사 출신의 엘리트 장제스를 이겼다. 그 방법은 백제 계백 장군의 승리 전법과 같았다고 한다. 그 전법은 '적이 원하는 대로 싸워주지 않는 것'이다. 《손자병법》에서는 "잘 싸우는 사람은 상대를 끌고 다니지 상대에게 끌려다니지 않는다. 공격을 잘하는 자는 적이 어디를 지킬지 모르게 하며, 잘 지키는 자는 적이 어디를 공격할지 모르게 한다."라고 표현하고 있다.

2-1. 수비적 경쟁 전략

《손자병법》은 안전한 전략이 승리하도록 쓰인 책이다. 《손자병법》에 기록되어 있는 '지피지기 백전불패'는 원래 '지피지기 백전불태'다. 적을 알고 나를 알면 위태롭지 않아진다는 의미다. 《손자병법》에서는 이기기 위해서보다는 지지 않는 것이 중요하다고 강조하고 있다. 옳은 말이다. 시장의 강자는 지지 않는 전략이 필요하다. 《손자병법》의 지침이 마케팅에 잘 부합될지도 모른다. 아니 진리일 수도 있다. 마케팅에 있어서 영원한 제품, 영원한 승자는 거의 불가능한 유토피아이기 때문이다. 전쟁에는 심판자가 없으나, 마케팅에서는 **'보이지 않는 손'**인 신적인 심판자까지 있으니 더욱 그렇다. 윤리적 문제로 인한 쇠락 및 파산, 대기업의 횡포로 인한 공황, 절대 강자들의 몰락 …… 우리는 이와 같은 너무나 많은 시장 경험을 해왔고 또한 하고 있다.

Sandy Koufax와 Cal Ripken Jr. 기업의 진정한 우상은?

Cy Young, Walter Johns와 함께 역대 Major League Baseball(MLB) 최고의 투수로 꼽히는 Sandy(Sanford) Koufax는 1961년 18승, 탈삼진 269개(NL 1위), 1962년 NL 방어율 1위(2.57), 1963년 25승, 방어율 1.88, 탈삼진 306개(투수 트리플 크라운), 1965년 29승, 탈삼진 382개(MLB 신기록, 4년 연속 노히터 게임, 퍼펙트 게임 포함)을 하며, 다시 투수 트리플 크라운을 달성했던 전설적인 선수였다. 1972년 최연소 명예의 전당 헌액자가 됐고, 그 짧은 기간에만 Cy Young상을 3번이나 수상했다. 그러나 그는 1966년 말 30세의 나이에 전격 은퇴했다. MLB 역사상 가장 '짧고, 굵게' 생활을 한 선수였다.

반면 Cal Ripken Jr.는 New York Yankees의 전설적 타자 Lou Gehrig이 보유하고 있던 2,030경기 연속 출장 기록을 2,131경기로 늘리며, 기적적인 기록을 세웠다(최종 기록 2,632경기). MLB 올스타 게임에만 18번 출장한 Cal Ripken Jr.는 2001년 40대의 나이로 은퇴할 때까지 무려 21년 간을 '훌륭한 선수'로 활약했다(3,184안타, 431홈런).

시장에서 기업들의 운명은 어떠한 것이 더 바람직할까? Motorola, Nokia, Kodak 등의 운명은 Sandy Koufax와 같았다. Pepsi, Burger King, Reebok 등은 Cal Ripken Jr.와 같았다. 현재는? 정답은 명확하다. 마케팅의 승자는 한 기간을 석권하는 기업이 아니라 오랫 동안 살아남는 기업이다. 《손자병법》의 지지 않는 전략이 마케팅에서 기업 전략의 근간이 되는 것이다.

수비적 경쟁 전략은 경쟁 기업의 약한 곳을 공격하는 전략이다. 불에는 불로 맞서는 것이 아니라 물로 맞서야 한다. K-Mart는 가격으로 Wal-Mart와 경쟁을 하다 2002년 파산 신청을 했다. 반면 Target은 넓은 통로, 깔끔한 진열, 디자이너 제품 등 소위 '저렴한 시크' 전략으로 Wal-Mart보다 고급화된 제품으로 차별화시키며 2위의 자리를 굳건히 지키고 있다. 특히 저렴하고 디자인이 뛰어난 개별 브랜드(private brand)가

Target의 핵심 가치다. 대표적으로 유명 건축가 Michael Graves가 디자인한 주방용품 시리즈를 1/5 가격으로 대중화시켜 대성공을 한 것이 그 예다.

경쟁 기업의 약점은 오히려 강점으로부터 파생된다. 예를 들어, 컨벤션 호텔들은 대형 행사에 강하다. 그 말은 소형 행사에는 약하다는 것이다. Conference center가 시장에서 성공할 수 있었던 가장 근본적 이유다. 과거 Hertz를 겨냥한 Avis의 광고 'Avis에서 빌리십시오. 우리는 줄이 짧습니다'도 같은 맥락이다.

Tylenol은 Aspirin의 부작용을 공격하여 '부작용 없는', '무자극성' 진통제 영역에서 1위를 차지하고 있다.* Wendy's*는 시장 선도자인 McDonald's의 두 가지 약점을 발견했다. 미리 준비된 냉동(frozen) 식품에 대한 시장의 저항과 어른 시장(adult market)에 적합한 메뉴 부재가 그것이었다. Wendy's는 보다 나은 품질과 큰 사이즈의 햄버거를 제공함으로써 시장에서 생존할 수 있었다. 1962년에 개장한 Wal-Mart는 인구가 적은 소도시에서만 영업을 시작하여 강력한 경쟁을 피해갔고 결국에는 세계 1위 기업이 되었다.

소화 장애를 일으키지 않는 acetaminopen으로 만든 통증 제거약이 그 내용임.

Wendy's는 샐러드바를 도입한 최초의 fast food 레스토랑이며, 실제로 McDonald's의 경우, 9세 이하의 고객이 35%인 반면에, Wendy's는 25세 이상의 고객이 80% 이상을 차지하고 있음.

삼성과 Apple의 약점

통신 기술의 대표 제품 스마트폰 시장은 삼성과 Apple의 양강 체제에서 서서히 기타 기업들에게 시장점유율을 내주고 있다. 2012년 2분기 삼성과 Apple의 세계 시장 시장점유율은 31.1%, 16.6%였으나, 2014년 2분기는 각각 25.2%, 11.9%, 2018년 2분기에는 각각 20.9%, 12.1%로 계속 하락하고 있는 것이 그 사실을 뒷받침하고 있다.

시장 도전자들은 Huawey, Lenova, Xiaomi, LG전자 등이다. 특히 중국의 Huawey, Lenova, Xiaomi 등 삼두 마차는 Harvard대학의 Christensen이 언급했던 **'good enough' 제품**(기존 강자들과 경쟁할 완벽한 제품은 아니더라도 적합한 품질의 제품)과 저가라는 차별적 전략으로 삼성과 Apple의 시장점유율을 계속 하락시키고 있다. 2018년 2분기 기준, Huawey의 시장점유율은 15.8%로서 Apple을 앞질렀다. 2013년 중국 시장의 스마트폰 시장점유율 20%를 기록했던 삼성전자의 2018년 시장점유율은 불과 0.8%다.

이 현상은 중국 내 가전제품 시장에서도 재연되고 있다. 삼성, Sony 등의 프리미엄 브랜드는 중국의 저가 브랜드 Haier, Konka, TCL 등에게 계속 시장점유율을 뺏기고 있다. 2019년에 출시된 삼성전자의 획기적 신제품 폴더블폰 조차도 최소 중국 시장에서는 이 현상을 크게 반전시키지 못할 것 같다. 필자가 **Retrospective marketing**에서 언급한 삼성과 Apple의 **'overshooting'**으로 인한 약점을 중국의 삼두 마차가 철저히 응징하고 있는 것이다.

2002년 미국의 Caesar Barber는 McDonald's, Burger King, Wendy's, KFC 등 유명 fast food 체인에 자신의 비만과 심장병의 책임을 물어 소송을 했다. McDonald's는 이

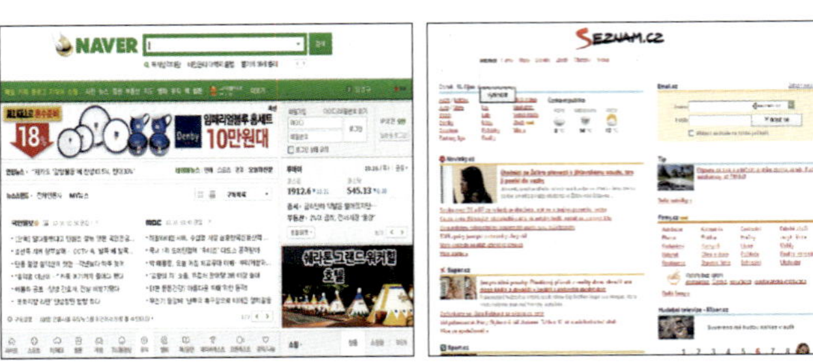

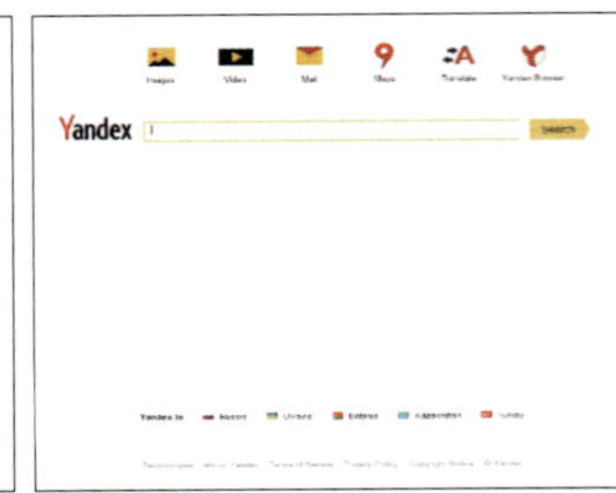

그림 7-27 (왼쪽부터) 한국의 Naver, Ceskoslovensko의 Seznam.cz, Russia의 Yandex, 중국의 Baidu
출처: www.google.co.kr

후 트랜스 지방 줄이기에 노력을 경주했으며, FDA(미국 식품 의약국)에서도 2006년부터 모든 식품에 트랜스 지방의 함유량을 표시하도록 관련 법률을 개정했고, 국내에서도 fast food의 성분을 공개하라는 소비자 단체의 압력이 계속되고 있다.

Pepsi는 중국 시장 진출 시 Coca-Cola와의 경쟁을 피하기 위해 경쟁이 치열한 해안 도시를 피하고 내륙 지방에 공장을 세웠다.

Google을 극복한 4인방(〈그림 7-27〉 참조)

세계가 'Googlization'이 되어가고 있는 가운데 Google을 자국에서 따돌리고 있는 4인방이 있다. 한국의 Naver, Ceskoslovensko의 Seznam.cz, 중국의 Baidu, Russia의 Yandex*가 그것이다. 4인방 검색엔진의 공통점은 각각의 국가가 사용하는 문자들이 매우 독특하다는 데에 있다. 예를 들어 Russia어의 경우 같은 단어 내에서도 어형 변화에 따라 전혀 다른 뜻이 된다. 그 만큼 문법적 특성을 검색 엔진의 알고리즘에 잘 이용한 것이다. 특히 Yandex는 뛰어난 검색 기술로 Googleplex가 위치한 Google의 심장부인 California주 Mountain View 근처에 Yandex Lab을 설립하여 Google에 도전하고 있다.

Yandex는 영어로 'index'의 의미임. Russia에서의 Yandex의 트래픽은 50% 이상으로 Google을 압도하고 있음.

Fairfield Inns의 수비적 포지셔닝

1986년 특급 호텔 Marriott의 직원 6명이 객실 요금 30$에 불과한 Atlanta의 공항 호텔에 투숙했다. 그들은 이 호텔에서 비누, 샴푸, 타월 등 모든 amenity에 대한 브랜드를 조사했다. 또한 미국 전역의 대표적 저가 호텔을 조사하며, 6개월 간 무려 5억$의 경비를 사용했다. Marriott에서는 그것뿐만이 아니라 5대 저가 호텔 지역 매니저와 인터뷰를 통하여 그들의 제품, 서비스, 경력, 기대, 보수, 트레이닝 상황 등 모든 사항을 조사했다. 그 결과, Marriott은 잠재적 경쟁 대상이 될 모든 저가 호텔의 약점을 파악하고, 그 문제를 해결하는 신 개념의 저가 호텔을 시장에 진입시켰다. 저가 호텔 중 현재 미국 최고의 경영 성과를 기록하고 있는 Fairfield Inns의 성공은 결국 수비적 경쟁 전략에 의한 것이었다(〈그림 7-28〉 참조).

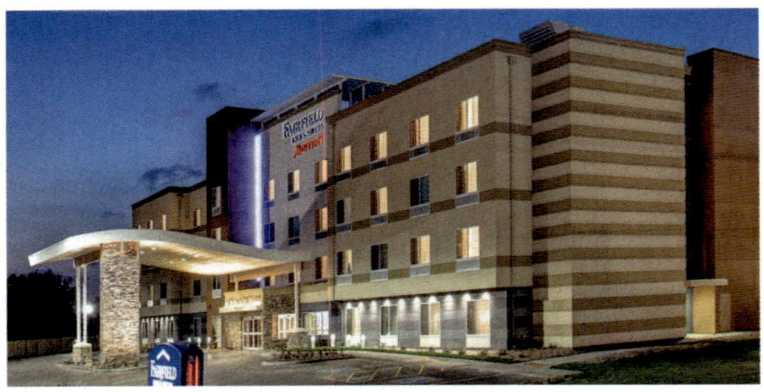

그림 7-28 Fairfield Inns

신선하고 상쾌한 포도향을 유지하며, 고가의 오랜 숙성 와인과 대항하는 Beaujolais Nouveau 와인, eBay와 같은 일반적 거래의 경매와 반대로, 소비자가 원하는 가격에 맞추어 공급자를 경쟁시킨 역경매 방식의 Priceline.com, Sony Play Station과 MS Xbox의 고기술을 피해 저기술로 성공했었던 Nintendo 등도 대표적인 수비적 경쟁 전략에 해당된다.

수비적 경쟁 전략의 마지막 논제다. 그렇다면 market leader는 어떻게 방어를 해야 할까? 아무리 강한 기업도 약점은 무수하다. 사업 영역, 표적시장, 제품의 수 등이 넓고, 많을수록 그 약점은 많아질 수밖에 없다. 이후에 설명될 경쟁 우위의 확보(역량, 차별적 가치, 집중적 포지셔닝)에 그 해답이 있다.

2-2. 공격적 경쟁 전략

"미래를 예측하는 최상의 방법은 미래를 창조하는 것이다."

경쟁 전략의 두 번째 유형은 환경 및 산업의 변화를 정사하여 미리 앞서가는 (proactive) 공격적 전략이다. 중국 최고의 부호 중 하나인 쭝칭허우 와하하 그룹의 회장은 중졸 학력의 노동자로 일하다가 42세에 남에게 빌린 돈으로 창업해서 중국 최대의 음료 기업을 창시한 사람이다. 그의 기업 철학은 '영선반보', 즉 '성공하려면 반 걸음만 앞서 가라'다.

Jack Welch는 회의 시작 시 항상 "Change or die"를 외쳤다고 한다. Hewlett-Packard의 Richard Love는 "변화의 속도가 너무 빠르기 때문에 변화의 능력이 경쟁 우위가 되고 있다"고 했다. Peter Druker는 《Management Challenges for the 21st Century》란 저서에서 "누구도 변화를 관리할 수는 없다. 다만 변화에 앞서 대응할 수는 있다. 요즘과 같은 격변기에는…… 변화는 고통스럽고, 위험하며, 무엇보다 엄청난 양의 강도 높은 노동을 요구한다. 하지만 변화를 선도하는 것을 임무로 받아들이지 않는 조직은 결코 살아남을 수 없다"고 했다.

Market challenger의 공격적 전략은 어떻게?

원래 공격적 전략은 'market challenger' 경쟁 전략의 근간이다. Market challenger에게는 두 가지 공격적 전략의 선택이 있다. 그것은 ①market leader에게 공격을 할 것이냐, 아니면 ②market follower에게 공격을 할 것이냐다. 물론 그냥 수비만 하는 전략도 있지만 이것은 market challenger에게는 바람직한 전략이 될 수 없다.

필자의 견해는 절대적으로 ①번이다. 강자에게 약하고, 약자에게 강한 사람은 비겁한 사람이다. 강자에게 약하고, 약자에게도 약한 사람은 심약한 사람이다. 강자에게 강하고, 약자에게도 강한 사람은 강력한 사람이나 적이 많다. 강자에게 강하고 약자에게 약한 사람은 가장 바람직한 인간상이다. 그러나 기업에게 그런 논리는 적용되지 않는다. 어차피 모든 타 기업들이 적인 상황에서 기업은 강자에게도, 약자에게도 강해야 한다. 동시에 끝까지 생존해야 한다.

기업은 우선 약한 기업에게 어떻게 강해야 할까?

약한 기업을 공격해서 그들을 파산시키는 것은 정답이 아니다. 약한 기업들은 market leader나 market challenger들이 미처 충족시키지 못하는(할 필요가 없는) 소비자들의 다양한 필요를 충족시키며 생존해나가는, 그래서 시장을 균형적으로 이끌어가는(**market equilibrium**) 중요한 시장의 구성원들이다. 예를 들어, Kraft가 대용 마요네즈를 포기하자, Nalley's Food이라는 무명 기업이 곧 그 시장에 뛰어들었고, 고가 브랜드 Michelin이 각 도시에 하나씩 있던 특약점 제도를 포기하자, International Rubber가 작은 마을에 저렴한 래디얼 타이어를 공급했다.

확실히 경쟁은 소비자 **필요 충족의 집합체**들이다. 약한 기업에게 강해야한다는 의미는 약한 기업들의 공격을 철저히 차단해야 한다는 것이다. 즉 **억제 방어(deterrent defence)**가 가장 강하고 바람직한 방법이다.

그렇다면 강한 기업(market leader)에게는 어떻게 강해야 할까?

일반적으로 market leader는 market challenger를 잘 공격하지 않는다. 항상 자신들의 전략에 대한 방어를 먼저 생각한다. 그 방어와 소모전을 하는 것은(**red ocean**) 피차 어리석은 일이다. Market challenger는 market leader와 철저히 다른 전략으로 market leader의 고객(매출액)을 가져와야 한다. 약한 기업 고객(매출액)의 5%를 가져오면, 1~2%의 이득이 있지만, market leader의 고객(매출액)의 5%를 가져오면, 10%의 이득이 있다(수치는 상징적 의미임). 이에 대한 보다 자세한 정답은 이후의 내용으로 이어진다.

환경 정사를 이용한 공격적 전략, 그리고 공격적 후퇴

> conference centre 호텔의 기준
> IACC(International Association of Conference Centers)는 conference center의 기준을 명확히 설정하고 있음. 전체 면적의 60% 이상이 회의 장소이어야 하며, 거주, 레저 공간과 분리되어 24시간 자료 제공, 객실과 식음료, 회의 등의 시설 60% 이상이 conference 관련 시설이어야 함.

환경 정사를 이용한 공격적 전략의 가장 대표적인 예는 conference centre 호텔*(〈그림 7-29〉 참조)과 all-suite 호텔이다. Conference centre 호텔은 소규모 회의에 대한 시장의 욕구와 필요를 미리 정사하여 컨벤션 호텔의 문제점을 해결했으며, all-suites 호텔은 France AccorHotels Group Hotelia, Marriott의 Residence Inns(〈그림 7-30〉 참조), Embassy Suites(〈그림 7-31〉 참조) 등을 필두로 넓은 객실, 중장기 체류, 노인 시장에 대한 틈새 시장을 공략하여 성공을 거두었다.

비타500의 공격적 전략

또 하나의 대표적 사례는 광동제약의 비타500이다. 1960년대 당시 박카스는 국내 드링크 시장의 선두 주자였다. 구론산, 로얄디, 홍삼원, 원비디 등 많은 제품들이 도전하였으나 모두 실패했다. 그러나 비타500은 웰빙 열풍을 이용, 박카스와 차별적인 '무카페인+비타민'의 개념으로 시장의 판도를 바꾸었다. 또한 박카스의 경우 약품으로 등록되어 약국에서만 판매됐으나, 비타500은 음료로 등록되어 일반 소매점에 유통됨으로써 2,000억 원대의 박카스의 매출을 절반 수준으로 하락시켰고,

그림 7-29 Conference centre 호텔. 미국 New Jersey주의 Scanticon-Princeton conference Hotel(좌)과 Swiss 제 1의 Beau-Rivage Palace conference Hotel(우).

그림 7-30 Residence Inns의 경쟁 전략. Marriott의 Residence Inns은 일반 호텔 객실과 크게 차별화되고 있는 객실을 강조하며 공격적 경쟁 전략을 수행하고 있음.

그림 7-31 Embassy Suites. 미국 Kansas에 있으며 전형적인 suite 호텔과 atrium 로비의 진수를 보여 줌.

결국 박카스의 매출을 능가하게 되었다. 이에 박카스는 비카페인 박카스를 개발했고, 간에 좋은 taurine의 함유량을 두 배로 증가시키는 등 맞대응을 하여 경쟁을 하고 있다. 2010년부터 한국야쿠르트도 100% 천연 원료를 표방하며 비타민 사업을 시작하여 새로운 경쟁 체제가 형성되고 있다.

환경 정사를 통한 공격적 전략 안에는 공격적 전략의 추구만이 있는 것이 아니다. 공격적 후퇴 또한 그것 못지 않게 중요하다. MS에 인수되며 황제의 자리에서 완전히 물러난 Nokia의 환경 정사를 통한 공격적 전략은 Motorola를 통쾌하게 KO시켰으나, 공격적 후퇴를 하지 못해 삼성과 Apple에게는 비참하게 KO 당했다. 필자가 가장 자신 있는 것은 poker다. 필자에게 poker를 잘 하는 비결을 한 마디로 말하라고 한다면, "패가 조금이라도 높다고 생각할 때 최대의 배팅을 하고, 패가 조금이라도 낮다고 생각할 때 최대한 빨리 죽는 것이다(필자는 이것을 칼 다이라고 표현한다)"라고 말하고 싶다. 물론 모든 게임은 확률과 경험을 바탕으로 한다.

진화론에 의하면, 인류의 조상들은 '파충류의 뇌(reptilian brain)'에서 유래된 '각성 상태'로 생존해왔다고 한다. '각성 상태'란 모든 감각 세포가 긴장하고, 근육에 힘이 들어가며, 주변의 소리, 냄새, 움직임에 민감해지는 상태다. 이러한 생리적 각성은 싸움, 혹은 도주 반응을 활성화해 둘 중 하나를 선택할 수 있도록 해준다.

기업도 인간과 같다. 그러나 기업이 인간보다 불리한 것은 그러한 '각성 상태'가 결코 즉흥적인 상황에서 발생되지 않는다는 것이다. 기업에게 그 '각성 상태'는 매우 오랜 기간에 걸쳐 발생된다. 그것을 얼마나 빨리 깨닫느냐가 기업의 생사를 결정한다. 공격적 전략의 추구는 빠르지 못해도, 아니 하지 않아도, 시장에서 생존할 수는 있다. 그러나 공격적 후퇴를 하지 못하면(빨리 후퇴하지 못하면), 죽을 운명을 벗어나지 못한다(doom to die). Kodak, K-Mart, Motorola, Nokia, Howard Johnson's 등과 같은 tyrannosaurus들도 모두 죽었다.

공격적 전략 추구의 시기는 공격적 후퇴와 또 다르다. 공격적 후퇴는 빠를수록 유리하지만, 공격적 전략 추구는 그렇지 않은 경우도 있다. Domino, Premier, Singles, Sizzlebord, suite hotel 등은 그 공격이 너무 빨라서 고전을 했거나, 시장에서 사라졌다. 반면 Microsoft는 인내하다 적시에 공격해서 대성공을 했다. 공격의 시기는 '공격 준비가 돼있을 때'가 아니라 '시장이 받아드릴 상황이 무르익었을 때'이며, '내가 가장 강할 때'보다는 '내가 가장 강하지는 않지만, 경쟁 기업이 상대적으로 더 약해졌을 때'이다. 시장에서 기업의 생사가 적혀있는 살생부를 열 수 있는 열쇠는 단 하나밖에 없다. 그것은 **환경 정사**다.

2-3. 경쟁 우위의 확보

수비적이건, 공격적이건, 경쟁적 우위를 갖춘 기업에게는 성공을 위한 필수적 과제가 있다. 그 우위를 지켜나가야 한다는 것이다. 여기에는 여러 요인이 있으나 다음과 같이 핵심적 요인을 정리해본다.

역량(competency)과 차별적 가치

경쟁적 우위를 지속하기 위해서는 무엇보다도 경쟁사의 모방과 반격을 저지해야 한다. 경쟁사의 모방을 불완전한 것으로 만들기 위해서는 기업의 역량과 차별적 가치를 최대한으로 조화시켜야 하며, 또한 지켜나가야 한다. 서커스를 하나의 예술 공연(서커스+극장+Broadway 뮤지컬)으로 승화시킨 Cirque Du Soleil(태양의 서커스단), 기존의 기획이나 앵커 위주의 뉴스를 생생함과 실시간 가치로 변환시킨 CNN 등은 차별적 가치의 대표적 성공 사례다.

세계 최고 호텔인 Four Seasons의 Global Executive 프로그램(home and office away from home), 즉 '이 프로그램을 성공적으로 이끌기 위해서는 무슨 일이든 한다'는 신조로부터, 중저가 체인인 Super8의 바뀌지 않는 '저렴한 요금, 청결, 편안한 객실, 친절한 서비스' 신조에 이르기까지 결코 약속을 어기지 않는 기업의 신조가 그것이다. 2009년에 25주년이 된 Marriott의 MARSHA(Marriott's automated reservation system)도 고객의 예약에 최대한의 편의를 주며, 모든 주요 항공사, 여행사와 연결시킴으로써, 타 호텔의 예약 시스템과 차별적 우위를 지키고 있다. Courtyard by Marriott의 고객 조사, Embassy Suites, Disney's Polynesian Resort의 고객과의 교감 전략 또한 이와 관련된 대표적 예에 해당된다.

역량과 차별적 가치를 지키기 위해서는 경쟁자에 대한 치밀한 분석이 기초가 된다. 〈표 7-12〉는 유럽 및 일본 고급 자동차 시장의 경쟁 분석을 나타내고 있다.

표 7-12 유럽 및 일본 고급 자동차 시장의 경쟁 강점 그리드

	유럽							일본		
자산과 역량	Benz	Volvo	BMW	Audi	Jaguar	Bentley	Maybach	Lexus	Acura	Infiniti
1차적 성공요인										
제품 품질	2	2	2	2	2	1	1	1	1	1
제품 차별화	1	1	1	2	1	1	1	2	3	2
딜러 만족도	1	2	3	2	2	1	1	1	2	1
시장점유율	1	2	1	3	3	3	3	1	2	3
서비스 품질	2	1	3	3	2	1	1	1	2	1
2차적 성공요인										
재무 능력	2	2	1	2	3	1	1	1	1	2
경영 품질	2	2	2	2	3	1	2	1	1	1
브랜드 인지도	2	1	3	3	2	1	2	2	2	3
광고와 프로모션	1	3	1	3	2	2	2	2	2	2

1=평균 미만 2=평균 3=평균 이상

출처: 전인수 · 김은화(2011), 《마케팅전략》, p70.

집중적 포지셔닝

Porter가 제시한 경쟁 전략 중 하나로서 '**just little**' 개념의 도입이다. 많은 속성 및 고객 형태에 대한 모든 우위의 유지는 불가능하다. 핵심 가치에 대한 집중적 투자와 관심으로 경쟁사의 도전을 무력화시켜야 한다. Isaac Newton은 세계 물리학과 수학에 엄청난 공헌을 할 수 있었던 비결이 무엇이었냐는 질문에, "다른 것들에 대해서는 전혀 생각하지 않았기 때문"이라고 대답했다.

영국 초저가 사업 전문 기업인 Easy Group은 1박 객실 요금 5£(약 1만 원)의 Easy Hotel을 London에 개관했다(〈그림 7-32〉 참조). 객실은 2.5평이며, 샤워실, 화장실, 세면대를 갖추고 있다. 객실 내 미니바, TV도 없고 호텔 내 편의 시설, 레스토랑도 없지만, 타 경쟁사가 모방하기 어려운 핵심 가치(초저가)로 충분한 수요를 발생시키고 있다.

영국 Travelodge의 핵심 경쟁력도 저가다. 지역마다 객실 요금에 차이가 있지만 2019년 기준, 20£ 미만의 double룸도 있다. 'First come, first serve' 방침을 따르는 Travelodge는 저렴한 요금에 비해 넓은 객실, 무료 무선 인터넷 이용, 식당 등으로 그 가치를 제고시키고 있다.

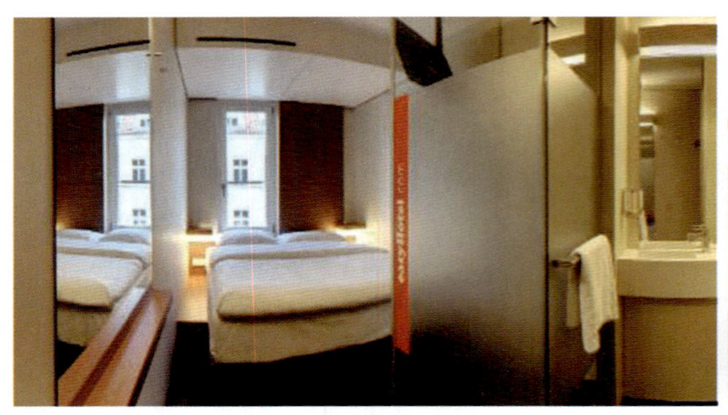

그림 7-32 Easy Hotel

세계 최대 검색업체인 Google에 대항하여 Naver는 '지식 검색(지식 in)'이라는 독특한 분야를 개발함으로써 2005년의 소위 'Google shock'로부터 벗어날 수 있었다.

Nokia는 제지, 펄프, PC 등 기존 주력 상품을 모두 매각하고, 유럽 휴대폰 부문 2위였던 영국의 Techno Phone을 인수, 8년만에 세계 휴대폰 부문 1위를 기록하게 됐다. Canada의 대표 우유 기업 Roberts Milk도 요구르트, 계란, 에그노스, 아이스크림, 무유당, 유제품, 두유 등 유사 제품 범주를 완전히 정리하고, 우유 배달 사업 하나만으로 성공했다.

McDonald's의 성공도 같은 맥락이다. Ray Kroc은 McDonald's의 개관 전, 당시 미국 전역에 퍼져있는 커피숍의 메뉴 중 가장 인기있는 하나의 메뉴만 선택했다. 그것은 치즈버거였다. Starbucks의 로고에 1986년까지는 커피, 차, 향신료가 적혀있었으나, 1987년부터는 커피 하나만 남았다(지금은 커피도 빠져있다). 1984년 사업을 시작해 일본의 대표 기업으로 부상한 Uniqlo의 성공 비결도 '소품종 대량 생산'이다. Uniqlo는 봄과 가을에는 니트와 가디건, 여름에는 나시, 폴로셔츠, 겨울에는 홀터넥, 다운점퍼 등 대표 품목을 비슷한 디자인으로 항상 '기본'을 지키고 있다.

GM의 대대적 구조 조정

2009년 6월 1일은 한 때 미국 자동차 시장점유율의 절반을 차지했던 GM의 파산보호 신청이 있었던 역사적인 날이다. 당시 GM의 자산 규모는 820억$로 미국 역사상 역대 4위, 제조업체 파산 규모로는 1위였다. 1931년부터 2007년까지 무려 77년 간 시계 자동차 판매량 1위 자리를 지켜왔던 GM의 몰락은 가히 충격적이었다.

2009년 Obama 정부는 GM에 대해 강도 높은 구조 조정에 들어갔다. 주요 자산을 'good GM'과 'bad GM'으로 나누어 매각 또는 폐쇄하고, 'New GM'을 출범시켰다. 유일하게 'bad GM'의 'death note'에서 빠져 살아남은 브랜드는 Chevrolet, Cadilac, GMC, Buick 4개뿐이다. 유명한 탱크 자동차 Hummer, Saturn, Pontiac 등의 브랜드들은 역사 속으로 사라졌다(기타 브랜드들은 매각).

다다익선의 병폐

전자산업의 각 부문 선두를 달리고 있었던 Sony*도 지나치게 많은 영역에 진출하고 있어 그 자리를 완전히 내어주고 있다. 휴대용 오디오는 MP3 Player에, 필름 카메라는 Digital Camera에, 브라운 TV는 LCD 모니터에 자리를 내어주자 이에 대응했으나, MP3는 iPhone, iriver에, 디지털 카메라는 Canon에, LCD TV는 삼성, LG 등에 선두 자리를 내어줬다. 복사 부문 부동의 1위 Xerox도 컴퓨터 시장에 도전했으나 20년 간 25억$의 손실을 보고 시장에서 퇴각했다.

Sony는 1970년 일본 기업 최초로 미국 New York 증시에 상장되었으며, 1979년 'Walkman'을 발명함.

범위는 작으나 유사한 사례가 Boston Market이다. Boston Market의 전신 Boston Chicken은 미국의 통닭구이 전문 최초의 fast food 체인으로서 'take-home dinner market'의 개념으로 대성공을 했다. 그러나 칠면조, meatloaf, 햄 등 메뉴를 추가하며, Boston Market으로 상호까지 바꿨다. 미국 역사상 가장 급속한 확장 기록까지 세웠던 Boston Market은 결국 파산했다.

100m 달리기와 110m 달리기는 전혀 다른 종목이다

미국에서 일본 자동차 중 1위의 판매를 기록하고 있는 Honda의 경우, 일본에서는 Toyota, Nissan에 이어 3위를 기록하고 있다. 일본에서는 오토바이 부문의 1위일 뿐, 자동차 부문에서는 판매량이 Toyota의 1/4 이하다. 만약 Harley-Davidson이 자동차를 판매한다면? 마찬가지일 것이다.

Gatorade에 대한 Powerade의 도전, Dr. Pepper에 대한 Mr. Pibb의 도전, Snapple에 대한 Fruitopia의 도전, Mountain Dew에 대한 Mello Yello, Sarge의 도전 Red Bull에 대한 KMX의 도전 등 세계 제 1의 브랜드인 Coca-Cola의 무수한 도전은 모두 실패로 끝났다(〈그림 7-33〉 참조).* 그럼에도 불구하고 Coca-cola는 고급 주스 시리즈 Simply에 이어 2014년 고급 유제품 Coca-Cola Milk까지 출시했다(〈그림 7-34〉 참조). 성공 가능성은? … 'less likely'.

Coca-Cola의 음료 브랜드는 20개에 이르고 있음.

그림 7-33 Coca-Cola의 음료(브랜드)

그림7-34 Coca-Cola의 Simply와 Milk

출처: www.fool.com, www.nogarlicnoonions.com

Life Savers(사탕)의 Life Savers 탄산수, Colgate의 즉석 음식, Ben-Gay(근육통 연고)의 두통약의 실패 등 유명 기업들의 타 분야 진출에 대한 성공 사례를 찾기는 '가뭄에 콩 나듯이' 힘들다. IBM의 Xerox에 대한 복사기 도전, 거꾸로 Xerox의 IBM에 대한 컴퓨터 도전 역시 대실패로 끝났다. 과거 미국 피클 시장의 1위였던 식품가공 기업 Heinz는 그것을 활용하여 ketchup을 출시했고, ketchup 부문에서 세계 1위까지 등극했으나, 피클 시장의 1위 자리는 Pinnacle의 Vlasic에게 넘겨주었다. 이미 언급됐지만, Airbnb의 'home rental' 부문 사업의 신화적 성공에 자극을 받은 Hyatt의 Oasis에 대한 호화 'home rental' 사업은 실패로 끝났으며, 같은 부문에 대한 AccorHotels Group의 Onefinestay 역시 고전을 면치 못하고 있다.

Bing은 Microsoft Live Search와 2008년 인수한 Power Search 기술을 결합하여 좀 더 현명하고 빠르게 판단할 수 있도록 도와주는 '의사 결정 엔진'임. Bing은 쇼핑이나 호텔 건강 관련 검색할 할 때, 전문가 평가와 사용자 의견을 중요하게 반영해주며, 또 언제 최저가로 살 수 있는지를 알려주는 가격 예측 기능(비행기 예약의 경우)까지 갖고 있음.

메인 페이지는 Google과 비슷하게 타 광고나 서비스는 보이지 않게 디자인했으며, Quick preview 기능을 통해 해당 정보가 원하는 정보가 맞는지 마우스 커서만 올리면 정보 일부를 보여주는 미리 보기 서비스를 하고 있음. 또한 Bing 검색을 통해 제품을 구매하면, 일정 금액을 적립해주는 캐시백 서비스와 '그림'으로 검색하는 시각 검색(Visual Search) 프로그램도 갖고 있음.

2010년 Microsoft는 검색 사이트인 Bing*을 새롭게 선보이며 그간 Google에 계속 패배했던 인터넷 검색 시장에 강력한 재도전을 했다. 과거에는 디지털 세계의 관문이 MS windows였지만, 현대에는 portal site로 바뀌었기 때문이다. 실제로 검색 순위가 오프라인의 성패를 결정하는 핵심 요인이 되고 있다. Bing 이외에 Chacha, Kosmix, Yauba 등의 신생 검색 엔진들도 이 전쟁에 참여하고 있다.

JP Morgan에 따르면, 글로벌 검색 시장의 규모는 이미 2011년에 500억$에 도달했다. 시장점유율에서 압도적 지위를 차지하고 있는 Google의 아성이 언제까지 지속될 것인가? 미국의 경제 미디어 그룹 Bloomberg가 추산한 시장점유율 1%의 가치가 약 5조 원을 크게 상회하는 글로벌 검색 시장에 변화가 일기(고객의 필요가 전환되기)를 필자는 강력히 기대한다.

Industrial Luncheon Service는 1946년 외식업체로 출발, 2년 후 이동식 간이 식당 트럭 약 200대와 25군데 공장용 카페테리아를 갖춘 기업으로 성장했다. 그러던 어느 날 설립자 William Rosenberg는 매출의 40%가 커피와 도넛인 것을 깨닫고, 이 두 품목만을 주력 분야로 바꾸었다. 이것이 Dunkin' Brands Group의 전신이다. 전 세계 약 180개 국에서 약 2억 명의 사람들이 매일 사용하고 있는 Unilever의 브랜드 수는 1,600개가 넘었었으나, Unilever는 경쟁력 강화를 위해 2000년대 초 그 수를 1/4인 400여 개로 줄였다.

그림 7-35 Residence Inns의 객실

또 하나의 대표적 예는 Residence Inns의 중장기 체류자에 대한 넓은 객실과 기능이다(〈그림 7-35〉 참조). Residence Inns에서는 50% 넓은 객실과 함께 아침에 주문하면, 저녁에 식료품이 냉장고까지 배달되는 grocery 서비스, 바비큐 파티, 총지배인과 함께 하는 유럽식 조찬, 객실 내 통나무 벽난로 등 중장기 체류자에게 집보다 편한 객실 환경을 제공하며 집중적 포지셔닝 전략을 수행하고 있다(〈그림 7-36〉 참조). Netherlands의 Zoku는 새로운 개념의 중장기 체류 호텔이다. Zoku는 세련된 디자인과 함께 주거

그림 7-36 Residence Inns의 집중적 포지셔닝 전략

그림 7-37 ZOKU Hotel의 loft, work&play room, game room

출처: www.livezoku.com

용 복층 공간을 갖춘 호텔을 시장에 선보이며 '공유 **platform**' 형태의 사업 모델이 호텔에서도 시작될 수 있다는 가능성을 보여주고 있다(〈그림 7-37〉 참조).

2-4. 새로운 경쟁 개념

Medici effect
15세기 Italy Medici 가문은 광범위한 분야에 걸쳐 문화 예술가를 후원한 Firenze 금융 가문으로서, 그 이름을 따 이러한 용어가 등장함.

Medici effect*

경쟁과 협력이라는 의미를 함축한 단어 **coopetition**을 기억하는가? 이와 유사한 의미로 '**Medici effect**'란 용어가 있다. '**Medici effect**'란 다양한 영역이 하나로 만나는 접점에서 기존의 아이디어를 재결합해 더 많고 혁신적인 아이디어를 창출해내는 효과를 말한다. 즉 '**Medichi effect**'와 **collaboration**은 미국의 건국 슬로건이었던 'E pluribus unum'(여럿으로 이루어진 하나, unitas)과 같은 사상의 산물이다.

제품과 예술을 결합하는 방법을 'art infusion'이라고 함.

LG전자의 광고에 De Gas, Gogh 등의 그림이 배경으로 등장하며*, 삼성전자는 Armani, Denmark 오디오 기업 Bang&Olufsen 등과 제휴해 차별화된 디자인 Serene, Serenata 등의 휴대폰을 출시했다. 또한 Galaxy Note2로 디자인한 그림을 래핑한 BMW1 시리즈도 출시됐다. Taiwan의 컴퓨터 기업 Asus는 Lamborghini와 제휴하여 Asus-Lamborghini 노트북(첨단 IT+Lamborghini 디자인의 퓨전 노트북)을 출시했다. 현대자동차는 PRADA와 제휴하여 Genesis PRADA를 출시했고, Louis Vuitton은 Infiniti와 제휴하여 Louis Vuitton-Infiniti 가방을, Nike는 Air Jordan 및 France의 캐주얼 의류 기업 APC와 제휴 APC 운동화를 출시했다.

이와 같이 기술과 디자인이 결합해서 제품의 가치를 높이는 작업을 '**techart**'라고 한다. '**Techart**'는 현대 사회에서 예술을 담은 디자인 제품을 선호하는, 소위 'arty generation'이 늘어나고 있는 추세에 편승한 전략이다.

이와 같이 '**Medici effect**'는 핵심 기능만으로 경쟁하는, 핵심 기능에 전략을 다해도 차별화가 점차 힘들어지는 현대에 현명한 기업들이 선택한 훌륭한, 신 개념의 경쟁 전략이다. 기업들은 이러한 경쟁 전략을 통해 고객의 넋을 앗아간다는 의미의 '**it item**'을 계속 출시하고 있다.

협업(collaboration)

그림 7-38 DisneyxCoach의 **collaboration**
출처: www.babyology.com

전술 내용과 유사한 개념으로 제품 및 브랜드 간의 공동 작업을 통해 새로운 결과물을 만들어내는 활동을 **collaboration**이라고 한다. Walt Disney의 사업 부문이자 캐릭터 제품인 DCPI(Disney Consumer Products and Interactive Media)는 패션 브랜드와의 **collaboration**으로 잘 알려져있다. 과거에는 Uniqlo, H&M, ZARA 등 fast fashion과의 **collaboration**이 많았으나, 2018년을 정점으로 luxury 브랜드와의 **collaboration**으로 확대하고 있다. 한 예로 DisneyxCoach : 'a dark fairy tale'을 들 수 있는데, 고전적 Disney의 공주 이야기(백설공주, 잠자는 숲속의 공주 등)에 Coach의 다크, 로맨틱 패치와 장식을 등장시킨 것이다(〈그림 7-38〉 참조).

Marriott International의 Starwood 계열 Le Meridien은 자체적으로 'cultural curator'를 두고, 지역의 아트 뮤지엄 및 갤러리와의 **collaboration**을 통해 '예술적 호텔'로 만들어가고 있다. 또한 영국의 Corinthia Hotel London도 자체 상주 예술가들을 고용, 예술의 다양한 부문과의 **collaboration**을 통해 호텔에 문화 · 예술적 프로파일을 구축하고 있다.

비즈니스 트랜드 연구원 심수민에 의하면, **collaboration**은 크게 세 가지로 대분되는데, ①이질적인 감성적 혜택 간의 결합(세계 생존 작가 중 작품 가격이 가장 비싼 Damien Hirst의 Levi's 한정판 티셔츠와 진 디자인, SPA Uniqlo와 Pharrel Williams가 공동 작업한 2014 S/S UT Collection 'i am OTHER', 의료 관광), ②감성적 혜택과 기능적 혜택 간의 결합(세계적 디자이너 Orla Kiely와 France 자동차 Citroen이 합작한 해치백 모델 DS3 specail edition, K-POP, 현대카드(기능)와 YG Entertainment(감성)의 협업), ③서로 다른 기능적 혜택 간의 결합(McDonald's와 Uniqlo의 동시 매장 개장, Nike와 iPad의 결합을 통한 운동 시간, 거리, 칼로리 소모 측정, 스크린 골프)가 그것이다.

2012년 Finnair와 Filand의 대표적 라이프스타일 브랜드 Marimekko의 협업으로 제작된 인천-Helsinki 구간 A340 특별 항공기는 Marimekko의 대표적 문양 unikko(양귀비)를 래핑해서 만들어졌다(〈그림 7-39〉 참조). 이것은 어떤 유형에 속할까?

그림 7-39 Finnair의 A340
출처: www.finnair.com

CSV와 'Collaboration'의 대표 산물 'Product Red'

제6장에서 설명한 CSV 및 **collaboration**과 관련된, 사회 문제를 기업의 이익 창출과 브랜드 관리에 연동시킨 Product Red라는 브랜드가 있다. 2007년 Ireland의 Bono와 Bobby Shriver에 의해 설립된 Product Red는 기업이 제품을 'Red' 브랜드로 내놓으면, (iPhone)RED 와 같이 괄호의 형태로 해당 제품명과 Product Red를 의미하는 'Red'를 함께 표기하는 방식으로 탄생된 통합 브랜드다. 대표적으로 Product Red와 제휴한 기업들은 AMEX, Gap, Giorgio Armani, Apple, MS, Motorola, Dell 등이다.

Product Red는 다음과 같은 과정으로 진행된다. 'Red' 로고를 희망하는 기업은 Product Red와 수 년 단위의 licensing 계약을 맺고 이에 대한 기금을 낸다. 단 원칙은 같은 범주 내 하나의 licensing 계약만 허용된다. 계약을 맺은 기업은 'Red' 로고가 찍힌 제품을 생산하고, 기존의 마케팅 예산으로 광고한다. 'Red' 로고 제품은 브랜드 내 기존 제품들과 동일한 가격으로 유통되고, 발생된 이익금은 Africa 질병 치료를 위해 Kofi Annan 전 UN 사무총장이 만든 The Global Fund에 제공된다.

Prodcut Red는 '소비를 조장하는 세계적인 악마'라는 비판을 듣긴 하지만 기업의 입장에서는 어차피 쓸 마케팅 비용을 이용해 PR을 할 수 있고, 또한 사회 공헌 효과가 더해짐으로써 비용 절감 및 기업 이미지 제고라는 시너지 효과를 얻을 수 있다는 장점이 있다. The Global Fund도 막대한 기금을 모으고 있고, Prodcut Red와 제휴 기업 브랜드 가치 또한 동시에 높아지는 등, Prodcut Red는 CSV 및 '**collaboration**'을 동시에 실현하는 'win-win'의 형태로 발전하고 있다.

융합(convergence)

현대 시장에서 초점을 받고 있는 개념은 융합이다. 먼저 융합이라는 용어가 탄생됐던 배경을 살펴보자.

> "Apple의 회장 John Sculley는 네 개의 거대 산업들(컴퓨터, 소비자 전자기기, 통신, 정보)이 융합하는 후기 산업시대 약속의 땅을 설파했다. Sculley는 10년 내내 부상할 비즈니스가 3조 5천만$ 규모에 이를 것으로 묘사한다. 미국, Canada, Mexico를 합친 현재 경제 규모의 절반이 넘는…"
>
> _ New York Times(1992.9.15)

> "융합이야말로 세계에서 가장 큰 다섯 개의 주요 산업들(컴퓨터, 통신, 소비자 전기기기, 엔터테인먼트, 출판)에서 공통적으로 느끼는 감정이다."
>
> _ Wall Street Journal(1993)

> "융합이 금세기 동안 유행어가 될 것이다… 주요 산업들(텔레콤, 케이블, 컴퓨터, 연예, 소비자 전기기기, 출판, 소매업)의 문화와 기업들이 하나의 거대 산업으로 결합되어…"
>
> _ Fortune(1993)

그 후 《Future Shock》의 저자 Alvin Toffler도 메타 융합을 예언했고, 《Mega Trend》의 저자 John Naisbitts, MS의 Bill Gates 등 영향력있는 많은 전문가들도 융합을 미화하며, 또한 예언했다. MIT Media Lab의 창립자이자, 소장인 Nicholas Negroponte는 "TV와 PC 간의 차이는 걱정하지 말라. 미래에는 그 둘 간의 차이가 없어질 것이다"라고 말했다.

이와 같은 환경 하에 세계의 유수 기업들이 융합이라는 조류에 편승하고 있다. Advertising Age에 의하면, Sony는 가전기기, 정보 기술, 통신, 오락의 융합을 최대한 활용하기 위한 전면적 조직 개편을 완료했다고 한다. 2010년을 넘어서며 삼성도 '디지털 컨버전스를 생생하게'라는 광고를 했으며, 윤종용 부회장은 "진화는 결국 유비쿼터스 네트워크로 귀결할겁니다"라고 말했다. MS도 모든 것을 함께 연결하는 소프트웨어 구축에 노력을 경주하고 있다.

현대 사회에 있어서 융합 제품은 사회에 만연해있다. 가전기기는 물론이고 자동차, 주유기, 주택, 피아노, 세탁기, 냉장고, 장난감, 의류, 화장실, 심지어 인쇄 광고, 탄산음료 판매대(Coca-Cola의 iFountain)에까지 확산되고 있는 것이 현실이다. 대표적으로 미국에서 2천$ 미만의 돈으로 Salton의 iCEBOX 장비를 살 수 있다. iCEBOX는 TV, DVD/CD 플레이어, 인터넷 접속 장치, FM 라디오, 주택 모니터링 장치 등을 결합한 제품이다.

여기에서 역사적인 융합 제품들을 상기해보자. 화상전화(1920년대), 입체영화(1922), 세탁기+건조기(1940년대), 비행차(1945), 자동차보트(1961), fax전화기(1970년대), 전화기 달린 컴퓨터(1980년대) 등이 그것이다. 지금 활성화되고 있는 제품은 얼마나 되는가? … 'few'

미국에서 McDonald's가 Starbucks풍의 커피하우스와 햄버거 매장의 결합을 McCafe라는 커피하우스를 통해 시도하고 있다. 즉 햄버거+espresso 커피=? 이 공식의 답을 유추하기가 쉽지 않다. 600만불의 사나이, 원더우먼, 로보캅, 스파이더맨, 헐크, 터미네이터, 배트맨 등의 융합 인간은 흥미를 위한 영화 캐릭터로 족하다. 그러나 혹성탈출의 Caesar는 위협적이다. 왜? Charles Darwin의 진화론을 역행하지 말자.

과연 융합이 '절대 선'일까? 필자는 '**Retrospective marketing**'에서 Nintendo를 빗대어 다음과 같은 언급을 한 적이 있다.

> Nintendo는 다양함이 아닌 게임에 대한 전문적 집중에 전력을 다하는 것이 보다 바람직하지 않을까? Wii U와 같은 제품을 융합(convergence) 제품이라고 한다. 실제로 많은 선도 기업들은 융합 제품을 통한 다양화를 추구하고 있다. 대표적으로 Apple은 2010년 9월 Facebook+Twitter+iTunes의 통합형 SNS Ping을 출시했고, Google도 소셜(검색, 게임,앱, 결제, 뉴스) 등을 SNS **platform**으로 제공하기 위해 대대적 M&A및 제휴를 진행하고 있다. 이와 같은 융합 제품에는 절대적인 전제 조건이 있다. 타 기능이 핵심 기능을 방해해서는 안된다는 것이다.
>
> Nintendo는 Sony의 사례를 교훈으로 삼아야 한다. Nintendo와 Sony는 공통점이 있다. Sony의 경영 철학과 유사하게 Nintendo는 시장 조사를 잘 하지 않는 기업으로 유명하다. 그래도 Nintendo는 다양함을 추구하지는 않았다. 왜 Sony를 따라가려고 할까? 심히 우려되는 대목이 아닐 수 없다.

《손자병법》의 "모든 것을 지키면 모든 것이 약해진다"라는 교훈을 명심해야 한다.

또한 제8장 제품차별화의 의의에서 융합 제품에 대해 다시 한 번 깊이 고찰할 것이다. 융합 제품은 분명 **Zeitgeist**(시대 정신)이며 또한 대세다. 이 융합 때문에 앞서 언급한 **coopetition**, '**Medici effect**', **collaboration** 등이 성행하고 있는 것도 사실이다. 현대 사회의 대표적 부산물 스마트폰이야 말로 대표적 융합 제품이다(PDA, 즉 휴대용 컴퓨터+인터넷 접속 휴대폰).

그러나 필자는 의문을 제기한다. 융합이 '절대 선'일까? Carles Darwin의 진화론과 역행되는 융합은 최소 혁신, 진정한 의미의 차별화, 근원적 요구 충족 등 필자가 중시

그림 7-40 Absolut Latest
출처: Al Ries · Laura Ries(2013), 《브랜드 론칭 불변의 법칙》, 84p.

여기는 마케팅 핵심 개념들과는 어울리지 않는다. Advertising Age의 한 기사다. '융합은 흔히 현대 마케팅의 성배라고 말들을 하지만, 그 진실이 밝혀진 적은 거의 없다.'

시장세분화 전략도 하나의 경쟁 전략

환대산업 혹은 호텔산업에는 여러 계층 및 형태의 소비자들이 존재하고 있다. 아무리 대규모, 우수한 기업도 모든 소비자들을 만족시킬 수 없다. 경쟁을 희석시킬 수 있는 가장 효율적 전략은 시장세분화 전략이다. 특정 기업이 자신의 제품과 서비스에 부합되는 경제적 규모의 소비자 집단을 선별해낼 수 있다면, 그러한 시장을 집중 공략함으로써 경쟁사들보다 분명한 우위에 설 수 있다는 것이다.

국내 음료 시장의 경쟁 구조는 1단계로 콜라, 사이다, 스포츠 이온 음료, 생수, 주스, 우유 등으로 분류되고 있으며, 2단계로 각 부문별 브랜드 간의 경쟁으로 이어지고 있다. 게토레이는 가장 강력한 경쟁 브랜드인 포카리스웨트와 차별적 시장세분화 전략으로 경쟁하고 있는데, 혜택에 의한 세분화 전략이 그것으로서, 10대와 20대 초반의 소비자들에게 맹렬한 운동 후에는 포카리스웨트를, 갈증이 심한 상황에서는 게토레이를 마시라고 권유하고 있다.

시장세분화 전략이야말로 핵심적인 경쟁 전략이다.

3. 환대산업의 경쟁 동향과 방향

환대산업은 경쟁이 치열할 수밖에 없다. 환대산업의 부문 중의 하나인 레스토랑은 **시장 진입 장벽(barriers to entry)**이 매우 낮아, 과거, 현재, 미래 모두 시장 포화 상태(market saturation)일 수밖에 없다. 호텔산업도 예외는 아니다. 대표적인 예로 미국에서는 1980년대 중반, 불과 18개월 동안에 Renaissance, Marriott Marquis, Courtyard, Crowne Plaza, Embassy Suites, Residence Inns, Park Hyatt, Quality Inns 등의 유명 브랜드를 포함하여 무려 50여 개의 새로운 호텔 브랜드가 시장에 진입한 적이 있다.

Richard Nixon 전 미국 대통령의 사임을 몰고온 Water Gate 도청 사건의 현장인 Water Gate Hotel이 고급 콘도미니엄으로 재건축된 사례는 있으나, 호텔산업에서는 제품 변형이 거의 불가능하기 때문에 **시장 퇴각 장벽(barriers to exit)**이 어떠한 산업보다도 높아서, 한 번 시장에 진입한 호텔은 계속 시장에 남아있을 수밖에 없다.

환대산업에 있어서의 최근 동향 중 하나는 협력과 경쟁의 병행화다. Fransis Bacon은 《학문의 진보(Advance of Learning)》에서 "그대의 적은 언젠가는 벗이 될 자로 생각하고 사랑하라. 반대로 벗에게도 지나치게 진정한 목적과 생각을 밝히지 말라"는 말을 남겼다. 《명심보감》에서도 자기가 생각하는 것의 삼부 정도만 이야기하라고 권장한다. 영화 The Godfather Ⅱ를 보면 "친구는 항상 가깝게 지내야 한다. 그러나 적은 더욱 가깝게 지내야 한다"라는 교훈을 얻을 수 있을 것이다. Aristoteles는 《정치학(Politics)》에서 인간은 완성되면 가장 착한 동물이나, 고립되면 가장 악한 동물이라고 했다. 그의 《윤리학(Ethics)》에 의하면, 약자는 자기 자신이 최대의 적이며, 특히 고독을 두려워한다고 한다.

인간이 경영하는 기업의 생리도 다를 것이 없다. 경쟁은 적인 동시에 잘만 이용하면 가까운 벗이 될 수 있다. 시장 내 모든 경쟁 기업의 목적이 동일하다면(소비자 문제 해결), 무조건적인 반목과 투쟁보다는 협력이 보다 나은 방법일 수 있다. 7Eleven은 e-business가 성행하자, 일본에서 인터넷 주문 상품을 취급함으로써 새로운 적에 대항하지 않고 대응하여 성공한 모범적 선례를 남긴 적이 있다.

경쟁은 서로 다른 **필요 충족 해결사들의 집합체**다. 따라서 경쟁 기업들은 다른 기업이 수행하지 못하고 있는 필요를 제공해주며, 시장을 정화시키고 있다. 최근 급증하고 있는 환대산업 기업들 간의 제휴(affiliation, alliance, co-branding 등)는 경쟁 일변도였던 과거 시장의 질서를 한 차원 높게 정화시키고 있는 바람직한 동향이며, 궁극적으로 기업의 목적인 소비자를 위하여 옳은 일을 하는 모범적 선행이 되고 있다.

McDonald's의 창시자 Ray Kroc의 철학이다. "당신의 경쟁자가 물에 빠져 허우적거릴 때 당신은 무엇을 하겠는가? 호스를 가져가 그의 입에 넣어주어라."

부 4 록 환대산업 최고의 기업가 Sheldon Adelson

세계 최대 도박 도시인 미국 Las Vegas는 한때 'sin city(죄의 도시)'로 불렸다. 1931년 Nevada주에서 카지노장이 합법화되고, 1946년 현대식 카지노가 문을 열면서 마피아가 세력을 넓혔기 때문이다. 각종 범죄와 매춘으로 얼룩졌던 Las Vegas는 1990년대부터 달라지기 시작했다. 대형 호텔과 고급 리조트가 들어서면서 365일 24시간 불이 꺼지지 않는 '불야성 꿈의 도시'가 됐다.

'죄의 도시'가 '꿈의 도시'로 탈바꿈한 중심에는 카지노 제국을 일군 세계 최대 카지노 Las Vegas Sands 그룹 회장 Sheldon Adelson이 있다. 그는 2000년 이후 미국을 넘어 Macao, Singapore 등 아시아로 영역을 확장했다. Forbes는 "Adelson 회장은 2017년 가장 많은 돈을 번 미국인"이라고 발표한 바 있다. 2012년 말 220억$였던 그의 재산은 2017년 말 370억$(약 39조 1,645억 원)로 불어났다. 하루에 4,100$(약 434억 원)씩 재산이 증가한 셈이다.

도박장에서 리조트로 … '판'을 바꾸다

Adelson 회장의 어린 시절은 암울했다. 유대인인 아버지는 Ukraine에서 미국으로 이민을 와 택시 운전을 했다. Boston 외곽 흑인 밀집 지역에서 태어난 그는 자신의 어린 시절을 '여섯 식구가 한 방에 살던 시절'로 회고한다. Adelson은 어렸을 때부터 신문 등을 팔기 시작해 12세 때에는 삼촌에게 빌린 돈으로 직접 신문 가판대를 열어 첫 사업을 벌였다. New York시립대를 중퇴한 그는 길에서 아이스크림과 베이글을 팔았다. 그는 "1960년대엔 친구들과 여행사를 차리는 등 지금까지 50개 넘는 직업을 거쳤다"고 말한다. 20대 초반 우연한 기회에 부동산 중개업에 뛰어들었고, 사업 기반을 쌓은 뒤 전시 사업으로 눈을 돌렸다.

1979년 미국 최대 컴퓨터 쇼 기업인 COMDEX를 설립했다. 이 전시회는 봄엔 Chicago나 New York, 가을엔 Las Vegas 등 1년에 두 번씩 개최되면서 1990년대 말까지 세계 최대 컴퓨터 전시로 명성을 과시했다. Adelson이 Las Vegas와 인연을 맺은 것도 Comdex 때문이었다. 그는 약 0.03평을 15센트에 빌린 뒤, 전시업체에 제곱 feet

당 40$에 파는 방식으로 막대한 돈을 벌었다. Comdex 때문에 Las Vegas를 드나들던 그는 도박장 하나로는 미래를 보장할 수 없다고 생각했다. 그는 1989년 대형 컨벤션 센터 등 각종 부대 시설을 지어 Las Vegas 최초의 복합 리조트 단지 건설에 나섰다.

그가 카지노 사업에 뛰어든 때는 지명(知命)의 나이 50에 접어든 1988년도다. 1991년에는 Las Vegas 사람들이 상상도 하지 못했던 프로젝트를 시작했다. 재혼한 아내와 신혼여행으로 Italy의 Venetia를 다녀온 뒤 Las Vegas에 '물의 도시'를 짓겠다고 결심한 것이다. 물이 귀한 사막 도시에 Venetia의 상징인 곤돌라와 인공 운하, 뱃사공을 접목한 The Venetian을 건립한 그는 이 리조트를 시작으로 Las Vegas에 '초호화 카지노 리조트시대'를 열었다고 평가받는다.

불 같은 추진력 … 위기 때 역으로 사업 확장

그후 Adelson은 아시아 시장에 집중했다. Macao에 2004년과 2007년, 각각 The Sands Macao와 The Venetian Macao를 개장했고, 2010년에는 Singapore 최초의 카지노인 The Marina Bay Sands를 개장했다. 도박은 커녕 길거리 흡연조차 엄격하게 법으로 규제하는 Singapore에 카지노가 들어선 것 자체로 화제를 모았다.

Adelson 회장은 불같은 추진력으로 유명하다. 위기 때 추진력은 더 빛을 발했다. 2006년과 2007년 두 해 연속 Bill Gates와 Warren Buffett에 이어 Forbes 선정 미국 부호 3위에 올랐던 그의 자산은 2008년 금융 위기를 거치며 대폭 감소했다. 금융 위기가 본격화되면서 카지노 사업은 직격탄을 맞았고, 2007년 주 당 140$였던 Las Vegas Sands의 주가는 2009년 1.38$까지 떨어졌다. 2008년 Macao와 Singapore에 짓고 있던 카지노 리조트 사업은 좌초 위기에 처했고, 부채는 120억$에 달했다.

휴지 조각이 된 재산 때문에 무너질 것 같았던 그는 오히려 더 과감한 결단을 내리기 시작했다. Sands 그룹이 위기에 허덕이자, 사재 10억$를 투입해 Sands의 자금 운용에 숨통을 터주었다. 금융 시장이 서서히 안정을 찾으면서 부도설도 사라졌다. Sands 그룹은 2009년 말, 자 회사 Sands China를 통해 홍콩 증시에 상장, 25억$를 조달했다. 2017년에는 Sands 그룹 주가가 70% 폭등, 재산도 불어났다. 2018년 기준, Sands 그룹의 시가 총액은 640억$에 이르고, 그는 지분 52%를 갖고 있다. 현재 Las Vegas Sands의 영업 이익 가운데 90%는 아시아 시장에서 발생한다.

Adelson 회장은 항상 남보다 먼저 시장에 뛰어든 사람이었다. 컴퓨터산업이 막 형성될 무렵 Comdex를 기획했고, 민간 기업 처음으로 컨벤션 시설을 건설했다. 위기 때에도 미래를 내다보며 장기 전략을 세웠다. 그는 "평생 다른 사람이 하지 않은 일을 찾아 헤맸다"며, "남들이 비용에 집착할 때 나는 미래의 그림만 바라본 것이 성공 비결"이라고 말했다.

환대산업 마케팅 전략 계획 모델(시장세분화/제품차별화 전략)

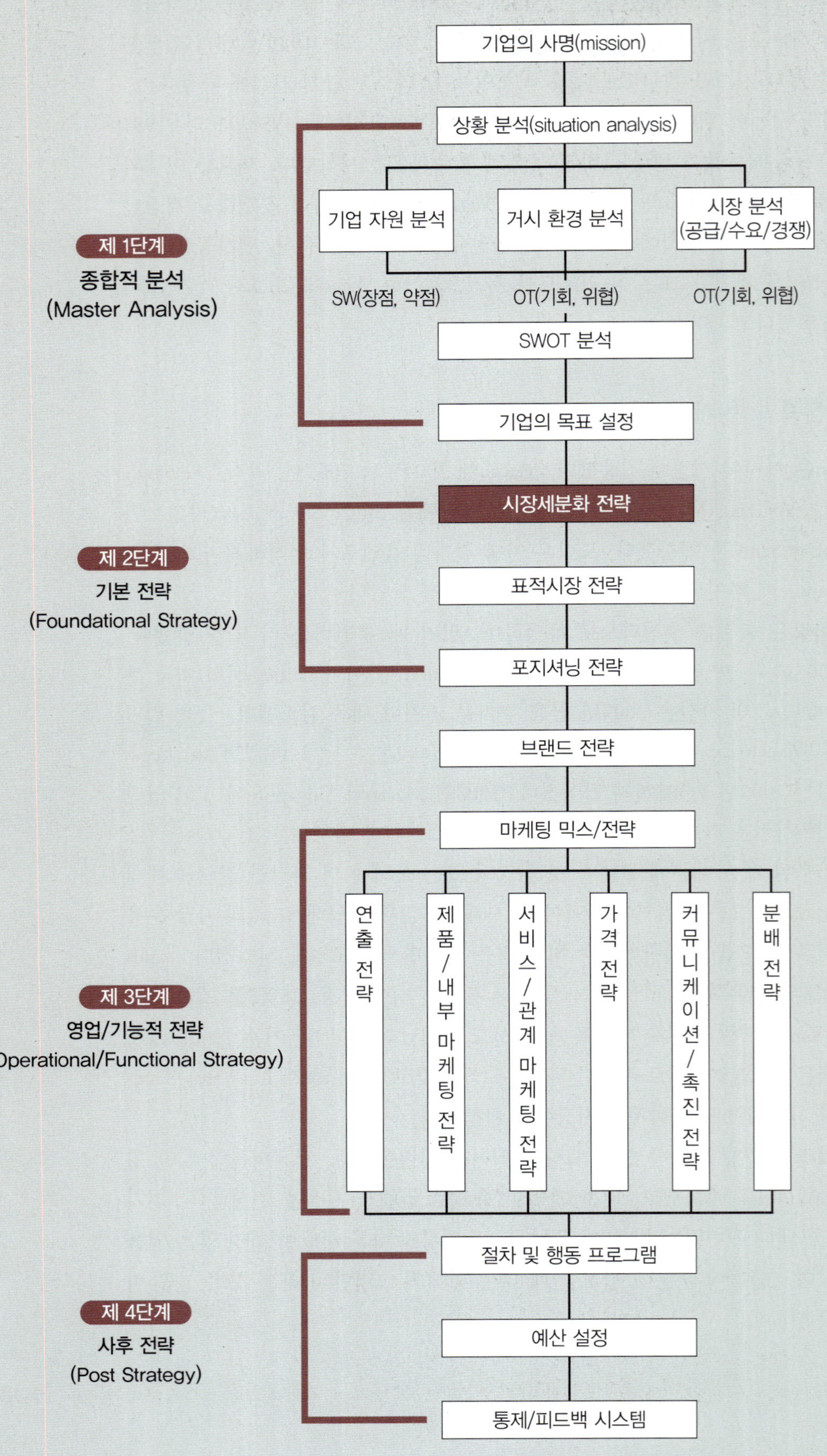

시장세분화/제품차별화 전략

제 8 장

Jack Trout의 말이다. "차별화할 수 없다면 가격을 낮추는 방법 외에는 없다." Peter Drucker의 말이다. "모든 기업은 단 두 가지의 기본 기능만 갖고 있다. 마케팅과 혁신이다." "나는 창조한다 고로 존재한다" 1986년 Nobel 문학상을 받았던 Nigeria의 Wole Soyinka의 말이다. 과거 Coca-Cola의 CEO였던 Robert Goizueta의 말이다. "부동산에서는 위치, 위치, 위치, 사업에서는 차별화, 차별화, 차별화."

창조하는 행위가 이해의 바른 길이다(**strada maestra**). 기업의 성공 요건 중 하나는 차별화된 독특한 이미지와 제품/서비스다. 모든 기업은 이와 관련된 무형적, 유형적인 무엇인가를 창조해내려고 노력하고 있으며, 그것이 어렵기 때문에 대다수의 기업들은 불가피하게 시장에서 성공이 검증된 제품과 서비스를 복제, 모방하여 '비겁한' 경쟁을 하고 있는 것이다. 현대의 시장이 초세분화(hyper-segmentation)되어 있는 것은 분명한데 **이종적 동종(heterogenous homogeneity)** 현상 또한 만연되고 있다. 지금은 점차 쇠퇴기의 길을 걷고 있는 VCR(video cassette recorder)에 대해 일본의 대표적 가전업체들인 Sony, Hitachi, JVC, Panasonic, Toshiba 등의 경쟁이 치열했다. 그러나 소비자들은 VCR에 대해 브랜드 외에는 차별적 요소를 별로 발견하지 못했다.

본 장에서의 핵심 학습 목표는 시장세분화 전략이다. 이와 병행하여 먼저 제품차별화의 의미를 고찰해본다.

Leonardo da Vinci의 작품 및 발명품은 음식과 밀접한 관련이 있음. 그는 원래 요리사였다? 1981년 Russia Hermitage주 박물관에서 da Vinci의 비밀 노트가 발견되었는데, 그 안에는 식사 예절, 요리 레시피, 주방 도구, 조리도구 등에 대한 상세한 설명이 담겨 있었고, 그는 실제 요리사였다고 전해짐. 더욱 놀라운 것은 스파게티, 냅킨, 포크, 코르크 마개를 여는 도구, 마늘 빻는 도구 등이 모두 Leonardo da Vinci가 만들었다는 점임.

그의 작품 '최후의 만찬'을 살펴보면, Leonardo da Vinci가 "마지막 만찬에서 예수와 제자들이 뭐를 먹었을까"를 생각하고, 음식들을 직접 시식한 후 음식 배치를 하는데 2년 6개월을 고민했고, 음식 선정 후에는 3개월 만에 그림을 완성했다고 함. 작품 속 음식들은 모두 소박하고 담백한 건강에 좋은 음식들임. 조각, 건축, 토목, 수학, 과학, 음악에 이르기까지 모든 분야에 재능을 보인 Leonardo da Vinci.. 지금까지도 전해져오는 그의 요리에 대한 열정과 음식 관련 발명품들. 어쩌면 그야 말로 환대산업과 깊이 관련된 인물이 아니였을까?

그림 8-1 Leonardo da Vinci, 환대산업과 관련?*

왜 제품차별화가 마케팅의 주제가 되는가? 완벽한 제품이 없기 때문이다. 미완성 창작가로 유명한 Leonardo da Vinci는 머리 속으로 상상한 아름다움과 깊이를 붓으로 표현하는 것이 자신의 역량으로는 불충분하다고 지각하기 때문에, 또한 제작 도중 완성된 모습이 보일 때, 자신의 작품을 미완성으로 남겨두었다고 한다(〈그림 8-1〉 참조).

차별화란 유사하지만 더 나은 것을 의미하는 것이 아니라, 의미있는 차이를 드러내는 것이다.

제품차별화 전략

제품차별화 하면 제품 그 자체에 대한 차별화만을 생각하는 경우가 많다. 그러나 제품차별화의 진정한 의미는 그것이 아니다. 그 범주 내에는 제품의 유형적, 물질적 속성(attributes)(〈그림 8-2〉 참조), 서비스, 마케팅 행위, 인적 자원, 위치, 이미지 등 제품과 관련된 모든 요소가 포함된다. 일반적으로 제공되는 제품(generic product)은 poker 게임에서의 참여비(enti), 은행 설립시의 자금, 원자재, 변호사의 판례 등 시장 참여의 기본 조건에 지나지 않는다. 즉 제품차별화를 이해하려면 제품의 덫(commodity trap)에서 우선 벗어나야 한다.

그림 8-2 Peru의 독특한 레스토랑들

그림 8-3 In-N-Out Burger의 제품차별화 전략. In-N-Out Burger는 햄버거 및 french fry에서 100% 쇠고기 원료 사용, 100% 직영, 미국 서부의 일부 지역에서만 영업 등 독특한 제품과 운영으로 제품차별화 전략을 수행하고 있음.

그림 8-4 Krispy Kreme의 메뉴, 디스플레이, 제조 과정

1. 제품차별화의 유형과 의의

1-1. 제품의 유형적, 물질적 속성

식음료산업에 있어서의 Planet Hollywood, Hard Rock Cafe 등은 독특한 주제로, In-N-Out Burger는 100% 쇠고기 원료 햄버거로(〈그림 8-3〉 참조), Italy 와인 Villa M Moscatel은 표찰(label)이 없는 '누드 와인'으로, Krispy Kreme는 제조 과정 공개 및 단 맛의 도넛으로(〈그림 8-4〉 참조), 커피 전문점 파스쿠치의 Salty Affogato는 17세기 유럽에서 마시던 소금 커피*로(〈그림 8-5〉 참조), Papa John's는 질 좋은 dino 소스로, Popeyes는 매콤한 cajun 스타일 치킨으로, 호텔산업에 있어서의 Four Seasons는 최상의 우아함과 품질로, 항공산업에 있어서의 Qantas 항공은 시설의 고도 기술적 활용으로, MGM Airlines는 1등석만을 갖춘 시설로 제품차별화에 성공하고 있다. Asiana Airlines는 A350 기내에 휴대폰 roaming과 Wi-Fi 서비스를 제공했다.

* 커피에 적정량의 소금을 더하면 단 맛과 함께 깔끔한 커피의 맛을 즐길 수 있다고 함.

쏠티 아포가토 I Salty Affogato

Regular: ₩ 4,300

* 1회 제공량 : 71Kcal
* 제품 용량 : 70g

고급 천일염으로 만든 이태리 정통 젤라또에 에스프레소를 가미한 파스쿠찌 오리지날 아포가또

그림 8-5 커피 전문점 파스쿠치의 'Salty Affogato'

그림 8-6 Marriott의 Moxy Times Square Hotel
출처: moxy-hotels.marriott.com

KAL이 2005년 기내 인터넷 서비스를 제공했다가 2006년도에 철회한 바 있어 확실한 차별화를 꾀한 것이다.

Hotel Rooftop: 최고의 전망을 통한 제품 차별화

호텔 최고층 라운지를 통한 최고의 전망이라는 amenity 제공이 2010년대 중반부터 호텔산업에서 하나의 유행이 되고 있다.

미국 New York City Manhattan의 Mondrian Park Avenue에서는 Fifteen Stories 라는 라운지에서 Park Avenue와 30번가 거리를 조망할 수 있다. Manhattan의 7th&36th 의 Marriott international 소속 Moxy Times Square(〈그림 8-6〉 참조)에서는 Empire State Building을, Fifth Avenue에 있는 Peninsula와 Gansevoort Meatpacking NYC Hotel에서는 5번가를, San Francisco에 있는 International Mark Hopkins에서는 각각 최고층의 라운지에서 시내 중심가를 내려다볼 수 있다.

미국 Boston의 Autograph Collection에 위치한 Lookout Rooftop and Bar도 유사 기능으로 Boston의 명소로 기록될 정도다. 그 외에 Los Angeles의 The Ace Hotel Downtown, Houston의 Marriott Marquis Houston 등 주요 도시에서 고층 호텔의 최고층 라운지는 호텔산업에서 신 개념 amenity로 부상하고 있다. 라운지로 올라가는 별도의 엘리베이터를 설치하기도 한다. 한 가지 공통점은 라운지 음료의 가격이 비싸다는 것이다.

Las Vegas 호텔들의 제품차별화

Las Vegas의 MGM Grand는 5,005개의 세계 최대 규모 객실 및 미식 축구장의 4배에 해당되는 최대 규모의 카지노 시설로 복제될 수 없는 제품차별화 전략을 수행하고 있으며, 총 투자비 16억$ Bellagio의 화려한 호텔 내 정원과 갤러리, 그리고 음악에 따라 움직이는 대형 분수대, 30분 간격으로 폭발하는 Mirage의 화산, Treasure

The Venetian

BELLAGIO

Wynn

그림 8-7 Las Vegas의 대표 호텔들(1)

CAESARS PALACE

LUXOR

그림 8-7 Las Vegas의 대표 호텔들(2)

Aria Las vegas

MGM GRAND

PALAZZO

그림 8-7 Las Vegas의 대표 호텔들(3)

Cosmopolitan

그림 8-7 Las Vegas의 대표 호텔들(4)

그림 8-8 JW Marriott Marquis Dubai

그림 8-9 Courad Maldives Rangali Island

필자의 조상 정약용의 《목민심서》에는 조선시대의 도박에 대해 언급하고 있음. 가장 대표적 도박 투전(투패)은 손바닥만한 너비, 길이 15cm 정도의 패 한 면에 사람, 물고기, 새, 별, 꿩, 노루, 토끼, 말 등의 그림을 흘려 적어 끗수를 표시하고, 같은 그림이 10개씩 모두 80장으로 구성돼있음. 게임 방법은 동동이, 가보잡기, 찐붕어, 엿방망이 등임. 투전은 카지노의 poker, baccarat, black jack 등과 유사한 게임임. 쌍륙은 주사위 놀이로서 카지노의 craps, daisai와 유사한 게임이며, 그 외에도 강패, 일본에서 들어온 화투, 중국에서 들어온 마작 등의 도박 유형이 있었음.

현재 대한민국에서 합법적 사행 사업은 카지노 외에 1922년 5월 20일부터 시행된 경마, 복권, 경륜, 경정, 체육진흥투표권(스포츠토토), 전통 소싸움 경기 등이 있음. 가장 대규모의 사행 사업은 경마로서 2011년 기준, 약 7조 8천억 원의 매출 규모를 갖고 있음. 미국에서의 합법적 게임은 범위가 넓음. 예를 들어 1990년대부터 인터넷에서 인기를 끌은 Death Pools는 유명 인사의 사망 일시에 가장 근접한 사람들에게 상금을 몰아주는 섬뜩한 게임임. 선두 주자는 Stiffs.com으로 알려져 있음. 유사한 게임으로 테러리스트들의 다음 공격 목표 예상을 대상으로 하는 '테러리즘 선물 시장'도 있음.

미국에서는 100~200m 빌딩을 'high rise', 200~300m 빌딩을 'sky scraper', 그 이상 높이의 빌딩을 'super tall'로 구분하고 있음.

Island의 Siren 쇼, The Venetian의 호텔 내 Venis 거리, Mandalay Bay의 바다, 파도, 백사장, 100층이 넘는 Stratosphere 마천루에서의 전자 불꽃 축제, 1시간마다 호텔 로비에서 재연되는 Caesars Palace Hotel and Casino의 신비한 석고상들의 움직임과 대화, 그리고 불꽃과 함께 솟아오르는 악마상, 레이져 쇼, 현대식 호텔의 proto type인 Wynn, Aria, Cosmopolitan 등은 세계 어느 지역에서도 감히 모방할 수 없는 독특한 제품차별화 전략을 수행하고 있다(〈그림 8-7〉 참조).*

2012년 말 JW Marriott Marquis Dubai는 1,600개 객실, 6,100m²의 이벤트 공간, 1,500m²의 spa 등을 보유한 세계 최고층 호텔을 개관했다. 이와 같은 호텔의 높이*와 규모도 차별적 제품 영역에 포함된다(〈그림 8-8〉 참조). 미국 잠수함 주식회사의 대표인 Bruce Jones에서는 바다 속에 25개의 suite룸, 레스토랑, 체육관, 결혼식 성당까지 갖춘 호텔로서 바다 해면 상하에 모두 건축될 이 호텔에서는 객실, 레스토랑에서 열대 물고기, 산호초 등을 볼 수 있으며, 4대의 개인 잠수함도 제공된다. Courad Maldives Rangali Island 리조트에서도 해심 5m 아래 지워진 수중 객실의 사방 유리벽을 통해 해저의 경관을 관람할 수 있다(〈그림 8-9〉 참조).

차별적 호텔: YOTEL

미국의 New York, San Francisco, Boston에 있는 YOTEL은 신 개념의 차별적 호텔로 유명하다. 영국의 Simon Woodroffe에 의해 개발된 YOTEL은 'high-tech', 'high-design'에 의한 'micro-luxury'라는 신 개념의 호텔로, 항공기의 1등석 개념에 기초해서(airborne theme) 개발됐다. London, Paris, Amsterdam에 있는 YOTELAir에서는 여행객이 시간별로 작은 객실을 사용할 수 있다.

미국에 있는 YOTEL의 가장 큰 특징은 YO2D2라는 로봇 버틀러에 있다. 이 로봇은 고객에게 필요한 물품을 공급하고, 처리한다. YOTEL 디자인의 초점은 밝고 흰 'tiny and compact'이며, 객실은 'Cabin', front desk는 'Mission Control', 직원은 'Cabin Crew'로 명명된다. Kiosk와 스마트폰의 app을 통한 빠른 check-in, Smart

그림 8-10 YOTEL

출처: www.benjaminesakof.com

bed™*, 고객 전자기기와 호환되는 4가지 색상의 LED를 통한 최신 TV 등 현대화(**state-of-the-art**) 시설과 서비스가 YOTEL의 차별화 무기다(〈그림 8-10〉 참조).

낮에는 접을 수 있어서 객실 공간이 넓어지며(convertable), 작은 옷장 기능까지 갖추고 있음.

제품차별화의 절정:우주 호텔

만약 우주 호텔이 탄생된다면 분명히 차별적 제품이 될 것이다. 1956년 Russia(구 Soviet Union)가 세계 최초로 Sputnik라는 무인 우주선을 띄우고, 1958년 미국이 Explorer라는 무인 우주선을 띄운 이래, 폐기 처분 대상이던 우주정거장 Mir를 미국의 우주개발재단(SFF) 회장이 Yeltsin 전 Russia 대통령에게 우주 호텔 개발로 제의해 화제가 된 이후, 많은 기업들이 계획을 세우고 있다. 미국과 Germany의 합작 기업인 Daimler Chrysler, 일본의 시미즈 그룹과 가와사키 그룹, Hilton Hotels Corporation 등이 그것이며, 국내 금강중공업도 계획을 발표한 바 있다.

FAA(미국연방우주국)은 2012년 우주 여행의 상업화를 추구하고 있는 영국 Virgin Galactic 그룹의 White Knight2에 대해 시험 비행을 허가했다. 2014년부터 모선인 White Knight2는 장착된 Spaceship2에 승객 6명을 태우고 약 2시간의 우주 여행을 하게 되는데, 그 중 몇 분 간은 무중력 상태도 경험시킨다. 가격은 2019년 기준, 25만$다. 민간 우주 여행사 Xcor Aerospace는 더욱 저렴한 우주 여행 상품을 내놓았으며, Amazon도 'Blue Origin'이란 우주 여행사를 설립했다.

Russia의 Orbital Technologies는 고도 350km의 우주 공간에 Commercial Space Station이라는 호텔을 건설할 계획이다. 객실 4개, 정원은 7명이다. Soyuz 우주선의 왕복 탑승 서비스를 포함, 5일 체류에 비용은 10억 원이다. 중국에는 우주 여행 경험을 살릴 수 있는 호텔이 있다. 백색 조명의 박스 안에 1인용 침대, TV를 볼 수 있는 작은 모니터, 휴대폰 충전기가 있고, tablet pc를 통해 음료를 주문하면 로봇이 배달해준다.

이러한 우주 관광(space tourism)의 선두 주자는 Xcor다. 그 외에 Mojave Air, Space Port 등 10여 개의 소규모 전문 기업들이 있다. Xcor의 관광 우주선 Space Plane, Virgin Galactic은 5분 동안의 무중력(weightlessness) 체험에 25만$, 2인 좌석 우주선에 한 번 타보는 것만 9만 5천$의 요금을 부과하고 있다.

지상 450~650km 상공, 1분 당 1~3회 회전으로 중력 상쇄, 2001 Space Odyssey에 등장하는 Discovery 우주선 형태 등이 공통적 발표 사항이다. 깜깜한 우주에서 초록 별 지구를 바라보고, 무중력 상태, 달을 배경으로 하는 레이져 쇼, 고성능 망원경으로 지구 관찰, 회전 수영장에서 물을 벽에 붙이기 등 기존 호텔에서는 도저히 모방할 수 없는 혜택을 갖춘 진정한 차별적 제품이 될 것이다(〈그림 8-7〉 참조). Collins의 논문에 의하면, 2030년까지 약 4백만 명의 방문객을 유치할 것으로 예측되고 있다.

2018년 4월, 다음과 같은 기사가 전 세계인을 놀라게 했다.

"세계 최초 호화 우주 호텔(space hotel)에 온 것을 축하합니다." 미국 기술

그림 8-11 Orion Span의 우주 호텔
출처: www.floridatoday.com

start up 기업 Orion Span의 메시지다. Orion Span에 의하면, 지구 위의 Aurora Station에 호화 말굽 형태, 작은 스튜디오 아파트 형태의 호텔이 개관된다고 한다.

Orion Span에 의하면, 6명이 950만$의 경비로 12일 동안 투숙할 수 있다고 한다(승무원 2명 외). 2022년을 목표로 하고 있는 Orion Span은 지표면 200마일 위에서 무중력 체험, 매일 일출과 일몰을 32번 관람(90분마다 지구를 한 번 돌기 때문에 가능), 생소한 우주의 밤 풍경 관람 등이 주요 혜택이다(〈그림 8-11〉 참조). 카드 게임, 정상 음식과 음료 등도 즐길 수 있다. 8만$의 예약금(환불 가능)으로 예약이 가능하다.

우주 여행을 자유자재로 할 수 있을 먼 미래를 상상해보자. 아득히 먼 곳은 차치하더라도 태양계*의 극과 극은 태양과 해왕성이다. 태양*은 지름이 약 139만km로서 지구의 109배이며, 부피는 지구의 약 130만 배인 초거대 항성이다. 태양 중심부의 온도는 1.571×107 K°, 약 1,570만°이다. 반면 해왕성의 달인 Triton은 영하 270°다. 지구의 기록인 1983년 Russia의 Vostok 남극기지에서 기록되었던 영하 89.2°와는 비교가 되지 않으며, 절대 0점인 영하 273.15°와 가깝다*. 절대 0점이란 기온이 더 이상 내려갈 수 없는 온도이며, 열이 완벽한 0 상태인, 오직 죽음만이 존재하는 온도다.

The Sun, Mercury, Venus, Earth, Mars, Jupiter, Saturn, Uranus, Neptune을 'the 8 planetes of solar system' 이라고 함.

광속은 299,792,458km/초임.

지구의 역대 최고 기온은 1922년 9월 13일 Libya의 Alagigi에서 측정되었던 58℃임.

필자가 이러한 곳에 우주 여행을 상상하는 데에는 이유가 있다. 광자, 전자, 양자 등의 미립자들은 절대 0점에서도 왕성하게 진동하며 빛을 발하고 있다는 과학 서적을 읽었기 때문이다*. 진공 상태에서도 마찬가지라고 한다. 먼 미래에 해왕성에, 혹은 태양에도(?) 멋진 호텔이 건립되기를 기대한다(〈그림 8-12〉 참조).

작은 입자 quark로 이루어져 있는 양성자와 중성자는 입자라고 함.

Sweden Ice Hotel은 얼음 잔과 접시만으로 저장되어 있는 'Absolute Ice Bar', Ice Chapel, 얼음 예술 전시홀, 얼음 극장 등을 보유하고 있으며, 각기 다른 형태의 얼음으로 만들어진 모든 객실이 매년 새롭게 단장되고 있다(〈그림 8-13〉 참조). Australia의 해

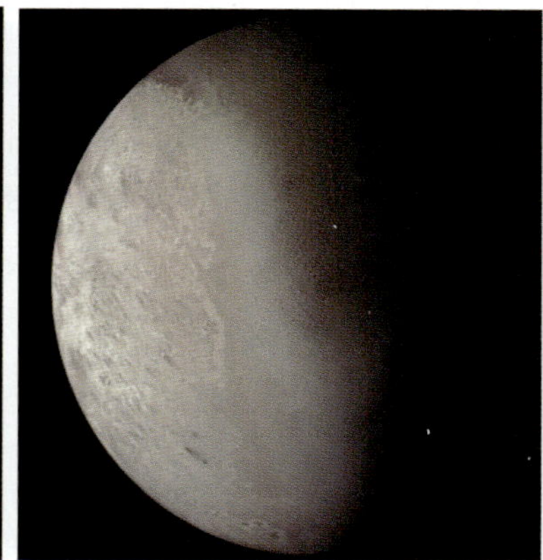

그림 8-12 명왕성, Triton, NASA에서 촬영한 우리가 못 보는 가장 선명한 달의 뒷면

그림 8-13 Sweden의 Ice Hotel

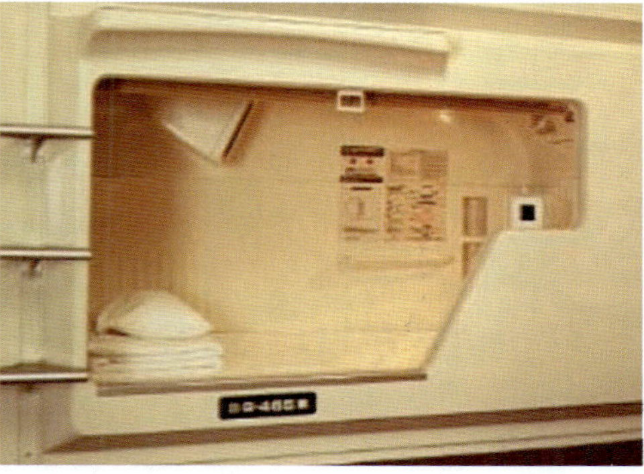

그림 8-14 일본의 Capsule Hotel
출처: www.google.co.kr

저 호텔인 the Great Barrier Reef, 일본의 1.2×2.1m의 캡슐 안에 침대와 TV만이 있는 Capsule Hotel 등도 제품차별화의 대표적 사례다. 일본에서 시작된 Capsule Hotel (〈그림 8-14〉 참조)은 미국의 Pod Hotel, 영국의 Yotel, Netherlands의 CitizenM, Qbic, Malaysia의 Xitai Capsule Hotel 등 세계적으로 확산되고 있다. 특히 영국의 Yotel은 일본의 Capsule Hotel과 British Airline의 일등석 cabin을 융합한 시설로서, 버튼을 누르면 double bed가 소파로 변하고(convertible), 호화스러운 욕실, 자유로운 인터넷 이용, 평면 TV, 24시간 서비스 등의 시설을 갖추고 있다.

세계에서 가장 높은 Himalayan 산맥에 위치하여 Mount Everest까지 볼 수 있는 호텔도 또 하나의 대표적 사례다. 이 호텔에서는 1분에 1$의 산소가 가장 많이 판매되

그림 8-15 France Au Vieux Panier hotel

출처 : http://www.journal-du-design

Queen Mary Long Beach Hotel

Four Seasons Bora Bora Hotel

River Kwai Jungle Rafts Hotel

Catamarans Hotel

Floating Lodges Hotel

Punta Caracol Aqua Lodge Hotel

그림 8-16 물 위에 떠있는(floating) 대표 호텔들

고 있는 룸서비스 메뉴다. France의 Au Vieux Panier Hotel의 객실은 반은 순백으로, 나머지 반은 다양한 색상과 무늬의 색깔로 낙서되어 있다(〈그림 8-15〉참조). Africa Tanzania Pemba Island에 위치한 The Manta Resort는 'sleeping with the fishes'라는 바다 아래에 위치한 침실이 있다.

미국의 Queen Mary Long Beach, Four Seasons Bora Bora, Thailand의 River Kwai Jungle Rafts, Serbia의 Catamarans, Cambodia의 Floating Lodges, Panama의 Punta Caracol Aqua Lodge, Viet Nam의 Aqua MeKong, Africa의 Zambezi Queen 등 세계 도처에 자리 잡은 물 위에 떠있는(floating) 호텔들도 차별적 제품 범주에 포함될 수 있다(〈그림 8-16〉 참조).

Dubai 호텔들의 신 동향:arts hotels

Dubai의 호텔들이 세계 'arts hotels'의 중심이 되고 있다. 2016년 UAE의 Dubai에서 개최됐던 Dubai Opera를 계기로 Dubai의 AI Quoz는 현대 예술의 중심지가 되고 있다.

13개의 각각 다른 객실에 건축적, 문화적, 예술품 쇼케이스를 보유한 XVA Hotel, 482개의 미술품, 조각, 비디오 등의 현대 예술품을 보유한 Jumeirah Creekside Hotel, 예술적 콘셉트의 레스토랑 The Plantation Restaurant&Terrace을 보유한 Sofitel Dubai Jumeirah Beach, 세계적 진품 미술품과 출판물의 갤러리를 보유한 Mövenpick Hotel&Apartments Bur Dubai, 최고의 아랍 현대 예술품을 보유한 Four Seasons Hotel and Resort-Jumeirah Beach, UAE 최대의 금 동상을 로비에 설치

Atlantis The Palm이 보유한 수중 예술관

출처:www.atlantisthepalm.com

XVA Hotel이 보유한 예술품

출처:www.privateviews.artlogic.net

Jumeirah Creekside Hotel이 보유한 예술품

출처:www.jumeirah.com

그림 8-17 Dubai의 arts hotels

한 Sheraton Dubai Mall of the Emirates Hotel, 수중 예술관을 보유한 Atlantis The Palm 등이 대표적 사례들이다(〈그림 8-17〉 참조).

France의 Lionel Poilane은 세계 최고의 빵집을 경영하고 있다. 그는 1만 명 가까운 제빵사들과의 면담, 세계에서 가장 많은 제빵 요리책 수집 등을 통한 노력 끝에 혁신적 수제품 빵을 만들어냈다. 그 곳에는 France 빵의 대표격인 바게트는 아예 없고, 효모 빵(sour dough bread)에는 바다 소금만을 사용한다. France의 Rue de Cherche Midi 거리에 있는 이 빵집은 전 세계로 빵을 수출하고 있으며, 한 해에 수 천만$의 수입을 올리고 있다.

미국 Washington주의 Mirth Provisions라는 업체는 340ml 용량의 'cold brew'* 커피에 마리화나 주성분인 THC를 20mg 넣어 신 음료를 개발했는데, 상표에 'legal'이 적혀있으며, '머리를 맑게 하고 더 생동감 넘치는 기분을 제공하는 음료'라고 광고하고 있다. Colorado주와 더불어 '오락용 마리화나' 판매가 합법화되기 시작하는 미국 시장에서 마리화나를 성분으로 하는 음료, 식료 등이 식음료 시장에 향후 새로운 바람을 일으킬 것으로 예상된다.

* 찬 물에서 우려냈다는 의미임.

1-2. 서비스

대표 항공사들의 제품차별화 사례

British Airways는 최초로 장거리 일반석 승객을 위해 신 개념의 'World Traveler Class'라는 새로운 기내 class를 출시했다. 새로운 class는 저렴한 가격으로 보다 넓은 공간과 보다 편안한 서비스를 원하는 장거리 비즈니스 여행객의 요구에 부응하는 매우 독창적인 서비스다.

일본의 **LCC** 항공사들이 고전하고 있는 가운데 유일하게 지속적으로 성장하고 있는 항공사는 Peach Aviation이다. Peach Aviation은 **LCC**임에도 불구하고, 비행 일정 엄수, 탑승 전 영화와 잡지 등의 내용을 고객 스마트폰에 다운로드, 철저한 일본식 '오모테나시(진심으로 접대)' 서비스 제공, 여성을 표적으로 한 전략 등 타 **LCC** 항공사뿐 아니라 일반 항공사들과도 차별화된 전략을 수행하고 있다.

Singapore Airlines는 인간에게 가장 편안함을 주는 디자인이라고 하는 침대 좌석 'space bed', 예약 시점으로부터 목적지 도착까지 토털 서비스를 제공하는 'TCS system', 이틀 전에 좌석을 미리 선택할 수 있는 'on-line check service' 등 차별화된 서비스로 2010년까지 Conde Nast Traveler에서 수상하는 The World's Best Airline상을 22번 중 21번 받았다. Singapore Airlines는 또한 1992년에 항공사 최초의 위성을 이용한 국제 전화 서비스를 도입했고, 영화, 음악, 비디오 게임, 전화 이용 등의 효용을 극대화시키고 있는 'KrisWorld' 시스템으로 차별적 제품을 제공하고 있다.

Etihad Airways는 Arab Emirates의 항공사로 WTA(World Travel Awards)에서 수여

그림 8-18 Etihad Airways Airbus A380-861 및 Economy class seats & Etihad stewardess

하는 World's Leading Airlines 상을 2009년부터 2016년까지 8년 연속 받은 바 있다. 특히 'World's Leading First Class' 및 'World's Leading Cabin Crew' 상도 계속 수상하고 있다. Etihad Airways의 이러한 triple crown은 최고의 1등석과 직원 덕분이지만, 이 모든 것을 한 단어로 일축한다면 '서비스'다(〈그림 8-18〉참조).

Qatar Airways에서는 비행기에서 내리는 순간부터 입국, 환승, 보안 검색, 세관 절차, 목적지 도착에 이르기까지 도우미 서비스를 제공하고 있다. Al-Maha라고 불리는 이 서비스는 초행길 여행객들의 가장 큰 문제인 '불안감'을 완벽히 해결해주는 훌륭한 마케팅 솔루션이다.

2017년 American Airlines는 Philadelphia-LA-San Juan 구간에 'wide-body' 서비스를 도입했다. 1974년 Airbus A300에 최초로 도입됐던 이 서비스는 기내에 복도를 두 개(twin-aisle) 두어 한 줄에 7석 이상을 설치하는 것을 의미하는데, 이를 제공하는 항공기는 'jumbo jet'로 불린다. 대표적 jumbo jet로는 Airbus A380(super jumbo jet), Boeing 747(jumbo jet), Boeing 777X(mini jumbo jet)를 들 수 있다.*

* 한 줄에 7석은 160~260명, 8석은 250~380명, 9~10석은 350~480명의 승객을 수용함. 2019년 기준, 최대 한 줄 11석까지 있음. 2018년 기준, 세계적으로 약 8,800개의 wide-body 항공기가 있음.

이와 같이 서비스 부문에서는 무한대의 차별화가 존재하고 있으며(그러나 대다수가 복제되고 있으며), 그 잠재적 적용 분야 역시 무한하다. 미국에서의 '**trade dress**'와 같이 차별화된 서비스에 대한 보호 제도의 개발이 특히 국내의 환대산업에서 요구되어지고 있다.

1-3. 마케팅 행위

금속, 곡물, 육류 등은 본질적으로 차별화 정도가 적은 제품들이다. 그러나 판매 방식에 의해 여러 각도에서 차별화가 이루어진다. 마케팅 행위는 제품차별화에 있어서 가

표 8-1 Fortune 선정 세계 500대 기업들*

Rank	Company Name	Country	Revenues ($millions)	Previous Rank
1	Walmart	USA	$500,343	1
2	State Grid	China	$348,903	2
3	Sinopec Group	China	$326,953	3
4	China National Petroleum	China	$326,008	4
5	Royal Dutch Shell	Netherlands	$311,870	7
6	Toyota Motor	Japan	$265,172	5
7	Volkswagen	Germany	$260,028	6
8	BP	Britain	$244,582	12
9	ExxonMobil	USA	$244,363	10
10	Berkshire Hathaway	USA	$242,137	8
11	Apple	USA	$229,234	9
12	Samsung Electronics	South Korea	$211,940	15
18	Amazon.com	USA	$177,866	26
20	AT&T	USA	$160,546	19
21	General Motors	USA	$157,311	18
23	China State Construction Engineering	China	$156,071	24
26	Industrial & Commer. Bank of China	China	$153,021	22
27	AXA	France	$149,461	25
30	Honda Motor	Japan	$138,646	29
31	China Construction Bank	China	$138,594	28
35	Costco	USA	$129,025	36
38	Allianz	Germany	$123,532	34
40	Agricultural Bank of China	China	$122,366	38
42	China Life Insurance	China	$120,224	51
45	Japan Post Holdings	Japan	$116,616	33
46	Bank of China	China	$115,423	42
47	JP Morgan Chase	USA	$113,899	48
51	BMW	Germany	$111,231	52
52	Alphabet	USA	$110,855	65
53	China Mobile Communications	China	$110,159	47
54	Nissan Motor	Japan	$107,868	44
55	Nippon Tel. & Tel.	Japan	$106,500	50
56	China Railway Engineering	China	$102,767	55
58	China Railway Construction	China	$100,855	58
60	Bank of America Corp.	USA	$100,264	62
64	Boeing	USA	$93,392	60
67	Phillips 66	USA	$91,568	96
69	Nestlé	Switzerland	$91,222	64
71	Microsoft	USA	$89,950	69
72	Huawei Investment & Holding	China	$89,311	83
75	Bosch	Germany	$87,997	76
76	Citigroup	USA	$87,966	74
78	Hyundai Motor	South Korea	$85,259	78
79	Hitachi	Japan	$84,559	71
84	SK Holdings	South Korea	$83,544	95
85	SoftBank Group	Japan	$82,665	72
90	HSBC Holdings	Britain	$79,637	88
92	IBM	USA	$79,139	103
93	Dell Technologies	USA	$78,660	124
97	Sony	Japan	$77,116	105
100	Johnson & Johnson	USA	$76,450	97
101	China Energy Investment	China	$75,522	276
102	Tesco	Britain	$75,405	92
105	Airbus Group	Netherlands	$75,261	94
114	Panasonic	Japan	$72,045	110
129	Mitsubishi Corp.	Japan	$68,301	145
144	PepsiCo	USA	$63,525	131
146	Intel	USA	$62,761	144
155	FedEx	USA	$60,319	180
165	Toyota Tsusho	Japan	$58,586	–
171	ING Group	Netherlands	$56,347	163
176	Walt Disney	USA	$55,137	161
177	Mitsubishi UFJ Financial Group	Japan	$54,769	164
178	LG Electronics	South Korea	$54,314	201
184	POSCO	South Korea	$53,244	208
188	Korea Electric Power	South Korea	$52,492	177
190	HP	USA	$52,056	194
207	AIG	USA	$49,520	175
208	Christian Dior	France	$49,221	234
218	ThyssenKrupp	Germany	$47,389	224
219	Kia Motors	South Korea	$47,360	209
239	HBIS Group	China	$45,390	221
244	Hanwha	South Korea	$44,590	246
260	American Airlines Group	USA	$42,207	253
266	Delta Air Lines	USA	$41,244	257
274	Facebook	USA	$40,653	393
277	Lufthansa Group	Germany	$40,105	303
279	Mitsubishi Electric	Japan	$39,995	262
286	Volvo	Sweden	$39,172	301
295	AIA Group	China	$38,330	383
300	Alibaba Group Holding	China	$37,771	462
302	Oracle	USA	$37,728	280
313	Fujitsu	Japan	$36,991	237
317	Canon	Japan	$36,388	347
326	Toshiba	Japan	$35,630	–
327	American Express	USA	$35,583	315
328	Coca-Cola	USA	$35,410	235
331	Tencent Holdings	China	$35,179	478
336	Barclays	Britain	$34,507	284
340	Nike	USA	$34,350	331
341	ABB	Switzerland	$34,312	314
348	Suzuki Motor	Japan	$33,912	373
376	3M	USA	$31,657	361
380	Hyundai Mobis	South Korea	$31,091	323
392	L'Oreal	France	$29,926	379
421	Samsung Life Insurance	South Korea	$28,273	413
438	GS Caltex	South Korea	$26,821	486
442	SK Hynix	South Korea	$26,636	–
457	Nokia	Finland	$26,092	415
458	Samsung C&T	South Korea	$25,902	447
460	International Airlines Group	Britain	$25,894	435
471	KB Financial Group	South Korea	$25,052	–
473	Macy's	USA	$24,837	425
474	Emirates Group	U.A.E	$24,837	480
475	Heineken Holding	Netherlands	$24,831	468
478	Michelin	France	$24,754	466
480	Adidas	Germany	$24,669	–
483	LG Display	South Korea	$24,585	479
493	CJ Corp.	South Korea	$23,796	–
500	Ericsson	Sweden	$23,556	419

출처: Fortune Global500(2018)

* Fortune 순위 1, 2위를 기록하고 있는 Wal-Mart Stores는 Sam Walton이 1950년 미국 Missouri주에서 잡화상을 개업하며 시작되었음. Walton은 항상 고객이 원하는 제품을 가장 낮은 가격으로 제공한다는 철학을 갖고 있었음. 1962년 K-Mart, Woolco, Target 등의 대형 할인점들과 경쟁하기 위해 Arkansas주 Rogers시에 Wal-Mart 1호점을 개업하며 그 신화가 시작됨. Fortune 순위에서 환대산업 1위를 기록하고 있는 Walt Disney는 1923년 Walt Disney Studio로 출발하여 1928년 Mickey Mouse와 '백설공주와 일곱 난쟁이'라는 Hollywood 최초의 장편 뮤지컬 animation으로 유명해진 뒤, 현재는 ABC TV Network, 10개의 TV 방송국, 70여 개의 라디오 방송국, ESPN 지분의 80%, ABC.com, Disney Online, ESPN.com 등을 소유하고 있는 거대한 entertainment 그룹으로 성장했음.

장 강력한 형태다. 2018년 Fortune의 세계 500대 기업 중 주요 기업들의 현황은 〈표 8-1〉과 같다.

〈표 8-1〉의 기업들은 우수한 제품과 서비스뿐만 아니라 그들의 독특한 판매 방식, 광고, 기타 마케팅 행위로 경쟁 기업들을 압도하고 있다. 예를 들어 IBM은 반도체 칩을 묶는 재료를 알루미늄 대신 구리로 대체하여, 최근에 모든 기업들이 이 대체재의 사용을 검토 중이다. 이와 같은 기술력에 의한 마케팅 행위의 차별화도 대표적 제품차별화 범주에 포함된다. IBM과 Xerox 등 유명 기업들은 시장 매니저와 지리적 매니저를 병행하여 배치함으로써 시장 경쟁력을 제고시키고 있다.

공급자들의 차별화 노력이 적을 때에도 구매자에 의하여 차별화되는 경우가 많다. 미국에서 제품적 차별화를 두지 않고 있는 vodka의 경우, Absolut은 Russia산이 아닌 Sweden산으로서, 매달마다 광고 캠페인을 바꾸며, 유명한 둥근 병을 항상 등장시켜서 **'마케팅 미학(aesthetics)'**의 힘을 보여주고 있다. 또한 사람들은 Absolut(〈그림 8-19〉 참조)을 많이 구매하며 타 브랜드들과 차별화시키고 있다. 이와 같이 제품에 대해 '많이 팔리는 제품'도 구매자에 의한 제품차별화 범주에 포함된다.

세계적으로 유명한 선수, 유명한 팀들은 자의건, 타의건 대부분 Nike를 입고 신는다. 그 자체가 훌륭한 차별화다. 2014년 명량은 하루 백만 관객, 누적 1,700만이 넘는 관객이라는 국내 영화 신기록을 세웠다. 남이 보니 너도 나도 본 것이다. 서점에 가서 사람들은 베스트셀러를 찾는다. 모두 같은 이치다. 이러한 현상을 **'social proof effect'(사회적 증거 효과)**, '대세의 힘,' '집단 동조 현상'이라고 한다.

우리가 흔히 접하는 일상 용품(commodities)에도 얼마든지 차별화가 가능하다. 원산지(Columbia산 커피), 이미지(Marlboro 담배, Absolut), 브랜드의 독점적 사용(Dupont) 등 Theodore Levitt이 이야기한 것과 같이 "일상 용품이란 없다. 모든 제품과 서비스는 차별화가 가능하다"는 것이다.

마케팅 행위와 관련해서 필자가 차별화 전술 하나를 제시해본다. '선물'을 좋아하는 사람이 많다. 특히 여성들은 선물에 약하다. 만약 여성들이 선호하는 브랜드 매장 내 일부 품목에 대해서 여성을 접근 금지시키고, 남성만 접근할 수 있다면(반대의 경우도 가능하다)? 그 성공 여부는 독자의 상상에 맡기겠다. 마케팅 행위에 의한 차별화 아이디어는 무궁무진하다.

그림 8-19 Vodka의 시장 선도자 Absolut

1-4. 인적 자원

국내 항공사인 Asiana Airlines는 4년제 대학 이상의 학력을 보유한 승무원을 보유하고 있다. Swissair, Singapore Airlines 등도 직원의 선발부터 교육에 이르기까지 최상의 노력을 기울인 결과, 직원 서비스 부문에서 세계 최고의 평가를 받고 있다. Singapore Airlines를 세계 최고 항공사로 만든 여러 요인 중 대표적인 것은 Singapore Girl이다. Singapore Airlines는 수십 년 동안 Singapore Girl을 대표 광고의 주제로 사용하고 있다. Ritz-Carlton의 핵심 제품 역시 '신사, 숙녀'인 일선 직원들이다.

2017년 Egyptain는 항공산업 역사상 세계 최초로 모든 승무원(조종사 포함)을 여성으로 구성하여 Cairo 출발, UAE의 Abu Dhabi와 Kuwait에 도착하는 두 번의 동시 비행으로 화제가 된 적이 있다.

이러한 기업들은 경쟁사들이 다른 것은 복제할 수 있어도 직원의 정신(spirit)은 복제할 수 없다는 긍지와 신념을 갖고, 인적 자원에 의한 차별화를 시도하고 있다. 환대산업에서 인적 자원이 가장 중요한 제품이라는 사실은 제4장 내부 마케팅 전략에서 충분히 설명된 바 있다. 이 인적 자원에 의한 제품차별화의 중요성은 환대산업에 있어서 특히 가중된다.

1-5. 위치

환대산업의 어떠한 기업도 동일한 위치를 가질 수 없다. 과거 Howard Johnson's시대에 이 위치는 매우 중요한 차별화 도구였으나, 한 지역에도 수십 개의 호텔이 몰려있는 현대에 이르러 그 중요성은 점차 희석되고 있다. Starbucks는 주요 지역에 여러 개의 매장을 배치시켜 집중 노출 효과를 얻는 독특한 전략을 추구하고 있다.

Hotel Bel Air의 차별적 위치

이와 반대로 미국의 Hotel Bel Air는 도시의 연륜이나 정치, 문화의 비중이 동부 지역에 비해 떨어지는 서부 지역에 위치하여 위치에 의한 차별화로 성공한 대표적 호텔이다(〈그림 8-20〉 참조). Hotel Bel Air는 LA의 Bel Air 숲 속 깊이 위치하고 있는데, 고객은 시냇물 계곡, 작은 다리를 경유하게 되어있고, 장작불을 피우는 벽난로

그림 8-20 Hotel Bel Air

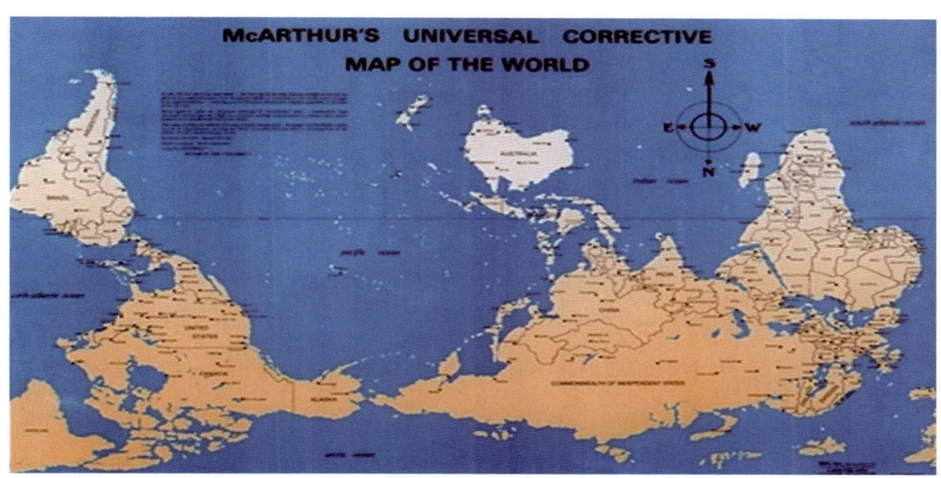

그림 8-21 뒤집힌 세계 지도
출처: 유성목(2013), 《은밀한 마케팅의 유혹》, p.133

가 있는 로비, 빌라형 객실, 격조있는 조경, 분수, 예술품 등으로 '격리되어' 있는 위치를 자랑하고 있다. 1946년에 개관된 이 호텔은 Hollywood 유명 인사들의 최고 사교장으로 유명하며, 불과 92개의 객실이지만 미국 최고의 명문 호텔 중 하나로 포지셔닝되어 있다.

Australia의 McArther란 사람이 Australia를 세계 지도의 한 가운데 위치시키고, 남과 북을 바꾸어 35만 부의 판매를 기록했다. 우리가 고정 관념에서 벗어나면 현 세계 지도와 그 세계 지도 중 어느 것이 맞는다고 할 수 없다는 사실을 알게 될 것이다(〈그림 8-21〉 참조). 같은 이치로 우리는 동쪽으로만 가도 미국을 가고, 서쪽으로만 가도 미국을 간다. 지구상의 위치는 '상대적' 개념이다.

1-6. 이미지

국내 진출한 주요 casual dining 및 family 레스토랑들의 이미지에 의한 차별화 사례는 〈표 8-2〉와 같다.

표 8-2 국내 주요 casual dining 및 family 레스토랑의 차별적 이미지

상호	차별적 이미지
T.G.I.F	국내 최고의 브랜드, 전문화된 바와 미국산 골동품이 어우러진 고전적이며 동적인 이미지
베니건스	녹색 테마의 미국 중부 분위기와 조화된 서민적 조용한 이미지
정글 짐	국내 브랜드로 조용한 이미지
이탈리아니스	하얀 테이블보와 직원 유니폼의 Italy 고급 식당 분위기를 family 레스토랑 형태로 접목시켜 자유로운 고급 식당의 이미지
칠리스	미국식 Mexican 음식 및 일정 인원의 직원이 외국인으로 되어 있는 외국 풍의 이미지
마르쉐	'맛으로 떠나는 세계 여행'이란 모토 하에 세계 각국의 음식을 쇼핑하는 느낌의 유럽 재래 시장 이미지와 더불어, 각 매장 및 매장 내 각 구역마다 색다른 인테리어로 다양한 이미지

그림 8-22 이미지에 의한 제품차별화. Ritz-Carlton은 호텔업계 최초의 1992년 'Malcolm Baldrige Quality Award' 수상으로 이미지에 의한 제품 차별화 전략을 수행함.

Ritz-Carlton은 환대산업에서 세계 최고 권위의 서비스 대상인 Malcolm Baldrige Quality Award를 유일하게, 그리고 두 번씩이나 수상하여(1992, 1999년) 최고의 이미지를 구축한 바 있다(〈그림 8-22〉 참조). Ritz-Carlton의 회장이자 COO인 Schulz는 1992년 Malcolm Baldridge National Quality Award 수상 당시 고객 만족에 대해 다음과 같은 인상적인 말을 했다. "만약 당신이 100% 고객 만족을 시키지 못했다면 – 고객이 단지 만족했다는 것이 아니라 당신이 하는 것에 흥분하였다는 것을 의미합니다 – 당신은 무엇인가를 개선해야 합니다. 만약 당신이 100% 고객을 만족시켰다면, 고객이 변하는 것을 잘 들어야(알아야) 합니다 …… 그래야만 고객과 함께 변할 수 있습니다."

The Waldorf Astoria는 유구한 역사로 인한 고전적 이미지로 그 부문 세계 최고의 호텔로 인정받고 있다. Four Seasons는 Travel&Leisure 선정 세계 100대 호텔 중 18개의 호텔이 선정될 정도로 고품격, 최고의 우아한 이미지로 세계 최고의 호텔이라는 이미지를 갖고 있다. Starwood는 X세대를 겨냥한 'business chic' 개념의 W호텔 이미지를 위해 New York시의 Doral Hotels를 인수했다. Bellagio는 최초의 5개 다이아몬드 카지노 호텔로서의 이미지를 유지하고 있다.

France Paris에는 10개의 Forbes 5성 호텔들이 위치하고 있다(Macau에 이어 두 번째로 많음). 이 호텔들은 모두 Michelin의 별을 받은 레스토랑들을 보유하고 있으며, check-in 시 샴페인, 초콜릿 같은 luxury amenity를 제공한다. 이 호텔들의 객실 요금 수준 및 객실 규모도 거의 같다. 그 중 the Haute Couture Hotel은 1947년부터 디자이너

표 8-3 주요 국가의 전통적 제품 범주

국가	전통적 제품 범주
미국	컴퓨터, 군수품, 스마트폰
일본	자동차, 전자 제품
Germany	엔지니어링, 맥주
Switzerland	금융, 시계
Italy	디자인, 의류
France	와인, 향수
영국	축구, 경주용 자동차
Russia	보드카, 캐비어
Argentina	쇠고기, 가죽
New Zealand	양고기, 키위
Australia	크로커다일 던디
한국	김치, 반도체, 스마트폰

Christian Dior의 흔적을 곳곳에 담고 있다. Dior spa, 각종 amenity 등이 그것이며, 'Fashion Week'라는 이벤트를 통해 레스토랑에서 Dior 주제의 서비스를 제공한다.

미국 제 1의 와인 브랜드였던 Franzia는 5ℓ들이 박스에 꼭지가 달려 있어, 아무 때나 마실 수 있다. Franzia 브랜드는 Italy 출신 146cm의 단신 Franzia에 의해 만들어졌다. 와인 상자 옆에는 'Teresa Franzia : 미국의 와인산업을 선점했던 작은 여성'이라고 씌여져있다. 이와 같은 전통도 이미지 차별화의 강력한 무기다.

신비감 역시 이미지와 관련된 차별화 요소다. Roberts Kevin은 '**love mark**'의 원천을 신비감, 감각, 친밀감 등으로 제시한 바 있다. 세 사람만 알고 있었다는 Coca-Cola의 비밀 제조법 Merchandise 7X, KFC의 정신적 지주 Sanders의 11가지 레시피, Caesars Palace Hotel and Casino의 신비한 로비 등이 대표적 예다.

이러한 무형적 이미지에 의한 차별화는 창조하기 어려운, 그러나 복제되기도 어려운 매우 강력한 제품차별화 도구다.

2. 제품차별화의 의의

2-1. 혁신적 제품의 개념

2008년 3월 17일 Fortune에 게재되었던 'The World's Most Admired Companies'라는 제목의 기사다. "발명과 혁신은 같은 개념이 아니다. 발명은 무언가 새로운 것을 창조하는 것이다. 반면 혁신은 판매될만한 무언가 새로운 것을 창조하는 것이다. 그것은 소비자에게 통하는 통로를 찾아내는 것이다." 엄밀히 말하면 혁신적 제품이란 전에 존재하지 않았던 완전한 새로운 제품을 의미한다.

Accenture Korea Technology CEO인 Nick Taylor에 의하면, 기원 전 시대의 혁신적 제품은 불, 철, 유리, 계산기 등 12가지, 이후 1000년까지는 종이, 증기, 도자기 등 8가지, 1600~1700년 기간에는 망원경, 현미경, 진공 펌프 등 17가지, 1800~1900년 기간에는 60가지, 1900~2000년 기간에는 수 백 가지의 혁신적 제품이 있었다고 한다. 〈표 8-4〉는 2007년 Y&P에서 실시한 3천 개 이상 브랜드 자산 평가에 있어서의 혁신 브랜드 순위를 나타내고 있다.

또 한 가지 놀라운 사실은 현재 IT산업은 트랜지스터라는 획기적 혁명 제품으로부터 시작됐다는 것이다. 1948년 미국의 Bell 연구소에서 기존의 진공관을 대체시키는 트랜지스터를 발명했는데, 1950년대 라디오, 1960년대 컬러 TV를 거쳐 수백만 개의 트랜지스터를 직접회로 실리콘 조각에 빈틈없이 채우는 기술이 발명됐다. 이곳이 곧 반도체다. 이 실리콘칩의 성능이 비약적으로 발전해서 메모리나 마이크로프로세서 등으로 기능하며 현재의 모든 전자 제품들이 탄생된 것이다.

표 8-4 Y&P의 혁신 브랜드(기업) 순위(2007)

순위	기업
1	Bluetooth
2	Pixar
3	iPod
4	IMAX
5	Microsoft
6	DreamWorks
7	TiVo
8	iMac
9	Discovery Channel
10	Blackberry
11	Disney
12	Google
13	Swifter
14	Wikipedia
15	Dyson

Amazon.com
명문 Princeton대학을 졸업한 Bezos는 1995년 7월 100만 권의 서적으로 시작, 곧 310만 권이 되었고, 2010년 기준 전 세계 220개국 2만 2,000개가 넘는 웹사이트와 전략적 제휴를 통해 2,000만 명이 넘는 고객을 확보하고 있음.
1998년 온라인 음반 시장에 진출, 2년 후 최대 음반 기업이었던 CDNOW를 제침. 그후 DVD, 비디오, 장난감, 전자 제품, software, 주방용품, 핸드폰, 무선 서비스 등 제품 영역을 확대하고 있음.
Amazon의 성장 요인으로는 크게 ①광범위한 데이터베이스 구축을 통한 유통비와 재고 부담 비용의 획기적 절감, ②다양한 고객 서비스 시스템 구축, ③전 세계 웹사이트와 자사 사이트를 연결하는 치밀한 전략적 제휴 등을 들 수 있음.

세계 최대 검색업체 Amazon.com*의 Jeffrey Bezos는 Amazon 탄생 시 "세계가 한 번도 보지 못한 것을 개발한다"고 했다. 그러나 현재 그러한 제품은 거의 탄생되지 않고 있으며, 대신 산업 내에서 혹은 경쟁 기업들에 의해서 시도되지 않았던 참신한 기능을 지닌 제품을 어쩔 수 없이 그 범주 내에 포함시키고 있는 것이 현실이다.

2-2. R&D에서 '개방형 혁신'(C&D) 시대로

기업들은 엄청난 비용, 시간을 투자하여 조사 개발(R&D : research and development)을 수행한다. 단순 제조업체인 3M은 총 매출액의 약 10%를 R&D 비용으로 지출하고 있는 것으로 유명하다. 그러나 이 R&D의 현실적 공헌은 대다수 기업들에 있어서 모방에 근간을 두고 있으며, R&D라기 보다는 D&D(design and development)에 가깝다. 아무리 좋게 보더라도 역(reverse) R&D, 즉 타 기업들이 개발한 신 아이디어, 신 기능을 추적하여 거기에 근간을 두고 단지 변형시키는 개발에 가까운 것이다.

Apple과 경쟁 기업들 운명의 분기점 : IT 거품 붕괴

Apple
1976년 모니터 없는 Apple의 성공에 힘입어 PC사업을 시작함(IBM은 1980년부터 시작). 1984년 Macintosh가 개발되었으나, 이후 Bill Gates의 MS-Dos에 패하며 고전했음. 그러나 현재 1세대 PC 기업인 Apple은 마케팅 사관학교라는 Procter&Gamble을 능가하는 혁신 기업으로 명성을 얻고 있음.

Apple*은 911테러, IT 거품이 붕괴되었던 1999~2002년 사이 판매수익이 60% 감소했음에도 불구하고, R&D 비용을 42%나 올렸다. 그 결과 iTunes **Platform**, iPod*, iTunes*, iPhone* 등이 개발되며 큰 성공을 거두고 있다. Apple은 iPhone을 직접 제작하지 않는다. iPhone은 Faxconn이라는 생산 전문 기업을 통해 중국의 공장에서 낮은 비용으로 제조되고 있다.

2008년 Apple은 세계에서 가장 얇은 laptop MacBook Air를 개발했고 2010년에는 iPad*을 개발하는 등 계속 정진하고 있다. 반면 같은 시기에 Compaq은 가격 경쟁을 하며 무분별한 원가 절감으로 Hewlett-Packard에 합병되었고(2002), Motorola도 2002년 R&D 비용을 13% 삭감한 결과, 2004년 Razor phone의 반짝 성공 이후 실패를 거듭하며 시장점유율이 계속 하락하고 있다.

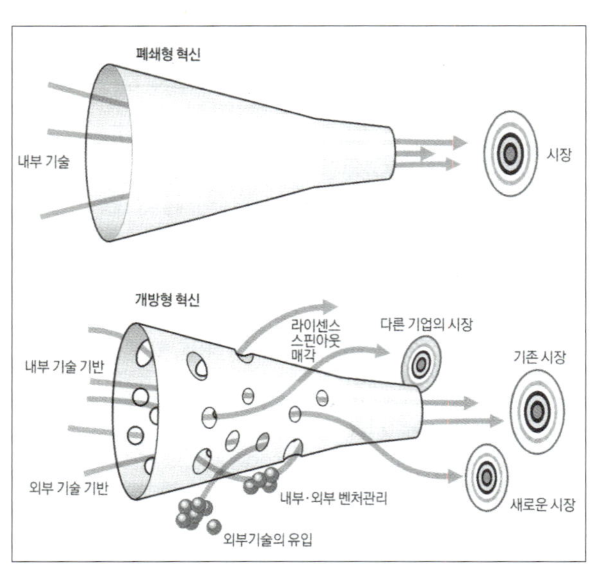

그림 8-23 개방형 혁신의 개념
출처 : Poot, Fames, and Vanhaverbke(2009), 그래픽 강동영

R&D의 역사를 살펴볼 때, 1세대 R&D에서는 우수한 연구자 선발과 관리에, 2세대 R&D에서는 프로젝트 관리에, 3세대 R&D에서는 비즈니스 모델과 R&D 통합 전략에 초점을 두었다. 그러나 경쟁이 심화되고 산업의 경계가 무너지는 초경쟁 환경 변화로 인해 현대의 4세대 R&D는 **'개방형 혁신'(open innovation)**에 초점을 두고 있다(〈그림 8-23〉 참조). **'개방형 혁신'**이란 '내부의 혁신을 촉진하고 더 큰 시장 창출을 위해 외부의 지식이나 기술을 받아들이거나 내부의 지식을 유출하는 의도적 행동'을 의미한다.

P&G, IBM의 '개방형 혁신' 사례

개방형 혁신의 가장 대표적 사례는 Procter&Gamble이다. P&G는 혁신적 제품의 50%를 외부 아이디어로 만들겠다는 목표 설정을 하고, R&D 대신 **C&D(connect& development)**라는 용어를 사용하고 있다. 과거 폐쇄형 혁신 모델을 고집했던 IBM도 Intel, Motorola, Texas Instrument 등 외부 업체에 기술 특허를 개방하고, Linux 관련 source code를 공개하는 등 '**개방형 혁신**'을 주도하고 있다. 또한 IBM은 2000년대 초부터 'Innovation Jam'이라는 프로그램을 통해 'open innovation'을 실천하고 있다. P&G는 연간 20억$를 **C&D** 비용으로 투자하고 있으며, 최소 4억$를 세계 100개 국 5백만 명을 대상으로 약 2만 건의 소비자 연구를 하고 있다.

iTunes platform
한 기업의 보유한 모든 것(제품, 브랜드, 시장, 고객, 경쟁자 등)에서 공통 분모를 찾고, 이를 기반으로 하여 모든 제품들을 하나의 전략으로 묶어내는 것을 말함. 이러한 것을 가장 잘 수행하는 기업이 Apple임. Apple은 "Think different"라는 슬로건으로 대표되는 platform적 사고를 바탕으로 Apple Store, iPhone, iTunes로 이어지는 전략적 platform을 구축하여 MP3와 스마트폰 시장을 질주하고 있음. 제품은 모두 Apple platform에 연동되어 보다 편하게 사용되고 있음.

개방형 혁신과 유사한 개념으로서 '**open source marketing**'이라는 용어가 있다. McDonald's는 Big Mac의 소스 조리법과 햄버거가 완성되기까지의 모든 과정을 동영상으로 공개한 적이 있다. 소스의 비밀이 알려지면 판매가 감소할 것이라는 우려를 불식시키고 그 효과는 매우 긍정적이었다. Unilever는 2012년 Brazil 시장에서 세계 1위 마요네즈 브랜드 Hellmann's의 레시피와 마요네즈를 활용해서 만들 수 있는 음식 목록을 영수증(recipe receipt)에 인쇄해주는 프로모션을 실시해 매출액을 44%나 향상시켰다.

표 8-5 R&D의 사업화 과정

단계	내용
중장기 R&D 추진 방향 설정	정부의 중장기 R&D 정책 방향 설정(예: 저탄소 녹색 성장, 신 성장동력 사업 로드맵 수립)
⬇	
기술 분야별 산업 발전 전략 및 기술 로드맵 수립	기술 분야별 중장기 R&D 추진 방향 설정(연도별 R&D 추진 기술 발굴)
⬇	
기술 수요 조사	다음 해 신규 국책 과제 발굴에 활용하기 위한 기술 분야별 산·학·연의 기술 수요 조사
⬇	
과제 기획	기술 분야별 산·학·연·관 전문가로 구성된 위원회에서 중장기 R&D 추진 방향 및 기술 수요를 종합 검토하여 다음 해에 신규 추진해야 할 과제 기획
⬇	
신규 과제 및 예산 확정	정부에서 신규 과제 및 예산 확정(신규 과제 확정 기준: ①국책성 ②기술성 ③시장성)
⬇	
사업 공고(신규 과제 공모)	과제 추진을 희망하는 산·학·연 사업자들로부터 사업계획서 접수
⬇	
신청 과제 평가 및 사업자 확정	사업자 선정 기준: ①참여 자격 ②연구 개발 내용 ③수행 능력
⬇	
선정 과제 협약 체결	선정된 사업자와 협약을 맺고 연구비 지급
⬇	
산업 기술 개발 추진	사업자들의 R&D 수행을 통한 산업 기술 확보
⬇	
확보 산업 기술의 사업화	국책 R&D 과제 종료 후 해당 사업자가 확보한 산업 기술을 사업화

출처: 산업통상자원부

iPod
Apple이 생산하는 MP3 플레이어로서 음악 file과 MP3, 무손실 형식의 음악 파일, audible 형식의 오디오북을 재생할 수 있음. 간편한 click wheel interface와 대용량 저장 공간, iTunes를 통한 편리한 곡 관리, iTunes Store를 통한 편리한 곡 구매 기능으로 세계적으로 큰 인기를 끌고 있음. 2004년 1.0인치 iPod Mini, 컬러 화면 및 사진 보기 기능을 추가한 iPod Photo, 2005년 flash 메모리를 사용하고 화면이 없는 iPod Shuffle, 컬러 화면을 갖추고 flash 메모리 기반으로 iPod Nano, 비디오 재생 기능이 추가된 5세대 iPod, 2006년 새로운 iPod Nano와 더 작아지고 옷에 물릴 수 있도록 클립이 달린 새로운 iPod Shuffle, 2007년 디자인이 대폭 변화된 iPod Nano 3세대와 casing 재질이 알루미늄으로 변화된 iPod Classic(iPod 6세대), iPod Touch가 출시됨. iPod Touch는 큰 화면에 인터넷, 일정, 날씨 등을 지원하는 PDA형 iPod임(iPod Touch는 iPhone에서 전화, 카메라 등을 뺀 제품임).

iTunes
멀티미디어 플레이어 및 iPod용 동기화 프로그램으로서 컴퓨터 내의 음악과 동영상을 관리하고, iTunes Store에 접속하여 음악, 뮤직 비디오, 영화 등을 구매할 수 있으며, iPod과 Apple TV, Motorola ROKR, iPhone 등 iTunes와 연동되는 장치에 데이터를 전송하는 기능, 음악 CD의 정보를 다운로드 받아 ripping할 수 있는 기능을 갖고 있음.

iPhone
2007년 Apple이 San Francisco in USA에서 열린 MacWorld 2007에서 발표한 터치 스크린 기반의 iPod, 휴대폰(+카메라 기능), 모바일 인터넷의 세 가지 주요 기능을 가진 모바일 전자기기임.

이러한 **개방형 혁신**의 대표적 산물이 바로 Wikipedia다. Wikipedia는 이미 2018년 기준, 302개 언어, 1,891만 항목에 걸쳐 무수히 많은 사람들이 무수히 많은 주제의 등재 항목으로 컨텐츠를 창출해낸 세계 제 1의 백과사전이다. GE의 인재 전략도 효율성, 비용 절감, 높은 업무 강도 등으로 대표되던 Jack Welch 전 회장 시대로부터 미래 성장을 위한 창의적 사고, 혁신, 고객 가치를 위한 외부인에게 문호를 개방하는 Jeffrey R. Immelt 회장 시대로 바뀐지 오래다.

과거 Lego가 미국 MIT와 7년 간 공동 개발한 제품의 핵심 기술이 해커들에 의해 완전 공개된 사건이 있었다. 그러나 그 사건은 오히려 비디오 게임에게 뺏겼던 Lego의 팬들을 다시 끌어들이는 계기가 됐고, 그것을 교훈으로 오히려 'Cuusoo'라는 아이디어 소스 사이트를 통한 세계의 Lego 팬들로부터 얻은 아이디어로 신제품 개발을 하고 있다.

C&D와 유사한 개념으로 A&D(alliance&development)라는 용어도 있다. 전술되었던 **coopetition**과 일맥상통하는 용어다. Netherlands 첨단 산업의 정신적 지주인 Marc Hendrikse NTS 그룹 CEO는 "Black-berry*와 Nokia가 몰락한 것은 **개방형 혁신(open innovation)**이 없었기 때문이다. 제품수명주기가 짧아진 첨단 산업에서 **개방형 혁신** 없이는 더 이상 생존할 수 없다"고 말한 바 있다.

Harvard대학의 Clayton M. Christensen과 Derek van Bever는 혁신을 ①성능 개선 혁신(performance-improving innovations : 기존 제품을 새롭고 더 나은 모델로 대체), ②효율성 혁신(efficiency innovations : 우수하고 개선된 제품을 저렴한 가격으로 판매), ③시장 창출 혁신(market-creating innovations : 복잡성이 높거나 가격이 비싼 제품을 대대적으로 변화시킴) 등 세 가지 범주로 분류했다.

2-3. 제품차별화 제 1의 적 : 모방, 복제

실제로 혁신에 의한 진정한 제품차별화란 현재의 비즈니스 환경에서는 발견하기 어렵다. 따라서 제품차별화에 있어서의 가장 핵심적인 부분은 복제될 수 없어야 한다는 것이다. 아무리 차별적인 제품도 경쟁사들에게 쉽게 복제된다면 '보통'의 제품이 된다. 실제로 대다수의 기업들은 소위 '잘 나가는' 제품과 서비스를 그대로 혹은 약간의 수정을 통해 복제, 모방하고 있다.

대표적 모방과 복제 사례들

1981년 'AAdvantage'라는 American Airlines의 최초 'frequent-fly' 프로그램은 불과 1주일 후 United Airlines의 'Mileage Plus'를 거쳐 이미 모든 항공사에 의해 복제됐으며, Holiday Inn의 'frequent-stay' 프로그램도 같은 상황이다. McDonald's의 Chicken McNuggets도 Burger King, KFC 등에 의해 복제됐다. Las Vegas 최초의 리조트이며, 최초의 야외 화산 쇼, Siegfried&Roy라는 최초의 마술 쇼(〈그림 8-24〉 참

조)를 창조해냈던 Steve Wynn의 Mirage Resorts 개념도 현재는 모든 호텔에 의해 복제됐다. Marriott Courtyard의 성공은 Hilton의 Garden Inns라는 유사 제품을 탄생시켰고, suite 호텔의 선구자인 Granada Royale Hotels는 Embassy Suites, Residence Inns 등을 거쳐 Hyatt Corporation의 Amerisuites에 이르기까지 많은 suite 호텔들을 양산시켰다. Best Western International도 중장기 체류(extended-stay) 시장에 진출했다.

그림 8-24 Mirage Resorts의 최초 마술쇼:Siegfried&Roy

제5장에서 소개한 Westin의 'Heavenly Bed'를 기억하는가? 이후 Hilton은 'Sereniti Bed', Marriott은 1억 9천만$의 경비로 'Revive Collection', Hyatt은 'Grand Bed', Radisson은 'Sleep Number Bed', Crawne Plaza는 'Sleep Advantage' 등 Westin의 핵심 서비스를 철저히 복제했다.

과거 UPS가 FedEx의 '다음 날 배달'에 도전장을 내어 '다음 날 3시까지'로 정책을 내세우자, FedEx는 12시를 10시 30분으로 당겨 그 정책을 무력화시켰다. 이와 같이 복제와 모방을 차단할 수 있어야 진정한 차별화라고 할 수 있는 것이다. Harvard대학의 Michael Porter는 《On Competition》이라는 저서에서 차별화를 두 영역으로 설명했다. 그것은 경쟁 기업과 경쟁하는 유사 활동에서 더 나은 성과를 거두는 것을 의미하는 ①'조직적 효율성'(누가 더 빨리 달리는가?)과 각 기업들은 우승할만한 길을 골라 각자 다른 길을 달려야 한다는 ②'전략적 위치 선정'이다.

iPad
tablet형 컴퓨터로 9.7인치(25cm)의 LCD를 탑재했으며, iPhone과 같은 운영 체제를 기반으로 하여 iPhone에서 구동되는 모든 application이 사용 가능하며, 전자책과 Apple에서 개발한 업무용 프로그램인 iWork 등 보강된 기능들이 탑재된 것이 특징임. 2010년 북미 지역에서 첫 출시되었으며 Wi-Fi 전용 모델과 3G와 Wi-Fi를 함께 쓸 수 있는 모델 두 가지가 제공됨.

Black-berry
미국 스마트폰 시장의 대표적 브랜드(RIM사).

2-4. 제품차별화와 혁신에 대한 올바른 이해

비즈니스의 천재인 혁신가들이 발명한(개발한) 제품들조차 지금은 거의 대체되고 있다. 그들이 개발한 제품이 그 당시는 존재하지 않았던 혁신적인 제품이었지만, 많은 경우에 있어서 현 시대에서 평가하면 지극히 평범하거나 진부한 제품이기 때문이다.

그러나 Thomas Alva Edison의 전기, Alexander Graham Bell의 전화, Vladimir Zworykin의 TV, J.W Mauchly와 P. Eckert의 컴퓨터 등은 아직까지는 근본적으로 대체재가 출현하지 않고 있다. 그 외에 1922년 대량 생산된 전기모터 세탁기, 1929년 진공청소기, 최초의 트랜지스터 라디오 등도 버금가는 혁신적 제품이었다. 이러한 제품이야 말로 진정한 의미의 혁신적 제품이다. 환언하면 그 당시 '필요가 아닌 근원적 욕구에 의한', 진정한 혁신가에 의하여 '창조된'(예:하느님의 천지 창조) 제품인 것이다.

exponential
Log와 같이 점차 증가율이 하향적인 개념과 반대로, 증가율이 급격히 상향적이라는 의미임.

제품 차별화의 단골 손님: 최초, 유일, 최고의 의미

일반적으로 대다수의 기업들은 최초, 유일, 최고라는 세 가지 의미를 독특한 차별화의 방법으로 사용하고 있다. 그 중 유일과 최고라는 영역은 언제든지 바뀔 수 있으나, 최초라는 영역은 바뀔 수가 없다. Burberry의 trench coat, 3M의 Scotch tape, Kimberly의 Kleenex, Rayban의 선글라스, American Airline의 mileage 프로그램 등이 그것이다. 이와 같이 최초는 세 영역 중에서 분명 가장 강력한 차별화 도구다. 그러나 반대로 환경, 시장, 소비자가 지속적으로 바뀌는 마케팅 환경에 있어서는 언젠가는 의미없는 도구도 될 수 있다. 최초라는 것은 한 시점에는 'brand new'의 의미이나, 동시에 'the oldest'라는 의미도 되기 때문이다.

유일함도 그 유일함이 지속될 때까지는 최초보다 강력할 수도 있다. 그러나 'exponential'처럼 변화하는 현 시대에 있어 그 지속 시간은 점차 짧아질 수밖에 없

표 8-6 영역별 최초의 호텔들

연도	영역	호텔(도시)
1700년대	mixed-used complex	Place Vendome, Paris
1829년	door locks on rooms, concierge	Tremont House, Boston
1830년대	freight(화물) elevator	Holt's Hotel, NYC
1840년대	private baths	New York Hotel, NYC
1870년대 중반	atrium 형태 로비	Palace Hotel, San Francisco
1870년대 초	방화 구조물 건설	Palmer House, Chicago
1880년대	residential hotel	Chelsea Hotel, NYC
1880년대	모든 객실에 bathroom	Victoria Hotel, Kensas City
1880년대	극장, 예배당, 세탁실, 복사실	London Savoy, London
1881년	전기 이용 조명 시설	Prospect House, NYC
1904년	electric Xmas tree	Hotel Del Coronado, San Diego
1910년대	medical hotel	Kahler Hotel, Rochester
1927년	in-room radio	Boston Park Plaza Hotel, Boston
1929년	airport hotel	Oakland Airport Inn, Oaklnad
1929년	hotel/office building	Statler Hotel, Boston
1930년	franchise	Howard Johnson's Motel
1930년대 초	room service	The Waldorf Astoria, NYC
1940년대	casino hotel	Flamingo, Las Vegas
1946년	management contract	InterContinental Hotel
1950년대	air conditioning	Adolphus Hotel, Dallas
1960년대	minibar	Hilton Hong Kong, Hong Kong
1960년대	conference center	Tarrytown House, NY Tarrytown
1970년대	bathroom amenity의 개념	Four Seasons London at Park Lane, London

으며, 그 유일함이 얼마나 의미있는 것이냐는 두 과제를 극복하기가 점차 어려워지고 있다는 것은 마케팅 환경 내에 속한 모든 사람과 기업이 인정할 것이다.

최고 역시 마찬가지다. 최고는 최초이기 때문에, 유일하기 때문에, 혹은 다른 이유로 최고가 될 수 있다. Theodore Levitt의 '**Marketing myopia**'에서 언급되었듯이, 또한 필자가 언급한 유일의 의미와 동일한 이유에 의해서 최고 역시 한계가 있는 영역이다.

〈표 8-6〉은 호텔산업에 있어서 영역별 최초의 호텔들을 나타내고 있다.

여기서 다시 혁신의 의미를 마지막으로 정리해보자.

London School of Business의 Gary Hamel에 의하면, 1000년부터 1820년까지 세계적으로 1인 당 수입이 50% 증가한 반면, 1830년부터 1950년까지는 800% 증가했다고 한다. 그 요인은 바로 혁신이다. Gary Hamel은 혁신에 대하여 'thinking about what to build'보다는 'building to think'가 조직의 혁신 속도에 엄청난 가속을 붙일 수 있다고 한다.

진정한 혁신적 제품은 필요가 아닌 근원적 욕구에 의해서 창조된 제품을 의미한다. Searchlight, 핸드폰, 고화질 HD 평면 TV 등은 진정한 의미의 혁신적 제품이 아니다. 이러한 제품들은 변화하는, 새로운 필요에 의해서 '개발된' 제품이기 때문이다. 진정한 혁신은 기존 기술을 지속적으로 개선하는 **유지적 혁신(sustaining innovation)**보다는, 기존의 것과 전혀 다른 **파괴적 혁신(disruptive innovation)**을 의미한다. 마케팅의 모든 것은, 확실히 가장 중요한 하나의 핵심은, 소비자의 문제로부터 발생하는 근원적 욕구를 해결하는 것이다.

핸드폰
엄밀히 따지면 핸드폰은 Sony Walkman(걸어다니는 카셋) 아이디어의 복제임.

융합 제품(convergence product)에 대한 고찰

우선 융합 제품은 Charles Darwin의 《종의 기원》에서 말하는 진화론과 역행된다. Charles Darwin의 진화는 두 형태로 이루어진다. 하나는 한 조상(ancestral)으로부터 점진적 진화를 하는 형태다. 이것을 향상 진화(anagenesis)라고 한다. 6,500만 년 전 고래의 조상은 네 발로 걸어다니는 육상 포유류였지만, 진화를 거듭한 끝에 현재의 고래가 됐다고 한다. 1896년 Olympic Games 100m 우승 기록은 미국 Thomas Burke의 12.0초지만, 현재의 세계 기록은 Jamaica Usain Bolt의 9.58초다. 최초의 비행기는 Wright 형제의 비행기지만, 이것이 제트기, Boeing 747, Airbus A380 등으로 진화했다.

또 하나 점진적(향상) 진화의 대표적 제품은 TV다. 최초의 TV는 Zworykin에 의해 개발됐고, 영국 John Baird에 의해 상업화됐다. 1936년 영국의 BBC 방송국에 의해 최초의 TV 방송이 됐고, 20세기 동안 아날로그 TV로 존재했다. 삼성전자가 1998년 최초의 디지털 TV를 개발했고, 2010년 최초로 TV 전용 App store를 열었으며, 2012년에 스마트 TV가 대량 생산됐다. 삼성전자는 여기서 그치지 않고 손바닥 크기의 고

성능 'evolution kit'을 개발해서 기존 스마트 TV를 또 다시 진화시켰다. PC의 주변 장치는 부가 기능을 제공하지만, 'evolution kit'은 TV의 핵심 기능만을 향상시켜 준다. 이 'evolution kit'으로 인해 스마트 TV는 처리 속도가 빨라지고, 멀티미디어 영상 화질은 크게 향상됐다. 이것이 점진적(향상) 진화의 대표적 예다.

또 다른 진화의 유형은 분기 진화(cladogenesis)다. 진화는 점진적 진화, 혹은 분기(divergence)하면서 이루어지는 것이지 융합하며 이루어지는 것이 아니다. 예를 들어, Panthera가 사자, 호랑, 재규어, 표범, 퓨마 등으로 분기했고, 각 동물들은 자기만의 고유한 장점과 고유성으로 생태계를 살아간다. 그러한 분기가 자연 생태계를 계속 발전시키고 있는 것이다.* 마치 inn으로 시작된 숙박 제품이 호화 호텔, 리조트 호텔, suite 호텔, 중장기 체류 호텔, boutique 호텔, 컨벤션 호텔, conference center, 해양 호텔 등으로 분기하듯이. 복합 호텔을 차별적 호텔이라는 말을 필자는 들어본 적이 없다.

* Charles Darwin은 이와 관련해 다음과 같이 말하고 있음. "어떤 종의 후손이 변형을 겪는 동안, 모든 종들이 개체 수를 늘리기 위해 끊임없이 투쟁하는 동안, 또한 자손들이 더 다양해질수록, 생존을 위한 전쟁에서 승리할 확률이 높아진다."

필자의 견해로 융합 제품은 차별화 범주에 들어가기 힘들다. TV와 컴퓨터, 컴퓨터와 전화기가 융합됐다고 차별적 제품이 될까? 물론 타 제품과 '다른' 것은 사실이다. 그러나 필자가 앞에서 내렸던 차별화의 정의에는 포함되지 않는다. 사자와 타이거가 융합돼 liger라는 새로운 종이 탄생됐을 때 큰 화제가 됐다. 진화론에는 거슬렸지만 무언가 새로운 종이 탄생됐기 때문이다. 그러나 그 이후 라이거가 번식되거나 우수하다는 말은 들어본 적이 없다.

융합 제품은 고객을 더욱 편리하게 해줄 수는 있지만, 시장의 진정한 발전에 있어서 핵심적 역할을 기대하기는 힘들다. 기존의 대부분 융합 제품들은 다양한 필요의 집합체일 뿐 새로운, 근원적 욕구를 충족시키지는 못하고 있다. 융합 제품은 '편리성'보다 두 개 이상의 유사 기능이 융합돼 유사 기능의 '시너지 효과'가 발생될 때 보다 큰 가치가 있다.

제품차별화에 대한 마지막 소고

부차적인 관점이 있다면 근원적 욕구가 진정으로 근원적 욕구냐는 것과, 그 문제 혹은 욕구가 얼마나 오랫동안 지속되느냐는 것이다. 우리가 생각하는 근원적 욕구는 깊게 생각할 때 필요에 지나지 않을 수도 있다(구멍이 아닌 연결). 우리 생활의 많은 부문에 있어서 소비자조차 생각하지 못하는 숨어있는 욕구가 있을 것이며, 발견되었건, 발견되지 않았건 욕구가 장기간 동안 지속되지 않는다면, 그로부터 창조된(개발된) 신제품의 운명은 미인박명이 될 것이다.

성공적 제품차별화를 위해서 위의 어느 요소보다도 중요한 것은 소비자의 차별화다. 즉 제품차별화 전략을 가장 효과적으로 수행하기 위해서는 각기 다른 소비자들의 차이점을 발견하여, 그것을 상업적으로 의미있는 세분시장으로 군집화시켜야 하고, 특정 세분시장에 부합되는 차별적 제품과 서비스를 제공해야 한다. 이것이 곧 시장세분화다.

시장세분화(market segmentation) 전략

1. 시장세분화의 개념과 의의

제 1절에서 제품차별화의 유형과 의의를 살펴보았다. 시장세분화란 제품이 아니라 시장을 차별화시키는 것으로서 제품차별화와 반대의 의미를 가질 수도 있고, 보다 넓은 시야로 본다면 제품차별화의 큰 영역을 차지할 수도 있다. 즉 동일한 제품도 상이한 시장에 따라 차별화될 수 있다는 것이다. 어쨌든 시장세분화에서 '세분화'의 의미는 제품차별화에서의 '차별화'에 해당되며, 문자 그대로 시장(소비자)을 분류한다는 의미이다. 이러한 맥락에서 본다면, 시장세분화보다는 **시장차별화(market differentiation)** 라는 용어가 더 적합하다고 필자는 생각한다.

시장 차별화의 제 1명제는 "All customers are not created equal"이다. 우리가 portfolio식 재산 관리를 하듯 '**customer portfolio**'를 관리해야 한다. AMEX는 제품 위주의 마케팅 조직에서 '**customer portfolio**'를 담당하는 새로운 고객지향 관리 조직으로 전환하여 큰 성과를 거두고 있다.

시장을 세분화한다는 것은 물체를 나누어 관측하여야 잘 파악할 수 있다는 원리, 혹은 X-ray 검사 후 MRI(magnetic resonance imaging)로 정밀 검사를 하는 원리와 일맥상통한다. 제품차별화와 시장세분화는 다음과 같은 시장 상황에 따라 그 중요성이 달라진다.

표 8-7 시장 상황에 따른 제품차별화, 시장세분화 전략

구분 / 전략	시장 구성	제품에 대한 민감도	기업의 시장 진입 연도	제품의 독특성	경쟁의 수	경쟁사 전략
제품차별화 전략	동질적	높음	짧음	독특함	적음	제품차별화
시장세분화 전략	이질적	낮음	오래됨	평범함	많음	시장세분화

출처: Yesawich, Peter C.(1978). "Post-Opening Marketing Analysis for Hotels", Cornell H.R.A. Quarterly, Nov.:70-81.

2. 시장세분화의 단계와 기준

2-1. 시장의 정의 그리고 시장의 욕구와 필요 파악

마케팅의 모든 행위에 있어서 우선적으로 선결되어야 하는 것은 시장 혹은 소비자의 욕구와 필요를 파악하는 것이다. 시장세분화 전략도 예외가 아니다. 따라서 시장세분화 전략의 제 1과정은 전체 시장의 범위를 결정해야 하고, 정의된 시장 내에 있는 욕구와 필요를 파악하는 것이다.

2-2. 시장의 실체성(market substantiality) 파악

제품과 서비스에 대한 욕구와 필요가 있다고 해서 그 모든 소비자를 대상으로 할 수는 없다. 시장의 실체성이란 제품과 서비스에 대한 욕구와 필요는 물론, 특정 기업의 제품과 서비스를 구매할 의도(willingness) 및 구매할 능력(ability to pay)이 있는 수요를 의미한다. 즉 시장의 실체성이란 1차적으로 정의된 전체 시장 중 특정 기업의 현실적 수요가 될 수 있는 시장의 규모를 의미하며, 이는 현재의 시점뿐 아니라 향후 시장의 성장 가능성까지 포함한다. 그 시장은 장기적(durable) 실체성을 갖고 있어야 한다는 의미이다. 마케팅의 과정 중 거시 환경 분석 및 수요 예측이 이 단계에 필요하다.

2-3. 시장의 실체성과 기업 능력의 조화

시장의 실체성이 아무리 크다 해도 그것을 봉사하는 기업의 능력이 뒷받침되지 않는다면, 2차적으로 분류된 현실적 시장을 모두 대상으로 한다는 것은 불가능하거나, 최소한 비효율적일 수밖에 없다. 따라서 시장세분화 전략의 제 3단계는 기업의 능력에 조화될 수 있도록 시장의 범위를 더욱 좁혀가는 것이다. 여기에는 두 가지 시장세분화 기준을 고려해야 하는데, 기업의 실행 가능성(actionability)과 접근 가능성(accessibility)이 그것이다.

기업의 실행 가능성에는 재무 능력 및 인적, 물적, 기타 자원이 포함된다. 예를 들어 제주도 특1급 호텔 시장의 실체성이 크고 향후 시장의 성장 가능성이 높다고 해도, 특1급 호텔을 지을 수 있는 능력이 없다면, 소위 '그림의 떡'일 수밖에 없다. 만약 특1급 호텔을 지을 수 있다고 해도, 막강한 경쟁 호텔들과의 경쟁에서 생존할 수 있는 능력이 없다면, 대상 시장을 바꾸거나 시장의 규모를 크게 축소시켜야 할 것이다. 즉 기업의 실행 가능성에는 기업의 내적 자원 분석 이외에도 경쟁 분석이 포함돼야 한다.

접근 가능성 또한 세 번째 단계에 있어서 하나의 기준이 된다. 접근 가능성이란 지리적 요소뿐 아니라 시간적, 법적, 규제적 접근성까지 포함된다. 시장의 실체성 조건을 만족하고 있는 시장이라고 해도 지리적으로 너무 멀어 자원의 분배 및 교통상의 비효율성이 존재한다면 현실적 시장이 될 수 없다. Spain의 sherry wine은 Spain 남부 헤리스산 포도로만 만들 수 있다. 영업 시간도 접근성에 포함되는데, Burger King의 경우 중남미에서는 새벽 1시 이후까지 영업을 한다. 또한 법적 규제에 의해 그 시장에 접근하기가 어렵다면 시장의 범주에서 제외되어야 한다는 의미이다.

2-4. 시장세분화의 수행

위의 세 단계를 거쳐 최종적으로 현실적 시장의 규모가 파악되었을 때, 비로소 시장세분화 단계에 돌입할 수 있다. 시장세분화란 문자 그대로 시장을 분류하는 것으로서 분류된 각 시장을 세분시장(market segment)이라고 한다. 여기에는 세 가지의 기준이 엄격히 적용되어야 한다. 분류된 세분시장 내에서는 가능한 한 구성원(소비자)이 동질적이어야 하며, 이 기준을 **내적 동질성(internal homogeneity)**이라고 한다. 반대로 타 세분시장과는 가능한 한 구성원 간에 이질적이어야 하는데, 이 기준은 **외적 이질성(external heterogeneity)**이라고 한다.

시장세분화는 끝이 없다. 세분시장 내에는 **초세분시장(micro-segment)**이 존재하며, 초세분시장 내에는 초초세분시장이, 초초세분시장 내에는…… 존재한다. 냉장고 시장 내에 존재하는 초고가 지펠, 디오스, 딤채와 같은 김치냉장고; 와인냉장고; 화장품 냉장고 등이 그것이며, 저가 호텔의 대명사인 La Quinta Inns, Motel6보다도 저가인 Easy Hotel이 존재하고, 호화 호텔의 대명사인 The Venetian, Four Seasons보다도 고가인 Burj Al Arab이 존재한다. 물론 그 위의, 그 밑의 세분시장도 얼마든지 존재한다. 결론적으로 시장세분화는 끝이 없다.

네 번째 단계인 시장세분화의 수행 과정에 있어서 가장 중요한 기준은 측정 변수의 올바른 도입과 관련된 **측정 가능성(measurability)**이다. 예를 들어 한 호텔이 외래 관광객을 세분화하는 데에 있어서 측정 변수를 종교로 사용한다면, 분류된 세분시장은 영업과 연관되지 않는 무용지물이 될 것이다. 즉 측정 변수의 올바른 도입은 시장세분화 전략에 있어서 가장 어렵고도 중요한 기준이다. 여기에 대해서는 추후에 자세히 설명하기로 한다.

2-5. 표적시장의 선택

분류된 여러 세분시장 중 표적시장을 선별해내는 단계다. 표적시장은 하나일 필요가 없으며, 또한 성·비수기 등 수요 주기에 따라 얼마든지 달라질 수 있다. 표적시장을 올바로 선택한다는 것은 시장세분화 전략의 궁극적 목표인 동시에, 모든 마케팅 과정에 있어서 필수 조건이며, 또한 사업의 성패를 결정짓는 매우 중요한 과제다. 표적시장 전략과 관련된 시장으로의 접근 방법에 대해서는 제9장에서 자세히 설명하기로 한다.

3. 시장세분화 변수와 측정의 의미

전술되었던 측정 가능성 기준과 관련된 시장세분화 변수는 크게 여섯 가지로 대분된다. 그 중 가격을 제외한 다섯 가지 변수 및 그 의미를 살펴보기로 한다.

SMSA
New York, Seoul, London 등 대도시 단위의 통계.

DMA
TV가 보급되는 지역별 구분.

ADI
신문, 잡지가 보급되는 지역별 구분.

3-1. 지리적(geographic) 세분화

지리적 변수에 의한 세분화는 가장 용이한 세분화 방법이다. SMSA(standard metropolitan statistical area), DMA(designated market area), ADI(area of dominant influence) 등의

세분화, 국가별, 도별, 기타 행정 구역별 세분화 등이 여기에 해당되며, 인구 밀도, 기후 등에 의한 세분화도 여기에 포함될 수 있다.

BRICs, Next Eleven, 신흥국들

세계 경제에 있어서 **BRICs**라는 새로운 용어가 탄생됐다. 인구 및 구매력이 월등한 Brazil, Russia, India, China를 통칭하는 거대 시장이라는 의미이다. The Statistics Postal에 의하면, 2020년 **BRICs**의 GDP는 15조 5천 억$ 이상으로 세계 전체 GDP의 20%를 상회할 것으로 예측되고 있다. 세계 경제는 세계 경제 규모 약 1/4을 차지했던 **Pax America**(미국의 지배에 의해 세계가 평화, 균형을 유지하는 상황) 시대로부터 **Brics**와 신흥 기업들에게로의 'power shift'가 이루어지고 있다는 신호다.

2009년 7월 20일 Financial Times는 대표적 신흥 브랜드로서 Colombia 커피 체인 Juan Valdez Cafe, Saudi Arabia 유제품·주스 기업 Almarai, Lebanon 초콜릿 체인 Patchi, 중국 최대 와인 기업 Chang Yu, 인도 최대 음료 기업 United Sprits 등을 소개한 바 있다. 또한 Goldman Sachs가 성장 잠재력이 크다고 규정하고 있는 **Next Eleven** 국가인 Bangladesh, Egypt, Indonesia, Iran, Mexico, Nigeria, Pakistan, Philippines, South Korea, Turkey, Vietnam 중에서 Mexico, Indonesia, Korea Turkey(**MIKT**) 등 4개 국이 **Next Eleven** 국가 GDP의 73%를 차지하고 있다.

그림 8-25 지리적 세분화의 산물 '김치 버거'

General Foods의 Maxwell House 커피는 미국의 각 지역에 따라 그 맛이 다르다. 서부 지역의 커피 맛은 동부 지역보다 진하다. McDonald's에서는 미국 남부 지역에 Texas Burger라고 하는 양이 많은 햄버거를 공급한다. Hyatt은 1992년부터 전 체인 호텔에 Hyatt 고유의 메뉴 70%, 지역별 특선 메뉴 30%의 구성비를 기준으로 메뉴를 작성한다. Four Seasons는 Washington D.C.에서 직접 재배되는 농작물을 인근 지역 호텔의 식자재로 사용한다. InterContinental은 Pan American Airways의 Hilton International은 Trans World Airlines의 주요 기착 지역에 호텔들을 위치시키고 있다. 국내에서 소주는 지역별 주 브랜드가 다르다. 이러한 방법이 지리적 세분화다(〈그림 8-25〉 참조).

반면에 Coca-Cola는 지리적 세분화를 전혀 하지 않는다. 과거 Coca-Cola의 Robert Woodruff 회장은 이사회의 반대를 무릅쓰고 Coca-Cola를 유럽에 진출시켰고, 유럽 입맛에 맞게 맛을 바꾸어야 한다는 주변의 충고에도 불구하고 '한 가지 맛'을 고수했다. Coca-Cola의 상표와 로고는 100여 년 동안 변한 적이 없고, 200여 개 국가에서의 맛은 항상 같다.* Heineken도 전 세계에 동일한 맛과 패키지를 유통시킨다.

* 매년 향료를 조금씩 바꾸어 미묘한 맛의 변화를 꾸준히 추구하고 있는 McDonald's와 대조가 됨.

3-2. 인구통계적(demographic) 세분화

지리적 세분화가 가장 용이한 세분화 방법이라면, 인구통계적 세분화는 가장 많이 사용되는 세분화 방법이다. 소득, 인종, 연령, 성, 종교, 교육 수준, 직업, 가족 생활 주기 등에 의한 세분화가 여기에 해당된다.

소득

McKinsey Global Institute와 Jeffrey Sachs 등의 조사에 의하면, '파라미드에서 다이아몬드로의 변화'가 전 세계적으로 확산될 것으로 예측되고 있다. 가장 큰 비율을 차지하고 있는 빈곤층의 비중이 중산층으로 옮겨간다는 것이다. Jeffrey Sachs 전문가 팀에 의하면, 2025년이면 세계 인구 10억 명에 이르는 하루 1$ 미만으로 생계를 유지하는 극빈층이 사라질 것으로 예측하고 있다. 이 예측은 물론 매우 희망적인 것이다.

Four Seasons는 고소득층* 고객만을, 반면에 Motel6, La Quinta Inn 등의 저가 호텔들은 저소득층 고객만을, Courtyard by Marriott은 중간 소득층 고객을 표적시장으로 하고 있다. 일본의 주류인 Suntory, Johnnie Walker Blue, Balentine, Samuel Adams, Guinness 맥주, Don Pérignon champagne* 등은 고소득층을, Jim Beam, Jack Daniel 등 미국 위스키 bourbon은 중하위 소득층을 표적시장으로 하고 있다(〈표 8-8〉, 〈그림 8-26〉 참조).*

고소득층은 경기 변화에 안정적이며, 가격 대비 마진이 높음. 마케팅에서는 이를 '**귀족 마케팅**'이라고도 하는데, 일반적으로 마케터는 소득 상위 10% 이하를 그 대상으로 보고 있음. 이것을 'Tiffany 전략'이라고 함.

France Champagne 지방은 연간 평균 기온이 낮아 포도를 재배하기에 좋은 조건이 아니었는데, 수도사 Dom Perignon이 추운 날씨 때문에 발효를 멈췄다가 봄에 급속히 발행되어 터진 와인을 보고 스파클링 와인을 만들게 된 것이 champagne의 유래임.

위스키는 국적에 따라 Scotch, Bourbon, Canadian, Irish 등 네 가지로 분류됨.

표 8-8 Whiskey의 종류

구분	종류
American	bourbon-Kentucky bourbon, Tennessee whiskey(corn, rye, malt, wheat, blended) whiskey
Scotch	single malt Scotch(Campbeltown, highland, lowland, island, islay sprayside), grain Scotch, blended Scotch, independent bottlers of Scotch
Irish	Irish single malt, single pot still whiskeys, blended Irish whiskeys, single grain Irish whiskeys
Canadian 및 기타	Canadian, Australian, English, Finnish, German, Indian(Indian single malt), Japanese, Swedish, South African, Welsh, etc

출처:Wikipedia, 2014

인도에서 고소득층은 Mercedes Benz를, 저소득층은 2,900$의 TATA Nano를 탄다. 1908년 William Durant에 의해 설립되었던 GM의 Chevrolet, Pontiac, Oldsmobile, Buick, Cadillac 등도 소득 수준에 의해 각각 개발된 브랜드들이다. Marriott International은 2018년 그들의 **Millennium** 고객을 위해 200개의 최고급 호텔들을 확대하겠다고 발표한 바 있다.

다국적 기업들에게는 세계 인구의 대다수를 차지하나, 소득 수준이 낮은 BOP(bottom of the pyramid)도 잠재성이 큰 시장이 된다. BOP를 대상으로 과거 Nokia는 초저가폰으로 많은 수익을 올린 적이 있으며, Unilever도 헬스케어 매출의 상당 부

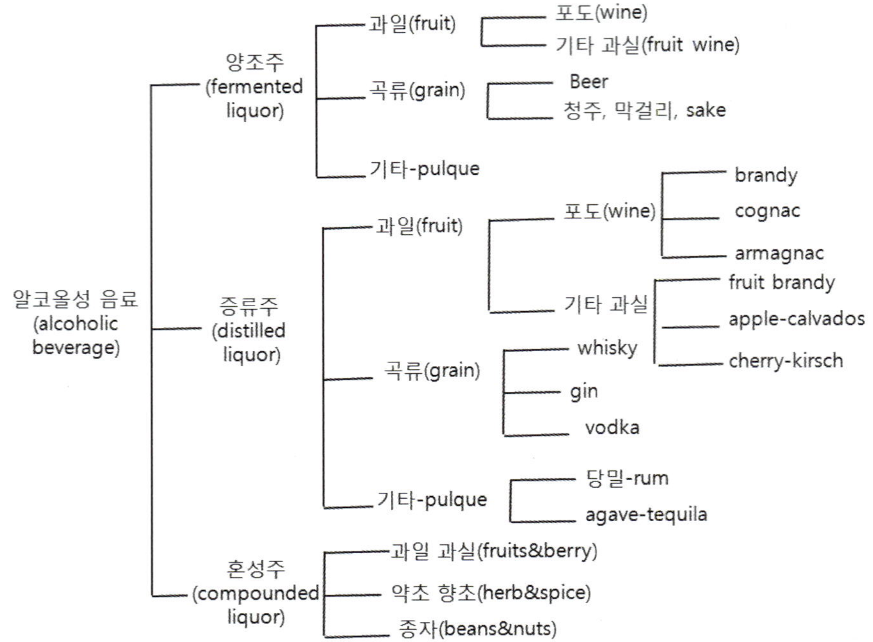

그림 8-26 알코올성 음료의 분류

분을 BOP 시장에서 올리고 있다. BOP 시장이 특히 매력적인 이유는 2015년 기준, 40억에 달하는 엄청난 (잠재)시장 규모다.

인종(race)

New Port, Now, Salem 등 주요 박하(menthol) 담배 기업들은 흑인을, kosher 음식 및 레스토랑들은 유대인을, Tabasco, 칠리 소스 등 매운 맛의 향료 회사들은 아시아와 hispanic인들을 표적시장으로 정하고 있다. GM은 1930년 미국 대공황으로 1928년 4만 대 넘는 판매량을 기록하였던 Cadillac의 판매량이 1933년 6,700여 대로 하락하자, 그간 판매하지 않았던 흑인에게 판매를 허용하며 1934년에 70%의 성장률을 기록한 적이 있다. 전 세계가 하나의 시장으로 간주되어 가고 있는(global marketing) 시장의 조류에 따라, 이러한 각기 다른 인종에 따른 문화와 취향에 근거한 세분화 및 제품의 개발이 점차적으로 요구되고 있다. 아시아인은 서구적 문화와 제품에 대한 욕구가, 백인종들에게는 동양적 문화와 제품에 대한 욕구가 점차 확산되어가고 있다.

대한민국도 다문화 사회로 나아가고 있다. 통계청에 의하면, 2017년 기준, 국내 다문화 가정 구성원은 31만 명을 돌파했으며, 국내 거주 외국인 수도 218만 명을 웃돌고 있다.

과거 이참 한국관광공사 사장, 기아의 Audi 출신 Peter Schreyer, 삼성전자의 David Steel, LG전자의 Dermot Boden CMO(chief marketing officer) 등 기관과 기업에서도 이와 같은 'expatriate'들이 계속 늘어나고 있다.

expatriate
외국 국적을 갖고 타국에서 돈을 버는 행위를 하는 사람들을 의미함.

연령

인간의 나이는 계속 젊어지고 있다(?). 이 표현이 문법적으로 맞는지는 잘 모르겠지만, 최소한 2,500여 년 전 공자가 말한 40세는 불혹, 50세는 지천명, 60세는 이순(세상의 말을 쉽게 이해한다는 의미)이라는 유명한 명언이 바뀌어야 할 것 같다. 현대에 있어서 60세는 한창 활동할 나이인데 이순이란 세상을 다 산 사람에게 적합한 표현이니 말이다. 첫 문장을 정확히 표현한다면 "인간은 계속 젊어지고 있다"일 것이다.

연령은 인구통계적 세분화 변수 중 가장 빈번히 사용되는 변수다.

Les Wexner란 여성은 어느 날 대학에서 시장세분화 강의를 듣고 의류 상점을 운영하고 있던 아버지에게 "아버지의 상점에는 어떤 고객들로 구성되어 있나요?"라고 묻자, 아버지는 "고객이 매우 다양해서 잘 모르겠다"고 대답했다. Les Wexner는 자기가 상점을 이어받자 제품은 물론 직원, 음악, 실내 디자인 등 모든 초점을 20대 여성(후에는 젊은 전문직 여성)에게 맞추었다. 이 상점은 Limited라는 유명 의류 브랜드가 됐다.

식음료산업의 경우, 젊은 고객들은 1970년대는 쇠고기를, 1980년대는 닭과 생선을, 1990년대 초에는 저칼로리, 저콜레스테롤, 채식 등의 건강식을, 1990년대 중반에는 X세대에 의해 손으로 먹는 음식(nacho, 양파링 등)을 선호하는 동향이 있었다.

AMEX는 전체 여행 70%를 장·노년 시장이 차지하고 있는 것을 발견하고, 그들을 여행 시장에 있어서 가장 중요한 세분시장으로 분류하고 있다. 청바지, 세제, 자동차 산업은 X세대를, 디지털 관련 제조업체들은 N세대(network generation)를 가장 중요한 세분시장으로 분류하고 있다. Pepsi와 Powerade는 Coca-Cola와 Gatorade보다 상대적으로 젊게 포지션한다. Bud Light은 젊은세대에, Miller Lite은 기성세대에 포지션되어 있다. Hilton Worldwide는 **Millennium**세대를 위해 Curio와 Nassetta라는 '**life style brand**'를 도입했다. 점차 시장이 확대되고 있는 실버 시장, 향후 각양각색의 욕구와 필요로 많은 시장의 기회를 제공할 엔젤 시장 모두 마케터에 있어서 지속적 관심 대상이 되고 있다(〈표 7-8〉 참조).

현재의 구매 빈도와 구매량에 집착하지 않고, 엔젤 시장과 같은 잠재 고객 집단을 미리 공략하는 마케팅 활동을 **POME(point of marketing entry)**라고 한다. 즉 동물의 '가장 먼저 접한 것에 가장 큰 애착을 갖는다'는 본능을 이용한 것이다. 대표적 사례로 P&G는 생리대 브랜드 Whisper를 초등학교 2~3학년 여학생들에게 무료로 나누어준 적이 있다. Milward Brown은 그의 저서 《Brandchild》에서 8~14세 아이들을 'tweens'라고 명명하고, '마우스를 손에 쥐고 태어난' 세대라는 의미의 '**tweenspeak**'이라는 신조어까지 만들었다.

실버 시장의 경우 미국은 시장 규모가 3조$ 이상이며, 일본은 2019년 기준, 총인구의 26%를 차지한다. 총인구 중 65세 이상 인구 비중이 7% 이상이면 고령화 사회, 14% 이상이면 고령 사회, 20% 이상이면 초고령 사회로 분류된다. 대한민국은 2000년에 고령화 사회가 됐으며, 2017년에 65세 이상 인구 비중이 14.2%로 고령 사회에

엔젤 시장
어린이 시장을 의미함. 또래 집단 간 상당한 구전 효과를 기대할 수 있으며, 부모와 연계하여 마케팅 활동을 수행하는 것이 효과적이다. 최근의 조사에 의하면, 가족 내에서 어린이들의 결정권이 점차 늘고 있다. KAL과 아시아나는 어린이 기내식 메뉴를 대폭 늘리고 있으며, 호텔들도 점차 관심을 고조시키고 있다(예: Holiday Inn Seoul의 보라돌이 스파게티, 로봇 태권 V, 닭 튀김, 스머프 샌드위치, 신데렐라 햄버거, 도깨비 피자 등). 음료, 식품, 외식 업체에서도 어린이에 대한 표적시장 전략을 확대시키고 있으며, 인터넷 마케팅 또한 확대됨.

진입했고, 2026년에는 초고령 사회에 진입할 것으로 전망된다. 이것은 세계 최고의 빠른 증가세다. 그러나 고령화 대응 지수*에 있어서는 OECD 국가 중 항상 최하위에 머물러 있다.*

Ireland, Denmark, Netherlands, Norway, Sweden이 1~5위를 차지하고 있음.

고령화 대응지수는 소득(공적 연금 지출, 노인 빈곤률), 건강(공공의료 지출, 65세 기대 수명), 고용(적극적 노동시장 프로그램, 중고령자 고용률), 사회적 지원(노인서비스 지출, 노인 자살률), 지속가능성(출산률, 국민부담률, 정부부채) 등 5개 영역 10개 세부 기준의 가중치를 합산해 산출됨.

2010년 중국 영·유아 시장 규모가 1조 위안을 기록하며 미국과 함께 세계 2대 영·유아 소비 대국으로 부상했다. 중국은 이에 부응하여 2009년 Kidswant라는 0~14세 대상 몰을 개관하여 큰 성공을 거두고 있다. 특히 SNS 매체가 서서히 세상을 지배해 가고 있는 현대에 있어서 과거 마케터에게 큰 관심 대상이 아니었던 10대와 20대는 매우 중요한 하나의(어쩌면 각각의) 세분시장이 될 것이 분명하다.

영국 Premier League 제 1의 명문 구단 Manchester United FC(football club)가 Spain의 Barcelona, Real Madrid 등을 제치고 세계에서 가장 많은 팬을 보유하고 있는 비결은 **엔젤 마케팅**에 있다. 세계 축구 구단 중 브랜드 가치도 가장 많은 연도에 결쳐 1위다.* Manchester United FC는 팬들의 어린 시절에 맨유의 이미지를 강력하게 형성시키고 있다. 이 아이들이 부모가 되어 옛날을 생각하며 다시 어린이들을 데려오고, 이 사이클이 계속 진행된다. 2015년 기준, Manchester United FC의 꿈의 구장 The Theatre of Dreams를 동경하는 공식 supporters는 500만 명에 이르고 있다.

단 2014년 평가는 Real Madrid가 약 3.5조 원으로 1위를 했음.

성

과거에 정반대의 시장으로 분류되었던 남성, 여성 시장은 점차 합병, 융화되고 있으며, 그 결과 시간이 갈수록 대다수의 산업들은 유니 섹스 제품을 대량 생산하고 있다. 이와 병행하여 동성 연애(homo sexuality)자들이 늘고 있으며, 이들을 위한 테이프, 바 등의 분야 또한 확대되고 있다. New York에서 매년 6월에 열리는 Gay&Lesbian Pride Marching Day, Gay.com이 그 사례다.

woman power

그러나 최근에 이르러 이러한 경향과 대치되는 사회적 변화가 일어나고 있다. France의 생활 패턴 조사기관인 TNS Secodip의 조사에 의하면, 싱글층과 노인층이 늘어나며 1인 가족이 증가하기 때문에 남성과 여성의 차이를 분명히 분리하는 제품 판매가 유리하다는 것이다. 여성은 남성보다 감정, 기억 형성에 뛰어나며 쇼핑 시 상·하·좌·우로 6배의 넓은 시야를 갖고 있다고 한다. UN의 '10년 후 세계'라는 미래보고서에 의하면, 2018년에는 모든 소비재의 70%를 여성이 구매할 것으로 예견한 바 있다. 이미 2006년 영국 Financial Times에서도 향후 'womenomics(woman+economics)' 시대가 도래할 것이라고 예견했으며, 학교에서는 'alpha girl', 직장에서는 'gold miss', 결혼 후 나이가 들면 'ruby(refresh, uncommon, beautiful, young) girl'이라는 신조어들이 계속 등장하고 있다.

특히 패션 부문은 여성의 영향력이 더욱 압도적이다. 세계에서 유명한 패션 전문지들, 예를 들어 Cosmopolitan, Vogue, Elle, Allure, Glamour, In Style, Bazaar,

alpha girl
학업, 운동, 카 등 남자에게 뒤지지 않는 엘리트 여학생.

gold miss
탄탄한 직장과 경제력을 바탕으로 독신 생활을 즐기며 자기 개발에 돈을 아끼지 않는 싱글 여성.

ruby girl
소비 성향이 높은 40~50대 여성.

Marie Claire, Esquire, GQ 등을 살펴보면 대다수가 여성을 겨냥하고 있다. 이러한 전문지들은 단지 패션에 대한 정보 제공에 국한하지 않는다. 미술, 음악, 디자인, 건축, 음식, 호텔, 레스토랑, 심지어 서적에 이르기까지 사회 전반 부문에 걸쳐 소위 'hot'한 유행을 선도하고 있다. 즉 이러한 정보들은 여성들이 남성보다 유행에 대해 잘 알고 적응할 수 있는 토대가 되고 있으며, 동시에 구매력을 향상시키고 있다.

1970년 1%에 불과하던 여성 비즈니스 FIT 시장이 이미 1990년대에 이르러 40%에 이르는 등, 호텔산업에게 큰 시장의 기회를 제공하고 있다. 국내 500인 이상 기업체의 여성 인력도 2001년 25.0%에서 2010년에는 30.8%로 상승됐다. 역사적으로 유명한 여성 CEO들이 많다. Coca-Cola의 Indra Nooyi, Kraft Foods의 Irene Rosenfeld, Dupont의 Ellen Kullman, Xerox의 Ursula Burns, Yahoo의 Carol Bartz 등이 대표적 인물들이다. Faith Popcorn은 '여성에 의한, 여성을 위한, 여성의' 마케팅시대(Eveolution : Eve + evolution)를 예견한 바 있다.

Fabio D'Orlando는 2010년 Journal of Happiness Studies에 발표한 논문에 전 세계 porno 시장의 정보를 실었다. Porno 시장 규모는 2006년에 거의 천 억$에 이르렀는데, 이는 미국 3대 프로 스포츠리그 매출보다도 많고, 3대 TV 방송 매출의 두 배를 초과하는 액수다. 세계 Porno물은 세계 전체 웹페이지의 10%를 훨씬 초과하며, Julie M. Albright에 의하면, 인터넷 트래픽의 50%가 성 관련 웹사이트와 연계되고 있다고 한다. 본 교재에서 이 이상 자세히 다루는 것은 바람직하지 않겠으나, 선진국일수록 더욱 성행하는 porno 산업이 무시할 수 없는 산업임은 분명하다.

사회 계층(social standing hierarchy)

사회 계층도 인구통계적 세분화 변수에 있어서 중요한 위치를 차지하고 있다. Coleman-Rainwater에 의한 사회적 지위 계층의 분류는 〈표 8-9〉에, 주요 국가 세계의 연령 분포 및 GDP는 〈표 8-10〉에 나타나 있다.

표 8-9 Coleman-Rainwater에 의한 사회적 지위 계층의 분류

상류층	• 최상류층(upper-upper; 0.3%) : 세습 부유층 • 상류층(lower-upper; 1.2%) : 신흥 사회 엘리트층(성공한 전문직 종사자, 최고 경영자) • 중상층(upper-middle; 12.5%) : 대학을 나온 관리자 및 전문직 종사자
중류층	• 중산층(middle class; 32%) : 평균 봉급, 혹은 그 이상의 화이트 칼라 종사자 및 그들의 블루 칼라 친구들 • 근로층(working class; 38%) : 평균 봉급의 블루 칼라 종사자
하류층	• 빈민층(lower group of people but the lowest; 9%) • 최하류층(real lower-lower; 7%) : 생계비 보조를 받는 극 빈곤층

출처 : Richard P. Coleman(1983), "The Continuing Significance of Social Class to Marketing," Journal of Consumer Research 10, December

표 8-10 주요 국가 세계의 연령 분포 및 GDP

국가 연령 GDP	미국	비율 (%)	브라질	비율 (%)	Russia	비율 (%)	인도	비율 (%)	중국	비율 (%)	한국	비율 (%)	일본	비율 (%)	세계	비율 (%)
0~14	61,174	18.7	46,295	22.4	24,352	17.1	348,485	27.34	236,597	17.1	6,760	13.2	16,236	12.8	1,682,955	25.4
15~64	214,333	65.6	143,788	69.2	97,590	68.6	851,518	66.43	993,604	72.0	37,191	72.7	74,967	59.3	4,854,480	65.9
65+	51,054	15.7	17,260	8.4	20,310	14.2	79,928	6.23	149,098	10.9	7,224	14.1	35,244	27.9	635,746	8.7
합계	326,625	100	207,353	100	142,257	100	1,281,935	100	1,379,301	100	51,181	100	126,451	100	7,405,107	100
평균 연령	38.1		32		39.6		27.9		37.4		41.8		47.3		30.4	
(US$)/명 GDP	59,500		15,600		27,800		7,200		16,700		39,400		42,800		17,300	
성장률	2.3		1		1.5		6.7		6.9		3.1		1.7		3.6	

출처: CIA, The World Fact Book(2017)

종교

종교적 제품의 상업적 힘은 막강하다. Mel Gibson이 제작, 감독한 'The Passion of the Christ'는 극장 상영과 DVD 판매를 통해 10억$ 이상의 흥행을 기록했다. 역대 최고의 베스트셀러도 《성경》이다. 종교는 불멸을 보장하며, 세대를 끈끈하게 세습시키는 가장 강력한 무기다.

2019년 세계의 종교인의 분포를 살펴보면, Christianity(Catholic 등 유사 종교 포함) 약 33%, Islam 약 18%, 무종교 약 17%, Hinduism 약 16%, Buddhism 약 6% 등의 순이다. 각 종교마다 국가별 차이와는 비교도 되지 않는 고유의 교리와 세상이 있으며, '구원파'와 같은 형편없는 사이비 종교조차도 그 유대감과 믿음의 수준은 어떤 조직보다도 최고다. Leom Uris의 《The Haj》라는 저서에 다음과 같은 구절이 있다. "…아랍식 삶의 기본적 원칙들을 배웠다. 그것은 형에 내가 맞서고, 아버지에게 형과 내가 맞서고, 사촌과 그 일족에게 우리 가족이 맞서고, 부족에게 우리 일족이 맞서고…그리고 우리 모두는 불신자들에게 맞섰다."

만약 제품이 종교적으로 무장한다면 그야말로 최소한 '반영구적' 판매가 보장되는, 마케팅의 순리조차 통하지 않는 막강한 제품이 될 것이다.

3-3. 심리적(psychographic) 세분화

심리적 시장세분화는 개인적 심리와 특성에 근간을 둔 세분화이며, 특히 라이프 스타일(life style)이 심리적 세분화에 있어서 가장 중요한 변수가 되고 있다. 라이프 스타일이란 사람들이 살아가는 방식(a mode of living)으로서 개인의 독특한 삶의 양식을 의미한다.

이미 오래 전부터 오렌지족, 저명 인사(socialite, who's-who), jet-setter, swinger Yuppies, Hippies, Hombodies, Traditionalists, Coservatives, Loners, Yummies(young

jet-setter
최부유층으로서 자기 소유의 제트기로 휴양지 등에 여행하는 자.

swinger
쾌락주의(hedonism)자.

Bobos
소득 수준이 높고 Bohemian 사고 방식을 가진 20~40대의 신계층. 남에게 보이기 위한 것에 집착하지 않고, 예술적 감각, 합리적 생활 스타일, 개성있는 소비 성향 등 내적인 질을 중시함.

upwardly mobile professianals), Bobos(Bourgeois+Bohemian), Yiffie(young, individualistic, freeminded, few), Dink(dual income no kids), Dewk(dual employeed with kids), Downshift, Nesting, Nomad, Dins(double income no sex), Tonk(two only, no kids), Woopie(well of older people), Gold miss, For me, Single족, Solo Economy, Ghost족, soccer mom, nonos(no logo, no design) YOLO(you only live once)족 등 생활 스타일에 따른 각양각색의 소비자 형태가 존재하고 있다. 현대 사회에서 휴대폰이 없으면 공포심을 느끼는 증상인 nomophobia(no+mobile phone phobia)가 사회문화적 환경과 관련된 또 하나의 용어다.

이와 같이 특정 경향에 명칭을 붙여 네이밍을 하는 것을 '**syntax marketing**'이라고 한다.

그 또한 대표적으로 **AIO(activity, interest, opinion)**가 심리적 세분화 변수에 포함된다. 행위(activity)란 매체를 봄, 쇼핑, 새로운 서비스에 대해 타인에게 말하는 것처럼 명백한 행동을 의미하고, 관심(interest)은 어떤 대상이나 사건 혹은 주제에 대한 개인의 특별한 관심 부여 정도를 의미하며, 의견(opinion)은 어떤 질문이 제기된 상황에 처하여 개인이 제공하는 응답(answer)을 의미한다(〈표 8-11〉 참조).

이러한 심리적 세분화의 가장 큰 단점은 환경과 소비자가 변함에 따라 분류된 세분시장도 계속 변하며, 또한 각 세분시장 간에 중복되는 성향이 많아, 외적 이질성 기준에 문제가 있다는 것이다.

표 8-11 AIO의 대상

행위(A)	관심(I)	의견(O)
일	가족	자신
취미	가정	사회적 이슈
사회적 사건	직업	정치
휴가	공동체	사업
유흥	여가	경제
클럽 멤버십	패션	교육
공동체	음식	제품
쇼핑	매체	미래
스포츠	성과	문화

출처: William Wells and Douglas J. Tigert, "Activities, Interests, and Opinions,"Journal of Advertising Research, Vol. 11(Aug. 1971).

심리적 세분화의 대표적 연구인 **VALS(values and life styles)**를 요약하면 〈표 8-12〉와 같다.

Yiffie
90년대의 미국 신세대 직업인. 고학력, 레저, 가족, 여유있는 생활 등에 관심을 가짐.

Downshift
빠름이 강조되는 21세기에 대한 반작용 계층. 개인의 시간을 소중히 여기며 여유있는 삶을 추구함.

Nesting
가족 관계에 중점을 두는 신세대.

Nomad
휴대폰, 노트북, PDA 등을 갖고 이동하며 일하는 도시의 20~30대 계층.

Tonk
자식에게 시간을 빼앗기지 않고 인생의 말년을 즐기는 부부.

Woopie
자식에게 신세지지 않고 자신들이 벌어 놓은 돈으로 인생을 즐기는 노인들.

Gold miss
1960년대 후반~1970년대 중반에 태어난 직업과 경제력을 가진 30대 여성들.

For me
자신을 위한 소비에 적극적인 20~30대 여성들.

Solo Economy
통계청에 의하면, 대한민국 1인 가구의 비율이 1985년에 7% 미만이었던 반면 2012년에 25%를 넘어서고 있을 정도로 급격히 늘고 있다고 함.

Ghost족
스마트폰 위주의 삶을 영위한다는 의미임.

soccer mom
축구 클럽에서 활동하는 아이들을 밴으로 태워주고, 경기를 하면 옆에서 열광적으로 응원하는 미국의 중산층 극성 엄마.

nonos
획일적 명품 브랜드에서 벗어나 차별화된 디자인의 브랜드를 선호하는 사람들.

표 8-12 SRI Consulting Business Intelligence의 VALS 세분화

세분시장	가치관/라이프 스타일
현실주의자(actualizers)	• 성공한, 세련된, 활동적인 형, 자아 존중(self-esteem), 책임지는 자세와 풍부한 자원을 갖고 있음. 인생의 좋은 측면을 추구하며 (finer things in life), 성장, 개발, 탐구, 다양한 자기 표현에 중점을 둠.
원리원칙주의자(principle-oriented)	
실천주의자(the fulfilled)	• 만족과 편안함을 추구하는 성숙된, 사려 깊은 형. 질서, 지식, 책임감에 가치를 두는 교육 수준이 높고, 정보를 많이 이용하는 형
신념주의자(believers)	• 보수적, 실용적 소비자이며, 제품의 가치와 내구성 추구 • 보수적, 전통적 사고 방식과 더불어 전통적 양식에 대한 구체적 신념 및 강한 집착
지위추구자(status-oriented)	
성취주의자(achievers)	• 성공적 경력, 과업 지향적인 형. 자신의 삶을 잘 통제하고, 정치적 보수성 및 전통적 삶을 추구. 권한과 지위 존중
속물주의자(strivers)	• 동기부여, 자아 정의 추구. 남들로부터 인정받기를 원하며, 쉽게 싫증내고, 충동적인 형. 돈에 집착하며, 많은 것을 소유한 척 함.
행동주의자(action-oriented)	
체험주의자(experiencers)	• 젊고, 충동적이며, 의욕과 생기가 넘치는 형. 다양성, 흥미 추구. 옷, 비디오, fast food, 음악, 영화에 돈을 많이 투자함.
실용주의자(makers)	• 자아 충족에 가치를 두는 실용적인 형. 가족, 실용적 과업, 육체적 레크리에이션의 범주 내에만 관심을 둠. 실용, 기능적 제품 외에는 관심 없음.
낙오주의자(strugglers)	• 삶이 제한되어 있으며, 만성적 가난과 함께 교육 수준이 낮은 형 • 특별한 기술이 없고, 사교성도 떨어지며, 현재 순간만 모면하는 형 • 모든 제품에 대해 조심스러우나, 선호 브랜드에 대한 충성도가 높음.
혁신주의자(innovators)	• 세련되고, 성공한 사람들로서 개인 발전에 가치를 두고 지적 관심이 넓음. • 다양한 레저 활동, 사회적 이슈에 관심, 정보량이 많고 사회적, 정치적 활동 영역이 넓음.
사고주의자(thinkers)	• 사회, 정치에 중립형. 집에서 주로 레저를 즐기고, 교육과 여행에 가치를 두며, 건강에 관심이 많음.
생존주의자(survivors)	• 관심, 활동 영역이 좁음. 안전에 중점을 두고, 보수적, 전통적 사고 방식, 건강 문제에 부담을 느낌.

출처: Retrieved September 16, 2005, from www.d.umm.edu/tvaidyan/mgts4731/vals2tbl.htm, from SRI Consultiing Bussiness Intelligence (SRIC-B1).

3-4. 행동적(behavioral) 세분화

행동적 세분화는 소비자의 구매 및 이용 행동에 근거한 세분화를 의미한다(**usage segmentation**). 여러 변수 중 가장 대표적 변수를 요약하면 다음 〈표 8-13〉과 같다.

표 8-13 행동적 세분화 변수

변수	내용
구매 상황(occasion)	상용, 특별 경우 등
추구 혜택(benefit sought)	경제성, 편의성, 체면, 흥미 등
사용량(usage rate)	경(light), 중(medium), 고(heavy) 사용량
사용자의 형태(user status)	비사용자, 이전 사용자, 잠재 사용자, 초 회 사용자, 규칙적 사용자
충성도 형태(loyalty status)	고충성도(hard-core loyal), 저충성도(soft-core loyal), 다변 충성도(shifting loyal), 비충성도(switcher)
RFM	recency, frequency, monetary value
시기(timing)	계절, 달, 주중/주말, 아침/점심/저녁
구매 동기(nature of purchase)	편의성(convenience), 충동(impulse), 합리성(rational)

Herb Sorensen은 대형 슈퍼마켓 고객을 대상으로 〈표 8-14〉와 같은 행동적 세분화를 수행했다.

표 8-14 슈퍼마켓 고객에 대한 행동적 세분화

행동적 세분화 변수	세분시장		
(매장 내 구성 비율, %)	퀵트립(11.2)	보충형(21.1)	대량비축형(41.0)
쇼핑 지속 시간(분)	13.4	18.5	25.3
보행 속도(초 당 걸음 수)	0.52	0.66	0.98
구매 시간(1개 구매 시 소요 시간, 초)	38.7	30.2	21
돈 쓰는 속도(분 당 지불 금액, $)	1.88	1.32	1.23
효율성(달러 당 소요 시간, 초)	31.9	45.5	48.8

남성 쇼핑객 시장을 대상으로 한 행동적 세분화의 예는 〈표 8-15〉와 같다.

표 8-15 남성 쇼핑객의 행동적 세분화

세분시장	특징	선호 브랜드
metrosexual	• 트렌디하고 고급의 고품질 제품을 선호 • 20~40대의 부유한 도시의 세련된 사람 • 단정하고 비싼 헤어컷	Polo Palph Lauren, Beiersdorf, Banana Republic
retrosexual	• 페미니즘을 거부하고, 캐쥬얼 의류 선호 • 피부에 수분을 주는 화장품을 사용하지 않음 • 축구나 NASCAR(미국 개조 자동차 경주)에 관심 • 전형적 남성적 행동가	Levis, Nike, Old Spice, Burger King, Target
modern man	• 위의 두 세분시장 사이의 쇼핑객 • 관심을 내부로 공유하지만, 밖으로는 공유하지 않음 • 여성들에게서 편안함을 느끼지만, 쇼핑은 같이 하지 않는 20~30대의 세련된 소비자	Gap, Macy's, fast restaurant
dad	• 수입이 좋은 남성 • 가족 쇼핑객이며, 효율성 중시 • 보다 기능적 의류 선호	Nordstrom, McDonald's, Amazon
maturiteen	• 10대 초기보다 더 많이 절약함 • 책임감이 강한 실용적 소비자 • 온라인 조사와 구매에 능함	Sony, Adidas, Old Navy, Circuit City, 모든 형태의 인터넷 사이트

출처: 전인수, 김은화(2011), 《마케팅 전략》, p.33

3-5. 혜택(benefit) 세분화

앞에 열거된 모든 세분화 변수는 사후(post hoc) 변수들이다. 즉 소비자들이 무엇을, 어떻게 선호하고 구매하는가를 파악할 수 있고 분류할 수는 있으나, 대다수의 경우에 있어서 결과를 중심으로 세분화하는 것이기 때문에 구매 이유를 파악할 수가 없다. 마케팅에 있어서의 주요 과제는 소비자들이 왜 특정 제품과 브랜드를 이용하는가에 대한 파악에 있기 때문에, 보다 중요한 시장세분화 변수가 요구되는 것이다.

국내 T.G.I. Friday's는 식생활에서 중요하게 생각하는 가치, 즉 식사를 통해 얻어지는 혜택에 따라 시장세분화 전략을 수행하고 있다. 그 내용은 〈표 8-16〉과 같다.

표 8-16 국내 T.G.I.Fs의 혜택 세분화

기본적인 배고픔의 해소를 위한 세분시장	음식의 맛, 영향, 음식점의 서비스, 분위기를 전혀 고려하지 않고, 허기를 채우는 기본적인 욕구를 충족시키려는 고객으로서, 이 고객층에게는 가격이 가장 큰 요소임. 저소득, 중·고·대학생 등으로 구성됨.
건강주의 세분시장	맛이 없는 것을 감수해서라도 건강을 추구하는 고객층으로 외식에 가장 많은 돈을 들일 수 있지만, 서비스, 분위기는 상관없이 오직 건강만이 소비를 결정하는 요인이 됨. 비교적 40~50대 이상의 장년층에 많이 분포되어 있음.
가족 화합 세분시장	건전성을 추구하는 고객층으로 반드시 비싼 외식을 하지 않더라도 가족이 함께 식사할 수 있는 단란한 분위기를 가장 중요하게 생각하는 고객층임. 경제적으로 여유있지는 않지만, 단란함을 추구하는 근로자 가족과 대학 교육 이상 높은 교육 수준의 중상층에 많음. 특히 중상층의 경우 가격과 상관없이 가족 모임을 위해 서비스와 분위기가 좋은 곳을 선택할 가능성이 높음.
식생활의 문화적 가치를 추구하는 세분시장	식사를 하는 것이 단순히 음식을 먹는 것이 아니라 문화적인 가치를 지닌다고 인식하는 고객층으로, 영양보다는 음식의 서비스에 중점을 둠. 식사하는 것 외에 즐거움을 위한 이벤트, 여러 나라의 새롭고 다양한 음식을 먹음으로써 얻을 수 있는 문화적인 경험을 중요시함. 20~30대의 젊은층에 많이 분포되어 있음.

또 다른 혜택 세분화의 예를 음료 시장을 기준으로 들어본다(〈표 8-17〉 참조).

표 8-17 음료 시장의 혜택 세분화

혜택	인구 통계적 세분 시장	구체적 혜택	제품
에너지	남자의 모든 계층	정력, 원기 회복	Red Bull
흡수력	운동 선호 집단	갈증 해소	Gatorade
웰빙	연령이 높은 집단	건강과 영양	비타500
맛	10~20대 연령층	취향에 맞는 맛	7Up, Mountain Dew
fitness	여성, 비만자	다이어트, 몸매 유지	Diet Coke
만남	여성 중심의 젊은세대	분위기	Starbucks
숙취	술을 즐기는 남성	맑은 정신	여명800
체면	부유층	지위와 금전적 우월성	Wild Alp*

Wild Alp
Austria산 생수로서 2018년 기준, 0.5ℓ에 6,000원이 넘음

Philip Kotler는 친환경 시장의 소비자들을 〈표 8-18〉과 같이 분류했다.

표 8-18 친환경 시장의 행동/혜택 세분화

세분시장	행동 및 혜택
트렌드 세터	• 적극적 환경 보호가, 환경을 중시하는 비전가 • 감성적, 영적 동기로 친환경 제품을 선택 • 친환경 혁신을 통해 경쟁적 우위를 모색
가치 추구자	• 환경 실용주의자 • 이성적 동기로 친환경 제품을 선택 • 효율성을 높이고 비용을 절약하기 위해 친환경 제품을 사용
표준 추구자	• 환경 보수주의자 • 친환경 제품이 대중적으로 널리 사용될 때까지 기다림 • 표준으로 자리잡은 친환경 제품을 사용함
회의적 구매자	• 환경 회의론자 • 친환경 제품을 믿지 않음

출처: 안진환(2010), 《Market 3.0 모든 것을 바꾸어놓을 새로운 시장의 도래》, p.251

위의 모든 예들이 혜택에 의한 세분화다. 소비자들이 구매하는 것이 1/4인치 드릴이 아니라 1/4인치 구멍이듯이, 소비자들이 구매하는 제품에 대한 진정한 욕구와 필요에 의한 세분화 변수는 타 어떠한 변수보다도 중요하다. 즉 혜택이란 욕구와 필요와 일맥상통하는 개념으로서, 혜택에 의한 세분화는 가장 고차원적인 시장세분화 방법이다. 다음 장에서 설명될 표적시장 전략의 근간은 혜택 세분화에 있으며 혜택 세분화야 말로 가장 유용한, 진정한 의미의 시장세분화다.

이와 같이 시장세분화의 변수는 무수하다. 중요한 사실은 어떠한 변수를 어떻게 활용하고 조합하여 시장을 세분화하고, 그 결과로 도출된 세분시장을 얼마나 유용한 것으로 만드느냐에 있다. 즉 앞서 언급됐던 측정 가능성이란 적절한 세분화 변수의 선정 및 활용과 관련된 것인데, 아무리 잘 분류된 세분시장도 비즈니스에 도움이 되지 않는다면 그 시장세분화 전략은 무용지물이 된다. 어떠한 산업, 어떠한 경우에 있어서도 혜택에 의한 세분화는 가장 유용한 방법이다.

부록 5 제품차별화의 대표 사례: Burj Al Arab

1. Dubai의 소개

Dubai는 사막이라는 불리한 기후 조건에도 불구하고, 다양한 관광 자원을 보유한 세계적인 관광지로 급부상하고 있는 지역이다. Dubai는 Arab Emirates 7개의 토후국 중 하나로 동서양을 잇는 지리적 이점과 낮은 세금, 적극적인 개방 정책으로 중계 무역의 중심지이자, 물류 거점을 이루는 중동의 허브라 불리는 도시라고 할 수 있다. 대부분의 중동 지역이 석유산업에 의존하고 있는데 반해, Dubai는 무역항 중심의 중동 지역 허브를 넘어 산업 및 관광의 세계적인 메카로 변화하고 있다.

2. Burj Al Arab 설립 배경 및 상징

Burj Al Arab이란 '아랍의 탑'이라는 의미이며, Jumeirah 해변에서 조금 떨어진 인공섬 위에 건축됐다. Dubai와는 곡선 모양의 전용 교량을 통해서 연결되어 있다. 건물은 배의 부풀어 오른 돛 모양을 형상화했으며, Dubai의 발전상을 대표하고 있고 현재 Dubai의 **landmark**라고 할 수 있다. 1994년에 착공됐으며, 아랍 선박의 한 갈래인 다우의 돛 모양을 모방했다. V자 모양을 한 두 개의 날개가 거대한 돛대를 형성하며 뻗어나오는 모습을 갖추었으며, 그 두 날개 사이의 공간은 커다란 atrium으로 둘러싸여 있다.

3. Burj Al Arab의 소개

3-1. 위치

Dubai 시내에서 남쪽으로 15km 떨어진 Jumeirah 비치 리조트 단지에 위치하고 있는 Burj Al Arab은 Jumeirah Beach Hotel과 Madinat Jumeirah Hotel, Wild-Wadi Water Park 앞에 하늘로 상승하는 이미지로 321m의 높이의 위용을 떨치고 있다. 독특한 돛 모양으로 생긴 Burj Al Arab은 해변에서 280m 떨어진 인공섬 위에 지어졌으며, 육지와는 인공 다리로 연결이 되어 있다.

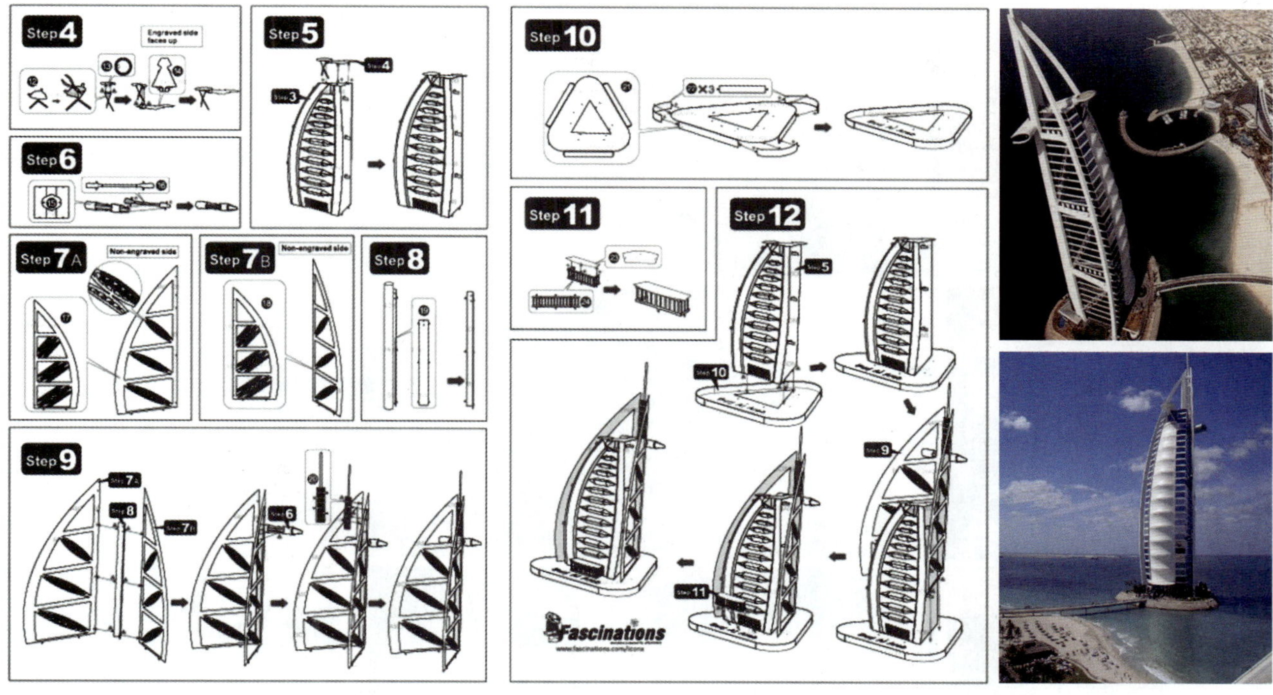

Burj Al Arab의 디자인

3-2. 구조 및 디자인

Burj Al Arab은 그 높이가 321m로서 여의도 63빌딩이나 남산의 세 배 이상, France Paris Eiffel Tower의 2.5배, Empire State Building보다는 불과 60m밖에 낮지 않다.

Burj Al Arab은 28층의 헬기 착륙장과 공중에 매달려 있는 듯한 레스토랑을 보유하고 있으며, 세계에서 두 번째로 높은 호텔로 Dubai Skyline의 **land mark**이자 icon으로 자리를 잡았다. 돛 모양의 호텔 외관은 초현대식의 놀라운 건축 기술을 보여주고 있고, 두 겹의 Teflon 코팅된 표면은 낮에는 하얀 색으로 눈부시며, 밤에는 무지개 빛의 놀라운 빛을 발산하는 canvas로 사용되어 투숙객들에게 잊을 수 없는 장관을 전하고 있다. Burj Al Arab은 아랍의 전통과 최첨단 기술이 어우러진 Dubai의 상징물로 자리잡았다.

3-3. 객실

142개의 Deluxe Suites, 18개의 Panoramic Suites, 4개의 Club Suites, 28개의 2-Bedroom Suites, 6개의 3-Bedroom Suites, 2개의 Presidential Suites, 2개의 Royal Suites 등 총 202개의 객실은 모두 Arabia해를 조망할 수 있도록 설계됐으며, 모두 복층 구조다. 가장 작은 객실이 169m²(약 51평), 가장 큰 객실은 780m²(약 237평)에 이른다.

1박 숙박료가 1천$에서 최고 1만 5천$로 세계에서 가장 비싼 호텔 중 하나다. 1층

Burj Al Arab의 각종 시설물

의 거실은 최소 60평이며, 최대 260평까지 준비되어 있다. 최첨단 시설과 노트북 컴퓨터, 인터넷이 제공되며, TV, 커튼을 포함한 모든 장비들이 원격 리모콘을 통해서 조작된다. 또한 고객들은 편안하게 의자에 앉아 모든 장비들을 조종할 수 있다. 2개의 Royal Suites Room은 25층에 위치하고 있으며, 개인 엘리베이터, 개인 영화관, 회전식 침대, 회의룸, 심지어 일반 호텔 침실보다 넓은 드레스룸을 갖고 있다.

객실의 실내 장식은 최첨단 소재 및 최상의 재질로 만들어 졌으며 그 구조 또한 최대한으로 현대화(**state-of-the-art**)돼 있다. Burj Al Arab의 객실을 영어로 표현한다면 "Could not be better"다.

3-4. 레스토랑

Al Mahara

Arabia해로 다이빙하는 느낌을 주는 sea food 해저 레스토랑으로, 로비로부터 3분 간의 시뮬레이션화된 잠수함 여행을 통해 도착함으로써, 잊지 못할 환상적인 경험을 제공하고 있다. 한 끼 식사를 위해 잠수함을 타야만 하는 고객의 번거로움을 생각해준 Burj Al Arab의 섬세한 배려로서 금색으로만 둘러쌓인 해저 전용 엘리베이터도 있다. Al Mahara 레스토랑은 미국의 고급 저널인 Hotels에 세계에서 가장 좋은 10대 호텔

레스토랑에 선정되기도 했다. 고객들은 Arabia해의 다양한 바다 생활로 둘러싸인 레스토랑에서 식사를 할 수 있고, 3개의 룸에서 식사를 즐길 수도 있다.

Al Iwan

금으로 장식된 기둥을 갖고 있는 Al Iwan 레스토랑은 메인 로비에 인접하여 위치하고 있으며, 고객들은 광활한 해안의 경치를 감상하면서, 품격있는 buffet 식사를 즐길 수 있다. Arabia의 전통과 완벽하게 조합된 실내 인테리어는 안락하고 따뜻한 분위기를 만들어내고 있으며 간단한 모임을 위한 최상의 레스토랑이다.

Al Muntaha

아랍어로 최고라는 뜻을 지닌 Al Muntaha 스카이 라운지는 Arabia해로부터 200m의 높이에 위치하며, 27층에서 Dubai 최고의 Arabia해의 경관을 제공한다. 외부 경관이 보이도록 설계된 초속 6m 속도의 엘리베이터를 타고 올라갈 수 있으며, 최대 140명의 고객들을 수용할 수 있다. 메뉴는 지중해식 정찬이 제공된다. 또한 Burj Al Arab에서만 제공되는 cocktail이 제공되는 bar가 있어 저녁 식사 전, 후에 즐길 수 있다.

Junsui

순수한 기쁨이라는 뜻의 Junsui라는 말은 순수 혹은 정제란 말의 일본어다. 화려한 Burj Al Arab의 내부 장식을 그대로 적용한 실내가 돋보이는, 요리가 총 집결된 buffet다. 이곳에서는 준수한 Persian Gulf의 전경과 함께, 최고의 아시아 요리사들이 준비한 12개의 open station에 직접 일식, 중식, Thailand식, Indonesian 그리고 한국 음식을 직접 맛볼 수 있다.

Bab Al Yam

바다로 가는 출입구라는 뜻의 Bab Al Yam은 수영장 옆에 위치한 레스토랑으로서, 아름다운 Arabia해의 전경을 보며, 커피, 티를 비롯해 buffet를 즐길 수 있는 공간이다.

3-5. Assawan Spa&Health Club

Burj Al Arab 18층에 위치한 Assawan Spa는 세계 최고의 spa 마사지 서비스를 제공하며, 내부는 아랍 전통 왕실의 색상을 갖도록 설계됐다. 수영장, Jacuzzi, spa, 마사지, aromatherapy, 에어로빅 룸 등을 보유하고 있으며, 남녀가 별도의 장소에서 마사지 서비스를 받게 된다. 중세 아랍 국가의 수영장을 연상시키는 장식은 이용객에게 최고의 만족감을 선사한다.

Assawan Spa&Health Club의 내부 모습

환대산업 마케팅 전략 계획 모델(표적시장 전략)

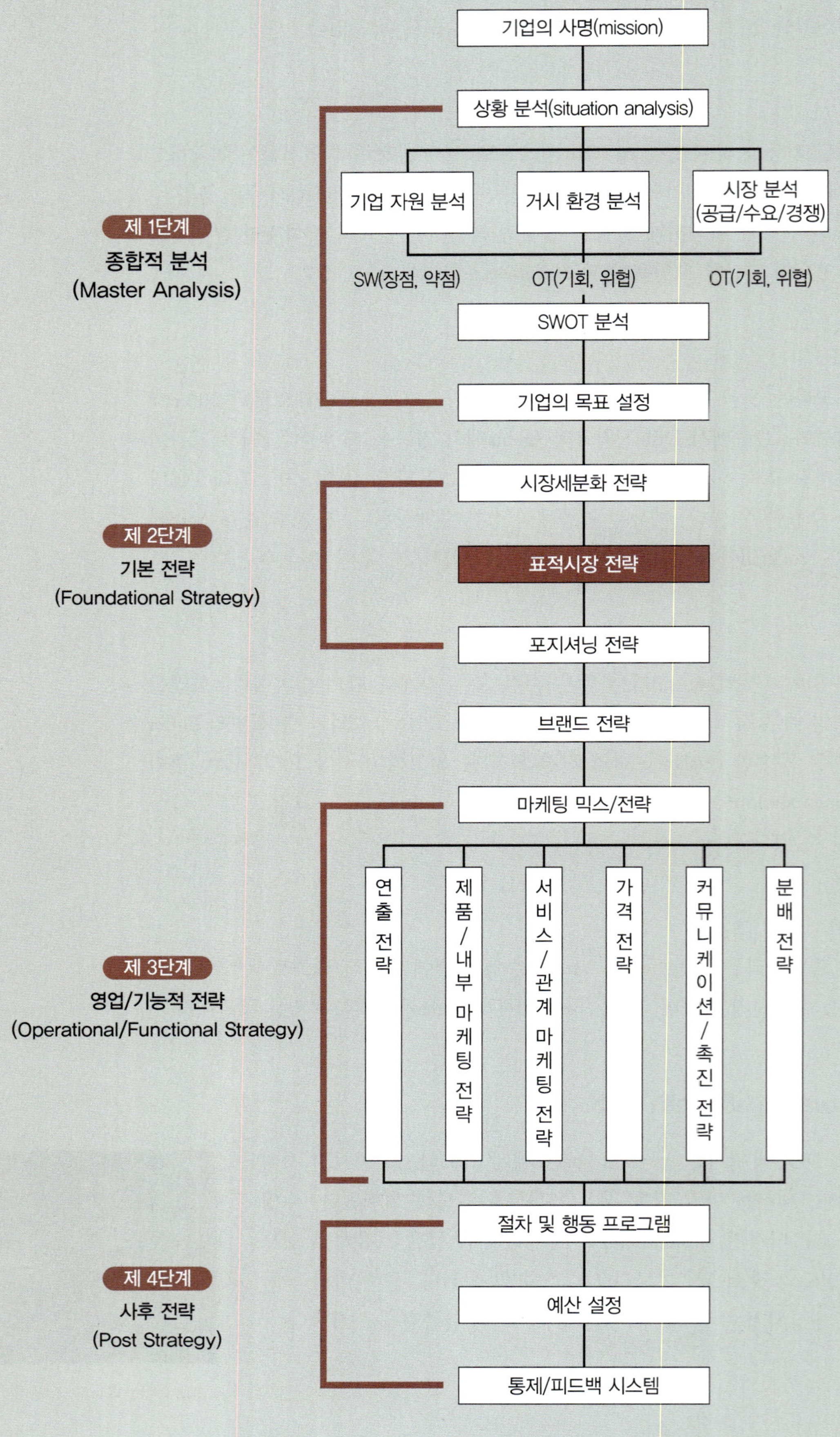

표적시장 전략

제 9 장

제 1 절 시장에 대한 접근

시장세분화를 통해 표적시장을 분류해내는 과정은 가장 모범적인 방법이다. 그러나 기업들이 적합한 시장을 찾아내는 방법에는 시장세분화 이외에도 여러 형태가 있을 수 있다.

1. 대중 마케팅(mass marketing)

과거 대우의 김우중 회장은《세상은 넓고 할 일은 많다》라는 저서를 냈다. GE의 전 회장 Jack Welch도 시장을 20배 더 넓게 정의하라고 했다. 기업에게 시장이 넓을수록 유리하다는 것은 부인할 수 없는 사실이다.

McDonald's, Coca-Cola, 자동차 타이어 부문의 Good Year 등 각 부문 세계 1위의 기업들과 대규모, 대자본을 갖고 있는 기업들은 모든 대중 시장(critical mass)을 대상으로 하고 있다. 이것이 가능한 기업은 실제로 그렇게 많지 않다. 대중 마케팅은 시장의 실체성이 최대라는 가정 하에 최대의 **규모 경제(economies of scale, scale economies)** 효과*를 얻을 수 있는 장점이 있는 반면, 재무적, 물질적, 인적 자원과 더불어 어떠한 환경에서도 모든 것을 지속적으로 유지할 수 있는 능력이 뒷받침되어야 한다는 단점이 있다.

규모 경제란 예를 들어 자동차를 만 대 생산하는 것보다 10만 대를 생산 할 때 단위 당 비용이 적게 든다는 의미임. 이러한 개념을 경험 곡선 효과(experience curve effect)라고 함.

따라서 기업들은 시장의 차별성보다는 시장의 공통 분모를 찾아내 시장의 실체성을 극대화시키고, 그러한 시장에 공통적으로 적용될 수 있는 제품을 공급하는, **비차별적 마케팅(undifferentiated marketing)**을 수행하게 된다. 세분화된 시장을 오히려 통합하여 공통적 제품을 출시하는 **역세분화(counter segmentation)**도 대중 마케팅과 유사 이념의 전략이다.

참고로 대중 판매(mass selling)를 하는 Amway, Avon, Mary Kay 등의 '**pyramid**

selling scheme'도 대중 마케팅에 속할 수는 있으나, network 마케팅, 다단계 마케팅 등 정도의 대중 판매 방식과는 구분되어야 한다.

2. 제품 다양화 마케팅(product-variety marketing)

시장세분화를 통한 시장의 차별화, 즉 각기 다른 세분시장에 대한 접근이 아닌, 다양한 제품에 의해서 시장에 접근하는 방법이다. 이러한 기업들은 제품의 특성(feature), 스타일, 품질, 크기 등을 다양화시킴으로써 시장에 접근하게 된다. 전술되었던 제품 차별화 전략이 그 근간이다.

Burj Al Arab은 벨을 누른 사람이 누구인지를 확인할 수 있도록 비디오폰을 설치했고, 홍콩 구룡 반도의 Langham Place Hotel은 생체 인식 보안 시스템을 설치했다. France Paris의 Sofitel Arc de Triomphe에서는 실내 조명을 업무용, 휴식용, 로맨스용으로 조절할 수 있으며, 그 외 많은 호텔들이 숙면에 가장 적합한 조명 시스템, iPad 도킹 시스템, 산소 스프레이, 어린이용 무선 인터넷이 가능한 엘리베이터, 심리·치료사 호출 서비스 등 여러 형태의 제품 다양화 마케팅을 수행하고 있다. 미국 New York Manhattan 49번가에 있는 Time Hotel에서는 고객이 빨강, 노랑, 파랑의 3원색 중 하나를 선택하면, 객실의 모든 시설 및 비품이 선택된 색상으로 준비되어 있는 색다른 경험을 제공하고 있다.

3. 시장 차별화 마케팅(differentiated marketing)

시장세분화를 거쳐 도출된 각 세분시장에 각기 다른 제품을 갖고 접근하는 방법이다. 대중 마케팅과 비교할 때 규모 경제 효과 측면에서 크게 불리하며, 제품 다양화 마케팅과 비교할 때에도 공급 제품의 형태가 많고 다양하기 때문에 높은 비용이 수반된다는 단점이 있다. 시장의 규모를 확대시키고 높은 판매량 및 매출액을 기대할 수는 있으나, 대자본, 고R&D 비용과 기술력 등을 갖추지 못하는 기업에게는 불가능한 접근 방법이며, 무엇보다도 자원의 효율적 분배 측면에서 큰 단점을 내포하고 있다.

4. 표적 마케팅(target marketing)

시장세분화를 거쳐 도출된 세분시장 중 시장세분화의 기준과 부합되는 기업의 실행 가능성과 조화시켜 하나 혹은 몇 개의 세분시장에 접근하는 방법이다. 기업의 자원을 전문성과 효율성에 입각하여 분배한다는 가장 합리적 시장 접근 방법이라고 평가되고 있다. 실제로 가장 많은 기업들이 표적 마케팅 접근 방법을 시도하고 있으며 성공의 가능성 역시 가장 높다.

4-1. 다수의 함정(majority fallacy)

표적시장의 선택에 있어서 첫째, 기업들은 일반적으로 규모가 큰(시장의 실체성이 큰) 세분시장을 선택하는 경우가 많다. 그러나 이것은 무조건적인 기준은 되지 않는다. 이것을 '**다수의 함정(majority fallacy)**'이라고 한다. 분명 단점보다는 장점이 많은 선택법이나, 시장세분화의 목적은 기업의 제품, 이미지 등과 부합되는 세분시장을 선별하는 것이지 규모가 큰 세분시장을 선별하는 것은 아니다.

4-2. 다수의 세분시장 VS 집중적 세분시장

표적 마케팅은 여러 세분시장을 표적으로 하는 경우와 한 세분시장을 표적으로 하는 경우로 대분될 수 있다. 전자의 경우(multi-segment), 각 세분시장은 서로 조화되어야 하며(compatible), 또한 유사 혜택을 추구해야 한다.

Virgin Islands의 호텔들은 신혼부부와 고소득 기업 간부들을 동시에 표적시장으로 선정하여 성공하고 있다. 두 세분시장 모두 격리, 평화, 조용함을 추구하고 있으며, 서로 상충되지 않는다. 객실에는 에어컨디션, TV, 전화 등이 있을 필요가 없다. 비수기에는 단체 여행객을 표적시장으로 선정하여 영업을 연장시키고 있다. 도박보다 가족 단위 엔터테인먼트를 추구하며 표적시장을 바꾸었던 Las Vegas의 호텔들은 2000년대 후반부터 아이들이 도박으로 창출되는 매출에 점차 큰 방해가 되는 것을 파악하고, 다시 성인 위주의 표적시장 전략으로 회귀하고 있다. Las Vegas 불변의 격언 'Show must go on'과 'House always wins'를 생각할 때 자연스러운 회귀일 수 있다.

후자의 경우(concentrated)는 물론 가장 효율적인 표적시장 전략이다. 세분시장(market segment) 내에는 더욱 세분화된 **미세 세분시장(market fragment)**이 존재한다. 이러한 시장을 공략하는 것이 후자의 경우이며, '**microtargeting**'이라는 용어를 사용한다.

그림 9-1 Algonquin–전자 서적 On Demand와 New York Manhattan Library Hotel

4-3. 집중적 표적 마케팅 사례 및 전략

호텔산업에 있어서 Four Seasons와 Motel6가 가장 대표적 사례에 해당된다.

호텔 부문 집중적 표적 마케팅 사례들

보다 집중적 표적 마케팅 사례는 Netherlands Nieuwegein 본점과 6개의 체인을 갖고 있는 Divorce Hotel, motorcycle 애호가들만을 대상으로 하는 Hyatt Sottsdale Arizona, 애연가를 대상으로 하는 Four Seasons Chicago의 Cigar Smoking Salon and Bar, New York Manhattan에 있는 동성 연애자(gay)를 위한 The Out NYC(〈그림 9-2〉 참조), 공항 안 미니 호텔, 최상류층만을 대상으로 하는 Burj Al Arab Dubai, Germany의 Rotel Tours가 제공하는 Das Rollenge Hotel(버스 호텔), New York시 Manhattan에 있는 Library Hotel,* The Algonquin Hotel*, 애완 동물의 천국인 Pets Hotel 등을 들 수 있다.

Ian Shrager는 New York Paramount, Royalton 등의 혁신적 호텔을 매우 성공적으로 운영하고 있다. 그들의 표적시장은 오직 25세 여행객이다. Ian Shrager는 "우리의 제품과 디자인이 24세 여행객에게 혹평을 받더라도 개의치 않는다. 25세 여행객이 선호할 수 있으면 된다"라고 말한다. 영국 London에 개관한 초저가 Easy Hotel은 호텔 객실 크기가 교도소의 독방보다도 작고 객실 내에는 침대만 있을 뿐, 전화기, 옷장, 선반, 의자, 로션, 비누, TV조차도 없다. 대부분의 객실에는 창문조차 없어서 창문이 있는 객실을 원하면 요금을 더 지불해야 한다.

공항 안 미니 호텔
Germany Munich 공항에 있는 호텔로 시간 당 15euro로 편안한 휴식을 위한 호텔임. 객실 내 touch screen으로 운항 정보, 음악, 영화, 시간 조정 등을 할 수 있는 기능이 있음.

Library Hotel에는 6,000권의 책이 각 층마다 분류별로 구비되어 있으며, Reading Room에서는 고객을 위한 아침식사, 와인 등도 제공됨.

Amazon을 이용할 수 있는 e-BOOK on Demand 프로그램을 운영하고 있음.

저가 항공사 아일랜드 Ryanair의 CEO Michael O'Leary는 기내 갬블, 기내 흡연(전자 담배에 한함) 등을 실시하겠다고 발표한 바 있다. Ryanair는 KAL이 세계 최초로 '전 노선 금연 정책'을 실시하며 시작된 금연이 당연시되었던 항공산업에서 가장 확고한 표적시장을 보유하게 될 것이다(기내 흡연은 이미 시행되고 있음).

10년 이하의 기간 동안 7,000개의 매장을 오픈하는 기록을 세운(Subway는 26년, McDonald's는 25년 걸림) Curves는 철저한 여성 전용 헬스클럽이다. '무 화장, 무 남성, 무 거울'이라는 '3무' 정책으로 여성들이 최대한 편하게 운동할 수 있는 환경을 창조했다. Curves의 또 하나 강점은 The Curves Circuit이라는 원형 구조를 통해 다른 사람들과 대화를 하며 운동을 할 수 있다는 것

그림 9-2 The Out NYC(미국 Manhattan)

이다.

단 이러한 집중적 표적시장 전략은 "한 바구니에 모든 계란을 담지 말라"는 격언과 같이, 환경 변화 등 상황의 변화에 따라 치명적 위험에 처할 수 있는 단점도 있다. 투자 시 **위험 분산 관리(portfolio management)**를 하는 이유가 거기에 있다.

제2절 호텔산업의 세분시장 및 표적시장 전략

본 절에서는 환대산업에서 가장 중요한 호텔산업에 대한 세분시장 및 각 세분시장에 대한 표적시장 전략을 살펴보기로 한다.

1. 호텔 세분시장의 유형

국제적으로 통용되고 있는 호텔의 세분시장은 다음과 같다.

1-1. 개인 세분시장(individual segment)

먼저 개인 세분시장에 있어서의 핵심은 FIT(**free independent traveler**)다. 즉 FIT는 조직되지 않은(nonorganized) 개인 여행자로서 〈표 9-1〉과 같은 여러 형태 세분시장 모두가 FIT에 해당된다.

표 9-1 호텔 FIT 세분시장의 분류

EBS-full rate*	비즈니스 FIT에 해당되며, EBS(executive business service) 계약에 속해 있는 기업을 통해 호텔을 이용하는 고객 형태로서, 원칙적으로 호텔측과 기업 간에 계약된 객실 요금을 지불함
EBS-volume rate	비즈니스 FIT에 해당되며, 계약된 EBS-full rate보다 할인된, 혹은 할인 요금을 미리 확정지어 객실 요금을 지불함
Non-EBS Corporate	EBS에 속해있지 않은 비즈니스 목적 FIT
순수 관광(pleasure) FIT	단체에 속하지 않은 개인 여행자로서, 비즈니스 목적이 아닌 FIT
Travel Industry	여행산업으로부터 할인을 받거나, 무료로 객실을 제공받아 호텔을 이용하는 FIT
Long-term Rental	미리 동의된 일정 기간 동안 장기적으로 호텔을 이용하는 장기 투숙객
House Use	호텔의 직원 중 무료로 객실을 이용하는 형태
Government/Diplomatic	정부 직원, 대사관 직원으로서 호텔측과 계약된 일정 할인율의 적용을 받음
Walk-in	예약 없이 호텔을 이용하는 고객으로서, rack rate을 거의 다 지불하게 됨

EBS란 기업측은 일정 수의 객실을 판매해줄 것을 호텔측에 약속하고, 호텔측은 판매 객실 수에 따라 그 기업측에서 보내는 고객에게 일정한 할인률을 적용해주는 계약을 의미함.

1-2. 단체 세분시장(group segment)

호텔의 단체 세분시장의 형태는 〈표 9-2〉와 같다.

표 9-2 호텔 단체 세분시장의 분류

Company Meeting-EBS	단체로 회의에 참여하며 EBS에 속해있는 고객 형태
Company Meeting-Non EBS	단체로 회의에 참여하며 EBS에 속해있지 않은 고객 형태
Convention/Congress	특정 기업의 주관이 아닌 기업(corporate)들 간의 모임, 혹은 협회(association) 모임에 참여하는 고객 형태
Tour Series	Wholesaler, tour operator, 여행사, 항공사들에 의해 제공되는 여행 프로그램을 통해 호텔을 이용하는 여행객
Non-Business Group	순수 관광 목적 관광객 중 Tour Series에 속하지 않는 기타 여행객
Incentive	기업의 직원들이 포상의 일환으로 호텔을 이용하는 고객 형태
Travel Industry	여행산업으로부터 할인을 받거나 무료로 객실을 이용하는 단체
Airline Crew	항공사의 승무원들로서 호텔과 계약된 일정 객실 요금을 지불하는 소단체

1-3. 서울 지역 특1급 호텔 세분시장 정보

위와 같은 호텔의 각 세분시장은 호텔 이용 정도 및 객실 요금에 따라 차이를 보이고 있는데, 1996~1998년 3년 간 평균에 의한 서울 지역 특1급 호텔의 각 세분시장에 대한 정보는 〈표 9-3〉 및 〈표 9-4〉와 같다. 이 자료는 모든 호텔의 협조를 받으며 매우 어렵게 작성됐는데, 시간은 많이 지났지만 개정이 어려워 이 자료가 지속적으로 사용됨을 이해하기 바란다.

물론 각 호텔 고객들의 비율은 현 시점과 차이가 있으나, 표에 나타난 바와 같이 비즈니스 FIT의 비중이 높은 호텔들이 상위권을 유지하고 있는 현상, 각 세분시장의 호텔별 분포 현황 등 거시적 측면에서의 서울 지역 특1급 호텔 상황은 〈표 9-3〉 및 〈표 9-4〉와 유사하다. 시간은 지났지만 현 시점에서의 그러한 상황은 서울뿐 아니라 리조트 지역을 제외한 세계 주요 도시들에 있어서도 마찬가지다.

2. 호텔의 표적시장 전략

호텔 고객의 욕구와 필요는 매우 다양하며, 그로부터 발생되는 추구 혜택은 무수하다. 호텔 선택과 관련된 국내외의 많은 학자들로부터 연구되어온 속성(attribute)*을 정리해보면 〈표 9-5〉와 같다.

1960년 Kelvin Lancaster는 소비자가 구매하는 것은 제품 그 자체가 아니라 제품을 구성하는 속성이라는 주장을 함. 이를 '속성 모형(characteristic model)'혹은 'Lancastrian approach'라고 부르고 있음.

표 9-3 서울 지역 특1급 호텔의 세분시장 비중

(단위: 백만원, %)

세분시장 호텔	Business FIT	Business Group	Pleasure FIT	Pleasure Group	Pleasure Package	Airline Crew	Others	전체
Grand Hyatt	80,204 (80.3)	552 (0.6)	171 (0.2)	3,926 (3.9)	5,198 (5.2)	3,783 (3.8)	6,098 (6.1)	99,932 (100)
Radisson Plaza	16,445 (48.2)	119 (0.3)	5,503 (16.1)	3,986 (11.7)	– (0.0)	2,188 (6.4)	5,871 (17.2)	34,111 (100)
Rennaissance	43,874 (74.7)	2,455 (4.2)	4,519 (7.7)	2,567 (4.4)	1,768 (3.0)	1,816 (3.1)	1,756 (3.0)	58,755 (100)
Hilton	56,617 (66.1)	3,903 (4.6)	7,010 (8.2)	7,792 (9.1)	2,528 (3.0)	7,819 (9.1)	– (0.0)	85,669 (100)
Sheraton	12,771 (19.0)	5,997 (8.9)	27,923 (41.6)	9,001 (13.4)	10,371 (15.4)	1,098 (1.6)	– (0.0)	67,160 (100)
Swiss Grand	14,885 (45.2)	1,723 (5.2)	– (0.0)	4,057 (12.3)	1,393 (4.2)	10,869 (33.0)	– (0.0)	32,927 (100)
Shilla	58,612 (87.6)	2,505 (3.7)	2,572 (3.8)	3,196 (3.8)	– (0.0)	– (0.0)	– (0.0)	66,884 (100)
WestinChosun	43,866 (73.1)	3,428 (5.7)	378 (0.6)	3,585 (6.0)	4,063 (6.8)	1,177 (2.0)	3,520 (5.9)	60,018 (100)
Lotte	52,042 (36.2)	1,584 (1.1)	9,640 (6.7)	63,599 (44.3)	2,217 (1.5)	14,505 (10.1)	– (0.0)	143,586 (100)
Lotte World	24,177 (46.0)	2,149 (4.1)	2,047 (3.9)	20,671 (39.3)	3,269 (6.2)	229 (0.4)	– (0.0)	52,541 (100)
Ritz-Carlton	39,430 (80.5)	2,849 (5.8)	– (0.0)	5,007 (10.2)	1,120 (2.3)	604 (1.2)	– (0.0)	49,019 (100)
InterContinental	78,187 (84.6)	6,243 (6.8)	1,986 (2.1)	2,050 (2.2)	2,669 (2.9)	1,263 (1.4)	– (0.0)	92,397 (100)
전체	521,117 (61.9)	33,508 (4.0)	61,748 (7.4)	129,436 (15.4)	34,594 (4.1)	45,351 (5.4)	17,245 (1.8)	842,999 (100)

표 9-4 서울 지역 특1급 호텔별, 세분시장별 시장점유율

(단위: 백만원, %)

세분시장 호텔	Business FIT	Business Group	Pleasure FIT	Pleasure Group	Pleasure Package	Airline Crew	Others	전체
Grand Hyatt	80,204 (15.4)	552 (1.6)	171 (0.3)	3,926 (3.0)	5,198 (15.0)	3,783 (8.3)	6,098 (35.4)	99,932 (11.9)
Radisson Plaza	16,445 (3.2)	119 (0.4)	5,503 (8.9)	3,986 (3.1)	– (0.0)	2,188 (4.8)	5,871 (34.0)	34,111 (4.0)
Rennaissance	43,874 (8.4)	2,455 (7.3)	4,519 (7.3)	2,567 (2.0)	1,768 (5.1)	1,816 (4.0)	1,756 (10.2)	58,755 (7.0)
Hilton	56,617 (10.9)	3,903 (11.6)	7,010 (11.4)	7,792 (6.0)	2,528 (7.3)	7,819 (17.2)	– (0.0)	85,669 (10.2)
Sheraton	12,771 (2.5)	5,997 (17.9)	27,923 (45.2)	9,001 (7.0)	10,871 (30.0)	1,098 (2.4)	– (0.0)	67,160 (8.0)
Swiss Grand	14,885 (2.9)	1,723 (5.1)	– (0.0)	4,057 (3.1)	1,393 (4.0)	10,869 (24.0)	– (0.0)	32,927 (3.9)
Shilla	58,612 (11.2)	2,505 (7.5)	2,572 (4.2)	3,196 (2.5)	– (0.0)	– (0.0)	– (0.0)	66,884 (7.9)
WestinChosun	43,866 (8.4)	3,428 (10.2)	378 (0.6)	3,585 (2.8)	4,063 (11.7)	1,177 (2.6)	3,520 (20.4)	60,018 (7.1)
Lotte	52,042 (10.0)	1,584 (4.7)	9,640 (15.6)	63,599 (49.1)	2,217 (6.4)	14,505 (32.0)	– (0.0)	143,586 (17.0)
Lotte World	24,177 (4.6)	2,149 (6.4)	2,047 (3.3)	20,671 (16.0)	3,269 (9.4)	229 (0.5)	– (0.0)	52,541 (6.2)
Ritz-Carlton	39,439 (7.6)	2,849 (8.5)	– (0.0)	5,007 (3.9)	1,120 (3.2)	604 (1.3)	– (0.0)	49,019 (5.8)
InterContinental	78,187 (15.0)	6,243 (18.6)	1,986 (3.2)	2,050 (1.6)	2,669 (7.7)	1,263 (2.8)	– (0.0)	92,397 (11.0)
전체	521,117 (100)	33,508 (100)	61,748 (100)	129,436 (100)	34,594 (100)	45,351 (100)	17,245 (100)	842,999 (100)

표 9-5 호텔 고객의 추구 혜택

객실 내의 주요 속성	VIP 객실, 침대의 안락함, 조명, 객실 내 업무 공간의 확보, 편안한 베개, 욕실 내의 전화, 수건의 두께, 욕실 내 비품, 금연 객실, 객실의 장식, 객실의 크기, 객실의 청결, 욕조의 크기, 욕조의 청결, 충분한 옷장과 옷걸이, 충분한 귀빈 층의 확보, 객실 내 커피 서비스, 무료 신문, 유선 TV
Front office의 주요 속성	예약 시스템의 편리성, 예약 시스템의 신뢰성, check-in/out의 신속성, 스포츠 시설의 질, 실내 수영장의 질, 야외 수영장의 여부, 비즈니스 센터의 효율성, 종사원의 전문성, 종사원의 친절성, 종사원의 의사소통 능력, 불평 처리의 신속성, 불평의 원만한 처리, 귀빈 대우, 호텔 내의 관광 안내 정보 제공, 호텔 이용 정보의 용이성, 재투숙객에 대한 관심, 객실 메시지 전달의 효율성, 무료 시내 전화
객실 가격의 주요 속성	실질 객실 가격, 가격과 가치의 비례, 할인의 융통성, 할인 제도의 공지
식음료 업장의 주요 속성	식음료 서비스의 적시성, 서비스의 다양성, 식음료의 다양성, 청결, 친절한 서비스, 전문적 서비스, 식음료 업장의 형태(커피숍, 바, 양식당, 한식당, 일식당, 뷔페, 이태리 식당 등)
식음료 가격의 주요 속성	가격과 가치의 비례, 식음료 가격 선택의 폭(낮은 메뉴 가격의 제시 여부), 할인 제도
기타 호텔 전반 부문의 주요 속성	호텔 체인의 상표에 대한 선호도, 호텔의 평판, 호텔 고유의 특성, 호텔의 안전성, 인근 지역의 안전성, 호텔의 조용함, 인근 지역의 조용함, 비즈니스상의 편리한 위치, 쇼핑 및 기타 관광 활동의 편리한 위치, 기타 부대시설, 고객 군, 로비, 광고, 지역에 대한 친밀성, 호텔에서의 과거 경험, 호텔 정책의 융통성, 구전 커뮤니케이션

출처: 정규엽 · 한승엽(1995). "호텔선택 결정속성에 의한 비즈니스 FIT의 시장세분화에 관한 연구(Ⅰ): 서울 지역 특1급 호텔을 중심으로", 호텔경영학연구.

위의 속성들은 대다수의 호텔 고객에 있어서 공통적으로 고려되는 추구 혜택이다. 그 이외에 각 세분시장별로 특별히 고려되고 있는 혜택들은 다음과 같다.

2-1. 비즈니스 FIT

과거 가격에 대해서 민감하지 않았던 비즈니스 FIT들은 점차 가격에 대해 민감하게 반응하고 있다. 직급별로 경비가 차별화되어 있기 때문에 각 고객 형태별 지불 가능 범위(price bracket)를 고려한 객실 요금 책정이 중요하며, 따라서 적정한 객실 요금이 점차 주요 속성으로 대두되고 있다. 그 이외에 좋은 품질의 침대 메트리스, 무료 시내 통화 및 장거리 전화에 대한 낮은 부가비(surcharge), 무료 continental 조식, 금연 객실, 무료 예약 전화번호 등이 주요 혜택으로 부각되고 있는 속성들이다. 비즈니스 FIT들은 레스토랑 outlet 중 커피숍과 바를 선호한다.

무료 continental 조식
American 조식에서 계란이 빠질 경우의 조식.

비즈니스 FIT를 위한 McDonald's Hotels and Resorts의 조식, 미국 Hilton의 'Sleep Tide'룸

영국에만 40개 이상의 체인을 보유하고 있는 McDonald's Hotels and Resorts(〈그림 9-3〉 참조)는 2012년 비즈니스 여행객에게 최고의 조식을 제공하는 것으로 유명하다. 그 결과 Scottish Hotel Awards 2012 in Glasgow에서 주는 Breakfast of the Year Awards(Best Breakfast at the Menu Innovation and Development Awards in London)를 수상했다.

미국 Hilton의 'Sleep Tide'룸은 특히 비즈니스 고객에 초점을 맞춘 객실이다. 비

그림 9-3 McDonald's Hotels and Resorts

즈니스 여행객의 50% 이상이 출장지에서 가장 중요한 속성을 숙면이라고 지적한 조사 결과를 바탕으로, Hilton에서는 Washington D.C., New York, Chicago, LA, Honolulu 등 5개 지역 체인 호텔에 이 객실을 설치하고 있다. 벽을 두껍게 만들고 (소음 방지), 두터운 융단, 외부 빛을 차단하는 유색 창문, 딱딱함을 조정할 수 있는 침대와 베개, 자연의 음향 효과를 내는 서라운드 장치, 눈가리개, 수면 중 걸려오는 전화를 보이스 메일로 바꾸는 스위치 등이 준비되어 있다. 예약만 하면 일반 객실과 동일한 요금으로 이용할 수 있는 객실로서 비즈니스 여행객들에게 큰 호평을 받고 있다.

비즈니스 FIT에게 가장 중요한 고객 수면 환경과 관련된 각종 단체 및 학자들의 주요 리서치 결과는 〈표 9-6〉과 같다.

표 9-6 주요 호텔 체인들의 Business FIT에 대한 리서치 결과

Hilton Worldwide	'Sleep Tide'룸 for 비즈니스 고객, 숙면(50%↑ 가장 중요), 벽 두껍게(소음), 두터운 융단, 외부 빛 차단 유색 창문, 단단함 조정 침대와 베개, 자연 음향 효과 서라운드 장치, 눈가리개, 수면 중 전화 → 보이스 메일
Four Seasons	매트리스(탄성에 따라 3형태), 베개 선택, 침대 주변 amenity 선택, 소음 수준, 온도, 신선한 공기 주입, 언제든 black-out 가능, 시차 조정

비즈니스 FIT 세분시장에 있어서 가장 두드러진 변화가 있다면 여성 고객의 증가다. 취업 여성들을 위한 전문 잡지인 Working Woman은 이미 1988년도에 Fortune,

그림 9-4 여성 비즈니스 여행객의 안전 욕구 Abloy Security Group의 카드를 통한 전자 잠금 장치인 VingCard를 통한 여성 비즈니스 여행객의 안전 욕구 충족, 호텔 security의 CCTV.

Forbes, Business Week 등 주요 잡지들의 발행 부수를 초과했다. 호텔산업에서 1970년에 불과 1%에 불과하던 여성 비즈니스 FIT의 비율은 현재 40%를 상회하고 있는 놀라운 성장세를 기록하고 있다.

여성 비즈니스 FIT들은 특별 대우 받기를 싫어하고, 남성 비즈니스 FIT와 같은 대우를 원한다. 이들은 전신 거울과 거울 근처의 밝은 조명, 헤어드라이어, 스커트걸이, 화장거울, 밝은 화장실 조명, 가벼운 메뉴, 툭 터진 라운지 등의 시설을 선호한다. 벨맨에게 객실 호수가 알려지기를 원하지 않으며, VingCard 등의 전자 잠금 시스템을 원하고(〈그림 9-4〉 참조), 사람들도 객실보다는 라운지에서 만나는 등 특히 안전에 대한 욕구가 매우 높다.

여성 비즈니스 FIT를 위한 다양한 시설들

여성 비즈니스 고객에 대한 호텔들의 관심이 점차 고조되며, London의 Hilton, 일본의 게이오, 한국의 파라다이스 호텔 등 세계적으로 여성 전용 층을 도입하는 호텔들이 증가하고 있다. InterContinental Hong Kong은 여성 전용 소품 외에도 'Concierge Confidential'이라는 프로그램을 통하여 여성의 쇼핑을 돕고 있으며, 명동 Free M 호텔의 에스테틱 서비스, 강남 Ritz-Carlton의 '레이디스 패키지', 서울 Holiday Inn의 'Beautiness 센터' 등도 계속 증가하고 있는 여성 비즈니스 고객에 대한 표적시장 전략의 일환이다.

Scotland의 Leonardo Hotels의 'Woman-Friendly Rooms'는 여성 비즈니스 여행객 전문 객실이다. 영국, Germany 등의 체인 호텔들에서 전용층으로 운영되는 이 객실은 안전 잠금 장치(safety lock), door viewer, 강력 헤어 드라이어, 아름다운 조명 시설, 기능성 화장대, 여성용 안전 주차 구역 등 여성 비즈니스 여행객에게 최적화된 시설을 제공한다.

2-2. 비즈니스 단체

문화체육관광부는 '한국 방문의 해' 마지막 연도인 2012년을 '코리아 컨벤션 원년'으로 정하고, **MICE**산업 육성에 집중할 것이라고 발표했다. 현재 국내에는 서울 COEX, 고양 KINTEX, 부산 BEXCO, 대구 EXCO, 대전 컨벤션센터 등 전국 9개의 대형 컨벤션센터를 보유하고 있다.

기업 회의, 컨벤션 등에 참가하는 비즈니스 단체 시장은 크게 기업(corporate)과 협회(association)의 두 형태로 나뉜다. 기업 시장의 지불 주체는 기업인 반면, 협회 시장은 각 개인이라는 점에서 차이가 있으며, 특히 협회 시장의 참가자들은 자율적 의사에 의해서 참가한다는 차이가 있다.

MICE, SMERF, IBTM

단체 시장을 파악하기 위해서는 **MICE**(meeting, incentive, conference, exhibition)와 **SMERF**(social, military, education, religious, fraternal) 두 용어에 대한 이해가 필요하다. **MICE**에는 corporate meeting, coporate travel, convention, association, trade show가 포함된다. **SMERF**는 가격에 민감한 비영리(non profit) 단체가 대부분이며, PCMA(Professional Conference Manager Association)에서는 이 시장을 나머지 'catch all segment'로 간주하고 있다. **IBTM**이라는 용어도 있다. **IBTM**은 incentive, business trip, and meeting을 의미하는데, 비즈니스 관련 여행 시장을 지칭한다.

따라서 이들의 호텔 선택 속성은 그 중요도에 있어서 차이를 보이고 있다(〈표 9-7〉 참조).

표 9-7 corporate/association meeting planner에 의한 주요 속성

속성	corporate(%)	association(%)
작은 회의실	82	75
객실로부터의 인터넷 접속	82	57
객실로부터의 무료 인터넷 접속	79	57
모든 주최자를 수용할 수 있는 본부 호텔 여부	76	81
연회실	61	68
호텔 내 바와 라운지	63	62
참석자들이 신뢰할 수 있는 인터넷 접속	56	76
컨벤션 서비스 매니저	74	76
객실 내 작업 공간	74	46
비즈니스 센터	72	63
회의 시장에서의 호텔/리조트 브랜드 명성	70	59
호텔 3식 캐주얼 레스토랑	68	68
공항으로부터의 무료 교통편	67	69
회의실 내 고속 인터넷에 대한 기술적 지원	67	58
회의실로부터의 인터넷 접속	67	54
전문적 인터넷/AV 지원	66	67
자료 보호를 위한 고속 인터넷 가능	64	45
호텔 내 고급 레스토랑	64	44

출처:Yesawich, Pepperdine, Brown&Russell,(2004), Portrait of North American Meeting Planners, 33.

American Express Meeting&Events의 2018년 발표에 의하면, **MICE**에 참여하는 여행객들은 London, Barcelona, Berlin 등 유럽의 주요 도시들을 선호하는 것으로 나타났다.

가장 일반적인 회의 용어인 conference는 management meeting, sales meeting, training meeting 등이 주가 된다. 성공적 회의를 위해서는 본 회의 이외에도 사전 회의(pre-conference meeting)와 사후 회의(post-conference meeting)가 필요하다. 회의 경비는 '**rate buckets**'라는 하나의 가격(volume negotiated rates)으로 협상되는 경우가 많으며, IACC(International Association of Convention and Conference)에서는 CMP(complete meeting package)라는 용어를 사용하고 있다.

비즈니스 단체에 대한 표적시장 전략의 핵심은 meeting planner다. 회의 기획가의 업무 영역은 〈표 9-8〉과 같다.

표 9-8 회의 기획가의 업무 영역

pre-meeting	• 참석자 수 예측, 회의 agenda 계획 • 회의 목표 설정, 회의 예산 책정 • 회의 장소 및 호텔/컨벤션 센터 선정, 계약 협의 • 전시 계획, 전시자 필요 서류 준비 • 마케팅 계획, 회의 장소 중심 여행 계획 • 육로 교통 준비, 시청각 자료 및 운송 준비
on-site	• pre-event 브리핑 • VIP 계획 • 동선 계획 • 예산 승인
post-meeting	• 행사 후 기록(debrief) • 평가 • 행사 후 답례 • 차기 행사 계획

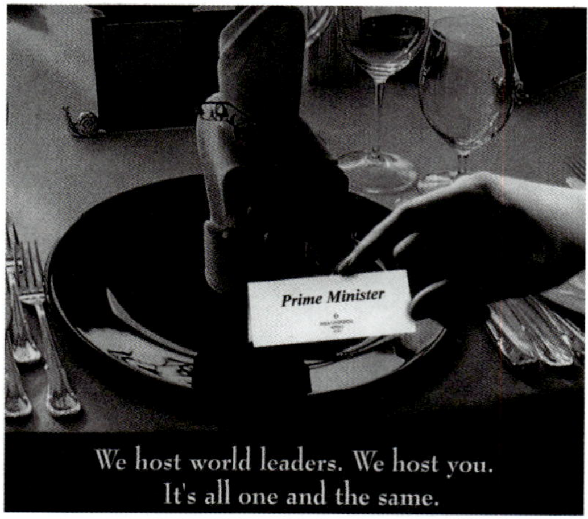

그림 9-5 InterContinental Seoul(Grand/Coex) 호텔의 회의 시장에 대한 광고

유명 호텔들의 meeting planner에 대한 전술

InterContinental Hotels Group(〈그림 9-5〉 참조)의 Crowne Plaza는 'The Place to Meet'이라는 프로그램으로 중소 규모 meeting planner들의 요청과 질의에 2시간 이내에 응답하고, 24시간 이내에 완벽한 제안서를 제출해주고 있다. 이를 지키지 못할 때, 총 경비의 5%를 할인해주고 있다. 또한 'Crowne Meetings Director'라는 고위급 직책을 신설, 회의 관련 전반적 업무를 총괄시키고 있다.

Hyatt Hotels&Resorts에서도 'e-mmediate meetings'라는 실시간 on-line 미팅 예약 시스템을 도입, meeting planner에게 최대의 효율성을 부여해준다. Starwood Hotels and Resorts Worldwide Inc.에서는 meeting planner에게 'Pampered Planner Party'를 개최하여 인센

티브를 주고 있으며, 영국의 De Vere Hotels, Singapore에 본사를 두고 있는 Raffles International Hotels&Resort 등 많은 호텔 그룹들도 경연, 마일리지 프로그램 등을 통하여 meeting planner에게 인센티브를 부여하고 있다.

2014년 Hub Meeting and Event Centers는 Sertifi라는 software를 개발해 호텔의 판매와 연회 부분의 계약과 금액 지불 과정을 통합 eSignature와 지불 시스템을 통해 90% 이상의 시간을 단축시키고 있다.

호화 호텔의 대명사인 Fairmont Hotels and Resorts는 2015년 건축비만 3억 5천만$의 conference center를 Texas주 Austin에 개관했다. 50층, 580feet 높이, 7만 f^2 function space 규모의 신 개념 conference center는 회의 단체 시장을 주도할 것으로 기대되고 있다. 미국의 3대 컨벤션 주최 도시는 Las Vegas, Orlando, Chicago다. 그 중 미시간 호수 연변에 있는 Chicago의 McCormic Place는 미국 최대 컨벤션 시설을 보유하고 있다(〈그림 9-6〉 참조). 2010년대 중반부터 중국의 Shanghai가 세계의 **MICE** 비즈니스 중심지의 하나로 부상하고 있다. Shanghai Houggiao에 위치한 QUBE Hotel, PRIMUS Residence, PRIMUS Hotel 등 세 호텔과 Sanya Marriott Hotel Dadonghai Bay, Shauhian Resort Sanya, Autogaph Collection 등이 대표적 **MICE** 유치 호텔이다.

그림 9-6 Chicago의 McCormic Place

참고로 개최 건 수에 의한 세계 컨벤션 순위는 〈표 9-9〉와 같다.

표 9-9 세계 컨벤션 개최 순위

순위	도시	국가	회의 개최 수
1	Barcelona	Spain	195
2	Paris	France	190
2	Vienna	Austria	190
4	Berlin	Germany	185
5	London	영국	177
6	Singapore	Singapore	160
7	Madrid	Spain	153
8	Prague	Czechoslovakia	151
9	Lisbon	Portugal	149
10	Seoul	Korea	142

출처:ICCA Report(2017)

2-3. 여행 시장(travel manket)

UNWTO(UN World Tourism Organization)에 의하면, 국제 관광객은 2030년에 18억 명에 이를 것이며, WTTC(World Travel&Tourism Council)는 환대산업의 가치가 1년 평균 3.9%씩 성장하여 2028년에 11.5조$에 이를 것으로 예측하고 있다.

현대 여행 시장의 동향과 특성

World Economic Forum의 산물, Smart Visa

세계 호텔업계의 양대 산맥인 Hilton Worldwide와 Marriott International이 세계 여행 활성화, 신규 일자리 창출, 경제 발전 가속화에 기여하는 **Smart Visa** 정책을 서둘러 도입할 것을 정부에 촉구했다. 2014년 Switzerland Davos에서 개최됐던 World Economic Forum에서 글로벌 비즈니스 및 여행 산업 리더들이 함께 한 자리에서 나온 말이다. 이들은 세계경제포럼 항공 · 여행 · 관광산업 의장과 협력해서 2015년과 2020년까지 **Smart Visa** 정책을 도입하기 위한 전 세계적인 행동에 나설 것을 촉구하고 있다.

Smart Visa는 보안성과 안전성을 갖춘 지속가능한 해법으로, 이동성을 촉진하고, 기술 활용성을 극대화하며, 까다로운 비자 요건으로 인해 발생하는 절차상의 비효율을 없애고, 여행 촉진 프로그램을 확대한다. **Smart Visa** 정책이 실시되면 더 많은 데이터가 수집되고, 국가 간에 데이터가 공유되며, 보안이 강화되고, 효율성이 증대돼 정부 지출을 줄이는 등 고객 환경을 개선시킬 수 있다.

WTO의 발표에 의하면, 여행 시장에서 가장 빠르게 성장하고 있는 분야는 문화 여행이라고 한다.

그 대표적 증거를 Greece에서 찾아볼 수 있다. Greece의 해외 여행객은 2010년 1,500만, 2014년 2,200만, 2015년 2,360만에서 2018년 3,200만 명에 이르는 등 매우 가파른 증가세를 보이고 있다. 유럽의 주요 국가 중 성장률이 단연 1위다. 또 하나의 증거는 중남미 여행의 증가 추세다. 필자도 2018년에 Cuba와 Dominican Republic을 여행한 적이 있는데, 관광의 핵심 포인트는 단연 문화다. 중남미 국가 중 Mexico, Brazil, Panama, Costa Rica, Chile, Argentina(해외 여행객 수 기준 순위) 등 6개 국은 세계 50대 관광국에 속한다.

또한 제 3세계 국가에 가서 빈민 구제 활동을 하거나 동물 보호 등의 'voluntouris'(자원봉사 여행)도 증가 추세에 있다. Eastwatch, Biosphere Expeditions와 같은 민간 여행사, 비영리 기관들이 이와 같은 여행을 전문적으로 취급하고 있다. 미국의 Vocation Vacations라는 여행사는 타 분야의 직업을 경험할 수 있는 여행 상품을 판매하고 있다. 범죄, 죽음, 공포, 테러, 자연 폐해 등의 장소를 관광 명소로 개발하여 상품화하는 관광 형태도 있다(예 : 미국 San Francisco Alcatraz 감옥). 이것을 '**dark tourism**

marketing'이라고 한다.

New York University와 Deloitte Consulting 기업의 공동 연구에 따르면, 다음과 같은 4가지 형태의 여행 행동이 미래에 성행할 것으로 예측하고 있다.

① 중국, 인도, Gulf만 국가로의 여행 증가
② 여행에 지출할 돈의 증가(2006년부터 2015년까지 세계 여행 시장은 두 배로 증가)
③ 노인 인구의 증가와 함께, 65세 이상 은퇴 노인들이 여행업계의 최대 고객이 됨(문화 여행 선호)
④ 여행 정보 및 여행 상품 구매 시 인터넷의 이용 증가

크루즈산업과 Millennial세대

크루즈산업이 향후 가장 중점을 두는 세분시장은 단연 **Millennial 세대**다. **Millennial 세대**는 독특한 여행과 모험, 이국적 장소와 환경을 선호하기 때문에 크루즈산업을 통한 여행과 잘 어울린다. 크루즈산업의 선두 주자인 Royal Caribbean's Sympony of the Seas도 **Millennial 세대**를 제 1의 표적시장으로 선정하고 있다. **Millennial 세대**에만 초점을 맞추고 있는 Uniworld의 크루즈는 고객의 연령을 45세 이하로 제한할 정도다.

Cruise Line International Association(CLIA)에 의하면, 북미 지역 크루즈 고객의 평균 연령은 46세라고 한다. **CLIA**의 2018년 보고에 의하면, **Millennial 세대**의 자기 여행 선택에 있어서 크루즈가 약 70%에 이른다고 한다. **Millennial 세대**에 대한 Princess Cruises, Disney Cruise Lines, Carnival Cruise Line 등 크루즈 공룡들의 표적시장 전략이 매우 기대되고 있다.

Millennial 세대 전문 기업인 미국의 Millennial Marketing에 의하면, **Millennial 세대**는 2020년에 전 세계 인구의 절반을 점유할 것이며, 진정성(authenticity), 개별적이고 독특한 경험(personalized and unconventional experience), 디지털 기술 등이 이 세대를 성공적으로 유치할 수 있는 핵심 요소라고 한다. Hotels.com의 전 세계 **Millennial 세대** 6,788명에 대한 조사 결과에 의하면, 응답자의 35%가 유명 관광지보다 더 작은 지방 도시를 선호했으며, 잘 알려지지 않은 거리 여행 35%, 독특한 거리 음식 체험 33%, 새 언어와 기술 습득 33% 등으로 나타나 Millennial Marketing의 조사 결과를 뒷받침하고 있다.

항공사들도 여행을 위해 보다 융통성 있는 전략을 추구하고 있다. 미국의 DayJet 항공사는 미리 정해진 항공 노선 없이 고객이 원하는 노선을 실시간으로 파악하여 노선을 결정하고 있다. 철저한 맞춤형 서비스의 대표적 예다. 2014년 호화 여행 전문여행사인 Oliver's Travels는 고객 취향에 맞게 인테리어를 할 수 있는 레저용 잠수함을 만들었다. Mile Low Club이라는 명칭으로 선장, 주방장, 버틀러로 구성된 요원들이 서비스를 하며, 여행 장소는 어디든 고객 마음대로 정할 수 있다. 개인 요구에 따라

개인용 쾌속정, 헬리콥터 등 어떠한 장소로도 이동할 수 있고 (예:헬리콥터로 해변에 착륙), 침대에서 샴페인이 포함된 조식을 할 수 있으며, 최음 효과가 있는(aphrodisiac) 메뉴까지 제공받는 등 이 Lovers Deep 프로그램은 고객의 환상을 모두 실현해주는 대표적 호화 여행 프로그램이다.

세계에서 가장 독특한 여행사이며 'Blink'라는 프로그램을 운영하는 Black Tomato는 개인의 특별 요구에 맞춘 여행 상품을 판매하고 있다. 지역, 일정, 숙소까지 고객이 원하는 대로 맞춰준다.

관광 목적 여행객은 점차적으로 비즈니스로부터 파생되는 경우가 많아지고 있다. 환언하면 비즈니스 목적 여행객이 비즈니스만이 아닌 관광 목적의 여행을 병행하는 사례가 많아지고 있다는 것이다. 그에 따라 '**bleisure(business+leisure)** travel'이라는 새로운 용어도 탄생됐다. 관광 목적 여행객은 가장 큰 성장률을 보이고 있는 세분시장인 동시에, 호텔산업에서 무시할 수 없는 주 시장으로 부각되고 있다.

거대한 중산층(critical mass)들이 점차 늘어나는 가처분 시간과 수입으로 인하여 여행의 횟수를 늘리고 있으며, 특히 가족 단위로 여행을 하는 경향이 두드러지게 증가하고 있다. U. S. Travel Data Centre의 조사에 의하면, 가족 단위 여행객들의 가장 중요한 세 혜택은 '가족의 일원으로 함께 여행', '가정과 경력의 균형에 대한 스트레스를 풀기 위해', '휴식과 긴장 완화'로 나타나고 있다.

세계 제 1의 여행 송출국은 단연 중국이다. 중국인들은 2017년 기준, 1억 3천만 건 이상의 해외 여행을 했으며, 약 1억 1,500만$의 여행 경비를 지불했다. 중국인들이 가장 선호하는 호텔은 Shangri-La, Ritz-Carlton, Peninsula 순이다. 선호하는 나라는 Australia, Germany, 미국 등이며, Wechat Pay와 Alipay 등 모바일 지불이 가장 많다.

1960년대 French Alps를 시작으로 세계적으로 2000년대 평균 15%의 급속한 성장률을 보이고 있는 휴가 분양권(vacation ownership)은 'time sharing'의 가장 대표적 형태다. 'Time sharing'은 **공유 경제(sharing economy)**의 사상에 입각한 개념이다. 여기에는 세계에서 최대 규모를 자랑하고 있는 RCI(Resort Condominiums International)를 필두로 Marriott Vacation Club International, Walt Disney, Hilton, Hyatt, Embassy Suites, InterContinental, Ritz-Carlton, Four Seasons 등 세계 유명 호텔 체인들도 많은 참여를 하고 있다.

여행 시장의 성장 분야 중 하나는 'vacation rental'(휴가 임대)이다. Vacation rental이란 여행객들이 고층(loft) 아파트, 비치 콘도, 산악 산책, 보트, 농장, 섬, 방갈로 등 선호하는 장소에 임대 형식으로 투숙하며 휴가를 즐기는 것을 의미한다. Airbnb를 필두로 Home Away by Expedia* 등이 vacation rental을 주도하고 있다. 향후 Google Home, Amazon Echo, Apple Homebot 등의 스마트 스피커들이 객실 서비스 및 front desk 직원의 역할을 하며 이 분야를 더욱 활성화할 것으로 예상된다. 미국의 경우 2018년에 그 규모가 2,000만$에 이르렀으며, 2022년에는 4,700만$의 시장이 될 것으로 예상된다.

2018년 Expedia가 3,900만$에 인수함.

여행 시장에서 또 하나의 성장 분야는 '홀로(solo) 여행'이다. 2020년 기준, 지난 몇 년 간 지속적으로 10% 이상의 성장을 하고 있다. 이 세분시장에 잘 봉사하는 호텔에 수상하는 'Solo Travel Award'가 2018년에 신설됐을 정도다.

관광 목적 여행객은 크게 두 형태의 고객으로 대분된다. 대다수에 속하는 한 형태

표 9–10 Original four tribes for 2020

세분시장	내용
Active Seniors	• 더욱 건강하고 활동적인 은퇴자 층(2020년 기준, 약 50~75세) • 보다 많은 가처분 소득 보유 • 인생과 은퇴의 자유를 즐기기 위해 휴가와 단기 휴식 등을 취함.
Global Clans	• 전 세계적 이동의 증가로 인해 해외 여행자 수가 급증함. • 휴가를 통해 개인 혹은 가족 단위로 가족과 지인을 방문함. • 만남과 방문을 목적으로 함.
Cosmopolitan Commuters	• 서로 다른 지역에서 거주하고 일하는 인구가 증가함. • 여행 비용이 감소하는 이점이 발생하며, 유연한 업무 방식의 일이 가능함. • 생활의 질을 향상시킴.
Global Executives	• 사업차 단거리와 장거리 해외 여행을 하는 최고 중역을 의미함. • 프리미엄 또는 비즈니스 클래스로 여행함.

표 9–11 Evolved six tribes for 2030

세분시장	내용
Simplicity Searchers	• 여행과 휴가 계획에 있어, 무엇보다 용이성과 투명성을 가치있게 여김. • 믿을 수 있는 사람들에게 의사 결정을 위임하기 바라는데, 이는 광범위한 조사 자체를 피하기 위함임. • 이와 같은 집단은 Active Seniors나 Global Clans에서 주로 나타남.
Cultural Purists	• 여행을 가사로부터의 완전한 해방의 기회로 여김. • 삶의 다른 방식에 온전히 심취함. • Cosmopolitan Commuters와 유사한 유형임.
Social Capital Seekers	• 온전한 여행이 부러움의 대상이 되는 개개인의 가치라 생각함. • 여행으로부터 최대의 사회적 보상을 받고자 하는 욕망이 선택을 결정함. • 경험을 더욱 가치있게 만들기 위해 가능한 디지털 미디어를 활용함. • 온라인상의 사람들이 지켜보고 있다는 사실에 근거하여 여행 계획을 설계함.
Reward Hunters	• 바쁜 일상과 높은 수준의 성취감을 위해 투자했으며, 이에 대한 보상을 원함. • 호화로운 여행을 함. • 평범하지 않으며, 종종 사치스러운 '필수적' 경험을 추구함. • 신체적, 정신적 자아 계발 모두를 포함하는 wellness 트렌드를 따름.
Obligation Meeters	• 어떠한 경계선이 존재하는 목적에 따라 여행 선택이 제약됨. • 비즈니스 여행객이 이 부류에서 가장 의미 있는 집단임. • 이들의 주된 욕구와 행동은 주로 실수없는 정확한 장소와 시간에 의해 형성됨. • Cosmopolitan Commuters와 Global Clans의 행동의 확장으로 묘사됨.
Ethical Traveller	• 여행을 계획하고 진행하는 것이 양심의 허락과 관련됨. • 환경적 요인을 중시하며, 정치적 사상이 선택에 영향을 미침. • 관광이 경제와 시장에 기여하는 수준을 인지함. • 윤리 의식은 2007년 활동적 노년층에 중시된 바 있음.

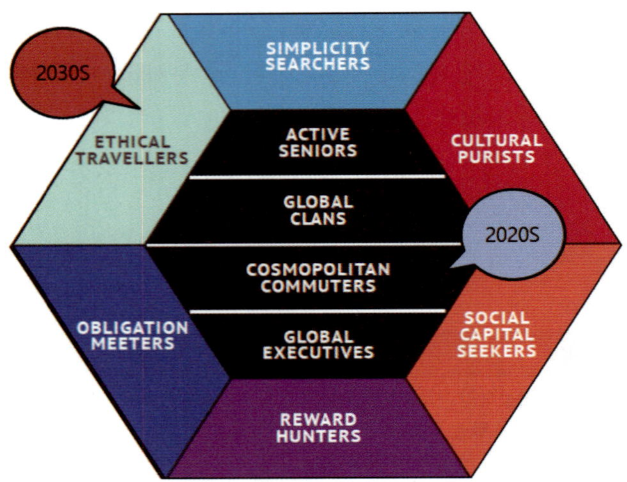

그림 9-7 Mega-segmentation for travel market

는 가격에 매우 민감하며, 호텔의 시설, 이용 방법 등에도 가장 무지한 부류고, 나머지 한 형태는 가격에 거의 민감하지 않으며, 호텔의 시설, 서비스 등 모든 측면에 있어서 가장 까다로운 부류다. 따라서 용어상 같은 세분시장으로 분류는 되지만, 소비자 행동 측면에 있어서 극과 극의 양상을 보이는 전혀 다른 세분시장이다.

마지막으로 주요 기관들이 제시한 2020년과 2030년의 미래 여행 시장의 세분시장은 〈표 9-10〉, 〈표 9-11〉, 〈그림 9-7〉과 같다.

세계 7대 불가사의, 세계 7대 자연경관, World Heritage Sites

고대, 중세, 신(新) 세계의 7대 불가사의 및 신 7대 불가사의는 〈표 9-12〉 및 〈그림 9-8〉과 같다.

표 9-12 세계 7대 불가사의 및 신 7대 불가사의

Greece의 시인 Antipatros의 시에 나오는 것으로 Ishtar의 문(Babylon 성벽)은 6세기에 Alexandria의 등대로 교체됨.

2007년 7월 7일 Switzerland의 탐험가 Bernard Weber의 'The New 7 Wonders' 재단에서 발표.

고대* 불가사의	중세 불가사의
Egypt 대 피라미드	영국 Stonehenge
Babylon 공중 공원	Rome Colosseum
Alexandria Pharos 등대	Rome Catacombe
Ephesos Artemis 신전	중국 만리장성
Mausoleum Halicarnassus 영묘	중국 자기탑
Olympia Zeus상	Turkey Hagia Sophia
Rhodes 거상	Pisa 사탑
신세계* 불가사의	**신 7대 불가사의**
Peru Machu Picchu	중국 The Great Wall(만리장성)
Brazil Rio de Janeiro 예수상	Italy Colosseum
Mexico Maya 유적지	Peru Machu Picchu
중국 만리장성	인도 Taj Mahal
Jordan 고대 도시 Petra	Jordan 고대 도시 Petra
Rome Colosseum	Brazil 예수상
인도 Taj Mahal	Mexico Chichen-Itza

1. Egypt 대 피라미드
2. Babylon 공중 공원
3. Alexandria Pharos 등대
4. Ephesos Artemis 신전
5. Mausoleum Halicarnassus 영묘
6. Olympia Zeus상
7. Rhodes 거상
8. Brazil Rio de Janeiro 예수상
9. Pisa 사탑
10. 중국 만리장성
11. 인도 Taj Mahal
12. Mexico Chichen-itsa의 Maya 유적지
13. Jordan 고대 도시 Petra
14. Italy Colosseum
15. Turkey Higia Sophia
16. 중국 자기탑
17. Peru Machu Picchu

그림 9-8 세계 7대 불가사의(고대, 중세, 신세계, 신)

1. 대한민국 제주도 2. Brazil Amazon 3. Vietnam Ha Long Bay 4. Argentina Iguazu 폭포 5. Indonesia Komodo 국립공원 6. Philippine Puerto Princesa 지하강 7. South Africa Table Mountain

그림 9-9 세계 7대 자연경관

2012년 '세계 7대 자연 경관', '신 7대 불가사의'에 선정된 국가들이 손을 잡았다. 관광 정책을 한데 묶어 새로운 관광 수요를 창출하고, 국가 브랜드 이미지를 높이는 시너지를 발휘하기 위함이다. '세계 7대 자연경관'에 선정된 곳은 〈그림 9-9〉 및 〈표 9-13〉과 같다.

표 9-13 세계 7대 자연 경관*

- 대한민국 제주도
- Brazil Amazon
- Vietnam Ha Long Bay
- Argentina Iguazu 폭포
- Indonesia Komodo 국립공원
- South Africa Table Mountain
- Philippine Puerto Princesa 지하강

* 'The New 7 Wonders' 재단에서 발표.

UNESCO(the United Nations Educational, Scientific, and Cultural Organization)는 보호와 보전의 가치가 있는 도시나 지역을 World Heritage Sites로 지정하고 있다. 미국의 the Statue of Liberty와 Grand Canyon, Africa의 Serengeti, Egypt의 Pyramids, Australia의 the Great Barrier Reef, 남미의 the Baroque Cathedrals 등이 대표적 지역들이다.

대한민국의 관광산업

대한민국은 2017년에 외국 관광객 1,334만 명 이상을 유치했다. 2017년 기준, 세계 1위는 France(8,690만)이며, Spain(8,180만), 미국(7,590만)이 2, 3위, 그 뒤를 중국, Italy, Mexico, 영국, Turkey, Germany, Thailand가 잇고 있다. 대한민국은 세계 27위다. 2017년 기준, 대한민국의 관광산업이 GDP에 기여한 비중은 5.1%로, 세계 평균 10%에 크게 못 미치고 있다(Spain 14.4%, Italy 11.3%, 일본 7.5%).

세계 관광산업의 경쟁력 순위와 세계 10대 관광 도시는 〈표 9-14〉 및 〈표 9-15〉와 같다.

표 9-14 세계 관광산업 경쟁력 순위

순위	전체 경쟁력	환경조성	관광정책 및 기반조성	인프라	자연 · 문화자원
1	Spain	Hong Kong	Singapore	미국	중국
2	France	Switzerland	Panama	Singapore	Brazil
3	Germany	Finland	New Zealand	Switzerland	Spain
4	일본	Norway	Luxembourg	Spain	France
5	영국	Luxembourg	Indonesia	영국	Italy
6	미국	Iceland	Estonia	Germany	Mexico
19	대한민국	Belgium	Bulgaria	Portugal	Thailand
22	Mexico	Taiwan	Finland	Norway	대한민국
24	Greece	대한민국	Germany	Qatar	Austria
27	Brazil	Czech	Switzerland	대한민국	Russia
47			대한민국		

출처:World Economic Forum(WEF), 국가별 관광경쟁력 순위(2017)

표 9-15 세계 10대 관광 도시

순위	도시
1	Bangkok, Thailand
2	London, UK
3	Paris, France
4	Dubai, UAE
5	Singapore
6	New York, USA
7	Seoul, Korea
8	Kuala Lumpur, Malaysia
9	Tokyo, Japan
10	Istanbul, Turkey

출처:Mastercard(Top 20 Global Destination Cities in 2017)

WTO에 의한 세계 대륙별 관광객 입국 및 예측은 〈표 9-16〉과 같다.

표 9-16 세계 대륙별 관광객 입국 및 예측

(단위:백만 명)

대륙	2017	비율(%)	2030	비율(%)
Africa	63	4.8	134	7.4
Americas	209	15.8	248	13.7
Asia/Pacific	323	24.4	535	29.6
Europe	671	50.7	744	41.1
Middle East	58	4.4	149	8.2
합계	1215	100	1,809	100

출처:UNTWO Tourism Highlights, 2018 Edition

2-4. 패키지

패키지 상품의 사례

세계적으로, 또한 국내에서도 패키지를 이용하는 관광객이 증가 추세에 있다. 국내의 경우 객실, 식음료, 휘트니스 시설 등을 묶어서 하나의 가격으로 판매를 하고 있으며, 특히 비수기에 많은 활용을 하고 있다.

외국에서는 매우 다양한 형태의 패키지가 개발되고 있다. Club Med는 여행 및 관광과 관련된 모든 상품을 묶어서 판매하고 있는 세계 제 1의 기업으로 알려져 있다(〈그림 9-10〉 참조). New York시의 경우만 예를 들더라도 Ritz-Carlton이 Central Park, The Waldorf Astoria가 Park Avenue, 컨벤션 호텔인 Hotel Pennsylvania가 패션 거리,

그림 9-10 세계 최대의 패키지 투어 그룹 Club Med

Milford Plaza Hotel이 Broadway를 활용하여 주말 패키지를 만들고 있다. 또한 2012년 Stanford Hotel은 객실, 레스토랑, 마사지, 바 등의 제품을 고객이 직접 구성하는 **DIY(do it yourself)** 패키지를 개발한 바 있다. 그 외에도 건강 진단, 쇼, 특별 행사 등 여러 이벤트와 관련된 패키지 상품이 활용되고 있는데, 이와 같은 다양한 아이디어들을 국내 호텔들도 패키지 상품에 활용해야 한다.

의료관광

미국 Texas주의 Austin에 있는 Four Seasons에서는 고객이 숙박 중 코, 가슴 성형 및 botox 등 'cosmetic surgery'를 받을 수 있다. 최근 국내에서도 의료관광 패키지가 점차 늘어나고 있다. 치료와 휴양, 레저, 문화 활동 등 관광 활동이 결합된 새로운 형태의 의료관광은 치료와 건강 관리를 위해 해외로 나가는 헬스케어산업의 새로운 현상으로 경쟁이 치열해지고 있다. 의료관광은 일반 관광에 비해 체류 기간 및 지출 비용 등이 높은 고부가가치 산업으로 21세기 '**blue ocean**' 영역으로 인식되고 있다.

Thailand는 의료관광으로 연간 100만 명 이상의 관광객을 유치하고, Singapore는 연간 5억$ 이상의 경제적 소득을 올리고 있다. 이외에도 인도, Dubai, Hungary, Poland, Argentina, Brazil 등의 국가에서도 의료관광을 미래 국가 전략 사업으로 규정하고, 높은 경제적 효과를 기대하고 있다.

의료관광이 활성화되며 'meditel'이라는 용어가 탄생됐다. 'Meditel'에서는 의원급 의료기관이 들어올 수 있고, 은행업과 의류 등 생활용품 판매업도 가능하다.

환대산업 패키지의 유형과 의의

환대산업에서의 패키지*는 다음과 같은 여러 유형으로 구성된다.

① **종합 패키지(all-inclusive package)**: 항공 요금, 숙박비, 지상 교통 수단, 음식, 오락, 세금, 팁 등 모든 여행 요소를 포함한 패키지(예: Club Med)(〈그림 9-9〉 참조).

② **전문 가이드 투어(escorted tour)**: 미리 정해진 여행 일정이 전문 가이드에 의해 인도되는 투어로서 교통 수단, 숙박, 음식, 오락, 입장료 등 소수의 선택(option) 사항을 제외하고, 많은 여행 요소를 포함한 패키지

③ **교통 수단 패키지**: 왕복 항공편과 여행 목적지에서의 렌터카를 묶는 'fly-drive'(예 : Lufthansa/Avis Fly-drive Classics)(〈그림 9-11〉 참조), 'fly-cruise', 'fly-rail', 'rail-drive' 패키지 등

④ **숙박과 식사 패키지**: 호텔에서 숙박과 세 번의 식사(American plan), 아

여행 패키지는 wholesaler, tour broker에 의해 판매되는 경우가 대부분임. 이 경우 5명 이상의 단체 관광객에 대하여 GIT(group inclusive tour)라는 용어를 사용하며, motorcoach tour라고도 부름.

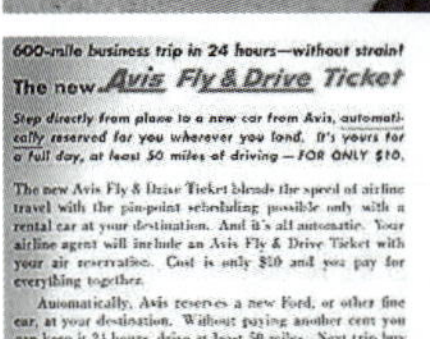

그림 9-11 Avis의 Fly-drive 패키지

B&B plan과 continental plan의 차이는 continental plan의 경우는 아침식사가 유럽식으로 제공되어 진다는 점.

침과 점심, 저녁 중 하나 선택(modified American plan 혹은 Bermuda plan), 아침만 선택(bed and breakfast plan, continental plan)*, 숙박만 제공(European plan) 등

⑤ **이벤트 패키지**: 세계적, 지역적 행사와 관련된 패키지(예: Olympic Games, World Cup, Super Bowl, 전국 체전, 국제 영화제, Expo 등)

위의 패키지 유형 외에도 기업 간 협력에 의한 특수한 유형의 패키지들이 늘고 있다. 가장 대표적 사례는 2018년에 소개된 Four Seasons Hotels and Resorts와 Net Jets에 의해 개발된 'made-to-order' 패키지다. Four Seasons에 투숙하는 고객은 Net Jets의 항공기를 이용해 자신이 직접 조종하며 Four Seasons가 설정한 관광지를 방문할 수 있다.

패키지를 통한 고객의 추구 혜택은 세 형태로 대분될 수 있다. 첫째는 가격이다. 대부분의 패키지 상품은 낮은 가격으로 제공되기 때문에, 고객은 여러 상품을 하나의 낮은 가격으로 이용할 수 있다는 장점을 갖게 된다. 두 번째 이유는 패키지가 아니면 평소에 이용할 수 없는 시설 및 제품을 이용할 수 있다는 것이며, 세 번째 이유는 패키지에 포함된 모든 시설을 평소보다 쉽게 이용할 수 있다(hassle-free)는 것이다.

마케팅의 관점에서 살펴볼 때 패키지는 몇가지 중요한 과제를 던져주고 있다. 국내 호텔의 경우 그 대상 잠재 영역이 무수하며, 큰 시장의 기회를 갖고 있다. 반면에 패키지는 많은 불평이 접수되는 영역 중의 하나다. 많은 불평들이 패키지에 포함되었던 상품 이용에 대한 약속 불이행으로 파생되고 있기 때문에, 기존 제품에 대한 부정적 구전 커뮤니케이션으로 연결되는 경우가 많다. 그러나 분명한 것은 패키지 상품은 '계륵'이 아니라 '황금알을 낳는 거위'라는 것이다. 특히 국내 리조트 호텔에 있어서 패키지 상품에 대한 마케팅의 올바른 수행은 사업의 성장을 위한 중요 요소다.

2-5. 노인 시장(silver market)

silver market
일반적으로 65세 이상 인구가 7% 이상일 경우 고령화 사회, 14% 이상일 경우 고령 사회, 20% 이상일 경우 초고령 사회로 분류함. 국내의 경우 2000년에 고령화 사회에 진입하였으며(7.3%), 2018년에 14.3%의 고령 사회, 2026년에 20.8%로 초고령 사회에 진입하게 될 것으로 예견됨.

노인 시장을 의미하는 silver market 역시, 지속적으로 증가하고 있는 세분시장이다. France의 유명 화장품 기업 Revlon은 Catharime Deneuve, Jane Fonda, Susan Srandon 등 장·노년 스타를 광고 모델로 내세우고 있을 정도다. Jean-Paul Tregier는 노인 시장을 The Masters(50~59세: 가장 왕성하게 돈을 버는 단계), The Liberated(60~74세: 새로운 자유와 삶을 추구하는 단계), The Peaceful(75~84세: 건강이 주요 문제가 되고 건강을 추구하는 단계), The Elderly(85세 이상: 의존과 독거 단계) 등으로 분류하고 있다.

이 세분시장은 뚜렷한 수요 주기가 없기 때문에 비수기에 유치할 수 있다는 것이 무엇보다도 큰 매력이다. 아침식사도 보통 사람들보다 빨리 하기 때문에 많은 호텔들이 Early Bird Special 등의 메뉴를 개발하고 있는 등, 새로운 세분시장으로 점차 부각되고 있다. 이들의 대부분은 재투숙률이 매우 높으며, 육체적으로 많이 움직이는 것을 싫어하고(soft adventure), 따라서 로비와 가까운 객실을 선호한다. 짐 처리, 관광 정보에 대해 특별히 신경을 써야 하며, 신속한 서비스보다는 친절하고 여유있는 서비스

그림 9-12 Starbucks의 More than a Cafe

를 선호한다. 부부 동반으로 투숙할 때 침대가 두 개 필요하며*, suite룸, 큰 욕조 및 온천, 밝은 조명을 선호한다. 이들의 일부는 호화스럽고, 편안한 혜택에 대하여 기꺼히 돈을 지불할 만큼 가격에 민감하지 않기 때문에, 이들의 다양한 욕구와 필요를 잘 조사해야 한다.

* 성적인 문제가 아니라 몸이 불편한 경우 때문임.

미국 Chicago에서 시작된 Starbucks의 시니어 버전 'More than a Cafe'라는 '가정과 직장에 이은 제 3의 공간' 개념의 커피 전문점이 실버 시장을 대상으로 franchise화 되고 있다(〈그림 9-12〉 참조).

시니어파트너즈의 임원 김형래는 시니어 소비자가 갖는 관계적 특성을 다음과 같은 5가지로 요약하고 있다.

① 객관적 신뢰보다 주관적 친분을 우선하는 관계 중심 소비자(relation-oriented consumer)
② 누군가 도와주면 도전할 용의가 있는 조언 의존 소비자(advise-defended consumer)
③ 체면과 명분을 기반으로 하는 비교 중시 소비자(compare-centered consumer)
④ 심층 정보보다 직접 체험을 중시하는 경험 중시 소비자(experience consumer)
⑤ 집단의 일원이면서도 나를 잃지 않는 자기 개성 소비자(me identified consumer)

노인 시장의 최적 호텔: Residence Inns by Marriott

Marriott의 Residence Inns(Leisure Life Program), AccorHotels Group의 Hotelia 등은 이들을 표적시장으로 하는 대표적 호텔들이다(〈그림 9-13〉 참조). Marriott의 Residence Inns는 노인 시장을 포함한 1주일 이상의 장기 투숙객 및 비즈니스 여행객에 있어서도 최적의 기회를 제공하고 있다. 미국 Candlewood로부터 Residence Inns를 인수한 Marriott은 Residence Inns에 충분한 업무 공간, TV와 VCR, 시계, 라디오, CD player가 결합된 사운드 시스템, 두 개의 전화선, 보이스 메일, 데이터

그림 9-13 노인 시장에 대한 유인 전략. Marriott Hotels, Resorts&Suites에서는 자사의 네 브랜드 호텔에 대한 할인 요금을 제시하며 노인 시장을 유인함

통신 시설, 냉장고, 오븐, 버너, 접시 세척기 등을 객실 내에 모두 설치하여 신 개념의 객실 형태를 등장시켰다. 고객이 직접 이용할 수 있는 세탁기, 운동 시설, 무료 시내 전화와 분 당 25¢의 장거리 전화 부가 요금, 옥외 바비큐 시설 등, 호텔 레스토랑이 필요 없는 'the bigger box(객실) with kitchen'이라는 미래의 이상적인 객실을 호텔산업에 등장시킨 것이다.

Hilton에서는 65세 이상 고객에게 Hilton Seniors HHonors라는 프로그램을 통하여 50% 할인을 해주고 있다. Choice Hotels International 그룹도 이미 오래 전부터 노인 시장에 대한 표적시장 전략을 수행하고 있다. Econolodge에서는 1993년부터 'senior friendly' room을 제공하고 있으며, Rodeway Inn에서는 밝은 조명, lever형 문잡이, 큰 버튼의 전화와 시계, 샤워실에 grab bar 제공 등을 갖추고 있다.

일본 Tokyo Disney Land의 성공 비결 중 하나는 노인 시장에 대한 집중화 전략이다. 푹신한 의자, 통증 경감 의자, 전용 휴게실 및 전담 직원 배치, 돋보기 무료 대여, 치매 방지에 2014년 기준, 입장료도 성인(6,200¥)보다 할인된 5,550¥으로 채택했다. 1997년 10%에 불과했던 40세 이상 고객의 비율이 2010년 이후에는 20%를 넘어서고 있다. 일본 DoCoMo 이동통신사의 Raku-Raku 시리즈도 노년층을 위한 휴대폰이다. 단순한 interface에 큰 버튼과 큰 글꼴이 내장됐고, 일반 전화번호 수첩을 쉽게 이용할 수 있도록 고안된 제품이다.

2-6. LGBT(lesbian, gay, bisexual, and transgender)

2012년 12월 세계 10번째로 미국이 동성 결혼을 합법화시켰으며, 3일 후 영국도 동성 결혼 법안을 통과시켰다. 세계 동성애 인구는 약 4억 명으로 추정되고 있으며, LGBT Capital에 의하면, 2019년 기준, 연간 **LGBT** 시장 규모는 미국 8,000억$, 유럽 9,000억$, 아시아 9,000억$, 중국 4,000억$ 등으로 추산되고 있다. 이와 같이 동성애에 대한 허용이 세계적으로 확산됨에 따라 **LGBT**가 호텔산업의 새로운 세분시장으로 부각되고 있다.

미국의 경우 Chicago, LA, Washington, San Francisco, Miami, New York 등 주요 도시들이 주요 여행지였으나, 2010년을 지나며 St. Louis, Rochester, St. Petersburg 등의 중형 도시들도 신 여행지로 부상되고 있다. Las Vegas도 'Everyone's welcome. Even straight people'이라는 광고 캠페인으로 **LGBT** 시장을 유인하고 있다. Latin America의 Argentina, Uruguay 등은 신 'gay-right'법을 통과시켰으며, Netherlands령 Saba섬,

St. Lucia, Jamaica 등의 Caribbean섬들도 **LGBT** 시장을 유인하고 있다.

2010년을 넘어서며 **LGBT** 세분시장은 신 'niche market'으로 인식되기 시작했고, 크루즈, 여행사들도 **LGBT**를 위한 프로그램을 만들기 시작했다. Community Marketing&Insights는 2019년 미국에서 **LGBT** 시장의 경제적 영향이 전체 미국 관광 소비의 약 8%에 해당된다고 한다. 2014년 동성애 관련 대표 전문지인 Curve에 의하면, Orlando가 **LGBT** 가족의 제 1여행지라고 한다. **LGBT**는 'high-traveling, high spending'(여행도 많이 하고 경비도 많이 지출하는) 세분시장이며, 자신들을 위한 행사나 파티를 특히 선호한다.

LGBT 시장을 겨냥하는 세계의 호텔들

이러한 **LGBT**의 'pink dollar' 획득을 위해 호텔산업에서는 Hilton Worldwide와 Marriott International을 필두로 그들만을 위한 프로그램을 개발하기 시작했다. Marriott international은 특별 마케팅 프로그램을 운영하고 있다. Hilton Worldwide는 2012년부터 'Stay Hilton Go Out'이라는 **LGBT** 전용 휴가 패키지를 전 세계 460개가 넘는 Hilton Hotels&Resorts 및 Hilton Grand Vacations 체인을 대상으로 운영하고 있으며, Hilton.com 사이트를 통해 **LGBT**와의 인터뷰를 실은 Bedtime Stories, **LGBT** 여행 및 이벤트와 관련된 e-newspaper를 매월 발간하고 있다. Preferred Hotel Group도 2011년부터 Preferred Pride Program을 세계 20개 국 120개가 넘는 'gay-welcoming' 호텔과 리조트에서 운영하고 있다. 그 외에 Kimpton **boutique** 호텔, The Out NYC 게이 호텔 등 **LGBT** 시장을 전문적으로 취급하는 호텔들이 계속 증가하고 있다.

2-7. 객실 부문의 기타 세분시장

incentive travel

최근 급증하고 있는 세분시장 중의 하나는 incentive travel 고객이다. Incentive travel의 목적으로는 ①판매 증진, ②업무에 대한 새로운 인식, ③사기 진작, ④충성도 제고, ⑤새로운 account 개발 등이 있는데, 여행 인원이 평균 100명에 이르는 무시할 수 없는 세분시장이다.

Incentive travel은 비즈니스 단체에 속해있는 세분시장으로서, 미국, the Caribbean, Mexico, Hawaii, 유럽 등의 지역을 선호하며, 중국과 인도가 신 관광지로 부상하면서 아시아도 2017~2018년 기간 동안 약 28% 증가했다. 평균 체재일 수가 5~7일에 이르고, 송출 기업에서 미리 현금을 맡기는, 평균 객실 요금 및 소비 수준이 높은 세분시장이다. 외국에서는 이 세분시장을 전문적으로 취급하는 기관인 Incentive House가 증가하고 있다.

항공사 승무원

항공사 승무원은 객실 요금을 가장 적게 지불하는 세분시장이나, 무시할 수 없는 세분시장이기도 하다. 이들은 일정 관계로 숙면이 중요하기 때문에, 도착 시 check-in이 미리 되어있어야 하고, 햇빛 차단 커튼, wake-up call 등이 주요 혜택이다. 객실은 엘리베이터, 자동판매기, ice machine 등과 멀리 떨어져 숙면에 방해가 되지 않아야 하며, adjoining 객실을 피해야 한다. 식음료 할인 및 저렴한 객실과 식음료에 대한 패키지 판매를 선호한다.

adjoining 객실
객실이 연결(connecting)되어 있는 경우.

bleisure

비즈니스와 레져라는 두 가지 목적으로 여행하는 여행객들이 늘어남에 따라 '**bleisure**'라는 신 개념 세분시장이 생성됐다. Avis는 '**bizcation**'이라고 명명하고 있다.

미국의 Pullman Hotels&Resorts는 'Time for Pleasure by Pullman'이라는 프로그램으로 비즈니스 목적 여행객들에게 마지막 3일 간의 체류를 레져 목적으로 변형시키고 있다. 무한정 인터넷 이용, 'Lounge Connectivity by Pullman' 서비스(조찬 buffet, 바, 레스토랑, video-on-demand 할인) 등의 혜택이 그것이다. 미국 Las Vegas의 MGM Resort는 'M Life'라는 충성도 프로그램을 통하여 Hyatt Hotels Corporation의 'Gold Passport'와 연계, Hyatt의 비지니스 고객들을 MGM의 레져 고객으로 전환시키고 있다. 유사한 사례들은 Universal Orlando Resort in Florida, Blu Aqua 등에서 찾아볼 수 있다.

표 9-17 Marriott의 브랜드별 표적시장

브랜드	일반 비즈니스 및 관광 여행객
Fairfield Inns	일반 비즈니스 및 관광 여행객
TownPlace Suites	일주일 또는 몇 주 동안 머무는 여행객
Spring Hill Suites	넓은 공간과 편의 시설을 원하는 비즈니스 및 관광 여행객
Courtyard	적정한 제품의 질과 알맞은 요금으로 비즈니스 여행객을 위한 디자인
Residence Inns	주택과 같은 형태의 호텔을 추구하는 여행객
Marriott Hotels&Resorts	일관성있는 상품 및 서비스의 질을 추구하는 비즈니스 및 관광 여행객
Renaissance Hotels&Resorts	세부적인 주의를 원하는 안목이 깊은 고객(비즈니스 및 관광 여행객)
Ritz-Carlton	고급화 및 독특함, 개인의 필요에 맞추어진 서비스(고위 간부)
JW Marriott Hotels&Resorts	특성과 문화를 반영한 위치에 있으며, 여행객은 탁월하고 적절한 서비스를 일관되게 요구
Ramada International Hotels&Resorts	일시적으로 거주할 공간이 필요하거나 이사를 하는 경우
Marriott ExecuStay Marriott Vacation	비즈니스 간부들을 위한 호텔의 편의 시설을 갖추고 있는 home-style
Club International	비즈니스 관광 여행객을 위한 고급스런 국제적인 리조트
Marriott Conference Centers	컨벤션 간부들을 위한 미팅 리조트

식음료 부문 고객에 대한 표적시장 전략

식음료는 인간에게 중요한 의식주 중에서도 생명 유지와 관련된 가장 중요한 요인이다. 우리는 언제, 어디서나 식음료와 접하고 있는데, 식음료는 우리의 언어에도 깊숙이 침투해있다(〈표 9-18〉 참조).

1. 건강한 식생활 문화

www.helpguide.org 및 기타 전문가들의 견해에 근거한 건강한 식생활 문화에 대해 살펴본다.

소식의 중요성

소식을 시킨 원숭이들과 일반 원숭이들의 수명 차이를 실험한 결과, 인간에 대입하면 약 1년 2개월의 차이라는 결과가 나왔다. 수명의 차이는 크지 않지만, 대신 질병 등

표 9-18 언어에 침투해 있는 식음료

언어	의미	언어	의미
apple of my eye	눈에 넣어도 아프지 않은	have a bigger fish to fry	더 중요한 일이 있다
as cool as cucumber	오이처럼 냉정한	have one's cake and eat it too	두 마리 토끼를 쫓다
as easy as apple pie	누워서 떡 먹기	have a lot on one's plate	할 일이 산더미
big cheese	중요한 사람	icing on the cake	금상첨화
bite the hand that feeds you	은혜를 원수로 갚다	in a nutshell	간단히 말해서
born with a silver spoon in one's mouth	부잣집에 태어나다	like taking candy from a baby	아주 쉽다
can't stomach it	참을 수 없다	make a meal of it	먹다
chew the fat	잡담하다	meal ticket	밥줄
couch potato	게으름뱅이	meat and potatoes	기본
cream of the crop	가장 좋은 것	on free lunch	공짜 점심은 없다
cry over split milk	지난 일을 후회하다	cup of tea	취향
eat dirt	굴욕을 감수하다	out to lunch	흐리멍덩한
eat humble pie	잘못을 인정하다	packed in like sardines	콩나물시루 같다
eat like a bird	아주 조금 먹다	pie in the sky	그림의 떡
eat like a horse	아주 많이 먹다	piece of cake	식은 죽 먹기
eat one's words	실언을 인정하다	putting all of one's eggs in one basket	한군데에 모두 쏟아붓다
eat our of your hand	시키는 대로 하다	rub salt into the wound	설상가상으로
eat someone for breakfast	쉽게 물리치다	selling like hot cakes	날개 돋친 듯 팔리다
food for thought	생각할 거리	spill the beans	비밀을 누설하다
forbidden fruit	금단의 열매	spoon feed	과보호하다
fruit of one's labor	노동의 성과	take it with a grain of salt	액면 그대로 받아들이지 마라
go bananas	열광하다	that's the way the cookie crumbles	세상사가 원래 그런 것이다
goode is cooked	곤경에 처하다	tub of lard	뚱보
the best thing since sliced bread	최고의 발명	walk on eggshells	살얼음 위를 걷다
half-baked idea	설익은 생각	work for peanuts	쥐꼬리 만큼 받고 일하다

출처: 개드 사드(2011). 소비본능. p55-56.

에서 확연히 차이가 나, 소식을 하면 건강하게 살 수 있다는 사실이 밝혀졌다. 하루의 총 분량을 여러 차례 나누어 먹는 것도 건강에 도움이 된다.

Charles Darwin의 《진화론》에 의하면 인간은 잡식성 동물이라 다양성을 추구한다고 한다. 이것을 '**variety effect**'(**다양성 효과**)라고 한다. 음식 심리학자 Paul Robin의 France, Germany, Italy, Switzerland, 영국, 미국의 소비자 대상 조사에 의하면, 6개국 소비자 모두 음식의 다양성을 추구했으며, 특히 영국과 미국 소비자들의 다양성에 대한 선호도가 높았다고 한다. 또한 Gad Saad에 의하면, 인간은 기분이 좋을 때나, 나쁠 때나, 외롭거나, 지루할 때 음식 섭취량이 늘어난다고 한다. 처음에 주어지는 음식량을 줄이지 않으면 과식할 수밖에 없는 것이 인간의 본능이다. 소식을 위해서는 의지와 상황 조절이 절대적으로 필요하다.

아침의 중요성

일반적으로 사람들은 저녁을 가장 많이, 아침을 간소히 하고 있다. 그러나 음식 전문가들에 의하면 아침을 가장 많이, 저녁을 간소히 해야 건강하다고 한다. 아침 'breakfast'는 단식(fast)을 깬다는 의미를 갖고 있다.

물의 중요성

물은 인간 몸의 독소를 배출시키는 시스템을 씻어 내리는(flush) 역할을 한다. 탈수는 피로, 낮은 에너지, 두통 등을 야기한다. 식사 전에 물을 마시면 뇌가 몸에 음식이 채워지는 속도보다 느리게 작용하여 과식을 방지시킨다.

어떻게 먹느냐의 중요성

TV, 컴퓨터 앞에서의 식사, 혼자 하는 식사 등보다는 다른 사람들과의 식사가 과식 방지, 소화, 정신 건강 등 많은 부분에 있어서 장점을 갖고 있다.

과일과 야채의 중요성

과일과 야채는 비타민, 미네랄, 항산화제, 섬유질 등 칼로리가 낮은 고밀도 영양소다. 색깔 등 가능한 한 다채로운 과일과 야채일수록 건강 증진에 도움이 된다. 우리가 먹는 알약(비타민 등)의 효과는 과일과 야채로부터 섭취하는 성분을 결코 따라가지 못한다.

전체(whole, 정제가 되지 않은) 곡물의 중요성

전체 곡물은 건강한 탄수화물과 섬유질을 포함하고 있다. 전체 곡물은 관상 동맥, 심장 질환, 특정 암, 당뇨를 방지하며, 황산화제가 풍부하고, 건강한 심장, 혈당과 인슐린 수준 안정화 등 많은 장점을 갖고 있다. 특히 포만감을 주며 서서히 소화되기 때문에 다이어트에도 좋다.

지방의 선택

건강한 지방은 뇌, 심장, 세포, 머리카락, 피부, 손톱의 건강에 도움이 된다. DHA(dehydroactic acid : 탈 수소 아세트 산), 오메가3의 지방은 심혈관 질환을 감소시켜 기분을 향상시키고, 치매 방지에 도움이 된다. 붉은 고기, 전체 우유, 유제품 동물 소스 등의 포화 지방; 마가린, 크래커, 사탕, 쿠키, 스낵, 튀긴 음식, 구운 음식, 수소화된 식물성 오일로 만든 가공 식품 등의 트랜스 지방은 피하는 것이 좋다. 대신 식물성 기름, 땅콩 기름, 올리브 오일 아보카도, 견과류(아몬드, 헤이즐넛, 피칸 등), 카놀라 등의 단일 불포화 지방; 연어 등의 생선, 청어, 정어리 등의 생선, 해바라기, 옥수수, 아미씨 오일, 호두 등에 포함된 오메가3를 포함한 불포화 지방이 건강에 도움이 된다.

단백질(protein)의 중요성

단백질은 우리 몸에 필요한 세포, 조직, 기관을 유지하기 위한 필수적인 성장 에너지를 공급한다. 단백질이 부족하게 되면 성장 저하, 근육 질량 감소, 면역력 저하, 심장 및 호흡기관 약화 등을 초래하기 때문에, 특히 어린 아이들에게 중요한 영양소다. 콩, 두부, 두유 등의 콩 제품, 견과류, 생선, 닭, 칠면조, 계란 등이 단백질을 많이 함유하고 있다.

칼슘의 중요성

뼈를 강화시키는 역할을 하는 칼슘은 하루에 1,000mg 이상, 50세 이상은 1,200mg 이상을 섭취해야 한다. 우유, 요구르트, 치즈, 등의 유제품, 녹색 채소, 콩 등에 칼슘이 많이 함유되어 있다.

설탕과 소금의 폐해

설탕은 에너지의 기복을 초래하고 체중 문제를 유발시킨다. 과잉 섭취된 설탕은 사탕, 케익, 디저트 이외에 빵, 통조림, 스프, 가공 야채, 파스타 소스, 마가린, 인스턴트 감자, 냉동 요리, fast food, 간장, 케첩 등에도 많이 포함되어 있다.

소금의 주성분인 나트륨은 건강에 있어서 가장 큰 독소다. 통조림 스프, 냉동 식품, 레스토랑에서의 식사, 짭짤한 간식 등이 그 주범이므로 가능한 한 싱겁게 먹는 습관이 필요하다.

Time에서 2012년 발표한 세계 10대 건강 식품*은 〈표 9-19〉와 같다.

Detox는 detoxication의 줄임말로서 '해독', '제독'을 의미함. Time 선정 세계 10대 건강 식품도 암을 방지하는, 일종의 'detox food'이라고 할 수 있음.

표 9-19 세계 10대 건강 식품

토마토의 lycopene	노화 방지, 항암 효과, 심혈관 질환 예방, 혈당 저하, 남성 불임 예방, 전립선 건강, 정력 증강
마늘의 allicin	신 기능성 식품, 항암, 호르몬 분비 촉진, 혈액 순환 촉진, 감기 예방, 간 기능, 숙취
시금치의 lutein	항산화, 암 발생 억제, 눈 건강
브로콜리의 helicobactor pyiori(유문나선균)	비타민 U, 위암 · 위궤양 방지, 노화 방지, 항암
귀리의 tocotrienol	체내 순환계 지방 제거, 노화 방지, 항암
견과류의 HDL(고밀도 콜레스테롤)	성인병, LDL(콜레스테롤) 수치 낮춤, 심장 질환 억제
연어의 omega3 fatty acid(지방 산)	심장발작 증, 노인성 질환, 고혈압, 동맥 경화 등의 질병에 좋음. 면역 기능, 두뇌 활동, 콜레스테롤 개선, 혈액 순환, 피부 건강
블루베리의 anthocyanin	동맥 경화, 심장병, 뇌졸증 등의 질병에 좋음
녹차의 catechin	항암, 위장 점막 보호
적포도주의 French paradox	심장병 방지

출처 : Time, 2012

세계 대표 호텔들의 건강식 메뉴

세계 최고의 호텔 체인인 Four Seasons의 식료 부문 3대 원칙은 지방, 소금, 콜레스테롤의 최저화다. 세계의 모든 주요 호텔 중 Hyatt Hotels&Resort는 화학적 성분이 없는 건강식 메뉴의 선두 주자다. Hyatt은 유기농 야채, 해산물, 육류, 낙농품 음식 종류를 건강식으로 전환시키고 있다(예 : Meyer Natural Angus Burger). Hyatt은 또한 음식의 양을 줄이며(portion control), 메뉴 가격도 인하시키고 있어 타 호텔들의 모범이 되고 있다. Starwood의 Westin는 다양한 색상의 야채로부터 추출한 영양에 초점을 맞춘 메뉴, 그린티 연어 등 건강식 'super food' 메뉴를 확대시키고 있으며, Four Seasons, Hilton, Fairmont 등의 유명 호텔들도 건강식 메뉴를 확대시키고 있다.

건강 식품과 관련된 대표 사례는 InterContinental Hotels Group(IHG)에서도 찾을 수 있다. IHG의 신규 브랜드 Even Hotels는 2014년부터 웰빙을 추구하는(wellness-minded) 여행객을 위한 Cork&Kale F&B **platform**을 운영하고 있다. Founding Farmers라는 레스토랑 그룹과 SPE® Certified라는 조리, 영향 컨설팅 그룹의 합작으로 개발된 Cork&Kale은 'upscale, fast casual' F&B로서 신선하게 미리 만들어진 음식을 마치 소매품처럼 가져가는(grab-and-go) 개념이다. Cork&Kale은 심장에 좋고(heart-healthy), 지방이 적은(low-fat) 메뉴, 칼로리가 적은(paleo) 메뉴, 채식 친화적(vegetarian-friendly) 메뉴 등의 건강식 메뉴로부터 달콤한(sweet indulgences) 메뉴에 이르기까지 매우 다양한 형태의 음식을 제공한다. 모든 운영은 Even Hotels Eat Well F&B팀의 철저한 승인 과정을 통해 수행되고 있다.

2. 식음료 부문의 주요 속성 및 평가

일반적으로 레스토랑은 〈표 9-20〉과 같이 분류된다.

표 9-20 레스토랑의 분류

구분	형태
full service restaurant	fine dining
	theme
	celebrity
	steak house
casual dining&dinner house restaurant	midscale casual
	family
	ethnic
quick service fastfood restaurant	hamburger
	pizza
	chicken
	sandwich
	Mexican
	bakery cafe
	drive in/through

미국 NRA 조사에 의한 식음료 부문 레스토랑 형태별 중요도 순위는 〈표 9-21〉과 같다.

표 9-21 레스토랑 형태별 속성의 중요도 순위

속성	종합	fast food	family	atmosphere*
레스토랑의 청결	1	1	1	1
화장실의 청결	2	2	2	3
음식의 맛	3	4	3	2
음식의 적절한 온도	4	5	5	5
음식의 미적 외양	5	6	7	7
재료의 신선도	6	7	6	6
주문한대로의 조리 상태	7	8	4	4
레스토랑의 온도	8	10	8	8
종사원의 친절성	9	9	9	10
좌석의 편안함	10	13	11	9
주문한대로의 향료 처리	11	12	12	11
음식 제공의 신속성	12	3	15	18
부가 주문에 대한 대응	13	15	10	13
메뉴의 다양성	14	17	13	15
서비스의 적시성	15	11	17	17
음식 상태에 대한 확인	16	19	14	14
조용한 내부 환경	17	18	16	12
내부 장식의 매력성	18	16	18	16
음식 준비 상태에 대한 공지	19	14	19	19
종사원의 명찰 착용	20	20	20	20

Atmosphere 레스토랑은 'fine dining' 또는 'elegant dining' (haute/hote cuisine)으로도 표현됨.

그림 9-14 세계 제 1의 레스토랑 평가 기관 Zagat. Las Vegas의 Drai's 레스토랑은 세계 제 1의 레스토랑 평가 기관인 Zagat의 조사 결과를 바탕으로 PR하고 있음.

〈표 9-21〉과 같이 레스토랑의 형태에 따라 차이는 있으나, 청결과 음식의 맛, 온도, 외양, 신선도, 조리 상태 등이 식음료 부문에 있어서의 주요 혜택임을 알 수 있다. 세계적인 레스토랑 평가 기관인 Zagat*에서는 요리 맛, 레스토랑의 내장, 직원 서비스, 가격을 평가 기준으로 정하고 있으며(〈그림 9-14〉 참조), 평가 기관 중 양대 산맥이라고 할 수 있는 Michelin*에서는 가격/질, 응대, 분위기, 음식, 조식 여부, 편안함, 직원 복장, 조용함, 서비스, Michelin Guide에 대한 신뢰도 등 10개의 항목을 평가 기준으로 정하고 있다.

세계에서 가장 영향력있는 음식 평가 기관으로 알려져있는 Michelin Guide는 2006년 France를 벗어나 New York을 시작으로 Tokyo, 홍콩, 서울 등에도 진출하고 있다. Michelin Guide의 평가 방법은 레스토랑에는 알리지 않은 채 전문가들이 여러 번 방문해 시식하고 평가하는데, 평가 기준은 최고는 별 세 개(음식을 위해 특별 여행을 할 정도의 수준), 다음은 별 두 개(우회해서 갈만한 가치가 있는 수준), 다음은 별 한 개(좋은 식단)다. 레스토랑들은 별을 빼앗기기도 하는데, Michelin에서는 그 이유를 설명하지 않는다.

Netherland의 Hospitality Financial and Technology Professionals(HFTP)는 F&B 부문의 최신 정보 제공 기관으로 가장 유명하다. HFTP는 'cross-**platform**' 사이트인 F&B Bytes를 통해 고객에게 F&B와 관련된 최신 정보를 한 번에 볼 수 있는 'media-hub'의 대표 주자다.

Zagat
미국 Yale대학 출신 Zagat 부부에 의해 창설되어 'Zagat Survey'라는 베스트셀러를 통해 미국 내 54개 도시 및 London, Tokyo, Paris, Vancouver 등 세계 주요 도시에서 레스토랑, 바, 나이트클럽을 평가하고 있는 기관으로, 현재 세계 각국의 10만 명 이상의 전문가로 구성되어 있음. 자세한 정보는 www.zagat.com 참조.

Michelin
유럽 중심의 세계 21개 국 65개 도시에서 레스토랑을 평가하고 있는 기관임. 현역 요리사와 요리 평론가로 구성된 전문 평가단을 파견하고 있는 기관으로, 전문 평가단을 파견하여 평가를 수행하고 있음. 자세한 내용은 www.michelin.com 내 travel part를 참조. 이외에 20~25$의 가격으로 《Michelin Red Guide》를 판매하고 있음.

3. 호텔 레스토랑의 영업 활성화 전략

호텔의 F&B(food and beverage) 부문은 외국의 경우 대한민국과 달리 손익분기(break-even)를 목표로 단지 부대시설로서의 기능을 하는 경우가 많다*. 그러나 호텔의 레스토랑도 비즈니스의 한 부분으로서 국내외 많은 호텔들이 영업 활성화를 위하여 다양한 전략을 추구하고 있다.

* France 2-star 호텔의 레스토랑이 New York의 호화 호텔 레스토랑보다도 좋음. 일본에서는 호텔의 식음료 매출액이 약 70%를 기록하고 있어, 대한민국보다도 그 비중이 높음.

Country Inns&Suites는 co-branding으로, Four Seasons&Regent Hotels and Resorts는 대규모 주방을 통한 하나의 식사 장소로, Hyatt Arlington Hotel은 구식의 식당과 스포츠 바 로비의 혼합 경영으로, The Pierre는 컨설턴트를 통한 음식 구매로, The Waldorf Astoria는 F&B의 대리점 운영 영업법으로 영업을 활성화시켜 호텔 F&B 부문의 챔피언 호텔로 선정된 바 있다.

3-1. 세계 식음료산업의 동향 및 미래 예측

미국에서 소비되는 음식물의 15%가 자동차에서 소비되며, fast food 매출의 60%가 drive-through 방식으로 발생되고 있다. 이는 향후 자동차 운전이나 걸으면서 식사할 수 있는 'portable pack' 식품의 증가를 예고하는 현상이다. 이와 병행하여 미국에서는 음식 재료 판매점인 **'do-it-yourself dinner shop'** 형태의 식료품점이 증가하고 있다. 선두 주자인 Dream Dinner를 비롯하여 Let's Dish, Super Suppers, Dinner by Design, Really Cook Foods 등이 대표적 사례다. 또 하나의 식문화 변화가 있다면 기능성 식품 시장의 성장이다. France의 주름을 줄여준다는 Norelift 잼, 일본의 여성 가슴을 크게 만들어 준다는 Bust-up 껌 등이 그것이다.

유명 리서치 기관인 Mintel Foodservice에 의하면, 미국 전체 레스토랑의 조찬 매출 중 55% 이상이 fast food 업체로서, 많은 fast food 업체들이 조찬 메뉴 개발에 정진하고 있다고 한다. 특히 Subway는 2010년 4월부터 기존 영업 시작 시간인 오전 10시를 오전 7시로 앞당겨 아침식사를 개시하고 있다. 건강에 민감한 사람들을 위해 계란 흰자와 치즈를 섞어 만든 메뉴, Seattle's Beat Coffee와 제휴하여 만든 커피와 오믈릿 샌드위치 메뉴 등 신 개념 아침식사 메뉴 개발로 Subway의 소유주 Tim Ryan은 시험 마케팅의 결과인 6% 매출 상승 효과를 기대하고 있다(〈그림 9-15, 9-16〉 참조).

그림 9-15 Subway의 아침식사 메뉴

그림 9-16 Subway의 무료 아침식사 판매촉진

2010년을 넘어서며 미국의 대표적 레스토랑산업의 중심지인 New York과 Chicago의 대표적 추세는 **contemporary 레스토랑**의 증가다. Michelin Guide에서 별 세 개를 받은 Spain의 El Bulli 레스토랑이 대표적 사례인데,

contemporary 레스토랑이란 기존 범주의 메뉴를 부분적으로 해체하고 전통적인 방법에 기초하면서도 대중의 입맛에 맞게 각국의 다양한 재료 및 분자 요리(molecular gastronomy) 같은 과학적 혁신을 시도하는 레스토랑을 말한다.

2014년 Dunkin' Brands Group은 미국 California의 Downey and Whittier에 최초의 전통적(traditional) 레스토랑을 설립한다고 발표했다. Frontier Restaurant Group의 franchisee로 시작될 이 레스토랑(Long Beach)과 더불어, Santa Monica와 Modesto에도 Dunkin' Brands Group의 레스토랑이 운영될 계획이다. Dunkin' Brands Group의 레스토랑들은 미국 식음료 시장에 '옛 것으로 회귀'라는 새로운 동향을 주도할 것으로 예상된다.

레스토랑 정글로 알려진 New York에서는 Jean Georges, Nobu, Gordon Ramsey 등 자신들만의 가격대, 메뉴로 체인을 거느리고 있는 **'business chef'**들이 많이 있다. 그 중 한국계 David Chang은 Momofuku라는 독특한 체험을 할 수 있는 레스토랑 체인을 운영하고 있다. 예약을 해도 최후의 12인에 들어야만 식사를 할 수 있고, 어떠한 메뉴로 식사하게 될지 전혀 알 수 없다.* 단 최후의 12인들에게는 주방장이 직접 세세히 모든 서비스를 담당한다. Momofuku는 Michelin, Zagat 등에서 최고의 찬사를 받고 있으며, New York Times에서는 '레스토랑 비즈니스의 미래를 보여주는 곳'으로 소개된 바 있다(〈그림 9-17〉 참조).

* 1주일 전 인터넷으로만 예약이 가능하며, 결과적으로 New York에서(아마 세계에서) 가장 예약하기 힘든 레스토랑으로 부상함.

Hotels Magazine은 향후 meatball, eggplant parmesan(파마산 치즈 가지) 등 전통적 Italy 메뉴; 이동 트럭 레스토랑(대표적으로 Kogi); 불고기, 비빔밥, 김치 등 한국 음식; popsicle(대표적으로 망고, 칠리, 오렌지 등 과일을 넣은 Mexican pop); 조찬(천천히 조리한 계란 등); 오트밀(gritz); 무단백질(gluten-free) 메뉴; 신 개념, 새로운 명칭의 샌드위치(Mexican 샌드위치 Cemita, Vietnam 샌드위치 등) 등의 메뉴가 각광을 받게 될 것이라고 예측하고 있다.

Marriott International의 조리 부문 vice-president인 Robin Uler와 Brad Nelson은 다음과 같이 음식에 대한 향후 경향을 예측한 바 있다.

그림 9-17 Momofuku

미래 음식의 경향

① Back to basics and sized to order : 과거의 동향으로 회귀할 것이며, 고객의 주문에 의해 음식의 양이 조절될 것이다.

② Breakfast is back : 아침식사가 가장 중요하다는 사실을 점차 인식하게 될 것이며, 저지방 우유, 단백질, 계란, french toast, waffle, pan cake 등이 인기를 끌 것이다.

③ Takeaway : 고급 음식들의 'take-out'(to go) 주문이 증가될 것이다.

④ From the kitchen to the bar : 점차 음식 메뉴에 창조적 칵테일이 병행되는 경우가 늘어날 것이다. 디저트 역시 점차 창조적으로 만들어질 것이다.

⑤ Healthy food, not diet food : 다이어트 개념이 아닌 건강 음식의 개념으로 점차 전환될 것이다.

⑥ Soft, comfortable, hip : 레스토랑의 환경이 더 우아하고, 깨끗하며, 편안하게 변화될 것이다.

⑦ Heritage boomers are beginning to remember : 각 국가별, 지역별 전통 요리*가 점차 부각될 것이다.

⑧ Non-engineered product : 자연산, 유기농 등 신선한 재료가 많이 사용될 것이다.

⑨ So long amuse-bouches! : 고객이 음식의 맛을 본 후 메뉴를 결정하게 될 것이다.

전통 France 요리의 선구자로 알려진 France의 Mari-Antoine Careme(1784~1833)와 이후 전통 France 요리를 가장 크게 발전시킨 August Escoffier(1846~1935)는 France 전통 요리의 두 전설임. 특히 August Escoffier는 세계의 모든 양식 소스의 기본이 되는 5가지 소스(mother sauces)인 bechamel, veloute, espagnole, tomato, holandaise의 창시자임.

식품 2.0시대가 열리고 있다. 2011년 미국 San Francisco에 설립된 Hampton Creek에서 'just MAYO'라는 마요네즈를 출시했다. 그런데 'just MAYO'에는 마요네즈의 주성분인 달걀이 없다 (물론 맛은 같다). Beyond Meat이라는 기업은 식물성 단백질과 섬유질, 곡물 등을 이용해 대체 닭고기 제품을 출시했다. 맛도 차이가 없고, 영양 측면에서는 오히려 더 우수하다. 이와 같이 기존 식품들을 영양, 건강적으로 향상시키며 동시에 기존의 맛을 저하시키지 않는 식품들이 속속 개발되고 있다.

이러한 진보는 1990년 이후 시작된 분자요리학(molecular gastronomy)으로부터 이루어졌다. 분자요리학은 음식의 조리 과정 식감, 맛에 영향을 미치는 요인들을 과학적으로 분석, 건강을 증진시키며, 동시에 독특한 맛과 식감을 창조해내는 학문이다. 위의 사례와 관련된 대표 레스토랑은 Michelin 별 세 개를 받은 Spain의 El Bulli다.

3-2. 호텔별 특성 및 경영 방식을 통한 영업 활성화 전략

레스토랑의 최소화 및 제거(downsizing and elimination)

외국의 중저가 호텔들은 레스토랑을 최소화시키거나, continental 조식을 객실 요금에 포함시켜 운영하고 있다. 이 경우 호텔 내에 레스토랑 없이 룸서비스로만 운영할 수 있어, F&B 영업의 부담을 최소화시킬 수 있다.

미국에서도 'selective(select) service' 호텔들이 레스토랑을 최소화하거나 아예 없앤 경우가 많다. 2017년 초 Hotel News Now의 모 기업인 STR의 보고에 의하면, 2010~2015년 동안 233개의 'selective service' 호텔 중 약 1/3이 소규모의 F&B 서비스를 제공하고 있으며(Hilton Garden Inn, Courtyard by Marriott, Hyatt Place 등), 약 2/3는 F&B 서비스가 거의 없다고 한다(Hampton Inn, Fairfield Inn, Comport Inn 등).

호텔 자체 개념 개발(proprietary concept)

국내외 많은 호텔들은 호텔 자체의 F&B 브랜드를 개발하고 있는 추세다. Starwood의 Sheraton에서는 Sheraton Cuisine의 브랜드를, Marriott Corporation에서는 다양한 F&B 개념 개발, Choice Hotels International과 InterContinental Hotels Group의 Holiday Inn에서는 다수의 quick-service 브랜드로 구성된 food court를 운영하고 있다.

Hilton Worldwide의 Beth Scott 식음료 부사장은 "우리는 22,000명의 고객, 소유주, 사업자를 대상으로 한 설문 조사 결과, 사람들의 실내에서 식사하던 습관이 이동 중 식사하는 습관으로 변화되고 있는 것을 확인했다. 따라서 우리는 다이닝 모델의 혁신을 이루고자 한다"라고 했다. Hilton Worldwide는 Hilton Hotels&Resorts에 'Herb n' Kitchen'*, Doubletree by Hilton에 'Made Market'*, Embassy Suites에 'Brickstones Grill'*이라는 각 체인 브랜드의 개념에 맞는 레스토랑을 2013년부터 운영하고 있다.

Herb n' Kitchen
미식 요리에 리테일 경험을 더하고, 손님들이 주방 안을 훤히 들여다 볼 수 있게 설계되었는데, 셀프-서비스 모델은 점심에서 저녁식사로 메뉴를 쉽게 전환하고, 라이브 액션 푸드 스테이션에서 주문, 미리 준비된 샐러드, 샌드위치 또는 바, 바리스타 존 등의 위치에 따라 다양한 옵션을 준비할 수 있도록 함.

Made Market
재미있고, 가까이 다가갈 수 있고, 편리한 컨셉이 주를 이룸. 종일 식사를 제공하는 이 레스토랑은 벽돌 오븐 가스트로 펍을 배경으로 편안한 시장 분위기를 냄. 신선한 커피와 페이스트리, artisan 맥주에 이르기까지 'Made Market'은 현대적이면서, 편안한 환경을 제공함.

Brickstones Grill
가치와 스마트 디자인, 편안한 음식이 한데 어울리는 'Brickstones Grill'은 주문에 의한 조리(cooked-to-order) 방식으로 요리되는 아침식사에서 단품 점심, 저녁 요리로 끊김없이 전환하는 현대적인 다이닝 경험을 제공함.

전략적 입지(strategic location)

주로 중저가 호텔들로서 호텔의 입지를 유명 레스토랑 인근 지역으로 정하는 경우다. 대표적으로 Carlson Hospitality를 들 수 있는데, Cendant Corporation의 Ramada Inn이나 Days Inn 등의 호텔과 T.G.I. Friday's, Country Kitchens 등의 레스토랑 입지를 인근 지역으로 정하고 있는 것이 그것이다.

아웃 소싱(leasing space to independents)

국내, 특히 지방 1~3급 관광호텔들은 호텔의 F&B outlet을 outsourcing을 통하여 운영하고 있다. 호텔측에서는 F&B 영업에 대한 경영과 투자의 위험을 최소화시키며, 임대료를 통한 안정된 수입을 창출할 수는 있으나, 호텔의 이미지, 고객 서비스 등 장기적 관점에서 바람직하지 않은 방식이다.

브랜드 제휴(co-branding)

국내에서는 초기 단계에 있으나 외국에서는 이미 오래 전부터 활성화되고 있는 방식이다. 제17장 분배 전략에서 자세히 설명하기로 한다.

호텔과 레스토랑의 브랜드 제휴는 일반적으로 다음과 같은 세 형태가 있다.

1) 임대(lease)

판매수익에 대한 비율, 혹은 고정 금액(flat fee)을 조건으로 레스토랑을 임대하는 경우다. Raddison SAS Hotels가 최초로 도입했던 방식이다.

2) Franchisee

호텔이 타 레스토랑의 franchisee가 되는 방식이다. 1989년 Marriott Corporation이 Pizza Hut과 계약한 것이 최초로 알려져있다.

3) Joint venture

손익을 호텔과 레스토랑이 같이 나누는 경우이다. 이것 역시 Raddison SAS Hotels가 최초다. Germany의 Hamburg에 Traver Vic's와 Berlin에 T.G.I. Friday's와 계약을 한 사례가 여기에 해당된다.

독립적 레스토랑 경영

많은 유명 호텔들이 독립적으로 레스토랑을 운영하고 있다.

유명 호텔들의 독립적 레스토랑 운영

Four Seasons의 Culina 레스토랑은 California Beverly Hills에서(〈그림 9–18〉 참조), New York의 Benjamin Hotel은 Lexington Street에서 National Bar&Dining Rooms 레스토랑을, Ritz-Carlton은 San Francisco Bay 지역에서 Parallel37 레스토랑을 호텔과 별도의 장소에서 운영하고 있다. 2010년부터 Four Seasons는 미국 내 호텔 레스토랑 중 15개를 위와 같이 개조했으며, Culina 레스토랑의 경우 메인 메뉴 30~40$의 가격대도 24~32$로 조정했다. Four Seasons는 호텔 레스토랑의 '무거운' 서비스 형태도 보다 캐주얼하게 바꾸어나가고 있다. 이와 유사하게 Philadelphia의 고급 장기체류 호텔인 AKA Rittenhouse Square는 레스토랑의 입구를 호텔과 분리하여 호텔 레스토랑의 이미지를 벗어나고 있다.

호텔들이 위와 같이 독립적 레스토랑을 운영하는 이유는 기존 호텔 레스토랑의 고

그림 9–18 Four Seasons Culina 레스토랑

가 메뉴, 무거운 서비스, 부정적 이미지를 개선하고, 레스토랑의 특성을 최대한 살리기 위해서다. New York시의 호텔들이 Zagat의 자료를 활용하여 1,700개 레스토랑에 대해 조사한 결과, 레스토랑을 호텔 바깥에 위치, dance floor 설치, 스시바 대신 해산물 요리, Russian 메뉴 신설 등이 매출 증대에 효과가 있다는 사실을 밝혀냈다.

3-3. 기타 영업 활성화 전략

좌석 회전률이 중요하지 않은 고급 레스토랑 outlet도 있으나, 레스토랑에서 좌석 회전률의 증대는 매출액 향상에 지대한 역할을 한다. 일반적으로 4인 좌석 테이블을 가장 많이 배치하고 있으나, 대다수의 고객들은 4인 좌석 테이블에 한 명만 앉아 있어도 다른 테이블을 이용하거나, 빈 테이블이 없으면 나가 버린다. 따라서 좌석 회전률이 높은 레스토랑일수록 2인 좌석 테이블을 보다 많이 활용하는 것이 바람직하다.

최근 테이블의 동향을 보면 점차 1인용 식탁도 늘고 있다. Coffee Bean과 Starbucks에서는 bar 형태의 긴 테이블을 흔히 볼 수 있다. 타인과 마주할 필요도 없는, '가장 개별적이고, 자유스럽고, 편안한' 좌석이다. 테이블과 테이블 사이는 최소한 91.5cm 이상 되어야 하며(핸디캡을 고려하면 106.5cm), 붐비는 레스토랑에서는 1.2~1.8m까지도 확대되어야 한다.

기타 영업 활성화를 위한 환경적, 디자인 요소 및 좌석 회전률 증대를 위한 고려 사항은 다음과 같다.

환경적 요소

1) 색채(color)

미국의 색상 컨설턴트 Cathy Lamancusa에 의하면, 소비자가 제품에 대해 갖는 첫 인상의 60%가 색상에 의해 결정된다고 한다. 눈에서 뇌로 가는 신경의 수는 귀에서 뇌로 가는 신경의 수보다 22배가 많다고 한다. 시각이 청각보다 훨씬 중요하다는 증거다. 통상적으로 하양은 순수(우유), 검정은 사치(Johnnie Walker Black Label), 파랑은 리더(Johnnie Walker Blue Label), 보라는 왕족의 색(born to the purple), 초록은 환경과 건강의 색(green tea) 등의 정체성을 갖고 있다.

따뜻한 색(빨강, 오렌지, 노랑, 금색)은 강한 자극을 주기 때문에 식욕을 자극하고 차가운 색(청, 녹색)은 긴장을 이완시킨다. 따뜻한 색은 고객을 유인하는 역할을 하며, 그것이 강하면 좌석 회전률을 증대시킨다. In-N-Out, Burger King, Wendy's, McDonald's 등 fast food 레스토랑이 여기에 해당되며, Taco Bell에서는 디저트를 은은한 색에서 주홍, 빨강으로 바꾸어 좌석 회전률 증대에 노력하고 있다.

좌석 회전률과 관련은 없지만 유명 실내 디자이너 David Rockwell은 신 개념 와인 상점을 위해 와인을 8가지 스타일과 맛으로 구분하고, 각 맛을 대표하는 색채 코드를 만들었다. 미국의 Walgzeens는 화장품 매장은 핑크, 조제약 부문은 신뢰감있는 하양,

표 9-22 음악이 소비에 미치는 연구 결과

연구자/기관	실험 장소	실험 내용	실험 결과
Texas Tech Charles Areni& David Kim	와인바	• 클래식 음악과 팝송으로 나누어 매장에 틀어줌	• 클래식 음악 연주 시 3배 이상 비싼 와인 구매 • 와인 선반 앞에 머무르는 시간이나 구매량에는 영향을 미치지 않음.
Romald Milliman& R.Palma	슈퍼마켓	• 72bpm(1분 당 비트) 이하의 느린 음악(평균 600 bpm)과 93bpm 이상의 빠른 음악(평균 1086bpm)으로 나누어 틀어줌	• 매장의 한 지점에서 다른 지점으로 이동시 127.53초:108.93초 • 전자의 매출액이 38.2% 높음
North	슈퍼마켓	• German산, France산, 와인 4종류씩 진열 후, Germany 음악과 France 음악으로 나누어 틀어줌	• France 와인:Germany 와인의 판매 비율은 France 음악이 나올 때 48.78:9.75, Germany 음악이 나올 때 4.63:26.83 • 56%가 어떤 음악이었는지 기억 못함.
France Bretagne-Sud대학 Nicholas Guéguen	바	• 음악을 72db(보통 수준 소음)와 88db(시끄러운 수준의 소음)으로 나누어 틀어줌	• 소리가 클수록 술을 빨리, 많이 마심.
McElrea&Standing	바	• 느린 템포와 빠른 템포의 음악을 나누어 틀어줌	• 빠른 템포의 음악이 음료 마시는 시간 단축

건강 식품 매장은 초록, 헬스 케어 매장은 진정 효과가 있는 파랑 등으로 만들어 판매 효과를 제고시키고 있다.

2) 음향(sound)

카지노 호텔 슬롯머신에서 잭팟 등 요란한 소리들은 고객을 오래 머무르게 하는 주요 요인이다.

음향은 구조적(물리적) 요인과 비구조적(감성적) 요인으로 나뉠 수 있다. 전자는 멜로디, 리듬, 하모니, 볼륨, 무드, 템포 등 고객을 환기시키고, 고객에게 직접적으로 유쾌한 기분을 조성하는 것들이고, 후자는 선호 음악과 연상된 정보를 통한 정서적 변화 유도와 관련된 것들이다.

영국에서는 불량 고객을 배제하기 위해 불량 고객들이 좋아하지 않는 클래식 음악을 틀며, London의 많은 지하철(London Underground System)에서도 클래식 음악을 적극적으로 활용하고 있다. 〈표 9-22〉에 나타난 실험 결과는 음악이 사람들의 소비에 어떤 영향을 미치는지를 밝혀주고 있다.

〈표 9-22〉와 같이 음악은 고객의 제품 구매 및 이용에 무의식적으로 영향을 미치고 있다. 음악은 그 장르, 템포, 볼륨에 따라 '백화점에서는 느린 음악, 좌석 회전률 제고는 빠른 음악'이라는 기본 공식 이상으로 활용될 수 있다.

British Airway에서는 고객들이 탑승 시 식욕이 30% 정도 감소한다는 연구 결과에 착안해 〈그림 9-19〉와 같이 '기내식 전용 음악 플레이'를 제공한다.

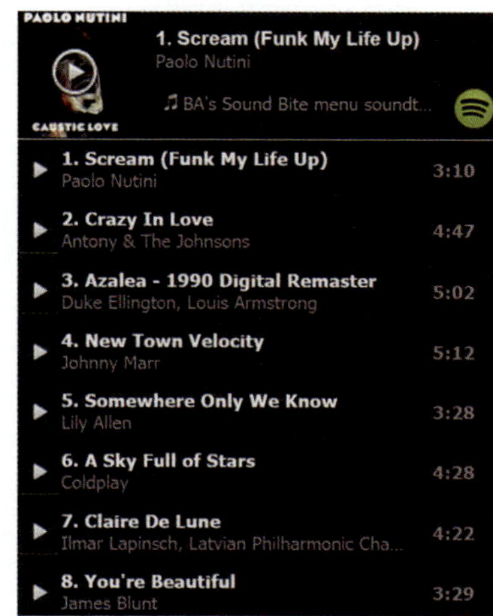

그림 9-19 British Airway의 기내식 전용 음악 플레이 리스트

출처:www.uxd-trend.tistory.com

3) 조명(light)

감각 마케팅 전문가 Martin Lindstrom에 의하면, 모든 커뮤니케이션의 83%는 시각에 호소하고 있다고 한다. 시각은 인간의 오감 가운데 인지 능력이 가장 우수하며, 가장 직접적으로 소구하는 강한 설득력을 갖고 있다. 레스토랑의 좌석 회전률 증대에 있어서 가장 중요한 역할을 하는 것은 바로 이 시각적 요소다.

조명등은 백열등(incandescent lamp)이나 할로겐(haligen)보다 형광등(fluorescent tube)이 열의 효율 및 열 발산 억제에 있어서 효과적이다. 특히 최근에 기술이 발달하며 LED가 10만 시간의 수명, 최고의 에너지 효율성, 다양한 색상, 비소음, 관리의 효율성 등의 수많은 장점으로 가장 인기있는 조명 도구로 사용되고 있다. LED는 기존의 고에너지 HID(high intensity discharge lighting)이고, 색상을 살리기 어려운 네온등까지도 대체시키며, 나아가 애니메이션까지도 생성시킬 수 있는 장점을 갖고 최적의 조명 환경을 창조해내고 있다. 레스토랑 홀의 전체가 밝은 색일 경우에는 자극적이나 부분 등(spot lit)은 영역을 표시하며 안락감을 준다. 전자가 좌석 회전률 증대에 도움을 준다.

4) 향기(scent)

후각은 어떤 감각보다도 더 본능적으로 인간의 감성, 기억, 행동을 자극하며, 또한 가장 오랫동안 기억에 남는다고 한다.

인간이 느끼는 단 맛, 신 맛, 쓴 맛, 짠 맛 등 4가지 맛(매운 맛은 맛이 아님) 외에 나머지 맛을 느끼게 해주는 것이 곧 냄새*다. 인간은 주로 냄새로 맛을 느낀다. 20세가 지나면 후각이 급격히 감퇴하여 후각 기능이 매 10년마다 절반으로 줄어든다고 한다.

진화의 관점에서 후각은 원시적 감각임. 후각은 두 개의 신경 튜브, 즉 후구(olfactory bulbs)에서부터 발달하며, 후구는 뇌의 총 부피 중 천분의 1도 되지 않음. 후각 상피에는 600만 개에서 1,00만 개의 감각 세포가 있음.

Canadian cinnamon-bun
계피향의 건포도를 넣은 단 맛의 빵.

향기 마케팅의 사례들

향기를 통하여 좌석 회전률을 증대시키는 경우가 있는데, Canadian cinnamon-bun이 대표적 예다. 열대 우림 분위기를 재연시키면서 각종 나무, 꽃 등으로 실내를 뒤덮으며 내부 장식을 하는 Rainforest Cafe도 여기에 해당될 수 있다. 실제로 Baskin Robbins 매장에 초코릿 향과 페퍼민트 향을 도입하여 약 40%의 매출 증진 효과를 올린 실험 결과도 있다.

Starbucks는 커피 향을 유지하기 위해 직원은 향수를 쓸 수 없고, 사이드 메뉴는 냄새를 최소화할 수 있는 것만 선정한다. 신규 매장의 경우에는 하루 종일 커피를 끓인다. T.G.I. Friday's는 포도향을 매장 전체에 은은하게 퍼뜨리며, TonyRomas는 주방을 완전히 개장해 갈비 굽는 냄새가 퍼져나갈 수 있도록 하고 있다. Who Are You는 California Dreaming이라는 브랜드에 맞춰서 California산 오렌지 향을 개발, 전 세계 매장에 Dream이라는 향수를 출시했다. Singapore Airlines는 유명 향수업체와 계약, Stefan Floridian Waters라는 향기를 개발하여 기내에 뿌린다.

'Axe effect'란 용어가 있다. 한 남성이 향수를 뿌린 후 수많은 미녀들에게 쫓긴다는 내용의 성공적 광고 캠페인에서 탄생된 용어다. 1995년 Las Vegas Hilton은 카지노 영업장에 향수를 뿌려 고객의 배팅 금액을 45%나 높였다고 한다. 국내 현대백화점도 에스컬레이터 옆에서 향수를 분사해 고급 백화점의 이미지를 살리고 있다.

현재 미국의 호텔, 카지노, 컨벤션센터 등은 다양한 향기를 사용하고 있다. 또한 사람들은 대부분 오른 손잡이이기 때문에 오른 쪽에 시선을 많이 두게 된다. 르노삼성의 뉴SM5는 국내 최초로 차 내에 향기 분사기를 설치했다. 백화점, 아울렛, 마트 등에서는 식품 코너를 오른쪽에 배치하여 냄새 환경을 이룩한다.

Four Seasons는 전 세계 지점마다 다른 향기를 사용한다. 예를 들어 Four Seasons Seoul은 '도시의 활기찬 에너지' 향을 도입해 시원하고 상쾌한 숲을 상징하는 cedawood 향, 항상 따뜻한 sandalwood 향, 상큼한 citrus 향을 사용한다.

향료산업의 중심은 미국 New jersey주 turnpike 4번과 19번 출구 사이에 있다. 여기에서 미국 향 첨가제의 2/3가 생산되는데, 세계 최대의 향료 기업은 IFF(Inter-national Flavors&Fragrances)로 알려져있다. 그 외에 일본 Toyota의 Lexus, France 유통 기업 Carrefour, 여성 속옷으로 유명한 Victoria Secret 등이 **향기 마케팅**의 대표 기업들이다.

디자인 요소

레스토랑은 디자인을 통해서 고객에게 정보를 제공한다. 외부 디자인은 고객을 유인하고, 편리한 출입과 넓은 대기 공간을 통해서 영업 증진에 도움을 준다. 중국 레스토랑인 Mr. Chow는 중국식 조각과 건축으로 유명하다. Planet Hollywood와 Hard Rock Cafe는 밀폐된 내부 공간을 갖추고 고객의 호기심을 유발시킨다.

레스토랑 디자인에 있어서 가장 중요한 사항은 음식, 직원, 기물, 고객의 흐름에 대한 고려다. 따라서 진입부, 주방, 홀, 지원 공간의 설계시부터 이러한 사항들이 잘 고려되어야 한다. 특히 고객의 관점에 있어서는 레스토랑과의 첫 만남(MOT design), 진입 시 buffer zone의 인상(entrance design), 내부의 이미지(hall design), 화장실 등 지원 공간(backside design) 등 네 부문에 대한 디자인이 핵심 고려 사항이다.

buffer zone
완충지대라는 의미임.

Krispy Kreme의 매장 내에 있는 '도넛 극장'에 의한 도넛 제조 과정 및 전달 과정은 인테리어 디자인의 정수다. 미국 Chicago의 Nike Town은 매장 내에 엄청난 수의 Nike 전 제품 전시, 후원하고 있는 유명 선수들의 사진과 동영상, 거대한 수족관 등으로 고객들을 감동시키고 있다.

좌석 회전률을 높이기 위해서는 내부 설계(layout) 시 바빠 보이고, 약간 소란스러운 분위기를 재연하는 것이 필요하다. 복잡성을 유발시키기 위해서 주방을 공개하는 경우가 많으며, 의자는 똑바른 등받이 및 딱딱하고 고정된 좌석이 좌석 회전률 증대에 도움을 준다. 또한 딱딱한 바닥과 마감재를 통하여 소리를 반사시키는 것이 그 예가 된다*.

레스토랑에서 ESPN zone은 다이나믹한 환경 조성을 위해 금속, 플라스틱, 목재를 조화시킴.

디자인 전문가 Suzanne C. Scott에 의하면, 전망과 은신의 기회 제공 능력이 디자인의 핵심 요소라고 한다. 특히 레스토랑에서 PDR(private dining room), 비단선적 공간은 은신의 기회를 준다. 유명 디자이너 Eugene Tsui는 거미줄, 개미굴, 줄, 새둥지, 벌집, 비비의 댐, 킹코브라의 둥지(은신의 기회) 등을 건축에 잘 이용했다고 한다.

마지막으로 Restaurant Magazine과 Elite Traveler에서 선정한 세계 10대 레스토랑은 〈표 9-23〉 및 〈표 9-24〉와 같다.

표 9-23 세계 top 10 레스토랑

순위	레스토랑	국가
1	Eleven Madison Park	New York, USA
2	Osteria Francescana	Modena, Italy
3	El Celler de Can Roca	Girona, Spain
4	Mirazur	Menton, France
5	Central	Lima, Peru
6	Asador Etxebarri	Axpe, Spain
7	Gaggan	Bangkok, Thailand
8	Maido	Lima, Peru
9	Mugaritz	San Sebastian, Spain
10	Steirereck	Vienna, Austria

출처 : Restaurant Magazine, 2017

표 9-24 세계 top 10 레스토랑

순위	레스토랑	국가
1	Alinea	Chicago, USA
2	Azurmendi	Bilbao, Spain
3	Eleven Madison Park	New York, USA
4	Per Se	New York, USA
5	Osteria Francescana	Modena, Italy
6	Robuchon au Dôme	Macau, China
7	The Restaurant at Meadowood	St. Helena, USA
8	Le Bernardin	New York, USA
9	Restaurant de l'Hotel de Ville	Lausanne, Switzerland
10	The Fat Duck	Bray, England

출처 : Elite Traveler, 2018

4. 물 시장

미국, 유럽, 일본 등의 국가에서는 물만 전문으로 판매하는 'water bar' 'water cafe' 등이 증가하고 있다. 1990년대는 맑고 깨끗한 물이 대세였으나, 2000년 이후에는 건강과 스타일을 동반한 브랜드가 지속적으로 등장하고 있다. 최초의 프리미엄 물 브랜드인 Evian에 이어 Starbucks, Coffee Bean 등 커피 전문점에서도 Perrier, San Pellegrino, Gerolsteiner, Fiji Water 등의 물 브랜드 판매가 계속 증가하고 있다.

생수의 종류는 **광천수(미네럴 워터), 해양 심층수, 빙하수, 탄산수, 기능수** 등 5가지로 대분될 수 있다(〈표 9-25〉, 〈그림 9-20〉 참조). 세계 3대 탄산수에 대한민국의 초정 탄산수가 포함되며, 세계 최고의 탄산수로 알려져있는 Perrier와 경쟁되고 있다. 관세청에 의하면, 2012년까지 France가 국내 생수 수입 원산지 1위였으나, 2013년부터 중국으로 순위가 바뀌었다고 한다.

표 9-25 생수의 대표 브랜드

브랜드	원산지	특 징
Acqua Panna	Italy	무산탄 mineral
Apollinaris Private	Germany	부드럽고 맑음, 건강과 치료를 위한 명성이 높은 탄산수
Aquafina	미국	Pepsi의 대표 브랜드, 수돗물을 역삼투압 방식으로 정수한 정제수
Calistoga	미국	레몬이 첨가된 sparkling water
Dasani	미국	Coca-Cola의 대표 브랜드, 수돗물을 역삼투압 방식으로 정수한 정제수
Evian	France	칼슘, 마그네슘, 칼륨, 나트륨 등의 천연 mineral 성분으로 피부 세포 활성화, ph 밸런스, 신체 기능 정상화, 세계 판매율 1위
Gerolsteiner	Germany	강한 탄산수 중 대표 제품, 독일 판매 1위, 높은 mineral 함량
Harrogate Spa	영국	1551년 Elizabeth 여왕의 주치의에게 발견된 이래 지난 400년 동안 최고의 물로 명성 유지, 0.6% 탄산가스 함유량
Hydroxydase	France	시판 생수 중 최고의 mineral 함유량(France 약국에서도 판매)
Koivu Birchsap	Finland	100% 순수 자작나무 수액, 4대 필수 요소 함유, 실제 빙하수로 유명
10BC	Canada	수심 3,000m 바다에서 채집, 피부염 및 혈압에 좋음
Marine Power	일본	레몬그라스 과즙을 첨가한 레몬 맛의 sparkling water
Organic Light	Newzealand	산소 함유량이 높음(일반 생수보다 3000% 이상 함유)
Oxygizer	Italy	대중적 인지도가 높은 sparkling water
Perrier	France	활성 산소 제거, 물 분자가 작아 수분 흡수가 빠름
Siana	한국	탄산 수소염의 함유량이 높음(Goethe가 즐겨마셨다고 함)
Strathmore	영국	영국 귀족과 패션계에서 인기(천연 과일이 포함됨), 영국 최고의 시장점유율
Tau	영국	탄산가스 함유량:0.6%, Wales Cambrian 산맥에서 채취
Vosswater	Norway	빙하가 녹아 내린 물이 암반 퇴적층에 스민 상태에서 채집
Whistler Water	Canada	Canada 빙하에서 채취, 약 알칼리수
Wildalp	Austria	어린이용 프리미엄, 천연 산소량이 많아 분유가 잘 녹음
삼다수	한국	출시 6개월만에 한국 판매 1위, 제주도 화산 암반수
아이시스	한국	한국 생수 시장 2위
백두산생수	한국	롯데칠성의 신제품

그림 9-20 생수의 대표 브랜드

미국의 전체 음료 시장 중 물 시장(특히 bottled water)이 2020년까지 가장 큰 제품 형태가 될 것으로 예상되는 가운데, The Coca-Cola Company도 기존 **LRB(liquid refreshment beverage)** 시장의 시장점유율을 유지하고자 'sparkling bottled water'(소다수) 제품의 생산과 판매에 노력을 경주하고 있다. 일반적으로 'bottled water' 시장은 'still water'(일반 생수), 'sparkling water'(소다수), 'bulk still water'(대형 용기 생수) 등 세 가지로 분류된다. 미국의 경우 일반 생수가 전체 물 판매수익 중 약 80%를 차지하고, 'sparkling water'는 판매수익은 적으나 높은 가격으로 판매되고 있다.

Coca-Cola는 미국 **CSD(carbonated soft drinks)** 시장에서는 높은 시장점유율을 기록하고 있지만, 'sparkling water' 부문에서는 저조한 시장점유율을 갖고 있다. 대표 Coca-Cola의 브랜드는 2007년에 인수한 에너지 음료 0칼로리 Glaceau Fruit water다. Glaceau 내에는 Fruit water 외에도 Vitamin water(still water)와 Smart water(still water)가 있다. Coca-Cola는 브랜드 Dasani(**flagship brand**)라는 명칭으로 'sparkling water' 시장에 강력히 도전하고 있다.

기존 시장에서의 절대 강자는 Perrier, San Pellegrino, Poland Spring, Arrowhead 등 네 가지 브랜드를 갖고 있는 Nestle Water다. 그 외에 Sparkling ICE, LaCroix, Topo Chico, Cascade Ice Water 등이 경쟁되고 있는 실정이다.

대한민국의 물 시장 규모는 2017년 기준, 약 12조 5천억 원에 이른다. 그 중 탄산수 시장의 성장세가 두드러진다(2011년 약 100억 원, 2012 128억 원, 2013년 약 200억 원, 2014년 약 350억 원, 2016년 약 856억 원)(〈그림 9-21〉, 〈표 11-26〉 참조).

그림 9-21 대한민국의 대표 탄산수

출처: 한경 Business 2014. 05. 19. p.43

표 9-26 탄산수 활용법

- 과일청이나 식초 등을 넣어 핸드 메이드 탄산 음료를 만든다.
- 생선을 탄산수에 담갔다가 조리하면 비린내가 없어진다.
- 탄산수에 담갔다가 조리하면 누린내가 없어지고 육질이 연해진다.
- 탄산수로 채소를 씻으면 미세 먼지나 잔류 농약이 보다 효과적으로 제거된다.
- 밥을 지을 때 탄산수를 이용하면 미네랄 성분이 밥맛을 부드럽게 해준다.
- 튀김이나 부침 요리를 할 때 반죽에 차가운 탄산수를 넣으면 쫄깃하고 바삭하다.
- 피부에 좋다고 알려진 약산성 성분을 띠는 탄산수를 물과 희석해 세안수로 사용하면
- 마른 걸레를 탄산수에 적셔 유리나 화초 등을 닦으면 얼룩이 깔끔히 지워지고 화초에 윤기가 난다.

출처: 한경 Business 2014. 05. 19. p.42

부록 6 식음료 부문 우수 기업의 대표 사례

In-N-Out

햄버거의 본 고장 미국에서 가장 인기있는 햄버거 레스토랑은 서부 지역에서만 찾을 수 있는 In-N-Out이다. In-N-Out은 2012년 Consumer Report의 구독자 3만 6000명을 대상으로 미국 내 53개 fast food 체인점에 대한 소비자 만족도 조사 결과, 10점 만점에 7.9점으로 2년 연속 1위를 차지한 반면, McDonald's는 5.6점에 그쳤다. 영화배우 Paris Hilton이 음주 운전 혐의로 체포당했을 때, In-N-Out 버거를 사러가던 중이었다고 말해 화제가 되기도 했다.

In-N-Out의 2018년 판매수익은 약 5억 3,900만$다. McDonald's 연간 매출의 1% 수준에 불과하지만, 연 평균 매출 증가율은 업계 평균의 2배인 약 10%에 달한다. 순이익률은 20%에 이르는 것으로 알려졌다.

창업자 Harry Snyder가 California주 Baldwin Park에서 McDonald's보다 7년 빠른 1948년 설립한 In-N-Out의 경영 모토는 '단순함을 지키자(keep it simple)'이다. In-N-Out은 신선한 재료를 사용한다. 1976년부터 Baldwin Park에 직영 육가공 공장과 식자재 배급소를 운영하면서 재료의 품질을 직접 관리하고 있다. 냉동 고기를 주로 쓰는 다른 대형 체인과 달리, 생고기를 매일 매장에 공급한다. 한 번도 얼리지 않은 생고기를 쓰는 것은 창업 이후 줄곧 유지한 원칙이다. 햄버거용 빵도 매장에서 매일 아침에 직접 굽는다. 신선도 유지를 위해 매장은 직영 배급소 반경 500마일(800km) 이내에만 열 수 있다. 또한 In-N-Out 매장에는 냉동고나 전자레인지 등의 설비가 없다. 얼린 재료를 쓰지 않기 때문에 녹이거나 보관할 필요가 없기 때문이다. 남은 재료는 전량 폐기한다.

적은 매장 수를 고수해 품질을 유지하는 것도 특징이다. In-N-Out은 California, Nevada, Arizona 등 미국 서부 3개 주에서 300개 미만의 매장을 운영하고 있다. 1948년 1호점 개점 이후, 2호점을 내기까지 3년이 걸렸고, 창업 후 28년 간 늘어난 매장이 18개에 불과했다. 1976년 작고한 창업자 Harry Snyder는 생전 인터뷰에서 "사업 확장보다는 품질 유지가 중요하다"고 강조했다(2019년 현재 사장은 Lynsi Snyder임).

In-N-Out의 메뉴판에는 4종류(햄버거, 치즈버거, 더블더블버거, french fry)만 있다. 창업 이후 메뉴는 변한 것이 없다. 또한 In-N-Out의 단골 고객들은 메뉴판에 적혀있는 메뉴가 아닌 다른 것을 주문해 먹는다. 단골들만 알고 주문할 수 있는 '비밀 메뉴(secret menu)'가 있기 때문이다. In-N-Out은 단골들을 위한 서비스인 비밀 메뉴를 계속 개발해 선보이고 있다. 2018년 기준, 비밀 메뉴는 10가지 이하로 알려져있다. 고기를 쓰지 않거나 빵 대신 양상추를 쓰는 햄버거 등이다. 양파나 토마토 등을 취향에 맞춰 넣어 먹을 수 있도록 별도로 제공하는 것도 특징이다. Lynsi Martinez In-N-Out CEO는 "자신만의 햄버거를 먹을 수 있고, 비밀 메뉴를 아는 사람들끼리 유대감도 형성된다"고 소개했다.

저렴한 가격도 장점이다. In-N-Out에서는 2018년 기준, 가장 비싼 Double-Double Burger가 3.45$이고, 음료수와 french fry까지 주문해도 5$ 정도다(2018년 기준, 가장 저렴한 햄버거는 2.10$, 치즈버거는 2.40$임). French fry를 만드는 과정을 손님들에게 공개하는 것도 마케팅 전략이다. 얼린 감자를 튀기는 경쟁사와는 달리, In-N-Out에서는 즉석에서 생감자를 썰어 튀긴다. Martinez CEO는 "신선한 재료를 쓴다는 자부심과 더불어, 고객들에게 우리 제품에 대한 신뢰감을 높일 수 있다"고 설명한다.

시대를 앞서간 서비스도 명성의 배경이다. 1950년대에 차를 탄 채로 햄버거를 주문하는 drive-thru 서비스를 업계 최초로 도입한 곳도 In-N-Out이다. 당시에는 직원들이 차로 다가가 주문을 받고 제품을 직접 갖다주는 것이 일반적이었다. 숙련 직원도 꾸준히 양성하고 있다. 1984년에는 매장 관리자 양성 기관인 In-N-Out University가 설립됐다. 최소 1년 간 매장에서 풀타임 근무를 해야 교육을 받을 수 있는 자격이 주어진다. 예비 관리자들은 이곳에서 품질 관리법, 청결 및 서비스 정신 등을 배운다. 숙련된 직원이 좋은 서비스를 제공한다는 원칙을 실행하는 셈이다.

직원들에 대한 높은 보상 체계도 좋은 서비스의 기반이다. In-N-Out 신입 직원의 시간 당 임금은 2018년 기준, 서비스 직원은 11.58$이고, security guard의 경우는 16$에 이른다. 미국 내 다른 대형 fast food 체인점의 평균 임금보다 상당히 높다. 매장 관리자의 평균 연봉은 16만$로 업계 최고 수준이다. 이 때문에 매장 관리자의 평균 근무 연수가 13년에 이른다. In-N-Out측은 "할아버지부터 손자까지 3대가 일한 경우도 있다. 충성도 높은 직원들이 더 좋은 서비스를 제공하는 것은 당연하다"고 강조하고 있다.

환대산업 마케팅 전략 계획 모델(포지셔닝 전략)

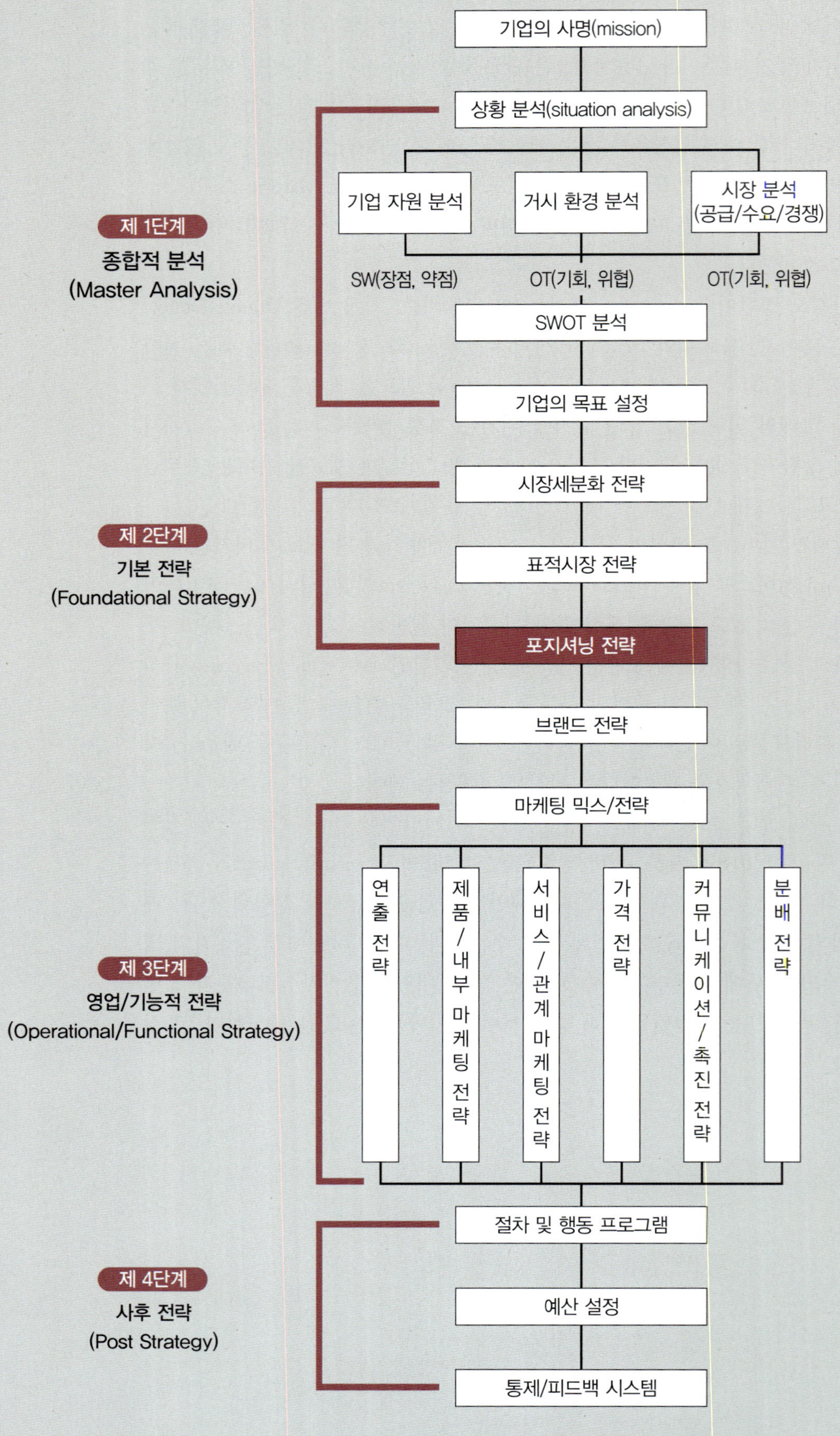

포지셔닝 전략

제 10 장

포지셔닝 전략의 의의 및 유형

1. 포지셔닝 전략의 개념 및 의의

1-1. 포지셔닝의 개념

Trout · Ries는 1969년 7월 Industrial Marketing 학술지에 '소비자 제품과는 성격이 다른 B2B 제품에 대해서는 어떻게 포지셔닝을 적용해야 하나요?'라는 표현으로 포지셔닝의 개념을 최초로 도입했다. 그러나 실제로는 "제품의 궁극적 시장 위치(position)는 제품 간의 하찮은 차이보다 브랜드의 개성, 즉 브랜드를 인생의 한 부분으로 만들어내는 확고한 이미지에 달려있다"라고 말한 1955년 David Ogilvy의 American Association of Advertising Agencies 기조 연설에서 그 개념이 먼저 전달되었다.

Kevin Keller는 "포지셔닝이란 지속적으로 차별적 우위가 가능한 혜택을 소비자 인식 속에 심어주는 작업"으로 포지셔닝을 정의하고 있다. Kevin Keller는 또한 포지셔닝은 경쟁자들을 고객의 마음 밖으로 몰아내는 것이라고 언급했다. 그러나 마케팅에서의 포지셔닝은 유형적 위치가 아니라 **black box**라고 하는 소비자의 마음에만 위치하는 것으로서, 그것을 포착하고 잘 위치시키는 것이 어려우며, 특히 제품의 무형적 특성을 갖고 있는 환대산업에서는 그 어려움이 가중되고 있다.

black box
소비자의 마음은 파악하기 어렵다는 마케팅 용어임.

Freud에 의하면, 인간의 마음은 빙산과 같아서 10%만 행동으로 표출된다고 한다. 즉 생각과 행동에 영향을 주는 90%의 충동과 본능은 마음 속에 감추고 있다는 것이다. 《Tipping Point》의 저자 Malcolm T. Gladwell의 얘기다. "대다수 사람들의 특정 제품과 서비스에 대한 충성도는 원인 파악이나 계량화가 힘들다. 어쩌면 그것을 탐지하려는 시도 자체가 실수일 수 있다. 사람들은 왜 그런지 자신도 모르는데 남이 어떻게 알겠는가? 그냥 그런 마음이 드는거다."

시장에 진출한 제품은 일단 알려지게 되면, 바람직하건, 아니하건, 소비자의 마음 속에 포지셔닝이 된다. 포지셔닝 전략이 필요한 이유는 그러한 포지션을 바람직한 포지션으로 전환시키는 데에 있다. 역사적으로 볼 때, 고객의 마음에 가장 먼저 침투한 브랜드는 2위보다 2배, 3위보다는 4배의 시장점유율을 차지한다고 한다. 선도 브랜드의 이점은 매우 많다.

선도 제품이 출시되고 성공을 하면 일반적으로 많은 열등·모방 제품들이 뒤따라 출시된다. 열등·모방 제품들은 시장을 확대시켜주며, 동시에 소비자들이 잘 모르고 있던 선도 제품의 장점을 더욱 부각시켜준다. 이러한 현상을(장점 부각) **'contrast effect'(대조 효과)**라고 한다. 즉 열등·모방 제품들은 경쟁이 되기보다는 오히려 선도 제품의 포지셔닝을 더욱 굳혀주는 역할을 하는 것이다.

대표적 예 중 하나는 박카스를 넘어선 후 광동제약의 비타500의 포지셔닝을 더욱 굳혀준 CJ의 '제노비타', 반도제약의 '비타마인', 영진약품의 '비타씨', 반도제약의 '비타C1000', 삼진건강의 '비타900', 솔표의 '비타800' 등이다. 이 모방 브랜드들은 시장을 크게 확장시켜주며, 동시에 시장 확장 이익의 대부분을 비타500에 돌아가도록 하는(바보같은?) 역할을 했다.

1-2. time pacing 전략

물론 선도 브랜드는 Apple, Gillette와 같이 끊임없이 진화·발전해나가야 한다. Apple, Gillette와 같이 시장에서의 새로운 변화를 예측하고, 그에 맞춰 제품을 개선해나가는 전략을 **'time pacing' 전략**이라고 한다. **'time pacing' 전략**은 특정 사건이 벌어졌을 때, 그 사건과 보조를 맞춰나가는 수동적 'event pacing' 전략과는 다른 개념이다. **'time pacing' 전략**의 핵심은 변화의 시기를 알아야한다는 것이다. 5년마다 비행기 좌석을 바꾸는 정책의 British Airways와 같은 공식적 시기의 시대는 이미 오래 전에 지났다. 변화의 시기 간격은 계속 기하급수적으로 짧아지고 있다.

1-3. 선도자의 법칙(law of leadership)

선도자의 법칙(law of leadership)에 의하면, 최고의 품질보다 최초의 제품이 더 중요하다고 한다. 서울에서 대표적 음식점들이 몰려있는 장충동(족발), 오장동(냉면), 신당동(떡볶이), 청진동(해장국), 무교동(낙지) 등의 지역에 가보면 간판에 가장 많이 적혀있는 것은 '원조'다.

대표적 선도자들

달에 처음으로 발을 디딘 사람(Neil Alden Armstrong), 세계에서 가장 높은 산(Everest 8,848m), 미국 1대 대통령(George Washington), 세계 최초, 최대 인터넷 쇼핑(Amazon), 최초의 컴퓨터(Eniac)*, 최초의 케이블 스포츠 네트워크(ESPN), 최초

실제로 Enica은 컴퓨터라기보다는 '전자 숫자 적분 및 계산기'에 해당됨.

그림 10-1 Harvard University

의 24시간 뉴스 채널이자, 최초의 케이블 뉴스 네트워크(CNN), 최초의 피자 배달 체인(Domino's), 최초의 포켓 티슈(Kleenex), 최초의 운동화(Nike), 최초의 즉석 카메라(Polaroid), 최초의 패션 시계(Swatch), 최초의 고급 소형 양조장 맥주(Samuel Adams), 최초의 뉴스 주간지(Time), 최초의 종이 복사기(Xerox), 미국 최초의 대학교(Harvard University)(〈그림 10-1〉 참조), 국내 최초의 4년제 호텔경영학과(세종대학교), 대한민국에서 가장 높은 빌딩(제 2롯데월드 : 123층, 555m, 세계에서 가장 높은 전망대와 아트 갤러리 보유)* 세계에서 가장 높은 빌딩(UAE의 Dubai Buri Khalifa, 829m), 세계에서 가장 높은 호텔(홍콩의 118층 Ritz-Carlton)(〈그림 10-2〉 참조), 세계 최초의 cognac(Remy Martin), 세계 최초의 champagne(Moët&Chandon) 등은 대부분 알고 있으나 두 번째는? 거의 기억을 못하거나 모르고 있다.

그림 10-2 홍콩의 118층 Ritz-Carlton

선도자의 법칙은 '백설공주와 일곱 난쟁이' 격이 되는 것이다. 전기 기타의 신 Jimi Hendrix 정도가 되지 않으면 말이다.

* 제 2롯데월드는 대지 면적 2만 6,373평(8만 7,183m²), 건물 총 면적 24만 5,619평(81만 540m²), 사업비 3조 5천억 원 등 모든 것이 대한민국 기록임.

선도자들의 확고한 입지

실질적으로 Newsweek보다 Time이, Penthouse보다 Playboy가 더 인기가 있는 이

유가 여기에 있다. 4륜 구동 자동차 Jeep, IBM 메인 frame 컴퓨터, 손에 쥘 수 있는 Palm 컴퓨터, Blackberry 무선 이메일 장치, Zip Drive PC용 대용량 외부기억장치, Chrysler의 미니밴, Hewlett-Packard의 desk top 컴퓨터 , 스포츠 음료 Gatorade, 향료를 첨가한 콜라 Dr. Pepper, 유산균 강화 요구르트 Activia, 발기 부전 치유제 Viagra, 막대사탕 시장에서 전 세계 170개 국에 판매되며, 2위 업체 두 배의 판매량을 기록하고 있는 Spain의 Chupachups 등은 최초의 제품이자, 각 부문에서 가장 인기있는 제품이다. 2천만$ 예산의 Evian 광고의 핵심은 항상 '업계 최초'다.

선도자의 법칙으로 성공한 일본 호텔들

1988년 Thailand에 Amanpuri Phuket 호텔로 초호화(ultra-luxury) 호텔 범주를 개척했던 Aman 그룹은 일본에 세계 최초의 '도심형 full villa' 개념을 도입했다. 일본 Kyoto와 Karuizawa에서 환상적 료칸(ryokan)을 운영하는 Hoshinoya는 일본 최초의 '도심형 노천 온천' 료칸을 도입했다(〈그림 10-3〉 참조).

2017년 일본 Sibuya에는 'socializing(사회 공헌)'을 포지셔닝으로 하는 Trunk Hotel이 개관됐다. Trunk Hotel에서는 지역 주민을 비롯해 호텔 이용객이 아닌 '누구나' 호텔 로비에서 미팅을 할 수 있고, 무료 Wi-Fi까지 이용한다. 로비 라운지의 테이블, 벽 등은 폐자재로 재활용됐고, 식사도 현지 건강식으로 제공된다. 호텔 직원으로 일하기를 원하는 외국인에게는 비자 취득을 적극 도와준다. Trunk Hotel의 핵심 강조 포인트는 환경, 지역 우선주의, 다양성, 건강, 문화의 5가지다.

사람도 마찬가지다. 세계적 화가들인 Claude Monet(인상주의; impressionism), Henri Matisse(야수파; fauvisme), Vincent van Gogh(표현주의; Expressionism), Pablo Ruiz Picasso(입체파; cubism), Henri Rousseau(native painting : 소박파), Paul Jackson Pollock(행위 예술; action painting) 등의 유명 화가들은 각 분야에서 최초의 시도로 그 이름을 빛

그림 10-3 일본 최초의 '도심형 노천 온천' 료칸을 도입한 Hoshinoya

출처:www.booking.com, www.hoshinoresorts.com, www.hoshinoresorts.com, www.tripadvisor.co.kr

낸 사람들이다. 최초 기업의 혁신자 이점(innovator's advantage), 혹은 선발 이점(first-mover advantage)은 산술적이라기보다는 기하학적이다.

역사적으로 살펴볼 때 많은 예외도 있다(마케팅에는 불변의 공식은 존재하지 않는다)(〈표 10-1〉 참조). 여기에는 많은 이유가 있을 수 있으나, 후발 기업은 근본적으로 조사 및 PR 비용, 불확실성 등의 측면에서 유리하기 때문에 역전이 가능할 수 있다(**free-rider effect**). 대표적 예가 Google과 Apple이다. 두 기업 모두 완전히 새로운 제품이 아닌, 기존 제품의 문제를 해결하고 solution을 제공하며 시장의 리더가 되었다.

표 10-1 후발 제품이 선발 제품을 추월한 사례

제품 범주	선발 제품	후발 제품
VCR	Ampex	Sony, JVC
전자레인지	Rayon	GE
Fax	Xerox	Sharp
카메라	Daguerreo type	Kodak
복사기	3M Thermofax	Xerox
PDA	Apple	Palm
컴퓨터	IBM	MicroSoft
유통	K-Mart	Wal-Mart
인터넷 검색	Yahoo!	Google
영상 가전	Sony	삼성
오픈 마켓	Auction	G마켓
크래커	Ritz	ZEC
미과즙 음료	Near water	2% 부족할 때
드링크	박카스	비타500
라면	삼양라면	신라면
포털사이트	Yahoo	Naver
운동화	Adidas	Nike
MP3	YEPP	iriver
핸드폰	Motorola	Nokia → 삼성, Apple
종이 기저귀	Chax	P&G
담배	Winston	Marlboro
치약	Calgate	Crest*
모텔	Howard Johnson's	Fairtield Inns by Marriott
온라인 서적	Powells.com	Amazon.com*

미국치과의사협회의 공식 인증이 결정적 계기가 됨.

30% 할인 아이디어가 결정적 역할을 함.

1-4. 선도자의 핵심 무기: 억제 방어(deterrent defence)

그러나 선두 기업의 실패에는 보다 근본적인 이유가 있다. 그 이유는 간단하다. 강력한 포지셔닝에 실패했기 때문이다. 방어 전략은 많은 형태가 있으나, 무엇보다도 가장 강력한 것은 **억제 방어(deterrent defence)**다. **억제 방어**란 위협을 하지 않아도 무엇인가의 존재로 인한 상대의 공격 포기 유도를 의미한다. **억제 방어**는 게임 이론에서 말하는 'burning the bridge behind(건너온 다리 불태우기)', 즉 적의 사기를 저하시키는 전술과 유사한 개념이다. Four Seasons의 '고급스러운 우아함', IBM의 main frame 컴퓨터 기술, Nordstrom 백화점의 '고객과의 동체', The Waldorf Astoria의 역사 등이 그것이다. 경쟁 기업들이 도저히 모방하거나 따라올 수 없는 그 무엇, 즉 경쟁 기업들이 엄두를 못내는 핵심적 역량을 의미하는 것이다.

결론적으로 포지셔닝 개념에 있어서 '**선도자의 법칙**', '선점 효과'가 의미가 있기 위해서는 위와 같은 강력한 핵심 역량이 있어야 한다. 더 바람직한 것이 있다면, 그러한 핵심 역량을 계속 진화시켜나가는 것이다. 전 일본 기업에 있어서 공통의 모토가 있다. 그것은 바로 '**kaizen**'**(지속적 향상)**이다.

Kodak은 필름으로 사진을 찍어 인화지에 현상하던 시절의 세계 제 1위 브랜드였으나, 현상과 관련된 신 기술이 발달하며 파산했다. 반면 Gillette을 보라.

억제 방어의 진수: Gillette

면도날의 시조인 Blue Blade로부터 시작하여 2중 면도날 Trac II (40년 후), 면도기 헤드가 얼굴 윤곽에 따라 움직이는 Atra, Sensor, Sensor Excel, 3중 면도날 Mach3, 소형 모터의 미세 진동이 추가된 기능의 Mach3 Power, 5중 밀착 면도날 Fusion(이후 Fusion Power, Fusion Phenom, Fusion Power Phenom … Proglide, Proglide Styler, Proglide Flexball, Proglide Chill …) 등은 **억제 방어**의 진수를 보여주고 있다(자사의 바로 '전' 제품까지 사장시키며).

1-5. 후발 기업 전략의 방향

후발 기업(브랜드)이 성공하기 위해서는 목표 시장을 좁혀야 한다. 그것이 표적시장이 될 수도 있고 사용 상황이 될 수도 있다. 선두 기업의 강한 역량과 경쟁하기 위해서는 무엇인가 차별화된(다른) 개념을 내세워야 한다는 의미다. 선두 기업이 빨강 물감 10ℓ로 큰 도화지를 빨갛게 칠했다면, 후발 기업은 파랑 또는 노랑 물감 3ℓ로 그보다 작은 도화지에 선두 기업보다 옅지 않은 색으로 칠해야 한다는 의미다. Pepsi는 '젊은 층', Wendy's는 '성인층', FedEx는 '24시간 배송'에만 집중하며 성공했다.

그림 10-4 Google의 첫 페이지
출처: www.google.co.kr

과거 포털 사이트의 선두주자 YAHOO!가 사이트에 뉴스 코너를 만들고 날씨, 인물 등을 추가하며 정보 제공 서비스를 확대하자, Excite, Altavista, AOL 등 시장 도전자들은 첫 페이지에 더 많은 정보 서비스를 제공하며 경쟁을 했다. 그러나 Google은 가로 10cm, 세로 1cm의 '**Pandora Gate**'으로 불린 단순한 웹사이트로 인터넷업계에 혁명을 가져왔다(〈그림 10-4〉 참조). Google은 인터넷 정보 매체의 개념을 검색 엔진의 개념으로 바꿔버린 것이다.

목표 시장을 좁혀 성공한 제품들을 살펴보자. 음주 측정기(PNI), 골프 비거리 측정기(Star Cadi), 개인용 거리/스피드/칼로리 측정기(Sport Brain), 날씨 측정기(Davis), 언어 통역기(Phraserater), 위조 신분증 탐지기(ID Logics), 달리기 기록 측정기(Chip Time)*, 당뇨 측정기(One Touch), 임신 모니터(PSC), 심장 박동 모니터(Polar) 등이 대표적 제품들이다.

* 주자의 신발끈에 42g의 송신기를 넣은 플라스틱으로 정확한 기록 측정.

Sony의 몰락

Sony의 몰락은 무엇을 의미하는가? Sony의 사업 영역은 전자(electronics)뿐 아니라 'Music&Movie', 'PlayStation', 'Online Game' 등 엔터테인먼트 사업까지 포함하고 있다. 그뿐 아니라 21세기 들어 'Network Solution Company'를 표방하며, 반도체와 모바일을 강화함은 물론, 컴퓨터 게임에서부터 결제 및 금융 서비스까지도 사업 영역을 확장시켰다. 물론 어느 하나도 성공하지 못했다. Sony가 다다익선의 망상에서 벗어나는 시점은 언제일까? Sony는 각 부문에서 적자가 누적, 확대되자, 2014년 하반기 들어 역사상 최초로 무배당을 결정했으며, 구조 조정 등 사업의 축소를 '어쩔 수 없이' 단행하고 있다.

아무리 빨라도 늦는 것이 있다. 그것은 후회다.

후발 기업들은 선두 기업이 '다양함'의 전략으로 나아갈 때 가장 좋은 기회를 얻을 수 있다. 1980년대 전자오락게임 시장 부동의 1위였던 Atari가 컴퓨터 시장까지 사업 확장을 한지 얼마 안 되어 Nintendo에게 전자오락 시장의 선두 자리를 내주었고, Eveready가 기존의 시장 외에 알칼리계 시장까지 진출할 때, Duracell에게 알칼리계 시장 선두 자리를 내주며, 결국 1, 2위 자리가 바뀌었다.

환대산업에서의 포지셔닝은 제품적 특성으로 인하여 무엇인가 새로운 각도에서 이해되어야 한다. 일반적으로 포지셔닝은 다음과 같은 두 유형으로 대분된다.

2. 포지셔닝 전략의 유형

2-1. 객관적 포지셔닝(objective positioning)

객관적 포지셔닝은 제품, 서비스 혹은 브랜드의 객관적 속성과 관련된 것으로서, 물질적 특성 및 기능적 특성을 나타내는 제품에 대한 이미지를 창조해내는 것이다. 즉 제품의 차별화가 명백하며 독특한 특성을 갖고 있는 제품 및 브랜드에 적합한 포지셔닝 전술이다.

Cafebene의 객관적 포지셔닝

2008년 24개의 매장에 불과했던 Cafebene는 불과 3년만인 2011년 국내 커피 franchise 사상 최초로 500개의 매장을 돌파하며 2014년에 912개까지 기록했다. 그러나 2014년부터 하락하기 시작해, 2017년 말 600여 개로 줄었다. 적자는 2013년부터 시작돼 그 폭이 지속적으로 커지고 있다.

그 이유가 무엇일까? 거시적으로 판단한다면, 마케팅의 유일한 공식인 고객의 욕구와 필요를 만족시키려는 노력이 아니라 사업 확장에 '눈이 먼' 판매 지향적 사고 방식 때문이다. 그러나 미시적으로 판단한다면, 포지셔닝 전략의 실패다. Starbucks에서는 '만남'을 판매했지만(마케팅 지향적 관념), Cafebene는 와플, 아이스크림을 판매했다(판매 지향적 관념). "Brazil의 현지 커피 농장과 계약하면 커피가 많이 판매될 것이고, 만약 그 매출이 저조하면 인기있는 디저트로 보충하면 된다(제품 지향적 관념). 매출액만 늘린다면 우리는 성공할 것이다." 이것이 Cafebene의 생각이었을 것이다.

Cafebene와 같은 기업은 판매 지향적 외에도 철저한 제품 지향적 기업이다. 즉 객관적 포지셔닝 전략을 수행한 것이다. 커피 가격을 Starbucks 수준에 맞춘 것이 그 예다. 고객들이 Cafebene에서 얻은 혜택이 무엇이었을까? 무리한 확장으로 인한 커피 맛, 관리, 매장 분위기 등에 대한 표준화의 실패로 고객들의 불만족을 가중시켰고, 설상가상으로 고객들은 Cafebene의 목적인 매출액 제고를 위해 '비싼 돈'을 지불해야만 했다.

한마디로 Cafebene의 시장 위치(market position)는 고객의 마음 속에 자리잡지 못했다. 다음에 언급할 주관적 포지셔닝(고객의 지각에 의한 포지셔닝)을 '전혀' 이해하지 못한 Cafebene의 몰락은 지극히 자명한 결과다.

그림 10-5 Diamond Princess 크루즈

크루즈산업에서 Diamond Princess는 'super love boat'로 알려져있다. 116,000ton, 18docks, 미식 축구장의 2배 길이, 2,670명의 승객을 수용할 수 있는, 4억$에 해당되는 엄청난 규모의 크루즈다(〈그림 10-5〉 참조). Las Vegas의 Bellagio, The Venetian 등은 그 웅대함과 화려함으로, Motel6, Formule1은 경제성으로 확고한 포지셔닝을 갖고 있다. Mr. Steak은 스테이크를, Pizza Hut은 피자를, Burger King은 햄버거를 판매한다는 이미지를 브랜드 자체에서 파생시키고 있다. 미국에서 일반적 아침 식사는 IHOP(International House of Pancake),* 아침 buffet는 Shoney's가 대표 레스토랑으로 포지셔닝되어있다. Haagen-Dazs의 아이스크림은 'richness(맛이 진함)'로 유명하다. Aqua-Fresh는 충치 예방, 구강 청정, 미백 효과 등의 세 혜택을 세 가지 색상의 치약으로 포지셔닝하고 있다.

2017년 'IHOPN GO'라는 온라인 주문 platform을 구축함.

Gillette의 안전 면도기, 강력한 세탁용 세제 Tide, 복사하면 떠오르는 Xerox, Scotch 테이프 등도 대표적인 객관적 포지셔닝 범주에 해당된다. Snapple은 ice tea로 처음 출시되었을 때부터 신세대 음료라는 새로운 제품 개념을 도입했다. 이 때의 전략은 물보다 맛은 풍부하지만, soft drink보다 건강에 더 좋고, 과일 주스보다는 부드러운 음료라는 제품 속성의 전달이었다.

fry
Pan을 통한 간접 열 요리. 식용유를 사용할 경우에는 deep pan fry라고 함.

broil
Broiler를 통한 직접 열 요리.

햄버거 전쟁

1984년에 유명한 햄버거 전쟁이 있었다. CEO Jeffrey Campbell의 Burger King은 McDonald's를 겨냥하여 'McDonald's의 햄버거는 fry로 조리하지만, 우리는 broil로 고기를 굽는다(〈그림 10-6〉 참조). 따라서 우리의 햄버거가 더욱 신선하고 맛있다'라는 광고로 선전 포고를 한 적이 있다. McDonald's가 소송을 하고, 결국 소송 취하로 전쟁이 끝난 적이 있었다.

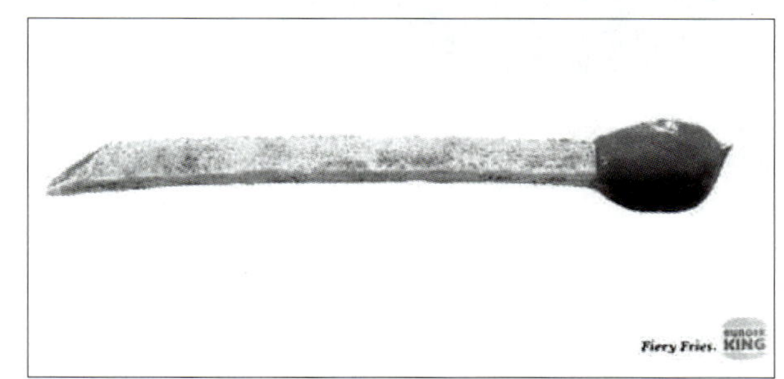

그림 10-6 Burger King의 broiler 광고

위의 모든 사례와 같이 제품적 특성을 이용하여 제품을 포지셔닝하는 경우를 객관적 포지셔닝이라고 한다(〈그림 10-7〉 참조).

객관적 포지셔닝에는 속성 이외에도 **사용 및 적용(use/application) 포지셔닝**(Nike의 경주용 최상 운동화, 농구용 최상 운동화 등); **사용자(user) 포지셔닝**(Marriott의 중장기 체류자를 위한 Residence Inns); **경쟁자 포지셔닝**(7UP의 'Uncola'); **품질/가격(price/value) 포지셔닝**(Taco Bell의 가치 창조) 등 여러 유형이 있다.

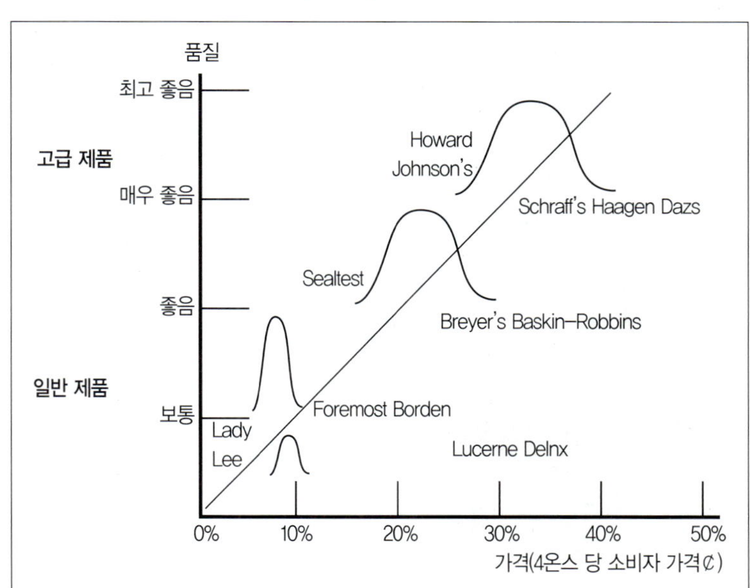

그림 10-7 객관적 포지셔닝
출처: Kevin Lane Keller(2003), "Brand Management", p.185를 근거로 논자가 재구성.

그림 10-8 Hawaiian Airlines의 Logo와 유니폼 입은 승무원

출처 : www.facebook.com

2-2. 주관적 포지셔닝(subjective positioning)

1980년대에 이르러 많은 기업들이 포지셔닝의 개념을 적극적으로 도입하기 시작했는데, 그 초점은 제품의 속성보다는 고객의 마음이었다.

Hawaiian Airlines의 로고 및 상징 이미지는 항공기가 아닌 'Hawaii의 부드러운 바람에 머리가 흩날리며 Hawaii의 일출을 바라보는 사람 모습'(〈그림 10-8〉 참조)이다. 전술되었던 Cafebene와 정반대로 주관적 포지셔닝을 잘 이해하고 있는 기업이다. 2018년부터 선보인 Hawaiian Airlines의 새로운 직원 유니폼 주제도 'Ku makou'(함께합니다)다. 환대산업에서 주관적 포지셔닝을 보여주는 모범적 사례다.

Frost 8/80의 실패 사례

1971년, Brown Foreman Distilers는 주류업계 최초로 Frost 8/80이라는 'dry white whisky'를 출시했다(〈그림 10-9〉 참조). Frost 8/80은 큰 성공을 거둘 것으로 기대됐다. 시장에 커다란 기회가 있었기 때문이다. 'Dry white whisky'로는 최초의 제품이었던 것이다. William F. Lucas 사장은 "이 제품은 우리 직원들의 박수 소리와 경쟁사 직원들의 이 가는 소리 속에서 탄생했다"라며 과신했다. 그러나 2년도 못되어 Frost 8/80은 수백만 $에 이르는 손실을 내고 종말을 맞이했다. 겨우 10만 상자 정도가 팔렸는데, 이는 당초 예상했던 것의 1/3에도 미치지 못하는 양이었다.

그림 10-9 Frost 8/80

무엇이 잘못된 것일까? 고객의 관점(고객의 마음)에서 포지셔닝 주장을 다시 살펴보자. "최초의 white whisky라고? 천만에. 적어도 진, 보드카, 럼, 데킬라 등의 네 종류는 이미 시장에 있는걸."

주관적 포지셔닝은 제품, 서비스 혹은 브랜드의 주관적 속성과 관련된 것으로 혜택에 의한 감지(perceived benefit)를 통하여 구매 결정을 유도하는 포지셔닝 전략이다. 환대산업 제품의 무형성을 고려할 때, 주관적 포지셔닝이야말로 진정한 포지셔닝 전략이라고 할 수 있다. 즉 제품이 무형적이기 때문에 제품의 물질적 특성이 아닌 소비자들의 추구 혜택에 근간을 둔 포지셔닝으로서, 스테이크 레스토랑에서의 'Sell the sizzle not the steak' 등의 광고가 주관적 포지셔닝의 좋은 예라고 할 수 있다.

실제로 그렇건, 그렇지 않건(그것이 주관적의 의미), '**다수의 법칙(majority law)**'에서 성공한 브랜드들이 있다. 외식산업에서 '**다수의 법칙**'에서 성공한 브랜드들은 〈표 10-2〉와 같다

표 10-2 '다수의 법칙'에서 성공한 외식 브랜드

부문	브랜드	부문	브랜드
햄버거	McDonald's	아이스크림	Baskin Robbins
치킨	KFC	냉동 요구르트	TCBY
로우스트 비프	Arby's	펜케익	IHOP
핫도그	Vienna Schnitzel	와플	Waffle House
커피	Starbucks	피자	Pizza Hut
도넛	Dunkin' Brands Group	샌드위치	Panera
시나몬 롤	Cinnamon	서브마린 샌드위치	Subway
쿠키	Mrs. Fields	멕시칸 fast food	Taco Bell

Donius는 다음과 같은 제품 군에서 그 제품 군 사용자의 브랜드 인식 조사를 실시한 바 있다.

① 항공사(American, Continental, United)

② 맥주(Budweiser, Coors, Miller)

③ 커피(Folgers, Maxwell House, Nestle)

④ fast food(Burger King, McDonald's, Wendy's)

⑤ 호텔(Hilton, Holiday Inn, Marriott)

⑥ Soup(Campbell's, Lipton, Progresso)

분석 결과 〈그림 10-10〉과 같은 지각 공간을 형성했다. 이것이 대표적인 주관적 포지셔닝의 예다.

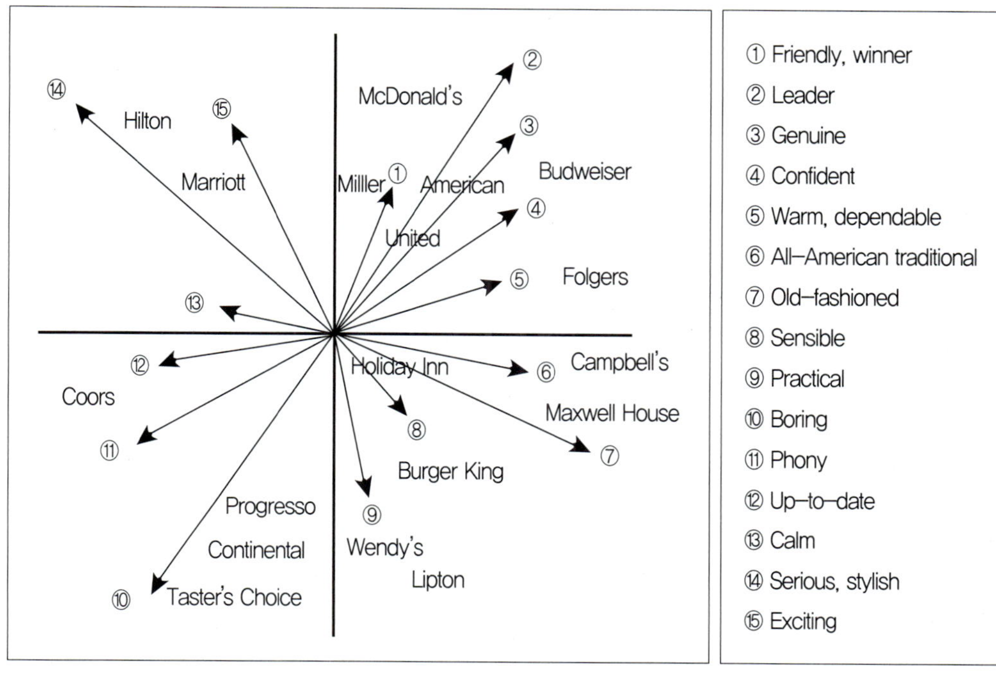

그림 10-10 주관적 포지셔닝

제2절 환대산업/호텔의 포지셔닝 전략

Lewis에 의하면, 호텔 포지셔닝 전략의 3대 요소를 ①이미지의 창조, ②주요 혜택에 대한 약속, ③경쟁과의 차별화라고 하고 있다. 필자는 이를 수정하여, 6대 요소를 제시하고자 한다. ①표적시장의 선정, ②경쟁 대상의 선정, ③주요 혜택에 대한 약속을 통한 경쟁과의 차별화, ④유형적 단서에 대한 조작, ⑤포지셔닝 성명서의 개발, ⑥획일성 유지가 그것이다. 이미지의 창조란 곧 포지셔닝과 유사한 맥락의 용어로서, 포지셔닝 전략의 한 단계가 아닌, 그 개념 전달에 가까운 용어이기 때문에 6대 요소에서 제외한다.

1. 표적시장의 선정

Aristotle는 사람을 설득하고자 할 때의 3대 요소를 ethos(credibility : 신뢰성), pathos (emotional appeal : 감정적 소구), logos(logic and reasoning : 논리성과 합리성)라고 했다. 그러나 Aristotle에 의하면, 그 사람에 대해서 아는 것이 가장 중요하다고 한다.

사회심리학자 Rober Chialdini는 사람 설득의 요소로 CLARCS라는 공식을 제시한 바 있다. CLARCCS란 비교(comparison : "다른 사람들은 다 하는데 왜 안하세요?"), 호감 (liking : "당신은(나는) 나(너)를 좋아하니까 내가 하라는 대로 해"), 권위(authority : 전문성, 신뢰성을 이용), 상호성(reciprocation : 'give and take' 법칙을 이용), 일관성(consistency : 어떤 사안에 대한 일관된 믿음과 입장을 유지), 희소성(scarcity : "기회가 있을 때, 시간이 있을 때 해야지")과 같은 6가지 요소를 의미한다.

포지셔닝 전략의 시발점은 표적시장의 파악이다. 표적시장에 대한 파악은 포지셔닝 전략뿐 아니라, 시장세분화 전략을 제외한 모든 마케팅 전략의 필수 조건이며, 동시에 시발점이다.

2. 경쟁 대상의 선정(〈제7장의 4-3. 경쟁 대상의 선정〉 참조)

포지셔닝 전략에서 중요하면서도 난제에 해당되는 단계이다. 경쟁 대상은 전체 산업일 수도 있고, 특정 브랜드일 수도 있다. 물론 그 사이에 존재하는 무수한 제품 계층 및 제품 형태일 확률은 더욱 높다. 경쟁의 범위를 어떻게 정하고, 경쟁 대상을 어떻게 선정하느냐에 따라서 포지셔닝 전략의 효과는 천차만별로 나타날 것이다. 물론 그 기준은 간단하다. 선정된 표적시장이 어떠한 제품 혹은 브랜드를 우리 제품의 대체재로 간주하고 있느냐의 문제인 것이다. 기준은 간단하나, 그것을 정확히 판단한다는 것이 얼마나 어려운 문제인가는 경쟁 개념에서 전술된 바 있다.

햄버거 시장의 선두 주자인 McDonald's는 'You deserve a break today' 캠페인을 통

해 전체 식음료 산업을 대상으로 포지션한 적이 있으며, Wendy's는 'Where is the beef' 캠페인을 통해 McDonald's와 Burger King을 대상으로 포지션한 사례가 있다. 즉 같은 경쟁 기업들이지만 어떤 기업은 전체 산업을, 어떤 기업은 특정 브랜드를 경쟁 대상으로 하고 있다는 것이다.

제품 계층과 제품 형태에 있어서는 더욱 많은 사례들이 제시되고 있다. 전 세계적으로 레몬라임 시장을 석권했던 7Up의 포지셔닝 성명서는 'Uncola'였다. 유사한 사례로서 국내 칠성사이다의 'no color, no caffeine, no royalty' 캠페인을 들 수 있다. 7Up은 콜라 시장을, 칠성사이다는 콜라와 외국 브랜드인 7Up을 동시에 경쟁 대상으로 하여 포지셔닝 전략을 수행하고 있는 것이다. 호텔산업에서의 Conference center는 컨벤션 호텔을, all suite 호텔과 B&B(bed&breakfast)는 일반 호텔과의 경쟁을 피하기 위한 포지셔닝 전략을 수행하고 있으며, 유람선(cruise ship)은 리조트 지역을 경쟁 대상으로 선정하고 있다. 이와 같이 경쟁 기업과의 차별성을 강조하는 것을 **대조적 포지셔닝(contrary positioning)**이라고 한다.

지역 또한 포지셔닝 전략 수행시 경쟁 대상이 되고 있다. Brazil의 Rio de Janeiro 기업들은 항공사와 협력하여 Sao Paulo에 출항하는 비행 시간을 아침에 도착하도록 조정했고, 결과적으로 Sao Paulo의 호텔들은 많은 관광객을 Rio de Janeiro 호텔들에게 빼앗겼다. 과거 삼성애니콜은 미국의 Motorola를 겨냥, '한국 지역에 강하다'라는 광고로 지역적 포지셔닝 전략을 수행한 바 있다.

제7장 경쟁의 파악에서 언급됐듯이, 무수한 사례가 제품 계층 및 제품 형태 사이에서 존재하고 있으며, 그 해답을 찾기란 정말 어려운 일이다. 그러나 분명한 사실은 경쟁의 범위와 대상을 분명히 선정해야 하며, 여기에는 현재와 미래의 시장의 실체성, 경쟁사의 수, 경쟁의 심화 정도, 시장의 기회 등 마케팅의 중요 요인들이 모두 고려돼야 한다는 것이다. 경쟁 대상 선정에 대한 해답을 찾기가 어렵다는 것에는 물론 반대급부도 있다. 만약 그 해답을 찾았다면(정확한 해답은 아니더라도) 그 효과 또한 엄청나게 크다는 것이다.

3. 주요 혜택에 대한 약속을 통한 경쟁과의 차별화

3-1. 주요 혜택에 대한 약속

《손자》의 이야기이다 "사람을 움직이는 수단은 마음 아니면 이익, 이 두 가지뿐이다." 마음을 얻는다는 것은 어렵기도 하고 확인하기도 어렵다. 그러나 이익, 즉 혜택을 준다는 것은 보다 쉽고 가시적이다. 오히려 한비자는 "인간은 이익을 좇아 움직이는 동물이다. 인간의 마음을 움직이는 동기는 사랑도, 배려도, 의리도, 인정도 아니다. 오로지 이익뿐이다"라고 말했다. 한비자의 이야기는 다소 무리는 있어보인다. 그러나 어쨌든 포지셔닝 전략에 있어서 주요 혜택에 대한 약속이 다른 어떠한 요소보다도 중요하다는 것은 분명하다. Ogilvy&Mather의 회장을 역임했던 David Ogilvy는 혜택에 대한 약속이 없는 광고는 무용지물이라고 주장한 바 있다.

소수 혜택에 집중

경쟁 대상을 결정하게 되면 각 표적시장의 주요 혜택을 파악해야 하고, 또한 그에 대한 약속을 해야 한다. 그러나 무수한 제품과 브랜드가 범람하며 광고 홍수시대(advertising clutter)에 접해있는 현대 사회에서 많은 혜택을 모두 알리고, 동시에 소비자의 마음 속에 침투시킨다는 것은 거의 불가능한 일이다. Stanford대학의 William Tiller와 양자 물리학자 Fred Wolf에 의하면, 인간의 99.9999%는 빈 공간, 즉 '색즉시공'이라고 한다. 그들은 영혼의 0.0001%만 육신 속에 있고 나머지 99.9999%는 육신 밖의 우주에 퍼져있다고 주장한다.

Harvard대학의 George A. Miller에 따르면, 보통 사람의 마음은 한 차례에 일곱 단위 이상을 다룰 수 없다고 함. 일곱 자리 전화번호, 세계 7대 불가사의, 세븐 포커 게임, 주 7일, 7음계, 무지개의 7색깔, 백설공주와 일곱 난쟁이 등 7은 신비의 숫자임이 분명함.

인간이 가장 편안한 상태로 있어도 뇌는 계속 움직이는 심장의 10%, 폐 10%보다 높은 20%의 에너지를 소비한다고 한다. 사람의 마음은 컴퓨터의 용량, 물에 젖은 스펀지와 같이 이미 들어있는 내용을 없애지 않고서는 새로운 정보를 흡수하기가 어렵다*(〈그림 10-11〉 참조). 따라서 이 단계에서는 무수한 혜택 중 진정으로 중요한 소수의 혜택을 집중적으로 부각시키는 기법이 필요하다.

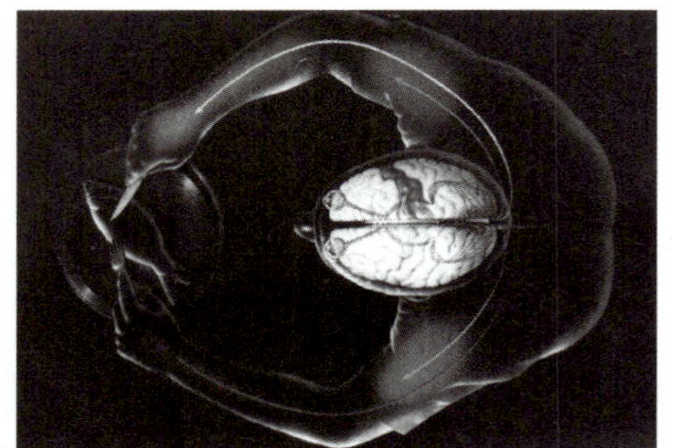

그림 10-11 인간의 마음(뇌): 인간의 뇌에는 1,000억~1조 개의 newron(신경 단위)으로 이루어진 신경 회로가 있음.

미국 Major League Baseball의 최고 명문 구단 New York Yankees의 최전성기는 George Herman Ruth와 Henry Louis Gehrig이라는 명타자 원투 펀치가 있을 때였으며, 일본 프로야구의 최고 명문 구단 요미우리 자이언츠의 최전성기도 왕정치와 장훈이라는 OH포 원투 펀치가 있을 때였다.

간결한 문장의 위력

Volvo는 'safety'(〈그림 10-12〉 참조), BMW는 'driving'만을 강조한다. 이와 같이 가장 강력한 마케팅 캠페인은 단 한,두 단어에 집중시키고 있다. 미국 Obama 대통령의 승리 구호 "Yes, We Can", Bill Clinton의 승리 구호 "The economy stupid!", Donald Trump 대통령의 "America First", "Make America Great" 등 간결, 간명한 문장의 파급 효과는 크다. Chanles Saatch와 Maurice Saatch 형제가 각각 운영하는 광고대행사 Saatchi&Saatch, M&C Saatchi에서는 'one-word equity'(한 단어 자산)를 강조한다. Barak Obama 대통령은 2012년 재선 캠페인에서 'Forward'라는 한 단어로 자신의 전체 전략을 구성했다.

그림 10-12 Volvo의 안전성
출처: 홍성태(2013), 《모든 비즈니스는 브랜딩이다》, p68.

역으로 그러한 짧은 문구를 생성한다는 것은 그만큼 어려운 것이다. 필자가 공부하던 경험에 의하면, 10~20페이지 리포트보다 5페이지 리포트를 작성하는 시간이 몇 배 이상 걸렸다.

3-2. 경쟁과의 차별화

중요한 소수의 혜택이 파악되었다고 해도 역시 난제가 대기하고 있다. 경쟁 대상 기업들과의 차별화가 그것이다. 여기에 필요한 마케팅 전략은 제품차별화다. 차별화란 소비자들에게 강력하게 인지되어 있고, 호의적으로 평가되는 브랜드 고유의 연상들이다. 제품차별화의 요인들과 관련된 대표적 예는 제품의 유형적, 물질적 속성(Residence Inns의 주거 환경을 갖춘 객실), 서비스(최저의 요금과 최고의 편리함을 제공하는 Southwest Airlines의 서비스와 Ritz-Carlton의 'customer recognition program'), 마케팅 행위(Marriott Corporation의 전반적 마케팅 프로그램), 인적 자원(Walt Disney의 cast member), 위치(Hotel Bel Air), 이미지(Ritz-Carlton Malcom Baldrige Quality Award) 등이다.

차별화 전략의 방향

차별화 전략에서 가장 주의해야하는 사항은 차별화에 집중하다 기본적인 속성에 문제가 생기지 않도록 해야 한다는 것이다. 즉 차별화 요소(point of difference) 때문에 동등 요소(point of parity)가 제대로 지켜지고 있지 않은지를 필히 점검해야 한다는 것이다. 역으로 경쟁사와의 차별화 전략 중에는 경쟁사의 차별적 요소를 무력화시키는 전술이 있다. 이것이 때로는 포지셔닝 전략의 매우 중요한 부분을 차지할 수 있다. 즉 경쟁사의 차별적 요소와 동등하게 경쟁할 수 있고, 그 외 타 영역에서 우위를 차지할 수 있다면, 강력한 포지셔닝을 구축할 수 있다는 것이다. Miller Lite의 'Everything you always wanted in a beer! and less'라는 포지셔닝 성명서가 대표적 예다.

Pepsi가 Diet Pepsi를 신선한 음료로 포지셔닝하기 위하여 포장지 위에 신선 날짜(freshness dating)를 표기했지만 그 효과는 전혀 없었다. Miller Lite와 Michelob Ultra도 시장점유율이 하락하자 저탄수화물을 강조한 바 있다. 그러나 저탄수화물은 맥주 시장의 근원적 욕구와는 거리가 먼 아이디어다. 일부의 고객에게 의미가 있을 수 있으나, 대중 시장에서는 맥주에 대한 근원적 욕구와 전혀 관계가 없다고 생각할 것이다. 그러한 제품의 장기적 성공 가능성은 0%다. 반면 Budweiser는 소비자들이 인식하는 병맥주와 캔맥주의 신선도와 생맥주에 대한 신선도를 이용하여 생맥주 포지셔닝에 성공한 바 있다. 즉 어떠한 차별화 전술이건 그 차별적 요소는 바람직하여야 함은 물론, 소비자에게 의미가 있어야 한다는 것이다.

소비자가 특정 브랜드를 타 브랜드와 차별화하는 인식은 소비자의 '**schema**'와 밀접한 관련이 있다. '**Schema**'란 특정 제품 범주 혹은 브랜드에 대한 소비자의 기대나 지식들이 서로 네트워크처럼 연결돼있는 것을 의미한다. 한 가지 문제점은 특정 브랜드의 차별적 요소는 소비자의 기존 '**schema**'와 강력히 연결된 것이 아니기 때문에, 시간이 지날수록 소비자의 마음에서 빨리 사라진다는 것이다. 기업이 차별적 속성에 대해 광고를 집중시키는 이유는 그 기억을 장기간 유지시키기 위함이다.

차별화 전략의 유형

경쟁사와의 차별화 전략은 다음과 같은 여러 유형으로 나타난다.

1) 현 위치 강화

Four Seasons, Burj Al Arab, The Venetian 등 산업 전반에서의 선도자 위치 고수; Marriott Corporation의 Courtyard, Fairfield Inns, Residence Inns 등 각 부문의 선도자 위치 점유; Pepsi, Newsweek, Penthouse, Burger King 등 확고한 2위 고수 등이 여기에 해당된다.

2) 시장 강자와의 차별화

가장 편리하고 저가인 Southwest Airlines, 콜라의 유해 성분에 대한 7Up의 'Uncola', McDonald's의 2가지 약점을 공략한 Wendy's, SBS의 8시 뉴스(2012년 MBC가 8시 뉴스로 전환되기 전까지), 박카스보다 건강을 지향한 비타500, Google에서 미처 생각하지 못한 Naver의 '지식 검색', 과거 UPS의 약점인 '며칠까지 정확한 배달'을 보증했던 FedEx(지금은 산업 선도자지만), Aspirin의 부작용에 대한 Tylenol, 세계의 모든 시장에서 부동의 1위인 Coca-Cola를 제치고 Norway에서의 1위 음료 기업 Solo(오직 갈증 해소 혜택) 등 무수한 사례가 있다.

E-Mart는 Kim's Club과 Costco와 차별적으로 비회원 제도를 시도하여 국내 대형 할인점의 선두 주자로 부상한 바 있다. Costco Wholesale은 'big-box' 유통업체로서, 그 자체가 매우 차별적 전략이 되어 절대 강자 Wal-Mart와 차별화되고 있다. 우선 Wal-Mart와 비교하여 표적시장의 소득 수준이 훨씬 높다. 경제가 침체되어도 판매에 큰 영향을 받지 않으며, 그에 맞추어 이미지가 좋은 직원을 고용하고 있다. 일반적으로 판매가 저조한 겨울이나 기상 이변 등의 기간에도 고객들은 '자주 장보기'가 싫어 Costco를 이용하기 때문에(대량 구매를 하기 때문에) 판매에 큰 영향을 받지 않는다.

그림 10-13 IHOP

3) 경쟁자를 낮게 혹은 재위치시킴

순수 국산, 한우, Rolex의 수공예품, top 10, 수도권 대학, Fortune500, Forbes400, Interbrand100, Del Monte 프리미엄, Coca-Cola의 'The Real Thing' 등의 배타적 포지셔닝이 여기에 해당 된다. Denny's는 '진짜 식사다운 아침식사 제공'이라는 슬로건으로 IHOP(〈그림 10-13〉 참조) 등의 경쟁자들을 '몸에 좋지도 않은 군것질거리 같은 아침식사 제공'을 하는 곳으로 인식시키고 있다. Germany의 Becks 맥주는 미국 시장에 진출하며, 이미 시장에 있었던 Germany산 맥주 Lowenbrau를 대상으로 '당신은 미국에서 가장 인기있는 Germany 맥주의 맛을 보았습니다. 이제는 Germany에서 가장 인기있는 Germany 맥주를 맛보십시오'라는 광고로 Lowenbrau를 크게 앞질렀다.

Steve Jobs가 2010년에 한 말이다. "Porno를 보고 싶은 사람은 Android폰을 살 수도 있겠죠."

4) 제품 범주적 차별화(product category differentiation)

Chipotle Mexican Grill은 1993년 fast food이라고 항상 'junk food'이 아니라는 독창적 아이디어로 '식자재를 제공하는 농부와 가축과 땅을 존중하는 마음으로 지속 가능하고, 자연적인 방법으로 재배된 신선한 재료 사용'을 약속하며, 'Food with integrity'란 슬로건을 내세웠다.

삼성은 아날로그시대에서 디지털시대로 바뀌던 1990년대 중반 디지털 TV라는 새로운 범주의 차별화로 Sony를 앞섰다. 국내에서 크라운과 OB의 '쌉쌀한 맛', '부드러운 맛', 소위 '맛' 경쟁을 하던 중, Hite는 '깨끗한 물'이라는 새로운 범주로 선두 브랜드로 부상했다. 파스퇴르 우유의 '저온 살균', 에이스 침대의 '침대는 과학이다', Nintendo Wii의 '쉬운 게임 조작과 온 가족 참여' 등이 여기에 해당된다. 〈그림 10-14, 10-15, 10-16〉은 대표적 **범주적 차별화**의 성공 사례들이다.

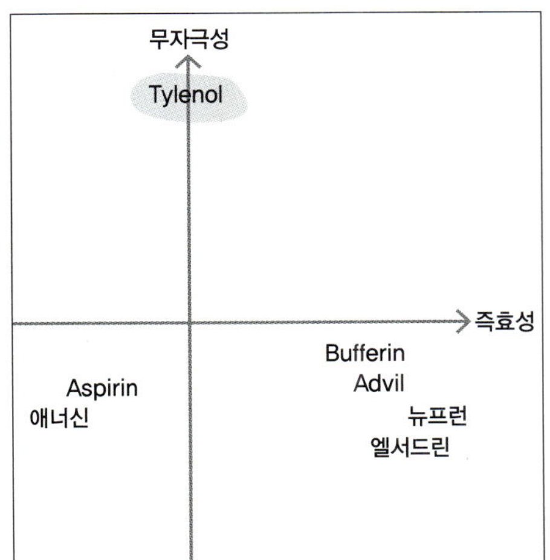

그림 10-14 진통제의 범주적 포지셔닝

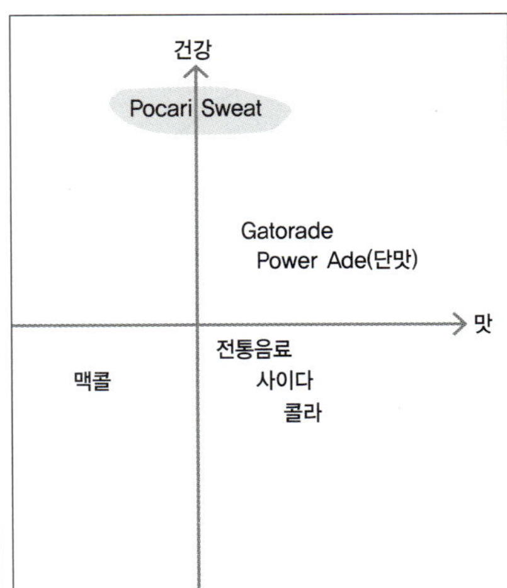

그림 10-15 음료의 범주적 포지셔닝

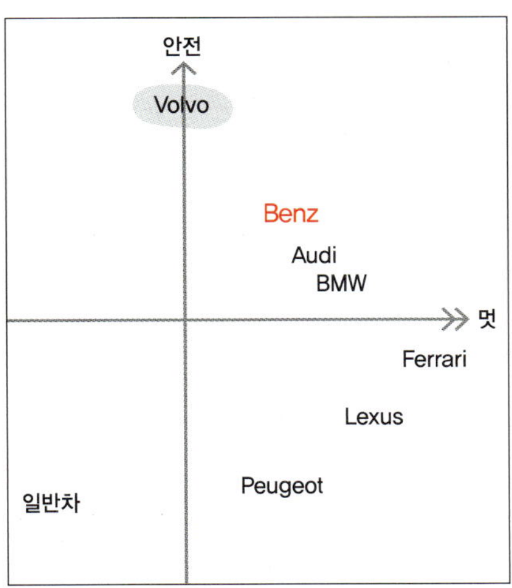

그림 10-16 자동차의 범주적 포지셔닝

5) 기타 차별화 요인

Blankson과 Kalafatis는 차별적 포지셔닝의 요인들을 〈표 10-3〉과 같이 제시했다.

표 10-3 포지셔닝의 차별화 요인

요인	차별화 도구
top of the range	upper clear, top of the range, status, prestigious, posh(호화로운)
service	impressive service, personal attention, consider people as important, friendly
value for money	resonable price, value for money, affordability(적절한 가격)
reliability	durability(내구성), warranty(보증), safety, reliability
attractiveness	good aesthetics(심미적, 미적, 우월), attractive, cool(감흥을 일으키는, 근사한), elegant
country of origin	patriotism(애국심), country of origin(원산지)
brand name	the name of the offering(상호에 혜택이 포함됨), leaders in the market, extra features(부가 혜택), choice, wide range(선택의 폭이 넓음)
selectivity	discriminatory(차별적), non-selective(대안 없음), high principles(원칙, 방침이 엄격함)

출처: Blankson&Kalafatis(2004). The Development and validation of a scale measuring customer/consumer-derived generic typology of positioning strategies. Journal of Marketing Management 20.

4. 유형적 단서에 대한 조작(manipulation of tangible clue)

일반적으로 광고 전문가 및 카피라이터들은 다음과 같은 환상적인 기법을 광고에 이용한다.

① 모든 것으로부터의 도피(antithetical : get away to it all)

② 극단까지의 도주(ineffable : escape to the ultimate)

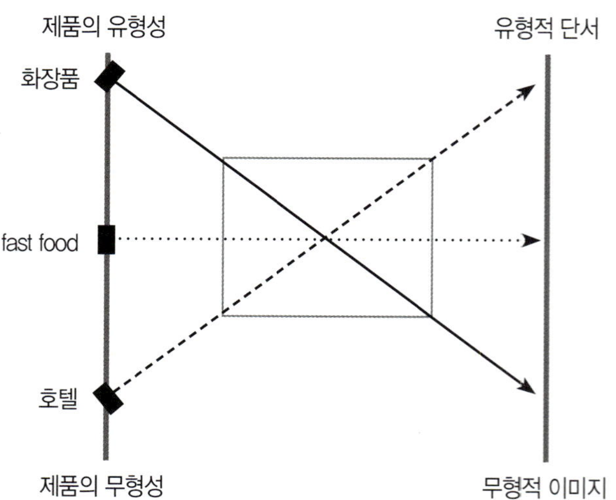

그림 10-17 제품의 유·무형성에 대한 광고 전략

출처: G. Lynn Shostack(1977). "Breaking Free from Product Marketing", Reprinted from The Journal of Marketing published by the American Marketing Association, April: 73-80.

③ 호화스러움에 휩싸임(euphoric : surround yourself with luxury)

④ 영 포착(euphuistic : capture the spirit)

⑤ 모든 상황을 특별하게(euphemeral : make any occasion special)

그러나 환대산업의 대다수 제품들에 있어서 위의 기법은 효과가 없을 경우가 많다(〈그림 10-17〉 참조).

스테이크 광고 시 'Sell the sizzle, not the steak'과 같은 광고 기법은 스테이크가 유형적 제품이기 때문에 효과가 있겠지만, 무형성이 높은 대다수의 환대산업 제품에는 그러한 기법이 효과적이지 못하다. 〈그림 10-17〉과 같이 무형적 특성이 많은 제품에 대한 광고는 추상적, 환상적 이미지보다는 유형적 단서를 사용하는 기법이 중요하다.

5. 포지셔닝 성명서(positioning statement)의 개발

5-1. 포지셔닝 성명서, 슬로건의 특성 및 역할

포지셔닝 성명서는 제품과 브랜드에 대한 설명적, 설득적 정보를 전달하여 주는 함축된 문구를 의미한다. 포지셔닝 성명서는 슬로건(slogan), 광고의 'catch phrase', 'power line', 'tag line' 등으로도 불리는데, 소비자들이 제품이나 브랜드를 이해하는 데에 유용한 고리 혹은 손잡이의 역할을 한다. 슬로건은 제품이나 기업의 특·장점, 비전을 함축적으로 표현한 문구이며, 모토(motto)는 구성원들의 정체성 고취와 목표 의식 제고에 쓰이는 문구다(〈표 10-6〉 참조).

그 역할과 이점은 무수하다. 상호에 대한 인지, 브랜드와 제품 군에 대한 연계, 경쟁사와의 차별화, 혜택 제공, 표적시장의 표명 등이 그것이다. 기업의 포지셔닝 성명서는 인간 생활의 속담과 같다. 속담은 가장 긴 경험 속에서 우러나온 가장 짧은 문장이며, 동시에 가장 오래 생존하는 메시지다. 기업의 포지셔닝 성명서는 정확히 그래야 한다. 또한 기업의 포지셔닝 성명서는 미국 Hollywood에서 핵심 메시지를 비유하는 '**high concept**'이다.

시장 선도자들은 종종 주관적 견해, 최고 수준의 표현, 과장 등으로 제품과 브랜드를 칭찬하는 어구(puffery)를 사용하는 경향이 많다. Anheuser-Busch의 'King of beer' 'When you're said Budweiser, you're said it all', 미국 파스타 시장의 선두 주자 Barilla의 'Italy 1위 파스타'(후에 'Italy 1위 브랜드 파스타') 등이 좋은 예다.

Zagat로부터 선정된 New York City 번화가에 위치한 Pret A Manger 샌드위치 레스토랑의 슬로건은 'The best British invasion since Beatles'다. 신선도, 품질, 100% 천연 재료 등으로 영국, 미국, 홍콩, Singapore 등 세계적 체인이 된 Pret A Manger는 'Eat with your head'라는 독특한 브랜드 슬로건과 함께 Zagat의 평가가 옳았음을 증명해주고 있다.

포지셔닝 성명서는 광고 캠페인과 밀접히 연관되어 있으며, 광고에서 전달되는 서술적이고 설득적인 정보를 요약하는 도구로 사용된다. 청량 음료 시장에서 브랜드 이미지를 정교화하는 데에는 수천만$의 광고 비용이 소요된다.

5-2. 포지셔닝 성명서의 변경

먼저 〈표 10-4〉의 Coca-Cola의 130년 간 슬로건의 변화를 살펴보자.

표 10-4 Coca-Cola의 슬로건 역사

연도	슬로건
1886	Drink Coca-Cola and enjoy it.
1905	Coca-Cola revives and sustains.
1906	The great national temperance beverage.
1908	Good til the last drop.
1910	Whenever you see an Arrow think of Coca-Cola.
1917	Three million a day.
1922	Thirst knows no season.
1923	Enjoy life.
1924	Refresh yourself.
1925	Six million a day.
1926	It had to be good to get where it is.
1927	Pure as Sunlight.
1927	Around the corner from anywhere.
1928	Coca-Cola … pure drink of natural flavors.
1929	The pause that refreshes.
1932	Ice-cold sunshine.
1937	America's favorite moment.
1938	The best friend thirst ever had.
1938	Thirst asks nothing more.
1939	Coca-Cola goes along.
1939	Coca-Cola has the taste thirst goes for.
1939	Whoever you are, Whatever you do, think of good ice cold Coca-Cola.
1941	Coca-Cola is Coke!
1942	The only thing like Coca-Cola is Coca-Cola itself.
1944	How about a Coke?
1945	Coke means Coca-Cola.
1945	Passport to refreshment.
1947	Coke knows no season.
1948	Where there's Coke there's an ice cold.

연도	슬로건
1949	Coca-Cola … along the highway to anywhere.
1952	What you want is a Coke.
1954	For people on the go.
1956	Coca-Cola … makes good things taste better.
1957	The sign of good taste.
1958	The cold, crisp taste of Coke.
1959	Coca-Cola refreshes you best.
1963	Things go better with Coke.
1969	It's the real thing.
1975	Look up, America.
1976	Coke adds life.
1979	Have a Coke and a smile (see also Hey Kid, Catch!)
1980	Coke is it!
1985	America's real choice.
1986	Red, white & you. (for Coca-Cola Classic)
1986	Catch the wave. (for New Coke)
1987	Can't beat the feeling!.
1990	Can't Beat The Real Thing.
1993	Always Coca-Cola.
1995	Always and Only Coca-Cola (test marketed, secondary radio jingle).
1998	Coca-Cola always the real thing! (UK)
1999	Enjoy. (also used in the UK)
2001	Life tastes good. (also used in the UK)
2003	Real. (also used in the UK)
2005	Make It Real. (also used in the UK)
2006	The Coke Side of Life (also used in the UK)
2009	Open Happiness
2016	Taste The Feeling

포지셔닝 성명서는 마케팅의 본질인 시장, 환경, 소비자의 변화, 혹은 새로운 이미지 창조 등의 이유로 지속적으로 변경된다. Nike는 건강이 가장 중요하다는 사회적 관심이 고조될 때 슬로건을 'Just do it'으로 바꿨다. "Do not want to run five miles?, Just do it." "Do not want to walk up four flights of stairs?, Just do it." 이런 식이다. Miller Lite의 성공적 포지셔닝 성명서였던 'Taste great less feeling' 이후의 'Life is good', 'Made by Dick', 7Up의 유명한 'Uncola' 이후의 'Freedom of choice', 'Crisp and clean and no caffeine', 'Don't you feel good about 7Up', 'Feels so good coming down' 등이 그것이나, 모두 처음의 슬로건보다는 성공적이지 못했다.

포지셔닝 성명서는 아니지만 이와 관련된 가장 대표적 사례는 New Coke이다. 긍정적 시장 조사의 결과, 대대적 광고 모두 소비자가 Coca-Cola에 대해 느꼈던 정서적, 상징적 감정 앞에서는 소용이 없었다. 결국 Coca-Cola Classic으로 회귀하지 않았던가?

위의 사례와 같이 제품 및 브랜드와 밀접하게 연결되어 있는 슬로건은 증후군(syndrome)의 여파가 강하다. 1980년대 Wendy's의 'Where's the beef', 1990년대 Bud Light의 'Yes I am' 및 'I love you, man'과 같이 성공적인 슬로건은 대중적인 'catch phrase'가 될 수 있다. 슬로건이 높은 수준의 인지 및 수용을 얻게 될수록, 기업은 새로운 슬로건 개발 시 더 많은 노력과 고민을 할 수밖에 없다. 상호, 로고 등을 통해 브랜드의 정체성 혹은 이미지가 급격히 바뀌면, 소비자들에게 큰 이질감이 생기게 된다. 이것을 '**브랜드 쇼크**'라고 한다. 따라서 성공적 제품이나 브랜드를 변경할 때 '**브랜드 쇼크**'를 최소화시켜야 한다.

슬로건을 변경할 때에는 기존 슬로건에 여전히 존재하는 바람직한, 혹은 필요한 부분을 가능한 한 많이 유지하는 것이 바람직하다. 그리고 슬로건을 현대식으로 수정하는 것이 완전히 새로운 의미를 가진 슬로건을 도입하는 것보다 더 효과적이라는 사실이 시장의 경험에 의하여 증명되어 오고 있다. 1984년 햄버거 전쟁을 기억하는가? 당시 Burger King의 '쇠고기를 (McDonald's처럼) 튀기지(fry) 않고 굽는다(broil)'라는 광고는 상당히 성공적이었다. 그렇다면 'Home of Whopper'보다 'Home of broiled Whopper'가 더 좋지 않았을까?

그림 10-18 Wendy's의 'Where is the beef?' 캠페인
출처: www.wendys.com

KFC의 부사장 출신이 설립한 Wendy's를 성인용 햄버거로 강력히 포지션되게 만들었던 유명한 광고가 있다. 80대 할머니 모델 Clara Peller가 말했던 'Where is the beef?' 캠페인이 그것이다(〈그림 10-18〉 참조). 그러나 Wendy's는 Peller가 죽자 그 광고를 중단했다. Wendy's의 실수인 것 같다. DeBeers의 'A diamond is forever'가 1951년에 나온

이후 지금까지도 계속되고 있는 것과 큰 대조가 된다.

미국에서 Michelob은 Heineken이 외국산 프리미엄 맥주로 강력히 포지셔닝되어 있을 때,* 국내산 프리미엄 맥주로 포지셔닝을 했으나, 그 후 '비행기 1등석에서 마시는 고급 맥주 Michelob(여기까지는 OK인데)', '주말은 Michelob의 것', 혹은 '밤은 Michelob의 것'과 같은 슬로건으로 리포지셔닝했다. 그 결과는 대실패였다. 무수한 경쟁사를 초빙한 것이 그 이유였다. 처음의 슬로건을 그대로 유지했었다면 현재보다는 훨씬 우월한 포지션을 갖고 있을 것이다.

* Heineken도 Corona Extra에게 수입 맥주 선두 자리를 내어준 후, 'America's #1 imported beer' 캠페인을 삭제함.

슬로건이 아닌 패키지의 사례지만, Coca-Cola의 캔에는 Coca-Cola의 핵심 성공 요인 중 하나였던 잘록한 유리병의 그림을 그대로 싣고 있다. 미국 최초의 광고 대행사 N. W. Ayer&Son의 표어다. 'Keeping everlastingly at it brings success(성공을 가져다 준 것을 영원히 유지하자).'

마지막으로 〈표 10-5〉 및 〈표 10-6〉의 환대산업과 유명 타 기업의 포지셔닝 성명서 및 과거 부문별 세계 챔피언 호텔들의 모토를 비교하며 그 의미를 생각해보자.

표 10-5 우수 기업의 포지셔닝 성명서

구분	포지셔닝 성명서
호텔	• Best Western International:The World's Largest Hotel Chain • Embassy Suites:Twice The Hotel • Four Seasons:Fifty Hotels Twenty-two Countries · Philosophy One • Hilton:America's Business Address • Holiday Inn:Stay with Someone You Know/Relax, It's Holiday Inn • Hyatt:Feel The Hyatt Touch • Marriott:Services, The Ultimate Luxury/Marriott People Know How • Motel6:Leave the Light on for You • Ritz-Carlton:You Can't Be Legend Without a Great Story • Shangri-La:Between Heaven and Earth • Sheraton:Who Taking Care of You? • The Venetian(Sands):A Place in the Sun
항공사/주제공원	• Amerian Airlines:The World's Favorate Airline • Asiana:Always with you • KAL:Excellence in Flight • Singapore Airlines:Singapore Girl • United Airways:Fly The Friendly Skies • Walt Disney:Come and Live the Magic
레스토랑	• Burger King:Have It Your Way/ Home of Whopper • Chipotle Mexicon Grill:Food with Integrity • Harvey's:We Make You Spoiled for Charbroiled • KFC:Finger Lickin' Good • McDonald's:We Do It All For You/I'm Lovin' it • In-N-Out:Quality, You Can Taste • Pizza Hut:Make it Great • Taco Bell:Think Outside the Bun/Live Mas • Yum! Brands:Yummy! Yummy in My Yummy! Tasty Good
식음료 가공 기업	• Absolut:Never Different, but Always Changing • Budweiser:World's Largest Selling Beer/The King of Beers • Campbell's:Mmm Mmm Good • Chilsung Cider:No Color, No Caffeine, No Royalty

식음료 가공 기업	• Coca-Cola : Coke Is It. The Real Thing/Life Tastes Good • Hite : 백두대간 천연 암반수 맥주 • Johnnie Walker : Keep Walking • Kellogg's : The Original and Best • M&Ms : Melts in Your Mouth, Not in Your Hands • Miller Lite : Everything You Always Wanted in a Beer. And Less • Pepsi : The Choice of a New Generation • 7Up : The Uncola*
자동차/ 렌터카/ 오토바이	• Avis : We are NO.2 We Try Harder* • BMW : The Ultimate Driving Machine • Chevrolet : Heartbeat of America • Enterprise : We'll Pick You up • Harley-Davidson : It's Time to Ride • Hertz : Let Hertz Put You in the Driver's Seat • Mercedes Benz : The Best of Nothing • Nissan : Shift • Porche : Change it but Do not Change it • Toyota : I Love What You Do For Me/ Fun to Drive • Volkswagen : Think Small • Volvo : A Car You Can Believe in • 현대자동차 : New Thinking, New Possibilities
온라인 기업	• Amazon.com : A Real Company in a Virtual World/Selection • Facebook : Done is Better than Perfect • Google : Don't Be Evil • YouTube : Broad Cast Your Self • YAHOO! : Do You YAHOO?
IT/ 컴퓨터/ 통신 기업	• Apple : Think Different • AT&T : The Right Choice/Reach.out • Hewlett-Packard : Invent • Microsoft : Making It Easier/Your Passion, Our Commitment • Motorola : Hello Moto • Nokia : Connecting People • 삼성전자 : Inspire the World, Creat the Future
기타 서비스 기업	• AMEX : Don't Leave Home Without It • Citybank : Where Money Lives • FedEx : When It Absolutely, Positively Has to Be There Overnite • Visa : It's Everywhere You Want to be • 현대증권 : Buy Korea(IMF 당시)
기타 제조 기업	• Adidas : Impossible is Nothing • Avon : The Company for Women • Bayer : The Wonder Drug that Works Wonders • Benetton : United Colors of Benetton • BP : Beyond Petroleum • Canon : Canon? or Not? • DeBeers : A Diamond is Forever* • Du pont : The Miracles of Science • Exxon : Put a Tiger in Your Tank • General Electric : We Bing Good Things to Life/Eco-Magination • Dyson : Something is Truely Beautiful If it Works Properly! • Gillette : Star • Hermes : Everthing Change, but Nothing Changes • Johnson's Baby Shampoo : No More Tears

유해 성분이 없음을 의미.

Avis는 13년 간 연속 적자였으나, 이 슬로건으로 흑자로 전환됨. Avis의 이 슬로건은 1위 기업 "Hertz가 있습니다. 그리고는 없습니다"와 대조가 되는 대표적 성공 사례에 해당되는 슬로건임.

세계적으로 다이아몬드의 판매를 크게 촉진시켰던 슬로건.

기타 제조 기업	• Kodak:Share Momonts, Share Life • Levi's:the Original • Nike:Just Do It. • Nintendo:Feel Everything • Panasonic:Ideas for Life • P&G:Consistency, Consistency, Consistency • Wal Mart:Save money, Live better/Always the low price, Always • Xerox:The Document Company
국가/ 도시/ 기타	• New York City:Big Apple • Paris:City of Light • Rome:Eternal City • U.S. Military:Be All That You Can Be • 대한민국:Dynamic Korea

표 10-6 세계 챔피언 호텔들의 모토

호텔 상호	수상 부문	모토
Bristal Hotels&Resorts	수익성	획일성 있는 호텔
Caesars Palace Hotel&Casino	카지노	호텔이 전체적으로 신비스러운 분위기 창출
Cinicinnati Marriott Northeast	고객 서비스	북동쪽에서 최고
Courtyard by Marriott	중급 호텔	고객의 욕구 이행에 실수가 없음
Days Inn Altoona	경제적 호텔	전문적 자긍심과 개인적 가치
Disney's Polynesian Resort	특급 호텔	마술적인 경험의 창조와 전달
Embassy Suites	특급 호텔	브랜드가 전략
Extended Stay America	중급 중장기 체류 호텔	신속한 서비스와 표적시장을 창조, 유지
Fairfield Inns By Marriott	경제적 호텔	고객에게 더 많은 감동을 주고, 많은 객실을 팔고, 더 많이 즐겨라
Four Seasons Hotel New York	유형적 자산	이 전에 볼 수 없었던 아름다운 무대
Four Seasons And Regent Hotels&Resorts	호화 호텔	항상 획일성을 유지
Four Seasons Hotel Washington, D. C.	전 호텔 산업	서비스를 위한 열정
Hampton Inn	품질	문화적 신념에 대한 조건없는 보증
Holiday Inn Cinicinati Airport	중급 호텔	최고의 투자는 사람에게
Homewood Suites Alexandria	특급 중장기 체류 호텔	"예"라고 대답하는 호텔
The Houstonian Hotel, Club, and Spa	종사원 만족	수익률을 위한 인적 자원으로의 접근
The Kimpton Group	유형적 자산	극단적인 차별
The Mansion on Turtle Creek	호화 호텔	고객의 욕구를 위한 종사원 증대
Marriott International, INC./Jr J.W. Marriott	경영	성공은 결코 마지막이 없음
Marriott Hotels&Resorts	종사원 만족	호텔 경영은 전력 질주가 아닌 마라톤
Mirage Resorts	카지노	고객과 종사원을 위한 예술적인 유쾌함
Mohonk Mountain House	수익률	G.O.P.에 중점을 두지 않는 이윤 창출
The Peninsula Beverly Hills Hotel/Ali Kasikci	자산 경영	날마다 새롭게 태어남
Residence Inn by Marriott	특급 장기 체류 호텔	장기 투숙에 중점
The Ritz-Carlton Hotel Co.	그룹 경영	사람들을 리드하고 과정은 경영
The Ritz-Carlton Naples	품질	품질…경영의 또 다른 방법
Sleep Inn	고객 서비스	고객의 서비스는 와일드 카드
Super 8 Motel, Inc.	저가 호텔	환대에 초점
Towneplace Suites By Marriott-Brookfield Wisconsin	중급 중장기 체류 호텔	계층 구조의 리모델링

6. 획일성 유지

Four Seasons는 호텔산업에서 최고의 명성과 품위를 갖고 있다.* 결코 타 비즈니스 영역에 진출하지 않는 것은 물론, Las Vegas The Strip에 위치한 Four Seasons의 경우 카지노 시설조차도 거부하고 있으며, Sharpe 동일 인에 의해 경영되어 오고 있다. Four Seasons의 이 획일적인 포지셔닝은 호텔산업에서 가장 모범적으로 평가되고 있다.

Four Seasons는 북미의 100대 기업(직원이 근무하고 싶은 좋은 기업)에 여러 번 선정된 바 있음.

Southwest Airlines의 저비용 항공 사업 영역에 도전을 했던 Delta의 Airlines Song과 United Airlines의 Ted가 실패한 이유는 무엇이었을까? 앞서 언급되었던 Southwest의 여러 강점도 이유였지만, 가장 근본적인 이유는 Southwest의 일관된 행동과 조율 때문이다. Southwest는 그들의 철학과 전략을 획일성있게 추진해왔는데, 그 조율은 일시적 조율이 아니라, 전략적 차원에서의 체계적 조율이었기 때문이다.

Moleskine 수첩이 수많은 유사 제품 및 경쟁 기업의 모방과 공격에도 불구하고 강력한 포지셔닝을 구축하고 있는 비결은 100년이 지난 '구식' 디자인을 그대로 유지하고 있는 독창성(originality)에 있다. 1972년 화물선을 개조한 배 한 척으로 시작한 Carnival Cruise Lines가 현재 세계 최고의 유람선 기업으로 성장하기까지의 가장 큰 원동력은 '재미있는 유람선 여행'이라는 최초의 주제에 대한 일관성이다. Swisshotel까지 인수했던 Singapore의 대표 호텔 브랜드인 Raffles Hotel의 핵심 성공 비결도 '전략의 일관성'이다.

우산 개념
우산 내에 있으면 몸 전체가 비를 맞지 않듯이 통일된 개념을 의미함.

포지셔닝 전략은 모든 마케팅 전략의 근간이다. 일단 정립된 포지셔닝은 기본 전략(foundational strategy)의 최종 결정체이며, 동시에 기능적·영업적 전략(functional/operational strategy)의 모든 마케팅 믹스에 스며들어야 한다. 즉 그 획일성(consistency)이 **우산 개념(umbrella concept)**으로 유지되어야 하는 것이다. Siebel의 CRM 프로그램은 콜센터 관리, 로열티 프로그램, DM, 고객 획득, 고객 서비스, 영업 자동화 등의 소프트웨어 프로그램을 하나의 'umbrella package'로 만들어 경쟁자들을 압도하고 있다. 'We are No.2' 캠페인으로 큰 성공을 거두었던 Avis는(미국 부통령이 "나는 2위다. 그래서 더 열심히 해야 한다"고 농담을 했을 정도다) ITT로 매각된 후 'Avis is going to be No.1' 캠페인을 시도하고 있다(〈그림 10-19〉 참조). 이것은 분명 위험 신호였다.

6-1. 2위 브랜드의 처세

각 분야별로 세계의 대표적 1, 2위 브랜드들이 있다. Hertz와 Avis 이외에도 Kodak과 Fujii(과거), McDonald's와 Burger King, Coca-Cola와 Pepsi, Playboy와 Penthouse, Nike와 Reebok, Crest와 Colgate, Eveready(Energizer)와 Duracell, Aspirin과 Tylenol,

그림 10-19 Avis의 새로운 캠페인

Smirnoff와 Absolut, Visa와 MasterCard, AT&T와 MCI 등이 그것이다. 이 두 브랜드 사이에 공통점이 있다면 1위 기업을 모방하는 2위 기업의 전략은 거의 실패했다는 것이다.

영원한 2위, Burger King

가장 대표적 사례가 Burger King이다. Burger King은 항상 McDonald's와 유사 전략을 추구하며, 공격적 광고로 McDonald's를 공격한다. 예를 들어 McDonald's가 아침 메뉴를 늘리면 그대로 따라했고, McDonald's가 Chicken Nugget을 추가하면 Chicken Tender를 추가했고, McDonald's가 Ronald McDonald를 창안하자 Magical Burger King을 창안했으며, McDonald's가 어린이 메뉴와 놀이터를 만들자 그대로 모방했다. 많은 사람들이 Burger King의 햄버거 맛이 좋다고 인정하지만, Burger King의 전체 매출은 McDonald's보다 2/3가 적으며, 점포 당 평균 매출은 McDonald's보다 1/3이 적다. 필자의 견해로 Burger King이 이와 같이 유사 전략을 추구하는 한 '영원히' McDonald's를 이길 수 없다.

Eveready는 기존의 아연-탄소 건전지가 아닌 Duracell의 알칼리성 건전지에, Kellogg's는 기존의 콘플레이크가 아닌 귀리의 Cheerios에, Ivory는 순수 세안용이 아닌 'moisture rising' 로션을 넣어 보습 효과가 있는 Dove에 선도자의 자리를 내어준 것이지, 모방한 기업에게 선도자의 자리를 내어준 것이 아니다. 즉 '더 좋게'가 아니라 '**서로 다르게**'가 하위 혹은 후발 기업에 있어서 성공의 열쇠인 것이다. Starbucks, Red Bull, Apple의 iPad 등은 그 열쇠를 갖고 있었다. 실제로 2위는 대단한 업적이다. 2위를 수성한다는 것은 어쩌면 1위를 수성하는 것보다 더 어려울 수 있다.

역사적으로 상위 기업들의 순위는 좀처럼 바뀌지 않는다. 예를 들어 제 2차 세계대전 후 미국 자동차업계의 순위는 1950년 Ford가 Chrysler를 제치고 2위가 된 것이 유일한 반전이다. 2015년 현재까지 미국 자동차업계 순위는 GM, Ford, Chrysler다. 상위 말들을 중심으로 배당률이 결정되는 경마와는 완전히 정반대 현상이다. 만약 각 산업 상위 기업의 순위를 갖고 경마의 배당률을 적용한다면, 최소 배당률 1.0~1.1배를 결코 넘지 못한다.

Avis의 1위 목표는 무엇이 잘못되었는가?

Avis와 같이 Hertz의 아성에 도전한다는 것은 '정면 공격'이며, Hertz의 장점에 대한 우위를 점하기 전에는 1위 탈환이 불가능하다. 즉 '불리한 게임'이라는 것이며, 매우 큰 위험을 안고 있다.* 《손자병법》에 '이길 수 없다면 지켜야 하고, 이길 수 있을 때만 공격을 감행하라'라는 구절이 있다. Avis만이 아니라 모든 2위 기업들에게 가장 중요한 교훈이다.

그 동안 Avis의 공격에 크게 반응하지 않았던 Hertz의 광고를 참고해보자. '오랜

시장 후발 주자가 1등 기업을 따라잡기 위해서는, 정상적인 방법이 아니라 소비자들의 인식을 비틀어 새로운 경쟁 구도를 만들어야 한다는 의미로서 '트위스트(twist)' 마케팅이라는 용어가 있다(IT 산업에서 많이 쓰임).

그림 10-20 모스버거

동안 Avis는 항상 2등이라고 말해 왔습니다. 이제 저희가 왜 그들이 항상 2등일 수밖에 없는지 보여드리겠습니다!'라고 하며, 그 동안 개선된 수많은 사항들을 고객들에게 설명했다. 필자가 Hertz의 간부였다면 아마 한 마디 더 붙였을 것이다. "만약 Avis가 NO.2고 우수하다면, 왜 아직도 2위인가? 아직도 2위라면 Hertz보다 분명히 열등한 것 아닌가?"라고 말이다. Hertz의 이 하나의 공격은 많은 Avis의 공격을 무력화시키기에 충분했다.

EDLP
'every day low price'의 의미임.

난공불락으로 여겨졌던 7Up이 'Uncola'를 외치며 Coca-Cola에 도전하는 도중, Sprite에게 선두 자리를 내어준 사례를 기억하는가? Avis는 2위 수성에 다시 노력을 경주하는 것이 보다 더 바람직하지 않을까(지금은 2위도 아니지만)?

일본의 대표적 햄버거 토종 브랜드인 '모스버거'는 '멀다, 느리다, 비싸다'라는 세 가지 특성과 여성을 표적시장으로 1위 McDonald's와의 철저한 차별화를 통해 2위를 유지하고 있다(〈그림 10-20〉 참조). 유통 기업 중 Target은 1위 Wal-Mart(EDLP)와의 가격 경쟁을 피해 'creating value'의 포지셔닝을 통해 제품의 질, 디자인에 중점을 두며 2위로 부상했고, 또한 2위를 유지하고 있다. 반면 K-Mart는 Wal-Mart와 무리한 가격 경쟁(저가)을 하다 파산했다.

그림 10-21 포지셔닝 전략 – 획일성 유지(II). Embassy Suites*은 'Twice'라는 단어를 사용하여(두 배의 객실, 두 배의 경험, 두 배의 가치) 포지셔닝 전략의 획일성을 유지함.

Coca-Cola가 일본 시장에 진출했을 때, 빨강색을 제품, 홍보물, 차량 등 모든 것에 소위 '도배'를 한 적이 있다. Hilton의 'business', Embassy Suites의 'twice'라는 표현은 어떠한 포지셔닝 및 광고 문구에도 삽입되어 있다(〈그림 10-21〉 참조). 포지셔닝의 궁극적 목적은 소비자의 마음에 좋은 위치를 점유하는 것이지만, 그 목적을 달성하기

Embassy Suites에서는 객실 내 TV도 2대, 전화도 2대 등 항상 'two'를 강조하고 있음.

그림 10-22 호텔의 포지셔닝 전략 사례(Ⅰ). Hilton은 'business'라는 단어로 표지셔닝 전략을 수행하고 있으나, 표적시장만 명확할 뿐 기타 중요 요소에 대한 고려가 없어 실패작에 해당됨.

그림 10-23 호텔의 포지셔닝 전략 사례(Ⅱ). Marriott은 비즈니스 여행객을 표적시장으로 '올바른 호텔은 찾기 어려워서는 안된다'라는 포지셔닝 성명서를 통해 위치를 주요 혜택으로 부각시키고 있음. 동시에 Chicago의 넓은 지역 중 가시성을 최대화시키는 유형적 단서에 대한 조작으로 훌륭한 포지셔닝 전략을 수행하고 있음.

그림 10-24 호텔의 포지셔닝 전략 사례(Ⅲ). Harley of New York은 여성 여행객을 표적시장으로, 'care'라는 추상적 단어를 여성들에게 중요한 혜택으로 승화시켜 유형적 단서를 제공함으로써, 성공적인 포지셔닝 전략을 수행하고 있음.

Au pied de l'Acropole, entre Regent Street et Piccadilly, sur la promenade des Anglais, à deux pas du Marché aux fleurs de Nice, entre La Défense et l'Étoile, à quelques minutes du vieux Porto... les hôtels Meridien rayonnent au cœur des villes qui battent plus fort.

Tout près des centres d'affaires, trouvez les boutiques les plus chics ou les plus typiques, les musées les plus réputés ou les théâtres les plus en vogue.
Ainsi en Europe, les courants de mode et d'affaires passent toujours par les hôtels Meridien.

Athènes, Casablanca, Lisbonne, Londres, Marrakech, Nice, Paris, Porto, Tours, Tunis et dans plus de 50 villes de New York à Tokyo en passant par Rio et Le Caire, Dakar et Les Seychelles.

Le MERIDIEN
COMPAGNON DE VOYAGE D'AIR FRANCE

그림 10-25 포지셔닝 전략 사례(Ⅳ). 미국 New York시의 유럽 호텔 Meridien은 유럽식 서비스라는 독특한 혜택으로 차별화를 통하여 차별적 포지셔닝 전략을 수행하고 있음.

위한 첫 단계는 소비자의 마음에 우선 침투해 들어가야 하는 것이다. 즉 여러 가지의 혼합된 이미지의 창조로는 처음부터 소비자의 마음 속에 침투해 들어가고 궁극적으로 좋은 위치를 점유하기가 힘들다. 소수의 주요 혜택 부각과 함께 획일성의 유지는 그래서 필요하다.

위와 같은 단계를 근간으로 포지셔닝 전략의 사례를 평가하여 보기로 한다(〈그림 10-22, 10-23, 10-24, 10-25〉 참조).

제3절 리포지셔닝(repositioning) 전략

1. 리포지셔닝 전략의 사례와 교훈

최악의 리포지셔닝 : British Airways

1996년 British Airways가 엄청난 비용을 투입하여 리포지션한 사례는 기업 역사상 최악의 사건으로 기록되고 있다. British Airways는 비행기 꼬리 부분에 있던 영국 국기를 없애고, 대신 British Airways가 세계적인 항공사라는 것을 상징하는 새 이미지를 삽입했는데, 많은 사람들은 이를 비애국적 행위라고 규정지었다. 경쟁사인 Virgin Atlantic의 소유주인 Richard Branson은 재빨리 '영국 국기와 British Airways가 전에 쓰던 국기와 함께 비행하십시오(fly the flag)'라는 문구를 자사 비행기에 붙이며, British Airways의 상처에 소금을 뿌렸다. British Airways는 엄청난 손실을 떠안고 비행기 꼬리 부분 장식을 뜯어버려야 했다.

1985년 Coca-Cola의 New Coke 사건은 대표적 마케팅 실패 사례로 꼽힌다. 고객의 마음 속에 강력히 포지션되어 있었던 대중 문화적 고전적 맛과 신비스러운 비밀 제조 방식을 동시에 파괴해버린 New Coke으로의 새로운 포지셔닝에 대해 고객들이 분노한 것이다. 유사한 예로 2009년에 IKEA가 비용 절감을 위해 공식 서체를 스타일리쉬한 Futura 대신 기능성 높은 Verdana체로 바꾸자 Twitter를 필두로 고객의 엄청난 원성을 들었다. 고객의 마음 속에 강력히 포지션되어 있었던 현명하고 멋진 라이프 스타일의 상징이 무너진 결과였다.

세 사례 모두 '문제 없는' 제품에 대한 '쓸데 없는'(물론 다른 목적이 있었지만) 리포지셔닝의 실패 사례다. 기업은 고객의 제품과 브랜드에 대한 인식의 변화에 항상 '**counter-positioning**'을 해야 한다. 다시 한 번 강조하지만 고객에게 바람직하게 포지션되어 있는 것을 변경할 때에는 상상하지 못할 위험이 뒤따른다는 사실을 명심해야 한다는 것이다.

미국의 Dunfey는 Omni로 브랜드를 바꾸며 소생했고, Renaissance는 혼합된 이미지 개선을 위해 Ramada와 결별했다. InterContinental Hotels Group의 Holiday Inn은 상위 등급 진출 시 Holiday Inn의 이미지를 지우기 위해 Crowne Plaza라는 독립적 브랜드를 사용했고(성공적이지 못함), Starwood Hotels&Resorts Worldwide, Inc는 새로운 개념('business chick' for Generation X) 호텔을 도입하기 위해 New York시의 Doral Hotels를 인수했다. Club Med는 개별 쾌락주의자(hedonistic singles)로부터 가족 단위 고객, 회의 참석 고객으로 표적시장을 변경했다.

Whopper의 성공적 탄생, 경쟁사들의 반응, 그리고 재도약

고객이 원하는 대로의 음식 제공이 레스토랑 선택 시 서비스, 가치, 청결보다도 중요하다는 Restaurant&Institutions의 조사 결과가 Burger King의 'Have it your way' 캠페인을 빛나게 해주었으나, 1999년 Burger king은 'Home of Whopper'라는 캠페인으로 고급 샌드위치 개념의 햄버거를 내세우며 Whopper를 'America's Favorite Burger'로 리포지션했다. 이 리포지셔닝 전략은 매우 성공적이었는데 Cebrzynski의 조사 결과, Whopper가 미국인의 햄버거 선호도 1위(33%)를 차지하며, Wendy's(18%)와 McDonald's(12%)의 햄버거 선호도를 압도했다.

그 후 McDonald's는 Big Mac을 'world's favorite sandwich'로 리포지션하며 이에 대응했다. 또한 1980년대부터 McDonald's의 성공적 캠페인이었던 'food, folks and fun'을 확대시켜, 재미와 즐거움(fun)을 다양한 각도로 조명하며 다양한 고객 계층에 접근했다. Wendy's 역시 성인 햄버거의 선두 주자로서 무시할 수 없는 고객층인 청년층(고등학생, 대학생을 중심으로 하는 연령층)에게 접근하기 위한 리포지셔닝 전략을 1999년 이후 수행하고 있다. 세 개의 작은(three-patty) Classic Triple Burger 제품 출시가 그것인데, 두 경쟁 업체의 리포지셔닝 전략에 대응하기 위해 과거에 소홀히 했던 청년층에 대한 새로운 표적시장 전략이 필요했던 것이다.

Whopper는 다시 한 번 도약했다. 2014년 Burger King은 New California Whopper

그림 10-26 New California fresh Whopper와 Satisfreis

출처: www.burgerking.co.kr

샌드위치를 선보이며, 음식 중심적(food-centric) 마케팅 접근으로 최고의 맛과 질을 추구하기 시작했다. 2014년 8월부터 미국 전역 대대적 광고를 시작했으며, 이 New California-fresh Whopper에는 guacamole(avocado를 으깨어 토마토, 양파 양념을 넣은 Mexico 요리) 맛(flavor)에 Switzerland 치즈와 바삭바삭한 베이컨이 첨가되고, 신선한 레튜스, 토마토, 양파가 추가된다. 1/4 파운드의 직화 요리된(fire-grilled) Whopper의 가격은 2018년 기준, 6.19$다. 이와 함께 Burger King은 french fry도 개선시켰다. 신제품 french fry인 Satisfries는 기름을 줄여 40%의 칼로리를 줄였고, 양은 McDonald's french fry보다 30%가 많다. 비용은 약 20~30¢가 더 들었으나, 건강식을 지향했다는 점에서 고객들로부터 높은 평가를 받고 있다(〈그림 10-26〉 참조).

starbucks의 진화 그리고 진화

Starbucks는 2011년 로고에서 'Starbucks Coffee'라는 문구를 뺐다(〈그림 10-27〉 참조). 그 이유는 '세 번째 진화'인 '다각화'를 위해서다. Starbucks는 문화 주도 기업, 거대한 규모를 통한 영향력, 파급 효과 등 자기업의 핵심 역량이 대중 문화산업과 잘 조화된다는 판단 하에 William Morris Agency와의 전략적 제휴를 통해 대중 문화산업으로의 다각화를 위한 리포지셔닝 전략을 수행하고 있는 것이다.

2019년 현재 세계적으로 20만 개 이상의 매장을 보유하고 있는 Starbucks의 일부 매장에서는 맥주와 와인이 메뉴에 등장하고 있으며, 이러한 매장을 1,000개까지 확대할 계획이다. 2015년부터는 점심 메뉴가 본격적으로 등장하고 있으며, 2012년 1억$에 인수한 베이커리 체인 Bay Bread와 La Boulange를 통해 고객 맞춤 햄버거 및 저녁 메뉴가 제공되고 있고, 특히 La Boulange는 레스토랑 체인으로 확장되고 있다. Starbucks는 또한 고급 차 전문점 Teavana를 인수해, 미국 New York City Manhattan에 가벼운 식사와 차를 판매하는 1호 매장을 개점했다.

그림 10-27 Starbucks 로고의 변천 과정

이와 같이 리포지셔닝 전략은 하나의 제품 혹은 기업뿐 아니라 제품 형태, 제품 계층, 나아가 산업에 이르기까지 제품을 개선시키고, 고객의 욕구와 필요를 개선시키는 원동력이 되고 있다. 전술된 바와 같이 **필요 충족 집합체**인 경쟁들의 전쟁은 시장을 정화시키고 발전시키는데, 이 현상은 지속적인 신제품 개발과 리포지셔닝의 형태를 통하여 주로 이루어지고 있다.

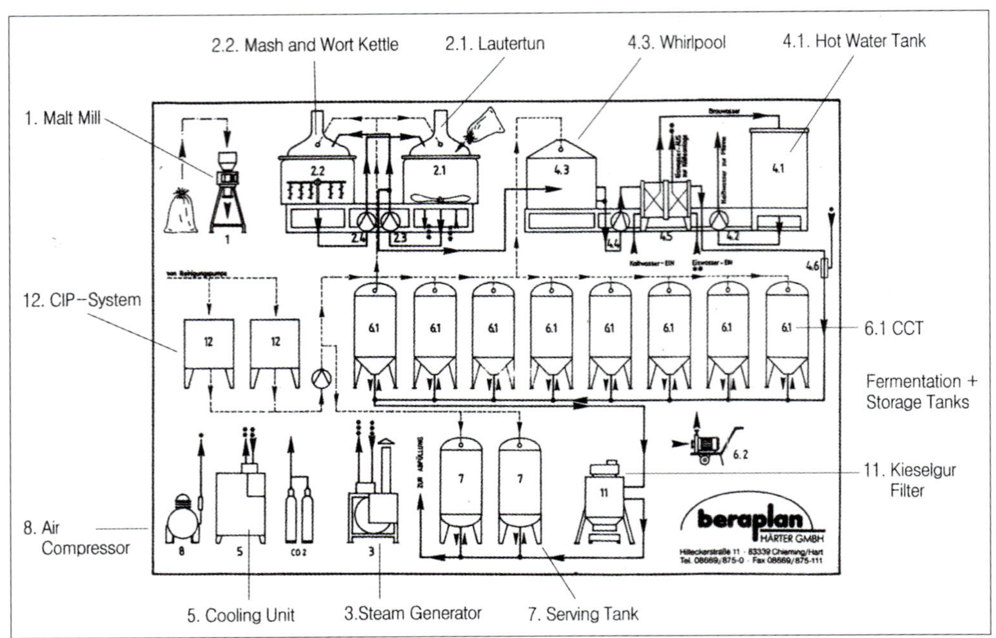

그림 10-28 맥주의 공정 과정

2. 리포지셔닝 전략의 단계와 전술

국내에서 두산 OB 맥주의 그늘에 계속 가려있었던 Crown(1933년 조선 맥주로 시작)에서 Hite란 브랜드로 리포지셔닝 전략의 진수를 보여준 역사적 사건이 있었다(〈그림 10-28〉 참조). 국내 시장에서 최대의 반전 사건으로 기록될 수 있는 Hite의 사례를 중심으로 리포지셔닝 전략의 단계와 전술을 살펴보기로 한다.

2-1. 기존 포지션에 대한 파악

Crown 맥주는 리포지셔닝 전략의 수행 시기에 해당되는 두 가지 조건, 즉 기존의 포지션이 성공적이지 못하며, OB라는 강력한 경쟁사가 있기 때문에 리포지셔닝 전략을 수행하게 되었다. Crown의 기존 포지션 파악을 위한 조사 내용은 다음과 같다.

- 512명을 대상으로 한 1992년의 신제품에 대한 구매 의사 시장 조사 결과, OB Dry, Sky, OB, Mild 등 타 브랜드와 비교하여 가장 낮은 1.6%의 구매 비율을 보임.
- 750원의 OB, Crown, Mild 맥주 가격보다는 1000~1300원의 고품질 맥주에 대한 선호도를 발견. 즉 제품차별화가 가능하다면 소비자는 고가라도 어느 정도 경제적 부담을 감수할 수 있음을 확인.
- 병 색깔과 모양, 상표 종류와 디자인, 신 개념 등에서 차별화가 가능하다는 시장 상황을 파악.

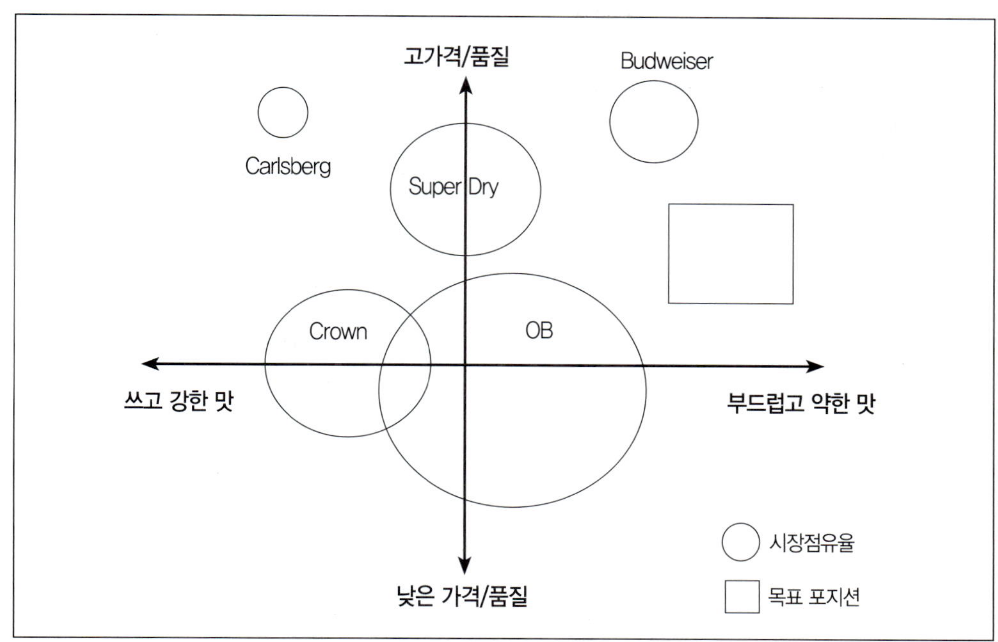

그림 10-29 Crown 맥주의 목표 포지셔닝: 리포지셔닝

2-2. 목표 포지셔닝의 결정

Crown 맥주는 〈그림 10-29〉와 같은 포지셔닝의 목표를 정함.

2-3. 신 이미지의 창출

- 시장 조사를 통해 신 이미지 창조를 위한 제품 개념(product concept) 및 상호(brand name)를 결정함.
- 상호에 대한 선호도 조사 결과, O-touch(8%), Ving(9%), Vivis(12%), Deep(12%)보다 월등히 선호도가 높은 Hite(59%)로 상호를 확정함.
- Hite에 대한 제품 개념 조사 결과, 상쾌하고 깨끗한 느낌, 정상(height), 절정(highlight), 맥주 거품, 고급감, 속도감, 유럽 등의 이미지와 연결되며, 전반적 호의도가 86.2%로 매우 높게 나타남.

2-4. 포지셔닝 전략의 수행

리포지셔닝 전략의 제 4단계는 전술된 포지셔닝 전략의 수행 절차와 동일하며, Hite의 경우 다음과 같은 절차에 의해 전략을 수행했다.

표적시장의 선정

- 연령 : 20대 초반~30대 초반
- 직업 : 직장인, 가정주부, 대학생
- 특징 : OB 맥주 선호자(Crown에 대한 선호도가 가장 낮은 집단)

경쟁 대상의 선정

Pepsi-Cola, Burger King 등 제 1의 시장 도전자(primary 'market challenger')들의 목표는 예외없이 Coca-Cola, McDonald's 등의 'market leader'(시장 선도자)다. Hite도 국내 맥주 시장의 선도자인 OB라는 특정 브랜드를 경쟁 대상으로 결정했다.

주요 혜택에 대한 약속을 통한 경쟁과의 차별화

- 1990년대 초부터 국내 소비자들에게 크게 소구하기 시작한 환경 친화 및 무공해에 대한 소비자들의 욕구에 근거하여, '지하 150m의 100% 천연수로 만든 순수한 맥주'라는 혜택을 1차적으로 부각시킴.
- 맥주보리(hop) 껍질을 분리(de-husk 공법)하여 제조한 부드러운 맥주 및 M.C.F 공법으로 살균하지 않고 효모를 걸러낸, 신선하면서도 장기간 보존이 가능한 고품질 맥주라는 혜택을 2차적으로 부각시킴.
- 광고를 통해 맥주의 90%는 물로 구성되어 있기 때문에, 보통 물과 수질이 다름을 경쟁과의 1차적 차별화 도구로 선전.
- 국내 맥주업계 최초의 back label, neck around label, 시온 잉크를 사용한 온도계 효과 마크 등 제품의 차별화 전략 수행.
- 조사 결과를 천연수라는 부가 혜택과 연결시키며 반영, 4.5%의 도수, 레귤러 맥주 대비 20% 고가, 드라이(5% 도수) 맥주 대비 7.3% 저가의 맥주를 탄생시킴.

back label
Hite 병을 보면 표찰이 앞, 뒷면에 모두 부착되어 있는데, 그 중 온도계 효과 마크가 있는 표찰을 말함.

유형적 단서에 대한 조작

- 푸른 산맥의 암반수로 기가 살아있는 시원한 맥주 및 백두대간 물을 광고하여 주요 혜택에 대한 가시화 수행.
- '물 사랑 Hite' '물의 품질이 맥주의 품질'이라는 기업의 PR 활동을 통해 맥주에서 물의 중요성을 부각시킴.
- 국내 No.1 브랜드의 이미지에 대한 유형적 단서 제공에 1차 홍명보, 2차 허재를 통한 광고 수행.

획일성 유지

- 제품 개념과 조화되는 물과 그린색을 지속적으로 강조하는 광고.
- 환경 친화 및 무공해와 연결되는 그린 마케팅에 대한 획일성 유지를 위하여 크리

넥스 140만 개 지원, 업계 최초 1회용 비닐 봉투(썩는)를 소매점에 지원, 쓰레기 봉투 묶음 끈 제공, 죽염 비누 100만 개를 이용한 소비자 사은 잔치, 수재 의연금 조성 행사 수행.

2-5. 리포지셔닝 전략의 성공 여부 확인

- 시장 출시(launching) 후 3개월 시점에 서울 및 인근 지역 600명 표본에 의한 소비자 구매 실태 조사(1993년 7~8월).
- 제품 개념 주지 후 신규 구매 의향율 65% 이상, 재구매율 90% 이상, 가격 저항감 완화 등 리포지셔닝 전략의 성공 확인.
- 2003년 상반기 기준, OB와의 시장점유율이 57 : 43으로 반전됨.

기타 Hite의 주요 마케팅 전략은 다음과 같다.

- Hite의 시장 진입 후 구매 행동 변화를 감지, 구매 시점에서의 강력한 판매 전략이 필요함을 파악.
- 서울의 가정용 시장이 국내 맥주 전 시장점유율의 5% 이상을 차지하고 있음을 파악, 유흥용 출고를 지양하고, 철저하게 가정용 중심으로 서울 등 수도권 지역에 유통.

3. 리포지셔닝 전략의 의의

환경, 소비자, 시장이 끊임없이 변하는 마케팅 환경 하에서 아무리 성공한 포지셔닝이라도 그 위치를 계속 유지하기는 거의 불가능하다. 리포지셔닝 전략은 ①기존의 포지션이 성공적이지 못하거나 최상의 위치를 점유하지 못했을 때(〈그림 10-30, 10-31〉 참조), ②기존의 포지션에 경쟁 기업이 너무 많거나 강력한 경쟁사가 있을 때,* ③시장의 신 기회를 발견했을 때, ④**counter-positioning***시, ⑤개보수 시 수행하게 된다(〈그림 10-32〉 참조). 포지셔닝이 '**고객의 마음(mind)에 자리를 잡는 것**'이라면, 리포지셔닝이란 '**고객의 인식이나 지각(cognition or perception)을 조정하는 것**'이라고 할 수 있다. 머리는 고객이 제품을 좋아해야(prefer) 할 이유를 찾아주고, 인식이나 지각은 그것을 경험(practice)하지만, 마음은 제품을 구매해야(purchase) 할 이유를 찾아준다.

오랜 기간 동안 선두를 지켜온 기업들의 공통점이 있다면, 한 번 성공한 포지셔닝의 명백한 우위가 시장에서 지속적으로 인정받고 있으며, 또한 그 일관성을 유지하고 있다는 것이다. Budweiser, Coca-Cola, Four Seasons, McDonald's, Walt Disney Co.와 같은 기업들은 일단 독보적인 시장 선두 위치를 점유한 이후에 놀라울 정도로 일관성있는 전략을 유지하고 있다. 예를 들어 McDonald's의 1995년 슬로건인 'Have

* 경쟁이 점차 심해지고 있는 서울의 호텔 시장에서 Amiga는(지금의 Imperial palace) 유럽식 boutique 호텔로, 잠실롯데호텔은 가족형 리조트 호텔로 리포지셔닝하고 있음.

* 기업이 제품, 브랜드를 고객에 포지셔닝하듯이 고객이 기업의 제품, 서비스, 브랜드 등을 외면, 왜곡, 혹은 무엇인가의 변화를 원할 때 생성되는 개념임. 현대는 쌍방향시대로서 특히 점차 진화하고, 강화되는 고객의 권한을 존중하는 의미의 용어임.

그림 10-30 리포지셔닝 전략 사례(I). The Waldorf Astoria는 인근 지역 호텔과 비교 시 유사한 객실 요금을 책정하고 있음에도 불구하고, 명성에 위압된 고객들이 투숙을 어려워하고 있음을 발견한 후, 평범한 고객이 표적시장의 하나임을 알리며 리포지셔닝 전략을 수행하고 있음.

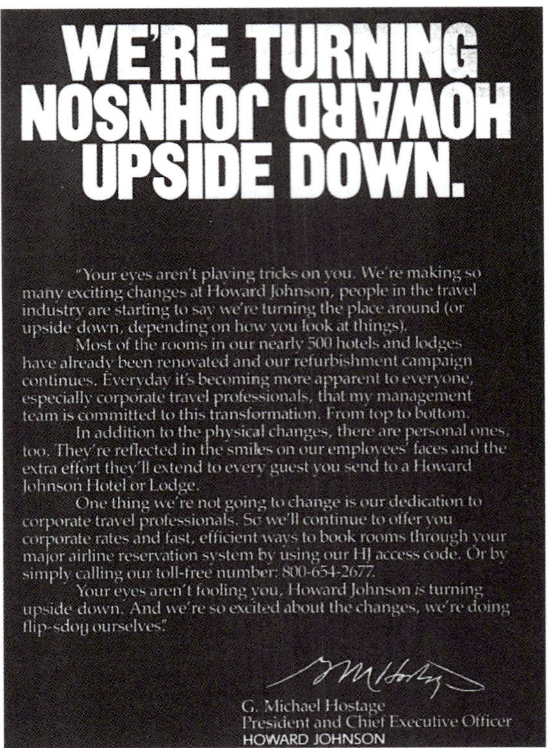

그림 10-31 리포지셔닝 전략 사례(II). 과거 환대산업 최대의 기업이었던 Howard Johnson's은 새로운 사업에 대한 과다한 투자로 도산되어, Marriott의 한 지사로 매각되었음. 그 후 과거의 제품과 시설로 다시 전환되며, 결점을 없앤 새로운 호텔로 재탄생됨을 알리는 리포지셔닝 전략임.

그림 10-32 Sheraton Grande Walkerhill의 리포지셔닝

you had your break today?'는 1970년대 'You deserve a break today'로 복귀한 것이다. 그러나 그러한 광영을 시장으로부터 지속적으로 유지하고 있는 기업은 지극히 극소수다.

Marlboro의 성공적 리포지셔닝

세계 담배 시장의 선도자인 Philip Morris는 Marlboro 담배 브랜드에 대한 마케팅 커뮤니케이션의 초점을 한결같이 카우보이 이미지에 맞춰왔으나, 아이러니컬하게도 Marlboro는 1920년대 Marlboro 담배는 입에 닿는 부분을 장미 빛으로 만들어 여성의 립스틱 자국이 표시나지 않게 하고, 'Mild as May'라는 슬로건을 내세우는 등 여성을 표적시장으로 했던 브랜드였다. 1950년대에 필터 담배라는 대체재가 등장하자 고전을 면치 못하던(독한 담배에 대한 고객의 문제 해결) Philip Morris는 리포지셔닝을 결정했다. 붉은 색과 하얀 색의 박스 패키지 및 진짜 카우보이를 활용하며 여성용에서 웨스턴 이미지로의 리포지셔닝으로 1970년 중반 이후 제 1의 담배 브랜드가 된 것이다.

1970년대 중반 'Have it your way'라는 성공적인 슬로건으로 햄버거의 독특함과 좋은 품질을 내세운 Burger King도 20년 내내 고전하다 1994년 'Get your burger's worth'라는 새로운 슬로건이 Whopper로 이어지며 가장 강력하고 호감가는 브랜드 연상 전략에 비로소 성공한 바 있다.

기업은 시장, 환경, 소비자들의 변화에 부응하여 끊임없이 리포지셔닝하고 변화해야 하나 전략적 추진과 방향은 일관되게 유지해야 한다. 여기서 Porsche의 디자인 철학을 상기할 필요가 있다. 'Change it, but do not change it.' Porsche의 디자인 철학은 세태에 맞는 변신은 계속하되, 근본적 원형(prototype)은 바꾸지 않는다는 것이다. 세계적 명품 Hermes의 모토도 'Everything changes, but nothing changes'이며, Absolut의 슬로건도 'Never different, but always changing'이다. 리포지셔닝 시 전략의 틀을 바꾸는 **실질 변형(substantial variation)**을 하지 말고, 컨셉이나 전술을 다양하게 바꾸는 **장식 변형(cosmetic variation)**을 하라는 의미다.

전술했듯이 시장 선도자들의 거시적 전략은 변함이 없다. McDonald's의 QSC(quality, service, cleanliness), Four Seasons의 최고 품격 등이 대표

그림 10-33 Mr. Chow 레스토랑

적 예다. 2004년 국내에 도입된 중국 레스토랑 Mr. Chow Seoul은 Las Vegas Bellagio의 Giorgio Armani boutique를 디자인한 Michael Chow가 창업한 1970년 이후, '최고급 문화 사회'의 포지셔닝을 전혀 변경한 적이 없다(〈그림 10-33〉 참조).

Louis Vuitton은 모방을 대비해서 세계 최초로 'monogram pattern'을 도입했다. 그 후 검정, 빨강, 노랑, 파랑, 초록 등 기존 Louis Vuitton 스타일과 다른 원색의 색상으로 변화를 시도해왔다. 또한 1997년 미국의 패션 디자이너 Jacobs를 수석 디자이너로 고용하며 변화를 계속 추구했다. 기존 'monogram pattern'에 노랑, 핑크 등 파스텔 색상을 입힌 'mono-gram vernis'가 그것이다. 그러나 Louis Vuitton의 독창적 'monogram pattern'은 어떠한 세대, 어떠한 제품에서도 변하거나 훼손된 적이 없다. 그 일관성이 현재까지 Louis Vuitton을 세계 제 1의 명품 브랜드로 만든 것이다. P&G의 브랜드 모토도 3C(consistency, consistency, consistency)다.

Pepsi의 성공적 리포지셔닝, 실수, 그리고 Coca-Cola의 반격

Pepsi의 1961년 '젊다고 생각하는 사람들을 위한 Pepsi'라는 (리)포지셔닝은 대표적 성공 사례로 꼽힌다. 1964년에는 '힘을 내자, 당신은 Pepsi세대!'로 이어지며, Coca-Cola를 '정체되고 둔감하고 시대에 뒤떨어진 브랜드'로 포지션시키는 전략에 성공했다. 젊은세대란 기성세대보다 '오래 지속되는' 세대다. Pepsi의 이러한 (리)포지셔닝 전략은 큰 성공을 거두었고 10대를 위하여 Michael Jackson과 Lionel Richie의 CM송 등의 '새로운 세대의 선택' 슬로건은 '늙은' Coca-Cola의 시장점유율을 계속 하락시켰다(40대로 생각하는 50대들도, 30대로 생각하는 40대들도 Pepsi를 마셨다).

그러나 그 이후, 위의 성공적 (리)포지셔닝 전략은 서서히 바뀌어 갔다. '다른 데서 찾을 수 없는 맛, Pepsi가 드립니다(1967)', '앞 날이 밝은 당신에게 드릴 것이 많은 Pepsi(1969),' '이젠 Pepsi!(1983)' 등이 그것이다. 즉 Pepsi의 성공적 (리)포지셔닝의 전략적 추진과 방향이 바뀌며 그 효과를 잃고 말았다.

Pepsi가 일관된 (리)포지셔닝 전략에 실패하는 동안 Coca-Cola는 반격을 시도했다. 1970년 Coca-Cola는 'The Real Thing'이라는 카피를 통해 타 콜라 브랜드는 모방에 불과하다는 선언을 했고, Coca-Cola 내부에서도 극소수만 알고 있다는 비밀 제조 방식 'Merchandise 7X'에 대한 PR을 병행했다. 'The Real Thing'의 TV 광고는 다음과 같다.

The Real Thing 광고

첫 장면으로 Grand Canyon의 장엄한 풍경이 등장하며, '전 세계에는 3,000개가 넘는 협곡이 존재하지만 grand란 이름을 붙인 협곡은 오직 하나뿐입니다. 길에서든, 박물관에서든, 아니면 냉장고에서든, 여러분이 진품을 만나게 되면 금방 알아보시게 됩니다' 이 광고에서는 Grand Canyon 외에 Statue of Liberty, Empire State Building, Niagara Fall, Golden Gate Bridge 등이 등장한다. 여기에 Rolls Royce, Harley Davidson, Mona Lisa, 다이아몬드 약혼 반지 등이 등장하며, 얼음처럼 차가운 한 병의 Coca-Cola가 진품으로 제시된다.

결국 이 캠페인은 1982년 'Coke is it'으로 이어졌고 세계 브랜드 1위의 가치를 지금까지 이어오고 있다.

그렇다고 Coca-Cola와 Pepsi의 전쟁이 끝난 것은 아니다. 마케팅의 전쟁은 끝이 없다(**mobius**의 띠다). Pepsi는 2009년 **Millennium**세대(1978년 이후 출생 세대)를 겨냥, 엄청난 비용의 2009년 Super Bowl 광고를 중지하고, 대신 그 돈을 **Millennium**세대가 주역인 디지털과 소셜미디어를 통한 사회 프로젝트에 투자하며 표적시장 전략을 강화해나가고 있다.

이와 같이 리포지셔닝 전략은 전략적보다는 전술적 측면으로 이해되어야 한다. 전술하였듯이 포지셔닝은 고객의 마음을, 리포지셔닝은 고객의 지각이나 인식을 그 표적으로 하고 있다. 고객의 마음은 좀처럼 변하지 않는다. Coca-Cola의 New Coke 사례가 대표적 증거다. MIT의 Michael Hammer는 그의 저서 《Reengineering revolution》에서 "리엔지니어링의 가장 골치 아프고 짜증나며, 고통스럽고, 혼란스러운 부분은 변화에 저항하는 인간 본연의 습성이다"라는 말을 했다. 심리학자들도 공통적으로 인간의 기본적인 믿음과 태도를 변화시키기가 매우 어렵다는 사실에 동조하고 있다. 리포지셔닝은 '어렵게' **고객의 마음을 바꾸는 것**(포지셔닝 전략)이 아니라 **지각이나 인식을 조정**(바꾸는 것보다 쉬운)하는 것이다.

물론 기업이 처한 상황에 따라 그 의미는 여러 각도로 해석될 수 있다(리포지셔닝의 범위와 깊이에는 차이가 있다). 극단적으로 기업, 제품, 브랜드의 근본적 수정이 필요한 기업들도 많다. 이와 같은 기업들은 리포지셔닝의 범주에서 벗어나야 한다. 즉 리포지셔닝이란 '생존 가능성이 있는 제품'에 한해서만 통용될 수 있는 용어이다. 생존 가능성이 없는 제품은 리포지셔닝 전략이 필요한 것이 아니라 폐기 혹은 제품 변형 전략이 필요하다(**new position** not reposition).

환대산업 마케팅 전략 계획 모델(브랜드 전략)

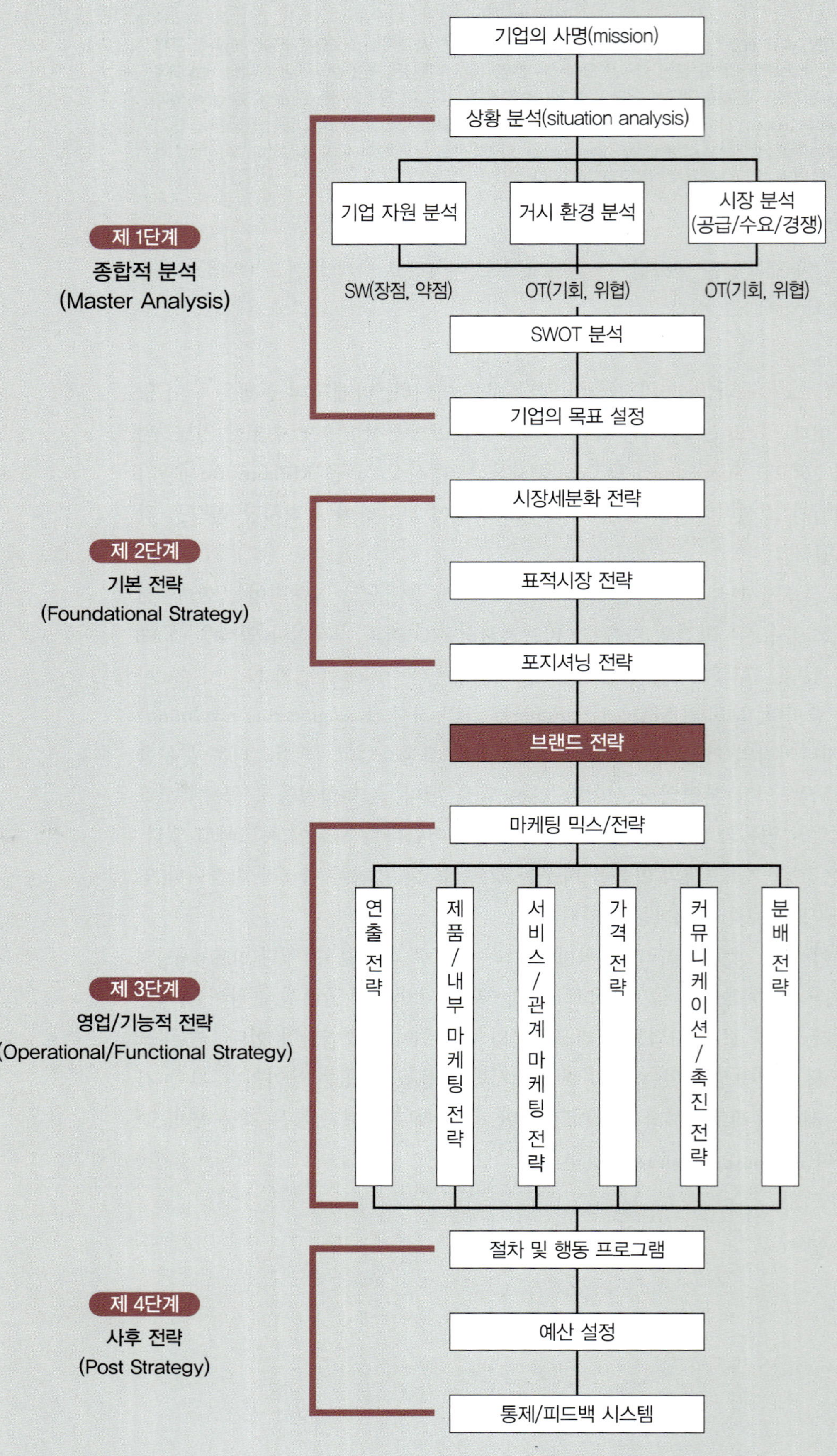

브랜드 전략

제 **11** 장

제1절 브랜드란 무엇인가?

"사람은 죽어서 이름을 남기고 제품은 죽어서 브랜드를 남긴다."

America Marketing Association은 브랜드를 '제품과 서비스를 특징짓고, 이들을 경쟁사의 제품과 서비스로부터 차별화시킬 의도로 만들어진 명칭, 용어, 사인, 심볼, 디자인 또는 이것들의 조합'으로 정의하고 있다. Megabranding에서는 '기업의 제품이나 서비스를 식별하고 경쟁의 제품과 서비스를 차별화하며, 소비자의 마음 속에 가치있게 느끼게 하는 경험적 상징 체계'라고 정의하고 있다. 축약한다면 브랜드는 '제품과 부가 가치(added value)의 총체적 조합'이라고 정의될 수 있다.

브랜드의 유래는 고대 Norway에서 소의 소유 구분을 위해 사용한 낙인(brand)에서 유래됐다는 설과, 16세기 초 영국의 위스키 나무통 소유 구분을 위해 인두로 표시(bumed)한 것에서 유래됐다는 설이 있다. 국내에서는 1949년 11월 28일 법률 제 71호에 상표법이 제정, 공포되며 시작됐고, 천일이라는 신발 생산업체의 브랜드가 제 1호로 등록됐다. 제품 중심적 시장이 market 1.0, 제품의 기능+감성이 고려된 소비자 중심적 시장이 market 2.0이라면, 소비자에게 열망을 불러일으키는 제품만이 생존하는 시장은 **market 3.0**이라고 한다. 브랜드는 **market 3.0** 시장의 핵심 요소다.

브랜드 전략은 특히 포지셔닝 전략과 가장 밀접히 관련되어 있다. 포지셔닝의 주요 부분 중 하나가 이미지의 창조라면, 그러한 이미지를 최초로, 그리고 가장 강력하게 전달하는 것이 브랜드이기 때문이다. Pennsylvania대학 Wharton School의 Jonah Berger에 의하면, 미국인들은 하루에 30억 회 넘게 브랜드를 언급한다고 한다. 현대와 같은 초성숙기시대에서 사람들은 제품 선택 시 성능, 디자인, 내구성 등의 본질적으로 중요한 속성들을 모두 비교·분석할 시간이 거의 없다. 이 때 가장 결정적인 역할을 하는 것이 바로 브랜드다. 이러한 경향을 '**heuristics**'라고 한다.

identity
어원은 고대 라틴어 identitas로 '같은 것' 혹은 '같다'는 뜻임.

1. CI(corporate identity), BI(brand identity)*

1-1. CI

브랜드의 개념과 의의를 이해하기에 앞서서 CI의 개념을 먼저 살펴본다. CI는 브랜드의 모체이기 때문이다. 개인이 사회 속에서 동질성과 차이성을 보유하기 때문에 어떤 특정한 지위를 차지하려고 하는 것을 CI의 본질로 이해할 수 있다. '우리 기업은 이런 기업이다'라고 널리 알려 왜곡됨이 없이 인정받고자 하는 행위를 CI의 목적으로 한다.

이미지 구축을 위한 CI의 구성 요소는 다음과 같다.

① PI(president identity) : 기업 총수의 명확하고 강력한 본질 소유
② DI(domain identity) : 기업의 미래 지향적인 사업 영역의 확장
③ MI(mind identity) : 직원에게 기업 총수의 명확한 PI 전파
④ VI(visual identity) : 기업명 및 심볼 변화와 신 디자인 시스템 구축(mirror effect)에 따른 외관의 변화 수반

그림 11–1 파라다이스 그룹의 새 CI
출처 : www.paradisegroup.co.kr

파라다이스 그룹, CI 16년 만에 변경

파라다이스 그룹은 2014년 11월, CI 선포식을 열고 새 CI를 공개했다. 1998년에 행운을 상징하는 7개의 선과 면으로 구성된 7개 계단의 CI를 선보인지 16년만의 변신이다(〈그림 11–1〉 참조).

공개된 CI의 콘셉트는 '창조의 나무'다. 동그라미 형상은 성장의 결실을 국가와 사회에 환원하는 그룹의 창업 이념을 내포하고 있다. 파라다이스를 뜻하는 'P' 이니셜에서 출발해 창의와 혁신으로 성장하는 그룹의 전략과 비전을 표현했다. 특히 새 CI에는 고객에게 예술적 감동과 즐거움을 제공하고, 국제적 환대산업 그룹으로 자리매김하겠다는 경영 철학과 '비전 2020'의 목표도 함께 담았다.

전필립 파라다이스 그룹 회장은 "사회 구성원이 파라다이스를 창의와 혁신의 기업으로 인식하려면 우리 스스로 창의적 조직 문화를 바탕으로 혁신적 가치를 고객에게 제공해야 한다"고 말했다. 이어 "고객들의 마음에 '창조의 나무'라는 파라다이스의 정체성을 심을 수 있을 때, 오늘의 CI와 일치하는 기업이 될 것"이라고 덧붙였다.

1-2. 브랜드 정체성(BI)

브랜드 개념에서 필히 인식되어야 하는 것은 브랜드 정체성(**brand identity**)이다. 브랜드 정체성이란 '특정 브랜드를 그 브랜드답게 하는', 즉 '특정 브랜드를 타 브랜드와 명백하게 구별시켜주는 확실한 특성'을 의미한다. 환언하면 브랜드 정체성은 'something different'와 'something new'를 통한 '**something unique**'을 의미한다. 전

략과 전술은 융통성, 다양성이 있어야 하지만, 브랜드 정체성은 일관성이 있어야 한다. Moleskine 수첩이 수많은 유사 제품의 모방에도 불구하고 강력한 브랜드 정체성을 유지하고 있는 비결은 100년이 지난 '구식' 디자인을 그대로 유지하고 있는 독창성(originality)에 있다. 브랜드의 제 1법칙은 알려지는 것이 아니라 어떠한 것과도 달라야 한다는 것이다. 모든 브랜드의 목적은 '자기다움'으로 '영속성'을 이뤄가는 데에 있다. 이것이 브랜드 정체성의 핵심 내용이다.

Aaker와 Joachimsthaler는 브랜드 정체성을 "브랜드 정체성이 브랜드 전략에서 차지하는 위치는 비즈니스 전략에서 전략적 의도가 차지하는 위치와 같다"라고 표현했다. 즉 브랜드 정체성은 "브랜드에 대해 소비자들이 보는 시각과 관계없이, 기업이 의도하는 방향으로 시장(소비자)의 생각을 이끄는 것"으로 설명될 수 있다.

브랜드 정체성 내에는 브랜드의 심장이라고 할 수 있는 '**brand essence**'라는 개념이 있다. '**brand essence**'는 '기업 내부적 시각의 소통에 의한 브랜드 정체성 파악'이라고 이해될 수 있다. Nescafe의 'coffee at its brightest', Audi의 'vorsprung durch technik(기술을 통한 우위)', BMW의 'best driving machine' 등의 예가 '**brand essence**'에 해당된다. 브랜드 정체성의 일부를 표적시장에게 소통하는 버전으로 바꾼 것은 브랜드 포지션(**brand position**)이라고 한다. 브랜드 포지션은 브랜드 정체성보다 더 역동적이며 하나의 브랜드 정체성이 몇 개의 브랜드 포지션으로 파생된다.

Keller에 의하면, BI는 다음과 같은 4가지 관점으로 체계화된 12개의 범주로 구성되어 있다고 한다.

① 제품으로서의 브랜드 : 제품 범위, 제품 속성, 품질/가치, 사용 목적, 사용자, 원산지
② 기업으로서의 브랜드 : 기업의 속성, 현지화와 세계화
③ 개인으로서의 브랜드 : 브랜드 개성, 브랜드와 고객 간의 관계
④ 심볼로서의 브랜드 : 시각적 이미지, 은유, 브랜드 유산

Branding에는 일관성, 명료성, 연속성, 가시성, 신뢰성 등 다섯 가지의 원칙이 있다. 기업에서 브랜드의 제작, 관리 등을 담당하는 사람들을 **brander**라고 부른다. 유명 기업 브랜드일수록 **brander**들의 역할은 중요하다. 반면 Harley Davidson의 H.O.G와 같은 사람들은 '**brandon**'이라고 한다. '**brandon**'이란 자발적으로 자신이 선호하는 브랜드의 '성숙과 완성'을 '사명'으로 완수하는 사람들을 말한다. '**brander**'로부터 만들어진 브랜드는 '**brandon**'을 거쳐 '**on-branding**'이 된다고 이해하면 된다.

서울신라 호텔의 신 BI 개발 사례는 다음과 같다.

서울신라 호텔의 신 BI 개발 사례

DC&A가 서울신라 호텔 BI 개발 작업을 진행하면서 주 주제로 설정한 것은 '가장 한국적인 것이 가장 세계적인 것'이었다. 이 주제는 서울신라 호텔이 한국의 전통

적인 미와 현대적 기능을 고루 갖추고 있는, 국제적으로도 손색이 없는 호텔이라는 점에서 출발한 것이다.

DC&A는 먼저 서울신라 호텔 전담 팀을 구성하여 BI 전개 방향과 개념 설정에 필요한 기초 자료 수집을 위해 경영진 인터뷰, 서울신라 호텔 사원 의식 및 일반인 이미지 조사와 해외 호텔 BI 분석 사례 등을 기초 자료로 활용했다. 특히 해외 호텔 실사 조사를 위해서 미국과 유럽, 홍콩을 직접 방문하여 Peninsula, Shangri-La, Regent, Mandarin, Ritz-Carlton, Four Seasons, Grand Hyatt 등 유명 호텔 체인을 시찰하고 각종 자료를 수집했다.

사전 조사를 완료한 후 본격적인 브랜드 시스템 연구와 디자인 개념 추출 작업에 돌입했으며, 워드마크보다는 심볼마크가 호텔에 더 적합하다는 판단 하에 1천여 개의 후보 안을 개발하고, 그 중 20개의 우수 추천 안을 선정 후, 최종 5개 안을 선정했다. 수 차례에 걸친 검증을 거친 끝에, 한국적인 전통미에 기초한 국제적인 감각과, 세련미 및 독창성을 두루 표현할 수 있는 무궁화를 심볼마크로 결정했다. 이 심볼마크는 정교화 작업을 통해 꽃수술 부분은 Shilla의 이니셜인 S자 형태로 디자인했고, 비즈니스 호텔은 버건디 색상을, 리조트 호텔은 파스텔 그린 색상을 적용하여 색상을 통한 차별화를 추구했다.

브랜드 시스템의 경우 비즈니스 호텔, 리조트 호텔, 면세점, 외부 사업 등을 통합 사용할 수 있는 체계를 개발했다. 그 결과 'Hotel Shilla'를 국제적인 명문 호텔의 관례에 따라 고유 명사화한 랜드마크 형태의 'THE SHILLA'로 변경하고, 'THE SHILLA HOTELS&RESORTS'라는 호텔 체인명을 확정했다. 이로써 각 사업부의 심볼마크를 하나의 통일된 심볼마크로 통합하고, 일관성있는 명칭 체계를

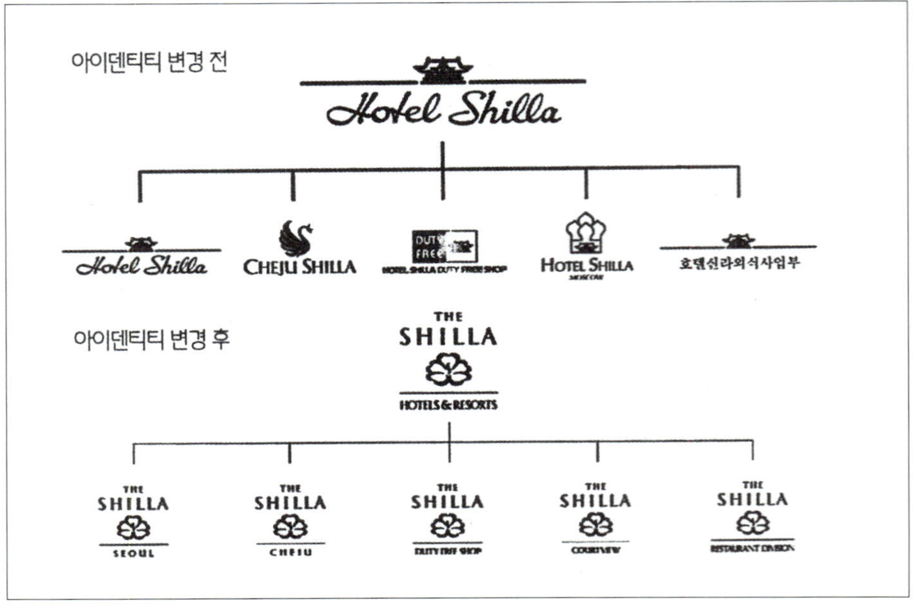

그림 11-2 신라의 CI(BI) 체계도

정립하여 마케팅적인 측면에서도 그 효과를 극대화하는 데에 기여할 것으로 평가되고 있다.

심볼마크와 로고 형태 등 기본 시스템이 개발된 후 진행된 응용 시스템 개발에 있어서도 다음과 같은 일관적인 원칙이 적용됐다.

첫째, 기본 시스템이 최대한 부각되도록 가능한 한 별도의 그래픽 요소를 절제할 것. 둘째, 디자인 효과를 극대화하고 명문 호텔의 이미지를 창출하기 위해 재질의 선택 등에서 고급화를 꾀할 것. 셋째, 기존 환경뿐만 아니라 새로운 인테리어와도 조화를 이룰 수 있도록 함으로써 호텔 전체가 하나의 통일된 이미지를 형성하도록 할 것.

이러한 원칙 하에 서울신라 호텔과 제주신라 호텔에 적용한 사인류, 차량류, 판촉 인쇄물, 객실 용품, front 용품, 연회 용품, 고객 관리 부문, 식음료 메뉴, 베이커리 및 패키지, 면세점 등을 포함한 총 5백여 종의 아이템이 개발됐다.

서울신라 호텔의 변경 전 BI와 변경 후 CI의 체계도는 〈그림 11-2〉와 같다.

2. 브랜드의 개념과 의의

2-1. 브랜드의 개념

브랜드는 디자인, 심볼, 제품의 특성 등이 결합된 상호(brand name)와 로고(logo)라고도 명명될 수 있다. 브랜드를 창조하는 일은 고도의 시간, 아이디어, 경비를 수반하게 되며, 일단 창조된 브랜드는 법적 보호를 받는다.

법적 보호와 관련하여 필수 용어를 살펴보면 다음과 같다. Patent는 제품에 대한 발명, 화학적 구성 구조(공식), 신제품 제조 과정(모방과 다른) 등과 관련된 보호를 뜻한다. Copyright은 지적 소유권의 재생 및 복사에 대한 보호로서, 그 소유자 타계 후 50년까지 인정된다. Trademark는 어떤 의미에서는 브랜드와 법적으로 동일한 용어로서 브랜드를 법적 절차에 의해 등록했을 때, 타 기업에서 사용하지 못하게 하는(**exclusive use**) 추가적 보호를 받게 되며, R 혹은 Reg. T. M.으로 표시된다. 따라서 브랜드의 세 가지 핵심 구성 요소는 상호, 상표, trademark다.

〈그림 11-3〉에 나타나 있는 Coca-Cola 캔의 예를 참조하여 이해를 돕기로 한다.

그림 11-3 브랜드, 패키지, 표찰의 예

- 브랜드: Coca-Cola Classic(상호), 콜라 병(상표), 모두 특허 취득(trademark 및 ®).
- 패키지: 캔(상호와 상표를 통한 촉진 효과 병행).
- 표찰(label): 'nutrition fact'(뒷면에 있음); 12 FL OZ(355㎖); 일반 콜라(빨간색), diet 콜라(흰색), caffeine-free 콜라(금색)으로 색상 구분.

2-2. 선도 브랜드의 위상

대표적 선도 브랜드들

1930년대부터 다양한 제품 군에서 선도자의 위치를 지키고 있는 Nabisco(크래커와 쿠키), Wrigley(츄잉껌), Del Monte(과일 통조림), Gillette(면도기와 면도날), Coca-

Cola(탄산 음료), Campbell(soup), Lipton(홍차), Colgate(치약) 등이 대표적 선도 브랜드에 해당된다. 그 외의 '탄탄한' 선도 브랜드들을 살펴보자. 우리들이 잘 아는 Hellmann's(마요네즈), Tabasco(페퍼 소스), Planter's(땅콩), Band-Aid(1회용 반창고), Q-tips(면봉), Clorox(표백제), IKEA(조립 가구), Silk(두유), Scotch(테이프), Soft Soap(물 비누), Rollerblades(인라인 스케이트), Crayola(크레용), Philadelphia(크림 치즈), V-8(야채 주스) 등이 그것이다.

많은 소비자들은 선도 브랜드들을 제품 범주(product category)에서 유일하게 회상한다. 이것을 '**brand dominance**'**(브랜드 지배)**라고 한다.

반대로 상당 수의 브랜드들은 시장 선도자의 위치를 빼앗기거나 시장에서 사라지는 경우도 있다. Winston은 1975년부터 Marlboro에 시장 선도자의 위치를 내준 후, 시간이 흐를수록 격차가 커져가고 있다. 그 외에도 Eveready, Kellogg's, Ivory, Palm Olive, Manhattan 등은 선두 브랜드를 빼앗긴 대표적 브랜드들이고, Kodak과 같이 파산한 경우도 있다. 이러한 시장 선도자의 브랜드에게는 수많은 도전자들이 있다.

Coca-Cola의 유래, 그리고 아류 브랜드들의 집단 소멸

가장 세계적인 등록 상표인 Coca-Cola는 1886년 5월에 Frank M. Robinson에 의해 설립됐으며, 1893년 1월에 등록됐다. 그는 Coca-Cola*를 개발한 Dr. John S. Pemberton(Georgia의 Atlanta 출신 약제사)의 회계사였다. 이 상호는 음료수의 두 가지 재료에서 따온 것이다. coca잎 추출물과 땅콩류인 cola에서 나온 추출물이 그것이다. 또한 coca잎에서는 cocaine이 나오기도 하는데, 이러한 이유 때문에 지금은 전혀 cocaine이 첨가되어 있지 않다.*

Coca-Cola Co.는 두운법과 세 개의 이상적인 K 발음을 갖고 있기 때문에, 기억하기 쉽고, 부르기 쉬운 상호다. 두 번째 요소인 cola는 상호로 등록될 수 없기 때문에, 시장에는 다양한 종류의 콜라 음료가 등장했는데, 그 아류 작들로서 Coca, Cola, Fig Cola, Candy Cola, Cold Cola, Cay-Ola, Koca-Nola 등이 그것이다. 무려 153개의 상호들은 1916년에 법원에 의해 위법 판결을 받았다.

Coca-Cola
Coca-Cola는 그 후 Asa Candler라는 약제사에게 2,300$에 매각됨. 그는 7×(Merchandise 7×)라는 제조법을 기업 비밀 금고에 보관하고, 단 세 명의 직원만이 그것을 알았다고 함. 이후 Botler에게 유통 franchise를 맡겼으며, 크게 성장해 감. 그러나 1916년 Ernest Woodruff에게 2,500만$에 매각됐고, 그의 아들인 Robert Woodruff가 최대 주주가 됨.

'공기 없는 곳에서 태운 석탄 잔여물'이라는 의미로서 cocaine 마약의 속어이기도 함.

2-3. 브랜드의 의의 그리고 BRM

현대는 분명 스피드시대다. 과거 세계적 기업 Mercedes Benz는 브랜드 icon 확립에 100년이 소요되었으나, Google, eBay, Amazon 등은 불과 10년만에 최고의 브랜드로 성장했다. 과거 Newton은 《Principia Mathematica》 저서 집필에 20년, Darwin은 《종의 기원》 저서 집필에 22년, Walt Disney는 Disney Land를 짓기 전 개념 연구에만 25년이 소요되었다고 한다. 그러나 이와 같은 '진지하고 불가피한' 시간 소요는 분명히 존중되어야 한다고 필자는 생각한다. 계획을 세우는 시간이 길어질수록 실행에 옮기는 시간이 줄어들며, 실패로 인한 부가 시간도 동시에 줄어든다.

2-4. BRM(brand relationship marketing)

British Airways의 사례와 같이 현대의 마케팅은 진정성(authenticity)의 중요성이 점차 부각되고 있다. 이에 따라 **BRM(brand relationship marketing)**이라는 용어가 탄생되었다. Accenture의 Nebel 등은 "**BRM**은 브랜드와 고객 간의 관계를 형성, 유지, 촉진하기 위한 통합적 노력이다. 단 이 때의 브랜드–고객 관계란 오랜 시간에 걸쳐 쌍방향적이고 개별화된 접촉, 부가 가치를 수반하는 접촉, 상호 거래와 약속 이행을 통한 신뢰 등이 전제되었을 때 형성될 수 있으며, 이 관계를 지속적으로 관리하고 강화해나가는 것이 **BRM**의 핵심이다"라고 **BRM**을 설명하고 있다.

BRM을 성공적으로 달성하기 위해서는 효과적 **contents marketing**이 필요하다. **Contents marketing**이란 고객과의 관계 형성을 위해 필요한 컨텐츠를 창조하고, 공유하는 행위 및 이와 관련된 모든 미디어가 관련된다. 즉 **BRM**에는 고전적 신문, 잡지(예 : 항공사의 기내 잡지)로부터 디지털(웹사이트, 마이크로사이트, 이메일, 뉴스 레터, 비디오 포털, 웹캐스트, 모바일 등), 프로모션(스포츠, 로드쇼, 이벤트 등), 엔터테인먼트(영화, 드라마, 음악, 애니메이션 등), 공간(박물관, 박람회, 전시장 등)과 같은 모든 매체가 관련된다. 특히 엔터테인먼트 컨텐츠는 BEC(branded entertainment contents)라고 한다.

Emirates Airlines의 BRM 사례

BRM의 가장 대표적 성공 사례는 Emirates Airlines다(〈그림 11–4〉 참조). 1985년 임대 항공기 2대와 정부 지원금 천 만$로 시작하여 2010년 142대의 항공기와 백억$의 매출을 기록, Wall Street Journal로부터 '전 세계에서 가장 빠르게 성장하는 항공 기업'으로 칭송받았던 Emirates Airlines는 표적시장의 라이프 스타일을 면밀히 분석하여 표적시장이 많이 방문하는 경기장, 선수 유니폼 등에 항공사 로고를 지속적으로 노출시켰다. Emirates Airlines는 현재 영국 Premier League의 Arsenal, 국제럭비연맹(IRB)의 Seven World Series, 12개 메이저 골프대회, 국제크리켓연맹

그림 11–4 Emirates Airlines

의 다양한 스포츠 팀과 대회를 후원하고 있으며, 특히 2006년 FIFA(국제축구연맹)와 공식 후원 계약을 맺어, Adidas, 현대자동차, Sony, Coca-Cola, VISA에 이어 FIFA의 6번째 공식 후원사가 되었다.

Emirates Airlines는 South Africa World Cup 때 세계 항공사 중 유일하게 기내에서 월드컵 생중계를 했다. Emirates Airlines는 또한 2014 Brazil World Cup 첫 경기 한 시간 전 Boeing 777-300의 최초 승객으로 Emirates Airlines의 global ambassador인 축구 황제 Pele를 선보였다.

마지막으로 홍성태가 제시한 브랜드 컨셉의 7C는 〈표 11-1〉과 같다.

표 11-1 브랜드 컨셉의 7C

컨셉의 도출	customer-orientation(고객 지향성)
	condensation(응축성)
외부적 표현	creativity(창의성)
	continuity(지속성)
내부적 활용	combination(조화성)
	consistency(일관성)
	complementarity(보완성)

출처: 홍성태(2012), 《모든 비즈니스는 브랜딩이다》, 쌤앤파커스

브랜드 자산(brand equity asset)과 브랜드 가치

1. 브랜드 자산(brand equity, brand asset)

1-1. 브랜드 자산의 개념과 구성 요소

브랜드 자산의 개념

1980년대에 이르러 브랜드 자산은 중요한 마케팅 개념으로 인식되기 시작했다. 브랜드 자산에 대하여 Aaker는 "상호나 심볼과 연계되어 기업 및 고객을 위한 제품이나 서비스에 부가된 브랜드 자산과 부채의 총합"이라고 설명하고 있으며, Srivastava는 브랜드 강점과 브랜드 가치로, Smith와 Schulman은 거래상의 측정 가능한 재무적 가치로 설명하고 있다. 브랜드 자산은 **brand equity**, 혹은 **brand asset**으로 표현한다. 전자는 브랜드의 재무적 가치를, 후자는 경쟁 우위의 원천을 의미할 때 주로 사용한다.

브랜드 자산과 유사한 개념으로 **브랜드 파워**라는 용어가 있다. **브랜드 파워**란 영

향력, 시장점유율 등의 브랜드 지배력을 의미하는 용어로서 브랜드의 확장성, 브랜드 점유율, 브랜드 충성도 등의 개념을 포함하고 있다. Red Bull이 세계 1위 에너지 음료로 부상하자, Red Bull의 원조인 Thailand의 Krating Daeng*이 Thai Red Bull로 상호를 바꿨다. Red Bull의 **브랜드 파워**(영향력 및 시장 지배력)를 보여주는 사례다.

Krating Daeng
Thailand어로 붉은 물소라는 의미임.

브랜드 자산의 구성 요소

브랜드 자산의 원천은 ⓐ소비자의 브랜드에 대한 인지도, 친근성, 호의성 등이며(perception), 특히 ⓑ제품 및 서비스 군에 있는 경쟁 브랜드들 사이에서의 차별성(feature)이라고 할 수 있다. 브랜드 인지도는 보조 인지도(aided awareness : x라는 상호에 대해 들어본 적 있습니까?), 혹은 비보조 인지도(unaided awareness : 어떤 브랜드들을 알고 계십니까?) 등 두 설문 방법으로 측정할 수 있다.

또한 ⓒ브랜드 이미지와 관련되어 있는 브랜드 연상의 개념이 포함된다. 24시간 배송 서비스업체인 FedEx에 대한 '빠름', '믿을만함', '편리함'; McDonald's의 'Ronald McDonald', '어린이를 위함', '편리함'; Coca-Cola의 '상쾌한 맛', '편리한 구입', '합리적 가격' 등이 그것이다.

브랜드 연상은 ⓓ브랜드 개성(**brand personality**)를 창조해낸다. Keller는 "브랜드 개성은 브랜드가 무엇인가 혹은 어떠한 기능을 하는가보다는 사람들이 브랜드에 대해 어떻게 느끼는가"를 의미한다고 한다. Siguaw 등의 연구에 의하면, 브랜드 개성은 모든 브랜드 요소 중 호텔 선택 시 가장 중요한 역할을 한다고 한다. Aaker는 광범위한 조사를 통하여 〈표 11-2〉와 같은 타당성과 신뢰성이 있는 브랜드 개성 척도를 발표한 바 있다. 참고적으로 Aaker의 37개 브랜드 조사 중 대표적 23개 브랜드 개성 척도는 〈표 11-3〉과 같다.

표 11-2 브랜드 개성 척도

성실	흥미	능력	세련	강건
현실적인	과감한	믿을만한	상류층의	남성적인
가정적인	첨단의	열심인	매혹적인	서구적인
소도시의	짜릿한	안전한	잘생긴	거친
정직한	활기찬	현명한	매력있는	억센
성실한	침착한	기술적인	여성적인	
실체적인	젊은	조직의 일원인	부드러운	
건강한	환상적인	성공적인	야외에 맞는	
독창적인	독특한	선도적인		
즐거운	최신의	자신있는		
우수어린	독립적인			
친근한	현대적인			

표 11-3 세계적 대표 브랜드 개성 척도

	성실	흥미	능력	세련	강건
AT&T	1.06	.91	1.15	.85	.94
AMEX	.83	.83	.99	.87	.93
Campbell's	1.25	.87	1.01	.89	.93
CNN	.99	1.02	1.18	.93	1.01
Crest	1.09	.84	.99	.87	.94
Diet Coke	.94	.93	.85	.90	.89
Guess?	.88	1.15	.90	1.24	1.03
Hershey's	1.11	.83	.89	.96	.85
IBM	.89	.91	1.10	.84	.91
K-Mart	1.07	.85	.97	.78	.91
LEGO	1.11	1.10	1.01	.87	1.10
Levi's	1.20	1.11	1.05	1.13	1.43
Lexus	.87	1.12	1.07	1.27	1.03
McDonald's	1.12	.97	1.02	1.02	.90
Mercedes	.84	1.07	1.06	1.31	.99
MTV	.70	1.27	.82	1.02	.93
Nike	.98	1.17	1.03	1.05	1.36
Pepsi	1.02	1.04	.89	.95	.99
Porsche	.71	1.26	.95	1.37	1.07
Reebok	.94	1.12	.97	1.00	1.30
Revlon	.96	1.06	.98	1.31	.85
Sony	.87	.94	1.02	.89	.90
Visa	.90	.87	10.2	.87	.87

성숙한 사람이 자신의 모습과 성격을 바람직한 방향으로 만들어가며 형성된 성격을 '**persona**'라고 한다. 그러나 브랜드의 '**persona**'는 기업보다는 오히려 소비자들이 만들어 간다. 브랜드 '**persona**'에는 Mercedes Benz, IBM, Coca-Cola, Disney 등 스스로의 문화와 이미지에 흔들림이 없는 ①황제 '**persona**', Steve Jobs의 Apple, David Ogilvy의 Ogilvy&Mather, 정주영의 현대 등 영웅 한 사람의 능력에 의해 형성된 ②영웅 '**persona**', 국내 엔터테인먼트산업의 빅3 SM, YG, JYP 등 전문가에 의해 형성된 ③전문가 '**persona**' 등이 있다.

브랜드 개성과 관련 삼성경제연구소는 고객의 사랑 유형에 따른 브랜드 개성을 7가지로 분류한 흥미 있는 연구 결과를 발표한 바 있다. 그 내용은 〈표 11-4〉와 같다.

표 11-4 고객의 사랑 유형에 따른 브랜드 개성

사랑의 유형	브랜드
소꿉친구 사랑	Nestle, 박카스
첫 눈에 반하는 열정적 사랑	Playboy, G마켓
신뢰적 사랑	Visa, Posco, MS
낭만적 사랑	McDonald's, Nintendo
가족적 사랑	P&G, Michellin
복종적 사랑	Louis Vuitton, Harley-Davidson
완성된 사랑	애니콜, Apple

ⓔ브랜드 충성도(**brand loyalty**) 또한 브랜드 자산의 주요 원천이다. 필자가 브랜드 충성도를 관계 마케팅에서 가장 중요한 핵심 요소라고 강조했으나, 브랜드 충성도는 반복 구매 혹은 재방문과 동일시되는 개념이 아니다. 브랜드 충성도가 종종 반복 구매의 빈도를 통하여 측정되기는 하나, 습관적 행위(**inertia**)를 좌시할 수 없기 때문이다. 반복 구매는 태도 관점에서 보면, 브랜드 충성도가 높은 고객을 구분하기 위한 필요 조건이지 충분 조건은 아니라는 것이다. 충분 조건이 되기 위해서는 브랜드 충성도가 **브랜드 몰입(brand commitment)** 단계까지 승화되어야 한다. 즉 브랜드 몰입은 고객의 제품에 대한 선호도나 충성도에 있어서 한 차원 높은 단계의 개념이다.

브랜드 자산 관리는 〈그림 11-5〉와 같다.

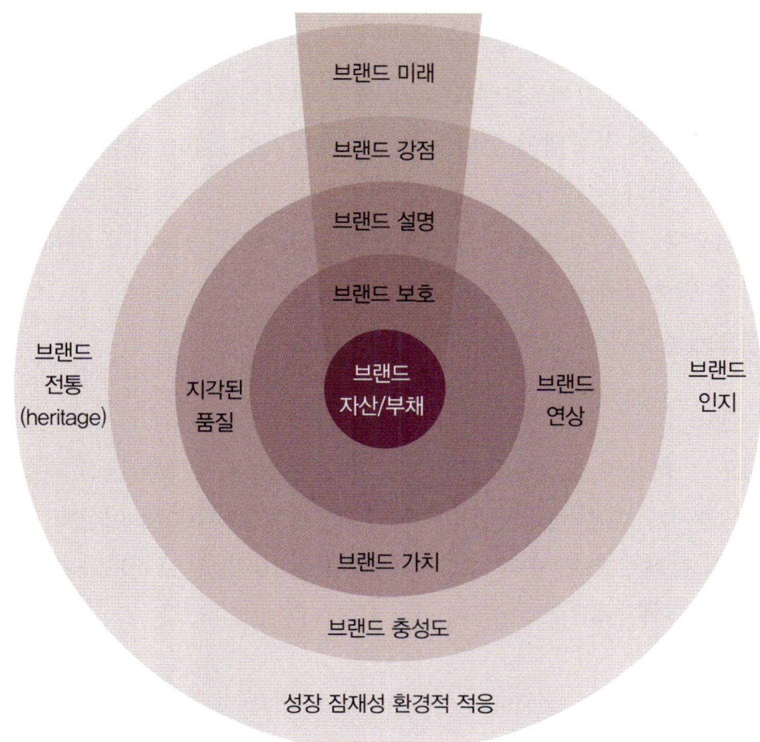

그림 11-5 브랜드 자산 관리

출처: Pickton and Broderick(2005). 《Intergreted Marketing Communications》. 2nd ed. London:Pearson Education.

1-2. 브랜드 충성도의 진화 : love mark, 브랜드 aura

Love Mark

브랜드에 대한 충성도가 깊어지면 '감성 브랜드', '관계 브랜드'의 개념으로 승화된다. 그 최종역은 '**love mark**'다. '**Love mark**'는 2004년 Interbrand의 CEO였던 Kevin Roberts에 의해 만들어진 개념으로, 이성적 존경에 사랑* 또는 유혹 등의 감정적인 가치가 부가됐을 때 형성되는 것이다. 즉 브랜드가 고객이 갈망하는 개성, 향수, 꿈, 욕망 등을 충족시킬 수 있어야 '**love mark**'가 될 수 있다.

* Jung은 남성성의 속성은 이성(logos), 여성성의 속성은 사랑(eros), 남성의 내부에 있는 여성성은 anima, 여성의 내부에 있는 남성성은 animus라고 하며, 여성은 무의식에 존재하는 logos를, 남성은 무의식에 존재하는 eros를 이해하고, 개발해야 성숙한 인간이 된다고 함.

Gabrlelle Chanel에 의해 탄생된 명품 브랜드 Chanel의 키워드는 사랑이다. 1921년 출시된 대표 제품 Chanel No.5는 소수 종류의 꽃을 원료로 하는 기존 향수와 달리, 장미, 자스민 등 80여 종의 꽃에 합성 화학 물질 aldehyde를 혼합해 은은하게 지속되면서도, 시공을 초월해 살아남은 향기를 창조해내며 세계 모든 여성들의 '**love mark**'가 됐다.

브랜드 aura(brand aura)

Aura는 본래 사람이나 사물에서 발산하는 특별한 기운 또는 영성(spirituality)을 의미하는데, '**브랜드 aura**'란 특정 브랜드에서만 발생하는 독특한 기운, 후광(halo), 또는 카리스마(charisma)를 말한다. 즉 브랜드 충성도가 깊어지면 '**love mark**'로, '**love mark**'가 더욱 깊어지면 '**브랜드 aura**'가 되는 것이다. '**브랜드 aura**'는 매우 특별한 'only one' 브랜드다.

Greece 철학자 Dēmokritos가 얘기했던 "우주 속에 존재하는 모든 사물은 우연과 필연의 열매다"라는 말과 같이 '**브랜드 aura**'까지 승화되기 위해서는 '우연한 행운'을 뜻하는 'serendipity'가 작동돼야 한다. 즉 평범함을 뛰어 넘는 엄청난 성과를 가져오는 우연이 있어야 한다는 의미다.

숙명여대 서용구·구인경에 의하면, '**브랜드 aura**'까지 승화되기 위해서는 다음의 세 가지 조건을 만족시켜야 한다고 한다.

Aura 브랜드에는 다음과 같은 세 가지 유형이 있다.

1) 명품 브랜드

명품 브랜드는 최고의 장인들이 만드는 100년 이상의 역사를 가진 최상위 브랜드로서, 희소성 가치가 매우 높고, 대중 브랜드에 비해 10~100배 이상의 가격 프리미엄을 갖고 있는 브랜드를 말한다. 참고로 세계 top 10 명품 브랜드와 가치는 〈표 11-5〉 및 〈표 11-6〉과 같다(평가 기준에 따라 차이가 있음).

표 11-5 세계 top 10 명품 브랜드

순위	브랜드	가치(billion$)	국적
1	Louis Vuitton	28.4	France(LVMH 그룹)*
2	Hermès	19.2	France
3	Gucci	12.7	Italy
4	Prada	9.4	Italy
5	Rolex	7.9	Switzerland
6	Chanel	7	France
7	Cartier	6.3	France
8	Burberry	4.1	UK
9	Fendi	3.6	Italy
10	Coach	3.2	USA

출처 : www.essentialhome.eu(2018)

LVMH는 Louis Vuitton, Fendi, Kenzo 등 패션 브랜드, DeBeers, Chaumet 등의 보석류, Hennessy, Moet&Chandon 등의 주류를 포함한 명품 브랜드 60여 개의 소유 기업으로, 2015년 기준, 전 세계 약 2천 개의 매장에서 150억 유로(약 21조 원)가 넘는 매출을 올리고 있음.

표 11-6 세계 top 10 명품 브랜드

순위	브랜드	가치(billion$)	국적
1	Louis Vuitton	41.1	France(LVMH 그룹)
2	Hermès	28.0	France
3	Gucci	22.4	Italy
4	Chanel	10.4	France
5	Rolex	8.7	Switzerland
6	Cartier	7.0	France
7	Burberry	4.5	UK
8	Prada	4.0	Italy
9	Christian Dior	3.6	France
10	Yves Saint Laurent	3.3	France

출처 : www.statista.com(2018)

2) 컬트(cult) 브랜드

컬트 브랜드는 가격이 꼭 비싼 것은 아니지만, 특정 브랜드에 대한 태도가 종교적 신념에 유사할 정도로 강한 매니아 고객층을 갖고 있는 브랜드를 말한다. **컬트 브랜드**란 용어는 2004년 Business Week에서 세계의 브랜드를 분석하며 처음 사용됐는데, 시간이 갈수록 많은 사람들의 삶을 반영하는 라이프 스타일 브랜드의 개념으로 진화됐다. 대표적 예가 Harley-Davidson이다.

3) 장수 브랜드

100년 이상 시장에서 생존한 브랜드를 말한다.* **장수 브랜드**는 기능, 상징, 사회적 책임 등으로 세대를 뛰어넘어 지속적으로 소비자의 사랑을 받는 브랜드다. 1920년대

Fortune 500 기업들의 평균 수명은 약 40년임.

부터 2019년 현재까지 1위를 고수하는 있는 Campbell's(soup), Carnation, Coca-Cola, Colgate(치약), Del Monte(과일 통조림), Gillette(면도기와 면도날), Goodyear(타이어), Hershey's(초콜릿), Kellogg's(시리얼), Lipton(tea), Nabisco(크래커와 쿠키), Wrigley's(껌) 등이 대표적 **장수 브랜드**에 해당된다.*

본 교재에 존재했던 100년 전통 Hoover는 영국 기업 Dyson에게 2005년부터 밀리며 그 간격이 계속 벌어지고 있음.

위와 같은 장수 브랜드들은 브랜드 고유의 기차와 역사를 내세우는 **heritage marketing**을 수행한다. 특히 현대와 같이 근거 없는 정보와 '불확실한 우수성'의 홍수 속에서 '합리적 선택의 확실한 증거'를 찾는 '증거 중독형'의 의심 많은 다수 소비자들에게 장수 브랜드의 **heritage marketing**은 큰 효력을 발휘한다. 대표적 사례로 2016년에 130주년을 맞은 Coca-Cola는 3,000억 병이라는 판매고를 올렸던 역사와 전통을 근간으로 슬로건을 2009~2015년 동안 고수했던 'Open happiness'에서 'Taste the feeling'으로 바꾸었다. 콜라 맛 그 자체보다 Coca-Cola의 '오래된 맛에 대한 향수'에 초점을 둔 **heritage marketing**이었던 것이다.

1-3. 브랜드 가치와 라이센싱

브랜드 자산은 곧 브랜드 가치와 직결된다. 시장에서 성공한 제품의 브랜드 가치는 상상을 초월할 정도로 크다. 중성자(neutron)와 양성자(proton)가 결합해서 이루어지는, 상상을 초월하는 핵폭탄이 바로 브랜드의 위력이다. 그 브랜드를 사용하기 위한 licensing, franchise 등의 특허를 취득하기 위해서는 엄청난 수수료(royalty, fee)를 지불해야 하며, 기업은 브랜드에 대한 특허만을 갖고서도 엄청난 부를 축적할 수 있다는 의미이다.

유명 브랜드의 인수 사례

거대한 다국적 기업 Philip Morris는 미국의 유명한 유제품 회사인 Kraft Foods(Kraft 치즈, Miracle Whip 스프레드, Breyers 아이스크림 등)를 장부 가격의 4배가 넘는 129억$에 매입했다. Philip Morris는 또한 1985년에 Maxwell House, Jell-O, Crystal Light, Kool-Aid, Oscar Mayer 등의 유명 식품 브랜드를 소유하고 있던 General Foods를 장부 가치 19억$의 세 배가 넘는 58억$에 인수했다.

Nestle's도 영국의 Rowntree's(당과류로 유명)를 장부 가치 5배 이상의 가격에 인수했다. Procter&Gamble은 Gillette을 5,700억$에 인수했으며, Duracell, Oral-B 등의 브랜드들도 장부 가격과 비교할 수 없는 가격에 인수했다.

라이센싱에 대한 논리적 근거는 소비자들이 라이센싱에 의하여 차용된 인식 및 이미지 때문에 제품에 더 많은 돈을 지불한다는 점이다. 라이센싱은 일정 수수료를 지불하고 상호, 상표, 캐릭터 등을 사용할 수 있게 하는 계약 협정을 의미한다. 이와 같이 브랜드의 무형적 자산을 측정, 관리하기 위해 1990년대부터 많은 브랜드 자산 관련 컨설팅 전문 기업들이 탄생됐다. 그 기업들이 탄생된 이유는 브랜드의 무형적 자산을 더 이상 **black box**로 보지 말고 과학적으로, 계량적으로, 측정, 관리해야 한다는 것이다. 그래서 탄생된 용어가 '**브랜드 과학(brand science)**'이다.

엔터테인먼트 라이센싱(예를 들어 Star Wars, Jurassic Park, The Lion King 등의 영화 제목; Sesame Street, Power Rangers, The Simpson 등의 TV 캐릭터 등)은 대규모 사업으로 발전되고 있으며, 기업 trade mark 라이센싱(예를 들어 모터 사이클의 대명사라고 할 수 있는 Harley-Davidson의 스포츠, 셔츠, 금반지, 와인쿨러 등에의 라이센싱) 또한 가장 빨리 성장하고 있는 분야다.

그러나 무엇보다도 환대산업에 속해있는 Walt Disney Co.가 라이센싱의 챔피언이라고 할 수 있다. Disney의 라이센싱 방식은 다음의 사례와 같다.

Walt Disney의 라이센싱 방식과 사업 영역

Walt Disney 성공의 많은 부분은 TV, 영화, 주제공원 그리고 기타 엔터테인먼트 벤처에 있다. 고객의 마음 속에 Disney의 상호 및 캐릭터를 신선하게 유지하고자 다음과 같은 7가지 사업 영역을 통해 Disney 소비재들이 설계되었다.

① 상품 라이센싱 : 고품질의 상품에 대해 선택적으로 Disney 캐릭터 사용 권한을 부여함
② 출판 : 책, 잡지, 만화 그리고 예술 등에서 Disney 이야기를 함
③ 음악 및 오디오 : 테이프 및 CD로 인기있는 Disney 노래와 이야기를 들음
④ 컴퓨터 소프트웨어 : 가정용 컴퓨터와 컴퓨터게임 시스템으로 Disney의 '재미'를 프로그래밍함
⑤ 교육적인 프로덕션 : 학교 및 도서관용 영화 수상작에 Disney 캐릭터를 캐스팅함
⑥ Disney 점포 : 미국과 해외의 고급 쇼핑센터에 Disney의 마술을 도입함
⑦ 카탈로그 마케팅 : Disney의 자기업, Childcraft Inc.에 의해 관리되는 최고의 카탈로그를 통해 Disney 및 Disney의 고품질 제품들을 제공함

회사 설립자 Walt Disney의 철학은 나중에 영화, 오락으로 확장되어 회사의 평판을 탁월하게 제고시켜줄 수 있는 고품질의 제품이나, 실제로 움직일 수 있는 장난감 형식으로 그들의 캐릭터를 제공하는 것이었다. 1927년 Oswald the Lucky Rabbit의 캐릭터로 실패의 경험을 한 Walt Disney는 1928년 Steamboat Willie라는 만화 영화에서 수작업 캐릭터 Mickey&Minnie Mouse를 최초로 선보이며 대표 캐릭터(〈그림 11–6〉 참조)로 만들었다.

그림 11–6 Lucky Rabbit(위)/Streamboat(아래) 만화 영화

01 +16% 214,480 $m	02 Google +10% 155,506 $m	03 amazon +56% 100,764 $m	04 Microsoft +16% 92,715 $m	05 Coca-Cola -5% 66,341 $m	06 SAMSUNG +6% 59,890 $m
13 BMW -1% 41,006 $m	14 Disney -2% 39,874 $m	15 CISCO +8% 34,575 $m	16 GE -26% 32,757 $m	17 +11% 30,120 $m	18 LOUIS VUITTON +23% 28,152 $m
25 ZARA -5% 17,712 $m	26 J.P.Morgan +12% 17,567 $m	27 IKEA -5% 17,458 $m	28 Gillette -7% 16,864 $m	29 ups +3% 16,849 $m	30 H&M -18% 16,826 $m
37 NESCAFÉ +3% 13,053 $m	36 ebay -2% 13,017 $m	39 GUCCI +30% 12,942 $m	40 NISSAN +6% 12,213 $m	41 VW +6% 12,201 $m	42 +1% 12,187 $m
49 Allianz +8% 10,821 $m	50 adidas +17% 10,772 $m	51 Adobe +19% 10,748 $m	52 PORSCHE +6% 10,707 $m	53 Kellogg's -3% 10,634 $m	54 hp +9% 10,433 $m
61 VISA +15% 9,021 $m	62 Nestlé +2% 8,938 $m	63 Morgan Stanley +7% 8,802 $m	64 Colgate +4% 8,650 $m	65 Hewlett Packard Enterprise -9% 8,157 $m	66 NETFLIX +45% 8,111 $m
73 PayPal +22% 6,621 $m	74 LEGO -7% 6,533 $m	75 salesforce +23% 6,432 $m	76 Panasonic +5% 6,293 $m	77 Johnson&Johnson +3% 6,231 $m	78 LAND-ROVER +2% 6,221 $m
85 Corona Extra +18% 5,517 $m	86 +3% 5,481 $m	87 Heineken open your world +4% 5,393 $m	88 JOHN DEERE +12% 5,375 $m	89 +9% 5,276 $m	90 MINI +3% 5,254 $m
97 JOHNNIE WALKER +7% 4,731 $m	96 Hennessy New 4,722 $m	99 Nintendo New 4,696 $m	100 SUBARU New 4,214 $m		

그림 11-7 세계 100대 브랜드 가치

출처: www.interbrand.com(2016)

순위	브랜드	변화	가치
07	TOYOTA	+6%	53,404 $m
08		+2%	48,601 $m
09	f	-6%	45,168 $m
10		+5%	43,417 $m
11	intel	+10%	43,293 $m
12	IBM	-8%	42,972 $m
19	ORACLE	-5%	26,133 $m
20	HONDA	+4%	23,682 $m
21	SAP	+1%	22,885 $m
22	pepsi	+2%	20,798 $m
23	CHANEL	New	20,005 $m
24	AMERICAN EXPRESS	+8%	19,139 $m
31	Pampers	+1%	16,617 $m
32	HERMÈS PARIS	+15%	16,372 $m
33	Budweiser	+2%	15,627 $m
34	accenture	+14%	14,214 $m
35	Ford	+3%	13,995 $m
36	HYUNDAI	+3%	13,535 $m
43	PHILIPS	+5%	12,104 $m
44	Goldman Sachs	+8%	11,769 $m
45	citi	+9%	11,577 $m
46	HSBC	+6%	11,208 $m
47	AXA	0%	11,118 $m
48	L'ORÉAL	+4%	11,102 $m
55	Canon	+6%	10,380 $m
56	SIEMENS	+1%	10,132 $m
57	(Starbucks)	+10%	9,615 $m
58	DANONE	+2%	9,533 $m
59	SONY	+10%	9,316 $m
60	3M	+2%	9,104 $m
67	Cartier	+1%	7,646 $m
68	HUAWEI	+14%	7,578 $m
69	Santander	+13%	7,547 $m
70	mastercard	+19%	7,545 $m
71	KIA	+4%	6,925 $m
72	FedEx	+10%	6,890 $m
79	DHL	+3%	5,881 $m
80	Ferrari	+16%	5,760 $m
81	Discovery	+8%	5,755 $m
82	CATERPILLAR	+18%	5,730 $m
83	TIFFANY & Co.	+5%	5,642 $m
84	JACK DANIEL'S	+8%	5,641 $m
91	Dior	+14%	5,223 $m
92	Spotify	New	5,176 $m
93		-9%	5,161 $m
94	BURBERRY	-3%	4,989 $m
95	PRADA	+2%	4,812 $m
96	Sprite	-2%	4,733 $m

Disney Licensing은 그들의 표준적인 캐릭터들(예: Mickey, Minnie, Donald, Goofy, Pluto)과 영화, 오락(Aladdin, Lion King, Pocahontas 등과 같은 영화 개봉, 그리고 Home Improvement 같은 TV 판권)을 라이센싱한다. 각각의 브랜드는 특정 나이층 및 유통 채널을 위해 창출됐다. 유아들을 대상으로 한 Baby Mickey&Co., 어린이 및 성인용 Mickey&Co.가 백화점과 전문 선물점에서 판매된다. 브랜드는 상호와 캐릭터를 특별히 디자인된 로고로 결합시켰다.

라이센싱에 있어서의 한 가지 위험은 단지 유행으로서 단기 판매에 그치는 브랜드와 계약할 수 있다는 점이다. 가치있던 브랜드가 과다 노출과 대중화에 따른 할인 등으로 그 가치를 크게 하락시킬 수 있다는 것이다. 1990년대 초반, 절정의 인기였던 Ninja Turtles, Barney 등의 만화 캐릭터, 1980년대의 의류업체 Izod, Lacoste 등의 현저한 가치 하락이 그 사례들이다.

Interbrand 선정 세계 100대 브랜드 가치 기업은 〈그림 11-7〉과 같다.

2017년 Brand Finance에 의한 호텔 브랜드 가치 평가에서 1위는 84억$의 Hilton Hotels, 2위는 50억$의 Marriott Hotels&Resorts, 3위는 40억$의 Hyatt Hotels로 나타났다.

1-4. 브랜드의 가치 평가

브랜드의 가치 평가는 다양한 방법에 의해서 수행된다. 그 중 대표적 4가지를 소개하면 다음과 같다.

Aaker의 가치 평가

Aaker는 브랜드 가치 평가에 있어서 차별화, 만족도 혹은 충성도, 지각된 품질, 리더십 혹은 인지도, 지각된 가치, 개성, 조직적 연상, 인지도, 시장점유율, 시장 가격, 유통 범위 등 10가지 속성을 제시했다. 그러나 Aaker는 가중치를 부여하지도 않았고, 총점을 산출하기 위해 위의 속성들을 결합하지도 않았다. Aaker의 가치 평가 방법은 비과학적이다.

Moram의 브랜드 자산 인덱스

Moram은 다음과 같은 공식을 제시했다.

브랜드 자산 인덱스 = 유효 시장점유율(%) × 상대 가격 × 지속성

- 유효 시장점유율: 해당 브랜드가 경쟁하고 있는 모든 세분시장의 시장점유율을 각각 그 브랜드의 총 매출에서 각 세분시장이 차지하는 비중으로 곱하여 얻은 숫자를 더함

- 상대 가격 : 특정 브랜드의 제품 가격을 해당 시장 비교 대상 제품들의 가격 평균으로 나눈 값
- 지속성 : 고객 유지율, 혹은 충성도 측정 값

Young and Rudy Cam의 평가 지표

마케팅 커뮤니케이션 에이전시인 Young and Rudy Cam은 브랜드의 ①차별성, ②적합성, ③호감도, ④인지도 등 4개의 평가 지표를 제시했다. 성장하는 브랜드는 ①, ②, ③, ④의 순, 강력한 브랜드는 4영역 모두, 약한 브랜드는 반대, 쇠퇴하는 브랜드는 ④, ③, ②, ①의 순으로 평가 지표가 높다고 한다.

Interbrand의 평가 모델

브랜드 전략 기업인 Interbrand는 재무 성과와 예측을 그 지표로 제시하고 있다. 전체 수익에서 유형 자산(자본, 제품, 포장 등)에 의하지 않은 나머지 부분을 브랜드의 가치로 산정하며, 그 다음으로 브랜드의 역량과 위험에 따라 미래의 수입을 예측하고 할인한다.

Interbrand는 브랜드 강도(brand strength)×브랜드 이익(brand earning)으로 브랜드의 가치 평가를 한다. 브랜드 강도는 리더십, 안정성, 시장성, 국제성 트랜드, 지원 능력, 법률적 보호성 등 7개의 시장 영업 이익 관련 재무적 변수로 구성된다. Interbrand의 이 방법은 장단점은 있으나, 현재까지 세계적으로 가장 권위를 인정받고 있다. 세계적 브랜드 가치 평가 기관인 Brandz도 유사한 방법을 사용하고 있다. Interbrand의 브랜드 강도 측정 항목은 〈표 11-7〉과 같다

표 11-7 Interbrand의 브랜드 강도 측정 항목

1	신념(commitment)	브랜드에 대한 내부적 신념, 브랜드의 중요성에 대한 믿음, 브랜드를 위한 시각적 · 금전적 · 인적 자원 정도
2	보호(protection)	법적 보호, 등록된 재료/제품 및 디자인, 브랜드 보호 정도
3	명확성(clarity)	브랜드의 가치, 포지셔닝, 제안의 이해와 전달 정도, 명확한 표적시장, 고객 인사이트, 구매 요인에 대한 이해도
4	대응력(responsiveness)	시장 변화, 위기, 기회의 대응 정도, 내부적 리더십, 진화와 변화에 대한 의지와 능력
5	진성성(authenticity)	기업 내부의 진성성과 능력, 브랜드의 전통과 역사, 핵심 가치, 고객들의 기대 충족 여부
6	연관성(relevance)	전 세계 및 각 시장별 고객의 특성, 욕구, 선택 기준에 브랜드가 얼마 만큼 부합하고 있는가
7	이해도(understanding)	브랜드의 특징과 성격에 대한 소비자들의 이해 정도, 브랜드가 속해있는 기업체에 대한 소비자들의 이해 정도
8	일관성(consistency)	모든 접점, 형식에 있어 동일한 경험을 제공하는 정도
9	존재감(presence)	브랜드 편재 정도, 다양함 매체를 통해 브랜드가 긍정적으로 거론되는 정도
10	차별성(differentiation)	타 경쟁사 대비 포지셔닝의 차별화 정도

출처 : Interbrand 홈페이지(www.interbrand.com), 2015

2012년까지 수십 년 동안 브랜드 가치 세계 1위를 기록하고 있었던 Coca-Cola의 과거 브랜드 가치 평가 사례는 다음과 같다.

Coca-Cola의 가치 평가 사례

Financial World는 Coca-Cola의 전 세계적인 매출이 90억$에 달한 1993년부터 Coca-Cola 브랜드의 가치를 계산하기 시작했다. 먼저 컨설턴트와 음료산업의 전문가의 추정을 바탕으로 운영 마진이 약 30%이고, 그 결과 생긴 Coca-Cola 브랜드의 운영 이익은 28억$라고 추정했다. Coca-Cola의 광범위한 보틀링(bottling)과 유통 시스템이 그 이외에도 27조$나 되는 수입과 3조$의 영업 이익을 창출하지만, 그 수치들은 Coca-Cola에 의해 직접 추가된 가치를 반영하지 못하기 때문에 Coca-Cola 브랜드의 가치를 평가하는 데 고려되지 않았다. 그 다음에 Financial World는 이 영업 이익에서 브랜드화되지 않은 일반 제품으로부터 얻을 것이라고 기대되는 이익에 상응하는 양을 공제했다. Financial World는 분석가들의 계산에 근거하여

표 11-8 국가 브랜드 가치 평가 순위

순위	국가	가치평가($)	순위	국가	가치평가($)
1	미국	25조 8,990억	11	Australia	1조 6,690억
2	중국	12조 7,790억	12	Spain	1조 6,060억
3	Germany	5조 1,470억	13	Netherlands	1조 1,900억
4	영국	3조 7,500억	14	Mexico	1조 660억
5	일본	3조 5,980억	15	Switzerland	9,730억
6	France	3조2,240억	16	Indonesia	8,830억
7	Canada	2조 2,240억	17	Brazil	8,400억
8	Italy	2조 2,140억	18	Russia	8,300억
9	India	2조 1,590억	19	Sweden	7,490억
10	대한민국	2조 10억	20	U.A.E	7,070억

출처: Brand Finance Nation Brand Report(2018.10)

표 11-9 국내 레스토랑의 브랜드 가치 순위

순위	브랜드	브랜드 가치 평가 지수(1,000점)
1	VIPS	803.07
2	T.G.I Friday's	771.03
3	아웃백스테이크하우스	763.78
4	블랙스미스	680.28
5	애슐리	656.18
6	베니건스	624.45
7	불고기브라더스	524.99

출처: 브랜드스탁(2018.7.17)

평균적으로 1$의 매출을 달성하기 위해서는 60￠의 자본 가치가 필요하다고 추산했다.

Financial World는 이 계산을 근거로 Coca-Cola 생산에 사용된 자본은 약 55억$라고 추정했다. 그 다음으로 인플레이션 이후 유사한 브랜드가 붙지 않은 제품으로부터 5%의 소요 자본에 대한 순수익률이 예상된다고 가정했다. 이 가정을 기초로 27억$의 영업 이익에서 Coca-Cola 소요 자본의 5%(2억 7천 3백만$)를 공제하여 상호에 의하여 얻어진다고 생각되는 이익을 추정했다.

그 결과 조정된 운영 이익 수치는 24억$였다. 세금을 고려한 후, 나머지를 순수 브랜드 관련 이익으로 간주했다. 브랜드 강도에 기초하여 최종적인 조정이 이루어졌으며, 결과적으로는 3백 34억$의 브랜드 가치가 산출됐다.

국내 브랜드 가치 평가의 대표적 기관은 한국표준협회다. 한국표준협회는 프리미엄 브랜드 지수(KS-BPI) 조사는 한국표준협회와 서울대 경영연구소가 공동 개발한 평가 모델을 사용하는데, 브랜드 인지, 브랜드 이미지, 브랜드 혜택, 시장 리더십, 브랜드 애호도, 브랜드 사회적 책임 등의 6개 항목에서 브랜드 자산 지수(100점 만점)를 산출하는 방식으로 진행된다. 2018년, KTO(Korea Tourism Organization)도 관광 부문에 표준 인증(quality ratification) 시스템 도입을 선언했다.

참고로 국가 브랜드 및 국내 레스토랑에 대한 가치 평가 순위는 〈표 11-8〉및 〈표 11-9〉와 같다.

브랜드의 핵심 구성 요소

1. 브랜드 이미지

브랜드 이미지의 구성 요소는 무수하다. Herzog는 브랜드 이미지란 '소비자의 기억 속에 심어진 브랜드 연상에 의하여 표현된 브랜드에 대한 인식'이라고 정의하고 있다.

브랜드 이미지는 도입, 정교화(elaboration), 강화(fortification)의 단계를 거쳐 형성된다. 브랜드 이미지 유형은 다음과 같다.

1-1. 기능적(functional) 브랜드 이미지

기능적 브랜드 이미지는 제품의 성능 및 품질과 관련되며, 제품의 속성으로부터 발생한다. 즉 Gillette, Marriott, 삼성, Apple, MS, P&G, Unilever와 같은 브랜드가 대표적 기능적 브랜드라고 할 수 있다. 많은 경우에 있어서 기능적 브랜드들은 모 브랜드의 성능과 품질을 이용해 브랜드 확장 전략을 추구한다. 환대산업에서의 Marriott이 그러하며, Vaseline은 기존의 다목적 약용 크림이라는 성능을 화상 치료, 화장을 지우는 클렌징, 입술 트는 것을 방지하는 Lip-Balm 등으로 브랜드를 확장시켰다.

1-2. 상징적(symbolic) 브랜드 이미지

상징적 브랜드 이미지란 제품의 성능이나 품질과 직접적 관련은 없어도, 소비자에게 상징적으로 차별적 이미지를 심어주는 브랜드 이미지를 의미한다. 250년이 넘는 역사를 자랑하는 대표 프리미엄 맥주 Guinness는 'Island의 걸작'이라고 불리는데, 흑맥주로서 검정의 불투명한 맥주 색과 선명히 대조되는 하얀 거품 층(cream head)이 상징적 역할을 하고 있다. 또한 파리바게트는 로고에 France Eiffel Tower를 형상화시켜 패션, 예술, 요리의 최고 도시 Paris의 상징성을 강조하고 있다.

상징적 이미지 브랜드는 제품 기능이 상대적으로 차별화돼있지 않거나, 품질 평가가 어려운 제품들, 패션 의류 등 남을 의식하는 소위 사회적인 제품 군에서 많이 찾아볼 수 있다. 기업들은 상징적 이미지 형성을 위해 보통 다음과 같은 세 가지 전술을 사용한다.

제품 범주(product category)에서 NO.1이 주는 상징성

The Body Shop은 화장품 기업 중 가장 친환경적이며, 가장 책임감있는 착한 기업의 상징성을 강조하고 있다. The Body Shop은 동물 실험 반대 캠페인과 함께 동물 실험을 거친 제품만 수입하는 거대 중국 시장을 포기하면서도, 착한 기업의 상징성을 유지시켜나가고 있다. 1999년 Sony가 출시한 AIBO는 세계 최초 가정용 애완 로봇이다. 그러나 Sony는 최첨단 인공 지능(AI)을 강조하는 대신, 생명체와 가까운 감성적 존재임을 부각시키며 상징성을 부여했다.

성적 소구(sex appeal)를 이용한 상징성

성적 코드는 모든 동물과 인간의 가장 중요한 본성이다. 전 세계 최고의 성인 미디어 브랜드를 구축한 Hugh Hefner, 바니걸 캐릭터로 알려져 있는 Playboy, '혼란한 세상에 남자들에게 피난처를 제공한다'는 모토로 큰 가슴, 꽉 끼는 민소매 셔츠, 오렌지색 핫팬츠, sneakers 유니폼의 웨이트리스를 통해 서비스하는 Hooters, '악마는 Prada를 입는다'라는 모토로 아름다워지고 싶고, 과시하고 싶은 여성들에게 상징성을 부여한 Prada, 아시아 여성의 슬림 이미지로 대변되는 Singapore Girl의 상징성을 부각시키고 있는 Singapore Airlines 등이 대표적 사례들이다.

스타를 활용한 상징성

'American Gigolo'라는 영화에서 Richard Gere는 Armani 의상을 대폭 협찬받았다.

Richard Gere의 Armani 패션쇼였다고 평가까지 받은 영화 종료 시 제작진의 이름이 스크린에 오른 후, 마지막으로 Giorgio Armani가 스크린에 떴다. 그 후 Giorgio Armani는 명품을 상징하는 브랜드가 됐다. Giorgio Armani는 6개의 의상 라인, London과 Milano의 카페, Firenze의 레스토랑, 화장품, 가구, 꽃가게, 호텔에 이르기까지 브랜드를 확장시키고 있다.

경험적(experiential) 브랜드 이미지

경험적 브랜드 이미지는 어떤 점을 강조되는가에 따라 상징적 브랜드 이미지와 차이를 보인다. 상징적 이미지는 제품이 무엇을 나타내는가의 상징성에 초점을 맞추지만, 경험적 이미지는 소비자가 브랜드와의 상호 작용에서 어떻게 느끼는가에 초점을 맞춘다. 21세기의 **체험 경제(experience economy)**시대에 맞는, **Zeitgeist(시대 정신)**에 맞는 브랜드 이미지다.

'백문이 불여일견'의 사상을 기초로 하는 경험적 브랜드 이미지는 소비자가 브랜드에 대한 특별 경험을 함으로써 형성되는 것이다. 대표적 사례는 체험 쇼핑의 대표 매장인 미국의 Bass Pro Shops다. 1972년 John Morris에 의해 설립된 Bass Pro Shops에서는 고객들이 커다란 수족관에 있는 물고기를 보면서 낚시 도구를 사고, 사격 게임을 하며 사냥 도구를 산다. Bass Pro Shops에는 대형 수족관, 폭포, 송어가 있는 연못, 양궁장, 사격장, 퍼팅 그린, 스케이트장 등이 설치돼있고, 얼음 낚시 무료 강좌 등의 다양한 이벤트도 진행한다. 2001년에 개관한 대한민국 제주도 서귀포시의 포도 호텔도 같은 맥락의 사례다.

2. 브랜드 요소(element)

2-1. 상호(brand name)*

Interbrand는 ①사람들 일상 생활의 한 부분이 될 수 있도록, ②명백히(overtly), 혹은 잠재 의식적(subconsciously)으로 커뮤니케이션을 할 수 있도록, ③보통의 상표(legal device)로서 이용되어 가치있는 자산이 될 수 있도록 상호를 창조할 것을 권유하고 있다. '사람은 죽어서 이름을 남긴다'라는 격언과 같이 사람의 이름은 그 사람의 가장 대표적 속성이다(〈표 11-10〉 참조). 마찬가지로 제품에 있어서의 상호 또한 대표적 속성 중 하나다.

상호는 본질적으로 가장 중요한 요소다. 브랜드 파워는 상표보다 상호로부터 기인된다. 상호를 창조한다는 것은 매우 어려운 작업이며 많은 비용이 든다. Stanford MBA 출신 Phil Nike가 만든 Nike도 1964년 창업해서 8년 후 Nike로 상호를 확정하기까지 Onizuka(최초 상호), Tiger, Asics 등의 시행착오를 거쳤다. Athur Andersen을 Accenture로 상호 변경하는데 1억 5천만$의 비용이 들었으며, Bell Atlantic은 상

상호
Philip Kotler의 실험은 브랜드 전략에 있어서 상호가 얼마나 중요한지를 대변해 줌. 두 여성의 사진을 보여주고 어느 쪽이 더 아름다운지를 질문했을 때, 50:50의 응답 결과가 나왔으나, 한 사진에는 Jennifer란 이름을, 한 사진에는 Gertrude란 이름을 부여한 응답 결과는 80:20이었음.

표 11-10 한 · 일 · 중의 10대 성씨

순위 \ 국가	한국	일본	중국
1	김	스즈키	이
2	이	사토	왕
3	박	다나카	장
4	최	야마모토	유
5	정	와다나베	진
6	강	다카하시	양
7	조	고바야시	황
8	윤	나카무라	조
9	장	이토	주
10	임	사이토	오

호를 Verizon으로 바꾸는데 1억 4천만$의 비용이 들었다. 유명 브랜드 컨설턴트인 Bachrach에 의하면, 영어 어휘 14만 단어 중 미국인은 2만 단어를 인지하며, 그의 기업 Name Lab은 대부분의 TV 프로그램과 광고 어휘들을 구성하는 7천 단어를 고수하고 있다고 한다.

상호 창조에는 다음과 같은 여러 유형의 지침이 있다.

브랜드 인지

브랜드 상호에서 가장 중요한 것은 인지도다. 조사에 의하면, Coca-Cola의 경우 전 세계 인구의 약 98%가 인지하고 있다고 한다.

1) 발음하기 쉽고 사용하기 쉬운 상호

사람들은 태어나서 소리로 먼저 말을 배운다. 브랜드 인지는 귀로 먼저 인식되어야 한다.* Chevrolet은 Chevy로, Budweiser는 Bud으로, Coca-Cola는 Coke으로, Federal Express는 FedEx로, Mercedes-Benz는 Merc으로, Harley-Davidson은 HOGS로 알려져 있듯이 상호는 발음하기 쉽고, 읽기 쉬우며, 간단한 것이 바람직하다. Dunkin' Brands Group의 상호도 2006년 'America Runs on Dunkin'이라는 광고 캠페인 이후 축약된 것이다. Sony도 라틴어인 소리(sonus)라는 어원으로부터 부르기 쉽게 상호를 변경시킨 것이다 Apple의 모든 제품은 i로 시작된다. i는 나(I)를 의미하는데, 단순하고 기억하기 쉽도록 i를 선택했다고 한다.

발음 용이성과 상기 가능성을 향상시키기 위하여 마케터들은 상호에 알맞은 운율과 유쾌한 발음을 도입하고 있다. 이러한 운율을 언어학에서 처리 유창성(processing fluency)이라고 한다. 예를 들어 유운(모음 반복 : Ramada Inn)과 두운(자음 반복 : Coca-Cola, Rolls-Royce, Bacardi Breezer), 의성어(Sizzler Steak House, Ping Golf Clubs) 등의 발음

* 한 실험에서 100분 후의 기억률 조사를 했는데, 청각으로만 들은 정보는 5% 미만, 시각으로만 접한 정보는 19%, 청각과 시각에 모두 노출된 정보는 70%의 기억률을 보였다고 함. 인간의 5감 중 가장 예민한 것은 청각임. 갓난아이의 청각은 16에서 3만hertz까지 성장하며, 60세가 되면 1만 2천hertz까지 떨어진다고 함.

이 이에 해당된다.

기억 용이성(memorability) 또한 여기에 해당된다. 기억 용이성의 요소는 독특함(distinctiveness), 간결함(brevity), 단순성(simplicity) 등이다. LG, 3M, P&G, IBM 등의 상호가 대표적 예다.

이니셜을 사용하는 경우도 많다. 진로의 신제품 'J'는 Jinro, junior, joy, join 등의 의미를 함축하고 있으며, Hite의 'S'맥주는 s-line, stylish, smooth, special 등의 의미를 내포하고 있다. W는 witty, warm, wonderful, welcome 등의 의미와 함께 'whatever you want, whenever you want'의 서비스 개념을 함축하고 있다. 조사에 의하면, 이니셜을 사용하는 브랜드에 대한 인지율이 49%인 반면, 이름을 사용하는 브랜드에 대한 인지율은 68%로 나타나고 있다.*

* 이니셜로 사용 빈도가 높은 순은 S, C, P, A, T이고, 반대의 경우는 X, Z, Y, Q, K임. S는 8개 중 하나, X는 3,000개 중 하나의 비율로 사용되고 있음.

2) 친숙하고 의미있는 상호

Google의 제 1사명은 Gogle이었다. Gogle이란 미국 수학자 Edward Kasner가 만들어 낸 단어로 10의 100 제곱이 되는 수를 의미하는데, Google은 '인터넷의 모든 뜻을 담겠다'는 의미로 Google을 선택했다고 한다.

한국콘도, 서울신라 호텔, American Airlines, Mr. Pizza 등은 한 번 들으면 기억하기 쉬운 상호들이다. Taco Bell은 자유의 종을 사용하여 상호 기억을 유도하고 있다(〈그림 11-8〉 참조). Maxim에 대항해서 Nestle가 냉동 건조 커피를 출시했을 때의 Taster's Choice는 커피 애호가들에게 있어서 진정으로 의미있는 상호다. 외국어로 번역될 때에도 쉬운 용어를 사용하는 것이 바람직하다.

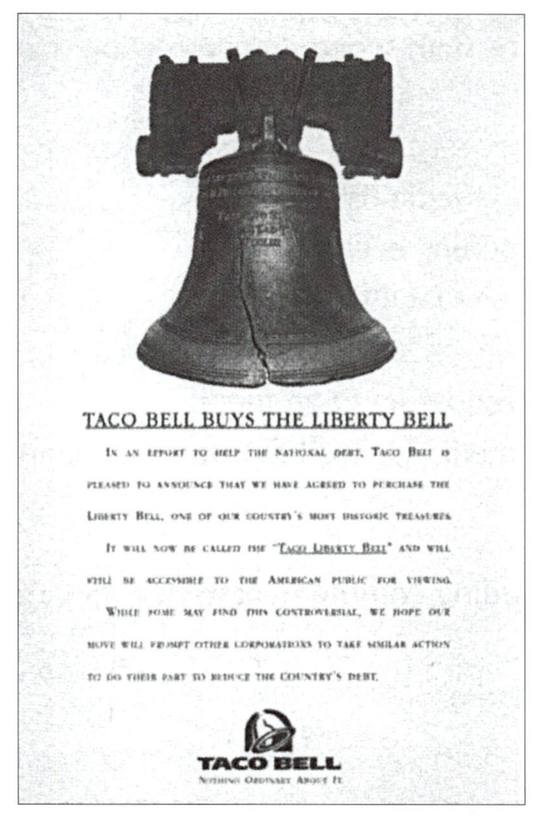

그림 11-8 Taco Bell의 브랜드 인지 전략. Taco Bell은 자유의 종을 통하여 효과적 브랜드 인지 전략을 수행하고 있음.

상호는 아니지만 국내에서 인기 제품 짜장면이 표준어가 됐다. 국내에서 1986년 전까지는 두 명칭이 혼용돼 사용됐지만, 1986년부터는 외래어 표기법이 제정되며 자장면이 표준어가 됐다가 다시 혼용된 것이다. TNS Korea의 조사 결과는 응답자의 91.8%가 짜장면으로,* 불과 7.9%만이 자장면으로 발음하는 것으로 나타났다. 이후에 설명되겠지만, Burger King은 법적인 이유로 Australia에서는 Hungry Jack's이라는 상호를 사용한다(사용할 수밖에 없다). 대중적 음식을 상징하는 'Hungry', 대중을 상징하는 'Jack', 모두 친숙하고 의미있는 상호라고 생각된다. 즉 외국어뿐만 아니라 표준어는 아니더라도 이와 같이 친숙하고 의미있는 상호를 사용하는 것이 바람직하다.

CJ 제일제당의 오버&오버 에너지 음료는 2014년 싸이의 'hang over' 뮤직비디오 출시에 맞춰 브랜드를 소개하며, 별다른 마케팅 없이 4일만에 한정판 686세트를 전량 판매한 바 있다. Visa는 전 세계에서 사용된다는 의미로, KTF

* 중국어로는 Zhajiangmian, 즉 짜장미엔으로 발음함.

의 Show는 '영상 통화'의 의미로 성공을 거두고 있다. Krispy Kreme는 도넛의 바삭한 부분(crispy)과 말랑한 도넛 속(cream)을 결합하여 두운을 K로 바꿔서 만들어진 상호다.

많은 다이어트 음료수의 상호는 실패작들이다. 청량, 탄산 음료수를 찾는 고객의 근본적 욕구가 무엇일까? 그러한 음료수에서 고유의 맛이 사라진다면 차라리 물이 낫지 않을까? 의미있는 상호의 차원에서 살펴볼 때에도 마찬가지다. 필자의 견해로는 Diet Coke보다는 Tab이 바람직한 상호 선택으로 여겨진다. Diet Coke은 열등한 제품으로 간주되나, Tab은 분명히 독립된 제품으로 여겨질 것이다.

비근한 예로 Toyota, Honda, Nissan 등 일본의 3대 자동차 기업들이 대형 승용차를 출시할 때, 기업명을 빼고 각각 Lexus, Acura, Infiniti라는 완전히 새로운 상호를 사용했다. 만약 기업명을 사용했다면 소형 자동차로 인식되어 있는 고객의 마음 속에 Mercedes Benz, BMW, Lincoln Continental, Cadillac 등과 비교되어 열등 제품으로 간주되었을 것이다.

3) 독특한 상호

차별적이며, 개성있고, 독특한 상호가 여기에 해당된다. T.G.I.F(Thanks Goodness It's Friday's), HYATT(help yourself and team training), 국내의 돈텔마마 나이트클럽 등의 상호는 독특하면서도 일단 그 의미를 알게 되면 기억에 오래 남게 된다. Rolls-Royce, Bacardi Breezer, Yahoo!, Apple, Kodak, Mustang, FedEx의 Kinko's 등 많은 사례가 있다.

종종 일반적으로 쓰이지 않는 언어(예 : Drambui)나 고대 언어(예 : Nike; 승리를 상징하는 Greece 여신) 등이 독특한 상호 창출에 많이 이용되고 있다. 독특한 상호 창출의 또 한 가지 기법은 그럴 듯 하지만 실제로는 그렇지 않은 경우다. 예를 들어 Matsui는 일본어 같지만 영국의 가전제품 상호이며, Haagen-Dazs는 유럽어 같지만 미국 사람이 소유주다.

브랜드 연상

기억이 잘 되는 상호를 선택하는 것도 중요하나, 소비자에게 브랜드가 제품 군보다 넓은 의미를 갖도록 만드는 것 또한 중요하다. 설명적인 상호는 속성 및 혜택의 강화를 보다 용이하게 만들 수 있다.

1) 제품의 혜택 및 품질 제시

Pizza Hut, Burger King, Mr. Steak, Embassy Suites, British Airways의 Airbus, IBM, GE 등은 상품 그 자체를 직설적으로 나타내고 있으며, Econo Lodge, Comfort Inn, Courtyard*, Paradise Beach, Hard Rock Cafe, Planet Hollywood, Intel Inside* 등은 주요 혜택을 제시해주고 있다. 기능적 브랜드의 대표 브랜드인 The North Face는 가장 오르기 힘든 산의 방향이 보통 북쪽임을 착안해 상호를 정했다고 한다.

Courtyard
집안의 뜰을 연상시키며, 가정집 분위기의 혜택을 제시함.

Intel Inside
마이크로 프로세서의 핵심 역할을 의미함. 즉 Intel 프로세서가 정착된 PC는 안전하고 기술적으로 우월하다는 것을 강조하고 있음.

그림 11-9 Cheap Monday

1962년 6$의 가격으로 시장에 진출한 Motel6, 이후의 Motel8 등은 저가의 추구 혜택을 상호와 연결시키고 있다. 유사한 사례로 La Quinta Inn은 Spain어로 5배라는 의미를 갖고 있는 상호로서, 같은 저가 호텔 중 가격과 품질이 매우 높다는(5배) 추구 혜택을 브랜드 이미지와 연결시키고 있다. Cheap Monday(〈그림 11-9〉 참조)라는 Sweden 의류 브랜드가 있다. 해골에 거꾸로 된 십자가의 로고와 함께 '월요일에만 여는 저렴한 구제옷 가게'라는 입소문으로 미국, 대한민국 등 전 세계에서 성공적인 브랜드로 성장하고 있다.

국내 음료업계에서는 〈표 11-11〉과 같이 상호에 **TPO(taste, place, occasion)**를 접목시키는 사례가 증가하고 있다.

표 11-11 TPO를 반영한 상호

TPO	사례
T(taste) 색다른 맛	자뎅의 '워터 커피'(연한 맛), CJ 제일제당의 '쁘리첼 스퀴즈 오렌지'(생 오렌지 즙), 동아오츠카의 '그린타임'(두 번째 우려낸 녹차만 담음)
P(place) 원산지	한국 코카콜라의 '조지아 에메랄드 마운틴 블랜드'(Colombia 원두 커피의 산지), 롯데칠성의 '롯데 제주 감귤', 농심의 '제주 삼다수', 해태의 '강원 평창수'
O(occasion) 상황	자뎅의 '모히또 파티'(파티, 피크닉, 야외 활동 시 가볍게 즐기는 무알콜 음료), CJ 제일제당의 '팻다운 아웃도어'(운동이나 야외 활동 시 물 대신 마시며 다이어트 효과를 얻을 수 있는 저칼로리 음료), 한국 코카콜라의 '번 인텐스'(강렬하게 타오르는 내 안의 에너지 드링크)

국내에서 유명한 맥주 브랜드인 CASS는 'Cold filtered, Advanced technology, Smooth taste, Satisfying feeling'의 앞 자를 상호에 반영하여 열을 가하지 않은, 최신 기술의 부드러운 맛과 만족할만한 느낌이라는 혜택을 제시하고 있다. 1990년에 Quality Inns International에서 Choice Hotels International로 상호를 바꾼 이 호텔 기

업은, 같은 저가 호텔 계층 내에서도 고객들의 취향에 맞게 다양한 형태의 상품을 갖고 있다는 가치를 상호에 반영한 것이다. 반면 Red Lobster는 중저가 레스토랑이면서도 가치와 상호를 잘 연결시키지 못함으로써, 시장 진입 초기에 큰 손실을 입은 사례가 있다.

Evian 상호의 유래 및 전략

생수 시장의 선도자 Evian의 원천은 Alps 산맥의 눈, 비가 약 15년에 걸쳐 내려오고 정화되어 미네랄을 함유한 Evian 마을의 지하수다. 이 사실이 한 번 알려지자 상업화는 일사천리로 이뤄졌다. 사실 Evian이 판매되기 전만 하여도 '물을 판다'는 개념이 없을 때였다. 그러나 Evian의 지하수가 나오는 샘의 땅 주인은 '카샤(Evian의 한 취수원 이름)의 물'이란 상호로 이 샘물을 팔기 시작했다. 이후 판매권은 몇몇 기업으로 전전하다, 1859년 현 기업의 전신인 Evian 광천수에 양도됐다. 1878년에는 France 정부로부터 공식 판매 허가를 받아 세계 최초의 상업용 생수로 기록되었다.

Evian은 이후 그 의학적 효과를 철저히 광고하는 전략을 채택했다. 이뇨 치료를 위해서 하루 2.5ℓ에서 4ℓ의 물을 마시면 된다는 것이 한 예다. 미국에서도 Evian에

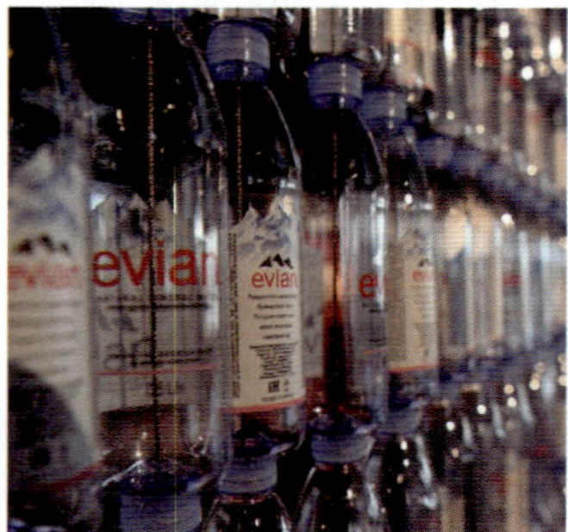

그림 11-10 물 시장 선도자, Evian

대해 철저한 프리미엄 브랜드 작전을 펼쳤다. 유럽에서부터 오는 물이기에 가격이 높은 것은 당연했지만, 그만큼 마실 가치가 있는 특별한 브랜드라는 인식을 심어주는 전략이었다. 그 후 새로운 pet병으로 환경 친화적인 이미지 제고에 나섰다. '쉽게 구겨지는 병'으로 환경 친화적인 이미지를 내세운 것이다. Evian의 성공은 물론 최상의 가치를 제공하고 있다는 브랜드 전략 때문이다(〈그림 11-10〉 참조).

Miller와 Kahn에 의하면, 제품의 혜택 및 품질을 나타내는 상호에 있어서 일상적이지 않고, 창의적인 상호가 효과적이라고 한다(예 : flavours). 제품의 속성 관련 상호는 ①일반적(common typical, unspecific; dark green, light yellow 등), ②일반적 설명(묘사)적(common descriptive : typical, specific; pine green, lemon yellow 등), ③비일반적, 묘사적(unexpected descriptive : atypical, specific; kermit green, rainslicker yellow 등), ④추상적(ambiguous; atypical, unspecific; friendly green, party yellow 등) 등 크게 4가지로 분류될 수 있는데, ③, ④번이 ①, ②번보다 효과적이라는 것이다.

2) 브랜드 인성화

William E. Boeing, Marriott, Hilton, Ritz-Carlton, IKEA(Ingvar Kamprad Elmtaryd Agunnaryd), Ralph Lauren, Heinz, Yamaha 등은 창시자의 이름을, Kentucky Fried Chicken은 정신적 지주 Harold Sanders의 고향인 Kentucky주를 상호로 하고 있다. 이와 같이 사람과 연관된 것을 브랜드와 연결시키는 기법을 브랜드의 인성화라고 한다.

Henri Nestle는 자신의 이름을 '새들과 둥지, 보금자리'로 상징화하여 안전, 모성애, 애정, 자연, 가족 등의 의미를 상호와 상표로 전달하고 있다(〈그림 11-11〉 참조). 그 후 Nescafe, Taster's Choice, Coffee-mate, Nesquik 등 커피 관련 제품뿐 아니라 초콜릿, 음료, 소스, 냉동 식품, 아이스크림, 제약, 화장품에 이르기까지 브랜드 인성화로 사업 영역을 넓히고 있다(〈그림 11-12〉 참조). 인성화는 아니나, 기업의 상호가 브랜드의 상호로 같이 사용되는 경우도 많다. 7Up, Exxon, Saab 등이 그 예다.

그림 11-11 Nestle의 상징, 새 둥지

브랜드 조립/은유

최근의 추세로 조립된 상호 및 은유를 많이 사용하고 있다. Exxon, FedEx, Xerox 등이 여기에 해당된다. 2000년도에 Arthur Andersen 회계 기업으로부터 분리된 Anderson Consulting은 미래에 대한 강조(accent on the future)란 의미의 Accenture라는 새로운 상호를 개발했는데, 하루 아침에 모든 것을 새로운 로고에 맞춰 변화시킨 역사상 가장 빠르고 값비싼 재브랜딩으로 알려져있다. IBM, NEC, DEC 등의 컴퓨터 기업들과 대조가 되도록 'byte into an apple'의 의미로서 Apple이라는 상호가 창조된 것이 또 다른 예다.*

Apple의 로고는 공동 창업자 John Wayne이 직접 사과나무 밑에 앉아 있는 Newton의 모습을 그린 것이었으나, 정식으로 법인 상장 후 디자이너 Rob Janott에 의해 현재의 로고가 만들어짐. 자칫 체리 모양으로 보일까봐 한 입 베어 먹은 사과의 모습으로 디자인됨.

그림 11-12 Nestle의 제품 계열

세계적 장난감 기업인 Lego는 덴마크어인 'Leg Godt'("재미있게 놀자")의 약자다. 이것은 라틴어로 '조립한다'라는 의미라고 한다. 기가 막힌 우연이 아닐 수 없다. 삼성전자의 '스마트 에어컨 Q(question)', Kellogg's의 Special K(군살 없는 잘룩한 허리를 상징하는 k), G마켓, 하이트진로의 드라이피니시d(날렵한 소문자 d로 깔끔한 뒷 맛 표현) 등은 '**브랜드 이니셜 마케팅**'의 대표적 성공 사례들이다.

부적절한 상호의 개명

보다 나은 인생을 위해 개명을 하는 사람들이 있다. 운명은 100% 자기 스스로 개척하는 것이라고 믿는 필자는 개명을 전혀 신봉하지 않는다. 그러나 제품의 경우는 다르다. 다음의 예를 살펴 보자.

1912년 4월 14일 빙하와 부딪쳐 3시간만에 2,206명의 승객 가운데 1,500명을 익사시켰던 영국 여객선 Titanic은 Greece의 신화에서 Zeus에 패해 실패한 거인 신인 Titan(여성은 Titaness)으로부터 유래된 것이다. 미국 동부 해안을 운행했던 Kiwi International Airlines는 출범 후 4년만에 비행할 수 없게 되었다. Kiwi는 New zealand

의 날지 못하는 새의 이름이다. 항공사로서는 전혀 납득할 수 없는 상호다. 미국의 Ayds라는 다이어트 캔디는 AIDs라는 치명적 질병이 등장하자 매출이 급격히 감소한 바 있다.

Reebok은 여성을 위한 운동화 Incubus를 출시한 바 있다. Incubus란 '여성들이 자는 동안 내려와 강간하는 악마의 영혼'이라는 뜻이다. Incubus라는 상호는 곧 사라졌다. Boston Market도 이 경우에 해당된다. 레스토랑의 음식은 market에서 판매하는 음식보다 분명히 우위이다. 왜 market이라는 상호를 썼는지 이해가 가지 않는다. Hyundai도 최소한 미국 시장에서는 바람직한 브랜드가 아니다. 1차 세계대전에 미국 병사들이 외치던 "hun(헌), die(다이)(독일군 죽어라)" 와 유사한 발음이다. 반면 의류업체 Gap은 '세대 차이'를, Limited는 '제한된 여성에게만'이라는 브랜드의 명확한 정체성을 제시하여 성공하고 있다.

Fortune에서 항상 최상위권을 유지하는 정유 기업 Exxon은 전신 Standard Oil에서 1972년 Enco로 상호를 변경하려 했으나, Enco가 일본어로 '기름이 떨어졌다, 혹은 차가 고장났다'는 의미의 '엥코'와 발음이 유사하다는 것을 파악하고 Exxon으로 개명했다. Allegheny Airlines는 고객들이 별명을 'Agony Airlines'로 부르며 매출이 정체되자 US Air로 개명했고, Haloid는 Xerox로, Ralph Lipshitz는 Ralph Rauren으로, OB는 Lager로 개명하며 성공적 매출 신장을 이뤄냈다. 과거 미국 신용카드의 1위는 MasterCharge였고, 2위는 BankAmericard였다. 1977년 3월 BankAmericard는 Visa로 개명한 후 업계 1위로 등극했다. 뒤늦게 MasterCharge는 MasterCard로 개명했지만 현재 Visa는 MasterCard보다 약 두 배의 시장점유율을 갖고 있다.

그러나 2019년 기준, 카드 수, 카드 사용 횟수, 거래금 등을 종합했을 때, 세계 1위는 중국의 UnionPay다.

Dunkin' Brands Group은 상호 개명을 진지하게 고려하고 있다. 2010년대 중반 이후 Starbucks의 5~7% 매출 성장률은 약 1.5%의 성장률에서 답보하고 있던 Dunkin' Brands Group의 음료 시장 진출을 촉진하는 계기가 됐다. Starbucks가 PepsiCo와 파트너십을 체결하고 사업을 포장 커피 부문까지 확장하며 미국 커피 시장의 시장점유율을 20%까지 차지하고 있는 상황에서 Dunkin' Brands Group의 상호 개명과 커피 시장 경쟁이 자못 궁금해진다. 일단 2019년부터 Dunkin' Brands Group의 상호에서 Donuts는 빼기로 결정했다.

잘못된 상호는 언제라도 빨리 개명돼야 한다.

포지셔닝의 명확화

포지셔닝을 강화하기 위한 상호 창조도 브랜드 연상을 위한 하나의 도구다. Everlast는 내구성을, Mustang은 강함을, Intel은 지식을, Panasonic은 '소리를 위한 모든 것'을, Lufthansa는 '협력(collaboration)'을, Volkswagen은 '대중을 위한 차'를 지향하고 있는 기업의 포지셔닝을 강화하기 위한 상호들이다.

참고로 강력하게 연결된 브랜드와 국가의 예는 〈표 11-12〉와 같다.

표 11-12 국가별 대표 브랜드 및 대표 제품

국가	상호	범주	대표 제품 범주
미국	Coke	청량 음료	컴퓨터, 농산물, 비행기, 군수품
	Levi's	청바지	
	Nike	운동화	
	Marlboro	담배	
France	Chanel	향수	와인, 향수
Australia	Qantas	항공선	크로커다일 던디
Italy	Gucci	신발, 지갑	디자인, 의류
Germany	Mercedes Benz, BMW	자동차	엔지니어링, 맥주
Switzerland	Montblanc	펜	금융, 시계
일본	Toyota	자동차	자동차, 전자제품
Scotland	Dewar's	위스키	위스키
한국	삼성전자	IT	반도체, 선박
중국	Alibaba	e-commerce, 소매, 인터넷	좌동

〈표 11-12〉와 같은 대표 브랜드는 '**flagship brand**' 혹은 절대적 지지를 받는다고 해서 '**cult brand**'라고 한다. 예를 들어 세계적 기업 Johnson and Johnson의 '**flagship brand**'는 Baby Lotion이다. Baby Lotion의 우수성은 바디로션, 샴푸 등의 기타 브랜드들의 이미지와 판매에 큰 영향을 미친다. 이와 같은 현상을 '**halo effect**'(**후광 효과**)라고 한다.

2-2. 로고

로고는 역사적 기원, 소유권, 혹은 연상을 나타내는 수단으로 오랜 역사를 지니고 있다. 실제로 시각적 이미지는 매우 중요하다. Crawford Dunn은 〈표 11-13〉과 같이 그래픽 커뮤니케이션 신호를 세 가지로 분류했다.

표 11-13 그래픽 커뮤니케이션 신호

신호	내용
alpha signal	커뮤니케이션상의 고유 정보 혹은 1차적인 사실과 수치 (예: 거리의 stop 표지판)
para signal	alpha signal을 강화, 보완하기 위해 가공되어진 신호 형태 (예: 횡단보도 보행 신호의 빨강, 파랑 등)
infra signal	메시지에 내재돼있는, 혹은 깔려있는 정보로 정보 제공자가 의도하지 않은(못한, 즉 잘못된) 신호 (예: smoke free에 대한 외국인의 오해)

기업의 로고는 '**alpha signal**'을 기호로 '**para signal**'을 부가해서 만들어진다. 물론 그 결과물은 '**infra signal**'이 되지 않아야 한다. 기호(sign)는 다른 대상을 대신 나타내거나, 상징하는 표식 혹은 언어 단위를 말한다. 기호의 기본 영역은 〈표 11-14〉와 같다.

표 11-14 기호의 4가지 영역

기호의 유형	내용
icon	• 그 무엇을 나타내는 대상과 닮은 꼴 • 도안, 사진, 건물의 모델 하우스, 별자리표 등
index	• 대상과 논리적인 혹은 인과적인 연결 • 촉촉하게 젖은 거리(비가 왔음), 연기(화재), 둥지(새 연상), 컵 둘레의 하얀 종이(세척) 등
symbol	• 상징물과 피상징물 사이에 임의적인 관계 형성 • Coca-Cola의 서체, Mercedes Benz의 삼치별 등 무수히 많음(임의적)
meta-symbol	• 단순 명료한 1대1 관계를 초월하여 의미를 지니는 상징 • 역사, 문화, 전통 등을 완전히 자유로운, 추상적인 형태로 표현

Marlboro의 카우보이와 말, Mercedes-Benz의 삼치 별*, Nike의 낫 모양*, Microsoft의 창 모양, Coca-Cola의 유선형 유리병, Heineken의 초록색 등은 우리의 마음 속에 인상 깊이 새겨져있는 이미지들이다. 서로 다른 이미지를 조합해서 새로운 구성을 만들기도 한다. 이것을 **몽타주(montage)***라고 한다. **몽타주**는 디자이너들에게 복잡한 개념을 순간적으로 표출할 수 있는 극적인 통로를 제공했다.

세 꼭지 별 로고는 하늘, 땅, 바다에서 최고가 되겠다는 열망을 상징하고 있음. 품격, 부, 신뢰를 나타내고 있다는 견해도 있음.

Nike는 Greece 신화에 등장하는 승리의 여신 이름임. 1971년 미술을 전공하던 Caroline Davison이 700$를 받고 고안한 'swoosh'(칼이 허공을 가를 때에 나는 소리)의 형태를 그 심볼로 사용하고 있음.

1918년 Germany Berlin의 Dadaist들에 의해 개척된 기법.

디자인이란?

로고의 핵심 요소 중 하나는 디자인이다. 그러나 로고 디자인에서 의미하는 디자인은 지극히 작은 한 영역에 불과하다. 디자인이란 무엇일까? 우선 디자인은 예술과 다르다. 예술은 시대를 초월한 예술가의 창작이나, 디자인은 제품의 새로운 아이디어나 변화, 혁신을 가시화시키는 작업이며, 시대적 조류에 따라야 한다는 점에서 차이가 있다. 예술에는 체계가 없으나, 디자인은 체계가 있어야 한다. 또한 디자인은 브랜드와도 차이가 있다. 브랜드는 무엇을 표현할 것인가에 중점을 두지만, 디자인은 어떻게 표현할 것인가에 중점을 둔다.

논문에 있어서 연구 모형, 가설, 검증 이러한 모든 단계를 '연구 설계(study design)'라고 한다. 즉 디자인은 Art Center College of Design의 학장이었던 Davids Brown이 "Design is in everywhere, and everywhere is now designed"라고 표현했던 것처럼, 지구상의 모든 것에 적용되는 '설계'의 의미를 갖고 있다. 모든 것이 다 디자인은 아니지만, 디자인은 모든 것에 관한 것이다.

세계적 예술의 국가 France와 Italy에서 가장 중요한 산업은 디자인산업이다. 1979년 영국의 Margaret Thatcher 수상이 언급했던 "Design or resign"으로부터,

30년 간 IBM을 이끌었던 Thomas Watson Jr. 회장의 말 "Good design is good business"에 이르기까지 디자인은 세계 모든 영역에서 공용어가 됐다. 좋은 디자인의 3대 요소는 마케팅, **미학적(aesthetical) 디자인**, **공학적(engineering) 디자인**이다.

로고의 유형은 ①기업명이나 등록 상호를 스타일있게 디자인한 워드마크(word mark : IKEA, IBM, Coca-Cola, Samsung 등), ②완전히 추상적인 형태(symbol : Mercedes의 별, Nike의 'Swoosh', Olympic Games의 5대륙 상징 원, Citron의 화살 등), ③워드마크와 심볼이 혼합되어 연상 효과를 누리는 형태(McDonald's의 Golden Arches, Rolex 시계의 왕관, Sprite의 레몬, Ferrari's의 Black Prancing Stallion 등) 등 크게 세 종류로 대분된다. 워드마크가 아닌 경우에는 심볼이 되며, 워드마크와 심볼은 각각, 혹은 혼합되어 모두 로고라고 명명된다.

로고는 말을 의미하는 Greece어 logos에서 유래됐는데, logotype의 준말로 사람들이 쉽고 오래 기억할 수 있도록 구성된 독특한 글자 형태라고 할 수 있다.

로고 창출의 가장 중요한 목적은 브랜드에 대한 인식이다. 따라서 로고를 창조할 때에는 ①브랜드와의 연계를 자연스럽게, 그리고 명확히 해주는 것이 바람직하다(예 : Sprite의 레몬). 또한 ②사람들에게 잘 기억되도록 하는 것도 중요하다(예 : Volvo의 화살, Audi의 4개 원). 마지막으로 ③브랜드의 의미가 잘 전달되는 것 역시 필요한 조건이다(예 : Red Bull의 붉은 소들의 싸움, Rolex의 왕관).

조사에 의하면, 소비자들은 자연스러운 로고 형태에 더욱 의미를 부여하기 때문에, 합성적, 인조적(synthetic) 로고보다 고유의(organic) 로고를 사용하는 것이 바람직하다.

로고의 디자인도 브랜드 이미지 제고에 큰 역할을 한다. 대표적으로 Nike의 Swoosh와 Cadillac의 화려한 로고 디자인이 그것이다. 그 외에 Jaguar, Xbox, Apple, Red Bull 등도 소비자의 긍정적 감정에 잘 호소하고 있는 것으로 밝혀졌다.

로고 디자인, 색상, 서체의 역할

로고의 색상도 브랜드 이미지 형성에 각기 다른 영향을 미친다. 파랑은 '미래', '안정', '합리성', '경쟁력있는', '혁신적' 기업에 잘 어울린다(예 : IBM, American Express). 반면에 빨강은 '감성적', '따뜻한', '사회적', '빠른', '변화하는' 기업에 잘 조화된다(예 : fast food 레스토랑, Coca-Cola, Levi's, Red Bull).

로고의 서체(**typeface**) 또한 브랜드 이미지에 영향을 미친다. Giese와 Cote는 로고의 서체를 ①유쾌한(pleasing, 예 : Cartier, Kleenex), ②매력적인(engaging, 예 : Pizza Hut, Yahoo!), ③안심할 수 있는(reassuring, 예 : Mckinsey, Toyota), ④탁월한(prominent, 예 : Pepsi, Absolut) 등 크게 4가지로 분류하고 있다. 서체는 '**typo**'라고도 하는데, 브랜드의 목소리라고 불릴 만큼 브랜드 정체성 형성에 기초적 구성 요소다. Coca-Cola의 spencer체, Disney의 waltograph체, KT의 ole체, 현대카드의 youandi체 등 기업마다 독특한 서체를 창조해내고 있다.

그림 11-13 국내 특급 호텔의 로고

그림 11-14 외국 대표 체인 호텔의 로고

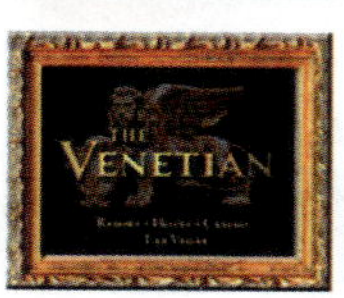

그림 11-15 외국 대표 호텔의 로고

그림 11-16 세계 대표 레스토랑(casual dining(위), fast food(아래))의 로고

그림 11-17 세계 대표 항공사의 로고

Sea world Adventure Parks

Sesame Place

Kennedy Space Center

Disneyland

Space Camp

Water Country

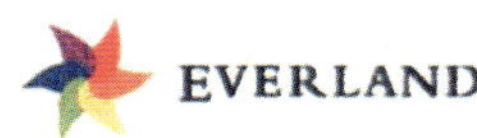

Everland

Hershey Entertainment & Resorts

Six Flags

Disneyland

Knott's Berry Farm

Efteling Parks

Adventure Island

Busch Gardens

Wildlife Conservations Society

그림 11-18 세계 대표 주제공원의 로고

ENDORSEMENTS

INTERNATIONAL HOTEL & RESTAURANT ASSOCIATION

HONG KONG HOTELS ASSOCIATION

HONG KONG CHEFS ASSOCIATION

FEDERATION OF HONG KONG RESTAURANT OWNERS

THE FEDERATION OF HONG KONG HOTEL OWNERS

CHEFS ASSOCIATION OF THAILAND

BAKING INDUSTRY TRAINING CENTRE

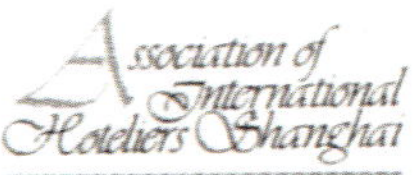

ASSOCIATION OF INTERNATIONAL HOTELIERS SHANGHAI

SINGAPORE CHEFS ASSOCIATION

HONG KONG BAKERY & CONFECTIONERY ASSOCIATION

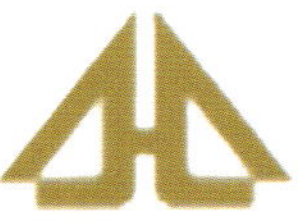
SINGAPORE HOTEL ASSOCIATION

HONG KONG BARTENDERS ASSOCIATION

HONG KONG MAITRE D'HOTEL ASSOCIATION

SHANGHAI CHEF'S ASSOCIATION

MYANMAR CHEFS ASSOCIATION

Malaysian Association of Hotels

MACAU HOTEL ASSOCIATION

그림 11-19 환대산업 관련 협회의 endorsements

Google Doodle*의 로고는 **이벤트 로고**라고 불리는 정도로 항상 바뀐다. 국내 포털 사이트들도 특정 일에 로고를 변경하는 사례가 늘어나고 있다. 기하급수적으로 변하는 시대의 **Zeitgeist(시대 정신)**라고 할 수 있다. 환대산업에서는 대다수의 기업들이 워드 마크와 추상적 로고(심볼)를 병행하여 사용하고 있다(〈그림 11-13, 11-14, 11-15, 11-16, 11-17, 11-18〉 참조).

Doodle은 낙서를 의미함.

2-3. 캐릭터

캐릭터는 특별한 유형의 심볼이다. Marlboro 카우보이, Ronald McDonald와 같은 생생한 움직임의 인물에 이르기까지 캐릭터 역시 여러 유형으로 제시되고 있다. 현대에 이르러 캐릭터는 과자, 식품, 음료, 완구, 의류 등의 제품에 투입된 애니메이션, 특수 마크 등 완구, 인형처럼 입체화된 형태나, 제품의 일부에 눈에 띄도록 프린트된 형태, 제품 자체가 아닌 패키지에 사용된 형태 등 사용 범위가 확대되고 있다(〈그림 11-19〉 참조).

캐릭터는 상표가 갖는 기능보다는 인간의 정서나 유행 감각에 직접 소구하는 제품의 부가 가치 요소로 확대되고 있다. 또한 상표와 같이 캐릭터는 창조적으로 사용한 것에 한하여 저작권을 보호받고 있다. 가상 사회에서 자신의 분신을 의미하는 시각적 이미지인 아바타(avatar)는 분신을 뜻하는 Sanskrit어 avataara에서 유래된 용어로, 인터넷 채팅, 쇼핑몰, 온라인 게임 등에서 사용자의 역할을 대신하는 특수한 형태의 캐릭터다.

세계 최대 캐릭터 기업은 단연 Walt Disney이다. Walt Disney는 경쟁 기업 Marvel Comics까지 40억$에 인수했고, 2012년에는 Lucasfilm을 2018~2019년에는 21st Century Fox를 인수하여 그 규모와 매출 측면에서 Warner Bros., Nickelodeon 등 경쟁 기업들을 크게 앞서고 있다.

유명 기업들의 캐릭터는 〈표 11-15〉와 같다(〈그림 11-20〉 참조).

한 달(31일) 동안 다른 맛을 제공한다는 의미임.

표 11-15 유명 기업들의 캐릭터

브랜드	캐릭터
Baskin Robbinson	31*
Budweiser	Spuds McKenzie
Denny's	The Corlick Sister
Domino's Pizza	The Noid
Embassy Suites	Garfield
Energizer	Bunny
Hawaiian Punch	Punchy
KFC	Colonel Sanders
Marlboro	Marlboro Cowboy

브랜드	캐릭터
McDonald's	Ronald McDonald, MacTonight
The Peabody	Duck
Pepsi-Cola	Pepsi Man
Popeyes	Popeye
Qantas	Qantas Koala
7Up	7Up Spots
Walt Disney Co.	Mickey Mouse
Everland	Lacium, Laila

그림 11-20 Snoopy Place와 Sesame Place의 캐릭터들

그림 11-21 Juan Valdez
출처:http://www.google.co.kr

제 3세계 브랜드 중 대표 브랜드는 단연 전 세계에서 가장 우수한 품질을 자랑하는, 커피 종주국 Colombia의 정부가 2002년 주도하여 만든 Juan Valdez다(〈그림 11-21〉 참조). Juan Valdez는 소매용 커피 브랜드로서, Juan Valdez 남미 복장의 남자가 등장하는 이 캐릭터는 Advertising Week이 실시했던 미국 소비자 인지도 조사에서 2위 McDonald's의 광대, 3위 Energiser의 토끼를 제치고 1위를 차지한 바 있다.

캐릭터는 제품 정보의 제공, 브랜드 인지 창출, 인기 제고 등 장점이 많으나, 경우에 따라서는 시선을 잘 집중시키고, 호감을 이끌어내는 경향이 강해서 타 브랜드 요소들을 지배하게 되고, 결과적으로 브랜드 인지도를 낮출 수 있는 단점도 있다. 대표적 예로 최초 Energizer 건전지 광고 시 소비자들은 분홍색 토끼 캐릭터에 사로잡혀 상호를 잘 기억하지 못했으며, 일부 소비자들은 오히려 Energizer의 주요 경쟁 기업 Duracell의 광고로 오인했던 사실이 있다.

캐릭터산업은 독자적 산업이 아니라 다른 산업(문구, 완구, 잡화, 의류, 게임, 광고, 외식산업, 주제공원 등)과 연관 관계를 지니는 도미노적 복합산업으로 막대한 부가 가치가 있다.

캐릭터산업의 사업 구성과 사업 주체

캐릭터산업은 통상 '캐릭터를 고안·창안한 저작권자가 직접 상품화하거나 캐릭터 사용권을 타인에게 허용해 캐릭터 상품을 제작·판매하도록 하는 것'으로 이해될 수 있는데, 캐릭터의 사용을 판매하는 사업(licencing business)과 캐릭터가 적용된 제품을 판매하는 사업(merchandising business)으로 구성된다. 캐릭터 산업의 주요 특성으로는 우선 'non sex, non age, non generation'을 들 수 있다. Mickey Mouse(1927년), Bugs Bunny(1951년), Doraemon(1969년), Sesame Street, Teletubbies 등에서 보듯이 오랜 기간 동안 캐릭터로서의 높은 사업적 가치를 인정받고, 또한 일단 캐릭터로서의 가치가 인정되는 기간에는 별도의 투자 없이 수익을 창출하는 이른바 고부가가치 산업이다.

구조적인 면에서 캐릭터 사업 주체는 저작자(licensor), 대행자(sub-licensor), 상품화권자(licensee)로 구성되어 있다. 저작자와 대행자는 지분을 배분하는 형식으로 계약하며, 국내 캐릭터는 5:5, 외국 캐릭터의 경우는 8(−6):2(−4)로 배분한다. 상품화권자의 경우는 일정액(출고가 또는 소비자가)에 대한 일정 비율로 royalty를 지급하는 형식을 취하고 있는데, 외국 캐릭터는 평균 8~12%, 국산 캐릭터는 3~5% 정도다.

산업 구조가 고도화되고, 고부가가치 산업으로 탈바꿈하고 있는 시점에서 제품의 브랜드, 캐릭터의 중요성은 점차 커지고 있다. 그러나 국내에서는 세계적 주제공원인 Everland의 캐릭터를 알고 있는 사람이 많지 않을 정도로 아직 대부분 외제 캐릭터가 시장을 지배하고 있다. 예외적으로 뽀로로*는 해외까지 진출할 정도로 성공한 국내 캐릭터다. 2019년 기준, 세계 약 100개 국에서 인기를 얻고 있으며, 애니메이션을 시작으로 온라인, 영상, 출판, 식음료, 팬시 패션, 완구, 비디오, 문구, 학습용 게임 등 무려 3,000가지가 넘는 캐릭터 제품으로 개발되어 '**one source multi-use**'의 대표적 성공 사례에 해당된다(〈그림 11-22〉 참조). 2014년 말 뽀로로 택시까지 등장했다.

뽀로로는 '종종걸음으로 빠르게 (재게) 움직이는 모양'을 의미임. 2003년 11월 EBS TV에 첫 방송 이후 크게 성공함.

그림 11-22 뽀로로

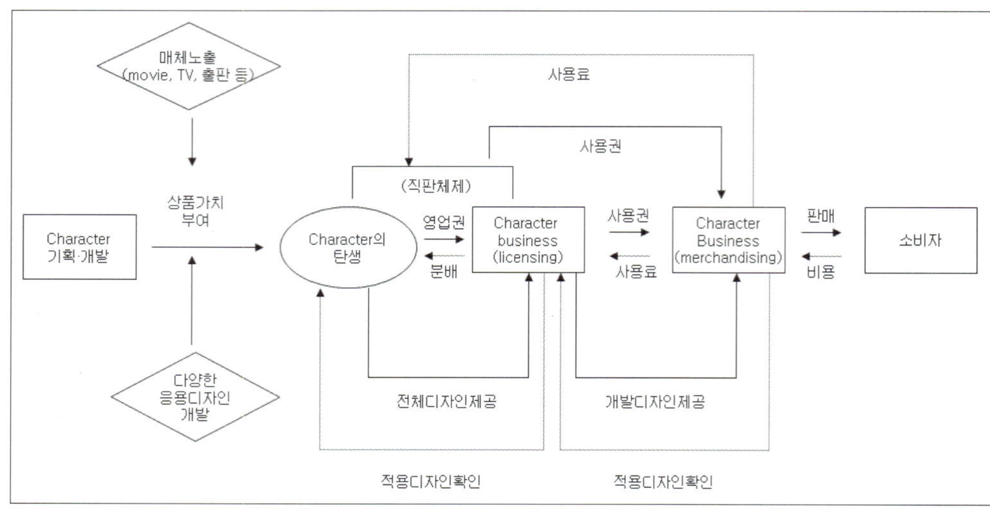

그림 11-23 캐릭터산업의 흐름

출처: 김종진(1998), 21세기 유망 산업 '캐릭터'– 국내 캐릭터산업의 현황과 전망, LGad, p.13.

2-4. 법적 고려 사항

atrium 로비
가운데 공간이 빈 호텔 로비.

Parker 만년필은 유선형의 독특한 스타일을 특허로 보호받고 있지만, John Portman에 의해 개발된 atrium 로비는 복제가 되고 있어 대조가 되고 있다(〈그림 11–24〉 참조). 현재 Choice Hotels International은 최초로 시장에 진입할 때 McSleep Inns라는 상호를 사용했으나, McDonald's가 소송을 하여 상호를 Sleep Inns로 바꾸었고, 다시 Quality Inns로 바뀌며 현재에 이르렀다. France의 세계 제1 명품 브랜드인 Louis Vuitton은 eBay의 '복제 판매'에 소송을 하여 브랜드의 정통성을 주장한 바 있으며, 미국의 Yale 대학 또한 영국 Wales의 Yale 교육 기관에 명칭에 대한 소송을 했고, Scotland의 가족

그림 11–24 Atrium 로비(서울 Ritz-Carlton(좌), 중국 중경 Marriott(중앙), Singapore Mandarin의 atrium lobby(우).

기업 McDonalds 때문에 미국의 McDonald's는 명칭을 바꾸어야만 했다('의 차이에 불과하지만).

Cohen에 의하면, trademark는 제품에 첨부되거나 명명된 창의적이고, 임의적이며, 차별화되고, 설명되지 않는 마크, 단어, 문자, 숫자, 디자인, 사진 등으로 정의된다. 위조 때문에 미국에서만 1년에 2천억$ 이상의 비용이 낭비되고 있으며, 2008년 OECD의 보고에 따르면, 전 세계 무역량의 1.95%가 위조 및 불법 복제품이라고 한다. 물론 무역 물품 외의 제품까지 포함하면 그 수치를 훨씬 상회한다. 많은 전문가들은 위조 및 불법 복제품의 비율이 5%에 이를 것으로 추정하고 있다.

불법 복제와 대국 중국

불행하게도 세계 제조의 허브인 중국이 위조 및 불법 복제품의 단연 최고 수출국이다. 중국에는 위조 및 불법 복제를 전문으로 하는 거대 그림자산업(shadow industry)까지 존재할 정도다. 중국의 그림자산업은 샨자이라고 불리는데, '산에 만든 요새(fortress)'라는 뜻도 있지만 '산적의 소굴'이라는 의미도 있다. 중국의 그림자산업은 나아가 제품을 역설계한 후, 그것으로 진품을 대체함으로써, 생산과 혁신의 문화를 역창조하기도 한다. 다국적 기업들의 대부분은 중국에 생산 공장이 있으면 불법 복제를 당연한 것으로 치부할 정도다. 향후 세계의 경제를 이끌어나갈 중국이 '대국'다운 모습을 보여주길 원한다.

모방으로 유명한 중국 Xiaomi 기업의 일화가 있다. Xiaomi의 회장은 2012년 Beijing에서 열린 신제품 프레젠테이션에서 청바지와 컨버스 운동화 검정색 티셔츠를 착용하고 나타나, 자사 제품을 '중국의 iPhone'이라고 PR을 한 바 있다. 모서리가 둥근 디자인, 긴 타원형 스피커 등 Apple이 특허를 낸 요소들을 휴대폰에 적용하며, 샤오미 Is, 샤오미 2등 철저히 Apple을 모방하고 있다. 세계의 대국 중국은 왜 이러한 '짝퉁' 문화에 깊이 빠져있을까? Apple은 '정정당당한' 삼성전자가 아니라 이러한 기업을 대상으로 소송해야 하지 않을까?

Murphy에 의하면, 법정이 법적으로 고려하는 주요 요인들은 ① 브랜드의 힘, ②복제된 브랜드 제품과의 관련성, ③상표의 유사성, ④실제적 혼동의 징조, ⑤사용되는 마케팅 경로의 유사성, ⑥구매자 관심의 유사성 정도, ⑦브랜드 선정에 있어서 복제된 브랜드가 갖는 의도, ⑧생산 라인의 확장 가능성 등이다.

그림 11-25 Australia의 Hungry Jacks(Berger King)

Burger King은 세계에서 유일하게 Australia에서만 Hungry Jack's라는 상호를 사용하고 있다(〈그림 11-25〉 참조). 상호를 제외한 나머지 모든 부분은 Burger King과 같다. Burger King이 Australia에 franchise화를 시도할 때 Australia 내 Burger King이라는 브랜드가 이미 존재했기 때문이다.

Bayer사가 '놀라운 약'으로 불리는 Aspirin이라는 브랜드를 출시했을 때, 특허청에 그 제품에 대한 일반적인 단어나 설명을 전달하지 못한 채 단지 브랜드만을 제시했다. 언어로 가능한 다른 어떤 유효한 선택 사항도 없이 그 브랜드는 제품에 대한 일반적인 이름이 되었고, 결과적으로 1921년 미국의 지방 법원은 Bayer사가 브랜드에 대한 모든 권한을 상실했다고 판결했다. 반면 Xerox사는 문서를 'xerox(복사)'하는 것이 아니라 그것을 사진으로 카피(photocopy)한다는 것을 설명하기 위하여 한 해에 10만$를 소비하며 상호를 유지했다.

법원에서 등록 적부를 심사하는 기준에 따르면 ①상상적(Kodak), ②자의적(Camel), ③제시적(Eveready), ④설명적(Ivory), ⑤일반적(Aspirin)의 순으로 보호를 받는다. 상상력이 풍부한 상호는 가장 쉽게 보호를 받지만, 동시에 제품 자체를 생각나게 하거나, 묘사를 하지 못한다는 단점이 있다. Aspirin과 같이 일반적인 경우는 정반대의 경우이다.

최초의 라이트 맥주는 1967년 Gablinger임.

Miller는 Lite을 상호로 내세우려고 했다.* 그러나 그 상호는 맥주 제품 군에서 독점적으로 소유할 수 없다는 사실을 뒤늦게 알고, Lite을 Miller Lite으로 변경했다. 이와 같이 일반적 보통 명사는 법적 보호를 받을 수 있는 상호로 등록되기가 어렵다. Miller는 대안으로 Genuine Draft Lite, Miller Lite Ice 등으로 브랜드를 확장했으나, 그것 또한 Lite이라는 상호를 오염시키며, Bud Lite에게 Lite 맥주 제품 군 1위의 자리를 내주었다. Bud Lite은 Budweiser까지 제치고 미국 판매 1위 맥주로까지 부상했다.

이와 같이 브랜드를 결정할 때에는 타 브랜드에 대한 복제 및 모방의 가능성과 함께 등록 가능성을 동시에 철저 분석해야 한다.

미국의 특허법과 삼성, Apple의 특허 전쟁

미국 특허법은 크게 두 가지 종류의 지적 재산을 보호하고 있다. 하나는 기능을 구현하는 **기술 특허(utility patent)**고, 하나는 외관 관련 **디자인 특허(design patent)**다. Apple이 삼성에 고소를 한 **디자인 특허**의 핵심은 하드웨어적 외관, interface, **trade dress**(색이나 촉감, 모양, 그래픽, 장식, 패지키 등 제품 고유 이미지를 형성하는 요소로서 상품 외장이라고도 함)다.

Trade mark는 문구나 심볼 또는 브랜드 구별과 관련된 그림이나 글자체에, 저작권(copy right)은 창조성의 표현을 보호하는 반면, 디자인 특허는 반드시 기능성 있는 물건에 적용된다는 점에서 차이가 있다. American대학의 Jeorge Contreas가 "영감을 얻는 것은 불법이 아니다"라고 언급했듯이, iPhone의 둥근 모서리와 user interface, 타 **trade dress**가 조합된 삼성 제품의 전체적 외관에 대한 디자인 특허 침해 법정 논쟁은 정답이 없는, 매우 모호한 문제다. 말하자면 '남극에서 북극성 찾기'다.

특허 괴물
NPE는 특허를 보유하고 있지만, 특허를 실시하거나, 제조 활동을 하지 않고 주로 라이센싱을 통해 수입을 창출하는 개인 또는 기업을 지칭함.

라이센싱 전문 기업 Patent Freedom 자료에 의하면, 2008~2012년 기간 동안 '특허 괴물'(**NPE : non-practicing entity**)에서 제소당한 세계 기업 순위에 삼성전자가 3위, LG전자가 9위에 랭크됐다. 삼성은 Apple로부터 '**copycat**'이라는 오명까지 얻

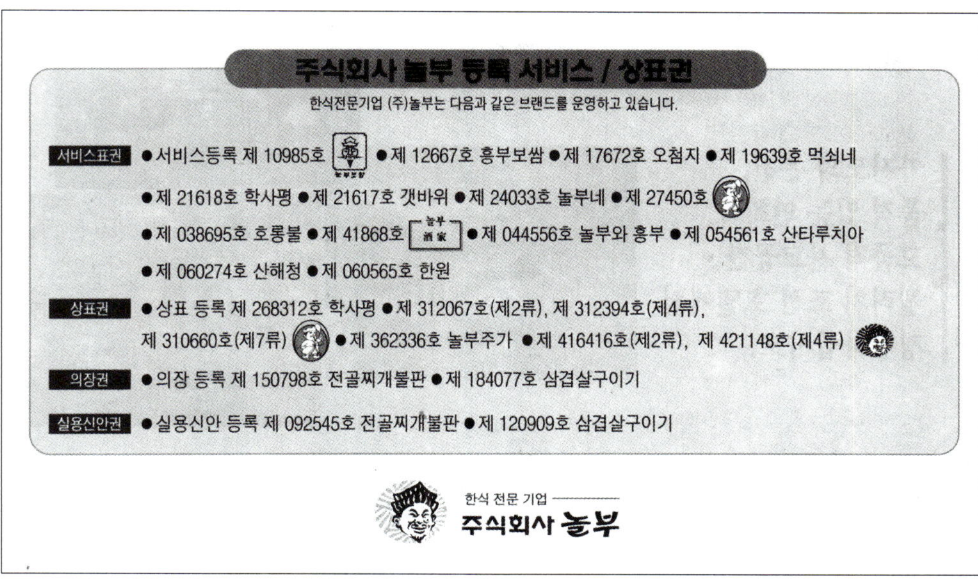

그림 11-26 브랜드 특허권의 예: 놀부

었으나, 통신 특허에는 강점을 보이고 있고, 특히 국제적으로 표준화된 제품에 반드시 사용해야 하는 '**표준 특허**'(예: 220볼트)를 내세워 2014년 부분적 승소를 한 바 있다. '**표준 특허**'는 누구나 사용할 수밖에 없는 기술이기 때문에 '타 기업에서 공정하고 합리적이며 비차별적으로 사용할 수 있게 해줘야 한다'는 **FRAND(fair, reasonable, and nondiscriminatory) 원칙**이 요구된다. **FRAND**는 '**표준 특허**'를 남용하는 것을 막기 위한 장치의 일환이다.

세계 최대 'copycat' 기업 Rocket Internet

세계 최대 '**copycat**' 기업은 Germany의 인터넷 벤처기업 Rocket Internet(별명은 'clone factory **copycat**')이다. Oliver Samwer가 CEO인 Rocket Internet은 선진국 벤처의 아이디어를 빠르게 모방, 인도, Brazil 등의 신흥국 시장에 진출한다. Rocket Internet은 2007년 창업, 2018년 기준, 100개가 넘는 국가에서 100개에 가까운 벤처기업을 세웠다. Rocket Internet이 benchmarking한 내용은 〈표 11-16〉과 같다.

복제·모방을 근간으로 하는 Rocket Internet이지만, 다른 측면에서 생각하면 '선진국의 아이디어를 재빨리 신흥국에 판매하는' **틈새(niche) 마케팅**을 수행한다고도 할 수 있다. 어쨌든 이와 같이 신 개념, 신 아이디어 기업들이 계속 속출하고 있는 것이 현대 마케팅의 특징이다.

표 11-16 Rocket Internet이 benchmarking을 통해 설립한 주요 IT 기업

RocketIntenet 계열사	Alando	CityDeal	Pinspire	Wimdu	Glossybox	Zalando
benchmarking 기업	eBay (전자상거래)	Groupon (소셜커머스)	Pinterest (사진 SNS)	AirBnB (소셜 숙박)	Birchbox (화장품 샘플구독)	Zappos (온라인 신발판매)

출처: 조선경제, B5, 2014.9.22

국가, 지역에 따른 법적 고려 사항, 'brand context'

국가에 따라 법적인 고려 사항이 다르다. 중국의 경우 각 성(castle)별로 등록을 별도로 하는 속성주의이며, 중국어가 아닌 외래어로는 등록을 할 수 없다. 예를 들어 Starbucks는 어쩔 수 없이 싱바커 카페*라는 상호를 사용할 수밖에 없었다. 그 당시 한 Taiwan인이 상하이 지역의 관할 성에 상하이 싱바커라는 상호와 함께 로고도 최대한 Starbucks와 비슷한 스타일로 등록을 하여, Starbucks가 상하이에 진출할 때 오히려 Starbucks를 적반하장격으로 고소한 적이 있다.

싱바커 카페
중국어 싱은 영어의 star를 의미함.

왜 중국에서는 이러한 위조가 성행하는 것일까? 중국 역사를 고찰해보면 완벽에 가까울 정도로 잘 만들어진 복제품들이 사회에서 높게 평가돼왔다고 한다. 그 중 하나가 Haiyatt 쑤저우 호텔이다. Hyatt 브랜드를 모방한 호텔인데, 워낙 모방이 잘 되어 있어 Hyatt Regency 쑤저우에 합병됐다. 그러나 그렇지 않은 경우도 많다. 중국인들 선망의 대상 브랜드인 정통 Peninsula는 중국 내에 북경, 상하이, 홍콩 등 세 곳에만 있는데, 양첸 Peninsula, 궈빈 Peninsula, 청두 Peninsula, 헝성 Peninsula 등 '짝퉁' 브랜드들이 '고객에게 실망을 안기며' 영업 중이다. 미국 Harvard 법대 William Alford는 중국의 역사적 배경 및 브랜드 보호에 대한 정부의 느슨한 제도와 미온적 처벌이 이러한 '짝퉁' 문화를 조성하고 있다고 평가 했다.

이와 같이 브랜드를 타 지역, 문화로 확장할 때 기존의 가치를 그에 맞추어 변경시켜야 한다. 이러한 개념을 '**brand context**'라고 한다. 예를 들어 Pepsi의 상호는 Argentina에서는 Pecsi로, Spain에서는 Pesi로 사용되고 있다. McDonald's는 France에서는 McDo로 불린다.

글로벌 광고 시 흔히 직면하는 위험은 언어 사고(mishap)다. 무심코 사용한 언어가 타 지역이나 타 문화에서 엉뚱한(특히 부정적인) 의미로 해석될 수 있기 때문이다. Holiday Inn은 세계적으로 25개의 언어권에서 사업을 하고 있다. 따라서 고객 만족도 조사 설문서에 〈그림 11-27〉과 같은 얼굴 표정을 종종 사용한다.

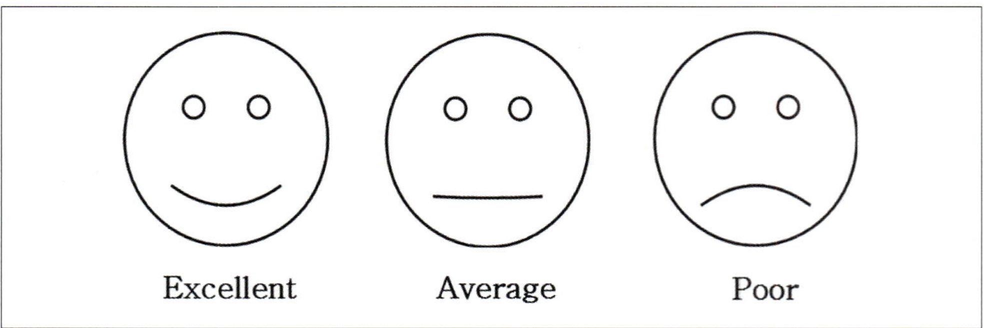

그림 11-27 Holiday Inn의 고객 만족도 응답지

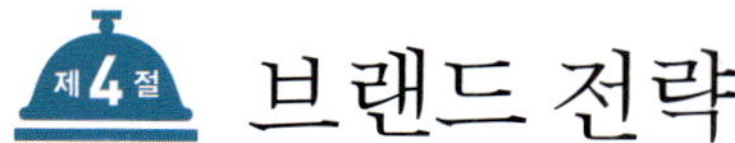

브랜드 전략

1. 브랜드 전략의 단계

좋은 브랜드 전략의 조건은 ①기억 용이성(회상, 인식), ②의미 전달력(meaningfulness), ③브랜드 확장시의 전환 가능성(transferability), ④시간의 흐름에 따른 소비자의 가치와 라이프스타일을 지속적으로 반영할 수 있는 적용 가능성(adaptability) 등으로 압축될 수 있다.

브랜드 전략의 단계는 다음과 같다.

1) 브랜드 인지도(awareness)

브랜드 인지도는 소비자가 제품 구매 시 특정 브랜드를 떠올리거나, 브랜드를 알아보고 구매까지 이르게 하는 출발점이다. 브랜드 인지도에는 ①최초 상기(**salience : top of the mind**) : 가장 먼저 떠오르는 브랜드, ②상기(recall) : 특정 제품의 구매 필요성을 인식하는 시점에 일정 브랜드를 떠올리고 실제 구매까지 연결되는 개념, ③브랜드 인식(recognition) : 다양한 상황에서 특정 브랜드를 인식하고 확인하여 제품 구매 욕구를 일으켜 실제 구매에 이르게 되는 개념 등 세 가지 측정 방법이 있다.

2) 브랜드 친숙도(familiarity)

브랜드 친숙도는 소비자가 특정 브랜드에 대해 인식함은 물론, 친밀감을 느끼는 정도나 사전 경험의 정도 등 특정 브랜드에 대해 과거에 축적해놓은 모든 것을 의미한다. 즉 브랜드 친숙도가 높다는 것은 브랜드에 대한 지식의 정도가 높다는 것을 의미한다.

3) 브랜드 선호도(preference)

고객이 특정 브랜드에 대해 인지도와 친숙도가 생기면, 이를 바탕으로 타 브랜드에 비해 상대적으로 더 많은 가치를 부여하는 브랜드가 생기게 된다. 이것이 브랜드 선호도의 개념이다.

4) 브랜드 충성도(loyalty)

브랜드 선호도보다 한 단계 진전된 개념인 브랜드 충성도는 고객이 갖고 있는 특정 브랜드에 대한 애착의 정도인데, 이는 **전환 비용(switching cost)**은 물론 타 경쟁자의 침투 공격을 막는 심리적 장벽을 구축하게 된다. 충성도의 구성 요소는 SFU, 즉 강한 인지도(strong), 높은 선호도(favourable), 독특함(uniqueness)이다.

대한민국 조직 브랜드 중 가장 충성도가 높은 세 조직은 해병대, 고려대, 전남향우회 등으로 알려져 있다. 반대로 소비자에게 적대적 태도를 보이며 주목을 끄는 **적대 마케팅(anti marketing)**을 기억하는가? 이것은 **역(reverse)브랜딩**이라고도 한다.

2. 브랜드–제품 매트릭스와 계층 구조

2-1. 브랜드–제품 매트릭스

브랜드–제품 매트릭스 개념을 도식화시키면 〈그림 11–28〉과 같다.

브랜드–제품 매트릭스는 한 제품 계열(product line) 내에 속한 브랜드의 종류, 혹은 한 브랜드 내에 속한 제품 계열들의 종류를 나타내고 있다. 즉 가로는 한 브랜드의 확장 전략에 유용하며, 세로는 제품 계열 내에서 판매되는 브랜드의 공헌도를 파악하여 브랜드 포트폴리오(portfolio) 전략에 사용할 수 있다. 기업의 브랜드 전략은 그 폭(브랜드–제품 관계와 브랜드 확장 전략의 차원)과 깊이(제품–브랜드 관계와 브랜드 포트폴리오 또는 브랜드 믹스의 차원)로 대분될 수 있다.

그림 11–28 브랜드–제품 매트릭스

제품 계열 내 품목 간에도 포트폴리오가 존재한다. 한 예로 〈표 11–17〉은 McDonald's 메뉴 간의 포트폴리오를 나타내고 있다.

표 11–17 McDonald's 메뉴 간의 포트폴리오

전시성 \ 수익성	높음	낮음
높음	판매용(french fry)	홍보용(햄버거)
낮음	수익용(음료수)	구색용(샐러드)

2-2. 3i 매트릭스

3i 매트릭스란 Kotler가 제시한 모델이다. 3i는 brand identity, brand integrity, brand image의 i를 의미하는데, 브랜드 포지셔닝시 3i가 병행되어야 유용하다는 것이다. 이것을 도식화하면 〈그림 11–29〉와 같다.

그림 11-29 3i 매트릭스

〈그림 11-29〉을 보다 쉽게 이해하기 위해서 대표적 호텔 브랜드인 Courtyard by Marriott에 적용을 해본다(〈그림 11-30〉 참조).

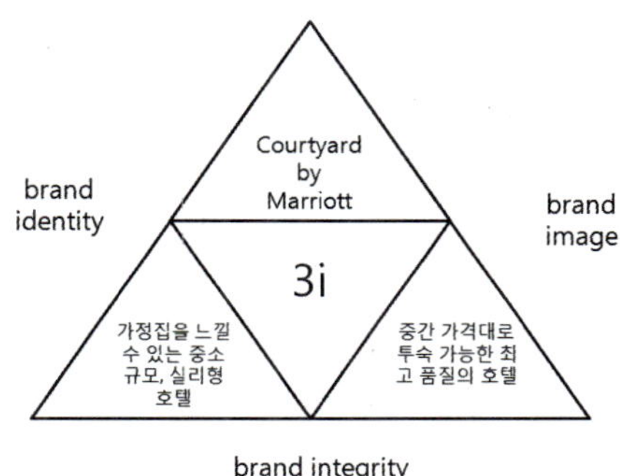

그림 11-30 3i 매트릭스의 예

2-3. 브랜드 계층 구조

브랜드 계층 구조를 상위부터 정리하면 다음과 같다.

기업(coporate) 브랜드

가장 상위에 있는 기업 브랜드는 법적인 이유로 제품이나 포장지 위에 항상 나타나야 하는데, 일부 기업에서는 기업 상호를 훼밀리 브랜드나 개별 브랜드와 혼합하여 사용한다.

복합적(conglomerate) 기업인 ITT의 경우 ITT Sheraton, ITT Communications &Information, ITT Automotive 등으로 상호를 혼합 사용하고 있다. 호텔의 경우 Marriott International은 Ritz-Carlton을 제외한 모든 브랜드에 기업(corporate) 브랜드인 Marriott을 사용한다. 국내의 현대, 롯데, 신라 등 대표 호텔들의 경우도 여기에 해당된다. Intel, IBM, Microsoft, Singapore Airlines, GE, Mercedes Benz, Sony, Samsung 등도 여기에 해당된다.

Peugeot, Ford, Dell, Hewlett-Packard, Marriott, Ritz-Carlton, Hilton 등 기업 창업자의 이름을 기업명으로 사용하는 경우는 '**patronymic**' **브랜드**라고 한다.

훼밀리(family) 브랜드

두 번째 계층인 훼밀리 브랜드는 하나 이상의 제품 계열에 사용되고 있는 브랜드를 말하는데, Seagram(기업 브랜드)의 Tropicana 주스, Anheuser-Busch(기업 브랜드)* 의 Budweiser 맥주 등이 그것이다. 훼밀리 브랜드의 대표적 예는 대한민국 담배 부문 1위 ESSE다. KT&G(기업 브랜드)의 ESSE가 1996년 처음 시장에 나온 후, 에쎄라이트, 에쎄멘솔, 에쎄필드, 에쎄원, 에쎄순, 에쎄스페셜골드, 에쎄골드리프, 에쎄엣지, 에쎄센스 등 모든 제품 계열에 ESSE가 사용되고 있다. 이 경우 ESSE가 훼밀리 브랜드가 되는 것이다.

Anheuser-Busch
Anheuser-Busch Companies는 미국 St. Louis에 본사를 두고 있는 세계 최대의 양조 기업으로서, 미국에 Sea World(California, Florida, Texas 등 세 곳), Busch Gardens(Florida와 Virginia 등 두 곳), Adventure Island(Florida), Water Country USA(Williamsburg), Sesame Place(Pennsylvania), Discovery Cove(Florida) 등 많은 주제공원도 소유 · 운영하고 있음.

대다수 기업들은 소수의 훼밀리 브랜드만을 지원하는데, 만약 기업 브랜드가 다양한 제품에 사용되면, 기업 브랜드가 훼밀리 브랜드의 역할이 되는 것이다. 훼밀리 브랜드는 여러 브랜드를 포용한다는 의미에서 '**range brand**' 또는 '**umbrella brand**'라고도 불린다. 제품의 차별화 정도가 클수록 기업 브랜드보다 훼밀리 브랜드의 사용 가능성이 높아진다.

기업 브랜드나 훼밀리 브랜드를 사용하는 각각의 브랜드들을 **하위 브랜드(subbrand)**라고 한다. 예를 들어 기업 브랜드 FedEx 내에는 FedEx Ground, FedEx KinKo's, FedEx Home Delivery, FedEx Custom Critical 등 여러 **하위 브랜드**가 있다.

개별(private) 브랜드

세 번째 계층인 개별 브랜드는 반드시 하나의 제품 계열에만 제한적으로 사용되는 브랜드이나, 동일 제품 계열 내의 몇 가지 서로 다른 제품 유형들에도 적용될 수 있다. 예를 들어 Frito-Lay의 '짭짭한 스낵' 제품 계열 내에 속해 있는 Fritos 콘칩, Doritos 토틸라칩, Lay's &Ruffles 감자칩, Rold Gold Pretzels 등이 그것이다.

가장 대표적 사례는 Procter&Gamble이다. P&G는 일상 용품의 매우 다양한 부문에 있어서 모두 다른 상호를 사용하고 있다. Secret, Wella, Pantene, Max Factor, Olay Cover Girl, Pampers, Pringles, Camay, Zest, Lenor, Old Spice, Gillette, Oral-B …… 등이 그것이다. Sony의 PlayStation(게임), Vaio(컴퓨터), AIBO(엔터테인먼트 로봇), Brava(TV) 등의 브랜드들도 개별 브랜드에 해당된다.

호텔의 경우 Starwood와 Choice Hotels International이 여기에 속한다. 즉 이 두 그룹은 각 호텔의 컨셉에 맞는 브랜드(**house-of-brands**) 전략을 추구한다. 그러나 Choice Hotels International은 Comfort Inn, Comfort Suites, Quality Inn, Sleep Inn, Clarion 등 각 브랜드에 획일적인 유사 로고를 사용하고 있다. 이러한 것을 '**브랜드 일관성(brand consistency)**'이라고 한다.

불확실하지만 완전한 것을 '플랜 A'라고 한다면, 불완전하지만 실천 가능한 것을 '플랜 B'라고 한다. 세계적으로 급증하고 있는 **PB(private brand)**, 'cheap chic'(개성 있는 값싸고 멋진 옷차림) 등은 '플랜 B'에 해당된다.

PB의 또 다른 의미:유통업체의 자체 브랜드

앞서 언급한 개별 브랜드에 대한 개념적 설명과 별도로, 유통업체가 제조업체에 생산을 주문해서 만든 제품에 자체 브랜드를 붙여 판매하는 것을 '**PB(private brand)**'라고 한다. **PB**는 '**PL(private label)**'이라고도 하며, 'store brand'라는 용어로 불리기도 한다. Wal-Mart 매출의 약 40%가 **PB**로부터 창출된다. 국내 롯데마트에서는 2012년 여름에 동시에 235종의 **PB** 제품을 출시한 적도 있다. **PB**와 대조되는 개념으로 소비자들이 잘 알고 있는 유명 브랜드들은 **NB(national brand)**라고 한다.

2014년 Journal of Marketing에 발표된 Johannes Cramer와 Wayne D. Hoyer의 논문에 의하면, 고객이 가격에 민감할수록, **PB** 제품은 고객의 점포 충성도에 높은 영향력을 발휘한다고 한다. 또한 **제품의 범용화(commercialization**:제품 간의 차별성이 사라지는 현상) 정도가 낮을수록(제품 간 차별성이 높을수록), 고객의 관여도(제15장 참조)가 높을수록, 유통업자가 저가격 전략을 내세울수록, **PB** 제품이 점포 충성도를 형성하는 데 보다 결정적인 영향력을 행사한다고 한다.

세밀 브랜드(brand modifier)

세밀 브랜드란 기업 브랜드, 훼밀리 브랜드, 개별 브랜드 중 어떤 브랜드를 사용하건, 서로 다른 품목이나 모델에 따라 브랜드를 더욱 세밀히 구분할 필요가 있을 때 사용되는 브랜드를 의미한다. 세밀 브랜드를 추가시킴으로써 품질 수준(Johnie Walker Red Label, Black Label, Swing, Platinum Label, Gold Label, Blue Label, Blue Label 38), 서로 다른 속성(Wrigley's Spearmint, Juicy Fruit, Doublemint), 서로 다른 기능(Kodak's 100, 200, 400 speed film), 서로 다른 기능 및 규모(BMW's 3, 5, 7 시리즈) 등을 세밀히 구분할 수 있다.

호텔의 경우 Holiday Inn이 세밀 브랜드를 가장 잘 이용하고 있다. Holiday Inn Select, Holiday Inn SunSpree, Holiday Inn Express, Holiday Inn Garden Court, Holiday Inn Family Suites 등이 그것이다. 보다 거시적 관점에서 호텔 산업의 대표적 객실 형태인 B&B, suites, conference center, convention hotel 등도 세밀 브랜드에 포함될 수 있다.

3. 브랜드 확장(brand extension) 전략

3-1. 브랜드 확장의 개념 및 의의

브랜드 확장, 라인 확장, 브랜드 개선의 비교

브랜드 확장이란 기업이 신제품을 도입할 때 기존의 상호를 활용하는 것을 의미한다. 브랜드 확장과 가장 혼동하기 쉬운 개념은 라인 확장(line extension)과 **브랜드 개선(brand renewal)**이다. 라인 확장은 확장 범위가 같은 제품 군에 한정되는데, Diet Coke, Miller Lite, Marlboro Light, 토마토농장, 디스플러스 등이 전형적인 예다. 브랜드 개선은 제품의 개선이나 포지셔닝의 변화 등에 의하여 진행되는 개념으로 확장된 브랜드가 기존의 모 브랜드(parent brand)를 대체한다는 것이 브랜드 확장과 다른 점이다.

브랜드 확장의 유형과 장단점

브랜드 확장 시 ①개별적으로 사용될 신규 브랜드의 개발, ②기존 브랜드의 적용, ③기존 브랜드와 신규 브랜드의 결합 등 세 가지 대안이 있다. 어떠한 전략을 수행하건 그 목적은 시장에서의 지속적인 생존과 성장이다. 호텔산업에 있어서 세계적 브랜드 확장의 대표적 예는 Hilton, Hyatt, InterContinental, Marriott(International) 등이다. Journal of Consumer Marketing의 논문에 의하면, 미국과 영국의 시장에 출시된 115개의 신제품에 대해 2년 후 시장점유율을 측정하였는데, 새로운 상호를 사용한 신제품(브랜드 개선)이 보다 더 성공적이었다고 한다.

소비자에게 잘 알려져 있고, 호응도가 높은 브랜드 이점 중 하나는 그 제품의 기능에 대한 기대가 소비자 마음에 이미 형성되어 있다는 데에 있다. 브랜드 확장 시 기업 브랜드 혹은 훼밀리 브랜드(기존 브랜드)의 적용은 소비자 인식상의 위험을 감소시킬 수 있다. Courtyard by Marriott, Fairfield Inns by Marriott의 예는 Courtyard와 Fairfield라는 신규 브랜드를 기업 브랜드와 연계시킨 가장 좋은 예다. Hilton Garden Inn도 유사한 맥락이다. 이 경우 초기 촉진전략 시 신제품과 브랜드에 대한 2중 노력을 줄이고, 신제품에만 초점을 맞출 수 있어 도입 비용과 촉진 비용을 절감할 수 있다.

이와 같이 브랜드 확장 시 기존 브랜드(모 브랜드) 중 기업 브랜드 혹은 훼밀리 브랜드를 많이 연계시키는 경우는 Gillette나 Pillsbury와 같이 합병, 인수가 잦은 다국적 기업들이 많이 적용하며, 개별 브랜드 중심 전략은 혁신성이 높고 마케팅 능력이 탁월한 Procter&Gamble과 같은 기업에서 많이 적용한다.

호텔산업과 식음료산업의 브랜드 확장 반대 사례

환대산업에서는 제품의 무형성, 이질성 등의 특성으로 기존 브랜드를 최대한 적용하는 것이 유리하다. 예를 들어 Ramada 그룹은 Ramada Inns, Ramada Hotels,

Ramada Renaissance, Ramada Plaza, Ramada Suites, Ramada Resorts 등 모든 상호에 Ramada를 포함시키며 브랜드 확장의 효과를 최대한으로 높이고 있다. Marriott도 같은 전략이지만, 인수한 세계적 브랜드 Ritz-Carlton만 예외다.

반대의 사례는 식음료산업에서 많이 발견되고 있는데, Pillsbury 그룹의 경우 Burger King, Steak&Ale, Bennigan's, Bay Street, Godfather's Pizza, Key West Grills 등 각종 레스토랑의 모 기업이면서도 상호의 독특성을 유지시키고 있다. General Mills의 Darden(Panda Express, China Coast, Olive Garden, Red Lobster), Bahama Breeze, Smokie Bones, Seasons52, 과거 PepsiCo의 Tricon에서 Tricon Global Restaurant, Inc.를 거쳐 세계 최대의 레스토랑 그룹이 된 Yum!(A&W, KFC, Long John Silver, Pizza Hut, Taco Bell)도 같은 경우에 해당된다.

전술한 바와 같이 호텔산업에서도 Starwood나 Choice Hotels International은 호텔마다 각각 다른 상호를 사용하는 '**house-of-brands**' 전략을 추구하고 있다. Hilton과 Wyndham은 위의 두 가지 전략을 병행해서 사용하고 있다(예: Hilton International의 The Waldorf Astoria*와 New York Hilton).

*2014년 중국의 Anbang Insurance에 인수됨.

호텔산업의 역사적 사례를 조명하여볼 때, 등급 및 수준의 차이가 나는 호텔에 대한 다중 브랜드는 성공보다는 실패의 경우가 많다. 문제는 혼합된 이미지인데, Ramada와 Renaissance, Holiday Inn과 Crowne Plaza, Howard Johnson's과 HOJO Inn의 경우가 대표적 사례다. 한국, 미국 등 많은 나라에서는 AccorHotels Group의 Sofitel과 Novotel의 등급 구별이 잘 안되고 있다(〈그림 11-31〉 참조). 1994년 BMW가 11억 유로를 들여 Rover 자동차 기업을 인수했지만, 2000년 Land Rover와 Mini 두 브랜드만 남기고 나머지를 매각하며 10억 유로의 손실을 본 사례와 같은 이유다.

반면 Marriott의 경우는 대표적 성공 사례에 해당된다. Courtyard by Marriott,

그림 11-31 Courtyard by Marriott에서 Courtyard로의 상호 변화

그림 11-32 미국에서의 Accor 그룹의 Novotel 상호 인지 PR

Fairfield Inns by Marriott으로 시작하여 Courtyard와 Fairfield Inns의 브랜드를 Marriott의 브랜드로 지원했으나, Courtyard와 Fairfield Inns의 두 브랜드가 각각 중가와 저가 호텔의 최고 브랜드로 부각되며 Marriott의 브랜드가 필요없게 되었고, 결국 by Marriott을 작게 인쇄하거나 아예 삭제하는 사례도 발생하고 있다(〈그림 11-32〉 참조).

이와 반대의 사례는 Crowne Plaza다. Holiday Inn의 경영진은 'upscale' 개념 Crowne Plaza 브랜드 앞에 Holiday Inn을 붙이기로 결정했고, 따라서 상호가 Holiday Inn Crowne Plaza가 됐다. 결국 Crowne Plaza는 Holiday Inn의 이미지를 지우지 못한 채 실패작으로 끝났다. 언급됐던 Lexus, Acura, Infiniti의 사례와 반대의 사례다.

경우는 다르지만(잘 나가던 기업들도) Federal Express는 FedEx로, Arthur Andersen은 Accenture로, SunKyung은 SK로, American Express는 AMEX로 개명했다. 공통적 사실은 상호가 짧아졌다는 것이다.

3-2. 브랜드 확장 전략의 목표 및 사례

브랜드 확장의 목표

브랜드 확장의 전략 목표 중 다른 하나는 소비자에게 브랜드의 의미와 경쟁 시장 영역의 경계를 알려주는 데에 있다. Sunkist가 기존 제품인 오렌지에 비타민과 주스라는 확장 제품을 도입하며, '건강에 좋은' 새로운 브랜드의 의미를 전달한 것이 좋은 예다.

Business Leveraging(지렛대 효과)

사업을 지레로 활용하여 신제품 시장으로 진출하는 것을 **Business leveraging**이라고 한다. **Business leveraging**의 가장 대표적 성공 사례는 단연 Disney다. Disney는 Micky Mouse를 초기 자산으로 1950년대 Disney Land를 개장했고, 장수 TV쇼 'Disney의 신비한 세계'를 런칭했으며, 그 이후 Florida Orlando에 Disney World, 일본에 Disney Land, 소매점, 리조트, 크루즈, 여행사 등으로까지 지렛대 효과를 극대화시켰다.

Business leveraging을 통해 브랜드를 확장할 때 기업들의 전략은 천차만별이다. 중국의 백색 가전 거인 Haier가 처음 미국 시장에 진출했을 때, 비교적 경쟁이 없는 틈새 시장인 소형 냉장고와 와인쿨러 시장으로부터 명성을 굳혔고, Sony, HP, 삼성, Nestle 등은 강력한 브랜드를 중심으로 다양한 사업에 진출하고 있다.

브랜드 확장에 따른 바람직한 결과 중 하나는 기존의 브랜드 연상을 강화시키고, 호감도를 높이며, 새로운 브랜드 연상을 추가시켜 모 브랜드의 이미지를 향상시키는 것이다. 그러나 이와 반대로 신규 브랜드의 성공은 모 브랜드의 이미지를 손상시킬

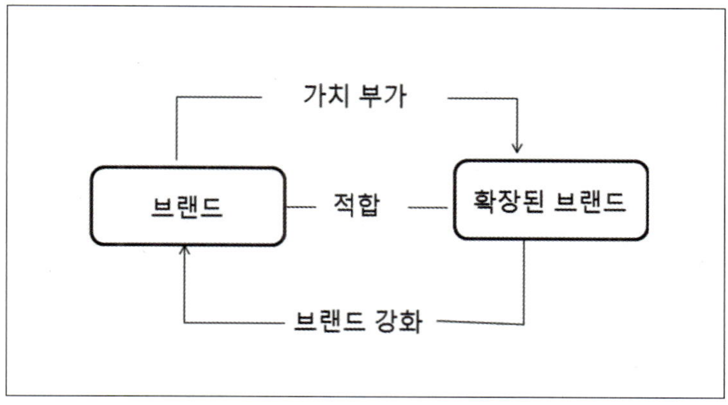

그림 11-33 브랜드 확장의 논리

수도 있다. 대표적 예로 Budweiser의 진한 색 병과 비교하여 투명한 병과 '병맥주의 샴페인'이라는 광고 유산 때문에, 그들의 대표 제품인 Miller High Life에 '다정한'이라는 연상을 창출하는 데 손해를 보았던 Miller Brewing을 들 수 있다. Miller Brewing이 Miller Lite이라는 상호로 브랜드를 확장한 것이 Miller High Life가 Budweiser와 비교하여 '묽은 맛'의 맥주라고 생각하는 소비자들의 경향을 더 강화시켰던 것이다. 1986년 Miller Genuine Draft도 그 자체는 성공하였지만 Miller의 타 브랜드 매출을 크게 감소시킨 적이 있다.

Aaker와 McLoughlim에 의한 브랜드 확장의 논리는 〈그림 11-33〉과 같다.

브랜드 확장의 실패 사례와 시장 교훈

먼저 콜라 시장에서 브랜드 확장에 실패한 7Up의 사례를 살펴본다.

7Up의 브랜드 확장 실패 사례

7Up은 수년 동안 그들의 대표 제품인 레몬라임 음료수를 정착시키고, 강력한 콜라 브랜드인 Coke이나 Pepsi와 경쟁하기 위해 고군분투해왔다. 7Up은 브랜드의 매출을 높이기 위해서 브랜드 확장 프로그램에 착수하여 1987년 Cherry 7Up을 출시했다. 이 제품은 첫해에 1.7%의 시장점유율을 기록하는 등 성공적으로 시장에 진입했다. 또한 다른 브랜드 확장 제품을 출시하기로 결정하고, 1988년 7Up Gold를 시장에 내놓았다. 7Up Gold는 진노랑색의 자극성있는 계피, 생강, 레몬-라임 향의 카페인 음료였으며, 맛은 독한 맥주와 Dr. Pepper의 중간쯤 되었다. 기존 7Up보다 강하고, 남성적이며, 진한 이 신제품은 제품 계열 중 빠져있는 부분을 채우기 위하여 기획된 것이었다.

이 제품 출시를 위해 7Up은 우선 소비자들의 호감도를 확실히 알아보기 위한 맛 테스트를 실시했다. 기존 7Up 이름에(보증을 위해) 고품질을 나타내는 Gold라는 개선 제품(이 제품의 특별한 맛을 나타내기 위한 것인지 모호하기는 하지만)을 결합한 상호가 전략적으로 선택되었다. 천만$의 광고비 중 초기 TV 광고에서는 Trogg가 만든 'Wild Thing'이라는 주제곡이 사용되었고, 흥겹게 파티를 즐기는 사람들과 물보라를 일으키며 자동차 경주를 하는 소다 캔의 이미지를 보여주었다. 이 광고에는 '7Up의 거친 모습'이라는 주제가 포함되어 있었다.

무엇이 잘못되었던가? 7Up의 중역 중 한 사람은 다음과 같이 말했다.

"이 제품은 소비자들에게 제대로 이해되지 못했다. 사람들은 7Up 제품에 대한 분명한 관점(맑고, 시원하고, 깨끗하고, 카페인이 없는)을 갖고 있다. 7Up Gold는 진하고, 카페인을 함유한, 즉 7Up의 이미지와는 어울리지 않는 제품이었다."

예상대로 이 제품은 10대층과 아이가 있는 주부층이라는 황금 시장을 유인하는 데 실패했다. 처음에는 유망해보였던 매출액이 곧 급격히 감소했다. 7Up 입장에서 더욱 염려스러운 점은 7Up Gold의 광고와 마케팅 자산이 고갈되어감에 따라 Cherry 7Up의 매출도 떨어지기 시작했다는 점이다. 시장점유율이 겨우 0.1% 정도에서 머물게 되자, 7Up은 이 제품의 생산을 포기하기에 이르렀다.

Coca-Cola의 브랜드 확장 전략

세계 제 1의 음료 브랜드인 Coca-Cola도 7UP의 실패에 기인한 Sprite의 성공 외에 수많은 실패를 겪었다. Gatorade에 대한 Powerade, Dr. Pepper에 대한 Mr. Pibb, Snapple에 대한 Frutopia, Mountain Dew에 대한 Mello Yellow, Red Bull에 대한 KMX의 과거 도전들이 모두 실패한 것은 이미 밝힌 바 있다.

그 외에도 C2와 Coca-Cola Zero의 실패로 제품의 맛과 브랜드를 Coca-Cola Zero Sugar로 바꿨다. 2014년에 시장에 출시된 Coca-Cola Life도 2017년 Coca-Cola Zero Sugar의 매출이 80% 이상 급증한 것과 대조적으로 70% 이상 급락하며 시장에서 퇴출됐다. 시장에는 남아있지만 Diet Coke도 계속 고전하고 있으며, 그 외 대다수의 브랜드들이 고전을 면치 못하고 있다. 이유는 간단하다. 브랜드의 지나친 확장이다.

참고로 2019년 기준, Coca-Cola의 기존 20개 브랜드는 〈표 11-18〉과 같다.

표 11-18 Coca-Cola의 브랜드

Coca-Cola, Diet Coke, Coca-Cola Zero Sugar, Sprite, Fanta, Mello Yello, Surge, Powerade, Glacéau Vitaminwater, Dasani, Glacéau Smartwater, Honest Tea, Gold Peak, Zico, Simply Beverages, Minute Maid, Odwalla, Fairlife, Del Valle, Ciel, Georgia

브랜드의 대가 Trout은 "사람들의 마음 속에는 하나의 브랜드만 있다"고 표현한 적이 있다.

마지막으로 Keller의 브랜드 확장에 대한 시장 교훈은 〈표 11-19〉와 같다.

표 11-19 브랜드 확장에 대한 시장 교훈

① 브랜드 확장의 성공은 모 브랜드가 호의적인 연상을 갖고 있으며, 모 브랜드와 확장된 제품 간에 일치되는 점이 있다는 인식이 형성될 때 가능하다.
② 고품질 브랜드는 평범한 브랜드보다 더 넓게 확장될 수 있다. 그러나 두 경우 모두 브랜드 확장에 한계가 있다.
③ 하나의 제품 군에서 해당 제품 군을 대표하는 제품의 원형처럼 여겨지는 브랜드는 다른 제품 군으로 확장되기 어렵다.
④ 구체적인 속성 연상은 추상적인 혜택 연상보다 확장되기 어렵다.
⑤ 원래의 제품 군에서는 긍정적이었던 연상이 확장 시 부정적인 연상으로 전이될 수 있다.
⑥ 성공적인 브랜드 확장은 모 브랜드의 이미지에 기여할 뿐만 아니라, 더 폭 넓은 확장을 가능하게 해준다.
⑦ 성공적이지 못한 브랜드 확장은 모 브랜드와 확실히 일치되는 점이 있을 때에만 모 브랜드를 손상시킬 수 있다.
⑧ 성공적이지 못한 브랜드 확장이 유사한 확장 제품을 철수시키거나, 출시하지 못하도록 하는 것은 아니다.
⑨ 수직적 확장은 어려운 일이다. 종종 서브 브랜딩 전략이 요구되기도 한다.
⑩ 확장 시 가장 효과적인 광고 전략은 확장 제품에 대한 정보를 강조하는 것이다(모 브랜드를 환기시키는 것이 아니다).

4. 브랜드 포트폴리오(브랜드 믹스) 전략

4-1. 브랜드 포트폴리오 전략

포지셔닝 전략에 리포지셔닝 전술이 있듯이, 브랜드 포트폴리오 전략에는 리브랜딩 전술이 있다. 2011년 100주년을 맞이했던 IBM은 1911년 창업 당시는 천공카드로 정보를 처리하는 기계 제조업체였으나, 1924년 International Business Machine으로 리브랜딩하여 오늘에 이르고 있다. 이와 관련된 내용은 브랜드 확장 및 개선 전략과 유사하다.

우수 기업들의 브랜드 포트폴리오 전략

호텔과 항공산업에서는 브랜드 라인과 브랜드 포트폴리오가 브랜드 확장 및 브랜드 도입 과정에서 창출되어왔다. United Airlines는 비즈니스 클래스를 Connoisseur Class로, 상용 고객 프로그램은 Mileage Plus로, 그리고 할인 항공사인 West Coast Airlines를 Shuttle by United로 브랜드화했다. 또 다른 예를 들면, Hilton은 비즈니스 여행객 대상의 중저가 호텔을 Hilton Garden Inn이라 하여 경쟁 업체인 Marriott 체인의 Courtyard를 견제했다.

Nestle의 브랜드 포트폴리오 전략은 매우 우수하다고 평가된다. Nestle는 최고 계층 브랜드 12개 중 6개를 집중해서 키운다. Nescafe(커피), Nestea(차), Buitoni(파스타와 소스), Maggi(bouillon cube를 녹여서 만든 소나 닭고기 등의 맑은 soup), Purina(애완동물 사료), Nestle(아이스크림, 캔디) 등이 그것이다.

브랜드 자산과 브랜드 포트폴리오를 관리하는 장기적 관점은 변화하는 브랜드들의 역할과 브랜드 포트폴리오 내의 서로 다른 브랜드들 간의 관계를 조명해야 한다는 데에 있다. 그 핵심은 충분한 시장 실체성과 규모 경제 효과에 있다.

HFS와 Hilton Worldwide의 인수·합병 사례

1980년대 초부터 저가 호텔 시장의 실체성이 크게 높아지며 무수한 저가 호텔 브랜드가 시장에 진입했고, 1990년대에 이르러 저가 호텔은 시장 포화 상태(market saturation)에 진입했다. 호텔산업의 기업들은 중소 브랜드를 인수 합병하며, 시장 실체성의 확보와 규모 경제 효과를 추구하기 시작했다. 대표적 사례로 환대산업 최대 franchise 기업이었던 HFS(Hospitality Franchise Systems, Inc)는 Howard Johnson's, Ramada, Days Inn, Motel8, Limited Hotels, Park Inn 등 많은 중소 브랜드를 통합하여 최대의 규모 경제 효과를 얻었다.

HFS
Cendant Corporation의 전신.

1999년 말 당시 The Waldorf Astoria 등 500여 개의 호텔을 소유하고 있던 Hilton Hotels Corporation*은 Embassy Suites, Double Tree, Hampton Inn 등 1,400여 개의 호텔을 소유하고 있던 Promus Hotel Corporation을 인수하여 Hilton 그룹에서 부족했던 중저가 브랜드를 보충함으로써 브랜드 포트폴리오 효과와 함께 여러 측면에서 시너지 효과를 얻게 되었다.

현재는 Hilton Worldwide임.

AccorHotels Group의 호화 호텔 부문 진출

호화 호텔 부문의 경쟁에서 뒤처져있는 AccorHotels Group은 2016년 호화 호텔의 대명사라고 할 수 있는 Fairmont Hotels and Resorts를 인수했고, 동시에 Raffles와 Swissotel까지 인수하며 취약점을 보완했다. 또한 2017년부터 Banyan Tree Holdings와 전략적 파트너십을 체결하여 호화 호텔 부문의 브랜드 개발과 운영을 위해 장기적 협력 관계를 맺었다.

인수·합병 시 주의할 것은 '**승자의 저주(winner's curse)**'다. BC 279년 Pyrhus가 Roma와 전투를 벌여 승리했지만 병력의 1/3이나 잃는 등 손실이 커, "한 번 더 승리할 때에는 우리가 망할 것이다"라는 말로부터 유래된 '**승자의 저주**'라는 용어는 그 이유로 'Pyrhic Victory'라고도 한다. '**승자의 저주**'란 인수·합병 후 기존 브랜드마저 위험해지는 현상을 말한다.

국내의 경우 2006년 이랜드 그룹이 홈에버(구 Carrefour)를 인수하며, 인수 금액 1조 7,500억 원 중 1조 500억 원을 부채로 충당한 후, 경제적 손실은 물론 비정규직 노동자 탄압, 착취 기업이라는 부정적 이미지를 얻었던 것이 대표적 예다. 2014년 9월 한전 부지 매입에 있어서 현대의 3개 계열사는 삼성전자를 제치고 승리했다. 그러나 입찰 금액은 시가의 세 배에 해당되는 10,550,000,000,000원이었다. 엔저 등의 여파로 현대자동차의 세계 자동차 시장에서의 시장점유율이 계속 하락하는 가운데 '**승자의 저주**'가 심히 우려되는 대목이다. 이후 정몽구 회장은 고소까지 당했다.

2010년을 넘어서며 Marriott은 두 개 이상의 브랜드 호텔을 한 장소에 위치시키는 다중 브랜드(two-in-one, multiple-in-one) 전략을 추구하고 있다. 미국 New York시에 위치한 The Courtyard-Residence Inn Central Park은 68층으로 북미 지역에서 가장 높은 호텔로 기록된다(〈그림 11-34〉 참조). 이러한 전략은 '**dual brand(ed)**', 'two-pack' 등으로 명명되는데, 비용의 최소화와 자원의 극대화란 양 극의 목표를 동시에 달성할 수 있다. 고객의 혜택은 한 마디로 '선택'이다. 이와 유사한 사례는 Los Angels 도심에 있는 879객실을 보유한 JW Marriott과 123객실 Ritz-Carlton의 동침이다.

그림 11-34 The Courtyard-Residence Inn Central Park

dual brand(ed)의 사례, 그리고 장점

'**dual brand(ed)**' 전략은 타 호텔 체인들에도 확대되고 있다. 2018년 Concord Hospitality의 영업 · 개발 부사장 Matt McClelland는 자사의 경험을 통해 '**dual brand(ed)**'의 장점을 다음과 같이 소개한 바 있다.

미국 Washington DC의 Warf 지역에서 Hyatt House와 Canopy by Hilton은 일정 간격을 두고 나란히 위치해있다. 각 호텔은 고유의 디자인과 정체성을 유지하며, 동시에 녹지대, 회의실, fitness center, 세탁실, 직원 휴게실 등의 'back-of-house' 구역을 공유한다. 출입문이나 엘리베이터는 분리돼있으며, GM과 팀도 나뉘어있다. 그러나 amenity, 'back-of-house' 영업, 심지어 직원까지 상황에 따라 공유함으로써 영업의 효율성과 효과를 극대화하고 있다.

미국 Austin에 있는 Starwood의 Aloft와 Element도 전 지역의 2/3에 해당되는 지역과 직원을 공유하고 있으며, Homewood와 Home2 Suites by Hilton도 amenity와 직원을 공유하고 있다. Le. Meridien과 AC Hotel은 I자형 건물로 입구만 다르게 위치해있다. 두 호텔 모두 고유의 독자성을 유지하고 있지만 '**dual brand(ed)**'의 장점을 활용할 방법을 모색하고 있다.

중저가 브랜드인 Best Western Hotels&Resorts도 '**dual brand(ed)**'를 시작했다. 2017년 미국 Oklahoma의 Best Western Plus와 Executive Residency by Best Western이 그것인데, 고객에게 비즈니스, 레저, 중장기 체류의 다목적 투숙을 가능하게 해주고 있다.

4-2. 다중 브랜드 포지셔닝

브랜드 포트폴리오와 관련된 또 하나의 주제는 다중 브랜드 포지셔닝이다. 중소 브랜드의 인수, 합병 이외에도 많은 호텔 기업들은 시장 확대의 목적으로 다중 브랜드 포지셔닝 전략을 수행하고 있다. 대표적 사례는 다음과 같다.

세계 주요 호텔 그룹의 다중 브랜드 포지셔닝

Marriott International Inc.

Marriott은 매출액 기준 세계 1위 호텔 기업이며, 운영 및 마케팅의 전반적 부문에서도 최고의 평가와 명성을 갖고 있는 브랜드다. 호텔의 다양성 측면에 있어서도 세계 최고다(〈표 11–20〉 참조).

표 11–20 Marriott International Inc.의 다중 브랜드 포지셔닝

Brand	Description
Marriott Hotels& Resorts	The flagship brand of quality–tier, full–service hotels and resorts with features
JW Marriott Hotels and Resorts	The most elegant and luxurious Marriott brand offering a deluxe level of comfort and personal service.
Renaissance Hotels and Resorts	A quality–tier, full–service brand offering guests the ambiance of a boutique. Brand signatures include business library.
Courtyard by Marriott	A moderately priced lodging brand designed for business travelers that has recently increased the number of downtown locations often through conversions of historical buildings. Features include 80 to 150 guest rooms, high–speed Internet access, restaurant, lounge, meeting space, central courtyard, exercise room, swimming pool, and 24hour access to food.
Residence Inns by Marriott	Designed as a home away from home for travelers staying five or more nights and includes a residential atmosphere with spacious accommodations. Features include complimentary hot breakfast, evening hospitality hour, personalized grocery shopping, guest suites with separate living and sleeping areas, fully equipped kitchen, and space with data ports and voice mail
Fairfield Inn by Marriott	A consistent, quality lodging at an affordable price. Features include spacious guest rooms, and daily complimentary breakfast, and swimming pool. Future plans call for exercise rooms.
Marriott Convention Centers	A quality–tier brand specializing in small to midsized meetings. Properties provide the latest audiovisual communications technology, experiential learning facilities, gourmet conference dining, golf, and recreational/ fitness facilities.
Towne Place Suites by Marriott	A midpriced, extended–stay brand that provides all the comforts of home in a residential atmosphere.
SpringHill Suites by Marriott	A moderately priced, all–suite lodging brand that offers up to 25 percent larger–than–standard hotel rooms. Features include complimentary continental breakfast, self–serve business center, indoor pool, whirlpool spa, high–speed Internet access, and exercise room.
Marriott Vacation Club International	A leading developer and operator of vacation ownership resorts with an average weekly interval price of $18,700. Features include spacious living and dining area one–two–, and three–bedroom villas, master bedroom and bath with whirlpool spa, private balcony, kitchen, and laundry area.
Horizons by Marriott Vacation Club	A value–oriented vacation ownership resort community with fun amenities and activities for the entire family, the average price of which is $ 12,000 for a week year. Features include roomy and functional two–bath villas, family–friendly living and dining areas, private balcony, "everything but food"kitchen, and washer and dryer.
The Ritz–Carlton Hotel Company, LLC	The worldwide symbol for the finest in hotel and resort accommodations, dining, and service. Twice recipient of the Malcolm Baldrige National Quality Award.
The Ritz–Carlton Club	A collection of private residences in highly desirable resort areas that are exclusive to members and their guest. Three–to five–week ownership fractions.
Marriott ExecuStay	Fully furnished corporate housing for executives and travelers who need temporary accommodations for a month or longer. Features include well–maintained properties in convenient locations, flexible lease terms and options, consistently high level of service, and competitive pricing.
Marriott Executive Apartments	A corporate housing brand designed to meet the needs of business executives on an overseas assignment for thirty days or more by offering residential accommodations with hotel–like amenities.
Marriott Grand Resident Club	Fractional property ownership in premier second–home destinations offering the service and amenities of a fine hotel. Three–to thirteen–week ownership fractions.

Marriott은 또한 Marriott and Inter IKEA의 경제적 호텔 브랜드 Marriott Moxy를 영국과 Germany을 시작으로 도입했다(〈그림 11-35〉 참조). Marriott Moxy는 소규모 저가 **boutique** 호텔 형태로서, 고급 화장실 amenity, 대형 평면 TV, usb ports 설치를 모든 객실에 비치할 계획이다. Marriott Moxy는 **Millennials**를 위한 경제적 **DIY**형 호텔로서, 캐셔가 웨이터를 대신하며, 룸서비스 및 도어맨도 없다. 첫 호텔은 영국 Milan의 Malpensa Airport에 개관됐다.

그림 11-35 Marriott Moxy

그 후 Munich, Berlin, Frankfurt, Oslo, London, Aberdeen 등의 도시에 개관됐다. Marriott Moxy는 의류의 신 조류 'fast fashion'의 대표 브랜드 Zara나 H&M처럼 'stylish but affordable'의 특징을 갖는 호텔로 포지셔닝되고 있다.

Marriott의 또 다른 브랜드는 AC Hotel by Marriott이다(〈그림 11-36〉 참조). Spain, Italy, Portugal, France 등에서 운영 중인 AC Hotel by Marriott은 Marriott Moxy보다 수준 높은 서비스를 제공하는데, 단순하고 깨끗한 세련된 유럽 스타일 도심형 브랜드로 포지셔닝 되어있다. **DIY**형과 'full-service'형 호텔의 중간 형태인 'select service'형, 즉 웨이터 서비스 라운지는 있지만 룸서비스나 수영장은 없는 형태의 호텔이다.

그림 11-36 AC Hotel by Marriott

또한 Marriott에는 Marriott 소속이기는 하나 consortium 형태로 운영되는 Autograph Collection, 현대 호텔 경영의 선구자이며, **boutique** 호텔의 창시자 Ian Schrager와 파트너십으로 운영되는 Edition(주요 도시의 식음료, 나이트 라이프, 엔터테인먼트 관련 신 동향을 반영하는 소규모 호텔(microcosms)), 규모는 100실 정도의 소규모이나 호화 호텔인 Bulgari 등의 브랜드들을 유럽 시장을 중심으로 운영하고 있다(〈그림 11-37, 11-38, 11-39〉 참조).

Marriott International에는 3개의 'collection brand'가 있다. Marriott의 'premium distinctive brand'에 속하는 3개의 브랜드는 1990년대 중반에 도입된 The Luxury Collection, 2010년에 도입된 Autograph Collection, 2015년에 도입된 Tribute Portfolio다

그림 11-37 Autograph Collection

그림 11-38 Edition

그림 11-39 BVLGARI

그림 11-40 Tasman
출처: www.thehotelconversation.com

(〈그림 11-40〉 참조). 가장 최근에 도입된 Tribute Portfolio는 매혹적인 디자인과 생동감있는 공용 공간을 갖춘 독립적(indie-spirit), 'full-service'의 **boutique** 호텔이다. 2017년 전통있는 The Wick 호텔까지 흡수한 Tribute Portfolio는 2019년 기준, 유럽, 남미, 북미, 환태평양 지역에서 성업 중이다. Marriott International의 3개 독립 브랜드는 세계 50개 국에 걸쳐 Marriott 브랜드 중 가장 빠른 성장세를 주도하고 있다.

2019년 기준, Marriott International은 Ritz-Carlton, Ritz-Carlton Reserve, St.Regis Hotels&Resorts, W Hotels, The Luxury Collection, EDITION, JW Marriott 등 8개의 luxury 범주 브랜드로 구성돼있는 120개의 luxury 호텔 외에 추가로 2018년부터 100개의 호텔을 전 세계로 확장할 계획이다. 그 중 가장 집중되고 있는 지역은 아시아 · 태평양이다.

대표적 예로 2018년 The Luxury Collection이 일본 Okimawa에 IRAPH SUI, a Luxury Collection이라는 호텔을 개관했으며, 2019년에는 Tasman이라는 새로운 luxury 브랜드를 Australia의 Tasmania 지역에 개관했다(〈그림 11-41〉 참조). 그 외에도 2018년 Australia에 W Brisbane, Malaysia에 W Kuala Lumpur*, 중국에 W Xian이 개관됐으며, JW Marriott Hotel Seoul이 대대적 레노베이션을 통해 재탄생됐다.

* Malaysia 최초의 W 브랜드

또한 JW Marriott Resort&Spa가 2019년 Maldives에 최초로 진출했고, 2018년 The St.Regis Zhuhai, 2019년 Ritz-Carlton Nanjing, Ritz-Carlton Xian, St.Regis HongKong 등 Marriott International의 아시아.태평양 지역으로의 진출은 역사상 최대의 확장으로 기록된다. Marriott International은 Edition도 2022년까지 20개의 체인 호텔을 더 개관할 예정이다.

또한 Marriott은 아시아 시장 진출을 모색하며 2018년에 Hong Kong, Taiwan, Macau, Tibet에 온라인 고객 조사를 실시했다. Marriott의 CEO Arne Sorensen에 의하면, 중국의 e-commerce Alibaba와의 파트너십으로 전 세계의 중국 여행객들을 계속 흡수

그림 11-41 Marriott Autograh collection(좌), Marriott Luxury Collection(중앙), Marriott THE YULUXE SHESHAN, SHANGHAI, Tribute Portfolio Hotel(우)
출처: www.tripadvisor.co.uk, www.tripadvisor.co.kr, www.marriott.com

해나갈 것이라고 한다.

2017년 8월 Marriott International Inc.과 Alibaba Group은 joint venture를 맺고 Fliggy에서 개발된 PPP(Post Post Pay) 기능을 사용해 'Li Yu' 프로그램을 만들었다. Alibaba의 여행 서비스 **platform**인 이 프로그램은 Marriott에 투숙하는 전 세계의 중국 관광객들에게 마치 중국에서 여행하듯이 친숙하고 편안한 서비스를 제공한다. 이 프로그램은 2019년 기준, 전 세계 30개 브랜드의 약 6,000개 Marriott에 적용되고 있다.

InterContinental Hotels Group(IHG)*

영국 기업인 InterContinental Hotels Group(IHG)은 InterContinental, Holiday Inn, 이후 Candlewood Suites까지 합병하여 Marriott과 함께 세계 최대 규모 호텔로 성장하고 있다(〈표 11-21〉 참조).

InterContinental Hotels Group은 2010년대 후반 luxury **boutique** 체인인 Kimpton Hotels and Restaurants를 Indonesia Bali 및 중국의 Shanghai와 Sanya에 진출시켰다. 또한 중국에는 건강(health and wellness)한 경험에 초점을 둔 Even Hotels도 진출시켰다.

2010년대 말부터 IHG는 '라이프스타일 공간'에 집중 투자하고 있으며, 2020년대에는 이와 관련된 호텔과 객실 수가 크게 늘어날 전망이다.

* Bass Hotels&Resorts International Inc.의 기업명으로 시작하여 Six Continents로 개명된 후, 2003년 후반 다시 IHG로 개명됨.

표 11-21 InterContinental Hotels Group의 다중 브랜드 포지셔닝

브랜드	특징
InterContinental	1946년에 개관한, 세계의 비즈니스 고객을 표적시장으로 하는 호텔로서, 비교적 높은 객실 요금을 유지하고 있음
Crowne Plaza	Holiday Inn 브랜드 중 고품질 고가격대 호텔로서, 우아함 및 최신 시설과 중산층 이상의 고객을 주 표적시장으로 함
Holiday Inn	단일 브랜드로서는 세계 최대의 규모와 지역적 분포를 갖고 있는 호텔로서, 특정한 표적시장이 없을 정도로 넓은 고객층을 갖고 있음
Holiday Inn Select	북·중·남·미 대륙의 상업 지역과 공항에 위치한 비즈니스 고객을 표적시장으로 하는 호텔
Holiday Inn SunSpree	가족 단위 고객을 표적시장으로 하며 어린이에 대한 시설까지 갖춘 리조트 호텔
Holiday Inn Express	Holiday Inn 브랜드 중 가장 빠른 속도로 성장하고 있는 호텔로서, 깨끗하고, 신선하고, 편안한 가치를 추구하는 고객을 표적시장으로 함
Holiday Inn Garden Court	유럽과 남Africa에 위치하며 각 지역별 특성을 간직하고 있는 호텔
Holiday Inn Family Suites	냉장고, 마이크로웨이브 등 주방 시설을 갖춘 가족 단위 고객을 표적시장으로 하는 suite 호텔
Staybridge Suites	장기 체류형 고객을 위한 완전한 주방 시설 및 비즈니스 서비스를 동시에 제공하는 고품질 suite 호텔

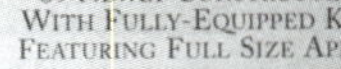

그림 11-42 Choice Hotels International의 제품 계열

Choice Hotels International

Choice Hotels International은 유사 가격대(budget-economy)에 Rodeway Inns, Friendship Inns, Econo Lodges, Sleep Inns 등 여러 브랜드를 포진시키고 있어 브랜드의 효율성 측면에서 크게 떨어지고 있다(〈그림 11-42〉 참조). 어떤 측면에서 보면, Choice Hotels International의 경우는 과거 GM의 Chevrolet, Pontiac, Buick, Oldsmobile 등 유사 네 브랜드의 실패 사례와 유사하다.

표 11-22 Choice Hotels International의 다중 브랜드 포지셔닝

브랜드	특징
Sleep Inns	limited-service, economy hotels
Comfort Inn and Suites	upper economy, limited-service hotels and all-suite hotels
Quality Inns Hotels and Suites	mid-priced, full-service inns and limited-service all-suite hotels
Clarion Hotels, Suites and Resorts	upscale hotels, all-suite hotels
Carriage House Inns	resorts and boutique inns
Rodeway Inns	limited and full service, upper-price economy hotels
Econo Lodge	limited-service, mid-priced, economy hotels
Friendship Inns	lower economy, limited-service hotels

Starwood Hotels&Resorts Worldwide, Inc.

Starwood Hotels&Resorts Worldwide는 1993년에 호텔산업에 진입했으나, 현재 세계적인 호텔 그룹으로 인정받고 있으며, 2016년 Marriott International Inc.에 인수·합병됐다.

* 미국 New York에 본사를 두고 있으며 2004년 국내에 개관한 W는 세계에서 20번째, 아시아 최초의 호텔로서, 미국 Business Travel News가 수여하는 '2003년 톱 미국 체인'부문에서 Westin과 함께 1, 2위를 차지한 바 있음.

표 11-23 Starwood Hotels&Resorts Worldwide. Inc의 다중 브랜드 포지셔닝

브랜드	특징
Sheraton Hotels and Resorts	Starwood Hotels&Resorts Worldwide 브랜드 중 가장 대규모의 호텔로서, 비즈니스 고객이 주 표적시장임(340개의 호텔과 11만 개 이상의 객실)
Westin Hotels&Resorts	70년 역사로 23개 국의 상업 지역과 리조트에 분포되어 있음
The St. Regis/ The Luxury Collection	호화 호텔로서 세계 주요 도시, 주요 지역에 입지하여 상류층 고객을 표적시장으로 함
Four Points Hotels	공항, 대도시 지역에 주로 입지하여, 중소 규모 회의 등 비즈니스 고객을 표적시장으로 하는 호텔
W Hotels*	'W'는 재치있는(witty), 따뜻한(warm), 놀라운(wonderful), 환영(welcoming)을 의미함. 비즈니스 고객을 위한 편안한 주거(residential) 호텔의 시설로서, 타 비즈니스 호텔과 색다른 분위기를 연출(1998년 12월 New York City에 최초로 개관)
Caesars	Atlantic City의 Caesars 등, Rome풍의 호텔로서 카지노 등 레크리에이션과 여흥 활동에 초점을 맞춘 리조트 호텔
Le Meridien	유럽 특히 France적인 브랜드로서 '멋진 문화적인 발견'이라는 핵심 가치로 1972년 Air France에 의해 설립됨. France Paris에 최초 개관하였으며 비즈니스 여행자와 노인층 여행자가 주요 표적시장임
A loft	'a loft'란 '하늘 위로 높이 더 높이'란 의미로서 멋지고, 상쾌한, 스타일리쉬한 개념의 호텔임. 미국 New York에서 최초 개관된 'little W' 호텔로 알려져 있음(〈그림 11-43〉 참조)

그림 11-43 A loft

Hilton Worldwide

세계 체인 호텔의 대표인 Hilton Worldwide는 The Waldorf Astoria Hotels&Resorts, Conrad Hotels&Resorts, Hilton Hotels&Resorts, Doubletree by Hilton, Embassy Suites Hotels, Hilton Garden Inn, Hampton Hotels, Homewood Suites by Hilton, Home2 Suites by Hilton, Hilton Grand Vacations, Hilton HHonors(R) 등의 브랜드를 운영하고 있다. Hilton Worldwide의 호텔들은 크게 비즈니스 호텔, 회의 호텔, suite room 호텔, 바캉스 호텔, 공항 호텔, Hilton 휴일 클럽 호텔, Hilton 회원 호텔(Hilton Garden Inn) 등 7개로 나누어진다.

Hilton Worldwide는 또한 2014년에 Las Vegas에 젊은세대와 상위층 고객을 위한 **boutique** 호텔, 소위 'life style' 호텔인 Curio-A Collection by Hilton을 개관했다(〈그림 11-44〉 참조). Curio Collection by Hilton은 2017년 Australia의 Sydney에도 개관되는 등 전 세계 체인으로 출사표를 던졌다.

Hilton은 또한 2018년 중국의 Country Garden Hotels Group과 파트너십을 체결하고 Double Tree by Hilton 및 Hilton Garden Inn 브랜드들을 통해 중국 시장 진출에 나섰다.

2014년 10월 충격적인 사건이 있었다. The Waldorf Astoria가 중국의 Anbang Insurance Group에 매각이 된 것이다. Hilton Worldwide가 1949년 매입, Hilton Worldwide뿐 아니라 Empire State Building과 함께 New York City의 대표 icon이었던

그림 11-44 Curio Collection by Hilton
출처: www.curiocollection3.hilton.com

The Waldorf Astoria는 2019년 기준 전 세계에 걸쳐 27개가 있는데, 그 역사는 1896년부터 시작됐다. Hilton Worldwide의 대표 **flagship 브랜드**였던 The Waldorf Astoria는 New York City의 최상 레스토랑들인 Peacock Alley, Bull and Bear Prime Steakhouse, Oscar's 등의 'home'이기도 하다. 중국 기업이 New York City의 심장부까지 진출하는 환경 하에 '다행히도' 100년 동안 Hilton Worldwide에서 위탁 경영을 맡기로 했다.

Airbnb

앞에 제시된 호텔산업의 공룡 호텔들과 비교해도 손색없는 숙박 기업이 Airbnb다. 2019년 초 기준, Airbnb의 명부에는 25,000여 개의 **boutique** 호텔과 2십만 여 개의 B&B가 기재됐다. 2017년과 비교해 두 배 이상의 규모다. 특히 **boutique** 호텔 부문은 다섯 배 이상의 성장이다. 이 Airbnb가 2018년부터 제 2의 새로운 도약을 시작했다.

Airbnb의 공동 창립자이자 CEO인 Brian Chesky에 의하면, 향후 새로운 숙박 형태, 범주를 창출하기 위해 프로그램 재정비에 착수했다고 한다. 또한 그는 2018년 기준, 3억 명이 Airbnb를 이용하고 있지만, 2030년에는 모든 사람이 어디서든지 숙박할 수 있도록(everyone can belong anywhere) 하는 것이 Airbnb의 사명이라고 말한다.

실제로 Airbnb는 2018년에만 〈표 11-24〉와 같이 8개의 새로운 브랜드를 도입했다.

〈표 11-24〉에 제시된 브랜드 중 Airbnb Plus, Beyond by Airbnb, Airbnb Collections, Vacation Home Unique, B&B and Boutiques는 신규 브랜드이며, Entire Home과 Private Room and Shared Space는 기존 브랜드이고, Superhost는 브랜드라기보다는 일종의 프로그램이다.

Airbnb의 미래는 종래의 사업과는 매우 다른 모습으로 전개될 것이다. 2030년에도 기존의 핵심 디자인은 변화가 없을 것이나, 리스트에는 450만 개의 숙박업체가 올라올 것이고, 명실상부 세계 최고의 홈 데이터베이스 기업이 될 것이다(지금도 그렇지만). 2030년이 되면, 예를 들어 발코니가 있는 아파트, 예술가와 함께 하는 숙박 등

표 11-24 Airbnb의 다중 브랜드 포지셔닝

브랜드	내용
Airbnb Plus	• 2018년 기준, 13개 도시에 2000개 숙박소 • 100여 개의 체크포인트를 점검(청결, 안락, 디자인 등) • 디자인 컨설턴트, 전문 사진사, 기타 프리미엄 지원 등을 기용하여 in-home 서비스 강화에 초점
Beyond by Airbnb	• 지역별 풍습에 초점을 맞춘 여행(custom-designed trip)에 최적 숙박 기능
Airbnb Collections	• 1인 여행객에 초점을 맞춘 platform • 기타 가족 여행, 단체 여행(group getaways), 비즈니스 여행, 신혼 여행 등 여행별 고객 욕구에 부합하는 숙박 시설 제공
Superhost program	• 지역 사회(리스트에 있는 지역의 투숙업체)에 투자하는 프로그램 • 투숙업체의 주인에게 할인 권한 부여, 공항 픽업, 항공기 좌석 업그레이드, 공항 라운지 이용 등의 부가 혜택 제공 • 2019년부터 멤버십 프로그램 시작
Vacation Home Unique	• 휴가 여행객들에게 원하는 스타일의 숙박업체 제공
B&B and Boutiques	• Boutique 호텔 수준의 B&B
Private Room and Shared Space(기존)	• 신규 브랜드는 아님. 개별 룸을 사용하며 나머지 구역은 공유
Entire Home(기존)	• 신규 브랜드는 아님. 집 전체를 사용

고객이 원하는 모든 필요를 충족해줄 것이다.

Airbnb의 공동 설립자이자 숙박업체 및 투자자에 대한 자료 제공 및 분석을 주 업무로 하는 AirDNA의 CEO Scott Shatford에 의하면, Airbnb의 숙박업체 선정 기준은 〈표 11-25〉와 같다.

표 11-25 Airbnb의 숙박업체 선정 기준

- 지역 사회의 회합 장소나 이벤트와의 근접성
- 지역 사회의 디자인이 잘 반영되어 있거나 독특하고 개성 있는 객실
- 지역 사회의 영향을 가장 잘 받을 수 있는 객실 및 기타 공간
- 지역 사회를 대표하거나 전통적인 숙박업체 주인
- 독특한 amenity를 보유한 숙박업체
- 지역 사회 관광을 잘 안내할 수 있는 숙박업체 주인

또한 Airbnb는 2018년부터 Site Minder라는 IT 기업과 파트너십을 체결하고 **boutique** 호텔들과 B&B를 지원하기 시작했다. 따라서 고객의 예약 현황을 숙박업체 및 본사에서 실시간으로 확인할 수 있고, 자동으로 본사가 숙박업체에 대한 명부 정보를 온라인으로 관리 · 통제할 수 있게 됐다. 이미 Airbnb의 숙박업체들은 OTA 등을 통한 수수료와 비교해 수수료가 낮으며, 계약 없이 고객 신상 정보 그대로 확인, 수수료 지불 방법 등에서 확고한 신뢰를 구축하고 있다.

Airbnb의 사업 확장(욕심)은 여기서 그치지 않는다. 2017년 일본의 니혼게이자이 신문의 발표에 의하면, Airbnb는 일본에서 관광 체험 프로그램에 대한 예약 대행 서

비스 및 항공권, 렌터카에 대한 예약 대행 서비스까지 준비 중이라고 한다. Airbnb는 여행과 관련된 모든 분야의 서비스를 준비하고 있다.

Boutique&Lifestyle Lodging Association(BLLA)의 CEO Frances Kiradjian은 "Airbnb는 마치 OTA의 중계자 역할을 하려는 것 같아 보인다. 2018년 현 시점까지 분명히 Airbnb의 분배(예약) 비용은 낮지만, 향후 많은 호텔들이 호텔 URL(uniform resource locator : www.에서 특정 주소를 확인하는 기능)과 직접 연결되는 예약 사이트인 Stay Boutique의 이용을 시도하려 하기 때문에 그 결과는 알 수 없다"라고 언급했다.

위와 같은 Airbnb의 변신은 분명 호텔산업에 새로운 경쟁의 바람을 일으킬 것이 자명하다. 이에 대해 AHLA에서는 만약 Airbnb가 호텔산업에 진출한다면 관계 법령, 세금, 안전 규정 등을 시시콜콜 감시받게 될 것이라고 일침을 놓았다. 또한 작은 숙박기관, 소유직영, B&B에 대한 비영리 국가 협회인 Association of Independent Hospitality Professionals(AIHP)에서도 사업 영역이 분명히 정해져야 한다며 Airbnb의 사업 확장을 경계하고 있는 상황이다.

Marriott이 PlacePass에 투자하며 Airbnb's Trip에 도전을 하고 있다. Hilton Worldwide도 2016년 기존의 Hilton 브랜드 호텔들보다 더 작고 저렴한 Tru by Hilton, 2018년에는 Tru와 비슷한 수준의 Hostel on Steroids를 시장에 진출시켰다. 또한 AccorHotels Group도 2017년부터 초호화 휴가 렌털 사업을 시작했다. 미국 Long Island에서 시작된 이 사업은 미국 California 남부 지역, France Riviera, Caribbean, Mexico 등에 위치한 고급 빌라들을 사업에 편입시키며 사업을 확장하고 있다. 한 계절 렌트의 경우 200만$ 이상의 경비가 필요하다.

Airbnb에 대한 필자의 충고

이러한 거물 호텔 그룹들의 신생 사업과 브랜드들은 모두 Airbnb를 겨냥한 초강력 경쟁 선포로 시장의 유일한 근원적 위협인 '경쟁'이 얼마나 무서운 것인지를 극명하게 보여준다. 실제로 Airbnb는 숙박산업에서 신 개념인 'home-sharing' **platform**을 구축하며 기적적인 성장을 이룩했고, 더 큰 성장을 위한 제 2의 도약을 시작했다. 그러나 실제로 Airbnb 매출 중 '주인'이 있는 '숙박 공유'(진정한 의미의 '숙박 공유')에서 파생되는 것은 20%에 불과하다. 81%의 매출은(2017년 기준, 약 46억$) '주인'이 없는 'whole-unit rental'에서 이루어지고 있다. 이것이 Airbnb의 제 2도약의 발판이며 새로운 영역이 되고 있다. 즉 Airbnb의 경쟁에서 떨어져있었던 Marriott, Hilton, AccorHotels Group 등 초강력 경쟁상대들과의 전쟁터로 입성하고 있는 것이다.

Airbnb가 향후 과연 자사의 계획대로 지속적 성공을 달성할 수 있을 것인가? 지켜볼 문제다. 격언이 떠오른다. "과욕은 금물이다."

다중 브랜드 포지셔닝 시의 교훈

다중 브랜드 포지셔닝에 있어서 가장 대표적 실패 사례 중 하나는 Miller다.

대표적 다중 브랜드 실패 사례 : Miller

Miller는 1970년대에는 Miller High Life만을 판매했으나, 그 이후 무수한 브랜드의 맥주, 즉 Miller High Life와 Miller Lite(이 브랜드는 대성공이었지만) 이외에도 Miller Lite Ice, Miller High Life Lite, Miller Genuine Draft, Miller Genuine Draft Lite, Miller Reserve, Miller Reserve Lite, Miller Reserve Amber Light, Miller Clear 등이 시장에 출시됐다. 판매가 저조하자 Miller는 Miller Regular라는 새로운 브랜드의 출시를 계획하며, Miller가 상징하는 모든 것을 대표하는 하나의 맥주로 상황을 정리하고자 했다. 5천만$의 마케팅 예산이 투입되었음에도 불구하고 소비자들에게 이미 희석된 Miller의 브랜드 연상과 이미지는 회복되지 않았고, 결국 Miller Regular 출시도 포기할 수밖에 없었다.

Jack Trout이 말했듯이, 브랜드를 많이 변형할수록 소비자들의 마음 속에서 브랜드의 본질은 점점 더 희석될 수밖에 없다. Miller의 최대 경쟁사 Budweiser의 '진실'이라는 한 단어 광고와 비교할 때, Miller의 지나친 다중 브랜드 포지셔닝 전략의 실패는 분명한 시장의 교훈을 주고 있다.

다중 브랜드와 전략 사업체의 관계

전략 사업체(SBU : strategic business unit)는 고유의 사명, 시장, 전략을 갖고 있어야 한다. 다중 브랜드 포지셔닝에 있어서 가장 중요한 핵심은 전략 사업 개체와 같이 각 브랜드가 각기 다른 시장(고객층)을 갖고 있어야 한다는 것이다.

Carlson Companies의 전략 사업체

1938년 Curtis L. Carlson이 설립한 Carlson Companies는 호텔(Radisson Hotels&Resort, Regent International Hotels, Country Inns&Suites By Carlson), 레스토랑(T.G.I. Friday's, Italianni's, Front Row Sports Grill), 크루즈(Radisson Seven Seas Cruises), 관계 마케팅 지원 기관(Carlson Marketing Group), 여행사(Carlson Wagonlit Travel, Neiman Marcus Travel Services, Thomas Cook), Carlson Vacation Ownership, Carlson Lifestyle Living 등의 모 기업이다. Carlson Companies는 위의 조직을 Carlson Marketing Group, Carlson Hospitality Worldwide(호텔, 레스토랑, 크루즈 등), Carlson Wagonlit Travel로 나누어 각각 그룹을 시장 선도자로 부각시키는 목표를 갖고 있다.

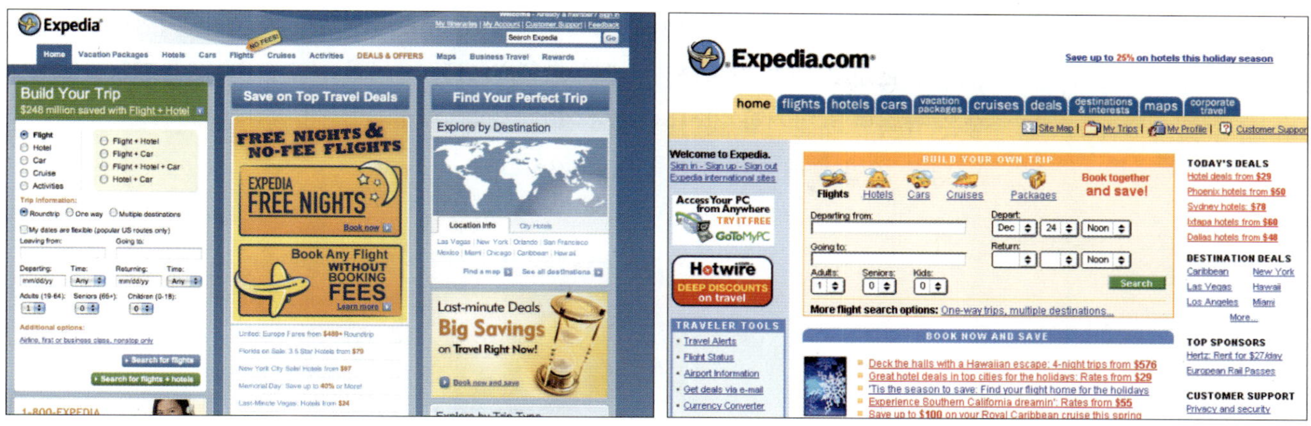

그림 11-45 Expedia

Expedia Inc.의 전략 사업체

세계 최대의 호텔 예약 사이트인 Expedia.com을 소유하고 있는 세계 최대 온라인 여행사 Expedia Inc. 역시 브랜드 포트폴리오의 대표적 사례에 해당된다(〈그림 11-45〉 참조). Expedia Inc.는 2019년 기준, 세계 최대, 100개 이상의 지역화된 Expedia.com, Hotels.com 브랜드화 사이트, 미국 최고의 할인 여행 사이트 Hotwire, 최고의 호텔업체 대행사 Venere.com, 세계 5위 규모 여행 관리업체 Egencia, 세계 최대 여행 커뮤니티 TripAdvisor Media Network, 목적지 활동 제공업체 Expedia Local Expert, 고급 여행 전문업체 Classic Vacation, 중국의 두 번째 규모 예약 사이트 eLong 등 광범위한 브랜드 포트폴리오를 보유하고 있다. Expedia는 또한 호텔 예약에 Bitcoin을 허용한 최초의 여행사이기도 하다.

새로운 사업 영역에 진출할 때 많은 기업들은 종종 해당 전문 기업들과 합작, 혹은 그러한 기업을 인수한다. Italy 보석 기업 Bvlgari는 호텔과 리조트 사업을 위해 Marriott International과 합작을 했으며, 세계 제 1의 주류 기업 Diageo가 북미 와인 사업을 위해 Chalong Wine Group을 매입한 것이 그 대표적 예다.

국내 대기업들의 '전문화' 전략

2014년 11월 삼성은 한화에 방산/화학 부문 4대 기업을 매각했다. SK이노베이션은 Germany Coutinental과 전기배터리 합작 사업을 청산했다. Posco(포항제철)도 특수 철강 부문을 보다 전문적인 기업으로 매각했다.

이와 같은 대기업의 군살(redundant) 빼기 동향은 '잘 못하는' 부문은 '보다 잘하는' 기업에게 살을 붙여주고, 다이어트를 함으로써, 보다 전문적인 부문에 집중할 수 있는 사업 환경을 조성하는, 매우 바람직한 전략이다. 브랜드(제품) 포트폴리오 전략에 있어서 모든 기업들이 필히 각인하고, 추진해야 할 '지극히 기본적인', 그러나 가장 중요한 전략 방향이다.

다시 강조하지만, 전문성이란 경이스러울 정도로 폭이 좁은 것을 의미한다. 현대는 결코 규모의 시대가 아니다. 세계의 모든 기업들이 이와 같은 전략을 추진한다면, 시장은 급속도로 발전할 것이며, 삼성전자, MS, Apple, Google, Amazon, P&G 등과 같은 명품 기업 브랜드가 계속 늘어날 것이다.

3

기능·영업적 전략

환대산업 마케팅 전략 계획 모델(제품 전략)

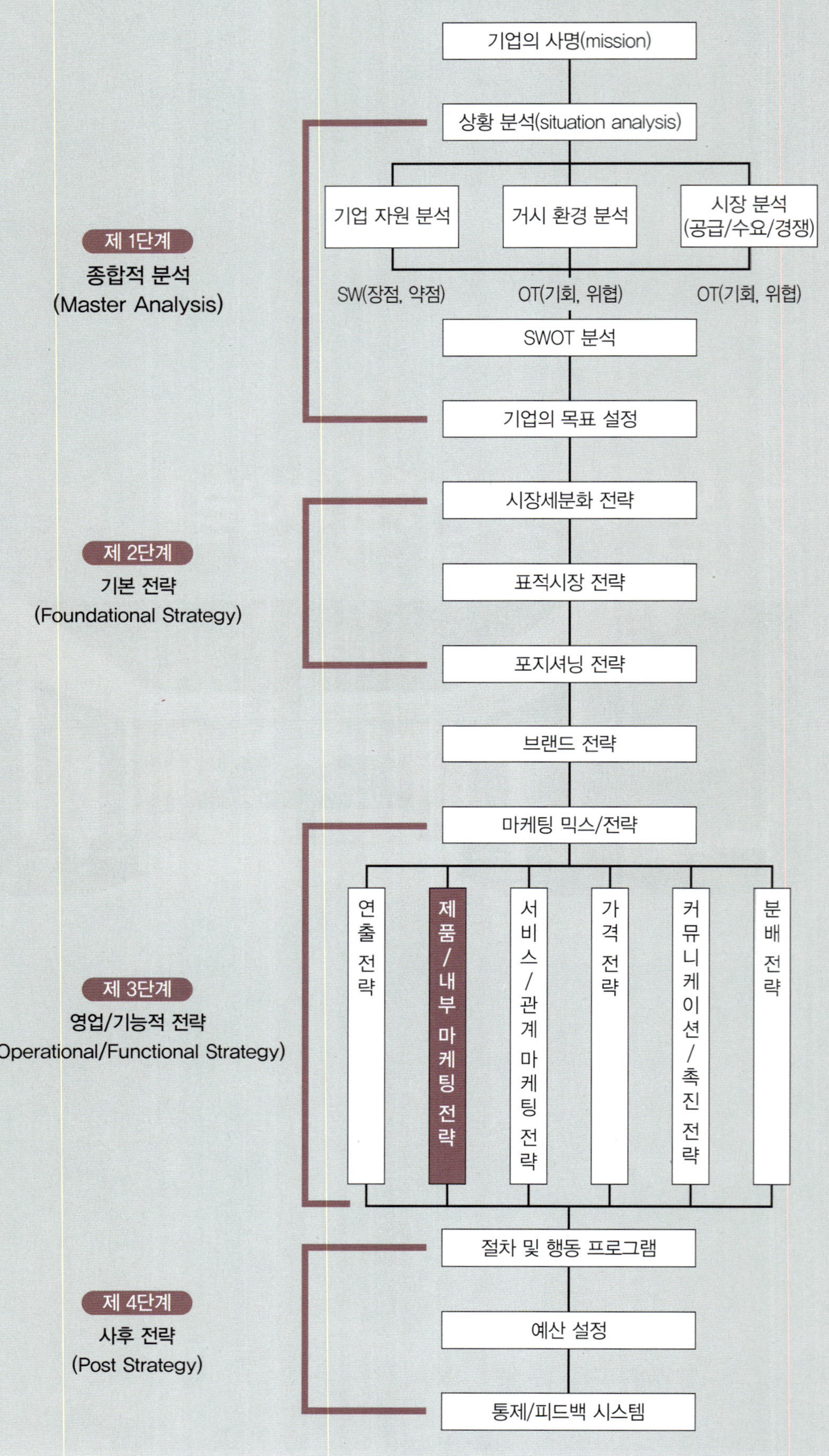

제품 전략

제 12 장

제1절 제품과 패키지

1. 제품의 개념과 분류

1-1. 제품의 개념

제11장에서 설명됐던 브랜드도 제품의 주요 요소 중 하나다. 브랜드와 제품의 개념적 차이는 〈그림 12-1〉과 같다.

제품 관리의 목표는 소비자의 욕구와 필요를 만족시키고, 동시에 문제를 해결하는 것이다. 제품 관리에 있어서 우선적으로 이해해야 하는 개념은 **제품 계열(product line)**이다. 이는 '유사한 기능, 동일한 고객, 동일한 유통 경로, 일정한 가격 등의 유사성을 근거로 하여 관련 제품들을 집합적으로 나타내는 것'으로 정의될 수 있다(〈그림 12-2〉 참조).

최적의 제품 믹스를 위해서는 **제품 계열**에 대한 추가, 개선, 폐기를 통해 제품 관리

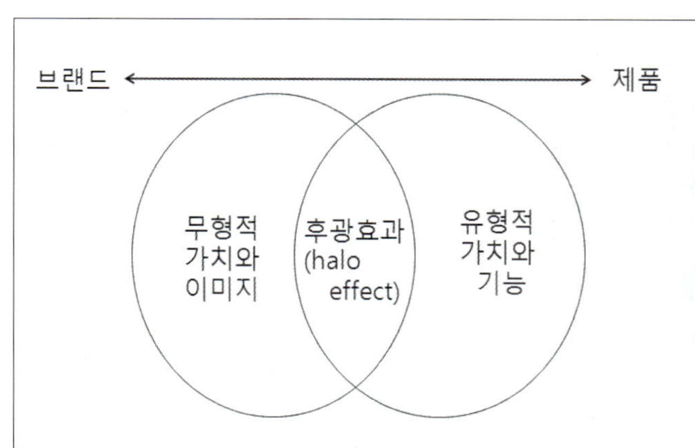

그림 12-1 브랜드와 제품의 개념적 차이

그림 12-2 Gillette의 제품 계열

의 목표를 달성해야 한다. **제품 계열**의 추가는 **제품 계열**에 대한 다양화(diversification), 연장(line-stretching), 보충(line-filling)을 의미하며, 기존 **제품 계열**의 개선은 품질, 기능, 스타일 등의 수정을 통해 이루어진다. 기존 제품이 소비자의 욕구와 필요에 부응하지 못하고 개선이 어려울 경우에는 폐기되는 것이 바람직하다.

제품은 다음과 같은 여러 형태의 개념으로 나뉘어진다.

핵심 제품(core product)

고객이 실질적으로 구매하는 것을 핵심 제품(**core product**)이라고 한다. 마케팅에서는 고객의 지각(perception)이 곧 현실(reality)이다. 역사적으로 무색 맥주, 무색 콜라, 무색 치약, 무색 화장품, 무색 세제, 무색 휘발유 등 많은 무색 제품이 출시됐지만, 성공 사례는 하나도 없다. 무색의 Crystal Pepsi가 출시하기 전, 1,200명의 소비자 조사 결과 '식음료 부문 올해의 최우수 신제품'으로 선정됐으나, 1년 뒤 시장에서 사라졌다(〈그림 12-3〉 참조). 고객의 지각에는 적갈색이어야 콜라지 투명한 것은 콜라가 아니다. 연기가 나야 담배지 무연 담배는 담배가 아니다(Eclipse). 오크 통 속의 갈색이어야 위스키지 무색은 위스키가 아니다(Frost 8/80). 이것이 고객의 지각, 곧 현실이다.

무색 제품의 실패 징크스를 깨고자(?) Coca-Cola가 Coca-Cola Clear(〈그림 12-4〉 참조)를 2018년 일본 시장에 출시했다. 레몬 맛의 Coca-Cola Clear는 칼로리가 없고 물처럼 보인다. 과연 무색 제품의 징크스를 깰 수 있을까?

핵심 제품이란 제품 그 자체를 의미하는 것이 아니라, 제품이 고객을 위하여 무엇을 하느냐(not what the product is, but what the product does)를 의미하는 것이다. 즉 고객의 욕구를 충족시키거나 문제를 해결해주기 위해 제공되는 혜택의 결합체(bundle of benefits)로서 송곳이 아니라 구멍, 책이 아니라 지식이 핵심 제품의 범주에 포함된다. Mercedes Benz를 구매하는 것은 체면을 구매한다는 의미이다.

실질 제품(formal product)

마케터는 핵심 제품을 실제 제품으로 승화시켜야 하는데, 실질 제품이란 잠재 고객들

그림 12-3 Crystal Pepsi

그림 12-4 Coca-Cola Clear

출처: tokyotreat.com

에게 바람직한 혜택이 제공되도록 물질적으로 형성된 것을 의미한다.

Avis는 자동차를 고객이 원하는 혜택(핵심 제품)에 따라 중형차, 대형차, 프리미엄차, 럭셔리차, SUV, convertible, 벤 등의 실질 제품으로 승화시켰다. Avis 또한 운전을 원하지 않는(**핵심 제품**) 고객에게는 운전기사 옵션(실질 제품)을 선택할 수 있도록 하고 있다.

증대 제품(augmented product)

증대 제품이란 소비자들이 충분한 만족을 얻을 수 있도록 제공되는 모든 것을 의미한다. Germany에서 Audi를 구입하러 매장(Audi Forum)에 가면, Audi의 역사를 보여주는 박물관인 Mobile Museum, 격납고 스타일의 출고센터, 레스토랑, 콘서트 홀, 극장을 볼 수 있다. 고객들은 무료로 인근 호텔에 투숙하며, 당일 하루 동안 VIP 대접을 받는다. 또한 최첨단 공장 견학 및 레스토랑의 만찬도 무료로 즐길 수 있다. Audi는 증대 제품의 진수를 보여주는 기업이다. 2000년에 출시된 Toyota의 Scion 자동차는 고객이 40여 가지의 옵션 중 선택할 수 있게 했다.

단 증대 제품은 '**overshooting**'이 될 수 있는 위험을 내포하고 있다. 마케팅뿐 아니라 우리의 일상 생활에서도 가장 바람직한 것은 '적합, 적절, 적당'한 수준이다. '과유불급, 지나친, 초과'라는 단어는 불행을 초래한다.

모든 거주 환경을 제공하는 all suite 호텔, 중장기 체류(extended stay) 호텔이 증대 제품의 대표적 예이며, 환대산업의 경우에는 다음의 요소들도 증대 제품 범주 내에 포함된다.

환대산업 증대 제품의 범위

첫째, 접근성(accessibility)으로서 위치뿐 아니라 영업 시간까지도 포함된다. McDonald's의 많은 매장들은 24시간 영업을 한다.

둘째, 환경(atmosphere)으로서, 색깔, 밝기, 크기, 모양 등 sight를 의미하는 시각(visual); 소리의 크기(volume), 가락(pitch : 음율의 높이) 등 sound를 의미하는 청각(aural); 냄새, 신선함 등 scent를 의미하는 후각(olfactory); 부드러움, 매끄러움, 온도 등 touch를 의미하는 촉각(tactile)이 모두 포함된다. 특히 촉각에 대한 중요성이 점차 부각되고 있다. 1세대 iPhone에서 Apple이 이룬 혁신은 동시에 이루어지는 touch 동작을 인식할 수 있는 소프트웨어에 있다. 사람들이 구매 시 제품을 만지게 되면 구매율이 40% 이상 높아진다고 한다.

셋째, 환대산업 제품의 특성상 고객과 기업 간의, 고객과 고객 간의 상호 작용도 증대 제품의 범주에 포함된다. 먼저 고객 군(clientele)이 그것인데, Singapore의 Shangri-La는 호텔을 세 개의 동으로 분리시켜 고객 군을 분리시키고 있다.

넷째, 서비스 과정에 대한 고객의 참여 또한 고객의 만족도 제고 및 비용 절감이라는 동시 효과를 얻을 수 있다. Hardee's 레스토랑에서는 고객이 토마토, 상치, 양파, 치즈, 소스 등을 condiment bar에서 직접 선택한다. 서비스 직원은 햄버거 크기만 주문을 받으면 되고, 인건비 감소는 물론 고객의 만족도 제고시키고 있다.

Starbucks에는 메뉴에 없는 고객 자신만의 'Siren order'라고 불리는 메뉴인 'custom beverage'가 있다. 고객은 이 메뉴를 app으로 주문한 후, 자신의 레시피에 의해 만들어진 음료를 대기 시간 없이 수령한다.

증대 제품 개념은 **추가적 확장(augmentation by addition)**과 **증식적 확장(augmentation by multiplication)**이라는 두 형태로 나눠질 수 있다. 전자는 기능, 혹은 혜택 추가에 의한 확장(예: Residence Inns by Marriott의 넓은 객실, 식료품 서비스 등)이며, 후자는 제품(브랜드) 포트폴리오에 의한 확장(Marriott Corporation의 Courtyard, Fairfield Inns, Residence Inns 등; Coca-Cola의 Diet Coke, Cherry Coke 등)을 의미한다.

부속 제품(facilitating product)

고객이 **핵심 제품**을 이용할 때 필히 제공되어야 하는 것으로서, 호텔 객실의 경우 예약, 입·퇴숙 서비스, 객실 내 TV, 전화*, 화장실, concierge 서비스, 룸서비스 등이 여기에 해당된다.

전화는 호텔 객실의 부속 제품 범주에서 서서히 멀어져가고 있음(핸드폰 때문).

부속 제품 중에서는 본 제품보다도 더 큰 매출과 시장을 갖고 있는 경우가 많다. 그 이유는 그러한 부속 제품은 **핵심 제품**(What does this product do?) 기능의 주체가 되기 때문이다. 예를 들어 손전등보다 건전지가, 카메라보다 필름이, 컴퓨터 하드웨어보다 소프트웨어가, 면도기보다 면도날이 궁극적으로 더 큰 매출과 시장을 갖고 있다.

지원 제품(supporting product)

핵심 제품의 차별화를 위한 모든 것이 지원 제품의 개념에 포함된다. 가장 대표적인 예는 비품으로서, Hyatt의 경우 특히 화장실에 많은 종류의 비품을 제공하고 있으며, Hilton은 2년 동안의 조사를 통하여 고객들이 선호하는 비품 패키지를 개발했다. 홍콩의 Regent International은 최고급 이미지 창조를 위해 정상 크기의 고급 샴푸를 제공하고, 주스도 원액을 사용하고 있다. 프리미엄 맥주로 유명한 Samuel Adams는 2007년 맥주 맛을 극대화시킨다는 목적으로 특수 디자인된 4개 들이 맥주잔을 30$에 판매한 적이 있다.

지원 제품에 있어서 마케터들이 주지해야 하는 사실은 비전문적, 비차별적 지원 제품으로 인해 복제되고, 비용만 상승되는 결과를 방지해야 한다는 것이다.

제품 개념에 대한 분류의 초점은 물론 고객이다. 모든 것은 고객화된(customized) 제품으로 승화되어야 한다는 것이다. Smart Room(Sheraton), The Room that Works(Marriott), The Guest Office(Westin), Quiet Zone(Crowne Plaza) 등은 비즈니스 여행객을 대상으로 제품 개념을 브랜드화한 대표적 사례다.

1) 제품의 품질(Quality)

위의 모든 것은 제품의 품질과 연결된다. Crosby Quality College의 설립자이자, 품질 관련 베스트 셀러 작가인 Philip Crosby는 품질을 '제품이 우리의 약속대로 작동하고, 고장 없이 계속해서 움직이는 것이다'라고 정의했다. 품질이란 제품의 수행 능력을 의미하는 것으로, 많은 기업들은 제품 품질을 최대화시키기 위하여 품질 기능 전개(**QFD : quality function deployment**), 전사적 품질 관리(**TQM : total quality management**)와 같은 개념을 적용시키고 있다.

Kotlor와 Greisin의 견해를 종합하여 보면, **TQM**은 품질에 대하여 다음과 같은 견해를 고수해야 한다.

TQM에 대한 교훈

① 품질은 고객에 의해서 인식되어야 한다.
② 품질은 기업의 제품에만 한정되는 것이 아니고 모든 기업의 활동에 반영되어야 한다.
③ 품질은 전 사원의 참여를 요구한다.
④ 품질은 항상 향상될 수 있다.
⑤ 품질이 항상 더 많은 비용을 들게 하는 것은 아니다.
⑥ 품질은 필요하지만 충분하지 않을 수도 있다.
⑦ 품질 추구가 불량품을 구제할 수는 없다.
⑧ 합리적인 비용으로 고객 만족을 향상시킬 수 있는 노력이 필요하다.
⑨ 고객을 확보하는 주요 요인들과 고객을 잃게 되는 요인들을 각각 측정하라.
⑩ 품질에는 결코 휴식이 없다.

2) 제품 개념 관련 핵심 용어

마지막으로 제품 개념과 관련된 〈표 12-1〉의 핵심 용어에 대한 정의를 살펴보자.

표 12-1 제품 개념과 관련된 핵심 용어의 정의

용어	정의
품질(quality)	제품의 수행 능력(ability to perform)
특성(feature)	경쟁사의 제품과 차별이 되는 속성(attribute), 혹은 경쟁적 도구
브랜드(brand)	상표, 상호, 트레이드 마크
상호(brand name)	제품의 명칭
상표(brand mark)	제품 명칭 및 심볼과 관련된 디자인
특허(trade mark)	상표, 상호에 대한 법적 보호
저작권(copy right)	재생, 판매, 공표에 대한 법적 보호
포장(packaging)	제품의 박스, 포장 등의 디자인과 생산 활동
표찰(labeling)	브랜드, 등급, 설명, 촉진 수단의 그래픽 등으로 제품과 브랜드를 설명해주는 도구

1-2. 제품의 분류

쇼핑 습관에 의한 제품 분류

산업재
산업재는 설비(installation), 보조 장비(accessory equipment), 구성 부품(component), 원 재료(raw materials) 등으로 나눠짐.

타 제품을 생산하거나 서비스를 산출하기 위해 생산자, 정부 기관, 비영리 조직, 재판매업자 등이 대상 시장이 될 경우에는 산업재(industrial goods)라고 하며, 개인 또는 가계가 대상 시장이 될 경우에는 소비재(consumer goods)라고 한다. 여기에서는 소비재의 분류를 살펴보기로 한다. 소비재의 분류는 소비자의 쇼핑 습관이 근간이 된다.

제품 분류에 앞서 Foxall과 Goldsmith에 의한 소비자의 쇼핑 동기(욕구)를 살펴보면 다음과 같다.

① 생리적(physiological) 욕구 : 일상 생활에 도움이 됨
② 사회적 욕구 : 집단의 구성원으로서의 표현 혹은 사회적 관계의 징표
③ 상징적 욕구 : 성공, 달성, 지위, 힘 등의 상징
④ 쾌락적(hedonistic) 욕구 : 감각적(맛, 냄새, 소리, 시각, 느낌) 혜택
⑤ 인지적(cognitive) 욕구 : 지식적 필요
⑥ 경험적 욕구 : 감정이나 무드에 대한 발산, 느낌

소비자의 쇼핑 습관에 의한 제품의 분류는 다음과 같다.

그림 12-5 미국의 drug store
출처 : www.bonairebest.com

1) 편의품(convenience goods)

소비자가 최소의 노력으로 자주 구매하는 제품을 편의품이라고 한다. 대부분이 비내구재로서, 편의품은 2차적으로 필수품(staple goods), 긴급품(emergency goods), 충동품(impulse goods)으로 분류된다. 필수품은 식량, 저축 등 생활 필수품(commodity)에 해당되는 제품이 대다수다. 긴급품은 갑자기 비가 내릴 때 우산이 필요하듯이, 시간과 장소의 효용이 중요하므로 가격에 대한 수요가 비탄력적이다. 충동품은 소비자의 충동적 동기에 의해 구매되는 제품으로서, 제품 노출과 더불어 바겐세일 등 판매촉진 전략이 유용한 판매 수단이 된다.

미국에서는 편의점과 유사한 상점이 있다. 그것은 drug store인데(〈그림 12-5〉 참조), 편의점과 달리 건강 관련 제품, 화장품, 미용 제품 등이 판매되고 있다. 즉 drug store는 화장품점+편의점+약국의 형태로서, 미국의 경우 Wal-Mart의 영업 이익률을 상회하고 있으며, 일본에서도 빠르게 성장하고 있다.

2) 선매품(shopping goods)

소비자가 적합성, 질, 가격, 스타일에 의거하여 비교 선택 구매를 하는 제품으로서, 일반적으로 편의품과 비교할 때 비싸고 자주 구매되지 않는다. 선매품은 2차적으로 그 차별화 정도에 따라 냉장고, 세탁기, TV 등의 동질적 선매품과 의류, 가구, 승

용차와 같은 이질적 선매품으로 분류된다. 선매품에 대한 소비자들의 구매 행동 특징은 생산자, 중간 상인의 유통 전략과 촉진 전략에 영향을 많이 받게 된다는 것이다. 따라서 마케터는 이들과의 긴밀한 유대 관계가 필요하다.

서비스 제품 중에서는 치과, 이용원, 안마 서비스 등이 선매품에 해당된다.

3) 전문품(specialty goods)

소비자들이 특정한 브랜드를 완전히 이해하고 있으며, 구매 시 상당한 탐색 노력을 투여하는 제품을 전문품이라고 한다. 따라서 마케터는 특정 소비자 집단의 습관적 구매 노력에 근거한 브랜드 집착(brand insistence)과 반복 구매 경향(purchase **inertia**)을 고려해야 한다. 고충성도(**hi-fi: high fidelity**)에 해당되는 전자 제품, 사진 장비, 자동차, 의류, 아파트, 직장(선택), 대학의 학과(선택) 등의 제품들로서, 대체로 소수의 판매점을 통해 배타적으로 유통되므로, 높은 마진이 제공되어야 한다.

서비스 제품 중에서는 변호사 상담, 호화 호텔의 투숙과 같이 고객의 관여도가 매우 높은 것들이 전문품에 해당된다.

4) 미탐색품(unsought goods)

미탐색품이란 소비자들이 상품에 대해 알든 모르든 평소 제품 탐색 의도를 거의 보이지 않는 제품을 말한다. 미탐색품은 2차적으로 보석, 보험 등 소비자가 알고 있으나 평상시에 제품 탐색을 전혀 하지 않는 정규 미탐색품과, 전혀 모르는 신규 미탐색품으로 분류된다. 마케터는 제품 정보를 광범위하게 유포하고 설득적, 적극적 인적 판매를 통하여 구매를 유발시켜야 한다.

– big head, long tail

쇼핑과 관련, 매출에서 큰 비중을 차지하는 소수의 제품을 '**big head**'라고 하며, 반대로 각각의 매출은 적지만 전체적으로 큰 매출을 발생시키는 다수의 제품은 '**long tail**'이라고 한다. 한 가지 혹은 소수의 제품(군)을 전문적으로 취급하는 전문 할인점이 있다. 이러한 형태의 할인점을 '**category killer**'라고 부른다. 인근의 동종 가게들을 모두 문 닫게 만든다는 의미다. 미국의 Toys R US(미국 완구업계 시장점유율의 약 70%), Best Buy 등이 대표적 예에 해당된다.

참고로 소비자가 가장 빈번하게 구매하는 품목은 〈표 12-2〉와 같다(미국의 사례).

내구 연수에 의한 제품 분류

제품은 다음과 같이 내구 연수에 의해서도 분류될 수 있다.

1) 내구재(durable goods)

구매 횟수가 적으며 한번 구매하면 오랜 기간 동안 사용하는 제품을 내구재라고 한다. 인적 판매, 서비스, 보증의 수준이 높은 전자 제품, 가구, 옷 등의 선매품, 전문품

표 12-2 소비자가 가장 빈번하게 구매하는 품목

상품군	구매 횟수(%)	구매 비중(%)
빵	33.4	23.4
우유	34.0	21.0
농산물	28.0	18.4
과자류	34.6	18.4
탄산음료	40.7	17.3
종이제품	32.1	14.7
사탕	52.1	14.6
주스/음료(캔, 병 등)	29.6	14.5
치즈	23.2	13.3
포장육	24.1	13.3
조미료, 소스	22.4	11.3
시리얼	26.4	11.1
가공식품(냉동)	23.0	10.0
애완동물 사료	42.1	9.5
채소(통조림)	21.1	8.6
쿠키	33.8	8.4
신선한 달걀	26.2	8.2
가공식품(건조)	21.7	7.8
수프	22.3	7.7
가공식품(즉석)	21.9	7.1
채소(냉동)	20.6	6.8
크래커	24.9	6.6
드레싱/샐러드/델리	24.8	6.5
세제	32.0	6.4
버터, 마가린	19.2	6.2

출처 : Herb Sorensen(2009), Inside the Mind of the Shopper

이 여기에 해당된다.

2) 비내구재(undurable goods)

구매 횟수가 많고, 한 번 구매하면 단 시간에 소비되는 제품을 비내구재라고 한다. 음료, 비누, 조미료 등 편의품이 여기에 해당된다.

3) 서비스

생산과 동시에 소비되며, 내구 연수가 거의 없는 혜택, 만족과 관련된 행위를 말한다.

2. 패키지 전략

2-1. 패키지의 개념, 기능, 혁신

패키지의 개념과 기능

Coca-Cola, Jack Daniel's, Heinz, Perrier, Campbell's, Absolut, Oxo, Kellogg's 등은 상호나 로고보다도 패키지가 먼저 떠오르는 브랜드들이다. 패키지의 여러 기능 중 대표적인 것은 상징성(symbolism)이다. 상징성은 제품이나 특정 물체에 있어서 매우 중요한 속성이다. 예를 들어 고대 Rome 문명 초기에 사회적 계급에 상관 없이 남녀노소가 다 입던 의복 'toga'가 기원 전 2세기에 남성 정치가들의 계급적 상징으로 변모한 후, 똑같은 'toga'의 위상이 완전히 달라졌다.

여러 마케팅 전문가들은 패키지를 마케팅 믹스(4p)의 다섯 번째 p로 내세울 정도로 그 중요성이 부각되고 있다. 종종 소비자들이 기업에 대해 갖고 있는 가장 강력한 연상 중의 하나가 패키지와 관련된 것이다. 예를 들어, 만약 평범한 소비자들에게 Heineken 맥주를 생각하면 무엇이 떠오르는지를 물으면, 일반적으로 '초록색 병'이라고 대답한다. 패키지 외양은 브랜드 인식의 중요한 수단이 된다. 게다가 패키지가 전달하고 나타내는 정보는 가치있는 브랜드 연상을 만들거나 강화할 수 있다.

패키지는 전통적으로 제품을 하나로 묶어주거나 유통 과정에서 제품을 보호한다는 기본적인 개념으로 이해되어 왔으나, 점차 시각적, 감성적, 정보 전달적, 취급 용이적 기능, 나아가 광고 전문가 James Pildich가 '패키지는 말 없는 판매원'이라고 표현했듯이, 판매를 증진시키는 차별적 기능까지 그 기능이 확대되고 있다(〈그림 12-6〉, 〈표 12-3〉 참조). Till과 Heckler는 "평범한 패키지는 제품을 보호하지만, 훌륭한 패키지는 브랜드를 보호한다"고 했다.

그림 12-6 Sidel 생수 제품의 패키지 혁신

표 12-3 패키지의 10가지 기능

보관/이동 기능	상자, 병, 봉투, 깡통 등, 기능성이 가장 중요
보호 기능	상품, 소비자, 환경 보호
용이성	손쉬운 이용, 개봉, 사용, 밀폐 용이
강렬한 인상	색, 그래픽을 통한 소통이나 고객의 관심을 끄는 광고 문구
전달 기능	브랜드 정체성과 상품의 존재 이유 전달
이미지 구축 기능	브랜드 이미지를 향상 또는 강화하는 주장, 설명, 배너
지도 기능	글 또는 그림으로 사용법 전달
교육 기능	지방 함유량, 성분, 열량 등의 정보 제공
환기 기능	고객에게 재구매 시기를 알림
부차적 쓰임새	포장 재활용과 부차적인 용도로 이용

출처: Robert E. Stevens(1997), Brand Packaging

그림 12-7 Nutella의 유리병 패키지 제품

Italy 초콜릿 Ferrero Rocher의 '악마의 잼'으로 유명한 Nutella는 플라스틱이 아니라 유리병의 패키지 제품이다(〈그림 12-7〉 참조). 그 병은 유리컵으로도 사용되며, 제품 판매를 크게 촉진하고 있다. 미국 New York과 Chicago에는 Nutella를 디저트로 하는 Nutella Cafe가 성공적으로 영업 중이다.

대한민국은 2018년 기존, 과일 포장에 나노 기술을 접목해, 과일의 부패를 초래하는 ethylene 가스를 억제하고, 외부 박테리아의 진입을 차단하는 포장을 개발해 유통 기간을 늘리는 성과를 이루었다. 실제로 토마토 포장에 실험한 결과, 유통 기간이 14일이나 늘었다고 한다. 향후 기술의 발전은 포장의 가치를 계속 제고시킬 것이다.

V-8 주스가 Campbell에서 잘 판매되는 제품이긴 하지만, 소비자 조사 결과, 보다 젊은층을 목표로 한 시장에서의 판매가 부진한 것은 소비자들이 그 브랜드가 있는 통조림 제품 코너를 쇼핑하지 않기 때문이라는 사실을 발견했다. 조사 결과를 토대로 Campbell사는 V-8 주스를 마분지로 된 6개들이 팩을 출시했고, V-8 주스는 보다 접근하기 쉬운 냉장고 및 음료 구역에 위치할 수 있었다. 그 결과 매출이 15% 증대됐다.

Switzerland의 Festina라는 유명 시계 브랜드는 방수 시계를 물 속에 있는 것처럼 보이게 포장을 해(착시 현상) 판매를 크게 제고시켰다. 미국 Dixie Products Handi-Kup의 한 직원은 사람들이 이동 중 커피 마시기를 원하는 필요를 충족시키고자 구멍이 뚫려 있는 플라스틱 뚜껑을 개발했다.

성공적 패키지 사례들

꼭지가 달린 50ℓ 물병, Absolut의 짧은 목과 둥근 병, Campbell에서 개발한 'pull top', Miller에서 처음 도입한 'twist' 맥주병, Heinz Ketchup의 과거 유리에서 플라스틱 용기로 변경한 사례 및 'upside down'형 용기(〈그림 12-8〉 참조) 등도 성공적 패키지의 대표적 예에 해당된다. Budweiser는 2014 Brazil World Cup을 기념하기 위해 세계 40개 국에 트로피 알루미늄 병과 캔을 한정판(limited edition)으로 제작했다. World Cup 맥주 후원사인 Budweiser의 이 제작품은 1974 FIFA World Cup 트로피의 모양을 로고화시킨 것이다(〈그림 12-9〉 참조).

Singapore Out of the Box 기업의 대표적 두 브랜드 Anything과 Whatever는 패키지 전략으로 성공했다*(〈그림 12-10〉 참조). 2007년 대표적 티저 광고로 소개된 이 두 브랜드(전자는 6가지의 탄산 음료, 후자는 6가지의 티)는 동일한 패키지를 사용하여 소비자가 맛을 선택할 수 없도록 운에 맡기는 패키지 전략을 사용한 것이다. 즉 Anything과 Whatever는 사람들이 가장 끊기 힘든 도박 중독의 심리를 이용한 성공 사례다(출시된 지 2주 만에 350만 개가 판매됨).

* Anything은 콜라맛, 레몬맛, 약한 레몬맛, 사과맛, 샴페인맛, 루트비어맛이며, Whatever는 레몬맛, 복숭아맛, 쟈스민 그린티맛, 청포도맛, 사과맛, 국화차맛으로 나뉘어져 있음.

그림 12-8 Heinz Ketchup 'upside down'형 용기

그림 12-9 Budweiser의 2014 Brazil World Cup기념 limited edition
출처: www.budweiser.com

그림 12-10 Anything, Whatever

최근 중요한 패키지 경향 중 하나는 새로운 시장에 소구하기 위해서 제품 패키지를 더 크게 하거나 작게 하는 것이다. 이와 관련된 핫도그, 피자, 영국식 머핀, 냉동 식품 그리고 맥주의 특대 제품들이 성공적으로 도입되어 왔다. 예를 들어, Pillsbury가 도입한 기존의 것보다 40%나 큰 비스킷은 126년 비스킷 역사상 가장 성공적인 신제품이었다.

소형을 추구하는 현대에는 국내의 '미니 과일' 등 소용량 소포장의 제품이 늘고 있다. 1인 가구의 증가와 가성비를 중시하는 현대의 소비 형태 등장으로 1인+economy의 합성어인 '일코노미족'이라는 신조어도 탄생했다.

The Golden Section

역사적으로, 동시에, 현대에 있어서도 가장 일반적이고, 친숙한 디자인 스타일을 '**The Golden Section**'이라고 한다. '**The Golden Section**'은 기하학에 근거한 것으로, Egypt의 Pyramids나 Paris의 Notre Dame 성당도 이 법칙에 의해 만들어졌다고 한다. 패키지의 경우 가로:세로의 비율이 1:1이나 2:1에 가까우면 그 평가가 절하된다. 바람직한 가로:세로 비율은 1:1보다 **1.38:1**, 2:1보다 **1.62:1**이 패키지의 평가를 절상시킨다고 한다.

Evian은 일반 마트에 출시하는 패키지와 레스토랑에 출시하는 패키지가 다르다. 레스토랑에 출시되는 Evian의 Palace 생수병은 목을 백조 목처럼 길게 만들고, 은색 받침까지 만들어 한층 세련되고 고급스러운 느낌을 전한다(〈그림 12-11〉 참조). Evian은 또한 소비자의 관심과 브랜드에 대한 흥미를 유도하려는 목적으로 매년 새로운 limited edition병을 만들어내고 있다.

그림 12-11 Evian의 Palace 생수병
출처: www.evian.com

패키지의 혁신과 판매 제고

보통의 수퍼마켓에서 구매하는 사람들은 30분도 채 되지 않는 시간 동안 1만 5천~2만 개의 제품에 노출되고, 그 중에서 계획되지 않은 많은 구매가 발생되므로, 구매 시점에서 패키지의 중요성을 짐작할 수 있다. 제품 패키지는 진열대에서 한 해 수억 번의 인상을 남긴다고 한다. 패키지 혁신은 경쟁에서 적어도 일시적인 우위를 점할 수 있다. 이러한 경향에 따라 패키지는 때때로 영구적인 매체뿐만 아니라, '마지막 5초의 마케팅'으로 불려지기도 한다.

패키지의 혁신은 성숙기 시장에서 단기간의 판매 증대를 가져올 수 있다. 예를 들어, 2ℓ용 유리병 및 12개짜리 마분지팩 같은 패키지 혁신은 1980년대 청량 음료 제조업자들로 하여금 5~7%의 성장을 경험하게 해주었다. 1990년대 청량 음료산업의 성장률도 2~3%로 낮아지면서, 청량 음료 제조업자들은 성장을 촉진하기 위해 다시 한 번 새로운 패키지를 생각하게 되었다.

그 결과 Pepsi-Cola를 24개짜리 팩 cube와 12온스짜리 재봉인이 가능한 병, 그리고 8온스짜리 작은 캔과 주둥이가 넓은 1ℓ짜리 big slam병을 도입했다. 1973년 이래 변화되지 않던 기존 Pepsi의 패키지 모양조차도, 1943년 처음으로 도입된 빨갛고, 파란 소용돌이 모양에 유선형의 보다 현대적인 변형을 가함으로써 새롭게 변모되었다. 해외 시장으로 진출하면서 Pepsi는 훨씬 더 극적인 패키지 및 로고를 시험하게 되었는데, 우주시대의 파란색 모양(space-age blue look)으로 바뀌게 된 것이 그것이다.

이에 뒤지지 않으려고 Coca-Cola도 1915년 처음으로 도입한 특유의 병 외형을 두드러지게 하는 쪽으로 방향을 바꾸며 이를 광고 캠페인으로 뒷받침해줌으로써, 병으로 인한 Coke 판매가 급등했다(〈그림 12-12〉 참조). Wild Brew는 'a drink for the party animal'이라는 야생 동물의 강함을 맥주 특성에 반영한 패키지로 판매량 급증을 가져온 바 있다.

그림 12-12 Coca-Cola 패키지의 변화

Absolut과 국내 소주병 패키지 비교

Absolut의 동그란 병 모양은 시각적 패키지의 역할은 물론, 하나의 상징이 될 정도로 성공한 패키지로 알려져 있다. 반면 국내 소주병의 경우는 2009년 말부터 환경부에 의해 360㎖의 동일 용량에 동일한 모양의 병으로 제작해야 하는 제약을 받고 있다. 공용병으로 인한 재활용 효과는 있겠으나, 국내 대표 주류 제품에 대한 이러한 규제는 외국 주류 제품과의 경쟁 능력을 강압적으로 하락시킨다는 측면에서, 외국 기업들과의 경쟁을 권장하는 정부의 정책과는 완전히 상치된다. 향후 국내 제품들에 대한 정부의 이러한 '무식한', '한심한' 정책은 절대적으로 지양되어야 한다(〈그림 12-13〉 참조).

참고로 2014년 롯데칠성음료 탄산수 Trevi는 1.2ℓ 대용량 패키지를 출시했다. 말하자면 이렇다. 세계적인 브랜드의 패키지*는 대량 생산되니 환경을 해칠 우려가 있어서 용량과 형태가 제약을 받아야 하고, 경쟁력 없는 브랜드의 패키지는(Trevi가 경쟁력이 없다는 것은 아니다) 용량과 형태를 자유자재로 만들 수 있다는 것이다. '구더기 무서워서 장 못 담그는' 정부 정책은 국제 경쟁력 제고에 있어서 가장 큰 걸림돌이다. 대한민국에서 마케팅 지향적 사고는 정치인, 행정가들에게 우선적으로 주입돼야한다.

그림 12-13 Absolut과 참이슬

참이슬은 세계 독주(spirit, hard liquor) 부문에서 소비량 1위 브랜드임.

패키지 경향에 편승한(또는 판매 부진에 직면한) 포도주 제조업자들은 다른 모양과 크기의 병에 그들이 만든 와인을 판매하는 것을 고려하게 되면서, 단순히 보기 좋은 표찰에 기초한 패키지를 능가할 수 있게 되었다. 한 패키지 전문가는 "와인 제조업자들은 패키지가 제품을 소개하는 정말 중요한 부분이 될 수 있다는 것을 알게 되었다. 제품을 잘 표현하는 것은 보다 예쁜 표찰이 아니라 기능적으로 다른 패키지다"라고 말했다. 기존의 와인뿐만 아니라, 변종의 와인(chardonnays 같은 특별한 포도로 만들어진)조차도 새로운 패키지를 사용하고 있다. 포도주 제조업자들은 적어도 일부 소비자들은 이미지와 품위를 편리성(보다 작은 병으로)과 가치(보다 큰 병으로)로 바뀌어지기를 기대하고 있다.

2-2. 바코드(bar code)

패키지의 주요 구성 요소인 표찰(label)에 있어서는(〈그림 12-14〉 참조) 점차 바코드 시스템(**universal product code**)이 필수불가결한 구성 요소로 인식되고 있다. 바코드 시스템은 전자 탐지 장치(electronic scanner)로 읽혀 판매, 재고, 관리, 계산상의 효율성을 극대화시키는 장점이 있으나, 소비자에게 가격이 알려지지 않는다는 단점이 있다.

그 이외에도 정보의 종류와 양이 제한적이었으며, 작은 정보 기록 밀도, 제한적인 scanning, 손상된 바코드에 대한 인식이나 복원의 어려움 등이 단점이다. 90년대 들어 2차원 코드가 등장하며 위의 단점이 모두 향상됐다. 특히 일본에서는 90년대 중반

바코드 시스템
바코드의 역사는 1952년 Joseph Woodland가 점과 줄로 정보를 표현 하여 제품 정보를 인식하는 특허를 출원하며 시작됐고, 비용이 저렴하다는 장점으로 지금까지 생존하고 있음.

그림 12–14 Doritos, Tostitos의 표찰(좌)과 Tropical Cocktail의 표찰(우).

그림 12–15 QR Code를 활용한 IRON MAN 2 포스터

부터 2차원 바코드의 하나인 QR(quick response) Code를 개발하여 많은 비즈니스 영역에서 활용하고 있으며, 국내에서도 SK텔레콤의 NATE Code, KT의 HOT Code, LG텔레콤의 EASY Code 등이 일본을 벤치마킹하여 경쟁했으나 제대로 활용되지 못했다.

그러나 스마트폰에 바코드와 QR Code를 인식할 수 있는 application이 탑재되고, 무선 인터넷망이 개방되며, Qroo Qroo, 에스몬 등이 등장하여 그 활용의 범위가 크게 확대됐다(〈그림 12–15〉 참조). QR Code를 이용하면 제품에 있는 바코드를 스마트폰에 인식시킨 후, 온라인 시장의 자료를 불러와 가격을 비교하고, 최저가를 검색할 수 있다.

현재 QR Code, PDF417, Data Matrix, Maxicode 등 4개의 바코드가 국제 표준으로 되어 있다(〈그림 12–16〉 참조).*

QR Code는 흑백 격자 무늬 패턴으로 정보를 나타내는 매트릭스 형식의 2차원으로서, 숫자 최대 7,089자, 문자 최대 4,296자, 이진 8비트 최대 2,953바이트, 한자 등 아시아 문자 최대 1,817자를 담을 수 있음. 작은 공간에 인쇄가 가능하며, 360°모든 방향에서 읽기가 가능하고, 30% 이내 훼손에도 오류 정정 및 기능 복원이 가능함.

그림 12–16 DENSO WAVE사에서 만든 QR Code 및 국제 표준 4대 바코드(위의 4개)

QR Code의 진화:터치 코드

2012년 Printechnologics는 QR Code보다 더욱 손쉽게 이용할 수 있는 **터치 코드**를 개발했다. **터치 코드**는 보이지 않는 코드로 이 코드가 삽입된 제품이나 출판물에 터치 스크린이 있는 아무 기기나 가져다 대면, 비디오, 게임, 영수증 등 다양한 온라인 컨텐츠가 나타난다. 이 같은 기술은 출판업계, 소비재 기업, 이벤트 프로모터 등에서 QR Code보다 폭 넓게 활용 가능하다는 것이 전문가들의 평가다. 예를 들어 콘서트 티켓에 **터치 코드**를 삽입하면 공연 영상이나 음악으로 순식간에 연결되는 식이다.

터치 코드의 장점은 간편함과 안전성에 있다. QR Code처럼 전용 리더가 필요 없이 터치 스크린이 있는 아무 기기에서나 읽을 수 있다. 또 QR Code는 복제가 가능해 지불의 목적으로 사용되기 어렵고, 바이러스 유포 등 범죄의 목적으로 이용될 가능성이 있는 반면, **터치 코드**는 보이지 않아 복제가 불가능하고, 모든 정보가 Printechnologics의 서버에 연결돼있어 안전하다.

2-3. 패키지 디자인, 색상, 변경

패키지 디자인

미국 전역의 모든 기업들이 사용하는 총 패키지 비용은 해마다 500억$ 이상이 되는 것으로 평가됐는데, 이 액수는 전체 광고비를 초과하는 것이다. 전 영국 수상 Margaret Thatcher가 각료 회의에서 한 이야기이다. "Design or resign."

한 가지 패키지 디자인을 여러 개의 연관된 패키지에 적용하는 것을 '패키지 시스템 디자인'이라고 한다. '패키지 시스템 디자인'은 브랜드 확장을 대비하여 단일 제품에 한정된 패키지 디자인보다 훨씬 많은 고려 요인이 필요하다.

세계적으로 가장 유명한 이미지 컨설턴트 및 전략적 디자이너들 중 하나인 Landor Associates(Ferryboat Kalmath로 불림)는 다양한 계층의 고객들에게 광범위한 서비스를 제공해왔다. Landor는 Coca-Cola, Maxwell House, V-8, Hawaiian Punch 등의 브랜드를 위해서 패키지를 다시 제작해주었고, 3M, General Electric 등을 위해 브랜딩 및 패키지 시스템을 개발했다. 또한 British Airways를 포함한 수많은 항공사들의 CI를 정의해주었다.

현대는 'high-tech' 시대이기도 하지만 동시에 '**high-touch**' 시대이기도 하다. '**High-touch**'는 미적 감각과 사용자 편의성(user interface)을 동시에 제고시키는 것으로, 디자인의 중요성을 대변해주는 용어다.

패키지 디자인에 있어서 색상의 역할

패키지의 가장 중요한 시각적 디자인 요소들 중 하나는 색상이다. 어떤 패키지 디자이너들은 소비자들이 '색상 어휘(color vocabulary)'를 갖는다고 믿는다. 예를 들어 우유를 하얀 종이팩 이외의 것에 넣어서 판매하거나, club soda를 파란색 패키지 이외의 것에 넣어서 판매하는 것이 어렵다고 믿는다. 동시에 어떤 브랜드들은 다른 브랜드가 유사한 스타일을 사용하는 것이 어려울 정도로 '색상의 소유권(color ownership)'을 갖는 것으로 생각한다. 〈표 12-4〉를 통해서 색상 어휘를 좀 더 살펴 보자.

표 12-4 색상 어휘와 의미

색상 어휘	의미
seeing red	분노하다
green with envy	몹시 샘을 내다
tickled pink	크게 기뻐하다
feeling blue	우울하다
clear as black and white	흑백이 명확하다
black sheep of the family	집안의 골칫덩어리
in the red(or black)	적자(혹은 흑자)가 나다
out of blue	난데 없이
paint the town red	흥청망청 놀다
white lie	선의의 거짓말
yellow-bellied	겁이 많다
heart of gold	순수한 마음
black comedy	빈정대는 유머의 희극
once in a blue moon	아주 드문
red in the face	얼굴이 빨개지다
red carpet treatment	특별 대우
pink slip	해고 통지서
white flag	백기

Drew Eric Whitman의 수십 가지 실험 결과, 사람들은 색상 중에서 ①파랑, ②빨강, ③초록, ④보라, ⑤주황, ⑥노랑의 순으로 좋아한다고 한다. 남녀의 차이는 주황과 노랑의 순위 외에는 차이가 없다고 한다. 어린 아이(5세 미만)는 빨강을 가장 선호하지만, 나이가 들수록 파랑으로 옮겨간다고 한다. 가장 선호하는 조합은 파랑-노랑, 파랑-빨강, 자주-노랑, 빨강-초록(가장 강한 대비를 이루는 색상)의 순이라고 한다(〈그림 12-17〉 참조).

그림 12-17 색상 조합의 선호 순서

패키지 색상을 산업적으로 구분해보면, IT나 금융 기업은 파랑, 외식 기업은 빨강, 환경친화 기업은 초록을 많이 사용한다. 경쟁 기업끼리 서로 다른 색상을 사용하는 경우가 종종 발견된다. 국내의 경우 S-Oil은 노랑, 현대오일뱅크는 파랑, SK는 빨강, GS칼텍스는 초록을 사용하며, rent-a-car의 경우 Hertz는 노랑, Avis는 활동적인 붉은 계통, National은 수동적인 파랑, 혹은 초록을 사용하고 있다.

Carla Marinucci는 브랜드 색상 팔레트*를 다음과 같이 정리했다.

색상은 제품 첫인상의 60%를 결정한다고 함.

브랜드 색상 팔레트

- 빨간색*:Ritz 크래커, Folgers 커피, Colgate 치약, Coca-Cola, McDonald's
- 오렌지색:Tide 세탁 세제, Wheaties 씨리얼, Stouffers 냉동 식품
- 노란색:Kodak 필름, Juicy Fruit 껌, Cheerios 씨리얼, Bisquick 비스킷 믹스, Lotte 제품 군(필자 삽입)
- 초록색:Del Monte 야채 통조림, Heineken, Green Giant 냉동 야채, 7Up
- 파란색*:IBM 컴퓨터*, Windex 클리너, Downy 섬유 유연제, Pepsi, 삼성(필자 삽입)

빨간색은 시선을 가장 빨리 이끄는 특성을 갖고 있음.

파란색은 파장이 가장 짧으며, 혈압, 맥박, 호흡을 느려지게 하는 역할을 함. 사람들이 가장 선호하는 색상임.

IBM은 'Big Blue'라는 별명을 갖고 있음.

UPS의 광고 슬로건 중 하나는 '갈색이 무엇을 도와드릴까요?'이며, NBC의 로고인 다채로운 색상의 Peacock 로고는 역사적 TV 아이콘이 됐다. Benetton의 광고 캠페인에는 다양한 색상이 활용된다. 세계적으로 무지개 깃발은 동성애에 우호적인 지역을 나타내는 보편적 상징이다. 흥미로운 사실은 2004 Athens Olympic Games의 경기를 분석한 결과, 기량이 비슷한 경우에 빨간색 유니폼을 입은 선수들의 승률이 월등히 높았다고 한다. 많은 생물학 연구자들은 빨간색이 수많은 종에 걸쳐서 일반적으로 우세와 공격성의 정직한 지표로 작용한다고 한다.

패키지 색상은 제품 자체에 대한 소비자 인식에 영향을 줄 수 있다. 일반적으로 파랑과 초록은 시원함, 빨강과 오렌지색은 단 맛을 상징한다. 예를 들어, 캔이나 병에 그려져있는 오렌지 모양의 색상이 보다 진할수록, 소비자들은 오렌지 음료의 맛이 더욱 달 것이라고 생각한다.

Miller High Life 맥주는 자사의 투명한 맥주병 때문에 오랫 동안 고민해왔는데, 이것은 시장의 1위인 Budweiser의 맥주병의 색상이 진하기 때문에 Budweiser 맥주에 비해 Miller High Life 맥주의 맛이 진하지 않다고 인식되었기 때문이다. 그들은 잘못 인식된 것을 고치기 위해 광고 캠페인을 전개한 바 있다. Dr. Pepper Snapple 그룹의 Root Beer는 색상을 베이지에서 파란색으로 바꾸었을 때, 제조법이 바뀌지 않았지만 소비자들은 옛날 스타일의 맥주 맛이 난다고 인식했다.

타 제품 형태의 색상은 피하는 것이 좋다. Canada의 무설탕 Ginger Ale은 캔을 빨강에서(Coca-Cola 연상) 초록과 흰색으로 바꾸어 매출을 25% 이상 급증시킨 적이 있다. 패키지 색상에 있어서 마지막으로 고려해야 하는 것은 매장의 조명이다. 매장마다 조명 상태가 각기 다르므로 여러 유형의 조명을 다 소화할 수 있도록 색상의 채도와 명도를 잘 조절해야 한다(조명과 색상이 동일하면 흰색이 된다).

패키지 변경

패키지 변경에 많은 비용이 발생되지만, 다른 마케팅 커뮤니케이션에 드는 비용과 비

그림 12-18 콩두와 전두유의 패키지 디자인
출처: 손혜원(2013), 《브랜드와 디자인의 힘》, p.277

교한다면 비용 측면에서 효과적이다. 2019년 기준, 미국에서 병 모양을 바꾸는 비용은 생산 장비의 변화로 인해 40만$ 정도 들지만, 이러한 비용은 미국의 인기있는 황금 시간대 TV 시리즈 30초짜리 광고를 한 번 내보내거나, 30초 광고 하나를 제작하는데 드는 비용 정도에 불과하다. 가장 단순하고 일상적인 리디자인인 그래픽 및 사진은 단지 몇 천$ 정도의 비용이 든다.

포지셔닝 성명서와 마찬가지로 패키지를 변경시킬 때에 있어서도 그러한 변화가 브랜드의 기존, 혹은 현재의 고객에게 미치는 영향을 파악하는 것이 중요하다.

Coors 패키지 전술의 실패 사례

Miller Genuine Draft사에 의해 시작된 생맥주 판매 여세를 몰아 Adolph Coors사는 Coors 브랜드의 캔, 패키지, 표찰을 Banquet Beer 대신 Original Draft로 바꾸었다. Coors는 목표로 했던, 보다 젊은 고객층을 약간 확보하기는 했지만, 오랫 동안 Coors를 판매해 온 거점이라고 할 수 있는 California 및 Texas에서 기존의 고객들을 잃는 불운을 겪게 되었다. 고객들은 맥주 자체가 실제로 변했다고 믿었고, Coors가 무엇을 하든 무슨 말을 하든 이러한 오랜 고객들을 설득시킬 수가 없었다. 그리하여 Coors가 1959년 이래 실제로 생맥주(예: 저온 살균 되지 않은)를 판매해왔음에도 불구하고, 6개월 후 기존 이름과 외관으로 복귀하게 되었다.

국내의 음료 패키지 디자인의 성공 사례 중 가장 대표적인 것은 브랜드 전문 기업 크로스포인트(www.crosspoint.co.kr) 대표 손혜원에 의해 만들어진 KONGDOO(콩두, 전두유)다. 그 내용은 〈그림 12-18〉과 같다.

제품수명주기(product life cycle)

1. 제품수명주기의 개념과 현황

1-1. 제품수명주기의 개념 및 형태

자연 생태계처럼 긴 기간을 두고 천천히 변하면서 모든 사람에게 영향을 미치는 것은 '**meta trend**', 20~30년 기간으로 발생하며 대부분의 사람에게 영향을 미치는 대규모 사회문화적 변화를 '**mega trend**'(예: IT), 일부 계층 사람들에게 큰 변화를 일으키는

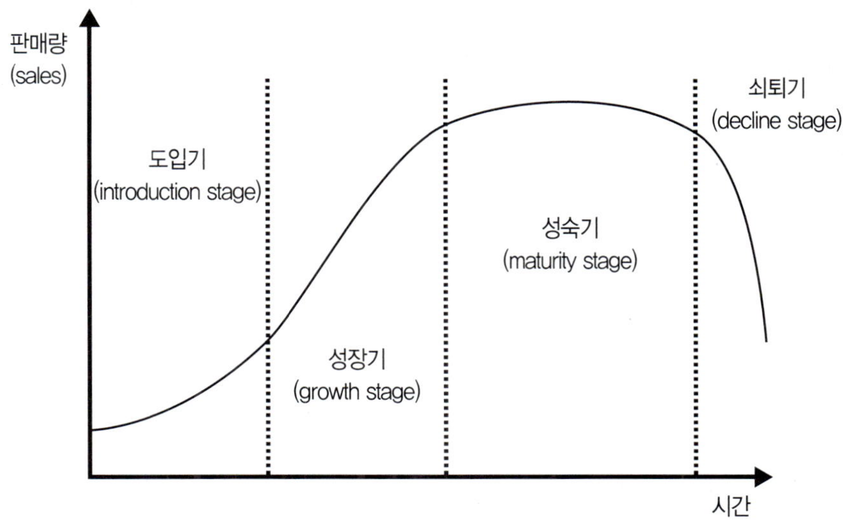

그림 12-19 전통적 제품수명주기 곡선

것을 '**micro trend**'(예:동성애), 6개월 혹은 1년 정도밖에 지속되지는 않지만, 선풍적 인기를 끈 다음 급속히 사라지는 것을 'fad'라고 한다. 그 외에도 '**counter trend**'(예: 필자의 **retrospective marketing**, 신제품에 대한 중고 vintage trend)라는 개념도 있다. 제품수명주기는 주로 '**mega trend**'에 적용된다.

제품수명주기에 대한 견해는 Copernicus의 지동설(the Copernican theory)과 같다. 즉 그 당시 지구가 태양을 돈다는 것을 알았지만, 그 원리를 인간 생활에 활용하기가 어려웠듯이, 제품수명주기를 파악한다고 하여도 그것을 사업과 연결시키고 활용하기가 어렵다는 것이다.

일반적 제품수명주기의 형태는 〈그림 12-19〉와 같다.

〈그림 12-19〉는 제품수명주기의 일반적 형태를 나타내지만, 그 형태는 앞서 분류된 산업, 제품 계층과 형태, 브랜드에 따라 천차만별로 다르다. 커피, 쌀 등 대체재의 가능성이 매우 희박한 제품의 경우에는 인구 증가와 비례하여 성숙기가 수백 년, 수천 년 지속될 수 있다. 반면 hula hoop의 경우에는 불과 6개월만에 시장에서 인기가 없어지며 판매량이 급격히 하락했다. 후자의 경우에는 제품수명주기란 용어가 어울리지 않고, 대신 유행(fad)이라는 용어로 대체되는 것이 상식이다. LP 턴테이블판, 흑백 TV, 국내에서 반짝 유행했던 photo shop, Yo-Yo(손에서 멀어졌다 다시 돌아오는 부메랑), Tamagotchi(90년대의 디지털 강아지 로봇), Ninja Turtle 등도 유행에 그친 대표적 사례들이다.

시장에 진출하여 어느 정도 성공한 제품은 일단 나름대로의 성숙기에 도달한다. 따라서 지구상에 존재하는 모든 신제품의 목표는 일단 도달된 성숙기를 얼마나 오래 지속하느냐에 있다. 이와 관련된 가장 큰 변수는 대체재(substitute product)의 가능성이다. 지극히 드문 경우이지만 제품은 쇠퇴기에 접어들거나, 접어들기 직전에 회생하는

대체재
대체재라 함은 한 제품의 수요량과 역으로 움직이는, 경쟁 관계에 있는 제품을 의미하는데(예:쌀과 보리), 이와 반대로 보완재란 한 제품의 수요량과 비례하여 움직이는 제품을 의미함(예:커피와 프림).

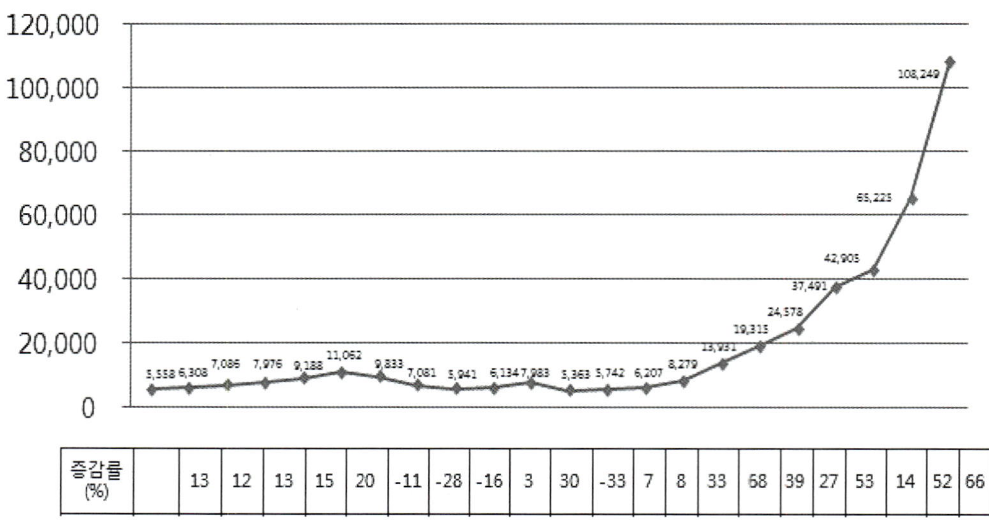

증감률 (%)		13	12	13	15	20	-11	-28	-16	3	30	-33	7	8	33	68	39	27	53	14	52	66

그림 12-20 Apple의 제품수명주기

경우도 있다.

1930년대부터 1950년대까지 숙박산업의 큰 획이었던 모텔은 품질과 안전성에 문제를 드러내며 1960년대부터 쇠퇴기의 현상이 나타나기 시작했으나, 1970년대 후반에 이르러 다시 부활됐다. 1960년대 franchise 붐으로 시장 포화 상태(market saturation)까지 이르렀던 외식산업도 1970년대에 엄청난 부도율과 함께 쇠퇴기의 조짐이 있었으나, 시장 선도자 McDonald's를 중심으로 다시 부흥했다. 이러한 제품수명주기의 형태는 일반적인 S 형태가 아니라 종 모양의 bimodal 형태를 취하게 된다(⌒⌒).

bimodal
통계에서 최빈값을 의미하는 mode의 형용사 modal을 의미함.

1970년대 초에 도입된 all-suite 호텔은 1980년대 중반에서야 시장의 호응을 얻게 되며 성장기에 진입했다. 즉 10여 년 동안의 '거의 불가능한' 도입기를 감래한 것이다. 호텔과 같이 고정 자본이 높고 제품 변형이 불가능한 제품이 아니었다면, 벌써 시장에서 퇴각하여 현재와 같은 호황기를 누리지 못했을 것이다. 이런 경우의 제품수명주기는 한 쪽으로 기운(skewed) 형태를 취하게 된다. Apple도 all-suite 호텔과 유사한 패턴(skewed)을 보이고 있다(〈그림 12-20〉 참조).

도입기가 길건, 성장기가 짧건, 혹은 쇠퇴기의 조짐이 보이다 다시 부활하건, 그러한 현상들은 2차적인 문제다. 다시 강조하지만, 모든 신제품의 목표는 일단 진입한 성숙기를 최대한으로 지속시키는 데에 있다.

1-2. 제품 계층/형태별 수명주기

〈그림 12-21〉은 지구촌의 관심사인 '석유 고갈' 주제와 관련된 에너지산업의 제품 계층/형태의 수명주기를 나타내고 있다.

제품 형태별로 살펴보면 음료 시장의 경우 가장 높은 성장기에 있는 생수와 반대로 독주(spirit, hard liquor)는 쇠퇴기에 놓여져있다. 이 현상은 이미 오래 전부터 예견되어

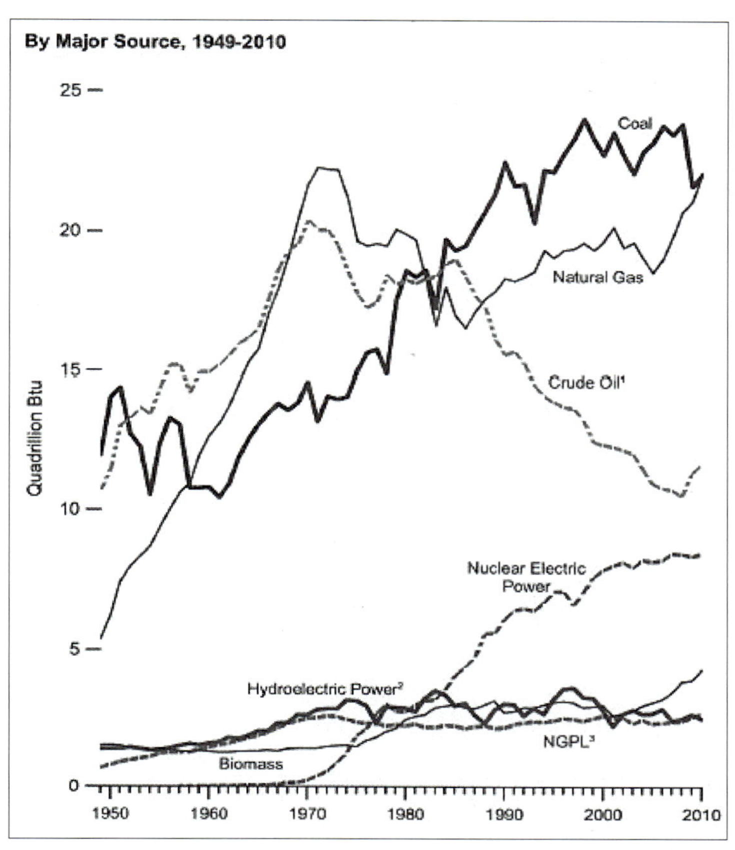

그림 12-21 에너지 소스의 제품 계층별 제품수명주기(1949~2010)
출처: U.S. Energy Information Administration/Annual EnergyReview 2010

왔다. 다음의 숫자는 국내 시장에 있어서 유명한 제품과 관련된 것이다. 35, 30, 25, 23, 22, 21, 20.1, 19.5, 18.5, 16.9, 16.8, 16.7, 15.5 …….* 그 제품은 무엇일까? 참고로 세계 증류주 구성비는 〈표 12-5〉, 세계 증류주 브랜드별 소비량 순위는 〈표 12-6〉과 같다.

* 도수가 낮아지고 있는 추세의 국내 소주 시장의 예임. 참이슬(Original, 20.1%), 참이슬(Fresh, 19.5%), 처음처럼(19.5%), C_1(시원, 19.5%), (제이, 18.5%), 좋은데이(16.9%), 처음처럼(쿨, 16.8%), 봄봄(16.7%), 즐겨찾기(15.5%).

표 12-5 세계 증류주 구성비

	2016		2017	
	소비량(백만 상자)	구성비(%)	소비량(백만 상자)	구성비(%)
Whiskies	357,537,342	15.09	367,997,812	15.30
Cognac/Brandy	169,192,265	7.14	170,149,211	7.07
White spirits	403,158,110	17.02	404,242,520	16.80
Rum	143,809,125	6.07	144,830,545	6.02
Tequila/mezcal	31,917,955	1.35	33,558,743	1.39
Liqueurs	106,996,771	4.52	107,824,816	4.48
Other spirits	1,156,814,015	48.82	1,177,124,628	48.93
Total spirits	2,369,425,582	100.00	2,405,728,274	100.00

출처: www.thespiritsbusiness.com(2018.6)

표 12-6 세계 증류주 브랜드별 소비량 순위

순위	브랜드	국가	카테고리	소비량(백만 상자)
1	Jinro	대한민국	Soju	71.50
2	Officer's Choice	인도	Whisky - Indian	32.90
3	Emperador	Philippines	Brandy	30.50
4	Smirnoff	Russia	Vodka	25.80
5	McDowell's No.1	인도	Whisky - Indian	24.60
6	Imperial Blue	인도	Whisky - Indian	17.50
7	Royal Stag	인도	Whisky - Indian	17.28
8	Johnnie Walker	영국	Whisky - Scotch	17.60
9	Bacardi	Bermuda/Cuba	Rum	17.42
10	Tanduay	Philippines	Rum	16.50
11	McDowell's No.1 Celebration	인도	Rum	16.20
12	Jack Daniel's	미국	Whiskey - American	12.21
13	Absolut	Sweden	Vodka	11.02
14	Pitú	Brazil	Cachaça	10.64
15	Captain Morgan	Dominica Republic	Rum	10.30
16	Original Choice	인도	Whisky - Indian	10.70
17	Velho Barreiro	Brazil	Cachaça	9.90
18	Martini Vermouth	Italy	Vermouth	9.37
19	Old Tavern	인도	Whisky - Indian	9.40
20	Hayward's Fine	인도	Whisky - Indian	7.40

출처: www.thespiritsbusiness.com(2017.6)

1-3. 브랜드, 국가별 제품수명주기

브랜드에 대한 수명주기도 각양각색이다. Rodeway Inns는 6번 소유주가 바뀌며 쇠퇴기와 도입기를 순환하다, Choice Hotels International에 franchise되며 부활했다. 국가별 호텔 수명주기도 각각 다르다. 미국은 성숙기이며, 중국은 성장기다. 많은 나라에 있어서 성숙기인 fast food산업이 중국과 Russia에서는 아직도 성장기에 놓여져있다.

2014년 기준, 중국의 와인 시장은 2010년까지의 도입기를 지나 초고속 성장기에 놓여져있다. 중국은 1980년대생 '바이링허우세대', 1990년대생 '주링허우세대' 등을 중심으로 와인 소비량이 대폭 증가되고 있다. Euro Monitor International에 의하면, 중국의 1인 당 연간 와인 소비량에 있어서는 50ℓ를 크게 상회하는 France에는 못 미치지만, 전체 소비량은 이미 세계 와인업계의 최대 잠재 시장이다.

2000~2012년 기간 중 세계 맥주 시장의 평균 성장률이 2.6%인 반면, 중국의 맥주 시장 성장률은 7.4%였다. 중국 맥주의 대표 브랜드는 단연 Tsingtao다. Tsingtao의 연 성장률은 세계 주요 맥주 기업 중 단연 1위다. Tsingtao는 중국 맥주 수출 비중의 약 50%를 차지할 정도로 cult 브랜드이며, 수익성도 경쟁 브랜드들의 2배 이상이다.

2. 제품수명주기의 특성 및 전략

2-1. 일반 제품수명주기의 특성 및 전략

가장 보편적으로 통용될 수 있는 제품수명주기의 각 단계별 특징, 목표, 마케팅 전략은 〈표 12-7〉과 같다.

표 12-7 제품수명주기의 단계별 특징, 목표, 전략

내용	도입기	성장기	성숙기	쇠퇴기
판매량	적음	증가율이 매우 높음	최대	급격히 감소
비용	높음	계속 낮아짐	낮음	낮음
이익	낮음	계속 높아짐	최대	계속 낮아짐
경쟁	거의 없음	계속 증가	최대 수준에서 안정됨	감소
마케팅 목표	제품 인지 및 구매 유도	시장점유율 극대화	이익 극대화	비용 절감 및 브랜드 축소
포지셔닝 전략	initial positioning 브랜드의 USP(unique selling point) 강조	growth positioning 브랜드의 ESP(emotional selling point) 강조	mature positioning 경쟁사 대비 repositioning	new positioning, 시장 퇴각, 혹은 새로운 포지셔닝
제품 전략	기본 제품 제공	제품 계열, 서비스 확대	브랜드 다양화	비인기 브랜드 제거
가격 전략	원가에 근거	시장 침투 가격	경쟁사와의 조화 및 할인	가격 인하
광고 전략	제품 소개 및 인지	대중시장에 대한 제품 인지 제고	브랜드 차별화 및 혜택 강조	고충성도 브랜드 외 광고비 인하
판매촉진 전략	구매 유도를 위한 적극적 예산 투입	수요 확대를 고려한 예산 인하	브랜드 다양화에 조화된 적극적 예산 투입	최소의 예산
유통 전략	선별적 유통 채널	유통 채널의 확대	유통 채널의 최대화	유통 채널의 최소화
고객 형태*	혁신 수용자 (innovator)	조기 수용자 (early adopter)	전기 수용자 (early majority) 후기 수용자 (late majority)	지각 수용자 (laggards)

고객 형태
Geoff Moore의 논문 'Crossing the Chasm'에서 어떻게 새로운 아이디어가 사람들 사이에서 퍼져나가는지를 설명하는 용어임.

제품수명주기별 소비자 형태

수명주기별 특성 및 전략을 설명하기 전에 먼저 각 주기별 소비자 형태에 대해 알아보자. 제품수명주기의 확산 과정(diffusion process) 내에서 고객들이 어떻게 제품을 수용하는지를 이르는 용어를 **수용 곡선(adoption curve)**, 혹은 **수용 과정(adoption process)**이라고 한다.

수용 곡선의 첫 단계 소비자들은 혁신 수용자(innovator)라고 한다. 혁신 수용자는 **선도 사용자(lead users)**라고도 한다. 혁신 수용자들은 주로 지역 사회에서 인정을 받는 사람들이며, 새로운 아이디어에 노출될 기회를 많이 갖고 있다. 혁신 수용자들은 본질적으로 위험 자본(risk capital)을 많이 갖고 있기 때문에, 돈이나 체면을 잃는 것에 대해 크게 걱정하지 않고 새로운 것을 추구한다.

혁신 수용자들의 뒤를 따르는 소비자는 조기 수용자(early adopter)다. 조기 수용자는 젊고, 교육 수준이 높으며, 지역 사회에서 활발한 활동을 하는 열혈 매체 소비자(media consumer)인 경우가 많다.

혁신 수용자와 조기 수용자가 신제품이 주는 혜택을 발견하게 되면, 전기 수용자(early majority)가 그 뒤를 따른다. 전기 수용자는 대체로 나이가 조기 수용자보다 좀 더 많고, 교육 수준은 약간 떨어지며, 정보력도 약간 떨어진다. 수용 곡선이 전기 수용자에 이르면, 이른바 '대중화'가 시작되는 것이다. 후기 수용자(late majority)는 대체로 나이가 더욱 많고, 유행에 뒤지는 사람들이다. 수용 곡선이 후기 수용자에 이르면 '대중화'가 완성된다.

수용 곡선의 마지막 단계는 지각 수용자(laggards)다. 지각 수용자는 변화를 거부하는 특성이 강하거나, 지역 사회에서 다소 분리돼있는 소비자들이다. 지각 수용자들은 제품의 인기가 떨어져 낮은 가격으로 정리되는 시점에 제품을 구매하는 경우가 많다.

지각 수용자 외에도 **비수용자(non-adopters)**라고 불리는 또 하나의 집단이 있다. **비수용자**는 다시 거부자(refusers)와 저항자(rejecters)로 나뉜다. 거부자들은 여러 이유로, 혹은 몰라서 제품을 수용하지 않는 소비자들이다. 저항자는 특정 제품이나 기술이 필요 없다고 생각하는 소비자들로서 능동적 방법으로 비수용적 자세를 취한다. 예를 들어 필자는 과거의 beeper, 혹은 2004년까지 핸드폰에 대해 다른 사람들에게 "그런 족쇄를 왜 갖고 다녀?"라고 말하곤 했다(지금은 아니지만). 이러한 소비자들이 저항자들이다. 기독교의 안만파 신도인 Amish는 문명 사회에서 벗어나 지금도 엄격한 규율에 따라 18세기 말처럼 생활한다. 그들도 대표적인 저항자들이다.

각 소비자 형태의 반대편에는?

물론 모든 제품에게 수용 곡선 이론이 적용되는 것은 아니다. 혁신 수용자의 반대편에는 **일시 시험자(dabblers)**가 있고, 조기 수용자의 반대편에는 **조기 폐지자(early abandoners)**가 있고, 전기 수용자의 반대편에는 **초기 대탈출자(early exodus)**가 있고, 후기 수용자의 반대편에는 **후기 대탈출자(late exodus)**가 있고, 지각 수용자의 반대편에는 **골수분자(die-hards)**가 있고, 비수용자의 반대편에는 **종신 사용자(lifers)**가 있다.

신제품이 소비자들에게 수용이 되고 안 되고의 차이는 바로 소비자 이해(consumer literacy)의 정도에 달려있다.

1) 도입기(introduction, embryonic stage)

도입기의 특성은 낮은 판매량과 이익, 높은 비용이며, 경쟁 기업의 수 또한 최소다. 최선의 마케팅 목표는 제품 인지 및 구매 유도로서, 기본적 기능과 모델을 갖춘 제품을 시장에 소개하게 된다. 제품 포지셔닝의 초점은 고객의 문제 해결에 있으며, 그것을 위하여 **USP(unique selling point)**가 강조돼야 한다. 즉 신제품의 **USP** 포지셔닝을 통해 시장에 있는 기존 제품의 문제를 해결하는 것이다.

가격 전략은 원가에 근거하기 때문에 일반적으로 가격이 높다. 마케팅 전략 중 특히 광고와 판매촉진의 기능이 매우 중요하다. 면도기 시장 부동의 1위 Gillette은 창업 초기에 군대와 은행 등에 면도기를 헐 값에 판매하거나, 고객들에게 공짜로 나누어주며 (판매촉진) 일회용 면도날에 대한 엄청난 수요를 창출했다. 이와 같이 기업이 제품이나 서비스를 무료로 제공하고, 수익은 다른 경로를 통해 확보하는 것을 **freeconomics(free+economics)**라고 한다. 따라서 광고와 판매촉진에 많은 예산을 투입해야 한다.

제품의 성공 여부를 가름하기 힘들기 때문에 유통 채널은 표적시장에 부합되도록 선별적으로 선택해야 한다. 도입기에서 성장기로 진입할 수 있는 제품은 역사적으로 20% 밖에 되지 않는다. 미국에서 빠른 속도로 판매가 신장되고 있는 식탁용 와인 Charles Show는 신제품 출시 시 California주의 한 주류 판매상에만 제품을 유통시켰다.

35mm 카메라(1920년대 등장, 1960년 일본에서 성공), 전자 레인지(1946년 발명, 1970년대 중반부터 관심을 끌기 시작함), VCR(1956년 등장, 1975년 제품으로 인정받음), 자동 응답 전화기(1950년대 후반 등장, 1980년대 중반부터 판매량 급증), 비디오 게임(1972년 첫선, 1985년 Nintendo에 의해 안정적 성장), Nestle의 슈퍼 프리미엄 인스턴트 커피 Nespresso(1970년대 초반 기술 개발, 1990년대 초 성공) 등의 사례가 말해주듯이, 과거에는 대다수 제품의 도입기가 매우 길었다. 그러나 최근 도입기의 두드러진 특징은 성장률이 매우 높다는 것이다.

2) 성장기(growth stage)

판매량이 급증하는 현상을 의미하는 'chasm'이라는 용어가 있다. 이는 대단절을 의미하는 것으로 신제품의 성공 여부는 도입기에서 성장기로 넘어가는 그 'chasm'에 달려있다는 Geoffrey A. Moore의 저서 《Crossing the Chasm》에서 유래한 용어다. 제품이 시장에서 호응을 얻게 되면 성장기 단계에 진입하게 된다. 이러한 제품을 'whole product'이라고 한다. 즉 도입기의 'innovator'들 뿐만 아니라 'early adopter', 나아가 'majority'들에게까지 호응을 얻을 수 있는 제품을 의미한다. 성장기에는 판매량이 크게 늘게 되며 이익은 상승 곡선을, 비용은 하향 곡선을 그리게 된다.

chasm
지질학에서 지층이 이동하거나 생겨난 골(틈)을 의미함.

제품의 인기 상승에 따라 경쟁이 지속적으로 증가한다. 성장기의 마케팅 목표는 시장점유율(market share)의 극대화(maximization)다. 시장점유율은 매출액과 경쟁의 개념이 혼합된 개념으로서, 성장기에는 모든 기업들의 매출액 증가율이 크게 제고되기 때문에 매출액의 극대화보다는 경쟁 기업들과 비교한 시장점유율의 극대화가 궁극적 목표가 되는 것이다.

성장률이 높은 성장기 시장에서 한 기업의 광고는 경쟁되고 있는 타 기업들의 매출 증가에 도움을 주게 된다. 이러한 현상을 '**시너지 경쟁(synergy competition)**'이라고 한다. 도입기 시 적용되었던 문제 해결과 관련된 **USP** 포지셔닝 전략이 지속되며, 동시에 브랜드의 가장 핵심적 혜택이 강조되어야 한다. 이 때 적용되는 모델은 IDU(importance-deliver-uniqueness)다.

자연적으로 제품 계열과 서비스가 확대되며, 기업들은 시장의 확보를 위하여 시장 침투(market penetration) 가격 전략을 수행하게 된다. 광고 예산은 제품의 인기도와 병행하여 최대가 되나, 판매촉진 예산은 반대로 점차 줄어든다. 유통 채널은 계속 확대하여 시장에 최대한 접근해야 한다.

Journal of Marketing의 Tellis 논문에 의하면, 신제품의 수요 증가 후에 거의 대부분 '**안장(saddle) 현상**'을 겪게 된다고 한다. '**안장 현상**'이란 급격한 수요 증가 후 곧 수요의 하락 시기가 오고, 이것이 상당 기간 지속되다가 다시 원래의 수요로 회복되는 현상을 의미한다(〈표 12-8〉 참조). 마케터들은 성장기 시 이 현상에 반드시 대비해야 한다는 시사점을 주고 있다.

〈표 12-8〉 기업들의 도입기 성장률을 보라. 이와 같이 도입기에 엄청난 성장률을 보이는 것이 현대 시장의 특성이다. 필자가 언급했던 과거 제품수명주기의 도입기 특성을 완전히 뒤엎어버리는 이 현상은 마케팅은 변화하는 학문임이 틀림없다는 것을 증명해준다.

3) 성숙기(maturity stage)

제품이 시장에서 성공을 검증받게 되면, 판매량의 증가율이 점차 안정되며 성숙기에 진입하게 된다. 제품의 판매량과 이익은 최고의 수준으로, 비용은 규모 경제 효과에 근거, 최소의 수준이 된다.

경쟁 기업의 수는 최대로, 소위 시장 포화(market saturation) 상태가 된다. 성숙기 시

표 12-8 주요 기업들의 성장률

성장률(%)

Amazon	1995	1996	1997	1998	1999	2000	2001	2002	2003	2004
	2,981	839	313	169	68	13	26	34	31	23
Google	2001	2002	2003	2004	2005	2006	2007	2008	2009	2010
	433	234	118	92	73	56	31	9	24	29
expedia	2002	2003	2004	2005	2006	2007	2008	2009	2010	2011
	180	56	−21	15	6	19	10	1	13	3
ebay	1997	1998	1999	2000	2001	2002	2003	2004	2005	2006
	29	108	161	92	74	62	78	51	39	31
priceline	1999	2000	2001	2002	2003	2004	2005	2006	2007	2008
	1,270	156	−5	−14	−14	6	5	17	25	34
카카오톡	2010	2011	2012							
	약 11배	약 52배	약 25배							

장에서 성장률이 매우 낮은 경우 경쟁 기업 간에는 철저한 게임 이론이 적용된다. 즉 한 기업의 매출 증가는 다른 기업의 매출 감소를 의미한다는 것이다. 이러한 현상을 '**대칭적 경쟁(symmetric competition)**'이라고 한다. 즉 성장기의 **시너지 경쟁**과 대조가 되는 개념이다. 따라서 시장점유율을 확대시키기는 점차 어려워지며, 결과적으로 성숙기의 마케팅 목표는 이익의 극대화가 된다.

성숙기에는 **USP** 포지셔닝의 효과가 점차 감소하기 때문에, 대신 **ESP(emotional selling point)** 포지셔닝 전략이 유효하다. **ESP** 포지셔닝의 근간은 제품이나 브랜드의 미적, 유머적, 편리적 등의 이미지 제공에 있다.

현대의(IT 산업을 제외하면) 대다수 산업은 성숙기에 진입해있다. 성숙기라는 표현보다는 초성숙기(hyper-maturity)라는 표현이 맞을 것이다. 이러한 초성숙기 시장에서는 초세분화(hyper-segmentation), 초경쟁(hyper-competition) 등의 현상이 발생된다. 미국의 경우 SKU(stock keeping units : 상품 취급 단위)가 백만 개 정도로 추정되고 있는데, 슈퍼마켓은 약 4만 SKU를 갖추고 있다. 그 중 고객 수요의 80~85%가 150SKU로 충족된다고 한다. 3만 9천여 개의 SKU, 즉 99%가 넘는 SKU는 거의 사장됐다는 의미다.

Seth Goden의 저서 《We are all Weired》에는 "대중 시장은 종말하고 사람들은 점점 별종다운 것을 즐기고 선택할 것이다"라는 예측이 있으며, James Hakin의 저서 《Niche》에는 '획일적 대중'이 잡식성 대중으로 변화하고 있다는 언급이 있다. 고객 욕구와 필요는 초세분화되어 있으며, 기업은 대량 맞춤(**mass customization**)화 되어 있는 정반대의 입장을 취하고 있기 때문에, 이를 해결하기(중재하기) 위한 **촉매 제품(catalytic product)**이 필요하다(〈그림 12-22〉 참조). Apple의 App Store와 더불어 국내의 CJ 제일제당 '컨디션 헛개수'와 Coca-Cola의 '글라소 비타민 워터' 등도 **촉매 제품**의 대표적 예다.

광고 전략은 신규 브랜드 소개, 브랜드 차별화에 집중하게 되는데, 이것을 '**salient advertising**' 또는 '**comparative advertising**'이라고 한다. '**Comparative advertising**'이

salient
'top of the mind'를 의미함.

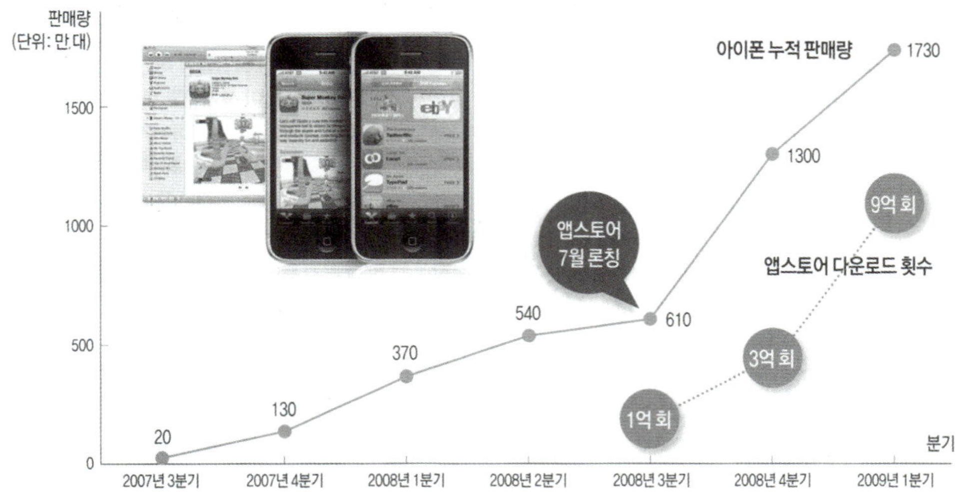

그림 12-22 촉매 상품의 예 : iPhone 누적 판매량 및 앱스토어 다운로드 횟수

제품 진열 공간
미국의 식품 전문지 Progressive Grove의 실험에 의하면, 눈높이, 허리 높이(눈 높이의 74%), 무릎 높이 이하(눈 높이의 57%) 순으로 매출 증가에 순기능(eufunction)을 갖게 된다고 함. 편의점에서는 전체 매출의 1/4을 차지하는 음료가 고객 동선을 최대화시키기 위해 매장의 가장 안쪽에 배치됨. 고객의 목적 제품은 아래에, 충동 제품은 위쪽에 배치되며, 안주류, 즉석식은 가시성이 높은 곳에 배치하고, 연관 제품(맥주와 안주, 빵과 우유 등)은 같은 장소에 배치됨. 가시성, 편의성을 동시에 높이기 위해 선반은 높이 135cm, 폭 90cm로 만듦.

란 최소한 하나 이상의 경쟁 제품에 대한 직접적 언급을 하며, 자사 제품의 우수성을 강조하는 광고를 말한다. 판매촉진 전략은 브랜드 다양화에 편승하여 적극적 예산 투입의 양상을 띠게 된다. 유통 채널 또한 최대로 확대되는데, 도매상(wholesale), 브로커(broker), 소매상(retailer) 등의 기본적 중개 기관 외에 제품 진열 공간(**shelf space**)까지도 고려되어야 한다. Coca-Cola의 자판기가 대표적 예다.

nudge

미국 Silicon Valley의 유명 벤처 기업 기술 개발을 총괄하고 있던 한 CTO(chief technology officer)가 한국의 가전업체에서 근무할 때, 백화점의 진열대 중 높은 곳에 위치시키기 위해 비디오 플레이어의 위를 둥그렇고 볼록하게 만들어, 타 비디오 플레이어가 위에 위치할 수 없도록 하여 매출액의 2배 이상 증가시켰다고 한다.

이와 같이 '타인의 선택을 유도하는 부드러운 개입(현명한 선택을 위한 부드러운 힌트)'을 행동경제학에서 '**nudge**'라고 한다. Chicago대학 Richard Taller와 Harvard대학 Cass Sunstar는 '**nudge**'를 '사람들에게 어떤 선택을 금지하도록 하거나, 경제적 인센티브를 크게 바꾸지 않고도 예상할 수 있는 방향으로 그들의 행동을 변화시키는 자유주의적 개입주의'로 정의하고 있다. 한 예로 Netherlands Amsterdam에 있는 Schiphol 국제 공항의 남자 화장실 소변기 중앙에 파리 모양 스티커를 붙여, 밖으로 튀는 소변의 양을 80%나 줄인 사례가 있다(〈그림 12-23〉 참조).

그림 12-23 'nudge' 사례:Schiphol 국제 공항의 남자 화장실 소변기 중앙에 붙인 파리 모양 스티커

유통 채널의 마지막 장소인 제품 진열 공간의 절정은 효율성의 극치 1평 미만의 자동판매기다. 1925년 미국의 담배 자동판매기가 그 효시로 알려져 있다.

자동판매기의 진화

자동판매기를 통하여 온도에 따라 가격이 변하는 Coca-Cola, 1$에 DVD를 렌트해주는 McDonald's, 원하는 향수의 향을 미리 맡을 수 있도록 해주는 Elizabeth Arden, 우산, 꽃다발, 디지털 카메라, MP3 플레이어 등 유통 채널의 진수 자동판매기는 계속 진화하고 있다. JR 등 일본에 있는 워터 비즈니스의 자동판매기는 소비자의 연령, 성별, 시간대, 기온을 종합하여 최적의 음료를 추천해주며, 일본 Coca-Cola는 지진이 발생했을 때 무료로 음료를 나누어 주는 기능까지 갖추고 있다. 2000년대 중반 Guinness는 제품 진열대에 고정 설치물을 만들어(〈그림 12-24〉 참조) 매출을 약 25% 상승시켰다.

그림 12-24 Guinness의 유통 전략

4) 쇠퇴기(decline stage)

삼성의 총수였던 고 이병철의 이야기다. "정상에 올랐을 때 변신을 모색해라. 특정 제품이나 사업이 정상에 올랐을 때, 다른 제품이나 다른 분야를 개척해야 한다. 모든 제품과 사업은 그 수명이 있고, 한계가 있다. 이를 미리 아는 지혜가 아쉽다. 그 지혜를 포착하기 위해서는 사전 준비가 돼있어야 한다."

제품이 시장에서 인기가 없어지거나 보다 우수한 대체재가 출현하게 되면, 쇠퇴기로 진입하게 된다. 일단 쇠퇴기로 진입한 제품은 급격한 수요 감소를 경험하며, 쇠퇴기에는 시장 철수(divest), 제거(pruning : 제품 및 서비스의 양과 수를 줄임), 짜냄(milk : 단물을 뺀다는 의미) 등을 통해 시장에서의 퇴각을 준비해야 한다.

마케터는 이를 대비하여야 하는데, 다음과 같은 DuPont 스타킹 제품의 예가 쇠퇴기 진입을 방지하는, 혹은 쇠퇴기로부터의 탈출을 도모하는 전략이 될 수 있다.

- 사용 회수의 증대(**frequent usage**) : 성범죄 방지 등 사회적 도덕과 윤리에 대한 공익 광고를 통해 10대 소녀들에게 스타킹의 착용을 권장
- 다양한 용도(**varied usage**) : 여성들에게 'fashion smartness'라는 주제로 색깔, 스타일, 디자인 등을 다양화시키며, 스타킹을 fashion의 한 범주 내에 포함시킴
- 신 사용자(**new user**) 증대 : 추운 겨울에 스타킹을 남성들의 내복용으로 선전
- 타 용도(**new uses**) : 스타킹 원자재의 나일론을 군복, 융단 등 타 용도로 사용

신 사용자
신 사용자 증대의 대표적 예는 Unilever가 최초로 개발했던 남성용 향수 Axe를 들 수 있음.

쇠퇴기 제품에 대한 위와 같은 시도를 리마케팅(**remarketing**)이라고도 한다. 리마케팅의 방법은 위의 방법 이외에도 타 국에 수출을 해서 새로운 수명주기를 맞이하거나, 포장, 추억, 향수 등을 통한 재활도 포함될 수 있다.

그러나 결국 한 가지 진리가 있다. 모든 인간과 생물이 그렇듯이 모든 제품은 죽는 운명(mortal)을 갖고 탄생한다.

2-2. 호텔의 제품수명주기 전략

앞서 살펴 본 일반 제품수명주기의 전략과 호텔의 수명주기 전략은 큰 차이가 있다. 시장에 진입하는 특정 호텔의 브랜드 수명주기와 관련된 전략을 제시하면 다음과 같다.

1) 도입기

- 타 산업과 마찬가지로 환대산업에서도 도입기에는 막대한 비용이 소요된다. 1990년 Russia에 최초 McDonald's가 개관할 때, 10만 feet^{2}의 유통센터(육류, 밀가루, 감자, 낙농품 공장 등)가 필요했다.
- 호텔은 시험 마케팅(test marketing)을 할 수 없기 때문에 소비자 조사에 더욱 많은 노력을 경주해야 한다. Gillette의 경우 5년이라는 기간 동안 비밀리에 신제품 면도기를 1998년에 도입했으나, 호텔의 경우에는 2년 넘게 소요되는 건설 기간 등

비밀리에 제품을 시장에 진출시키기가 어렵다.

- 따라서 일반 제조업의 환경, 제품에 대한 촉진에 있어서는 2, 3개월이면 충분하지만, 호텔의 경우는 최소 1년에서 2, 3년까지의 기간을 두어야 한다. 따라서 호텔은 도입기에 오히려 판매량이 극대화될 경우도 많다.
- 타 제품의 경우와 마찬가지로 도입기의 목표는 소비자의 제품에 대한 인지를 높이는 것이지만, 호텔은 고객의 창조와 유지가 중요하기 때문에, 그 강도를 훨씬 높여 포지셔닝과 고객 설득에 힘을 기울여야 한다.
- 가격 전략은 경쟁 호텔에 기준을 두어야 하며, 신제품의 이점을 살리는 전략은 지양되어야 한다. 도입기의 특성이 낮은 수익과 높은 비용이지만, 역시 고객 유지의 중요성을 인식하여 어떠한 비용이 들더라도 소비자를 유인해야 한다.
- 도입기에 가장 중요한 전략은 내부 마케팅 전략이다. 가장 중요한 제품인 직원은 완벽히 준비되어 있어야 하며, 고객을 대상으로 연습해서는 안 된다.*

《손자병법》에 의하면, 이기는 군대는 항상 이기는 상황을 준비하고 있으며, 지는 군대는 운에 의존한다고 함.

2) 성장기

- 많은 타 제품들은 성장기에 도달하지 못하고 시장에서 퇴각하지만, 호텔과 같이 투자 자본이 높고 제품 변형이 힘든 제품은 도입기에 영업이 부진해도 어쩔 수 없이 시장에 남아있을 수밖에 없다.
- 타 산업과 다르게 호텔은 일반적으로 브랜드 수명주기에 있어서 2~3년이면 성숙기에 이르게 된다. 그 의미는 도입기와 성장기의 기간이 비교적 짧다는 것이다. 그 짧은 두 단계가 향후 수십 년, 수백 년 영업의 토대를 결정한다(객실점유율이 60%대에서 안정되느냐, 80%대에서 안정되느냐를 결정한다). Four Seasons, Marriott, Ritz-Carlton과 같은 세계 최고의 호텔들은 사업 초기로부터 성숙기에 이르기까지 자신들의 'the best of the best'를 고객에게 보여주었다. 드문 경우이지만 성장기가 매우 긴 호텔이 있다. 말할 나위도 없이 매우 바람직한 현상이다.
- 성장기의 일반적 목표는 시장점유율의 극대화에 있는데 호텔은 경우가 다르다. 고객들을 착취하는 시기가 아니라, 오히려 단골 고객의 확보와 그들의 제품 충성도를 확고히 하는 시기이다(sow not reap). 이를 위하여 끊임없는 조사로 결점을 없애고, 보수 등을 통한 제품 재정비를 함으로써 곧 다가올 성숙기에 경쟁 호텔의 고객을 유인해야 하는 준비 단계다.
- 위 논리는 역시 위에서 언급한 고객 유지의 중요성과 맥을 같이 한다. 즉 관계 마케팅 전략이 성장기에 있어서 가장 중요한 전략이 된다.

3) 성숙기

- 타 제품의 전략과 크게 다른 것이 없으나 호텔 성숙기의 성패는 성장기의 전략이 어떻게 수행되었는가에 달려있다. 성장기에 고객을 착취한 호텔은 급격한 수요 감소가 지속될 것이며, 성장기에 재투자를 통하여 재정비를 하고 대비한 호텔은 오히려 경쟁 호텔의 고객을 확보하여 큰 어려움을 겪지 않을 것이다.

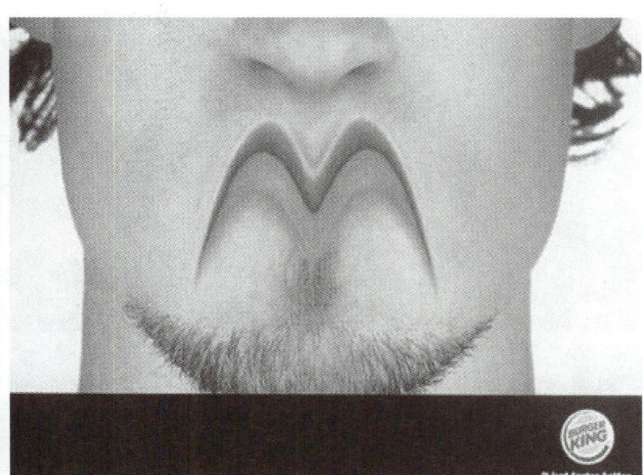

그림 12-25 Burger King의 공격형 광고

- 이미 포지셔닝이 되어 있고 표적시장도 확보되어 있으며, 사업이 부정적이건 긍정적이건 안정적인 단계다. 매너리즘에 빠지기 쉬운 단계며, 따라서 치열한 경쟁에 대비하여 모든 요소들을 재정비하고, 기존 시장점유율 유지를 위하여 신 전략과 신 전술을 개발해야 하는 단계다.
- 성숙기는 유지를 위하여 최선을 다해야 하는 시기다(run hard to keep stand still).

환대산업 기업들의 성숙기 연장 전술

McDonald's는 fast food산업이 1970년대 쇠퇴기의 조짐이 있을 때, Egg McMuffin이라는 저렴한 조식 메뉴를 개발했고, 동시에 styrofoam take out 용기를 개발했다. Burger King은 공격적 광고로(〈그림 12-25〉 참조), Marriott은 Courtyard와 Fairfield Inns로, Holiday Inn은 상위 등급 Crowne Plaza와 하위 등급 Holiday Express로 성숙기를 연장시켰다. Days Inn은 과거 Mike Leven을 영입하며 새로운 지도 체제로 전환시켰으며, Club Med는 표적시장을 가족 단위 고객 및 회의 참석 고객으로 변경하여 성숙기를 연장시켰다.

Starbucks는 보다 다양하고 고급 취향의 브랜드인 Starbucks Reserve and Roastery로 성숙기를 연장하고 있다. 2014년 미국 Seattle의 첫 번째 매장에 이어 New York에 두 번째 매장, 2019년에는 Chicago에 1,200평에 이르는 Starbucks 최대 매장이 개관됐다(〈그림 12-26〉 참조). Chicago의 Starbucks Reserve and Roastery에서는 고급 원두 커피, 장인들이 직접 만든 음식, 칵테일 등 보다 다양하고 고급인 제품들이 판매되고 있다.

그림 12-26 Seattle에 있는 Starbucks Reserve and Roastery 최초 매장

출처: news.starbucks.com, www.starbucksreserve.com, www.seattletimes.com, www.seattlekorea.com

Marriott의 AC Hotel by Marriott

출처: www.achotels.marriott.com, www.bizjournals.com

Marriott의 Tasman

출처: news.marriott.com, www.marriott.com

Marriott의 Marriott Moxy

출처: www.experiencenomad.com, www.thetimes.co.uk

Marriott의 Edition

출처: www.editionhotels.com

Marriott의 Autograph Collection

Hilton Worldwide의 Curio Collection by Hilton

출처: www.visitlondon.com, www.agoda.com

InterContinental Hotels Group의 Kimpton Hotels&Restaurants

출처: www.ihg.com

그림 12-27 세계 선두 호텔들의 다양한 boutique 호텔들

호텔 기업들의 최신 성숙기 연장 전략

2010년 이후 선도 호텔 기업들의 브랜드 및 제품 다각화 전략이 크게 두드러지고 있다. 가장 주목할 부문은 **boutique** 호텔 부문이다. Marriott의 Marriott Moxy, AC Hotel by Marriott, Autograph Collection, Edition, Tasman, Marriott Moments 등, Hilton Worldwide의 Curio Collection by Hilton, InterContinental Hotels Group의 Kimpton Hotels&Restaurants 등이 대표적이다(〈그림 12-27〉 참조).

또한 Airbnb의 등장으로 선도 호텔들은 '숙박 공유'라는 신 시장 개척을 위해 신제품 개발에 착수하고 있다. 대표적 사례로 Marriott의 PlacePass, Hilton Worldwide의 Tru by Hilton, Hotel on Steroids, AccorHotels Group의 Onefinestay, Bermondsey Square Hotel 등을 들 수 있다.

건강을 중시하는 현대 고객들의 욕구와 필요를 겨냥한 브랜드들도 제품 다각화 영역에 포함된다. InterContinental Hotels Group의 Even Hotels가 대표적 예이며, Hyatt Hotels는 고객들의 fitness와 건강을 위해 spa 전문 기관인 Miraval Group을 인수했다. Santa Monica에 있는 Fairmont Miramar Hotels and Bungalows, New York에 있는 Gansevoort Park Avenue Hotel 등도 Miraval Group의 spa를 호텔 시설에 도입했다.

4) 쇠퇴기

호텔의 쇠퇴기란 일반적으로 시장에서의 퇴각을 의미하지는 않는다. 소유자의 교체, 개보수를 통한 제품과 시설의 개선, 브랜드 교체 등 신 개념의 호텔로서 다시 도입기로 진출해야 하는 숙제를 안게 되는 것이다.

Trigild International 기업은 고속도로 변에 있던 폐쇄 직전의 두 개 저가 호텔을 인수하여 Days Inn, Ramada라는 브랜드로 소생시켰고, Park Suites Hotels는 Embassy Suites로 브랜드를 변경하며(**reflagging**) 쇠퇴기를 극복했다. 국내 리버사이드 호텔은 영업 부진으로 계속 소유권이 바뀌고 있다. 여기에 큰 의문점이 있다. 왜 **reflagging**을 하지 않을까?

결어

앞에 설명된 제품수명주기의 단계별 전략은 '기본'에 지나지 않으며, 환경과 시장이 보다 빠르게 변함에 따라 변할 수밖에 없다. 실제로 인터넷의 등장으로 모든 제품의 도입기는 그 기간이 대폭 축소되고 있고, 성장기 및 성숙기의 기간도 점차 축소되고 있다. 모든 단계는 구분이 점차 애매해지고(overlap이 되고), 제품 계층, 제품 형태, 브랜드가 더욱 세분화, 다양화되기 때문에, 하나의 산업이 제품수명주기상 어느 단계라고 단정짓는 것이 더욱 어렵게 되어가고 있다. 중요한 것은 제품수명주기의 어느 단계이건 마케팅의 유일한 공식을 이행하는 것이 곧 성공 전략이라는 사실이다.

제품의 운명과 인간의 운명은 비슷하다. 그러나 한 가지 차이점이 있다. 제품의 생명은 계속 짧아지고 있지만, 인간의 생명은 계속 길어지고 있다는 사실이다. 기술의 진보는 인간의 생명을 연장시켜주지만, 제품에게는 '**overshooting**'으로 인한 자멸과, 경쟁 제품의 기하급수적 출몰이라는 시장의 위협을 선사하기 때문이다.

 신제품 개발(new product development)

1. 신제품 개발의 의의와 유형

1-1. 신제품 개발의 의의

기업들은 신제품을 지속적으로 개발해야 하는 마케팅 숙제를 안고 있는 큰 부담을 갖고 있다. 대다수의 기업들은 '남들이 먼저 먹은 사과' 정책(**used apple policy**)을 수행하게 되는데, 이 의미는 사과를 먹을 때 먼저 먹는 자가 가장 많이 먹을 수는 있으나 사과가 상했을 경우에는 그만큼 탈도 많다는 것이다. PwC's Strategy and Consultancy에 의하면, 2016년도에 소비자 기업들이 R&D에 투자한 금액은 무려 200억$에 이른다고 한다. 세계 최대 화장품 기업인 L'Oréal의 경우 산업 평균과 비슷한 연간 매출액의 15~20%가 신제품에서 창출된다. 그만큼 신제품 개발은 모든 기업들의 필수 조건이다.

역사적으로 많은 신제품들이 시장에 진출하여 시행착오를 겪었고, 성공보다는 실패의 경험을 많이 했다. 많은 조사 결과에 의하면, 신제품 중 약 80%가 도입기에 사라지며, 10%가 약 5년 내에 사라진다고 한다. 즉 신제품의 장기적 성공 가능성은 불과 약 10%에 지나지 않는다는 것이다. 2000년 이후 Nielsen Bases 및 Ernst&Young이 실시한 연구 결과도 미국산 소비재의 실패율은 95%, 유럽산 소비재의 실패율은 90%라고 한다. 신제품의 대표적 성공 사례로 가장 흔하게 지목되는 Nestle의 Nespresso capsules도 그 성공까지 10년이라는 시간을 기다려야 했다. Nelson에 의하면, 2015년 유럽 시장에서 도입된 8,650개의 신제품 중 0.2%에 해당하는 불과 18개의 제품만이 생존했다고 한다. 그나마 생존한 제품 중 대다수는 또한 비참하게 연명하고 있다. 필자의 논문 **Retrospective Marketing**에서 언급했듯이 미국 시장에서 99%가 넘는 SKU(stock keeping unit : 상품 취급 단위)가 사장돼있다.

제품의 운명은 마치 지구상의 종과 같다(계문강목과속종 중의 종을 의미). 과학자들의 추론에 의하면, 지구상에 존재했던 모든 종의 수는 약 1억 개에 이르렀다고 한다. 그러나 그 중 현재 존재하는 종은 약 200만 개라고 한다. 즉 98%의 종이 멸종됐다는 의미다.

제품뿐 아니라 신규 사업체 수명도 길지 않다. 〈그림 12-28〉이 그것을 나타내고 있다.

위의 사례와 정반대로 우연히 발명되는 성공적인 신제품들도 있다. 아스피린은 원래 버드나무 가지가 유연한 것을 이용해서 관절에 좋은 약으로 개발됐으나, 생각지도 않게 그것이 몸의 열을 내리고 몸이 개운해지는 효과를 내는 것을 발견하고, acetylsalicylic acid라는 성분을 추출, 두통약으로 개발된 것이다. 이와 같이 뜻밖의 기쁨이나 우연한 발견을 뜻하는 용어를 serendipity라고 한다.

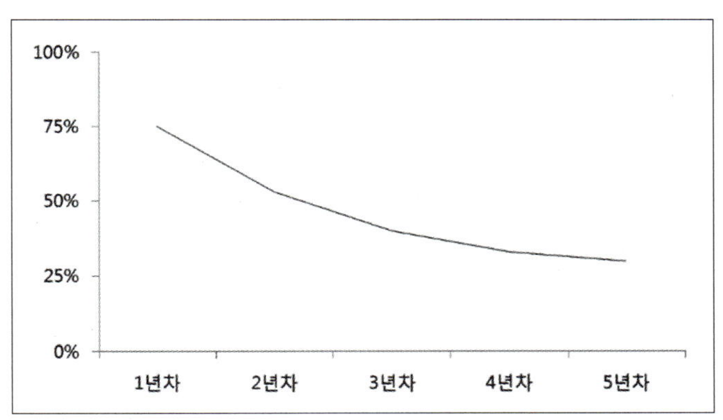

그림 12-28 신규 사업체 생존률
출처: 현대경제연구원

대다수의 기업들은 타 기업 신제품이 시장에 진출하게 되면, 그 성공 여부를 지켜보며 기다리고, 성공이 검증되었을 때 여러 형태의 신제품 개발을 통해 시장에 진출한다. 기업이 신제품을 출시할 때 가장 주의해야 하는 것은 자기 잠식(**cannibalization**)이다. 과거 Miller가 Miller Lite로 맥주 시장에 '비교적' 신제품을 개발하여 신 'light' 맥주 시장을 연 적이 있다. 대표 브랜드였던 Miller High Life의 시장점유율은 상대적으로 하락했으나, 경쟁자보다 먼저 신 시장을 개척하는 시장 선점 전략은 성공했다. 이와 같이 신 시장 개척을 위해 자기 잠식을 감수하는 전략을 **선점적 자기 잠식(preemptive cannibalization)**이라고 한다.

신제품 개발은 크게 세 형태의 기본적 아이디어로부터 시작된다. 첫 번째 경우는 모방적(me-too) 개발로서, 실질적으로 유사한 제품 혹은 혜택을 근거로 개발을 하게 된다. 두 번째 경우는 경쟁 우위적(competitive advantage) 개발로서, 제품 특성(feature)을 중심으로 한 제품 개선, 제품차별화에 그 근거를 두게 된다. 세 번째 경우는 신 벤처적(new venture) 개발로서 혁신적 기능, 특성, 혜택에 근거한 개발을 의미한다. Purdue 대학의 연구팀은 획기적 신 기술에 의한 5개 부문 혁신적 신제품을 다음과 같이 선정한 적이 있다.

① 증기 기관차 → 디젤/전기 기관차
② 진공관 → 트렌지스터
③ 만년필 → 볼펜
④ 화력 발전 → 핵 발전
⑤ 안전 면도기 → 전기 면도기

1-2. 신제품 개발의 유형

진정한 의미의 신제품이란 혁신(innovation)을 통한 '전혀 새로운' 제품을 의미한다. 그러나 지구상 신제품의 대다수는 모방적 신제품으로서, 그 사이에는 다음과 같은 여러 개념의 신제품 형태가 존재한다.

모방적(imitative) 신제품

기존 제품의 디자인 혹은 특성(feature)에 대한 복제를 기본으로 하고 있는 신제품을 말한다. 이러한 제품을 시장에 신규 진출시키는 기업들은 기존 디자인과 특성에 대한 약간의 수정을 도모하거나, 거의 동일한 제품에 대해 낮은 가격을 신제품 개발의 근간으로 하고 있다.

모방적 신제품의 사례

에너지 음료의 세계 1위 브랜드 Red Bull은 Thailand의 에너지 음료를 모방했던 제품이다. Hilton의 Garden Inns는 Marriott의 Courtyard에 대한, Hyatt의 Amerisuites는 Embassy Suites에 대한, United Airlines의 'Mileage Plus'는 American Airlines의 'AAdvantage'에 대한 모방적 신제품들이었다.

아이러니하게도 KFC가 McDonald's가 그나마 실패하지 않았던 Chicken McNugget을 거꾸로 모방했다. 그러나 그 모방도 쉽지 않았다. 제품명도 그대로 모방한 Chicken Nugget이었으며, 신제품을 만들어 체인에 도입하는 기간은 무려 8년이나 걸렸다.

적응적 혁신(adaptive innovation)에 의한 신제품

제품의 독특한 특성을 중심으로 제품 개선이 실질적으로 이루어진 신제품이나, 기술적으로 평가한다면 신규 혜택이 부가되지 않은 경우에 해당된다. Apple과 Windows의 interface로 인해 컴퓨터의 작동이 보다 쉽고 효율적으로 개선되었으나, 컴퓨터로부터 얻을 수 있는 새로운 혜택이 부가되지 않은 경우가 좋은 예라고 할 수 있다. Nintendo의 Wii는 자동차 에어백에서 사용하는 가속도 센서를 리모컨에 결합하여 모션 컨트롤러를 만들어냈다.

적응력 혁신에 의한 신제품 사례

술과 주스를 혼합하여 조주된 Barcardi Breezers(〈그림 12-29〉 참조), 영국 London의 상징 2층 버스(〈그림 12-30〉 참조), Sony의 TV 브라운관, 평면 모니터, 초경

그림 12-29 Barcardi Breezers

그림 12-30 London의 상징 2층 버스

그림 12-31 지붕있는 오토바이 BMW Concept C1

그림 12-32 1950년대 최초의 Barbie 인형

량 바이오 laptop, 지붕있는 오토바이 BMW Concept C1(〈그림 12-31〉 참조), 유럽의 Inter-rail, Gillette의 여성 다리 면도기인 핑크 빛 Gillette Venus, Hero사의 Cereal Keinder Surprise, Cyber Cafe, Italy의 chocolate에 장난감을 넣은 Ferrero, Spain에서 최초로 선보인 냉동 피자, 1950년 말에 등장한 Barbie* 인형(〈그림 12-32〉 참조), 세 가지 백색 기호 식품인 설탕, 소금, 조미료의 위해성을 극복하기 위해 Finish birch에서 추출되는 원료를 이용한 신 개념 껌 Xylitol*, 국내의 경우 밥의 맛, 안전, 취사 편리라는 세 혜택을 동시에 상승시켰던 성광전자의 전기 압력 밥솥, Dyson 기업의 날개 없는 선풍기 Air Mulitplier 등이 대표적 예다.

Barbie
Ruth Handler에 의해 만들어진 '어른 인형'이라는 새로운 개념의 Barbie 인형이 성공한 가장 큰 비결은 인간의 진화와 관련된 형태학적 특징을 살렸다는 데에 있음(예: 다리가 길어짐).

Xylitol
설탕보다 12배 비싸지만 구강 내 세균 발효 억제, 입 안의 산성화를 막아주는 기능.

성광전자의 전기 압력 밥솥
2006년도에 전기 밥솥 전체 시장 점유율의 70%를 차지함.

선구적 혁신(pioneering innovation)에 의한 신제품

제품의 형태 혹은 기능이 창조됨에 따라 신규 혜택이 부가된 경우의 신제품을 의미한다. Procter&Gamble의 충치 예방 기능을 갖춘 Crest 치약과 1회용 기저귀가 과거 선구적 혁신 제품에 해당될 수 있으며, 호텔산업에서 탄생되었던 conference 호텔, all-suite 호텔, B&B(bed and breakfast) 등이 좋은 예가 되고 있다.

선구적 혁신에 의한 신제품 사례

'접는 오토바이(80×17cm)' Honda Caixa, 1978년도에 개발되었던 Sony Walkman (cellular phone과 같은 개념, 즉 이동 녹음기), 1990년대 말에 France Danone사가 개발했던 수십 억 마리 박테리아로부터 위장을 보호(probiotic)하는 우유(요구르트 주스 개념의 신 요구르트 제품으로서, 유제품 우유의 파생 시장 개척)인 Actimel, Sprint 사가 개발한 휴대폰에 카메라 기능 부착, Nike의 Training Club(실제 운동 시간 동안 강사가 운동하는 동영상 제공), Nike+GPS(조깅 경로를 추적하여 거리, 시간, 소비 에너지 등의 정보 제공)*, Nike Boom(운동 시간 동안 음악과 함께 유명 코치들의 응원 소리 제공) 등도 이에 해당된다.

음악을 들으며 달리다가 1마일을 지날 때마다 이어폰을 통해 현재의 속도와 지금까지 달린 거리를 알려주며, 격려의 말도 나옴. iPod을 컴퓨터에 연결하면, 그 때까지 달린 거리와 속도 등의 내용을 nikeplus.com으로 쉽게 업로드할 수 있음. Nike는 100, 500, 1,000 마일을 기념하는 배지를 사용자의 홈페이지에 달아줌.

완전한 혁신(breakthrough innovation)에 의한 신제품

완전한 혁신이란 '전혀 새로운', 진정한 의미의 혁신을 의미하며(eureka), 이전에 존재하지 않았던 기술적, 기능적 쿠데타(Coup d'état)에 의한 신제품이 여기에 해당된다. 환대산업에서의 근접한 사례는 Taco Bell의 K-minus 프로젝트에 의한 주방의 소멸이다.

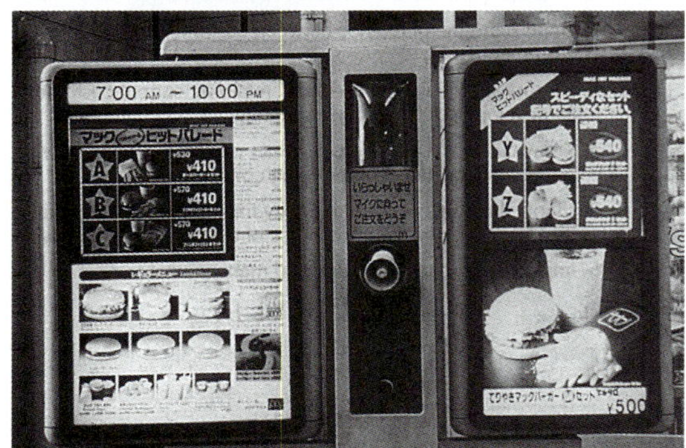

그림 12-33 McDonald's의 최초 메뉴와 현재의 메뉴

1-3. 신제품 개발의 성공 공식

신제품 개발은 엄청난 노력과 경비 그리고 위험이 뒤따른다. 1980년대 초 Wendy's는 아침 메뉴 개발에 3년 이상을 투자했다. 기존에 없었던 omelette, French toast, scrambled egg platter 등 여러 메뉴를 미국 Ohio주에서의 시험 마케팅을 거쳐 신중히 여러 단계에 걸쳐 도입했다. 궁극적으로 1985년에 수백만$의 광고와 함께 각종 아침 메뉴를 시장에 대거 진출시켰다. 그 결과는 대실패였다. McDonald's도 피자 도입을 위한 2번의 시험 마케팅을 모두 실패한 경험이 있다(〈그림 12-33〉 참조).

Starbucks는 2017년 식물 원료(plant-based) 음료 및 'iced espresso', Teavana 'shaken iced teas' 등의 신제품을 선보였다. Starbucks의 목표는 2021년까지 음료 매출 성장률을 25%까지 끌어올리는 것이다.

또한 2017년 Coca-Cola는 2006년에 영국에 도입했던 Coca-Cola Zero를 Coca-Cola Zero Sugar(〈그림 12-34〉 참조)로 대체한다고 발표했다. 2016년 영국에서 처음 출시됐던 Coca-Cola Zero Sugar는 여전히 무설탕이지만 정통 콜라 맛에 더 가깝다. Coca-Cola Zero는 Diet Coke와 함께 매출이 줄고 있고, 시장에서도 사라질 것이다.

신제품 개발의 성공 여부에 대한 해답은 '보이지 않은 손'인 시장만이 갖고 있다. 그 위험이 너무 크기 때문에 많은 기업들은 합병 · 인수(M&A : merges and acquisition)를 통해서 신제품 및 비전문적 제품을 도입하고 있다. AccorHotels Group의 Motel6 인수, Ladbroke의 Hilton Internationl과 Econo Lodge 인수, PepsiCo의 KFC, Pizza Hut, Taco Bell 인수 등은 그러한 이유에서 비롯된 사례들이다.

그림 12-34 Coca-Cola Zero Sugar
출처 : www.coca-colacompany.com

모든 신제품 문제의 해답은 고객에 있다. 미국 Illinois에 있는 Marriott Suites에서는 화, 수, 목요일 등 주 중, 총지배인이 15명의 고객과 무료 조찬 buffet를 통하여 아이디어를 얻고 있다. Apple 매장에는 Genius Bar라는 서비스센터에 전문 상담원을 두고 고객의 문의, 문제 해결과 동시에 그로

부터 파생되는 아이디어를 수집하고 있다. 위와 같이 탐색을 통해 아이디어를 발견하는 방법을 '**idea spotting**'이라고 한다.

Pepsi A.M.의 실패 사례

미국 시장의 아침식사 음료의 매출액 중 커피는 47%를 차지하지만, 청량 음료의 점유율은 겨우 4%에 불과하다. 그러나 아침을 제외한 하루의 대부분은 청량 음료가 다른 음료보다 훨씬 높은 매출을 올린다. Pepsi는 이러한 전략적 문제를 해결하기 위해 Pepsi A.M.이라는 브랜드 확장(brand extension)에 대한 소비자 반응을 테스트 마케팅했다. 한 시험 시장에서 '커피와 비교할 수 없는 시원한 맛'이라는 광고 주제와 함께 고카페인-저탄산 음료로 포지션된 Pepsi A.M.이 판매됐다. 다른 시험 시장에서는 유사한 광고 캠페인과 함께 기존의 Pepsi를 아침식사용 음료로 사용했다. 1년 후, Pepsi A.M.에 대한 테스트 마케팅을 종료하기로 했다. 테스트 마케팅 결과 Pepsi A.M.의 매출이 저조한 것으로 나타났는데, 이는 소비자들의 Pepsi A.M.의 맛에 대한 부정적 반응에 기인한 것이었다.

필자는 기업의 신제품 개발에 대해 필히 추천하고 싶은 사항이 있다. 그것은 '**Zeigarnik effect**'를 활용하라는 것이다.

'**Zeitgarnik effect**'란 사람들은 완성된 것보다 미완의 과제로 끝난 것을 더 강하게 기억한다는 심리적 효과를 의미한다. 기업들은 시험 마케팅 등을 거쳐 완벽한 신제품을 시장에 출시하고자 하지만, 지구상에 완벽한 것은 분명히 없다. 제품은 더욱 그렇다. 필자가 '**Zeitgarnik effect**'를 활용하라는 말을 환언하면, 포지셔닝 전략에서 언급했던 '**counter positioning**'을 활용하라는 의미다. 기업들은 '불가능한' 완벽한 신제품보다는 시장 출시 후 소비자들의 평가에 의해 개선의 가능성이 높은 신제품을 출시하는 데에 신제품 전략의 초점을 둬야 한다(예산, 노력, 시간을 비축해둬야 한다). 이렇게 향후 특정 수요에 맞춰 수정하고, 고객화시킬 수 있는 제품을 '**platform product**'이라고 한다.

2. 신제품 개발 전략

2-1. 신제품 개발의 과정

현재 미국 중간 가격대 호텔 시장을 석권하고 있는 Courtyard by Marriott의 사례를 통해 신제품 개발 전략의 단계와 내용을 고찰해보기로 한다.

아이디어의 창출(idea generation)

신제품 개발 전략의 첫 단계는 아이디어의 창출로부터 시작된다. 3M의 지침인

'Don't kill any idea'와 같이 brain storming 등을 거쳐 가능한 한 모든 아이디어를 동원하고 수집해야 한다. 고가격대 호텔만을 소유하고 있던 Marriott Corporation에서는 총지배인과 부서장들이 참석한 가운데, 매주 cocktail reception에 여러 형태의 고객들을 초대하여, 중간 가격대 호텔에 대한 욕구와 필요, 문제점을 파악했다.

아이디어 채택(idea screening)

신제품 개발의 2단계로서 발굴된 수많은 아이디어 중 필요한 아이디어를 채택해야 한다. Marriott에서는 호텔 내 실무자, 전문가, 고객과의 feedback을 통해 중간 가격대 호텔에 적합한 아이디어를 선별했다.

사업 분석(business analysis)

Marriott에서 중간 가격대 호텔 시장의 사업성을 분석한 결과, 고가격대 호텔 시장 및 저가 호텔 시장과 비교 시 충분한 시장성을 발견했으며, 또한 두렷한 시장 선도자가 없음을 파악했다.

제품 개념 개발
제품 개념의 3대 요소는 가치, 독특성, 구체성으로 요약됨.

제품 개념 개발(product concept development)*

제품 개념 개발이란 채택된 아이디어가 소비자에게 의미있는 개념으로 전달되도록 전환시키는(version) 단계를 말한다. 즉 아이디어를 세부적인 제품 개념으로 연결시키는 과업으로서, 소비자에게 제품에 대한 전체적 그림(product image)을 제시하는 것이다. Marriott은 경쟁이 포화 상태에 있는 도심보다는 도시 인근의 외곽 지역에 시장성이 충분함을 발견하고, 최종 상호를 Courtyard로 정했다. Courtyard는 가정집 안 뜰의 의미로서, 아파트가 주가 되고 있는 도심보다는 도시 외곽 지역의 이미지를 강력히 전달할 수 있었던 것이다(〈그림 12-35〉 참조)*.

국내에서도 서울 외곽 지역인 분당에 Courtyard by Marriott이 진출함.

그림 12-35 Courtyard by Marriott은 가정집과 유사한 환경을 제공하고 있음.

Marriott은 보다 구체적으로 150실 미만, 가정집과 같은(home-like setting) 시설과 이미지, 제한된 메뉴의 레스토랑 시설, 약간의 회의 시설, 기존 Marriott의 타 브랜드와 수요가 중복되지 않는 가격대, 단기(transient) 체류객을 표적시장으로 하는 제품 개념을 개발했다. 구체적 표적시장은 비즈니스 FIT(1년에 6회 이상 여행을 하며 중저가 호텔에 투숙)과 여가 관광객(1년에 2회 이상 여행을 하며 중저가 호텔에 투숙)으로 확정했다.

단기(transient) 체류객
단기 체류객을 transient라고 하는데, 이는 중장기 체류객인 extended-stay와 상치되는 개념임.

제품 개념 테스트(product concept testing)

Marriott은 제품 개념에 대한 검증을 위해 3년 동안의 광범위한 연구가 수행했다. 연구 대상은 외부 환경, 객실, 음식 관련 서비스, 라운지 시설, 서비스, 여가 시설, 안전요소 등 7개의 속성이었다. 예를 들어 객실의 경우 여러 형태의 객실 견본을 통해 잠재 고객에게 순위를 부여하게 했으며, 또한 고객 설문 조사를 수행하여 비즈니스 여행객은 중간 가격대와 좋은 품질의 객실을, 순수 관광 목적 여행객은 안전하고, 편안한 객실을 선호한다는 사실을 밝혀내고 제품 개념을 검증, 확정했다.

Courtyard는 또한 구불구불한 산책로를 지닌 경관, 좋은 정원과 수영장을 갖추고, 비용 절감을 위해 작은 로비와 라운지, 한 개의 레스토랑, 소수의 작은 회의실, 도어맨, 벨맨, 룸서비스의 제거 등의 확정 등 제품 개념 테스트를 완성시켰다.

제품 테스트(product testing)

제품 테스트란 제품 개념 혹은 제품 아이디어를 유용한 제품(workable product)으로 전환시키는 단계다. Marriott은 제품 개념 테스트의 결과, 1차적으로 객실의 기초 모형(prototype)을 설정했다. 제품 테스트를 위하여 표준 객실, 짧은 형체의 객실, 긴 형체의 객실로 잠재 고객들의 평가를 받았으며, 모두 선호는 받았으나 긴 형체의 객실은 건축비가 많이 들어 최종 객실 제품에서는 제외됐다.

마케팅 믹스 계획

Marriott은 첫 해를 대비한 마케팅 예산 책정을 필두로 기타 마케팅 전략 계획을 수행했다.

시험 마케팅(test marketing)

Marriott은 1983년 Atlanta에 최초의 Courtyard를 시장에 공식적으로 진출시켰다. 시험 마케팅 결과, 객실 규모를 좀 더 줄이는 것과, 옷장의 문을 개폐식이 아닌 미닫이로 하는 것이 더욱 효과적임을 파악하고, 최종 객실 시설을 확정했다.

상업화(commercialization)

Marriott은 첫 해에만 수천만$의 광고와 판매촉진을 통하여 호텔을 시장에 대거 진출시켰다. 이는 McDonald's가 McDLT 상품 도입 시 1주에 5백만$ 이상의 광고비를 투입한 이래 기록될만한 판매촉진 예산으로 평가되고 있다. 1983년 최초의 호텔 진출 이후, 1986년 1월에 벌써 300개 지역에 개관, 건축, 계약 체결이 될 만큼 시장에서 큰 호응을 얻었던 Courtyard by Marriott은 2인용 조찬 프로그램의 최초 실시 등 철저한 고객 조사에 근거한, 현재 세계 최고의 가치를 지닌 호텔로 인정받고 있다.

2-2. 신제품 개발의 실패와 성공 사례

이상과 같은 Marriott의 Courtyard는 신제품 개발에 있어서 대단한 성공 사례에 해당된다. 그러나 시장에서 성공 사례보다는 실패 사례가 훨씬 많이 기록되고 있으며 그 이유 또한 무수히 많다. 신제품 개발 실패의 대표적 사례는 다음과 같다.

신제품 개발의 실패 사례 : Coca-Cola

그림 12-36 New Coke

출처 : Al Ries · Laura Ries(2003), 《마케팅 반란》, p.290

1985년, Coca-Cola는 99년 간 고수해온 전통적인 맛의 콜라 생산을 중지하고, 새로운 맛의 콜라로 대체한다는 뉴스를 발표하여, 많은 미국 시민과 경쟁 음료 기업들에게 커다란 충격을 주었다. New Coke이라는 새로운 맛의 콜라는 기존의 Coca-Cola와 비교하여 비교적 달고 부드러운 것으로, 대대적인 광고 및 PR과 함께 시장에 출시됐다(〈그림 12-36〉 참조).

처음 몇 주 간 New Coke의 판매 실적은 어느 정도 양호한 편이었으나, 곧 부진한 판매와 함께 수많은 소비자들의 불평과 항의가 뒤따랐다. Coca-Cola는 화가 난 소비자들로부터 수 많은 항의 전화와 편지를 받았으며, Seattle에서는 Old Coke Drinkers of America라는 한 단체는 이전의 Coca-Cola를 생산하지 않으면 집단 소송을 제기하겠다고 협박까지 했다. 뿐만 아니라 마케팅 전문가들은 New Coke을 1950년대에 Ford Motor에서 개발했다가 크게 실패한 승용차 모델인 Edsel에 비유하기까지 했다.*

두 달 후 Coca-Cola는 부득이 이전 맛의 콜라를 Coca-Cola Classic이라는 상호로 다시 생산하여 New Coke과 함께 시판하기 시작했다. Coca-Cola에서는 New Coke 상호가 회사의 대표 상호(**flagship brand**)가 될 것으로 기대했으나, 새로운 맛의 도입 후 8개월이 지난 1986년 초 Classic이 대부분의 시장에서 New Coke보다 5~6배 많이 판매되었다. 또한 1987년에 이르러 Classic은 다시 단일 상표로서 청량 음료 시장점유율 1위를 차지했다(Coca-Cola Classic 19%, Pepsi 18.5%).

거의 1세기 동안 미국 청량 음료 시장에서 수위를 누려왔던 Coca-Cola는 1980년대에도 여전히 수위를 차지하고 있었으나, 'Pepsi Challenge' 이후 Pepsi에게 서서히 시장을 빼앗기고 있었다. 1970년대 중반부터 실시된 'Pepsi Challenge' 전략에 따라 수행된 blind test 결과, 대체로 3 : 2의 비율로 Coca-Cola보다 Pepsi를 선호하는 것으로 나타났으며, Pepsi는 그 결과를 TV를 이용하여 대대적으로 광고했던 것이다.

그리하여 Coca-Cola는 무엇인가 변혁을 가져와야 한다고 판단했고, 그 해결책으로

Edsel은 1957년 출시된 GM의 모델로서 고성능 엔진, 스포티한 스타일 등을 특징으로 GM이 연간 20만 대의 판매 목표를 정했으나, 출시 3년 간 54,000, 26,000, 29,000대가 판매되는 등 역사상 최악의 신제품 실패 사례 중 하나로 기록되고 있음. 당시 GM의 손실은 3억 5천만$로 기록됨.

Pepsi Challenge
임의로 사람을 선정하여 눈을 가리고 Coca-Cola와 Pepsi의 맛을 평가했던(blind test) Pepsi의 전략.

서 전통적인 맛의 변화를 시도하게 된 것이다. Coca-Cola는 2년 동안 약 4백만$를 들여 신제품 개발 연구 프로젝트를 수행했는데, 약 2십만 명의 소비자들을 대상으로 맛테스트(최종 개발된 맛에 대해서만 3만 명)를 실시했다. 이 blind test 결과, 기존의 맛보다 새로운 맛을 선호하는 소비자들이 약 60%, 그리고 Pepsi의 맛보다 새로운 Coca-Cola의 맛을 선호하는 소비자들이 52%로 나타나, 자신있게 새로운 맛의 콜라를 출시했던 것이다.

이와 같은 시장 테스트를 거쳐 출시된 신제품이 시장에서 호평을 받지 못하고 소비자들로부터 불평과 항의를 받게된 보다 근본적인 이유는 어디에서 찾을 수 있을까? 그 이유는 바로 Coca-Cola의 마케팅 조사가 단지 맛에만 국한했다는 사실이다. 소비자들의 테스트에서 좋아하던 맛도 그것이 다른 상호를 달고 기존의 Coca-Cola를 대체할 때에는 수용될 수 없다는 사실을 예측하지 못했던 것이다(필자가 제5장에서 제시했던 〈2-6. 정서적 품질〉을 기억하라).

수많은 미국 시민들은 자라면서 Coca-Cola를 마셨고 성인이 되어서도 마시고 있다. Coca-Cola는 야구와 미식 축구를 관람할 때, TV를 시청할 때, 핫도그와 햄버거를 먹을 때, 늘 함께 하던 그들 일상 생활의 일부였다. Coca-Cola의 마케팅 조사는 기존 Coca-Cola의 상징적 의미가 그 맛보다도 더욱 중요하다는 것, 다시 말해 수많은 미국 소비자들이 기존의 Coca-Cola에 강한 감정적 관여를 갖고 있다는 사실을 간과했던 것이다.

소비자들의 지각 속에서 New Coke은 이미 진짜 Coca-Cola가 아니었다. 그들은 New Coke의 등장으로 그들의 진짜(the real thing) Coca-Cola에 대한 강한 향수를 느끼게 되었고, 그들 생활 일부가 훼손됐다고까지 생각했던 것이다. 블라인드 테스트에서 소비자들은 55 : 19로 New Coke을 선호했으나, 놀랍게도 콜라를 보고 한 테스트에서는 13 : 59로 기존의 콜라를 선호했다.

Coca-Cola는 처음부터 전국적인 시판을 하기보다 일정 기간 동안 일정 지역에서 시험 마케팅을 실시했어야 했다. 혹은 처음부터 기존의 Coca-Cola 생산을 중단하는 대신, 브랜드 확장 전략으로서 Coca-Cola Classic에 New Coke을 추가하는 다중 브랜드 전략을 사용했어야 했다. Coca-Cola는 소비자들의 불평과 항의에 즉각적으로 반응하여 큰 실패를 방지할 수 있긴 했지만, 값비싼 대가를 치르고서 '제품은 소비자들에게 물질적 특성 이상의 무엇인가를 의미한다'는 교훈을 얻었다. Coca-Cola는 New Coke 출시 두 달도 안 되어 기존 제품인 Coca-Cola Classic으로 다시 돌아오지 않을 수 없었다.

신제품 개발의 실패 이유

시장에서 신제품 개발이 실패하는 대표적 이유는 다음과 같이 정리될 수 있다.

- 소비자의 욕구와 필요에 부합되지 않는 부적절한 제품 개념의 도입

- 기존 제품과 비교 시 신규 혜택에 대한 차별화의 부족
- 혜택에 대한 약속을 지키지 못하는 미흡한 집행
- 예산 책정이 과다하거나 충분하지 못함
- 시장의 실체성이 약함
- 경제 주기가 신제품 도입 시기에 역행됨
- 표적시장 선정의 오류
- 포지셔닝 전략의 실패
- 경쟁 대상 선정의 오류
- 수요와 비용 예측의 오류
- 환경과 소비자 변화를 파악하지 못함
- 실패 가능성에 대한 정보의 부재

즉 신제품 개발 전략의 궁극적 실패는 마케팅의 모든 영역과 관련되어 있다.

신제품 개발의 성공 사례:Miller Lite

성공 사례의 대표적 예는 기존 제품의 리포지셔닝에 의한 신제품 개발의 성공 사례인 Miller Lite이다. 미국 맥주 시장에서 시장점유율 8위에 불과했던 Miller가 Philip Morris, Inc.의 뛰어난 마케팅 능력에 의하여 2위로 부상하게 된 과정이 그것이다. 담배가 주종 제품이었던 Philip Morris, Inc.(이하 PM)은 1969년과 1970년에 걸쳐 Miller 맥주 기업을 인수했는데, PM은 Miller의 경영층을 PM의 간부 직원들로 대체하여 Miller가 처한 당시 상황과 맥주산업 및 시장을 수년 동안에 걸쳐 파악한 후, 대대적 리포지셔닝 전략을 수립했다.

PM이 Miller를 인수하던 1969년과 1970년 당시, Miller의 대표적 상표인 Miller High Life는 병맥주의 샴페인(the champagne of bottled beer)으로서 광고됐는데, 이에 의하여 Miller High Life는 비록 고급 맥주의 이미지는 있었으나, 상류층 소비자들이 파티에서 분위기에 맞추어 마시는 맥주, 여성이 마시는 맥주로서 포지션되어 자연적으로 시장점유율이 저조했다(맥주 시장에 있어서 1970년 Miller 제품의 시장점유율은 4.3%로 전국 8위에 불과했다).

PM에서 파견된 경영진은 Miller의 주요 표적시장을 노동자층과 젊은층으로 정하고 기존의 이미지를 새로이 포지션하는 광고를 개발했다. 따라서 선원들이 파도를 헤치고 항해하는 장면, 소방수들이 화재 현장에서 용감히 불을 끄는 장면, 젊은이들이 모험을 즐기는 장면을 연출하는 광고 등을 개발하고, 이들 광고에 'Now, it's Miller time' 혹은 'If you have the time, we have the beer'와 같은 문구를 사용하여 대대적인 광고비를 투입함으로써, 맥주의 대량 소비층인 노동자층과 젊은층에 소구했다. 이와 같은 리포지셔닝 노력의 성공에 의하여 1978년 Miller High Life는 Anheuser-Busch의 Budweiser에 이어 제 2위의 시장점유율을 기록하게 되었다(1978년 Miller의 시장점유율

은 18.9%).

Miller가 취한 두 번째 전략은 7온스 소형 병 맥주의 개발이었다(보통 캔 맥주는 12온스). 이 제품은 맥주의 양이 한 컵 정도에 불과하여 특히 더운 여름에 딱 한 잔 마시고 싶은 소비자들에게 적합했고, 특히 소량이기 때문에 마시는 동안 시원함이 그대로 유지된다는 것이 특징이었다. 또한 소량의 맥주를 원하는 여성 소비자들과 노인들에게 인기가 있었으며, 처음으로 그 맥주를 시음하기를 원하는 소비자들에게도 가격이나 양이 적절했다.

Gabliner's
최초의 저칼로리 맥주(〈그림 12-37〉 참조).

Miller의 또 다른 전략은 신제품 개발이었다. Miller는 소비자들을 대상으로 저칼로리 맥주의 잠재 시장에 대한 광범위한 조사에 의하여, 소비자들이 저칼로리 맥주에 상당한 흥미를 갖는다는 사실을 발견했다. 기존의 Meister Brau Lite와 Gablinger's*와 같은 저칼로리 맥주들이 다이어트를 의식하는 소비자들을 표적시장으로 정했지만, 그들은 사실상 맥주를 별로 마시지 않기 때문에 실패했다는 사실을 또한 발견했다. 따라서 저칼로리, 저탄수화물의 특징을 지니면서도 풍부한 맛과 적절한 알코올량을 지닌 신제품 Lite(가볍다는 의미를 지닌 light의 발음에 따른 상호)을 개발했다.

그림 12-37 Gablinger's
출처: www.google.co.kr

또한 Walter Lander&Associates에 의뢰하여 Lite 맥주의 병과 캔을 디자인하도록 했으며, 네 개의 지역에서 테스트 마케팅을 한 후, 그 결과를 TV, 라디오, 신문 등을 통하여 광고했다. 그 후 1974년까지 다른 도시에서의 테스트 마케팅을 거쳐 1975년 1월 Miller는 대대적인 광고와 함께(약 1천만$) 전국 시장에 Lite을 도입했다. 'Everything you wanted in a beer. And less'라는 Lite 광고의 주된 소구점은 칼로리가 낮기 때문에 많이 마시더라도 별로 포만감을 느끼지 않는다(less filling)는 점에 두었으며, 특히 대량 음주가들(heavy drinkers)을 표적시장으로 정했다.

그 결과는 실로 기대 이상이었는데, 판매량은 그 해 2백만 배럴, 1976년에 5백만 배럴, 그리고 1979년에는 1천 1백만 배럴로 급성장했으며, 1980년에 이르러서는 상호별 시장점유율에 있어서 Budweiser와 Miller High Life에 이어 전국에서 세 번째의 시장점유율을 기록하게 되었다. 이와 같은 Miller의 Lite의 개발은 소비자의 맥주 기호에 대한 커다란 변화를 가져와, 많은 경쟁 기업들이 저칼로리 맥주를 생산하게 되었으며, 1990년 초 저칼로리 맥주의 전체 판매량은 미국 내 전체 맥주 시장의 33%에 이르게 되었다.

이와 같은 Miller의 Lite 맥주 신제품 개발은 시장의 실체성까지 확대시킨 대성공 사례라고 할 수 있다. 위에서 살펴 본 Miller의 마케팅 전략은 PM의 소비자 마케팅 기법을 그대로 적용한 것으로, 이를 요약하면 맥주 시장을 여러 개의 세분시장으로 구성된 것으로 보고, 세분시장마다 다른 제품과 용기를 개발, 투입하며, 특히 초기에 대대적인 광고를 했던 것이다. 이러한 전략은 맥주 시장을 비교적 동질적인 것으로 보던 당시까지의 맥주업계 전략과는 판이한 것이었다.

환대산업 마케팅 전략 계획 모델(연출 믹스)

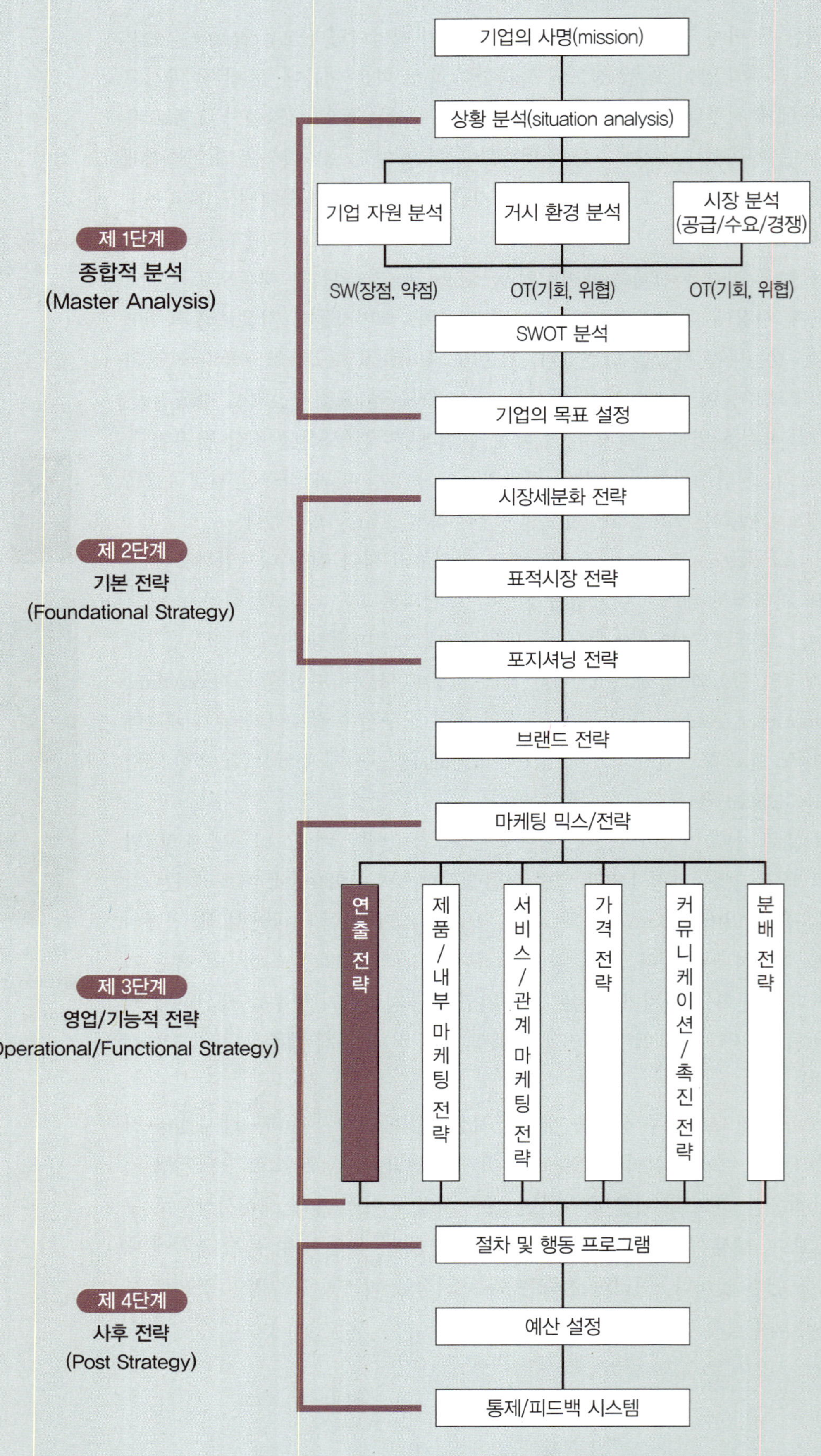

연출 믹스

제 13 장

무형적 제품과 서비스의 특성을 갖고 있는 환대산업에 있어서 유형적 단서 제공을 위해 제품과 서비스를 가시화시킬 수 있는 기법이 요구되고 있다. 이것을 연출 믹스(Presentation Mix)라고 하며, 본 장에서는 장의 제목과 같이 주로 연출 기법에 대한 그림 사례를 중심으로 설명하기로 한다.

1. 물질적 설비(physical plant)

인간의 5관으로 쉽게 감지될 수 있는 건물, 시설, 제품 등이 여기에 해당된다. 〈표 13-1〉은 'The Hotel for the Next Millennium'이라는 Holiday Inn의 물질적 설비에 대한 연출 믹스의 예다 .

표 13-1 물질적 설비 믹스:Holiday Inn 요약

구분	내용
고객이 디자인한 미래를 위한 설계	• 턴다운 서비스, express checking, 객실 내 커피 서비스, 객실 내 fax, 음성 메일, 전자 잠금 장치 등은 진부함 • 지성적(intelligent), 최신의(state-of-the-art), 사용하기 쉬운(user-friendly), 전자 시스템과 에너지 관리 시스템을 통한 'high tech'과 'personalized service' 개념의 물질적 설비를 제공
고객 객실과 화장실의 물질적 설비	• 고객의 편안함을 염두에 둔, 집에서와 같은 가구와 객실 당 3세트 최고 수준 린넨 등의 비품 • DID 전화 라인, 환경 통제 시스템, 고객용 비상 버튼, 무선 전화, 인터넷 등의 최신 설비 • 객실과 객실 문 사이의 54STC 방음 장치 및 18인치(45~46cm) 높이 전기 outlet • 회반죽을 쓰지 않는 건식 천장 및 2층 이상 객실에 외부 공기와 통하는 창문 • 객실문에 어른용과 어린이용이 분리된 두 개의 외부 탐색경(one-way-viewer) • 인체에 적합한(ergonomic) 의자, 적절한 조명의 작업대, 무선 전화기, 외부 회선과 데이터를 송수신할 수 있는 장치(data port), 27~29인치 TV • 커피 메이커, 헤어 드라이어, 다리미와 다리미대, 시계 부착 라디오, 금고(safe), 냉장고 등 'home away from home' 개념의 객실

그림 13-1 연출 믹스 : 물질적 설비. 메뉴(중식(딤섬), 일식, 양식)(위), amenity(장식, 패키지)(아래).

2. 환경적 공간/분위기(atmospherics)

'환경적 공간'이라는 의미를 갖고 있는 분위기는 모든 혜택의 집합적 성격을 갖고 있다. 거의 모든 무형적 혜택이 분위기에 포함될 수 있으며, 연출 믹스에 있어서 주위를 끌고, 기억을 지속시키고, 고객의 지각을 조정하는, 가장 광범위한, 그러나 연출하기 어려운 특성을 갖고 있는 것이 환경적 공간 혹은 분위기다. 환경을 포착하는 용어로서 주변 환경을 macro(close-up), 카메라 렌즈로 포착하는 작업을 'macro tour'라고 하며, 카메라에 초광각 렌즈를 부착하면 'fisheye tour', 한 장의 이미지 속에 많은 환경을 포착하는 것은 'panorama tour'라고 한다.

《Key factors in guest's perception of hotel atmosphere》의 저자에 의하면, 분위기에는 무수한 속성이 있으나, 독특성(distintiveness), 환대(hospitality), 안락(relaxation), 세련(refinement) 등이 주요 속성으로 제시될 수 있다. 다른 차원에서 분류해보면, 온도, 냄새, 음악, 조명 등의 배경적 특성(background feature); 고객과 직원 간의 상호 작용을 의미하는 사회적 특성(social feature); 건축, 스타일, 설계, 구조 등의 기능적, 미적 요소인 디자인 특성(design feature) 등으로 나뉘어질 수 있다(〈그림 13-1, 13-2〉 참조).

호텔 전경

1. Malaysia의 Shangri-La 2. Spain의 Parador De Ronda 3. Las Vegas Strip 지역의 야경

그림 13-2 연출 믹스(1) : atmospherics

atrium lobby

Embassy Suites의 웅대한 atrium lobby

레스토랑

Nova-Park lyees, Paris는 황홀한 레스토랑 분위기를 연출시키고 있음.

고전적 전통

영국의 Forte Heritage는 고전적인 독특한 '전통'의 분위기를 연출시키고 있음.

그림 13-2 연출 믹스(2): atmospherics

인테리어

1. The Venetian의 Michelangelo 벽화 2. Luxor의 mummy(미이라) 3. Hard Rock Cafe의 전자 기타 4. Mandarin의 중국풍 벽화
인테리어는 각 호텔의 주제를 훌륭하게 연출시키고 있음.

그림 13-2 연출 믹스(3) : atmospherics

체험 마케팅

분위기는 sense*, feel, think, action, relation 등의 5가지 차원으로 나뉘어질 수 있는 **체험 마케팅**(**experiential marketing**)과 관련된 속성이기도 하다.

* 모든 환경에 대한 완전한 감각을 의미하는 'platzgeist'라는 용어가 있음.

체험 마케팅을 다른 차원에서 분류하면 다음과 같다. ①감각적(sensory) 체험(제품과 서비스에 대한 외견상의 체험), ②정서적(affective) 체험(브랜드 등에 대한 감정 이입), ③행동적(behavioral) 체험(직접적인 신체적 체험), ④지적(intellectual) 체험(제품 사용 시 호기심이나 문제 해결 욕구를 자극) 등이 그것이다. 홈쇼핑은 체험 마케팅의 진수를 보여주고 있다.

체험 마케팅의 이론적 근원은 행동경제학의 '**endowment effect**'(**보유 효과**)에 있다. '**Endowment effect**'란 사람들이 어떤 대상에 대해 소유 혹은 소유할 수 있다고 생각하는 순간 그 대상에 대한 애착이 생기는 현상이다. 대표적 예가 환불 보장 제도다. 환불 보장 제도는 소비자의 제품 구매를 부담 없게 유도하는데, 일단 소유하게 되면 반환으로 느끼는 손실이 환불로 생기는 이득에 비해 더 크게 지각된다는 것이 행동경제학에서의 실험 결과다.

국내 브랜드 TV와 냉장고가 출시된 후 주택 보급률이 80%가 된 시점은 21년이며, 세탁기는 23년이다. 반면 김치 냉장고는 훨씬 빠르게 보급률 80%를 넘어섰다. "일본에는 생선 냉장고가, France에는 와인 냉장고가 있는데, 우리는 김치 냉장고가 없지?"라는 단순한 발상으로 만도기계의 위니아만도 딤채로 시작된 김치 냉장고의 성공 비결은 첫 해 판매된 4,000대 중 3,000대가 **체험 마케팅**으로 판매했기 때문이다. 체험한 주부들의 '**endowment effect**'와 입 소문이 그 비결이었다.

그림 13-3 PARC55 Wyndham

체험 마케팅의 진수는 Marriott의 계열인 PARC55 Wyndham에서 찾을 수 있다. Wyndham은 약 400억 원의 공사비를 들여 효과적으로 호텔을 외부에 알리기 위해 **체험 마케팅**을 수행한 바 있다. 상호에 있는 55를 살리기 위해 55시간 특별 파티를 개최했고, 그 기간 중 San Francisco에서 가장 붐비는 Union Square에 유리로 만들어진 시설을 이용해 객실을 전시했다(〈그림 13-3〉 참조).

감성 마케팅

분위기는 또한 **체험 마케팅**과 밀접히 관련돼있는 **감성 마케팅**과도 관련이 있다. **감성 마케팅**의 범주 내에서 감정(affect) 마케팅, 공감(empathy) 마케팅, 감각(sense) 마케팅, 정서(mood) 마케팅 등이 포함된다. Starbucks는 5P(people 포함) **감성 마케팅**과 77가지 **감성 마케팅**으로 유명한데, 그 표적시장은 감성세대인 젊은 여성이다. 영화 Cocktail의 주인공 Tom Cruise의 말을 정확하게 실천한 것이다.

1920년 미국의 Parker는 빨간색의 Parker 만년필을 출시했다. 기존 만년필이 모두 검정색과 갈색인 만년필 시장에서 조금 가는 것을 제외하면 기타 만년필과 차이가 없었으나, 빨간색 Parker 만년필은 여성용 만년필 시장을 완전히 석권했다. 그야말로 **감성 마케팅**의 대표적 성공 사례다.

공간 마케팅

분위기는 **공간(space) 마케팅**과도 밀접히 관련되어 있다. **공간 마케팅**의 진수를 보여주고 있는 것은 Apple의 App Store와 세계 명품 브랜드의 'flagship store'*다. 이 두 형태의 스토어는 단순히 제품을 판매하는 공간을 초월하여 건물, 내부 인테리어 자체가 기업의 전반적 이미지를 표현하는 공간으로 활용된다(〈그림 13-4〉 참조). 미국 New York Manhattan 5th Street에는 'flagship store'가 즐비한데, 건물, 구조, 실내 장식 등 모든 것은 매출보다는 PR에 초점이 맞춰져있다.

Wal-Mart의 1주일 간 매장 방문자는 약 1억 4천만 명에 이른다. P&G의 2004년 조사에 의하면, 고객의 75%가 매장을 방문해 상황에 따라 구매 여부를 최종 결정할 정도로 **공간 마케팅**의 중요성은 지대하다. Starbucks는 제 3의 장소(Third Place : 집도, 회사도 아닌 제 3의 공간) 개념으로 공간을 창조해낸 **공간 마케팅**의 대표적 성공 사례에 해당된다.

그림 13-4 일본 도쿄 아오야마 Prada의 flagship store

이와 같이 분위기 혹은 환경적 공간은 제품에 있어서 동물이나 식물의 생명 유지에 필요한 요소를 갖춘 환경을 의미하는 'habitat'에 해당된다. 환원하면, 분위기 혹은 환경적 공간은 제품이 생존하고, 번창할 수 있게 창출되어야 한다는 것이다.

*'Flagship store'와 같은 개념을 'concept branch'라고 함. 또 다른 시도로서 백화점, 주유소, 편의점, 은행 등에 소규모 지점이 개설되면, 그것은 'in-store branch'라고 함.

3. 위치(location)

위치는 연출 믹스에 있어서 매우 중요한 구성 요소다. 무엇보다도 고객들의 환대산업 제품에 대한 선택 행동에 있어서 최우선적으로 고려되는 속성*이기 때문이다. 즉 위치는 호텔이나 특정 이용 대상을 선택할 때, 'do' 혹은 'do not'을 결정하는 전환점(threshold)의 역할을 한다. 위치는 크게 '가까움', '중심 지역', '찾기 쉬움', '접근하기 쉬움' 등과 같은 편리함이라는 혜택과, 반대로 '알려져 있지 않은', '일상 생활과 동떨어진', '격리' 등 상반되는 혜택으로 대분될 수 있다(〈그림 13-5〉 참조).

*최우선적으로 고려되는 특성이란 salience(top of the mind)를 의미함.

위치를 마케팅에 가장 잘 활용한 기업은 단연 Wal-Mart다. Wal-Mart는 1962년 미국 Arkansas주에 첫 점포를 연 이후, 2019년 기준, 미국에만 5,000개의 점포를 훨씬 상회한다. 처음에는 미국 중남부 11개 주 인구 25,000명 이하인 도시에만 집중하여 점포

도시

Spain Madrid에서 세계 주요 도시와의 접근성(거리)을 시간으로 표시하고 있음.

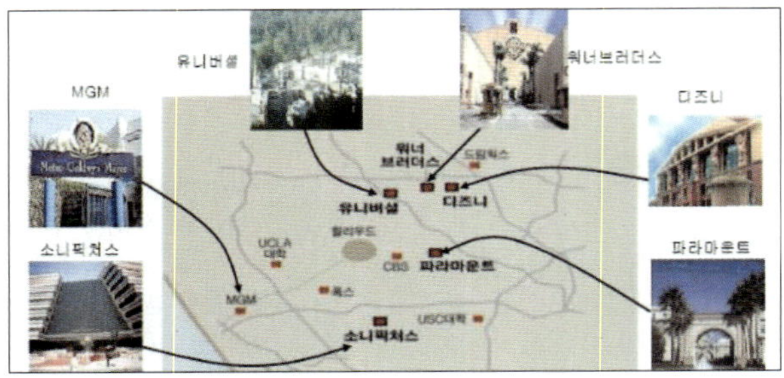

접근성

Hollywood의 영화 클러스터

가시성

Las Vegas의 Luxor는 피라미드 정상에서 푸른 빛을 하늘로 발사하고 있음. 우주인이 지구로 올 때 가장 먼저 볼 수 있다는 이 빛은 모든 방향에서 Luxor의 위치를 확실히 파악할 수 있는 가시성을 최대화시키고 있음.

그림 13-5 연출 믹스: 위치

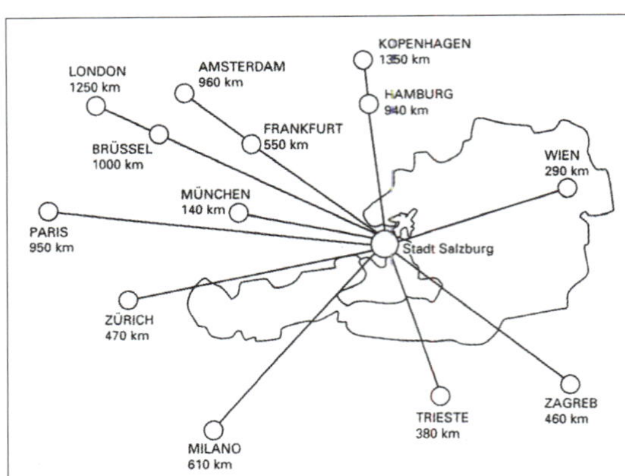

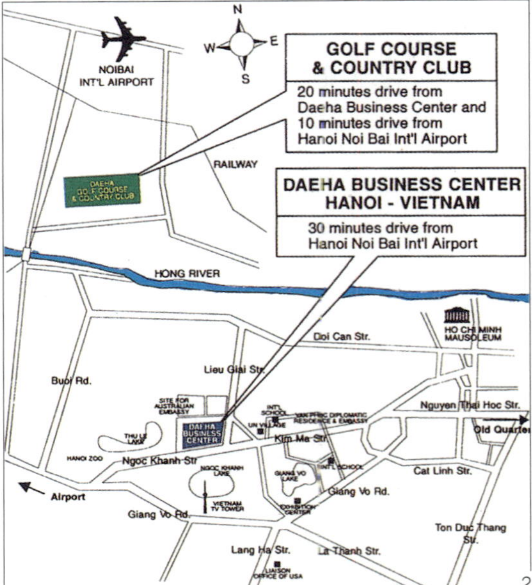

도시, 주요 지역과의 접근성

1. Austria Stadt Salzburg에서 유럽 주요 도시와의 거리 2. Vietnam, Hanoi Business Centre의 인근 지역 주요 기관과의 접근성 3. Italy, Milano의 주요 호텔들.

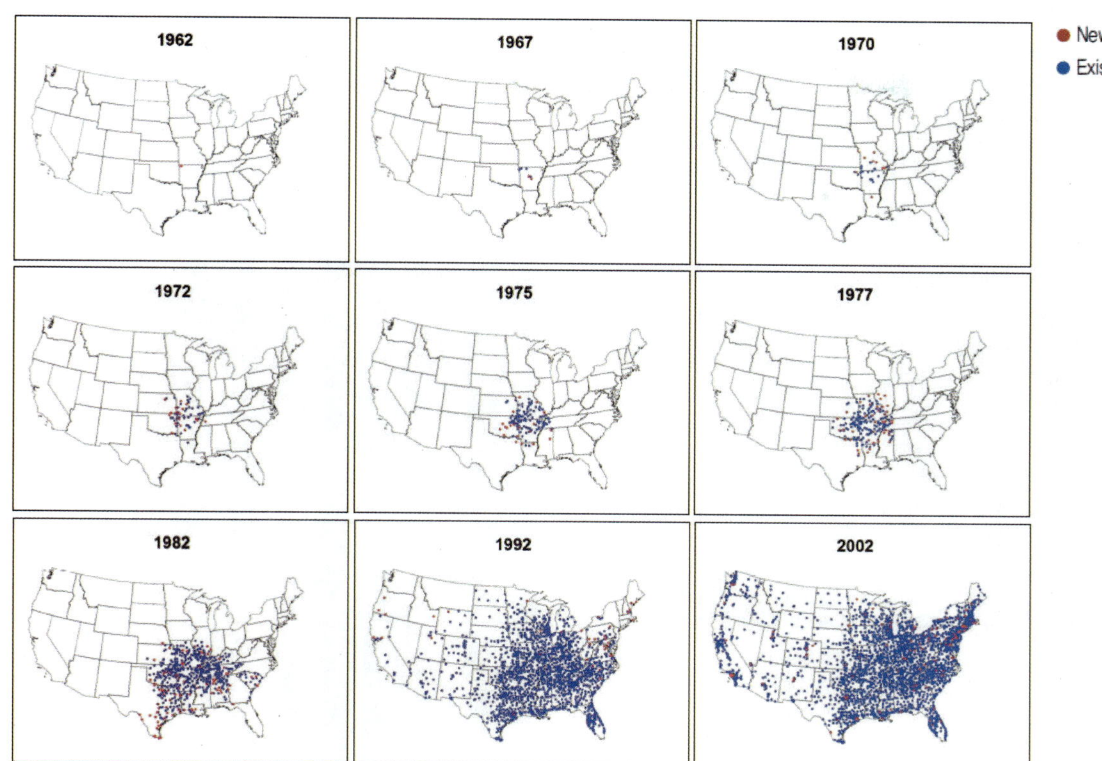

그림 13-6 Wal-Mart의 미국 내 점포 확장 추세
출처 : The Federal Reserve Bank of Minneapolis(www.mpls.frb.org)

를 위치시키며 K-Mart 등 강력한 경쟁 기업들을 피했다. 특정 지역에 점포를 열면, 그 주변 지역을 집중 공략했고, 포화 상태라고 판단될 때, 멀리 떨어진 특정 지역을 중심으로 같은 전략을 수행해왔다(〈그림 13-6〉 참조).

호텔에서는 W와 Palomar가 위치를 가장 잘 활용한 호텔로 알려져있다.

4. 직원(employee)

내부 마케팅 전략에서 언급되었듯이 직원은 환대산업에 있어서 가장 중요한 제품이다. 따라서 직원은 연출 믹스에 있어서 중요한 구성 요소이며, 동시에 직원을 통한 연출 믹스는 효과가 크다.

'Singapore Girl'은 Sinpapore Airlines의 가장 대표적 상징이며, Regent International의 최고 유니폼을 입은 직원, Southwest의 명랑한 직원, Asian Airlines의 4년제 대학 출신 직원, JetBlue의 젊은 직원과 무노조 경영, Ritz-Carlton의 '신사 숙녀' 직원, 과거 국내 Renaissance Seoul에서의 달력에 등장했던 12명의 우수 직원들, W의 자유로운 용모와 복장의 직원, Four Seasons의 세련됨과 친절함을 동시에 지닌 '완벽한' 직원 등은 모두 각 호텔의 대표적 자산이다(〈그림 13-7〉 참조).

환대산업의 사례는 아니지만 Apple의 창업자 Steven Jobs는 생전 Fortune과의 인터

Four Seasons Hotels&Resorts의 Charles라는 나이든 벨맨은 호텔의 완숙한(consummate) 대사로서, 고객의 혼란을 편안함으로 이끌어 주는 역할을 함.

Singapore The Pan Pacific Hotels의 재미있는 직원

조식 준비의 적시성을 상징하는 직원의 대기와 신라 조리사의 분위기 있는 flambe 요리

그림 13-7 연출 믹스: 직원

뷰에서 "젊은이들의 삶을 그들의 방식에 따라 몸소 체험하고 나서야(after and experienced being a young people on their terms) 성공의 열쇠를 찾았다"고 했다. 그 후 정장을 버리고 청바지와 검정 티셔츠를 입기 시작했다(〈그림 13-8〉 참조).

그림 13-8 Steve Jobs의 프레젠테이션 믹스
출처: 홍성대(2013), 《모든 비즈니스는 브랜딩이다》, p.271

5. 고객(customer)

우리가 백화점, 슈퍼마켓, 일반 매점에서 물건을 살 때 옆에 누가 있건 개의치 않는다. 그러나 호텔에서는 그렇지 않다. 많은 호텔들이 동별, 층별(예: executive floor)로 고객 군(clientele)을 분리시키는 이유가 그것이다. 국내 Grand Hyatt에서는 주 표적시장인 비즈니스 FIT를 위하여 비수기에도 관광 단체 여행객의 비율을 제한시키고 있다. 사람들이 나이트클럽을 선택할 때 가장 많이 하는 말은 "어디가 물이 좋아?"다. 환대산업에 있어서는 고객도 연출 믹스의 한 구성 요소에 해당된다(〈그림 13-9〉 참조).

그림 13-9 연출 믹스: 고객. Swissotel과 Four Seasons의 호텔 이미지와 조화되는 고객 연출

환대산업 마케팅 전략 계획 모델(가격 전략)

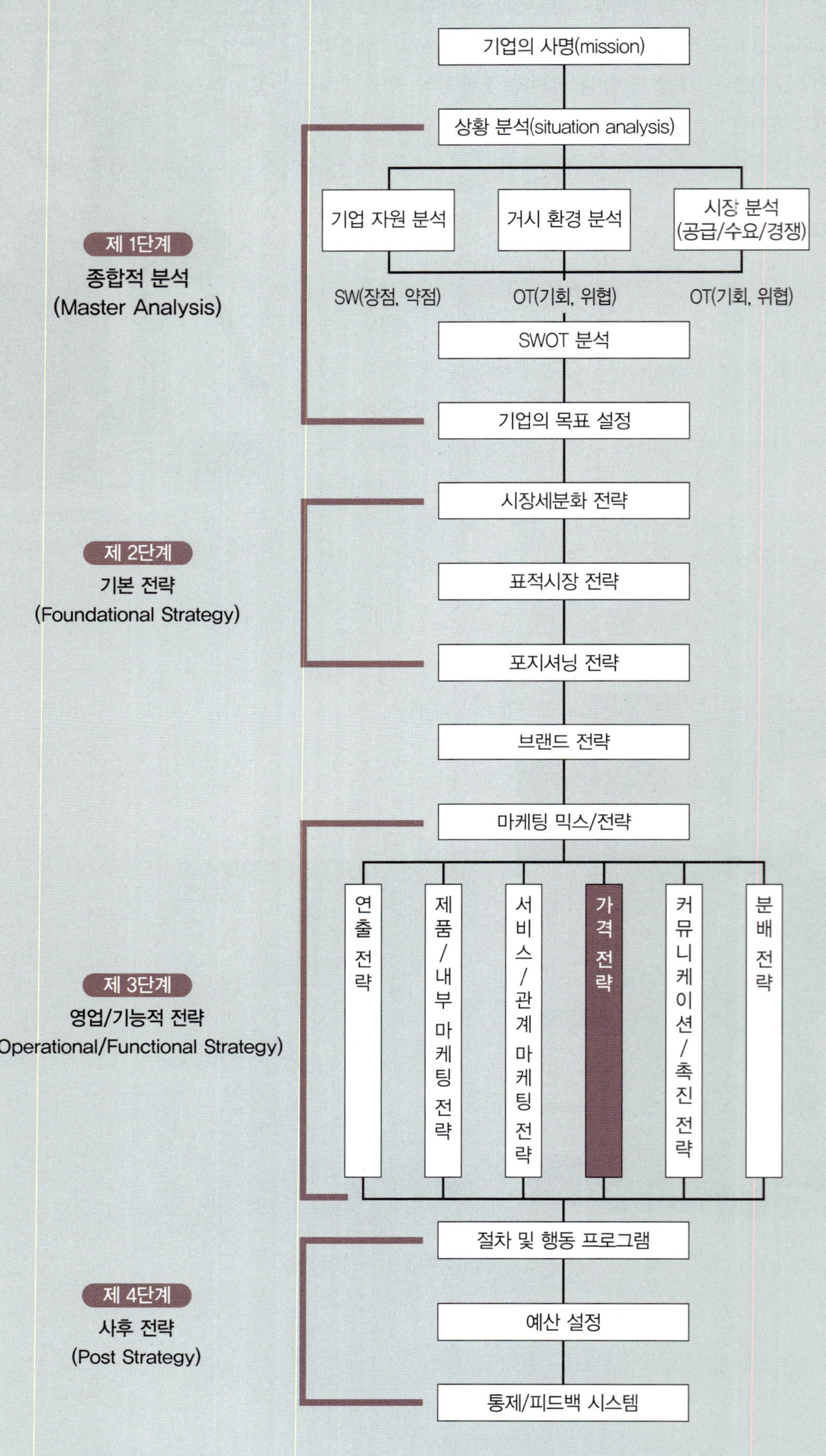

가격 전략

제 14 장

가격 전략의 개념과 목표

1. 가격 전략의 개념

Warren Buffett의 이야기이다. "기업을 평가할 때 가장 중요한 요인은 가격 결정력(pricing power)이다. 경쟁 기업에 시장을 빼앗길 염려 없이 편안히 가격을 올릴 수 있다면 매우 탄탄한 기업이다".

가격은 모든 마케팅 믹스와 전략에 있어서 소비자와의 최종 커뮤니케이션 역할을 한다. 경제학의 한 조류인 신 자유주의에 의하면, 가격은 모든 경제 행위를 이끄는 바로미터라고 한다. 제품의 모든 것을 하나의 징표로 보여주는 것이 가격이며, 또한 모든 마케팅 전략 시 비용이 수반되지 않는 유일한 것이 가격 전략이다.

가격 전략의 근간은 품질과 가격의 상관 관계를 의미하는 가치다. 아무리 우수한 제품도 가격이 지나치게 높으면 가치가 떨어지며, 열등한 제품도 가격이 상대적으로 낮다면 가치가 오르게 된다. 그 가치를 결정하는 것은 물론 수요, 경쟁, 환경이 복합적으로 구성되어있는 시장이며, 보다 미시적으로 이야기한다면 고객이다. 특히 환대 산업에 있어서 시장과 고객은 제품에 수반되는 비용에 대해서는 무관심하며, 오직 가치만을 평가한다. 적정 가격이란 '**보이지 않는 손**'이 만든 위대한 작품이라고 할 수 있다.

2015년 전 세계 Hotels.com*의 ADR(average daily rate)에 대한 조사에 따르면, **HPI(hotel price index)**는 2015년에 북미가 3% 상승한 반면, 카리브해와 유럽은 변동이 없었으며, Latin America가 3%, 태평양이 1%, 아시아가 5% 하락했고, 대한민국은 1% 상승했으나 서울은 17% 하락했다고 한다. 호텔 객실 요금은 전 세계 평균 1% 상승했으며, 2014년도에 2006년 요금을 회복했다(그 기간 동안 매우 고전했다).

Hotels.com은 세계 여행 전문 업체 Expedia, Inc.의 계열사로, 약 18만 개 호텔과 B&B, 호텔식 아파트의 예약 서비스를 제공하는 기관임.

가격 전략을 다른 용어로 표현한다면? '**가치 결정**' 전략이다. 이미 정해진 제품과

그림 14-1 New York시에 위치한 초호화 호텔 The St. Regis

서비스 품질의 효용과 혜택에 대한 가격 수준이 해당 제품의 최종 가치를 결정하기 때문이다.

과거 New York시에 두 개의 초호화 호텔 The St. Regis(〈그림 14-1〉 참조)와 Four Seasons가 동시에 개관했다. The St. Regis는 당시 최고의 요금을, Four Seasons는 경쟁을 고려한 적정 요금을 제시했다. 그러나 2005년을 기준으로 두 호텔 모두 평균 객실 요금은 850$였다. 적정 요금은 기업이 정하는 것이 아니라 **'보이지 않는 손'**에 의해 결정된다는 불변의 법칙에 대한 대표적 예다. 기업은 그 가치를 파악해야 하며, 그와 조화되는 적정 가격을 책정해야 하는 숙제를 항상 안고 있는 것이다.

2017년 기준, 세계 도시의 평균 객실 요금(ADR:average daily rate) 순위는 〈표 14-1〉과 같다.

〈표 14-2〉는 미국 호텔들의 가치에 의한 가격대별 매트릭스를 나타내고 있다.

가격 전략의 목표를 정할 때 가장 핵심이 되는 고려 사항은 비용, 소비자의 수요, 공급 상황과 경쟁의 강도다. 기업은 1차적으로 그러한 비용과 시장 분석을 수행하게 되며, 2차적으로 이익, 판매량, 이미지, 가격의 안정성 등을 고려하여 최종 가격을 책정하게 된다.

가격 전략의 목표는 제품의 특성에 따라 다음과 같이 크게 두 가지로 대분된다.

표 14-1 호텔 요금이 높은 도시 순위

순위	도시, 국가	ADR($)
1	San Francisco, USA	288
2	Geneva, Swizerland	283
3	Boston, USA	266
4	Reykjavik, Iceland	259
5	Seattle, USA	253
6	London, UK	249
7	Miami, USA	240
8	New York, USA	236
9	Geneva, Switzerland	222
10	Washington DC, USA	216

출처 : Bloomberg(2017)

미국의 AAA Diamond Rating Guidelines(호텔 평가 지침)〉

	◇	◇◇	◇◇◇	◇◇◇◇	◇◇◇◇◇
General	Simple roadside appeal Limited landscaping	Average roadside appeal Some landscaping	Very good roadside appeal Attractive landscaping	Excellent roadside appeal Professionally planned landscaping	Outstanding roadside appeal Professional landscaping with a variety of foliage and stunning architecture
Lobby	Adequate size with registration, front desk, limited seating, and budget art, if any	Medium size with registration, front desk, limited seating, carpeted floors, budget art, and some plants	Spacious with front desk, carpeted seating area arranged in conversation groupings, good-quality framed art, live plants, luggage carts, and bellstation	Spacious or consistent with historical attributes; registration and front desk above average with solid wood or marble; ample seating area with conversation groupings and upscale appointments including tile, carpet, or wood floors; impressive lighting fixtures; upscale framed art and art objects; abundant live plants; background music; separate check- in/-out; bellstation	Comfortably spacious or consistent with historical attributes; registration and front desk above average; ample seating with conversation grouping and upscale appointments; impressive lighting fixtures; variety of fine art; abundant plants and fresh floral arrangements; background music; separate check-in-out; bellstation that may be part of concierge area; concierge desk
Guest rooms	May not reflect current industry standards	Generally reflect current industry standards	Reflect current industry standards	Reflect current industry standards and provide upscale appearance	Reflect current standards and provide luxury appearance
Service	Basic attentive service	More attentive service	Upgraded service levels	High service levels and hospitality	Guests are pampered by flawless service executed by professional staff

표 14–2 미국 호텔의 가격대별 매트릭스(2018)

Luxury Chains	Upper Upscale Chains	Upscale Chains	Upper Midscale Chains	Midscale Chains	Economy Chains
Armani Hotels & Resorts	Ace Hotel	AC Hotels by Marriott	Best Western Plus	Best Western	B&B Hotel
Banyan Tree	Autograph Collection	aloft Hotel	Clarion	Candlewood Suites	Days Inn
Bulgari	Bristol Hotels	Best Western Premier	Comfort	ibis	easyHotel
Cheval Residence Group	Caesar	Clarion Collection	Comfort Inn	ibis Styles	Econo Lodge
Concorde	Canopy by Hilton	Courtyard	Comfort Suites	La Quinta Inns & Suites	Formule 1
Conrad	Curio Collection	Courtyard Hotel	Comfort	Quality Inn	Garden Inns
Fairmont	Delta Hotel	Crowne Plaza	Country Inn & Suites	Ramada	Home–Towne Suites
Four Seasons	Embassy Suites	Disney Hotels	DoubleTree Club	Red Lion Inn & Suites	Howard Johnson
Grand Hyatt	Hard Rock	DoubleTree	Fairfield Inn	Sleep Inn	hub by Premier Inn
Hyatt Zilara	Hilton	Four Points by Sheraton	Hampton	Travelodge	ibis budget
Hyatt Ziva	Hilton Grand Vacations	Grand Mercure	Holiday Inn	Travelodge Hotel	InTown Suites
InterContinental	Hyatt	Hilton Garden Inn	Holiday Inn Express	Tru by Hilton	Microtel Inn & Suites by Wyndham
JW Marriott	Hyatt Centric	Holiday Club	Holiday Inn Garden Court	Uptown Suites	Motel 6
Loews	Hyatt Regency	Homewood Suites	Holiday Inn Select	Vista	Red Roof Inn
Luxury Collection	Kimpton	Hyatt House	Home2 Suites	Wingate by Wyndham	Rodeway Inn
Mandarin Oriental	Le Meridien	Hyatt Place	Howard Johnson	Yotel QQ	Select Inn
Nobu Hotels	Marriott	Moevenpick	Mercure	YotelAir	Studio 6
Oberoi	Marriott Conference Center	Grand Hotel	MOXY		Toyoko Inn
Park Hyatt	Marriott Executive Apartment	Novotel	Park Inn		Travelodge
Raffles	New Otani	Novotel Suites	Quality		
Ritz–Carlton	Oakwood	Prince Hotel	Quality Resort		
Shangri–La	Okura	Radisson	TownePlace Suites		
Sofitel	Omni	Residence Inn	Tryp by Wyndham		
St Regis	Radisson Blu	Vista Hotel	Easy		
Taj	Radisson Collection	Wyndham	Hotel Plaza		
The Peninsula	Radisson RED	Wyndham Vacation Resort	Wyndham Garden Hotel		
Trump Hotel Collection	Renaissance		Yotel		
W Hotel	Sheraton Hotel				
Waldorf Astoria	Swissotel				
	Tokyu Hotel				
	Tribute Portfolio				
	Westin				
	Wyndham Grand				

출처:STR CHAIN SCALES(2018)

2. 가격 전략의 양대 목표

2-1. 비용 지향적 목표

손익분기점
손실과 이익이 같아지는 점.

〈그림 14–2〉와 같이 고정비(fixed cost)가 낮고 변동비(variable cost)가 높은 제품에 있어서는 상대적으로 적은 판매량으로 손익분기점(BEP : breakeven point)에 빨리 도달할 수 있으나, 손익분기점 초과 후 이익의 폭(a)은 상대적으로 작다. 이러한 제품의 경우

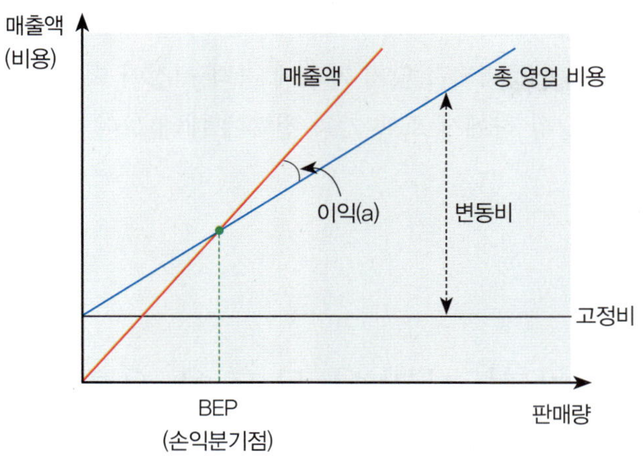

그림 14-2 비용 지향적 목표

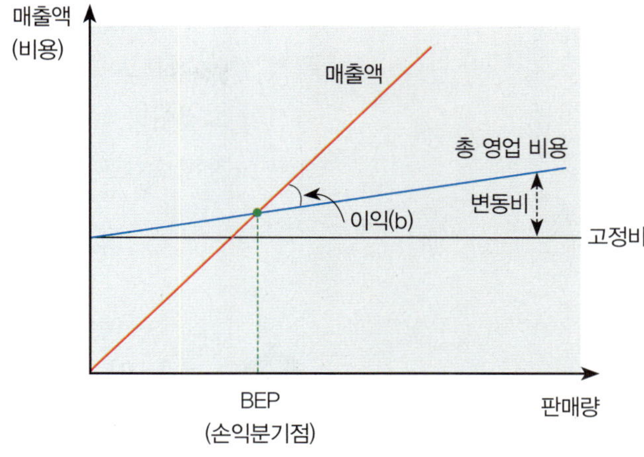

그림 14-3 시장 지향적 목표

(예: 호텔의 식료), 가격 전략의 근간은 변동비를 중심으로 하는 비용이며, 비용에 대한 통제가 가격 전략의 목표가 된다. 그러나 어쩔 수 없는 비용 지향적 목표라고 해도 환대산업에서는 소위 'Machiavelli'식 가격 전략은 지양해야 한다.*

고객의 감정이나 만족감과 관계없이 오직 이익 극대화를 위한 전략. 재판매 혹은 재방문이 필요없을 경우나, 구매 주기가 매우 긴 제품에 주로 적용됨.

2-2. 시장 지향적 목표(수익·양적 목표)

〈그림 14-3〉과 같이 고정비가 높고 변동비가 낮은 제품에 있어서는 상대적으로 많은 판매량으로 손익분기점에 도달하기 때문에, 양적(volume-oriented) 목표가 그 근간이 된다. 그러나 손익분기점 초과 후 이익의 폭(b)은 〈그림 14-2〉의 이익의 폭(a)과 비교할 때 상대적으로 크다. 이러한 제품의 경우(예: 호텔 객실), 가격 전략의 근간은 매출액(revenue)이 되며, 비용보다는 매출액의 극대화를 위한 시장 지향적 목표가 된다.

종합적으로 고려할 때, 고정비가 높은 특성을 갖고 있는 호텔 가격 전략의 목표는 비용보다 매출액을 기준으로 하는 시장 지향적 목표가 되어야 하는 것이다. 특히 변동이 심한 수요에 직면하여 있고, 비저장적 제품을 갖고 있는 호텔산업에서 시장 지향적 가격 전략의 목표는 절대적인 것이다.

단, 위의 사실과 반대급부가 존재한다는 사실을 주지해야 한다. 미국의 조사에 의하면, 전체 호텔의 경우 수요에 대한 가격 탄력성(price elasticity of demand)은 0.56, 서울과 같은 대도시 호텔의 경우는 0.23으로서, 호텔 고객들은 가격의 변화에 대해 민감하지 못한, 환언하면 탄력적이지 않은(insensitive, inelastic) 특성을 갖고 있다는 결과가 그것이다. 필자의 서울 지역 특 1급 호텔 시장에 대한 가격탄력성 조사 결과는 0.28로 나타났다. 가격 탄력성이란 수요량의 변화/가격의 변화에 대한 것으로, 그 비율이 1.0보다 클 때에는 고객이 가격의 변화에 대해 민감하다는 것을 의미하며, 1.0보다 적을 때에는 고객이 가격의 변화에 대해 민감하지 못하다는 것을 의미한다.

이와 같이 호텔 객실의 가격 전략은 완전히 상충된 두 논리 사이에서 딜레마를 갖고 있다. 즉 비저장적 제품을 판매하기 위해 특히 비수기의 수요를 유인하기 위한 대폭적 할인 정책도 그 비율만큼 수요량이 증대되지 않기 때문에 가격 책정이 어렵다는 사실이 그것이다. 이와 같은 모순적 상황 하에서 호텔 가격 전략에 대해 보다 심층적으로 고찰해보기로 한다.

제2절 환대산업/호텔 가격 전략의 목표와 유형

1. 재무적(financial) 목표에 의한 가격 전략

재무적 목표는 이익 극대화(profit maximization) 혹은 비용 최소화(cost minimization)로 대분되며, 투자 수익률(ROI : return on investment), 자산 수익율(ROE : return on equity)의 극대화도 여기에 포함된다. 제조산업에서는 희망 이익에 근거한 가격 설정(cost plus), 혹은 희망 원가에 근거한 가격 설정(cost percentage)이 가장 흔한 형태다. 유사한 개념으로 손익분기점에 의한 목표 이익의 설정(break-even analysis and target profit)을 들 수 있는데, 이는 고정비, 변동비, 공헌 이익(contribution margin)을 중심으로 가격을 책정하는 방법이다. 비저장성의 특징을 가진 환대산업에서는 공헌 가격(**contribution pricing**)이라는 용어도 있다.

공헌 가격
비저장적 제품에 대해 헐값이라도 판매하면 고정비 상쇄에 어느 정도는 공헌을 할 수 있다는 의미의 용어임.

Singapore Airlines의 최우수 비용 관리

Singapore Airlines는 가장 효율적 비용 관리를 하는 항공사다. 2007년 IATA (International Air Transport Association)의 조사에 의하면, Singapore Airlines는 ASK(cost per available seat kilometer)가 4.58￠로서, full-service 유럽 항공사의 8~16￠, 미국 항공사의 7~8￠, 아시아 항공사의 5~7￠와 비교, 절대적 비용 우위(cost leadership) 경영을 하고 있다. Singapore Airlines의 인건비(labor cost)는 2008년의 경우 16.6%로서 American Airlines의 30.8%, British Airways의 27.5%, Lufthansa의 24.4%, United Airlines의 22.5% 등과 비교, 매우 낮음을 알 수 있다.

야구에서 20·20, 30·30(홈런·도루)을 달성하기 어렵듯이 실제로 차별화와 비용 우위, 세계화와 지역화, 규모와 역동성 등 세 부문은 대다수 서구 기업들이 동시에 달성하지 못하고 있는 영역들이다. 그러나 Banyan Tree(〈그림 14-4〉 참조), Haier, 삼성, Toyota 그리고 Singapore Airlines와 같은 동양 기업들은 위의 세 부문을 동시에 달성함으로써 서구 기업들의 부러움을 사고 있다.

그러나 환대산업에 있어서 재무적 목표에 의한 가격 전략은 효과적이지 못할 경우가 많다. 1995년 Delta Airlines의 16억$ 원가 절감 노력은 운항 시간의 정확성에 있어

그림 14-4 Banyan Tree Club&Spa SEOUL
출처: www.naver.com

서 10대 항공사 중 최하위, 발권 지연, 불결한 기내, 부주의하게 취급되는 수하물 등의 결과와 함께, 직원의 사기도 저하되는 결과를 초래했다. Delta Airlines는 '너무 지나치게 삭감했다'는 것을 인정하고, 서비스 품질 회복을 위한 새로운 비용이 필요함을 인식했다.

과거에 지불한 후 되찾을 수 없게 된 비용을 매몰 비용(sunk cost)이라고 한다. 사람들이 비용에 대해 잘 알고 있을수록 제품 구매의 확률이 높아진다. 또한 사람들이 시간, 돈, 또는 노력을 투자한 후에는 과거의 의사결정을 계속 유지하려는 성향이 있다. 이것을 **매몰 비용 효과(sunk cost effect)**라고 한다.

기존에 투자한 시간, 돈 등의 매몰 비용 때문에 사업을 중단하지 못하고 강행하여 더 큰 손실을 보는 잘못된 의사 결정은 '**concorde fallacy**'(**콩코드 오류**)라고 한다. 도박에서 큰 돈을 잃는 가장 많은 경우는 소위 '본전 생각', '단 시간에 만회' 등의 '**concorde fallacy**'를 향한 이유 제공에 있다. 132년 전통을 자랑하며 세계 제 1의 필름 생산업체였던 Kodak은 1981년 Sony가 디지털 카메라 Mavica를 생산했을 때 큰 위기감을 느꼈으나, 매몰 비용 때문에 '**concorde fallacy**'를 계속 반복했다. 그 유명한 'Kodak Moment'는 이미 1981년도에 끝났으나(이 때는 아직 늦지 않았었음), 2012년 1월 미국 New York 남부 법원에 파산보호 신청을 하며 모든 것을 다 잃었다.

매몰 비용과 '**concorde fallacy**'에서 벗어날 수 있는 방법은 첫째, 매몰 비용을 생각하지 말고 'zero base'에서 다시 시작할 것, 둘째, 과거보다 미래 관련 정보를 찾을 것 등의 방법이다.

Toyota, Anheuser-Busch, Heinz, Four Seasons, New York Yankees 등은 경쟁사보다 높은 원가와 품질로 성공한 대표적 선두 기업들이다. 반면 Gillette은 주력 제품인 면도날을, Hewlett-Packard는 toner catridge를 원가에 가까운 가격으로 판매하며 시장을 지배하고 있다.

그림 14-5 Southwest Airlines의 촉진 가격 전략. Southwest Airlines는 항공사 중 가장 낮은 요금을 부과하는 항공사로 유명함.

그림 14-6 Jack in the Box의 전경

2. 양적 목표에 의한 가격 전략

전술되었던 바와 같이 환대산업에서는 양적 목표에 의한 가격 전략이 효과적이다. 가장 일반적 형태는 매출액의 극대화와 시장점유율의 극대화다. 호텔 객실 부문에서는 객실점유율(occupancy rate)의 극대화가, 식음료 부문에서는 좌석 회전율(table turn-over rate)의 극대화가 여기에 해당된다.

2-1. 촉진(promotional) 가격

판매촉진(sales promotion) 전략의 일환으로서, 제품의 양적 판매를 위한 촉진 가격 전략은 가격의 할인에 근간을 두고 있다(〈그림 14-5〉 참조). 특히 몇 제품을 희생시킴으로써(**loss leader**) 주 판매 대상 제품의 촉진을 극대화시키는 것이 촉진 가격 전략의 주 형태라고 할 수 있다.

loss leader의 사례들

Dunkin's Brands Group에서는 커피를 불과 25₵에 판매한 적이 있다. 커피를 마실 때 최소 도넛 한 개는 판매될 것이라는 기대에 의한 가격 전략이다. Anderson과 Simester에 의하면, 슈퍼마켓에서 세일을 할 때 Coca-Cola나 Pepsi와 같이 잘 알려진 제품의 할인 폭을 높이면 타 제품의 가격까지 낮게 인식된다고 한다. 이 경우 Coca-Cola와 Pepsi는 **loss leader**에 해당된다. 이것을 **유도 가격(leader pricing) 전략**이라고 한다.

촉진 가격 전략에서는 종종 주 판매 대상 제품이 **loss leader**가 되는 경우도 있다. Jack in the Box에서 세 개의 햄버거를 1$에 판매하며 french fry와 음료 매출을 증대시킨 것이 좋은 예다(〈그림 14-6〉 참조). Las Vegas의 대규모 호화 카지노 호텔에서는 객실이 50$ 미만, buffet가 10$ 미만인 경우가 흔하다. 즉 Las Vegas에서는 주 수입원인 카지노 매출의 극대화를 위하여 객실과 식음료 제품조차 모두 **loss leader**에 해당된다.

촉진 가격 전략의 핵심은 할인이다. 수 년 간 1,200개의 레스토랑 체인 확장으로 세계에서 가장 빠른 속도의 성장을 했었던 fast food 레스토랑 Boston Market(〈그림

그림 14-7 Boston Market
출처: www.google.co.kr

14-7〉 참조)은 촉진 가격 전략에 있어서 큰 교훈과 시사점을 주고 있다.

가격 할인의 폐해: Boston Market 사례

Boston Market은 1993년 상장하여 1994년에 1,600만$, 1998년에 6,700만$의 이익을 창출하며 주가가 폭등했다. Boston Market은 저녁 영업만을 하다가 1996년에 점심 영업을 병행했다. 1997년 주 표적시장인 젊은 남성을 대상으로 기존 샌드위치의 가격보다 단 50₵만 인상된, 양이 많은 샌드위치를 선보였다. 고객의 95%가 광고를 기억할 정도로 대대적 광고를 했고, 제품의 촉진을 확대시키기 위해 20~25% 할인 큐폰까지 도입했다. 그 결과, 한 점포 당 50~200개의 점심 메뉴가 더 판매됐으며, 매출액도 3.4%가 증가됐다.

그러나 이에 대응하여 McDonald's는 Big Mac을 55₵에, Burger King은 Whopper를 99₵에 판매하는 특별 판매촉진 전략을 수행했다. Boston Market은 이에 대한 재대응으로 큐폰을 더 남발했으며 그 결과, 매출액은 오히려 0.8%가 감소했고, 샌드위치 판매의 50%가 저녁 영업에 집중되며 저녁 영업에까지 영향을 주게 되었다. 비용이 상승되고, 직원들의 정직 비율이 높아지자, Boston Market은 어쩔 수 없이 다시 저녁 영업만을 고수하기로 결정했다.

위의 사례는 경쟁의 무서움과 함께 촉진 가격 전략, 나아가 가격 전략이 얼마나 중요하며, 또한 위험한가를 일깨워주고 있다. 가격을 인하하는 것은 쉬워도, 일단 인하된 가격을 재인상시키기는 어렵다. McKinsey&Co.의 조사에 의하면, 많은 제품에 있어서 가격 1% 인하가 평균 8%의 이익을 감소시킨다고 한다. 또한 경제의 법칙과 같이 가격의 인하는 수요를 증대시키지만, 경쟁사의 반응 때문에 대부분의 경우에 있어서 궁극적으로는 같은 수요량을 낮은 가격으로 경쟁하는 결과를 초래하게 된다. 큐폰과 할인이 남발되고 있는 외식산업에 있어서 촉진 가격 전략은 신중히 검토된 후에 수행되어야 한다.

to go
음식을 take out하는 경우를 의미함.

행동경제학의 **쾌락적 편집(hedonistic editing)** 첫 번째 법칙에 의하면, 이익은 나누고 손실은 합하는 것이 유리하다고 한다. 예를 들어 레스토랑에서 할인을 할 때, 같은 10% 할인이더라도 'to go' 시 5%, 현금 지불 5% 등 혜택을 나누어 제시하는 것이 바람직하다는 것이다. 반대로 호텔에서 직원을 구조 조정할 때에는 1차 30명, 2차 20명보다는 총 50명 감축으로 공지하여 고통을 한 번만 주는 것이 좋다.

Havard대학의 Michael Porter는 경쟁자도 가격을 내릴 수 있는 상황에서의 가격 인하는 어리석은 선택이라고 했으며, David Ogilvy도 가격 할인은 결코 '강력한 브랜드 이미지'를 선물하지 못한다고 한다. 국내의 The North Face는 소매업자와의 계약 시 할인을 전혀 못하게 하고 있다.

이러한 촉진 가격은 호텔산업에서도 빈번히 사용되고 있다. 중저가 호텔 그룹으로 세계 최대 규모를 기록한 바 있는 Cendant Corporation은 'best rate or it's free' 프로그램을 통하여 Super8, Days Inn, Ramada, Travelodge, Howard Johnson's, Knights Inn, Villager, Wingate Inn, AmeriHost Inn 등의 브랜드에 자신들의 공식 사이트가 아닌 타 사이트가 보다 더 저렴한 가격을 제공한다면, 하루를 무료로 제공한다는 보증을 2004년 5월부터 시행하고 있다.

2-2. 종속 제품(captive product) 가격

현대에 이르러 기업들은 **loss leader** 물품을 교차 판매(cross-selling) 수단으로 삼고 있다. 생수를 온수나 냉수로 만드는 무료 생수대(생수의 정기적 배달 수입), 무료 Espresso 커피 머신(정기적 원두 배달 수입), 2012년 전 세계의 화제가 되었던 싸이의 '강남 스타일' 동영상(YouTube에서 무료로 배포되나, iTunes에서 음원을 판매하고 콘서트를 통한 수입) 등이 대표적 사례들이다.

Nestle의 Dolce Gusto 커피 머신은 20만 원 수준의 지극히 낮은 가격으로 제공된다. 이 커피 머신은 원두를 가는 불편을 제거하고, 대신 캡슐로 그것을 대체한다. Nestle의 비즈니스 모델은 커피 머신이 아니라 개 당 1,000원 정도의 캡슐이다. 과거 Polaroid의 즉석카메라도 카메라 가격보다 필름 가격이 문제였고, Gillette의 면도기보다 면도날 가격이 문제다. 이와 같은 가격 전략을 '종속 제품 가격 전략'이라고 한다.

또한 **loss leader**는 일종의 속임(gimmick) 수단으로 활용된다. '하나를 사면 하나가 무료'라는 판매촉진은 '두 개를 사면 50% 할인'과 동일한 의미이나, 전자가 소비자들을 유혹하는 데에 있어서 보다 효과적이다. 수학의 역사에 있어서 인도에서 발견한 0은 획기적 성과다. 경영에 있어서도 공짜 마케팅의 발견은 일종의 혁신이다.

2-3. 제품 다발(product bundling) 가격

제품 다발 가격은 'menu degustation', 'prix fixe' 등으로도 불린다. 제품 다발 가격 전략은 여러 제품을 묶어 하나의 가격으로 판매하는 방법이다. 제품 두 개 이상을 묶어

그림 14-8 제품 다발 가격 전략의 예. McDonald's는 전형적인 제품 다발 가격 전략을, Wendy's는 'versioning' 가격 전략을 보여주고 있음.

서 하나는 정상 가격(list)으로 하고 나머지를 할인을 하거나, 모두 할인된 특별 가격으로 책정한다. 즉 제품 다발 가격은 고객을 가격에 대하여 무감각하게(decentisizing) 만들어, 여러 제품을 동시에 이용하게 하는 데에 근간을 두고 있다.

MS가 Explorer, MS Office(word, excel, power point), Windows를 묶어 하나의 가격으로 판매하거나, 국내 호텔들이 비수기에 객실, 식음료, 휘트니스를 하나의 가격으로 판매하는 것이 좋은 예다. 제품 다발 가격은 McDonald's, Burger King, Wendy's 등 유명 햄버거 레스토랑에서 가장 흔히 볼 수 있는(〈그림 14-8〉 참조) 가격 전략으로서, 고객에게는 낮은 가격으로 여러 제품을 구매할 수 있는 혜택이 있으며, 동시에 공급자는 여러 제품의 다량 판매로 매출액을 극대화시킬 수 있다는 혜택이 있다.*

1994년 이후 McDonald's에서는 40% 이상의 매출액이 제품 다발의 형태에서 달성되고 있음.

유사한 전략으로서 고객이 제품 및 서비스를 개별적으로 구입할 수도 있고, 패키지로도 구입할 수도 있도록 하는 가격 전략은 **혼합 제품 다발 가격(mixed price bundling)**이라고 한다.

2-4. 변이(versioning) 가격

〈그림 14-8〉의 Wendy's의 사례는 제품 다발과는 약간 다른 개념이다. Wendy's의 사례와 같이 여러 대안 제품을 제공하고, 각 제품마다 다른(같은) 가격을 제시하는 것은 '**versioning**'이라고 한다.

사실 '**versioning**' 가격은 촉진 가격에 속할 수도 있고, 그렇지 않을 수도 있다. 디지털 컨텐츠에서는 복제가 곧 생산으로 이어지기 때문에, 처음에 무상으로 제공하는 경우가 많다. 이것을 **freemium**이라고 한다. 따라서 처음 제품 출시 시 무상으로 유효기간이 있는 CD 등을 제공하며 수요를 확대시키고, 후에 유상으로 제공하는 것이 그것이다. 카카오도 유사한 사례에 해당된다. 이러한 예는 촉진 가격에 해당된다.

그러나 '**versioning**'은 다른 형태로 더 많이 이루어진다. 학술 논문에 빨리 게재를 원하는 경우에 받는 'express' 심사비, 우체국의 빠른 우편 등이 그것이다. 또 다른 형

그림 14-9 재고 정리 가격의 예. 국내 Sofitel Ambassador에서는 식후주인 Liqueur에 대한 70% 할인 재고 정리 가격 전략을 수행함.

태는 완전한 제품을 단기간만 무료로 제공한 후, 그 기간 이후 등록비를 지불하고 정품을 이용하라는 경우와, 지속적 업그레이드 버전을 내며, 구 버전 제품을 계속 사장시키는 경우다. 이러한 예는 촉진 가격의 범주에 들지 않는다.

2-5. 재고 정리(close-out) 가격

촉진 가격 전략의 가장 극단적인 형태는 재고 정리 가격이다. 제조업체에서 점포 이전, 폐쇄 시 큰 폭의 할인을 통한 바겐세일을 한다. 호텔에서도 재고가 많은 제품(slow moving product)에 대하여 큰 폭의 할인을 통해 제품을 판매한다(〈그림 14-9〉 참조). 체인 호텔 중 세계 최고의 영업 성과를 기록하고 있는 Marriott Corporation도 비수기에는 40% 이상의 할인율을 적용하는 경우가 있다. 과거 American Airlines, Northwest Airlines, KLM은 비수기 시 transatlantic 비행 구간에 있어서 1등석을 아예 비즈니스, 혹은 이코노미 클래스로 전환시켜 매출액을 증진시킨 적이 있다. 이 경우의 1등석은 재고 정리 가격에 해당된다.

메뉴에 이물질이 들어가는 경우, 제조 과정에서의 실수로 흠집이 생긴 제품, 반품 등 결점이 있는 제품들은 저렴한 가격으로 판매된다. 이러한 제품들을 '**refurbished product**'이라고 한다.

2-6. 무제한 공급(unlimited refill) 가격

양적 목표의 절정은 무제한 공급 가격이다. 즉 하나의 가격으로 무제한 공급이 가능한 것인데, 대표적 예는 buffet, 레스토랑에서의 음료수, 국내 참치 레스토랑 등이다.

그러나 다른 차원에서 생각하면 무제한 공급 가격은 양적 목표가 아닐 수도 있다. 환원하면, 제품을 많이 판매해서 많은 매출액을 올리는 것이 아니기 때문이다. 그러나 제품의 양을 도구로 수입을 창출시키기 때문에 무제한 공급 가격을 양적 목표에 포함시킨다.

3. 고객 지향적 가격 전략

3-1. 가격 안정성(price stability)

조사에 의하면 Steve Jobs가 iTunes의 가격 전략을 획일적으로 수행했을 때(uniform price), 고객들은 그것이 공정하다고 생각했을 뿐 아니라, iTunes의 수많은 선택의 혜택을 최대한으로 누릴 수 있다는 생각을 했다고 한다.

가격 안전성은 환대산업 중 특히 호텔의 객실 제품에 있어서 중요한 의미를 갖고 있는 가격 전략이다. 1970년대 말부터 세계적으로 중저가 호텔들이 양산되기 시작했던 이유에는 여러 가지가 있겠으나, 근본 이유 중 하나는 특급 호텔의 엄청나게 높은 공표 요금(rack rate) 때문이었다. 해마다 5~10%씩 상승되었던 공표 요금은 실질 객실 요금(room rate)과 비교할 때 '빛 좋은 개살구'의 역할을 하며 고객들을 격리시켰다. 높은 공표 요금으로 인하여 많은 고객들은 특급 호텔 이용을 주저했고, 할인 제도를 이해하는 고객들도 그 협상 절차를 잘 모르거나, 귀찮아하며, 요금이 낮은 호텔들로 발길을 돌린 것이다. 우리가 슈퍼마켓에서 같은 물건을 구매할 때 옆에 있는 고객보다 높은 가격을 지불한다면 당연히 불평이 야기될 것이다.

호텔에서는 동일한 시기에 동일한 형태의 객실을 이용해도 이용 요금에 차이가 난다. 이렇게 근본적으로 큰 괴리를 갖고 있는 호텔 객실 요금 체계는 세분시장별로 차등화를 두는 근본적 정책 이외에도 천차만별로 적용되는 할인 제도에 그 이유가 있다. 따라서 호텔은 전체 고객의 1~2%에게만 적용되는 '필요악' 공표 요금을 보다 더 낮추고, 가능한 한 할인 제도를 공정하게 시행하여 가격 안정성을 높일 수 있는 객실 요금 전략을 수행해야 한다. France의 많은 호텔들은 환율에 관련없이 일정한 요금을 받고 있다(〈표 14-3〉참조).

Microtel, Econo Lodge, Red Roof Inn, Fairfield Inns, Courtyard, Hampton Inn 등은 가격 안정성 측면에서 모범이 되는 호텔들이다. France는 공표 요금을 그대로 적용하고 있으며, 환율의 변동과 관련없이 일정한 요금을 받고 있어 가격 안정성을 가장 잘 준수하고 있는 국가다.

rate parity, rate integrity, rate transparency

가격 안정성과 관련된 용어로는 '**rate parity**'(다양한 채널을 통한 가격 표준화), '**rate integrity**'(가격 신뢰성), '**rate transparency**'(가격 투명성) 등이 있다. 이러한 것을

표 14-3 세계 주요 국가 화폐 단위(currency)

국가	화폐 단위	원 환산	국가	화폐 단위	원 환산
Australia	Australia Dollar(AUD)	805	Japan	Yen(JPY)	10
Brazil	Real(BRL)	305	Mexico	Mexican Peso(MXN)	58
Canada	Canadian Dollar(CAD)	873	Russia	Ruble(RUB)	17
China	Yuan/Renminbi(CNY)	164	Saudi Arabia	Riyal(SAR)	303
France	Euro (EUR:이전 Franch Franc)	1,297	Spain	Euro (EUR:이전 Peseta)	1,297
Germany	Euro (EUR:이전 Deutsche Mark)	1,297	United Kingdom	Pound Sterling(￡:GBP)	1,465
India	Rupee(INR)	16	USA	Dollar(USD)	1,137
Italy	Euro(EUR:이전 Lira)	1,297			

출처:www.exchange-rates.org(2018)

표 14-4 BAR의 대표적 사례

기업	BAR 정책	세부 정책
hotels.com	선불 예약 시 최저가 보장	특정 숙박이나 이벤트는 예외, 예약 24시간 내에 한함, 패널티 없이 차액 환불
expedia	선불 예약 시 저가 보장	특가 호텔에 한함. 예약 24시간 이내에 온라인 주소 등 제시. 환불 정책은 다양함
travelocity	좋은 구매 보장	예약 24시간 내에 한함, 차액 지불 및 수수료 없이 환불
orbitz	선불 예약 시 orbitzSaver 보장	예약 24시간 이내에 온라인 주소 등 제시, 일시적 posting 실수 등은 제외
priceline	선불 예약 시 최저가 보장	예약 24시간 이내에 온라인 주소 등 제시, 차액 환불 정책, 6주 내 환불
Marriott	Look no further best rate guarantee for all reservations	24시간 이내에 모든 경로에 한함. 최저 요금에 추가 25% 할인, 경매 등 일부 사이트 불가, 각 숙박일 마다 개별 처리
Starwood	모든 예약에 최저가 보장	검증되지 않은 일부 사이트 외 모든 경로 허용, 24시간 내에 한함, 10% 추가 할인, 2000포인트 제공, 객실별 전체 요금 단위 처리
Best Western	온라인 낮은 가격 보장	24시간 이내, 온라인에 한함, 10% 추가 할인이나 그에 상응한 할인 제공, 검증되지 않은 사이트 제외
Hilton	모든 예약에 최저가 보장	24시간 이내에 한함, 최저가에 제공 및 50$의 바우처 제공, 검증되지 않은 사이트 제외
Radisson	최저 온라인 요금 보장	24시간 이내에 온라인에 한함. 최저가에 25% 추가 할인, 검증되지 않은 사이트 제외
Holiday Inn	최저 인터넷 요금 보장	온라인에 한함. Holiday 웹사이트 내 최저가 보장, 최저가에 추가 10% 할인

가능하게 해주고 있는 매체는 internet이다. '**Rate parity**'와 '**rate integrity**'의 가장 대표적인 예는 **BAR(best available rates)**다. **BAR**는 요금이 우동적으로 변하는 호텔 객실 요금에 대해 예약 채널 등에서 one-stop 최저 요금을 보장하는 새로운 가격 전략 기법이다(〈표 14-4〉 참조). 항공 요금의 대표적 **BAR** 사례는 Google과 Ryanair의 제휴다. 고객이 Google의 'Google Flight Search'에서 출발지, 목적지, 출발일을 입력하면, 그에 해당되는 최저 요금 Ryanair의 항공 정보를 받게 되는 것이 그것이다. '**Rate transparency**'의 대표적 예로서는 경쟁사 요금을 모니터할 수 있는 기능인 Marketvision, Pride Track, RateVIEW 등이 있다.

3-2. 고객 가치(perceived value) 근거 가격

인간에게 가장 가치있는 것은 무엇일까? 독자들은 아마 우정, 사랑, 평화, 박애 등 무형적인, 가슴에 품고 있는 것을 우선 떠올릴 것이다. 그러나 보다 현실적인, 물질적인 측면에서 보면, 우리의 소지품에 그 해답이 있다. 그것은 돈, 열쇠, 휴대폰이다. 돈이 없으면 대부분의 것을 얻을 수, 할 수 없으며, 열쇠는 우리의 휴식 장소와 귀중품(집, 자동차, 사무실, 금고, 비밀 공간)을 보관해준다. 현대 사회에서 휴대폰은 그야말로 필수품 중의 필수품이다. 필요하고, 소중하고, 만족하는 것은 모두 가치가 있는 것이다.

Pablo Picasso가 New York의 한 고급 식당에서 식사를 하고 있을 때, 자신을 유명인사라고 생각하는 팬인 한 여인이 Picasso에게 다가와 자신을 소개하며 스케치 한 장을 부탁했다. Picasso는 종이와 연필을 들고 웨이터들을 스케치하고, "부인 1만$입니

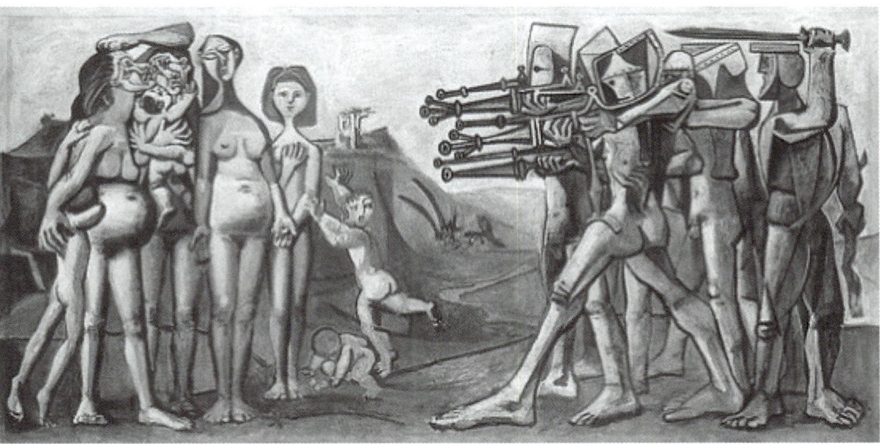

그림 14-10 피카소 명화. 꿈(1932), 한국에서의 학살(1951)

다"라고 말했다. 상대방은 "네? 1만$라니요? 그림 그리는데 겨우 5분밖에 걸리지 않았잖아요." 그러자 Picasso는 "이렇게 그리게 되기까지는 50년 걸렸는걸요"라고 답했다(〈그림 14-10〉 참조). 이것이 가치 가격이다.

Jack Welch의 말이다. "가치의 시대가 도래했다. 최고의 제품을 세계 최저의 가격으로 판매하지 못하면 당신은 게임에서 도태될 것이다. 고객을 잃지 않는 최선의 방법은 고객에게 더 많은 것을 더 낮은 가격에 제공하는 방법을 끊임없이 강구하는 것이다."

Embassy Suites의 영업 부사장은 "우리는 우리 제품의 가치를 알 수 없다. 우리는 오직 가격을 정할 뿐이고 그 가격에 의한 우리 제품의 시장 가치는 고객들에 의해서 정해진다"라고 했다. 한 컨설턴트가 고객들과 인터뷰를 한 결과, 자신이 지불한 정확한 객실 요금을 기억하는 고객은 오직 20%밖에 되지 않는 반면, 그들의 대부분은 요금과 비례하여 가치를 명확히 평가했다고 한다. 위의 예는 가격과 비례된 고객의 제품 가치에 관한 내용이다.

DuPont에서는 가치 가격을 'value-in-use pricing'이라고 표현하고 있다. 고객 가치 근거 가격과 관련해서 '**open price**'라는 용어가 있다. '**Open price**'란 제조업자가 판매 가격을 정하는 기존의 권장 소비자 가격 제도와 달리, 최종 판매업자가 고객의 반응 등을 고려해 가격을 결정하는 제도, 즉 제품의 비용보다 제품의 가치에 근거한 가격 제도다.

무형적 제품 특성을 갖고 있는 환대산업에 있어서 고객의 가치에 근거한 가격 전략은 근원적 가격 전략의 방향을 제시해준다. Wal-Mart의 '우리는 더 싸게 판다'라는 슬로건은 세계에서 가장 큰 소매상인 동시에, Fortune 선정 세계 1위 기업(매출액 기준)이 되게 한 가격 전략을 표현해주고 있다. Southwest Airlines는 거품을 뺀 낮은 가격과 친절한 서비스로 항공업계에서 크게 성공했다(〈그림 14-11〉 참조). Taco Bell은 메뉴판상의 많은 항목들에 대해 가격을 1$ 이하로 낮출 수 있을 만큼 충분히 운영비를

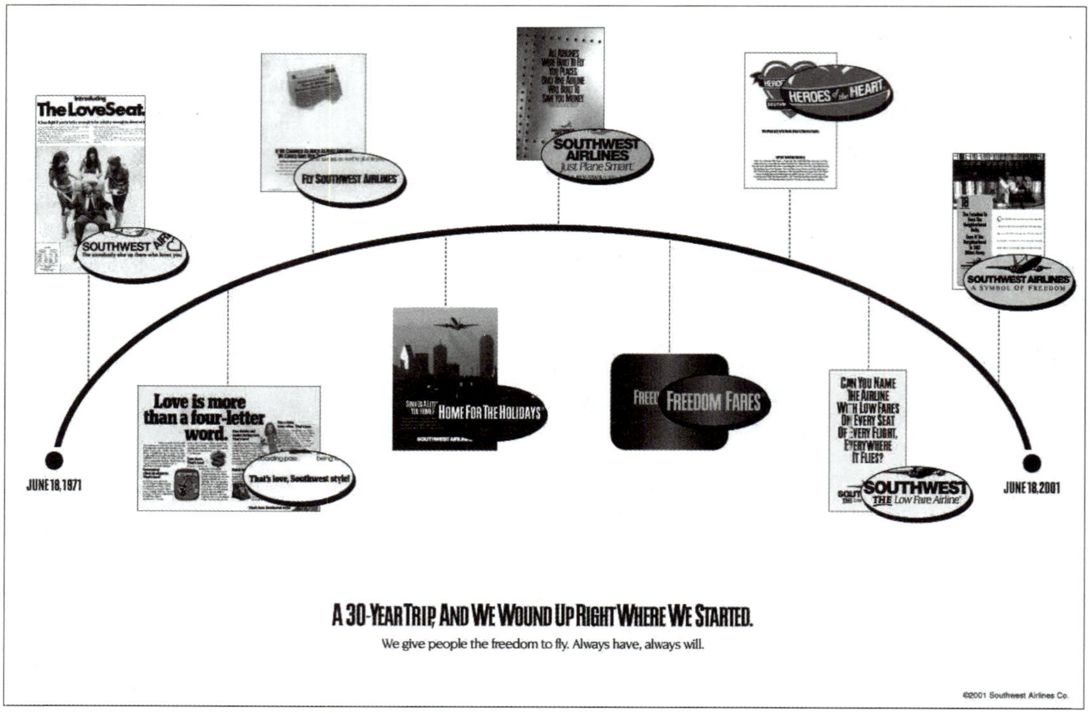

그림 14-11 Southwest Airlines의 시대적 변천과 광고

감축했는데, 이는 fast food업계의 전반적인 경향으로 확산됐다.

식용유 제조업체로 유명한 La Giora Olive Oil에서는 고가면서도 높은 판매율을 기록하고 있다. 과거 평균 7$에 불과하던 식용유 시장에서 La Giora는 'Extra Virgin' 캠페인으로 성공했다. 산(acid)을 화학적으로 제거하지 않고, 출시 연도, 달을 명시하여 18개월의 유효 기간을 정함으로써*, 고객의 식용유에 대한 가치를 상승시키며, 24$의 가격으로 성공한 사례가 그것이다. 반면 2011년 Netflix는 공급 비용이 상승하자, 제품 가격을 9.99$에서 15.98$로 일시에 인상하여 80만 명의 유료 고객이 이탈하고, 주가가 70% 이상 급락하는 참담한 시련을 겪었다.

Extra Virgin
Virgin은 순수하고 깨끗함을 의미함.

18개월 이후에는 식용유의 향기와 품 질이 퇴색됨.

고객의 가치는 제품의 비용과 '전혀 다른' 개념이다.

3-3. 가치 부가(value, value-added) 가격

가치 부가 가격은 'peripheral service'의 특성을 갖고 있는 환대산업에 있어서 특히 바람직한 전략이다. British Airways에서는 고객이 요구하는 서비스만을 개인적으로 제공하는 '**activity-based costing**'으로 큰 호평을 얻고 있다. 가치 부가 가격은 고객 가치 근거 가격과 유사한 형태로서 환대산업에서는 1988년 Taco Bell의 전략을 효시로 볼 수 있다.

그림 14-12 Mexican fast food

Taco Bell의 가치 부가 가격

외식산업에서 남발되고 있는 쿠폰이나 할인 대신, Taco Bell은 메뉴 가격에 sour cream이나 soft drink를 무료로 포함시켰다. Taco Bell은 1990년부터 이 전략을 집중적으로 수행했는데, 나아가 1997년부터는 이미지 제고를 위한 가치 부가 전략으로 승화시키며, 'Project Gold' 프로그램을 완성시켰다. Taco Bell은 1998년 X세대와 Y세대(젊은층 고객)를 표적시장으로 'Yo Quiero Taco Bell'* 캠페인과 함께 Chihuahua를 브랜드 상(icon)으로 부각시켰다. 1999년에는 취업 주부를 대상으로 'Grande Meals' 캠페인을 벌였는데, tacos, burritos, nachos, Mexican pizza(〈그림 14-12〉 참조)를 가족용 양으로 만들어 9.99$의 가격에 판매했다. Taco Bell의 이러한 전략은 가치 부가 가격의 대표적 사례다.

호텔산업에서도 가치 부가 가격의 적용 사례는 무수하다. Residence Inns by Marriott의 완벽한 주방 시설, 무료 continental 조찬, 식료품 서비스 등이 그것이며, Hillton Hotels의 무료 시내 전화, fax, 헬스클럽 이용 등에 대해 10~20$을 부가 비용으로 받는 'Business Savers'도 좋은 사례라고 할 수 있다. 현대자동차는 미국 시장에서 자동차를 구입한 고객들에게 고객이 1년 내에 실직할 경우 동일한 자동차를 다시 사주겠다는 프로모션을 수행한 바 있다. 이것 역시 가치 부가 가격의 훌륭한 사례다. 어떠한 제품들은 구매 후 추가 비용이 발생하는 경우가 있다. 이것을 '**소유 비용(cost of ownership)**'이라고 한다. 이 경우도 가치 부가 가격에 포함된다.

호텔의 FTP 혹은 충성도 프로그램에서는 참여 회원들에게 많은 혜택을 준다. 이것을 'membership pricing' 혹은 'loyalty pricing'이라고 하며, 이 경우도 부가 가치 가격에 포함된다.

가치 부가와 관련하여 '프라브족(pravs : proud realisers of added value)'이라는 용어가 있다. '프라브족'은 영국에서 시작된 소비 패턴에 응하는 사람들로서, 명품으로 치장하는 'bling bling족', 자신만의 멋을 창조한다고 값싼, 저급한 스타일만을 선호하는 'chav족'과는 달리 제품의 희소 가치를 존중하며, 유행과 저렴한 가격으로 자신의 개성을 추구하는 사람들이다.

3-4. 착각(illusionary) 가격

6,900원은 6,700원보다 200원이 높고, 7,100원은 6,900원보다 역시 200원이 높다. 비율로 환산하면 전자의 경우가 상대적으로 높은 인상에 해당되나, 소비자의 심리에는 그 반대일 것이다. 미국의 조사에 의하면, 소비자들은 1.40~1.79$는 1$ 50₵, 1.80~2.49$는 2$와 유사한 가격으로 간주한다고 한다. 이러한 것들이 착각 가격의 예다. 이와 같이 미세한 가격의 차이가 소비자의 차별 인식에 영향을 미치는 것을 소비자행동 이론에서 말하는 '**차이 식역(differential difference, just noticeable difference)**'이라고 한다. 예를 들어 1$와 2$는 정확히 구분되지만, 같은 1$ 차이라도 9,878$와 9,877$는 거의 구분되지 않는다.

Quigley와 Notarantonio의 조사 결과에 의하면, 95로 끝나는 가격은 00과 비교하여 99보다 효과적이지 않으며, 49, 50, 90도 저렴한 가격을 연상시키지 않는다고 한다. 그러나 79, 88, 98로 끝나는 가격은 경제적 가치를 제공한다고 한다. 할인 가격도 고객의 심리를 이용하고 있다. Prospect theory에 의하면, 고객은 30% 할인보다 20%+10% 할인에 더 만족한다고 한다. 행동경제학에 의하면, 기업이 고객에게 금액을 제시할 때, 연 단위보다는 월 단위, 월 단위보다는 주 단위 등으로 분할된 금액을 제시하는 것이 유리하다고 한다. 고객들은 가격 정보를 보는 순간 그 가격과의 비교대상을 떠올리고, 그 금액이 상대적으로 크지 않다고 느끼면 긍정적, 반대의 경우는 부정적으로 반응한다. 전자는 '**assimilation effect**'(**동화 효과**), 후자는 '**contrast effect**'(**대조 효과**)라고 한다.

3-5. 단수(odd numbering) 가격

Kruel의 242개 레스토랑 메뉴 가격에 대한 조사에 의하면, 가격의 58%가 9*로, 35%가 5로, 6%가 0으로 끝났다고 한다. 가격의 93%가 9와 5인 홀수로 끝난 결과인데, 이러한 것이 '단수(oddnumbering) 가격 전략'이다. 다른 용어로 **charm pricing**이라고 한다.

이와 같이 9로 끝나는 가격은 19세기 미국에서 처음 사용하기 시작하여 1996년에 처음 그 효과 테스트를 함.

Wal-Mart는 97의 숫자를 가격 책정에 가장 많이 사용한다. '단수 가격 책정(odd-even pricing)' 이론에 의하면, 77, 95, 99처럼 홀수로 끝나는 가격은 소비자들에게 반올림된 00의 가격보다 더 큰 가치를 암시한다고 한다. 이와 같은 가격이 효과를 발휘하는 이유는 무엇일까? 그 단서는 심리학자 Schindler와 Ayman의 '**under-determination effect**'(미결정 효과)에서 찾아볼 수 있다. '**under-determination effect**'에 의하면, 사람들은 숫자가 길수록 왼 쪽의 숫자를 더 잘 기억한다고 한다. 〈표 14-5〉는 이와 관련된 실험 결과다. 실험 참가자들에게 가격이 적힌 카드를 나눠주며 잘 관찰시키고, 이틀 후 빈 카드에 그 가격을 적어보라고 했다. 그 결과는 〈표 14-5〉와 같았다.

표 14-5 가격의 단위별 기억 비율(%)

100단위	10단위	1단위	소수점 첫째 단위	소수점 둘째 단위
63.0	44.0	37.0	47.0	32.0

즉 사람들은 왼 쪽의 숫자를 가장 잘 기억했으며, 소수점 이하에서도 왼 쪽을 잘 기억했음을 알 수 있다. 이와 대조적으로 Nordstrom 백화점, 귀금속업체들은 .00의 가격을 이용한다. 1000$보다 1000.00$는(오히려 999.95$보다도) 소비자들에게 높은 가치를 부여한다고 한다.

숫자 마케팅(〈표 14-6〉 참조)

가격 전략과 직접적 관련은 없으나 **숫자 마케팅**이라는 개념이 있다. 한국인은 7, 중국인은 8, 몽고인은 9, 서양인은 4를 선호한다. 성분이 다른 600종류의 약이 있는 콘택600, 2% 부족할 때, 여명 808, Sheraton Walkerhill의 Club 16 등 기업들은 상호에 숫자를 종종 사용한다. **숫자 마케팅**은 각종 마케팅 정보의 홍수 속에 기억하기 쉽고 차별화된 정보를 인식시킨다는 점에서 효과가 있다. 숫자 중 3, 6, 9가 비교적 많이 사용되고 있다.

미국의 유명 저널리스트 Mark Walton는 그의 저서에서 '3의 법칙'(3의 형식에 맞게 만들어진 전략적 스토리는 더 강한 힘을 발휘함)을 제시한 바 있다. Ritz Carlton의 3단계 서비스, Ford의 3대 경영 전략, Xylitol 333, 'big 3', '삼세 판' 등 그 사례는 무수하다. 6은 상징성 때문에(악마) 자주 등장한다. 21세기 Fox사는 당시 침체된 영화업계의 돌파구를 찾기 위해 '666 day'를 활용했다. 1976년 개봉했던 The Omen의 개봉일을 6일로 정하고, 광고 카피를 '6+6+6 예언, The Omen을 명심하라'로 선택해 큰 효과를 보았다. 2000년에 등장한 A6는 캐주얼과 스포츠의 혼합어인 'caports'의 선두 주자로 출발해, 캐주얼 의류 시장에 숫자를 활용한 브랜드 네이밍의 선두 주자가 되었다. 9는 전술한 바와 같이 가격 전략에 많이 사용된다.

숫자 5는 만남, 결합, 인간, 신체, 감각, 방어, 중심 등을 의미하는데, 5는 소우주로서의 인간을 나타내는 것으로, 인체의 형상과 유사한 5각형 별 모양을 하고 있다고 하여 인간 그 자체를 의미하기도 한다. Martin에 의하면, 짝수는 여성, 홀수는 남성의 수로 표현하기 때문에 짝수의 시작 2와 홀수의 시작 3을 더해 5는 '부부의 수'로 불린다고 한다. 자동차업계에서 5는 '중형차'의 상징이다. BMW5 시리즈, SM5, K5 등이 그 예다.

표 14-6 수의 의미

1	처음, 최고, 유일
2	여성, 연인, 합의, 결합
3	우주 섭리(천, 지, 인), 가장 조화롭게 완성된 수
4	안정감
5	결합, 인간, 신체, 감각, 중심
6	악마
7	행운, 완전(Pythagoras가 말함), 체계, 만남
8	무한, 힘, 통제
9	많음, 새로운 시작

3-6. 가격대 차별화(price lining)

주류 판매 시 유사한 품질의 와인을 10,000~13,000원대와 15,000~18,000원대로 나누어 판매하면, 당연히 낮은 가격의 와인들이 많이 판매된다. 반대로 품질의 차이가 큰 와인을 위와 같이 판매한다면, 후자에 해당되는 와인들의 판매가 많아질 것이다. 이것이 가격대 차별화의 의미다.

Simonson 등의 실험 결과를 살펴보자. 가격과 품질이 비례한다고 판단되는 제품 군에 대해 169.99$와 239.99$의 두 제품에 대한 선택 결과는 50:50이었으나, 469.99$의 제품을 추가한 세 제품의 선택 결과는 22:57:21이었다고 한다. 같은 평가를 받았던 처음의 두 제품이 고급 제품의 추가로 인해 그 평가가 바뀐 것이다. 이것을 '**compromising effect**'(**타협 효과**)라고 한다. 마케터는 특정 제품들의 판매량을 높이기 위해 위와 같은 기법을 종종 사용하는데, 이것을 '가격대 차별화 전략'이라고 한다.

상점에서 제품을 보여줄 때 높은 가격의 제품부터 보여준다. 이것을 '**contrast effect**'(**대조 효과**)라고 한다. 처음의 고가는 타 제품들의 가치를 상대적으로 낮게 인식시키고, 최종 구매 제품의 평균 가격이 올라가는 결과를 낳게 된다.

3-7. 준거(reference) 가격

대중에게 잘 알려진 제품에 대하여 소비자들은 과거 경험, 경쟁 제품 가격, 가장 최근의 계산, 제품의 브랜드 인지도, 비용 추정, 위험 등에 준거하여 그 제품의 가격을 비교적 정확하게 예측하고 파악한다. 따라서 가격 책정의 범위는 자연적으로 줄어들 수밖에 없다. 레스토랑이나 바에서 메뉴판을 보면 고가의 품목이 상단에 배치돼있다. 사람들은 일반적으로 메뉴의 상단부터 보기 때문에 고가 메뉴가 첫 준거 가격이 되어 중, 하단 메뉴 가격을 상대적으로 저렴하게 느끼게 된다.

레스토랑들이 경쟁 호텔과 유사한 메뉴에 대해서는 유사한 가격을 제시하고 있는 것이 좋은 예다. 반면 독특한 메뉴가 개발되면(신제품이 개발되면) 마케터가 임의로 책정할 수 있는 가격의 범위는 늘어나게 된다. 준거 가격은 **관습 가격(customary price)** 이라는 용어로도 불린다. 준거 가격의 근원은 공정 가격(fair and just price), 일상 지불 가격(price frequently charged), 최근 지불 가격(last price paid), 잘 알려진 가격(well-known price) 등 여러 유형이 있다.

3-8. 미끼(bait) 가격

종종 광고나 판매촉진 시 초저가가 제시되는 경우가 있다. 그 업체에 연락을 하면, 그 제품은 품절되었다며 다른 제품을 제시한다. 또 다른 사례는 미국의 Dan Ariely의 저서 《Predictably Irrational》에서 소개됐던 실험 결과다. ①온라인판 정기 구독 59$, ②오프라인판 정기 구독 125$, ③온라인/오프라인판 정기 구독 125$의 세 대안을 100명의 MIT Sloan 경영대학원생을 대상으로 실험한 결과, ①번 16명, ②번 0명, ③번 84명의 선택 결과가 나왔으나, ②번을 뺀 실험에서는 ①번 68명, ③번 32명으로 상황이 완전히 바뀌었다고 한다. 이와 같은 기법은 마치 미끼와 같은 전술로서(후자의 경우 ②번이 미끼) 이러한 형태의 가격 전략을 미끼 가격이라고 한다.

세계 최대 온라인 여행사 Expedia는 2014년 세계 8대 도시의 호텔을 천 원에 제공하는 프로모션을 수행했다. 단 '한정 수량으로 조기 마감될 수 있다'는 조항이 있다. (확인은 못했지만) 이 요금은 분명히 조기 마감됐을 것이며, 이와 같은 것이 대표적 미끼 가격의 사례다.

3-9. 위신(prestige) 가격

비행기를 이용하는 고객의 가장 핵심적 혜택은 속도와 일정이다. 그러나 1등석(first class) 및 비즈니스 클래스는 이코노미 클래스와 비교할 때, 동일한 속도와 일정을 갖고 있음에도 불구하고 요금의 차이가 크다. 필자가 국내 H호텔에 근무했을 때의 일이다. 1987년 당시, 국내의 유명 여배우가 일본의 야쿠자들과 함께 예약도 없이 저녁 늦게 생일 파티를 하기 위해 호텔을 방문했다. 그들은 당시 최고 메뉴 가격의 두 배에 해당되는 음식과 최고 가격의 주류 제시를 주저없이 수락했고, 그 결과 평균 객단가보다 무려 4~5배에 이르는 가격을 지불했다(필자의 의도적 바가지 전술에 의해서). 이러한 예들이 위신에 근거한 가격 전략이다.

1995년 The Roper Starch Company의 조사에 의하면, 호화스러운 호텔에 투숙하는 것이 미국인 지위 상징 순위의 1위를 기록했다고 한다. Four Seasons 등 최고의 호텔

그림 14-13 Hotel Pierre
출처 : www.google.co.kr

들은 객실 요금 할인을 인기도나 이익의 향상과 반대가 되는 이미지 손상 위험의 요인으로 간주한다. Howard Schultz의 이야기이다 "위대함의 적은 좋은 것이다(good is the enemy of great)."

의류업계의 Pierre Gardin이 대중화되었을 때, 브랜드 지위가 급락했던 것과 같이 희귀성(scarcity)은 체면 가격 유지의 대표적 속성이다. 반면 Chivas Regal은 처음에 저가의 위스키로 판매했다가, 판매가 저조하자 경제 법칙과 반대로 고가의 위스키로 리포지션해서 성공했다. Four Seasons는 New York의 대표적 Hotel Pierre(〈그림 14-13〉 참조)의 경영을 통하여 명성을 완벽하게 얻었으며, 1985년 후반 Boston에 본격적 Four Seasons를 개관하며, 당시까지 최고의 체인 호텔로 군림했던 Ritz-Carlton과 Copley Plaza(〈그림 14-14〉 참조)를 누르고 2년 후 최고의 호텔 브랜드로 탄

그림 14-14 Copley Plaza
출처 : www.google.co.kr

생했다.

중국 부유층을 집중 연구하는 《후룬리포트》가 2017년 중국의 luxury 여행자들이 가장 선호하는 호텔 top 10을 소개했다. Ritz-Carlton, Bayan Tree, Four Seasons, Mandarin Oriental, Fairmont, Peninsula, Aman Resorts&Hotels(Indonesia), Langham(영국), Park Hyatt, St. Regis 순이다.

위신 가격과 관련해서 Phillip Kotler, Irving Rein 등이 명명한 **평판산업**이라는 개념이 있다. 예를 들어 Celebrity Service International, Inc.이란 기업은 각 계 각 층의 유명 인사 활동에 대한 세밀한 데이터베이스를 운영하며, 이 기업에 등록된 회원은 게시판, 전화번호, 검색 서비스, Hollywood 행사 일정 리스트를 비롯한 엔터테인먼트 분야 기업들의 광범위한 정보를 이용할 수 있다. 리무진, 경호보안업체, 최고급 휴양지, 최고급 레스토랑, 헬스 스파 등과 같이 유명인들을 대상으로 한 서비스업체도 늘고 있다.

3-10. 기대(expectation) 가격

어떠한 제품이건 소비자들이 수용할 수 있는 가격의 범위(**price bracket**)가 있다. 아무리 품질이 좋은 제품도 그 범위를 초과하면 소비자들의 가격 저항감(price resistence)을 유발하게 되며, 반면에 가격이 지나치게 낮으면 소비자들은 제품의 품질을 의심하게 된다.

Blattberg&Wisniewsky의 버터, 삼치 등 슈퍼마켓 품목 조사에 의하면, 품질이 높은 브랜드의 가격이 인하될 때에는 그 수요가 증가하나, 품질이 낮은 브랜드의 가격이 인하될 때에는 그 수요가 증진되지 않는다고 한다(통계의 유의 수준에 의함).

소비자들이 수용할 수 있는 최대의 가격을 '천장 가격' 혹은 '**예약 가격(price ceiling, reservation price)**'이라고 하며, 최저의 가격을 '바닥 가격(bottom line price)'이라고 한다(〈그림 14-15〉 참조).

MIT Nicholas Negroponte 교수가 만든 100$ 노트북, Dell에서 출시했던 300$ PC, 2007년 출시됐던 Motorola의 38$ 휴대폰 등이 대표적 바닥 가격의 제품들이다. 그러나 소비자들은 그 품질을 의심하지 않고 있다. 시간이 갈수록 바닥 가격의 의미는 점차 희석되고 있는 것이 마케팅 현실이다. 기술이 exponential 형태로 진화하고 있기 때문이다. 이러한 현실은 또한 고객의 마음속에서 '싸구려(cheap) 가격'

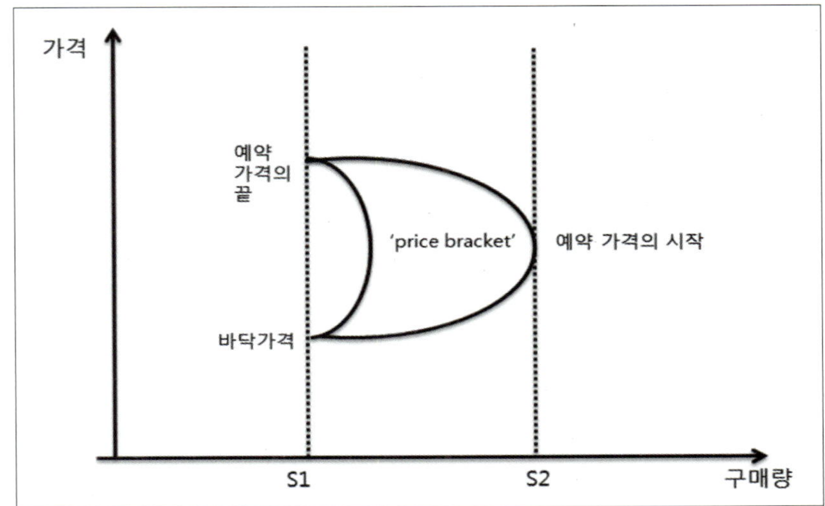

그림 14-15 바닥 가격, price bracket, 예약(천정) 가격

이 아니라, '비싸지 않은(inexpensive) 가격'으로 점차 인식되며 고객의 가격에 대한 인식 진화를 주도하고 있다.

과거에 가격에 대해 민감하지 않았던 비즈니스 여행객들이 점차 가격에 대해 민감해지고 있다. 그러나 그들의 직급 등에 따라 하루에 지불할 수 있는 경비(per diem) 내에서는(**price bracket** 내에서는) 가격에 대해 민감하지 않다. 호텔의 마케터는 이것을 잘 파악하고 가격 책정에 이용해야 한다.

물론 마케팅에서는 항상 반대급부가 존재한다. 세계 시장의 저가 제품을 주도했던 중국이 점차 가격을 높이며 오히려 세계의 인플레이션 현상을 상승시키고 있다. 그러나 중국이 아무리 거대한 경제 대국으로 부상되어도 '**보이지 않는 손**'은 거역할 수 없다. 중국의 이러한 전략은 결국 고객의 인식 진화에게 무릎을 꿇게될 것이다.

3-11. 가격 차별화(price discrimination)

차별화는 삶의 모든 부문에 존재한다. 성 차별(sexual discrimination), 인종주의(racism/apartheid), 문화의 차이로 발생되는 야만의 편견(orientalism), 종교의 차이로 발생되는 이단 투쟁, 지역주의, 종족의 차이로 발생되는 선민(the chosen) 의식, 국적의 차이로 발생되는 외국인 혐오증(xenophobia) 등이 그것이다.

2015년 Starbucks Americano의 가격은 대한민국 4,100원, France 4,023원, 중국 3,679원, 일본 3,633원, Germany 2,660원, Canada 2,530원, 미국 2,477원이며, Montes Alpha Cabernet Sauvignon 와인의 가격은 대한민국 42,125원, 중국 27,507원, 미국 21,150원, Germany 19,080원, Canada 18,832원, Netherlands 18,603원이다. 모두 대한민국의 가격이 세계 1위를 자랑하고(?) 있다. 2014년 삼성전자 Galaxy4의 가격은 78만 원이었지만, 미국에서는 30만 원대였다.

이와 같이 국가 및 지역에 따라 동일한 제품 가격에 큰 차이가 나는 경우가 많다. 따라서 각 국가들은 특정 제품에 대해 관세를 부가하며, 이것을 피하기 위해 밀수품(grey product)을 반입하는 밀수꾼(smuggler)들이 존재하게 된다. 밀수품과 밀수꾼들이 존재하는 이유는 관세를 피한 **차익 거래(arbitrage)** 때문이다. 국가별로 동일 제품에 대한 병행 마케팅 채널(상이한 가격)이 존재하는 경우 이러한 시장을 '**회색 시장(grey market)**'이라고 한다.

세계적으로 국가별 차별 가격을 낮추고자 하는 노력이 덤핑, 관세(tariff) 등의 사항에 대한 무역 협상을 통하여 확산되고 있다. 즉 Uruguay Round 등 국제적으로 관세를 낮추고 있는 자유 무역 지향이 세계적인 추이다. Mexico, Canada, 미국 간에 2009년부터 모든 관세를 없애는 NAFTA(North American Free Trade Agreement)가 1993년에 체결된 것이 대표적 예다.

2014년 11월 한국은 미국, 일본, EU보다 먼저 중국과 FTA를 체결, 중국의 관세(평균 9.7%)가 철폐되거나 인하되는 혜택으로 타 국가보다 비교 우위를 갖게됐다. 2017

년 기준, 세계 GDP의 18.2%, 5,000조의 내수 시장 규모를 가진 중국*과의 FTA 체결은 대한민국의 최대 수출(2017년 기준, 24.8%)*, 수입국 중국과의 경제 교류를 더욱 가속화시킬 것이다(〈표 14-7〉 참조).

2020년에는 약 10조$로 예상됨.

미국(12%), 일본(4.7%)를 합한 것보다도 큰 규모임.

표 14-7 한국 주요 무역국

순위	수출	백만($)	수입	수입(백만$)
1	중국	121,897	중국	77,147
2	미국	52,477	미국	43,050
3	Hong Kong	36,158	일본	41,031
4	Vietnam	35,761	Saudi Arabia	19,130
5	일본	22,630	Germany	15,536

출처: 한국무역협회 K-stat(2018)

이미 미국, EU와도 FTA를 맺은 대한민국은 이로서 세계적 'FTA hub'의 위상국으로 부상했다.

호텔산업은 특히 객실 제품에 대해 세분시장에 따라 명백한 가격 차별화 전략을 수행하고 있다. 이와 같이 세분시장별로 차별화된 가격을 **가격 구조(price structure)**라고 한다. 이 **가격 구조**를 달리 표현한다면 **가격의 고객화(price customization)**라고 할 수 있다.

3-12. PWYW

고객 지향적 가격 전략의 하이라이트는 PWYW(pay what you wish)다. 2009년 Journal of Marketing에 실린 한 논문의 주제다. Germany Frankfurt 시내의 한 buffet 식당에서의 실험 결과를 소개한 논문으로서, 고객이 마음대로 가격을 지불하게 하자, 평소 7.99£ 였던 가격이 PWYW 도입 이후 평균 6.44£로 낮아졌으나, 실험 기간 중(2주)에는 평균 가격이 올라갔고, 매출은 32%가 늘어났다고 한다. 현재 그 buffet 식당은 PWYW 방식으로 가격 전략을 수행하며 영업이 활성화되고 있다고 한다. 영국의 rock band Radiohead도 팬들에게 '원하는 대로 돈을 내라'며 음원을 판매했다. 180만 명이 음악을 다운로드를 받았고, 그 중 약 40%가 돈을 지불했는데, 그 평균 가격이 2.26$였다. 기존 유통 채널보다 160만$나 많은 수입이었다고 한다.

위의 이야기는 경제학에서 말하는, 그러나 이론상으로만 존재하는, 완전 경쟁시대에서나 가능한 이야기이다. 그러나 그 실험 결과가 말해 주듯이 현실에서도 가능한 이야기가 되었다. 명백한 사실은 지구상의 모든 산업은 매우 천천히 완전 경쟁시대로 향하고 있다는(도달할 수는 없겠지만) 것이다. 언제일지는 모르겠으나 PWYW가 새로운 가격 전략의 형태로 등장할 시대도 가능할 것으로 필자는 생각한다.

3-13. PAD(pennis-a-day) 가격

PAD(pennis-a-day) 가격이란 소위 '푼돈' 가격을 의미한다. 우리가 제품 구입 시 3개월, 6개월, 24개월 할부와 같이 가격 정보를 제시할 때, 전체 지불할 금액을 장기간에 걸쳐 여러 번의 적은 금액으로 지불하면 상대적으로 적은 손실로 지각하는 경향을 말한다. Unicef에서의 공익 광고 '한 달에 ○○원이면 Africa 어린이들을 ○○명 살릴 수 있습니다'가 대표적 사례다.

이와 반대되는(실제로는 반대가 아님) 사례는 주제공원에서의 가격 전략이다. 미국 Disney Land의 1년 이용권은 하루 이용권보다 산술적으로는 365배 비싸야 하나, 실제로는 '약간' 비싸다. 어쨌든 1년치 요금을 한 번에 받는다는 의미에서 PAD 가격과는 반대 개념의 가격 전략이다.

4. 시장 지향적 가격 전략

4-1. 시장가(what the market will bear)

시장가란 가격과 수요의 관계에 근거한 가격으로서, 시장이 수용하고 있는 가격에 조화시켜 가격을 책정하는 방법이다. Apple의 McBookAir, iPad은 각각 999$, 499$의 파격적인 가격으로 시장에 진출했다. 세상을 Apple의 생태계로 만들기 위한 시장 침투 가격이기도 했지만, Steve Jobs는 그것이 시장에 가장 적합한 가격이라고 생각했기 때문이었다. Marriott의 창시자 J. Willard Marriott은 1950년대인 사업 초기에 호텔 정문을 통과하는 차에 몇 명의 사람이 있는지를 관찰하여 적정 요금을 산출했다고 한다.

공황의 여파로 미국의 1930년대는 불황의 시대였다. Pepsi는 당시(1939년) 6.5온스 Coca-Cola의 가격이었던 5￠와 같은 가격으로 '5￠로 두 배를 즐기세요'라는 광고와 함께 12온스의 콜라를 시장에 내놓았다. 이 성공적인 가격 전략을 계기로 제 2차 세계대전 동안 Pepsi는 Royal Crown과 Dr. Pepper를 제치고 Coca-Cola에 이어 탄산음료 시장의 제 2위 브랜드로 부상했다.

1970년대 경제 침체와 franchise의 양산으로 인해 미국 외식산업은 포화 상태에 이르러 수많은 레스토랑들이 문을 닫게 되었다. Wendy's 등 대다수 레스토랑들은 신제품 개발과 함께 메뉴 가격을 인상했지만, McDonald's는 가격을 인상하지 않고 오히려 저렴한 아침 메뉴 개발을 통해 경제적으로 어려운 소비자들에게 봉사했다. 또한 그 후 세계 금융 위기(global financial crisis)에 대응하고자 19.95$의 'budget menu'에 4종류의 버거를 포함하는 가족용 박스를 개발했다.

이와 같은 시장가는 비차별적, 비저장적 제품, 평균 성장률이 낮은 산업에서 시장점유율이 관건이 될 때, 또한 공급 과잉 산업에 있어서 특히 효과적인 가격 전략 형태다.

마케팅의 근본 원리는 기업의 문제가 아닌 소비자의 문제를 해결하는 것이다. 현재까지 세계 제 1의 외식 사업체인 McDonald's는 마케팅의 근본 원리를 시장 지향적 가격 전략으로 실행했으며, 또한 성공했다. 미국의 항공산업은 1978년 The Airline Deregulation ACT 이후 진정한 경쟁 체제에 돌입했으며, 시장에 순응하는 요금 자율화로 인하여 Southwest Airlines와 같은 우수 항공사를 탄생시킬 수 있었다.

4-2. 수요의 가격 탄력성(price elasticity of demand)

만약 가격 탄력성이 없다면 모든 기업들이 가격은 계속 상승될 것이다. 만약 가격이 1% 상승되고 판매량이 변하지 않는다면? Dalan의 조사에 의하면, Coca-Cola는 6.4%, Fujii Photo는 16.7%, Nestle는 17.5%, Ford는 26.0%, Philips는 28.7%와 같이 엄청난 이익률이 발생된다고 한다.

가격 탄력성의 개념에 대해서는 전술된 바 있다. 이해를 돕기 위하여 대표적 저가 호텔인 Sleep Inn의 과거 수요 상황을 살펴보면 〈표 14-8〉와 같다.

표 14-8 Sleep Inn의 수요 상황

객실요금($)	판매객실 수(개)	매출액($)
32	180	5,760
30	210	6,300
28	240	6,720
26	250	6,500
24	260	6,240
22	275	6,050

〈표 14-9〉와 같이 수요의 가격 탄력성은 증가되다가 어느 시점에서 다시 감소하는 곡선의 형태를 취하게 된다. 일드를 고려했을 때, Sleep Inn의 최적 요금은 28$가 된다. 즉 28$가 수요의 가격 탄력성을 가장 효과적으로 활용한 요금 수준이 된다. 가격 탄력성에서 필히 고려돼야 하는 개념은 '**가격 임계점**'의 개념이다. '**가격 임계점**'이란 수요가 폭발적으로 늘어나는 가격 수준을 의미한다. 1900년대 초 Ford 자동차의 대량 생산*을 통한(Fordism) 전폭적 가격 인하로 수요를 폭발시켰던 것이 역사상 거의 최초의 사례였지만, 현대 사회에서는 PC, 대형 평판 TV, LCD TV, 휴대폰 등 무수한 부문에서 이 현상이 발생되고 있다.

Ford의 대량 생산에 의한 자동차들은 T형 모델로 불리워졌는데, 이후 Toyota의 JIT(just in time), 즉 적시 공급 체계에 의해 생산 효율화가 본격적으로 이루어짐.

고객의 가격 탄력성을 낮추는 전술

가격 탄력성과 관련된 마케터의 또 하나 과업은 고객의 가격 탄력성을 낮추는 것이다. 환언하면 고객이 가격에 대해서 민감하지 않게 유도하는 것이며, 또한 그것을 이용하는 것이다. 제품이 독특할 때(unique value effect), 대체재 탐색의 기회가 적거

그림 14-16 Aspen 스키 리조트

나, 대체재를 인지하지 못할 때 고객의 가격 탄력성은 낮아진다. 예를 들어 후자의 경우, 우리가 잘 모르는 지역으로 여행할 때, 요금은 조금 비싸더라도 안전 등을 고려하여 믿을만한 호텔에 투숙하게 되는 경우가 이에 해당된다.

마케터는 또한 고객의 주요 혜택과 관련될수록 가격 탄력성이 낮아진다는 사실을 인지해야 한다. 예를 들어 고객이 여행할 때, 총 여행 경비 중 주요 혜택이 차지하는 경비의 비율을 파악하면 가격 책정 시 유리한 고지를 점령할 수 있다. 북미에서 가장 비싼 스키 리조트의 하나인 Aspen(〈그림 14-16〉 참조)에서는 고객에게 가장 중요한 혜택인 리프트의 비용이 총 스키 비용의 20%밖에 되지 않는다는 사실을 발견하고, 리프트 요금을 인상시키며 매출액을 크게 증대시킨 적이 있다.

고객은 개인적으로 비용을 지출할 때보다 타인과 같이 지출할 때 가격 탄력성이 낮아진다. 또한 심리적 가격 전략에서 언급되었던 체면 가격이 적용될 때에도 가격 탄력성이 낮아진다.

그림 14-17 대만 Niu Ba Ba의 325$의 'beef noodle soup'
출처: www.edition.cnn.com, www.nextshark.com

호텔 고객은 객실 요금에 대해 낮은 가격 탄력성을 갖고 있다. 미국의 조사에서와 같이 전체 호텔에 대한 가격 탄력성은 0.56, 대도시 호텔에 대한 가격 탄력성은 0.23이라는 통계가 그것을 증명하고 있다. 따라서 비수기에 수요 증대를 위한 대폭적 할인 제도는 '절대 선'이 아니라는 사실을 주지해야 하며, 이러한 호텔 고객의 가격 탄력성 특성을 가격 전략에 효과적으로 반영해야 한다. 경쟁되는 제품의 가격 변동 역시 자사 제품의 가격탄력성에 영향을 주게 된다. 이것을 **교차 가격탄력성(cross elasticity of demand)**이라고 한다.

4-3. 거품(skimming) 가격

거품 가격이란 신제품 도입 시 제품의 독특성과 희소 가치를 이용한 최고의 가격을 의미한다. 거품 가격은 특히 compact disc, 비디오 게임, PC 등 특허(patent) 등으로 인하여 비교적 시장 진입 장벽이 높은 산업에서 유용한 전략이 된다. 대만 Niu Ba Ba의 'beef noodle soup'은 325$다(〈그림 14-17〉 참조). 재료로 'ribbon steak and ribs' 등 'well-marbled' 고기를 사용한다지만 지나치게 비싸다. 물론 그 판매와 가치는 고객이 결정한다. 대표적 거품 가격의 예는 Apple의 16GB iPhone5를 들 수 있다. iPhone5의 최초 가격은 649$였지만 2년 후 210$까지 가격이 하락했다.

즉 거품 가격은 소비자의 여러 형태 중 호기심이 많고 재정적으로 부유한 혁신자(innovator)를 대상으로 적용되는 가격 전략이다. 그러나 호텔 수명주기에서 언급되었듯이, 특수한 경우를 제외하고는 호텔산업에서 지양되어야 하는 가격 전략이다.

4-4. 프리미엄(premium) 가격

경제 법칙에 근거한 마케팅 불변의 법칙이 있다. 소비자(수요)가 제품 혹은 브랜드(공급)보다 많을수록 가격이 많이 오른다는 것이 그것이다. 이것이 명품, 프리미엄 제품의 가격이 보통 제품보다 비상식적으로 높은 이유이며, 동시에 희귀성의 가치를 대변해주는 사실이기도 하다.

일반적으로 소비자들이 제품에 대해 사전 정보가 별로 없을 때, 가격을 보고 품질을 짐작한다. 대중적 제품보다 30% 이상 가격의 제품은 'up-market', 2배 이상 가격의 제품은 'premium', 5배 이상 가격의 제품은 'luxury' 제품으로 간주한다. 여기서의 프리미엄 가격에는 'luxury' 가격도 포함된다. 프리미엄 가격이 시장에서 통용되는 이유는 인간의 완벽을 추구하고자 하는 본능에 기초한 '**perfectionist effect**', 다수의 소비자가 구매하지 못해서 가치를 더욱 느끼게 하는 '**snob effect**', 혁신성을 추구하는 인간의 본능에 기초한 '**innovative effect**', 제품의 우수한 특성이나 기능보다는 제품 소비 과정에서 충동적으로 경험하는 감성적 요소를 선호하는 '**hedonistic effect**' 등이 존재하기 때문이다.

프리미엄 가격은 이미지 지향적(image-oriented) 가격 전략의 일환으로서, 저가 유통기업인 Price Club, Wal-Mart 등의 전략과는 정반대가 되는 전략이다. 브랜드 이미지를 고급화하는 이른바 프리미엄 마케팅이 최근 여러 업계에서 유력한 가격 전략으로 각광받고 있다. 프리미엄 마케팅은 '하나를 사더라도 확실한 제품을 사겠다'는 소비자의 합리적 정신에 호소하는 전략이다. Bertini와 Wathieu에 의하면, 기존 제품보다 50~80%의 인상된 프리미엄 제품의 가격이 가장 효과적이라고 한다.

Robb Report의 세계에서 가장 고급스럽고 혁신적인 브랜드 25선, CNN Travel의 'Hottest New Hotels', Luxury Travel Advisor의 'Top North America Hotel Opening'과 'award of Excellence'까지 수상한 호텔 그룹이 있다. 바로 Nobu Hospitality

그림 14-18 Nobu Hotel Shoreditch(London)
출처: www.dynaimage.cdn.cnn.com

그림 14-19 Romanee Couti 와인
출처: www.google.co.kr

다. Nobu Matsuhisa, Robert De Niro, Meir Tepez, James Packer가 공동 소유주인 Nobu Hospitality는 5개 대륙의 주요 도시에 'luxury lifestyle experience'와 'elite collection'의 주제로 호텔과 레스토랑 운영에 완벽한 스펙트럼을 제공하고 있다(〈그림 14-18〉 참조).

국내 호텔들의 프리미엄 선물 세트들이 증가하고 있다. 대표적으로 2012년 롯데호텔의 만찬 설 선물 세트인 라 메이에르 가스트로미(France 유명 주방장 Pierre Gagnaire가 직접 마련하는 6인 식사와 2007년산 Romanee Conti 와인 세트, 6천만 원)를 들 수 있다(〈그림 14-19〉 참조). 국내 호텔 중 프리미엄 가격의 대표적 예는 Banyan Tree Club&Spa 서울, W, Park Hyatt이다. 그러나 국내 최고의 프리미엄 호텔은 롯데월드타워에서 2017년부터 선보인 시그니엘 서울이다. 시그니엘은 'signature'와 'Lotte'의 합성어로 롯데월드타워의 76층과 101층 사이에 위치한 호텔이다. 특히 100층에 있는 '로얄 스위트 룸'은 1박에 2,000만 원으로 역대 국내 최고가다.

Seabourn Spirit, Seabourn Legend, Seabourn Pride, Crystal Cruises, Crystal Harmony, Radisson Diamond Silversea Silver Wind(〈그림 14-20〉 참조) 등 6개 premium cruise는 북미 지역에서 5% 상위 소득자를 대상으로 영업하고 있다. Italy의 Prinern Cruises, 미국의 Sun Seeker는 최상급 크루즈, Lamborghini, Bently, Ferrari, Rolls-Royce 등은 최상급 자동차다(〈그림 14-21〉 참조). 어떠한 제품 범주건 최상(tip top)의 제품과 브랜드가 존재하고 있다.

그림 14-20 1. Seabourn Spirit 2. Seabourn Legend 3. Seabourn Pride 4. Crystal Cruises 5. Crystal Harmony 6. Radisson Diamond Silversea Silver Wind
출처: www.google.co.kr

그림 14-21 Rolls-Royce, Ferrari, Lamborghini

'세상에서 가장 원가가 비싼 향수(the costliest perfume in the world)'가 Joy의 광고 주제다. Austria의 Wild Alp는 0.5ℓ에 6,000원이 넘는 생수다. Absolut은 선도 브랜드 Smirnoff보다 50% 높은 가격으로, Haagen-Dazs는 유지방이 가장 많이 들어있는 고품질의 아이스크림과 가장 높은 가격으로 성공하고 있다. 상하이, 홍콩, Dubai 등의 국가에서 사람들이 가장 동경하는 휴대폰 Vertu는 디카, Mp3도 없는데 미화 3만 2천$가 넘는다(〈그림 14-22〉 참조).

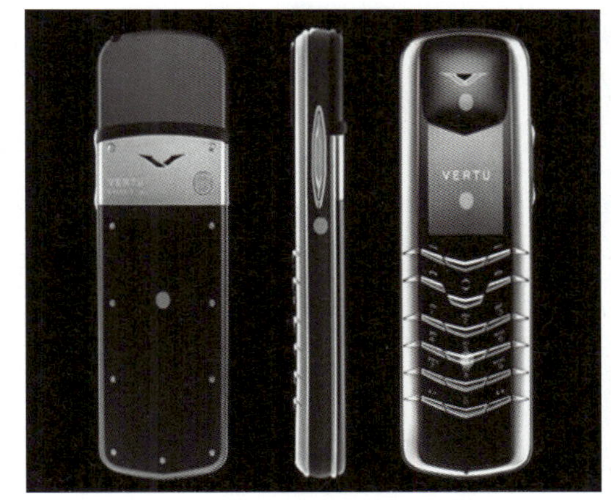

그림 14-22 프리미엄 가격의 예: Vertu 휴대폰
출처: 홍성태(2013), 《모든 비즈니스는 브랜딩이다》, p139.

프리미엄 가격의 또 하나 대표적 예는 Germany의 Montblanc 만년필이다. 50만 원이 넘는 고가지만 과거 영국의 Elizabeth 여왕, 미국 Kennedy 대통령, Russia Gorbachev 대통령, 교황 Joannes Paulus 2세 등의 서명 만년필로 유명하다. 아마 역사상 가장 비싼 식사는 2016년 Warren Buffett과의 점심식사였을 것이다. 이 'Power Lunch'를 위해서 상대방은 37억 원 이상을 지불했다(2018년 35억 원). 이와 같이 프리미엄 가격의 핵심은 희소성, 소유 가치, 품격 등을 모두 포함하는 개념인 '가치'다.

명품과 Masstige 그리고 명품 체험

명품의 사회적 효과는 매우 크다. Tilbeng대학의 Rob Neilssen과 Marijin Meijers의 연구에 의하면, 설문조사 시 명품을 입는 조사자에게는 응답자의 52%가, 그렇지 않은 조사자에게는 13%가 조사에 임했다고 한다. 명품은 성형수술과 더불어 신이 주신 용모를 'make up'할 수 있는 강력한 대체재다. 명품의 프리미엄 가격과 비교하여 '**masstige(mass+prestige product)**'라는 용어가 있다. '**Masstige**'는 대중적 명품이라는 개념으로 과시적 소비 문화를 확산시킴과 동시에, 명품 브랜드의 새로운 경쟁 브랜드가 되고 있다.

대표적 **messtige** 제품은 세계 각 국 사람들이 출퇴근 시, 혹은 걸어 다니며 사용하는 Apple Earbud다. Earbud는 가장 저렴한 iPod의 반 값도 안 되고, iPhone의 1/10도 안 되는 가격이지만, 특히 저소득층 사람들에게 Apple 생태계로의 통로 역

Jean Bandrillard가 언급한 바와 같이 모든 실재의 인위적 대체물에 대해 simulacre라는 용어가 있음.

할을 하고 있다. Coach, Victoria's Secret, Lexus 등 준명품 수준의 브랜드들도 예가 될 수 있다. 또한 명품의 적으로서 짝퉁*이라는 용어가 있다. 이미 오래 전 등장한 개념으로 지구상에서 사라져야 할 제품들이다.

2014년 Four Seasons는 명품 체험 특별 투어를 개발했다. Four Seasons Buenos Aires는 고객이 Argentina의 대표 향수 Julian Bedal을 제작할 수 있는 투어를, Four Seasons Firenze는 Firenze의 명물 Ponte Vecchio(Vecchio Bridge)에 즐비한 명품 보석 매장을 견학하는 투어를 선보였다. 이 투어에서는 특히 유명 보석 디자이너 Dante Cardini가 백금, 다이아몬드, 사파이어를 사용해 특별 제작한 'Four Seasons Ring'도 볼 수 있다. 그 외에도 Four Seasons는 Michelin 스타가 직접 만든 코스 요리, 세계적 연극 무대 백스테이지 투어 등을 경험할 수 있는 투어도 개발해서 운영하고 있다.

명품과 관련된 흥미있는 프로젝트가 있었다. 미국 San Francisco와 France Paris에 있는 Agenda Inc. 컨설팅 기업이 2003~2005년까지 3년 연속 Billboard Chart에 오른 노래 가사에서 브랜드가 언급된 사례들을 추적한 것이 그것이다(American Brandstand). 3년 동안 가장 많이 언급된 상위 45개 제품 중 23개가 자동차였고(Mercedes Benz, Lexus, Cadillac, Lamborghini, Chevrole, Ranger Rover, Bently, Rolls-Royce, Jaguar, Maybach, Porche 등), 11개는 옷과 액세서리였으며(Gucci, Burberry, Prada, Payless Shoesource, Dolce&Gabbana, Manolo Blahnik, Nike, Rolex, Louis Vuitton 등), 7개는 술(Crystal Hennessy, Don Perignon 등)의 순으로 나타났다. 대다수가 명품 브랜드들이다.

4-5. 시장 침투(market penetration) 가격

시장을 빠른 속도로 침투하고 판매를 확산시키기 위해서는 거품 가격과 반대로 낮은 가격을 책정해야 한다. 1980년대 초 국내 대기업들은 중동에 수출하는 섬유 제품 가격을 최대로 낮추었다. 와이셔츠 한 타(12개)에 20$ 미만의 가격으로 가격 경쟁을 했는데, 거의 원가에도 못미치는 가격이었다. 목적은 하나, 중동이라는 신 시장에 최대한으로 침투해 들어가기 위한 것이었다. 즉 시장 침투 가격은 거품 혹은 프리미엄 가격과 반대로 항상 낮은 가격을 의미하며, 규모 경제 효과가 높은 산업에 적합한 전략이다.

맥주 시장의 시장 침투 가격

국내 맥주 시장에 등장한 발포주(유사 맥주)는 일반 맥주의 맥아(hop) 함량인 70%보다 훨씬 낮은 10%의 함량으로 맥주 맛은 유지하되 세금 혜택으로(원가의 약 30%) 낮은 가격(일반 맥주의 약 60% 정도)으로 판매를 증대시키고 있다. 대표 브랜드는 하이트진로의 FiLite다.

이와 비슷하게 Spain의 최대 맥주 제조사 Damm 그룹의 Bergmeister와 La Española라는 유사맥주가 있다. 맥아 함량은 70% 이상이지만 해초 성분이 포함되어 있어 맥주로 분류되지 않는다. 따라서 FiLite와 같이 낮은 세금을 근간으로 저가 공급이 가능하다. 이 두 브랜드 역시 품귀 현상이 일어날 정도로 판매가 확대되고 있다. 두 사례 모두 시장 침투 가격의 훌륭한 성공 사례들이다.

위의 두 사례는 일본에서의 시장 경험을 참고한 것으로 사료된다. 일본 맥주 시장은 1994년 이래 지속적으로 하락 추세다. 대표 브랜드 Asahi Super Dry는 생산량이 2억 박스까지 돌파했었으나, 2018년 기준, 과거 최대 생산량의 50%도 되지 않는다. 그 이유는 1995년도에 등장했던 발포주와 '제 3의 맥주'라는 새로운 제품 범주 때문이었다.

시장 침투 가격의 진수 : fast fashion

세계 의류의 조류는 Spain의 Zara와 Mango가 몰고 온 '유행하는 스타일을 저렴한 가격으로 빠르게 공급한다'라는 모토의 'fast fashion'이다. Spain의 Zara, Sweden의 H&M, 일본의 Uniqlo, 미국의 Forever21이 그 대표적 브랜드들이다.

특히 'fast fashion'의 선두 주자 Zara는 2018년 10월 기준, 시가 총액 762억$ 이상으로 Spain 전체 기업 중 5위이며, 세계 276위권에 해당되는 대기업이다. Forbes가 선정한 2017 Top 25 의류 기업에서도 Zara는 3위를 차지했다. Louis Vuitton으로 유명한, 의류, 주류 등 다양한 사업을 하고 있는 France의 LVMH와도 비슷한 규모다. Zara는 Toyota가 창시한 JIT(just-in-time) 방식(재고를 거의 두지 않고, 재고 비용을 최소화하며, 상품을 적시에 또는 단 시일 내 납품하는 방식)을 세계 최초로 패션 의류산업에 채택한 기업이다. 일반적으로 대다수 패션 브랜드는 디자인 단계에서 납품까지 약 9개월이 소요되나, Zara는 이 기간을 15일 이내로 단축시켰다. Zara의 제품은 시판되는 제품의 1/3 이상이 매주 신제품으로 바뀌고 있다. Zara의 기업주 Amancio Ortega는 Spain 제 1의 부호다.

Uniqlo도 fleece, heat tech, bra top 등 차별화된 소재로 대량 생산, 저가 판매, 스피드 등 특유의 성공 방식으로, 'fast fashion' 시장 확대를 주도하고 있는 Zara, H&M과 함께 삼두 마차를 형성하고 있다. Zara의 모 기업 Inditex는 이미 2008년에 수십 년 동안 의류업계 1위였던 GAP을 제치고 판매량 1위 자리에 등극했다.

'Fast fashion'과 더불어 또한 성장하고 있는 의류 범주는 **SPA(specialty retailer of private label apparel)**다. 이 두 개념은 유사하다. **SPA**는 기획, 디자인, 생산, 유통까지 일관해서 수행하는 전문 의류 기업들을 일컫는데, Gap이 1980년대 말에 처음 시작했다. **SPA**의 특징은 처음부터 저렴한 가격으로 수요를 촉진시켜서 판매와 철수를 빠르게 하는 데에 있다. 모두 시장 침투 가격의 진수를 보여주는 사례들이다.

4-6. 가격 밴드(price band)

가격 밴드란 한 산업 내에서 경쟁되고 있는 제품 간의 가격 차이를 의미한다. ①고객의 재구매 성향(**inertia**)이 높아 높은 할인율이 적용될 때, ②고객의 가격에 대한 가시성(visibility)이 낮을 때, ③제품차별화의 정도가 심할 때, ④경쟁의 정도가 심할 때 가격 밴드의 폭은 커진다. 즉 모든 상황이 호텔산업의 시장 상황에 해당되며, 따라서 호텔 산업에서 가격 밴드는 매우 크다. 서울 지역 특 1급 호텔의 경우를 살펴보면, 가격 밴드의 폭은 약 50%까지 확대된다.

가격 밴드와 유사한 개념으로서 가격대 확장 효과(price spread effect)라는 용어가 있다. Cornell대학의 조사에 의하면, 레스토랑 메뉴에 있어서 한 범주 내에(예를 들어 entree) 가장 높은 메뉴 가격이 가장 낮은 메뉴 가격의 2.5배 이상이 되면, 가격이 높은 메뉴의 판매가 크게 줄어든다고 한다.

entree
메뉴 중 전채, 즉 appetizer를 의미함.

4-7. 융통적(dynamic) 가격

현대 시장 가격 전략의 신 조류는 융통적 가격이다. 융통적 가격이란 제품 가격이 고정된 것이 아니라, 온라인 가격에 맞춰 매장 제품 가격을 수시로 바꾸는 것을 의미한다. 온라인 제품 가격은 소프트웨어 프로그램에 의해 실시간으로 바뀌기 때문에, 경쟁이 되고 있는 오프라인 매장도 그것을 추적하여 가격을 맞춰나가는 것이 필요하다.

호텔 매출 관리 전문 기관인 Duetto는 호텔들에게 특정 예약일, 객실 형태, OTA 유형에 따라 융통적 객실 요금 정책을 수행하라고 권유하고 있다. 이것 역시 전술된 **'open price'**의 개념이다.

5. 경쟁 지향적 가격 전략

〈표 14-9〉는 Cornell대학의 Enz 등이 2001~2007년 기간 동안 미국 전역 98% 이상의 브랜드 호텔 표본(거의 전수 조사)에 대한 조사 결과다.

표 14-9 경쟁 호텔들과 비교, 5~10%의 객실 요금 차이에 의한 호텔 등급별 성과

(단위:%)

호텔 등급	낮은 요금의 객실점유율	높은 요금의 객실점유율	낮은 요금의 RevPAR	높은 인상 요금의 RevPAR
luxury	+2.29	−3.14	−5.31	+4.13
upper upscale	+2.43	−0.68	−5.01	+8.05
upscale	+2.42	−1.66	−5.08	+9.17
midscale w/F&B	+1.84	−2.73	−5.69	+4.33
midscale w/o F&B	+3.66	+1.03	−3.86	+8.41
economy	+4.16	−5.29	−3.75	+1.49

〈표 14-10〉은 경쟁 호텔들보다 5~10% 높은 객실 요금이 객실점유율에는 부의 영향을 미치지만, 최종 영업성과 지표인 **RevPAR(revenue per available rooms)**에는 명백히 높은 성과를 보이는 것으로 나타나고 있다. 이 결과는 필자가 조사했던 8년 동안의 종단 조사의 결과와 같은 맥락이다. Enz 등의 조사에 있어서 또 하나의 시사점은 객실 요금의 인상, 인하의 영향이 등급이 낮은 호텔에 있어서 객실점유율에 보다 민감한(탄력적인) 영향을 미치지만, **RevPAR**에 대한 영향력은 반대로 가장 낮다는 사실이다.

필자의 견해는 필자의 연구나 Enz 등의 연구의 결과는 당연할지도 모른다는 것이다. "계란이 먼저냐, 닭이 먼저냐"라는 논쟁과 더불어, 영업이 잘 되는 호텔이 당연히 높은 요금을 책정하게 되기 때문에, 시장점유율(필자의 연구) 및 **RevPAR**(Enz 등의 연구)가 높게 나타날 수 있다는 것이다. 그 원인과 결과의 선후는 영원히 풀기 어려운 과제다.

가격 전략에서 필히 고려해야 하는 것은 경쟁사의 반응이다. 미국에서 1978년 Deregulation Act가 제정된 후, Peoples Express Airlines는 낮은 항공 요금으로 일시적 성공을 거두었으나, 대형 항공사의 모방으로 파산했다. 그러나 전술되었던 바와 같이 Southwest Airlines는 특정한 세분시장과 경쟁사가 모방할 수 없는 전술과 서비스로 가장 저렴한 요금을 유지하며 성공하고 있다.

5-1. 추종(going rate) 가격

추종 가격이란 시장 선도자 가격, 혹은 기타 경쟁사 가격을 모방하는 가격을 의미한다. 추종 가격은 ①소비자들이 제품 간의 차이를 크게 인식하지 못할 때, ②비용 구조가 그 수준의 가격에 적합할 때, ③경쟁사의 가격 책정이 합리적일 때, ④그 가격이 시장의 지불 의사가 있는 적정(fair) 가격일 때 효과적으로 적용될 수 있다. 추종 가격은 철강, 비료 등의 산업에서 흔히 통용되고 있으며, 환대산업에서는 제품 품질에 따라 차등적으로 적용되고 있다.

Coca-Cola는 8온스 캔 하나에 1¢의 이익을 목표로 수십 년 동안 비용과 가격을 낮게 유지하여 타 브랜드 콜라들의 저가 전략을 무색하게 만들었다. 즉 시장 선도자는 최대의 규모 경제 효과를 이용하여 시장 도전자, 추종자들의 가격에 대한 공격을 차단시키고 있다.

5-2. 증대 제품(augmented product) 가격

전술되었던 제품 다발 가격의 의미와 유사한 가격 전략 형태다. 무수한 형태의 서비스를 동반하고 있는 환대산업 제품에 있어서 제품은 여러 형태의 관련 제품 및 서비스로 포장되어 판매될 수 있는데, 이것이 효과적인 경쟁사와의 차별화 도구가 될 때 프리미엄 효과를 얻을 수 있다. 환대산업에 있어서 증대 제품 가격의 가장 대표적 예

그림 14-23 Smirnoff와 경쟁 브랜드들

는 Residence Inns by Marriott이다.

5-3. 다중 브랜드(multiple brand) 가격

환대산업에서의 다중 브랜드 전략은 전술된 바 있다. 다중 브랜드 가격 전략은 여러 브랜드를 통해 차별화된 가격으로 브랜드별 고객 계층을 분리시키고, 동시에 시장을 확대하기 위한 목적을 갖고 있다.

Smirnoff의 성공적 다중 브랜드 가격 전략

미국에서 vodka는 제품의 차별화가 거의 존재하지 않는 주류로 인식되고 있다. 세계 제 1의 vodka 판매 브랜드인 Smirnoff(〈그림 14-23〉 참조)*는 Wolfschmidt라는 신규 브랜드가 1$ 낮은 가격으로 시장에 진입함으로써 딜레마에 빠지게 되었다. 고객을 잃더라도 기존 가격을 유지하느냐, 아니면 같이 가격을 낮추어 동등한 입장에서 경쟁을 하느냐가 그것이었다.

오랜 숙고 끝에 Smirnoff에서는 제품의 차별화를 강조하며 오히려 가격을 높였고, 대신 Relska라는 신규 브랜드를 Wolfschmidt와 같은 낮은 가격으로 시장에 출시했으며, 오히려 Popov라는 신규 브랜드를 더 높은 가격으로 시장에 진출시켰다. 그 결과, 고객은 Smirnoff를 Wolfschmidt보다 좋은 품질의 vodka로 인식하며 수요가 유지되었고, Wolfschmidt는 Relska라는 신규 브랜드와 실질적 경쟁을 하게 되는 최악의 상황에 직면하게 되었다. 여기서 Relska는 Smirnoff라는 대표 브랜드(**flagship brand**)를 보호한 브랜드다. 이러한 브랜드를 '**방패 브랜드(flanker brand, fighter brand)**'라고 부른다.

* Smirnoff는 1860년대에 Russia 브랜드로 미국 시장에 진입했으나 1938년 미국 기업인 Heubleim Inc.이 인수하며, 브랜드가 제대로 알려지기 시작했음.

Smirnoff와 유사한 사례로 Phillip Morris의 Marlboro를 보호했던 저가 브랜드 Basic, Intel의 Celeron, 풀무원의 찬마루(두부) 등이 **방패 브랜드**들이다.

방패 브랜드의 역할은 여러 형태로 나타난다. 과거 국내 라면 시장에서 빙그레는 기존 라면이 팜유를 사용하며 다량의 콜레스테롤을 함유하고 있는 약점을 극복하고자, 콜레스테롤이 없는 콩기름을 사용한 '매운콩라면'을 개발했다. 그러나 농심은 그 정보를 사전에 입수하여 '매운콩라면' 출시 전에 **방패 브랜드**인 '콩라면'을 먼저 출시하며 그 효과를 반감시켰던 것이 대표적 사례다. 성공적인 다중 브랜드 가격 전략의 사례다.

Smirnoff의 다중 브랜드 실패 사례도 있다. Absolut이 프리미엄 보드카 시장에서 크게 성장할 때, Smirnoff는 Smironoff Black이라는 슈퍼프리미엄급 보드카 브랜드로 대항했으나 결과는 완패였다. 필자의 견해로 Smirnoff의 실패에는 당연한 이유가 있다. Wolfschmidt를 방어한 것은 Smirnoff의 성 안이었다(대중 보드카 시장의 리더로서 방어하기가 쉬웠다). 그러나 Absolut에 대한 도전은 Absolut 성 안이었다(Absolut은 프리미엄 보드카 시장의 리더로서 방어하기가 쉬웠다).

Nike가 Nike 골프채 제품에서 실패하고, Heinz가 Heinz Salsa 제품에서 실패한 것이 지극히 당연한 결과 듯, 동종 제품에의 타 계층에 대한 도전의 성공조차도 지극히 어려운 과업이다. Four Seasons가 최고의 경영력으로도 타 제품 계층, 타 제품 형태에 진출하는 것을 보았는가? 필자가 욕심과 많은 요청에도 불구하고, 오직 이 저서 하나에만 전력을 다하는 이유도 바로 그것이다.

전술된 바와 같이 다중 브랜드 가격 전략의 핵심은 수요의 중복을 방지해야 한다는 것이다. 이러한 관점에서 호텔산업에서는 Marriott의 Marriott Marquis, Marriott Suites, J. W. Marriott, Marriott Hotels and Resorts, Courtyard by Marriott, Fairfield Inns, Residence Inns, Towne Place Suites 등 각 브랜드에 대한 다중 브랜드 가격 전략이 가장 성공적 사례라고 할 수 있다. Marriott 의 예와 같이 다중 브랜드 가격 전략이 성공하기 위해서는 각 브랜드에 해당되는 제품의 특성과 기능이 각각 차별화되어야 하며, 궁극적으로 브랜드별로 별개의 고객 계층 및 형태를 갖고 있어야 한다. 예를 들어 와인산업에서 BRL Handy사는 저급 와인, 프리미엄 와인, 수퍼프리미엄 와인(25￡ 이상) 등 세 전략 집단으로 나누어 경쟁자 분석을 한다.

5-4. 경매(auction) 가격

경매 가격의 형태는 eBay, uBid, Online-Auction 등에서 실시하는 전통적 경매 방식과 Priceline.com, Hotwire.com, Lowestfare.com 등에서 실시하는 역경매 방식의 두 가지로 나뉜다.

1995년 eBay에서 시작된 전통적 경매는 여러 온라인 소매상들이 경매가를 입력하고, 최고 경매가를 입력한 구매자가 이기는 방식이다. 일반적으로 오래되거나 재고가 많은 제품, 수집품, 희귀품 등이 그 대상이 된다.

역경매 방식에서는 온라인 소매상(여행사)들이 서비스에 대한 견적을 요청하는 잠재 구매자와 자신들의 최저가를 제시하는 서비스 공급자 사이의 중간상 역할을 하게 된다. 구매자는 공급자들의 제안을 비교한 후, 최종적으로 공급자를 선택하게 된다. Priceline.com이 주도하고 있는 이 경매 가격은 인터넷이 발달함에 따라 점차 활성화되고 있다.

 일드 관리(yield management)

전 세계적으로 호텔산업은 크게 성장하고 있으나, 그 거시적 성장과 별도로 각 호텔은 수익성에서 고전을 면치 못하고 있다. Kalibri Labs에 의하면, 호텔들은 대략 총 1,522억$의 매출 중 252억$를 고객을 획득하기 위한 분배 비용(distribution cost)으로 지불했다(OTA 커미션 등). 즉 호텔 내 영업 비용을 계산하기 전, startup 매출은 80%대다. Kalibri Labs에 의하면, 미국 호텔산업에 있어서 이 '**revenue capture**(net revenue)'의 비율은 객실의 경우 2015년 84.9%에서 2018년 83.5%로 하락했다고 한다. 분명히 극복해야 할 과제다

1. 최대 부하 가격(peak-load pricing)

호텔 객실 부문에 있어서 일드 관리의 목표는 매출액의 극대화에 있다. 그 이론적 근간인 최대 부하 가격은 ①고정비가 높고, ②수요의 변동이 심하고, ③비저장적 제품을 갖고 있으며, ④고정된 규모의 제품에 있어서 유용한 전략이다. 즉 환대산업의 대다수 제품에 해당되는 전략이다. 그 중 대표적으로 호텔 객실 제품은 불규칙한 수요에 직면하여 있기 때문에 성수기(peak period)와 비수기(off-peak or slack period) 수요량의 차이가 많고, 따라서 보통기(shoulder or normal period)를 포함한 각 수요 주기에 따라 가격 수준이 차등적으로 적용되어야 한다(〈그림 14-24〉 참조).

호텔은 비수기에 비저장적 객실 제품의 판매를 극대화시키기 위해, 단기적 한계 변동비, 혹은 영업비(short-run marginal operating cost)*를 초과한다면 객실을 판매해야 한다. 반면에 객실은 고정 자본이 높기 때문에 성수기에는 단기적 변동비 이외에도 객실 요금에 장기적 한계 고정비, 혹은 시설비(long-run marginal capacity cost)를 부가하여 고정 자본의 부담을 서서히 줄여나가야 한다(〈표 14-10〉 참조).

* 한계 비용을 의미하는 marginal cost의 개념은 제품 1단위 판매시 증가되는 비용을 말함.

이 논리는 실제로 전화, 비행기, 택시, 극장, 주제공원 등 타 산업에서도 동일하게 적용되고 있다. 우리가 제품을 구입하여 소유, 혹은 소비를 할 때에는 가격이라는 용어가 적용되는 반면, 제품을 이용만 할 경우에는 요금(rate, fare, fee)이라는 용어가 적용된다. 즉 가격이 아닌 요금이라는 용어가 적용되는 대다수 산업 혹은 제품에 있어

Getting To Know You 1999 Calendar

Hotel	Ja	Fe	Mr	Ap	My	Jn	Jl	Ag	Se	Oc	No	De	Ja
Amsterdam	○	○	○	■	■	■	○	○	■	○	○	○	○
Atlanta	○	○	○	○	■	■	○	○	■	■	■	○	○
Bangkok	○	○	○	○	○	○	○	○	○	○	○	○	○
Basel	○	○	○	○	○	○	○	○	○	○	○	○	○
Beijing	○	○	○	○	○	○	○	○	■	■	■	■	○
Boston	○	○	○	■	■	■	○	○	■	■	○	○	○
Brussels	○	○	■	■	■	■	○	○	■	■	■	○	○
Cairo	○	○	○	○	○	○	○	○	○	○	○	○	○
Chicago	○	○	○	○	■	○	○	■	■	■	■	○	○
Dalian	○	○	○	○	○	○	○	○	○	○	○	○	○
Düsseldorf	○	○	○	○	○	○	○	○	○	○	○	○	○
Geneva	○	○	○	○	○	○	○	○	○	○	○	○	○
Istanbul	○	○	○	○	■	■	○	○	■	■	○	○	○
Lima	○	○	○	○	○	○	○	○	○	○	○	○	○
Montreux	○	○	○	○	○	○	○	○	○	○	○	○	○
New York	○	○	○	○	■	■	○	○	■	■	■	■	○
Quito	○	○	○	○	○	○	○	○	○	○	○	○	○
Seoul	○	○	○	○	■	○	○	○	■	○	○	○	○
Washington, DC	○	○	○	■	■	○	○	○	■	■	○	○	○
Zürich	○	○	○	○	■	○	○	○	■	■	■	○	○

○ = months with the most availability
■ = months with more restricted availability
Advance reservations required; maximum 3 nights.

그림 14-24 세계 호텔의 수요 주기. Swissote에서는 세계에 분포되어 있는 체인 호텔들의 수요 주기를 고객에게 공지해주고 있음(■가 성수기로서 5, 6, 9, 10월이 세계적 성수기임을 알 수 있음).

서 적용되는 최대 부하 가격 전략을 보다 구체적으로 적용한 것이 일드 관리이다.

표 14-10 2014 Brazil World Cup 호텔 요금

장소	World Cup 기간 중 평균	게임이 있는 기간 중 평균
Belo Horizonte	£123	£185
Brasilia	£214	£305
Curitiba	£102	£131
Fortaleza	£138	£156
Manaus	£156	£245
Natal	£133	£204
Prto Alegre	£138	£144
Recife	£155	£201
Rio de Janeiro	£173	£194
Salvador	£125	£156
Sao Paulo	£121	£138

레스토랑 부문에도 일드 관리 시스템이 있다. AccorHotels Group이 사용하고 있는 ResDiary가 그것이다. ResDiary는 레스토랑 좌석 상황에 따라 예약 규모와 예약 수수료를 조정하는 기능이다. 2019년 기준, AccorHotels Group은 60개 국가가 넘는, 1억 6천6백만 개 이상의 레스토랑 좌석을 ResDiary 시스템으로 관리하고 있다.

2. 일드 관리

2-1. 일드 관리의 개념

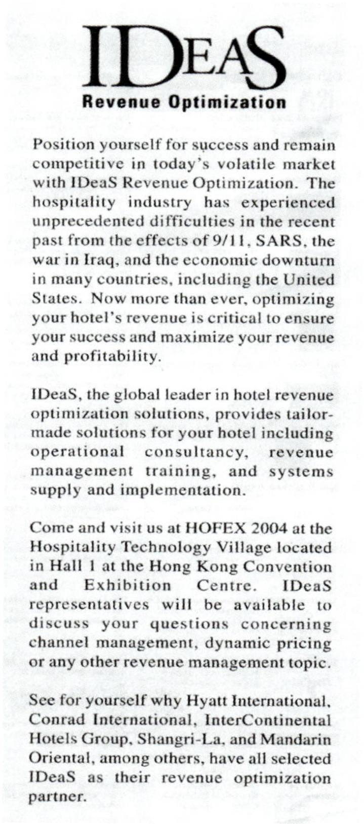

IDeaS
Revenue Optimization

Position yourself for success and remain competitive in today's volatile market with IDeaS Revenue Optimization. The hospitality industry has experienced unprecedented difficulties in the recent past from the effects of 9/11, SARS, the war in Iraq, and the economic downturn in many countries, including the United States. Now more than ever, optimizing your hotel's revenue is critical to ensure your success and maximize your revenue and profitability.

IDeaS, the global leader in hotel revenue optimization solutions, provides tailor-made solutions for your hotel including operational consultancy, revenue management training, and systems supply and implementation.

Come and visit us at HOFEX 2004 at the Hospitality Technology Village located in Hall 1 at the Hong Kong Convention and Exhibition Centre. IDeaS representatives will be available to discuss your questions concerning channel management, dynamic pricing or any other revenue management topic.

See for yourself why Hyatt International, Conrad International, InterContinental Hotels Group, Shangri-La, and Mandarin Oriental, among others, have all selected IDeaS as their revenue optimization partner.

그림 14-25 호텔의 매출 관리(일드 관리)

객실이 100개인 호텔의 공표 요금(rack rate)이 십만 원이라면, 그 호텔은 하루에 최대 천만 원의 매출액을 창출할 수 있다. 그런데 객실점유율이 80%가 되고, 객실 당 평균 할인율이 30%가 된다면, 5백 6십만 원의 매출액이 창출된다. 이 경우에 있어서 호텔의 일드는 56%가 되는 것이다(0.8×0.7=0.56).

STR과 Tourism Economics의 발표에 의하면, 2017, 2018년 미국 전체 호텔산업은 객실점유율이 0.3%, 0.2% 하락했음에도 ADR이 2.5%, 2.7% 높아져 **RevPAR**가 2.2%, 2.5% 상승했다고 한다.

일드 관리란 일드를 최대화시키기 위한 기법으로서, 수요 상황에 따라 객실 요금을 차등적으로 적용하여 매출액을 극대화시키는 것을 의미한다(〈그림 14-25〉 참조). 호텔산업에 있어서 일드 관리의 체계적 시스템을 최초로(1980년대 말) 도입한 기업은 ITT Sheraton이다. 일드 관리 시스템에 의하여 항공사의 경우는 하루에도 요금이 약 10만 번이 바뀐다.*

일드 관리 시스템에 대한 이해를 돕기 위하여 다음의 표를 제시한다(〈표 14-12, 14-13〉 참조). 〈표 14-11〉과 〈표 14-12〉는 일드 관리 시스템의 예측에 의한 2019년 10월 10일 현재의 동일한 예약 상황에 따른 2019년 11월 10일과 11월 20일 각각의 할인율 적용에 대한 객실점유율을 보여주고 있다. 즉 11월 10일보다는 11월 20일에 할인율 적용의 폭이 적음을 알 수 있는데, 11월 20일은 10일이라는 기간이 더 여유가 있기 때문이다. 또한 일드 관리 시스템의 예측에 의해서 객실점유율 100%를 초과하게 되면, 그 이상의 할인율은 적용이 되지 않고 있다는 것을 나타내고 있다. 예약 접수자는 일드 관리 시스템에 의해서 고객에게 예약 시점에 적정 할인율을 즉시 제시할 수 있다.

시험삼아 Internet에서 www.deltaair.com에 접속해보자. 아무 항공 구간을 택하여 날짜, 고객 유형 등을 바꾸어가며 항공 요금을 문의하면, 얼마나 많은 요금이 책정, 제공되는지 알 수 있음.

객실점유율 목표를 항상 100%로 정할 필요는 없다. 호텔 객실 부문은 항상 예외적 수요가 있기 때문에, 어떠한 경우에는 최성수기라도 90~95% 정도의 목표로 walk-in 등의 초과 수요를 기대할 수 있으며, 반대로 예약 취소에 대비하여 100~110% 정도의 목표를 정할 수도 있다. 물론 그 목표는 최적의 평균 객실 요금과 객실점유율의 조화에 의한 매출액의 극대화다. 이와 같은 예약 상황과 예약 시점에 따른 lead time 이외에도 세분시장의 분류에 의한 고객의 형태, 시장 상황 및 특수 기간, 수요 주기 등에 따라 할인율의 적용 범위가 변하게 된다. 이것이 일드 관리다.

lead time
예약일과 투숙일 사이의 기간.

호텔산업에서는 일드 관리의 측정 지표로 **RevPAR(revenue per available rooms)**를 사용하고 있다. 그 이외에 RevPOR(revenue per occupied rooms), RevPAC(revenue per available customers), GopPAR(GOP per available rooms) 등의 지표들도 있다. 레스토랑에서는 RevPAS(revenue per available seat), RevPASH(revenue per available seat hour)를 많이 사용하고 있다. 항공사에는 RevPSM(revenue per seat-mile), 크루즈에는 RevPC(revenue

표 14-11 일드 관리의 예(1)

2019년 10월 10일 예약 상황(%)	할인율 적용 시 점유율 예측(%) 2019년 11월 10일						
	0	5	10	15	20	25	30
100	C	C	C	C	C	C	C
95	97	100	C	C	C	C	C
90	92	95	97	99	101	C	C
85	87	90	93	96	100	103	C
80	82	85	88	91	94	97	100
75	76	79	82	86	90	93	95
70	71	75	79	83	86	89	91
65	66	70	74	78	81	84	86
60	61	65	69	73	76	79	81

* C:close(할인율이 적용 안 됨).

표 14-12 일드 관리의 예(2)

2019년 10월 10일 예약 상황(%)	할인율 적용 시 점유율 예측(%) 2019년 11월 20일						
	0	5	10	15	20	25	30
100	C	C	C	C	C	C	C
95	98	101	C	C	C	C	C
90	93	97	102	C	C	C	C
85	88	93	98	102	C	C	C
80	83	89	94	98	102	C	C
75	77	83	88	93	97	101	C
70	72	78	83	87	91	95	98
65	67	73	78	83	87	90	93
60	62	67	72	77	81	84	87

* C:close(할인율이 적용 안 됨).

per available cabin), 주제공원에는 RevPCC(revenue per available carrying capacity) 등과 같이 적용될 수 있다. Smith Travel Research and Tourism Economics의 발표에 의하면, 2016년도 미국 호텔의 평균 객실점유율은 63.5%, ADR(average daily rate)은 119.93$, 이 두 수치를 곱한 **RevPAR***는 76.13$로 나타났다.

RevPAR 공식

$$\text{RevPAR} = \frac{\text{RS}}{\text{AR}} \times \frac{\text{Revnue}}{\text{RS}}$$

2-2. 호텔과 항공사 일드 관리의 차이점

필자는 1992년도에 국내 Sheraton Grande Walkerhill의 전산 시스템 교체에 따른 프로젝트에 참가한 적이 있다. 그 당시 Sheraton Grande Walkerhill에서는 국내 최초로 일드 관리 시스템을 도입했으나, 현재까지 그 시스템을 제대로 활용하지 못하고 있다.

호텔은 항공사와는 달리 다음과 같은 일드 관리상의 어려움을 근본적으로 갖고 있다.

- 항공선의 좌석은 복도, 창문, 중간 등 세 형태로 구분되지만, 호텔의 객실은 층, 내·외부, 크기, 침대 형태 등에 따라 수십 가지의 형태로 구분된다. 따라서 요금 책정의 범위가 매우 크다.
- 항공선에서의 서비스와 비교할 때, 호텔은 그 종류가 비교되지 않을 정도로 많으며, 또한 요금 책정과 관련되어 있기 때문에 요금이 다양하게 책정된다.
- 항공선으로 지구의 정반대 지역까지 간다고 해도 비행시간은 1일 남짓하지만, 객실 이용은 그 체재일 수가 길고 경우에 따라서는 주말과 주중, 성수기와 비수기를 한 기간에 이용하게 되어 요금 책정이 보다 복잡하다.
- 항공선의 경우는 특정 일정에 따라 경쟁사가 소수로 제한되나, 호텔은 지역별로 경쟁사의 수가 훨씬 많다. 따라서 경쟁을 고려한 요금 책정이 필요하게 되어 어려움이 가중된다.
- 결론적으로 호텔의 객실 요금은 항공사와 비교할 때 가격 밴드가 크고, 가격 구조가 다양하게 이루어지며, 경쟁에 대한 고려 요인이 많아 일드 관리의 어려움이 크다.

2-3. 효과적 일드 관리 전략

- 세분시장별, 수요 주기별로 효과적인 가격 구조를 갖추고 있어야 한다. 효과적 가격 구조는 시장에서의 경험에 의해 결정되어야 하며, '효과적'의 의미에는 '단순함(simplification)'의 의미가 포함된다. 객실 형태, 세분시장, 할인률, 성 · 비수기, 주말 · 주중 등 수많은 변수들을 가능한 한 단순화시켜야 한다는 의미다. 이 가격 구조가 일드 관리 전략의 핵심 부분이 된다.
- 정확한 수요 예측을 위해서는 정확한 과거의 영업 자료(historical data)가 갖추어져 있어야 한다. 이것은 매일 매일의 정확한 영업 자료와 정보가 갖춰져야 함을 의미한다.
- 일드 관리 시스템은 과거 자료에 의한 예측 기능이라는 기계적 판단밖에는 하지 못한다. 비즈니스 세계에서는 특수 상황이 항상 존재하며, 예견하지 못한 수요의 급등, 혹은 급락이 종종 발생한다. 일드 관리에 대한 최종 결정은 항상 사람이 해야 하며, 따라서 예약을 통제하여 기계적 판단이 아닌 인간의 의사 결정 여지를 항상 남겨두어야 한다.

  특히 성수기의 경우에는 예약을 제한시켜 평균 객실 요금을 상승시킴으로써 일드를 최대화시켜야 하며, 단체의 경우에는 컴퓨터에 맡기지 말고, 협상을 통하여 할인율을 조정해야 한다. Marriott International Inc.은 2005년부터 단체 가격의 최적화를 위한 'GPO(group pricing optimizer)'를 운영하고 있다.

- 예약 접수자들은 단지 예약을 받는 기능에서 벗어나 판매원의 역할을 해야 한다. 또한 고객에게 객실 요금의 책정 이유를 제공하여, lead time 등이 달라 같은 날, 같은 형태의 객실을 이용하면서도 요금 차이가 나 발생될 수 있는 불평의 여지를 최대한 줄여야 한다.
- 경쟁사에 대한 고려가 필요하다. 여기에는 일반적 일드 관리의 지표인 **RevPAR**를 경쟁사의 **RevPAR**로 나눈 지표를 사용할 수 있는데, 이것을 **RGI(revenue generation index)**라고 한다.
- CRS(central reservation system), 예약 접수자, 여행사 등에 획일성있는 요금을 제시하여 혼선이 없어야 한다. 특수 상황에 따라 요금이 차등화될 소지가 있을 경우에는, front office 매니저를 중심으로 충분한 커뮤니케이션을 통하여 일률적인 기준에 의한 요금이 제시되어야 한다.*
- 다시 한 번 강조하지만, 호텔 일드 관리 전략의 핵심은 항공사와 비교, 복잡한 변수들(객실 형태, 세분시장, 할인률, 수요 주기, 혜택 형태 등)을 최소화시켜 단순한 공식을 일드 관리 시스템에 적용시켜야 한다는 것이다. 이것이 대다수 호텔들이 일드 관리를 도입하지 못하거나 실패하고 있는 가장 고질적인 장애물이다.

적용될 수 있는 최소의 요금을 'hurdle rate'이라고 함.

환대산업 마케팅 전략 계획 모델(커뮤니케이션/촉진 전략(Ⅰ))

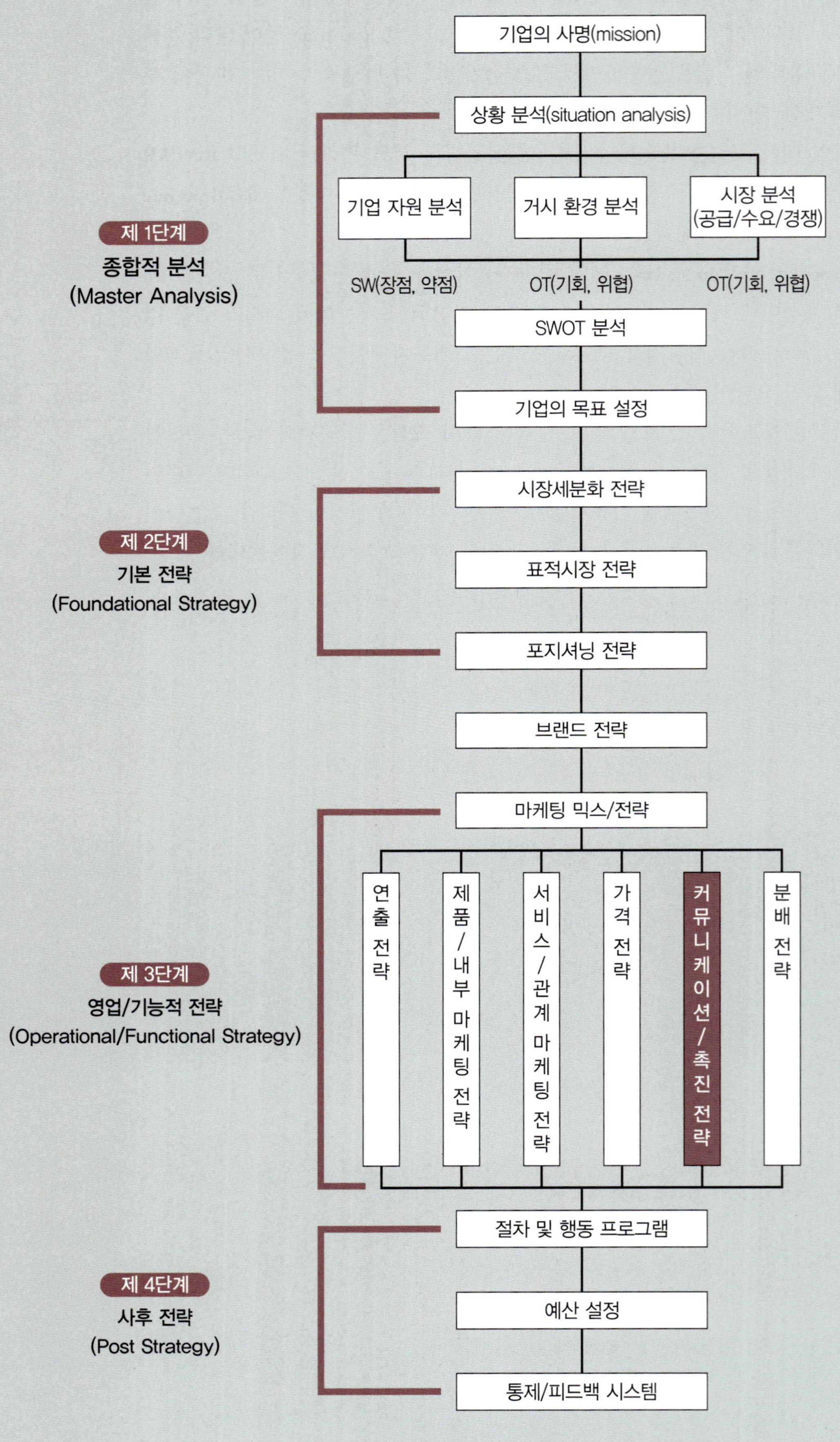

커뮤니케이션/촉진 전략(I): 광고, PR 전략

제 15 장

제1절 커뮤니케이션의 의의와 구전 커뮤니케이션

1. 커뮤니케이션의 개념과 의의

커뮤니케이션의 권위자 Albert Mehrabian에 의하면, 커뮤니케이션은 말의 내용, 목소리 톤, 몸동작으로 이루어진다고 한다. 상대방이 받아들이는 전체 메시지는 말의 내용 7%, 목소리 톤 38%, 몸 동작 즉 외모와 자세 전체가 주는 시각적 영향은 무려 55%나 된다고 한다. 논리적이고 합리적인(logos) 내용이 커뮤니케이션의 전부가 아니라는, 아니 오히려 그 중요성이 크지 않다는 연구 결과다.

커뮤니케이션이란 공통(common)의 의미를 갖는 라틴어 communis로부터 유래되었으며, '2인 이상 사람들 사이에서 사고의 공통성을 형성하는 과정'을 의미한다. 모든 촉진 전략의 원천은 커뮤니케이션이다. 커뮤니케이션의 과정과 단계별 내용을 살펴보면 〈그림 15-1〉과 같다.

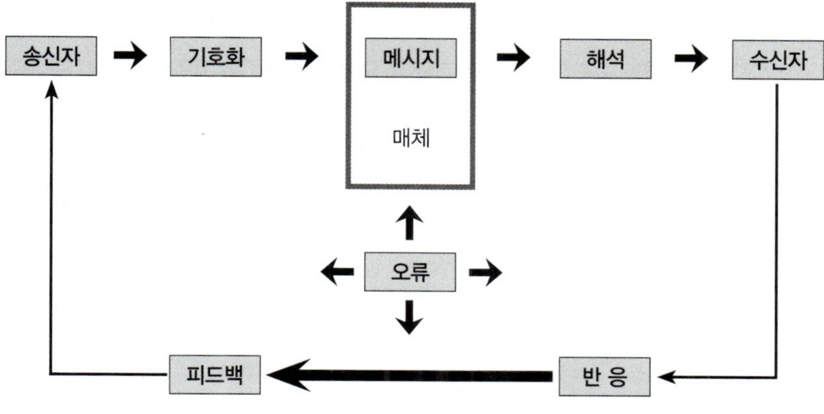

그림 15-1 커뮤니케이션의 단계

〈그림 15-1〉의 커뮤니케이션 단계에 대한 설명

〈그림 15-1〉에 있어서 송신자란 타인과 연계를 갖고자 하는 사람, 혹은 기관을 의미하며, 기호화(encoding)란 송신자의 아이디어를 전달 가능한 형태의 상징을 사용하여 구체적 표현, 혹은 메시지로 전환시키는 과정을 의미한다. 메시지는 송신자의 아이디어를 적절한 상징들의 조합으로 표현한 것으로서 문자, 그림, 언어, 소리, 행동(kinesics), 영상 등이 여기에 해당된다. 해석(decoding)이란 역으로 메시지에 포함된 상징을 번역하여 특정 의미로 승화시키는 과정을 의미한다. 수신자란 송신자와의 연계를 공유하는 사람과 기관을 의미한다.

피드백은 송신자가 자신의 메시지가 어떻게 수신되고 있는지를 검토하고, 커뮤니케이션 활동을 조정할 수 있도록 수신자의 반응이 송신자에게 전달되는 과정을 의미한다. 오류(noise)는 커뮤니케이션 시스템의 모든 단계에서 본래 의도된 메시지의 정확한 전달을 방해하는 요인을 의미하는데, 모든 단계에서의 맹점(blind spot), 오해, 실수가 여기에 해당된다.

물론 모든 커뮤니케이션 도구가 서로 연결되면 큰 시너지 효과가 있다. 이것을 통합 마케팅 커뮤니케이션(**IMC: intergrated marketing communication**)이라고 한다. 커뮤니케이션 전략의 유형별 특성은 〈그림 15-2〉 및 〈표 15-1〉과 같다.

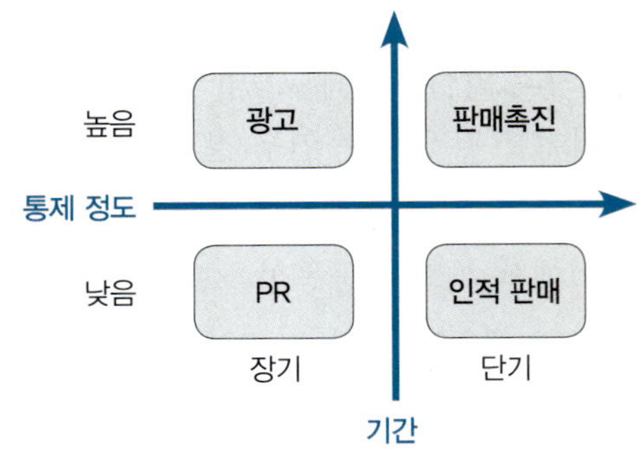

그림 15-2 전통적 4대 커뮤니케이션 전략의 구분

표 15-1 커뮤니케이션의 유형별 특성

커뮤니케이션	인적 판매	광고	PR	판매촉진	e-mail
방법	직접적	간접적	간접적	간접적	직접적
상황에 대한 전달자의 통제	높음	낮음	중간~낮음	중간~낮음	중간~높음
feedback의 양	매우 많음	적음	적음	적음~중간	중간
feedback의 속도	즉시	지연	지연	다양	다양
메시지 흐름	양 방향	한 방향	한 방향	대부분 한 방향	양 방향
메시지 내용에 대한 통제	가능	가능	불가능	가능	가능
주관자 확인	가능	가능	불가능	가능	가능
많은 청중에게 미치는 속도	느림	빠름	대부분 빠름	빠름	빠름
메시지의 유연성	맞추어짐	획일적이며 단조로움	메시지에 대한 직접적 통제 불가능	획일적이거나 다양함	맞추어짐

2. 구전 커뮤니케이션(word-of-mouth)

2-1. 구전 커뮤니케이션에 대한 이해

인터넷, SNS 등이 보편화되기 전까지는 사람들의 정보는 주로 TV, 신문 등의 대중 매체와 의견 선도자(**opinion leader**)*에 의해 얻어졌다. 의견 선도자는 다른 사람들의 의견에 영향력을 행사하는 사람으로 Katz는 의견 선도자를 특정 가치의 재현(personification of certain values), 능력, 전략적 사회적 위치(strategical social location) 등, 세 요소를 갖춘 사람으로 규정했다. 의견 선도자 뒤에서 자신의 취향에 따라 의견을 걸러내는 사람들을 'gate keeper'라고 한다.

*미국의 인명 사전 《who's who》을 보면, 미국 대통령, 정부 각료, 상하원 의원, 주지사, 상공회의소 회장, 대기업 이사회 총수, 노동조합 지부장, 전문 직업인, 종교단체 회장, 소수 민족 단체 회장, 언어학회 회장, 신문사와 잡지사의 편집장, 인기 작가, 자선 단체 책임자, 유명 영화 감독, 지역별 유명 인사, 주요 도시 인기 성직자, 대학 총장과 유명 교수, Wall Street 유명 금융가, 유명 스포츠맨 등이 수록돼있음. 이 사람들이 대표적 의견 선도자들임.

환대산업에서는 무형적 제품을 갖고 있기 때문에 가장 영향력있는 커뮤니케이션 도구는 바로 구전이다. Katz와 Lazarsfeld의 연구에 의하면, 구전은 식품 구매에 있어서 브랜드 전환에 영향을 미치는 정도가 라디오 광고의 2배, 인적 판매의 4배, 신문과 잡지보다 7배가 높다고 한다. 특히 긍정적 구전보다 부정적 구전 커뮤니케이션의 영향이 훨씬 높다. 루머(rumors)는 그 한 유형으로서 1930년대에는 전문적으로 루머를 퍼뜨리는 사람(professional rumors managers)들이 경쟁 브랜드를 비난하기 위하여 고용되기도 했다.

제6장에서 '**social epidemic**'(**사회적 유행**)의 개념을 설명한 바 있다. 구전 커뮤니케이션은 '**social epidemic**'을 결정짓는 가장 핵심적인 요소다. 이와 관련해서 Pennsylvania대학 Wharton School의 Jonah Berger는 다음과 같은 6가지 원칙(STEPPS)을 제시했다.

① social currency(사회적 화폐) : 사람들은 타인에게 좋은 인상을 남기는 이야기를 공유
② triggers(계기) : 사람들은 머릿속에 쉽게 떠오르는 것을 공유
③ emotion(감성) : 사람들은 마음을 움직이는 감성적 주제를 공유
④ public(대중성) : 사람들은 눈에 잘 띄는 것을 모방하고 공유
⑤ practical value(실용적 가치) : 사람들은 타인에게 도움이 될만한 유용한 정보를 공유
⑥ stories : 사람들은 흡입력이 강하고, 흥미진진한 이야기를 공유

2-2. 루머와 부정적 소문

일반적으로 사람들은 불쾌함을 피하고 싶거나, 적대감이 유발되는 것을 좋아하지 않기 때문에 나쁜 소식보다는 희소식을 전달하는 것을 선호한다. Bertrand Russell은 "누구도 다른 사람의 비밀스런 선행에 대한 소문은 퍼뜨리지 않고, 비밀스런 악행에 대한 소문만 퍼뜨린다"고 말했다. 이것을 '**negative bias**'라고 한다. 국내에서 유행하고 있는 찌라시*의 대다수도 부정적 소식이다.

*서울 여의도와 광화문을 중심으로 일주일에 한 번 정도 모이고, 기업체 정보 담당자, 전 국정원 직원, 사정기관 관계자, 국회의원 보좌관, 기자 등이 주체가 되는 모임에서 생성되는 각종 루머를 의미함. 찌라시는 '뿌리다'라는 의미의 일본어에서 유래됨.

Procter&Gamble의 루머 피해

과거 Procter&Gamble은 108년 동안 사용되어 온 로고(로고에는 한 남자가 13개의 별과 달을 배경으로 하고 있음)가 Satan과 관련이 있다는 악성 루머에 시달렸다. 루머의 내용은 로고에 있는 남자의 곱슬머리가 666을 거꾸로 한 모양(사탄을 상징함)과 흡사하다는 것이다. P&G는 5년 동안 루머를 퍼뜨린 자들에 대한 법적 소송 등 이를 진화시키려는 결사적인 노력에도 불구하고 결국 로고의 사용을 포기했다.

1980년대 후반 P&G는 4개의 제품들에 로고를 다시 사용했으나, 루머가 재발했다. 1990년 한 해 동안 P&G는 소비자들로부터 기업이 악마에게 이익을 희사했는지를 문의하는 하루 평균 150통의 전화를 받았다. 어쩔 수 없이 1991년 P&G는 로고를 수정하여 남자의 머리카락을 직모로 변형시켰다(〈그림 15-3〉 참조).

그림 15-3 루머에 시달렸던 P&G 로고

기업, 브랜드, 제품 등 어떤 것이건 뒤에 붙이기만 하면 그것에 대한 부정적 공격 수단으로 이용될 수 있는 suck.com이라는 사이트가 있다. 말하자면 'Disney-suck.com', 'HomeDepotsucks.com' 같은 식이다. Adbusters라는 반소비주의 비영리 단체도 있다. Adbusters는 Buy Nothing Day, TV Turnoff Week 등 사회적 마케팅까지 수행하며 기업들을 괴롭히고 있다. 기업들은 이러한 부정적 공격과 루머(사실의 경우도 있음)가 너무 많아 일일이 대응하는 것을 포기할 경우가 많다.

이와 같은 루머에 대응하는 방법에는 반박, 회상, 저장 방법 등 세 가지가 있다. 반박은 소문에 직접적으로 사실이 아니라고 대응하는 것인데, 이 경우 루머에 대한 회상을 오히려 강화시키기 때문에 효과적이지 않다.

물론 예외는 있다. McDonald's의 햄버거 고기에 지렁이를 사용한다는 끔직한 루머가 수십 년 동안 계속됐을 때, 이 루머를 불식시켰던 것은 1992년 McDonald's 의 창시자이자, CEO였던 Ray Kroc의 기술적 반박이었다. 그는 다음과 같이 말했다. "우리는 햄버거 패티에 지렁이 고기를 쓸 재정적 능력이 없습니다. 햄버거 고기는 1파운드에 1.5$지만 지렁이는 1파운드에 6$입니다." 이 전술은 매우 성공적이었다.

루머에 대한 직접적 대응을 피하고, 그보다는 기존 소비자의 기억 속에 브랜드와 관련된 긍정적 연상을 강화시키는 회상 방법(소비자의 부정적 연상을 억제)이나 소비자의 기억 속에 없던 내용을 새롭게 만들어내는 저장 방법이 부정적 루머 대처에 보다 나은 방법이다(소비자의 부정적 연상을 차단). 세 유형에 공통적으로 적용되는 것은 '빠를수록 좋다'는 것이다.

2-3. 성공적 구전 커뮤니케이션 전술: story telling

story telling의 성공 사례들

세계 제 1의 에너지 음료 Red Bull은 광고 대신 구전 마케팅을 커뮤니케이션 전략의 핵심으로 삼고 있다. 과거 스폰서십에 의해 5년 간 6,500$가 투입됐고, 기상학자, 항공 엔지니어, 우주 과학자 등 200여 명이 참가해서 만들어졌던 'Red Bull Stratos' 익스트림 이벤트가 대표적 예다. 고도 39km 높이의 성층권에서의 스카이 다이빙과 시속 1,100km 음속을 돌파한, 그리고 헬륨 기구를 타고 성층권까지 진입하여 번지 점프를 한 사나이 Felix Baumgartner(Red Bull의 창시자) 스토리가 전 세계에 퍼지며, Red Bull은 400억$ 이상의 PR 효과를 본 적이 있다.

국내에서도 인기를 끌고 있는 Glaseau vitamin water는 Coca-Cola가 2009년에 출시하여 New York으로부터 영국, Canada, France, Australia 등에 판매되고 있으며, 아시아권에서는 한국에 처음으로 출시됐다. 하양, 노랑, 자주 등 6가지의 각기 다른 색과 맛을 지니고 있는 병에는 표찰에 각기 다른 스토리를 적어 음료의 효과를 설명하고 있다(〈그림 15-4〉 참조).

그림 15-4 Glaceau vitamin water

Perrier는 로마 제국 Caesar의 병사들이 마신 샘물이며, 병을 치료하기 위해 이 샘물에서 목욕을 했다는 스토리로 효과를 보았고, Nike의 창시자 Bill Bauman은 새로운 신발 밑창을 만들기 위해 액체 고무를 와플 기계에 부었다는 'Word of foot' 스토리로 1980년대 미국에서 시장점유율 약 50%를 달성한 후, 한 번도 1위 자리를 뺏기지 않게 하는 원동력이 됐다. Nike의 쌍방향 온라인 트레이닝 도구 Jordan Brand Breakfast Club 사이트도 강력한 'story telling'을 유발시키고 있다. Parker 만년필은 Eisenhower가 세계 대전 종전을 하며 평화협약서에 서명했고, Arthur Conan Doyle이 Sherlock Holmes 시리즈를 집필할 때 썼던 펜의 스토리로 유명하다.

롯데 주류 처음처럼 쿨도 'story telling' 기법을 활용하여 성공한 대표적 사례다. 서울 강동구의 한 음식점은 여성 우대에 최선을 다한다. 메뉴, 요리 방법, 소스 등도 여성에 초점을 맞추며, 여성 고객 3명 이상이면 서비스 메뉴, 미용실 직원 50% 할인, 밤 9시 여성을 위한 경품 추첨(고급 향수) 등이 그것이다. '말하기 좋아하는' 여성들의 심리를 최대로 이용하는 전략이다.

세계적 'story telling' 전문 기업 www.storytelling.com에서는 설득력 강한 스토리 창조를 위해서는 고객이 무엇을 원하는지는 물론, 그들이 무엇을 느끼고 왜 그렇게 느끼는가에 대한 감성도 이해해야 한다고 한다. 성공적 'story telling'의 구성 요소는 ①왜 어떤 사건이 일어났는가를 의미하는 plot, ②뚜렷한 주제(theme), ③긴박한 긴장(dramatic tension), ④강한 상징성(symbolism) 등이다.

주요 'story telling'의 도구는 ①창업주 혹은 CEO(Gabrielle Chanel, Bill Gates, 모리타 아키오, Steve Jobs, 정주영, 박태준 등), ②제품 탄생(알칼리수 소주 처음처럼, 로마제국

Caeser 병사들의 갈증 해소와 질병 치유로 시작됐다는 Perrier, 1차 세계대전 영국군 장교용 우의로 추위와 강풍에 견딜 수 있다는 Burberry 등), ③관심을 끌만한 스토리(승리를 향한 의지의 Nike, 자유와 모험의 Harley-Davidson, 사양 고양이의 배설물로 만든 최고급 커피 Luwak 등), ④역사, 신화, 소설 등에 등장하는 인물이나 배경(Greece 신화의 승리 여신 Nike 등), ⑤소비자 스토리(Apple의 소비자 사연을 이용한 장점 부각, SK텔레콤의 '현대생활백서' 등), ⑥직원 영웅 스토리(Four Seasons의 Roy Dyment 등) 등 여러 유형이 있다.

1997년 중반 Mars라는 초콜릿바의 매출이 급격히 증가한 바 있다. Mars는 창립자 Franklin Mars의 이름에서 유래한 상호였는데, 그 당시 NASA의 Pathfinder가 첫 발로 화성(Mars) 탐사를 했던 일이 있었기 때문이다. 그러나 그 효과는 오래가지 못했다. 제품(브랜드)에 있어서 이러한 유행성은 우리의 인생에 있어서 길을 가다 우연히 1만 원을 줍는 정도에 불과하다. Stanford대학의 Chip Heath와 Duke 기업교육원의 Dan Heath는 'story telling'의 성공 요소로 'Success' 법칙을 제시한 바 있다. 'Success'란 단순성(simple), 의외성(unexpectedness), 구체성(concreteness), 신뢰성(credibility), 감성(emotion), 스토리(story)를 말한다.

2-4. 구전 커뮤니케이션의 위력

만약 1mm의 종이를 50번 접으면 두께가 얼마나 될까? 정답은 약 11억 2천 6백만 km(지구와 태양의 거리는 약 1억 5천만km)다. 이것이 구전이 강력한 또 하나의 이유다. Nicholas DiFonzo의 연구에 의하면, 사람이 전달하는 말은 전달 과정에서 계속 과장과 강조가 이루어진다고 한다. 입소문은 강력한 CGM(customer generated media, 소비자 생성 매체)이다.

구전 커뮤니케이션과 밀접한 관련이 있는 것은 **viral marketing**이다. 1994년에 시작돼 미국 대학생들 사이에 선풍적 인기를 끈 'six degree of Kevin Bacon'이라는 게임이 있다. 일종의 숨은 인맥을 찾아가는 게임인데, Kevin Bacon은 세계 60억이 넘는 인구가 모두 6단계를 넘지 않고 연결돼있다는 것을 증명했다. 이것이 **viral marketing**이 강력한 이유다. AD 1.0이 단방향성, AD 2.0이 쌍방향성이라면, **viral marketing**은 **AD 3.0**, 즉 다방향성 커뮤니케이션이다. 재미있는 이야기일수록 소비자를 감염시키는 속도와 범위가 크다. 구전 커뮤니케이션에는 '**butterfly effect**'(**나비 효과**)가 적용된다. 'Digital word-of-mouth'는 전통적 구전 커뮤니케이션과 비교되지 않을 정도로 기하학적 위력을 갖고 있다.

넷전(network+구전), 'buzz' 마케팅, 'sneezers' 등도 구전과 관련된 용어들이다. 구전은 '즉각적 구전'과 '지속적 구전'으로 나뉠 수 있다. 선거, 영화, 연극, 콘서트, 이벤트, expo 등은 단기 흥행이 중요하기 때문에 '즉각적 구전'이 필요하다. 그러나 제품(브랜드)은 '지속적 구전'이 절대적으로 중요하다. 즉 '즉각적 구전'은 유행(fad)처럼 단기적으로 폭발해야 하나, 제품(브랜드)은 제품수명주기를 거쳐야 한다는 것이다. 필

넷전(network+구전)
인터넷에 존재하는 구전으로서 e- WOM으로 표현되기도 함.

buzz 마케팅
벌이나 기계에서 나는 소리를 뜻하는 것으로, 소비자들이 특정 제품이나 서비스에 열광해 일종의 신드롬이 탄생 되는 과정을 적용한 마케팅.

sneezers
재채기처럼 새로운 것을 발견하면 주변 사람들에게 퍼드리지 않고는 못 견디는 사람들을 통칭하는 용어.

자가 강조했듯이 모든 제품(브랜드)의 목표는 한 때 1등이 아니라, 시장에서 오랫동안 생존하는 것이기 때문이다.

Boston Consulting Group에 의하면, 2020년부터 **Millennial**세대는 전 세계 노동자 및 여행 경비의 50% 이상을 차지하게 된다고 한다. **Millennial**세대의 특징 중 하나는 소셜 미디어의 적극적 활용이다. 이 소셜 미디어들을 통한 구전의 위력은 전통적 구전과 비교되지 않을 만큼 크다. 따라서 소셜 미디어를 통한 구전 커뮤니케이션을 의미하는 **influencer marketing**이라는 신조어가 만들어졌다.

광고(advertising) 전략

1. 광고의 의의와 관여도

1-1. 광고의 개념 및 장점

광고의 개념 및 의의

Nerlove와 Arrow는 광고에 대해 '호감(goodwill)을 쌓아가는 투자'라는 표현을 한 바 있다. "만약 나에게 2만 5천$가 있다면, 2만 4천$는 광고에 쓰고, 나머지 천$는 Coca-Cola를 만들겠다." Coca-Cola를 만든 John Perberton의 이야기이다. 2019년 기준, 미국에서 광고비에 지출되는 돈은 전체 GDP의 약 2.5%에 해당된다.

광고란 '특정 후원자(sponsor)에 의한 제품, 서비스, 아이디어에 대한 비인적, 시각적, 청각적, 공개적 후원 메시지를 전달하는 것과 관련된 모든 활동'으로 정의된다.

Motel6 부활의 원동력, 광고

1981년에 81%의 객실점유율을 기록하던 Motel6는 저가 호텔 시장의 포화 상태에 기인하여 1985년에 이르러 69.5%로 객실점유율이 크게 하락됐다. 경영 압박으로 인하여 KKR 기업이 Motel6를 인수한 후, 미국 전역에 대대적으로 라디오 광고를 수행했다. 그 내용은 다음과 같다. 여행객이 집에 전화를 하며 "나 지금 Motel6 객실 내에서 전화하는 거야. 그리고 TV를 보고 있어." 지극히 평범한 내용의 광고였다.

1962년에 6$의 객실 요금으로 시장에 진출한 Motel6는 객실 내에 전화가 없었으며, TV도 동전을 투입해야만 시청할 수 있었다. 신용카드를 수용하지 않아 현금만 받았으며, 아이들에게 부가 요금을 받는 등 가족 단위 여행객들에게 불편함을 주었다. 고객들은 투숙 등록 카드도 손으로 기재해야 했으며, 변변한 중앙 예약 시스템조차 갖추지 못하고 있었다. 이 모든 것은 저가를 유지하기 위한 수단이었다.

Motel6는 시장 진출 24년 동안 한 번도 제대로 된 광고를 한 적이 없었다. KKR은 1년 간 고객 및 시장 조사를 통해 위와 같은 광고를 단행했으며, 모든 마케팅 믹스를 재조정했다. 객실 내에 전화를 도입하며 시내 전화(local call)를 무료로 했고, 시외 전화(long distant call)에도 부가 요금(surcharge)을 없앴다.

그 당시까지 AT&T 역사상 1회 판매의 최대 수량인 5만 대의 전화가 Motel6에 보급됐다. 지역에 관련없이 일률적으로 적용되던 17$ 95₵의 객실 요금을 지역에 따라 차등화시켰으며, 객실 내에 TV를 도입했고, 아이들에게 부과되었던 요금도 인하했다. KKR은 이러한 리포지셔닝 사실을 라디오를 통하여 미국 전역에 알린 것이다.

그 결과 1986년 10월에 조사됐던 Motel6에 대한 10%의 소비자 인지도가 불과 2개월 후 50%로 대폭 상승했으며, 1986년 2억 5천 6백만$의 매출액이 1989년 4억 2천 5백만$로 크게 제고됐다. KKR 인수 전까지 6년 동안 지속적으로 15%나 하락하여 66.7%까지 떨어졌던 객실점유율은 인수 후 1년만에 72.7%로 처음으로 상승했다. 결과적으로 KKR 인수 당시 1,870만$의 적자를 냈던 Motel6는 1988년 530만$의 이익을 창출하며 재탄생하게 되었다. 이것이 광고의 위력이다.

1990년대 초부터 Motel6는 신용카드 허용, 모닝 커피 무료 제공, fax와 자료 전송기, 세탁 서비스, HBO/ESPN TV, 수영장 등의 시설을 도입했고, 1990년대 중반에는 대대적 객실 개보수를 통해 다시 한 번 재탄생했다. 2019년 기준, Motel6의 광고비는 TV에 약 65%, 라디오에 약 35%의 비율로 투자되고 있다. 2019년 기준, Motel6는 Studio6라는 브랜드와 함께 2012년 10월 Blackstone Group에 인수된, 경제적, 중장기 체류 호텔들을 운영하고 있는 G6 Hospitality에 의해 운영되고 있다.

세계적 권위자인 Ogilvy&Mather*의 회장 David Ogilvy는 창의성과 여론 조사를 통한 광고 도입으로 유명하다. 그는 기업 이미지(브랜드) 광고가 현대 광고의 핵심이라고 주장했으며, 자신의 카피를 한 글자도 바꾸지 못하게 한 것으로도 유명하다. 그의 철학은 다음과 같다.

- 광고도 판매되어야 한다.
- 'Big Idea'*의 대부분은 단순하다.
- 소비자가 구입하는 것은 제품이지, 광고가 아니다(광고의 비중은 1/20에 불과하다).
- 자주 광고 대행사를 교체하는 기업과는 거래를 하지 않는다.
- 글로 쓴다는 것은 90%의 'think tank'와 10%의 'ink tank'다.
- 카피 전에 제품 연구가 필수적이다.

Ogilvy&Mather는 세계에서 가장 유명한 광고 대행사임. 일반적으로 광고 대행사에는 AE(account executive : 대표), CD(creative director), GD(graphic designer), Web designer, CW(copy writer), CM planner, PD(producing director) 등의 전문가들 외에 마케터, 리서처, 이벤트 · 판매촉진 · PR planner, 미디어 매니어 · 플래너 등의 전문가들이 소속돼있음.

David Ogilvy는 이 용어를 항상 대문자로 썼음.

광고의 장점

광고의 대표적인 장점은 다음과 같다.

첫째, 마케터가 지면과 시간에 대한 경비를 지불함으로써, 원하는 공간(space)과 시간에 원하는 메시지를 활용할 수 있다.

둘째, 수신자 당 낮은 비용으로 메시지를 활용할 수 있다. 예를 들어 2004년 Super Bowl의 광고비는 30초에 평균 225만$를* 지불했으나, Nelson Media Research의 조사에 의하면, 예상 시청자 수가 9천만 명이었으므로, 수신자 당 비용은 2.5₵밖에 되지 않았다고 한다.

셋째, 기타 제품의 이미지, 개성, 불특정 수신자에게의 노출, 광범위한 시장과 대상자에게 노출, 제품 판매에 가장 직접적 영향력 행사 등의 장점이 있다.

Super Bowl의 최초 광고비는 42,000$였으며, CNN의 경우 기업들은 Super Bowl 30초 평균 광고비로 1967년 37,500$, 1994년 90만$, 2015년 약 450만, 2019년 약 500만$를 지불했음.

1-2. 관여도(involvement)

광고에 있어서 중요한 개념 중의 하나는 관여도(involvement)다. 관여도란 '특정 상황에 있어서 자극에 의해 유발되는 지각된 개인의 중요성이나 관심의 수준'을 의미한다. 관여도에 대한 정의는 다양하다. Advertising Research Foundation은 '잠재 고객이 주변 환경에 의해 향상된 브랜드의 아이디어에 관심을 보이는 것'으로 정의하고 있으며, Forester Research는 '일정 기간 동안 한 개인이 브랜드와 갖는 관계, 상호 작용, 친밀도 및 영향력'으로, Bridge Worldwide는 '소비자가 브랜드와의 상호 작용에 관심을 보이는 순간'으로 정의하고 있다.

관여도의 범위는 〈표 15-2〉와 같다.

표 15-2 관여도의 범위

소비	맞춤식	참조
• 텍스트를 읽는다. • 음성을 듣는다. • 비디오를 보고 음성을 듣는다.	• 게임을 한다. • 애플리케이션을 사용한다. • 컨텐츠를 공유한다. • 투표한다.	• 의견을 남긴다. • 텍스트/오디오/비디오를 창조한다. • 커뮤니티에 가입한다. • 커뮤니티를 주도한다.

(낮음) ——→ (높음)

관여도의 일반적인 흐름

출처: Bob Gillbreath(2011). 마케팅, 가치에 집중하라

고관여도(high involvement)는 'learn-feel-do'의 법칙을 따르며, **저관여도(low involvement)**는 'learn-do-feel'의 법칙을 따른다(〈그림 15-5〉 참조). **저관여도**란 자신과의 관련성, 즉 주의 집중, 의사 결정 정보 탐색 등이 약한 상황, 선택 대안들 간의 차이가 적은 상황, 제품의 성숙기 단계 등에 적용된다. 문자보다는 음악, 심볼에 영향을 많이 받게 된다. 구매 품목의 약 80%가 **저관여도** 제품이며, 이러한 **저관여도** 제품에 대한 광고의 기능은 제품은 존재를 상기시키는(remind) 것이다. 반대로 **고관여도** 제품에 대한 광고의 기능은 제품 정보를 잘 전달하는 것이다.

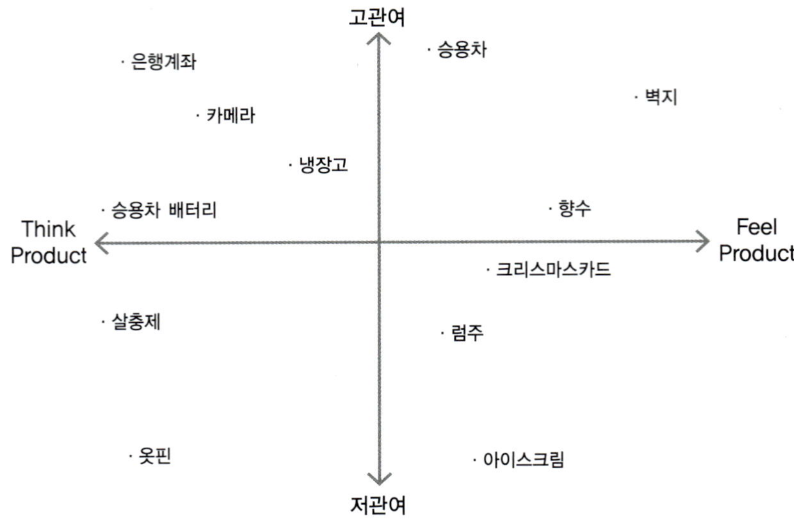

그림 15-5 제품 유형과 관여도

출처:J.Paul Peter and Jerry C.Olson(1999), Consumer Behavior and Marketing Strategy, 5th ed., Mc Graw-Hill

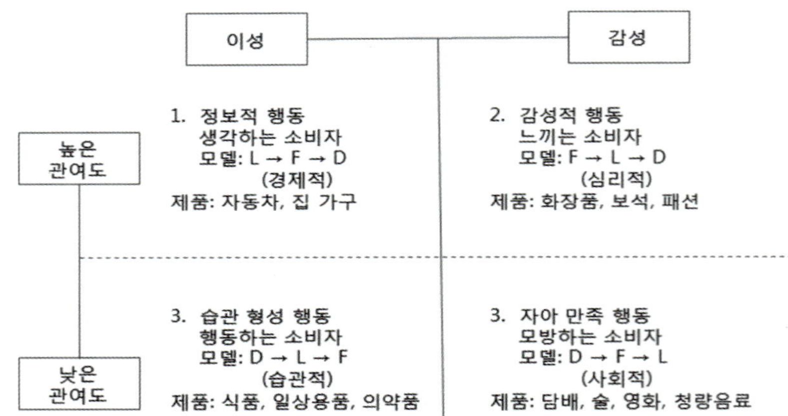

그림 15-6 그리드 모델에 의한 마케팅 커뮤니케이션 매트릭스. D:Do(구매 행동), L:Leam(인지, 습관), F:Feel(느낌, 감성)

출처: 김혜성(2005), 《실무자를 위한 광고마케팅》, p63.v

	think	feel
고 관여도	(경제적) 보험 신용카드	(심리적) 호텔 레스토랑
저 관여도	(반응적) 은행 사진 현상	(사회적) Fast food 전화

그림 15-7 서비스 브랜드에 대한 관여도 매트릭스

출처: Mortimer(2002), Intergrating advertising theories with conceptual models of services advertising, Journal of Service Marketing, 16(5)

Grid 모델(인간의 관념 속에서 소비자 행동 분석과 제품 분류의 관계성을 체계화시킨 모델)에 의한 매트릭스와 서비스 브랜드에 대한 관여도 매트릭스는 〈그림 15-6〉 및 〈그림 15-7〉과 같다.

2. 광고의 단계별 전략

광고의 목적은 크게 세 가지로 나뉜다. 첫 번째 목적은 신제품에 대한 정보를 전달해서 오랫 동안 기억에 남는 것이다. 두 번째 목적은 최초 상기도(top-of-mind awareness)를 형성시키는 것이다. 세 번째 목적은 광고에 대한 호감을 통해 브랜드에 대한 소비자의 태도를 개선하는 것이다. 광고 전략의 기본은 'from logic to magic'이다. 최종 광고는 예술, 마술일 수 있으나, 모든 것은 논리로부터 시작해야한다는 의미다.

광고의 기능은 기본적으로 **AIDMA** 모델을 따른다. 즉 ①사람의 주의를 끈다(attention), ②관심을 갖게 한다(interest), ③구매 욕구를 일으키게 한다(desire), ④제품을 기억하게 한다(memory), ⑤실제로 구매 행위를 유도한다(action)와 같이 사람들의 심리적 반응을 유도하는 기능을 그 목적으로 한다.

2-1. 광고의 기능적 목표 설정

광고 전략의 첫 단계는 그 기능에 대한 목표를 설정하는 것이다. 그 기능은 다음과 같은 세 가지 형태로 나뉘어 진다.

정보 전달(informative) 기능

정보 전달 광고가 가장 많이 수행되는 경우는 신제품 및 서비스에 대한 정보 전달이다. 신규 호텔 및 레스토랑이 시장에 진입할 때, 개보수를 통해서 새로운 제품으로 재탄생될 때, 항공사에서 신 루트를 개발했을 때 등이 여기에 해당된다. 그 외에도 가격 변화, 새로운 표적시장, 이미지 제고 등을 목표로 할 때 효과적이다. 정보 전달 기능은 직접 우편(DM : direct mail)을 통해서 수행하는 것이 가장 효과적이다.

설득적(persuasive) 기능

설득적 기능은 호텔, 레스토랑과 같이 경쟁이 심한 산업에 있어서 경쟁을 이기기 위해서, 경쟁사의 고객을 유인하기 위해서 필요한 광고의 기능이다.

설득적 기능 광고의 사례들

Renaissance에서는 Hilton 고객을 유치하기 위해 'Why Hiltons stay at Renaissance' 캠페인 광고를 수행했다. Ramada Inn에서는 1992년에 6백만$의 광고 예산을 들여 'Ramada's in Holiday's out'의 주제로 Holiday Inn 고객에게 5$의 할인 혜택을 부각

시킨 광고를 수행했다. Burger King은 테이블 텐트에 McDonald's의 햄버거를 하얗게 칠하고, 쇠고기 원료가 75%, broil로 조리된 Burger King의 햄버거를 선전하며, '우리의 신제품 햄버거를 싫어하는 유일한 기업은 McDonald's밖에 없다'라는 광고를 수행했다. Avis는 "렌트는 Avis에서 하세요. 기다리는 시간이 짧습니다!"라는 광고로 Hertz를 공격한 바 있다.

이와 같이 설득적 기능의 목표는 'market challenger'들이 'market leader'들을 대상으로 많이 사용한다. 이러한 경쟁 지향적 광고는 '**비교 광고(comparative advertising)**'라고 한다. 반면에 경쟁사와의 비교 없이 자사 제품 속성의 우수성을 강조하는 광고는 '**선제 광고(pre-emptive advertising)**'라고 한다. 시장 선도자들은 위와 같이 경쟁 기업에게 정면으로 도전하는 광고를 지양한다. 동종 산업 내 전반적 제품의 가치에 대해 소비자들이 의심을 가질 가능성이 있기 때문이다. 과거 'No, Tylenol is not found safer than Aspirin!'이라는 Bayer의 광고가 오히려 Tylenol의 주장을 정당화시켜주는 역효과를 낸 결과로 귀착된 것이 좋은 예다(〈그림 15-8〉 참조). Campbell's는 새로운 인스턴트 soup 출시 시 경쟁 기업 Progress가 인공 조미료를 사용한다고 반격하여 두 기업 모두 어려움을 겪은 바 있다.

그림 15-8 Tylenol의 광고 : Clinton의 고통

어쨌든 위의 모든 사례가 경쟁사의 고객을 유인하기 위한 설득적 기능의 광고에 해당된다.

기억 환기적(reminder) 기능

광고는 이미 고객 마음 속에 존재하고 있는 단어나 아이디어들을 다시 한 번 반복해주며 공감을 일으키게 해주는 중요한 목적을 갖고 있다. 즉 광고의 진정한 기능은 고객의 마음 속에 존재하는 기존의 인식을 강화하는 것이다.

광고의 격언인 'repeat, repeat, repeat'과 같이 기업은 자신의 제품이 고객의 기억에 오래 남아있기를 바란다. 반복 광고는 단지 기억만이 아니라, 제품에 대한 호감도도 향상시킨다. 이 현상을 '**mere exposure effect**'(**단순 노출 효과**)라고 한다. 처음에 천박한 이미지로 사람들의 비판을 받았던 France Paris의 300m가 넘는 Eiffel Tower는 Paris 시민들이 어쩔 수 없이 계속 쳐다보다가 정이 들어갔고, 결국에는 대표적 관광 명소까지 됐다. 그래서 '**mere exposure effect**'는 'Eiffel Tower effect'라고도 한다.

호텔에서 단골 고객에게 정기적으로 발송하는 GM letter, McDonald's, Coca-Cola 등 유명 기업의 정기적인 대대적 TV 광고는 장기적 판매를 지속시키기 위한 기억 환기 광고에 해당된다.

아마 모든 광고 중 기억 환기 광고의 최우수작은 Budweiser의 'Wassup?'일 것이다

(〈그림 15-9〉 참조). 두 남자가 야구 방송을 틀어놓고 Bud를 마시다가 전화 통화를 하며 'What's up?', 수화기 너머로 상대방 친구도 'What's up?' 등 끊임없이 'What's up?'이 이어지는 광고다. 이것이 왜 최우수작이냐고? 그 당시 미국 청년들 사이에 유행어가 'What's up?'이었다. 사람들은 이 인사를 할 때마다 Budweiser가 기억났을 것이다. 그 광고 이후 'What's up?'은 유행어가 아닌 일상 회화가 됐으니 최우수작임에 틀림없다.

그림 15-9 Budweiser의 'Wassup?' 광고

2-2. 광고 예산의 결정

광고 전략의 두 번째 단계는 예산을 결정하는 것이다. 예산의 규모는 시장 상황 및 제품의 특성에 따라 차등적으로 적용된다. 광고 예산이 많이 투입되는 경우는 제품수명주기상 도입기와 성장기이며, 또한 시장점유율 및 경쟁의 심화 정도에 비례한다. 특히 피자, 중저가 호텔, 항공선과 같이 제품차별화가 적은 제품에 있어서 광고 예산의 규모가 크다.

식음료산업 중 McDonald's Corporation이 모든 형태의 제품 중 하나의 제품에 대한 광고비 지출 1위로 나타났는데, 그 다음으로는 Burger King Corporation, Taco Bell, Wendy's, KFC의 순이었다. 이 5개 fast food 기업의 총 광고 예산은 미국의 모든 매체에 투입된 모든 기업 광고 예산의 약 2%에 해당된다(어마어마한 규모다). McDonald's는 2014년에도 세계 시장에서의 광고비를 5.5%나 올린 바 있다.

2-3. 메시지 전략

광고 메시지는 두 극단인 사회적 보상(social proofing : McDonald's의 '수십억 개의 햄버거가 팔렸습니다')으로부터 희소성 소구(scarcity appeal : Guess 24)에 이르기까지 무수한 형태로 창출되고 있다.

Peter Drucker는 "'이 광고는 내 광고다'라고 느끼는 광고가 최고의 광고"라고 했다. 현대 사회는 집, 거리, 직장 모두가 광고물로 가득 차있는 소위 광고 홍수(commercial clutter, ad clutter)시대다.* 다음의 기사들이 광고 홍수시대를 증명하고 있다.

* 미국의 경우 매년 천만 톤 이상의 신문 용지가 사용되며, 약 12,500개의 라디오 방송국이 있음. New York Times 일요일판의 경우 약 50만 개의 단어가 수록돼있음.

'빗발치는 광고 폭격에 도망칠 곳도 숨을 곳도 없다'(LA Times), '광고 맹공격'(Sunday Times), '무한 광고'(Washington Post), '이제 시선이 닿는 곳 어디든지 광고가 보인다'(New York Times), '여기도, 저기도 온갖 곳이 광고'(USA Today).

P&G에 의하면, 1965년에는 성인 80%에게 메시지를 전달하는데 60초 TV 광고 3개면 되었으나, 2019년 현재는 약 120개의 광고가 필요하다고 한다.

선택의 지옥

《Generation X》의 저자 Douglas Coupland는 'technical option paralize'라는 용어를 통해 인간은 너무 많은 대안이 있으면 선택을 하지 못한다는 논리를 밝혔다(〈그림 15-10〉 참조). 인공위성은 지구 구석 구석에 끊임없는 메시지를 전송하고 있다. 2019년 기준, 영국 어린이가 18세가 될 때까지 접하는 TV 광고는 14만 편이 넘으며, Sweden 국민들은 하루에 3천 개의 상업적 메시지에 접한다고 한다. 유럽 11개국에서 1년에 6백만 개가 넘는 TV 광고를 하며, TV 채널은 수 천 개에 이른다.

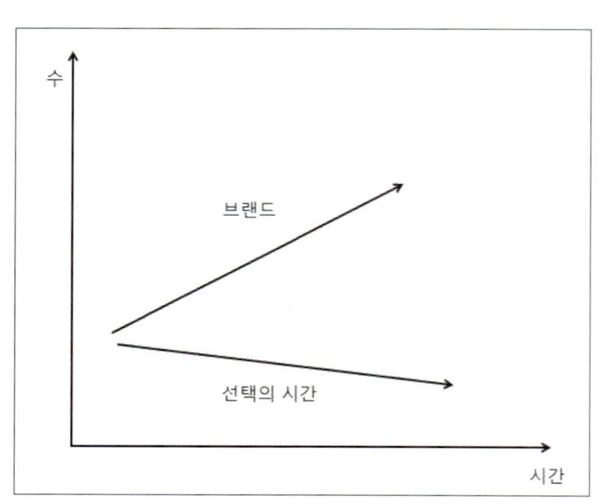

그림 15-10 선택의 어려움

현대에 이르러 사람들은 셀 수 없는 상업 메시지에 대해 무심하다. Harvard대학의 Ellen Langer는 무심함(mindless)을 '아무런 의식적인 노력 없이 자동적으로 흘러가는 심리적인 상태'라고 정의한다. 또한 '넘치는 음과 부족한 양의 조합이 빚어내는 무감각한 상태'라고도 표현하고 있다. 너무 많은 대안이 있으면 '선택의 자유'가 아니라 '**선택의 지옥**' 상황이 된다.

마케팅 사관학교 P&G의 Reflection은 소비자의 다양한 피부 특성에 맞도록 무려 5만 가지의 조합으로 제품이 제조되는 엄청나게 세심한 프로그램이었다. 그러나 6년 간의 적자 끝에 사업을 정리했다. 소비자에게 5만 가지의 조합을 선택하는 일은 그야말로 '선택의 자유'가 아니라 '**선택의 지옥**'이었던 것이다.

다음의 실험 결과를 살펴보자.

Iyengar와 Lepper는 240명을 대상으로 1$의 할인권을 주고, 6종류의 잼과 24종류의 잼을 두 장소에 나누어 진열해 놓았다. 40%가 6종류, 60%가 24종류의 장소에 관심을 가졌으나, 실제 구매 비율은 6종류의 경우 30%, 24종류의 경우는 3%로 극명한 차이를 보였다. 같은 실험을 초콜릿으로 바꾸어 한 결과, 전자는 47%, 후자는 12%로 나타났다.

New York Times에는 무려 3,000개가 넘는 상업적 메시지가 실리고 있는데 반해, USA Today는 읽는 시간이 가장 짧아 인기를 누리고 있다. TV의 세계적 이벤트 프로그램에 비싼 광고를 내어도 시청자들은 광고 시간이 되면 채널을 돌리며(zip), 유명 비디오에 광고를 삽입해도 시청자들은 빨리 돌려버려(zap), 시청자들과의 접촉이 쉽지 않다. 이러한 상황에서 평범한 광고는 그 효과가 거의 없으며, 기업들은 창의적이고 독특한 광고 메시지 창출에 대규모의 예산을 투입하고 있는 실정이다.

2011년 Carnegie Mellon대학의 교수들이 사람들은 어떠한 이메일을 많이 읽는지를 제목의 유형에 따라 실험했다. 결과는 2가지 요인이었는데, 하나는 '자신의 일과 직접적 관련이 있는 메시지'(유용성 : utility)였고, 다른 하나는 호기심(curiosity)이었다. 메일을 많이 받는 사람에게는 전자, 메일을 많이 받지 않는 사람에게는 후자가 빈도가 높았다. 또 하나의 발견은 구체성(specificity)이었다. 예를 들어 '당신의 체력을 증진시키세요'보다는 '당신의 체력을 키울 5가지 방법'이 보다 효과적이었다. "높이 나는 새는 멀리 보지만, 자세히 볼 수 없다." 메시지는 멀리 나는 새가 되어서는 안 된다. 구체적 메시지가 보다 효과가 있다는 현상을 '**unpacking effect**'라고 한다.

메시지 전술에서 더욱 중요한 것은 메시지에는 신뢰성과 더불어 혜택에 대한 약속이 담겨있어야 한다는 것이다. "광고 때문에 수많은 작은 것들이 부풀려졌다"라는 Mark Twain의 말과, "광고의 가장 첫 번째 법칙은 구체적인 약속을 피하고, 보기 좋은 애매모호함만을 조성하는 것이다"라는 Bill Crosby의 말을 상기할 필요가 있다.

메시지 및 광고 copy의 구성 요소 및 전술(〈그림 15-11〉 참조)

1) 메시지의 구성 요소 및 전술

소비자 심리학자 Eugene Schwartz는 메시지 구성에 있어서 "침팬지의 두뇌에게 글을 써라. 단순하고 직접적으로," 즉 간결하고 단순해야 한다고 주장했다. 광고 전문가 John Caples도 간결함을 강조했으며, David Ogilvy도 광고의 첫 문장은 최대 11단어로 제한하라고 주장했다.

그러나 광고 메시지에 있어서 가장 중요한 요소는 창의적(creative) 메시지다. 여기에는 메시지의 영향력, 영속성, 즉각성(노출 시 적시성), 카피의 복잡성 등의 개념이 포함된다. 제일기획에서는 크리에이티브의 요건을 ①자연스런 호기심, ②상상의 요약과 표현력, ③친근하고 재치있는 언어 능력, ④시각적 표현과 언어적 표현의 조화 능력, ⑤창조적 논리 발상 등으로 제시했다. 세계적 광고제 수상작들의 공통점은 R.O.I.I.다. R.O.I.I.란 relevance(브랜드와의 연계성), originality(표현의 독창성), impact(충격적 요소), irreverence(불손함)를 의미하는데, 창의적 메시지 창출 못지않게 성공적 메시지 창출의 근간이 되는 요소들이다.

메시지에 등장하는 주제는 매우 다양하다. 그 중 유머(humor), sex, 연줄·연고(cronyism), surprise, 복잡성(complexity), price/value, slice of life, life style, self-improvement, mood, 증명·추천(testimonial) 등이 가장 많이 사용되고 있는 주제들이다.

중요한 광고 용어 중 하나는 '컨셉'이다. 광고에서 말하는 '컨셉'의 의미는 '제품의 특장점과 소비자의 혜택이 부합하는 개념'이다. 제일기획에서는 〈표 15-3〉과 같이 'creative brief' 항목을 제시한 바 있다.

그림 15-11 광고 메시지의 예 – British Airways

- 헤드라인: 'To……empty'(독자의 관심을 끌고 빨리 이해시켜야 함: 이 경우는 1등급 서비스를 의미).
- 사진, 일러스트레이션: 하늘, 구름, 컵(독자의 관심을 지속시키고, 헤드라인을 시각적으로 보완함).
- 카피: 밑의 글씨(판매와 연결시키는 마지막 도구)
- 싸인: 가장 밑 부분의 British Airways.

표 15-3 Concept brief

표현 목표	이 광고를 통해 무엇을 남길 것인가?
목표 고객	이 제품을 누구에게 소구할 것인가?
표현 컨셉	이 제품의 무엇을 호소할 것인가?
카피 포인트	이 제품이 갖고 있는 어떤 소비자 혜택을 확인시킬 것인가?
컨셉 워드	소비자 혜택을 강조할 말은 무엇인가?
tone&mood	어떤 태도와 분위기로 표현할 것인가?
가이드라인	표현의 규제와 광고주의 요구 사항은 무엇인가?

메시지 전술의 근간은 '내가 무엇을 말하려는가보다는 사람들이 어떻게 받아들이는가'에 있다. 같은 의미의 메시지도 그 표현 방법에 따라 '아 다르고 어 다를 수 있다.' 심리학에서는 이것을 '**framing effect**'(구조 효과)라고 한다. 소비자에게 혜택을 약속해야 하고, 어떻게보다는 무엇을 말하는가가 중요하다. 재미, 흥미 등이 제품에 대한 인지를 보장해주지는 않는다. 성공적 광고는 효과가 없을 때까지 반복하며(repeat, repeat, repeat), 단순, 평범, 공통적 사항을 평범하지 않게 전달하는 것이 효과적이다.*

여기에는 '중요한 일은 늘 간단하며, 간단한 일이 늘 어렵다'는 Murphy's law "실패할 가능성이 있는 것은 실패한다"가 적용됨.

2) 광고 copy의 구성 요소 및 전술

– 헤드라인

모든 메시지에 있어서 첫 문장을 '**lead**'라고 부른다. 이 첫 문장에 기사의 모든 핵심이 포함돼야 한다. 따라서 메시지의 구조는 역피라미드 형이다. '시작이 반이다'라는 우리 속담이 있듯이, 헤드라인은 전체 메시지의 성패를 좌지우지하는 역할을 하고 있다. 헤드라인에는 상호와 표적시장이 들어가는 것이 바람직하며, 짧은 문구보다 긴 문구가 판매 증진에 더 도움이 된다. 유명인들의 추천 글(testimonial)은 신뢰 제고에 큰 도움이 된다. John Caples는 헤드라인의 핵심 요소로서 자기 관심, 뉴스, 호기심, 빠르고 쉬운 길 등을 제시한다.

종종 헤드라인의 아래, 옆, 위 등의 위치에 'sub headline'을 이용하기도 한다. 'Sub headline'은 헤드라인보다 작은 글씨로 헤드라인과 본문 사이의 가교 역할을 한다.

– 사진/그림

광고 copy의 또 하나 중요 구성 요소는 사진 혹은 그림(illustration)이다. 사진이 그림보다 신뢰성 증진에 도움이 되며, 흑백보다 칼러가 2배 이상의 기억력을 형성한다고 한다. 미국의 심리학자 F.W. Colegrove에 의하면, 인간 최초의 기억도 시각적 이미지라고 한다.

사진이나 그림 밑의 작은 글씨는 'caption'이라고 한다. 식품 광고에 있어서는 사진보다는 그림이, 여러 장보다 한 장이 효과적이다. 사람이 등장하지 않는 것이 바람직하며, 요리법이 있을 경우에는 box로 묶어주는 것이 효과적이다.

Gallup 연구소에서 미국 16개 도시의 20가지 신문을 읽는 독자 29,000명에게 그림과 사진을 대상으로 어떠한 주제를 선호하는가를 조사한 결과, ①아이와 아기, ②엄마와 아기, ③성인 무리, ④동물, ⑤스포츠 장면, ⑥유명인, ⑦음식의 순으로 나타났다고 한다.

– Layout

헤드라인, 사진, body copy(text라고도 함), 싸인 등의 구성 배치를 광고 용어로 'layout'이라고 하며, TV 광고의 경우 'storyboard' 혹은 '**콘티(continuity)**'라고 한다. 신문 광고의 경우 1면, 우측보다는 좌측, 하단보다는 상단, 잡지 광고의 경우에는 가능한 한 앞 페이지, 방송 광고의 경우에는 전 후에 광고가 없는 단독 광고가 보다 많은 주의를 유발시킬 수 있다.

'Layout'은 광고에만 적용되는 것이 아니다. 2010년 Campbell's는 Cream of Potato 제품에 대해 소비자의 시선 추적 분석 결과를 이용하여 소비자들이 맨 위에 있는 자사 로고에 너무 많은 시선을 주는 것을 알아내고, 로고를 바닥으로 변경한 사실과 같이 패키지 전략에도 적용된다.

David Ogilvy는 'layout' 시 2/3, 1/3 법칙을 내세운 바 있다. 광고의 윗 부분에는 2/3 크기의 사진을, 나머지 1/3에는 헤드라인과 카피를, 하단 오른쪽 구석에는 로고나 싸인을 배치하라는 것이다. Ogilvy에 의하면, 헤드라인의 첫 글자는 'drop cap', 즉 시작 문단의 첫 글자를 다음 줄까지 표시되도록 크게 만들면 주목률이 평균 13% 오른다고 한다.

광고(메시지)의 유형

1) 정보 전달(information) 광고

정보 전달 메시지는 명확한 사실(straight fact)을 직접적으로 전달하는 기능을 갖고 있다. 전화번호부에 있는 yellow page가 대표적 예며, 호텔과 레스토랑의 위치, 연락처, 제품 가격 등에 대한 메시지가 여기에 해당된다(〈그림 15-12〉 참조).

Florida Citrus Commission은 '오렌지 주스는 이제 아침에만 마시는 음료가 아닙니다'라는 광고를 통하여 오렌지 주스를 점심이나 간식, 그밖의 음식물과 함께 마시도록 유도해 가장 많이 팔리는 과즙 음료로 만든 적이 있다. 국내 Hite의 100% 보리 맥주 Max는 '맥주는 술이 아니라 음식입니다'라는 주제로 '맥주 식문화' 캠페인을 벌여 성공을 거두었다.

MILANO
PIZZA
80 ECORSE ROAD
YPSILANTI
483-5111
DELIVERY

그림 15-12 정보 전달 메시지와 합리적 설명 메시지의 차이. 정보 전달 메시지의 간결하고 명확한 사실 전달(위) 메시지와 논리적, 합리적 설명(아래) 메시지의 차이.

정보 전달 메시지는 모든 형태의 광고 메시지 중 가장 정확한 메시지이지만, '질문이나 문제의 제시 방법에 따라 사람들의 판단이나 선택이 달라지는 현상'을 의미하는 '**framing effect**'를 잘 활용할 필요가 있다. 예를 들어 '지방 10% 함유'보다는 '90% 무지방'이, '실패율 1%'보다는 '성공률 99%' 등의 메시지 전달 방법이 보다 효과적이다. 한 세탁소에서 '옷 한 벌 세탁에 1$—무료로 방충 처리'라는 메시지를 '방충 처리에 1$—무료로 옷 한 벌 세탁'으로 바꾸었더니 매출이 20% 증가했다고 한다(세탁소에서 가장 중요한 혜택은 세탁임).

2) 합리적 설명(argument or reason-why) 광고

제품이나 제품이 주는 혜택을 논리적으로 설명하고자 할 때 합리적 설명 메시지를 사용한다. 단순한 정보 전달 메시지와 비교할 때 내용이 길고, 부연 설명이 많다(〈그림 15-12〉 참조). 과거 기업은행은 '기업은행에 예금하면 기업이 살고, 기업이 살면, 일자리가 늘어납니다'라는 매우 합리적인 광고를 한 바 있다.

Xylitol의 합리적 설명 광고

무설탕 껌 Denti-Q는 광고 시 제품의 장점에 대한 설명이 부족하여 큰 효과를 보지 못했다. 반면 Xylitol의 경우 단지 무설탕적 차원이 아닌 균을 없애주는 치아 보호의 개념을 치과 의사의 추천을 통해서 광고했고, 신선한 원료 이미지를 전달하기 위하여 원료의 산지인 Finland 광고까지 했다(〈그림 15-13〉 참조).

Xylitol은 '잠자기 전에 씹는 껌', '씹는 치약', '이왕이면 기능성 껌으로' 등의 개념 전달과 함께 최초로 플라스틱 원통형 포장 용기와 종이갑을 이용한 tablet 방식으로 일반 의약품과 같은 느낌이 들도록 포장했다. 또한 쿨허브, 애플민트, 아이스민트, 핑크민트, 허브그린 그린베리, 녹차, 오렌지, 망고스틴, 밀키베리, 키위 · 배, 딸기 맛 등 다양한 맛 개발을 비롯하여 노인층 · 어린이용, 졸음 방지용 껌 등 다양한 기능 개발까지 하며 껌이라는 **저관여도** 제품을 **고관여도** 제품 시장으로 변화시켰다. Xylitol의 이 성공적 광고는 당시 국내에서 몇 백 원하던 껌의 가격을 몇 천 원 단위로, 껌 시장의 매출액을 500억 원대에서 3,000억 원대로 끌어올렸다.

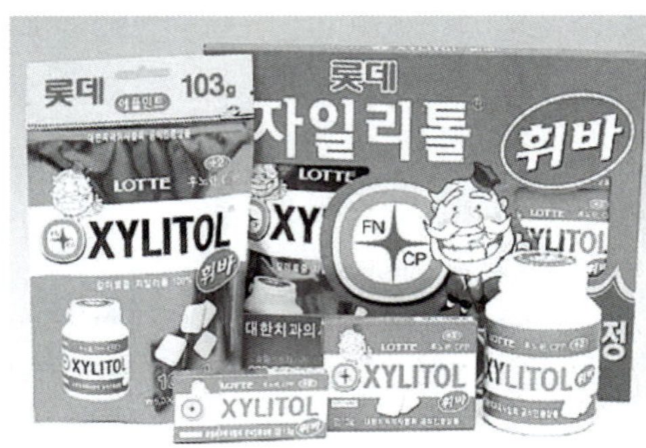

그림 15-13 Xylitol의 광고

Gatorade는 1987년 국내 시장에 진출하며 시장점유율 7%로 고전하다, '흡수가 빨라야 한다'라는 광고 후 시장점유율을 33%까지 제고시켰다. 3천$ 이상의 고가 침대업체 Duxiana의 '값 비싼 승용차보다 인생의 40%에 달하는 침대에서 보내는 시간이 훨씬 많습니다', 고가 시계업체 Pole Luxe의 '이 시계는 최고의 작업장에서 만들었고, 1만$ 이상의 가치가 있습니다. 이 시계를 구입하시면 여러 세대에 걸쳐 자손에게 물려주실 수 있습니다.' 과거 SBS가 KBS와 MBC를 피한 8시 뉴스를 '1시간 빠른 뉴스'로 소개한 광고 등도 합리적 설명 메시지의 좋은 예들이다.

마지막으로 《위대한 광고 100선(The 100 Greatest Advertisements)》에 언급됐던 세계 최대 광고 기업 BBDO의 공동 설립자 Bruce Barton의 US Steel에 대한 광고 문구를 소개한다. 'Andrew Carnegie는 목재로 지어진 집들이 늘어서있는 이 나라를 강철의 나라로 만들었다.'

3) 심리적 소구에 의한 동기부여(motivation with psychological appeals) 광고

이미지, 무드, 즐거운 느낌 등을 통하여 소구하고자 할 때 사용되는 메시지다. 또한 가장 많이 접할 수 있는 메시지 형태다(〈그림 15-14〉 참조). Gillette이 2001년 남성용은 Mach3, 여성용은 Venus로 면도기로 세분화시켰을 때, Mach3에 대한 광고는 '각이 다른 각도로 깎아내는 혁신적 3중 면도날'이라는 합리적 설명 메시지였던 반면, Venus에 대한 광고는 '여자만이 느끼는 열정'이라는 심리적 소구 메시지를 사용했다.

소비자들에게 합리적 이성이 크게 소구하지 못할 때 이러한 광고가 유용하다. 즉 소비자의 감성, 체험, 재미 등에 소구하며 기발한 전술과 발상을 도구로 하는 광고가 이 유형에 속한다. 이와 같은 것을 **mischief marketing**이라고 한다.

유명 시나리오 작가 Robert Makee에 의하면, 사람을 설득하는 방법에는 두 가지가 있다고 한다. 첫v째는 사실과 수치를 담은 아이디어를 내어 사람들을 지적 논쟁에 참여시키는 것(logos : logic and reasoning)이고, 둘째는 아이디어를 중심으로 도저히 주목하지 않을 수 없는 스토리를 구성해 사람들의 감성을 사로잡는 것(pathos : emotional appeal)이다.

그림 15-14 심리적 소구에 의한 동기부여 메시지. 카지노 호텔에서 일확 천금을 기대하는 고객의 심리적 소구를 동기부여하고 있는 메시지와(위) 독특한 서비스를 상징하는 레스토랑의 메시지(아래).

고 Steve Jobs의 광고 전술

Apple의 고 Steve Jobs는 신제품 출시 시 항상 두 번째 방법을 광고 메시지로 활용했다. 1984년 Macintosh 출시 시 'IBM의 독점 체제에서 벗어나 선택의 자유를 향유할 수 있는 유일한 희망은 Apple뿐'이라는 유명한 광고로부터 2001년의 iPod('주머니 속에서 생활 필수품인 음악 도서관 휴대'), 2007년의 iPhone('혁신적이고, 똑똑하며, 사용이 간편한 휴대용 오디오, 휴대폰, 인터넷의 결합 제품')에 이르기까지 사람들의 심리를 'story telling' 기법

으로 자극해왔다.

참고로 Steve Jobs의 프레젠테이션에는 다음과 같은 5가지 원칙이 있었다. ①친화적이면서 동시에 짧지만 모든 것을 보여주는 한 마디, ②이분법에 의한 메시지(영웅과 악당의 비유), ③세 개 이내의 메시지 전달, ④시각적 단순함, ⑤살아있는 표현 등이 그것이다.

Douglas Holt에 의하면, 'story telling'에는 캐릭터, 플롯, 은유 등 세 가지의 중요 요소가 있다고 한다.

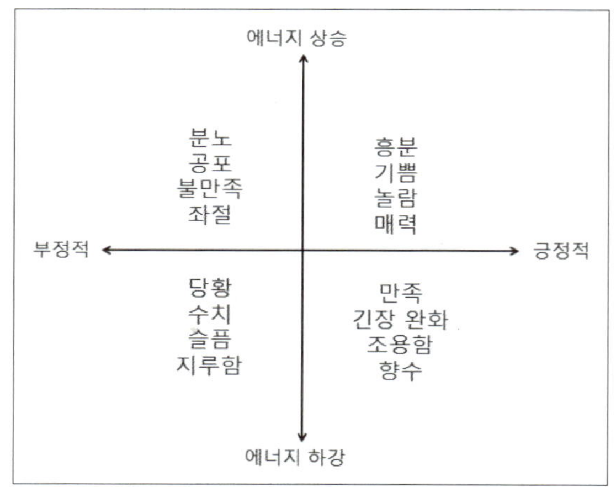

그림 15-15 감성과 광고 소구의 관계

출처: Russell Weiss and Mendelsohn(1989), Affect Grid: a single-item scale of pleasure and arousal, Journal of Personality Social Psychology, 57(3)

감성과 광고 소구의 관계는 〈그림 15-15〉와 같다.

Ogilvy의 성공적 광고 중 하나인 Rolls-Royce의 '시속 60마일에서 당신이 들을 수 있는 가장 큰 소음은 전자 시계 소리', '만약 고객이 향기를 맡지 못한다면 제품을 판매할 수 없음'(Estee Lauder), '만약 Chrysler보다 더 나은 차가 있다고 생각하면 그 차를 사십시오'(Lee Iacocca)*, 'Good to the last drop'(Maxwell House), Baskin Robbins의 '31, 골라먹는 재미', '당신이 키스 경험이 있다면 이미 이 맛을 알 것이다'(Hennessy Cognac), 'Kleenex로도 닦을 수 없는 그리움이 있다'(Kleenex), '남자는 떠나고 여자는 또 아름다워진다'(Shiseido) 등 심리적 소구에 대한 광고는 무수하다.

심리적 소구 광고: 초코파이의 '정', 박카스의 '공감대'

오리온제과는 1974년 초코파이*라는 제품을 선보이며, 이를 '정'*이라는 주제의 광고 캠페인으로 연결시켜 지금까지 성공적 제품으로 생존시키고 있다. '이사 가는 날', '군대 가는 날', '할머니 댁에 방문하는 날' 등의 광고 주제는 사람들의 심리에 깊은 인상을 남겼다. 2003년도에 판매수익 1조 원을 돌파했고, 2019년 기준, 중국, Russia, Vietnam 등 세계 70여 개 국에 수출하고 있다.

동아제약 박카스도 1993년 '정비공'편을 시작으로 '버스 종점', '교통 경찰', '환경 미화원' 등 우리 사회 뒤 편에서 묵묵히 땀흘리는 사람들을 통해 '공감대'를 키워가는 광고를 지속적으로 수행한 바 있다. 초코파이 광고와 함께 박카스 광고는 심리적 소구를 이용한 대표적 사례다.

광고 속에서 Iacocca는 황량한 벌판에 강풍을 맞으며 코트 깃을 올리고, 나를 믿고 차를 한 번 사보라는 소구를 함.

당시에 자장면이 150원 정도였는데 초코파이는 50원이었으므로 비싼 제품이었음. 판매수익이 1989년 313억, 1990년 419억, 1991년 455억 등 지속적으로 성장해 옴.

'사단칠정론'에 의한 인간의 정은 희, 노, 애, 구, 애, 오, 욕 등의 사람이 배우지 않아도 자연적으로 품게 되는 감정을 말함.

Guinness는 점차 노령화로 진행되는 사회 조류에 편승하여, '순수한 지성인이 마시는 맥주'의 광고 주제를 '성숙한 성인이 마시는 술'로 바꾸었다(〈그림 15-16〉 참조). 단일 브랜드로 미국 최고의 판매량을 기록하고 있는 Bacardi의 어둠, break dance를 배경으로 한(위험, 스릴) 'Bacardi Night'도 대표적 심리적 소구에 의한 동기부여 메시지에 해당된다(〈그림 15-17〉 참조).

그림 15-16 Guinness 광고

그림 15-17 Bacardi Night 광고

사용자 경험을 맥락으로 컨텐츠를 제공하는 **native ads**도 이 유형에 속한다. Taco Bell의 **Millennium**세대 대상 'Live Mars' 광고는 느긋하고, 겸손하며, 아마추어 같은 사진들로 고객이 Taco Bell에 대해 친숙함을 느낄 수 있도록 하고 있다.

심리적 소구에 의한 동기부여 메시지에는 유명인, 의견 선도자, 강력한 인물들도 종종 등장한다. 대표적 예는 〈그림 15-18〉과 같다.

그림 15-18 제 1차 세계대전 때 미국의 지원병을 모집하기 위해 발행된 포스터. 근엄한 표정의 Uncle Sam이 "나는 당신이 미국 군대에 입대하기를 바랍니다"라고 말하고 있다. 이 한 장의 포스터 덕분에 지원병이 급격히 늘어났다(1917년).

출처: Edward Bernays(2013), 《PROPAGANDA》, p170.

4) 유머와 공포 광고

– 유머 광고

심리적 소구의 주제로서 유머와 공포가 많이 사용된다. 국내 광고 시장을 살펴보면, 히트한 광고의 절반 이상이 유머 및 감성에 호소한 것이며, KT에선 선보인 Qook, Olleh 등을 필두로 유머를 적절히 활용한 시리즈 광고가 늘어나고 있는 실정이다. 유머 소구(humor appeals)는 제품과 직접적 관련이 되어야 하며, 제품 사용자보다 제품 그 자체와 관련이 되어야 효과적일 가능성이 높다. Heinz의 '서방 세계에서 가장 느린 케첩'이 그 예다.

유머 소구는 〈표 15-4〉와 같이 분류된다.

표 15-4 유머 소구의 유형

유형	내용
black comedy	인간에 대한 불신, 절망을 바탕으로 잔혹하고, 기괴한 풍자를 내용으로 하는 유머로 불길하고 우울함
tragedy comedy	비극적이면서도 희극적인 것으로, 비극이 극에 달했을 때 웃음을 유발해내는 유머
slapstick comedy	연기나 동작과 같은 액션이 과장되고, 소란스러운 희극. 1910년대 미국 영화 초기에 이루어진 것으로, Charles Chaplin이 대표적인 배우임
human comedy	유쾌한 웃음을 줌과 동시에 따뜻한 감동을 선사하는 유머
sexy comedy	섹시한 이미지 등을 통해 성적 소구를 하는 유머 형태
exaggeration	엽기적이거나 과장된 방식으로 유머를 전달하는 형태
pun comedy	동음이의어나 각운 등을 이용하여 재밌게 꾸며내는 언어유희식 유머

출처: 김혜성(2011), 《광고의 이해》, pp.160–161

– 공포 광고

반면 공포 소구(fear appeals)는 특정 제품의 사용이나 비사용으로 인한 위협을 알리고자 하는 데에 그 목적이 있다. 일반적으로 공포 소구는 지나치게 위협적인 경우보다는 중간 정도의 공포심을 유발시킬 때에 효과적일 가능성이 높다. 예를 들어 말기 폐암 환자의 모습을 보여주는 금연 캠페인의 경우, 흡연자들은 메시지를 무시하거나, **방어 기제(perceptual defence)**를 작동시켜 그 메시지를 받아들이지 않게 된다. 또한 공포에 대한 해결책을 제시하여 주면 더욱 효과적이다. AIDS 예방 캠페인에 있어서 Tanner 등은 해결책을 제시함으로써 큰 성공을 거둔 바 있다.

공포 소구의 가장 큰 무기는 '가장 강렬한 인상'을 준다는 것이다. 1984년 Benetton은 'All the colours in the World'라는 첫 광고와 함께, 'the United Colors of Benetton'이라는 슬로건을 내세웠다(〈그림 15-19〉 참조). 그 후 Benetton은 흑인과 백인이 수갑을 찬 모습, 폭탄 테러를 당한 자동차, 죽음을 앞둔 AIDS 환자, 감옥의 전기 충격 의자 등 공포 소구를 계속 광고 주제로 사용했다. 그 효과가 어떠했는지는 아무도 알 수 없었지만, 그 당시 가장 인상적인 광고였음은 부인할 수 없다. BMW의 2001 동영상 광고도 납치, FBI 습격, 죽음 직전 장면 등의 공포 광고였다. 이 광고는 구전에 의해 4개월만에 조회 수가 1,100만 건을 기록했고, 매출액이 약 12%나 증가한 성공적 광고로 기록됐다.

그림 15-19 the United Colors of Benetton 광고

Pratkanis와 Aronson에 의하면, 다음의 경우에 공포 소구가 가장 효과적이라고 한다.

① 사람들이 무서워서 죽을 지경으로 만들 때(이 사항은 학자마다 견해가 다름),
② 공포 소구가 공포가 야기시킨 위협을 극복하기 위한 구체적 권고를 제시할 때,
③ 권장되는 행동이 위협을 줄이기에 효과적으로 인식될 때,
④ 메시지를 받은 사람이 자신이 권장되는 행동을 실행할 가능성이 있다고 믿을 때

5) 반복적 주장(repeat-assertion) 광고

– 반복적 주장 광고의 성공 사례

일반적으로 제품에 대해서 자세한 설명이 필요없는 유명 제품 혹은 브랜드의 경우, 강력한 인상을 주기 위해 하나의 주제(일반적으로 문장)를 반복적으로 전달하는 메시지 형태다. Coca-Cola의 'The real thing', 'Coke is it!' 등이 대표적 예다(〈그림 15-20〉 참조). Singapore Airlines는 'Singapore Girl'이라는 같은 주제의 광고를 무려 30년 가까이 해온 것으로 유명하다(〈그림 15-21〉 참조). 이것은 광고 사상 가장 성공적 캠페인의 하나로 인정받고 있는데, 특히 아시아 특유의 부드럽고 정중한 서비스를 제공하는 국제 항공사 이미지 정착에 큰 공헌을 했다. 반복적 주장 광고의 또 하나 대표 사례는 DeBeers의 'A diamond is forever'다(〈그림 15-22〉 참조). DeBeers는 이 한 문장만으로

그림 15-20 반복적 주장 메시지. Coca-Cola에서 과거 지속적으로 선전했던 '콜라는 바로 이것이다'의 반복적 메시지.

그림 15-21 Singapore Airlines의 'Singapore Girl' 광고

그림 15-22 DeBeers의 'A diamond is forever' 광고
출처: www.debeers.com

TV와 지면 광고를 수십 년 간 수행해왔다.

국내에서 1998년 후발 주자로서 국제 전화 시장에 합류했던 00700(SK Telink)은 KT 001과 LG데이콤 002가 있는 상황에서 최고 58% 저렴하다는 광고를 계속 강조하여 2005, 2006, 2009년 한국생산성본부에서 조사한 국가 브랜드 경쟁력 지수(NBCI) 국제 전화 부문 1위를 차지했다. 두산의 처음처럼은 '흔들수록 부드럽다'라는 반복적 메시지로, 롯데칠성은 TV 광고에서 '물은 아니다. 나를 채워주는 것. 2% 부족할 때', '여자의 갈증은 물로는 채울 수 없다. 2% 부족할 때' 등 2% 부족할 때의 반복적 메시지로 큰 효과를 거두었다.

국가 브랜드 경쟁력 지수(NBCI)
기업이 제품 및 만족도를 평가하는 지수로서, 고객의 기대 수준, 인지 품질 수준, 인지 가치 수준, 종합 만족 수준, 고객 불만 수준, 고객 충성도, 고객 유지율로 평가 항목이 구성돼있음.

– 시리즈 광고

반복적 광고의 또 다른 형태는 시리즈(series) 광고다. 시리즈 광고란 '모든 광고와 그것에 관련되는 활동들을 이미 정해진 하나, 또는 그 이상의 목표 달성을 위해 소정 기간에 걸쳐 상호 관련되는 것과 조합시키는 것'으로 정의될 수 있는데, 시리즈 광고는 연계성을 갖는 여러 개의 광고가 서로 통합된 광고 기술을 의미한다. 그 장점은 상이한 지역 시장이나 소비자의 유형이 각기 다른 소구 대상에 효과적으로 대처할 수 있고, 시너지 효과(synergy effect)를 발휘하여 개별 광고 활동을 전개할 때보다 시장에서 더 큰 영향력을 미치게 된다는 데에 있다.

시리즈 광고는 표현 양식의 차이에 따라서 다음과 같이 분류될 수 있다.

시리즈 광고의 5가지 유형

① 같은 주제로 다른 시각 효과를 사용하는 형식: 가장 많이 나타나는 광고 형태의 하나로서, 주제 또는 하나의 카피를 사용해 비슷한 소재나 상황을 보여주는 경우다. 장기간 계몽하는 목적의 캠페인이나 이벤트를 주제로 많이 사용하며, Coca-Cola, McDonald's 등 유명 브랜드 제품의 광고에 많이 나타난다. 칠성사이다가 사이다 부문의 국내 시장점유율 약 80%를 차지하며 부동의 1위를 차지하고 있는 이유는 유통망 때문이기도 하지만, 백두산, 독도, 강강 등 여러 시리즈

광고와 캠페인을 통해 '맑고 깨끗하다'는 이미지를 계속 이어왔기 때문이다.

② 비슷한 시각 효과에 다른 의미를 부여하는 형식 : 유사한 상황을 계속 끌고 나갈 수 있는 광고라는 장점을 가진다.

③ 캐릭터를 사용한 형식

④ 시간과 공간의 변화를 보여주는 형식 : 시간과 공간의 변화를 보여주는 광고는 대체로 여러 국가의 모습이나 풍경을 소재로 삼는 경우가 많다. 여행사나 항공사의 광고는 공간을 이동하며 사용하면 더 효과적이다. 호텔의 경우도 각 나라에 있는 지점을 소개할 때 많이 사용한다.

⑤ 호기심 기법을 사용하는 형식 : **티저(teaser) 광고**라고도 하며, 상호나 광고주명을 처음부터 제시하지 않고 점점 명확하게 알려줌으로써, 소비자의 호기심을 자극하는 광고 형식이다. 제품이나 서비스의 실체를 밝히지 않음으로써 호기심을 자극하고, 소비자가 자신과 주변 사람에게 질문하도록 유도하는 기법을 **티저 마케팅**이라고 한다.

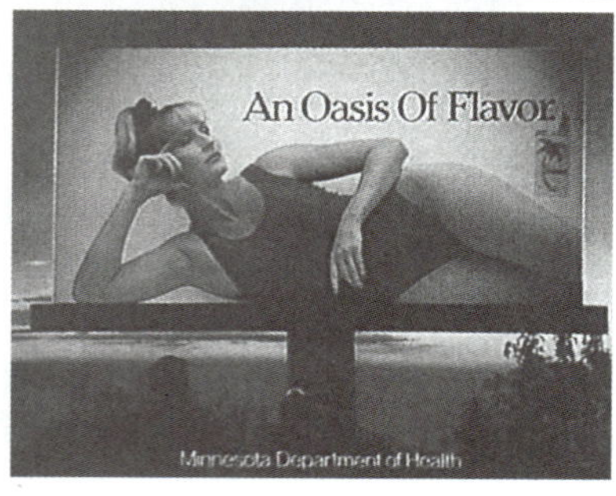

그림 15-23 명령형 메시지. 미국 Minnesota의 Department of Public Health에서는 여성이 담배 회사 간부의 머리에 담배 불을 끄는 TV 광고(옥외 광고를 이용한)를 통해 여성의 금연을 권하고 있음.

시리즈 광고는 Transtheoretical 모델에 의한 5단계 설득 과정에 맞추어 수행할 때가 가장 효과적이다. 5단계란 ①숙고 전(precontemplation), ②숙고(contemplation), ③준비(preparation), ④행동(action), ⑤유지(maintenence) 단계를 말한다.

6) 명령형(command) 광고

명령형 문구의 메시지로서 공익 광고가 대표적 예며, 특히 스포츠 관련 기업들이 많이 사용하고 있는 형태다(〈그림 15-23〉 참조). 마약을 위한 미국인의 모임 단체인 PDFA의 달걀이 fry pan에 튀겨지는 모습을 보여주며, '이것이 마약에 젖은 당신 두뇌의 모습'이라고 했던 공익 광고는 USA Today가 선정한 (당시) 25년 간 가장 기억에 남는 광고 부문 11위에 오른 적이 있다. PDFA는 이 공익 광고를 지속적으로 수행, PDFA의 사이트 drugfree.org에 매월 새 방문자 100만 명이라는 획기적 성과를 올렸다. PDFA는 그 이후에도 decoder.drugfree.org(십대 문화, 마약 남용, 올바른 부모 되기의 암호를 푸는 것), Meth360 프로그램(각성제 Meth-methamphetamine 중독 예방 및 치료를 위한 공동체) 교육 등 성공적인 공익 광고의 모범이 되고 있다.

미국에서 1942년에 설립된 Ad Council은 제 2차 세계대전 당시 '입을 함부로 놀리면 배를 침몰시킨다(loose lips sink ships)' 광고로부터 '음주 운전을 못하게 하는 친구가 진짜 친구다'에 이르기까지 수많은 공익 광고를 성공시켰다. 공익 광고는 ①보편성, ②중립성, ③객관성, ④비영리성, ⑤계몽성, ⑥사회적 휴머니즘을 원칙으로 한다. 또한 공익 광고에서 가장 많이 다루는 주제는 건전한 가치관, 건강과 보건, 환경과 문화, 재난재해와

그림 15-24 심볼 연관 메시지. Marlboro 담배 광고에서는 카우보이와 말이 항상 등장함.

그림 15-25 The Peabody 호텔의 심볼 연관 메시지. The Peabody는 호텔 내 장식부터 모든 PR · 광고물에 오리를 심볼로 사용하고 있음. 연회 등 대형 행사에도 사람 대신 오리가 등장하는 등 심볼 연관 메시지를 광고 전략에 지속적으로 사용함.

안전, 공적 정보와 제도, 절약과 소비 문화, 국가관과 선거 등이다.

7) 심볼 연관(symbolic-association) 광고*

반복적 주장과 관련된 메시지로서, 반복적 주장 메시지에서의 문장 대신 심볼, 음악, 인물, 상황 등을 지속적으로 사용하여(특히 심볼과 음악), 제품에 대한 인지도 및 이미지 제고를 그 목표로 한다(〈그림 15-24, 15-25〉 참조). Qantas의 코알라, Marlboro의 카우보이와 말이 대표적 예다. Coca-Cola는 1920년 크리스마스의 상징 산타 할아버지를 100년이 지난 지금까지도 광고에 지속적으로 등장시키며, 아이들에게 감사의 마음을 표현하는 데에 사용하고 있다(〈그림 15-26〉 참조).

그림 15-26 Coca-Cola의 산타클로스 광고

– 광고 음악

음악을 이용하는 TV 광고의 비율은 미국의 경우 90%에 이르는 것으로 추정되고 있다. 일반적으로 광고 음악의 작곡료는 1만$ 이상이며, Nike는 The Beatles의 곡 'Revolution' 이용 시 50만$를 지불했다. American Idol과 연계했던 'jingles for Pringles' 캠페인은 소비자가 창작한 수백 건의 노래와 비디오를 선보인 적이 있다. LGad의 조사에 따르면, 국내의 경우 식품, 음료의 광고에서는 전체의 50% 이상이 로고송을 사용하고 있다고 한다.

광고 음악의 유형

광고 음악은 크게 배경 음악(BGM : background music)과 **징글(jingle)**로 분류된다. **징글**은 광고의 언어적 메시지를 노래 가사로 구현하는 형태로서, 국내에서는 보통 CM송(commercial message song)으로 많이 알려져 있고, 때로는 'full song'이라고도 불리운다. 국내의 경우 진로가 가장 처음 사용했으며, '12시에 만나요 브라보콘…' 농심 새우깡의 '손이 가요, 손이 가…'가 가장 성공했던 사례들이다. 최근 **jingle**은 소비자가 참여하는 UCC에도 많이 반영되고 있다. SKT가 장동건의 목소리로 표현한 '생각대로 T송', 대상 청정원의 '엄마는! 맛 선생~' 등이 그 예다.

그 밖에 'logo song'(상호, 기업명을 몇 초 길이의 짧은 노래로 만든 것으로, 광고의 끝 부분에 붙여 사용함), 'logo sound'(상호나 기업명의 인지도를 높이기 위해 짧게 음악적 리듬만으로 구성함), 'logo design'(일종의 배경 음악으로 'sound effect'의 역할을 하는 음악적 요소) 등이 이와 관련된 용어들이다.

8) 모방(imitation) 광고

광고 전문가들이 가장 많이 참고하고 있는 분야는 미술이다. 특히'minimalism'(Mark Rothko가 시작), 'pop art'(주로 주류 광고), 'abstract expressionism'(추상표현주의, 주로 슈퍼마켓이나 중고 자동차 광고), 'surrealism'(초현실주의, 주로 첨단 제품 광고), 'sensationalism'(감각주의, Damien Hurst 같은 미술가 작품 모방) 등이 광고 전문가들이 많은 모방을 하는 주제들이다.

그림 15-27 모방 메시지. Wonder Woman으로 잘 알려져 있는 미스 USA 출신 Linda Carter를 이용한 모방 메시지와 Sea World에서의 체험 모방 메시지

2018년 Coca-Cola는 대한민국 방탄소년단을 2018 Russia World Cup 광고 모델로 선정했다. 또한 대한민국 박보검과도 2018 Winter Olympic 광고 모델 계약을 했다. Coca-Cola의 모델 선정 기준의 핵심은 자사의 캠페인과 잘 조화되는 사회적 이미지다.

모방 광고는 고객들이 닮고 싶어하는 인물, 체험하고 싶어하는 상황을 주로 제시한다. 심볼 연관 메시지와의 차이점은, 심볼, 음악 등이 모방 메시지의 구성 요소에서 제외된다는 것과, 핵심 강조 포인트가 인물과 상황이라는 점이다(〈그림 15-27〉 참조). 유명인(testimonial), 만족한 고객, Wendy's의 Dave Thomas, Marriott International의 Bill Marriott과 같은 기업의 상징 인물 등을 등장시킴으로써 그 효과를 극대화시킬 수 있다. Steve Jobs는 생전에 'think different' 주제의 TV 광고에 Einstein, Martin Luther King, John Lennon, Gandhi, Muhammad Ali 등을 모델로 등장시키면서 그들의 혁신과 도전을 예찬한 바 있다.

Sergio Zyman의 말이다. "Tiger Woods, Michael Jordan, Harry Potter를 기업의 대변인으로 이용할 능력이 안 되는가? 그렇다면 반

드시 기업의 브랜드와 연관성이 있는 대변인을 이용하라." 유명인 모델 선정 시 ①모델의 신뢰성(celebrity credibility : 진실성과 전문성으로 나뉘어 짐), ②모델과 표적시장 간의 적합성, ③모델과 제품 간의 적합성, ④모델의 매력성(신체적, 심리적)을 고려해야 한다.

종종 증언적 소구(testimonial appeal)를 위해 일반인 모델을 활용하는 경우도 있다. 그러나 **neuro marketing** 기법을 통한 뇌 반응 조사 결과, 매력적인 모델일수록 제품보다는 모델에만 주목하는 경향이 있다는 사실이 밝혀졌다.

모방 메시지를 가장 잘 활용하는 기업의 광고는 Coca-Cola의 'life style' 광고다. Coca-Cola는 American Idol 프로그램의 심사위원들 앞에 자사 컵을 놓기 위해서 무려 2천만$를 투자했다. 지속적 산타 광고 또한 Coca-Cola에 있어서 하나의 상징이다. Pepsi는 크리스마스만 되면 우울할 것이다. 또한 Coca-Cola를 마시는 상황에 유명 배우, 유명 운동 선수 등이 항상 등장하며, 미국과 Russia 대통령의 회의에 Coca-Cola를 마시도록 로비까지 한 적이 있다. Coca-Cola는 이것을 '미국 문화'로 연결시키고 있다.

Nike에 등장하는 유명 운동 선수들(〈그림 15-28〉참조), Gatorade에 등장하는 Michael Jordan 등도 같은 맥락이다. Nike는 Euro 2012 Champions League 결승전 전에 'My Time is New'라는 주제로 Cristiano Ronaldo, Andres Iniesta, Franck Ribery, Mesut Özil, Yann M'Vila, Javier Hernandez 등 세계적으로 유명한 축구 선수들을 등장시키며 그 효과를 극대화시켰다(〈그림 15-29〉 참조). 이 캠페인에는 Nike의 공식 홈페이지 Nikefootball.com을 비롯하여 Facebook, Twitter, YouTube 등 SNS까지 동원됐다.

Nike와 대조적으로 Puma는 열세지만 저항적 이미지의 선수들을 모델로 기용하고 있다. Nike의 '**top dog**' 전술과 대비, 이러한 것을 '**under dog**' 전술이라고 한다. 이러한 '**under dog**' 전술은 특히 마케팅 혐오세대(marketing-averse generation)를 겨냥한

그림 15-28 Nike 광고 모델인 Tiger Woods

그림 15-29 NiKe의 'top dog' 'My Time is Now' 광고

그림 15-30 Puma의 'under dog' 광고. 엠마누엘 에부에/사무엘 에투/존 멘사

것이다(〈그림 15-30〉 참조). 한편 Nike와 같은 '**top dog**' 전략을 추구하던 Reebok이 전략을 수정했다. Reebok은 운동 선수 대신 50₵, Shakira, Fabolous, Eve, Jay Z, 등의 hip hop 스타들을 광고에 많이 등장시키고 있다.

9) 동물 광고

모방 메시지와 유사한 사례는 많은 기업의 광고에 동물들이 등장한다는 것이다.* 동물은 광고에 가장 많이 등장하는 **3B(baby, beauty, beast)** 중 하나다.

> * 무게가 7/100온스인 뾰족뒤쥐로부터 140톤에 이르는 고래에 이르기까지 이 세상에는 4,000종이 넘는 포유류가 있음. 고래는 Pacific Life라는 보험기업의 광고 모델로 등장한 적이 있으나, 뾰족뒤쥐는 아직 광고 모델이 된 적이 없음(컴퓨터칩, 노트북, 핸드폰 등 소형이 강조되는 모델로 최적).

Embassy Suite의 고양이 Garfield, Peabody 호텔의 오리, Postal Service의 독수리, Merrill Lynch의 황소, Taco Bell의 치와와, Yahoo!의 고릴라, E-trade의 침팬지, Marlboro의 말, Cadillac의 오리, BMW의 거북이, Budweiser의 말, Bud Light의 개 Spuds MacKenzie, Kellogg's의 호랑이 Tony, Starkist의 참치 Charlie 등이 그것이다(〈그림 15-31〉 참조). Canada의 두 선도 통신 기업 Fido와 Telus는 동물을 광고와 브랜딩의 필수 요소로 활용하고 있다.

동물이 광고 소재에 많이 이용되는 중요한 이유 중의 하나는 아기와 더불어 '정직하다'는 이유다.

10) 제품 배치(PPL : product placement) 광고

전통적인 광고 메시지의 약점을 보완하고 극복하기 위해 **복합 메시지(hybrid message)**라는 개념이 있다. 이는 비상업적 이미지를 주는 커뮤니케이션을 사용하면서 상업적 이득을 위해 수용자에게 영향을 미치려는 유료의 모든 시도를 포함한다. 대표

그림 15-31 동물 광고(Taco Bell, Embassy Suites Hotels)

적 예가 PPL(product placement)로서 영화나 TV 등에 제품이나 광고를 등장시켜 인지도를 높이고, 역으로 PR비나 광고비를 제작비로 지원하는 것으로서, 광고라는 인식을 심어주지 않으면서 자연스럽게 '**halo effect(후광 효과)**'를 얻을 수 있다.

대한민국은 2010년 1월 방송법 시행령 개정으로 어린이 프로그램과 뉴스를 제외한 오락, 드라마, 교양 분야의 PPL을 전면으로 허용했다. 서울특별시는 2014년 3월, 영화 'Avengers2'에 한강 교각을 통째로 Hollywood에 빌려주는 대가로 대규모 교통 통제 등 시민이 많은 불편을 겪었으나, 한국관광공사는 도시 PPL PR 효과가 4,000억 원에 이를 것으로 추산했다.

PPL의 다양한 사례들

1~3회까지의 '007 시리즈'에 등장하는 BMW Z3, 750i, Z8, 'ET'에 나오는 과자 Reese's Pieces, 'Matrix Ⅱ'에 나오는 삼성전자의 Matrix 폰, 'Cast Away'에 나오는 FedEx, 'Forrest Gump'에 나오는 Nike와 Apple 컴퓨터, '007 Never Die'에 나오는 BMW, 'Sex and the City'에 나오는 Krispy Kreme, 'Da Vinci code' 'The devil wears Prada' 영화에 등장하는 Moleskine 수첩 등이 그것이며, 특히 'PPL의 교과서'라고 불리우는 'Back to the Future Ⅱ'에는 Nike, Miller, AT&T, Texaco, USA Today, JVC, Pepsi, Pizza Hut 등 많은 브랜드가 등장했다. 'Oceans13'에서는 삼성 휴대폰을 '가장 비싸고 구입하기 힘든 휴대폰'이라는 메시지를 볼 수 있으며, 'Transformer2'에서는 LG 휴대폰이 종종 등장하는 것을 볼 수 있다.

Lexus, Reebok, Guinness, Gap, Nokia, American Express 등의 유명 브랜드들은 PPL 메시지를 많이 사용하는 것으로 알려져 있다.

PPL에 대한 예찬

Hawaiian Topic Suntan Products의 사장 Ron Rice는 "PPL은 현존하는 가장 강력한 광고 수단입니다. 만약 당신이 TV 뉴스에 광고를 내보내면 그것은 그냥 사라져 버립니다." Keppler Entertainment의 사장 Rice Keppler는 "사람들이 실제로 광고와 오락의 결합을 좋아한다는 것은 여러 연구 결과에 나와 있죠. PPL의 가장 큰 매력은 브랜드에 좋은 이미지를 부여한다는 것입니다"라고 하며 PPL을 지지하고 있다. Nokia의 홍보 부장 Matt Wish는 "PPL에 투자할 만합니다. 저희 기업은 영화 'Clueless'에 전화기 5대를 간접 광고했는데, 상표는 삭제하고, 전화기의 스타일 자체를 PR하기 위한 목적이었습니다."

위의 Nokia의 PPL 전략은 **역PPL(reverse PPL)** 전략이다. **역PPL** 전략이란 영화, TV 등에 가상의 제품이나 서비스를 먼저 제시한 후, 소비자의 반응을 보고 이후 시장에 출시하는 것을 말한다. 유사한 예로 Bubba Gump Shrimp Restaurant은 'Forest Gump'

영화에서 영감을 얻어, 새우잡이가 꿈이었던 주인공의 친구 Bubba와 Shrimp를 상호에 내세워 전 세계적 체인으로 진출했다. 매장 내에는 'Forest Gump' 영화에 나오는 소품이 전시돼있다.

역PPL(reverse product placement) 광고도 있다. 2007년 'The Simpsons' 영화 개봉을 위해 20th Century Fox와 7Eleven은 미국과 Canada에 있는 12개 7Eleven 마크를 노랑과 황갈색으로 바꾸었다. 그 효과는 폭발적이었다. 영화 Kwik-E-Mart에서 판매하는 Squishee 냉동 음료, Sprinklicious 도넛, Buzz 콜라, KrustyO's 시리얼 등을 사기 위해 7Eleven의 모든 점포에 전에 존재하지 않았던 '대기줄'이 생긴 것이다.

표 15-5 국내 환대산업의 PPL 사례

기업	PPL
서울 프라자	겨울 연가(KBS), 여름 향기(KBS), 사랑한다 말해줘(MBC), 아일랜드(MBC), 사랑을 예약하세요(MBC), 신화(SBS), 수호 천사(SBS), 내 인생의 콩깍지(SBS)
Grand Hilton	매직(SBS), 영웅시대(MBC), 낭랑 18세(KBS)
타워 호텔	금쪽같은 내 새끼(KBS)
Grand Hyatt	파리의 연인(SBS)
롯데호텔 제주	올인, 천국의 계단(SBS)
Sheraton Grande Walkerhill	호텔리어(MBC)
Outback Steak House	햇빛사냥(KBS), 회전목마(MBC)
Sizzler	로즈 마리(KBS), 싱글즈(영화)
Caffebene	지붕 뚫고 하이킥(MBC), 시크릿 가든(SBS)

그림 15-32 게릴라 마케팅의 사례. Western Union: 가장 빨리 송금하는 길

11) 게릴라 마케팅 광고

게릴라 마케팅 광고는 저예산으로 단기적으로 강한 효과를 발휘할 수 있는 중소기업들에게 적합한 기발한 마케팅 캠페인을 의미한다(〈그림 15-32〉, 〈그림 15-46〉 참조).

2014년 Coca-Cola는 Ogilvy&Mather에 의뢰, 미니 Coca-Cola 출시와 함께 Germany의 주요 5개 도시에 신문과 간단한 음료를 판매하는 극소형 kiosk를 설치하여 kiosk 당 하루에 평균 380개의 0.15ℓ 미니 Coca-Cola를 판매한 바 있다(〈그림 15-33〉 참조). '작은 것으로부터 오는 우리의 행복'이라는 주제의 이 광고와 전략은 대표적 **게릴라 마케팅**에 해당된다.

Mini Cooper의 '크리스마스 박스' 게릴라 마케팅 광고

Mini Cooper와 '크리스마스 박스' 광고는 Cannes 광고제에 이어 유럽, New York 광고제까지 각종 광고제를 휩쓸었다.

2009년 12월 25일, Netherlands Amsterdam 시내 주변에 사람들의 이목을 끄는 대형 포장 박스가 버려져 있었다. 그 박스에는 Mini Cooper의 브랜드와 로고가 새겨져 있었고, 하단에는 99￡라는 가격이 보이는 바코드 스티커가 부착되어 있었다. Mini Cooper는 누구나 다 아는 자동차 브랜드이니 사람들은 자동차를 담는 대형 포장 박스에 관심을 갖기 시작했다. 게다가 가격이 99￡라니……. 사람들은 누가 선물 박스를 버리고 간 것인지 궁금해했다. 많은 사람들은 호기심과 관심을 보이며, 이 광경을 카메라나 캠코더에 담아 YouTube와 Twitter 등 다양한 SNS로 공유하기 시작하며 큰 화제를 일으켰다.

이 이벤트는 Mini Cooper가 2009년 말부터 일정 기간 동안 진행한 매월 단 99￡만 내면 자동차를 구매할 수 있는 특별 할부 혜택을 PR하기 위한 것이었다. 크리스마스가 끝난 다음 날에는 크리스마스 트리와 포장 상자, 리본 등 선물과 관련된 쓰레기들을 곳곳에서 확인하게 되는데, Mini Cooper는 바로 이러한 점을 노린 것이다.

그림 15-33 Coca-Cola의 kiosk 판매기
출처: www.cocacola.co.kr

Unicef는 Africa 등 저개발 국가에 깨끗한 물을 공급하는 후원 프로그램에 게릴라 마케팅을 이용한 적이 있다. 더러운 물을 담아 자판기에 음료처럼 설치, malaria, typhoid fever, cholera 등의 버튼을 만들어 1$의 돈으로 한 어린이가 40일 동안 깨끗한 물을 마실 수 있다는 내용의 메시지를 **게릴라 마케팅**으로 표현한 것이 그것이다.

아마 역사상 게릴라 광고의 최절정을 보여준 것은 영국 Virgin Group의 Virgin Cola 광고일 것이다. 1998년 Virgin Group은 Coca-Cola의 본 고장 미국 New York시의 Times Square에 영국 탱크를 몰고 들어가 Coca-Cola 간판에 가짜 포격을 퍼붓고, 육중한 콜라 깡통 벽을 뚫고 전진했다. 이것이 게릴라 광고인 줄을 모르던 인근 지역은 아수라장이 됐고, 이것을 주도한 Richard Branson은 감옥을 갈 뻔했다.

– ambush 마케팅(ambush 광고)

게릴라 마케팅과 유사한 개념으로 '**ambush 마케팅**'이라는 용어가 있다. 그 사전적 의미는 '매복을 통한 먹이 사냥법'으로서, 스폰서쉽이 없는 기업이 마치 스폰서인 것처럼 행동하는 마케팅을 의미한다. 이러한 '**ambush 마케팅**'은 특히 Olympic Games, World Cup 등 대형 이벤트 전후에 많이 등장한다. 즉 이벤트 행사 전후에 집중되는 광고, 이벤트가 아닌 팀이나 선수 등 작은 단위의 참가자와의 스폰서 계약, 행사지 주변에의 광고 등이 여기에 해당된다.

2002년 Korea-Japan World Cup의 공식 후원사 KTF보다 비공식 후원사 SKT가 PR, 광고 효과에서 훨씬 좋은 성과를 올린 이유는 바로 '**ambush 마케팅**' 전략에 있다.

SKT는 'Be the Reds(붉은 악마가 되자)'라는 광고 캠페인을 통해 다양한 유형의 붉은 악마 응원을 소개했는데, 그 효과는 엄청났다. Nike도 이 **'ambush 마케팅'**을 가장 잘 이용하고 있는데, IOC(International Olympic Committee)는 이를 방지하기 위한 규정을 계속 강화하고 있다.

12) 비교(comparative) 광고

Wilkie와 Farris는 비교 광고를 '동일 제품이나 서비스의 둘, 또는 그 이상의 브랜드를 구체적으로 명명하거나 보여줌으로써 비교하는 것이며, 한 가지 이상의 특징을 다른 경쟁 브랜드와 비교하여 제시하는 광고 형태'로 정의하고 있다.

2018년 Wendy's는 Twitter 계정에 자사의 햄버거 패티만 있는 사진 한 장과 'We Beefin?'이라는 문구가 적힌 사진을 공개하고, "우리는 미니 랩 앨범을 공개할 것이다. 한 곡은 우리의 4 for 4$ 버거를 소개할 것이고, 다른 한 곡은 Burger King과 Mc-Donald's를 diss할 것이다"라는 문구를 올렸다. 실제로 경쟁사들의 고객이 가장 많이 하는 불평들이 가사에 실렸으며, 고객의 반응도 매우 호의적이었다. 이것은 Billboard Chart의 홈페이지에 단독 보도됐고, 그 영향력은 계속 확산됐다. 또한 'Poor Big Mag,

그림 15-34 비교 광고(comparative advertising)의 사례

stuck with frozen beef'라는 문구와 관련 사진들이 공개되며 사람들의 SNS 계정을 뜨겁게 달구었다.

Burger King은 McDonald's에 대한 비교 광고로 유명하다. Pechmann과 Stewart에 의하면, Burger King과 같이 상대적으로 시장점유율이 낮은 기업의 비교 광고가 더 효과적이라고 한다.

2010년대 후반에 들어 Wendy's의 소위 'Trump-Twitter' 마케팅이 젊은 층의 인지도와 호감도를 동시에 높이고 있다. 예를 들어 고객이 가장 가까운 McDonald's 매장을 물어보면, "Regret Road를 가서 Dissapointed Drive로 좌회전하면 됩니다"라는 식이다. 2018년 McDonald's가 'fresh meat'로 바꾸겠다고 발표하니 "아직까지도 냉동육을 사용했던 것이냐?"라고 비판했으며, Burger King이 신 메뉴를 선보이자 "우리의 대응 전략은 '먹어도 되는 음식'만 제공하는 것"이라고 공격했다. 2019년 기준, Wendy's의 follower는 McDonald's의 350만 명에는 못 미치지만 200만 명까지 늘었다.

비교 광고는 저관여 제품, 신제품에 있어서 유용한 메시지 형태이며, 방송 매체보다 인쇄 매체가 더 적합하다. Ogilvy&Mather의 조사에 의하면, 소비자들은 비교 광고에서 광고주의 브랜드와 경쟁 브랜드를 혼동해서 기억하는 경우가 많아 이를 유의해야 한다고 한다(〈그림 15-34〉 참조).

한 예로 국내 음료 시장에서 1992년 제일제당이 컨디션으로 숙취 해소 음료라는 신시장을 개척하자, 여명808, 필, 굿모닝365, 땡큐, 단 등 모방 제품들이 시장에 계속 출현한 적이 있다. 그 중 땡큐는 '컨디션이 안 좋으세요? 땡큐를 챙기세요,' 단은 '여명이 밝아와도 컨디션이 영 아닙니까?'라는 비교 광고로 시장 선두 주자들인 컨디션과 여명808를 공격했다. 그러나 이 비교 광고들은 소비자들의 마음에 컨디션과 여명808을 더욱 더 굳혀주는 결과를 초래시켰다. 이렇게 주목도는 높지만 정작 광고 속의 자사 브랜드를 잘 인식시키지 못하는 광고를 '**뱀파이어 광고**'라고 한다.

국내의 대표적 비교 광고 사례들

국내에서는 비교 광고가 자유스럽지 않다. 대표적으로 2012년 삼성전자가 자사 지펠 냉장고와 LG전자 디오스 냉장고의 용량을 비교하는 광고를 YouTube에 게재했으나, 법원으로부터 '부당 비교 광고'라는 판결을 받은 바 있다. 국내의 역대 대표적인 비교 광고의 사례는 1999년 엠파스의 '야후에서 못 찾으면 엠파스', 2005년 LG패션 해지스의 빈폴과 폴로를 겨냥한 '굿바이 폴', 2009년 McDonald's McCafe의 Starbucks와 Coffee Bean을 겨냥한 '별도 콩도 잊어라', 2011년 SK텔레콤의 '콸콸콸'을 맞받아친 KT의 '물 끊는 호스', KT의 '발로 뛰겠소'와 SK텔레콤의 '뛰는 서비스 위에 나는 서비스', 다음커뮤니케이션의 '마이 피플'과 '카카오는 말을 못해' 등을 들 수 있다.*

*2014년 다음과 카카오가 합병됐으니 아이러니함.

그림 15-35 패러디(parady) 광고의 사례

그림 15-36 Absolut의 패러디 광고

출처: 홍성태(2013), 《모든 비즈니스는 브랜딩이다》, p239.

13) 패러디(parady) 광고

패러디란 '표현 방식을 불문하고 대중에게 널리 알려진 원작의 약점이나 진지함을 목표로 삼아 이를 흉내내거나 과장하여 왜곡시킨 다음 결과를 알림으로써, 원작이나 사회적 정황에 대하여 비평하거나 웃음을 이끌어내는 것'으로, 패러디 광고는 저작권법에서 예외로 보호를 받는다.

광고심의위원회는 남의 창작물을 흉내내는 것을 모방(imitation), 베끼는 것을 표절(plagiarism), 그대로 본뜨는 것을 복제(reproduction)로 규정하고 있으나, 패러디 광고는 저작권을 침해하지 않는 것으로 간주한다(〈그림 15-35〉 참조).

2002년 Forbes에서 발표한 'World Luxury Brand' 순위에서 1위를 했던 Absolut의 광고는 패러디 광고의 진수를 보여준다. 병 모양을 'Absolute art campaign', 'Absolute city campaign', 'Absolut season campaign' 등으로 패러디한 광고가 그것이다(〈그림 15-36〉 참조).

패러디 광고는 원작의 인기에 힘입어 실패할 확률이 적고, 소비자의 주목을 끌기가

그림 15-37 paradox 광고 사례: Apple 모니터

용이하며, 웃음과 유머를 선사하는 역할을 하는 장점이 있는 반면, 독창성을 상실할 경우 비웃음거리로 남게 되며, 원작의 브랜드 이미지에도 악영향을 주게 될 위험이 있다.

14) 역설(paradox) 광고

Edward Hall이 제시했던 바와 같이 시각 이미지+은유, 혹은 paradox 또한 창의적 메시지 창출에 많이 이용되고 있으며, 동시에 효과적이다. Apple의 2m 30cm의 농구 선수 Yao Ming이 12인치 모니터를 보고 있는 반면, Austin Powers에 등장하는 80cm의 Verne Troyer가 17인치 모니터를 보고 있는 광고가 대표적 예다(〈그림 15-37〉 참조)*.

역사상 가장 컸던 사람은 22세에 요절한 2m 72cm의 Robert Wadlow임.

유사한 실험 결과가 있다. 한 광고는 '차세대의 놀라운 스타 Kevin Shea', 다른 광고는 '놀라운 차세대 스타 Kevin Shea'였다. 첫 번째 광고가 훨씬 많은 클릭 수를 기록했다. 연구자들은 다음과 같은 결론을 내렸다. "뭔가를 앞으로 잘 할 수 있을 것 같은 가능성은 똑같은 일을 실제로 잘 하는 것보다 더 선호된다."

다음은 역설이 담겨있는 헤드라인들이다.

- 나는 Kathy라는 아가씨를 사랑하고 있었습니다. 그러나 나는 Kathy를 죽였습니다(미국 국립 고속도로 안전관리국)
- 저희 의자가 흔들린다면 댁의 마루를 깍아주십시오(플러버 의자)
- 28세라도 23세로 보이는 사람, 32세로 보이는 사람(와코루 속옷)
- 약한 여성이여, 습격을 받으면 이를 사용하자(일본 치과협회)

15) 트레일러(trailer) 광고

광고가 끝날 때쯤 되어 주 광고 뒤에 붙여 '자매품 ○○'을 소개하고 사라지는 광고

그림 15-38 Hooters의 핵심 제품
출처: www.hooters.com

들이 있다. 제과류, 빙과류 등에 많이 적용되고 있는데 트레일러 광고의 대상이 되는 제품은 주 광고 제품의 인기에 영향을 많이 받게 된다.

16) 성적 소구(sex appeal) 광고

성적 소구 광고는 화장품, 술, 청바지, 향수 등의 제품에 많이 쓰이고 있다. 특히, 나체로 등장하는 성적 소구의 모델은 바라보는 사람의 시선에 의해 벗겨진 몸으로서, 'nakedness'(단순히 옷을 걸치지 않은 상태로서 누군가를 의식하지 않고 스스로를 드러내는 것)가 아닌 'nudity'(바라보는 사람을 위한 하나의 대상으로서 벗겨지는 것)에 해당된다. 환대산업에서의 대표적 성적 소구 광고는 Ryanair의 비키니 승무원 달력과 Hooters에서 찾을 수 있다(〈그림 15-38〉 참조).

17) 생활 단면(slice of life) 광고

생활 단면 광고는 소비자에게 가장 자연스럽게 다가가는 광고 형태다. 또한 광고를 통해 브랜드 가치를 높일수록, 그만큼 소비자 일상 생활의 한 부분으로 자리잡는다는 이점도 있다. 생활 단면 광고의 가장 큰 장점은 광고 고유의 약점인 강요나 설득하는 인상을 최대한 줄여준다는 것이다.

18) 증언식(testimonial) 광고

증언식 광고란 제품에 대한 전문가, 유명인 혹은 제품을 직접 사용해보고 만족한 일반인 등이 등장해서 제품에 대해 설명하고, 추천하는 방법의 광고 형태다. 증언식 광고에 있어서 가장 중요한 전술은 진실성있는 적합한 모델의 선정이다.

19) 애니메이션(animation) 광고

애니메이션이란 '정지된 이미지를 연속적으로 배열함으로써 움직이는 환상을 만들어내는 기술'을 말한다. 애니메이션이 광고에 활용되는 이유는 표현의 제약이 거의 없기 때문에 추상적 개념을 구체화시키고, 복잡한 것을 단순화하며, 현실을 과장하고, 실제를 왜곡시킬 수 있어서 소비자를 대상으로 추상적이거나, 어려운 개념을 쉽게 전달할 수 있다는 데에 있다.

애니메이션 광고의 유형

① clay animation : 점성이 있는 소재로 인형을 만들어 촬영하는 방법

② call animation : 배경은 그대로 두고 캐릭터만 움직이게 하는 방법

③ computer graphic(C/G) animation : 컴퓨터를 이용하여 2차원이나 3차원의 영상을 만드는 방법

④ composed(합성) animation : 실사와 애니메이션을 조합하여 만드는 방법

그림 15-39 Coca-Cola의 'Happiness Factory'
출처: www.cocacola.co.kr

⑤ puppet(인형) animation : 인형을 한 동작씩 움직이고, 이를 스톱모션으로 촬영하는 방법

⑥ paper animation : 종이를 잘라 스톱모션 기법으로 촬영하며 원하는 동작을 연출하는 방법

애니메이션 광고의 대표작은 2007년 Super Bowl 광고 중 처음으로 전파를 탄 60초 광고인 Coca-Cola의 'Happiness Factory'다. 'Happiness Factory' 광고는 Coca-Cola 역사상 시험 광고 방송에서 가장 높은 점수를 얻었다. 동전을 넣고 음료를 고르는 순간, 살아 움직이는 자판기 속에 숨겨졌던 환상의 세계가 모습을 드러낸다. 헬리콥터 비행단 Chinoinks가 빈 병을 나르고, 거대한 입을 가진 털보 Love Puppy가 콜라가 채워진 병에 작별의 키스를 보내는 장면이 그것이다(〈그림 15-39〉 참조).

20) 비제품(nonproduct) 광고

제품 판매 목적보다 제품을 사용할 이유 자체를 없애는 메시지를 통한 광고 유형이 있다. 가장 대표적 예는 Tylenol의 'Feel better' 광고다. Tylenol.com을 접속하면 '끼니를 거르면 두통이 유발될 수 있습니다'라는 문구가 있다. 그 외에 과도한 소음, 지나치게 밝은 빛, 특정한 음식처럼 두통을 유발하는 요인을 알려준다. 감기약 Tylenol Cold Formula의 'popsicle이 쓰라린 목통증을 가라앉힐 수 있습니다'라든지, 관절염 진통제 Tylenol Arthritis Pain Formula의 '통증이 있는 부위의 근육을 강화해 관절을 보호하세요' 등의 광고 등 Tylenol은 제품 판매보다 '고객의 문제 해결'이라는 마케팅의 기본 공식에 충실히 임하며 그 이미지를 한껏 높이고 있다.

마케팅 전문가들이 역사상 최고의 마케팅으로 선정한 사례도 Tylenol의 마케팅이다. 그것은 미국 New York Manhattan에서 11월 초 한 달 동안 감기에 걸리지 말라고 사람들을 무료로 태워줬던 Warming Taxis였다. Bank of America의 '잔고와 입출금 내역을 확인해 수수료를 줄이세요'라는 배너 광고를 클릭하면, 수수료를 절약할 수 있는 방법이 자세히 적힌 페이지가 나타난다.

광고 메시지에 대한 마지막 견해

Copy platform은 보통 표로 표시함.

메시지 아이디어를 구체적으로 설명하기(**copy platform**)* 위해서는 표적시장, 중요 혜택, 지원되는 정보, 어조, 이성(앞의 사항들을 어떻게 조합할 것인가), 타 촉진 전략 요소들과의 결합 등을 고려해야 한다. 특히 어조의 경우 환대산업에서는 이성적 어조보다는 감정적 어조가 효과적이며, 제품수명주기의 도입기 때에는 이성적 어조가, 그 이후에는 감정적 어조가 효과적이다.

무엇보다도 광고 메시지는 창의성을 필요로 한다. Nissan의 광고에 장난감 자동차와 인형이 등장하여 USA Today, Time 등 수 많은 단체와 기관으로부터 1996년 최고의 광고로 평가받은 적이 있다. Nissan은 타 자동차 광고와 차별적으로 사진이 아닌 animation, 실제 자동차 대신 장난감, 실제 인물 대신 Barbie 인형, 남자 인형 Ken, 미국 병사 G.I.Joe 인형 등을 등장시켜 당시에 큰 반향을 일으켰다.

또한 진정성 메시지는 **정직 마케팅**에 근간을 두고 있다. 필자의 '**Retrospective marketing**'에서 소개한 Hans Brinker Hotel의 메시지, Volkswagen의 '작은 것도 생각해 봐요. Volkswagen은 당신의 집을 더 넓어 보이게 합니다(think small)' 메시지* 등이 대표적 사례이며, London Olympic Games 때 Procter&Gamble의 'Thank you, mom' 캠페인과 같은 메시지도 이 범주에 포함될 수 있다.

이 광고로 Volkswagen은 세계 100대 광고 캠페인 1위, 1965년 미국 수입차 시장점유율 67%를 차지한 바 있음.

'soft sell', 'hard sell' 메시지

광고 메시지를 양분하면 '**soft sell**'과 '**herd sell**'로 나뉘어진다. '**Soft sell**'이란 제품을 직접 소구하지 않고 분위기로 끌어가는 방법이다. 예를 들어 삼성전자의 '또 하나의 가족', 동부화재 프로미카의 '자동차보다 사람이 먼저죠' 등이 대표적 예다. Starbucks는 커피가 아닌, 커피로 인한 체험과 고객 관계를 강조한다. 이것이 '**soft sell**' 메시지다.

'**Hard sell**'이란 제품의 강점을 강하게 소구해서 소비자가 구매하도록 강요하는 설득 방법이다. 곰팡이가 주는 해악을 돋보기로 보여주는 팡이제로 광고가 대표적 예다. Burger King은 직화(broil), Home of Whopper 등 항상 제품에 초점을 맞추는 '**hard sell**' 메시지를 사용한다.

광고 규제

마지막으로 국내 광고 규제에 대해 간략히 살펴본다. 국내에서는 '방송광고심의'에 관한 규정에 의해 알코올 성분 17° 이상의 술, 담배, 젖병이나 젖꼭지 제품 등은 광고를 하지 못한다. 기타 술 광고는 오전 7시부터 오후 10시까지의 시간 외에는 허용이 되며, 젖병 광고는 모유 권장의 이유로 세계적으로 금지되고 있는 추세다. 그 이외에 지나친 성적 묘사, 폭력, 범죄, 반사회적 행동의 표현, 비속한 언어 구사, 허위, 기만적 표현으로 불확실하거나, 소비자를 호도, 기망하는 광고 등이 광고의 규제 대상이 된다.

2-4. 매체 결정

메시지가 확정되면, 그 메시지를 가장 잘 전달할 매체를 선정해야 한다. 매체 결정과 관련된 주요 사항은 다음과 같다.

매체 선정

1) 전통적 매체

신문, TV, 라디오, 잡지 등 4대 매체(**ATL : above the line,** 즉 4대 매체)* 이외에도 직접 우편(DM), 옥외 광고, 이동(moving) 광고, 인터넷 광고 등이 모두 매체의 범주에 포함된다(〈그림 15-40〉 참조). 매체 선정의 기준에는 여러 가지가 있으나 비용, 메시지 형태, 제품 특성, 고객 특성 등이 주요 기준이 된다. 그림이건, 글자건, 영상 정보는 그 핵심을 따로 정리해서 보관하지 않는 이상 1초면 사라진다. 하지만 음성 정보는 4~5배 오래 동안 지속되기 때문에, 시각적 매체보다는 청각 매체가 기억력 측면에서는 유리하다.

* 판매촉진, PR, 이벤트 등 통합 마케팅 커뮤니케이션(IMC:integrated marketing communication)은 BTL(below the line)이라고 함.

각 매체의 장·단점을 요약하면 〈표 15-6〉과 같다.

참고로 TV 매체의 경우 비즈니스 여행객(세계 429명, 미국 495명 대상)이 호텔 객실에 투숙 시 주로 시청하는 채널의 유형 및 비율은 〈그림 15-41〉과 같다. 미국의 경우 광고 대행사들은 광고 전문지 외에도 인쇄 매체로서 Wall Street Journal, New York

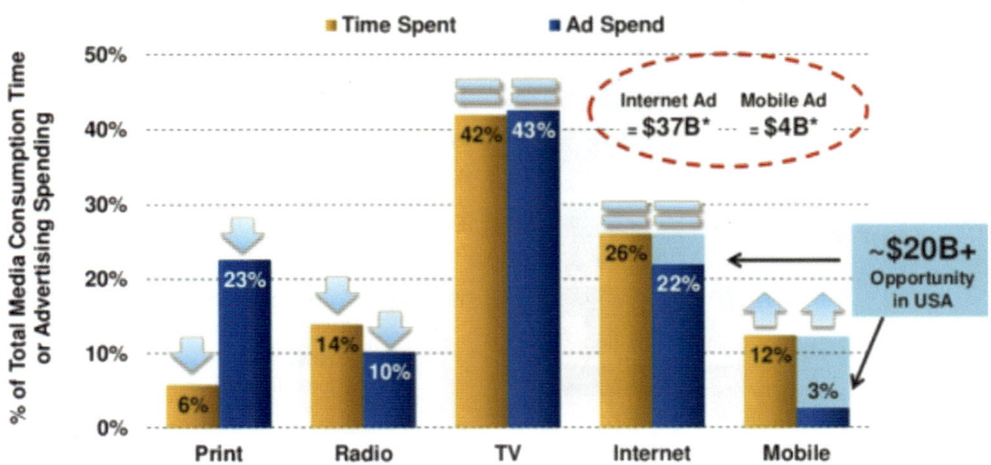

그림 15-40 미디어 매체별 소비 기간 vs 광고 매출(USA, 2012)

출처:Mary Meeker&Liang Wu, Internet Trends 2013v

표 15-6 매체별 특성 비교

구분	공중 규모	타깃 공중 도달 효과성	정보의 양	상호 작용성	맞춤 능력	1,000명 당 비용	쇼핑 경험	상품 과시력	메시지 통제	전후 관계 통제	수명
잡지	다양함	고	대	없음	중	저	중	저/중	고	저	고
텔리마케팅	다양함	중/저	중	고	매우 높음	매우 높음	증	저	저/중	저	저
DM	다양함	고	대	없음	고	고	고	고	고	중	저
TV	대	저	소	없음	저	저	저	중	고	저	저
인포머셜	중	고	대	없음	저	저/중	중	매우 높음	고	고	저
라디오	중	고	중	없음	저	저	저	저	고	저	저
중앙지 신문	대	저/중	대	없음	저	저	저	저	고	저	중
지방지 신문	중	중/고	대	없음	중	중	중	저	고	저	저
카달로그	다양함	중/고	중	없음	저	중/고	중/고	중	고	중	중
인스토어 (비인적)	중	중	소	저	저	고	중	중	고	저	저
개인 판매	소	고	대	매우 높음	매우 높음	매우 높음	고	매우 높음	중	저	저
아웃도어	중	중/고	소	없음	없음	중	저	저	중	저	저
인터넷	중	중/고	대	고	고	중	중/저	중/고	고	저	고

출처: 손상만(2013). 《광고 홍보 실무 특강》. p392.

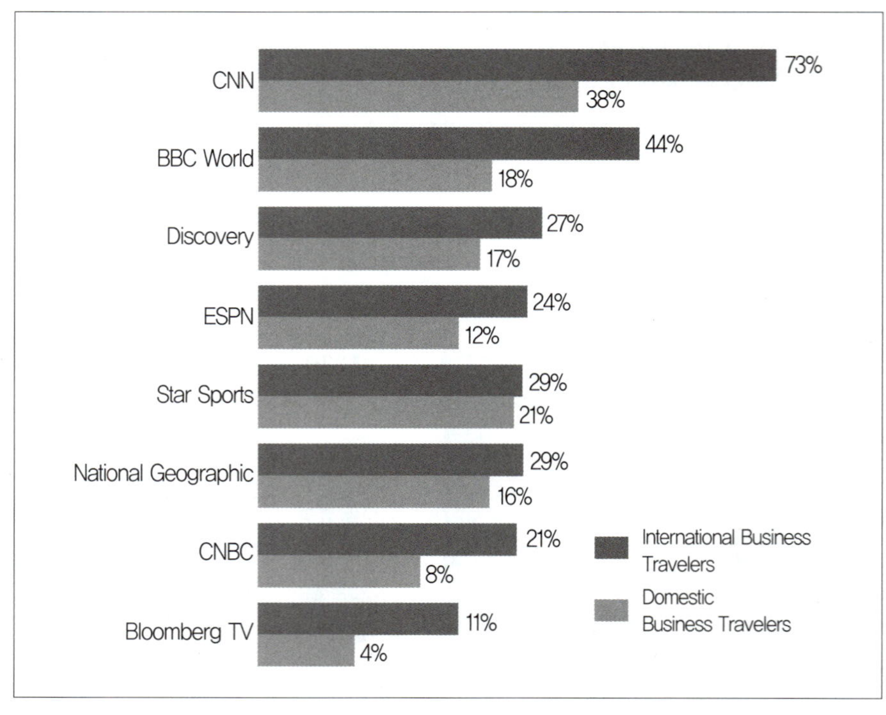

그림 15-41 비즈니스 여행객의 객실 투숙시 TV 채널 시청 비율

Times, USA Today, Los Angeles Times, Chicago Tribune 등 5대 신문을 많이 이용하고 있다.

– 옥외 광고(〈그림 15–47〉 참조)

BerKowitz 등의 조사에 의하면, 옥외 광고는 신문 광고보다 약 12배의 효과가 있다고 한다.

삼성의 옥외 광고:휴대폰 충전소

삼성은 LA의 LAX와 New York의 JFK International Airport에 2.5m 높이의 휴대폰 및 노트북 충전소를 50개나 설치했으며, Dallas의 Fort Worth, New York의 Laguardia, Orlando 등에도 충전소를 설치하고 있다. 삼성은 또한 미국의 50개가 넘는 도시 및 20개 이상의 대학에 노트북과 휴대폰 충전소(Samsung Charging Station)를 설치하고 있다. 충전이라는 하나의 부가적 혜택을 추가하며 옥외 광고의 진수를 보여주는 사례라고 할 수 있다(〈그림 15–42〉 참조).

그림 15–42 삼성의 미국 Samsung Charging Station

유사한 사례로 화장지 제조 기업 Charmin은 New York시 Times Square에 Charmin's Restroom이라는 거대한 화장실을 만들어 화장지를 공공의 이익 개념으로 광고했다. Charmin's Restroom은 3년 동안 한 번 사용할 때마다 직원이 깨끗이 청소하고, 사용하는 동안 유모차를 보관해주며, 넓은 앉을 의자와 가족전용 화장실까지 제공했다(〈그림 15–43〉 참조).

McDonald's에서는 1991년에 전체 매체 중 단 1%에 불과했던 옥외 광고 전략을 수정하여 2만 개의 옥외 광고판을 구입한 적이 있다. 대중 마케팅을 수행하는 McDonald's에 있어서 적합한 매체 전략이었으며, 각 지역별 고객의 특성에 맞는 효과

그림 15–43 Charmin's Restroom

출처:www.charmin.com

적인 접근 방법이었다.

국내에서 강남역부터 강남대로를 지나가는 운전자들을 대상으로 Eye-Tracker를 이용한 조사 결과, 9개의 옥외 광고 형태 중 LED가 시선 유도도가 가장 높았으며, 광고를 보는 시간 또한 고정된 이미지 광고보다 5배 이상 높았다. 자연적으로 인지도도 가장 높았다. 그 다음은 네온사인으로 나타났으며, 고정된 이미지 광고는 유도도, 관심도, 인지도 모두 현격히 떨어졌다고 한다.

SKT는 2013년부터 Aurasma라는 첨단 증강 현실 App을 활용한 신 개념 옥외 광고를 운영하고 있다. 이 기능성 네트워크 광고에서는 다양한 아이콘들 사이로 고객으로 표현된 남자 주인공이 활동적으로 여행하는 영상을 볼 수 있다. 지하철 출입문의 스티커 광고, 바닥 광고, 이동 구간의 액자형 광고 등 광고의 노출 가능성이 가장 높은 지하철은 옥외 광고의 제 1대상이다.

– 이동 광고와 GPS/GIS

소형 연식 비행선이 점차 옥외 광고의 수단으로 인기를 얻고 있다. Good Year에서 처음 시도되었으며, 이후 Accenture, Budweiser, Hood, Monster.com, Izod, Sanyo 등 많은 기업들이 연식 비행선을 이용하고 있다(〈그림 15–44〉 참조). 농심 신라면이 중국에 진출했을 때, 중국인이 가장 많이 이용하는 교통 수단이 버스임을 착안, 버스 한 대를 완전히 '신라면화'하여 성공을 한 바 있다(〈그림 15–45〉 참조).

GPS와 유사한 개념인 **GIS(geographic information system)** 또한 그 발전 영역이 무궁무진하다. 실제로 미국 국립학술원의 발표에 의하면, 우리 사회에서 통용되는 정보의 80% 이상이 지리 공간적 정보라고 한다.

그림 15–44 옥외 광고 매체(연식 비행선)

그림 15–45 중국의 신라면 이동 광고 매체(버스)

1993년 NASA의 R&D 캠퍼스 공간 재배치, MIT의 전체 건물과 시설물에 대한 3D 지도, Starbucks의 잠재 시장 분석 및 점포별 매출 예측 등이 모두 **GIS** 기술에 의해 수행됐다. Google이 스마트폰시대를 대비해 Android를 인수했듯이, 2011년 Keyhole 컴퓨터 지도 기업을 인수한 이유는 지리 정보시대를 대비한 것이다. Apple이 2009년 이후 Placebase, Poly9, C3 Technologies 등 컴퓨터 지도 벤처 기업들을 인수한 것도 같은 이유다.

국내에서도 gCRM, 'geo-demographic data', 'geo-lifestyle data' 등 **GIS**와 관련된 신조어들이 계속 탄생하고 있다. 향후 이동 광고는 GPS, **GIS**의 발전과 병행하여 점차 그 활용도가 획기적으로 높아질 것이 확실하다.

– 산업과 매체의 조화

환대산업에 있어서 음료, fast food 등 10대가 표적시장이 되는 제품에 있어서는(외식업체) TV가 가장 효과적이다. 반면 호텔의 경우는 방송(broadcasting) 매체보다 인쇄(print) 매체가 보다 효과적이다. Marriott과 Wendy's의 매체 전략을 비교해보면 그 사실을 알 수 있다(〈표 15–7〉 참조).

그림 15-46 게릴라 마케팅 옥외 광고의 유형

그림 15-47 옥외 광고의 단점. 세계 유명 보드카 브랜드인 Smirnoff의 옥외 광고가 환경원에 의해 훼손되고 있음.

표 15-7 Marriott과 Wendy's의 매체별 광고비 비교

매체	Marriott(단위:$)	Wendy's(단위:$)
잡지	4,260	5
일요 잡지	471	0
신문	20,279	0
옥외	295	1,915
전국 TV	0	41,954
지역 TV	10,094	39,518
위성 TV	0	8,424
케이블 TV	2,955	2,386
전국 라디오	3,594	0
지역 라디오	6,175	215
총 매체 비용	48,911	94,416
기타 촉진 도구*	90,800	29,700
총 비용	139,711	124,116

출처:The Advertising Fact Book (1995. 1.) Advertising Age.

DM, 판매촉진, 쿠폰, 이벤트 등 기타 촉진 비용

그림 15-48 주제공원에 대한 인쇄 PR물 사례

그림 15-49 호텔의 광고 사례. Marriott은 인쇄 매체(brochure)를 통하여 호텔 광고에서 고려해야 하는 주요 요인들(혜택, 종사원, 유형적 단서, 약속 이행 등)을 훌륭히 전달함으로써 호텔 광고의 모범이 되고 있음.

〈표 15-7〉과 같이 Marriott과 Wendy's의 총 비용은 비슷하나 Marriott의 경우는 기타 촉진 도구에 사용한 비용이 많으며, 특히 신문, 잡지, 등의 인쇄 매체에 사용한 비용이 많은 것을 알 수 있다. 반면 Wendy's의 경우에는 TV에 매체 비용의 대다수가 소요되었음을 알 수 있다. 최고의 이미지를 강조하는 Mercedes Benz는 '누구나 접할 수 있는' TV에는 광고를 좀처럼 하지 않는다.

리조트의 경우에는 시각적 효과가 매우 중요하기 때문에 경비를 고려할 때 잡지가 가장 효과적이며(〈그림 15-48〉 참조), 전문적, 기술적 정보 등이 수반되는 환대산업 제품의 경우에도 잡지가 가장 효과적 매체다. 호텔 광고에 있어서 가장 효과적 매체는 직접 우편이다(〈그림 15-49〉 참조). 여기에 대해서는 제16장에서 자세히 설명하기로 한다.

2) SNS 및 온라인 매체

현대 사회의 광고 매체에 있어서 신 조류가 있다. 과거 최고의 광고 매체였던 TV를 디지털 매체 혹은 온라인 매체가 점차 제압하고 있다는 사실이다.

가장 성장이 빠른 광고 매체는 온라인이다. 주요 SNS의 유형과 서비스 사례는 〈표 15-8〉과 같다.

표 15-8 주요 SNS 유형 및 서비스 사례*

구분	서비스 사례
블로그	아메바, 코코로그, 라이브도어 블로그 등
마이크로 블로그	트위터, 아메바나우, 믹시보이스 등
SNS	믹시, 그리, 페이스북 등
동영상 공유	유튜브, 니코니코 동영상, 왓치미TV 등
사진 공유	프리커, 포토조, 트위픽 등
북마크 공유	하테나북마크, 부즈유알엘, 라이브도어 클립 등
익명 게시판	2채널 등
상품 평가	가카쿠닷컴, 아토마크코스메, 食 블로그 등
Q&A	OK웨이브, 오시에테쿠, 야후 지식 주머니 등
위키피디아(Wikipedia), 사전	위키피디아, 니코니코대백과, 하테나키워드 등

출처: 제일기획(2011)

*제일기획의 표를 인용하여 영문으로 바꾸지 않음.

SNS 온라인 광고는 상대적 비용이 낮아 불황에도 큰 영향이 없다. 2004~2009년 세계 온라인 광고 시장의 연 평균 성장률은 31%였으며, 불황의 골이 깊었던 2009년에도 16%의 높은 성장을 기록했다.

Google의 온라인 광고 활동

특히 대표 주자인 Google의 경우 핵심 역량인 검색 엔진과 광고 기술에 집중적

2017년 미국 온라인 광고 시장의 시장점유율은 Google(77.8%), MicroSoft(7.6%), Yahoo!(2.7%) 순으로 나타나고 있음.

Google Apps
Gmail, Google Calender와 같은 웹 application을 기업에 맞춤형으로 제공.

Cloud Computing
구름으로 상징되는 인터넷을 통해 모든 작업이 이루어져, 사용자 PC에서 application을 관리할 필요 없이 모든장소에서 작업이 가능.

Similar Images
검색어가 아닌 이미지를 보고 유사 이미지를 찾아 줌.

Aardvark
질문을 하면 관련 전문가를 찾아 줌.

City Tours
장소 및 일정에 맞춰 자신만의 여행일정을 제안해줌.

인 투자를 하여 2위 기업 Yahoo!와 큰 격차를 벌이고 있다.* 2017년 기준, Google 전체 매출액의 88%는 온라인 광고 수입이다. Google은 온라인 광고로 벌은 막대한 수입을 Google Apps*, Cloud Computing*, Similar Images*, Aardvark*, City Tours* 등의 신 사업에 투자하고 있다. Google은 온라인 광고 서버 Doubleclick을 2007년 31억$에, 2008년 YouTube를 16억 5천$에 인수했으며, MySpace와는 9억$의 광고 계약을 한 바 있다. 기존 광고 매출에 의존해온 Google의 수익 구조는 변하지 않았지만 97%까지 점유했던 과거의 매출 구조와는 차이가 있다. 최근에는 Google Play, Youtube Red, Google Home 등 하드웨어 광고 이외의 매출이 꾸준히 증가하고 있다. 해마다 조금씩 광고 외 매출이 증가해왔으며, Google의 수익 구조는 꾸준히 변화하고 있다.

기타 사업으로는 Google Fiber, Calico, Nest, Verily, GV, Google Capital, X 등이 있는데 아직 고액의 투자가 필요한 사업들이다.

인터넷 광고의 유형은 〈표 15-9〉와 같다.

표 15-9 인터넷 광고의 유형

배너(banner) 광고	타 사의 인터넷 사이트에 광고비를 지불하고, 게재하는 띠 형태의 광고(가장 많은 형태)
컨텐츠(contents) 광고	인터넷 사용자들이 주로 방문해 많은 시간을 소비하는 정보나 컨텐츠를 이용하는 광고
막간(interstitial pop-up) 광고	정보의 요청, 결과 확인, 타 정보 요청 등 순차적 정보의 틈을 이용해서 하는 광고(TV 방송 중의 중간 광고와 유사)
홈페이지 광고	홈페이지를 통한 광고
e-mail 광고	e-mail을 통해 메시지를 전달하는 광고(직접 우편의 효과)
검색(search) 광고	광고주가 원하는 키워드로 사용자가 검색했을 때에만 나오는 광고

Apple은 2010년 9월 Facebook+Twitter+iTunes 통합형 SNS인 Ping을 출시하여 iTunes에 유동되는 타 컨텐츠에 적용하고 있다. Google도 소셜 검색, 소셜 게임, 소셜 앱, 소셜 결제, 소셜 뉴스 등을 SNS **platform**으로 제공하기 위해 대대적 M&A 및 제휴를 진행하고 있다.

스마트 디바이스로의 매체 진화

광고 매체는 전통적 4대 매체, 인터넷 매체에서 **스마트 디바이스(smart device)** 매체로 발전하고 있다. **스마트 디바이스** 매체는 환경(무선 브로드밴드), 장비(스마트 디바이스), 컨텐츠(애플리케이션) 등 3개 요소가 결합된 것을 의미한다. 그 장점은 ①세분화된 표적화 기능(위치, 성향 등 기반), ②실시간 광고 집행 가능(24시간 소비자 옆에 밀착), ③1인 1디바이스 사용으로 보다 정확한 광고 효과 측정, ④신문, 잡지, TV, 웹 기능을 포함하는 통합 광고 집행, ⑤글로벌 시장에 대한 광고 집행, ⑥ AR 등 다양한 신 기술과 결합한 다양한 광고 형태, ⑦소비자의 적극적 참여 가능 등 많은 부문에서 찾을 수 있다.

2009년 France 생수 기업 Evian이 YouTube에 올린 'Roller Baby' 동영상은 7개월만에 5,000만 건의 조회 수를 기록하여 Time의 '올해 최고 TV 광고', Wall Street Journal의 '올해 최우수 광고'로 선정됐다. Coca-Cola는 축구의 골 세리머니를 올린 사람들을 YouTube로 선발해 2010년 World Cup 관람 기회를 주는 이벤트를 시행했다. 또한 스마트폰이 확산되며 SNS(social network service)를 이용하는 **'앱(application) 마케팅'**, 'Twitter 마케팅' 등은 대표적인 온라인 매체의 주요 수단이 되고 있다.

싸이의 '강남 스타일'과 YouTube

2012년 12월 20일을 지나며 YouTube 조회 수 10억 건, 2018년 10월 15일을 지나 32억 건을 기록한 싸이의 '강남 스타일'은 YouTube 조회 수 세계 기록을 세웠다. 싸이는 **Zeitgeist(시대 정신)**와 대중 문화(pop culture)에 정확히 부합하는 컨텐츠를 만들었다. '강남 스타일'은 전 세계인들이 경제적 불황의 늪에서 허덕이는 상황에서 누구나 따라 할 수 있는 우스꽝스러운 말 춤, '오빤 강남 스타일'과 같은 강렬한 후크(짧고 매력적인 반복 후렴구), 1분에 120회 반복돼 가벼운 운동을 할 때의 심장 박동 수와 비슷한 리듬을 제공하는 비트 등 재미와 흥미를 유발하는 보편적 코드를 활용해 공감을 얻어냈다. 싸이는 전 세계인들의 보편적인 정서와 문화를 정확히 이해했다.

공감(resonance) 마케팅

'강남 스타일'의 배경에는 진정성(authenticity)이 자리잡고 있다. 진정성이란 ①선한 의도, ②솔직함, ③리얼한 사실 관계, ④일상 속의 공감 등을 의미한다. 싸이의 '강남 스타일'은 ④번에 해당된다. 싸이는 어려서부터 남들의 행복한 모습을 보는 것이 가장 큰 즐거움이었고, 그 방법을 찾기 위해 사람들을 끊임없이 관찰했다고 한다. 이러한 것을 **'공감(resonance) 마케팅'**이라고 한다. Adam Smith도 시장을 '마음의 장, 동감과 공감의 장'이라고 정의한 바 있다.

'공감 마케팅'은 **'permission marketing'**이라고도 한다. 한국인 최초로 미국 Ivy 리그 대학 총장이 됐고, 이후 World Bank 총재까지 역임했던 김용이 Dartmouth대학 총장 시절 다음과 같은 연설을 한 바 있다. "사람들의 마음에 대해 진정으로 공감할 수 있는 능력이야말로 글로벌 인재의 핵심 가치입니다. 그래서 Dartmouth대학은 공감 능력 향상에 모든 교육의 초점이 맞춰져 있습니다."

한국 경영정책 연구원장 장정빈은 다음과 같이 공감을 표현하는 4가지 방법을 소개한 바 있다.

① pacing : 상대의 말에 호응하고 보조를 맞추어 대화
② mirriring : 상대의 모습이나 행동을 유사하게 따라함
③ backtracking : 한 박자 늦게 상대의 말을 따라서 받아줌
④ 공감 후 주장 : 상대방 말을 공감한 후 자신의 의견을 말함

중국 SNS의 급약진

중국 SNS의 약진이 두드러지고 있다. 〈표 15-10〉이 그것을 나타내고 있다. 특히 중국 Weibo의 성장이 두드러진다. Weibo의 인터넷 기업 Alibaba는 2014년 뉴욕 증시 상장 직후 시가 총액이 무려 241조 원을 넘었다. 2014년 말 기준, 상거래 금액 규모가 Amazon.com의 두 배 이상을 기록했던 세계 최대 전자 상거래 기업 Alibaba는 B2B 상거래 사이트 alibaba.com, B2C 온라인 쇼핑몰 Taobao, 전자결제 서비스 Ailpay 등을 운영하고 있다.

그 뒤를 잇고있는 기업은 Tencent다. Tencent의 대표 브랜드는 무료 컴퓨터 메신저 Tencent QQ인데, 2018년에 이미 세계 15억 명 이상이 가입했으며, 중국판 카카오톡 WeChat(웨이신)도 급부상하며 2018년 기준, 10억 명 이상이 가입했다. 향후 중국의 삼총사 'TAB(Tencent, Alibaba, Baidu)'과 미국의 삼총사 'FUT(Facebook, YouTube, Twitter)'의 '세계 대전'은 치열한 전쟁터가 될 것이다.

표 15-10 세계 인터넷 기업 시가 총액

순위	기업(국가)	시가 총액(10억$)
1	Apple(미국)	924
2	Amazon(미국)	783
3	Microsoft(미국)	753
4	Google(미국)	739
5	Facebook(미국)	538
6	Alibaba(중국)	509
7	Tencent(중국)	483
8	Netflix(미국)	152
9	Ant Financial(중국)	150
10	e Bay+Paypal(미국)	133
11	Booking Holdings(미국)	100
12	Salesforce.com(미국)	94

출처 : Statista(2018.5)

기업의 e-마케팅과 관련된 온라인 광고 유형

1) 검색 엔진 마케팅(SEM : search engine marketing)

기업 웹페이지 접속 방법 중 검색 엔진을 통하는 경우가 가장 많으므로, 온라인 마케

팅 중 검색 엔진 마케팅이 가장 효율적이며, 기업들이 가장 많이 사용하는 방식이다.

- **PPC(pay-per-click) 광고**: 대표적으로 Google Adwords, Yahoo! Search Marketing 등이 있으며, 관련 검색어를 입력하면, 회사 웹페이지가 상위에 소개되도록 하는 기능. 키워드의 입찰 가격에 따라 클릭 당 일정 금액 또는 정액제로 운영함.
- 검색 엔진 최적화(SEO: search engine optimization) 광고: 검색 엔진 결과에서 기업 홈페이지를 상위에 올리기 위해 실시하는 다양한 기술. 돈을 지불하지는 않지만, 상위 검색 결과를 유지하기 위해서 끊임없이 조정을 거침.

2) 웹을 이용한 광고

- 배너 광고: 디스플레이 광고라고도 불림. 노출이 용이하지만, 불특정 다수에게 보여지므로 PPC 광고보다 효율은 다소 낮음. 대기업 프로모션 등에 적합한 광고 방식.
- 제휴 마케팅(affiliate marketing): 웹사이트의 발행자가 파트너 웹사이트의 방문자, 회원, 매출 등을 발생시키면 그 보상을 받는 마케팅 방식. 예를 들면, 한국의 옥션 사이트가 포털 사이트와 제휴를 해 이익을 발생시키고, 이윤의 일정 부분을 포털 사이트에 지급하는 것 등.
- **바이럴 마케팅(viral marketing)**: 네티즌의 취향에 맞는 애니메이션, 동영상, 블로그 등을 제작하면서 사이에 기업이나 제품 이름을 살짝 끼워넣는 방식. 네티즌에 의해 자발적으로 확산돼 거부감이 적고, 간접 광고의 효과가 있음.
- RSS(really simple syndication): 사이트 또는 블로그의 글을 RSS라는 규칙에 맞게 작성하면, RSS 리더기를 가진 구독자들이 그 내용을 받아볼 수 있음. 자주 찾는 사이트를 일일이 찾지 않아도 리더기를 통해 한 곳에 모아 편리하게 읽을 수 있으며, 최근 스마트폰의 등장으로 광고에서 RSS의 사용이 활성화됨.

마지막으로 〈그림 15-50〉은 매체의 진화를 보여주고 있다.

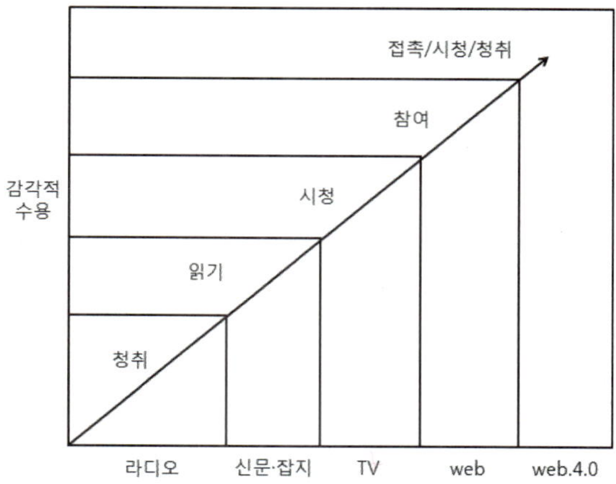

그림 15-50 매체의 진화

출처: Jaffe(2005). Life after the 30-second spot; energise your brand with a bold mix of alternatives to traditional advertising? NY;John?Wiley&Sons, Inc.

광고 매체와 관련해서 한 가지 분명한 사실이 있다. 필자의 연구실 문에도 수많은 광고가 부착되듯이 모든 지역과 물체가 광고 매체다.

매체 일정(media timing)

광고 효과를 극대화시키기 위해서는 어떠한 매체를 이용하는가도 중요하지만, 매체 일정도 그에 못지 않게 중요하다. 매체 일정에서 고려하여야 하는 사항은 다음과 같다.

1) 지역별 일정(geographic scheduling)

지역별 일정에서는 지역별로 상대적 판매 가능성 지표(**index of relative sales possibility**)에 의거하여 매체 일정이 결정된다. 상대적 판매 가능성 지표를 결정하는 핵심 요인은 각 지역 소비자의 구매력(purchasing power)인데, 대도시일수록 광고 경쟁(**noise level**)이 심하기 때문에, 가중치를 주어 상대적으로 높은 비율의 광고비가 매체에 투입돼야 한다. McDonald's가 McDLT를 개발하여 미국 New England 지역에 광고를 했을 때, New York, Boston 등의 대도시에는 구매력 비율의 세 배를 초과하는 광고비를 TV 및 기타 매체에 투입했다.

2) 시간별 일정(time scheduling)

광고의 중요 원칙 중 하나는 'repeat, repeat, repeat', 즉 3번 이상을 노출시키라는 것이다. 그 논리는 다음과 같다. 첫 번째 노출에서 호기심을 유발시키고("what is this?"), 두 번째 노출에서 평가적 반응을 유도시키고("why shall I purchase this product?"), 세 번째 노출에서 구매를 유도시키라는("I will purchase that product") 것이다. Gerd Bohner에 의하면, 세 번째 광고가 가장 호소력이 있다고 한다. David Ogilvy도 성공한 광고는 광고의 효과가 없어질 때까지 계속하라고 한다. 광고를 반복하면 그 효과는 '뒤집은 U' 즉 ∩의 형태를 취한다. 즉 일정 시점까지는 광고를 반복하는 것이 효과적이지만, 최적의 횟수를 넘어서면(변곡점을 지나면) 수확 체감 영역에 들어선다.

Coca-Cola는 TV 뉴스 직후의 광고를 결코 하지 않는다. 뉴스는 일반적으로 좋지 않은 일이나 사회적으로 심각한 사건들의 보도를 많이 하기 때문에, 그 직후의 광고는 제품의 부정적 이미지 형성에 영향을 주기 때문이다. 이것을 '**priming effect**'(**점화 효과**)라고 한다. **점화 효과**란 사람의 정보처리 과정에 있어서 시간상으로 앞서 제시된 자극이 나중에 제시된 자극의 처리 과정에 영향을 미치는 것을 의미한다.

제일기획에서 발표한 성별, 연령별 미디어 접촉 시간은 〈표 15-11〉과 같다.

시간별 일정에 있어서의 비결은 성수기 직전, 혹은 초기에 집중적 광고가 필요하다는 것이다. 음료에 대한 광고가 초 여름부터 쏟아져 나오는 것이 좋은 예다. 날씨에 따라 적절한 광고와 기타 촉진 전략을 수행하면 최소 25%의 판매가 증진된다는 연구 결과가 있었는데, 환대산업 중 특히 식음료산업에 있어서 시간별 일정은 중요한 역할을 한다.

표 15-11 성별과 연령별 미디어 접속 시간

		5:00	8:00	10:00	12:00	14:00	17:00	19:00	22:00	24:00~
남자 고등학생	1위	TV	입소문 (친구, 지인)	입소문 (친구, 지인)	입소문 (친구, 지인)	입소문 (친구, 지인)	입소문 (친구, 지인)	컴퓨터	컴퓨터	TV
	2위	휴대폰	휴대폰	휴대폰	휴대폰	휴대폰	컴퓨터	TV	TV	컴퓨터
	3위	신문	OOH	TV	컴퓨터	컴퓨터	휴대폰	입소문 (친구, 지인)	휴대폰	휴대폰
남자 대학생	1위	TV	TV	입소문 (친구, 지인)	입소문 (친구, 지인)	입소문 (친구, 지인)	입소문 (친구, 지인)	컴퓨터	컴퓨터	컴퓨터
	2위	신문	OOH	휴대폰	휴대폰	휴대폰	휴대폰	TV	TV	TV
	3위	입소문 (친구, 지인)	휴대폰	컴퓨터	컴퓨터	컴퓨터	컴퓨터	휴대폰	휴대폰	휴대폰
20대 직장남성	1위	TV	TV	컴퓨터	휴대폰	컴퓨터	컴퓨터	TV	컴퓨터	컴퓨터
	2위	신문	OOH	휴대폰	컴퓨터	휴대폰	휴대폰	컴퓨터	TV	TV
	3위	입소문 (친구, 지인)	휴대폰	TV	입소문 (친구, 지인)	라디오	TV	휴대폰	휴대폰	휴대폰
여자 고등학생	1위	TV	입소문 (친구, 지인)	입소문 (친구, 지인)	입소문 (친구, 지인)	입소문 (친구, 지인)	휴대폰	입소문 (친구, 지인)	TV	휴대폰
	2위	입소문 (친구, 지인)	휴대폰	휴대폰	휴대폰	휴대폰	입소문 (친구, 지인)	TV	입소문 (친구, 지인)	컴퓨터
	3위	OOH	OOH	입소문 (친구, 지인)	TV	컴퓨터	입소문 (친구, 지인)	휴대폰	휴대폰	입소문 (친구, 지인)
여자 대학생	1위	TV	TV	입소문 (친구, 지인)	입소문 (친구, 지인)	입소문 (친구, 지인)	입소문 (친구, 지인)	TV	컴퓨터	컴퓨터
	2위	입소문 (친구, 지인)	휴대폰	휴대폰	휴대폰	휴대폰	휴대폰	입소문 (친구, 지인)	TV	TV
	3위	휴대폰	OOH	OOH	컴퓨터	컴퓨터	컴퓨터	컴퓨터	휴대폰	휴대폰
20대 직장여성	1위	TV	TV	컴퓨터	휴대폰	컴퓨터	휴대폰	TV	TV	TV
	2위	입소문 (친구, 지인)	OOH	휴대폰	컴퓨터	휴대폰	TV	컴퓨터	컴퓨터	컴퓨터
	3위	신문	휴대폰	TV	입소문 (친구, 지인)	TV	컴퓨터	입소문 (친구, 지인)	입소문 (친구, 지인)	휴대폰

출처: ADK〈디지털 미디어 생활〉, 2010 스페셜 리포트, 제일기획

날씨(weather) 마케팅

식음료업체들은 소위 **날씨(weather) 마케팅***이라는 전략으로 여름철에 집중적인 광고를 수행하고 있다(〈그림 15-51〉 참조).

Craft는 주부를 대상으로 '무더운 여름에 식사를 준비하느라 땀 흘리지 말고 fast food을 대신하십시오'라는 광고를 수행한 적 있으며, Coca-Cola는 자판기에 자체적으로 기온을 감지할 수 있는 컴퓨터 칩과 센서를 부착하여, 온도에 따라 음료수의 온도와 판매 가격을 조정하게 하여 큰 효과를 거두었다. 여름철 이상 고온 시에는 맥주를

날씨란 기상(meteorological phenomena)의 요소로서, 매일 나타나는 종합적 기상 상태를 의미함. 기상청에 의하면, 국제적인 일기도에서는 세계기상기구에서 정한 구름이 없는 '○○'상태에서 천둥이 치는 '99'까지 100종류의 기호로 표시하고 있음. 대표적 기상 요소는 기온(대기의 온도, 지면 1.25~2m 높이에서 측정, 국내는 1.5m), 습도(공기의 건습 정도), 바람(공기의 지표면에 대한 상대적 운동), 구름(대기 중의 작은 물방울이나 얼음 알갱이가 모여 하늘에 떠있는 것), 강수(비나 눈, 우박 등과 같이 대기 중의 작은 물방울이나 빙정 등이 구름으로부터 땅에 떨어져 내리는 현상) 등 5가지가 있음. 지구의 대기는 78% 질소, 21% 산소, 0.93% 아르곤, 0.04:이산화탄소, 0.03:네온, 헬륨, 메탄, 크립톤, 수소 등으로 이루어져 있음.

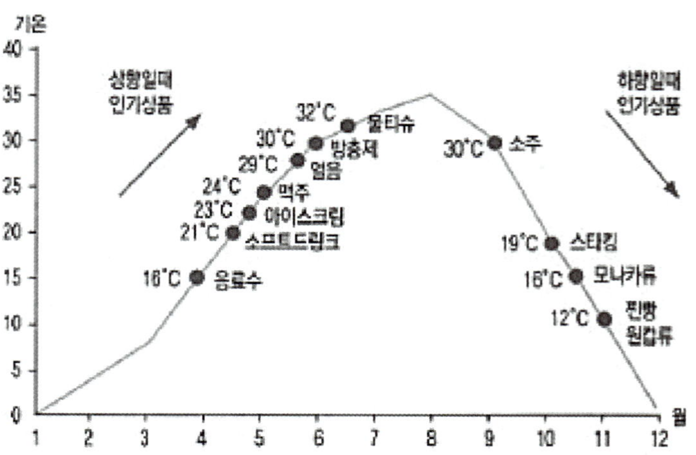

그림 15-51 기온과 인기 상품 변화

출처: 날씨 경영세미나(2009)

비롯한 음료 광고가, 장마나 태풍 발생 시에는 fast food의 광고가 집중되는 것이 좋은 예다.

Coca-Cola는 여름이 성수기이며 겨울이 비수기다. 겨울에 Santa Claus와 북극곰의 캐릭터를 등장시켜 겨우 만회하지만, 많은 음료 제품의 비수기는 겨울이다. 그러나 일본 Sapporo는 슬로건과 광고를 일본 설원과 연결시키며 겨울에 경쟁 제품을 압도한다.

이러한 **날씨 마케팅**은 여행사에서도 종종 이용되고 있다. Cloud Nine 여행사와 Silver Lightning 여행사는 기상 전문가에게 미리 문의하여, 초고속 강풍, 야구공만한 우박, 토네이도, 번개 등이 집중되는 시기에 맞춰, 기상 이변*을 관측할 수 있는 특수 차량에 관광객을 태우고, 경험하는 것을 주력 상품으로 기획하고 있다.

기상 이변과 관련된 용어로 'butterfly effect'(**나비 효과**)라는 것이 있음. 중국 Beijing에 있는 나비 날개짓이 미국 New York의 폭풍을 발생시킬 수 있다는 상호 연결성에 대한 이론으로, 1961년 Lotentz가 기상 관측 조사시 만들어 낸 이론임. 후에 물리학 Chaos Theory의 토대가 됨.

Center for American Progress의 Joseph Romm의 분석에 의한 2011년 10대 기상 재해의 자료에 의하면, 10억$ 이상의 경제적 피해를 입힌 기상 재해는 Thailand, Australia, 미국, Mexico, 중국, 동Africa(가뭄), Colombia(폭우) 등 총 32건이다. 기후 변화에 따른 기상 재해는 글로벌 경제 네트워크와 기업 가치 사슬의 복잡성으로 인해 세계 전역의 경제적 피해로 확산되며, 특히 개도국에 보다 큰 피해를 입히고 있다. Swiss Re는 2030년 개도국들의 연간 GDP 중 19%가 기상 재해로 사라질 것으로 예측하고 있다.

2000년을 지나며 세계 각 곳에 기상 이변이 점차 확대되고 있다. 2014년 8월 24일 미국의 대표적 와인 산지 California San Francisco의 Napa Valley에 진도 6.0의 지진으로 미국 와인산업에 1조 원의 손실을 안겼다(〈표 15-12〉 참조). 참고로 기상청 및 국립기상연구소의 2050년 기후에 대한 신 시나리오는 〈표 15-13〉과 같다.

표 15-12 환태평양(Pacific rims) 지진대의 주요 지진

일시	지역	진도
2004.12.26	Indonesia Sumatra	8.9
2006.5.4	Tonga	8.1
2010.2.27	Chile, Concepcion	8.8
2011.3.11	일본 도호쿠	9.0
2014.4.1	Chile, Iquique	8.2
2014.8.24	미국 California San Francisco	6.0
2014.8.24	Peru, Ayacucho	6.9

출처 : 조선일보 2014.8.26 p20.

표 15-13 신 시나리오(RCP8.5) 기반 2050년 기후 전망

기후 인자	전 지구 2050 전망	대한민국 2050 전망
기온	• 평균 기온 상승 : 2.3℃ • 동남아는 기온 상승 경향이 적으나, 동북 · 중앙아시아는 지역 차이가 크고, 북극 지역은 8℃ 이상 상승	• 평균 기온 상승 : 3.2℃ • 대부분의 지역이 아열대화되고 계절 특성 변화 • 열섬 현상 등으로 도시 지역에서 보다 높은 기온 상승 현상
강수량	• 연 강수량 증가 : 3.2% • 지역별 강수량의 차이가 심화되어 아시아 · 북미는 10% 이상 증가하고, 유럽 및 남반구는 10% 이상 감소 예상	• 연 강수량 증가 : 15.6% • 강우 강도는 13% 증가해, 집중 호우 가능성이 높아짐 • 남해안과 서울 · 경기 지역의 강수량 폭이 클 것으로 전망
해수면	• 해수면 상승 : 33.7cm • 지속적인 해수면 상승으로 연안 지역의 주요 도시, 산업 시설 등의 피해 우려	• 해수면 상승 : 27cm • 동해안의 해수면이 서 · 남해안보다 크게 상승할 것으로 전망
극한 기상	• 지역적으로 폭염, 호우 · 가뭄의 빈도 및 강도 증가 예상 • 폭염은 아시아, 아메리카 대륙의 동부 지역에서 발생 빈도가 클 것으로 예상 • 호우는 아시아 동부, 북미, 적도 Africa에서, 가뭄은 유럽, 남 Africa, 호주, 남미 북부에서 증가 예상	• 폭염, 열대뿐만 아니라 호우 · 가뭄 가능성이 크게 증대될 것으로 예상 • 폭염은 현재보다 약 3배 증가하여 2050년에는 25일 가량 발생하며, 특히 남부 내륙은 폭염 영향이 클 것으로 예상 • 열대야는 현재 연간 5일 정도 발생하나, 2050년에는 6배 정도 증가할 것으로 예상 • 집중 호우 일수는 2050년에는 60% 이상 증가 할 것으로 보이며, 수도권, 영동 지방에는 호우가 2배 이상 증가 • 강력한 태풍의 발생 가능성이 증가하고, 한반도 주변 지역의 해수 온도 상승에 따라 통과 시에도 태풍 강도가 유지되어, 피해가 커질 것으로 전망

출처 : SKYTRAX(www.worldairportawards.com)

광고비의 분산 투자(flighting, pulsing)

광고비는 최대의 판매 효과를 위해 기간별로 분산 투자되는데, 지속적으로 광고에 광고량의 변화를 주는 기법을 '**flighting**'이라고 하며, 주기적으로 일정하게 광고를 하는 방법을 '**pulsing**'이라고 한다. 광고의 노출 간격은 '**spacing**'이라고 한다.

Gad Saad와 Doug Stayman에 의하면, A1, A2 ,A3와 같은 세 형태의 광고 메시지가 있을 때, 복잡한 광고는 A1, A1, A1, A2, A2, A2, A3, A3, A3와 같이, 단순한 광고는 A1, A2, A3, A1, A2, A3, A1, A2, A3와 같은 식으로 배치하는 것이 효과적이라고

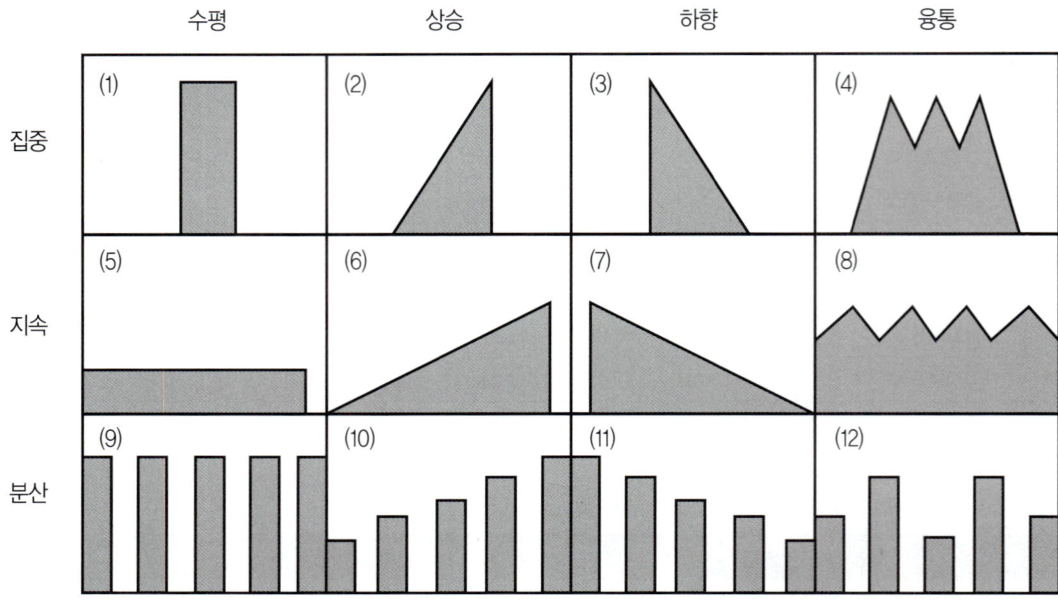

그림 15-52 광고비의 분산 투자

한다. 메시지의 초반 정보가 후반 정보보다 더 중시되는 것을 '**primacy effect**'(**초두 효과**)라고 하고, 반대의 경우는 '**recency effect**'(**최신 효과**)라고 하는데, 후자가 더 영향이 많다고 한다. 즉 부정적 내용과 긍정적 내용이 병행될 때 긍정적 내용을 후반에 배치하라는 것이다.

'**Flighting**' 혹은 '**pulsing**'을 시간적으로 배치하는 것을 '**time mix**'라고 한다. '**Time mix**'에는 ①지속 집행(steady time), ②계절 집중(seasonal pulsing), ③규칙적 집중(periodic pulsing), ④불규칙 집중(erratic pulsing), ⑤초기 집중(start-up pulsing), ⑥판매촉진 지원 집중(sales promotional pulsing), ⑦이벤트 집중(event pulsing), ⑧크로스 미디어 집행(cross media overlapping) 등 8가지 유형이 있다(〈그림 15-52〉 참조).

마감 시간(closing time)

모든 매체는 마감 시간을 갖고 있다. 마감 시간이란 원하는 시기에 광고를 하고자 할 때 접수될 수 있는 가장 늦은 시간을 의미한다(〈표 15-14〉 참조).

2-5. 광고 효과 평가

광고 효과 측정 용어 및 변수

가장 많이 사용되는 광고 효과 측정 변수는 '광고에 대한 태도', '브랜드에 대한 태도', '브랜드 인지도', '브랜드 상기도', '구매 의도' 등이다. 이러한 변수들을 단독으로, 혹은 조합하여 광고 효과를 측정한다.

광고 효과를 평가하는 기법에는 여러 형태가 있으나, 가장 보편적으로 사용되는 것

표 15-14 매체 마감 시간(closing time)

매체	마감 시간
조간	오후 3시에서 다음 날 새벽까지, 전 날 아침까지 편집자에게 연락
석간	당일 오전 9시, 전 날 편집자에게 연락
주간 신문	수요일(특정 지면은 1~2주 전)
주간 잡지	4주 전
월간 전문지	전 달 1일이나 15일
전국 월간지	전 달 1일이나 15일. 보통 3개월 전에 일을 시작(4월이면 7월 판을 준비)
TV 뉴스	오후 6시 뉴스는 당일 오후 2시, 오후 9시 뉴스는 당일 오후 5시(주요 뉴스의 경우 예외가 많음). TV 뉴스 방송 회의는 보통 오전 10시에 열리지만 오후 11시 뉴스는 그 뒤에 작업
TV 특집	2~5주 전에 예약(유명 인일 경우에는 예외), 프로마다 다르므로 제작자에게 확인.
라디오 프로	항상 뉴스만 다루는 방송이 가장 쉬운 대상
라디오 토크	보통 2주 전, 프로마다 다르므로 제작자와 상의

은 **GRP(gross rating point)**다. **GRP** = reach × frequency의 공식에 의해 산출된다. Reach란 광고 대상 중 얼마나 많은 가구가 광고를 보았는 가를 의미하며(%), frequency란 광고를 본 가구 중 평균 몇 회를 보았는가를 의미한다. 10가구를 대상으로 네 번의 광고를 했을 때의 경우를 예로 든다면 〈표 15-15〉와 같다.

표 15-15 광고 집행 및 노출의 예

광고 수 \ 가구	A	B	C	D	E	F	G	H	I	J
광고 1	○	○	○		○	○	○		○	
광고 2	○	○	○	○	○		○		○	○
광고 3		○		○	○	○	○			○
광고 4	○		○		○				○	

〈표 15-15〉에서와 같이 가구 H를 제외한 9가구가 광고에 노출됐으므로, reach는 90(%)이며, 총 25회의 광고를 9가구가 보았으므로, 한 가구 당 평균 25/9회의 광고를 본 것이다. 즉 **GRP**=9/10×100×25/9=250으로 산출된다. 말할 나위도 없이 **GRP**가 높을수록 광고 효과는 크다.

광고 홍수시대에 기업들은 자사의 광고가 소비자들에게 노출되기를 원한다. 매출액에 의해 시장점유율이 생성되듯이 광고가 소비자들에게 전달되는 비율(경쟁 기업과의 상대적 비율)을 **SOR**(share of reach)이라고 하는데, 어떤 의미에서는 **브랜드 시장점유율**(brand's market share)이라고 할 수 있다. Peckam의 200개 이상 브랜드에 대한 조사에 의하면, **SOR**은 기업이 달성하고자 하는 시장점유율의 1.5배가 되어야 한다고 한다. 즉 25%의 시장점유율을 달성하고자 한다면 **SOR**의 비율은 25×1.5=37.5(%)가 되어야 한다는 것이다.

일반적으로 노출의 빈도는 광고 예산에 비례하는 것이 상식이지만, 그 효과는 차이가 있다. 2014년 1분기에 대한 iSpot의 조사에 의하면, NBC, ABC, NBC Sports, Fox, CBS 등 미국 5대 TV 광고 예산에 McDonald's는 1억 9천억$를, Taco Bell은 9천 4백만$를 투자했으나, 오히려 Taco Bell의 reach가 높은 것으로 나타났다.

광고 효과 측정 관련 용어들

- TRP(target rating points) : 표적 시장에 대한 GRP
- OTS(opportunities to see) 광고 캠페인에 있어서 한 사람 당 노출되는 횟수
- net reach(GRP/OTS), CPT(cost per thousand) : 천 명에게 도달할 때의 비용(CPM 이라고도 함)
- CPP(Cost per point) : 전체 목표 소비자 중 1%에 도달할 때의 비용
- Z+ : 일반적 TV 광고 계획인 3회 이상의 TV 광고를 한 번이라도 시청한 사람 수

표 15-16 멜팅 포인트의 점수별 구분점

점수	광고에 대한 자극
1~2	브랜드 노출도 미비하고, 전혀 마케팅으로 보이지 않는 형태
3~4	어떤 제품을 언급하고 있는지 명확한 경우
5~6	제품의 특장점에 대해 구체적인 경우
7~8	직접적으로 구매 권유, 참여 독려
9~10	경쟁 업체와 비교, 제품 가격 언급

출처 : 이광성(2013), 《바이럴 마케팅》, p.107

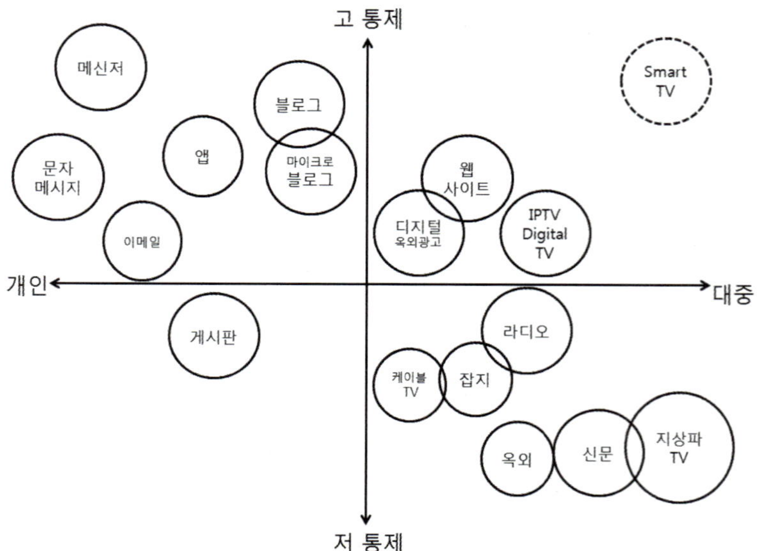

그림 15-53 매체 도달률(reach)*

출처 : 정연승 외(2011), 파이브 포스, 한스 미디어

도달률이 높을수록(이용자가 많을수록) 대중에 가까움. 소비자의 활용 매체 선정의 영향력이 높을수록 고통제에 가까움(〈그림 15-53〉참조).

위와 같은 노출(exposure) 측정 이외에도 소비 심리 자극도(melting point)(〈표 15-16〉 참조), 처리(processing : 고객들의 반응), 커뮤니케이션 효과(광고 목표에 의해 의도된 범위 내에서의 고객 반응), 표적시장의 행동 조사 등이 광고 효과 측정의 주요 유형이다.

웹사이트 광고의 주요 용어와 평가

웹사이트가 일으키는 트래픽을 정량화하려면, 한 사이트의 한 페이지에 몇 번 접속했는지를 알려주는 페이지 뷰 수를 모니터링해야 한다. 히트 수란 웹상의 방문자에게 보내는 파일의 개수를 말하는데, 대체로 웹페이지는 많은 파일로 구성되기 때문에 히트 수는 페이지 뷰의 함수일 뿐 아니라, 각각의 페이지가 몇 개의 파일로 구성되었는지에 따라서도 달라진다. 페이지 뷰는 특정 페이지가 사용자에게 보여진 횟수를 말한다.

- 히트 수(#) = 페이지 뷰 수(#) × 해당 페이지의 파일 수(#)
- 페이지 뷰(#) = $\frac{\text{히트 수(\#)}}{\text{해당 페이지의 파일 수(\#)}}$
- 클릭률 = $\frac{\text{클릭 수(\#)}}{\text{임프레션(광고를 보여준 횟수(\#))}}$

웹 광고와 관련하여 인터넷상에서 사용자의 이동 경로를 '**클릭 스트림(click stream)**'이라고 하며 두 번 이상 방문하는 사용자를 식별하기 위해 웹사이트가 방문자의 하드 드라이브에 저장하는 작은 화일을 '**쿠키(cookie)**'라고 한다. 1997년 미국에서 설립된 Overtuer는 방문자의 클릭 횟수에 따라 광고비를 책정하는 P4P(pay for performance) 모델을 도입해서 기존의 정액제 광고비 개념을 종량제 광고비 개념으로 변화시켰다.

불황기 광고의 효과

American Association of Agencies는 광고 비용의 생산성(광고 효과)을 입증하는 연구를 수행한 바 있다. 소비재산업에 대한 연구 결과, 불황기에 광고를 증가시킨 기업이 광고 예산을 삭감한 기업보다 불경기 타개의 효과가 2.5배 높은 것으로 나타났다. 1929년 미국에 대공황이 닥쳤을 때에도 광고를 했던 기업만이 생존했다.

불황기에는 다음과 같은 5F 원칙이 적용되고 있다.

① family : 불황기 시 가장 많은 광고의 주제는 가족임. 어려운 상황일수록 가족의 결합된 의견이 중요함
② flighting : 장기적 안목과 계획이 필요함
③ fun : 어려울수록 가볍고, 재미있는 것이 효과적임
④ fact : 시장의 검증을 받은 제품의 기본 기능을 강조함
⑤ friendliness : 착함, 겸손함, 위로, 친근감이 효과적임

실제로 대공황 시 Procter&Gamble에서는 Ivory 비누의 광고비를 늘려 매출액을 2배 성장시켰다. Campbell's, Coca-Cola, Kodak, Kellogg's 등도 불황기 시 광고비를 증가시켜 위기를 넘겨왔다.

뇌 반응에 의한 광고 효과 평가

광고에 대한 소비자들의 뇌 반응을 연구하는 사례가 늘어나고 있다. 대표적 예로 미국 UCLA의 Fredman 교수팀은 2007년 Super Bowl에 방영된 33가지의 광고를 10명의 실험자들에게 시청시킨 후 뇌 반응을 분석했는데, 20% 미만의 광고만이 쾌락 중추를 활성화시켰다는 사실을 밝혀냈다. 가장 영향력이 있었던 것은 Coca-Cola 광고로서 가죽 점퍼를 입은 남자가 길거리에서 선행을 베푸는 장면이었다. 2019년 기준, 30초에 500만$가 넘는 Super Bowl TV 광고에 있어서 기업들이 참고해야 할 결과다. 블라인드 테스트에서 Pepsi가 Coca-Cola보다 선호도가 높았지만, 실제 제품 선택에서 뒤진 이유는 소비자들이 Coca-Cola 브랜드를 보며 쾌락 중추가 활성화됐기 때문이었다.

또한 광고의 위치, 크기, 빈도 등의 최적화를 위한 뇌 반응 실험도 병행되고 있다. 한 예로 Google은 동영상 광고에서 동영상 방영 전에 나오는 전면 광고(pre-roll)와 화면 하단 1/5을 차지하는 광고(overlay) 중 후자가 더 효과적이라는 사실을 뇌 반응 분석을 통해 증명한 바 있다.

세계 최고의 뇌신경 리서치 기업인 Neuro Focus의 EEG(electro encephalo graphy; 사람 심리를 파악 측정하는 기구)는 2008년 Beijing(Peking) Olympic Games TV 광고에 대한 시청자들을 측정한 바 있다. 그 결과, Beijing(Peking) Olympic Games 4개 후원사 중 광고 효과는 Home Depot, Budweiser, McDonald's, Visa 순이었고, Olympic Games 내 삽입된 광고의 브랜드 인지도 효과는 Visa, Budweiser, Home Depot, McDonald's의 순이었다고 한다. Neuro Focus의 조사 결과, 최근 및 현재 Olympic Games의 이미지, 인물, 언어가 사용될수록 광고 효과가 높다는 결론을 도출한 바 있다.

이와 같이 광고에 대한 소비자의 숨겨진 태도, 구매 결정 과정에서 일어나는 심리 상태 변화를 추적하기 위해 뇌의 전기적 신호와 혈류의 역할 반응을 추적하는 기법을 **neuro marketing**이라고 한다.

2-6. 판매 효과 측정

판매 효과 측정은 광고 효과 측정보다 어렵다. 판매량은 광고 이외에도 무수한 기타 요인에 영향을 받기 때문이다. 판매 효과 측정에 있어서 가장 널리 사용되는 기법은 광고 전 판매량과 광고 후 판매량을 비교하는 것이며, 보다 정확한 기법은 실험(experiment)을 통해 측정하는 방법이다.

광고비 지출에 대한 매출액의 민감도(판매 유발 효과)를 '**광고성(advertisability)**'이라고 하는데, 이것은 광고 효과(advertising effectiveness)와 유사한 개념으로서, 광고에 대

그림 15-54 Wendy's "Where is the beef?"
출처: www.wendys.com

한 수신자의 우호 정도, 제품차별화의 정도, 광고가 제시하는 혜택의 유용성, 감정적 소구 정도, 광고 예산의 정도, 혜택의 효과적 전달 정도가 그 효과에 대한 주요 요인이 된다.

미국 University of Pennsylvania Wharton School의 Lodish에 의하면, 수백 건의 마케팅 실험 결과, 미국의 경우 기존 제품의 33%, 신제품의 55%만이 광고 지출을 통한 매출액 증가 효과를 거두었다고 한다. 미국 기업들의 평균 광고 지출 규모가 매출액의 3%임을 감안할 때, 광고의 효과는 의외로 크지 않다는 사실의 반증이다.

1984년 방영된 Wendy's의 'Where is the beef?' TV 광고는 역사상 가장 성공적이고 기발한 광고 캠페인 중 하나로 기록되고 있다(〈그림 15-54〉 참조). 세 할머니가 등장해 큰 빵 안에 있는 너무 익어 딱딱한 햄버거 패티 한 장과 피클 한 조각을 갖고 "Where is the beef?"라고 외치는 Peller 할머니는 유명 인사까지 됐다. 이 광고의 판매 효과는 엄청났다. 방영 2달 후 Wendy's의 설문조사 결과, Wendy's Single이 McDonald's BigMac이나 Burger King Whopper보다 더 크다고 생각하는 고객들이 47% 증가했으며, 광고 후 1년 동안 Wendy's의 매출액도 31%나 증가했다(실제로 Wendy's의 햄버거는 고기가 더 많다).

그러나 훌륭한 광고가 판매 제고를 항상 보장하지는 못한다. 그 사례는 너무나 많다.

우수 광고와 판매량의 역설

Anheuser-Busch사 Budweiser의 광고 문구 'Whassup?'은 가장 빨리 유행어가 된 것으로 유명하다. 실질적으로 어떠한 광고보다도 많은 상을 수상했으며, Kahn 국제 광고제에서 TV 및 영화 광고 부문 대상을 받기도 하였다. 그 수상작 선정 시 불과 5분만에 거의 만장일치로 결정됐다. 그러나 이후 Budweiser의 판매량은 줄었고, Bud Light의 판매량이 오히려 느는 결과를 초래한 바 있다.

앞서 소개되었던 Nissan의 장난감 자동차와 인형 광고도 광고로서는 최고였지만, 판매 효과는 형편없었다. 그 당시 미국 자동차업계의 평균 매출 성장률은 3%(Toyota 7%, Honda 6%)였으나, 오히려 Nissan의 매출액은 3% 하락했다. Nike의

'Just do it' 캠페인, 토끼를 등장시켰던 Energizer의 'bunny' 광고, Taco Bell의 치와와를 등장시켰던 'Yo quiero Taco Bell' 광고 모두 판매량 감소라는 결과를 초래했다. Budweiser는 유행어를, Nissan은 장난감들을, Energizer는 토끼 인형을, Taco Bell은 치와와를 유명하게 만든 것뿐이었다.

"광고는 메시지를 판매하는 것이 아니라 제품을 판매하는 것"이라는 David Ogilvy의 말을 다시 한 번 상기시키는 사례들이다.

또한 위의 사례들은 화제 가치, 창의성보다는 고객의 신뢰가 광고 효과에 있어서 더욱 중요하다는 반증이 되고 있다. 고객에게 신뢰를 심어주는 것은 광고가 아닌 PR이다.

화제 가치
DDB사의 creative 총 책임자에 의하면, 광고의 진정한 기능은 '화제 가치(talk value)'를 창출하는 것이라고 함. 이 '화제 가치'를 'Letterman factor', 혹은 'Leno factor'라고 부르고 있음.

제3절 PR 전략

1. PR의 개념과 의의

1-1. PR의 정의

PR(public relation)의 개념을 이해하기 전에 선전(propaganda)과 뉴스의 정의를 살펴볼 필요가 있다. 《Webster》 사전에 의하면 선전은 '대중의 관심을 끌어내기 위한 행위나 장치, 특히 대중의 관심이나 지지를 얻기 위해 발표하는 뉴스 가치가 있는 정보로; 뉴스는 ①최근 사건의 보고, ②신문이나 정기 간행물 또는 뉴스 방송에서 다룬 사건 및 뉴스 가치가 있는 자료, ③뉴스 방송'으로 정의되고 있다.

PR 중 매체를 이용한 보도 활동은 publicity라고 한다. Publicity에 대한 적합한 국내 용어를 찾기 어렵기 때문에 앞으로 publicity로 표기하기로 한다.

이에 반하여 PR은 다음과 같이 정의되고 있다. '①개인이나 단체가 그들 자신이나 제품, 또는 서비스에 대한 이해와 호의를 증진시키기 위한 활동, ②이러한 개체들이 대중으로부터 얻어낸 이해나 호의의 정도, ③직접적 언론 경비의 지출 없이 대중에게 메시지를 전달하여, 개인이나 제품 또는 단체에 대한 대중의 견해를 분석하고, 그 견해에 좋은 영향을 미치려고 하는 경영진의 노력.'

즉 PR은 개인, 기업, 대행사, 단체, 정부 및 타 조직의 다양한 대중을 향한 종합적 커뮤니케이션 노력이라고 할 수 있다. 여기서 대중이란 고객, 직원, 지역 사회 의견 선도자 및 주민, 잠재 고객, 언론, 공급업자, 환대산업과 관련된 모든 기관, 주주 등 모든 공중 및 기관을 포함한다. 따라서 PR은 public relation의 약자이나, 그 의미상 P(performance : 임무 수행)+R(recognition : 인정)으로 이해될 수 있다.

1-2. PR의 Publicity 광고의 차이점 및 의의

PR의 Publicity, 광고와의 차이점

PR은 publicity와 다른 개념이며, 또한 광고와도 다른 개념이다. PR과 publicity는 돈을 지불하지 않고 매체를 이용한다는 점에서 광고와 다르며, 또한 PR은 자연적으로 기사화되는(become the story) publicity와 달리, 바람직한 기사화를 하기 위한 노력(tell the story), 혹은 기사를 통제(control publicity)한다는 점에서 차이가 난다.

다음의 국내외 예를 통해서 PR과 publicity의 차이를 살펴보기로 한다.

국내 H 호텔과 The Waldorf Astoria의 PR 사례

10여 년 전 서울 특 1급 H 호텔에서 Heinz사 연회 행사 후, 현수막(banner)을 걷기 위해 리프트를 타고 올라가던 두 직원이 기계 고장으로 한 명은 6.9m의 컨벤션센터 천장에서 뛰어내려 큰 부상을 입었고, 한 명은 미처 대피하지 못하고, 천장에서 압사를 당한 적이 있다. 언론에 알려지기를 꺼려한 H 호텔측은 다음 날 모종의 준비를 하여 소문을 듣고 방문한 기자들 입을 막았다. Y 신문사에 그 기사가 조그맣게 실리기는 했으나, H 호텔측은 최선의 대비를 한 것이다.

20여 년 전 미국 New York Manhattan Park Avenue에 위치하며 1,800개 이상의 객실을 가진 The Waldorf Astoria의 새 전화망이 개설된 즉시 고장나, 고객들이 외부 전화를 받지 못하게 되었다. 그 세계 최고 호텔에서는 15시간 동안 직원들이 고객에게 직접 메시지를 전달하는 19세기식 의사소통 방식이 진행됐다. 새로운 전화 시스템에 맞추기 위해, 전날 밤 객실 번호가 바뀌어 과음을 한 몇몇 고객들은 방을 찾지 못하는 일도 발생하게 되었다.

The Waldorf Astoria의 PR 전문가인 Frances Borden은 언론에 두 가지 사실을 전달했다. The Waldorf Astoria야말로 전화 시스템 고장의 피해자이며, 직원들은 42층 호텔에서 고객의 개인적 응급 전화나 메시지 전달을 위해 비번 기간에도 출근하여 일할 만큼 영웅적이었다는 것이다. 그 결과 1980년도 The Waldorf Astoria는 당시 AHMA에서 수상하는 위기 시 PR 부문 상을 받았다.

위의 두 사례는 publicity와 PR의 차이점을 명백히 보여주고 있다. 위와 같이 부정적인 사건이 저절로 기사화된다면, 그것은 publicity이며, 그것을 통제하는 기능이 바로 PR이라는 것이다. 국내 호텔의 PR 실무자들은 '**P할 것은 피하고 R릴 것은 알리는 것**'이 PR이라고 비유한다. 이 한 마디는 PR에 대해 매우 정확한 의미 전달을 하고 있다고 사료된다. 즉 '좋은 이야기를 더 좋게', '나쁜 이야기를 그다지 나쁘지 않게' 만드는 것이 PR이다.

PR은 또한 광고와 전혀 다른 개념이다. 기사화할 때 돈을 지불하는 여부 이외에도 그 의미상 큰 차이를 보이고 있다. 실제로 PR은 그 중요성에 비해 가장 저평가 받고 있는 커뮤니케이션 형태의 하나다. PR과 광고의 공통점이 있다면 결과를 보장받지 못한다는 점이다. 광고가 제품 판매를 보장할 수 없듯이, PR도 좋은 평판을 보장받을 수 없다는 것이다.

Al Ries에 의한 광고와 PR의 차이는 〈표 15-17〉과 같다.

표 15-17 광고와 PR의 차이

광고	PR
바람	해
공간적	선형적
폭발적 위력	완만한 전략
시각적	언어적
만인 대상	특정인 대상
자기 주도형	타인 주도형
단명	영원함
비용이 많음	비용이 적음
라인 확장	신규 브랜드
기존 상호	신규 상호
흥미	진지
비창조적	창조적
비신뢰적	신뢰적
브랜드 유지	브랜드 구축

PR의 역할과 의의

PR과 광고의 가장 큰 차이점 중 하나는 신뢰성의 정도다. 보통 신문의 상단에 위치하는 것은 PR이고, 하단에 위치하는 것은 광고다. 즉 PR이 보다 좋은 위치를 차지한다는 의미이다. PR은 광고보다 높은 신뢰감을 주는데, 그것이 PR의 핵심 가치다. 광고량의 급속한 성장 결과, 광고의 효과는 점차 하락하고 있다. America Advertising Association의 1,800명 기업 간부 대상 조사에 의하면, 기업 경영에 기여하는 중요도가 광고 10%, PR 16%로 나타나고 있다.

PR과 광고의 성패, PR의 완승

Starbucks는 창업 후 10년 동안 1,000만$ 미만의 광고료를 지불했으며, Wal-Mart Stores, Viagra, Pokemon, Oracle, Cisco 등도 광고를 거의 하지 않는 기업으로 유명하다. The Body shop, Palm, Google, Playstation, Harry Potter, Botox, Red Bull, MS, Intel, Blackberry 등도 광고보다 PR 전략으로 성공한 대표적 기업들이다.

이와 반대로, 광고에 과다 투자를 한 기업들은 많은 낭패를 봤다. 대표적 사례는 온라인 기업 eToys다. 1997년에 영업을 시작한 eToys는 1999년 주식 시장에 상장(going public)될 때 시장 평가액이 오프라인 선두 주자 Toys 'R' US보다 35%나 높았다. 그 해 eToys는 2천만$라는 거액을 광고에 투자하는 등 수익금의 60%를 광고에 투자하는 무모함을 보였다. 상장 후 15개월 후 eToys는 파산했다. Art, Com, Drugstore.com, Homestore.com, Living.com, Real Estate.com 등 각 분야의 선두 .com 기업들도 연 천만$~3천만$를 광고에 투자했으나 그 결과는 모두 실패였다.

반면 같은 .com 기업들이지만 America Oline(AOL)*, Amazon.com, Moster.com(구직 사이트), eBay, Priceline.com, Travelocity, Expedia 등은 강력한 PR 전략으로 현재까지 각 부문에서 선두 자리를 지켜나가고 있다.

America Oline(AOL)
인터넷 서비스 제공업체

새로운 브랜드를 시장에 처음 출시할 때 PR이 광고보다 효과적이라는 연구 결과가 지속적으로 발표되고 있다. Pepsi는 Pepsi One 브랜드 출시에 1억$를 지불했음에도 성공하지 못했다. 현대에 이르러 광고량은 증가하고 있으나, 그 효과는 점차 희석되고 있다. Viagra는 제품 출시 초기에 방송 매체에 제품 광고가 아닌 연이은 기사와 화제거리로 PR 전략을 수행했다. Amazon.com의 '모든 하드 커버 책자를 30% 저렴하게 판매한다'는 초기 전략도 광고가 아닌 PR이었다.

세계 제 1의 에너지음료 Red Bull도 광고 대신 PR 활동에 노력을 경주하고 있다. 일반 패션 브랜드는 의상 디자인 후 거의 10개월이 지나야 소비자에게 선보이게 된다고 한다. 이것을 15일로 단축시킨 'just in time', 'fast fashion'의 1위 브랜드 Zara는 브랜드 도입기에 거의 광고를 하지 않았다. 현재의 Zara를 만든 힘은 바로 PR이었다. 무엇보다도 명백한 사실은 광고 대행사들이 그들의 기업을 광고하는 것은 찾아보기 힘들다는 것이다. 그들은 PR에 전력을 기울인다.

PR이란 기업주의 의도와 목적에 의해 기사화되는 광고와 달리 제 3자*를 통해서 기사화된다. 제 3자란 어떤 제품 혹은 이야기를 뉴스 거리로 취급하는 인쇄와 방송 매체 및 구전을 통한 일반인의 지지를 뜻한다. 제 3자란 용어는 1983년 W.P. Davidson이 타인에게 얻는 정보가 매스미디어의 메시지보다 더 큰 영향력이 있다며, 이를 '**third-person effect**'(**제 3자 효과**)라고 명명하며 시작됐다. 메시지가 제 3자에 의해 정당화될 때, 자기 중심적 광고주가 알리는 광고 메시지보다 더 설득력이 있음은 부연할 필요가 없다. 구전이 중요한 환대산업에 있어서 제 3자에 의한 PR의 중요성은 아무리 강조되어도 지나치지 않다.

의사 전달자(출저)는 제 1자, 의사 수용자(수용처)는 제 2자라고 하며, 제 3자는 중간에서 매스컴의 기준에 따라 제 1자에서 제 2자로 전달하는 과정시 추천자의 역할을 함.

반면 PR은 광고보다 메시지 전달 시간의 통제에 있어서 불리함을 안고 있다. 광고는 기사가 나올 정확한 날짜와 호를 통제할 수 있지만, PR은 인쇄 및 방송 매체 편집장의 일정 및 구전 제공자의 의지에 의존해야 한다는 단점이 있다.

Al Ries에 의하면, 광고에서 중요시하는 창의성도 광고보다 PR의 기능에 가깝다고 한다. 광고는 PR에 의해 고객의 마음 속에 자리잡게 된 아이디어를 강화하는 기능에 불과하다는 것이다.

이와 같이 PR 전략은 모든 커뮤니케이션, 혹은 촉진 전략과 밀접히 관련되어 있으며, 동시에 중추가 되고 있다. 커뮤니케이션 전략에 있어서 PR 전략은 농구의 point guard, 미식 축구의 quarter back 역할을 한다. 모든 커뮤니케이션 전략은 PR 전략과 병행될 때 시너지 효과를 발휘할 수 있다는 의미다.

2. PR 전략의 기법과 형태

2-1. PR 전략의 공식과 기법

PR은 본질적으로 두 단계의 게임이다. 브랜드를 구축하기 위해서 산을 올라가야 하며, 일단 정상에 도달하면 전략을 바꾸어야 한다(산을 내려가야 한다). 브랜드가 구축되면 언론으로부터 전화를 받는 입장이 되며, 브랜드를 알리기보다는 부정적 여론으로부터 보호해야 하는 입장이 되는 것이다. 위의 과정은 점차 영향력있는 매체로 옮겨가며 PR 프로그램을 전개해 나아가야 하는 PR의 근본적 전략이다.

PR 전략을 수행할 때 1차적으로 다음과 같은 기본적 공식을 준수해야 한다.

PR 전략의 기본 공식

- 전달하는 메시지는 100% 사실이어야 한다.
- 모든 질문에 답해야 한다. 답변을 할 수 없거나 준비되어 있지 않더라도, "지금은 답변할 수 없다", 혹은 "그에 대해서는 말할 수 없다"라는 답이라도 주어야 한다.
- 간결하게 전달하고 사적인 의견을 포함하지 말라.
- PR 결과를 항상 확인하고 관계를 확립해라.

효과적 PR 전략을 위해서는 위의 기본적 공식과 더불어 매체 접촉 시 다음과 같은 기법이 필요하다.

매체 접촉 시의 PR 기법

- 기자와 만날 때 기업과 관련된 내용을 기사화시켜달라고 강요해서는 안된다. 만남이 끝난 후 보도 자료집을 주고 기사화될 수 있는 우회적 접근 방법을 최대한 활용해야 한다.
- 기자와 편집자들은 자신의 일이 있고, 항상 타 매체와 경쟁하고 있기 때문에 비공식적 이야기는 절대로 회피해야 한다.
- 기자와 면담 전 항상 **역주(fact sheet**:시설물과 제공 서비스를 자세히 소개하는 자사 소개서)를 미리 준비하라. 역주는 여러 질문을 줄일 수 있으며, 기자의 일거리를 대폭 줄여 준다(〈그림 15-55〉 참조).
- 기사에 대한 사전 점검 및 기사 일정을 묻지 말아야 한다.

FOR IMMEDIATE RELEASE

Contact: Barbara Wiener
US Franchise Systems, Inc.
(404) 235-7400

MICROTEL INN & SUITES SURVEY OFFERS INSIGHT INTO WHAT TRAVELERS WITH DISABILITIES WANT MOST FROM THEIR HOTEL

ATLANTA (August 18, 1997) – For the 20 million people with disabilities who travel every year, the path is seldom easy.

Now, the results of a survey taken by Microtel Inn & Suites and parent company Atlanta-based US Franchise Systems (USFS) via the internet offers new insight into understanding handicapped travelers' needs and the accommodations they are looking for. According to respondents, what travelers with disabilities want most from their hotels are accessible showers, large bathrooms and accurate information when calling ahead for reservations.

Microtel – all newly-constructed, interior corridor, limited service hotels with daily rates starting at $35 – has been changing the face of the hospitality industry as it plans for 1,000 new hotels in development by the year 2000.

Says Mike Leven, president and CEO of USFS, "We want to be the preferred hotel chain for travelers with disabilities. Because all Microtels are newly constructed, we are in the unique position to be on the ground floor both physically and psychologically to truly serve the needs of these travelers, and that's what we're working toward."

Following is what respondents want most from their hotel, in order of preference:

1. **Accessible showers**
2. **Large bathrooms**
3. **Accurate information when calling ahead, with knowledgeable reservationists**
4. **Helpful staff, sensitive to the needs of the disabled**

more…/

13 CORPORATE SQUARE SUITE 250 ATLANTA, GA 30329 404 321-4045 FAX 321-4482

Microtel's New Survey…2/

5. **Enough space in room for easy maneuverability**
6. **Suitable beds**
7. **Aesthetically pleasing guest rooms**
8. **Refrigerator in guest rooms**
9. **Accessible parking**
10. **Easy access to guest room controls**

The survey attracted travelers of varying ages and income, the majority wheelchair users (73%), and the remaining sight or hearing impaired (5%) and "other" (22%). Mostly 35 years of age or older (75%), with an annual income of $35,000 or more (60%), most spend at least 10 nights away from home each year in hotels (vs. with friends or family) and typically with a companion or family member. The majority travel for leisure and make reservations by calling the hotel directly.

With the help of Travelac and its president Don England – the wheelchair-user consultant who advises Microtel on accessibility prototype plans for all its properties – Microtel developed the survey to be proactive, not only by striving to meet ADA (Americans with Disabilities Act) guidelines by making existing properties more accessible and to be consistent in all its hotels, but by practicing "attitude" accessibility to be more conscious, aware and friendly to travelers with disabilities as well.

For reservations or information about Microtels around the U.S., contact 1-888-771-7171 toll-free. To participate in the internet survey, or to offer suggestions regarding the survey or Microtel's accommodations for travelers with disabilities, go to **www.microtelinn.com**.

####

Based in Atlanta, Ga., US Franchise Systems, Inc. was formed in August 1995 by Michael A. Leven, a 37-year veteran of the lodging industry, and Neal K. Aronson, former principal of a New York investment firm, when the company purchased the franchise system rights to Microtel Inn, Microtel Inn & Suites and Microtel Suites. The company, traded on the Nasdaq National Market System also acquired the franchise rights to Hawthorn Suites, a limited service extended-stay product, in 1996, and plans for 200 properties by the year 2000. USFS is committed to growing, marketing and servicing unique franchise brands that will provide consumers and franchisees alike with a product that exceeds their expectations in quality, consistency and value.

M139/bw

그림 15–55 USFS의 뉴스 release. U.S. Franchise Systems, Inc.의 Microtel Inns&Suites는 장애자(disability)를 위한 설문 조사 및 시설의 완비를 통해 훌륭한 PR 전략을 수행하고 있음.

- 보충 자료, 사진 등 필요한 추가 정보의 여부를 계속 확인하고, 요청 시 최대한 빨리 전달해야 한다.

Al Ries와 Laura Ries는 신규 브랜드 출시 시 PR 전략을 다음과 같이 제시했다.

- 입소문 : 뉴스레터와 인터넷 사이트가 가장 좋은 입소문 경로다. 그 외에 신규 브랜드에 대한 상세한 소문을 언론 매체에 최대한 흘린다.
- 느린 구축 : 신규 브랜드 구축 시 '**A(airline) Theory**'(처음에는 천천히, 나중에 가속 : PR)가 '**B(big bang) Theory**'(처음에 급발진 : 광고)보다 바람직하다. Red Bull, MS, Wal-Mart 등이 **A Theory**에 해당된다. PR 프로그램이 어떠한 전환점을 맞을 때까지 충분한 시간을 가져라. 신뢰를 구축하는 것은 시간이지 인상적인 사건이나 이벤트가 아니다.
- 동맹군의 도움
- 상향식 출시 : 달리기에 앞서 걷기를, 걷기에 앞서 기는 법을 알아야 한다. 뉴스레터로 시작해서 업계 신문이나 잡지에, 그 다음에 일반 경영 잡지나 출판물에

기사를 올린다. 사다리의 계단을 하나씩 올라갈수록 브랜드의 신뢰도도 함께 올라간다.

- 제품 수정 : 피드백은 PR 방식 브랜드 출시에 있어서 중대 요소다. 실제 제품 출시에 앞서 PR 프로그램이 실시되기 때문에, 판매에 들어가기 전에 제품 수정의 충분한 시간이 있다.
- 메시지 수정 : 최종 메시지 결정 시 언론 매체가 큰 도움이 된다. 언론 매체는 신제품을 소비자의 각도에서 볼 수 있는 위치에 있다. 예를 들어 Volvo 출시 시 기업에서는 내구성을 강조하려 했으나, 언론 매체의 조언으로 안전성을 강조하며 대성공을 했다.
- 순조로운 출발 : 신규 브랜드는 모든 PR 프로그램이 다 끝난 후 출시돼야 한다. 즉 매체의 역할 수행이 완료됐을 때 즉시 출시돼야 한다.

PR 전략에 있어서 우선적으로 중요한 것은 기사화가 되어야 한다는 것이다. Voltaire가 "신은 대군의 편이다"라고 말했듯이, 비슷한 목표를 가진 여러 사람 혹은 단체가 협력을 하면 성공의 가능성이 커진다. 환대산업에서도 마찬가지다. 국내 환대산업의 기업들은 문화관광부, 한국관광공사, 호텔협회, 관광협회 등, 관의 관계자들이나 관련 업체들과 협조하여 PR의 효과를 극대화시킬 수 있다. 호텔이나 레스토랑은 고객이 많아질수록 식품, 주류, 시기, 리넨 제품 공급업체의 판매가 증대된다. 따라서 호텔이나 레스토랑은 계절별 음식 프로모션, 특별 음식 축제, 와인 시음회, 외국 음식 축제의 준비 시 관련 유통 업체의 브랜드가 인쇄 매체, 메뉴, 테이블 텐트 등에 소개될 수 있도록 하고, 대신 할인 및 상품 기증을 받는다면, 양 측 모두 PR의 시너지 효과를 얻을 수 있을 것이다.

2-2. PR 전략의 유형 및 사례

아마 역사상 가장 PR 효과가 높았던 것은 1984년 Pepsi의 광고 촬영 중 Michael Jackson의 머리에 불이 붙은 사건일 것이다(〈그림 15-56〉 참조). 국내에서는 아마 Lotto(〈그림 15-57〉 참조)의 PR이 가장 성공적인 사례일 것이다. 매주 월요일마다 사

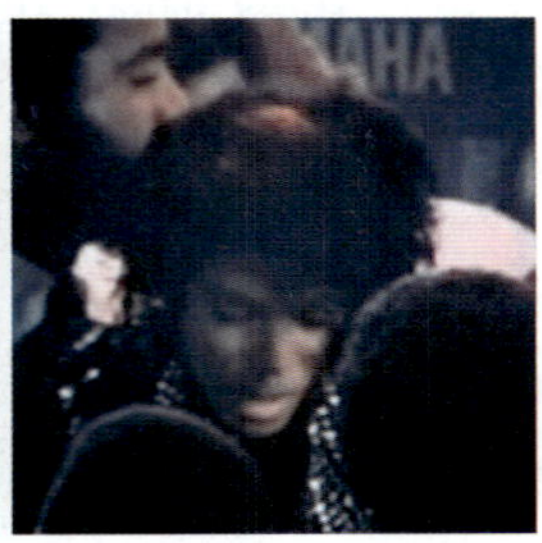

그림 15-56 Pepsi의 광고 촬영 중 Michael Jackson의 머리에 불이 붙은 사건

그림 15-57 Lotto

그림 15-58 여성 시장 개척을 위한 담배 광고
출처: Edward Bernays(2013), 《PROPAGANDA》, p42.

람들에게 '큰' 희망을 주니 말이다.

1900년대 초 여성들의 흡연을 용납하지 않던 미국의 사회 분위기 속에서 여성이라는 거대한 시장 개척을 하려는 담배 기업들을 위해 《Propaganda》의 저자이며, PR의 아버지라 불리는 Edward Bernays는 여성이 흡연을 하는 상징적 이벤트로 관습을 바꿔 버렸다. New York의 Easter Parade(부활절 퍼레이드)에서 젊고 매력적인 여성들을 앞세워 일제히 담배를 물고 불을 붙이는 퍼포먼스가 그것이었다.

보도 자료에서 이 이벤트를 남녀평등을 증진시키는 자유의 횃불이라고 설명했고, 그 이후 담배에 대한 여성 시장이 크게 확대됐다(〈그림 15-58〉 참조). 역사적인, 동시에 성공적인 PR 전략의 대표적 사례다.

PR 전략에는 매우 다양한 유형의 도구가 포함될 수 있다. 먼저 PR의 도구로서 **PENCILS**라는 용어가 있다. 그것은 P(publications : 출판물), E(event : 이벤트에 대한 후원 포함), N(news), C(community involvement activities : 지역 사회 활동), I(identity media : 문서, 명함 등), L(lobbying activities : 로비 활동), S(social responsibility activities : 사회적 책임 관련 활동)를 의미한다.

2001년 4월 1일부터 AH&LA(American Hotel&Lodging Association)로 명칭이 바뀐, 과거 AH&MA*에서 매년 수여하는 'PR 업적 황금열쇠상(Gold Key Public Relations Achievement Awards Program)'의 수상 사례를 중심으로 PR 전략의 대표적 유형을 소개하면 다음과 같다.

* 현재는 AH&LA임.

그림 15-59 미국의 역사적 기념물에 해당되는 Hotel Del Coronado의 주 · 야 전경.

역사를 이용한 PR 전략

미국의 역사적 기념물에 속하는 Del Coronado는 1988년 100주년 기념 행사를 개최했다(〈그림 15-59〉 참조). 1년 내내 지속된 이 행사는 300만$의 모금이 적립되고, People Magazine, CNN 등 유명 매체에 소개되는 등 호텔 PR에 유례없는 기여를 했다.

이벤트를 이용한 PR 전략

미국 Arizona주 Phoenix의 Pointe 리조트에서는 '유명 요리사의 전당' 이벤트를 연례적으로 개최하여 PR 효과를 얻었다. 리조트에서는 '요리사의 전당' 이벤트를 통해 지역 사회에서의 기금 모집 및 미국 전역 유명 레스토랑의 간판 메뉴를 특별 메뉴로 선보였다. 동시에 새 레스토랑의 개점을 선전하고, 유명 요리사의 요리법을 소개하는 등 광범위한 PR 활동을 했다.

기념일을 이용한 PR 전략

미국 California주 Eureka의 Eureka Inn은 비수기인 12월을 겨냥하여 크리스마스 기념일을 이용한 행사를 1983년부터 연례적으로 개최하고 있다. 크리스마스 시즌 동안 축제의 주제는 매년 완전히 새롭게 바뀌며, 장식, 활동, 볼거리는 지역 사회 전체를 대상으로 한다. Eureka Inn은 이 행사 후, 12월 객실점유율을 37%에서 70%로, 식음료 매출 성장률 172%를 기록하는 등, 비수기를 완전한 성수기로 바꾸어 놓았다.

사회적 봉사를 이용한 PR 전략

Hurricane Hugo가 Puerto Rico섬을 강타했다는 소식을 접한 Hilton at Walt Disney World Village의 직원들은 이 자연 재해의 피해자들을 돕기 위해 Hilton의 경영진과

힘을 합쳤다. 가장 시급한 것은 집을 잃은 피해자들에게 위로가 되고, 그들의 생존에 필요한 담요, 의류 및 음식을 제공하는 것이었다. 호텔의 시설부(engineering)에서 나무로 만든 큰 구호 상자가 경비실 근처의 인사과 맞은 편에 놓여졌다.

즉각적인 행동을 요하는 지시가 모든 부서에 내려졌고, 호텔 직원에 의해 만들어진 커다란 포스터가 나무 상자에 붙여져 호텔을 드나드는 모든 직원의 눈길을 끌었다. 직원들은 담요, 베개, 신발, 음식, 아스피린 등을 집에서 가져왔고, 호텔의 house keeping부와 세탁부(laundry)에서는 호텔의 낡은 침대 시트나 수건 등을 모아왔다. 구호 상자는 48시간 안에 채워지고, 봉해져서 Puerto Rico로 보내질 수 있었다.

McDonald's는 자선 사업인 'do-good'(사회 자선)의 꾸준한 활동으로 1992년 LA 중남부 폭동 시에도 60개의 레스토랑을 모두 무사히 지켜낸 바 있다.

고객을 이용한 PR 전략

서울신라 호텔은 Michael Jackson, Al-Walid Saudi Arabia 왕세자, 헤어초크 Germany 대통령, 박세리, Anthony Quinn 등 세계적인 유명 인사들을 투숙시켰다. 이들 VIP가 이용했던 객실, 레스토랑을 구경하는 투어 상품을 개발한 서울신라 호텔은 1천 명 이상의 고객을 끌어들였다. 또 Michael Jackson이 한식당에서 비빔밥을 즐겨 먹은 사실이 보도된 후 비빔밥 특수도 누렸다. 같은 달 내국인과 일본인들의 '잭슨 비빔밥' 주문이 쇄도, 한식당 매출액이 전월 대비 200%나 신장했다.

서울신라 호텔은 그 동안 유명 투숙객이 남긴 사인 1천여 점을 담은 방명록 훼손에 대비, 보험에 가입했다. 호텔 관계자는 "유명인들이 투숙하면 호텔 이미지 역시 세계 최상위급으로 올라간다"고 설명하고 있다(〈그림 15-60〉 참조).

인적 자원을 이용한 PR 전략

소유주, 경영자, 직원을 이용한 PR도 효과가 매우 크다. 이들 모두 환대산업에 있어서 제품의 가장 중요한 한 부분이기 때문이다. 국내 Renaissance 서울에서 과거 각 부서 12인의 직원의 사진과 그들의 서비스 철학을 달력에 실어 PR물로 배포한 적이 있다. 매우 뛰어난 PR 전략이라고 할 수 있다. Four Seasons에서는 호텔에서 30년 이상을 근무하다 퇴직하는 '늙은' 벨맨을 소개하며, 재직 중 모셨던 유명 인사와 함께 호텔을 배경으로 찍은 사진을 Boston Globe에 실은 적이 있다. '그 벨맨은 호텔과 자신의 과업이 좋았기 때문에 한 직무에 오래 근무한 것이며, 그러한 직원의 서비스는 훌륭했을 것이고, 동시에 고객들도 만족했을 것'이라는 상징적 의미의 PR 전략이었다.

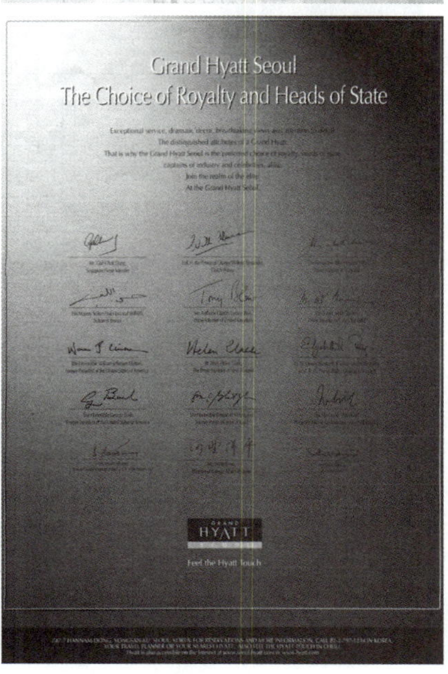

그림 15-60 고객을 이용한 PR 전략. Turky Istanbul의 Kempinski Hotels&Resorts와 Grand Hyatt Seoul의 저명 인사 리스트

그림 15-61 Ryanair 여성 승무원 달력

그림 15-62 인적 자원을 이용한 PR 전략. 국내 Grand Hyatt에서는 Switzerland 주방장 Ralph Frehner를 통한 PR 전략을 수행함(그의 경력은 곧 제품의 품질을 의미함).

Ryanair의 PR 전략

Ireland의 저가 항공사 Ryanair는 자사 여자 승무원을 동원한 파격적인 2013년판 달력을 공개해 논란이 일었다. Ryanair는 2012년에도 '자선 행사'라는 명목으로 비키니 등을 입은 승무원들이 화보를 촬영해 달력으로 만들어 판매했다. 이 사실이 알려진 후 소비자 및 광고 단체를 중심으로 논란이 확산됐으며, 영국광고심의위원회(ASA)는 '항공사측이 여성을 성상품화했으며 소비자들에게 야릇한 상상을 하게 만든다'며 지면의 광고를 금지시킨 바 있다. 그러나 항공사 측은 이같은 비난을 오히려 즐기며 **noise marketing(역마케팅**의 일환)으로 톡톡한 재미를 봤다. 그 이후에도 Ryanair는 12명의 승무원들을 동원해 같은 PR 전략을 수행했으며, 개 당 10£에 판매하고 있다(〈그림 15-61〉 참조).

내부 마케팅에서 언급되었던 바와 같이 인적 자원을 이용한 PR 전략은 제품을 선전하는 광고 전략과 일맥상통한다(〈그림 15-62〉 참조).

제품 관련 PR 전략

Coca-Cola, Pepsi의 '물 전쟁'이 치열했다. Coca-Cola가 1999년 초 선보인 Dasani는 미네랄을 첨가한 생수로, 먼저 출시한 Pepsi의 Aquafina*의 후발 주자다. Dasani는 다이어트 등에 관심이 많은 여성을 대상으로 PR 활동을 강화하며, 몸매 관리 전문가들을 모아 이벤트팀도 구성한 바 있다. Pepsi-Cola도 이에 대응했는데, 특히 Pepsi Man 같은 특유의 광고로 시장점유율 1위를 지킨다는 전략이었다. 전문가들은 "사실상 맛의 차이를 별로 느낄 수 없는 생수 제품의 경우, 성공적인 PR 전략과 브랜드 이미지 구축이 매출을 좌우한다"며, "양 사도 이런 이유로 PR전에 주력하고 있다"고 했다.

미국에서 가장 인기있는 와인은 Australia산이며 그 중에서도 Shiraz라는 Australia산 레드 와인이다. Shiraz는 CBS의 '60 Minutes' 프로그램에 France인들이 미국인들보다 지방질이 많은 음식을 먹으며, 흡연률, 음주율이 높은데도 심장이나 혈관 질환에 걸릴 확률이 적은 이유는 레드 와인을 많이 마시기 때문이라는 PR을 하여 레드 와인의 판매량을 크게 향상시킨 바 있다.

Aquafina는 Spain어로서 fine water라는 의미임.

Jack Daniel의 PR 전략

미국에서 최초로 등록된 증류주 제조업체 Jack Daniel은 1868년 개업 당시부터 해마다 약 25만 명의 관광객을 제조 공장에 초대하고 있다. 그들은 양조통에 담긴 술이 숯에 의해 숙성되는 모습과 철분이 전혀 들어있지 않은 물이 화씨 56°의 온도를 항상 유지하면서 지하에서 흘러나오는 모습을 구경한다. Jack Daniel은 광고 시 항상 위의 PR을 통해 창출되어 널리 인식된 내용을 반영하거나, 강화하는 등의 전략을 구사한다. 예를 들어 "140년 넘도록 8대에 걸쳐 내려온 전통. 한 가지 제조법만을 고집해왔습니다"라는 문구가 그것이다.

후원을 통한 PR 전략

후원(sponsorship)도 강력한 PR의 무기다(〈표 15-18〉 참조).

표 15-18 기업들의 대표적 후원 사례

스폰서	이벤트	후원액(백만$)
Nike	Manchester United	500
Hellenic Telecommunications	Athens Olympics 2004	71
Coors	NFL	60
Fiat	Turin Winter Olympics 2006	52
Anheuser-Busch	Salt Lake City Winter Olympics 2002	40
Gillette	FIFA World Cup Football(Korea-Japan) 2002	40
Shell	Ferrari Formulal Grand Prix(매년)	36
Hyundai	UEFA Cup 2004	27
Forster's Brewing	Formulal Grand Prix(매년)	14

출처: Farrelly, Querter, and Greyser(2005), Depending the co-branding benefits of B2B Partnerships, Journal of Advertising Research, 45.

Nike와 Adidas의 PR 전략 비교

1920년대 초 Adolf, Rudolph Dassier라는 Germany의 두 형제에 의해 설립된 Adidas는 1972년 Munich Olympic Games를 후원하는 등 세계 제 1의 스포츠 기업이었다. 1990년을 전후로 Nike의 전략은 Tiger Woods, Michael Jordan 등 개인 스포츠 스타에 대한 보증 선전(endorsement) 광고 및 Nike Town과 같은 대표(flagship) 상점과 아이콘 박물관을 통한 PR이었다.

한편 Adidas는 'Impossible is nothing'의 포지셔닝 성명서에 부합되는 혁신의 계승, 기술의 발전 등을 강조하며, Emil Zatopeck, Muhamad Ali 등 위대한 운동가들에 대한 명사 보증 선전(celebrity endorsement)으로 Nike와 차별을 하고 있다. Adidas는 개인보다는 세계적 스포츠 이벤트 및 팀 등을 후원하고 있으며, 1990년대부터는 Adidas Streetball Challenge를 확대시켜 나가는 PR 전략을 수행하고 있다.

이 스포츠산업의 양대 산맥들은 제품 개발과 관련하여 벤치마킹을 하고 있으나 (예 : Adidas의 Equipment와 Nike의 Alpha), Nike는 모든 상대방과의 경쟁을, Adidas는 'self-motivation'('compete with yourself')을 추구하고 있다는 측면에서 차별화되고 있다. 양대 기업의 광고 전략은 '포함'(inclusiveness)을 바탕에 두고 있다. Nike는 '세계의 모든 운동인에게 영감과 혁신을 가져다 준다'의 철학이며, Adidas는 "전 문화에 걸친 가치의 융합을 세계적으로 표준화시킨다"라는 철학을 갖고 있다. Adidas가 채택했던 Adidas Originals가 이것을 잘 반영하고 있다(adidas.com 참조).

그림 15-63 Budweiser Hotel by Pestana
출처 : www.budweiser.com

Budweiser는 후원을 통한 스포츠 마케팅의 선두 주자다. 2014 Brazil World Cup의 공식 스폰서가 된 Budweiser는 FIFA의 가장 큰 스폰서 중 하나이며(〈표 15-19〉 참조), 국내 삼성 라이온스 홈 구장에도 Budweiser zone이 있다. 2014 Brazil World Cup을 맞이하며 Brazil Copacabana Beach에는 Budweiser Hotel by Pestana가 개관됐다(〈그림 15-63〉 참조). 국내 OB 맥주의 CASS도 2014 Brazil World Cup의 한국 공식 맥주로 지정되며, Budweiser와 함께 World Cup 한정판 패키지를 선보였다.

표 15-19 FIFA World Cup 스폰서

- AB InBev
- Castrol
- Continental
- Johnson&Johnson
- McDonald's
- Maoypark
- Oi
- Yingli Solar

출처 : 한경 Business 2014.6.18, p28.

Red Bull도 후원을 통한 공격적 스포츠 마케팅으로 유명하다. 미국 프로 축구(MLS)의 New York Red Bulls Formule1(F1)의 Red Bull팀을 직접 운영하고 있으며, 레이싱에 투자하는 돈이 한 해 수천억 원이 넘는다. Red Bull은 그 외에도 미국, Austria, Brazil에서 프로 축구 클럽을 매수했고, 자사가 후원하는 스노우보더 Shaun Wite가 2010년 Winter Olympic Games에서 신 기술 사용하는 것을 돕기 위해 미국 Colorado에 비공개로 'Half-pipe'를 설치하기도 했다.

국내에서는 Premier League의 Chelsea와 유니폼 스폰서 계약을 한 삼성, France의 Olympique Lyon과 유니폼 스폰서 계약 및 Premier League의 Liverpool과 모바일 파트너십을 맺은 LG, 포카리스웨트(프로 야구, 프로 농구, 마라톤 등의 공식 음료, 태능선수촌 선수단 후원 등)가 대표적인 후원을 통한 스포츠 마케팅 기업들이다.

2-3. PR 전략 수행의 주요 시기

개업 전(pre-opening) PR

미국 Colorado주 Hyatt Regency Beaver Creek은 호텔 객실에 설치될 다중 벽난로를 이용하여 개업 전 PR 전략을 수행했다. 벽난로 담당 직원에 대한 구인을 위한 '미국에서 가장 추운 지역에서 가장 뜨거운 직업'이라는 PR용 구호가 그것이다. 이 구인 구호는 6개월 후 개관될 호텔에 대한 PR의 훌륭한 방법이 되었고, '구인 : 벽난로 담당－불타는 야망을 가진 사람을 위한 뜨거운 일자리－다 타버린 사람은 사양함'이라는 뉴스 발표문을 통해 지역 신문은 물론 Chicago와 Seattle까지 배포되어 1차적 PR 효과를 거두었다.

이 PR은 전국적으로 지원자들의 큰 호응을 얻어, 결국 '정열적이고 뜨거운 소식－Hyatt Regency 리조트 호텔의 벽난로 담당 직원직이 전국을 이글거리는 야망으로 불타게 하다'라는 또 다른 기사를 창조해 내며, New York Sunday Times, The Boston Globe, Corporate Travel, Meeting&Convention, Ski Magazine, Travel Agent Magazine 등 전국 규모 전문지를 비롯한 미국 각 주의 지방지 및 라디오에 선전되어 PR 효과의 극치를 이루었다.

Las Vegas의 Hard Rock Cafe는 개관 전 Eagles를 초청, 2일 동안 MTV에 개관 축하 공연을 했고, 거대한 opening ceremony를 개최하여 전 세계적으로 호텔을 알렸다. Hard Rock Cafe의 이 대대적 PR 전략은 많은 고객들에게 인상적인 사건으로 기억되고 있다.

리포지셔닝 PR

1960년대 말에서 1970년대 초 사이에 New York시는 '지구상에서 가장 더럽고, 예의 없고, 시끄럽고, 혼잡하며, 공포와 범죄가 범람하는 도시'로 세계적으로 포지셔닝되어 있었다. New York Convention&Visitors Bureau 회장은 이에 대한 조치를 취했는데, Time에서 '썩은 사과(rotten apple)'라고 표현했던 New York시를 'big apple'에 비유하며 유명 거리 Times Square를 상징하는 'big time' 및 'I love New York'이라는 슬로건과 함께, 사과 나무(세계)의 많은 사과(도시) 중 New York시가 가장 크고, 또한 새로운 이미지로 재탄생하는 도시임을 알렸다. 세계에서 가장 활동적 도시, 100개 이상의 박물관, 25,000개 이상의 레스토랑 등 세계 최고의 상업 도시일 뿐 아니라, 세계 최고의 관광 도시임을 PR한 것이다(〈그림 15－64〉 참조).

그림 15－64 I ♡ New York
출처 : www.google.co.kr

위기 관리 시의 PR

KAL의 치명적 PR 활동 : 위기에서 파국으로

2014년 12월 대한민국 대표 환대산업 기업인 KAL의 부정적 사건이 보도됐다.

KAL의 부사장 조현아는 미국 New York의 JFK Airport에서 여객기 이륙 전, 승무원의 견과류 서비스 방식을 문제 삼아 고함을 지르고, 승무원들과 기내 안전을 총괄하는 사무장을 강제 퇴선시켰다. 소위 '슈퍼 갑질'이었으며, 안하무인격 행위였다. 이 사실이 뉴스로 방영된 것은 당연한 결과였으나, 더 심각한 문제는 그 이후 KAL의 대처였다.

대략 KAL의 최초 대처는 '임원으로서 문제 제기와 지적은 당연한 것이었다(누가 그것을 문제 삼았는가?)' '…안전에 문제가 없었다'(안전 책임자를 추방하고 어떻게 그런 무책임하고, 무식한 변명을 할 수 있는지?), 'KAL의 모든 보직에서 물러난다'(한진 그룹은 KAL의 이미지와 평판만 중요하고, 조현아가 CEO로 있는 호텔 부문, 레저 부문은 어떻게 되더라도 상관없는지?), '직원 교육을 강화하겠다'(사태가 이렇게 됐는데도 누구를 교육시켜야 할지 아직도 모른다?). 더욱이 그 사과는 언론이나 대국민에 대한 자리가 아닌 임원회의에서 이루어진 피상적, 형식적 태도로부터 비롯된 것이었다.

이후 KAL은 수 차례에 걸쳐 사건을 무마하기 위한 노력을 했으나, 거짓 진술 강요, 사실 은폐, 진술자 매수 시도, 각본에 의한 행위 등 도저히 이해할 수 없는 대처로 계속 사건을 계속 악화시켰다.

KAL의 조현아의 태도에 대해 마케팅적으로 평가해보자. 마케팅의 기본 개념에 대한 무지(제1장), 기업의 윤리 무시(제1장), 기업의 사명가 비전 무시(제3장), 기업 문화 파괴(제4장), 일선 직원에 대한 무례(제4장), 리더로서의 자질 미달(제4장), 관계 마케팅에 대한 무지(제5장), 제6장에서 필자가 칭찬했던 KAL의 사회적 품질 붕괴, 경쟁 기업에 대한 기회 제공(제7장), KAL의 이미지에 대한 제품차별화 전략 파손(제8장), 고객의 마음에 잘 자리잡고 있던 KAL 포지셔닝의 하락(제10장), KAL의 브랜드 이미지, 브랜드 자산 및 평판 하락(제11장), 핵심, 증대, 지원 제품 전략의 실패(제12장), 직원에 대한 연출 믹스 오류(제13장), 1등석에 대한 위신 가격 가치 하락(제14장), 부정적 구전 커뮤니케이션 창출(제15장), PR 전략 실패(제15장), follower 이탈(제16장), 부정적 트윗슈머, 큐레이슈머, 스토리슈머 양산(제16장), 동맹 기업 간의 불신(제17장), …… 이 외에도 무수히 많은 마케팅 실패 사례들을 자격 없는 임원 개인이 만들어낸 것이다.

세계적 기업 KAL은 또한 전 세계에 대한민국 재벌 문화의 특권 의식으로 인한 후진성을 드러내는 치욕적인 'story telling'을 창출했다. 조현아가 출두할 때마다 KAL은 출두라기보다 '행차'로 승화시켰으며, Ritz-Carlton의 '신사 숙녀 정신'과 완전히 대조되는 '노예 정신'의 직원들을 적나라하게 보여줬다. 한 해에 약 500억 원의 광고 · PR비는 완전히 무용지물이 되었고, KAL의 기업 문화와 이미지는 회복하기 어려운 지경에 이르렀다. 아마 KAL의 사례는 필자의 저서뿐만 아니라, 내부 마케팅의 모범 기업 Southwest Airlines와 극단적으로 비교되는 사례로 전 세계의 많은 저서에 등장될 것이다.

KAL의 위와 같은 몰상식하고, 형편 없는 위기 관리 시의 PR 행위는 2018년 조

표 15-20 Carnival Hotels and Casinos의 위기 관리 시 PR 전략

연락 시기	위기 상황을 알게 되는 즉시, 경영진과 PR 이사에게 알려라. 통일된 내용의 성명서와 행동 지침이 만들어져야 하고, 대변인이 정해질 때까지는 아무에게도 알리지 말아야 한다. 특히 언론에 알리지 말라. 위기 상황이 발생한 후 가능한 한 1시간 이내에 세부 자료를 모으고 확인하여 언론 성명서의 초안을 잡아야 한다. 세부 자료에는 '6하원칙'이 포함되어야 한다. 문제 해결을 위해 취하고 있는 현재의 행동 상황과 새로 밝혀지는 세부 상황을 기자들에게 계속 전달하여야 하며, 상황이 통제 중이라는 것을 발표하고, 같은 문제가 반복되지 않도록 하기 위해 취해지는 조치에 대해 설명하는 마지막 성명서를 발표하라.
커뮤니케이션 통제 및 지정 대변인 선택	전화 교환수, 경비, 안내원, 비서나 관리자와 같이 중요한 위치에 있는 사람들은 정보를 요구하는 전화를 누구에게 돌려야 하는지 미리 지시를 받아야 한다. 또한 개인적으로 어떤 질문에도 답하지 말라는 지시도 받아야 한다. 대변인의 역할을 누가 할 것인 지를 미리 결정하라. 적합한 대변인을 결정하기 위해 총지배인, PR 이사, 부서장의 순으로 의논하라. 위기 상황 하에서 한 명의 대변인이 모든 것을 책임짐으로써, 사업장 측에서는 일관되고, 정확하며, 호텔, 사업장, 대중의 관심에 부합되는 정보를 내보낼 수 있다. 될 수 있으면 최고 경영진이 언론에 답하는 것이 좋다. 상황을 제대로 관리하고 있다는 이미지가 대중에게 신뢰감을 줄 수 있다.
무엇을 어떻게 전달하나	모든 구두와 서면을 통한 성명서는 PR 이사와 협력하여 준비하고 허가를 받아야 한다. 원인이나 세부 상황을 즉각 알 수 없을 때도 있다. 이럴 때는 "○○의 원인은 아직 밝혀지지 않았다"거나, "지금은 알 수 없지만 알게 되는 즉시 알려 드리겠습니다"라고 해도 무방하다. 위기 상황이 끝나면, 직원이나 지역 사회 관리 및 영향을 받은 사람들에게 안부를 묻는 사후 편지를 보내는 것이 직원과 언론 매체 사이에 회사에 대한 긍정적인 이미지를 심어주고 친밀감을 유지하는 데 도움이 된다.
해야 할 것과 하지 말아야 할 것	• 현재의 긍정적인 측면을 강조하라. 예를 들어 사업장의 안전 기록, 재건축 계획, 지속적인 예방, 영웅적인 행동, 직원에 대한 관심 등이 그것이다. 하지만 부정적인 면을 얼버무리려고 하지 말라. 긍정적이되 진실하게 행동하라. • 절대 언론에 서둘러 대답하지 말라. 모든 사실을 정확히 알고 있는지 확인하라. • 관련 인물에 대해 정보를 유출하지 말라. 그들의 사생활을 존중하라. • 정확한지 확인하고, PR 이사의 허락을 받기 전에는 피해나 경비에 대해 말하지 말라. • 언론에 "비공식적으로는 ……"이란 말을 하지 말라. 위기 상황에서는 어떤 말도 '비공식적'이 될 수 없다. • 특정 언론 매체에만 호의를 베풀지 말라. 타 언론 매체를 적으로 만들지 말라.

현민의 자전매전 행위 및 모전여전, 부전여전 행위로 이어졌다. KAL은 자업자득의 교훈을 전 국민 및 전 세계인에게 너무도 훌륭하게 PR했다.

모든 인간들과 기업들은 위기를 맞게 된다. 이 위기를 가장 현명하게 대처하는 방법은 잘못을 솔직히 인정하고, 진정성있는 태도를 갖는 것이다. 이것이 곧 위기 관리 시 PR 전략의 '기본'이다.

〈표 15-20〉은 미국의 Carnival Hotels and Casinos가 개발한 위기 관리 시의 PR 전략 중 주요 내용을 요약한 것이다.

Oregon대학의 Paul Slovic 등의 연구 결과에 따르면, 사람들은 %보다 숫자에 더 강한 인상을 갖는다고 한다. 따라서 긍정적 뉴스에는 숫자를, 부정적 뉴스에는 %를 쓰는 것이 유리하다. 예를 들어, '지난 화재로 A호텔 투숙객 1,000명 중 19명이 죽었습니다'보다는 '지난 화재로 A호텔 투숙객 중 1.9%가 죽었습니다'가 위기 관리 PR의 전술로서 유리하다는 것이다.

2020년을 맞이하며 국내 외적으로 필자가 제1장 및 제5장에서 강조했던 '고객(국민)의 권한 강화시대'가 구축되고 있다. 'Me too' 운동의 확산, '갑질' 행위에 대한 단죄 등의 **Zeitgeist**로서 굳건히 자리잡아 가고 있다. 모든 기관들과 기업들은(개인도 해당된다) 위기 관리 시 PR 전략의 중요성을 더욱 심각하게 인식해야 할 것이다.

환대산업 마케팅 전략 계획 모델(커뮤니케이션/촉진 전략(II))

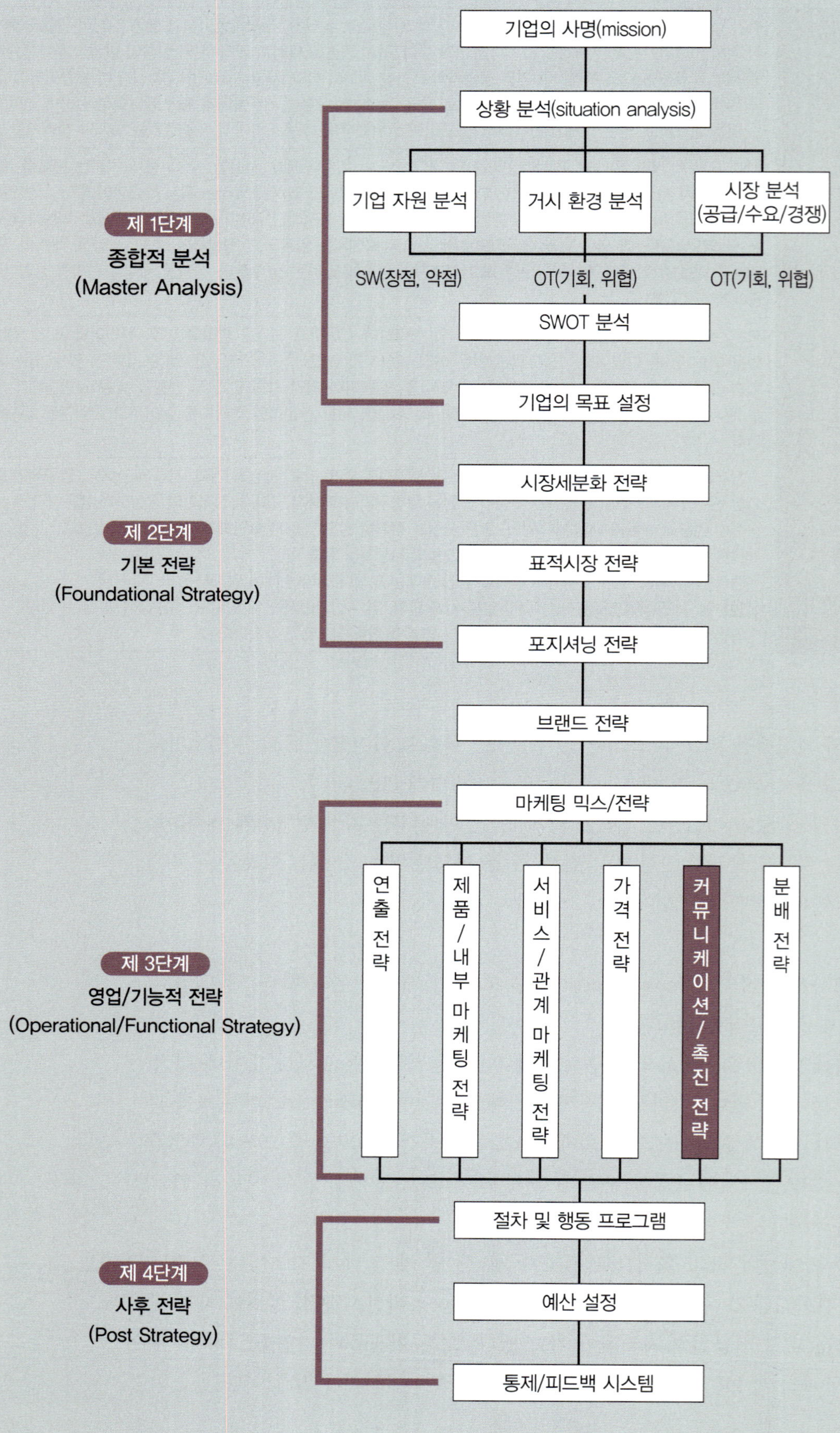

커뮤니케이션/촉진 전략(II): 직접 마케팅, 판매촉진, 인적 판매

제 16 장

 직접 마케팅(direct marketing)

1. 직접 마케팅의 의의와 변천 과정

1-1. 직접 마케팅의 의의 및 현황

직접 마케팅이란 직접 관계(direct relationship) 마케팅이라고도 하는데, 중간의 유통 구조를 배제하고 기업 또는 마케터가 소비자에게 판매를 위해 벌이는 활동으로, 마케터와 잠재 고객들이 직접 접촉하는 상호 작용 시스템을 의미한다.

Travelocitie, Yelp, Foursguares 등의 사이트는 Canada Montreal에 본부를 두고 있는 (web-based) Guert Driven이라는 프로그램을 통해 호텔과 고객 간의 접촉과 feedback을 실시간으로 연결시키고 있다. 현대는 초접촉시대다. 모든 정보가 디지털화되고, 스마트폰을 비롯한 각종 기기를 통한 접근성이 높아져 초연결이 이루어지고 있으며, 시간·지리적 제약 없이 모든 것이 연결된다는 의미의 **connectivate(connect+innovate)**, '사이버 공간에서 또 다른 나'라는 의미의 '**digital self**'라는 신조어도 탄생됐다. 초접촉, 초연결은 직접 마케팅의 핵심이다.

G20 국가 인터넷 사용자의 80%가 SNS를 이용하고 있으며, 2016년 G20 국가의 인터넷 경제 규모는 4조 2천억$였다. 이미 온라인을 통한 소매 유통은 G20 회원국 전체 GDP의 약 1/3을 차지하고 있으며, 그 비율은 점차 증가되고 있다. 당시 4조 2천억$는 세계 모든 국가 중 중국,* 미국, 일본, 인도 다음으로 큰 경제 규모였다.

* 중국의 경제 규모는 2012년 기점으로 세계 1위가 되었음.

국가별 SNS 이용 현황 및 Boston Consulting Group에서 조사한 'e-intensity index'는 〈그림 16-1〉 및 〈그림 16-2〉와 같다.

직접 마케팅의 장점은 기업의 표적시장을 선별적으로 결정할 수 있고, 언제든지 이용할 수 있는 신축성이 있으며, 그 성과를 쉽게 측정할 수 있는 데에 있다. 마케터측에서의 고객 방문, 고객측에서의 기업 방문을 포함하여 방송 매체, 직접 우편과 같은

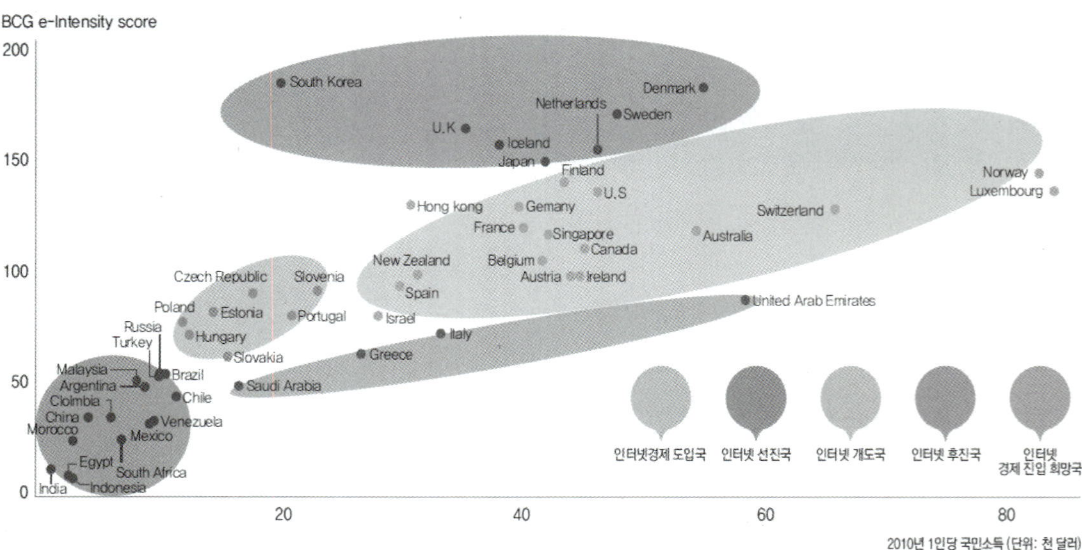

그림 16-1 개도국 시장에서의 소셜네트워킹 이용 현황

출처:Economist Intelligence Unit, comScore, Trendstream, eMarker, 현지 정보통신 보고서, BCG 분석. (비고:분석은 2011년 데이터를 기반. 2011년 데이터가 없는 경우는 2010년 데이터를 이용.)

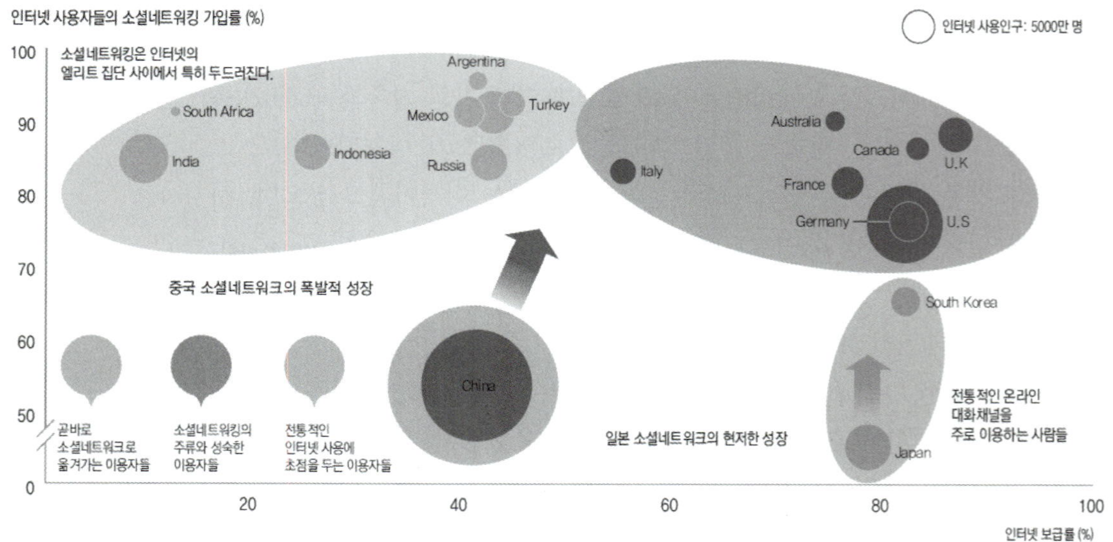

그림 16-2 BCG e-intensity index에서 선진국은 현격하게 높은 점수를 기록

출처:Economist Intelligence Unit, IMF, ITU, Speedtest.net, Gartner, Ovum, World Bank, Pyramid Research, UN, World Economic Forum, comScore, Managlobal, Eurimonitor, BCG 분석. (비고:일부 국가의 점수는 불완전한 데이터를 기반으로 추정함.)

인쇄물, 상호 작용 비디오(touch-screen 비디오 등), 전화, 인터넷, 온라인 네트워크를 통한 고객과의 정보 교환 등이 직접 마케팅 매체에 포함된다. 즉 직접 마케팅에 의한 커뮤니케이션은 어느 장소에서나 이루어질 수 있으며, 가장 개별적(personalized)인 접촉으로 인해 고객의 반응을 가장 정확히 측정할 수 있다는 장점이 있다.

고객 반응 광고(**direct-response advertising**)의 중요성이 크게 증대되고 있다. 조사에 의하면, 미국 여행사 광고 예산 중 브랜드에 대한 광고 비중은 26%인데 반해, 고객 반응 광고 비중은 74%로서 거의 세 배에 이르고 있다.

고객 반응 광고
online booking과 같이 고객이 직접 접촉할 수 있는 수단, 매체 등에 대한 광고를 의미함.

1-2. 직접 마케팅의 변천 과정

직접 마케팅의 효시는 1872년 catalog 쇼핑의 시조인 Montgomery Ward사로 알려져 있다. 이것이 현재는 snapshop처럼 스마트폰을 기반으로 catalog를 앱으로 제공하는 형태로 진화되어 있다.

지금 우리가 살고있는 세상은 인터넷이 새로운 시장의 기회로 부각되며, 기업과 고객 간의 전반을 장악하고 있는 정보의 시대다. 이러한 인터넷을 기반으로 한 마케팅은 1970년대의 직접 마케팅으로부터 시작된 것이다. '마우스를 클릭하면 어디든 갈 수 있는, 이 놀라운 힘은 우리의 삶을 바꾸고 있다. e-비즈니스 혁명이 일고 있는 것이다. 자, 이제 제 자리에 머물 이 그 누구인가?'라는 기사가 Business Online에 실렸다. 하지만 이러한 변화는 진화를 통해 이루어진 것이지 혁명으로 만들어진 것은 아니다. 새로운 마케팅은 Darwin의 학설처럼 서서히 진화해 탄생하는 것으로 **Max-e-marketing** 역시 1970년대의 direct marketing이라는 뿌리에서 서서히 자라난 것이다.

그 시대적 변천은 다음과 같다.

1970년대의 직접 마케팅

이 시대는 중간상 없이 제품을 판매하는 고전적인 영업 기법으로, 소비자의 직접적인 반응을 이끌어내는 것이 얼마나 믿음이 가는 마케팅인가를 강조하는 시기였다.

1980년대의 직접 마케팅

1980년대의 직접 마케팅은 통합 관계 마케팅시대라고 하며 마케터뿐만 아니라 기업 자체가 소비자와 직접적인 관계를 가질 수 있다는 명제가 탄생한 시기였다. 기존의 고객과 잠재 고객들에 대해 매우 복잡한 관계 마케팅 데이터 베이스를 구축하는 데 정보 기술의 발전이 큰 역할을 담당한 시기였다.

1990년대의 직접 마케팅

1990년대는 CRM을 외치는 시기로 '고객을 직접 찾아간다'라는 새로운 형태의 마케팅이었다. Peppers와 Rogers의 《The one to one Future》의 저서에 새로운 고객을 찾는 것보다 기존 고객 유지가 훨씬 더 경제적이라는 단순한 진실이 강조되며 시작된 CRM의 등장으로, 직접 관계 마케팅은 고객에게 선사할 가치를 극대화시키기 위한 기업의 모든 활동에 연계될 정도로 급속히 발달했으며, 고객의 창조보다 고객 유지의 중요성이 강조됐고, 고객이 원하는 서비스의 수준이 점차 높아진다는 사실에도 눈을 뜬 시대였다.

2000년대의 직접 마케팅

2000년대는 직접적인 대량 마케팅의 **Max-e-marketing**의 시대로 규모나 업종을 불문하고 어떤 기업이든지 고객과의 관계를 스스로 만들고 관리할 수 있게 되었고, 누구나 시장에서 필요한 정보를 실시간으로 받아보며, 직접 마케팅 활동을 할 수 있게 된 시기다. 기업들은 비용을 절감하기보다는 수익을 창출하고, 고객의 충성도를 높이기 위한 연구에 전산 투자를 늘리면서 CRM은 곧 e-CRM으로 명칭이 바뀌었고, 기존의 데이터 베이스와 새로운 데이터 베이스를 통합하기 시작했으며, 정보 기술에 막대한 자금이 투입된 시기였다.

2010년대의 직접 마케팅

Mobile 개발 기업인 MConcierge에서는 CRM을 구시대적 용어라고 언급하며, CRM은 **GRM(guest relationship management)**의 용어로 대체되어야 한다고 주장한다. 고객의 직접적 거래를 기반으로 고객의 최대 만족을 위해 모든 영역에 mobile 기술이 적용돼야한다는 것이 MConcierge의 견해다. 이와 관련된 대표적 도구가 바로 **brand(ed) app**이다.

SSO
한 번의 회원 가입으로 관련 체인의 모든 사이트를 통합 사용하는 방식.

최근 많은 기업들은 1대 1 마케팅의 일환으로 데이터 베이스 구축을 위한 SSO(single sign on) 방식을 통해 충성도가 높은 고객을 선별하고, 이 들을 위한 별도의 프로모션을 진행하고 있다. 이러한 것들을 **Max-e-marketing**이라고 한다. 포털 사이트 등의 검색 영역에 자신이 원하는 글을 보이게 하는 기술을 검색 엔진 최적화(SEO : search engine optimization)라고 한다.

2010년대 직접 마케팅의 핵심은 SNS다. 다음의 2018년 통계가 그것을 말해주고 있다.

- Facebook이 하루에 생산하는 평균 비디오 수 80억 개
- YouTube의 모바일 비디오 소모량은 매년 100%씩 증가
- Snapchat에서 하루에 보는 비디오 수 100억 개

2009년 미국 IT 사이트인 CNET의 'Multi Media 2.0'이라는 논문에 'triple media'라는 용어가 학계 최초로 소개됐다. 그 내용은 〈표 16-1〉과 같다.

표 16-1 triple media

종류	정의	분류	예	역할	장점	단점
paid media	브랜드를 구입할 수 있는 접점	online	• 디스플레이 광고 • 검색 연동형 광고 • 스폰서십	• 단기적인 수익을 획득하는 것 • owned media로 유도 또는 earned media를 창출	• 필요한 만큼 조달 가능 • 즉효성이 있음 • 대규모 전개가 가능 • 컨트롤 가능	• 반응률이 낮음 • 신뢰성이 낮음
		real	• 매스미디어 광고 • 교통 광고 • 옥외 광고 • 유료 기사 광고			
owned media	브랜드가 스스로 보유하는 접점	online	• 웹사이트나 블로그 • 모바일 사이트 • Twitter 등의 어카운트 • 메일 매거진	• 기존 고객이나 잠재 고객과의 장기적인 관계를 구축 • 외부 미디어로 확산	• 컨트롤 가능 • 비용 대비 효율이 좋음 • 장기적으로 사용 가능 • 융통성	• 보증이 없음 • 기업 발신 정보는 신뢰성이 떨어짐 • 제작에 시간이 걸림
		real	• 상품 패키지 • 카탈로그, 매장 POP 판매원			
earned media	소비자를 비롯한 제 3자가 정보를 발신하는 접점	online	• 뉴스 사이트의 기사 • 게시판의 게시글 • 소비자의 블로그 • 전문가의 평가	• 제 3자의 추천에 의해 제품의 신뢰성을 구축 • 소비자 주도에 의해 제품의 평판이 확산	• 높은 신뢰도 • 판매에 많은 영향 • 투명성	• 컨트롤이 어려움 • 부정적이 되기 쉬움 • 대규모 전개가 어려움 • 측정이 어려움
		real	• 매스미디어를 봄 • 소비자의 구전 • 판매원의 추천			

출처: 제일기획(2011)(blogs.forrester.com)

2. DB(data-base) 마케팅

2-1. DB 마케팅의 동향과 의의

관계 마케팅의 주요 수단으로 알려져있는 DB 마케팅은 가장 현대적인 직접 마케팅 도구다. 그 근본 원리는 적합한 고객에게, 적합한 시점에, 적합한 장소에서, 적합한 정보와 제품을 제공하는 것으로서, 날이 갈수록 급증하고 있는 컴퓨터 on-line 이용과 병행하여 그 중요성이 크게 부각되고 있다. 이러한 DB 마케팅은 고객에 대한 여러 가지 정보를 컴퓨터에 의해 데이터 베이스화하고, 구축된 고객 데이터 베이스를 전략적으로 활용하여, 고객 개개인과의 접촉을 통해 직접적인 반응과 판매를 유도하거나, 장기적인 1대1 관계를 구축하고자 하는 제반 마케팅 활동으로 정의될 수 있다.

컴퓨터 on-line을 이용하는 네티즌들이 바이러스와 같이 확산된다는 의미의 '**바이러스(viral) 마케팅**'(〈그림 16-3〉 참조)과, web site, e-mail 추적 click, 통합 동적 컨텐츠(integrated dynamic contents) 등을 통하여 '메시지를 전달하고 그 메시지에 근거한 고객의 행동을 관찰한다'는 'closed-loop' 마케팅이라는 용어가 있으며, 최근에 이르러 인터넷 마케팅, 또는 interactive 마케팅의 기본인 고객과 기업의 자료에 대한 데이터 베이스화는 모든 부분에 이용되는 개념이 되었다.

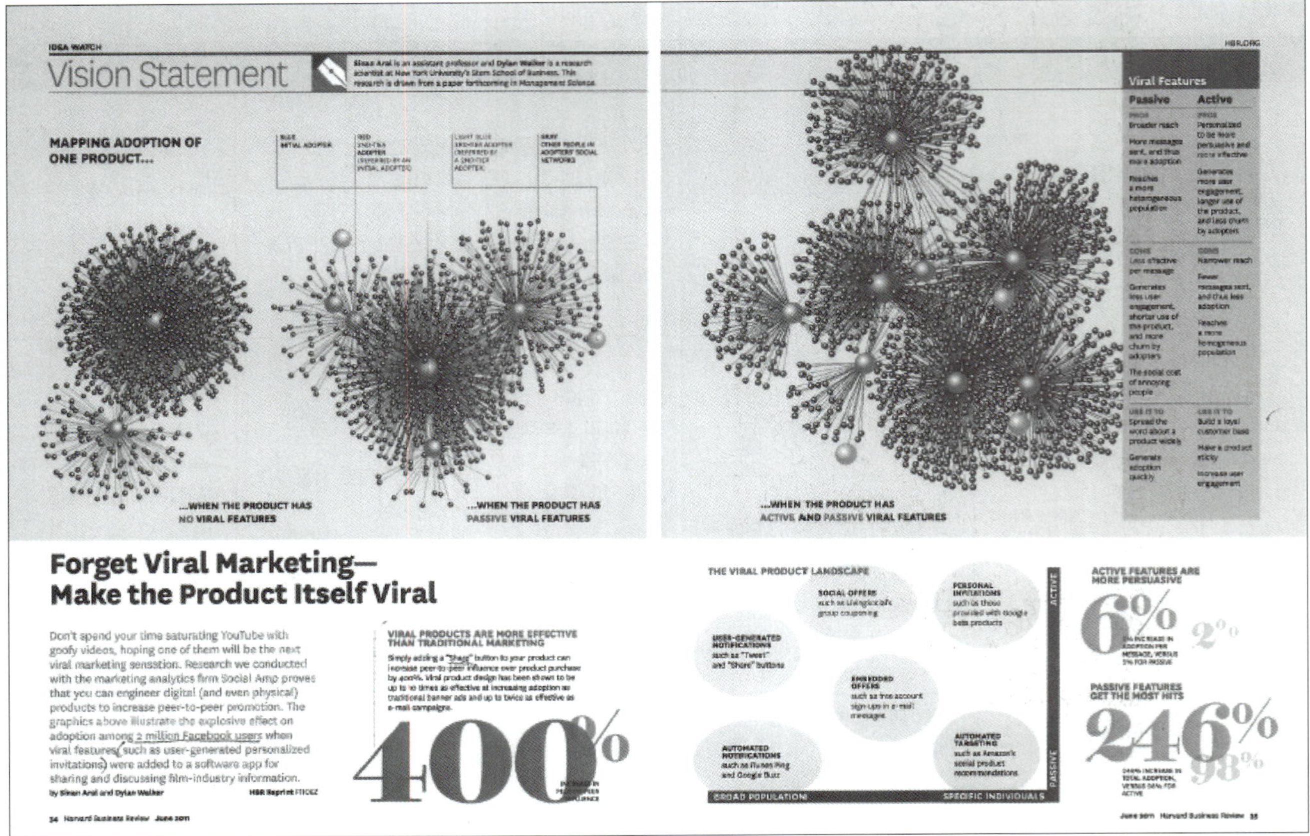

그림 16-3 viral 마케팅의 효과

출처:Forget Viral Marketing—Make the Product Itself Viral. By:Aral, Sinan; Walker, Dylan. Harvard Business Review. Jun2011, Vol. 89 Issue 6, p34-35.

소셜 미디어 계정을 갖고 있는 대부분의 유저들은 자신도 모르게 Klout, PeerIndex, Twitter Grader 등의 유저 평가 전문 기업들로부터 평가를 받고 있다. 그들이 평가하는 가장 중요한 항목은 '영향력'이다. Wall Street Journal의 기사에서도 '**influential marketing**'(**영향력 마케팅**)이라는 용어가 등장했다. '**Influential marketing**'은 소셜 미디어시대의 강력한 한 분야로 자리잡게될 것이 확실하다.

특히 CRM은 e-CRM으로 바뀌어 기존의 데이터 베이스와 새로운 데이터 베이스의 통합이 이루어지고 있으며, 효과적인 e-CRM을 위해서는 다음과 같은 핵심 요소(4I)가 필요하다.

효과적 e-CRM을 위한 '4I'

- Individualized marketing : 최우수 고객을 구분하는 능력과 각각의 고객에게 맞는 메시지를 전달하는 개별화된 마케팅
- Integration across channels : 온라인과 오프라인 모두에 걸쳐서 고객 만족을 유지할 수 있는 능력인 채널의 통합
- Information and technology-based empowerment : 고객과의 접촉을 통해 개별화

된 주문을 적합한 가격에 판매할 수 있는 능력의 정보와 기술의 활용

- Internet-driven relationships : 인터넷을 이용하여 고객과의 관계를 돈독히함으로써 고객이 만족하는 만큼 수익을 거두어내고, 브랜드 충성도를 높일 수 있는 능력

DB 마케팅은 1대 1(one-to-one) 마케팅, 또는 맞춤(customized) 마케팅이라고도 명명된다.

DB 마케팅에 있어서는 고객 정보의 분석을 통하여 마케팅의 중점을 두고자하는 고객 집단을 선정하고, 고객의 특성을 파악하는 것이 중요하다. 구축된 고객 데이터 베이스 중에서 고객 가치가 높은 우량 고객을 구별해내는 방법으로는 최근 구입 시기(recency), 구입 회수(frequency), 구입 금액(monetary)의 **RFM** 기준이 가장 일반적으로 사용된다. **RFM**을 이용하여 고객을 분류하고 과거의 구매 행동을 고려하여 미래의 투자 가치를 계산하는 것을 '**event-history modeling**'이라고 한다. 이 '**event-history modeling**'에 따른 향후 구입 가능성에 평균 기간별 수익성을 곱한 것이 고객의 미래 가치, 투자 가치가 되며, 그 투자 가치와 유지 비용을 비교하여 관리 대상 고객을 선별하게 된다.

고객 DB는 고객과의 개별적 접촉을 위한 직접 커뮤니케이션에 활용하게 되는데, 이 때 중요한 '**3R 원칙**'이 적용된다. '**3R 원칙**'은 다음과 같다.

- Right person : 활용 가치가 크고 구매 확률이 높은 사람(pin-point contact의 대상)
- Right time : 효과를 높이기 위하여 개인별 접촉 시기를 다르게 함
- Right offer : 실질적 구매가 되도록 구매에 직결되는 유인을 제공함

미국 꽃배달 분야의 선두 기업인 1-800-Flower는 고객이 입력한 선호도 정보로 고객 DB를 구축하고, 고객이 입력한, 기억해야 할 날짜에 무료 알림 서비스를 제공하여 고객 유지율을 15%나 상승시킨 바 있다. 3R 활용의 좋은 사례다. 현대에 이르러 기존 DB 관리의 영역을 초월하여 대량의 데이터로부터 정보를 수집하고, 분석하는 Big Data에는 '**4P 법칙**'이 적용된다. 즉 permission(개인 정보에 접근하도록 동의), participation(고객의 참여), profile(고객의 숨은 욕구를 완성), personalization(개인별 맞춤화)이 그것이다.

2-2. 환대산업의 DB 마케팅 사례

Take Out 택시사는 미국 전역에서 TGIF's, Chillis 등 11개 레스토랑 체인의 회원사로서, 전화 주문에 의해 배달 비용만 지불하면, 모든 메뉴를 배달하고 있다. Take Out 택시사는 음식을 주문한 고객의 모든 기초 정보를 데이터 베이스화하고 있으며, 집에서 레스토랑까지의 추론되는 거리, 주문 빈도, 주문 취향 등의 추가 정보까지 축적하

고 고객의 주문 빈도에 따라 세분화하여, 각 레스토랑의 판매촉진 및 직접 우편 관리에도 기여하고 있다.

환대산업에서의 성공적 DB 마케팅 사례

Continental Airlines에서는 과거 경험을 통하여 한 가지 화폐를 환전하는 경우는 순수 관광 목적이 많으며, 두 종류 이상의 화폐로 환전하는 경우는 비즈니스 목적이 많다는 사실을 발견했다. 따라서 미국, 유럽, 남태평양 국가 가운데 AMEX 카드를 이용하여 2개 국 이상의 외국 화폐로 환전한 기록이 있는 고객을 대상으로 마케팅 활동을 수행하여, 1993년 네 달만에 27%의 예약율을 향상시켰다.

Ritz-Carlton Chicago는 컴퓨터와 관련된 문제에 대한 도움을 원하는 고객의 요청이 점차 늘어나는 데에 대응하여, MIS 부서에 **compcierge(computer+concierge)** 라는 직책을 신설했다. 담당자는 비즈니스센터에서 근무하며, 고객의 internet 접속 등 컴퓨터 사용과 관련된 문제 해결에 전념하여 고객으로부터 큰 호응을 얻고 있다.

Ritz-Carlton Dearborn은 전술되었던 CLASS(customer loyalty anticipation satisfaction system)에 의해, 고객의 기호, 체류 기간, 방문 빈도를 DB로 저장하고 고객이 호텔 도착 직후 객실로 직행할 수 있는 OSCAR(one-stop check-in and registration) 프로그램을 개발했다.

세계 제 1의 카지노 기업 The Las Vegas Sands Corp.도 고객의 행위에 관한 철저한 정보 수집으로 수익성을 향상시키고 있다. SAS의 소프트웨어 Patron Value Optimization이 그것인데, The Venetian, The Palazzo, The Sands EXPO Center, Sands Bethlehem in Pennsylvania 등의 모든 체인 고객을 대상으로 DB를 수행하고 있다.

2-3. 환대산업의 DB 마케팅 활용 방안

환대산업에서는 다음과 같이 DB 마케팅의 잠재 적용을 도모할 수 있다.

정보 전달 비용 절감

세계적으로 유명한 배송(delivery) 기업인 UPS는 전화 처리 시 소요되는비용 중 web site를 통한 internet 접속 페이지로 30% 이상의 비용을 낮춤으로써 엄청난 정보 전달 비용을 절감했다. 호텔의 교환, 당직, GRO, 예약, PR 등의 정보 전달 기능에 대한 비용 절감의 잠재성을 제시해주고 있다.

유통 단계 및 매체 축소

항공 분야에서 여행사를 통해 항공권을 판매할 경우 10% 이상의 추가 비용이 발생하나, web을 이용하면 추가 비용의 거의 절반을 줄일 수 있다. 항공권 구매 서비스를 대행하는 United Connection과 Easy Sabre는 중개 기관을 없앰으로써 상당한 비용 절감 효과를 얻은 바 있다.

호텔의 이벤트, 디너쇼 등의 티켓 판매로부터 비용이 많이 소요되는 인쇄 매체, DM의 전달에 새로운 기회를 제공하는 사례다. 즉 호텔은 신 고객 접촉 채널을 신설하여(internet user) 정보 전달, 판매는 물론, 주기적 고객 조사를 보다 효율적으로 할 수 있는 방법을 개발할 수 있다. 전 세계적으로 Eddie Bauer, Nature Company, Shaper Image 등 100여 개의 디지털 인쇄 매체 판매 업체가 활동을 하고 있다.

광고를 통한 이용자 접속(user traffic) 제고

국내 LG 그룹은 이용자 접속이 많은 Yahoo!에 배너 광고를 집행하여 4배가 많은 클릭 수를 기록했다. 컴퓨터 스포츠 게임이나 온라인 커뮤니티에서 광고용 배너를 거는 '**enbedded marketing**', 웹사이트상에서 상업적 혹은 브랜드의 이미지나 컨텐츠를 이용하는 게임에 참여시키는 방법인 '**advergaming**' 등 기업들은 여러 유형의 방법을 이용자 접속 제고에 동원하고 있다.

세계적 체인 호텔들도 Google 등의 유명 사이트들과 연동하여 광고 등의 촉진 전략을 점차 활성화시키고 있다.

개별적 서비스 제고

맞춤형 정보 제공 기능(push technology)을 통한 개별적 서비스의 제고는 디지털 마케팅에 있어서 가장 중요한 성공 요소라고 할 수 있다. Internet 세계 최대 서점인 Amazon과 Firefly는 user의 취향을 계속 선택하여 최종적으로 가장 적합한 제품을 추천해주는 서비스를 제공하고 있다.

소비자의 인구통계 정보나 심리 분석 정보로부터 인터넷 웹 접속 수까지 상세한 정보를 확보할 수 있는 정보를 총칭하는 용어는 **NBO(next best offers)**다. e메일을 통해 검색 엔진 Bing을 성공시킨 Microsoft의 경우, e메일을 여는 순간 0.2초만에 위치, 연령, 성별, 과거 및 최근의 온라인 활동, 과거 반응 등 수신자의 정보를 분석해 최적의 상품을 권유한다.

호텔은 객실 형태, 식음료 outlet 형태, 메뉴, 회의실, 휘트니스 시설 등 같은 범주의 제품 내에 여러 유형의 제품과 가격 체계를 선택할 수 있는 맞춤형 정보 제공 시스템을 개발함으로써 개별적 서비스를 제고시킬 수 있다.

Internet은 inter+network의 약자임.

3. 인터넷 마케팅*과 interactive 마케팅

3-1. 소비자 인식의 변천과 소비자의 진화

21세기의 소비자는 기존의 질서를 과감히 부정한다. 이들은 과거의 가치 기준에서 상당히 자유롭고, 따라서 전 세대와는 전혀 다른 소비자로 변화되고 있다. 기존의 질서는 점차 약해지고, 새로운 질서가 태동하는 현재의 상황에서 이제 소비자는 스스로의 경쟁력을 확보하기 위하여 기존의 질서를 과감히 부정한다.

현재의 소비자는 다양성을 즐긴다. 비싼 것도 구매하고 싼 것도 구매한다. 소비자의 소비 패턴 변화 중 가장 두드러진 것이 바로 고가 제품과 저가 제품을 동시에 구입하는 것이다. 이는 남의 눈치를 보지 않고, 동시에 구매가 이루어지는 것으로 이러한 다중 소비 현상을 일본에서는 '**패치 워크(patchwork) 소비**'라고 하고 미국에서는 '**로케팅(rocketing)**'이라고 한다.

이러한 상황에서 소비자들은 다음의 형태로 계속 진화하고 있다.

프로슈머(prosumer)

생산하는 소비자를 의미하는 프로슈머는 1990년대에 미래 학자인 Alvin Toffler의 저서 《제3의 물결》에서 언급했던 용어로서, 단지 물건을 구매하고 쓰기만 하는 것이 아니라, 제품이나 서비스의 제작에도 직접, 또는 간접적으로 참여하는 능동적인 소비자를 의미한다. 프로슈머에 의한 제품들로서는 젊은이들로부터 큰 인기를 얻었던 초콜릿폰, 20대 여성을 위한 한방 화장품, 한국 주부의 평균키 160cm에 맞춰 설계한 김치냉장고 등을 들 수 있다.

트윈슈머(twinsumer)

트윈슈머는 타인의 제품 사용 경험을 중시해서, 이들의 평가를 보고 물건을 사는 소비자들로 프로슈머 뒤에서 움직이는 소비 계층을 말한다. 트윈슈머는 프로슈머가 정보를 생산하면, 이를 판단하고, 정보 전달을 하며, 인터넷 댓글 위주로 움직이는 계층이다. 유저들의 사용 후기는 '감정이 실린 정보'라는 의미에서 'emomation'(emotion+information)이라고 하며, 이러한 정보를 전하는 사람들은 파급 효과가 시작되는 진원지라는 의미에서 '**alpha consumer**'라고 부른다. 이러한 트윈슈머는 무형적 제품 특성을 갖고 있는 환대산업에 중요한 마케팅 요소이며, 구전(word of mouth) 효과와 더불어 **웹전(word of mouse)** 효과의 영향력이 점차 커지고 있는 시대의 주역이다.

트윗슈머(twitsumer)

기존의 파워 블로거 마케팅을 Twitter에 적용한 것으로 개인 Twitter를 이용해 기업, 브랜드, 신제품 등의 정보를 전파하는 새로운 SNS 마케팅을 하는 소비 계층을 말한다. 국내에서는 2010년 Pizza Hut이 최초로 '**twitsumer 마케팅**'을 시도한 바 있다.

크리슈머(cresumer)/스마트슈머(smartsumer)

소비자가 직접 제품 구상, 디자인, 제작까지하는 **DIY**형 프로슈머로서 창조해낸다라는 의미의 크리슈머라는 용어가 있다. 즉 'customermade'의 개념으로 이해될 수 있다. 스마트슈머는 '똑똑한 소비자'를 의미하는데, 주로 20~30대로 디지털에 익숙하고 제품의 효용과 사용 가치에 대한 정보를 기업보다도 더 많이 공유하고 있는 특징이 있다. 스마트슈머는 자신의 라이프 스타일에 맞는, 자신의 가치를 높일 수 있는 개성있는 제품을 선호한다.

유저머(usermer):UI, UX, UT, UE, CX

연세대 조광수는 소비자라는 개념보다 유저머(user+consumer)라는 개념이 더욱 바람직하다고 주장한다. **UI(user interface)**, **UX(user experience)**를 중시하는 디자인이 강조되어야 한다는 것이다.* TGIF'S(Twitter, Google, iPod(iPad, iTunes), Facebook, smart phone)의 제품들에서도 느낄 수 있듯이, 인간의 사용과 체험이 제품의 가장 중요한 속성으로 대두되고 있다. Microsoft의 Bill Gates도 Windows 제작 시 인류학자를 고용했다고 한다. 삼성전자 디자인의 모토도 'Living device', 'Make it meaningful'이다. **UX**와 관련된 용어로서 UT(usability testing), UE(usability engineering)가 있다.

나아가 연세대 김진우는 CX(co-experience)를 주장한다. CX는 사용자 간의 상호 작용에 중심을 둔, **UX**보다도 진전된 개념으로서, Thompson과 Fine은 CX에 대해 참여, 공유(cognitive communication), 공감(emotional cognition)과 같은 세 가지 범주를 제시했다.

UI는 사람과 시스템의 접점에서 사용자가 기계와 의사소통(기술)을 하는 전체적 프로세스를 의미함. UX는 UI의 그러한 기능을 통해서 사용자가 느끼는 감정과 관계를 의미함. 동일한 맥락으로, 사용자와 브랜드의 관계에서 일어나는 실제 경험을 BX(brand experience)라고 함.

큐레이슈머(curasumer)

큐레이슈머는 curator+consumer의 합성어로 전시회의 큐레이터처럼 스스로 삶을 꾸미고 연출하는 소비자로서, 제품을 기존 용도와 다르게 활용할 수 있는 법을 적극적으로 찾거나 기업에서 원하는 제품 사양을 요구하기도 하는 소비자들을 의미한다.

스토리슈머(storysumer)

스토리텔링 기법이 중시되며 '이야기를 찾는 소비자'라는 이 용어가 탄생됐다. 즉 제품의 특성뿐 아니라 그에 관련된 이야기를 중요시하는 소비자를 말한다.

3-2. 인터넷 마케팅과 interactive 마케팅의 의의 및 사례

인터넷 마케팅의 의의

19세기 유럽 귀족의 권위를 무너뜨린 것은 bourjois의 신문이었고, J.F. Kennedy는 TV 토론을 이용해 우위를 점했으나, 현대는 이러한 주요 매체를 SNS가 대체하기 시작했다(〈표 16-2〉 참조). 미국의 Barack Obama 대통령은 Twitter를 통해 변화에 앞서 가는 이미지를 창출했고, France의 Nicolas Sarkozy 대통령은 온라인 게임 Second Life에서 선거전을 했다.

World Wide Web(www.)은 영국문화원에서 발표한 '과거 80년 동안의 80가지 결정적 사건에서 2위 페니실린의 대량 생산, 3위 홈 컴퓨터의 보급 등을 누르고 단연 1위를 차지했다. 현대 사회에서 가장 혁신적인 발명품이라는 이야기다.

기업의 의사 소통은 internet, intranet, extranet 등의 새로운 기술에 의하여 혁신적으로 변해가고 있다. 그 중 가장 보편화된 것은 인터넷으로, 고객과 기업의 접촉에 있어 하나의 기업과 다수의 고객이 만나는 과거의 대 고객 접촉 방법을 한 명의 고객과 하나의 기업 간 접촉으로 변화시켰다.

Web 1.0시대는 정적(static) 중심 관리의, 변화가 느린, 기본적으로 '상업적 특성'을 갖고 있었다. 1990~1995년 기간의 HTML 사용과 웹 구축이 Web 1.0의 특성이었다고 할 수 있다. 브라우저가 search, pop-up, click-thoughts의 상호성을 촉진시키며 Web 2.0시대로 넘어갔다. 즉 Web 2.0시대는 개방적 커뮤니케이션과 공유를 향상시킨 '인간적 특성'이 그 핵심이었는데, 이것이 진화되며 '사회적 특성'인 social web의 Web 3.0시대로 넘어갔고, 이제는 모든 것을 '통합하여 접촉'까지 할 수 있는 **Web 4.0**시대가 도래했다.

extranet
Intranet은 인터넷 기술과 통신 규약을 이용하여 조직 내부의 조직원들에게 온라인상 정보를 쉽게 접근하는 방식으로 가장 많이 사용됨. extranet은 사업 거래처, 고객, 공급자 간의 정보 교환을 목적으로 하는 인터넷의 부류이나, 정보 교환은 특정 그룹의 사람에게만 공유되고 제한된다는 점이 있음. 관광에서의 extranet의 예는 CTX(Canadian Tourism Commision) 리서치 자료, 통계 자료, 관광 관련 자료 등이 있음.

인터넷
인터넷 기능은 이메일(e-mail), WWW(World Wide Web), FTP(File Transfer Protocol) 등으로 구분됨.

인터넷 마케팅의 주체 및 신 기능

가장 대표적 인터넷 마케팅의 주체는 SNS다(〈표 16-2〉 참조).

표 16-2 대표적 SNS

Facebook	• 컨텐츠에 상관 없이 회원 간의 소셜 활동이 주가 되는 서비스 • Mark Zuckerberg에 의해 2004년 2월 런칭 • 2019년 기준, 전 세계 온라인 인구의 50% 이상이 회원(10억 명 이상)
Twitter	• 140자의 문자를 통해 소셜 활동을 하는 마이크로 블로깅 서비스 • Jack Dorsey에 의해 2006년 7월 런칭 • 2019년 기준, 5억 명 이상 회원을 보유 중이며, 하루 동안 7,000만 건의 대화 발생 • 2019년 기준, 인터넷 전체 순위 4위의 방문자 보유
Tencent QQ	• 1999년 2월 런칭, 세계에서 두 번째 8억 명 이상의 회원을 보유 • 중국에서 가장 인기 있는 무료 SNS • 대화 프로그램뿐 아니라 게임, 애완 동물 키우기, 벨소리 내려받기 등의 부가 서비스도 개발
Instagram	• 2010년 10월 런칭 • 온라인 사진 공유 및 소셜 네트워킹 서비스로, Instagram을 통해 사진을 찍음과 동시에 다양한 디지털 필터(효과)를 적용하며, Facebook이나 Twitter와 같은 다양한 소셜 네트워킹 서비스에 사진을 공유할 수 있음

출처: Wikipedia, Alexa, 2019.

2018년부터 대표적 SNS들의 새로운 기능들이 창출되며 환대산업에 도입되고 있다. 주요 사례는 〈표 16-3〉과 같다.

표 16-3 환대산업에서 활용되고 있는 주요 SNS 기능

SNS	기능	내용
Facebook	Messenger 2.3	• 고객과의 접촉 정보에 대한 신속한 응대 • 고객들의 호텔에 대한 문의, 문제, 예약 관련 사항에 대한 탐색 기능 제고
	Dynamic Ads for Travel	• 환대산업의 모든 기업들에게 적정 표적시장과 관련된 정보만을 선별적으로 제공
Twitter	Cracking Down on Bots and Automation(Tweet Deck)	• Tweet Deck를 통해 모든 환대산업의 기업들은 각종 정보 및 활동을 모든 자 회사에 동시에 분배
	Embeddable Tweets Copyright Potential	• 웹사이트와 블로그에 올라와 있는 제 3자들의 UGC(user generated content)를 합법적으로(허락 없이) 자사 사이트에 공유
Instagram	Permanent Reply Direct Message Option	• Instagram의 메시지는 'direct messaging platform'을 통해 Snapchat으로부터 직접 복사되어 사진 제공자가 마음대로 삭제하거나 하는 행동을 방지하고 'chat'에 영구히 보존
Snapchat	Snap Map	• 비록 Snapchat이 platform의 역할을 잃어가고 있지만, 'Snap Map'은 데스크톱 컴퓨터나 모바일 기기에 모두 UGC를 기업과 유저들에게 공유시킴으로써 상호 정보 공유를 확대

Interactive 마케팅의 의의

인터넷 마케팅이 인터넷을 기반으로 고객과의 직접적인 접촉을 강화하는 모든 수단의 마케팅을 의미하는 넓은 의미라면, '**interactive 마케팅**'은 인터넷 마케팅에서 고객과의 쌍방향 정보 교환을 보다 강조하는 것으로, 기업과 소비자, 소비자와 소비자 간에 쌍방향적이고 연쇄 반응적인 메시지를 통해 제품과 서비스를 판매하는 마케팅 수

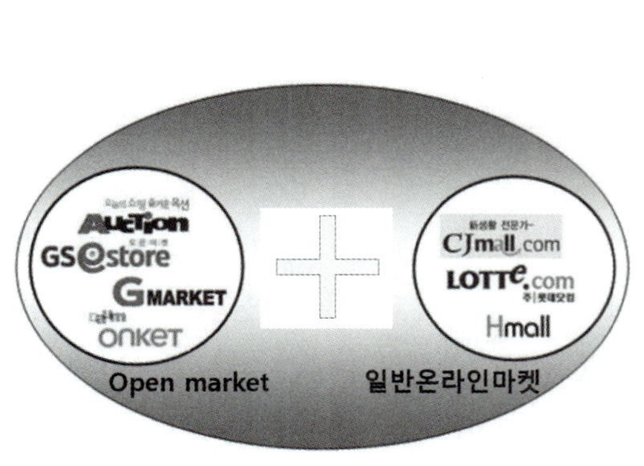

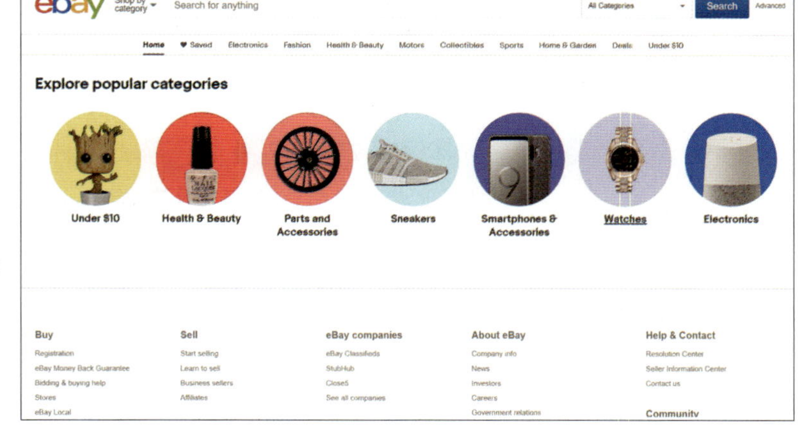

그림 16-4 국내 오픈 마켓의 형태와 eBay 홈페이지

단을 의미한다.

21세기 마케팅에서는 쌍방향성이 중요해졌다. 정보 생성과 교류라는 측면에서 일방적 정보 전달보다는 쌍방향적 정보 전달이 대세가 된 것이다. 이러한 쌍방향은 쇼핑 문화의 변화로부터 확인할 수 있다. 1990년 중반부터 나타난 **오픈 마켓**의 개념은 쌍방향을 이용한 획기적 공간이다. **오픈 마켓**은 판매자와 구매자 간의 거래에 대한 장터를 제공하는 개념인데, 이에 대한 최초의 인터넷 사이트는 미국의 eBay로 오프라인에서 진행되는 경매의 시스템을 최초로 인터넷상에서 구현하여 판매자와 구매자 간의 쌍방향 네트워크를 통한 판매 중계 시스템의 선구자가 된 것이다(〈그림 16-4〉 참조).

과거 eBay 회장 John Donahoe는 "2015년까지 모바일 · 온라인 · 오프라인의 상거래 벽이 허물어진다"고 예측한 바 있다. 이에 따라 eBay는 'MLSD(mobile, local, social, digital)'라는 상거래의 4가지 미래 트렌드를 제시했다. 먼저 미래의 쇼핑은 컴퓨터 앞이 아닌, 스마트폰이나 태블릿 PC로 쇼핑하는 시대가 될 것이라는 것이었다(현실이 됐다).

3-3. 인터넷 마케팅과 interactive 마케팅의 사례 및 진화

인터넷 마케팅, 특히 interactive 마케팅의 핵심은 독특함(uniqueness)이다. 요즘 소비자에게 전달되는 정보의 양은 과거의 정보의 양과는 비교할 수 없을 정도로 많고 복잡하다. 정보의 과잉 노출이 일어날 경우, 독특성의 중요성은 더욱 높아질 것이며, 이러한 독특성을 무기로 마케팅의 새로운 수단으로 등장하고 있는 것이 개인 미디어의 하나인 블로그를 통한 마케팅, UCC(user created contents)를 이용한 마케팅, 그리고 각종 인터넷 커뮤니티를 통한 마케팅 등이다.

인터넷 마케팅과 interactive 마케팅의 일반 사례

1) 블로그를 통한 마케팅 사례

Interactive 마케팅의 가장 대표적 도구는 블로그다. 각 포털 사이트마다 개인 블로그를 만들 수 있고, 블로거들이 활발한 활동을 하고 있다. 블로그 운영자들은 그 자체로 하나의 미디어 역할을 하고 있는 것이다.

2006년 7월 23일판 The Washington Post는 '나를 봐주세요, 나를 클릭해주세요'라는 제목으로 신종 인간 '**퍼블리즌(publizen)**'의 특성을 해부하는 내용을 실었다. '**퍼블리즌**'은 공개(publicity)와 시민(citizen)을 합친 신조어이며, 자신을 적극적으로 공개하는 사람들이라는 뜻으로, 디지털시대의 신조어인 셈이다. 이들 '**퍼블리즌**'은 인터넷을 통해 자신의 개인적인 삶과 생각을 알리고, 적극적으로 PR하는 것을 좋아하며, 인터넷을 주요 의사 소통 도구로 이용하고 있다. 바로 이 '**퍼블리즌**'들이 블로그나 개인 홈페이지를 통해 자신을 1인 미디어로 성장시키고 있는 것이다. 기업들은 이러한 블로그를 통한 co-marketing을 하나의 수단으로 이용하여, 기업 자신이 만들어 놓은 블로그를 통해 고객들의 공간을 제공하며, 이를 통하여 해당 제품의 PR도 자연스럽게 진행하고 있다.

Google이 Adsense로 self-service 광고를 가능하게 한 이래, My Space는 소규모 광고주들이 스스로 광고를 제작해 SNS 사이트에 뿌릴 수 있도록 설계한 광고 **platform** selfserve를 출시했고, 곧 이어 Facebook이 뒤따랐다.

환대산업에서 블로그를 통한 마케팅의 우수 사례는 Virgin Atlantic에서 찾아볼 수 있다. Virgin Atlantic의 블로그는 항공 관련 포스팅이 아닌 도시별 환상적 사진, 다양한 여행지, 진귀한 풍경 등을 소개하며 잠재 여행객들의 사랑을 받고 있다(〈그림 16–5〉 참조).

그림 16–5 Virgin Atlantic의 블로그
출처: www.virginatlantic.com

2) UCC를 통한 마케팅 사례

인터넷의 UCC(user created contents)는 점차 화두가 되고 있다. www.youtube.org라는 사이트에 의해 UCC가 세상의 주목을 받게 되었는데, UCC는 온라인 상에서 소비자가 직접 만든 컨텐츠를 의미한다. UCC는 젊은세대들이 디지털 영상에 매우 친숙하고, 뮤직 비디오와 다양한 게임 등을 통해 디지털 기기에 친숙하기 때문에 새로운 마케팅의 수단으로 떠오르고 있다. PCC(product created contents)도 유사 개념의 용어다. 이에 맞추어 기업들도 저렴한 비용으로 마케팅 효과를 거두기 위해 UCC에 관심을 기울이고 있는데, 기업이 만든 UCC는 '브랜드 UCC'라고 부른다.

'브랜드 UCC'를 제작할 때에는 기준이 있다. 첫 번째는 기업 차원에서 '브랜드 UCC'를 진행하고 있으므로 브랜드를 당당히 밝혀야 한다는 것이다. 다음으로는 그 내용이 흥미와 주위를 끌 수 있는 내용이어야 함은 물론, 이슈를 만들 수 있어야 하는 것이다. 또한 UCC를 통해 고객과의 상호 연관성을 만들어야 한다.

Burger King의 UCC 사례

Burger King은 신제품 'Tender Crispy 치킨 샌드위치'를 런칭하면서 UCC를 방영했는데, 키보드로 특정 명령어를 치면, 닭 캐릭터가 명령어에 맞는 행동을 수행한다. 이는 신선한 구전 효과를 일으켜 2004년 4월 7일 선을 보인 후 3주 후에 약 1억 4,300만 회의 방문 수를 기록했다. Burger King의 UCC 평균 접속 시간은 평균 6~7분이었고, 이것은 일반 TV 광고의 약 25~30배에 이르는 놀라운 효과였다.

Burger King은 또한 2008년 Whopper 탄생 50주년 기념 행사로서 'Whopper Freakout'(Whopper 대 소동)이라는 캠페인을 통해 Whopper가 판매 중단되었다는 거짓 소식 및 고객 반응을 담

그림 16–6 Burger King의 'Whopper Freakout'

은 영상의 TV 광고와 온라인 동영상을 소개하며, Whopper Freakout.com에 첫 주에만 25만 명의 접속자를 유도한 바 있다(〈그림 16-6〉 참조). 이 캠페인으로 인해 점포 당 매출액 4.2%, 주가 5.8%의 상승 효과를 얻을 수 있었다.

UCC, PCC의 활성화는 **Adver Contents**라는 신 개념 용어를 탄생시켰다. **Adver Contents**란 컨텐츠의 확산을 목적으로 자사의 광고를 패러디하거나 유머 요소를 삽입하여 제작하는 viral 컨텐츠와는 달리, 광고주의 제품 및 로고가 직간접적으로 노출되어 광고주에 의해 제작됨을 알 수 있으며, 기존 viral 컨텐츠의 문제점(제작 비용, 시간, 트랜드 수용, 독창적 아이디어 개발 등)을 해결할 수 있다는 장점을 갖고 있다.

위와 같은 '**컨텐츠 마케팅**'은 만화, 영화, 인간, 스토리, 솔루션 등 다양한 유형 및 전략으로 viral 컨텐츠 표출을 가능하게 하고 있다. Mark Huges는 'buzz'를 발생시키는 6개의 요소로서 금기(taboo), 독특한(unusual), 엉뚱한(outrageous), 유쾌한(hilarious), 주목할 만한(remarkable), 비밀(secret) 등을 제시하고 있다. 또한 cross-media(예 : TV CF와 온라인 검색의 연동)를 통한 온·오프라인의 연동, 디스플레이 광고(배너), 키워드 및 검색형 광고, 개인 미디어, 온라인 PR 등의 여러 채널을 통해 통합적 **viral 마케팅** 활동이 진행되고 있으며, 위의 모든 것은 온라인 구전 마케팅을 확장시키고 있다.

3) 커뮤니티 사이트를 이용한 마케팅 사례

유럽의 경우 e-marketing을 통한 수입이 기업 수입의 10%를 훨씬 상회하는 등 e-marketing은 전 세계적으로 부각되고 있다. e-marketing은 기업이 전자적 수단을 이용해 판매망 구축, 고객 확보, 고객 관리(e-CRM) 등의 마케팅 활동을 수행하는 것과 가상에서 행하는 모든 거래를 총칭하는 개념이다. PPC(pay-per-click) 광고, 배너 광고, 홈페이지 및 이메일을 통한 광고 등이 해당되며, 최근에는 소셜 네트워크의 일종인 MSN, Facebook, Twitter 등을 이용한 e-marketing이 부각되고 있다.

특히 Microsoft는 전체 인구의 약 12%가 Facebook을 이용하는 홍콩의 인터넷 사용 인구를 고려하여, 2010년 말 홍콩에서 Windows7을 출시하면서 Facebook에 공식 블로그(www.facebook.com/Windows7HK)를 만들어 마케팅을 시작했는데, Windows7의 정식 출시 한 달 전부터 Facebook 마케팅을 펼치며, 1만 명 이상의 Windows7 추종자를 만들었다. 이는 Microsoft의 기술이 아닌 소셜 네트워크를 광고 수단으로 사용한 최초 시도로 알려져 있다.

그림 16-7 Kogi

한국인이 창업한 Kogi라는 체인은 Mexico의 타코에 한국식 불고기를 섞어 만든 메뉴를 이동식 트럭으로 판매하는 신 개념 타코 체인이다(〈그림 16-7〉 참조). LA 지역에서 큰 호응을 얻고 있는데, 그 성공 비결 중 가장 대표적인 것은 Twitter를 통해 그 이동 경로를 알리는 전략이다. 이동 경로 인근에 있는 고객들은 Twitter의 메시지를 보고 이동 경로에 접근한다.

그림 16-8 Nabisco의 홈페이지

4) 구매 편의를 제공하는 정보 마케팅

Nabisco를 생각하면 Oreo나 Ritz를 가장 먼저 떠올릴 것이다. 하지만 Nabisco는 과자뿐만 아니라 A1 스테이크 소스나, Grey Poupon 머스타드 등도 제공하는 기업이다. Nabisco는 미국 전역에 있는 5만 개의 식당을 인터넷으로 연결, 기업과 고객 사이에 정보가 원활하게 유통되도록 함으로써 타 기업들과의 차별화를 수행하고 있다(〈그림 16-8〉 참조). Nabisco는 이를 위해 영업 사원들이 알게 된 모든 지식을 본사의 마케팅 은행에 입력하도록 하고 있으며, 축적된 Nabisco의 지식은 고객과의 피드백을 통해 큰 영향력을 행사하고 있다.

5) Brand(ed) app

Apple의 iPhone, 삼성전자의 Galaxy, Google의 Android 같이 OS(operating system)를 탑재한 휴대폰 등 스마트폰의 발달로 마케터들은 독자적 애플리케이션을 개발해 'branded entertainment', 또는 'branded utility'를 제공하고 있다. 전자는 브랜드가 제공하는 오락성 높은 컨텐츠이며, 후자는 브랜드가 제공하는 유용성 높은 편리한 기능을 말한다. 오락성이나 유용성이 높아 단순한 광고보다 소비자의 관심을 끌기에 유리하다. 가장 인기를 모은 **Brand(ed) app**의 예는 iPhone 화면에 있는 'virtual Zippo lighter'이다. 화면을 만지거나 흔들면 라이터의 뚜껑이 개폐되고 불이 흔들린다.

2014년 Starwood의 충성도 프로그램인 Preferred Guest에 속한 고객들은 호텔산업 최초로 Google Glass를 위해 특별히 디자인된 brand app을 개발했다. 고객은 이 Glass to Explorers를 이용하여 Starwood 소속 9개 브랜드인 St. Regis, The Luxury

그림 16-9 멕시코 음식 전문 Chipotle Mexican Grill의 brand(ed) app

그림 16-10 Starbucks의 brand(ed) app

Collection, W, Westin, Le Meridien, Sheraton, Four Points by Sheraton, Aloft, Element 등 1,100여 개 체인 호텔과 관련된 모든 정보를 찾을 수 있고, 예약할 수 있다. 음성 인식(voice command) search도 가능하다.

McDonald's가 인수한 Chipotle Mexican Grill에서는 app으로 메뉴 검색, 주문 후 가장 가까운 매장에서 수령, 결제까지 할 수 있다(〈그림 16-9〉 참조). Starbucks에서는 app으로 매장 정보, 주문, 지인 선물 제공 등을 할 수 있다(〈그림 16-10〉 참조).

환대산업에 있어서 mobile 기술의 1인자는 HandHeld Hospitality, LLC 기업이다. 이 기업 Smart Guest app의 A~Z directory를 통해 호텔은 고객에게 최신 정보 및 실시간(real time) 공지를 할 수 있다.

6) Instagram을 통한 마케팅 사례

Instagram이란 2010년 Kevin Systrom과 Mike Krieger가 개발한 ios, Android, Window 10, 그외의 웹에서 서비스되고 있는 이미지 공유의 SNS다. 사진 촬영 후 자체 필터 등을 이용해 이미지 편집이 가능하며, 이를 Facebook, Twitter 등과 같은 타 SNS로 공유 가능하다. Instagram에서는 mobile 기기에서 사용하는 사진 비율과 달리 polaroid 형태(정사각형)의 사진 크기를 사용한다(〈그림 16-11〉 참조).

Expedia는 남미로의 공짜 여행 제공 Instagram 캠페인으로 역대 **platform**상에서 얻은 최고 점수인 999점을 획득한 바 있다. Nordstrom, Gopro, Sportify등이 Instagram에 큰 인상을 남긴 대표적 기업들이다. Marriott International은 2016년 Sales Conference에서 Instagram을 적극 활용해 "역사상 가장 혁신적 컨퍼런스였다"는 극찬을 받았다.

Instagram의 2017년 발표에 의하면, Singapore의 Marina Bay Sands가 Bellagio Las Vegas, The Venetian Las Vegas, Atlantis The Palm Dubai, MGM Grand Las Vegas(이상 2~5위) 등을 제치고 세계에서 가장 'Instagrammed' 호텔로 선정됐다(〈표 16-4〉 참조).

그림 16-11 Instagram의 사진 형태
출처: www.hkaci.org.hk

표 16-4 Most Instagrammed hotels in the world 2017(Global)

Rank	Hotel	City	Country
1	Marina Bay Sands	Singapore	Singapore
2	Bellagio	Las Vegas	United States
3	The Venetian Las Vegas	Las Vegas	United States
4	Atlantis The Palm	Dubai	United Arab Emirates
5	MGM Grand	Las Vegas	United States
6	The Cosmopolitan of Las Vegas	Las Vegas	United States
7	Wynn Las Vegas	Las Vegas	United States
8	Caesars Palace	Las Vegas	United States
9	Fontainebleau Miami Beach	Florida	United States
10	Paris Las Vegas Hotel & Casino	Las Vegas	United States
11	Ushuaïa Ibiza Beach Hotel	Ibiza	Spain

2017년 General Motors는 운전자가 차 내에서 커피, 음식 주문, 레스토랑 좌석 예약 및 연료비 결제 등 12개의 사항을 한 번에 동시에 처리할 수 있는 Marketplace라는 app을 개발했다(〈그림 16-12〉 참조). 2019년 기준, Wingstop, Shell, ExxonMobil, Priceline.com, Parkopedia, Applebee's, IHOP, Delivery.com, Starbucks 등 많은 기업들과 파트너십을 체결했다.

그림 16-12 General Motors의 Marketplace app
출처: www.money.cnn

7) 가치의 이동 사례

인터넷을 통한 정보의 쌍방향 이동은 제품과 서비스에 대한 당장의 판매보다 고객의 충성도를 높임으로써 제품과 서비스의 이용 빈도가 많은 고객들을 유치하는 것이 가장 중요한 새로운 가치관을 만들고 있다. 새로운 가치의 이동은 도전이자 새로운 기회다. 다른 사람의 제품이나 서비스를 판매하려는 제품이나 서비스에 한데 묶음으로써 새로운 가치를 만들어내야 한다.

많은 기업들은 이러한 사실을 인지하고 고객들과의 관계에 있어서 새로운 부가 가치를 창출하려고 노력하고 있다. Wal-Mart는 전혀 관련이 없었던 부동산, 구직, 항공권의 판매, Burger King 매장 등에 인터넷을 이용할 수 있는 설비를 구매하고, Whopper를 주문할 경우 이에 대한 이용권의 제공, CNN의 건강 관리 정보 제공, GE의 교육 계획과 담보 대출 서비스 등 많은 영역에 있어서 새로운 가치 창출을 파생시키고 있다(〈그림 16-13〉 참조).

그림 16-13 Wal-Mart의 새로운 부가 가치 창출 노력. Wal-Mart의 기본 홈페이지(좌)와 부동산 등의 가치 이동(우)

인터넷 마케팅과 interactive 마케팅의 환대산업 사례

인터넷 환경은 여행, 호텔산업에 큰 영향을 미치고 있다. 특히 정보 기술의 발달은 여행업계와 항공, 그리고 호텔산업의 예약 문화에 큰 변화를 야기시키면서 현재까지 발전해오고 있다. 환대산업은 무형적인, 그리고 소유할 수 없는 제품적 특성을 갖고 있어, 사전 예약을 통한 상품과 서비스의 판매가 무엇보다 중요하다.

Pelican Hotel Solution의 통합 e-mail 마케팅

Pelican Hotel Solution은 2012년 'time-and-context-sensitive up-selling'을 위한 통합 e-mail 마케팅(**'integrated e-mail marketing'**)을 발표했다. 그 내용은 ①welcome e-mail&upselling (고객이 호텔에 오는 3~10일 전에 e-mail로 예약 확인 및 환영 인사를 하고, 동시에 공항, 주류, 스파, 레스토랑 및 극장 예약 등에 대한 정보를 촉진), ② thank you e-mail&guest survey, ③e-concierge(객실 투숙 중 지도, 날씨, 현지 교통, 외부 레스토랑 추천, 쇼핑, 기타 가능한 활동 등에 대한 상호 e-mail 교환), ④e-newsletter 등 4부문으로 나뉘어진다.

위와 같이 e-mail을 스케줄링하고, 연락처를 구분하여 관리하며, 소셜미디어 자동화 포스팅에 컨텐츠까지 일괄 관리하는 것을 **마케팅 자동화(marketing automation)**라고 한다.

인터넷 마케팅 분야에서 주목해야 할 기업이 있다. IPPworld.com이다. Singapore, Shanghai, Mauritius에 본사를 두고, 전 세계에 지사를 갖고 있는 IPPWorld.com은 LSP(language service provide)를 통해 'transcreation'(creative translation : 창의적 번역)을 제공한다. 세계 각종 언어의 번역에서 현지화된 올바른 의역을 제공하는 IPPWorld.com은 훌

륭하게 고안된 'user-friendly' 웹사이트다.

환대산업의 예약 시스템은 GDS(global distribution system)로부터 시작하여 현재의 웹사이트를 통한 예약의 흐름으로 변해오고 있다.

1970년대 항공산업은 예약과 좌석 관리를 위한 시스템을 개발했는데, 이것이 GDS(global distribution system)로서 e-marketing의 첫 번째 세대이며, 2019년 기준, GDS는 Sabre, Galileo, Worldspan, Amadeus, Abacus의 5개가 대표적으로 운영되고 있다.

특히 2001년 9 · 11 사태로 많은 미국인의 여행 기피로 인해 빈 객실이 증가되는 상황에서 소비자들이 보다 저렴한 객실을 인터넷을 통해 거래하는 경향이 나타나, 인터넷을 통한 여행 서비스 채널 이용은 보다 가속화되었다.

호텔 온라인 예약과 관련해 OTA(online travel agency)의 증가 추세가 두드러지고 있다. 미국의 경우 OTA에 의한 예약으로 창출된 매출이 호텔 자체 웹사이트 매출을 이미 2016년도에 넘어섰고, 2019년 기준으로 75% 이상의 온라인 예약이 OTA에 의해 수행되고 있는데, 이 수치는 지속적으로 증가하고 있다. OTA란 '인터넷을 통한 소비자의 관광 관련 서비스 예약을 대행해주는 온라인 **platform**'을 의미한다.

호텔산업에서는 다양한 인터넷 사이트 모델이 있는데 ①직접적으로 고객과 연결되는 호텔의 자체 사이트 (Hilton.com과 Marriott.com 등), ②지리적 위치를 기준으로 호텔 브랜드를 소개하는 선호 사이트(**affinity sites** : Expedia.com, Travelocity.com 등), ③예약에서 역경매에 이르는 할인 숙박 요금을 제시하는 할인 사이트(Priceline.com, lastminute.com 등) 등이 그것이다.

OTA의 두 거목 Expedia, Priceline.com, 그리고 선도 호텔들의 견제

2010년대 후반에 이르러 호텔 예약 시장에 소위 'duopoly', 즉 양대 기업의 시대가 도래했으니 바로 Expedia와 Priceline.com이 그것이다. 실제로 미국의 경우 총 예약의 약 절반이 OTA를 통해 성사되고 있다. OTA에 의한 호텔 예약은 2013년 약 47%였지만, AH&LA는 2020년에는 약 52%까지 늘어날 것이라고 예측하고 있다. 그 중 2018년 기준, Orbit3까지 인수한 Expedia가 약 70%, Priceline.com이 약 23%로 두 'duopoly' 기업이 약 93%를 차지하고 있다. 특히 Expedia 소속 Bellevue 및 Priceline.com 소속 Booking.com이 대표적 사례다.

이에 따라 호텔산업의 1, 2위 기업인 Marriott International과 Hilton Worldwide는 OTA를 강력히 견제하고 있다. Hilton Worldwide에서는 2016년부터 'Stop Clicking Around' 캠페인을 통해 호텔 사이트의 직접 예약 시 객실 요금에 대대적 할인 혜택을 주고 있으며, 충성도 프로그램에 무료 객실 제공, 무료 Wi-Fi, 디지털 기기를 이용한 자율 객실 선택, 디지털 키 사용 등의 혜택을 포함시키고 있다. Marriott에서도 2016년부터 충성도 프로그램 혜택에 있어서 호텔 사이트를 통한 예약과 OTA를 통한 예약 간에 차별을 두고 있으며, Starwood 소속 호텔들에 대한

OTA 수수료 인하 전략을 추진하고 있다.

OTA는 고객이 예약 사이트에 방문했을 때 요금 측면에서 높은 가치를 제공한다. 그러나 통계에 의하면, 2017년 기준, 고객들이 호텔 예약을 할 때 평균 4.4개의 사이트를 방문하는 등 예약 사이트를 전환(shopping-cart-abandonment)할 확률은 82%를 상회한다고 한다. 호텔이 고객에게 OTA를 배제하고 직접 예약을 유도하기 위해서는 **'rate parity'**(제14장 가격 전략 참조)를 잘 지켜야 하며, OTA가 효과적으로 소개할 수 없는 호텔 제품에 대한 장점 소개(예: '바다가 보이는 전경의 객실'), 혜택 제공(예: 무료 아침 식사) 등 고유의 장점을 잘 활용할 수 있어야 한다.

그림 16-14 'one-stop-shop' 인기 website: TripAdvisor, Priceline Network, Expedia, Kayak.
출처: www.google.co.kr

특히 최근의 경향은 고객의 구매 과정에 대한 효율성을 위해 소규모의 구매들을 모아 구매에 대한 정보 획득 비용의 절감과 구매에 대한 통제력을 유지시키는 **e-procurement**로서, 이것은 호텔 및 호텔과 관련된 다양한 기업을 하나로 묶는 인터넷 마케팅을 의미한다. 즉 **e-procurement**은 호텔산업과 관련된 제품에 대하여 one-stop shopping을 가능하게 하는 것이다.

e-procurement의 대표 사례: Avendra/GetThere.com

2000년 5월 Marriott International과 Hyatt Corporation and Club Corporation이 주체가 된, 환대산업 최초의 B2B(business to business) 산출물인 Avendra가 호텔이 직접적으로 참여한 **e-procurement**의 첫 사례다. 이후 항공과 호텔, 렌터카 기업을 하나의 e-hub로 연결시킨 사이트인 GetThere.com의 개발에는 호텔 부문에서 Marriott International, Starwood, AccorHotels Group, Carlson's Radisson이 참여했고, 항공 부문은 British Airways, Northwest Airlines, TWA, United가, 렌터카 부문에서는 Budget, Hertz, Avis가 참여하여 호텔과 관련된 수직적, 수평적 제품들을 한 곳에서 비교 평가, 구매할 수 있게 되었다.

위와 같은 'one-stop-shop'(항공, 호텔, 교통, 정보, 리서치 등)이 가능한 여행 관련 인기 websites로는 TripAdvisor, Priceline Network, Expedia, Travel Ad Network, Travelocity, Kayak, Yahoo Travel Websites, Orbitz Worldwide Network, Hotwire.com, Bookingbuddy.com 등이 있다(〈그림 16-14〉 참조). 그 중 Travelocity와 Morgan Stanley 투자은행으로부터 만들어진 Kayak에서는 1백만$ 이상을 투자, AllTheRoos라는 사이트를 만들어 특정 도시의 모든 공실 호텔 객실 검색을 가능하게 해주고 있다. 이와 유사한 개념으로 레스토랑 대기 서비스 제공업체인 NoWait은 미국 전역에 걸쳐 고객의 위치에 따라 인근 레스토랑의 대기 시간을 알려 주고, 전화로 대기 명단에 넣을 수 있도록 돕고 있다.

Sponsored Placements : Trip Advisor의 신제품

Kayak, Expedia 등 대형 여행 웹사이트들은 가시성 제고에 심혈을 기울인다. 그 중 2018년 Trip Advisor는 **Sponsored Placements**라는 신제품을 소개했다. **Sponsored Placements**는 고객이 호텔을 검색할 때 가장 먼저(위에) 나타나는 'sponsored listings'를 의미한다. 데스크탑이나 모바일 사이트 모두에 적용되는데, 이론적으로 말하자면 부가적 노출(additional exposure)을 제공하는 것이다.

Sponsored Placements는 다음과 같은 장점을 갖는다.

- Top placements : search 페이지의 맨 위에 위치
- Highly qualified : 여행자들의 최초 의사 결정 대상이 됨
- No risk : 광고주는 click 수에 대해서만 돈을 지불하며, 원하는 시기에 광고 종료
- Easy to use : 수 분만에 광고 집행

결과적으로 2019년 기준, 하루 6$의 비용으로 **Sponsored Placements**를 이용할 수 있기 때문에 많은 호텔들이 Trip Advisor의 **Sponsored Placements**를 도입하고 있다.

중국 기업들도 위와 같은 온라인 여행 시장 경쟁에 합류하고 있다. Oasis Lab의 Ctrip, Trip.com을 비롯해 Overseas Chinese Town(Asia) 등이 대표적 기업들이다.

American Airlines가 자사를 자주 이용하는 고객들을 위해 제공하고 있는 AAdvantage 프로그램은 4천만 명의 고객을 확보한 세계 최대 규모의 마일리지 서비스다. American Airlines는 호텔, rent-a-car, 부동산 기업에서부터 뮤추얼 펀드 기업에 이르는 1,000개 이상의 기업과 파트너 관계를 맺음으로써, 고객들에게 가용 포인트 적립, 무료 여행권 등의 특혜를 제공하고 있다(〈그림 16-15〉 참조).

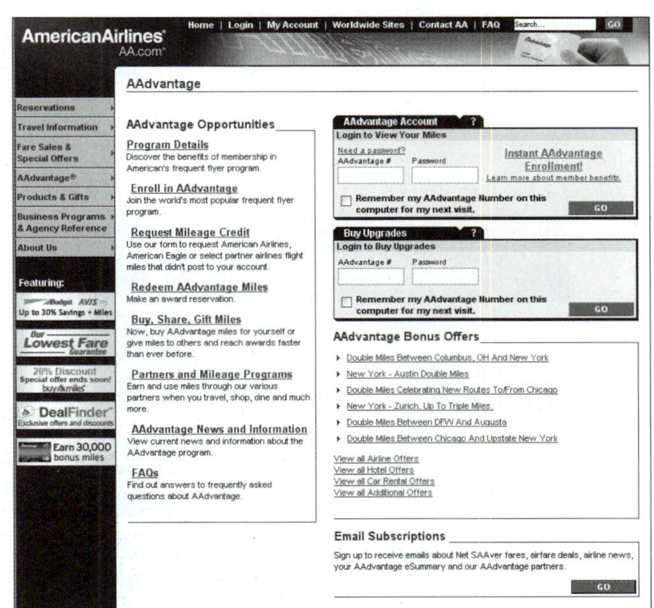

그림 16-15 American Airlines의 AAdvantage 프로그램

환대산업은 다양한 표적시장을 확보하기 위하여 다양한 인터넷 모델 개발에 투자하고 있으며, 특히 AccorHotels Group이나 Hilton은 보유한 브랜드를 통한 '**booking portal**'에 막대한 투자를 진행하고 있다. 각종 예약 관련 사이트는 효율적인 예약 이외에도 이용 후기와 같은 정보를 제공, 고객과의 관계가 점차 증진되고 있어, 환대산업의 인터넷을 기반으로 한 마케팅에 대한 투자는 계속 증가될 것으로 예상된다(〈그림 16-16〉 참조).

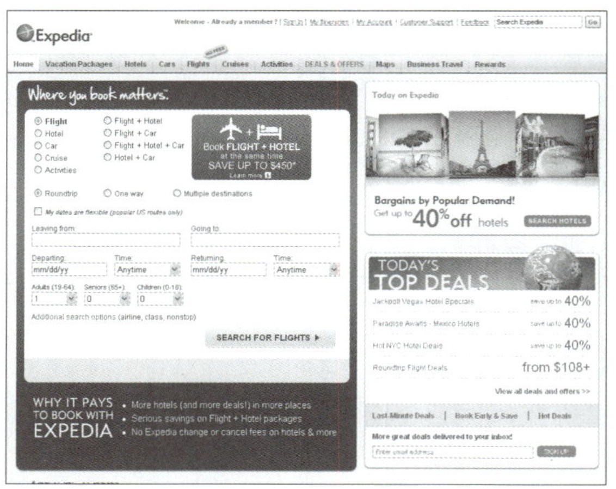

expedia.com

travelocity.com

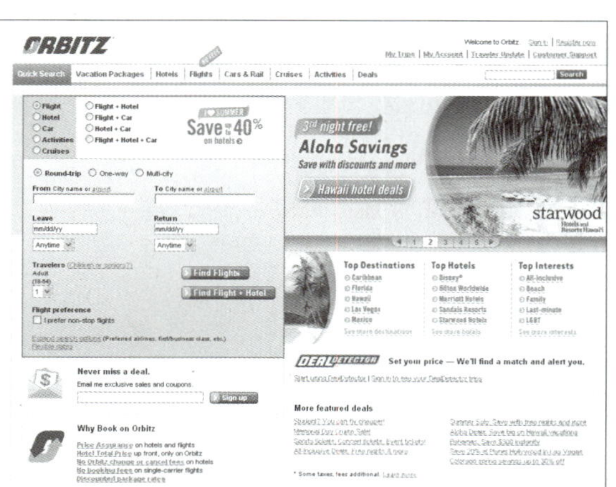

orbitz.com

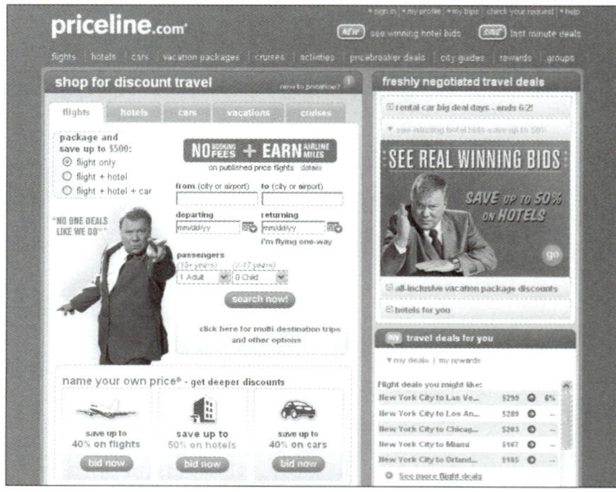

priceline.com

lastminute.com

hotelbook.com

그림 16-16 여행, 호텔 관련 웹사이트

표 16-5 국내 특1급 호텔의 정보 시스템 현황

호텔	정보시스템 구축 현황
Shilla	• 매년 20억 원 이상을 IT 부문에 투자 → 디지털 호텔을 지향 • 2002년 3월부터 종합적인 호텔 정보화 프로젝트 진행 중 1차:인프라, CRM, ERP, F/O 시스템 구축, 2차:면세점 및 기타 시스템이 구축 계획 • 시스템 outsourcing:서울 본사에만 15명의 삼성SDS 인원이 상주 • 객실 환경:무선 초고속 인터넷, 자동 감지 시스템 • 장애 복구 시스템(BRS) 도입
JW Marriott	• Marriott 본사의 표준화된 정보 시스템으로 직접적인 관리가 이루어짐 • 2000년 7월, 호텔 개관시부터 방화벽 등 보안과 객실 인터넷 환경 조성에 노력 • 객실 환경:전 객실에 E1급 광케이블 연결, TV를 이용한 인터넷과 익스프레스 check-out 가능 • 효율적 P/O 환경 구축, 운영:인사관리 시스템, Fidelio, PMS 등 • 비즈니스 고객을 위한 투숙 기간 중 휴대폰과 PDA 대여 서비스 제공
Grand Hyatt	• 2000년부터 IT 인프라 확충 및 서비스를 강화하고 있으며, Compaq 『ProLiant 800』을 이용해 POS 서버를 듀얼로 구축 • 카테고리 5급의 객실 LAN 환경을 구축해 고객들에게 100Mbps의 고속 인터넷서비스를 제공 • 메일 시스템은 Notes로 전환하고 전자 결제 시스템을 구축 • '자동 통화 전달(ACD) 시스템'을 구축해 실시간 정보 지원 • F/O의 DW를 이용한 CRM 구축 • 리눅스 DB 구축 추진
Ritz-Carlton	• 지난 94년 CAT3 베이스로 구축돼있던 네트워크를 99년 CAT5로 업그레이드해 현재 Frame relay와 Fast 인터넷을 함께 사용 • 대다수 객실에 노트북을 설치했으며, 호텔 정보화 outsourcing업체인 루넷의 TBIS(Tourism and Business Information Systems)를 도입 • CRM 구축을 위해 전체적인 액세스 수준 향상과 CRM 구축을 계기로 전체적인 호텔 내부 시스템을 재구축
Sheraton Grande Walkerhill	• 국내 호텔로서는 최대 규모인 매년 20억 원 이상을 IT에 투자 • 대규모 IT 투자를 통해 기존의 통합 예약 시스템에서 마케팅 · 세일즈, 식당 · 조리, 연회, 관리회계 · 재무, 자금시스템 등 15개의 단위 시스템들을 하나의 기간 시스템으로 통합 구축 • ERP, KMS, CRM 외에도 E-marketplace를 지향하는 구매 전산화 프로젝트 추진 • SK 본사에서 네트워크를 통합, 관리하고 있으며, Fast Ethernet으로 100Mbps를 지원 • 객실 환경:MagiNet에서 E1급으로 별도 구축했으며, 전 객실에 노트북 설치
InterContinental	• Grand, COEX InterContinental:Fiber Optic으로 상호 연결, Grand Inter에서 네트워크와 시스템을 관리 • 강남 테헤란 벨리 중심부에 자리를 잡고 있어 각종 IT 행사의 단골 호텔로 유명 • Grand 호텔은 일찍이 IT 환경에 대규모 투자 실시, COEX 호텔의 기반 인프라는 타 호텔들보다 우수한 편 • ASEM 회의와 월드컵에 맞춰 이미 여러 차례 네트워크와 시스템을 업그레이드
Westin Chosun	• 인터넷 비즈니스에 대한 관심이 높아 매년 IT 부문에 10억 원 이상이 투자됨 • 외식 사업에도 많은 비중을 두고 있어 IT 인프라 조성 및 각종 솔루션들을 통한 수익성 모델 창출에도 주력 → 타 업종과의 연계를 통한 시너지 효과 창출 • 부산에는 POS 서버와 영업 전산화 서버 관리를 위해 1명만 상주하고 서울에서 모두 원격으로 관리

또한 국내 호텔산업도 변화하는 인터넷 환경에 발맞추기 위하여 체인 본사의 예약 사이트를 적극 이용하고 있으며, 자체 홈페이지에서의 예약 기능을 완료하여 마케팅에 적용하고 있는 등 다양한 co-marketing을 통한 온라인 제휴 마케팅을 수행하고 있다. 이러한 온라인 환경에 병행하기 위하여 국내 특 1급 호텔들은 정보시스템의 구축에도 큰 투자를 하고 있으며, 그 현황은 〈표 16-5〉와 같다.

Yum! Brands International은 약 60%의 주문이 온라인으로 이루어지고 있는 Pizza Hut과 KFC의 web browser를 계속 업그레이드하고 있으며, 2014년에 자체 website HTML5를 리빌딩했다.

2018년부터 Google의 Google My Business가 부활된다. 또한 2016년에 선보였던 'click-to-message' Ad Words와 함께 호텔의 시설과 제품에 대한 대 고객용 메시지의 질적 제고가 가능해진다. Facebook의 Trip Consideration은 여행 계획 중에 있는 초기 단계의 잠재 고객들에게 TV(Netflix도 포함)를 통한 온라인 디스플레이 광고를 할 수 있다.

마케팅 커뮤니케이션의 진화:Interactive 마케팅의 도약

이와 같이 2000년대를 넘어서며 마케팅 커뮤니케이션이 제 2의 도약을 하고 있다. My Space, Facebook, Eons, A Small World, Dead Journal, Doostang, Second Life 등의 SNS 사이트들로 인하여 마케팅 커뮤니케이션과 고객과의 연결성이 크게 확대되고 있다(〈그림 16-17〉, 〈표 16-6〉 참조). 마케팅 커뮤니케이션은 과거의 'one-way message'에서 '**two-way street**'으로 옮겨가고 있다. 대표적 예는 상호 작용 매체인 TiVo, Sky+BBCiplayer, Apple iTV, WebTV 등이 TV 광고를 제압해나가고 있다는 사실이다.

Bud.TV는 인터뷰 쇼, 바이럴 비디오, 공상과학 드라마 시리즈 같은 컨텐츠들을 자체 제작해서 실은, Budweiser와 Bud Light이 합작해서 만든 TV다. Bud.TV는 30초라는 시간 제약에 묶이지 않고, 스포츠 경기 중계 도중 아이들이 맥주 광고를 보는 것을 원치 않는 부모들이 가하는 압력을 피하는 동시에, Budweiser만의 특별한 유머를 전달하기 위한 매체다. 향후 기업들은 이러한 형태의 매체를 적극 활용할 것으로 생각된다.

마케팅 커뮤니케이션에 있어서 또 하나의 신 조류는 매체와 접촉 시간의 자율적 조정이다. Pay per view, Freeview, iTV, PVR HDD hand drivers, ilovefilm 등은 '주요 시청대 시간(prime time)'을 'my time'으로 바꾸어주고 있다. Wi-Fi(wireless)는 공간의 개념을 확대시키고 있으며, search engine과 networker는 정보와 지식의 영역을 확대시키고 있다. 이와 같은 환경 하에서 현대는 '알고 있는' 지식보다 '찾고자 하는 지식을 어떻게 찾을 수 있는가'에 대한 지식이 더욱 유용하게 평가된다.

결론적으로 SNS를 통한 소셜 커머스는 지속적으로 크게 확대되고 있다. 단, 다음과 같은 문제를 극복해야 하는 과제를 안고 있다.

- 소셜 커머스가 공동 구매, 인터넷 쇼핑몰과 차별화되는 것은 C2C 바이럴을 통한 비용 절감과 PR의 극대화이나, 현 시점까지는 바이럴 창구 및 장치를 충분히 확보하지 못하고 있어 B2C에 의존하고 있는 실정임.
- 공동 구매, 인터넷 쇼핑몰과의 차별화를 효과적으로 하지 못할 경우, 비용 절감 효과가 낮아 참가 업체의 하향 평준화로 인한 고객 불만이 증대될 수 있음.
- 현 상황이 개선되지 않을 경우, 자본력 경쟁과 M&A가 당분간 지속될 것으로 예견돼, deal 참가 업체와의 상생 방안을 고객 입장에서 모색해야 함.

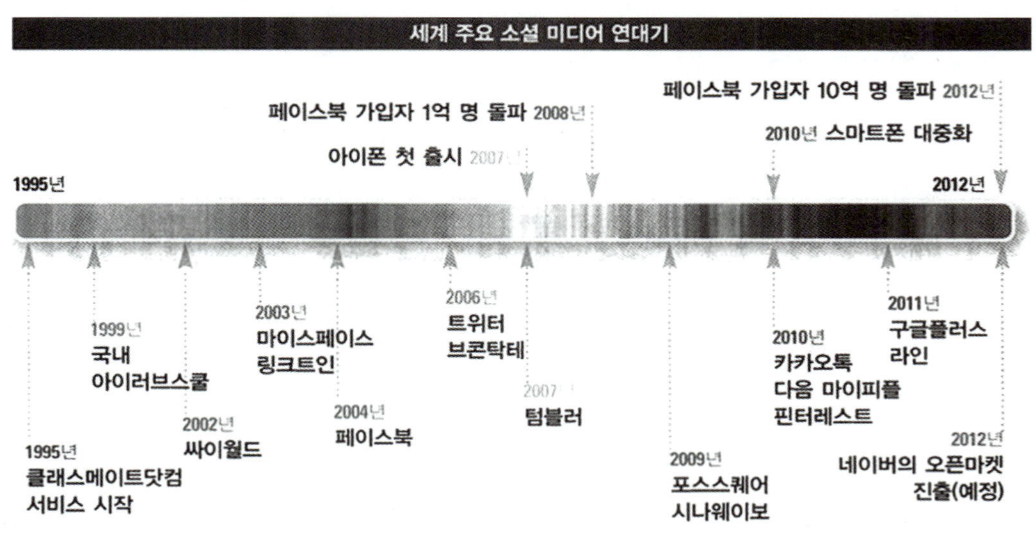

그림 16-17 세계 주요 SNS 연대기

출처: 한경 Business 2013년 7월 10일 p23.

표 16-6 이용자 수 기준 SNS 순위

순위	소셜 미디어	등록자 수(명)	실제 이용 계정(개)	서비스 개시일	기반 국가	특징
1	Facebook	10억 이상	10억	2004년 2월	미국	사진 · 동영상 · 블로깅 공유, 세계 최대 네트워크
2	Tencent QQ	7억 8400만 이상	7억 1200만	1999년 2월	중국	모바일 메신저, 소셜 게임, 쇼핑, 마이크로 블로깅, 음성 채팅
3	Google+	5억 이상	2억 3500만	2011년 6월	미국	자동 번역 가능한 소셜 네트워크
4	Twitter	5억 이상	2억	2006년 3월	미국	140자의 단문으로 소통, 마이크로 블로깅
5	LinkedIn	2억 이상	1억 6000만	2003년 3월	미국	전문직 종사자 네트워크, 한국어 등 19개 국 언어 서비스
6	Tencent zone	5억 9700만 이상	1억 5000만	2005년 1월	중국	중국어 서비스, 블로그, 일기, 사진 전송, 음악 감상 등
7	LINE	1억 5000만 이상	1억 5000만	2011년 1월	일본	PC, 스마트폰 연동 즉석 메시지, NHN재팬 개발, 10개 언어 서비스
8	Sina Weibo	4억 이상	1억 이상	2009년 8월	중국	Facebook과 Twitter의 혼합, 마이크로 블로깅
9	BKOHTAKTE	2억 이상	1억	2006년 9월	Russia	Russia와 주변 지역 인기 네트워크
10	Nimbuzz	1억 5000만	1억	2007년 4월	인도	스마트폰 · 태블릿 · PC
11	Dropbox	1억	1억	2008년 9월	미국	온라인 지원 파일 보관 서비스
12	Windows Live	1억	1억	2005년 11월	미국	MS의 통합 네트워크 서비스
13	Instagram	1억 이상	1억	2010년 10월	미국	사진 · 동영상 공유
14	Odnoklassniki	2억 500만	1억 4800만	2006년 3월	Russia	동창 · 옛친구 찾는 Russia 소셜 미디어
15	Tumblr	1억 1000만	1억	2007년 2월	미국	사진 중심 마이크로 블로그

출처: 한경 Business 2013년 7월 10일 p25.

4. 기타 직접 마케팅 매체

4-1. 직접 우편(DM : direct mail)

환대산업에 있어서 DM의 가장 효과적인 촉진 매체는 소책자(brochure, pamphlet), 전단(flier)과 같은 인쇄물이다. 이러한 인쇄물들을 '**collateral**'이라고 한다. DM은 고객 당 비용은 높으나 가장 효과적인 매체로 평가받고 있으며, 호텔의 제품이 갖고 있는 무형성을 보다 쉽게 유형화시키는 기법의 하나로 사용될 수 있다.

DM의 장단점

DM의 장점은 다음과 같다.

- 개인의 프라이버시 보존과 함께 선별적, 개별적 접촉
- 경쟁이 제한(배제)되며 제약 조건이 거의 없음
- 매체 일정을 신축성있게 조정할 수 있음
- 고객이 응답할 수 있는 수단을 최대한 동원할 수 있으며, 반응을 쉽고 정확하게 측정 가능

위와 같은 DM의 장점에도 불구하고 다음과 같은 단점이 있다.

- 수신자 당 비용이 높음
- 즉각적인 피드백의 기회가 없음
- DM을 수취하는 고객에게 긴급함과 흥분을 일으키지 못함
- 회수율이 비교적 낮음
- 고객에게 읽혀지기 전에 폐기될 가능성이 높음

Joe Girad는 1966년부터 1977년까지 하루 평균 5대의 자동차를 판매하여(주로 Chevrolet) GM 역사상 가장 유명한 판매원으로 기억되고 있다. 그의 성공 비결은 단순했다. 그는 모든 구매자에게 매달 엽서를 보냈다고 한다(한 달 평균 3만 통). 40여 개 직장을 전전하며 고전하던 Joseph Samuel Gerard는 한 고객을 감동시키면 250명의 고객을 창출시킬 수 있고, 한 고객의 신뢰를 잃으면 250명의 고객을 잃게 된다는 철학으로 한 고객을 250명 고객처럼 대했다고 한다. Gerard는 세계 최고의 자동차 판매왕으로 Guinness Book of Records에 올랐다(〈그림 16-18〉 참조).

그림 16-18 Guinness Book of Records

출처 : www.guinnessworldrecords.com

DM 전술

이와 같이 DM은 고객 당 비용은 높으나, 마케터의 의도를 언제, 어느 곳에서라도 경쟁 및 아무런 제약 조건 없이 신축적으로 전달할 수 있다. DM을 보다 유용한 매체로

이용하기 위해서는 고객 정보를 주기적으로 확인하여 정확한 연락처를 보유하고 있어야 하며, 텔리마케팅(telemarketing) 및 인적 판매를 병행하여 그 효과를 극대화시켜야 한다.

또한 DM의 내용은 '소리를 높이기'보다는 감정적 유대감으로 접근해야 한다. 형식이 완전히 자유스러운 DM의 경우, 지나치게 강조하거나, 자랑을 하게 되면, 수신자들의 반감을 살 수 있다. Blaise Pascal에 의하면 "사람들은 일반적으로 남들에 의해 주어진 원인보다 스스로 발견한 요인에 의해 설득된다"고 한다.

DM의 도구 중 가장 많이 이용되며 동시에 가장 효과가 있는 것은 brochure다. 호텔 brochure의 제작 기법은 다음과 같다.

호텔 brochure의 제작 기법

- 표지에는 호텔의 상호, 위치, 표적시장, 포지셔닝 성명서, 혜택에 대한 약속 등이 포함되어 있어야 하며, 위치는 지도를 이용하여 가시성을 높여야 한다.
- 천편일률적으로 유사한 내용과 상투적 수법(cliche)을 가능한 한 피해야 한다.
- 제품의 무형성을 극복하기 위하여 사진을 최대한 이용해야 한다. 단지 시설, 제품의 장면을 보여주기보다는, 그 시설과 제품을 이용하는 고객의 행위를 보여주어야 한다(activity not scenery). 또한 식음료 제품의 경우에는 가능한 한 close-up 시켜 선명한 화질을 제공해야 한다.
- 모든 페이지에는 소제목을 붙여 이해도를 제고시켜야 하며, 시설 및 제품 이용 방법에 대해 간결, 명료한 정보를 제공해야 한다.

많은 환대산업의 기업들은 비용을 절감하고 동시에 인지도를 제고시키기 위하여 shell 디자인 brochure를 사용하고 있다(〈그림 16-19〉 참조). shell 디자인 brochure는 기본적으로 동일한 양식과 형식의 틀을 근간으로 약간의 수정을 통하여 다양한 정보를 제공할 수 있는 장점을 갖고 있는데, 특히 체인 호텔과 식음료 부문에 있어서 효과적인 도구로 인식되고 있다.

미국에서 1971년에 설립된 Direct Marketing Association은 업계뿐 아니라 DM과 관련된 논문 등을 통해 학계의 발전에도 크게 공헌하고 있다. 미국에서는 또한 고객 데이터에 대한 전문 서비스를 대행하는 InfoUSA, Axciom, Experion, Equifax 등

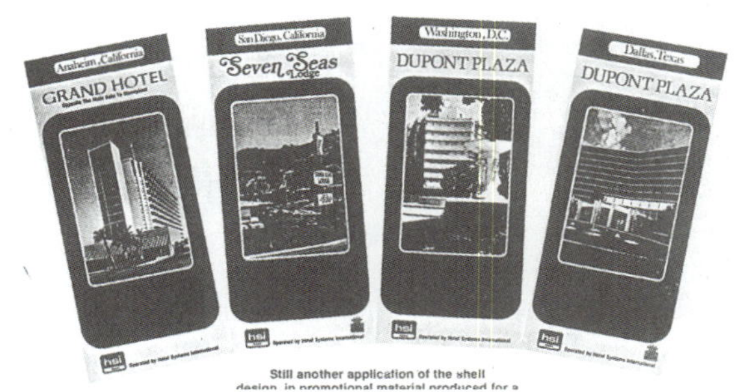

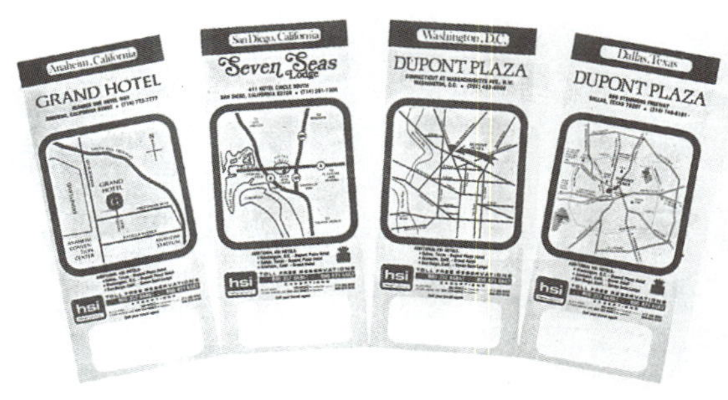

The shell design developed to promote the Turks and Caicos Islands is sufficiently flexible for advertising in both consumer and trade publications, in various sizes, in color or in black and white — and yet is used with sufficient consistency from one ad to the next to produce thematic coherence among the different ads (and to keep production costs down).

그림 16-19 휴양지와 호텔의 shell 디자인 brochure. 위와 같이 동일한 format으로 융통성을 병행시킬 수 있어서 매우 효과적인 광고 매체로 인정받고 있음.

이 공식적으로 여러 기관이나 업체로부터 데이터를 획득하고, 가공하여 기업들에게 판매하고 있다.

DM에 있어서 가장 어렵고, 동시에 중요한 것은 정확한 고객 데이터의 구축이다. 미국의 경우 매년 소비자의 17%, 기업의 22% 정도가 주소지를 바꾼다고 한다. 따라서 미국에서는 각 우체국에서 새 주소지를 신고한 개인과 기업의 데이터를 한 곳에 모아 NCOA(National Change of Address) 데이터 베이스를 구축하고, 체신부가 지정한 데이터 판매업체에 일정 비용을 받고 NCOA를 사용할 라이센스를 준다. DM에 있어서 매우 효과적인 방법이다.

Southwest Airlines는 American Paper Optics사를 통해 450만 명의 고객에게 생일 카드를 보낸 적이 있다. DM은 기존의 형태에서 3차원으로 구현되는 3D DM, pop-up DM, QR Code나 colorzip 등과 연계되는 형태로 진화하고 있다. Quaar.com에 의하면, 2010년 대비 2018년 QR Code 스캔은 수백 배 증가되었다고 한다. Trend watching사는 스마트폰 기반의 직접 반응 광고가 2012년 이후의 주요 동향이 될 것이라고 발표했다.

4-2. 텔리마케팅(telemarketing)

텔리마케팅의 개념 및 사례

텔리마케팅도 환대산업의 직접 마케팅 중 무시할 수 없는 도구로 인식되고 있다. 텔리마케팅은 telecommunication과 마케팅의 합성어로서, 전문 지식을 갖춘 상담원(텔리마케터)이 전화 등의 매체를 이용, 소비자 개개의 구매 이력 데이터 베이스에 근거하여 세심한 판매를 할 수 있는 과학적 마케팅 방법이다. 또한 컴퓨터를 결합한 정보 통신 기술을 활용, 고객에게 필요한 정보를 즉시 제공하고, 고객 불평 처리, 신제품 소개, 시장 조사 등 다양한 기능을 갖고 있다.

그러나 텔리마케팅은 DM보다도 비용이 더 들고 전화 응답이나 전화 요구에 응하지 않는 고객들의 존재로, 잠재적 고객에 도달하는 데 어려움이 존재한다는 단점이 있다. 텔리마케팅은 어원대로 원거리 마케팅으로서 일반적으로 알려져 있는 전화 판매(telephone sale)보다 훨씬 광의적, 조작적 활동이라고 할 수 있으며, DB 마케팅의 주요 도구 중 하나이기도 하다.

텔리마케팅은 타 매체, 예를 들어 광고, DM 등으로 인한 반응의 수단이 될 때에는 '**인 바운드 텔리마케팅**', 판매 및 정보 전달의 수단으로 활용될 때에는 '**아웃 바운드 텔리마케팅**'으로 분류된다. 많은 기업들이 텔리마케팅 전문 대행사에 위탁하고 있다.

Singapore InterContinental의 성공적 텔리마케팅

Singapore InterContinental은 고객에 대한 새로운 마케팅 자료를 얻기 위해 텔리마케팅 전문 대행사에 의뢰하여 전화 설문 캠페인을 실시했다. 전화 설문 작업은

Times-Teleperformance 기관에 의뢰했다. 전화 설문 캠페인의 목적은 객실, 연회장, 컨벤션센터를 이용하는 새로운 주도 고객층을 분류해내고, 또한 새로운 가망 고객 DB를 구축하는 것이었다. 우선 Singapore에 근간을 두고 있는 다국적 기업이나 규모가 큰 지방 기업체의 비서, 또는 여행을 담당하고 있는 사람을 조사 대상으로 설정했다. 총 1,435회의 아웃 바운드 전화를 걸었고, 필요한 정보를 제공한 응답자에게는 작은 선물을 증정했다. 16개의 조사 항목과 한 통화 당 약 10분 정도 소요되는 이 설문 조사는, 연결된 전화 통화 중 약 78%가 응답하는 높은 성공률을 기록했다.

Singapore InterContinental은 다음 세 가지의 효과를 얻을 수 있었다.

첫째, 해외 기업과의 미팅을 위해 호텔을 자주 이용하는 새로운 주요 고객층을 분류하고 EBS 프로그램을 통해 우대 고객을 관리할 수 있게 되었다. 둘째, 고객의 다양한 예약 패턴 및 취향, 기업들의 출장 방침 등 다양한 자료를 수집할 수 있었고, 이러한 자료를 토대로 출장이 잦은 기업 및 호텔에서 해외 기업과의 회의를 자주 갖는 기업들에 대한 잠재 고객 리스트를 확보할 수 있었다. 셋째, 전화 설문 조사 중에 지적된 호텔의 식음료 부문과 호텔 내 각종 판매점의 서비스도 크게 개선할 수 있었다.

결론적으로 Singapore InterContinental은 텔리마케팅을 통해 주요 고객, 잠재 고객에 대한 DB 구축뿐만 아니라, 다양한 정보 수집을 통해 고객들에게 한 차원 높은 서비스를 제공할 수 있게 되었다.

텔리마케팅의 신 형태:brand app

텔리마케팅의 신 형태로 전술되었던 **brand(ed) app**과 같은 개념인 **brand app**이 있다. 스마트폰이 대중화되고 모바일 어플리케이션 이용이 확산되며, **brand app**은 제품 PR, 판매 등 여러 부문에 걸쳐 그 활용이 기하학적으로 확대되고 있다.

brand app의 대표 사례들

brand app의 대표적 사례로 Kraft의 'ifood Assistant'(동영상, 사진 등 7천여 개의 레시피가 담긴 **brand app**, 〈그림 16-20〉 참조), 스마트폰에서 재연되는 Zippo의 라이터 brand app, Nike의 Training Club, Nike+GPS, Nike Boom, IKEA의 증강 현실을 이용해 자신의 방에 제품 배치를 할 수 있는 **brand app**, Pizza Hut의 나만의 피자 주문 **brand app**(고객이 게임처럼 자신이 원하는 가상의 피자를 만들어 맞춤 주문하는 기능), MasterCard의 ATM Hunter(이용자 위치에서 가장 가까운 ATM을 찾아주는 **brand app**), CGV의 스마트폰 속 영화표 **brand app**(이용자 위치와 가까운 극장을 바로 연결해, 실시간 예매 후 스마트폰에 저장된 표로 즉시 입장), W Hotels WorldWide의 스마트폰으로 주문하는 룸서비스 **brand app** 등을 들 수 있다.

그림 16-20 Kraft의 ifood assitant
출처: www.google.co.kr

많은 기업들이 **brand app**을 YouTube 등 유명 SNS와 직접 연계시키고 있으며, 브랜드 체험이 쉽고 강렬히 각인될 수 있어, 제품 PR, 판매 등 많은 영역에 있어서 그 활용도가 점차 확대되고 있다.

제2절 판매촉진(sales promotion) 전략

1. 상품화 계획(merchandising)

1-1. 상품화 계획의 의의

효과적 판매촉진 전략을 위해서는 상품화 계획(merchandising)(〈그림 16-21, 16-22〉 참조)이 선행되어야 한다. 상품화 계획이란 인적 판매 및 매체의 시간과 공간을 이용하지 않고, 고객의 구매 행위를 촉진시키는 인 하우스(in-house) 마케팅을 의미한다. 상품화 계획의 기본 법칙은 고객 위주의 디자인과 더불어 고객이 기업의 제품과 서비스를 용이하고 편안하게 구매, 이용, 접근하도록 해야 한다는 것이다. 또한 조화와 획일성, 실천성, 가시성이 높아야 하며, 그것을 집행하는 직원들의 상품화에 대한 해박한 지식이 요구된다.

호텔의 비즈니스센터, EFL, 세 가지 코스 비즈니스 런치(〈그림 16-23〉 참조), 미니바, Pizza Hut의 호텔 룸서비스 메뉴, Courtyard의 24시간 mini-market, Hillton Hotels&Resorts의 Elite Tower('hotel within a hotel')* 등이 가장 흔히 접할 수 있는 대표적 상품화의 예에 해당되나, 실질적 상품화의 범위는 호텔의 모든 영역으로 확산될 수 있다.

Elite Tower
Executive floor의 형태임.

미국 Atlanta주에서 100년 넘게 landmark의 자리를 지키고 있는 Ellis Hotel에는 '주제층(theme floor)'이 있다(〈그림 16-24〉 참조). 10층은 'Women's Only' floor로 그 자체도 의미 있지만, L'Occitane의 각종 화장품 세트, 'Chelko Heart'라 불리는 명화 miniature, 욕실 비품 등을 선물로 받는다(20~40$ 추가 요금). 15층은 'Fresh Air' floor로 Beyond by Aerus 기업과 계약해 객실 내에 최고급 매트리스와 베개, 완벽히 세정된 카펫, 공기청정기가 비치돼있다. 하우스키핑 서비스도 하루에 두 번 받는다(20$ 추가 요금). 16층은 'Wellness Room'으로 자석 매트리스, 편안한 수면 유도기(dream comforter), 'anti-allergenic' 섬유, 최고급 샤워 시설 등을 갖추고 있다(40$ 추가 요금).

Banyan Tree Hotel and Resort(〈그림 16-25〉 참조)는 결혼기념일을 위한 '친밀한 순간'*, '천국의 신혼여행' 등 특정 기념일에 대한 상품화 계획의 우수 호텔로 알려져 있다. 즉 제품의 덫에서 벗어나 이벤트, 메뉴판, 직원 유니폼, 시설물(FF&E : furniture, fixture, equipment) 등 고객의 만족 제고 및 판매 증진과 관련된 모든 영역이 상품화 계

커플이 묵는 숙소(빌라)를 촛불, 향, 꽃잎으로 치장해주고, 수직물로 장식된 침대, 모일로 장식된 개인 야외 풀, 아로마 마사지 등의 상품화가 그 내용임.

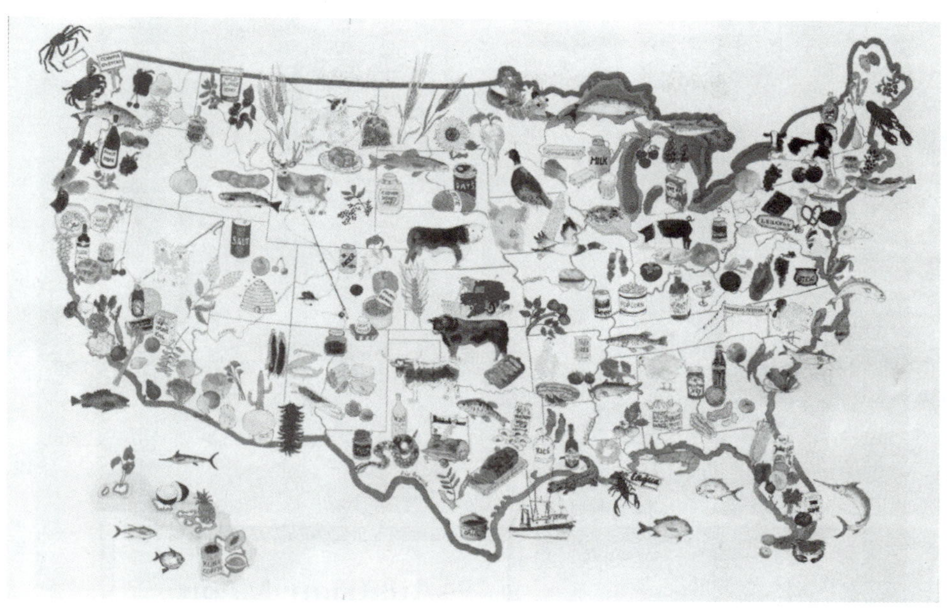

그림 16-21 미국 각 주 특산품에 대한 상품화 계획

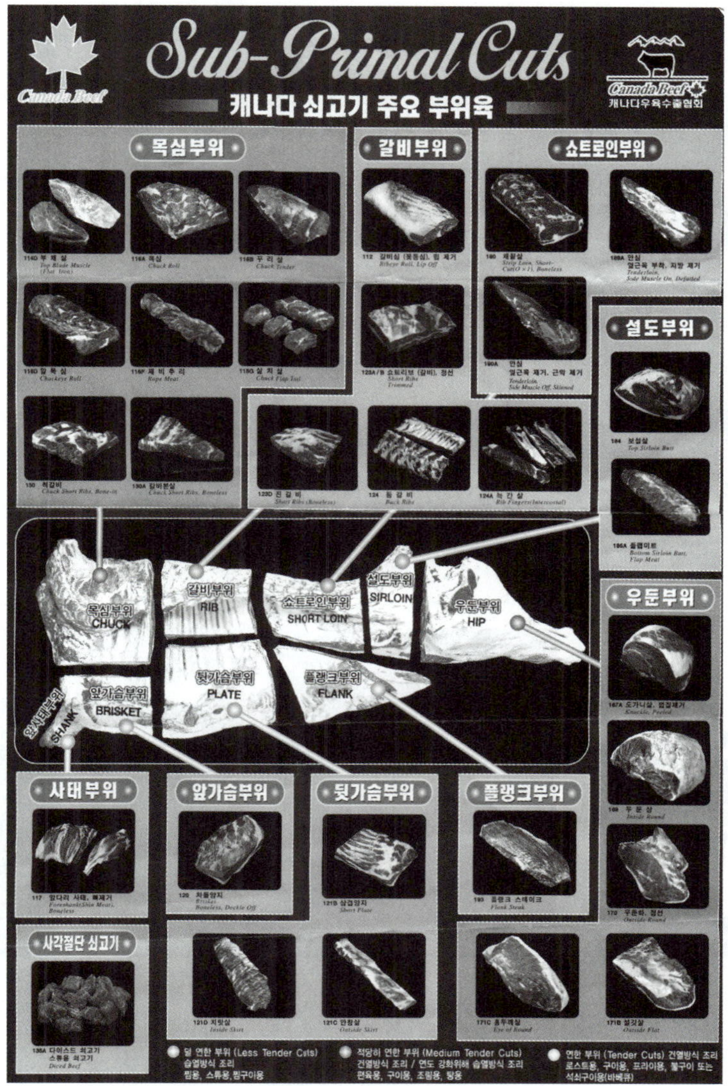

그림 16-22 쇠고기 부위에 대한 상품화 계획

Austrian Menu

Cream of Mushroom Soup
양송이 크림 스프

* * *

Wiener Schnitzel
with Fresh Lemon and Sauteed Potatoes
빵가루를 입혀 튀긴 송아지 고기

* * *

Baked Biscuit Pudding
on Apple Meringue
비스켓 푸딩

* * *

Coffee or Tea
커피 또는 홍차

W18,000

10% tax and 10% service charge will be added.

그림 16-23 제품에 대한 상품회 계획(위), 45분 비즈니스 런치(아래). 비즈니스 고객들은 점심 시간에 사업이 병행되는 경우가 많음. 국내 Renaissance Seoul에서는 그 문제를 해결하기 위해 45분 내에 식사할 수 있는 세 가지 코스의 비즈니스 런치로 상품화 계획을 수행함.

그림 16-24 Ellis Hotel의 10층 'Women's Only' floor의 출입 카드 키
출처: www.ajc.com

그림 16-25 Phuket의 Banyan Tree Hotel and Resort
출처: www.banyantree.com

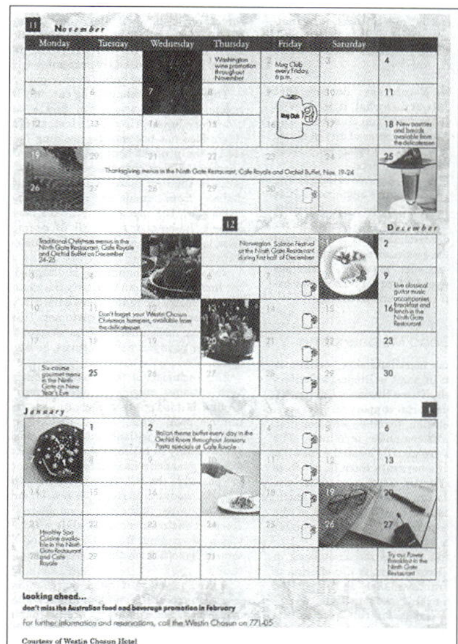

그림 16-26 상품화 계획의 사례(I). 호텔에서는 제품과 서비스 이외에도 위의 사례와 같이 상품화 계획의 범주에 많은 대상이 포함됨. 서울의 Westin Chosun의 호텔 일정표, 중국 Shangri-La의 장식품.

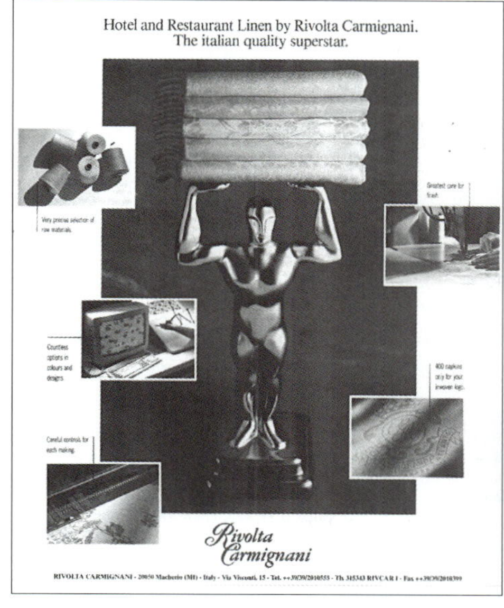

그림 16-27 상품화 계획의 사례(II). 호텔에서 가장 많이 사용되는 linen에 대한 상품화.

그림 16-28 상품화 계획의 사례(III). Silverware 및 카지노 칩(chip)에 대한 상품화.

획의 대상이 될 수 있다(〈그림 16-26, 16-27, 16-28〉 참조). 2014 Brazil World Cup 기간 중 2000년 이후 World Cup의 후원사였던 McDonald's는 12종류 french fry 박스를 보다 화려하게 디자인하여 선보였다.

1-2. 상품화 계획의 사례

식음료 부문의 상품화 사례

국내 종가집 김치는 한국 음식의 상품화로 유명하며 특히 김치 상품화는 대표적 우수 사례에 속한다. 1987년 국내 최초로 진공포장김치를 필두로 김장독 효과를 지닌 김치를 상품화하기 시작했으며, 포장별로 100여 종에 이르는 김치를 개발하고 있다. 야외용, 편의점용, 가정용, 단체 급식용 등의 포장 단위와 함께 캔, 컵 등 용기의 다양화, 기능성(항 helicobacter 유산균 김치 등), 고급 김치 등 맛의 다양화 등을 추구하며, 국내 김치업계에서 유일하게 KS(1991년)와 '전통 식품 인증 마크'(1996년)를 취득한 바 있다. 특히 미국 판매의 주력 상품이 될 Kimchi Richi(냄새 없는 김치)는 대표적 성공 사례라고 할 수 있다(〈그림 16-29〉, 〈그림 16-30〉 참조).

풀무원의 상품화 계획

'깨끗하다, 신선하다, 믿을만 하다'로 알려진 풀무원 역시 상품화의 대표적 성공 기업이다(〈그림 16-31〉 참조). 풀무원의 'Ultimate Soy(콩 제품에 있어서 세계적 기업

그림 16-29 상품화 계획의 사례:Kimchi Richi

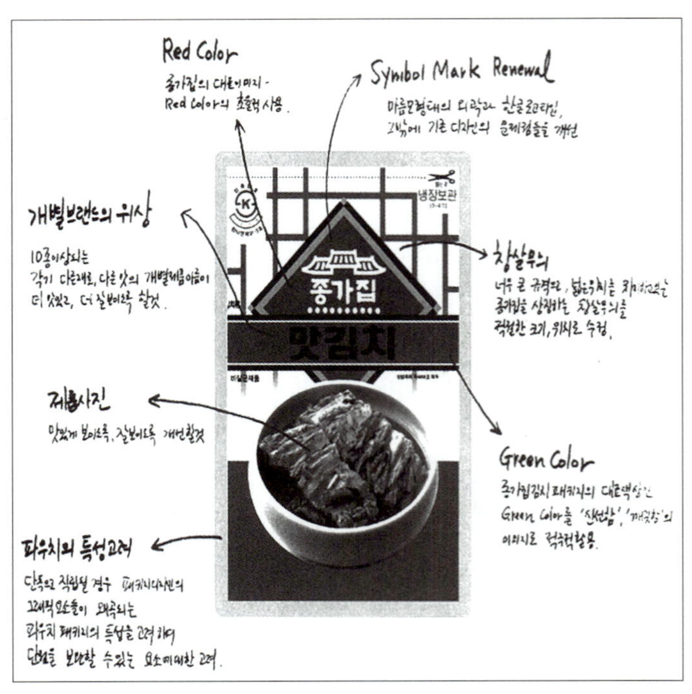

그림 16-30 종가집 김치 브랜드의 의미

출처:손혜원(2013), 《브랜드와 디자인의 힘》, p108.

이 된다), Quality Health(건강 지향적 제품과 서비스로 고객에게 가치를 제공한다), Fresh Extreme(제품의 개발, 냉장 유통 능력, 프로세스 혁신을 통해 보다 신선한 상태에서 공급한다)이라는 세 가지 전략이 현재의 풀무원을 있게 했다. 나아가 풀무원은 Nestle, Danone과 같은 글로벌 기업들과의 전략적 제휴 및 합작 투자, 미국 서부 최대 두부업체 Wildwood 인수로 인한 미국 최대 두부업체로의 성장, 미국 Monterey Gourmet Food, Inc. 인수로 인한 미국 내 종합 식품 기업으로의 성장 등 세계적 기업으로 부상하고 있다.

풀무원
Pulmuone
바른먹거리

그림 16-31 풀무원

일본의 대표적 식품 기업 Ajinomoto는 한국산 원료와 이미지의 Cook Do Korea(간편식 가공 한식)를 상품화하여 판매하고 있다. 불고기, 닭갈비, 김치찌개, 잡채, 곰탕, 낙지볶음 등 6종류의 한식을 레토르트 팩*에 담아 상품화하며 일본 시장에서 큰 성공을 거두고 있다. Ajinomoto 외에 닛신, 키코만 등의 기업들도 오코노미야키(일본식 부침개), '김치 츠유'(열무 김치 맛의 소면 소스) 등의 식품을 상품화하고 있어, 한국 음식의 세계화가 진행되고 있음을 알 수 있다.

한국 음식의 세계화, 상품화는 유명 레스토랑 및 호텔에서도 지속적으로 진행되고 있다. 미국 LA, New York, 일본 등에 있는 우래옥은 한식의 fusion화를 도모하고 있는데, 한식 메뉴를 appetizer, soup(국, 찌개), main, 밥, dessert로 이어지는 코스로 개발하고, 기와장으로 만든 그릇, 질그릇, 도자기 등의 그릇으로 제공하고 있는 것이 그 것이다.

호텔신라의 서라벌 한식당은 한식을 자체 개발할 뿐 아니라 식음료 기획, 업장, 조리팀이 합동으로 팀을 구성하여 한국 음식 행사와 이벤트를 지속적으로 수행하고 있으며, 한식에 대한 책자 발간(《Cookbooks of the World》), 해외 한식 이벤트 개최 등 한식의 세계화, 상품화에 있어서 선두 주자라고 할 수 있다.

2006년 일본에 개관한 한정식 고시례는 일본 내 최고의 한식당 브랜드로 인정되고 있는데, 고시례라는 브랜드로 한 김치를 대형 마트, 백화점 등에 유통시키고 있다. 국내 막걸리들도 세계화, 상품화에 도전하고 있다. France의 유명 와인 Beaujolais Nouveau를 겨냥한 막걸리 누보, 2009년 12월부터 생산된 Italy의 유명 요리사 Guiseppe Barone와 공동 제작한 프리미엄 막걸리 주세페 누보 등이 그것이다. 그 이외에 놀부, 불고기브라더스, 풀무원 등의 기업과 햇반 등의 제품도 여기에 동참하고 있다.

상품화 계획의 신 조류 : LED, pop-up store, VMD

최근 LED 발광 다이오드가 발전하며 lumiduct(luminous+product : 빛나는 제품)가 인기를 끌고 있다. 한 예로 Germany Miele 기업의 espresso 커피 머신은 커피를 흘리지 않는지 확인할 수 있도록 커피가 나오는 동안 빛이 발산되고 분위기를 상승시킨다. LED는 의류 등 향후 모든 제품의 상품화에 있어서 매우 중요한 역할을 하게될 것

그림 16-32 서울시 강남구 신사동에서 열렸던 In-N-Out의 'pop-up store'

출처: www.naver.com

그림 16-33 Hermes의 Dolce&Gabbana(위)와 Gap의 'upside down store'(아래)

출처: www.dolcegabbana.com/www.gap.com

이다.

상품화에 있어서 또 하나의 대표적인 예는 '**pop-up store***'다. IN-N-OUT Burger는 2012년 강남 가로수길에 4시간 동안 '**pop-up-store**'를 연 적이 있고(〈그림 16–32〉 참조), 일본 고베 식당도 카레를 국내에 도입하기 전 신사동 가로수 길에 마치 고베 식당과 같은 '**pop-up store**'를 열어 사람들에게 카레를 시식할 수 있도록 한 적이 있다. 이 '**pop-up store**'와 같이 여러 유형의 상품과 계획은 매출 상승뿐 아니라 독특한 브랜드 이미지 제고에 공헌하고 있다. '**Pop-up store**'의 시초는 2003년 미국의 Target으로 알려져있다.

레토르트 팩
완전 조리된 식품을 미생물로부터 차단되는 용기에 담아 무균성을 유지하며, 장기간 유통 및 보관을 가능하게 하는 간편식으로 방부제를 전혀 사용하지 않으면서도 상온 보존이 가능함. 1954년 미 육군의 군대식으로 처음 개발되었으며, 1969년 Apollo 11호 우주선에 우주식으로 실리기도 함.

상품화 계획의 절정이라고 할 수 있는 **VMD(visual+merchandising)**라는 용어가 있다. 대표적 사례로 Hermes의 Dolce&Gabbana(옷, 백, 구두 등 다양한 액세서리를 과일 및 채소 가게처럼 연출시킨 매장), GAP의 'upside down store', Hermes의 윈도우 디스플레이 등을 들 수 있다(〈그림 16–33〉 참조).

상품화 계획의 강력한 도구 : 이벤트

미국에서는 Agatha Christie의 미스터리 살인극을 테마로 손님을 끌어 모으는 호텔이 있는가 하면, 일본에서도 미스터리 극을 상연하고 고객들에게 암시하는 수수께끼를 풀게 하는 호텔이 등장했다. 미국 Pennsylvania주의 Curves Village Hotel은 기차를 개조해서 욕실까지 갖춘 40개의 객실을 보유하고 있으며, 사교를 위한 로비카, 게임룸도 갖추었다. 이 호텔을 유명하게 만든 것은 계절에 맞게 준비된 특별 이벤트이며, 그 중에서도 대열차 강도 사건을 이벤트화한 테마 게임이 가장 인기를 끌고 있다. 호텔의 직원들이 1백 년 전의 옛날 의장으로 몸을 감싸고 열차 강도, 보안관 등으로 변신, 실감나는 열차 강도 사건을 재현한다. 고객은 뭐가 뭔지 모르는 사이에 사건에 휩쓸려 들어가고, 분위기가 무르익으면 보안관의 승리로 사건을 마무리한 후 축하 댄스 파티가 열린다.

아마 세계의 호텔 이벤트 중 가장 대표적인 것은 미국 Las Vegas 호텔들의 쇼일 것이다. Bellagio의 O, Wynn의 Le Reue, MGM의 Ka(Cirque du Soleil) 태양의 서커스(〈그림 16–34〉 참조), Mirage의 Boyz 2 Men과 Beatles Love, Mandalay Bay의 Michael Jackson One, Caesers Palace의 Celine Dion Show 등이 그것이다.

그림 16–34 MGM의 Cirque du Soleil(태양의 서커스 쇼)
출처 : www.mgmgrand.com

Heineken의 기발한 이벤트

소셜 마케팅으로 유명한 Heineken이 기발한 마케팅을 한 적이 있다. Heineken은 UEFA Champions League의 스폰서이기도 하며, 축구 팬들이 가장 사랑하는 맥주 브랜드 단어 중 하나이기도 하다. Heineken은 2009년 Real Madrid와 AC Milan의 경기가 있었을 때, 가짜 콘서트를 꾸미고 이를 촬영해 광고로 내보냈는데, 이 광고는 이벤트, 공감, 감수성이라는 3가지 핀 포인트를 모두 포함한 광고로 지금도 **소셜 마케팅**의 대표적 성공 사례로 꼽히고 있다.

Heineken이 꾸민 가짜 콘서트는 Real Madrid와 AC Milan 경기와 같은 시간에 열기로 했다. 1,000여 명이 넘는 AC Milan 팬들은 Heineken이 심어놓은 200명에 달하는 끄나풀들에 의해 경기를 포기하고 음악회로 향했다. 이 이벤트는 Sky Sports를 통해 방송됐고, 유명 연예인들의 인터뷰들도 함께 방송됐다. 빅 매치를 포기하고 온 관중들은 음악회 15분이 지나자 하품을 하기도 했다. 그 때 화면에는 다음과 같은 글자들이 나타난다. "상사에게 싫다고 말하기 참 어렵죠? 여자 친구는 말할 필요도 없고요. 그게 축구 경기라면? 어떻게 이렇게 큰 빅 매치를 놓칠 생각을 할 수 있습니까! …… 아직 보고 계시죠?"

그 때 Champions League 주제가가 악단에 의해 연주됐다. 사람들은 일제히 환호했다. "Real Madrid와 AC Milan 선수들이 경기장에 입장했습니다. 자, 함께 경기를 즐겨봅시다, Heineken." 이 마지막 한 마디를 몇 초 간 내보내기 위해 Heineken은 이벤트를 기획했던 것이다.

이벤트의 결과는 놀라웠다. 1,136명의 희생자가 Heineken의 함정에 걸려들었으며, 150만 명이 Sky Sports를 통해 이벤트를 시청했고, 1,000만 명이 다음 날 뉴스에서 이벤트를 시청했다. 이벤트 2주 후에 500만 명의 네티즌들이 이 이벤트를 시

표 16-7 이벤트를 이용한 특별 상품화 계획

호텔	주제	내용
Park Avenue New York	Kids Rule	• 아이들에게 요리 강습하는 2시간 동안 부모는 리무진을 타고 쇼핑 • 베이비시터가 아이들을 위한 파자마 파티를 하는 동안 부모는 저녁식사
Burnham Chicago	It's a Wonderful Life Package	• 크리스마스 타임 패키지로서 executive suite에 숙박 • 4시간 동안 고급 자동차 이용 • 크리스마스 스타킹, 50$ 상당의 상품권, check-in 시 핫쵸코바 또는 커피 제공 • 마지막 날 한 시간 동안 객실 내에서의 마사지
Onyx Boston	No Monkey Business Package	• 최상 조건의 잠자리 제공 및 인터넷 연결(+프린터) • 24시간 on-call 인터넷 관련 모든 사항 지원 • 비즈니스를 위한 executive can service
Triton San Francisco	So Hip It Hurts	• 문신(tatoo)이나 피어싱(piercing) 시 65$ 상당의 큐폰 제공 • 문신이나 피어싱 시 어지러우면 총지배인이 직접 parlor로 안내하여 안정되는 아로마 제공
Alexis Seattle	Downtown Divas	• 두 여성이 한 객실에 투숙 • 화장품 메이크업 컨설턴트 및 백화점 점원이 화장 및 쇼핑 조언 • 50$ 상당의 향수 구매 credit 제공
The Hotel Monaco	Paws Package Paws	• 동물 애호가들을 위한 패키지 • 애완 동물을 위한 VIP check-in • 애완 동물을 위한 웰컴 레터, 침대, 밥 그릇, 껌, 마사지 • 동물을 동반하지 않을 경우 금붕어 무료 제공

청했다. 많은 팬들은 이벤트에 대한 감사의 표시로 블로그, 포럼, 그리고 SNS에 엄청나게 많은 글을 남겼다.

이와 같이 상품화 계획의 전략 도구 중 가장 다양하며, 효과적인 것은 이벤트로서, 특히 국내 호텔들에 있어서 취약한 부분이다. 비수기를 극복할 수 있는 최선의 방법 중 하나는 위와 같은 이벤트를 이용한 상품화 계획이라고 할 수 있다.

〈표 16-7〉은 이와 관련된 대표적 사례들이다.

2. 판매촉진(sales promotion)의 개념과 유형

2-1. 판매촉진의 개념과 장점

판매촉진(sales promotion)이란 제품과 서비스의 구매 혹은 판매를 증진시키기 위한 단기적 인센티브를 의미한다. 그 초점은 단기적이라는 기간의 개념이다. 아무리 성공적으로 수행된 판매촉진 전략도 장기화되면 보통의 제품 개념으로 바뀌게 되며, 그 효과 또한 감소될 수밖에 없다. 과거 미국의 Little Caesars 피자 take-out 체인은 1개를 주문하면 2개를 주는 판매촉진을 수행했는데, 대성황을 이루자 아예 일반 제품으로 승화시켰다. 이와 같이 성공적 판매촉진 전략에 사용된 제품이 일반 제품으로 전환되는 사례도 있다.

판매촉진의 장점은 다음과 같이 정리될 수 있다.

① 무료 이용, 가격 할인 등 현시적 가치를 부가적으로 제공하여 고객의 위험을 감소시키고, 가치를 제고시킨다.
② 제한된 단기적 기간이라는 미끼로 고객의 제품 구매 충동 및 이용 횟수를 증대시킨다.
③ 보통 기간보다 분명히 나은 인센티브를 제공함으로 인해 고객의 만족은 물론, 소위 '생색을 낼 수 있도록' 직원의 동기부여를 제고시킨다.

2-2. 판매촉진의 유형

대표적 판매촉진의 유형은 다음과 같다.

견본(sample)

제품의 일부를 고객에게 무료로 제공하거나 이용하게 할 때, 그러한 제품들을 견본이라고 한다.

특히 신제품 도입 시 비용은 많이 소요되나 가장 효과적인 도구가 견본이다. 미국 Texas주 Houston의 Park Inn은 인근 지역 주민 중 영향력있는 잠재 고객을 호화 객실에 무료 투숙시켜 호텔을 PR했으며, 판매원들의 account 개발에 도움을 주었다.

McDonald's는 2008년 5월 15일 전 미국 1만 4천여 개 매장에서 800만 명의 굶주린 미국인에게 신 메뉴인 남부 스타일 치킨 비스킷(아침)과 치킨 샌드위치(점심)를 음료수 하나 구입 시 무료로 제공했다. McDonald's는 같은 해에 이틀에 걸쳐 300만 개의 McSkillet Burrito를 무료로 나누어준 바 있다. 2009년 2월 3일에 Denny's는 Super Bowl 이벤트로 5.99$의 Grand Slam 조찬을 무료로 제공했다. Tylenol은 여러 호텔에 턴다운 서비스 후 침대에 수면용 알약을 제공해 고객들의 숙면에 도움을 주었다.

이와 같이 무료로 제공된 주 제품들이 견본이다. 통상 크기보다 작게 만들어 할인된 가격으로 판매하는 시용형 pack(**trial pack**)의 경우는 유료 견본이라고 할 수 있다.

McDonald's는 아시아, 중동, Africa 지역에서 아침에 매장을 잘 이용하지 않는다는 문제를 해결하기 위해 매일 1,000개의 McMuffin을 처음 1,000명에게 무료로 제공하는 'National Breakfast Day' 판매촉진 전략을 수행한 바 있다. 물론 그 결과는 대실패였다. 단계적으로 고객을 확장하기는 했지만, 비용을 고려할 때 그 행사를 지속할 수가 없었기 때문이다.

대신 McDonald's는 **Millennium**세대의 83%가 휴대폰으로 알람을 사용한다는 사실에 착안해, 'McDonald's Surprise Alarm'이라는 app을 개발했다. 매일 아침 무료 노래, 무료 음식, 영감을 주는 제품 광고 및 Sony Music과 제휴해 만든 무료 음악 트랙을 제공하며 **Millennium**세대의 휴대폰 알람을 접근시킴으로써 대성공을 거두었다.

이와 같이 근본적인 문제 해결은 판매촉진 전략으로 해결할 수 없다. 다시 강조하지만 판매촉진은 그 전략, 결과, 모두 단기적인 것이다.

큐폰(coupon)

큐폰이란 고객에게 저축(saving)을 할 수 있도록 제공되는 도구다(〈그림 16-35〉 참조). 미국에서는 2019년 기준, 연간 300억 개에 가까운 큐폰이 제공되고 있으며, 그 비용은 80억$에 이르고 있다. 특히 외식산업에서 만연되고 있는 큐폰은 메일, 제품, 광고 등에 부착되어 제공되고 있는데, 피자와 같이 제품차별화의 정도가 적고, 경쟁이 심한 레스토랑에서 남발되고 있다. 기업의 입장에서 10%의 할인보다는 10% 할인에 해당되는 큐폰의 발행이 계산적으로 유리하며,* 누적된 큐폰으로 인한 재구매 효과를 얻을 수 있고, 또한 고객이 사용을 안(못)할 경우가 많기 때문에, 할인보다 큐폰이 분명히 유리한 도구가 된다.

* 만 원의 제품을 10% 할인하여 10개를 판매하면, 제품 하나 당 평균 가격이 9천 원이 되나, 큐폰을 사용하면 10만 원+1큐폰, 즉 11개의 제품을 10만 원에 판매하기 때문에 평균 가격이 약 9,100원이 됨.

그림 16-35 New York New York의 큐폰

Starbucks의 'bogo' 큐폰은 소위 '1+1' 큐폰이다. 그 비용보다는 'bogo' 큐폰을 사용하는 고객이 일반적으로 한 명을 더 동반하기 때문에 고객 확대의 효과가 상대적으로 크다.

참고로 미국 큐폰 협회의 주요 통계를 살펴본다.

- 미국 인구의 86%가 이용
- 쇼핑객들은 한 해 약 30억$를 절약
- 큐폰 사용자들은 식료품점 계산의 평균 11.5%를 절약
- 연령이 높을수록 사용 비율이 높음
- 큐폰 사용률이 소득과는 비례하지 않음

큐폰은 또한 기업 간 조인트 프로모션(co-op promotion)에도 많이 이용되고 있다. Pizza Hut은 수많은 호텔들의 룸서비스 메뉴 및 Aloha Airlines 등 항공사의 기내식 메뉴에 진출하며 큐폰을 제공하고 있다(〈그림 16-36〉 참조). 국내 Outback Steak은 미국의 유명 영화 수입 배급사와 연계하여, 배급사측에서는 출시 비디오 광고 시 레스토랑 광고를, Outback Steak은 상당량의 무료 스테이크 큐폰 제공을 협약한 공동 광고를 한 바 있다. 이와 같이 고객에게 타 제품을 다시 이용할 수 있도록 하게 할 때 이것을 '**bounce-back**' **큐폰**이라고 한다. Domino's는 피자 배달 박스 위에 '**bounce-back**' **큐폰**을 붙여서 제공하고 있다.

2006년 Coca-Cola는 'My Coke Rewards'라는 캠페인을 통해 Coca-Cola 제품의 특별 포장에 있는 코드를 웹사이트에 입력하면, 그것을 모아 영화 관람권, 의류, 음악 상품 등의 다양한 제품으로 교환할 수 있는 행사를 한 바 있다. 이것 역시 다른 형태의 '**bounce-back**' **큐폰**이다.

2012년 Google은 Incentive Targeting을 인수했다. Incentive Targeting은 소매 체인과 파트너십을 맺고, 식료품, 생활 필수품 등에 대한 큐폰 마케팅을 수행하는 벤처업체로서, Google은 주 수입원인 온라인 광고 사업을 리테일 사업과 연계시킴으로써 사업 영역을 확장시키고 있는 것이다.

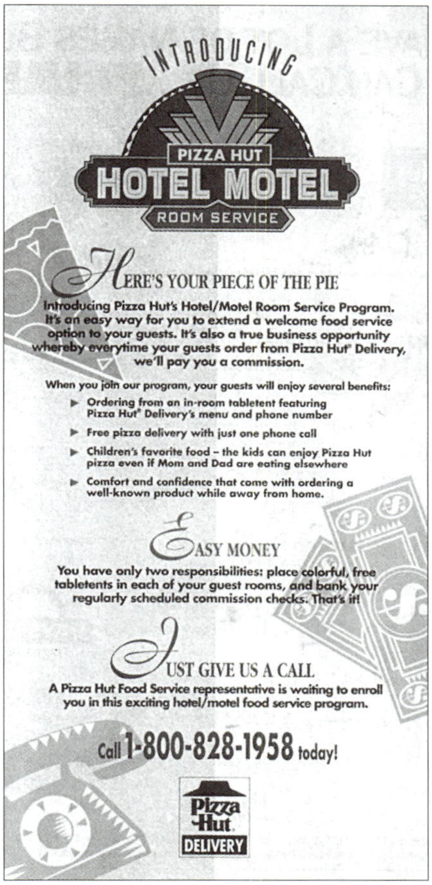

그림 16-36 Pizza Hut의 분배 전략 Pizza Hut은 수많은 호텔의 룸서비스 및 레스토랑에 진출하며 경로(channel)를 확대시키고 있음.

프리미엄(premium)

2010년대 중반부터 Dunkin' Brands Group의 **캐릭터 마케팅**이 매우 활발해졌다. 2014년 Finland의 요정 캐릭터 Moomin을 시작으로 2015년 France의 캐릭터 Gaspard and Lisa 인형, 2016년 Craftholic 및 Body-cushion 등 Dunkin' Brands Group의 매장에는 각종 캐릭터들이 계속 등장하고 있다. 이 판매촉진 기간 중 Moomin이나 Gaspard and Lisa 같은 경우는 정가가 2만 원이지만 도넛 8개를 구입하면 3,000원에, Craftholic은 4만 원이 넘지만 도넛을 12,000원 이상 구입하면 4,900원에 판매하고 있다. 모든 캐릭터들이 3주 내에 완판됐던 이 프로모션 기간 중 Dunkin' Brands Group의 매출은 급격히 상승했고, 그 결과, 1년에 총매출 약 20% 성장이라는 놀라운 성과를 이루고 있다.

그림 16-37 Restaurant Brewery의 프리미엄

부가 제품이 무료, 혹은 할인을 통해서 제공될 때 이것을 프리미엄이

라고 한다(〈그림16-37〉 참조).

Burger King은 미국 Chicago에서 이동 인구가 많은 지역에 5,000개의 지갑을 고의로 흘려두었다. 지갑 속에는 지갑을 가져도 된다는 메시지와, 1~100$에 이르는 실제 현금, 5~20$ 사이의 Burger King 카드, Burger King 면허증, Chicago 일대 Burger King 매장 지도 등이 들어있었다. 이 지갑을 주운 사람들은 자신의 블로그에 글을 올리며 Burger King을 PR했다. 이 경우 지갑과 내용물들은 모두 프리미엄에 해당된다.

2008년 1월, 미국의 저가 항공사 JetBlue는 'Breakfast from Heaven'이라는 모토로 아침 탑승객들에게 무료 베이글과 크림치즈를 제공했다. 이 경우 베이글은 주 제품이 아니기 때문에 견본이 아니라 프리미엄에 해당된다.

호텔산업에 **giveaway marketing**이라는 용어가 있다. 호텔 투숙객에게 프리미엄을 증정하는 마케팅을 일컫는다. 침구류, 커피, 가운 등 많은 프리미엄들이 있는데 2010년대 중반부터 인형이 가장 인기있는 프리미엄으로 대두되고 있다. 국내 롯데호텔 제주는 키티 인형을 프리미엄으로 주며, Conrad Hotels&Resorts는 각 나라에 맞는 인형을 프리미엄으로 제공한다. 예를 들어 Conrad Bali는 Bali 원숭이 인형, Conrad New York은 New York 황소 인형, Conrad Dubai는 Dubai 낙타 인형 등이다.

많은 환대산업의 기업들은 수건, 재떨이, 비누 등을 고객이 가져가는 'amenity shrink' 현상을 겪고 있다. Hawaii의 한 호화 리조트에서는 이 문제를 발견하고 많이 없어지는 비품을 판매하는 상점을 두어, 거의 원가로 제공하며 이 현상을 최소화시켰다. 이 경우의 amenity와 더불어 사은품(deals), 상품권(gift certificate)도 프리미엄의 범주에 포함된다.

가격 할인(price reduction)

가장 많이 이용되고 있는 판매촉진 도구로서 비수기 및 특별 행사 기간에 가격 할인이 적용되고 있다. 가격 할인과 가격 인하는 명백한 차이가 있다. 가격 할인은 일시적이며(그래서 판매촉진이며), 가격 인하는 영구적이기 때문이다. 가격 할인은 일정 기간

그림 16-38 미국의 'Black Friday' 행사

이 지나면 본 가격으로 회귀하나, 인하된 가격은 본 가격으로 거의 영원히 돌아갈 수 없다(역사상 그 확률은 최대 0.1% 미만이다).

미국에서는 추수감사절 직후 최대 쇼핑 대목인 'Black Friday'라는 행사를 통해 많은 기업들이 파격적인 가격 할인을 하고있다(〈그림 16-38〉 참조). 세계 최대 온라인 여행사 Expedia는 2012년 전 세계 호텔을 최대 99% 할인된 요금에 이용할 수 있는 여름 휴가 할인과 최저가 보상제 혜택 행사를 수행한 바 있다.

미국 전역에 걸쳐 10여 개의 체인을 갖고 있는 Palomino 레스토랑은 예약 없이 가볍게 방문할 수 있는 도심 속 레스토랑으로 유명하다. Palomino는 고객들에게 회원 등록 시 생일을 묻는 하나의 질문만 한다. 그리고 생일 2주 전 20%의 할인 큐폰과 생일 축하 메시지를 보낸다. 그 결과 Palomino는 생일 축하 파티의 명소가 됐다. 2005년부터 Southwest Airlines는 Desk Top Widget*을 개발해 고객이 설정한 도시로 가는 항공편의 가격이 할인될 때마다 Widget 특유의 '띵' 소리와 함께 할인 행사의 자세한 내용이 컴퓨터 화면에 표시되도록 했다.

Desk Top Widget
Widget이란 특정 기능을 가진 작은 application으로서 간단하게 웹사이트, 데스크 탑, 휴대폰 등의 대기 화면에서 작동시킬 수도 있음.

환불(rebate)/상환(refund)

광의의 의미에서 환불과 상환도 판매촉진의 도구에 해당된다. 환불, 상환은 사전적인 의미로 나중에 현금을 돌려준다는 유사한 용어다. 그러한 맥락에서 상환은 '**cash refund**'라고도 한다. 환불과 상환은 전액을 돌려주는 경우도 있고, 일부를 돌려주는 경우도 있다.

상환의 대표적 예는 Hampton Inn 등 여러 호텔에서 불만족한 고객에게 환불해주며 성공을 거두었던 '100% Service Guarantee System'이다. 미국 Holiday Inn Express에서는 판매촉진 전략의 일환으로 연 2회 특별 프로모션을 수행하고 있다. 특정 기간 동안 호텔 직원이 고객에게 인사를 하지 않는 등 고객 불편 사항을 야기시켰을 때, 객실을 무료로 제공하는 제도로서, 모든 직원을 적극적으로 고객과 접촉하게 유도했으며, 시행 전 60% 미만의 객실점유율을 75% 이상으로 향상시켰다.

할인 포장(price pack)/보너스 팩(bonus pack)/시용형 팩(trial pack)

가격 할인이 표시된 포장을 만들거나, 같은 가격에 제품의 양을 늘려서 관련 제품을 묶어서 판매하는 방법을 할인 포장이라고 한다. 같은 제품을 여러 개 묶어서 할인된 가격으로 판매하는 경우는 '**bonus pack**'이라고 한다.

한국 Pizza Hut의 더 스페셜 피자, 리치 치즈 스파게티, 스팀&베이크 치킨, 웨지 포테이토 등 4가지 메뉴를 한 박스에 담아 판매하는 '와우 박스'가 '**price pack**'의 대표적 사례다. 시험 구매를 위해 통상보다 작은 크기로 만들어 할인된 가격으로 제작해서 판매하는 것은 '**trial pack**'이라고 한다. 일반적으로 '**trial pack**'은 소량의 특별 패키지로 제작된다.

Mishra 등의 연구에 의하면, 소비자들은 과자나 인스턴트 식품 등의 탐닉 제품의

그림 16-39 현대자동차의 10년 보증 프로그램

출처: www.hyundai.com

경우에는 소비 죄책감 때문에 보너스 팩보다 가격 할인을, 건강 또는 다이어트 식품의 경우에는 보너스 팩이 보다 효과적인 구매 효과를 보인다고 한다.

보상 판매(trade-ins, trade up)

해당 기업 또는 경쟁 기업 제품 사용자들에게 그 제품을 반납하게 하고, 자사 제품을 제공하는 방법을 trade-ins라고 한다. 현대 사회에서 보상 판매의 대표적 예는 핸드폰이다. 전통적으로 구제품을 신제품으로 바꿔주는 형태로 많이 이루어져왔는데, 경쟁이 치열해짐에 따라 타 사 제품으로 보상 판매의 영역이 확대되고 있다.

제품(품질) 보증(product warranty)

제품이나 품질 보증도 광의의 판매촉진 전략의 한 형태다. 미국 시장에서 현대자동차는 10년의 품질 보증 프로그램을 실행하고 있다(〈그림 16-39〉 참조).

보상 후원(patronage rewards)

보상 후원이란 기업의 제품과 서비스의 지속적 이용에 대한 현금, 혹은 타 혜택 제공을 의미한다. SK(주)는 1996년 6월 회원들에게 누적 포인트에 따라 다양한 혜택을 주는 'OK cashbag' 서비스를 개발하여 국내 처음으로 통합 마일리지 서비스 개념을 도입했다. 니혼게이자이 신문에 의하면, 일본의 포인트 및 마일리지 시장 규모가 2009년에 이미 1조¥을 넘어섰다. 이 포인트 시장 규모는 일본 내 현금 통화 유통액의 1.5%에 이르는 수준이다.

환대산업에서는 항공사, 호텔의 FTP가 보상 후원의 대표적 예에 해당된다. McDonald's의 저가 커피 McCafe의 등장에도 Starbucks는 크게 흔들리지 않는다. Starbucks의 고객 90% 이상이 포인트·마일리지 카드를 사용하기 때문이다. 즉 보상 후원은 고객을 유지시키는 데에도 결정적인 역할을 한다.

InterContinental Hotels Group은 2010년 9월부터 mobile check-in 시스템인 'place punch'를 통해 모든 체인 호텔에서 check-in하는 고객들의 정보를 수집하고, 이에 상응하는 보상 후원 제도를 수행하고 있다. 누적 check-in 횟수에 비례하여 500$의 선물카드(소매상에서 물품 구입 가능), FTP인 Priority Club 포인트를 2배까지 상향 조정, 항공 마일 누적 등의 보상이 그것이다.

모니터링(monitoring)

제품 단가가 높은 전문품이나 비내구재 등은 고객에게 직접 소비하게 하여 납득시키는 것이 바람직하다. 모니터링은 단순한 제품 사용이 아닌, 감상문이나 설문 답변 등 제출 조건을 선정하게 해서 제품 사용을 유도하는 기법이다. 모니터링은 고객에게 제품을 자세히 경험시키는 기회를 제공한다는 장점과 동시에, 고객의 정보를 수집할 수 있다는 일거양득의 효과가 있다.

실연(demonstration)/무료 사용(free trial)

실연(demonstration)은 제품을 실제로 고객에게 전시해서 제품의 장점을 보여주는 것을 말한다. 아파트의 모델하우스가 대표적 예다. 견본은 주로 비내구재에서 사용되는 반면, 가전제품, 승용차 등과 같은 내구재 제품을 일정 기간 무료로 사용할 수 있도록 하면 무료 사용(free trial)이 된다.

POP(point-of-purchase)

POP는 판매 시점에 제품의 진열을 통하여 구매를 유도하는 기법으로서, 기업의 제품과 서비스에 대한 정보 제공과 판매 증진이라는 두 목표를 동시에 달성시킬 수 있다. 호텔에서 check-in·check-out 시 근처의 진열대에 부대 시설에 대한 광고물을 소개하거나, 레스토랑 입구에 베이커리나 조제 식품(delicatessen)을 진열 판매하는 것이 POP의 대표적 예에 해당된다(〈그림 16-40〉 참조).

POP가 제 기능을 발휘하려면 고객의 심리와 동선을 고려해야 한다. POP의 핵심은 고객이 가장 오래 머무는 장소(계산, 정보 탐색 등)의 파악이다. 또한 높은 가시성과 정보성도 POP의 주요 요인들이다.

그림 16-40 Budweiser와 McDonald's에서의 POP
출처 : www.budweiser.com, www.mcdonalds.co.kr

그림 16-41 Sheraton Waikiki Resort의 경품(sweepstakes)

경연(contest)/게임(game)/경품(sweepstake)

기업은 경연, 게임, 경품(〈그림 16-41〉 참조) 등의 행사를 통하여 PR 효과 및 특정 기간의 매출 증대를 도모한다. 이러한 방법 역시 단기간의 매출 증대라는 의미에서 판매촉진 도구에 포함된다.

1) 경연

ITT Sheraton Pacific에서는 1992 Barcelona Olympic Games를 이용, 주요 고객들을 대상으로 'Sleep at Sheraton and wake up in Barcelona' 캠페인을 실시했다. 가장 이용율이 높았던 여행사 및 고객에게 판매원들이 직접 호화 brochure와 Olympic Games에 참여할 수 있는 두 개의 여행권이 든 금메달, 기타 혜택이 있는 은메달, 동메달을 전달하는 캠페인이었다. 국내에서 매년 실시하고 있는 T.G.I.Fs의 'culinery challenge'는 요리사들의 업무 능력, 메뉴 품질 개선 목적과 함께, 효과적 판매촉진의 역할을 하

그림 16-42 경연의 예. Paris Las Vegas에서는 '백만$' slot 경연 및 참가자에 대한 부가 혜택 제공

고 있다. 한국관광공사 주최로 매년 개최되는 '서비스 경진 대회'와 더불어 이러한 예들이 경연에 해당된다(〈그림 16-42〉 참조).

2) 게임/경품

서울 지역 특 1급 호텔 중 다수는 연 1회 각 기업체의 비서들을 초청하여 사은 파티를 개최하고 있다. 참석자들의 번호를 함에 투입하여 당첨 시 무료 항공권, 무료 호텔 이용권 등의 경품을 지급하고 있다. 국내 Millennium Hilton은 미국 Super Bowl 결승전을 대형 스크린에 위성 생중계하며, 아침식사와 함께 양 팀의 끝자리 점수에 고객들이 돈을 걸게 하여, 우승자가 모든 돈을 갖는 게임을 시행했다. 국내 Bennigan's에서는 이대점 개점 시 내방 고객에게 스크래치 카드를 나누어 주고, 즉석 복권식 경품을 제공했다. 1980년대 중반 Burger King은 Herb라는 이름의 상징적 인물을 전국 매장에 투입해, Herb를 발견한 고객에게 5천$의 상금을 주는 행사를 한 바 있다.

2011

2012

2013

2014

2015

2016

2017

2018

그림 16-43 'Share a Coke' Campaign(2011년~2018년)

출처:www.campaignbrief.com, www.marketingmag.com, www.pas.org.pk, www.cocacolaunited.com, www.digitalvidya.com, www.packagingnews.co.uk, www.coca-colacompany.com

이러한 예들이 게임 혹은 경품에 해당된다. 'Prospect Theory'에 의하면, 같은 예상일 경우에 당첨 확률이 높고, 상품의 가치가 낮은 경품보다는, 당첨 확률이 낮고, 상품의 가치가 높은 경품이 보다 효과적이라고 한다.

이벤트

이벤트도 잘 활용하면 훌륭한 판매촉진의 도구가 된다. Nintendo는 Wii 출시 시 가족 고객을 유인하기 위해 가족의 최고 의사결정자인 어머니를 대상으로 이벤트를 수행했다. 전국 주요 도시에서 여러 모임의 중추를 맡고 있는 'alpha mom'들을 초청해 수차례 게임 이벤트를 펼쳤다. 'Alpha mom'들은 그 즐거운 경험을 잊지 못하고 모두 Wii를 구입했으며, 자신의 경험을 블로그, 대화방 등에 남겼다. 이 이벤트 덕분에 Wii는 당초 목표 1년을 6개월도 안 되는 시간에 달성했다.

이벤트를 활용한 판매촉진 전략 중 가장 대표적인 것은 2011년 Australia에서 최초로 수행되어 New Zealand, 아시아, 유럽까지 확산된 Coca-Cola의 'Share a Coke' 캠페인이다. 2011년부터 미국에서 매년 여름마다 개최된 이 캠페인은 2014년에는 청소년들 사이에 가장 인기 있는 250개의 이름, 2015년에는 1,000개 이상의 이름, 2016년에는 노래 가사(lyrics), 2017년에는 세계 유명 관광지, 2018년에는 '특별한 여름의 순간들'을 주제로 병에 인쇄하는 형식으로 진행됐다(〈그림 16-43〉 참조).

'Share a Coke' 캠페인의 성공 이유는 ①소비자들의 참여를 촉진하고 Facebook, Twitter, Instagram 등에 Coca-Cola의 이야기가 계속 창조됐으며, ②개인적 차원에서 소비자와 브랜드를 연결했고, ③'Share a Coke'라는 슬로건 자체가 구매 행동과 직결되는 문구였기 때문이다.

Burger King은 50주년 시 'Whopper 세트가 없어졌다'는 몰래카메라 이벤트로 고객들에게 충격을 준 바 있다. 또한 2009년에는 SNS에서 Facebook의 친구 10명을 삭제하고 '당신은 Whopper에 의해 희생됐다'는 문구를 보내면 무료 쿠폰 1장을 주는 'Whopper Sacrifice(우정보다 더 강한 Whopper)'라는 이벤트를 개최한 적이 있다. 두 이벤트 모두 고객들에게 Whopper의 소중함을 인식시키는 계기가 됐고, 이벤트 이후 매출도 향상됐다(전자는 29%의 매출 상승, 후자는 23만 명이 넘는 친구들이 삭제되는 결과를 낳음).

2-3. 결어 및 문제 풀이

이와 같이 판매촉진 전략의 도구는 매우 다양하다. 판매촉진 전략은 일종의 유인(hook) 전략이다. 다시 한 번 강조하지만, 보상 후원을 제외한 타 유형의 판매촉진 기간은 단기적이어야 한다. 경연, 게임 등 1~2일로부터 최대 2주 이내에 기간을 종료시키는 것이 바람직하다. 또한 타 촉진 전략과 마찬가지로 PR 전략과 병행될 때 그 효과가 극대화된다는 사실을 주지해야 한다. 2017년 Southwest Airlines는 거리에 따라 편도 49$, 79$, 99$ 등의 요금으로 판매촉진 행사를 벌였다. 그 기간은 단 3일이었다.

복습의 의미로 두 개의 문제를 풀어 보자.

문제 1) 2014년 Inter-Contimental® Hotels&Resorts(IHG®)가 유럽 전역에서 실시한 다음 세 형태의 판매촉진은 각각 어떤 유형에 속할까?*

① Enjoy ay least 30% off : IHG® Reward Club member 대상으로 주말 객실 요금 및 조식 30% 할인

② Earn bonus points : 1박 당 1,000 IHG® Reward Club 보너스 포인트 획득(숙박, 항공, 렌터카, 조식 모두 해당)

③ Enjoy a night on us : 조식 포함 3일 객실 요금으로 4일 투숙 가능

①번은 가격 할인, ②번은 보상 후원, ③번은 견본임.

문제 2) 2018년 Mexico의 Moon Palace Cancun 호텔은 3박 이상 객실 투숙 시 객실 요금 50%를 할인하는 'Day of the Dead' 판매촉진 행사를 수행했다. 남미의 Holloween이라고 불리는 이 판매촉진 행사는 죽은 자를 기리는 행사로 마리골드 꽃, 금잔화, 해골 모양 캔디, 망자의 제단 등이 꾸며지며, 골프 등 부대시설에서 사용 가능한 1,500$의 credit도 무료로 제공된다. 이 행사에서 진행된 판매촉진 유형은 어떠한 것들일까?*

할인, 이벤트, 프리미엄(1,500$ 크레딧)임.

인적 판매(personal selling)

그림 16-44 Avon의 여성 판매원

1. 인적 판매의 기능과 국내 현황

1-1. 인적 판매의 기능

인적 판매(personal selling)는 판매원이 고객과 직접 접촉하여 판매하는(face-to-face sales call) 직접 마케팅의 한 유형이다. 인적 판매는 타 촉진 전략과 비교할 때, 개별적 접촉을 통한 최대의 융통성과, 가장 빠르고 정확한 고객의 반응을 청취할 수 있다는 장점을 갖고 있다.

인적 판매의 비중으로 평가할 때, 세계 제 1의 기업은 단연 화장품 기업인 Avon이다. 이 기업은 전 세계의 가정에 직접 인적 판매를 수행한다. 1990년대 중반부터 DM, 인터넷 판매 등 **다채널(hybrid channel, multi-channel, channel bundling)** 전략을 수행하고는 있으나, Avon의 가장 대표적 브랜드 이미지는 '여성 판매원'이다(〈그림 16-44〉 참조). 1초에 30여 개가 판매된다는 한국야쿠르트의 대표 브랜드

도 '야쿠르트 아줌마'다.

호텔 판매부의 조직

호텔의 판매(sales)부*는 일반적으로 지역별, 제품 계열, 시장/고객 형태에 따라 판매원들의 담당 영역이 나뉘어지는데, 이러한 세부 담당 영역을 account라고 한다.

* 국내 호텔들은 판매부를 판촉부로 부르고 있음. 그러나 판촉부라는 명칭은 명백히 틀린 용어임.

① 기업(corporate)의 경우 대기업, 외국 기업, 중소 기업 등으로 대분되며, 대기업을 제외하면 기타 기업들은 sales call의 효율성을 감안하여 지역별로 account를 나누게 된다. 국내 호텔에서는 EBS(executive business service)팀이라고 부르기도 한다.

② 금융 기관(banking organization)은 은행, 증권 회사, 투자신탁 회사, 보험 회사, 등을 포함하는데, 기업 account에 소속되는 경우가 많다.

③ 대사관, 정부, 언론 기관 등 특수 account의 경우에 있어서는 각 account별로 전담 판매원을 두게 된다.

④ 단체 담당 팀은 여행사를 주 account로 하며, 국내에서는 그룹 account로 불리운다. 타 account의 판매원과 달리, 호텔 외부보다 호텔 내에서의 근무 시간이 많은 것이 특징이다.

⑤ 제품 계열은 보통 객실과 연회(banquet)의 두 부문으로 대분되며, 연회 판매의 경우에는 연회부에 소속시키는 경우도 있다.

판매원의 위상과 자질

판매원은 담당 account에 대한 기업의 총 책임자이며, 또한 최고의 권위자여야 한다. 고객에 대한 상담과 판매는 물론, 기업과 제품에 대한 교육자로서의 역할을 담당해야 한다. 커뮤니케이션과 인간 관계의 전문가이며, 동시에 고객의 반응과 feedback을 정확히 청취하고 해결할 수 있는 능력을 갖춰야 한다. 따라서 판매원은 '**high-touch channel**'이라고 할 수 있다.

Dayle Carnegie는 판매원들에게 베스트셀러였던 《How to win friends and influence people》이란 저서에서 인간 관계 구축을 위한 7개의 열쇠를 제시했다. 그것은 ①결코 비판하거나 비난하지 말 것, ②무조건적인 수용, ③인정, ④감사, ⑤찬사, ⑥원만함, ⑦주의 집중이다.

일반적으로 요구되어지는 판매원의 자질은 다음과 같다.

- 고객의 문제 해결과 정보 습득에 주도권(initiative)을 갖고 접근해야 하며, 항상 긍정적, 우호적 태도를 취해야 한다.
- 판매원은 보통 홀로 일을 수행하기 때문에 외부에서도 근무 시간을 엄수하는 등 스스로 수양(self-discipline)을 갖춰야 하고, 한번 시작된 거래에 대해 유종의 미를 거둘 수 있는 끈질긴 성격(persistence)을 지니고 있어야 한다.

- 판매가 성사되기까지는 여러 형태의 갈등과 장벽이 있으며, 또한 여러 단계의 협상 과정이 기다리고 있다. 모든 상황과 과정에 있어서 정서는 항상 안정되어 있어야 하며, 고객이 믿을 수 있도록 성실성, 신뢰성, 치밀성을 갖춰야 한다.
- 기업과 제품에 대해 고객 못지 않은 충성도와 적합한 용모(looking right not looking good)를 갖추고 있어야 한다.*

《명심보감》에서 장사숙은 용모와 태도에 대한 14가지 조목을 다음과 같이 밝힌 바 있음. "…얼굴 모양은 반드시 단정하고 정중해야 하며, 의관은 반드시 가지런하고 엄숙해야 하며, 걸음걸이는…침착하고 조용해야 하며, 몸가짐은…바르고 정숙해야 한다".

〈표 16-8〉은 Brian Tracy International 기업의 CEO Brian Tracy가 판매원의 자질을 테스트하기 위해 디자인한 핵심 사항을 나타내고 있다.

표 16-8 Brian Tracy의 판매원 자질 테스트 핵심 사항

• 참을성있는	• 감사할 줄 아는	• 공정한	• 독창적인
• 야심있는	• 정직한	• 말하기	• 적극적인
• 쓰기	• 듣기	• 리서치	• 의사결정
• 자부심	• 진실성	• 예의 바른	• 활동적인
• 호기심이 강한	• 설득력있는	• 박학다식한	• 협조적인
• 공감할 수 있는	• 신뢰할 수 있는	• 융통성있는	• 부지런한
• 실패했을 때 품위를 지키는			

출처: Brian Tracy(2012), 《Strategic Sales》, p61.

1-2. 인적 판매에 대한 국내 현황

국내 주요 특 1급 호텔의 인적 판매 관련 현황은 〈표 16-9〉와 같다.

표 16-9 국내 특 1급 호텔들의 인적 판매 현황

구분	Grand Hilton	Shilla
표적 시장	• 신 · 구 공항 및 월드컵상암 경기장 등 지역적 이점 관련 고객	• 비즈니스 FIT
판매 account	• 산업별: 항공사, 기업, 레져, Swissotel residence • 지역별: 구 단위 편성(여의도, 마포, 용산, 시내, 공항 등) • 특수: 정부, 대사관, 병원, 대학교, 여행사, 기타	• 산업별: 삼성 계열, IT 산업, 다국적 기업, 금융, 컨설팅, 일본, 의약 • 지역별: 여의도, 마포, 강남, 강북 • 특수: 정부, 대사관, 여행사, GDS, 해외사무소, 기타
판매원의 재량권	• 40% 객실 요금 할인, ENT 객실 이용권, ENT 식당 이용권	• 20% 할인
행동 지침	• 기존 거래선 유지와 신규 거래선 창출	• 신규 거래선 개발에 역량 집중: 기존 거래선에 대한 차별화(EFL 서비스, 핸드폰 무료 대여, pick-up 서비스 출 · 퇴근 차량 제공 등)
구분	Renaissance Seoul	Grand Hyatt
표적 시장	• 비즈니스 고객	• 비즈니스 FIT
판매 account	• 산업별: 업종별 차이를 두지 않음 • 지역별: 2개의 팀으로 지역을 세분화 • 특수: 정부, 대사관, 여행사, 기타	• 산업별: 구분을 따로 하지 않음 • 지역별: 강남, 서초, 용산, 중심가, 여의도, 일본, 기타 • 특수: 정부, 대사관, 여행사, 기타

판매원의 재량권	• 연간 잠재 사용 가능 객실 수와 수요 주기에 따라 다르나 상부 승인이 필요	• 5~7%(상황에 따라 유동적)
행동 지침	• 모든 직원의 판매 직원화와 기존 account와 관계가 있는 account 공략, e-mail 활용	• 개별적 판촉 관련 지침은 없음
구분	InterContinental	Sheraton Grande Walkerhill
표적 시장	• 구관:비즈니스 FIT, 비즈니스 단체(고가) • Coex:비즈니스 FIT, 컨벤션 단체	• 학술, 기업체, 이벤트성 행사
판매 account	• 각 담당자가 몇 개의 지역과 특정 account를 통합 관리:여의도, 마포, LG, GE 등; 특수도 각 판매 담당자에게 분할됨	• 산업별:자동차, 건설, 식품, 미용, 다단계, 금융, 보험, 증권, 방송, 패션, 약학, 의학, 정보통신, 벤처, 대학교, 지역별 구분은 없음 • 특수:정부투자기관, 법조계, 정당, 정부, 여행사, 종교단체
판매원의 재량권	• 전 년도 객실 판매량에 따라 15-30% 내에서 할인 재량권	• SK 관계사 20%, 일반 기업은 10~20%
행동 지침	• 기존 거래선 유지와 신규 거래선 창출	• 개별적 판촉 관련 지침은 없으나, 월별, 분기별, 연별 개인 수당 및 팀별 시상

2. 환대산업 인적 판매의 단계와 전략

2-1. 인적 판매의 특성

Harvard Business Review에서 Zoltners 등은 제품수명주기별 성공적인 판매원 운영의 비중에 대해 〈표 16-10〉과 같이 제시하고 있다.

표 16-10 제품수명주기별 성공적 판매원 운영의 비중

	도입기	성장기	성숙기	쇠퇴기
판매원과 account	4	3	3	3
판매원의 규모	3	4	4	4
전문화 정도	1	2	2	2
판매원의 자원 배분	2	1	1	1

4:매우 중요, 3:중요, 2:보통, 1:비중이 약함

인적 판매는 크게 판매 지향적(sales-oriented) 접근과 고객 지향적(customer-oriented) 접근으로 나뉘어진다. 책, 자동차 등 일반 대중을 대상으로 하는 판매 지향적 접근은 하나라도 더 팔아야 한다는 부담을 갖고 있으며, 고객을 현혹시킬 수 있는 교묘한 판매 기법이 필요하다. 일단 거래가 형성되면 고객과는 남남이 된다.

반면 고객 지향적 접근은 판매에 대한 직접적 접근보다는, 고객의 욕구, 필요, 문제에 대해 듣고 질문하고 바람직한 해결 방법을 제시하며 서서히 판매가 이루어진다. 거래가 형성되어도 장기적으로 관계가 지속된다. 호텔 및 환대산업의 판매 전략에 있어서 적용되는 말이 있다. "가장 멀리 돌아가는 길이 가장 빠른 길이다." 판매원이 고객과 접촉하는 횟수가 늘어날수록 판매의 가능성 확률은 선형(linear)이 아닌, 기하

급수적(exponential)으로 늘어난다. 호텔 및 기타 환대산업에서의 판매는 물론 후자의 경우에 해당된다.

2-2. 호텔 인적 판매의 단계 및 전략

판매는 보통 기본적 3단계로 이루어진다. 의사가 진찰, 진단, 처방을 하듯이 친밀감 형성, 문제점 확인, 해결 방법 제시가 그것이다.

잠재 고객 탐색(prospecting)과 선정(qualifying)

호텔 인적 판매의 첫 단계는 잠재 고객을 찾아내는 것이다. 즉 잠재성있는 고객을 '**sales lead**'로 변환시키는 과정이다. 이것을 '**lead generation**'이라고 한다. 기존 고객에게 문의, 경쟁 호텔 정보, DB, 전시회 참석, 전화번호부 yellow page, 신문, 비즈니스 간행물(잠재 고객의 압축 정보 중 최고), 업계 간행물, 인명록, 상공회의소 등의 여러 방법을 동원하여 잠재 고객의 재무 능력, 비즈니스 횟수, 욕구와 필요 등을 파악하고, 판매 가능성 타진을 통해 대상을 최종 선정하는 단계다.

판매 대상 고객을 선정 시 DM, 텔리마케팅, 인터넷 등을 통하여 응답 카드, 인센티브 등을 제공하면 더욱 효과적 결과를 얻을 수 있다. Neil Rackham은 잠재 고객 선정과 관련하여 다음과 같은 '**SPIN 기법**'을 제시한 바 있다.

- 상황에 대한 질문(situation question) : 사실이나 구매자의 현재 상황에 대한 질문
- 문제에 대한 질문(problem question) : 제품과 서비스로 해결할 수 있는 문제, 장애, 불만족 등에 대한 질문
- 시사점에 대한 질문(implication question) : 문제에 대한 결과, 혹은 영향에 대한 질문
- 필요-보상에 대한 질문(need-payoff question) : 제시된 해결책의 가치와 유용성에 대한 질문

사전 접근(pre-approach)과 방문 판매

두 번째 단계는 텔리마케팅 등 사전 접근을 통한 방문 판매(sales call)다. 고객 방문 시 항상 사전 접근 과정을 거쳐야 하는데, 사전 약속 없이 불시에 방문하는 '**cold call**'* 은 필히 지양돼야 한다. 전화 혹은 문서 예약을 사전에 필히 해야 하며, 완벽한 준비 후에 고객을 방문해야 한다.

* 'blind prospecting'이라고도 불리움.

판매원이 실패하는 가장 빈번한, 그리고 결정적인 이유 중의 하나는 고객이 바쁘거나 중요한 업무를 하고 있을 때 방문하기 때문이다. 'Sales call'은 항상 고객의 상황에 대한 사전 지식을 갖고, 가장 여유 있는 시간에 수행해야 한다. 혹시 판매원이 '**doppler effect**'(급할 때에는 멍청한 아이디어가 더 좋아 보이는 현상)를 노린다면 그것은 매우 잘못된 생각이다.

1) 국내 호텔의 방문 판매 지침

국내에서는 방문 판매의 횟수를 중요시하는 경향이 많은데, 하루에 얼마나 많은 방문 판매를 하느냐가 아니라, 누구를 만나서 어떠한 협상의 결과를 얻느냐가 중요하다. 국내의 경우 판매원들은 대개 비서들과 접촉을 한다. 비서들은 거래와 예약의 전달자이지 의사 결정자는 아니다. 하루에 10명의 비서를 만나는 것보다는, 단 한 명이라도 최종 의사 결정을 할 수 있는 사람을 만나는 것이 중요하다.

국내에서는 판매원의 일과 중 가장 많은 시간과 노력이 'sales call'에 집중되고 있으나, 그 횟수를 줄이고 오전에는 전날 예약 slip의 정리와 준비, 전 행사에 대한 'thanks call', 'follow-up call' 등의 텔리마케팅을 보강하는 것이 바람직하다. 판매원은 호텔의 얼굴이자 로비스트에 해당된다. 눈, 비가 많이 내리는 날 등 궂은 날씨에는 방문 판매의 질을 크게 떨어뜨리기 때문에, 불가피한 경우를 제외하고는 방문 판매를 지양하는 것이 바람직하다.

또한 내부 마케팅에서 언급되었듯이 최일선 직원인 판매원에게는 고객의 문제를 해결할 수 있는 권한이 주어져야 한다. 판매원은 고객과 약속을 하고, 영업부는 그 약속을 이행하고 있다. 따라서 판매원은 고객과의 관계 못지 않게 영업부 직원과의 긴밀한 관계를 유지하고 있어야 한다. 호텔 내 동아리 가입 등을 적극적으로 참여해야 하며, 고객과 약속된 식음료 outlet에는 ENT 접대의 사유를 잘 설명하여 최선의 접대가 이루어지도록 해야 한다(내부 마케팅의 차원). 마지막으로 고객과의 관계 증진을 위해서는 판매원뿐만 아니라 총지배인, 부서장, 주방장 등 주요 직책 간부들이 적극적으로 방문 판매에 참여해야 한다(관계 마케팅의 차원).

ENT
Entertainment의 준말로서 계산은 개인이 아닌 호텔에서 해줌.

2) 집중적 방문 판매(sales blitz)

호텔에서는 개관(grand opening) 시, 개·보수 후, 신 경쟁 호텔의 출현, 신제품 및 서비스 도입, 비수기 등의 시기에 집중적 방문 판매(**sales blitz**)를 수행한다. **Sales blitz**의 성공적 수행을 위한 기법은 다음과 같다.

- 연간 계획(회계 년도 전에 결정, 보통 1년에 2~4회)
- 기간은 3~4일(화~금요일)이 적절함
- 효율적 지역 분배(전체 및 세부 지도 준비와 최단 경로 설정)
- 대상 고객 리스트 세부 정리 및 의사결정자와의 사전 약속
- 2~3주 전 교육(특히 상품 지식 및 판매 기법) 강화
- 간단한 sales kit 구성 및 방문 판매 시 VIP 카드, 회원 카드 등 흔적을 남김
- 대상 고객 리스트의 수정 및 보완
- 매일 커뮤니케이션 회의와 방문 판매 결과 리포트 작성
- 매일 최고 실적 판매원에 대한 포상으로 동기부여 제고

협상(negotiation)

Brian Tracy International의 CEO Brian Tracy는 협상 바로 전에 필요한 5단계 정신적 리허설(mental rehearsal)을 다음과 같이 제시했다.

① 최근의 판매 성공 경험에 대해 생각한다.
② 눈을 감고 심호흡을 한 후 긴장을 푼다.
③ 최고의 모습으로 상담하는 자신을 시각화한다.
④ 원하는 결과를 명확하게 말로 표현한다.
⑤ 성공의 느낌과 그에 따른 만족감을 즐긴다.

협상의 첫 단추는 'rapport'의 형성에 있다. 'Rapport'는 공감대, 혹은 감성적 유대라는 의미의 언어심리학 용어다. 판매원은 제품 판매에 앞서 어떠한 주제건 고객과 'rapport'를 형성해야 한다.

우리가 종종 겪는 일로 비정찰제 제품 구매 협상 시 첫 가격을 먼저 제시했을 때(낮다고 생각하고) 상대가 흔쾌히 OK를 하면 곧 후회를 하게 된다. 1에서 10까지 가까운 숫자를 맞출 때 상대가 5 이하를 부르면 6 이상을 불러야 하고, 6을 부르면 5를 불러야 한다. 이와 같이 정보가 정확하지 않은 상황의 협상은 먼저 제안을 듣는 측이 유리하다. 이것이 협상의 기본 원칙이다.

Brian Tracy는 첫 상담 서두에 상황에 따라 ①감사의 표현, ②기대감 주입, ③반전 기법, ④문제점 등과 같은 4가지 유형으로 상담을 시작하라고 했다.

Stanford대학의 Elizabeth Mullen 등은 협상 시 협상 파트너의 행동을 따라하는 모방 행동 효과에 대해 연구한 바 있다. 과학자들은 모방 행동을 인간답고, 자연스러운 행동이며, 사회적 유대와 신뢰를 높여주는 행동이라고 주장한다. 중요한 점은 상대의 버릇을 따라할 때, 상대가 눈치 채지 못하도록 조심스럽고, 자연스럽게 해야 한다는 것이다. 이에 대한 Mullen 등의 연구 결과는 매우 긍정적으로 나왔다. 이것을 '**chameleon effect**'라고 한다. Gwen Martin은 이러한 전략적 모방에 있어서 watch, wait, wane(의식하지 않기)의 '3w 법칙'을 제시했다.

협상 시의 효과적 질문

협상에 있어서 가장 중요한 절차는 적합한 질문(probing)과 혜택 제시다. Right Question Institute에서는 학교 교육에서 어떻게 답하는지만 가르치고 어떻게 질문하는지를 가르치지 않는 것을 잘못된 사항으로 지적하고 있다. 적합한 질문은 상당히 중요한 것이다. Daniel H. Pink는 판매원들에게 다음과 같은 세 단계 질문 만들기 기법을 제시한 바 있다.

① 질문을 만들어라 : 생각나는 대로 가능한 질문을 만들어 적어라. 고치지 말고 머리 속에 떠도는 질문을 그냥 적기만 하라. 어떤 사실이 떠오르면 질문으로

바꿔라.

② 질문을 개선하라 : 리스트를 보고 'open ended'(개방형)와 'closed ended'(폐쇄형) 질문으로 분류하라. 이에 대해 장단점을 생각해보고, 몇 개씩 바꿔보아라.

③ 질문의 우선 순위를 정하라 : 가장 중요한 3가지를 골라라. 왜 골랐는지 다시 생각하고, 이 질문들이 아주 명확해지도록 다시 편집하라.

Brian Tracy는 고객의 진정한 구매 동기 파악을 위해 다음과 같은 세 가지 질문을 강력히 추천한 바 있다.

① "만일 이 제품을 구매하시게 된다면, 이 제품에서 가장 기대하는 것이 무엇인지요?",

② "만일 이 제품을 구매하신다면, 반드시 확인하고 싶은 것이 무엇인지요?",

③ "만일 이 제품이나 서비스가 무료라면 받으시겠습니까?" ③번에 대해 고객이 "예"를 하면 다시 "이유가 무엇인지요?"라고 묻는다.

호텔의 인적 판매에서는 제품의 특성을 먼저 내세우는 접근보다는, **AIDA (attention, interest, desire, action)** 공식을 이용한 고객의 욕구와 필요 그리고 문제점을 파악 후 혜택을 내세우는 접근이 필요하다. 또한 완전히 외워서 수동적으로 고객을 유인하는 고정화된(canned) 접근보다는*, 미리 고객의 욕구와 구매 스타일을 파악하고, 그 욕구를 슬쩍 자극하며 상담으로 끌어들이는 공식적(formulated) 접근이 효과적이다. 가장 바람직한 방법은 고객의 욕구를 사전에 완전히 파악한 상태에서 고객이 능동적으로 주로 말하게 만들고, 문제를 해결해주는 욕구-만족(need-satisfaction) 접근 방법이다.

1800년대 후반 National Cask Register Company를 설립한 John Petterson은 모든 판매원에게 '어떻게 NCR 제품을 팔 것인가'라는 지침서를 외우게 했음. 나중에 이 지침서는 200페이지의 매뉴얼로 바뀜.

유도 선수가 자신이 공격하는 것보다 상대의 힘을 이용하는 것이 유리하듯이, 고객이 능동적으로 말을 하면, 협상 시 유리한 고지를 점령할 수 있다. 이것은 실험 결과에서도 나타난다. UPenn Wharton School의 Adam Grant의 연구에 의하면, 외향적인 사람보다 양향적(내향과 외향의 중간적)인 사람의 판매량이 훨씬 높다고 한다(〈그림 16-45〉 참조). 이 결과는 Harvard Business Review의 판매 실적이 가장 좋은 판매원은 사교성이 평균보다 낮은 사람이라는 연구 결과와도 일치한다.

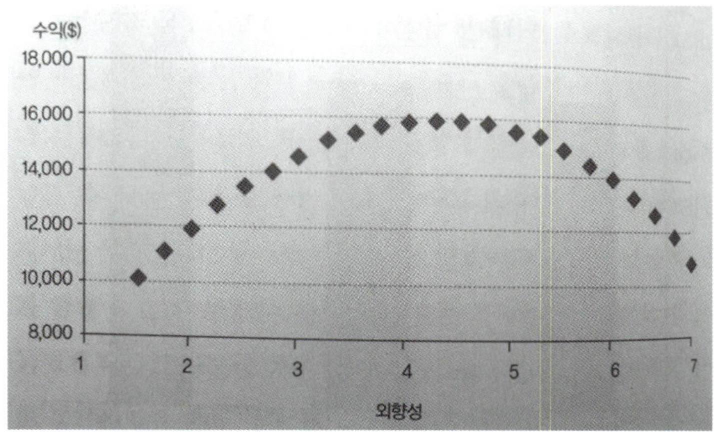

그림 16-45 외향성 등급에 따른 판매수익
출처: 김명철(2013), 《파는것이 인간이다》, 122p

위 연구들의 가장 기본적인 이유는 외향성, 사교성이 높은 사람일수록 너무 적극적이어서 자주 자기 발에 걸려 넘어지며, 상대방의 말을 경청하지 않는 경우가 많다는 것이다. 또한 판매원들이 필히 숙지해야 할 사항이 있다. 어떤 경우라도 'no'라고 하지 말아야한다. 대신 'yes, and', 어쩔 수 없으면 'yes, but'이라고, 즉 말은 'yes'로 시작해야 한다. 말과 행동에 있어서 판매원은 '동조의 달인'이 돼야 한다.

행동경제학에 의하면, 사람들의 구매와 관련된 의사결정 후 느끼는 후회에는 크게 두 가지가 있다. 위험을 감수하고 구매했는데 만족하지 못한 경우는 **행동 후회(action regret)**라고 하고, 구매하지 않았는데 그 제품이 우수한 제품이었다는 것을 알았을 때에는 **무행동 후회(inaction regret)**라고 한다. 행동경제학에서의 연구 결과에 의하면, 사람들은 전자에 더 많은 후회를 하게 된다고 한다. 이것이 고객들이 제품 구매 시 의사결정에 소극적인 이유다. 행동경제학에서는 이와 같이 현재의 상태에서 변화를 피하려는 사람의 성향을 '**status quo effect**'(**현상 유지 효과**)라고 한다.

고객의 거절에 대한 전술

고객의 부정적 태도는 크게 회의(skepticism), 오해(misunderstanding), 무관심(indifference), 거부(objection)의 네 가지로 나뉘어질 수 있다. 회의와 오해는 제시되었던 혜택에 대한 증명된 자료(proof resource)로 극복할 수 있다. 오해와 회의를 극복할 수 있는 최선의 방법은 만족한 고객의 증언(testimonial)이다. 판매원들은 협상 시 항상 이와 관련된 편지, 명단, 사진 등의 자료를 지니고 있어야 한다.

그러나 무관심은 위의 두 형태보다 어려운 문제로서, 고객이 미처 인식 하지 못한 욕구와 필요에 대한 질문으로 호텔을 이용해야 하는 이유를 제시해야 극복할 수 있다. 흔히 그 이유는 경쟁자의 약점일 경우가 많다. 마지막 부정적 태도는 거부로서 가장 극복하기 어려운 문제다. 이 경우 무리하게 재협상을 진행하기보다는 극복 방안 준비와 함께 고객이 이용하는 호텔의 조건을 검토함으로써 차기 협상을 준비하는 것이 바람직하다.

"거절은 개인에 대한 것이 아니다." Laura Huxley의 《You are not the target》이란 저서에 언급된, 판매에 있어서 유명한 말이다. 판매원은 고객의 거절에 대해 어떠한 개인 감정도 가져서는 안 된다.

North Carolina대학의 Barbara Fredrikson은 긍정적 정서에 있어서 가장 유명한 학자다. 그녀의 말이다. "부정적 감정은 시야를 좁히고, 어려운 상황을 순간적으로 회피하게 만든다. 반면 긍정적 감정은 폭넓은 사고를 할 수 있도록 의식을 깨우쳐줘 행동의 여지를 넓혀주고, 우리가 좀 더 수용적이고 창조적이 될 수 있도록 도와준다." 그녀는 실험 결과를 내세우며 행복을 위해 긍정적 감정과 부정적 감정의 비율을 3:1의 황금 비율로 유지하라고 조언했다.

거부는 판매원에 있어서 가장 일반적이고 가장 많은 경우에 해당된다. 세상의 모든 문제는 해결 방안이 있거나 없다. 있다면 찾으면 되고, 해결 방안이 없다면 잊어야한다. 해결 방안이 있다면 행복한 고민이 되고, 없다면 고민거리나 일이 줄어드는 것이다. 어떤 것이건 '좋은' 일이라고 생각하는 것이 건강한 사고 방식이다.

호텔 판매원에 있어서 협상 시 가장 잘못된 사항은 가격을 먼저 제시하는 것이다. 가격에 대한 협상은 가능한 한 후반으로 미루는 것이 바람직하며, 또한 가격에 관한 모든 협상은 rack rate, 혹은 정가의 메뉴로부터 시작해야 한다. 호텔산업에 있어서는 무수한 협상 조건이 존재하고 있다. 객실 upgrade, 무료 티켓, 리무진 서비스, 휘트니스 무료 이용 등 부가 혜택을 최대한 동원하여 가능한 한 rack rate과 정가의 메뉴를 유지하는 것이 중요하다.

이러한 방법을 가격 전략의 유형 중 비가격 전략이라고 한다. Alan Cimberg에 의하면, "가격이 너무 비싸요." 이 한 마디가 판매원을 KO시키는 가장 강력한 무기라고 한다. 그러나 "호랑이 굴에 들어가도 정신만 차리면 산다"고 하지 않는가? 판매원은 그 말을 듣고 KO 당해서는 안된다. "얼마나 더 비쌉니까?," 이 말을 잊지 말아야 한다. 고객이 부가 혜택을 원하지 않고 가격에 부담을 가질 때, 할인에 대한 협상이 시작되어야 하는 것이다.

협상 시 'endowment effect'(소유 효과)를 이용해라

여기에는 행동경제학에서 말하는 **'endowment effect'(소유 효과)** 법칙이 적용된다. **'Endowment effect'**란 사람들이 어떤 대상을 소유하거나, 소유할 수 있다고 생각하는 순간, 그 대상에 대한 애착이 생기는 현상을 의미한다.

2000년 Par, Jun, and MacInnis의 실험을 살펴보자. 자동차 판매 시 ①기본 모델 1,200만 원에 모든 옵션을 모두 포함하면 1,700만 원을 제시했을 경우와, ②기본 모델 1,700만 원에 모든 옵션을 뺐을 때 1,200만 원을 제시했을 경우, 최종 구입 가격이 ①번은 평균 1,440만 원이었고, ②번은 평균 1,530만 원이었다.

이 결과에는 다음과 같은 두 가지 이유가 있다고 행동경제학은 설명한다. 첫째는 자동차에 부착된 옵션에 대해 소비자는 보유 자산의 일부로 간주하기 때문이며, 둘째는 옵션을 추가하면 금전적 손실이 따르고, 옵션을 제거하면 효용 상실(losses in utility)이 따르게 되는데, 일반적으로 사람들은 금전적 손실보다 효용의 손실을 더 크게 느낀다는 것이다(Hardie, Johnson, Fader의 실험 결과). 이것이 가격 책정의 비밀이라고 할 수 있다.

마지막으로 협상에 있어서 필자가 꼭 강조하고 싶은 사항이 있다. 운동 경기에 있어서 감독은 전술이건, 선수건 '히든 카드'를 갖고 있다. 그 '히든 카드'를 언제 사용하느냐가 경기의 승패를 결정할 때가 많다. 판매원들의 협상에 있어서도 마찬가지다. '히든 카드'는 고객이 의사결정의 정점에 와있을 때 결정적으로 사용해야 한다. '히든 카드'가 너무 빠르면 효과가 감소되고, 너무 늦으면 판매 거부가 먼저 발생하는 결정적인 실책이 된다. 항상 '히든 카드'를 준비해라.

협상 완료(closing)

물이 99.99℃에서 끓지 않고 100℃가 되어야 끓듯이, 위의 모든 절차를 모두 성공적으로 수행하면서도 거래가 성립되지 않는 경우가 많다. 협상 완료 시 가장 바람직한 것은 물론 거래 형성이나, 그것이 잘 이루어지지 않는 경우라도 대안 제품, 다음 행사, 재협상 등으로 다음 약속을 정하는 것이 바람직하다.

Brian Tracy는 협상 완료 시 〈표 16−11〉과 같이 7가지(필자의 견해는 5가지) 마무리 유형을 제시했다.

표 16–11 협상 완료 시 마무리 유형

<table>
<tr><th>마무리 유형</th><th>comment의 예</th><th>상황</th></tr>
<tr><td>권유형</td><td>“지금까지 제가 한 말에 동의하십니까?”</td><td>고객의 부정적 반응 확인</td></tr>
<tr><td>지시형</td><td>“지금까지 들으신 소감이 어떠신지요?”</td><td>고객의 추가 의문 사항 점검</td></tr>
<tr><td>양자택일형</td><td rowspan="2">“A와 B 제품 중 어느 것이 좋으십니까?”</td><td rowspan="2">고객에게 선택권을 부여해서
더욱 긍정적 태도로 전환</td></tr>
<tr><td>파생조건형</td></tr>
<tr><td>승인</td><td rowspan="2">“여기에 사인해주시면 계약이
성사된 것으로 알겠습니다.”</td><td>큰 거래 시</td></tr>
<tr><td>최후통첩형</td><td>상당 시간 고객과의
밀고 당기기 협상 후</td></tr>
<tr><td>생각해볼께요형</td><td>“고객님 잘 생각하셨습니다.
중요한 결정이니 서두시지 않는 게 좋겠군요.
혹시 결정 못하시는 특별한 이유가 있으십니까?”</td><td>실제로는 고객의 거부 의사를
다시 한 번 협상으로 끌어들임</td></tr>
</table>

전술된 바와 같이 호텔 판매원은 판매 지향적 접근보다는 고객 지향적 접근을 수행해야 한다. 고객과의 관계를 지속적으로 유지시켜야 하며, 거래가 성립되지 않더라도 항상 변함없는 태도를 유지해야 한다. 마케팅 권위자 Seth Godin은 판매와 비판매의 차이를 상호 간에 호의를 베푼 정도의 차이로 설명한다. 즉 호의를 많이 받은 쪽은 그 신세를 갚을 확률이 높다. 우리말에도 “지성이면 감천이다”라는 말이 있다. 고객과의 거래는 한 번에 끝나지 않을 경우가 많다. 신세를 질수록 고객은 마음이 약해진다.

마지막으로 호텔 판매원의 협상 능력에는 다음의 사항이 요구되어 진다.

① 호텔과 제품의 명성, 역사, 경험 등을 강조할 수 있는 합법성(legitimacy)
② 고객의 상황, 호텔 제품에 대한 지식 보유의 전문성(expertise)
③ 고객과 공유된 관심, 인지 등의 준거력(referent power)
④ PR물, 무료 식사 등을 제공하여 상호 관계를 증진시킬 수 있는 접대력(ingratiation)
⑤ 우호적, 인간적 인상(impression)

feedback

거래가 성립되면 즉시 예약 일, 예약 조건 등 모든 조치를 신속히 취하여 그 상황을 고객에게 확인(confirm)시켜야 한다. 약속된 사항에 대하여 이행하느냐(follow-up), 조건이 달라지느냐(foul-up)의 차이는 향후 고객 유지에 있어서 결정적인 역할을 한다. 환대산업에서의 그 중요성은 부연할 필요가 없을 것이다. 고객과의 계약 내용에 대해 보증이나 보장을 기꺼이 하는 것을 전문 용어로 '**risk reversal**'이라고 한다. 거래가 성립되지 않았을 때에는 그 이유를 세밀히 검토해야 하는데, 특히 그 거래가 어느 경쟁 호텔과 성립되었는가를 확인하여 다음 협상에 반영해야 한다.

묻는 것을 두려워해서는 안 된다. 경쟁 호텔을 선택한 고객에게 직접 그 이유를 물어봐라. 대다수의 고객은 그것을 귀찮아하기보다는, 물어보는 판매원의 열의와 진심에 우호적인 생각을 갖게 되고, 결과적으로 그 기억이 다음 협상에 있어서 유리하게 작용한다.

마지막으로 협상이 완료되고 feedback을 할 때, 판매원에게 있어서(모든 사람, 모든 상황에 있어서도 마찬가지지만) 가장 중요한 것은 긍정적 사고와 자세다. 1895년 France의 Emile Coue라는 의사가 현대 의학에 혁명을 일으킨 심리 기법을 개발했는데, 그것은 환자들에게 규칙적으로 "나는 매일 모든 면에서 좋아지고 있다"라는 말을 반복시킨 것이다. 이 기법은 환자 치유 효과를 5배 증가시켰다고 한다. 판매에 실패했더라도 판매원은 항상 '다음에는 꼭 성공할거야'라는 긍정적 자기 대화(self-talk)가 필요하다. 판매는 저절로 이루어지는 것이 아니다. 판매는 1905년 Frederick Taylor가 처음으로 주장한 '과학적 관리'에 근간을 둬야 한다.

2-3. 인적 판매의 우수 사례들

인적 판매와 관련된 환대산업 기업들의 우수 사례를 소개하면 다음과 같다.

Marriott International

Marriott International에서는 판매부에서 쉽고, 빠르고, 간결하고, 저렴한 비용으로 예약할 수 있는 방법을 도입하여 큰 효과를 거두고 있다. 약 1,800개의 체인 호텔의 각 account에 근거한 GSA(General Sales Agent)가 그것인데, 1998년부터 Marriott International 체인 호텔이 없는 국가에 50개 이상의 GSA를 두고 있다. GSA에서는 Marriott의 직원이 아닌 타 전문 기관(EBC)을 통하여 운영하고 있는데, EBC는 소회의 예약을 담당하는 예약센터로서, 한 EBC가 5~20개 체인 호텔의 소회의 예약을 모두 처리해주고 있다.

Marriott International Corporation에는 또한 'single-image inventory'라는 기능이 있는데, 고객이 전화나 internet을 통해서 GSA, 여행사, 혹은 직접 호텔에 접촉을 하면, 모두 같은 객실 요금을 제시받게 된다. Marriott International은 1984년부터 이 기능

을 사용하고 있지만, 경쟁 호텔의 경우에는 1998년에 이르러서야 이 시스템을 개발했다.

또한 Marriott International은 모든 충성도 프로그램 가입 고객의 정보를 'CRM-focused service cloud'라는 시스템을 통해 모든 판매 직원들과 공유하고 있다. 판매 직원들은 자신 account의 고객이 아니더라도 모든 고객의 욕구와 필요가 무엇인지를 파악할 수 있다. 이 정보는 판매 부문뿐만이 아니라 전 세계 체인의 콜센터, 호텔 내 web, 모바일 등에서 공유된다.

The Pierre

2017년 41~43층에 있는 16개 객실이 4,400만$에 팔리며 화제를 모았던 미국 New York시에 있는 호화 호텔인 The Pierre는 매우 고가 호텔임에도 불구하고, 거의 rack rate으로 100% 객실점유율을 기록하는 일 수가 1년에 100일에 이른다. The Pierre는 이에 부응하여 단체 고객의 비율을 10% 미만으로 조정하는 판매부 전략을 세웠다. 따라서 비수기에는 매일 최대 단체 객실 할당 비율을 정하고, 변경 시에는 sales director의 허가를 받는 정책을 도입했다.

또한 New York시 Wall Street에만 의존하던 FIT account의 전략을 수정하여 LA의 여행사들과 협력, 미국 서부 시장을 개척했으며, 일본 시장을 중심으로 하는 해외 account를 높은 객실 요금을 제시하며 공략했다. 판매부의 매니저들은 Four Seasons 출신 매니저를 대상으로 네 단계의 고용 전 인터뷰를 통하여 고용했다. 그 결과, 재투숙률 65%, 30% 이상의 고객이 rack rate 지불 등 ADR(average daily rate)이 10% 이상, 객실점유율이 70%에서 80% 이상으로 제고되는 성과를 거두었다.

Choice Hotels International

미국 Choice Hotels International에 속해있는 Clarion과 Comfort Inn and Suites는 모든 직원에게 판매원의 역할을 부여하고 있다. 호텔 내 모든 직원들은 여행 중 만나거나 아는 기업인의 이름, 주소, 전화, 대표이사 이름 등을 판매부에 제출한다. 그 후 거래가 성사된 실적에 의거 포상을 받게 된다.

모든 제출 정보는 텔리마케팅에 의해 지원을 받게 되는데, 한 예로 1위는 매출액에 최대로 공헌했던 night auditor가, 2위는 향후 잠재성이 가장 높은 정보를 제공한 회계부의 직원이, 3위는 신규 account를 가장 많이 개발한 F/O 직원이, 4위는 쇼핑몰의 모든 상점에서 각 매니저의 명함을 모두 수거하여 창의성을 발휘했던 예약과 직원이 차지했다.

환대산업 마케팅 전략 계획 모델(분배 전략)

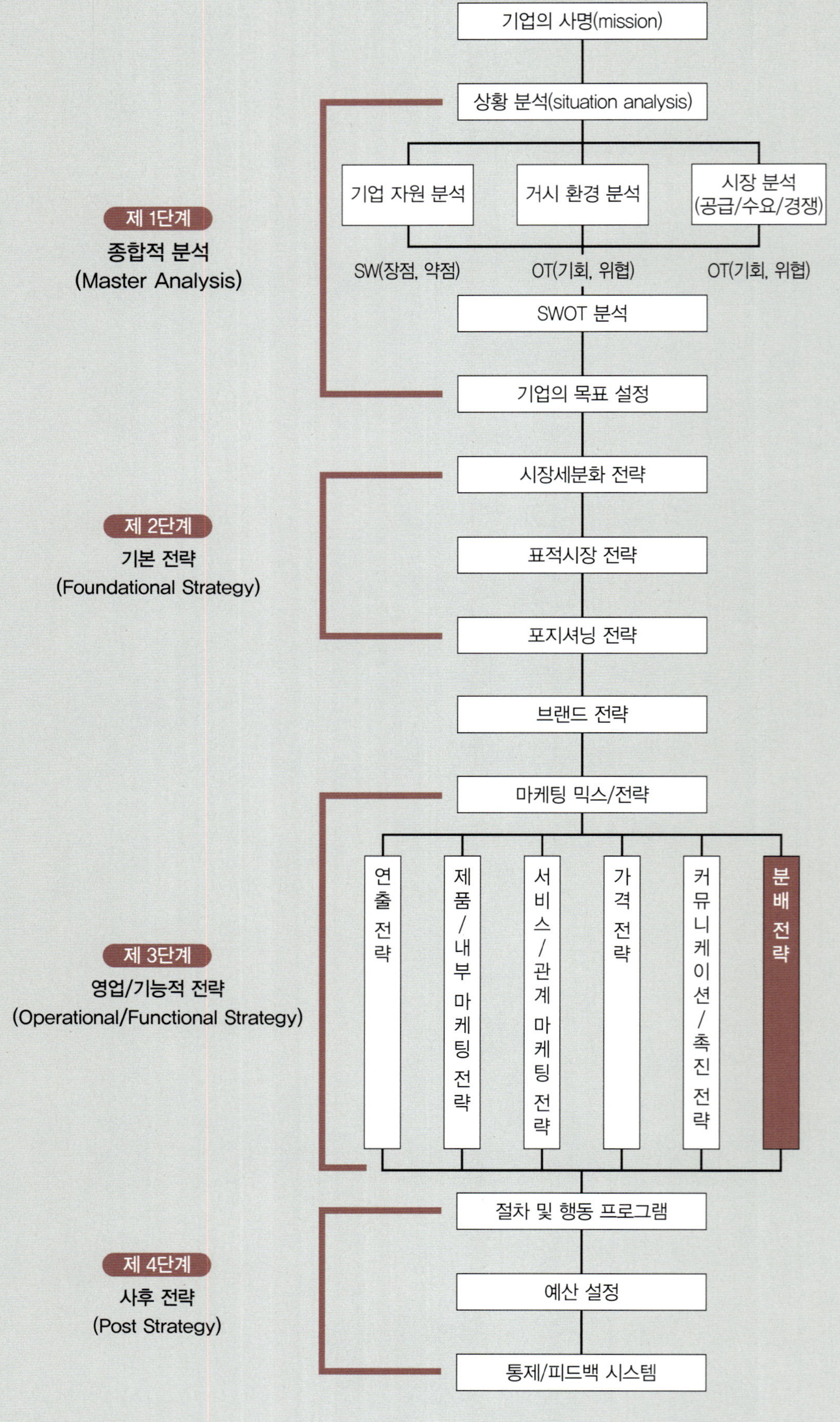

분배 전략

제 17 장

분배 전략의 개념과 제품의 유통 채널

1. 분배 전략의 개념

일반적으로 마케팅에서의 분배 전략이란 마케팅 경로(channel) 전략을 의미한다. 현대는 다채널(multi channel)의 시대다. 다채널과 유사한 개념으로 '**channel bundling**,' 혹은 복합 채널(**hybrid channel**)이라는 용어도 등장하고 있다. 마케팅 경로는 제품과 서비스가 소비자에게 사용, 소비되도록 그 과정에 참여한 기관들로 구성되는데, 생산자와 소비자 사이에 존재하는 도매상(wholesaler), 브로커, 소매상(retailer)이 그것이다(〈그림 17-1〉 참조).

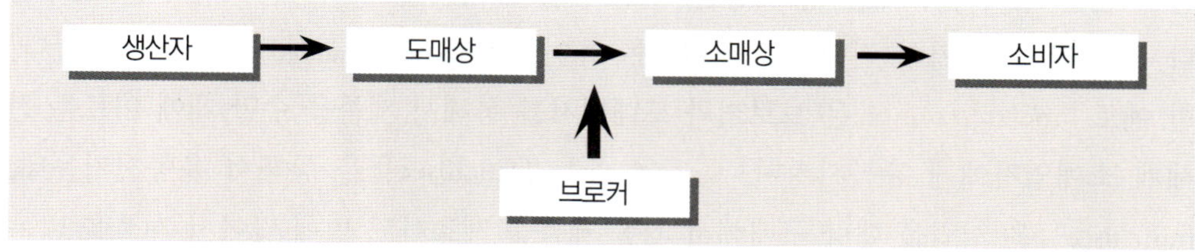

그림 17-1 전통적 마케팅 경로

마케팅 경로에 참여하는 기관 외에도 중개인, 대리인, 위탁상 등이 합쳐져서 중간(중개) 상인(middlemen)을 형성하며, 금융 기관, 수송, 창고 회사까지 포함된 마케팅 중개 기관은 마케터와 고객 사이의 교환을 촉진함으로써, 전체 경제 구조의 효율성을 증대시키고 고객 만족도를 증진시킨다.

그러나 환대산업에서는 대다수의 경우에 있어서 그러한 중개 기관이 존재하지 않으며, 그 중요성도 크게 희석되고 있다. 그 이유는 제품이 고객에게 유통을 통하여 전달되는 것이 아니라, 고객이 호텔, 레스토랑, 항공선 등 제품과 서비스가 직접 생산되는 곳(공장의 의미)으로 방문을 한다는 의미다. 즉 생산과 소비의 동시성, 제품의 비저장성, 관련 제품의 복합적 판매(peripheral service) 등의 제품적 특성으로 인해, 전통적 경로 기관과 중개 기관이 필요없거나, 존재하지 않는 것이다.

따라서 환대산업에서 분배 전략의 의미는 제조업과 큰 차이가 있다. 제품을 분배, 유통시킨다는 것은 공장 자체를 분배, 유통시켜야 한다는 것이며, 그것은 호텔, 레스토랑, 항공선과 같은, 공장인 동시에 제품을 고객이 있는 곳으로 분배, 유통시킨다는 의미가 되는 것이다. 대표적인 예는 영국과 Ireland 최대 식품 서비스 기업 Compass Group의 7천여 개가 넘는 지역으로의 출장 연회(outside catering)다. 호텔과 레스토랑이 전 세계적으로 체인을 확장시키는 것도 같은 맥락이다.

2. 제품의 유통 채널(channels for manufactured goods)

2-1. 전통적 유통 채널

제품을 실제 소매상을 이용해서 유통시키는 재래식 유통(**bricks-and-mortar**) 시스템에서 재화의 생산자는 도매업자 브로커의 도움을 받거나, 아니면 소매업자에게 직접 배송한다. 도매업자는 생산자로부터 위탁 판매 제품을 구매하거나 취득해서 소매업자에게 판매하는 중개 상인(intermediary)이다. 브로커와 하는 일도 비슷하지만, 제품을 구매할 수도 있고, 안 할 수도 있다. 제품을 최종 사용자에게 판매하게 되면 소매업자라고 하는데, 소매업자는 고객이 제품을 구매할 수 있는 판매 시점(the point of sale)을 대행한다.

도매업자, 브로커, 소매업자는 모두 유통 시스템의 일부분을 구성한다. 제품이 이들의 손을 거쳐가기 때문에, 이들은 모두 제품에 가치를 부가하는 사람들로 간주한다. 이러한 부가 가치 전매자를 의미하는 용어를 **VAR(value added reseller)**라고 한다. 한 예로 Procter&Gamble은 브로커와 도매업자를 통해서 제품을 수만 개에 이르는 전 세계 소매업자에게 유통시키며, Coca-Cola는 franchisee들을 통해서 유통시키는데, franchisee들은 시럽을 대량 구매해서 최종 제품을 제조하고 병에 담아서 제품을 많은 소매업자들에게 배송한다.

1966년 Adler가 명명한 **공생적 마케팅(symbiotic marketing)**이라는 개념이 있다. 한 제조업자가 완성된 제품을 제 2의 제조업자에게 판매하고, 제 2의 제조업자가 자신의 표찰을 붙여 자신의 유통 채널을 통해 재판매하는 방식을 의미한다.

과거 기업들이 개별적인 유통 시스템을 사용해야 한다고 생각했다. 자체 유통망을 개발하는 데 과중한 비용이 들 뿐 아니라, 유통업자, 특히 소매업자가 소비자에게 더 가까이 다가갈 수 있기 때문이다. 그러나 인터넷이 발달하면서 상황이 완전히 바뀌었다.

가장 두드러진 것은 **O2O 마케팅**의 등장이다. **O2O 마케팅**이란 'online to offline'

마케팅의 약자로 온라인 기업이 오프라인 기업으로 진출하거나 그 반대의 경우도 해당된다. 즉 **bricks-and-mortar**가 의미하는 눈에 보이는 것을 제조, 판매, 유통하는 전통적 제조업체와 대조되는 의미다. Amazon을 통해 Barns and Nobles가 인터넷 판매를 하는 것이 그 예다. 이러한 경우 **click-and-mortar**라는 용어를 사용한다.

O2O 서비스 형태는 다음과 같이 네 가지로 대별된다.

① 온라인에서 오프라인으로 사업 확대 : Amazon
② 오프라인에서 온라인으로 사업 확대 : Lotte.com의 'order online, pickup offline'(smartpick 서비스), SK Telecom의 '바로 픽업' 서비스
③ **Platform** 기반 사업자가 **O2O** 서비스를 직접 제공 : 다음 카카오, 네이버
④ 여러 기업의 서비스 정보를 모아 고객과 연결 : Airbnb, Uber

결론적으로 **O2O**는 온라인의 장점인 편리함과 경제성, 오프라인의 장점인 즉시성이 결합돼 새로운 가치를 창출하는 서비스다. 현대 사회에서 스마트폰의 보급 확대, NFC(near-field communication), Beacon(small Bluetooth radio transmitter) 등 IT 기술의 발전 덕분에 **O2O** 시장의 발전 가능성은 무궁무진하다.

2-2. 현대의 유통 채널 : 탈중개화(disintermediation)

현대에는 기업이 제 3자를 통하지 않고도 제품을 소비자에게 직접 판매할 수 있다. 기존의 유통 채널을 통하지 않고, 소비자에게 직접 유통시키는 과정을 **탈중개화(disintermediation)**라고 한다.

이 전략에 있어서 가장 성공을 거둔 기업은 과거 Dell Computer이며, 현재는 Apple이다. Dell Computer는 인터넷으로 주문을 받아 제품을 맞춤형으로 생산하는 생산, 유통 혁신을 이루어냈다. Dell이 소유한 것은 거의 없이 대부분을, 심지어 핵심 역량까지도 outsourcing을 활용한 획기적인 비즈니스 모델을 선보인 것이다.

Apple은 2001년 5월 미국 California주 Glendale에 최초의 Apple Store(〈그림 17-2〉 참조)를 개관한 후, 2006년부터 분기별 매출액이 10억$를 넘어서며, 세계 소매업 역사상 가장 빠른 성장을 하고 있다. 삼성의 Samsung Digital, Sony의 Sony Style, SKT의 T Store, KT의 Show APP Store 등의 전신이 된 Apple Store는 유통 채널을 완전히 파괴해버린 'high-touch'시대의 'highest' 성공 사례가 되었다.

그림 17-2 각 국에 위치한 Apple Store, Apple의 고 Steve Jobs

M&M World New York Times Square

Netherlands Sex Museum

Michigan Kellogg's Cereal City

Hershey's Chocolate World Pennsylvania

Netherlands The Grasshopper

Amsterdam Heineken Museum

그림 17-3 세계의 대표 'flagship store'들

세계의 대표적 'flagship store'들

AppStore와 유사한 예로 New York Times Square의 M&M World, Pennsylvania주 Hershey의 Hershey's Chocolate World, Michigan주 Battle Creek의 Kellogg's Cearal City, Netherlands Amsterdam의 HeineKen Museum 등이 있다. 이러한 매장을 'flagship store'라고 한다. Netherlands의 Sex Museum 및 The Grasshopper*등은 Netherlands의 'flagship site'다(〈그림 17−3〉 참조). Diesel, Prada, 중국의 스포츠 브랜드 Li Ning 등도 세계 주요 도시에 'flagship store'를 운영하고 있다.

The Grasshopper
마리화나를 피울 수 있는 큰 규모의 카페.

2010년을 넘어서며 글로벌 유통의 핵심 동향은 '**connected store**'의 확산이다. 스마트폰으로 무장된 소비자들이 오프라인 매장에서 보고, 온라인이나 스마트폰에서 가격 비교 후 구매하는 패턴이 확산되고 있기 때문이다. 미국의 1,2위 유통업체 Wal-Mart, Target 등은 온·오프라인 통합이 이루어지고 있다. 게릴라 스토어로 불리는 '**pop-up store**'의 확산도 또 하나의 동향이다. 기업들은 비싼 임차료 대신 이동 인구가 많은 지역이나 대형 쇼핑몰에 '**pop-up store**'를 개장하여 최대의 효율성을 얻고 있다.

3D 소프트웨어, 3D 프린팅, AR(증강 현실) 등도 유통의 신 조류로 부각되고 있다. Euroshop2014에서 Ergo SUM이라는 업체는 매장을 찾는 소비자를 인지하고, 감정 상태를 알려주는 디스플레이 등을 선보인 바 있으며, 국내 제일기획은 3D 프린팅을 이용한 매장을, Wanzl은 AR을 이용한 매장 디스플레이를 선보였다.

소비재를 제조하는 대부분의 기업들은(예를 들어 Sony, Hewlett-Packard, Levi Strauss) 제품을 소비자에게 직접 판매한다. 국내 대형 유통업체들도 **기업형 슈퍼마켓(super supermarket)**을 동네 상권까지 진출시켜 소매의 개념으로 제품을 유통시키고 있다. 그러나 한편으로는 앞서 언급한 전통적인 재래식 유통 채널과 웹에서 마케팅을 하는 다른 소매업자에게도 제품을 판매한다. 예를 들어 Sony는 www.sony.com에서도 제품을 판매하고, Best Buy는 www.Bestbuy.com, 그리고 전통적인 재래식 유통 Best Buy 상점을 통해서도 제품을 유통시킨다.

Southwest Airlines는 좌석의 50% 이상을 인터넷으로 판매한다. Southwest는 전통적인 GDS 여행사 링크에 참여하지 않음으로써 연간 수백만$의 수수료를 절약하고 있다. 1995년 인터넷 온라인 서점으로 출발한 amazon.com은 1999년 기존의 소매점 전략을 버리고, 대리인(agent) 전략을 시작하면서 **platform***비즈니스 모델을 구현했다. 모든 재고의 통제를 자사가 아닌 협력업체에 맡긴 것이다. 그 결과 2000~2001년 사이에 Toys 'R' US, Borders, Circuit City, Gap, HMV 등 많은 기업들이 amazon platform을 이용하기 시작하면서 **platform** 비즈니스 모델의 추진이 본격화되었다. 또한 2008년부터 시작된 amazon web services가 **platform** 전략을 더욱 강화시키고 있다.

최병상 삼성경제연구소 수석 연구원에 의하면, platform이란 '다양한 종류의 시스템을 만들기 위해 공통적으로 사용하는 기반 모듈, 또는 다양한 제품이나 서비스를 만들기 위해 사용하는 토대'로 정의될 수 있음.

eBay는 고객이 오프라인 매장에서 맘에 드는 제품을 발견했을 때, 바로 스마트폰으로 사진을 찍어 기업에 전송하면 즉시 배달되는 'zero effect commerce'라는 개념을 도

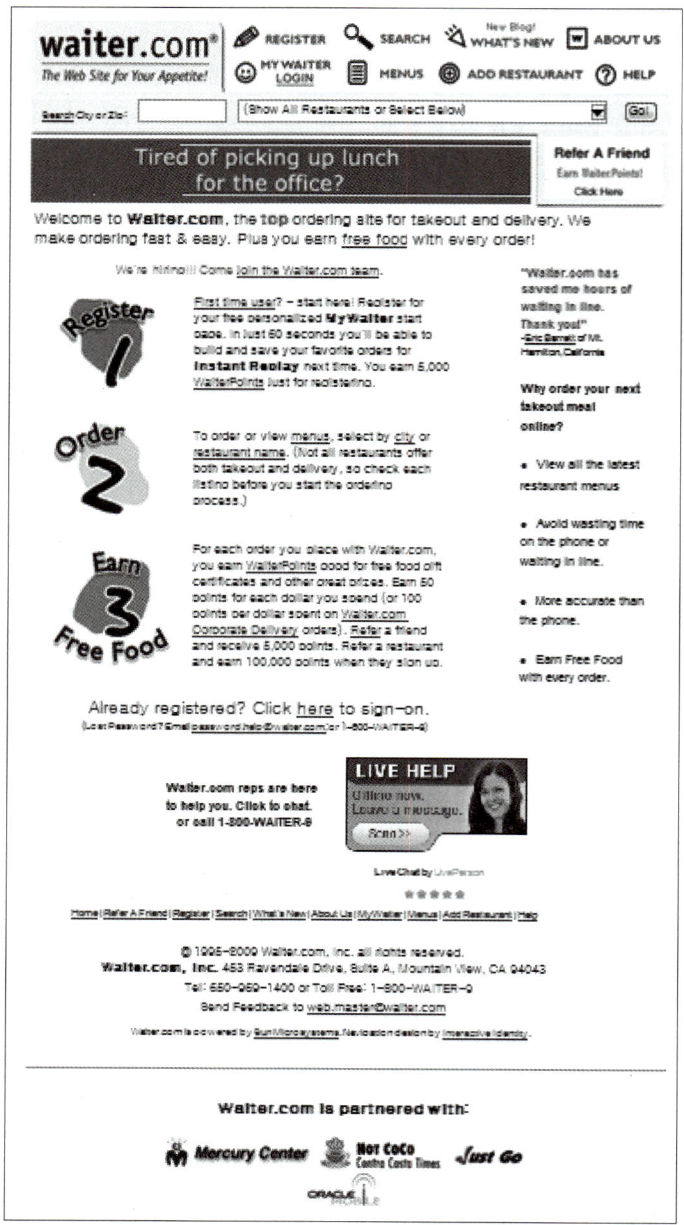

그림 17-4 외식산업의 **탈중개화** 사례: Waiter.com

입했다. 탈중개화의 또 하나의 사례다.

외식산업에서도 탈중개화 사례가 탄생되고 있다. Waiter.com이 그것이다. 이 기업은 1995년에 온라인 레스토랑 주문이라는 개념을 Silicon Valley에서 개척했다. 배달 또는 take out을 하는 60개의 레스토랑으로 출발해서 2019년 기준, 미국에 약 1,500개 이상의 상점이 있다. 대표적인 레스토랑으로는 TOGO'S Eatery, Chili's Grill&Bar, Round Table Pizza, Domino's, the Olive Garden, Califonia Pizza Kitchen 등이 있다(〈그림 17-4〉 참조).

재중개화(reintermediation) 현상

탈중개화의 증가에도 불구하고, 중개 상인(intermediaries)은 사라지지 않고 있다. 도태하기는 커녕 오히려 사이버 공간에서 구매자와 판매자를 연결시켜주는 새로운 유형의 중개 상인이 나타나고 있다. 이러한 중개 상인이 나타나고 있는 이유는 소비자가 여러 사이트를 검색할 필요 없이 한 사이트에서 제품과 가격을 비교해볼 수 있도록 도와줌으로써, 소비자가 보다 쉽게 온라인에서 제품 검색과 구매를 할 수 있기 때문이다. 한 가지 예로 Bizrate.com을 들 수 있다. 이곳은 전자 제품에서부터 여행과 레저 상품에 이르기까지 30,000개 이상의 상점이 판매하는 다양한 제품들의 가격을 비교해준다(www.bizrate.com). 이러한 과정을 **재중개화(reintermediation)**라고 한다.

현대에 이르러 전자 채널(**electronic channel**)이 또 하나의 유통 채널로 확고히 자리를 잡고 있다. (이동)전화, 인터넷, 위성, 컴퓨터, PDA(personal digital assistants), PMP(portable multi-media player) 등 그 유형은 매우 다양하다.

제2절 환대산업의 분배 전략

1. 시설의 소유, 소유 직영, 체인

1-1. 시설의 소유

시설의 소유(ownership of facilities)는 재산(또는 자산)을 소유하고 타인에게 관리를 맡기는 경우로서 Host Marriott이 한 예다. 다른 예는 CNL Financial Group의 제휴업체인 CNL Hospitality Properties다. 이 기업은 민간 소유의 부동산 및 금융 기업으로서 20여 개의 호텔 브랜드를 보유하고 있고, 미국 37개 주에 25,000개 이상의 객실을 보유한 약 130개 호텔에 대한 이권을 소유하고 있다. 그보다 더 유명한 브랜드 중 하나는 Califonia San Diego에 위치한 Hotel Del Coronado다. 이와 관련된 Hotel Asset Managers Association(HAMA)라는 협회도 있다.

1-2. 소유 직영

소유 직영 방식(independently owned and management)이란 체인에 속하지 않은 독립적 경영 방식을 의미하며, 타 브랜드의 사용, franchise, licensing 등의 특허, 위탁 경영(management contract)에 해당되지 않는 경영 형태다.
기업이 시설의 전부를 관리하고, 소유하면, 사업을 확장시키기가 어려워 보인다. 따라서 기업들은 브랜드를 성장시키기 위한 다른 방도를 찾아야 한다. 예를 들어 Marriott은 이를 위해서 기업을 두 개로 분할했다. 한 부분은 호텔 소유(Host Marriott)에 집중했고, 또 한 부분은 타사가 소유한 호텔의 관리(Marriott International)에 초점을 맞추었다.

Starbucks의 경우 오랜 기간 동안 모든 지점의 소유권이라는 전략을 추구해왔다. 그러나 확장은 해야 하는데 지나친 투자가 되자, 서서히 타 사에게 Starbucks의 소유와 관리를 허가하기 시작했다. 예를 들어 Las Vegas의 Hard Rock Hotel and Casino, Prim Resort and Casino, Treasure Island, MGM Grand 내에 있는 Starbucks는 모두 각 호텔이 직접 소유하고 운영한다.

1-3. 체인

시설의 소유 및 소유 직영과 정반대의 개념은 체인(chain)이다. 체인이란 franchise, 위탁 경영, consortium 등의 경영 방식을 통하여 동일 상호를 사용하는 두 개 이상의 기업을 의미한다. 즉 환대산업 분배 전략에 있어서 가장 보편적이고 대표적인 유형이 체인이다.

2019년 기준, 2,300여 개의 호텔 및 24만여 개의 객실로서 Holiday Inn Express에

표 17-1 세계 50대 체인 호텔(객실 수 기준)

순위	Company	Location	Rooms	Hotels
1	Holiday Inn Express	IHG (InterContinental Hotels Group)	262,398	2,600
2	Homeinn	BTG Hotels Group Co.	241,202	2,319
3	Hampton Inn by Hilton	Hilton	237,334	2,338
4	Holiday Inn Hotels & Resorts	IHG (InterContinental Hotels Group)	232,693	1,242
5	HanTing Hotel	China Lodging Group	223,121	2,974
6	Hilton Hotels & Resorts	Hilton	211,423	578
7	7 Days Inn	Shanghai Jin Jiang International Hotel Group Co.	208,127	2,468
8	Marriott	Marriott International	196,111	555
9	Super 8	Wyndham Hotel Group	178,690	2,867
10	Courtyard by Marriott	Marriott International	169,038	1,141
11	Best Western	Best Western Hotels & Resorts	155,955	2,149
12	Sheraton Hotels	Marriott International	155,881	443
13	Ibis	AccorHotels	145,081	1,137
14	Days Inn	Wyndham Hotel Group	142,460	1,773
15	Jin Jiang Inn	Shanghai Jin Jiang International Hotel Group Co.	128,570	1,075
16	DoubleTree by Hilton	Hilton	123,773	520
17	Quality	Choice Hotels International	120,227	1,542
18	Ramada	Wyndham Hotel Group	118,875	850
19	Crowne Plaza Hotels & Resorts	IHG (InterContinental Hotels Group)	114,800	414
20	Motel 6	G6 Hospitality LLC	113,399	1,298
21	Hilton Garden Inn	Hilton	111,438	771
22	Best Western Plus	Best Western Hotels & Resorts	104,060	1,175
23	Mercure	AccorHotels	100,160	779
24	Residence Inn	Marriott International	93,735	760
25	Novotel	AccorHotels	92,843	464
26	La Quinta	La Quinta Inns & Suites	88,400	902
27	Fairfield Inn	Marriott International	86,167	917
28	Comfort Inn	Choice Hotels International	84,626	1,083
29	Westin	Marriott International	83,293	223
30	Hyatt Regency	Hyatt Hotels Corp.	80,995	183
31	Radisson Blu	Carlson Rezidor Hotel Group (now Radisson Hotel Group)	71,898	314
32	Kaiyuan	New Century Hotels & Resorts	71,665	292
33	Premier Inn	Whitbread	71,282	770
34	Extended Stay America	Extended Stay Hotels	66,100	599
35	InterContinental	IHG (InterContinental Hotels Group)	65,745	194
36	Wyndham Hotel194s and Resorts267	Wyndham Hotel Group	58,499	267
37	Ibis Budget	AccorHotels	58,096	588
38	Embassy Suites by Hilton	Hilton	57,216	245
39	Ji Hotel	China Lodging Group	53,054	390
40	Renaissance	Marriott International	51,869	164
41	Homewood Suites by Hilton	Hilton	51,305	451
42	Econo Lodge	Choice Hotels International	51,233	840
43	Red Roof	Red Roof	48,508	528
44	Springhill Suites	Marriott International	45,927	388
45	America's Best Value Inn	RLH Corp. (Red Lion Hotels Corp.)	44,860	824
46	Vienna International	Shanghai Jin Jiang International Hotel Group Co.	44,112	230
47	Comfort Suites	Choice Hotels International, Inc.	44,029	567
48	Four Points by Sheraton	Marriott International	43,619	247
49	Ibis Styles	AccorHotels	43,213	422
50	Hyatt Place	Hyatt Hotels Corp.	42,430	302

출처: www.hotelmag.com(2017)

이어 단일 브랜드 세계 제 2위 규모의 이코노미형 체인인 Home Inn(루자)은 중국 1위의 비즈니스 호텔 체인이다. Home Inn은 2006년 중국 최초로 미국 Nasdaq에 상장됐으며, Fortune 선정 Global100 성장성 기업에서 9위에 랭크됐을 정도로 중국 대중 숙박업체의 선두 주자다*(〈표 17-1〉 참조).

2015년 BTG Hotels(Beijing Tourism Group)가 모든 Home Inn 체인 호텔들을 약 17억$에 인수했음.

그러나 일반적으로 알려져있는 이러한 체인의 의미 외에 체인은 '가장 강력한 경영 형태'라는 의미를 갖고 있다. 타 기업을 소유 혹은 임대하여 모든 부문을 직접 통제, 경영할 때 이것을 체인 경영 방식이라고 한다. 국내에 있는 외국 체인 호텔들에 있어서 체인의 의미는 물론 첫 번째 의미에 해당된다.

체인의 경영 방식은 타 형태의 경영 방식보다 명백히 우수한 경영 성과를 기록하고 있으며, 또한 대부분의 경우에 있어서 타 사업 부문에 진출하지 않는다. 이후에 언급될 franchise 경영 방식은 물론, 위탁 경영보다도 강력한 경영 형태로서 모 회사가 자 회사를 100% 책임과 권한을 갖고 경영한다고 이해해도 무방하다. 예를 들면 롯데 그룹에서의 서울, 울산, 제주의 롯데호텔과 롯데월드 호텔 경영이 체인의 경영 방식이 된다.

첫 번째 의미의 체인에 대한 세계 50대 체인 호텔의 현황은 〈표 17-1〉과 같다.

2. 위탁 경영, Franchise, Consortium

대다수의 세계 체인 호텔과 레스토랑은 위탁 경영, franchise, consortium의 형태로 경영되고 있다. 이 세 유형을 설명하면 다음과 같다.

2-1. 위탁 경영(management contract)

위탁 경영이란 두 소유주 간의 계약 경영으로서, 투자를 하고 소유권을 갖고 있는 기업이 타 기업에게 경영을 의뢰하며 계약이 성립되게 된다. 그 효시는 1946년 InterContinental이며, 이후 1969년 Hyatt International이 800객실의 홍콩의 호텔과 계약한 것이 국제적 위탁 경영의 시초로 알려져있다. 1970년대부터 활성화되어 현재에 이르기까지 위탁 경영은 체인을 제외한 가장 이상적인 경영 형태로 인정받고 있다. 국내에서는 1969년 웨스틴조선 호텔, 1970년 Sheraton Walkerhill이 효시로 알려져 있다.

체인의 경영 방식과 비교할 때, 위탁 경영은 경영을 담당한 호텔측에서 ①자산에 대한 법적 클레임이 없다는 점(no legal claim for property)과, ②재무적 책임이 제한되어 있다는 점에서 경영 통제 및 책임이 약할 수밖에 없다. 일반적으로 호텔 간의 위탁 경영은 20~30년 간의 오랜 기간 동안, 레스토랑의 경우에는 짧게는 1년에서 수년의 기간 동안 경영 계약이 체결된다. 위탁 경영은 크게 재무, 회계, 마케팅, 영업, 관리 등의 모든 영역으로 나뉘어지는데, 소유 기업의 회계(controller)와 인사 부문에 대한 개입으로 위탁 경영 기업과 많은 마찰을 빚게 된다.

표 17-2 서울 지역 특1급 호텔의 위탁 경영 현황

호텔	InterContinental	Grand Hyatt	Millennium Hilton	Ritz-Carlton	Renaissance	Westin Chosun	Grand Hilton
계약 본사	InterContinental HOTELS CORPORATIONS (IHC)	Hyatt International 의 자 회사인 Hyatt Technical Service (Hong Kong)	Hilton International Co. (USA)	Ritz-Carlton International (USA)	미국 Ramada Inc. 자 회사인 Ramada Pacific. Ltd. (Hong Kong)	Westin Hotel Company (USA)	Swissotel Ltd. (Swiss)
기간	1997~2010	1993~2012	1983~2002	1993~2006	1999~2005	1996~2006	1987~2003
계약 내용	• IHC는 호텔 영업을 전담 • 호텔 브랜드 사용 • IHC의 판매 예약망 사용	• 관리 용역 • 고객 관리/예약망 판촉 프로그램 사용 • 차장급 이상 한국인 직원의 인사는 합의	• 관리 용역 • 한국인 직원의 인사는 소유주와 협의 • Hilton의 호텔 운영에 대한 자율성 인정	• Ritz는 영업, 소유주는 호텔 운영 총괄 • 인사는 소유주의 승인을 득함 • 판촉/예약망 사용	• 경영 관리 용역 및 독점적인 지배권 보장 • 마케팅 및 예약 지원 • 광고/판촉 활동	• 영업 부문을 총괄하되 소유주의 사전 승인을 득함 • 판촉/예약망 사용	• 관리 계약 • 노무 정책은 소유주의 사전 협의 및 승인 • 월 1회 이상 소유주와 회합
경영 수수료	• 상표 및 시스템 용역 대가: 총 매출액 대비 (2000년) Grand:2.75% COEX:1.5% • 관리 운영 용역 대가:조정 후 고정비 전 영업 이익의 2.5~7%	• 경영 관리 수수료: GOP의 14% • 로고 및 시스템 사용료:GOP의 1%	• GOP의 15% • 그룹 서비스 수수료: 245,000$ (연간) • 예약 수수료: 55,000$(연간)	• 경영 관리비: 총 매출의 2.5% • 수수료: 총 매출의 1%	• 1999. 1. 1~2000. 12. 31 경영 수수료: GOP의 14%, 객실 매출 2% • 2001. 1.1~2005. 12.31 경영 수수료: GOP의 15% 객실 매출의 2.25%	• 마케팅 수수료: 조정 후 매출액의 1.9% • 경영 지원 수수료: 조정 후 매출액의 1.3%	• 개업준비금:220,000$ • 수수료: 총 매출의 3% + 영업 이익의 9%

표 17-3 세계 10대 위탁 경영 그룹

순위	호텔 그룹	위탁 경영 호텔 수
1	BTG Homeinns	3,079
2	China Lodging Group	3,075
3	GreenTree Hospitality Group	2,263
4	Marriott International	1,949
5	AccorHotels Group	1,172
6	Dossen International Group	1,087
7	IHG (InterContinental Hotels Group)	907
8	Hyatt Hotels Corp.	728
9	Aimbridge Hospitality	706
10	Hilton	656

출처:www.hotelmag.com(2017)

경영을 위탁받은 호텔은 경영의 대가로 수수료(management fee, royalty)를 요구하게 되는데, 경영 수수료는 ①고정 수수료(straight management fee), ②고정 수수료+이익에 대한 %, ③손익에만 근거한 수수료(pure profit and loss basis), ④②번과 ③번 중 많은 것 선택, 현대에 이르러 증가되고 있는 매출의 2%, GOP의 2%를 기준으로 하는 ⑤'2+2' 등 다섯 형태로 대분된다. 그 기준은 대다수 경우에 있어서 총 영업 이익(GOP : gross operation profit)이 되는데, 그 이유는 경영을 위탁받은 호텔이 경영에 대해서 전반적인 책임을 지고 있으므로, 단순한 매출액보다는 GOP가 보다 합리적 기준이 되기 때문이다. 가장 보편적인 형태는 고정 수수료+이익에 대한 %다. 위탁 경영의 기간은 기본적으로 8~10년이며, 3~5년에 한 번 또는 두 번 갱신된다.

5가지의 위탁 경영 수수료 형태 중 자 회사의 입장에서 가장 바람직한 것은 순수한 손익에 의한 계약이다. 2017년 UAE의 Emaar Hospitality Group은 영업 이익에만 근거한 수수료 계약을 제시하는 모범적 모델을 제시한 바 있다. 또한 Emaar Hospitality Group은 Address Hotels+Resorts, Vida Hotels and Resorts, Rove Hotels, Palace Downtown, Manzil Downtown 등의 계약 호텔들에만 초점을 맞춘 5개의 app을 개발, 예약 시스템 통합, 도시 가이드 접근성 제고, 'U by Emaar' 충성도 프로그램 정보 제공 등의 혜택을 주고 있다.

수수료가 경영 기업의 유일한 목적은 아니다. 유통 채널의 적재 적소에 있는 것이 그보다 더 중요할 수도 있다. 예를 들어 Ritz-Carlton의 입장에서는 Las Vegas에 호텔을 보유하는 것이 중요하기 때문에, The Strip에서 30분 거리에 있는 리조트 지역에 체인 호텔을 경영하는 경우가 그것이다.

서울 지역 주요 특 1급 호텔의 과거 위탁 경영 내용과 세계 10대 위탁 경영 호텔 그룹의 현황은 〈표 17-2〉와 〈표 17-3〉과 같다.

2-2. Franchise

Franchise의 개념, 계약 내용, 장단점

1) Franchise의 개념 및 형태

환대산업 최초의 franchise는 1907년 Ritz Development Company가 New York City에 Ritz-Carlton의 브랜드 호텔을 계약하며 시작되었고, 1927년 Howard Johnson's가 호텔들을 franchise화시키며 크게 확대되기 시작했다(〈그림 17-5〉 참조).

Franchise는 두 가지 의미를 갖고 있다. 첫 번째 의미는 모 기업(franchisor)이 자 기업(franchisee)에게 일정 기간(일반적으로 10년 간), 특정 장소에 모 기업의 상호와 trade mark, 제품, 마케팅 기법, 인테리어 디자인, 영업 시스템, 지역적 권리(**zoning, area right**) 등을 이용하여 사업을 영위할 수 있도록 허용해주는 계약, 혹은 특허를 의미한다. 2012년 통계청 발표에 의하면, 국내 음

지역적 권리
지역적 권리를 뜻하는 zoning은 예를 들면 '반경 100km 이내에는 타 자 기업과의 계약을 금한다'와 같은 권리를 의미함.

그림 17-5 최초의 Howard Johnson's
출처 : www.hojo.com

식점, 주점의 14.6%가 franchise화되어 있다고 한다. Finland에서는 6개의 franchisor가 전국 레스토랑의 대부분을 장악하고 있다.

두 번째 의미는 '지역 연고제'로서 미국의 지역별 자동차 딜러제, 국내 지역별 소주 브랜드,국내 프로 축구, 프로 야구 선수들의 지명권 등이 대표적 예들이다.

Franchise 계약은 일반적으로 다음과 같은 네 형태로 이루어진다.

Franchise의 계약 유형

① 제조상(manufacturer)과 소매상 : GM, Ford, Chrysler와 같은 자동차산업; Texaco, Exxon과 같은 석유산업 등 소매상이 많지 않은 경우.

② 제조상과 도매상 : Coca-Cola, Pepsi 등 소매상이 매우 많은 산업.

③ 도매상과 소매상 : 제약, 잡화, 스포츠, 계절 용구 등 많은 산업.

④ Licensor와 소매상 : 호텔, 레스토랑, 자동차 임대업과 같이 도매 등 중개 기관이 없고, 모 기업이 제조상의 개념이 아닌 경우, 호텔과 레스토랑의 모 기업은 licensor에 해당되며, 자 기업은 소매상의 개념에 해당됨.

위의 네 형태 중 한 예로 Coca-Cola는 고객 마케팅을 전념하고, 도매상인 Bottler에게 유통 franchise의 라이센싱을 준다. Bottler는 콜라 농축 원액을 구입하여 원액에 탄산수를 넣고, 병에 담아 유통시킨다. 현재는 Coca-Cola가 이러한 Bottler들을 인수하기 시작했다. 이렇게 기업과 고객 사이에 존재하는 도매상(혹은 브로커나 소매상)을 인수할 때, 이것을 **전방 통합(forward integration)**이라고 한다.*

공급자를 인수할 때에는 **후방 통합**(backward integration), M&A 등을 통한 경쟁 기업을 인수할 때에는 **수평 통합**(horizontal integration)이라고 함.

2016년 기준, 미국의 10대 franchise 기업은 〈표 17-4〉와 같다.

〈표 17-4〉에 나타난 바와 같이 미국의 10대 franchise 기업들은 대부분이 환대산업에 속해있다.

표 17-4 미국의 10대 Franchise 기업

순위	기업	초기 비용($)
1	Jimmy Johnson's Gourmet Sandwiches	326K–555K
2	Hampton by Hilton	4.2M–14.9M
3	Supercuts	144K–294K
4	Servpro	156K–210K
5	Subway	117K–263K
6	McDonald's	1M–2.2M
7	7–Eleven Inc.	37K–1.6M
8	Dunkin' Brands Group	229K–1.7M
9	Denny's Inc.	916K–2.4M
10	Anytime Fitness	80K–490K

출처 : Franchise 500 Rankings.(2016)

Franchise는 Avis rent-a-car, Midas Mufflers, H&B Block Tax Services에서부터 7Eleven 편의점에 이르기까지 비환대 기업들의 공통된 유통 방법이기도 하다. Coca-Cola와 Pepsi는 병 포장 공장(bottling plants)에게 소유주의 음료 제조 공식을 사용할 수 있는 허가를 내주고 나서 제품을 유통시키는 방식으로 franchise를 한다. 이러한 유통 방법은 1960년대 franchise 붐 이후로 일반화되었다.

2) Franchise의 계약 내용

Frachisor와 franchise사이의 계약 중 중요 사항은 마케팅 지원, franchisor에게 돌아가는 수입, 계약 기간, **영토권(territorial right)** 등이다. Franchisee는 거리 또는 행정 구역에 대한 권리를 획득할 수 있다. 이 공간에서는 다른 franchisee가 같은 제품이나 서비스를 제공할 수 없다. 예를 들어, 인도에 있는 개별 franchisee들은 인도에서 Days Inn, Choice Hotels International, Sheraton의 이름을 독점적으로 사용할 수 있는 배타적 권리(exclusive right)를 획득하고 있다.

환대산업의 경우 franchise의 계약 기간은 모 기업의 기준에 따라 큰 차이가 있다. 위탁 경영과 마찬가지로 모 기업은 자 기업에게 운영 수수료를 요구하게 되는데, 위탁 경영과는 다르게 그 기준은 GOP가 아니라 총 매출액(gross revenue)이 된다. 그 이외에도 기본 수수료(initial fee)를 요구하는데, 여기에는 건물, 토지, FF&E 등에 소요되는 비용은 포함되지 않는다. 대신 모 기업은 건축비, 메뉴얼, 행정 관리비 등을 지원하여 기본 수수료를 대부분 충당시킨다. 경영 수수료는 호텔의 경우 운영 수수료, 광고 및 마케팅 수수료, 예약 수수료로 나뉘어지고, 레스토랑의 경우에는 운영 수수료 및 광고 수수료로 나뉘어 진다.

FF&E
가구, 설치품, 설비품(funiture, fixture, equipment)을 의미함.

참고로 국내에 진출한 외국의 casual dining, family, fast food restaurant의 franchisee들은 매출액의 약 1.5~2%를 royalty로 지불하고 있다.

3) Franchise의 장단점

모 기업측에서는 브랜드 명성으로 사업을 크게 증대시키며 수수료 수입이 병행되는, 브랜드 가치와 수익이 동시에 제고되는 효과를 얻을 수 있다는 것이 가장 큰 장점이며, 자 기업측에서는 유명 브랜드 사업장의 소유주로서, 모 기업의 지원을 받아 안정적인 사업을 영위할 수 있다는 것이 가장 큰 장점이 된다. 실제로 franchise 사업의 실패율은 10~15% 정도로서 소유 직영 시 사업 실패율을 크게 하향하고 있다.

위탁 경영과 비교할 때 franchise의 약점은 경영 통제가 약하다는 것이다. 물론 자 기업의 융통성을 발휘할 수 있다는 반대 급부가 존재하기는 하나, 위탁 경영과 비교할 때 아무래도 모 기업의 경영에 대한 권한과 통제가 약하기 때문에, 자 기업의 잘못된 경영으로 인하여 브랜드 가치에 손상을 줄 수가 있다. 따라서 franchise 계약은 특급 호텔보다는 중저가 호텔 부문에서 많이 이루어지고 있으며, 특히 레스토랑 부문에서 보편적으로 이루어지고 있다.

특히 레스토랑의 경우 독립적으로 운영되던 레스토랑이 franchise화 되는 사례가 종종 있다. 이러한 경우를 '**전환(conversion) franchise**'라고 한다.

Franchise 계약에는 '**master franchising**'이라는 형태도 있다. 이 '**master franchising**'이란 대표적으로 성공한 franchisee들에게 고용, 교육, 지원을 담당할 수 있는 권한을 주는 것이다.

환대산업의 Franchise 사례

Marriott은 소수의 full-service 호텔을, Courtyard와 Fairfield는 광범위한, Holiday Inns는 모든 제품 라인 95% 이상을 franchise하고 있다. 반면 Four Seasons, Fairmont, Omni Hotels, Hyatt Hotels and Resorts, Mandarin Oriental, Peninsula Hotels, Oberoi of India, Shangri-La of Hong Kong 등은 전혀 franchise를 하지 않는다.

Sheraton과 엠배서더의 반대 사례

국내에서 franchise 계약의 대표적 호텔은 Sheraton Grande Walkerhill이다. 1970년 개관 시 위탁 경영으로 시작한 이 호텔은 위탁 경영 계약이 종료되었으나, Sheraton이라는 브랜드의 유지를 위해 수수료 부담이 낮은 franchise 계약을 맺은 것이다. 미국 Boston에 본부를 갖고 있는 ITT Sheraton 그룹과의 과거 계약을 살펴보면, 상호, CRO(central reservation office) 예약망, SCI 멤버십, 아시아/태평양 지역 공동 판촉 프로그램을 사용하는 조건으로, 기본 수수료와 객실 매출의 5% 수수료 이외에, 가용 객실 수×일정 액, 매월 객실 매출의 0.6%, CRO 예약 한 건 당 일정 액의 예약 수수료를 지불한다. 2017년부터는 franchise 계약을 해지하고 독립 호텔로 운영되고 있다.

Sheraton Grande Walkerhill와 반대의 사례는 국내 Accor 엠배서더 호텔 그룹이다. France AccorHotels Group과 franchise 계약을 맺었던 Accor 엠배서더 호텔 그룹은 그 계약을 수정하여 현재 위탁 경영 계약으로 운영되고 있다. 즉 Accor 엠배서더 호텔 그룹은 Sofitel, Novotel, Ibis 등의 상호와 지원 서비스 이용뿐 아니라, 경영 수수료의 부담이 크더라도 세계적 그룹인 AccorHotels Group의 경영 기술을 보다 적극적으로 활용하겠다는 의지를 표방한 것이다.

세계적으로 유명한 호텔 및 레스토랑의 franchise 계약 내용은 〈표 17-5〉, 〈표 17-6〉과 같다. 단 이 자료들은 과거의 자료로서 현재는 수수료가 물가에 비례하여 인상된 상태다.

Avis Budget Group의 franchise 사례

〈표 17-7〉에 나타난 것 외에 거대 호텔 그룹인 Avis Budget Group(과거의 Cendant Corp.)은 Days Inn, Howard Johnson's, Knights Inn, Ramada, Super8, Park Inn, Travelodge, Villager, Wingate 등 수많은 중저가 호텔을 운영하고 있는데, Power Up

표 17-5 세계 유명 호텔의 franchise 계약 내용

호텔 체인명	기본 수수료	운영 수수료	광고₩마케팅 수수료	예약 수수료
Ramada	객실 당 350$ (3만 5천$이 최저)	객실 매출의 4%	객실 매출의 4.5%	
Days Inn of America	객실 당 350$ (3만 5천$이 최저)	객실 매출의 6.5%	객실 매출의 2.3%+기본 수수료 객실 당 100$ 혹은 만$	
Holiday Inn World wide(현재 IHG)	객실 100실 당 3만$, Crowne Plaza는 7만 5천$	총 매출의 5%	총 매출의 1.5%, Crowne Plaza는 2%	총 매출의 1%
Best Western International	객실 100실 당 2만 5천$	객실 100실 당 2만 2천$	객실 100실 당 3,000$	객실 당 하루 5¢ (첫 해)+전 년 실적에 의해 다시 조정
Chioce Hotels International	객실 당 300$ (4만$이 최저, suite의 경우는 5만$이 최저)	객실 매출의 5%	객실 매출의 1.3%+ 객실 당 하루 28¢	객실 매출의 1%+ 예약된 객실 당 1$
Embassy Suites	suite룸 1실 당 500$(10만$이 최저)	객실 매출의 4%	없음	없음
Fairfield Inns by Marriott	객실 당 375$+증축 시 증축 객실 당 200$ 추가	객실 매출의 4%	객실 매출의 2.5%	객실 매출의 1%+ 예약된 객실 당 2$

표 17-6 세계 유명 레스토랑의 franchise 계약 내용

레스토랑 체인명	기본 수수료	운영 수수료	광고 수수료
Burger King	2만 5천$	매출의 4.0%	매출의 4.0%
Domino's Pizza	1,000~3,000$	매출의 5.5%	매출의 3.3%
KFC	2만$	매출의 4.0%	매출의 4.5%
McDonald's	22,500$	매출의 3.5%	매출의 4.0%
Pizza Hut	1만 5천$ 이하	매출의 3~4%	매출 만 5천$까지 2%, 이후 총 매출의 1%
Subway Sandwichies&Salads	7천 5백$	매출의 8%	매출의 2.5%
T.G.I. Friday's	5만$	매출의 4.0%	매출의 2~4%

주): 매출은 gross revenue를 의미함.

표 17-7 세계 10대 Franchise 호텔 그룹

순위	호텔 그룹	Franchise 호텔 수
1	Wyndham Hotel Group	8,524
2	Choice Hotels International	6,627
3	Shanghai Jin Jiang International Hotel Group Co.	5,639
4	Hilton	4,555
5	IHG(InterContinental Hotels Group)	4,433
6	Marriott International	4,400
7	AccorHotels Group	2,030
8	G6 Hospitality	1,417
9	Magnuson Hotels	1,274
10	RLH Corp.	984

출처: www.hotelmag.com(2017)

이라는 통합 MIS로 CRS(central reservation system)의 공유(interface), 재고 관리, 일드 관리, on-line 신용카드 허용, 직원 분배, 객실 유지 관리 등 넓은 영역의 영업 시스템을 공유함으로써, 또 하나의 대표적 franchise 호텔 그룹으로 인정받고 있다.

Avis Budget Group은 GDS의 고비용과 비탄력성 문제의 해결 방법으로 2개의 '**switch 기업**'(Pegasus, Wizcom), 즉 호텔의 PMS와 GDS를 연결시켜주는 기업을 운영하고 있다. '**Switch 기업**'은 웹사이트의 개발을 통해서 많은 투자 금액을 필요로 하는 GDS의 역할을 대신하는 방법으로, 보다 저렴한 객실을 제공하는 데 있어 GDS의 대안으로 사용되고 있다. 그러나 '**switch 기업**'을 위하여 호텔 객실을 계속 블록(block)해야 하는 단점이 존재하게 된다.

대표적 franchise 모범 사례:USFS

최근 세계적으로 부상하고 있는 또 하나의 franchise 그룹은 미국 Atlanta에 본부를 두고 있는 USFS(US Franchise Systems)다(〈그림 17-6〉 참조).

그림 17-6 USFS
출처: www.fs.fed.us

USFS의 창립자이자 회장이었던 Mike Leven과 동업자 Neal Arouson은 '공정하고 합당한 franchise 계약'을 개발했다. USFS 창설(1995년) 이래 중추가 된 것은 가맹점과의 관계였다. 가맹점들을 올바르고, 합당하게 대우하고자 하는 것이 목표이며, franchise 계약 내용이 그 근본 원리를 반영하고 있다. 창립자 Mike Leven의 철학인 "고객을 즐겁게 하고, 정당한 이익을 얻으며, 공동의 세계에서 경쟁할 때 타인에게 도움이 될 수 있는 franchise 기업이 될 것을 약속한다. 아이디어와 지혜, 지식을 가맹점의 경영자측과 공유하며, 가맹점, 고객, USFS, 세 당사자 모두 승리(win-win-win)를 얻을 수 있도록 하기 위해 기꺼이 위험을 떠맡고, 고객을 만족시키기를 원한다"는 내용이 그것이다.

USFS가 개발한 franchise 계약은 타 계약에 비해 편무적인 성격이 훨씬 덜하다. 예를 들어 기준에서 벗어난 상당한 변화가 필요할 경우, 기존의 전통적인 franchise 계약의 경우라면 보통 허가자의 자유 재량에 따르지만, USFS의 경우는 전체 가맹점 ⅔의 승인을 필요로 한다. 가맹 호텔이 운영 2년 후 객실점유율이 50% 이하에 그쳤을 때, 변제 손실에 대한 상환 없이 계약을 파기할 수 있다는 조건 또한 전통적인 franchise 계약 내용과는 반대되는 내용이다. 기타 다른 어떠한 조건에도 불합리한 추가 요구 사항이나 정책, 밝히지 않는 수수료 등에 대한 내용은 존재하지 않아, 이것이 신뢰감있는 관계를 구축하는 데 기여하게 된다.

더불어 배타적인 내용에 대해서도 계약 조건에 제시하는데, 시장 규모, 호텔 규모, 경쟁 숙박 시설과의 근접성과 기타 수요를 발생시키는 것 등의 각 사례에 따라 가맹점과 USFS가 공동으로 결정한다. 대부분의 franchise 그룹이 5만$ 이상의 총 가입비를 청구하는 반면, USFS의 수수료는 단 1/10$에 불과하다. 계약이 이루어졌을 때, 기존 호텔이 품질에 대한 일정 수준의 점수를 받으면 개선의 필요성은 없어지게 된다.

그림 17-7 USFS의 브랜드

또한 USFS는 모든 예약을 인터넷을 통해 관리하는 Total Communication 예약 시스템을 개발한 세계 최초의 호텔 그룹이다. 지역 호텔에서 발생한 예약은 전적으로 인터넷을 통해 CRS로 전달된다. USFS의 체인 호텔로서 Microtel Inns&Suites는 신축 interior-corridor budget/economy 호텔 체인이며, 수상 경력까지 있다(〈그림 17-7〉 참조). Hawthorn Suites는 최고급 장기 투숙 체인이며, Best Inn도 USFS에 속해있다.

USFS의 이러한 성공은 가맹점에 대한(고객에 대한) 배려 때문이다. 즉 Mike Leven의 USFS는 마케팅의 유일한 공식인, 고객의 욕구와 필요를 최대한으로 충족시킴으로써 franchise의 새 역사를 창조해내고 있는 것이다.

그 결과 USFS는 American Hotel Foundation으로부터 공정한 franchise 'Best Practice Champion' 지위를 획득했고, American Association of Franchisees and Dealers로부터 'Fair Franchising Seal'을 받은 최초의 호텔 기업으로 기록되고 있다.

세계적 호텔 컨설팅 그룹 HVS에 의하면, 2010년을 넘어서며 유럽 호텔들의 franchise 계약이 크게 확대되고 있다고 한다. 70%의 호텔이 브랜드화 되어있고 그 중 50% 이상이 franchise 계약에 의해 운영되고 있는 미국과 달리, 약 2/3의 호텔들이 비브랜드화 되어있는 유럽의 이러한 최신 동향은 주목할 만하다. 이것을 주도하고 있는 호텔 기업 중 하나는 Marriott이다. 이미 유럽에 진출한 AC Hotels by Marriott, Autography Collection, Edition 외에 2015년부터 Marriott Moxy가 가세했다(그 외 기타 브랜드들은 제11장 참조). 모든 브랜드들의 제품 범주(product category)는 **boutigue** 호텔이다.

2-3. Consortium

전술되었던 위탁 경영과 franchise는 모 기업의 유명 브랜드와 노우 하우를 바탕으로 자 기업이 경쟁력을 갖추게 되나, 소유 직영 방식의 기업들은 그러한 측면에서 큰 불리함을 안게 된다. 이에 대응하여 중소 호텔들은 연합체를 구성함으로써 경쟁력을 키워나가게 되는데, 이러한 연합체를 **referral association**이라고 한다. **Referral association**에는 모 기업이 없는 대신 연합체 회원들의 객실 수에 비례한 기본 수수료와 예약, 광고 등의 수수료를 공동으로 모아 공동 마케팅 전략을 수행하게 된다.

과거 세계 최대의 referral 체인이었던 Best Western International을 비롯하여(〈그림 17-8〉 참조) 현재 Choice Hotels International로 명칭이 바뀐 Quality Courts Motels(이후 Quality Inns) 등 많은 referral 체인들은 점차 franchise 그룹에 매각되거나, franchise 시스템으로 바뀌고 있다. 그 이유는 호텔의 규모, 제품과 서비스의 수준, 경영 방식 등 모든 측면에 있어서 아무래도 franchise 시스템에 크게 못미치기 때문이다. 현대에

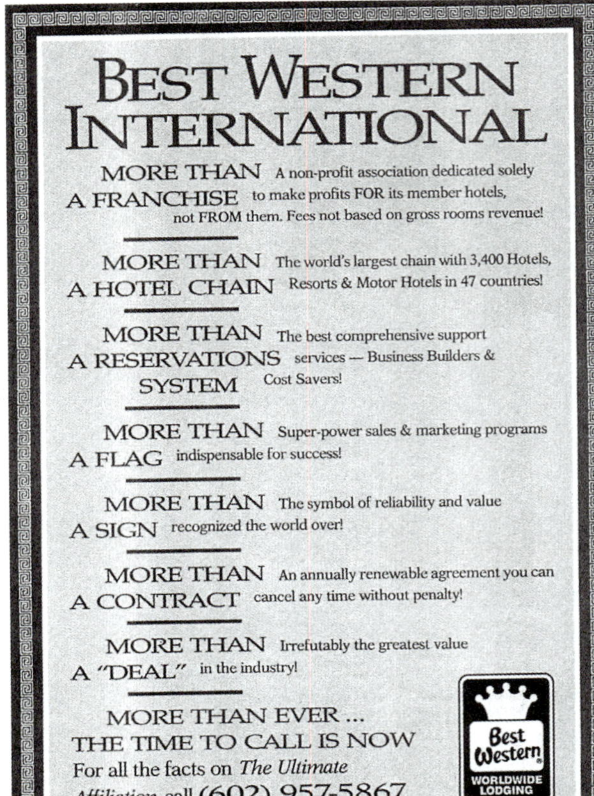

그림 17-8 세계 최대 referral association 기업 : Best Western 체인, franchise, 예약 및 판매 대행, 제휴 등 폭 넓은 분배 전략을 세계 시장에 알리고 있는 Best Western International 그룹.

이르러 consortium이라는 용어가 **referral association**을 대신하고 있다.

표 17-8 세계 10대 consortium 호텔 그룹

순위	호텔 그룹	도시, 국가	객실 수	호텔 수
1	Hotusa Hotels	Madrid, Spain	230,453	2,726
2	Associated Luxury Hotels International	Orlando, Florida USA	195,484	647
3	Preferred Hotels & Resorts	Chicago, Illinois USA	160,000	700
4	Keytel Hotels	Madrid, Spain	135,133	1,297
5	Global Hotel Alliance	Dubai, United Arab Emirates	126,120	623
6	HotelREZ Hotels and Resorts	London, England	80,593	946
7	The Leading Hotels of the World	New York City, New York	60,102	378
8	Supranational Hotels	London, England	60,000	500
9	Hotel Republic	London, England	45,218	215
10	Logis Hotels	Paris, France	44,311	2,122

출처 : www.hotelmag.com(2017)

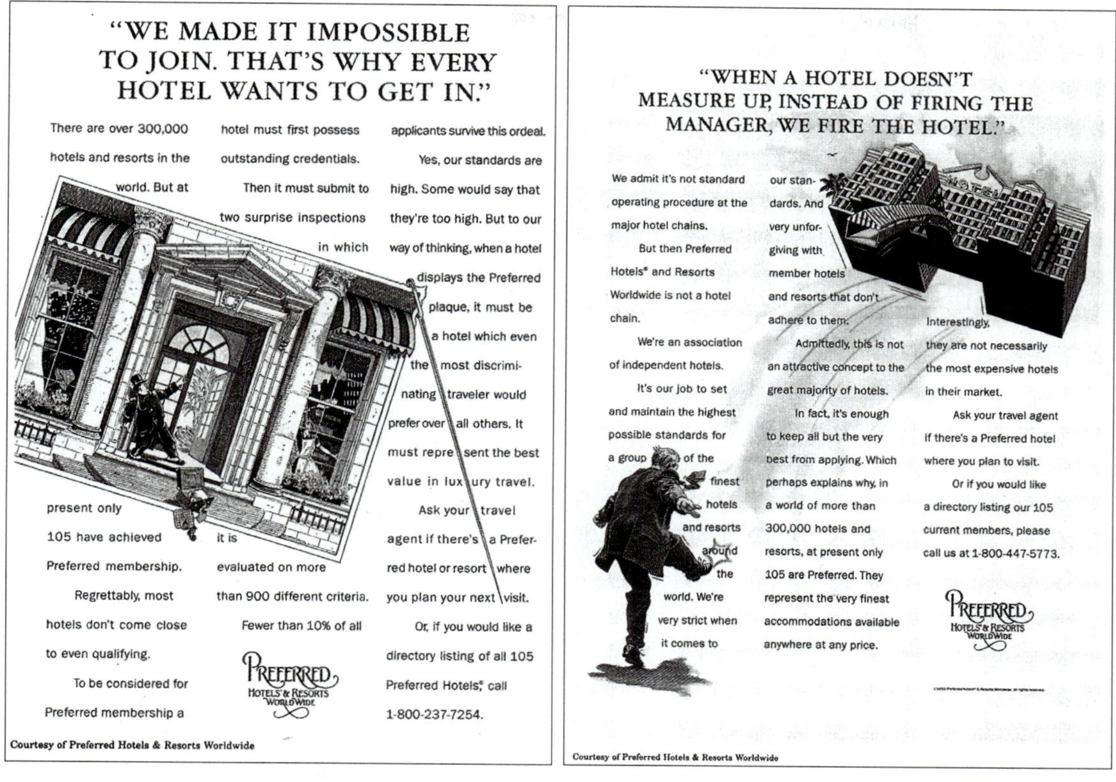

Courtesy of Preferred Hotels & Resorts Worldwide

Courtesy of Preferred Hotels & Resorts Worldwide

그림 17–9 Consortium의 문제 해결. 경영의 통제가 약한 consortium의 약점을 극복하기 위한 Preferred의 전략으로서, 가입 기준의 엄격함과 표준화를 지키지 못한 호텔에 대한 강력한 제재를 강조함.

대표적 Consortium 모범 사례 : Preferred Hotels and Resorts Worldwide Inc.

Consortium 호텔 중 대표적 모범 호텔 그룹으로 알려져 있는 미국 Preferred Hotels and Resorts Worldwide Inc.은 1980년부터 Standards of Excellence라는 프로그램 하에, 1,500개의 서비스와 시설 부문 표준화 지침을 갖고, 회원 호텔들을 통제하고 있다.

1968년 불과 6개의 소유 직영 호텔로 **referral association**을 조직하여 시장에 진입했던 Preferred 그룹은, 회원 가입의 여부를 제 3자인 감사원의 조사를 통해 결정한다. 60개의 객실부터 1,000개의 객실이 넘는 다양한 회원 호텔을 갖고 있는(평균 200실) Preferred 그룹은, 특정 호텔이 회원 가입을 신청하면, 날짜를 알리지 않고, 가명과 가명에 의한 신용카드로 2일 동안 감사를 하고, 총 6,000점 만점인 평가 점수를 매긴다. 그 결과는 즉시 회원 신청을 한 호텔의 총지배인에게 통보되고, 회원 가입을 위한 수정 사항이 통보된다. 1차 심사에서 탈락한 호텔은 6개월 후 재심사를 받게 된다.

Consortium의 가장 큰 약점인 표준화 결여라는 문제점을 극복하고자 수행되는 이 정책으로, Preferred 그룹은 consortium 호텔 그룹 중 가장 모범적인 그룹으로 인정받고 있다(〈그림 17–9〉 참조).

3. 제휴(affiliation, alliance)

제휴 마케팅은 그 상황에 따라 공동 마케팅(co-marketing), 공생 마케팅(symbolic marketing), 또는 연대 마케팅(joint marketing)으로 불리워진다. Co-promotion, co-branding, co-op advertising 등도 여기에 해당된다. 위탁 경영, franchise, consortium은 일반적으로 동일한 브랜드를 사용하는 동일 그룹이나, 별개의 그룹, 혹은 호텔 간에서도 무수한 부문에 있어서 공동 마케팅이 수행되고 있다. 이것을 제휴라고 한다.

세계화, 고경쟁시대를 맞이하여 환대산업의 기업끼리는 물론 카드산업, 통신산업, 컴퓨터산업 등 많은 타 산업의 기업과도 제휴가 이루어지고 있다. 전략적 제휴 부문의 세계적 컨설팅 기업인 Allen&Hamilton Inc.에 의하면, 전략적 제휴의 성공률은 75%로서, 인수, 합병의 50% 미만 성공률보다 훨씬 높다고 한다. 또한 투자 수익률(ROI)도 17%로서, 직접 투자로부터 얻는 ROI보다 50% 이상 높다고 한다. 이러한 전략적 제휴(strategic alliance)는 또 다른 형태의 지리적 유통 채널로 간주될 수 있다.

그 유형별 사례는 다음과 같다.

3-1. 산업 간의 제휴

호텔과 호텔 간의 제휴

ITT Sheraton과 인도의 Welcome Group; Marriott Corp.과 일본의 New Otani는 광고, 판매, 예약 부문에 대한 joint 마케팅 제휴를 하고 있다. Choice Hotels International과 Australia의 최대 숙박업체 Flag International(현재의 Flag Choice Hotels, Ltd.), Marriott International과 일본의 New Otani 등도 대표적 사례에 해당되며, 특히 Scandinavian Airline System(SAS)의 자 기업인 SAS International Hotels와 Radisson Hotels Worldwide는 가장 많은 부문에서의 전략적 제휴 호텔들로 알려져있다. 이와 같이 세계적으로 별개의 호텔 그룹들은 국가 간 무수한 부문에 있어서 joint 마케팅 제휴를 수행하고 있다.

Raddison Plaza의 제휴 마케팅

국내에서의 가장 대표적 사례는 서울플라자 호텔이다. 서울플라자 호텔은 미국 Raddison Hotels Worldwide와 마케팅 제휴를 하고 있는데, 그 내용은 Raddison의 브랜드와 예약망 사용, 판촉과 마케팅 지원, 교육 지원(요청시)이다. 또한 예약망을 통한 객실 예약 건 당 실질 판매가를 기준으로 수수료를 지급하고 있다. 국내 위탁 경영 호텔과 달리, Raddison측에 과다한 수수료를 지급하지 않고, 경영, 인사권 등도 구속받지 않는 이 계약은, 국내 특1급 호텔에서는 외국 호텔과 거의 최초로 시도된 제휴라는 데에 그 의의가 있다. Raddison Plaza는 또한 일본 및 중국 소재 Raddison 체인 호텔들과 객실 요금 5% 할인 공동 프로모션을 수행하고 있다.

서울신라 호텔도 일본의 오꾸라 호텔과 운영 기술 도입 계약이라는 명칭 하에 기술적 제휴를 해왔는데, 경영, 관리 자문 용역 및 일본 연수처를 알선받는 조건으로 객실과 식음료 매출의 0.3%를 지급해왔다(〈그림 17-10〉 참조). Renaissance Seoul 호텔은 Marriott의 Marriott Rewards 프로그램에 가입하여 시너지 효과를 극대화시키고 있다.

그림 17-10 일본 오꾸라 호텔. 국내 신라 호텔과 개관 시부터 운영 기술 계약을 맺고 있는 일본 오꾸라 호텔의 전경.

국내 호텔 간 제휴의 가장 대표적 사례는 서울신라 호텔과 InterContinental 호텔 간의 제휴다. 1997년 5월부터 시작된 두 호텔 간의 제휴는 호텔 이용이 많고, 접대가 많은 비즈니스 고객을 대상으로 Double Choice Card 회원제를 수행한 바 있다. 회원들은 식음료 메뉴가의 할인 혜택 및 객실 부문에서도 할인 혜택을 받을 수 있다. 기타 면세점에서의 10% 할인, 제휴 호텔, 항공사, 여행사, 렌터카 등에서도 할인 혜택을 받을 수 있다. 그 후 Sheraton Grande Walkerhill, Ritz-Carlton Seoul, Millennium Seoul Hilton에서는 '슈퍼 트리플 큐폰 멤버십' 제도를 수행하며 이에 동참했고, 그 외에 서울플라자, 경주현대, 부산해운대그랜드 호텔들은 객실과 식음료 부문의 혜택을 고객에게 공유시킴으로써 'City to City' 제휴를 실현시켰다.

이러한 '적과의 동침'은 경쟁이 심한 환대산업에 있어서 세계적 추세가 될 것으로 예견된다. 협력과 경쟁을 공존시키는(**coopetition**) 이러한 분배 전략은 전쟁의 승리를 위해서 동맹(alliance)이 필요하듯이, 향후 경쟁력 제고를 위한 환대산업 기업들의 주요 전략 형태로 대두될 것이 확실하다.

호텔과 IT기업 간의 제휴

향후 가장 활발히 이루어질 제휴가 바로 이 분야다. IoT의 확산으로 인해 호텔산업과 IT산업의 융합은 절대적 **Zeitgeist**로 부각되고 있다. Starwood와 Apple, 기타 제6장에서 소개된 사례들 외에도, 중국 Xiaomi Technology Co. Ltd의 Airbnb에 4억 5천만$ 투자 등 호텔산업과 IT산업의 제휴는 향후 호텔산업에서 'critical success factor'의 하나가 될 것이 확실하다.

본 장에서 언급된 위탁 경영도 호텔과 IT업체 간(IT 매니저, robot 매니저의 등장)에 이루어질 것이다. 그렇게 된다면(이것은 가정이 아니라 확실성이다), 미래의 위탁 경영은 기존의 '기능적 조직'에 의한 위탁 경영이 아닌 'matrix 조직'에 의한 위탁 경영 형태로 이루어질 것이며, 모 호텔, 자 호텔, IT업체의 3자 위탁 경영 형태라는 새로운 개념이 탄생할 것이다(제6장 〈그림 6-16〉 참조).

호텔과 외식업체 간의 제휴

호텔과 외식업체 간의 제휴에 있어서 가장 대표적 사례는 브랜드 제휴(co-branding)다. 호텔과 브랜드 레스토랑 사이의 브랜드 호텔 식음료 업장의 침체를 극복하기 위한 방법의 일환으로 1996년 미국 Chicago에서 열렸던 NRA(National Restaurant Association) 토론에 참석한 업자들은 브랜드 제휴가 호텔의 레스토랑 매출뿐 아니라 객실점유율을 증가시키는 효과를 가져온다는 사실에 동의했다. 1997년 Netherlands에서 열린 IH&RA(International Hotel and Restaurant Association) 연례 회의에서도 호텔이 체인 레스토랑과의 브랜드 제휴를 했을 때, 호텔 식음료 업장이 활성화될 것임을 강조했다.

1937년 Trader Vic's는 호텔 내 도입된 최초의 브랜드 레스토랑였으며, 1949년까지 Westin은 13개의 호텔 내에 Trader Vic's를 도입했다. 일단 호텔 내에 브랜드 레스토랑이 도입되면 레스토랑의 매출이 뚜렷한 증가를 보일 뿐 아니라, 호텔의 객실점유율 또한 증가되어 궁극적으로 객실 판매에 매우 긍정적인 영향을 미친다. 한 예로 미국 Pennsylvania Holiday Inn의 경우 자체 호텔 레스토랑을 T.G.I. Friday's로 바꾼 이후, 첫 해에 매출액이 연간 45만$에서 무려 400만$로 증가됐다.

호텔과 레스토랑 간의 브랜드 제휴로 인한 영업적 측면의 장·단점, 영업상 효과는 〈표 17-9, 17-10〉에 나타나 있다.

표 17-9 브랜드 제휴의 장 · 단점

	호텔의 입장	브랜드 레스토랑의 입장
장점	• 고객의 브랜드 선호 • 영업의 효율성 • 매출의 증가	• 위치 확보 • 고객 확보
단점	• 기타 식음료 기능 수행상의 난점 • 융통성의 결여 • 표준 목표 강요	• 투자에 대한 소극성 • 적정 장소 확보의 불확실성

표 17-10 브랜드 제휴의 영업상 효과

	호텔의 입장	브랜드 레스토랑의 입장
장점	• 통제성 • 융통성 • 한계성	• 인지도 • 매출 증가 • 훈련의 체계성 • 체계적 마케팅 • 비용 절감
단점	• 매출 저하 • 영업상의 문제에 대한 책임	• 경직성 • 조정성 결여 • 훈련 시간과 비용 부담

출처:Boone, Jullietee M. (1997). "Hotel-Restaurant Co-branding:The Synergistic Value of Pairing Branded Restaurant with Chain-Affiliated Hotel", The Cornell University. M. D. Dissertation.

호텔 그룹과 브랜드 레스토랑 간의 브랜드 제휴 현황은 〈표 17-11〉과 같다.

표 17-11 호텔 그룹과 브랜드 레스토랑 간의 브랜드 제휴

Hilton	Benihana, Pizza Hut, Damon's, Trader Vic's, Ruth's Chris Steakhouse
Marriott and Marriott franchisee	Pizza Hut, T.G.I. Friday's, Trader Vic's, Studebakers, Ruth's Chris Steakhouse, Benihana
Holiday Inn and Holiday Inn Franchisees	Denny's, Damon's, Perkins, Pizzeria Uno, Red Robster, Taco John's, Blimpie, Sara Lee, T.G.I. Friday's, Elephant and Castle, Ruth's Chris Steakhouse, Convenience Courts–Mrs. Field, Little Caesar's Pizza, Freshens Premium yogurt
Carlson Hospitality Group (Country Inn, Country Inn and Suites, Radisson)	T.G.I. Friday's, Country Kitchen, Italianni's
Interstate, Richfield, Embassy Suites, Motel6	Pizza Hut and Pizza Hut's delivery program
Comfort Inn(Choice), Days Inn(HFS), Hampton Inn(Promus)	Taxiout Taxi
Hospitality Franchise System(HFS)	Pizza Hut, Country Kitchen
Chioce Hotels International	Pizza Hut, Metromedia Restaurant Group–Bennigan's, Bonanza, Coca Cola, Good Eats Grill, Choice Picks Food Court– Pizzeria Uno, Nathan's Famous, Healthy Choice Deli, The Garden Place, Nestle Toll House Cafe, Sarks Gourmet Coffees
Doubletree Hotel Corporation	New York Restaurant Group–Park Avenue Cafe, Mrs. Park's Cafe
Four Seasons	Bice Ristorante
Promus Corporation	Pizza Hut, Olive Garden, T.G.I. Friday's, Grace Services

호텔과 외식업체 간 브랜드 제휴의 신 동향

호텔과 외식업체 사이의 브랜드 제휴는 호텔의 outlet에만 국한되는 것이 아니라, 룸서비스, 연회 부문까지도 확산되고 있다.

오래 전부터 take-home 음식 제품과 피자 배송이 많았지만, 최근에는 호텔 배달까지 등장하고 있다. Pizza Hut, Domino's 등이 호텔과 제휴를 맺고 호텔 투숙객에게 피자를 배달하는 것이 대표적 예다. 약 30개의 레스토랑을 보유한 Lettuce Entertain You of Chicago는 Room Service Deliveries라는 기업을 이용해서 식사를 호텔 객실에 배달한다. 도시 지역에 있는 레스토랑이 없는 많은 호텔들은 모든 객실에 엄선된 전단지를 비치한다. 전단지에는 5~15가지의 레스토랑 메뉴가 나열되어 있고, 전화로 배달, 주문할 수 있다. 이 서비스는 all-suite 호텔에서 특히 인기를 누리고 있는데, 그 이유는 음식을 냉장고에 보관했다가 가열해서 먹을 수 있기 때문이다.

또한 시간이 없는 호텔 고객을 겨냥한 미국의 호텔들은 새로운 전략으로 도시락을 판매하고 있다. 최근 미국에서 기내식과 공항 내 fast food에 싫증을 내고 있는 투숙객을 위해서 깔끔한 휴대용 도시락을 제공하고 있다. Marriott은 이것을 많은 체인 호텔에 확대하고 있으며, Hilton도 아침 신문을 곁들여 많은 체인 호텔로 확대하고 있다. Four Seasons도 New York, Chicago, Huston 등의 도시에 유사한 프로그램을 두고 운영하고 있다.

외식업체 간의 제휴

과거 국내 외국 브랜드 레스토랑업계의 빅 5인 Marche, Outback Steak House, Sizzler, T.G.I.F, TonyRoma's(이하 MOSTT)가 '빅 패밀리'란 이름으로 제휴, 공동 마케팅(tie-in promotion)을 실시한 바 있다. 제휴 내용으로는 공동 인터넷 사이트 구축 및 공동 신용카드와 공공 현금 적립 카드, 공동 상품권, 연 2회 이상 공공 프로모션 실시 등이었다. 그 운영은 카드사 등 외부 업체의 협찬을 통해 이루어졌으며, 대외 PR과 광고도 함께 진행됐다.

마케팅에 소요되는 비용 절감의 효과도 있었다. 5개 업체가 과다한 비용의 부담으로 단독으로는 실시할 수 없었던 대규모 예산의 광고와 기타 촉진 전략을 적은 비용으로 진행할 수 있었다. 위의 사례는 국내 레스토랑들 간의 제휴 중 가장 성공적인 것이었다고 평가받고 있다.

외식산업과 온라인산업, 카드·통신산업 간의 제휴

2010년을 지나 2020년을 바라보며 외식산업과 온라인산업 간의 제휴가 매우 활발하게 진행되고 있다. 무수한 사례 중 가장 대표적 사례는 TripAdvisor와 신 개념 음식 배달 서비스업체 Grubhub의 제휴 레스토랑 간의 파트너십이다. 2017년부터 미국 1,100개 도시에 있는 수만 개의 Grubhub 제휴 레스토랑들은 배달과 'takeout' 서비스를 TripAdvisor를 통한 온라인 및 모바일로 수행하고 있다.

국내에서 정부의 세제 투명화 정책에 따라 신용카드 복권 당첨제, 사용액에 대한 세제 혜택 등이 주어지면서 신용카드 사용액이 2000년부터 폭발적으로 늘었다. 객단가가 비교적 높아 카드 사용이 많은 T.G.I.F, TonyRoma's, Sizzler, Marche, VIPS, Sky Lark, Outback Steak House 등 7개 레스토랑의 카드 사용 실태를 조사해 본 결과, 특히 TonyRoma's, Sizzler, Outback Steak House 등 객단가가 높은 곳의 이용률이 높았다. 이렇듯 신용카드 점유율이 높아지자 외식업체에 대한 카드사들의 공동 마케팅도 점차 범위가 넓어졌다. 과거 카드사와 외식업체의 가장 성공적 제휴로는 LG 빅훼밀리카드를 꼽을 수 있다.

그러나 모든 외식업체들이 카드사와의 연계 프로모션에 긍정적 반응을 보이는 것은 아니다. 카드사에서 할인 금액에 대한 보상을 해주지 않기 때문에, 결국은 '제살깍기 경쟁'이 될 수밖에 없다. 실제로 카드사들과의 공동 제휴나 프로모션 시 외식업체도 고객들에게 혜택을 제공해야 하기 때문에, 결국 어느 정도 손해를 볼 수밖에 없는 것은 사실이다.

그러나 국내의 외식산업은 카드산업 및 통신산업과의 무분별한 제휴로 할인 경쟁이 야기되고 있는 문제점을 인식하며, 이에 대한 대응책을 모색하고 있다. 제1장에서 언급되었듯이, 마케팅의 모든 교훈은 시장이 가르쳐 주며, 오직 시장에서의 경험만으로 얻을 수 있다. 명백한 장점과 반대 급부가 공존되고 있는 외식산업과 카드, 통신

산업과의 제휴 전략은 향후 보다 많은 시장 경험을 통해서 그 해답을 찾을 수 있게 될 것이다.

항공사 간의 제휴

1980~1990년대 미국의 규제 완화, 항공 노선의 대도시 터미널 집중화, 유럽의 경제 통합 등의 영향으로 항공산업은 규모 및 범위의 경제 달성을 목표로 하기 시작했다. 환언하면 비행기 노선을 다양한 국가로 확대할 수 있는 대형 항공사들이 승자가 되는 환경이 조성됐다는 것이다.

2004년 5월 Air France와 KLM이 합병되며 American Airlines와 함께 매출 기준 세계 2대 항공사를 탄생시켰다. 그 후 2008년 4월에는 Delta Airlines와 Northwest가 합병하며 세계 제 1의 항공사가 되었고, 이어 British Airways와 Spain의 Iberia가 합병되며 세계 제 3의 항공사가 되었다. 또한 US Airways와 America West가 합병되는 등 항공산업은 제휴에 있어서 가장 대표적 산업으로 부각되고 있다. 2013년 2월에는 American Airlines와 US Airways가 합병하여 명실상부 세계 제 1의 항공사가 탄생됐다. 2015년부터 두 항공사의 마일리지는 자연적으로 공유된다.

그림 17-11 One World

출처: www.oneworld.com

3대 Airline 그룹: Star Alliance, One World, SkyTeam

1997년에 탄생된 Star Alliance에는 United, Air Canada, Thai, ANA, Lufthansa, Air New Zealand, Singapore Airlines, SAS, US Airways 등 2019년 기준, 28개의 항공사들이 속해있다.

1998년에 탄생된 One World에는 British Airways, American Airlines, Quantas, Iberia, Cathay Pacafic, LAN, Finnair, Aer Lingus 등이 속해있다. 아시아 태평양 지역에서 가장 큰 항공사인 Japan Airlines와 아랍 지역의 Royal Jordanian 항공사도 One World에 가입했다(〈그림 17-11〉 참조). 소위 'oil money'를 믿고 항공 동맹보다 독자적 경영을 고집했던 중동 항공사들도 2012년을 계기로 본격적 제휴에 가담하고 있다. Emirates는 Quantas와 Etihad는 Air France/KLM과 제휴했고, Qatar Airlines가 One World에 가입한 것이 그 예들이다.

2006년에는 KAL, Delta, Aero Mexico, Air France가 주축이 된 SkyTeam이 탄생됐다(〈그림 17-12〉 참조). 이 항공사들은 상대 항공사의 상품을 판매하고 있으며, 코드 공유(code sharing)를 통해서 서로의 노선을 예약하고, 마일리지를 공유함으로써 제휴의 혜택을 극대화시키고 있다.

그림 17-12 SkyTeam

출처: www.skyteam.com

세계의 대표 항공사 예약 시스템들

미국의 경우 96% 이상의 여행사가 항공사 예약 시스템을 이용하고 있다.

그림 17-13 American Airlines의 Sabre 시스템 소개. merican Airlines는 Sabre 시스템을 공유하고 있는 호텔들과 Utell International 및 기타 연계 기관을 소개하고 있음.

그림 17-14 세계 최대의 GDS(항공산업). Galileo

대표적 항공사의 예약 시스템으로는 1962년 American Airlines의 Sabre(automated business research environment)를 효시로(〈그림 17-13〉 참조), 1975년부터 미국 내 여행사에 보급되기 시작했으며, 이후 United Airlines의 Apollo, Continental Airlines의 System One, Delta Airlines의 World Span, 및 Datas Ⅱ, Northwest Pass 등이 개발됐다.

특히 Lufthansa와 Air France의 Amadeus 및 United Airlines의 Apollo에 Northwest, TWA, British Airways 등이 제휴하여 탄생시킨 Galileo는 세계 최대 항공 예약 시스템으로 유명하다(〈그림 17-14〉 참조). KAL은 Topas(total passenger service system)*, Asiana 항공은 Abacus를 이용하고 있다. Atlanta에 본부를 두고 있는 미국 기업의 MUZ 시스템은 위의 모든 예약 시스템과 접속이 가능하며, 계약만 맺으면, 세계의 어느 공항에서도 check-in을 가능하도록 하고 있다.

Topas
1975년 KAL의 Kalcos로부터 시작되어 Mars로 변형되며 현재의 Topas가 탄생됨. Topas는 Topas internet 예약 시스템인 Cyber Plus로 개발되어 internet 서비스를 가능하게 하고 있음.

CRS/GDS
CRS와 비교할 때 GDS는 통합적 다자 간 시스템을 의미함. CRS와 GDS의 기능은 좌석 관리, 예약, 수익 극대화, 사무 업무 대체, 정보, 마케팅 등으로 분류됨.

세계 주요 CRS/GDS 현황은 〈표 17-12〉와 같다.

세계 최대 온라인 여행사 Expedia, Inc.는 아시아 최초 no frill 서비스 제공으로 알려져있는 저가 항공사 Air Asia와 2011년 3월 30일 세계 최초의 국제 파트너십을 체결하며 AirNet을 탄생시켰다. AirNet에는 AirAsiaGo, GoRooms 등의 사이트가 속해

표 17-12 세계의 주요 CRS/GDS 현황

미주	SABRE	American Air(AA)
	WORLD SPAN	Northwest Airlines(NW), Delta Air(DL), Transworld Air(TW)
	SYSTEM ONE	Continental Air(CO)
구주	GALILEO	British Air(BA), Royal Dutch(KL), Swiss Air (SR), Alitalia(AZ)
	AMADEUS	Air France(AF), Lufthansa(LH), Scandinavian(SK), Iberian(IB)
동남아	ABACUS	Cathay Pacific(CX), Singapore Air(SQ), China Air(SQ), Malaysia Air(MH) Philippine Air(PR), Dragon Air(KA), Royal Brunei(BI) Indonesia Air(GA), INFINI-All Nippon Air(NH)
	AXESS	Japan Air(JL)
기타	GET	Africa, 남미, 유럽
	MIS/CALL	중국

있으며, Malaysia, Indonesia, Thailand, AirAsiaX 및 그 외 합작 투자 항공사들이 속해 있다.

기타 제휴 사례

세계 최대 온라인 여행 기업 Expedia, Inc.은 Motel6와 Studio6를 소유하고 있는 G6 Hospitality와 'Expedia Powered Technology'라는 전략적 기술 및 마케팅 파트너십을 체결했다. 환대산업의 역사에 기록될 만한 온라인 여행 기업과 호텔 간의 제휴라고 할 수 있다.

환대산업에 있어서 기타 제휴 사례로는 주제공원과 커피전문점(Disney World와 Starbucks), 관광 사이트와 대학(TripAdvisor와 eCornell Online University), 외식산업과 쇼핑몰(Little Caesars와 K-mart), 외식산업과 편의점(Dunkin Donuts와 7Eleven), Star Alliance(〈그림 17-15〉 참조), 호텔과 렌터카(Preferred Hotels and Resorts Worldwide와 National Motor-Coach), 여행사와 항공사, 대학과 스포츠 용품 제조업체 혹은 음료 기업 간(Duke University의 Nike School, Chartwells University의 Coke School, University of Nevada/Las Vegas의 Pepsi School 등) 등을 들 수 있다.

현대 사회에서 또 하나의 대표적 동향은 IT 기업과 각종 산업의 제휴다(Apple과 Starwood, Apple과 Pixar, Baidu와 Uber 등).

위의 사례와 같이 2000년을 넘어서며 많은 기업들이 학교에 진입하기 시작했다. 2019년 기준, Subway는 미국의

그림 17-15 Star Alliance

약 900개의 학교에서 샌드위치를 판매하며, Pizza Hut은 4천여 개 학교에 매장을 열었고, Nike는 200여 개의 대학팀을 후원하며 스포츠 팀과 계약을 맺는 대신, 운동장 벤치에 Nike의 로고를 넣고, 적합한 곳에 광고판을 설치하고 있다. 이와 병행하여 청소년(학생) 집단의 멋과 문화를 발굴하는 전문가(cool hunter)들이 증가하고 있다.

특히 Days Inn, Howard Johnson's, Ramada, Knights Inn, Super8, Travelodge, Villager Lodges, Wingate Inn 등 8개 브랜드 호텔과의 franchise, Avis rent-a-car, 부동산 기업들을 소유하고 있는 대규모 호텔 그룹인 Avis Budget Group*은 Coca-Cola와의 자동 판매기 제휴, AT&T와 미국 전역 전화 제휴, Pizza Hut과의 제휴 등 다양한 산업과 복합적 제휴를 하고 있다.

Avis Budget Group
HFS, Cendent Corp.을 거쳐 현재의 명칭으로 바뀜.

Coca-Cola는 SkyTeam 회원 항공사와 제휴하여 Coca-Cola, Coca-Cola Light, Sprite 등 세 브랜드에 대한 독점적 공급권과 함께, 공동 광고 등 공동 마케팅 제휴를 하고 있다. Signature Inns는 호텔 내에 레스토랑과 바를 두지 않고, 고객이 객실 키만 제시하면 일정 할인을 받을 수 있도록 인근 지역 레스토랑들과 제휴하고 있다.

그림 17-16 'Uber Visa card' 제휴 기념 레스토랑
출처: www.webbyawards.com

Uber와 Visa는 2017년 레스토랑, 호텔, 항공기, 온라인 구매 이용 시 4%를 할인하는 'Uber Visa card' 제휴를 실시했다. 이를 기념하고자 New York City에서는 2층 버스에서 식사할 수 있는 '깜짝쇼'를 진행했다(〈그림 17-16〉 참조).

3-2. 제휴의 유형

제휴는 'network effect', 'snowball effect'를 위해 필요한 전략이다. 제휴 마케팅은 참여자의 제휴 목적에 따라 크게 다음과 같이 네 가지 유형으로 나뉠 수 있다.

제휴에 참가하는 파트너가 각각 타사의 핵심 마케팅 자원을 활용하는 경우

General Mills는 유럽 시장에 진출할 때 Nestle와 제휴했다. General Mills는 Nestle의 유통 자원을, Nestle는 General Mills의 제품과 브랜드 자원을 활용하기 위해서였다. 대부분의 온라인 기업과 오프라인 기업의 제휴가 이 유형에 속한다. 대표적 예가 Amazon과 Borders의 제휴다. Amazon 사이트에서 구입한 음반과 서적은 미국 전역에 있는 Borders 오프라인 매장에서 전달받을 수 있고 반품도 가능하다. 다른 예로 Ford는 Yahoo!의 방대한 온라인 고객에 쉽게 접근하기 위해서, 그리고 Yahoo!는 Ford의 브랜드 인지도와 마케팅 자금을 활용하기 위한 목적을 갖고 상호 제휴하고 있다.

이미 구축된 타사 브랜드의 명성을 통해 자사 브랜드의 이미지를 제고하는 경우

신용카드의 제휴 카드나 대부분의 협력 광고가 이 유형에 속한다. 넓게 해석하면 유명 연예인을 광고 모델로 쓰는 경우도 연예인의 브랜드 이미지를 제휴를 통해 활용하려는 의도로 볼 수 있다.

유명 관광지, 도시, 지역 등과의 제휴도 이 유형에 속한다. 예를 들어 미국의 이동통신사 Verizon은 미국의 많은 지역과 공식 무선 통신 제휴를 했으며, Coca-Cola는 California주 Huntington Beach와, Pepsi는 San Diego와 지역 및 도시 로고 사용권 및 음료 공급 독점권 제휴를 했다. 'Big Apple' New York시와 Snapple, The North Face와 Maryland의 한 주제공원, Nestle와 New York 시립공원 등과의 제휴도 같은 맥락이다.

Adidas와 Coca-Cola는 영국의 Motion Poster와 제휴, Hungary Budapest, Greece Athens 지하철 터널에 광고를 한다. Motion Poster는 또한 위의 도시 외에도 Germany의 Frankfurt, Munich, 대한민국 서울 등의 도시와 제휴, 지하철 터널을 이용한 자사의 광고 시스템 설치 계약을 하고 있다.

보완 관계에 있는 제품들이 제휴를 통해 판매를 증진하고자 하는 경우

이 제휴의 유형은 가장 흔한 경우다. 제휴 기간은 보통 단기적이고 공동 프로모션 형태를 띠는 경우가 많다. 사용상 보완 관계에 있는 치약 브랜드와 칫솔 브랜드, 커피 브랜드와 커피 프림 브랜드의 공동 프로모션 행사가 그 대표적 예다.

이미지 보완 관계에 있는 Lite Pepsi와 No Nonsense 스타킹의 공동 프로모션이나, 감기 치료에 필요한 제품이라는 공통점을 갖고 있는 Tylenol 감기약과 Kleenex 화장지의 공동 이벤트 행사, McDonald's와 Disney의 세트 메뉴와 캐릭터 판매촉진, Starbucks와 iTunes Wi-Fi Music Store의 제휴, Starbucks Card Mobile iPhone application에 의한 결제의 개선 등도 이 유형에 속한다. Westin의 Heavenly Bed이 결정적으로 유명해진 것은 United Airlines와의 제휴를 통해 비즈니스 클래스 좌석과 VIP 라운지에 Heavenly 담요와 베개를 제공했기 때문이다.

규모의 경제를 통해 마케팅 비용을 절감하기 위한 다수의 업체들이 마케팅 자원을 공유하는 경우

세계 자동차산업과 항공산업이 제휴 네트워크를 구축하는 경우나, 해외 시장 개척을 위해 중소 영세 업체들이 모여 공동 브랜드를 구축하는 경우가 이 유형에 속한다. 이 유형의 대표적인 성공 사례로는 Sunkist가 있다.

많은 항공사들이 수행하고 있는 업무 제휴 역시 여기에 속한다. KAL과 SKYTeam의 항공사들, Asiana와 Star Alliance의 항공사들은 예약, 발권, 마일리지, 렌터카, 호텔 등과 관련된 업무를 'one-stop service'를 통해 제휴하고 있다.

제휴를 성공적으로 운영하기 위한 필수 조건은 구성 기업들 간의 신뢰 형성이다. Robert Axelrod는 이에 대한 방안으로 '**tit-for-tat**' 전술을 제시하고 있다. '눈에는 눈, 이에는 이'로 불리는 '**tit-for-tat**' 전술은 다음과 같은 세 단계로 구분된다. 처음에는 협력한다. 이후 상대 기업이 협력을 계속하면 좋은 관계를 유지한다. 만약 상대 기업이 배신 행위를 하면 보복 행동을 취한다. 배신 행위를 한 기업이 용서를 구할 경우에는 다시 협력 관계를 신속히 회복한다.

4. 환대산업의 기타 분배 전략

4-1. 예약 대행(reservation network)

예약 대행(reservation network)은 예약망에 가입된 회원 호텔에게 예약 대행을 전문적으로 수행하는 것을 의미한다. 예약 대행 기업은 중앙 예약 사무소(CRO : central reservation office)를 통해, 회원 호텔의 상호와 이미지를 알리며, 예약을 연결시켜 주고 있다. 예약 대행은 consortium과 달리 회원 호텔에 대한 가입 기준이 없으며, 단지 예약 대행에 대한 수수료만을 받는다. 호텔 간에 예약 기능만을 갖고 제휴하는 경우에는 예약 대행과 제휴를 같은 개념으로 볼 수도 있다.

호텔들은 브랜드 제휴 없이 SynXis 또는 Pegasus를 이용해서 GDS 또는 인터넷에 직접 연결하게 된다. 1988년 Hotel Industry Switch Company(THISCO)로 발족된 Pegasus System은 전자 상업 및 거래 처리 솔루션을 제공했고, 고객 여행 예약 웹사이트 TravelWeb.com을 운영하고 있다(〈그림 17-17〉 참조). 2004년 Priceline.com이 인수했던 Pegasus는 예약 처리를 위한 최상의 전자 스위칭 서비스를 제공하여 호텔의 CRS가 단 하나의 전자 interface만으로 GDS 및 인터넷에의 연결을 가능하게 하고 있다.

세계 최대 예약 대행 기업 Utell International

1930년에 창립되어 이후 유럽과 아시아에서 오래 전부터 입지를 굳혀 온 세계 최대의 예약 대행 기업은 Utell International이다. Utell International은 판매 대행(sales representation)에 있어서도 대표적 기업이다. Utell International은 중앙 예약 사무소 외에 전 세계적으로 분포되어 있는 판매 사무소, 45만 개 이상의 여행사와도 연

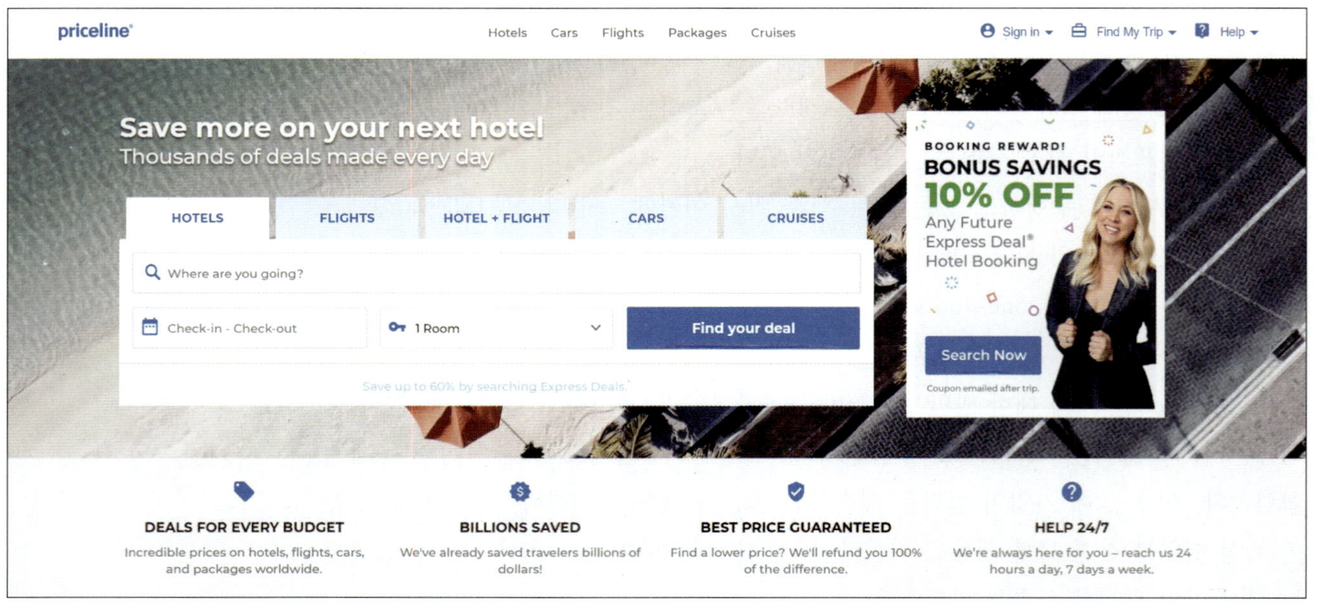

그림 17-17 Pegasus System

계되어있는 대기업으로서, 140개 국 7,000개 이상의 호텔들과 계약을 맺고 있다. 회원 호텔들은 모든 예약에 대해서 항공 예약 시스템, Utell, 여행사 중 예약을 수행한 곳에 수수료를 내며, 매월 Utell에 고정 수수료를 지불한다.

Utell은 'Utell Vision'이라는 시각 디스플레이 시스템을 통해서 회원 호텔 객실, 시설, 위치 등의 사진을 제공하며, 객실 요금과 지불 방법을 알려주고, 표찰 서비스(labelling service), 환율 서비스도 제공한다(〈그림 17-18〉 참조). Utell 사업의 95%는 여행사와 연계되어 이루어지고 있다.

Utell은 consortium, 제휴 호텔과도 연계되어 있는데, 이러한 호텔들은 1965년에 개발된 세계 최초의 호텔 자체의 예약 사이트인 Holidex(Holiday Inn)를 필두로 Hilton(Hilton), Marsha(Marriott), Hyatt Spirit(Hyatt), Pirre(Radisson) 등, 각 호텔 공유의 예약 시스템과 병행하여 Utell의 예약 시스템을 이용하게 된다. Utell과 가장 많이 계약이 되고 있는 호텔들은 브랜드가 잘 알려져 있지 않는 중소 규모의 체인 호텔들과 소유 직영 호텔들이다.

그림 17-18 세계 최대 예약 대행 기관. Utell의 예약 시스템 Utell의 세계 최초 'visual imagery' 예약 시스템을 통한 북·중·남미 지역 호텔에 대한 광고

또한 1997년 Utell International은 호텔 예약 기술 솔루션 선도 기업인 Anasazi와의 합병으로 REZsolutions를 설립하여 CRS, PMS, call center, representation 서비스 등을 제공하는 세계의 독보적 예약 대행 기업으로 부상했다.

표찰 서비스
호텔의 시스템과 연결되어 그 시스템 이용을 대행하는 서비스로서, 예를 들어 A 호텔에 전화를 하게 되면, 그 전화를 직접 Utell이 받아 일을 처리해주는 서비스를 말함.

4-2. 기능 대행

Hyatt Hotels Corporation은 2014년 중국, 일본, 홍콩, Singapore에 이어 아시아 지역에서 5번째로 대한민국에 wholesale tour operator를 대상으로 국내의 대기업과 sales representative office를 개설했다. 기능 대행(rep, representation)이란 호텔의 기능을 타 지역에서 대행해주는 것을 의미한다. 즉 호텔을 시장에 판매하는 유통 채널의 개념으로 이해될 수 있다. 대행 기업은 수수료를 받고, 자체적인 판매 또는 예약 네트워크가 없는 독립 재산을 판매하는 조직의 역할을 한다. 대행 기업은 자체적인 판매부를 갖추고, 다양한 지역에 지방 사무소를 통해서 호텔의 기능을 대행하는 것이다. 두 가지 브랜드가 있는 관계로 이러한 기업들을 '**soft brands**'라고 부른다.

회원 호텔의 판매를 촉진한다는 점에서 대행 기업은 예약 대행보다 훨씬 진일보한 서비스를 제공한다. 전 세계 예약 네트워크와 연결할 수 있고, 모든 글로벌 유통 시스템과 연결할 수 있다는 점을 차지하더라도, 대행 기업은 회원 호텔을 판매하는 판매 인력을 보유하고 있고, 호텔 서비스와 시설에 관한 연간 디렉토리(annual directory)를 발행하는 경우가 많다. 대행 기업은 특별 프로그램, 뉴스 레터, 전단지 같은 부수적인 자료를 인쇄하기도 한다.

일단 대행 기업이 고용되면, 그 대행 기업은 특정 호텔을 판매하기 위해서 인적 판매, 직접 우편, 광고, 판매촉진, PR 같은 통상적인 혼합 커뮤니케이션을 총동원한다. 가장 많이 사용되는 혼합 커뮤니케이션 형태가 sales call이고, 그 다음이 DM이다. 대표적 대행 기업은 미국의 David Green Organization of Chicago이며, Associated Luxury Hotels 같은 보다 세분화된 신생 대행 기업도 탄생했다.

그림 17-19 Supranational Hotels : 영국의 Supranational Hotels는 미국, 홍콩 및 유럽의 대표 가입 호텔들의 각기 다른 독특한 특성을 알리고 있음.

세계의 대표적 기능 대행 기업 Supranational

영국의 Supranational은 판매와 마케팅 부문에 있어서 뛰어난 기능 대행을 하고 있다(〈그림 17-19〉 참조). 영국의 Thistle Hotels, Sweden의 Reso Hotels, Canada의 Delta Hotels, 미국의 Omni Hotels, Island의 IcelandAir Hotels, Argentina, Brazil, Mexico 등 남미 지역의 Fiesta Inns 등이 대표적 회원 호텔들이다.

Supranational의 장점은 고객이 각 회원 호텔들의 모든 예약 및 판매 시스템을 공유할 수 있다는 것이다. 예를 들면, 영국의 Thistle Hotels에 투숙한 고객이 그 호텔에서 미국의 Omni Hotels에 직접 예약할 수 있다. 판매 기능도 동일한 방법으로 수행되고 있는데, 이 경우 고객을 유치시켜준 호텔측에서는 매출액의 4%에 해당되는 수수료를 받게 된다.

Supranational은 또한 국제 호텔 등급 분류, 인센티브 프로그램, 보증된 미국 달러 프로그램, 다양한 마케팅 프로그램, 뉴스 레터, 주요 도시 정보, flier 등도 출판하고 있으며, 기능 대행에 있어서 세계에서 가장 전문적, 고가치의 시스템으로 인정받고 있는 SUPROS 시스템을 보유하고 있다. 이 시스템은 2019년 기준, 세계 25만 개 이상의 여행사와 연계되어 있다. Supranational은 나아가 회의 기획(meeting planner) 기능 등 호텔의 각종 기능을 대행하고 있다.

1928년에 설립된 LHW(Leading Hotels of the World)는 London Savoy, Hotel Royal in Evian, France 등 38개의 호텔들이 가입된 Luxury Hotels of Europe and Egypt를 마케팅 consortium의 개념으로 기능 대행을 하고 있다.

호텔측에서는 주로 기능 대행을 **수요 창출 지역(feeder city)**에 의뢰하게 된다. 국내의 경우 대다수의 지방 호텔들이 서울에 판매 사무소를 두고 있는 것이 좋은 예며, 세계적으로 기능 대행 기업들이 가장 많이 분포되어 있는 곳도 Chicago, New York City, LA, Paris, London 등이다.

호텔의 분배 전략에 있어서 기능 대행은 예약 대행과 더불어 가장 손쉽고 저렴한,

그러나 매우 효과적인 전략이다. 특히 세계적으로 알려져있지 않는 국내 브랜드 호텔들에게 있어서는 외국 관광객을 유치하기 위한 최선의 전략이 될 것이다.

4-3. REITs(real estate investment trusts)

미국에서 탄생한 호텔 REITs는 1969년 Hotel Investors Trust를 시작으로 초기에는 별로 주목을 받지 못했으나, 1992년 이후 급격히 늘기 시작하여 2019년 기준, 미국 전체 객실 수의 10~20%를 차지하고 있다. 그 현황은 〈표 17-13〉과 같다.

표 17-13 REITs의 현황

REITs 유형	REITs 기업	소유 호텔(개)	소유 호텔(개)	시장 가치(백만$)
전통적 REITs (Plain Vanilla)	Boykin Lodging	31	8,700	710
	Equity Inn	114	14,400	700
	Hospitality Properties	167	25,000	1,530
	Humphrey	25	1,700	80
	Innkeepers	62	7,400	570
	Jameson Inns	72	3,400	110
	LaSalle Hotel	12	4,100	410
	RFS Hotel Investors	59	8,600	710
	Sunstone Hotels	57	10,300	800
	Winston Hotels	5	7,400	340
Paired-share REITs	Starwood Hotels& Resorts	147	50,800	16,130
	Patriot American	188	45,800	6,480
부동산 투자 기업	Host Mariott	125	48,000	8,100
Paper-clip REITs	Meristar Hospitality	117	27,700	2,800
Bobby-pin REITs	Felcor Lodging	190	48,300	3,800
총계		1,413	321,300	56,100

REITs의 대표적 기업인 Marriott Corporation의 사례는 다음과 같다.

Marriott Corporation의 REITs

Marriott은 일반 기업으로 출발했으나, 1993년 Marriott Corp.이 부동산 투자 기업인 Host Marriott Corp.과 전문 호텔 운영 기업인 Marriott International Inc.으로 분리됐으며, 1995년 Host Marriott Corp.이 부동산 투자 기업으로 전환됐고, Crestline Capital Corp.이 분리 신설됐다. Marriott의 호텔 체인은 대부분 Host Marriott Corp.이 보유하고 있고, Marriott International Inc.은 호텔 운영만 담당하는 자산 운영 기업이 되었는데, Marriott이 부동산 투자 기업으로 전환한 이유는 체

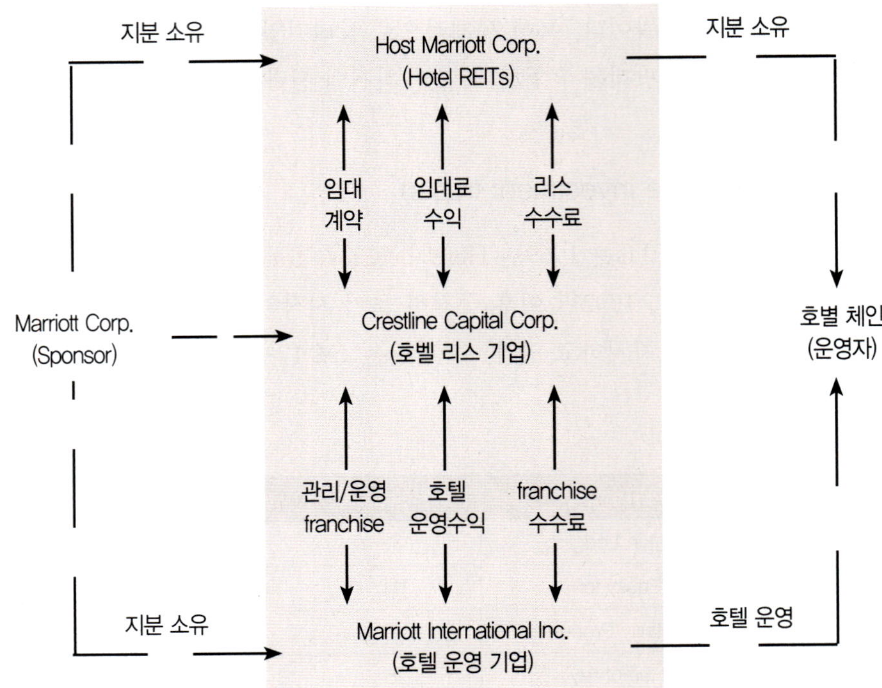

그림 17-20 REITs의 운영 시스템

인화 사업 자금의 안정적 조달에 그 목적이 있었다. 즉 내부 유보를 통한 체인 사업의 성장에는 한계가 있는 반면, 부동산 투자 기업을 통한 투자자 모집으로 자본 조달 비용을 낮추고, 법인세 혜택으로 투자 수익률을 제고시킬 수 있는 장점이 있다. 호텔 운영 기업은 호텔 운영에 따른 수수료만을 수취하게 되어 있다.

Host Marriott의 운영 구조를 살펴보면, 부동산 투자 기업인 Host Marriott Corp.은 호텔 리스 기업인 Crestline Capital Corp.과 임대차 계약을 맺으며, Crestline Capital Corp.은 호텔 운영 기업인 Marriott International Inc.과 관리 운영 계약을 맺게 되어 있다. Marriott International Inc.은 Host Marriott Corp.이 보유한 호텔 체인의 운영 수익을 Crestline Capital Corp.에 넘겨주며, Crestline Capital Corp.은 호텔 운영 수익을 임대료 형식으로 Host Marriott Corp.에 넘겨준다. Host Marriott Corp.은 수동적 수익 구조를 유지하면서, 사실상 호텔 운영 수익을 투자자에게 배분하게 된다(〈그림 17-20〉 참조).

4-4. 통합(integration)

완전 통합과 관련된 환대산업 기업의 한 예는 France의 여행 기업 Nouvelles Frontieres(NF)다(〈그림 17-21〉 참조). NF는 여행사를 소유하고 있거나, 아니면 여행사를 franchise하며, NF 관광 상품과 패키지만을 판매한다. NF는 항공기도 운영하며, 호텔도 많이 소유하고 있다.

그림 17-21 완전 통합과 관련된 환대산업 기업의 사례:France의 여행 기업 Nouvelles Frontieres(NF)

그림 17-22 France Tui 기업

NF와 유사한 또 다른 기업으로 Tui가 있다(〈그림 17-22〉 참조). 세계 최대 규모 여행사인 Tui는 자기업 Hotelbeds를 통해 도매상의 역할을 하며, 전 세계 시장에 호텔을 공급하고 있다. 국내에서도 Hotelbeds는 2019년 기준, 200개가 넘는 호텔을 전 세계 시장에 판매하고 있다(전 세계 고객을 국내 호텔에 유치시키고 있다).

레스토랑산업의 경우 Starbucks가 대표적 예다. Starbucks는 커피를 판매하는 상점뿐 아니라, Colombia에 커피콩 밭도 소유하고 있다. 같은 맥락으로 McDonald's도 목장과 감자 농장을 소유하고 있다. 그러나 Starbucks와 McDonald's 모두, 소유하고 있는 공급업체들뿐 아니라 타 공급업체들로부터도 물품을 구매한다.

Friendly Ice Cream Corporation이 또 한 가지 예다. 이 기업은 아이스크림을 직접 제조할 뿐 아니라, 아이스크림을 미국 북동부 전역의 기업들과 franchisee 레스토랑들에 아이스크림을 유통시키고, 2019년 기준, 6,000개 이상의 슈퍼마켓 및 기타 소매점을 통해서 아이스크림을 유통시킨다.

부분 통합 기업은 시스템의 일부만을 소유한 기업으로서, 제조업 분야만 소유하거나 소매업 분야만 소유한다. 한 예로 Tandy Corporation이 있다. 이 기업은 소매업체인 Radio Shack을 소유하고 있고, Radio Shack 상점에 제품을 유통시킨다. Radio Shack은 자사 제품을 판매하는 유일한 상점이다. Tandy Corporation은 타 사에서 원재료를 구매하기 때문에 후방(backward) 통합만을 실행한다.

후방(backward) 통합
공급자를 통합하는 것.

Dell Computer와 Apple도 부분 통합을 실행하는 기업이다. 두 기업 모두 다른 업체로부터 컴퓨터 구성 요소들을 구매하지만, 컴퓨터의 전부 또는 일부를 소비자에게 직접 유통시킨다. Dell은 직접 유통시키는 반면, Apple은 자사의 소매점 및 기타 소매점을 통해서 제품을 판매한다. 물론 인터넷으로도 제품을 판매한다. 환대산업에서 부분적 수직(vertical) 통합 기업의 예는 TUI Austria Holding AG이다. 이 기업은 여행 기업과 해당 여행 상품을 판매하는 여행사를 둘 다 소유하고 있다. 즉 **전방(forward) 통합**

의 유형이다.

일반적인 마케팅에서 통합을 언급할 때 통합을 수직적 마케팅 시스템(**VMS : vertical marketing system**)으로 소개하는 경우가 많다는 점에 주목해야 한다. 이러한 경우에 **VMS(vertical marketing system)**는 최종 소비자에게 제품이나 서비스를 배달하기 위해서 협력하는 공급업자, 생산업자, 도매업자, 소매업자의 일원화된 결합(unified combination)을 의미한다. 그 유형은 다음과 같다.

① **기업형(corporate) VMS** : Nouvelles Frontieres, Carlson Companies, Starbucks 등으로서 한 기업이 시스템의 모든 부분들을 소유하고 있다.
② **관리형(administered) VMS** : 회원 기업들 중 하나가 시스템에 대한 지배력을 보유하고 있기 때문에 그 시스템을 지배하는 VMS이다. 예를 들어 Pillsbury가 소유한 Haagen-Dazs는 자사 제품을 유통시킨 소매 상점들이 Ben and Jerry's 아이스크림을 유통시키지 못하게 막을 정도로 막강한 지배력을 누린다.
③ **계약형(contractual) VMS** : franchising, representation, 멤버십 단체 등이 있다.

위의 세 가지 유형 **VMS** 모두 수직 유통 시스템(VDS : vertical distribution system)이다. 그렇지만 이러한 용어는 서비스 부문에 적합하지 않다. 생산과 소비가 동시에 이루어지는 서비스산업에서, 생산자와 소매업자가 같기 때문이다. 생산은 체인의 끝에서, outlet에서, 현장에서 일어난다. 따라서 환대산업에서는 **VMS**라는 용어를 사용하지 않고 대신 '통합(**integration**)'이라는 용어를 사용한다.

찾아보기

기업 · 브랜드 · 기관

가

나

다

라

마

바

사

아

자

차

카

타

파

하

A

C

E

F

G

H

I

J

K

L

N

O

P

S

U

V

W

X

Y

Z

기타

용어

가

나

다

라

마

바

사

아

자

차

카

타

파

하

A

B

C

D

F

G

J

K

L

N

O

Q

R

T

U

V

W

X

Y

Z

기타